U0114186

剑桥中国史

总主编／［英］崔瑞德 ［美］费正清

THE CAMBRIDGE HISTORY
OF CHINA
VOL.12：REPUBLICAN
CHINA，1912－1949，PART1

剑桥中华民国史

1912－1949年 上卷

［美］费正清／编

杨品泉 张 言 孙开远 黄 沫 王 浩 译
项钟圃 张小颐 范 磊 谢亮生

谢亮生 校

谢亮生 刘敬坤 邓春阳 校注

中国社会科学出版社

图字:01—95—717 号

图书在版编目(CIP)数据

剑桥中华民国史.1912—1949,上卷／〔美〕费正清编;杨品泉等译.
—北京:中国社会科学出版社,1994.1(2020.1重印)
书名原文:The Cambridge History of China Vol.12:
Republican China,1912—1949,Part 1
ISBN 7 – 5004 – 1288 – 6

Ⅰ.剑… Ⅱ.①费…②杨… Ⅲ.①中国—民国史—1912—1949
Ⅳ.K258

中国版本图书馆 CIP 数据核字(2006)第 008410 号

出 版 人	赵剑英
策划编辑	郭沂纹
责任编辑	张小颐
责任校对	林福国
责任印制	戴 宽

出 版	中国社会科学出版社
社 址	北京鼓楼西大街甲 158 号
邮 编	100720
网 址	http://www.csspw.cn
发 行 部	010 – 84083685
门 市 部	010 – 84029450
经 销	新华书店及其他书店

印刷装订	环球东方(北京)印务有限公司
版 次	1994 年 1 月第 1 版
印 次	2020 年 1 月第 23 次印刷

开 本	650×960 1/16
印 张	62.25
插 页	5
字 数	896 千字
定 价	100.00 元(精装)

凡购买中国社会科学出版社图书,如有质量问题请与本社营销中心联系调换
电话:010 – 84083683

The Cambridge History of China

Volume 12

Republican China，1912—1949，Part 1

edited by John K. Fairbank

© Cambridge University Press **1983**

Cambridge

New York · Melbourne

根据剑桥大学出版社 **1983** 年版译出

目　　录

第三章　外国在华势力

费维恺

第四章　辛亥革命后的政治风云：袁世凯时期，1912—1916 年

密歇根大学历史教授
欧内斯特·P. 扬

第五章　立宪共和国：北京政府，1916—1928 年

哥伦比亚大学政治教授
安德鲁·J. 内森

第九章　文学的趋势：对现代性的探求，1895—1927 年
芝加哥大学中国文学教授
李欧梵

第十章　1927 年以前的中国共产主义运动，1895—1927 年
约克大学历史教授
陈志让

第十一章　国民革命：从广州到南京，1923—1928 年
哥伦比亚大学名誉教授
韦慕庭

第十二章　中国的资产阶级，1911—1937 年

巴黎第三大学民族学院
东方语言和文化教授
玛丽·克莱尔·贝热尔

地图、表目录

总 编 辑 序

由于现代的世界渐渐变得更加相互地联系在一起，历史地认识它不断变得更加必要，历史学家的工作也不断变得更加复杂。原始资料激增和知识增加，论据和理论也相互影响。尽管单单总结已知的东西也成了令人望而生畏的工作，但认识的事实基础对于历史的思考却越来越重要。

从20世纪初起，剑桥史书已在英语世界中为多卷的丛书树立了一种模式，其所包含的各章由专家在每卷编辑的指导下撰写。由阿克顿爵士规划的《剑桥近代史》，在1902到1912年间以16卷本问世。接着出版了《剑桥古代史》、《剑桥中世纪史》、《剑桥英国文学史》和关于印度、波兰以及英帝国的剑桥史。原来的《剑桥近代史》现在已为12卷的《新编剑桥近代史》代替，《剑桥欧洲经济史》也即将完成。其他剑桥史包括伊斯兰教史、阿拉伯文学史、伊朗史、犹太教史、非洲史和中国史。

就中国而言，西方的历史学家面临一个特殊问题。中国的文明史比任何一个西方国家的文明史都更为广泛和复杂，只是比作为整体的欧洲文明史略少分歧交错而已。中国的历史记载极为详尽、广泛，中国有关历史的学术许多世纪以来一直是高度发达而精深的。直到最近几十年之前，西方的中国研究尽管有欧洲中国学家重要的开创工作，其进展却几乎没有超过少数史学典籍的翻译和主要王朝及其制度的概略的历史。

近来，西方学者更加充分地利用了中国和日本丰富的有关历史的传统学术，不但大大地促进了我们对过去事件和制度的明细的了解，而且还大大地促进了我们对传统历史编纂学的批判性的认识。此外，

1

当前一代西方的中国史学者在继续依靠正在迅速发展的欧洲、日本和中国的研究的扎实基础的同时，还能利用近代西方有关历史的学术的新观点、新方法以及社会科学新近的研究成果。新近的有关历史的事件在使许多较旧的看法成为疑问的同时，又突出了一些新问题。在这众多方面的影响下，西方在中国研究方面的剧烈变革正在不断增强势头。

1966 年最初规划《剑桥中国史》时，目的是为西方的历史读者提供一部规范的有价值的著作：由于当时的知识状况，定为 6 卷。从那时起，公认的研究成果的涌现、新方法的应用以及学术向新领域的扩展，已经进一步推动了中国史的研究。这一发展为以下的事实所表明：《剑桥中国史》现在已经变为计划出 15 卷，但还必须舍弃诸如艺术史和文学史等题目、经济和工艺的许多方面以及地方史的所有丰富材料。

近十年来我们对中国过去的认识的显著进展将会继续和加快。西方历史学家对这一重要而复杂的学科所作的努力证明是得当的，因为他们自己的人民需要更多更深地了解中国。中国的历史属于全人类，不但由于正当而且必要，还由于它是一门使人不由发生兴趣的学科。

费正清
崔瑞德
（谢亮生 译）

第 一 章

导言:中国历史上的沿海与内陆

为了有别于 1912 年以前和 1949 年以后稳定的中央政府时期,其间 37 年(原文如此。——译者注)称之为中华民国时期。民国这些年的特征,在军事、政治方面,是内战、革命和外敌的入侵;在经济、社会、知识和文化领域,则是变革和发展。如果我们在第一章中,就能清晰阐明上述不同领域的重大历史问题,重大事件和中国的成就,那么,以后各章就几乎不再需要了。果真如此,那就近乎是本末倒置了。

我们对民国的新看法,必须来自几个方面的研究。本章是导言,属于介绍性的,仅是对一个方面进行探讨;对这个方面,可以看作是主要的和必要的出发点。

外国势力的影响问题

处理中国近现代问题,是一个占优势的成年文明,突然发现自己在世界上处于未成年的地位。由于众人坚守根深蒂固的中国方式,对于接受外来的"近现代"方式就更为困难了。外与内之争的问题,当时就引起了不少人的重视,摆在历史学家面前,仍然是一个界说和分析棘手的问题。

任何人把 1912—1949 年的中华民国,与其以前的晚清,和其以后的中华人民共和国相比较,对于这些年外国人给予中国人生活的影响,甚至参与到中国生活中的程度,都会为之震惊。1901 年义和团之后的和平协定(《辛丑条约》),标志着盲目抵制不平等条约所规定的外国特权的结果,学生结队群往东京,清政府亦表示将进行效仿外国式的改革。辛亥革命以后,外部世界对民国初年的影响太明显了,几乎难以分类表述。革命党人为了避免旷日持久的内战，会招致外国的干涉，试图于1912年仿照外国模式，创建一个立宪议会制的共和国。于是对袁世凯总统的向外国贷款引起了争论。1917年以后的新文化运动，是由留学海外归来的学者倡导的；1919年的五四运动，是凡尔赛会议的强权政治激发起来的。在共产国际推动下，1921年中国共产党成立了；1923年以后，孙逸仙在苏联帮助下改组了国民党；在爱国反帝的激情鼓舞下，举行了1925年至1927年的国民革命。的确，早期民国所受外国势力影响之深入各地，几乎与1931年以后日本之入侵同样广泛。

但是，"外国"一词是非常含混不清的。在这不必要的争论中，可能会使我们陷入困惑，也必须作出谨慎的解释。例如，在上述的"外国势力"中，有的是外国事件；有的虽是见之于外国，而在中国是效仿的模式；有的思想是渊源于外国，但却为海外留学归来的中国人所思慕；有的虽是发生在中国的事件，但却有外国人或外国思想参与其中。这些都不是简单的情况。

在那个时期，"外国"因素如此广泛地介入中国人的生活；要弄清这些因素，我们需要作出一系列的区别或阐述。首先，本文的大多数读者仍可能感到，中华作为独特的文明，保持有自己的模式，与"西方"是不同的。这个假设受到普遍的赞同。启蒙时期产生的"中华"整体形象，由于受到耶稣教会著作家著述的广为传播，进而又为欧洲汉学家作了进一步发展。这意味着西方对于中华形象，是作为社会文化的整体接受的，这个形象遂形成中央国家的神话，并为饱学之士的统治者孜孜不倦地加以宣扬。[1] 在刚进入本世纪之际，这个独特的"中华"文明的整体思想，仍支配着中国人的思维；使用"外国"多是政治上的区分，有时是指西方国家中的事物。

---

[1] 关于汉学和"中华文明的自我形象"，见芮沃寿《中华文明研究》，载《思想史杂志》，21.2（1960年4—6月），第233—255页。在撰写本文时，我大为得益于玛丽·克莱尔·贝尔热、马克·埃尔文·费维恺、刘广京、孔飞力、崔瑞德和王赓武等人的评论。

其次,我们必须区别实际外国在华势力的存在。在中国境内有许多外国人——有数万人居住在大城市中,其中大部分是在外国人参与管理的条约港口,数百人一直受历届政府所雇用,数千名传教士住在内地的布道教堂。此外,还有外国驻扎在中国的军队,以及外国海军舰船游弋在中国内河。我们最好想像一下"半殖民地"的情景,在不平等条约下的中国,外国人居于特殊的地位,享有种种特权。本卷以一章的篇幅,专门论述"外国在华势力"。不管用何种界说,"外国在华势力"移植到中国的环境之中,并与之共生繁茂,形成独立自给的诸多亚文化群特点。

从这幅外国人建立的生活方式的图景中,我们可以理解为什么在20世纪20年代,国民革命是在反帝情绪中爆发的。帝国主义的存在,成了较之已往更为团结进行革命的目标。

但是这个革命奋斗的自身,却又显示其受外来势力的影响。革命总常有外国的赞助者。孙逸仙领导的同盟会,在日本的推动下,1905年在东京的中国留学青年中组成的,并得到海外华侨商界的资助,也利用了香港和上海外国行政当局的保护。后来,苏联的革命使者既推动了中国共产党的建立,又推动了国民党的改组。因此,国民革命是利用了外国人,利用了他们的援助、思想和方法,去打击外国创建的事业,以作为国内革命的目标。

但是第三点区别,或第三个问题是中国的历史必须由中国人自己来写,不能由外国人来写。诚然,当这个时期的历史由中文记载时,随即出现了饶有趣味的事情——外国人几乎消失了。总税务司安格联征收关税,甚至加以扣留。孙逸仙的顾问鲍罗廷可能起草了国民党的党章。苏联将军布留赫尔(加伦)可能拟定了蒋介石的北伐作战计划。他们虽担任拥有实权的职务,但都不是中国人;他们即使不是全部在中国的记载中被抹去,也都被贬低了。这种在华外国人在中国历史上不露面现象,不但反映了现代中国爱国者的自尊心,也否认了外来者在中国历史上所起的作用,还符合了中国的长期传统。如从欧亚大陆西部来的马可·波罗一家和伊本·巴图泰,在中国历史中却没有他们的地位,因为他们是处于中华文明之外。中国的社会保持了其整体性，有中国言语和文字体系的界限。只有当个别人士如利玛窦和赫德深谙说和写的汉文载入典籍时，他们才出现在中国的历史上。

尽管在华外国人有其引人入胜的历史，但他们的历史不是中国的。当英美业余剧团在上海公共租界上演《彭赞斯海盗》，并获得巨大成功时，这虽是一个中国的事件，但不是中国历史上的事件。外国人的经历不同于中国人的经历。易卜生的《玩偶之家》之所以在中国能有影响，是因为胡适把它引进了中国的文化大门。

总而言之，中国历史并非发生在中国一切人的思想观念，而是发生在中国人中的思想观念。根据这一观点，现代富有活力的实体，是有其民族国家文化的民族。多数民族大事的编写者，都是按照其种族—文化发展的思路来写编年史的。这是很自然的事，外国是外来的，而且居住不会长久的。事实证明，正如19世纪后期的欧洲殖民当局那样，在20世纪中叶则从殖民地上断然销声匿迹；传教士、外国雇员、在条约港口的居民，最后都从中国舞台彻底消失了。

因而第四个问题是外国影响如果要传给中国人，必须用中国的语言和书写方式来传布。中国人与"夷人"长期交往的经验，已经发展成了经受时间考验的思维和反应方式。例如"内"和"外"是很古老的中国思维范畴，既作为地理概念，又作为象征意义，已为广泛应用。因此，外国虽位于中国之外（中国，中央的国家），但行叩头礼的外国首领可以成为外藩。[1] 天子必须在人格上是内圣，在行动上是外王。正如君子须先修其身于内，然后才能平天下于外。互为关联范畴的内与外，使中国人始终保持纯中国式的思考，去对国内外的刺激因素作出反应。[2] 张之洞"中学为体，西学为用"的著名提法，是一对相似的用语，证明在处理西化时是有用的。由于体和用实际指的是

---

① 杨联陞：《关于中国人的世界秩序观的历史笔记》，载费正清编：《中国人的世界秩序观：传统的中国对外关系》，第32页。

② 关于哲学中"内和外两个领域"，见许华茨《儒家思想中的几个极端》，载戴维·S. 尼维森、芮沃寿主编：《行动中的儒学》，第54—58页。关于把传统的和外国引起的行政事务之分内与外，见张寿庸等编《皇朝掌故汇编》第3卷。

单一实体的两个方面，所以张之洞虽然错用了这些字眼，也无关宏旨，倒是有助于中国西化。

因为外国影响之进入中国，必须通过语言这个途径，所以外国思想翻译到中国，常常接近于使之其汉化。正像为了现代的需要，常把印欧语系给以现代化那样，中国也创造出新名词，许多是从日文吸收来以表达新意的。用古代汉字来表达新的词组时，就无法摆脱其相沿已久的含义。

例如传入中国的外国宗教信仰，在有些关键的词语上就有明显的困难。"God"无疑是基督教传教士事业的中心，可是传教士长期费尽心机寻求"God"的最佳译名。天主教使用了"天主"，新教徒则各自使用"上帝"和"神"。再如西方自由主义的"自由"（freedom）和"个人主义"（individualism）两个神圣概念，当年日本人翻译时，保留了任性和不负责任的含义，随即成了人都为己的处世信条；正统的儒家信仰者对此为之惊恐不已。于是西方个人主义的美德，变成了无责任感的自私与放纵。

权利（right）的观念，甚至在现代西方也是在新近才发展起来的；但是在中国，权利的观念几乎没有什么背景，以致不得不为之创出一个新词。1864 年，美国传教士丁韪良翻译惠顿的《万国公法》时，用了权利一词，这个词又在日本使用。但这两个汉字当然已有固定的意义。"权"与"利"结合在一起，似乎是指"权力—利润"（power-profit），或者至少是指"特权—利益"（privilege-benefit）。这样就使一个人对权利的维护，看起来像是一场自私的权力游戏了。[1]

最后，再考察马克思主义的"proletariat"一词，原意是指古罗马的穷人，在现代英语中还保留有城市贫民的含义。此词译成中文"无产阶级"[2]。在毛泽东中国，这个词包括了贫农，这无疑是有用的改造。翻译的作用是对中国影响的过滤器；对于西学的汉化，我们几

---

[1] 王赓武：《中国历史中的权力、权利和责任》，"第 40 届莫理循人种学讲演"，1979 年（堪培拉，澳大利亚国立大学，1979 年），第 3—4 页。

[2] 校注：此词在 20 世纪 20 年代，中文译音为"普罗利塔利亚"，简称"普罗"。

乎还没有开始研究。

第五个问题是外国施加于中国的影响，主要是由对中国个人的影响来实现的。一批一批对社会发挥新作用的人，是要求变革的先驱者；这些改革者只是在晚清时才出现。于是在传统的士、农、工、商四个社会集团之外，还要加上形形色色的成分。受过训练的军官团中，产生了学者—军人。从外国大学留学归国的一批学者—知识分子，其中有很多人被排斥在官场之外。科学训练造就了学者—工艺专家。同时，商人继续捐官，有些官员则变成了商人—企业家。如同新闻记者和现代型政治活动家一样，革命者也组成一个独特的职业集团而崛起。① 总之，现代生活的专业分工，拆散了旧的社会结构。专业化的分工，使之靠经典旧籍学识相结合的缙绅先生的儒家思想失去了信任，这大致与美国的情况相同，专业化分工已经完全否定了杰克逊在美国实行的均等教育的理想。②

所有新的作用，都须涉及外国事物，或与外国学识打交道。买办与中国基督教徒（有时同为一人）出现在条约口岸，随后是新闻工作者和海外归国的留学生，都曾受到外国的影响。技术成了新发展的关键，不论军事、工业、行政或教育都是如此；而技术几乎全来自西方，即使是通过日本传来的也是一样。到了 20 世纪，1912 年谈判革命议和的两个中国青年领导人，唐绍仪和伍廷芳都是讲的英语；原来他们俩人分别在康乃狄格州的哈特福德和伦敦的四个法律协会，是实际使用英语的。③

除了注意局部现代专业化的社会作用外，这时由于国际交往的

---

① 参阅 M.巴斯蒂之文，载《剑桥中国史》第 11 卷（即本社出版的《剑桥中国晚清史》下卷），第 10 章。

② 约翰·海厄姆：《专业化的发源地》，载亚历山大·奥利森、约翰·沃斯编：《现代美国的知识构成，1860—1920 年》。

③ 保罗·A.科恩在他的《传统和现代性之间：晚清中国的王韬和改革》第 9 章，分析了"沿海的"和"内地的"早期改革者的事迹；又见路易斯·T.西格尔《唐绍仪（1860—1938 年）：中国民族主义外交》（哈佛大学博士论文，1972 年），第 92 页及以后；琳达·邢：《过渡中的中国：伍廷芳（1842—1922 年）的作用》（洛杉矶加州大学博士论文，1970 年）。

扩大，还可以看到多种多样的外国模式和促进力量。现代性本身是多样化的，此时不同的民族形式，已然传到了中国。19世纪的中国，已受到英、美、法、俄的爱国海军军官和外交官，富有进取心和自以为公正善良的传教士，以及一心一意追求物质利益的商人等榜样的影响；而这些人都没超出西方文明的范围。这时的场景，大大扩大了。武士道的前武士阶级的理想，被年轻的爱国者蒋介石从日本士官学校学到了。俄国民粹主义对平民的关怀，激励了李大钊等早期的马克思主义者。泰戈尔带来了神秘和谐的印度启示，虽然信从者寥寥无几。在太虚法师的倡导下，佛教的振兴得到了推动。妇女接受高等教育的运动，促成其与史密斯学院和其他姊妹学院的接触。美国的新诗运动，作为全球交通工具的世界语在欧洲流行。所有这些不同类型的国外风尚与时新的浪潮，都在中国新型城市的知识分子和任事的人员中引起了波动。价值观与道德标准的变化也随之而来，自我形象的趋于模糊，使之在中国舞台上的活动家，怀有又爱又恨的心情徘徊歧路；外国观察家亦因之而大惑不解。

然而，在这种混乱之中，我们可以看到第六个问题，即中国人不论以中国语言，或以其行动对外国来的刺激因素作出反应时，必须以中国的因素形成的现代方式；即使这些新或旧的因素不是土生土长的，也是可以为他们利用的。

首先，甚至最洋化的中国人，也不会丢弃其具有中国特点的意识；在海外居住反而会增强这种意识，文化的摩擦乃激发出炽热的爱国心。最虔诚的爱国者孙逸仙，接受中国传统的经验较少一些，而接受国外的现代民族主义却多一些。

但是，在此所涉及的不只是爱国的动机。一般说来，人类思维的奥秘似乎是靠大量运用类比，如在确定时间时，总是用指定空间位置的"前"和"后"两个词来表达。在时间的阶梯上，我们"看到""前"和"后"依次发生的历史事件。类比和形而上的思维，导致我们根据比较熟悉的事物，去想像比较不熟悉的事物——总之，为了逾越大洋之间的鸿沟，我们不得不主要用我们头脑中已有的一切事物去思考。① 因此我们发现，一个又一个中国爱国者，不但被文化自豪感所激动，而且其思考过程，也使之在中国寻找其在外国看到的相似之物，或同类之物，或中国的与之相对应之物。②

19世纪仇外恐外的人，想托庇于古老的基本原理以求得慰藉，认定西方科学精髓一定来源于古代中国。在讨论西方的科学训练时，有人据此为其辩护宣称，西方科学的基础系借鉴于中国古代的数学。为了避开那些仇外恐外的人，维新人士的手法是把西方的事物私下引入中国，当成中国原先已有之物。当康有为在古代中国的三世之说中（见《剑桥中国史》第11卷第288页），找到现代西方的进步思想时，就是对这种手法的妙用。因此，在中国维新人士的心目中，必须以其能够在中国搜集到的类似之物，去对照外国的文化。约翰·杜威的学生胡适，是最无所畏惧的反偶像崇拜者，同时也是中华遗产的扬弃者，他在哥伦比亚大学撰写的博士论文题目，就是《中国古代哲学方法之演进》（*The Development of the Logical Method in Ancient China*）。

当然，早期的洋务运动和后来的维新运动，很快就懂得如何去作出区别。最初，欧洲和美洲在中国汇合成一个外来社会（尽管这个社会内部还有广泛的差别），发展了商业—工业—军事机器，看起来整个都是外来文化产物。蒸汽机、代议制政府和基督教，乍一看似乎是连在一起的。"西方文化"来到中华大地时，比起后来所表现的更加趋于一致，因此就更具有威胁性。这种威胁性，似乎要求中国能变成商业—工业—军事的自卫国家。

但是，正是"西方"的极度多样性使人们明白，西化必须要有选择；一般来说，选择的标准应是西方的方式要适合中国的需要。这

---

① 就中国而言，文化交往的心理学和思维过程，似乎研究得不够。关于隐喻思维一次受欢迎的讨论，见朱利安·杰恩斯《两院制思想垮台时的自觉意识的起源》，比较第50页："科学的概念，都是……产生于由具体隐喻做出的抽象概念"；第53页："了解一事物是为它作出一个人们熟悉的隐喻。"

② 中国寻求与西方事物类似的活动，特别引起了已故的李文逊的兴趣，见他的《儒家中国及其现代的命运》。

样，舶来品才能扎下根来，变成中国的东西。借用外国之物是"外"，必须适应国内背景的"内"。

的确，人们不禁断言，在外来鼓动下的现代中国革新，仍必须作为"传统中的变革"出现。[①]因为即使与传统最惊人的决裂，也仍旧发生在日常相沿的中国方式与氛围之中。废除缠足和妇女解放，白话文的盛行，忠于民族取代忠于君主，孝道的解体等，这一切都从中国文化领域中找到了根据。惊恐与反偶像崇拜的心理，使变革的历程似乎遇到了危机，但毕竟由沉浸于中国语言和文字的中国人进行了变革。

这就提出了最后一个问题，要平等的与西方人交往，最自然的方式是遵循少数中国人的传统。这种传统与西方商业和激烈竞争的共同之处，多于其与中国官僚政治和中庸谐和的思想。例如，在与广州人的交往中，"西洋"人特别使人感到恐惧的粗野形象和贪婪的手段，投合了广州民众深隐于内心的偏好。西方"夷人"露骨的商业精神，在繁华的十三行夷馆背后猪巷的商店老板中，很快得到反应。一旦印度的鸦片由代理行的私商自印度运入，即投入港脚本地贸易之中，商人的贪婪立刻使这种双边鸦片贸易很快增长起来，并成为19世纪主要的中外双边合资事业。其进行之顺利，远超出任何人的担忧和预见。

只需少具想像力就可以懂得，正是中国传统的继承者，与西方贸易世界有甚多共同之点，广州的鸦片中间商才着力把中国引入到现代国际商业界，也算是尽了自己的一份力量吧。看起来是"外国影响"促成了共和革命。[②]其实，本来就符合于中国，或出自中国古老传统的倾向，这些倾向分明有着与外国人相同的特性。以下，我们只能指出这个历史问题的几个方面。

---

① 小 E.A.克雷克使用这个词组（以区别于现代的西化），去说明宋代城市化及伴随而来的变化，见他的《宋代社会：传统中的变化》，载《远东季刊》第 14 卷（1955 年 8 月），第 479—488 页。

② 校注：原文作"Republic Revolution"，译意为共和革命，实即辛亥革命。

次要传统的中国沿海

从社会科学和人文科学逐一分解，统一体的"中华"文化，正在分解为诸多差异性的亚世界。不可分割的"中华"形象，正在为各式各样不同方面的发现所取代。现在对地方、城市、省、区域或大区的研究，为有效地分析领域进行了探索。① 与之相似的，是中国内地占统治地位的农业—官僚政治秩序，与中国边境地区的边缘少数人的传统，正在形成一个对照。

西北长城边境的边缘地区，集约的旱地耕作，让位于以畜牧为主要活动的社会组织。中国西南部曾经是灌溉的稻米文化，让位于亚热带边缘山地刀耕火种的农业部落。其他类似的地区，如东北通古斯诸部落，是渔猎和农业半游牧的混合经济圈。在所有这些地区中，西北边境的草原曾经在历史上是最重要的地方，因为畜牧生活能够产生入侵和统治北部中国的骑兵。对比之下，在19世纪30年代外国人入侵中国之前，东南沿海出现了中国人迁向海外的情况。

中国的沿海，是沿东南海岸的边缘地区。自山东北部黄河沼泽地港口，向南面的黄河与淮河的沿海，都不适于沿海定居和海上航行。中国北部，一般缺少像浙江、福建沿海形成港湾那样的山脉和河流；在那里也缺茶、丝和瓷器出口。到了19世纪，上海—宁波和南满之间，有了广泛的沿海贸易，但山东和辽东在国际贸易中显得并不重要。根据这个标准，我们在这里所关心的主要区域，是从长江三角洲延伸到海南岛部分，并包括了近海的澎湖列岛和台湾岛，以及外缘的琉球群岛和吕宋岛。②

---

① 在施坚雅的《19世纪中国的区域城市化》中，九个大区"在基本上是农业区域体系中"（第253页），专门从事"定居的农业"（第212页）。海外贸易迄今在他的城市研究中处于非主要的位置。见施坚雅编《晚期中华帝国的城市》。

② 由小约翰·E.威尔斯划定，见他的《从王直到施琅的面海中国：边缘史的几个问题》，第203—238页，载史敬思、小约翰·E.威尔斯合编《从明至清：17世纪中国的征服、割据和延续》，第206页。

在某些风格和传统上,这些边缘地区或边境区,与占支配地位的农业—官僚政治腹地,形成了明显差异。我们在讨论次要的传统之前,必须认识腹地所具有的鲜明特点,是历久不衰的集体性凝聚力。这一多数人的主导秩序,是早期中国人天才的杰作,比之东亚任何其他生活方式都更为精致;其特征为帝国的君主政体,是"构成秩序的道德中心"①,儒家的三纲(忠君、孝父、敬夫)② 作为社会秩序的原则。这个社会的基石,是扩大了的家族制度。世家大族的寡头政治权力,在晚唐和宋初,才为统治者用科举考试制度选拔人才的权力政府所代替。③ 从此以后,受过经典著作教育的官员,是皇帝在地方的代理人;而广有土地和获有功名的缙绅家庭,则是地方名流的中坚。

近代的研究工作,戳穿了儒家以德治天下和礼治的表象;也揭露了一个旧秩序,在其中的大量平民百姓,常受自然灾害和地区性混乱的摧残④。这些地区性混乱——周期性的饥荒,盗匪抢劫,村与村的不和,农村的长期苦难,家庭中的专横,地主贪得无厌的剥削,官员的贪污等。但是,这些现实的悲惨情景,恰恰突出了事物的真实情景,从而否定了持久的传统宣传,如果不去突出旧秩序成绩的话。

由于古老中国规范的理想,对于现有论述中国的中外著作起了极其重大的作用(例如见《剑桥中国史》第10卷第1章),我们在这里只去注意这些古老中国规范的理想,在支撑占统治地位的农业—官僚统治,及其在进行统治方面的相对效能。

中国统治阶级至高无上的地位,是从远古时代沿袭下来的。在中国社会黎明时期的商朝,即显出王与政府中辅助王的史官(文人)作用。⑤ 在周朝的典籍,已经有卿大夫阶级的优秀人物和庶民中的普通

---

① 所引的短语,出自张灏之文,载《亚洲研究杂志》,39.2(1980年2月),第260页。
② 校注:三纲为"君为臣纲,父为子纲,夫为妇纲"。
③ 戴维·G.约翰逊:《中世纪的中国寡头政治》,第149—152页。柯睿格估计,1046年的文职人员为12700人,见他的《宋初的文职官员:960—1067年》,第55页。
④ 例如见史敬思在他的《王氏之死》第39—48页叙述的残忍细节。
⑤ 到公元前2000年,城市已在中国的几个地区(特别是河南、山东、江苏和湖北)中发展起来,它们是与"由高度阶层化社会造成的社会生活、冶金术、文字和优美的艺术风"一起出现的。张光直:《古代中国考古学》,第217页。

人形象。天子君临天下的权力和官僚的施政，在汉代已牢固地确立了。[1] 以儒家经典哲学为前提基础，并为科举制度规定的章法所支撑，统治阶级的大厦逐步建立了起来。在明、清两代，终于出现了享有功名的缙绅阶级，被灌输以忠君思想和授予以维护社会—政治秩序的训练。[2] 大多数记载（几乎全部是按照统治阶级观点写成的）说明，不足总人口 5％ 的士大夫阶层，是如何全面控制中国社会的军事、商业以及所有其他的集团。

每个思想正常的人都力图维护这种秩序，包括妇女顺从男人，年轻的顺从年长的，个人服从家庭，农民和士兵听从有功名的学者；整个社会都要听从帝国的官僚集团。这种统治因为有很大的灵活性而能更加持久。其灵活性表现在允许农民购买土地，让所有的男人参加考试竞争，承认继母和母亲具有同等的地位，允许商人捐纳进入有功名者阶层。总之，统治阶级已懂得如何吸收社会上的才智之士，使其统治能够长治久安。地主、商人、工匠、僧侣几乎没有独立于官吏之外的力量，其中部分的原因，是地主、商人和官场人物通常都出身自世家子弟。事实上，在乡村和统治阶级内部，家族血缘关系都是和社会结合在一起，同时这又提供了两者之间的流动渠道。[3] 旧中国不但是农业—官僚政治，而且是和家族制扎根于这个社会的土壤。这和人烟稀少的亚洲内陆相比，或和靠航海为生与具有自然流动性的沿海边境地带相比，都是不同的。

像这样一成不变的现象，反映帝国定儒家于一尊有着长期的实践，用以巩固社会秩序的准则来教化民众。中国生活的繁多复杂，看来远远超过编年史作者的记述。地理环境，地方习俗，建筑风格，方

---

[1]　"脑力劳动成了高于他人地位的象征……孟子认为那些从事脑力劳动的人是君子，以区别于小人。这个观念……许多世纪以来，已在中国社会被广泛地接受了。"瞿同祖：《汉代社会结构》，第 64 页。

[2]　关于清代科举考试的生动的叙述，见宫崎市定的《中国的考试地狱：中华帝国的文官考试》（康拉德·希洛考尔英译）。又，何炳棣：《中华帝国成功的阶梯：明清社会史》。

[3]　莫里斯·弗里曼：《莫里斯·弗里曼中国社会研究论文集》，例如"门第富有越强大，越有可能分化为富和贫、强和弱"，第 339 页。

言，货币制度，农作物，工艺，交通和技术，其间有着巨大的差异，刚刚开始探索。然而，中国之所以长期能团结为一个国家，实有赖于普遍从事农业的农民村落，血缘家族结构，薄弱的统治阶层，古典文献，官方语言（官话），以及儒家定皇帝为至尊的社会等级制度。显然，我们在这里看到的，是儒家的学说和中央的行政权力战胜了地方的独立性。或许，我们应该称这是普遍文化与区域文化，或高级文化与通俗文化的共生现象。总之，在正统典籍和皇帝的诏令中，奉为神明的中央大传统，已经懂得应如何与分散在农村和边缘地区的次要传统共存，并凌驾于其上。

现在，让我们试着确立沿海中国的特性及其成长足迹。首先，海洋有其独有的特征，与其他地区是不同的。例如在古代海洋的渔业收获和海上的航行，较之陆上的生产和通行少受限制与控制。同时，在克服阻力和移动运载工具时，在水上利用风力，较之在陆上利用人力或畜力所用的能量要少得多。因此以磅来计算，一条船比起一辆大车，使用起来更加便宜，也较少受到控制；一小批水手所运输之货物，在陆上则需要一个大商队。在贸易事业上，海洋提供的经济收益远高于陆上贸易。中国人大规模发展横贯陆上河道和运河运输时，已经认识到这个原理了。

与此同时，海洋上的天气比陆地上的天气更为危险。在陆上，公路和驿道的设施，客栈或驿站能为人们提供可靠的保护和帮助。首先，陆路（及陆上的河道）可以由驻军和庞大的税吏机构所控制；而在近期以前，人们只能在海岸构造允许的范围内控制海洋。总之，海洋甚至能鼓励小规模的冒险事业和开拓精神，而陆地则便利了官僚政府。政府如果想要在控制陆地的同时，也控制住海洋，就需要发展海军力量，就需要在设备和技术上进行比较多的投资。

所有这些基本因素，再加附近不存在可以与之竞争的海上力量，使得早期的中国忽视了海洋，而听任海洋为私人团体所利用。于是由中国沿海和远下南洋的海上帆船贸易，遂在私人手中兴盛起来。这不像在亚洲内陆大草原，强大的蒙古人势力多次遭受中国人的讨伐；在中国沿海，不需要用像对付蒙古人那样的国力去进行扩展。

另一方面，早就有人提出，史前的中国北部是一个被陆地封闭的社会，接触不到海洋。这个陈旧的假设，已为近几十年来的考古革命彻底否定了。对依靠耕作，使用陶器和磨制石器的新石器文化的发掘表明，这些不仅存在于华北平原，而且还存在于中国东南部沿海，是"平行的地区性发展……特别是在台湾"。的确，台北县大岔坑新石器遗址，有公元前 3000 年初期的绳纹陶器，是整个东南沿海的典型遗址。① 这表明在新石器时期，确凿无疑地能够进行相当规模的海上航行。从这些事实上来看，沿海的中国和大陆的中国，是同样的古老。②

毫无疑问，广州三角洲和长江三角洲，很早就出现了口岸之间的冒险事业，布劳德尔将其称为沿地中海的"不定期货船运输"③。在地中海、波罗的海以及马来西亚、印度尼西亚的浅海海域，相互争斗的城市和城邦，能够"通过贸易、海盗行为、抢劫，为夺得更好的贸易与殖民条件，以便从其相互关系中获取利益"④。而中国最详细的记载，可以与之相比的情况，是元朝末年长江下游对峙的汉王陈友谅和吴王朱元璋两军的水师在鄱阳湖中交锋——但这也很难说是真正的类似。⑤

同时，与其他贸易中心的距离，起初也限制了中国沿海的远距离航行。中国一直是处于孤立的闭塞状态，跨海到九州或吕宋，大致有 500 英里危险的海域航程；到暹罗的距离，比这还长一倍多；与越南的联系，是陆路优于海路。在商、周历史的最初两千年，甚至到公元前 221 年秦朝统一以后，到前汉建立的这段时间里，航海活动可以到达的范围内，没有什么较大的社会存在。这一事实，更使之航海失去

---

① 张光直：《古代中国考古学》，第 83 页；又见第 85—91 页，《东南沿海的大岔坑文化》。

② 晚至 1980 年，人们可以看到有些无知的提法，"沿海的中国从而形成了一个小传统，其历史之长，大约为大陆……的大传统的一半"（费正清：《剑桥中国史》第 11 卷的前言）。

③ 费尔南德·布劳德尔：《菲利普二世时代的地中海和地中海世界》Ⅰ，第 104 页。

④ 小约翰·E. 威尔斯：《从王直到施琅的面海的中国：边缘史的几个问题》，第 208 页。

⑤ 爱德华·德顿尔：《1363 年鄱阳湖之役：建立明王朝时的内陆水战》，第 202—242 页，载小弗兰克·A. 基尔曼、费正清：《中国的兵法》。

了任何战略的紧迫性；这种海洋上的竞争，依然是早期中华文明的次要部分。汉武帝用兵，主要是对付亚洲内陆的匈奴。汉代的海上远航队，曾被派往越南的北部；南中国沿海和北部朝鲜派出的海上远征军，但比之从陆上越过长城的汉代远征军，仍是居于次要部分。[①]

中国早期对南亚的贸易，是由阿拉伯人经手发展起来的。在7—9世纪，从西亚来到中国的商人和水手，以波斯语作为交往和交易的混合用语。四个世纪以后的马可·波罗时期，情况依然如此。波斯湾的撒拉夫是主要的西方商业中心，即是后来的霍尔木兹。巨大的"波斯船"给中国人以深刻的印象，使自己无法与之相比。最大的船来自锡兰，船长200英尺，能载600人或700人。[②]

中国后来在造船和航海技术的发展，使我们遇到一件长期存在的怪事（按欧洲的标准），中国人在15世纪初已具有向海外扩张的能力，但它却没有去进行扩张。[③]

对这件怪事注意的人很多，但从事对这个问题研究的人却很少。当中国人的航海技术优于中世纪欧洲人的航海技术时，中国建造的船只很早就是平底，没有龙骨，容易隔成横断的密封舱舱壁（像剖开竹子的横断面一样）。早在汉代，中国人创造了平衡船尾的柱形舵，而在中国人使用了此种舵的一千年以后，西方才有此物。同时，中国人还发明了罗盘，记载在航海中使用罗盘，至少比欧洲人要早一个世纪。[④]

[①] 鲁惟一：《汉代的军事行动》，第3页；鲁惟一：《汉武帝的征战》，第67—122页，载小基尔曼、费正清编《中国的兵法》。关于与南方海上交往的早期中国文字参考材料汇编，见王赓武：《南海贸易》，载《皇家亚洲学会马来亚分会会刊》31（1958年），第2部分第1—135页。王教授提出，汉以前，从宁波到河内，粤人应被认定为"尚非中国人"（借用拉铁摩尔之言）。在唐以前，他们在沿海基本仍是如此。这就是福建和广东人自称为"唐人"的原因（私人通信）。

[②] 爱德华·H.肖孚：《撒马尔罕的金桃：唐代舶来品研究》，第12—13页。参见马克·埃尔文《中国昔日的模式》，第135—139页。

[③] 关于这个主要的谜，李文逊平装本的《1300—1600年欧洲的扩张和亚洲相反的例子》，摘收了20位学者著作的主要内容，并把它们分成"技术"、"宗教"、"精神"和"社会结构"几大类。

[④] 李约瑟等：《中国科学技术史》，第4卷，第3部分第29节；《航海技术》，第379页以后。关于定位航行方向的舵，见第650页以后。关于罗盘，见第562页以后。

中国人的航海技术和造船技术之优于欧洲人，是宋代中国技术总优势的重要部分。如同在中国沿海那样（那里的人们必须对付季风和在其间时时袭来的强大台风），中国人的水上驾驶技术，在长江或其他内河航行上已有了长足的发展。在哥伦布以前的时代，中国商人比欧洲人面临更长的航程，更汹涌的海域。例如比起比斯开湾，台湾海峡犹如一贮水之池。唐代时，由中国去日本的航程，无疑与在地中海中航行具有同样的危险性。

中国早期的航海时代，大约是在 1150—1450 年的三个世纪。而 1127 年正是宋王朝受金人所迫，从开封迁至杭州，以后就更加依赖海上贸易。毫无疑问，阿拉伯人在伊斯兰教的旗帜下，在地中海和印度洋水域进行扩张，曾经是推动欧洲人和中国人航海的共同因素。但是进步的中华文明使中国在航海活动上，远领先于分散和缺乏资金的欧洲人。随十字军运动而来的商业活动，使意大利的海上力量进入地中海时，南宋建造了更好的船只和建立了强大的舰队。南宋人于1132 年成立了统率全部水军的指挥部[①]，建立舰队时营造的船只，仍少于雇用的船只或征用的商船。政府兴建海港，鼓励对外贸易，并由设在九个港口的市舶司对这种贸易征收税额。[②]

南宋时期中国沿海的早期成果，在 1279 年以后为蒙古帝国所继承。中国的海军力量和海上贸易，成为蒙古人继续进行其全球扩张的一个部分；中国的海军和海上贸易仍不断向前发展。1274 年，蒙古对日本发动了进攻，使用了有 900 艘船只的舰队，运送了 25 万的士

[①] 校注：南宋因江防与海防需要，在长江中、下游各州，大都置水军，设沿江制置使司与沿海制置使司，掌江防水军事务，以明州知州兼沿海制置使司，节制海防水军。

[②] 关于宋、元的海军，见罗荣邦开拓性的劳动成果，特别是《宋末元初中国作为海上强国的崛起》，载《远东季刊》14.4（1955 年），第 485—564 页；《海上商业及其与宋代海军的关系》，载《东方经济社会史杂志》，12.1（1969 年），第 57—101 页；《明初海军的衰落》，载《远东》，5.2（1958 年 12 月），第 149—168 页。

校注：宋代设管理商船机构的市舶司于广州、泉州、明州、秀州等处。宋徽宗大观元年（1107 年），设广南、福建、两浙三路提举市舶司。广南路市舶司于广州；福建路设市舶司于泉州；两浙路设市舶司于秀州华亭县，辖杭州、明州、温州、江阴军等五市舶事务，合为九市舶司，即文中所称"九个港口的商舶管理机构"。

兵。1279 年，蒙古人在缴获了南宋 800 艘船只的舰队后，于 1281 年远征日本，派出 4400 艘船舰——士兵数量之多，为欧洲人在海上所未曾见。1292 年，约有 1000 艘舰船的蒙古舰队出击爪哇，这和哥伦布时代以前欧洲的任何远征相比，是规模更大的一次远征。[①]

继蒙古海上力量而起的，是明初的海上力量，在 1405—1433 年之间，曾七次进入印度洋，或跨越印度洋从事大规模的海上远征。当时，中国人的海上航行事业是杰出的。例如，这时中国远涉大洋的典型平底船，长 250 英尺，宽 110 英尺，吃水深度为 25 英尺，排水量约为 1250 吨。这种船可能有高达 90 英尺的六个桅杆和十几个密封舱，在长距离的航行中，平均速度为每小时可能达 4.4 海里。这样的船只，显然优于哥伦布时代以前欧洲的船只。[②] 中国的航海事业已步入成年，当时有能力超过葡萄牙和西班牙，成为世界上潜在的头等海上强国。

1492 年以后，征服全球的欧洲海军力量，从年代上来看，只是晚明时期突然爆发的奇迹。这是一场由技术进步发展、民族竞争、宗教狂热和资本主义冒险精神共同造成的突变，但在中国却没有出现这种资本主义的冒险精神。欧洲的扩张，是一个渐进的积累过程，起初也很缓慢。只是在 1511 年阿尔布魁克占领了马六甲以后，才能继续向远东渗透，只是由于那里没有出现中国的海军力量。因为尽管迟至1430 年，中国的航海活动虽仍优于欧洲，但在中国的国家和社会中仍然是次要传统。在驱逐了蒙古的君主，并在陆海两方面显示其早期扩张能力时，明朝诸帝立即发现，仍然受着亚洲内陆边陲的蒙古骑兵的威胁。这支复起的蒙古军事力量，于 1449 年俘虏了明朝的皇帝[③]，并包围了北京。重新崛起的蒙古，导致了农业—官僚政治在中国本土占支配的地位。临近"长城，一个武治的社会发展了起来。中国北境

---

① 李约瑟：《中国科学技术史》，第 4 卷，第 3 部分，第 477 页。

② J.V.G. 米尔斯：《马欢的〈瀛涯胜览〉》，对海洋诸海岸的全面考察（1433 年），第 303 页以后。

③ 校注：此即 1449 年（明英宗正统十四年）的"土木之变"，明英宗为瓦剌首领也先所俘。

的边患，成为人们忧心忡忡的大事。而实际上在整个明朝的中叶和晚期，一直在困扰着许多当朝的政治家"。这种"恶化的中蒙关系"，影响了中国其他一切对外交往。[①]

沿海的中国尽管早熟，但仍依附于大陆的中国，甚至是大陆中国不重要的附属物。最能说明问题的事实，是造船、航海和对外贸易，依然在学者们感到兴味的事物中不占重要的地位。海洋和有关海洋方面的工艺，根本不能吸引中国的文人。中国与日本和东南亚的海上交往，只是在唐代才为编年史者所记录。广州和刺桐（泉州）的阿拉伯商人，在宋代才成为人们注视的人。在这种中国内在的转变中，与沿海中国一起发展起来的航海—商业生活，却一直被贬低和受到忽视。

中华帝国面向陆地的倾向，妨碍了其向海上的扩张，在许多方面都得到证实。1405—1433 年明代的海上远航，是宫中太监、伟大的郑和等人做出的空前辉煌壮举。郑和是穆斯林教徒，并不是正式官员，妒忌他的官僚们几乎毁掉了他所有的航海记录。中国民间的海上贸易，在通往爪哇和马六甲以东的东西航道上，继续在发展。1511 年以后，葡萄牙人在爪哇和马六甲，发现已有大批的中国船只和商人在那里活动。但是，明朝政府对于对外贸易并不给予支持，而却对其加以管制和征收税额，实毫无鼓励政策可言，并限定中国人不准出海。的确出现了这种武断的规定，只有外国派来的纳贡使团到来时，才准许进行对外贸易。

在 16 世纪 50 年代，当日本"海盗"（倭寇）出没在中国沿海时，实际上其中大部分都是中国人。明朝政府对于防倭，就像对付来自长城边陲草原的袭掠者那样，采取严禁猎獭的沿海走私，也禁止贸易。为了"迫使他们（倭寇）因饥饿而投降"，有一个时期，沿海居民奉命须撤至内地，因而造成大量的居民安置工作和经济生活的混乱。[②]对于官员们来说，海洋意味着给他们添麻烦的问题，而不是发展的机

---

① 牟复礼：《1449 年的土木之变》，第 243—272 页，载基尔曼、费正清编：《中国的兵法》，第 270—272 页。
② 苏均炜：《16 世纪明代的日本海盗活动》，第 3 章。

会。官员们的治国之道，即使没有涉及沿海边界的内容，肯定也几乎不会涉及公海上的事务。保甲及其他登录在案的控制办法，要塞、驻防军和警卫海疆的巡逻分队，对官办造船厂的管理，都是官员们注意之所在。中国航海家们对海外各地真实的了解，很少能列入国策中进行讨论。①

研究明史的学者认为，中国的失误在于 1405 年后，没有像欧洲那样去从事扩张。但当人们一旦注意到当时中国的真实状况，从传统制度和占主要地位的农业—官僚政治文化价值观考察，这就不会令人不解了。如果不能从这种文化概念中得到教益，那么，对问题的看法仍然会是一片模糊。②

我们对中国历史作了简略的概述，随之即进入了一个崭新的阶段。欧洲人来到东亚水域——特别是 1600 年以后的荷属东印度公司、英属东印度公司的到来。在这个时期，日本虽是短暂，但却是充满活力的海上扩张，和中国在东南沿海海上力量的重新崛起是一致的。但在 17 世纪的明清两代交替之际，掌握海上领导力量的，既不是明朝的皇帝，也不是满洲征服者，而是一批批中国的海盗头子。这些海盗力量的日益强大，表现在对东亚的国际贸易规模和在价值方面；这项贸易，促使巴达维亚、马六甲、澳门、厦门、长崎、平户、马尼拉（以及阿卡普尔科）之间进行交往。但是中国海疆的军事—商业力量的壮大，是由私人促成的。在这种壮大的事业中，郑成功（国姓爷）达到了最高峰。在 1659 年，郑氏统率一千多艘舰船驶入了长江，在其 1661 年去世前，曾围攻过南京，但无功而还。

---

① 威尔斯：《从王直到施琅沿海的中国》，第 215 页。
② 例如，见伊曼纽东·沃勒斯坦：《现代世界体系：资本主义农业和 16 世纪欧洲世界经济根源》，第 38—47 页。书中引用了 17 位西方学者（他们都不是主要研究明史的）提出的中国之所以未能像葡萄牙和西班牙那样扩张的原因。由于没有"文化"这一类目作为经济、政治、社会结构、价值观念和社会其他方面的相互作用的总框架，沃勒斯坦为难地作出结论说："15 世纪欧洲和中国之间，在某些基本点（人口、面积、技术状况［不论在农业还是造船工程方面］）都没有重大的差别，即使有差别，也不能用它们来解释以后几个世纪发展的巨大差别……价值体系的差别被大大地夸大了，而且即使存在这种差别，也同样不能解释发生的不同后果。"

随着满洲人统治在中国最终的建立，本于大陆而轻于航海的观点又重新被确定下来，直到 1684 年以前，禁止一切海外贸易；对海船的大小也作出限制。而且，满洲统治者也成了崇奉儒家的皇帝，重新肯定中华帝国的农业—官僚政治理想。清帝们设想，"对中国盛行的文明秩序，是合乎'礼'的一部分；必须使这种秩序与海外贸易隔离开来，免得受外界混乱的污染"。因此，其目的在于"阻止接触，而不是从中受益；控制洋人，而不是与其合作"，这就导致了"单方面作出决定和实行官僚主义的规定，而不是谈判和信守条约"的中国作风。①

在此，我们看到亚洲内陆游牧部落和半游牧部落的边缘文化，正加强了中国腹地的反海上航行的传统。人们都普遍注意到，蒙古和满洲对中国的征服，加强了中国君主政体的专制主义；而满洲人很少鼓励，甚至根本不鼓励航海事业。其结果是航海事业一直处于从属地位，使之成为内陆统治沿海，官僚持续统治商人的一个重要部分。清朝在战略上依然专注于亚洲内陆。②

但是中国国内的商人，在习惯上依附于官吏的情况，并没有阻止中国商业向东南亚的扩散；而清朝的官员却不愿随商人渡海前往那里。自宋代以来，中国的对外贸易，对国内贸易的发展已经起了作用；但没有任何的海外市场，能与大陆上帝国的国内市场相比。8 世纪至 13 世纪，中国早期国内贸易的发展，曾为这个官僚体制的国家成功地遏止住了；但从此以后，中国国内的商业，日渐摆脱了官僚的控制。在明代，像福建的茶叶和浙江的生丝等地区特产，或者像江西景德镇瓷器制造中心的特产，都通过经营长途贸易的商号而贩运到帝国全境各地。长江和大运河，成为日益扩大的国内贸易著名的大动脉。到了 18 世纪，这种国内贸易，使中国成了大于欧洲的半自由贸易区。总之，中国的农业—官僚政治传统，此时正有赖于活跃的商业

---

① 小约翰·E.威尔斯：《胡椒、枪炮和会谈：荷属东印度公司和中国，1622—1681 年》，第 207 页。

② 《剑桥中国史》第 10 卷（《剑桥中国晚清史》上卷），第 2、7、8 章对此有所论述。

经济；官员们在其私下的打算中，比其在意识形态的宣传上，更为充分说明他们是承继了这种经济。清朝虽然仍在高唱反对航海业的潜在力量，但是茶叶、生丝和瓷器的出口，以及大米和鸦片的进口，却揭示了贸易上的真实情况——巨大的和基本上自给自足的中国国内贸易，已为大规模的国际贸易做好了准备；同时在东南亚欧洲殖民地的中国华南商人，则急于充当这种贸易的代理人。

中国沿海的这种扩张，开创了日后西方贸易和企业侵入中央帝国的主要渠道。对此的研究几乎没有开始，但是对不同方面的轮廓还是能辨认出来的。[①] 在暹罗的中国人于 18 世纪对华的大米贸易中很快成了商业巨头，大规模的中国移民也随之出现在那里。到 1767 年，统一该国达 14 年之久的披耶达信，就具有一半的华人血统，而且他以具有华人血统而引为自豪。中国商人在沿马来半岛及其周围，直至槟榔屿，在所有帆船贸易停泊的港口中，其地位日趋突出。1819 年以后，当华人入居新加坡时，该地的情况证明，那里的创建者 T.S. 莱佛士已取得了不小的成就。在西班牙人统治下的马尼拉，一度因中国海盗林阿凤（即林凤。——译者注）而感到担忧，因为马尼拉的大量贸易都操在中国人手中。阿卡普尔科的大帆船贸易，从中国装载丝绸出口，又从墨西哥运来银元进口中国，因而大获其利。

自 1600 年至 1900 年的三个世纪，当欧洲殖民者接掌东南亚时，海外华侨成为其中必不可少的一部分。所有的殖民地强国——葡萄牙、西班牙、荷兰、英国，甚至法国，在其于东南亚的鼎盛时期，发现中华帝国对其毫不介意。中国商人则在当地经营零售业务，且常充当对当地居住民族的税务征收人员，是特权拥有者的中间商。到了 19 世纪，当西方"苦力"贸易的航运船只，载来越来越多的中国移民到达这个地区时，沿海华人的侨民社团，即使没有满洲人政府的监管，也已成为当地的一股商业势力。

我们由此得到一个农业—官僚政治帝国的形象，既要在大陆内地

---

① 人们仍能从乔治·萨姆森审慎的考察中获益，见他的《西方世界和日本：欧洲和亚洲文化相互作用的研究》，第 1 部分《欧洲和亚洲》。

小心谨慎地保存其意识形态结构，又要以其国内贸易用沿海地区为中介，进入发展中的商业—军事世界的关系网中。这个商业—军事世界，包括主要为欧洲资本主义服务的海上贸易、民族竞争、殖民主义和技术革新。

条约口岸的混杂社会

这些范围广泛的论题和形象，对剖析中国现代历史提供了怎样的看法？1842—1943年之间一百年的条约体系，可以被看作是一种居间的过渡方式，缓和了农业中国和商业西方之间因文化交往而引起的震动。如在第10卷中所提出的那样[1]，这个条约体系既来源于外国，也来源于中国，只是形势的发展超过了清朝的应对能力而已。通过治外法权的法定制度，在条约口岸居住的外国人，取得了相当于中国士大夫阶级所享有的特权地位。例如，传教士和中国儒生都可以不受知县的笞刑，中国不得阻拦外国的炮舰驶入内河。这样，在华的外国人就进入中国新的权力结构之中，缔约列强在多重管理的中国政权内部，却能在某些方面发挥主权者的作用。

主要是由外国治理，但主要是中国人居住的条约口岸，是文化共生现象的产物，也是西方扩张势力与中国在沿海成长力的结合点。1842年以后，这个结合点是混杂的中国新兴商业城市，是由水道运输发展起来的商业中心。今日上海和其他的条约口岸，使人想起以前中国商人立足于槟榔屿、新加坡、巴达维亚、马尼拉，以及其他欧洲贸易中心而大获其利，并形成培育现代型中国贸易和企业的摇篮。所有这些口岸，都是中国人越来越多参与国际商业发展的中心。[2]

现在人们认识到，中国资本与外国资本在这一发展中，是混合在

---

① 《剑桥中国史》，第10卷，第375—385页（《剑桥中国晚清史》，上卷，第409—420页），《中国的第一个"不平等条约"（1835年）》，及第5章。

② 关于欧洲通过条约口岸体系的扩张，见罗兹·墨菲：《外国人：西方在印度和中国的经验》，第2章。关于1840年商业信用制度发展的最详尽的研究，见张荣洋：《清朝官员和商人：19世纪初期的中国代理商怡和洋行》。

一起的;买办是外国公司在中国的实际经营者,而不仅仅是公司的雇员。条约口岸是中外双方共同经营完成的,在中国土地上以"半殖民地"方式,反映着西方人和中国人默契配合的伙伴关系。这种关系,甚至比在东南亚欧洲殖民地的中国人与外国人之间的关系更为活跃积极。在香港、上海、汉口或在其他地方,西方的海军和颇有商业头脑的行政当局,也为人们提供了一个政治温床,以利于中国企业在其中成为活跃的因素。西方人以自己的方式,谋求公开的关税税则,谋求无特许垄断的自由开放市场——不让中国的官僚们染指其间。那些具有中国作风的买办,颇为知晓当地私人利益集团和关系网络,常在要求外国人的自由贸易特权时,能够从中国复杂的官僚政治结构和社会等级制的关系中得到便宜。[1]

　　条约口岸的发展成长了中外合营的企业,外国殖民主义政策也随之停止。伦敦、巴黎、纽约的资本家发现,在美国和阿根廷人口较少的新区域有更好的投资机会,因而西方在中国条约口岸的投资遂处于不重要的地位。旗昌洋行的 J. M. 福布斯在 1845 年以后,把从鸦片贸易中得到的利润,转向美国中西部作铁路投资,使他找到了追求赚钱的好机会;这是在中国找不到的。中国的半殖民地状况,在很大程度上是政治上的特权现象,并非明显的经济上单方面的剥削现象。外国人为出口而经营的种植生产,是十足的殖民地经济,但在中国却没有发展过。帝国主义的全面经济冲击,特别是其沉重的剥削和对中国经济发展的刺激作用,这其间的对比问题,依然需要多加讨论。[2]

　　中国条约口岸和东南亚国际贸易之间的密切关系,还尚未被充分讨论。除了东印度公司在伦敦和广州之间经营的大宗商品贸易外,欧洲人,甚至开始时是美国人,对远东的贸易是穿越印度洋进行的,并

----

① 张荣洋注意到,到 1838 年时,"当时在广州的西方人和中国人所熟悉的贸易和合同的中国做法,必须与沿海的商人一起重新加以改革……人们对政治和洋行……日益依赖的中国代理人和掮客的作用,与后来条约口岸买办的作用十分相似的情况,印象很深刻",见他的《清朝的官员和商人》,第 138 页。
② 这个问题在侯继明的《1840—1937 年中国的外国投资和经济发展》中提出,书中有一大批文献资料。

与已在东南亚扎下根的当地人、阿拉伯人、印度人和中国人的商业混在一起。早期来自塞勒姆或费城的美国商人，可能在往返于澳门和广州的途中，曾在槟榔屿、班库伦、阿钦（Achin）、新加坡、巴达维亚或马尼拉等地停留过。英属东印度和帕西（Parsee）的鸦片批发商，用东印度公司的产品运销到东南亚和中国。

19 世纪的华侨社团，是由西方以及中国和东南亚当地的贸易，包括 19 世纪中叶的中外"苦力贸易"建立起来的。如同进口中国的鸦片一样，出口装满船舱的契约劳工，要求中国和西方的私人之间进行合作，最后形成了一个由双方的官方共同组成的正式机构。中国在沿海的海上贸易中，这种船运业是在晚期才开始的。

我们知道，宁波商人从东北贩运大豆在沿海各地销售，以及琉球岛国（冲绳）进行贡赋贸易（这种贸易掩盖了中国与日本的交易）的一些情况。中国人从福建诸港口，特别是从厦门，与南洋（即现在所称的整个东南亚地区）进行的贸易，总的说来，超过了广州的这种贸易。另外，在扩大的贡赋关系框架之中的，由广州进口暹罗大米的业务，在 18 世纪已经成为大宗的商品贸易。与经广州用东印度公司船只运往伦敦的茶叶、生丝，在出口贸易上与上述暹罗大米进口一样的重要。①

所有这一切都说明，在摆脱了官僚控制海上贸易的中国实业家精神，清朝政府的命令在海外是无效力的。海上航行的危险，在海外需与之打交道的异邦民族，高度的个人风险和缺乏官方的保护，这些都是与西方海上商人所面临十分相似的情况。中国人只能靠在外国港口社区的团结，但有时却常常得到很坏的结果。中国人在马尼拉和其他地方遭到屠杀，只有忍气吞声地默默坚持生存下去；但他们所具有的经商精神，与西方在亚洲的冒险家和有事业精神的官吏一样顽强。有

① 在与施坚雅启发人的开拓性著作《泰国的中国社会：一部分析性的历史》（1957 年）作比较时，1977 年出版的萨拉辛·维拉福尔的《纳贡和利润：1652—1853 年的中国暹罗贸易》，特别是中泰关系的研究放在现在有待研究的崭新史料的基础之上，见维拉福尔的参考书目说明，第 342—360 页。

人提出,儒家传给了中国学者一种内在的韧性,与推动新教的教徒心态同样坚忍有力。[①] 可以设想,中国商人在谋求经营成就时,有一种可以与西方人相比的劲头。

这种劲头或者是为了谋求某种成就,或者是他们出名的投机冲动,遂使中国商人成为条约口岸贸易的主要角色。新型西方商行的早期买办——经理,来自广州—澳门讲着洋泾浜英语的环境。但上海的发展,是以来自宁波的浙江商人为先驱,宁波是与东北沿海贸易在南端的停泊港口。1860 年中国最终对外开放后不久,像怡和洋行这样的大公司,发现没有必要派年轻的苏格兰人到一些小港口去担任公司的职员,因为该洋行的广州或宁波的买办,能完全像苏格兰人一样单独处理好贸易业务。

中国条约口岸贸易的发展兴盛,同时带来了运输业和工业的新技术和外国的新知识,因此也导致了中国人的民族主义思想的发展。传教士郭士立和裨治文等人的开拓性地理著作,引出魏源和徐继畬在 19 世纪 40 年代撰述的地理学著作问世。在数十年后,江南制造总局和广学会(SDK)的翻译计划,像王韬等信奉基督教革新派和新闻工作者,在受有西方风气的香港和条约口岸的影响下,开始鼓吹中国的民族主义运动。孙逸仙出生于最早的对外港口澳门附近,并曾在香港和檀香山受教育。虽然他是中国现代民族主义的主要倡导人,但他一生的大部分时间是在海外度过的。这个事实说明,中国的西化论者一般是来自沿海的人士。

这些时代先驱传布的新思想,既非全盘来源于外国,也非全盘来源于中国。魏源和徐继畬都是经世学者,却表现出对西方技术的兴趣;王韬和孙逸仙所关心的,则是民众的参政问题。20 世纪中国改革者们提出的"科学与民主"口号,在 19 世纪的国内外都有其先声。

---

① 在寻找一种与新教徒伦理相似的儒家伦理时,托马斯·A. 梅茨格甚至提出,"中国现代化改革的观点本身就扎根于传统"—— 一个引起热烈讨论的题目,见托马斯·A. 梅茨格的《摆脱困境:理学和中国的演变中的政治文化》的"专题讨论",载《亚洲研究杂志》39.2(1980 年 2 月),第 235—290、282 页。

因此，中国的海上联系，不仅成了西方人入侵的渠道，而且还吸引新的中国领导方式进入上海、天津、九江和汉口等新型城市。越来越多的学生离乡背井，前往日本和西方去探求拯救祖国之道，脱离了中国的士大夫阶级。中国新型从事现代化人士，一般都失了其在农村的根底，结果使许多士大夫人士在农村销声匿迹了。1895 年以后的一代年轻国民党革命者，都是不熟悉农村的典型城市人。在通过西方化以拯救中国的努力中，这些年轻的革命党人掌握了许多方面的西学和西方技术，但常常发现自己与中国的平民百姓已失去了联系。这些革命党人要求建立立宪政府，在中国人管理下建造铁路，要求收回被不平等条约所损害的中国主权。而这些要求，都导致必须废除满洲王朝的君主专制制度。所有这些民族主义的要求，都表现出受有外来的影响。

中国革命的第一阶段，是以这样的方式反映的，即主要通过中国沿海为中介，传播华人和外国人的各种影响。条约口岸使中国商人免受官僚的控制，为从事中国传统的海外贸易提供机会。对于外国人来说，这种对沿海事业的经营和经济发展是次要传统。在原来新加坡和广州的鸦片和苦力贸易中，表现得最为明显，既促成了条约口岸混杂社会的形成，也培育了洋务运动和中国的基督教教会；在激起爱国主义和文化自豪感的同时，还培养了个人主义和对科学技术的兴趣。

我们还不能详细描述这种"沿海传统"，对中国工商业组织和实践的影响；但在有些范围内的广泛影响，其结果已经是很清楚的。在这种背景下产生的爱国者，很少扎根于农村，以其新的民族主义，把希望寄托在作为国家—文化整体的中国（与外国对比的"中华"），以与外来的民族体制相对抗。对于工业的机械设备和立宪民主的政治制度，以其开始拯救"中国"来说，都是非从国外引进不可的。1900年以后的第一代人，几乎没有进行根本性的社会革命的概念，也几乎没有这种愿望。当时的全部问题，是为创立统一的中华民族—国家，创造其必要的经济基础。

对民族救亡的目的，中国的主要传统可以提供许多有益的箴言宝典。对国家兴盛的目的，可以包括在古代法家"富国强兵"的口号之中，如日本已经做到的那样。中国人为此目的而构思出各种方略，像是明清时代官员们治国之道的重新应用，即重温"经世致用"之术，实际是管辖和驱使民众的古老方式。在严密防备下，对民众施以训练，被视为实行现代自治的必要先决条件。有人对此称之为"训政"。中国的官僚政治传统，似乎由此可以帮助民众达到西方式的公共参与目标。

辛亥革命就发生在这样的背景之下，具有整个条约口岸时代的矛盾心态。在形式上，辛亥革命与其说是开端，不如说是终结；在一定程度上，是一个王朝逐渐消亡的结果。虽然辛亥革命在一定程度上也是民族主义的胜利；也是来自海上的影响，及其进入中国沿海及沿江港口城市的胜利。辛亥革命主要是从日本归来的留学生组织起来的，其财政上的援助则来自海外的华侨社团。立宪主义和孙逸仙博士的三民主义思想，均来自自由主义的西方。但在1911年省谘议局取得权力的人并不是革命者，而是新型的绅商名流；同时，武人也都成了都督。这些人都信服日本和正在工业化的国家经济和军事发展，暴力革命并不是他们所愿望的。

新兴的工商业阶级也感到有类似的矛盾。现代式的中国银行，却成了政府财政的得力附属机构。银行以巨额的折扣购买财政部发行的公债，于是造成了明显处于官僚资本主义和工业企业之间的金融家阶级。如本书第12章所指出的，在20世纪20年代一段时期内，上海的商人和北京的知识分子，都一样广泛地信奉自由主义的信念。

从19世纪90年代起，人们可以看到，与海上的传统有着联系，或带有其特色的现代中国生活特征。首先是包括基督教等外国事物的走红和其正当性，然后是传布日广的民族主义意识，国家之间为生存而斗争的紧迫感。随之而来的是，竞争发展的观念，科学技术重要性的思想，不受家庭纽带约束的个人主义概念，模糊的政治权利和立宪政府的政治观点。最后，构成以上这一切的基础，是资本主义企业的独立地位及其对于法律保障的要求。

本卷所突出叙述的这类论题，说明相对于广袤中原腹地的诸多问题，而沿海中国的问题是有限的。在中国，深层次的问题不在于简单的发展，和更为广泛对外交往中的城市生活方式与贸易制度，而这些都是早就孕育在中国的古老社会之中的。相反，中国农村的问题是延续下去还是中断，是如何重塑传统秩序，以求重视现代技术、现代平等主义和政治参与的问题。如同我们所看到的那样，这是一个社会转型和再生的问题，归根结底，是一个革命的问题。但是在 1911 年，中国社会还不能接受革命，其根本的原因，乃是农民群众存在着政治消极态度和缺乏领导；另一个原因，是出于爱国心而产生的恐惧感，担心持久的混乱会招致外国的干涉。因此，革命阵营的各派都"接受妥协，让革命尽快停下来，达成袁世凯当权的协议；其中的决定性因素，是外国势力的广泛存在"①。

可是，外国的存在，外国人在中国的无孔不入，这对于农业中国的广大群众来说，仍然是无足轻重的。传统的中国农村社会，继续保持未受城市的急剧变革破坏的风气。在 20 世纪 20 年代，中国新型的民族主义领袖，并不是直接从传统的农村社会产生的，也不去着重地关心农民的问题。总之，农村中国是一个广阔的领域，是处于以城市为中心，并受外国激励的革命者所关心的范围和能力之外。对此，我们将在这篇导言以外的篇幅中来讨论。

中国的社会革命需要一个相当长的时间才能到来，而且也不容易找到一个外国模式。由于中国的农民队伍无比庞大，又密集和稳定；而社会革命的因素，必须主要从这个社会内部发动起来，不能一蹴而就。这个古老的农业社会，只有被城市—海上的思想（如物质进步的思想）所渗透，为更强烈的商业精神所支配，被新的价值观（如妇女平等的观念）所打破，被战争、劫掠和破坏所瓦解时，才能逐步地发生变化。所有这一切，都必须一一展示在人们的面前。可是即使是如此，中国的农业社会也绝不是书写新篇章的白纸。新的启示，不得不以新的方式而使用旧的词语来表达，并从旧的因素中创造出新的体系。

中国沿海只是导致变革的一条渠道；事实上，这引出了某种其自

---

① 芮玛丽：《革命中的中国：第一阶段：1900—1913 年》，第 55 页。

身无法完成的任务。古老农业——官僚政治中国存在着造反的传统，曾经是一些追求千年盛世的教派——像北方的白莲教的传统；一些在商业繁盛地区中的兄弟会组织——像南方的三合会的传统。这种叛乱的传统是秘密和狂热的，常常像义和团那样的消极面貌出现，具有深刻的反理智特性，而且容易变质造成地方上的长期纠纷。[①] 因此，在 20世纪，曾经为革命化中心的中国腹地和农业——官僚政治主要传统，到底发生什么情况，是另一个要讨论和研究的领域。在这个领域内，甚至较上述简论的中国海上次要传统更为复杂，涉及的面也更广。我们才刚开始了解这个领域中的民间宗教、家族和地区经济的结构。

本卷以下两章论述中国经济和外国势力的情况，涉及截至 40 年代后期的一些内容，为第 12 卷和第 13 卷提供了一个框架。接下来的第三章，讨论袁世凯总统、北京政府和军阀——主要是华北的政治，直至 1928 年。第七、八、九三章，追述 19 世纪 80 年代以来的中国思想和文学发展。第十章和第十一两章，考察了动荡的 20 世纪中期，共产主义运动和国民革命的复杂过程。本卷最后论述进入 20 世纪 30年代的实业界——主要是上海的曲折经历，以此结束全书。

在第 13 卷，除了国民政府、日本入侵和中共崛起的历史外，将考虑本卷没有论述的民国早期情形，包括地方秩序的改造（士大夫阶级发生的变化情况），农民运动的性质，现代科学——学术界的成长，围绕日本侵略中国的对外关系变化，1937—1949 年期间中日大规模的冲突和国共两党的决战。即使探索到更远的题材范围，也难以使我们在残余的中国古代农村社会中，找寻到进行的革命过程。我们由此或许可以理解，中国的共产主义运动（虽然建立在社会革命信仰的基础上），何以到 1928 年以后才找到成功的秘诀。根据以上的概述，毛泽东此后的任务，便是如何使用"现代化"取代中国的大陆传统，即中国腹地的农业——官僚政治和地方——商业秩序。在这项工作中，毛泽

---

① 关于近期对义和团现象的周密观察，见马克·埃尔文《清朝官员和追求千年盛世的教徒：关于 1899—1900 年义和团起义的反思》，载《牛津人类学学会杂志》10.3（1979年），第 115—138 页。

东面临沿海的中国遗产，即口岸城市的工业技术和对外贸易，虽然这些似乎已不再是次要传统了。

很明显，沿海中国和大陆中国都是抽象提法，其界限是模糊的——这样的提法是启发性的词语，而不是用来分析的办法。可是，这样却揭示了中国 20 世纪历史的一个令人难解的大问题——工业革命和社会革命之间，既有相互吻合，又有相互冲突的变化。无疑，这两个传统——一个是物质科学技术发展的传统，另一个是为改变社会阶级结构而进行道义改革运动的传统，两者于大部分革命中交织在一起。但是，近几十年来螺旋式曲折的政治运动说明，现代中国是独特的处于牢固的大陆传统和沿海传统之间错误的分界线上。

第 二 章

经济趋势，1912—1949 年

导言：概述

纵观清末至中华人民共和国成立这段时期的中国经济史，语调难免有些低沉。在 1949 年以前的年代，看不到经济总增长量趋于持续"起飞"的形势，也没有可能因经济的增长而带来个人福祉利益的提高；充其量来说，绝大多数的中国人仅是勉强维持生存而已。硬心肠的人也许会说，他们对此早已习惯了。在艰苦的十年内战和始于 30 年代中期的抗日战争中，许多人连这种最低的生活水平也保持不了。[①]

仅凭一点确知的材料作了谨慎的思考之后，我认为在 1912 年至 1949 年间的经济总增长量是很慢的，人均收入没有提高，也没有任何下降的趋势。虽然在 19 世纪后期，中国已开始出现小型现代工业和运输部门，也是以比较快的速度增长；但在 1949 年以前，其影响还是比较小的。有关的生产要素，如土地、劳动力和资本的供应，都基本上没有变化。人口的职业分布也几乎一如既往；在这 40 年中，城市人口虽有所增加，但城乡人口的比例却没有重大变化。尽管从国外进口一些新产品，国内工厂也生产出一些新产品，但都是微不足道，对人们的生活质量几乎没有影响。信贷机构数量极少，而且力量也很微弱；统一的全国市场还未形成，对外贸易对于大多数人口并不

[①] 本章不考虑共产党控制的地区；这些地区在 1945 年大约有 9000 万居民，实行多少有些不同的经济制度。见彼得·施兰《游击经济：陕甘宁边区的发展，1937—1945年》。

31

重要。在整个中国农村，依旧呈现高出生率和高死亡率的人口统计格式。经济上的困难，特别是农村的贫困，是中国的普遍现象；1937年的中日战争爆发后，情况更加严重。在中国大多数上层领导人员中，都还没有发生价值观念的重大变化，最终导致把这种苦难用来达到各种政治目的；而这种政治目的，又不是经济过程本身所直接决定的。在这种情况下，很难说经济制度是会崩溃，还是会向现代化经济方向去发展。作为经济制度，中国经济甚至到了20世纪中叶，仍停留在"前现代"时期。这种经济制度，只是到1949年以后才告结束。不过这是取得胜利的中国共产党，在政治上有了明确选择带来的结果，而不是主要的对抗性经济矛盾的结果。

虽然民国时期的数量指标没有显出大的变化，但中国在1949年时毕竟与1912年时是不相同的。很小的现代工业和运输部门，培养了成千上万的工人、技术人员和管理人员，他们积累的工艺技能和复杂经济组织的经验，为中华人民共和国提供了进行建设的确实基础。

粗略地来看，1949年以前的中国经济，可以看成是有两部分所组成：一个是很大的农业部分（或者是农村部分），包括大约75％的人口；一个很小的非农业部分（或者是城市部分），以半现代的通商口岸城市为主要基地。中国农村出产的农产品，占全国产出总量的65％，并且也是利用手工业、小贩运商和旧式运输进行交换。一些与城市联系不定的农业腹地，是附属于城市的部分，主要分布在通商港口的河流沿岸和铁路沿线，因为这些农业腹地，在很大程度上与沿海和河流城市进行贸易，所以应使之与中国农村主体加以区别。

农业部门主要是由6000万至7000万个家庭农户组成，其中大概有1/2的农户是自耕农，1/4是半自耕农，向地主租种若干土地，其余1/4是佃农。所有这些农户都生活在几十万个村庄里，这些村庄遍布在中国境内绝大部分适于农耕的地区。在20世纪的前50年中，由于人口的增长快于可耕土地的增长，因此这些农户耕作的土地平均规模不断缩小。中国农村只有少数地区（在人口稠密区域），例如在四

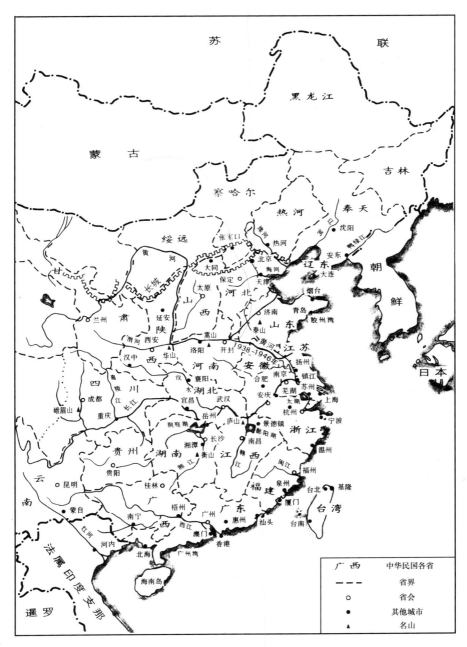

苏　联

黑龙江

蒙　古

察哈尔

热　河

奉天

绥远

黄河

沈阳

张家口

甘

肃

长城

大同

北京

热河

山

海关

辽东

安东

大连

朝

鲜

兰州

延安

太原

河北

保定

天津

烟台

陕

渭河

西安

华山

嵩山

山

东

济南

青岛

泰山

胶州湾

江　苏

日　本

汉中

西

洛阳

开封

1938-1946年

黄河故道

扬州

镇江

南京

四

川

嘉陵江

河南

安徽

襄阳

合肥

芜湖

苏州

上海

成都

峨眉山

湖北

汉

水

宜昌

武汉

安庆

太湖

杭州

宁波

重庆

长江

岳阳

洞庭湖

庐山

景德镇

鄱阳湖

浙江

贵州

湖南

湘潭

长沙

南昌

赣

江

温州

云

贵阳

衡山

湘江

江

西

闽江

福州

南

昆明

桂林

福建

泉州

台北

基隆

蒙自

梧州

广

厦门

台湾

红河

南宁

西

广州

惠州

广东

汕头

台南

河内

西江

厦门

香港

北海

广州湾

法

属

印

度

支

那

海南岛

暹　罗

广西	中华民国各省
- - -	省界
○	省会
●	其他城市
▲	名山

地图 2　中华民国各省

川，有些地方的农家不是聚居的，而是分散的居住。典型的景观，是沿着一条或几条街道，互相挤挨着一簇簇房屋；村庄周围都是农田。在村庄最稠密的地方，村与村之间相距很小，往往在一个村庄可以望见相邻的另一个村庄。在19世纪，为了防范地方上发生骚乱，先是在北方，后来也在南方，有许多村庄四周筑起了圩墙。这样，村子里的居民，就依据居住在土墙或砖墙的寨子里面的居民来划分，其结果与血缘的关系很一致在一个村寨里的居民，往往都是同族人或少数几个姓氏。一个村子居民的田地与邻村居民田地之间的界线，是不易辨别的。随着时间的推移，由于田地的自由买卖，甲村地产的受押人（可能是最后的所有者），可能是乙村的居民，或者是从甲村迁移至有相当距离的丙村，成了丙村的居民，这些都是很平常的事。

村庄界线的不确定性，到了19世纪后期才开始改变。因为当时的县政府想要增加田赋的收入，有必要清丈田地的准确面积，据以征收新税。尽管在20世纪，精心在农村设立保甲组织，但农村仍不是一个政治实体，当然也不是组织人力与物力资源去发展经济的单位。确实，在1949年以前，政府人员除了征税外，一直没能深入到中国社会的这个最基本的"自然"单元中去。这是中国传统经济之所以一直延续到20世纪中叶的原因。

家庭和村庄是自然的社会单元。20年代恢复的保甲组织是国家强加的，在农民的心目中并不受它的约束。社会相互影响的正常界限，不在村界，而在上一层的乡镇界限。乡镇是由若干（一打或一打以上）村庄和为其服务的集镇组成。中国大部分农家生产全部或大部分自己用的食物，但对其生产的谷物、经济作物、地方特产以及家庭手工制品——价值大概占农产品的10%，则定期拿到集市上出售。农民的活动范围，实际上是由许多当地的集市所组成；每个集市经济活动区域的半径，大致相当于到集镇上买卖农产品的人，一天之内能够走个来回的距离。集镇通常不是每天开市，而是定期的，按当地某种约定成俗的规矩，每隔几天"逢集"或"赶场"一次。施坚雅称这种基本单位为"标准市场区"，认为"在沿袭历史传统的近代中国广大农村，可被视为约有7万个六边形格子的坐标格，每格以一个标准市场为中心,自成一个经济体系"①。在标准市场上,大部分贸易是以农民之间的横向商品交换为主。在某种程度上,手工制品和农业土特产品,也从标准市场区域流向城市区域;不过,流出的大宗物品,主要是向政府上缴的纳税粮。在 19 世纪末和 20 世纪,标准市场区日益成为新商品的最基层销售地;这些商品有的是条约口岸制造的,有的是从国外进口的。

在有限的程度内,中国农村开始生产供出口的大宗商品,其中包括供应条约口岸工厂加工的经济作物。这些商品流通趋向的新渠道,不再是传统的定期集市。特别是在东部沿海各条约口岸的周边农业腹地,与定期集市经济并行,现代城市经济发展起来。但是在广大的中国农村地区,传统的市场结构还是十分活跃,直到 1949 年还看不到有消退的迹象。这有力地表明,中国的农村经济没有发生实质性的变化。到 20 世纪中叶,农户所需的商品,可能更多的已不是靠自家或邻里生产的。这和 50 年前的情况就大不相同了。但是,由于地方的交通运输工具很少有实际的改善,因此原有的市场区域并没有扩大,也未能从根本上用现代的商业渠道取代标准市场区;现代的商业渠道,是建立在较大区域范围内的综合性市场交易基础之上的。

非农业的或"城市的"经济,并不一定是"现代的"经济。在 19 世纪初,约有 1200 万人,占当时中国 3.5 亿总人口的 3%—4%,居住在 3 万人以上的城市里。除少数例外,这些城市主要是行政中心——京城北京(有近 100 万居民),各省的省城以及最大的府治之地。有的城市同时也是省内或一定范围地区内的重要商业中心,如南京、苏州、汉口、广州、福州、杭州、成都和西安。这些城市,都是清朝皇室贵族、达官权要、八旗将领与防营、富商巨贾及能工巧匠的居住地。在这些城市居住的人口中,有地方上的士绅、中小商人、官署衙门的胥吏、劳工和脚夫,以及略有文化的阶层,如僧侣、术士、落榜举子、退伍将校、赋闲的小业主等;此外,还有一些如"流浪

---

① 施坚雅:《中国农村的市场和社会结构》,第 1 部分,载《亚洲研究杂志》26.1(1964 年 11 月),第 3—44 页。

汉、季节工和无业游民"之类的人。[①]

从 19 世纪中叶起，外国势力在中国的存在固定下来后，中国城市除了继续传统时代的作用外，开始增加了现代经济、政治和文化方面的作用。在 19 世纪期间，城市人口总数以极慢的速度增长，其增长率和中国总人口的人口增长率大体相当。而在 1900 年至 1938 年之间，城市人口的增长显然加快，其增长率几乎是总人口平均增长率的两倍。在 1938 年，人口 5 万以上的城市，共有居民大约为 2730 万人，占 5 亿总人口的 5%—6%。同样是这些城市，而在 20 世纪初，大约仅有 1680 万居民，占当时 4.3 亿总人口的 4%—5%。这个差别表明，所有大城市人口的年增长率大约为 1.4%。但在中国 6 个最大的城市——上海、北京、天津、广州、南京、汉口，在 30 年代，每年以 2%—7% 的人口增长率在发展。[②]

到第一次世界大战开始时，中国已有 92 个城市正式对外开放（见第 4 章）。在这些条约口岸中，有一些是不重要的地方，但其中也有一些属于中国的大城市之列（一些值得注意的例外是西安、开封、北京、太原、无锡、绍兴、南昌、成都）。中国的铁路是 19 世纪 90 年代开始修建的，轮船航运分布在中国沿江、沿海和西江。条约口岸是铁路运输和轮船航运的终点，外国洋行在较大的条约口岸设立分支机构或代理机构。根据 1895 年《马关条约》的规定，外国人获准在中国兴办制造业（有些商社在 1896 年以前已非法地这样做了）。随着外国人的到来，一些专门经销外国商品的中国商号也出现了。19 世纪 70 年代，中国人开始拥有虽小但颇为发达的工业部门，虽不限于开放口岸，但大多数设在条约口岸。在中国和外国的现代工厂附近，手工作坊繁荣起

[①] 这是马克·埃尔文的描述，见马克·埃尔文和施坚雅编：《两种社会之间的中国城市》，第 3 页。

[②] 这些当然是粗略的估计，但它们同可以得到的少量可靠材料相一致，见古尔柏特·罗兹曼：《中国清代和日本德川时代的城市网》，第 99—104 页；德怀特·H.珀金斯：《中国农业发展，1368—1968 年》，附录 E：《城市人口统计（1900—1958 年）》，第 290—296 页；孔赐安：《中国六大城市的人口增长》，载《中国经济月刊》20.3（1937 年 3 月），第 301—314 页。

来，有的愿做工厂的分包商；操棉纱业者，愿作为纱厂产品的主要客户。手工操作的出口加工业，也在主要的港口城市很快发展起来。对少数城市居民来说，除了从事制造业和商业之外，在自由职业、新闻出版业以及现代教育和文化机构中，又逐渐出现许多新的职业领域。

但现代工业、商业和运输业，绝大部分依旧限于在条约口岸，只在很有限的程度上取代了传统手工业。现存的市场体系，是依靠人力、畜力、大车、舢板、帆船来运输。农业部门几乎没有受到影响，例如改进了的技术（良种、化肥、现代的排灌方法、农业机械），更有效的生产组织（信贷、稳定的销售市场、合理的土地利用）都未曾进入农业部门。[1] 首先直接影响条约口岸的，是世界市场上白银价格的波动，以及中国农产品出口市场行情的波动，逐渐波及到农村。但总的说来，直到 1949 年，农村地区和条约口岸之间的经济联系，仍然是十分松散的。

人　　口

通过对已掌握的中国人口统计资料的调查和处理，可以看到收益递减的经济现象。1953 年至 1954 年的人口普查登记是 5.83 亿，是中国历次人口计算中最接近确切人口的数字。这个巨大的数字，与1948 年国民党官方估计的数字 4.63493 亿不相一致。不论 1953 年至1954 年的人口普查技术上有何缺点，但国民党官方的数字以及其他几十种官方的和民间的估计，如与之相比，多是依据于推测。[2] 中国人口在 1953 年接近 5.8 亿，很符合 1912 年至 1953 年平均增长 0.8％的推断。这样的推断，与以往中国人口的增长是缓慢又不稳定相符。

---

[1]　罗兹·墨菲：《外来人：西方在印度和中国的经验》，对条约口岸的经验提供了一个比较重要的考察。

[2]　在 20 世纪 20 年代和 30 年代，对官方的人口统计来说，4.7 亿上下似乎是个吸引人的数字；南京政府内政部在 1928 年企图作一次人口普查，但据 16 个省和特别区的"报告"，和该部对 17 个省的推测，得出一个 474787386 的估计数字。同是内政部在 1938年发表了一个根据 1936—1937 年的地方报告编纂的数字 471245763。

其所以如此，是因为中国人口死亡率较高且波动也较大，而出生率既高且又稳定。因此，上述 0.8％ 的增长率是可以预料到的。由于没有统计资料，据估计，袁世凯任总统时期（1912—1916 年），南京政府的十年（1927—1937 年），中华人民共和国最初的年代（1950—1958 年），三个时期的人口增长可能大于 0.8％ 的平均数，这就弥补了军阀混战时期，第二次世界大战和国内战争时期（1937—1949 年）可能出现的人口负增长。1912 年的中国大陆人口约为 4.3 亿，1933 年大约为 5 亿，到 1953 年增至 5.8 亿人口。

刘大中和叶孔嘉对 1933 年人口的职业分布，作过详细的估计（见表 1），根据各省市有关前 20 年相当零散的人口资料判断，这个分类在民国时期基本没有变化。

表 1   **职业分类，1933 年**

总人口	百万	5 亿的％
	500.00	100.00
A. 农业人口	365.00	73.00
1. 工作人口，年龄 7—64 岁	212.30	42.46
a. 只从事农业	118.78	23.76
b. 混合农业与副业	93.52	18.70
Ⅰ. 农业	86.13	17.23
Ⅱ. 工业*	3.61	0.72
Ⅲ. 商业	1.66	0.33
Ⅳ. 运输	1.14	0.23
Ⅴ. 其他非农业职业+	0.98	0.20
2. 7 岁以下儿童	71.21	14.24
3. 7 岁以上学生	5.13	1.02
4. 65 岁以上	10.99	2.20
5. 失业或闲住，年龄 7—64 岁≠	65.36	13.07
B. 非农业人口	135.00	27.00
1. 工作人口，年龄 7—64 岁§	46.91	9.38
a. 工厂	1.13	0.23
b. 手工业	12.13	2.43
c. 矿业	0.77	0.15

（Ⅰ—Ⅴ 右侧大括号注）＝ 分占混合职业的每一部分的男劳动力单位

续表

总人口	百万	5 亿的％
	500.00	100.00
d. 公用事业	0.04	0.01
e. 建筑	1.55	0.31
f. 商业	13.22	2.64
g. 运输	10.16	2.03
h. 其他非农业职业	7.91	1.58
2. 儿童		
a. 7 岁以下	26.53	5.26
b. 12 岁以下	43.86	8.77
3. 学生		
a. 7 岁以上	5.74	1.15
b. 12 岁以上	0.60	0.12
4. 65 岁以上	4.08	0.82
5. 失业或闲住≠		
a. 7—64 岁	51.94	10.39
b. 12—64 岁	39.56	7.91

* 制造业、家庭工业、矿业、公用事业、建筑业

+ 专门职业和公用事业，等等

≠ 包括家庭主妇

§ 非农业工作人口的实际年龄，大多在 12—64 岁的范围；把 7 岁作为下限，仅仅是为了便于与农业工作人口在同一基础上分类

资料来源：刘大中和叶孔嘉：《中国大陆的经济：国民收入与经济发展，1933—1955 年》，第 185、188 页，表 54 和 55。

在 1933 年，全国就业人口为 2.5921 亿人，其中 2.0491 亿人，即 79％从事农业；5430 万人（包括一定比例从事双重职业人口），即 21％在非农业部门就业。总人口中，有 73％生活在以农业为主的家庭里，27％为非农业家庭成员。在 20 世纪的中国，虽然条约口岸的工业有一些增长，矿业和铁路运输也有所发展，但从事这些职业的人甚至到 1933 年仍然很少。这说明自清末以来，中国人口的职业区分总体上变化很小。美国的情况与此大不相同，1930 年 10 岁以上领薪就业者中，只有 21.4％从事农业。1933 年中国人口职业分布情况，与美国 1820 年或 1830 年的情况大致相似，当时美国 70％的劳动力在农业部门工作。

国 民 收 入

对于民国时期的中国国民收入，有两种主要的估计。这两种估计，是由刘大中、叶孔嘉和巫宝三分别作出的（见表2）。总计差别颇大——大的数值比小的数值约大40%，但两者之间唯一重要的差别是农业增值。两个估计都只有1933年的数值。

表2 　　　　　　　 **国内产值，1933 年**（1933 年 10 亿元）

净增值见于：	刘—叶		巫
1. 农业	18.76		12.59
2. 工厂	0.64		
a. 生产资料		0.16 ⎫	0.38
b. 生活资料		0.47 ⎬	
3. 手工业	2.04		
a. 确定部分		1.24 ⎫	1.36
b. 其他		0.80 ⎬	
4. 矿业	0.21		0.24
5. 公用事业	0.13		0.15
6. 建筑业	0.34		0.22
7. 现代运输和交通	0.43 ⎫		0.92
8. 老式运输	1.20 ⎬		
9. 商业	2.71		
a. 商店和饭馆	1.75 ⎫		2.54
b. 行商	0.96 ⎬		
10. 政府行政	0.82		0.64
11. 金融	0.21		0.20
12. 个人劳务	0.34		1.03
13. 住宅租金	1.03		0.93
（减除:银行服务重复计算）			（—0.17）
国内净产值	28.86		20.32
折旧	1.02		1.45
国内生产总值	29.88		21.77

资料来源：巫宝三1948年哈佛哲学博士学位论文：《中国的资本形成和消费者的开支》，第204—211页，概括了他的《中国国民所得，一九三三年》中的资料，并考虑到他后来的修改。刘大中和叶孔嘉：《中国大陆的经济》，第66页，表8。

较为可信的刘—叶数据可以概述如下:在 1933 年的国内净产值中,农业当然显得最大,按当年物价计算,占 65%;所有的工业(工厂、手工业、矿业、公用事业)占 10.5%;贸易居第三位,占9.4%。其他部门依次为:运输 5.6%,金融、个人劳务和房租5.6%,政府行政 2.8%,建筑 1.2%。对 1933 年国民收入的构成,有另外一种方法来表述:现代非农业部门(较宽松的规定为工厂、矿业、公用事业、建筑、现代商业和运输、商店、饭馆和现代金融机构),仅占总收入的 12.6%;农业和传统的非农业部门(手工业、老式运输、小商贩、传统金融机构、个人劳务、房租)和政府行政占87.4%。从支出上看,1949 年以前的中国大陆经济结构,也是处于典型的前工业社会。从最终用途看,1933 年国内总支出的 91% 属于个人消费,公共服务和政府消费为 4%,投资为 5%。

1933 年是一个不景气的年头,到底在多大程度上能代表整个民国时期,也许是个疑问。但到现在为止,对于全面国民收入的估计,还没有其他任何年份可以与之相比。不过,珀金斯把刘—叶的数据转换成 1957 年的物价,代替他自己估计偏低的农业产值数字[1],并增加了 1914—1918 年的估计,结果表明,在民国时期国内生产总值的增长很慢,在构成上变化也很小(见表 3)。

表 2 和表 3 列出的绝对值是不可比较的,因为一个是用 1913 年的物价,而另一个是用 1957 年的物价表示的。此外,1914—1918 年的数字,是根据合理的推测和确切的估计得出的。但直到 1949 年,传统部门所占的压倒优势,这些表所暗示的 40 多年来数量上虽小而质量上值得注意的变化,与本章其他部分民国时期的中国经济各个部门资料却很一致。[2] 从 19 世纪末叶开始,直到中日战争爆发,规模不大的现代制造业和采矿业持续增长。在满洲,这种增长继续保持下

---

[1] 刘—叶和巫的估计之间最大的不一致,是农业的净增值数字和农业内的作物价值。一方面巫的数字可能太低,另一方面珀金斯认为刘—叶根据的 1933 年谷物产量估计太高,好像也有道理。珀金斯:《中国农业发展》,第 29—32 页与附录 D。

[2] 这个简短的讨论,根据德怀特·H.珀金斯:《中国 20 世纪经济的增长与结构变化》,见珀金斯编《历史剖析中的中国现代经济》,第 116—125 页。

去，甚至在战争中加快了增长速度。现代运输的铁路和轮船也有所发展，但没有取代传统的交通工具，而只是成为其补充。在 20 世纪前半期，现代金融部门的银行业，在中国城市大量取代传统银钱业的钱庄。但是，甚至在 1933 年，珀金斯估计现代部门（规定得比刘—叶的数据所涉及的狭窄，他排除现代服务）的贡献，仅占国内生产总值的 7%。这是 1914 年至 1918 年的 3% 两倍多，但仍然很小。

表 3　**国内生产总值 1914—1918 年，1933 年，1952 年**（1957 年物价）

部门	1914—1918 年	1933 年	1952 年
		1957 年 10 亿元	
制造业+*	8.5	11.77	17.23
现代+	1.3	4.54	11.11
农业	29.9	35.23	31.58
服务	10.0	12.52	17.07
折旧≠	——	2.19	——
国内生产总值	48.4	61.71	65.88
		与国内生产总值之比	
制造业+	0.176	0.198	0.262
现代	0.027	0.074	0.169
农业	0.618	0.592	0.459
服务	0.207	0.210	0.259
国内生产总值	1.000	1.000	1.000

*　制造业＝工业（现代和现代前的制造业、矿业和公用事业）＋运输业

+　现代＝工厂产品、矿业、公用事业和现代运输

≠　除 1933 年外，未编入这一部门；为了在表的下半部计算比值，根据各部门的净产值，按比例在它们中间分配

　　资料来源：德怀特·H. 珀金斯：《中国 20 世纪经济的增长与结构变化》，见珀金斯编：《历史剖析中的中国现代经济》，第 117 页，表 1。

　　因此，1912 年至 1949 年间国内生产总值的增长，也来自传统部门产量的增长，而主要是农业和手工业。在 20 世纪最初几十年中，农业生产的增长是缓慢的；但由于气候和政治军事的情况，各年份和各地区的发展是不相同的。新开发的地区增长得最快，如满洲和西南的一些地方。在别的地方，由于经济作物的增加，使农产品的价值也因之增大。在 1912 年至 1949 年间，手工业的总产量绝不可能减少——其相对份额有所减少，其原因详见下文。

如果拿人口估计数——1912 年 4.3 亿，1933 年 5 亿，1952 年 5.72 亿，与表 3 中的国内生产总值比较，我们发现在这几年中，每年每人的人均国内生产总值（按 1957 年物价），分别为 113、123、115 元。考虑到所有的数据都存在误差，在本章涉及的几十年中，如果我们略去自 1937 年至 1949 年的 12 年对外战争和内战，则能得到最好的估计，人均国内生产总值上没有显出任何明显的上升或下降趋势。在战争时期，中国某些部分的人均产量和收入可能急剧下降。一些文化人受到不利影响，特别是薪金固定的教师和政府公务员，其薪金跟不上通货膨胀的上涨；但在战后和 1948—1949 年最后崩溃之前的这段时期，城市工人相对来说生活好一些。

日本入侵后，华北的农业生产受到严重摧残，城乡间的商业联系被破坏；1946 年至 1949 年的内战期间，这个地区的农业和商业状况很可能比别的地方更坏，因为这里是主要战场所在之地。1940 年后，中国未沦陷地区的粮食生产开始下降，在以后的几年里，平均产量比 1939 年约低 9%。1942 年实行田赋改为征收实物和粮食征购，加上加紧征兵造成的劳动力严重短缺，使农民的实际收入减少。但在国民政府控制的大后方，工业生产从很低的起点开始增长，一直到 1942 年或 1943 年。抗战胜利之后，通货膨胀在 1946 年重新开始，并在 1948 年至 1949 年发展到恶性膨胀的失控地步；这对于沿海地区和城市的影响，远甚于对华南和西南地区的农村。尽管因货币的急剧贬值，运往城市的食物和农产品原料减少，但总产值或许很少变化。[1]

人口主要部分的收入在下降，而人均国内总产值保持不变，或略有上升，这是可能的。但在农村地区和大多数农业人口中，"没有令人信服的证据表明，在 20 世纪上半叶，地主正在积累生产的增长份

---

[1] 巫宝三：《中国国民所得，1933、1936 及 1946》，《社会科学杂志》9.2（1947 年 12月），第 12—30 页，估计 1946 年的国民收入比 1933 年低 6%（按照 1933 年物价）。关于上海工人，见 A. 多克·巴尼特《中国共产党接管前夕的中国》，第 78—80 页；关于 1937—1949 年华北的农村经济，见拉蒙·H. 迈尔斯《中国的农民经济：河北和山东的农业发展，1890—1949 年》，第 278—287 页；关于战时中国未沦陷区和战后的通货膨胀，见张嘉璈《恶性通货膨胀：中国的经济，1939—1950 年》，第 59—103 页。

额。事实上，有限的可用资料表明，租佃率甚至略有下降，在政治混乱时期，地主收租常常有困难"①。

1937 年至 1949 年间，老百姓对政府的信赖确实变了。但是在当时这种变化的原因，在没有严重的天灾人祸情况下，经济上不能支持中国人维持一般的（和低的）生活水平。1952 年的产量，已经恢复到 1949 年以前的最高水平；其所以能迅速恢复，几乎完全靠的是新的和有效的政府成功地恢复现有企业的生产，而不是靠新的投资。在1949 年以前的 40 年中，20 年代和 30 年代的内战、干旱（例如1920—1921 年在华北）、洪水（例如 1931 年长江流域的洪水）以及其他的自然灾害，确实破坏了中国人的全面安定生活，但这并非必然会造成物质福利的下降，这两者有重要的区别。在政治混乱和战争造成的人身极不安全情况下，收入即使略有增加，也仅是一种可怜的补偿而已；相反，如果个人和国家的安全能得到保障，即使低一些的稳定人均收入也是受欢迎的。

工　　业

在讲到清末的中国经济时，我们注意到在 1895 年至 1913 年间，中国至少有民间和半官方创办的 549 家制造业和矿业企业，是利用机械动力的。这些企业的创办资本共达 120288000 元。② 此外，同在这一时期开办的 96 家外资和 40 家中外合资的企业，拥有创办资本103153000 元。这当然只是根据当时各种官方和非官方的资料作出的粗略估计。

不包括现代矿业，但包括兵工厂和公用事业的两个相似的表格表明，第一次世界大战期间和战后时期，可以看出中资现代工业的增

---

① 珀金斯：《中国 20 世纪经济的增长与结构变化》，第 124 页，引迈尔斯《中国的农民经济》，第 234—240 页，及珀金斯：《中国的农业发展》，第 5 章。
② 费维恺：《晚清帝国的经济趋向：1870—1911 年》，载《剑桥中国史》，第 11 卷，第 1章。

长。第一个表格表明，在 1913 年有 698 家工厂，拥有创办资本为330824000 元，工人 270717 名；第二个表格表明，1920 年有 1759 家工厂，拥有创办资本为 500620000 元，工人 557622 名。[1] 在大战期间，欧洲列强忙于战时军火生产，又因缺乏船只运输，所以减少了对中国的出口，从而为中资工业的扩大提供了机会。虽然购置设备的订单已早发出，生产资料仍主要来自国外——但大多数新工厂的开业，不得不等到战争结束和订购的机器运抵中国后才能开工。

在民国的前 10 年间，外资和中外合资的企业也有增加，但在1914—1918 年的 4 年中，直接的投资却很少。投资增长最快的时期，是在第一次世界大战刚刚结束后的几年。例如，1918 年和 1922 年，中国修订了关税税则，提高了从日本向中国进口细纱的进口税，于是日本遂在中国开办新的纱厂。

同晚清中国人或外国开办的工厂一样，20 世纪第二个 10 年开办的工厂（和矿场），大都集中在上海、天津以及江苏、辽宁、河北、广东、山东和湖北等地，换言之，主要是在沿海和长江流域。[2]

中华民国第一次，也是唯一的一次工业普查，是 1933 年刘大钧领导经济统计研究所的调查者们进行的，是直接从工厂的经理收集来的统计资料。除了不包括外资公司以及满洲、甘肃、新疆、云南、贵州、宁夏、西藏和蒙古（除了满洲外，其他各省区的现代工厂均微不足道）外，一般都认为这次统计是相当可靠的。刘大钧 1937 年发表的调查，记录了 2435 家中资工厂，资本为 406926634 元，总产值为1113974413 元，雇用工人 493257 名。[3] 这些工厂都集中在沿海省份，而集中在上海的工厂有 1186 家。在 1933 年，80％以上的中资工厂，都设置在东部和东南沿海各省以及满洲的辽宁；如果把外资企业也算进来（它们当然限于在条约口岸），这个比例就更大。

---

[1] 陈真等编：《中国近代工业史资料》，1，第 55—56 页。
[2] 南开经济研究所：《南开统计周刊》，4.33（1931 年 8 月 17 日），第 157—158 页。
[3] 刘大钧：《中国工业调查报告》。"工厂"系按照 1929 年的《工厂法》规定为采用机械动力，雇用工人在 30 名以上的企业。

巫宝三在对中国 1933 年的国民收入研究中，对刘大钧的调查作了补充，即增加了对在中国境内外资工厂的估计，也增加了满洲和其他被略去省份工厂的估计。巫宝三修订过的估计，工厂总数为 3841 家（中资 3167 家，外资 674 家），总产值为 2186159000 元（中资为 1415459000 元，外资为 770700000 元），雇用工人 738029 名。[①]

刘大中和叶孔嘉在表 4 中，对刘大钧的调查作了进一步修订，列出 1933 年中国现代工业部门几个行业的总产值和工人人数，统计中国关内和满洲运用机械动力从事制造业的企业，不计每家企业的工人人数，在 1933 年创总产值为 2645400000 元，雇用工人共 1075800 名。与刘大钧和巫宝三的统计一对照，刘大中、叶孔嘉的统计尽管不包括公用事业，但总数实际上是较高的。产生这个结果的原因，是刘大中、叶孔嘉对工厂下的定义较为宽泛，而且包括了满洲的工厂；还因为他们对棉纱、棉布、水泥、生铁和钢的数据，使用了其他来源的材料，而不是使用刘大钧的调查结果。

表 4 　　　　　　　　现代工业的产量与就业，1933 年

	总产值（1933 年百万元）中国本土				工人数（1000）中国本土			
	华资	外资	满洲	总计	华资	外资	满洲	总计
生产资料								
木材	4.4	5.6	11.6	21.6	1.2	1.5	2.3	5.0
机器,包括运输设备	55.4	9.9	27.2	92.5	45.7	5.2	14.4	65.3
黑色金属和金属制品	29.4	1.4	18.1	48.9	15.5	0.4	11.8	27.7
小电气设备	1.3	0.8	—	2.1	0.7	0.3	—	1.0
石头、黏土和玻璃制品	44.5	1.6	9.7	55.8	34.7	1.1	8.9	44.7
化学药品和化学制品	58.5	10.0	19.1	87.6	5.6	2.4	4.2	12.2
纺织品	15.3	—	1.6	16.9	4.3	—	0.4	4.7
革制品	37.0	8.1	1.0	46.1	4.5	0.9	0.7	6.1

[①]　巫宝三：《中国国民所得，1933 年》，第 1 卷，表 1—2，在第 64 页后；表 5，第 70—71 页；增加的资料在《中国国民所得，1933 年修正》，载《社会科学杂志》，9.2（1947 年 12 月），第 130—136、144—147 页，结合了汪馥荪（汪敬虞）的估计：《战前中国工业生产中外厂生产的比较问题》，载《中央银行月报》，2.3（1947 年 3 月），第 1—19 页。

续表

	总产值(1933 年百万元) 中国本土				工人数(1000) 中国本土			
	华资	外资	满洲	总计	华资	外资	满洲	总计
纸、纸制品、印刷品	72.0	10.7	3.4	86.1	42.0	3.6	0.8	46.4
硬币	41.0	—	—	41.0	0.2	—		0.2
总计	358.0	48.1	91.7	498.5	154.4	15.4	43.5	213.3
生活资料								
木制品	1.2	0.5	0.9	2.6	0.5	0.2	0.8	1.5
金属制品	12.6	1.4	1.6	15.6	4.4	0.5	0.7	5.6
小电气设备	11.9	7.2	0.1	19.2	5.9	2.7	*	8.6
瓷器和陶器	1.5	0.2	0.7	2.2	1.3	—	1.9	3.2
化学药品和化学制品	65.3	17.2	4.4	86.9	38.4	7.3	4.9	50.6
纺织品	605.4	257.8	70.6	933.8	380.1	104.7	38.8	523.6
被服	101.1	4.6	3.4	109.1	101.7	2.0	3.5	107.2
皮革和橡胶制品	36.2	2.2	—	38.4	15.1	0.7	—	15.8
食品	436.3	39.1	158.7	634.1	51.2	8.6	21.6	81.4
烟草制品、果酒、酒	124.9	117.3	36.0	278.2	20.3	19.0	8.4	47.7
纸制品	2.9	0.5	7.9	11.3	1.8	0.2	4.7	6.7
杂品	13.5	1.3	0.7	15.5	8.1	1.8	0.7	10.6
总计	1412.6	449.3	285.0	2146.9	628.8	147.7	86.0	862.5
合计	1771.4	497.4	376.7	2645.4	783.2	163.1	129.5	1075.8

* 100 名工人以下

资料来源：刘大中和叶孔嘉：《中国大陆的经济》，第 142—143、426—428 页。

对 1949 年以前的其他年份而言，没有严格可比的数据，特别是没有总产值的数据。国民政府经济部[①]1937 年报告，当年有 3935 家工厂（不包括矿场，但包括公用事业和兵工厂），根据《工厂法》在该部注册，雇用工人 457063 名，有创业资本 377938000 元。[②] 在 3935 家工厂中，有 1235 家（占 30％）设在上海，2063 家（占 52％）设在沿海各省，637 家（占 17％）设在内地。纺织业和食品业占注册

---

① 校注：国民政府实业部设立时间为 1930 年 12 月至 1938 年 1 月；1938 年 1 月 1 日，国民政府设经济部。

② 《中国近代工业史资料》，4，第 92 页。

工厂总资本的 55％。至于 1933 年至 1936 年的世界性经济萧条在中国的影响程度，现在还不够清楚。1937 年以后，在日本占领下的上海、天津、武汉等制造业中心，战争造成的严重破坏，生产的下降，以及新投资的停滞，都可以从各地和部分定性的证据中推知。同样，对国民政府努力在大后方发展制造业基地——主要是与战争有关的工业虽很广泛，但没有完全的报道。

1938 年至 1940 年间，448 家"工厂"和 12182 名"技术人员"随国民政府和军队的撤退，一起搬迁到内地的四川、湖南、广西和陕西。1943 年初，重庆经济部发表一份工业报告，虽然缺少产量数字，但提供了一些大后方工业发展情况。报告提到的 3758 家工厂和241662 名工人中，有 590 家工厂是在 1937 年以前就有的，有 3168家工厂是 1938 年至 1942 年期间创办的。这些工厂的总资本，考虑到物价指数上涨了 10 倍，大约等于上海 1933 年中资工厂的资本，工人的数目也大致相同。这些工厂，大多数设置在四川（1654 家）、湖南（501 家）、陕西（385 家）、广西（292 家），其余的厂家分散设在大后方各地。与战前工业着重在消费品生产对照，新的战时工业，约有50％（根据资本衡量）制造军用品和生产资料。另一个与战前工业相对照，是在战时工业中，国有企业起着主导作用。在登记的工厂中，只有 656 家（17％）是公营的，但其资本却占资本总额的 69％。与私营企业相比，公营企业的规模大，使用的机械动力多，并控制了生产资料部门（特别是在化学和金属制品以及机械制造方面）。[①]

战时大后方的工业化模式，特别把重点放在与军事有关的生产资料和化学制品上，这从表 5 可以明显看出来。1942 年以后，内地的工业建设开始放慢，新建工厂的数目急剧下降，不仅产量停止上升，一些生产资料行业也在下降。其所以如此，除原料短缺和运输设施不足外，还因为这些企业（每一家都做好了回上海的准备）对战后命运前途未卜，而最主要的原因是通货膨胀。对商品的囤积居奇和投机倒

---

① 《中国近代工业史资料》，1，第 89—97 页；4，第 93—96 页，摘自经济部统计处编《后方经济概况统计》，1943 年 5 月。

表 5　　　国民党统治区若干种工业产品、电力和煤的相对产量，
1933 年、1938—1946 年（1933＝100）

	1933	1938	1939	1940	1941	1942	1943	1944	1945	1946
煤	100	47	55	57	60	63	66	55	52	182
铁	100	153	182	130	184	278	202	116	140	90
钢	100	3	4	5	7	10	23	45	61	52
电力	100	14	17	21	24	25	27	29	37	683
水泥	100	5	11	11	6	9	8	9	9	65
碱	100	1	1	2	3	3	5	9	5	93
硫酸	100	3	2	8	10	13	12	15	5	138
盐酸	100	8	6	12	10	32	29	32	26	233
酒精	100	90	241	1362	1605	2340	2289	2180	4814	3673
汽油	100	—	1	12	35	316	537	675	718	842
棉纱	100	2	2	2	7	7	7	7	4	95
面粉	100	2	3	5	7	7	7	4	3	117

　　＊　　一方面，在地理范围上 1933 年与 1946 年差别很大，另一方面，中间几年也有差别；从 1938 年至 1945 年每年都略有差别。

　　资料来源：严中平：《中国近代经济史统计资料选辑》，第 100—101 页。

把，比生产产品更有利可图。

　　在 1937 年至 1945 年的战争期间，沦陷区的工业生产很可能是停滞或下降，但没有这方面的确凿证据；在 1937—1939 年间，沦陷区的工业生产明显下降。在华北，从 1939 年或 1940 年到 1943 年或 1944 年，煤、铁和钢、水泥、电力和化学制品的产量有增长，但有些消费品工业如棉、毛织品和面粉的产量，实际上仍低于战前水平。华北的工厂产品总值的指数（按 1939 年物价）在急剧下降之后，到 1942 年，已经恢复到 1933 年的水平。[1]不过，中国最重要的工业企业，上海的纱厂在战争时期情况很凄惨；中资纱厂的棉纱和棉布产量自 1937 年起即急剧下降，在 1939—1941 年间虽略有回升，以后就奄奄一息，几近停产了。[2]现在仍不清楚，日本人控制的企业生产状况

---

[1]　严中平编：《中国近代经济史统计资料选辑》，第 147—150 页；汪馥荪（汪敬虞）：《战时华北工业资本就业与生产》，载《社会科学杂志》，9.2（1947 年 12 月），第 48 页。

[2]　王季深：《战时上海经济》，第 192、194 页。为这份参考资料，我要感谢托马斯·罗斯基教授。

是否会好一些。

与此同时，日本人控制下的满洲工业，从 1936 年起即迅速增长，至少到 1941 年为止。在 30 年代中期以前满洲经济的增长，主要是靠农业开垦区的扩大。当时也出现一些小型华人资金的企业，但主要的现代工业却是日本人控制下的生产资料企业网，为日本经济提供原料和半成品。鞍山、本溪钢铁厂和抚顺煤矿，是垂直统一管理的大型企业，也是其中最著名的企业。伪满洲国政权巩固后，在日本权益集团支持下，建立一个综合性生产资料制造部门的大计划，固定资本主要由日本提供，总投资率 1924 年为 9％，1934 年达到 17％，1939 年达到 23％（中国全国 1933 年的相应投资率为 5％，这个数很可能在1949 年以前没有被超过）。广义的工业（矿业、制造业、公用事业、小型工业和建筑业）在 1936 年至 1941 年间，每年以 9.9％的比率扩大；与此相比，在 1924 年至 1936 年间仅为 4.4％。工厂工业的增长甚至更快，占中国总人口 8％—9％的满洲，工厂生产额几乎占 1949年以前全国总生产额的 1/3。伪满制造业的迅速发展，显然是以牺牲小型工业为代价，换言之，是伴随工业部门的“现代化”而实现的。伪满工业部门的扩大速度，与其生产总值的扩大速度相同，而工业部门的相对重要性并未提高。伪满和关内恰好形成了一个重要的对比。1941 年后，由于从日本来的设备、资金和某些重要原料的减少，伪满工业的增长和多样化经营均停止了。1945 年至 1946 年，严重的战争破坏和苏军搬走最现代化的工厂和设备（损失合计 10 亿美元或更多），使战后的中国所能利用的满洲生产能力大为降低。[①]

1946 年至 1949 年是充满动乱的年代，内战很快遍及全国，通货恶性膨胀。到 1947 年，消费品的生产可能恢复到战前的水平，但是，满洲的重工业和矿业生产能力已大为削弱；国民政府还都南京后，实际上抛弃了战时内迁“温室”式的生产资料工厂（这些工厂一直依靠军事和其他政府部门的订货）。这两者合起来，遂导致生产资料部门

---

① 亚历山大·埃克斯坦、赵冈和约翰·张：《满洲的经济发展：边疆经济的兴起》，载《经济史杂志》，34.1（1974 年 3 月），第 251—260 页。

的生产及其相对的重要性都显著下降；换言之，又回到战前着重于消费品生产的工业结构模式。

日本投降后，在沦陷区到处引起工业生产的部分破坏。日本的技术人员撤走后，生产暂时停顿下来；而中国对接管日本的产业和恢复工业生产，又没有适当的计划。收回的工厂被当成战利品，国民党的各派各系，不论文武，都抢着要分一杯羹。抗战时期在内地建立的工厂，却任其毁坏。从前为日本人所控制的工厂和矿场，为扩大国营工业部门提供了基础。在资源委员会的主持下，生产资料生产的重要部门、电力和矿场，都要划归政府控制。[①] 1947 年底，资源委员会监督 291 家工厂和矿场，总就业人数为 223770 人。在消费品部门，1945 年有 69 家日本和敌伪纺织厂（其中 38 家纱厂、6 家毛织厂和 25 家有关企业）被没收，并入新成立的中国纺织建设公司——一家由政府投资的控股公司，在经济部的指导下经营。1947 年，中纺公司控制中国纱锭的 36.1% 和织布机的 59.4%，所属工厂生产 43.7% 的纱和 72.6% 的棉布。中纺公司的纱厂，由政府提供充分的营运资金，为其购买原棉受到外汇分配上的优待；与私营纱厂相比，占有明显优势——其地位与战时日本在中国的纱厂相似，甚至是当年日本纱厂的继承者，不同的是日本人管理得更为有效率。中纺公司的经营方针，主要是为其自身和政府谋求短期效益。[②]

从 1948 年底起，由于失控的通货膨胀，中共对运输和原料供应的破坏，劳动力的短缺，工人的骚动和人为过失，国营和私营的工厂和矿场已是奄奄一息。

对工业发展的精密衡量，是看一段时间内生产的增长。约翰·K. 张最近编制的 1912—1949 年中国大陆的工业生产指数（不包括手工业），替代了所有以前的产量估计，并为上述分散的观察联系起

---

① 关于 1938—1948 年国有和私有矿场和生产资料企业相对处境的实际数据，可以查看《中国近代工业史资料》，3，第 1439—1443、873—879、882—887 页。

② 国家统计局工业统计处：《我国钢铁、电力、煤炭、机械、纺织、造纸工业的今昔》，第 148—149 页；《中国近代工业史资料》，3，第 1051—1074 页。

来，提供了一条数量线索加以证实。张的指数根据 15 种制造业和矿业产品，涉及约 50％的工业产量，用 1933 年的物价为衡量单位，见表 6。这个估计，把中资和外资公用与关内和满洲都包括进去了。工业生产从很低的起点开始，一直持续增长到 1936 年。从制造业和矿业总体上看，中国显然没有受到世界性经济不景气的不利影响，尽管有许多工厂经历了暂时的实际困难。由于把关内和满洲合在一起，出现了在不景气年代中的某种上升趋势。上海工业所受不景气年代的影响，比满洲的工业企业更为严重。战争的爆发使工业在 1937 年至 1938年急剧下降，随后在未沦陷地区和满洲的工业产量都有回升，到 1942年达到顶点。从 1942 年起，对情况就不够清楚；1946 年是全年产量下降，接着在 1947 年至 1948 年略有恢复，但没有达到 1936 年的水平。

表 6　　　　　　　**中国大陆工业生产指数（1912—1949 年）**

（15 种商品；1933 年＝100）

年份	产品总值	净增值
1912	11.9	15.7
1913	15.6	19.2
1914	20.1	24.0
1915	22.5	26.1
1916	24.0	27.7
1917	26.9	32.0
1918	27.8	32.2
1919	34.1	36.9
1920	40.2	42.9
1921	42.4	42.4
1922	34.7	39.0
1923	41.6	45.6
1924	46.9	50.5
1925	55.7	60.1
1926	59.0	61.0
1927	66.6	66.3
1928	72.1	70.5
1929	76.9	75.2
1930	81.6	80.1

续表

年份	产品总值	净增值
1931	88.1	86.5
1932	91.6	90.3
1933	100.0	100.0
1934	103.6	106.8
1935	109.7	119.5
1936	122.0	135.0
1937	96.0	112.3
1938	76.2	104.1
1939	88.2	120.7
1940	94.1	137.6
1941	109.2	161.2
1942	115.7	176.1
1943	105.6	157.1
1944	91.8	140.9
1945	62.0	94.1
1946	90.7	93.6
1947	115.1	116.8
1948	96.7	101.1
1949	105.6	119.2

资料来源：约翰·K. 张：《共产党统治前中国的工业发展：计量分析》，第60—61 页。

从几个选定时间段的年均增长率（用净增值表示）可以看出，第一次世界大战期间和战后工业明显扩大（1912—1920 年，13.4％），随后是 1921 年至 1922 年的战后衰退；从 1923 年至 1936 年，平均增长率为 8.7％；1912 年至 1942 年为 8.4％；而 1912 年至 1949 年整个时期——因为 1949 年是个低年份，则为 5.6％。因此，在战前具有代表性的年份，中国现代工业和矿业的产量，如用 1933 年的物价计算，是以给人深刻印象的 8％—9％增长率在增长。[1]

然而，正如表 2 中刘—叶的国民收入估计所表明的，工业是包括传统工业，在中国经济中仅占一个小位置；而在广义的工业部门里，

---

[1]　约翰·K. 张：《共产党统治前中国的工业发展：计量分析》，第 70—74 页。

现代工厂的总产值却低于手工制造业的总产值。在 1933 年，中国的工厂、手工业、矿业和公用事业的合计产值，只占国内净产值的 10.5％。在工业产值中，手工业产值占 67.8％、工厂占 20.9％、矿业占 7.0％、公用事业占 4.3％。在估计 4691 万的全部非农业工作人口中，有 1213 万（25.9％）受雇于手工业、113 万（2.4％）受雇于工厂、77 万（1.6％）受雇于矿场、4 万（0.09％）受雇于公用事业。虽然约翰·K.张的估计有 8％—9％的年增长率，但这个增长的起点是很低的。在民国时期的近 40 年中，整个工业部门的产值，在国内总产值中的比重没有多少变化。所谓 30 年代中国现代工业部门的弱小，是与当时工业发达的国家相比而言；若与 1895 年的日本相比，则是相当可观的，也是有进一步发展潜力的。

整个看来，手工业在工业部门所占的相对份额，在 20 世纪 30 年代，无疑比在 1850 年或 1912 年为少（见表 3）。当然，在 19 世纪中叶，中国根本没有现代工业；甚至在 1912 年也只是刚刚露出的一棵嫩芽。表 7 概括了刘—叶关于 1933 年手工业在各种工业总产值中所占份额的估计。考虑到与工厂产品比较，在所得到的资料中，对手工业的概括是不完全的。这样，对所有的工业来说，64.5％的平均数确实是太低了。[①] 刘—叶根据就业和每个手工业工人的增值作出的补充估计，实际上表明，1933 年手工业在总增值中所占份额接近 75％。

到这里，比较确切的数据资料就结束了。经常有人断言，在鸦片战争之后一个世纪中，由于进口外国货物，国内中资及外资现代工业产品的竞争，传统的手工制造业一直在下降。[②] 如前面所指出的，满洲可能是这个情况，即工厂工业的增长，是以牺牲小型的（即手工业的）工业为代价。但就整个中国来说，情况都是如此吗？有关这个问题的资料虽不够完整，但亦能够充分说明，从绝对量上讲，手工业

---

① 巫宝三：《中国国民所得，1933 年修正》，第 137—142 页，表明手工业净增值，为所有工业的 72％，但所据的"工厂"是这样定义的：雇用 30 名以上工人的企业，并使用机械动力。

② 这个意思包含在彭泽益对资料的编排中，见彭泽益编《中国近代手工业史资料，1840—1949 年》，有价值的文献尚未被充分发掘出来。

产值没有不保持住原有的水平，而且还有所增长；这与上述认为下降的看法是不同的。

表 7　　　在 14 类产品中手工业生产占总增值的百分数，1933 年

产　品	％
木材和木制品	95.5
机器，不包括电机	31.3
金属制品	12.1
电器	0.5
运输设备	69.4
石头、黏土和玻璃制品	67.8
化学制品	22.5
纺织品	46.1
衣被和编织品	66.5
皮革和类似制品	56.2
食品	90.1
烟草、果酒和酒	30.2
纸和印刷品	55.9
杂品	63.7

资料来源：刘大中和叶孔嘉：《中国大陆的经济》，第 142—143 页，表 38；和第 512—513 页，表 G—1。

上述问题所以变得如此复杂，是看用什么定义去界说"手工业"与各种行业之间的差异，大多数界说据以解释实地调查时间次数的选择。从以户为单位的家庭手工业中，分离出来的城市或半城市手工作坊或手工工场，至少从唐代起就在中国经济中出现了。不过，就其产值和从业人数来看，至少在 1912 年以前以及随后的 40 年中，被农村和城市家庭手工业生产所掩盖了。[①] 例如，根据上述情况可以想像得到，手工纺纱曾经是农民家庭一项主要手工业，然而其绝对产量在 20 世纪下降了。在对外贸易和工厂生产日益增长的刺激下，手工业作坊迅速发展起来，遂提供了新的就业机会，于是即全部或部分取代了家庭手工业生产。这些小型工厂雇用少数工人，不用机械动力，加

① 费维恺：《经济趋向：1870—1911 年》，载《剑桥中国史》，第 11 卷，第 1 章。

工供出口的农产品（如轧棉花和缫丝），或作为分包商向现代工厂供应零配件，或冒险仿制比较粗糙便宜的工厂制品（如纺织品、卷烟、火柴和面粉）。[1] 所以，中国初期工业化的一个重要部分，跟日本一样，所采取的不照搬外国的模式，而是采取符合中国劳动—资本比率较高的特点形式。

有些手工业没有经受住竞争，进口的煤油几乎代替了点灯用的植物油。在 20 世纪前 25 年中，曾经是繁荣的纺织业，到 20 年代末开始衰落。原因固然很多，日本人的竞争，1931 年后的中国失掉满洲的市场，人造丝的出现，以及国际市场的普遍不景气。[2] 20 世纪 20 年代和 30 年代，国内对茶叶的需求没有什么变化，但茶叶出口的下降，说明制茶业也遇到困难。不过，不论是丝业或是制茶业的情况，从 19 世纪以来，并未因工厂产品取代手工业产品而使产量直线下降。

至于手工棉纺织业，我们了解得比较具体一些。布鲁斯·雷诺兹发现，手工纺纱的绝对产量及其在全部棉纱产量中的份额，在 1875 年至 1905 年间都急剧减少，而在 1906 年至 1919 年间却缓慢下降，在 1920 年至 1931 年间再度锐减（见表 8）。[3] 对照之下，在 1875 年至 1931 年半个多世纪中，手工织布产量的相对份额虽然下降了，但其总产量实际是增加了。从需求方面来看，这种增加的情况之所以出现，是因手工织布和质量较好的机织布，各有其独立的市场。典型手工织的布，是用进口和国内机器纺的线作为经线，而以手工纺的线为纬线。直到 20 年代国内纱厂大发展起来后，才不用手工纺的纬线。从供求方面来看，手工纺织业之所以能够生存和发展，是因为在 1949 年以前，手工纺织业还在中国家庭农业生产体系中起到不可缺少的作用。

---

[1] 彭泽益：《中国近代手工业史资料，1840—1949 年》，2，第 331—449 页。

[2] 李莉莲：《江南与丝出口贸易：1842—1937 年》（哈佛大学哲学博士学位论文，1975年），第 234—273 页。

[3] 雷诺兹通过不相同的路子，得出 1875 年和 1905 年的结果，与我的估计很接近。见我的《中国的手工和机器棉纺织品，1871—1910 年》，载《经济史杂志》，30.2（1970 年6 月），第 338—378 页。我在这里所以用了雷诺兹的数据，而不是我自己的数据，因为这些数据是 1875—1931 年整个时期的估计，与我所用的方法是一致的。

表 8			棉布供应的来源，1875—1931 年（百万平方码）					
	1875		1905		1919		1931	
		(%)		(%)		(%)		(%)
工厂产品	—	—	27	1.1	158	5.8	831	28.2
进口货	457	21.8	509	20.2	787	28.7	300	10.2
手工业品	1637	78.2	1981	78.7	1798	65.5	1815	61.6
总计	2094	100.0	2517	100.0	2743	100.0	2946	100.0
	1875		1905		1919		1931	
工厂产品	—	—	90.2	11.5	297.6	36.8	966.9	90.9
进口货	12.4	1.9	304.3	38.6	178.5	22.0	—76.0	—7.1
手工业品	632.3	98.1	393.2	49.9	333.6	41.2	173.3	16.3
总计	644.7	100.0	787.7	100.0	809.7	100.0	1064.2	100.0

　　资料来源：布鲁斯·劳埃德·雷诺兹：《贸易和外资对工业化的影响：中国的纺织品，1875—1931 年》，第 31 页，表 2.4。

关键是有可供利用的"剩余"劳动力，特别是家庭劳动力，在任何情况下都要生存下去；与工厂劳动不同，即使他们的边际产品在生存费用以下，也照样从事手工业生产。换言之，只要现代工厂付给工人仅够维持生活的最低工资，手工业工人在别无选择挣得收入时，家庭手工业几乎能在任何价格水平上与工厂工业竞争。农村家庭把从事手工业当做对农业的补充。为了尽可能得到更多的收入，农民们可以对各样农村副业的利益进行估计，决定进入或离开某一副业；这也因此决定手工业各行业变化无常的命运。在 20 世纪，随着经过改进的木织机、铁齿轮织机和提花机的推广，手工织布技术有了很大的提高，从而使手工织布的劳动生产率大大高于手工纺纱。廉价的进口纱和国产的机纺纱，使得手工纺纱与其他的副业相比，愈来愈无利可图。农民可以用较低的价格买到机纺纱，可以参照机织产品的样式来织布；这样，织布比纺纱更为有利可图，农村家庭副业遂即转向织布业。20年代和 30 年代的不同时期，在一些手工织布中心，如河北的定县，还有宝坻和高阳，山东的潍县，都曾经一时"繁荣"过；天津、青岛和上海的纱厂，向数量很大的农民家庭供应棉纱，纺织商有时向他们提供织布机，并承包他们的产品，使之销售到整个华北和满洲。[①]

对 20 世纪手工业发展变化历程的了解，很多情况来源于 30 年代对中国农村的实地调查。中日战争前一段短时期的学术风气兴旺，说明实地调查工作是很重要的。经过近二十年的政治混乱之后，看来是个有希望的时期，中国似乎终于开始其现代经济发展进程；这一进程曾给西方和日本的现代经济发展带来财富和实力。中国的经济学家和农村社会学家，甚至多数持非马克思主义观点的人，都关注经济制度及其效能对福利的影响，分析其内部相互关系，观察其效能，都是一致的。农业生产基本上是跟着人口增长，或者是手工业的绝对产量至少保持不变，但这并不能改变中国经济的"落后"。绝大多数的中国人是贫困的，只有少数人是富有的；贫苦百姓甚至连很低的生活水平也不能保证。此外，由于"示范效应"强有力的吸引力，繁荣看来只有通过大规模工业化才能达到。在这种形势下，人们往往过分重视很小的现代经济部门，又倾向于过分看重手工业状况周期性波动中的低落阶段，而忽视其高涨阶段，并据此作出各种结论，尽管从实际经验中得到的可靠资料，往往与这些结论相矛盾。[②] 于是好像传统部门瓦解得愈严重，国家的现代化和工业化就愈有可能早日到来。20 世纪 30 年代初，对手工纺织业来说，十之八九同样是相对不景气时期，但这主要不是由于现代纱厂的竞争，而是由于 1931 年后失去了满洲和热河的市场。需要提醒的，是把在 1936 年至 1937 年还没有恢复的手工纺织业，作为可供选择的市场发展结果，这与目前我们所知道的事实不符，而且也与 1937 年中日战争爆发前两年的中国经济向上发展趋势相矛盾。在 1937 年至 1949 年之间长期中日战争和内战的痛苦年代里，难道可以认为现代的和城市的消费品制造工厂，所受到的破坏和质量的下降，会比广大分散的手工业部门小吗？

在洋货进口和国内工厂生产增长的情况下，从绝对数字上说，手

---

① 赵冈：《现代棉纺织工业的发展及其与手工业的竞争》，载珀金斯编《中国现代经济》，第 167—201 页。

② 同上书，第 173—175 页，举出了例证。

工业生产的命运决定于两个因素，即进口货和工厂产品的结构以及总需求的大小和构成。例如（见表 28），在 1925 年，进口货至多只有 50.5％是同手工业竞争的（棉织品、棉纱、面粉、糖、烟草、纸、化学制品、染料和颜料）。除了棉织品和煤油的影响外，剩下的品种中最大宗的是糖（此项进口在 1925 年数量特多，其中包括不与手工业竞争的未加工的糖）、化学药品、染料和颜料（其中只有一小部分代替土染料）以及烟草（其国内加工在 20 年代增长了，明显的未被进口货压倒）。其他具有潜在竞争性的进口货，在数量上微不足道，不可能对国内手工业造成严重影响。

至于工厂产品的影响，情况与进口货相似，其中也不包括手工纺纱产量急剧下降情况。1933 年最重要的手工业产品，为手工业碾米和磨粉，两者合计占整个手工业总产值的 67％。碾米和磨粉的总产量加上进口面粉，其中有 95％出自手工业部门。自 20 世纪以来，由于现代食品工厂的产品和进口货的竞争，手工业产品即使下降，其幅度也不会很大。[1]

由于我们对手工业的国内市场了解得不多，所以直接讲清民国时期总需求的格局是困难的。不过，这里的三个间接指标可以用来说明这个问题。首先从 1912 年至 1949 年，中国人口几乎以 1％的年平均率增长，城市人口的增长率可能达到 2％。单是人口的增加，特别是沿海商业与制造业人口的增长，足以解释进口或国内工厂生产商品消费量的大部分。现代工业产品很大一部分，是由城市消费品构成；这些产品在中国农村并没什么用处。甚至普遍使用的棉织品，其产品质量和成本的差异也是很重要的。就传统需求来说，工厂的产品可能是"劣等"货。即使不是如此，农村人口仍继续使用手工业产品，因为在低工资而价格昂贵的情况下，手工业产品的单位成本比现代工业产品要低一些。

第二个指标是 30 年代外部需求的持续增长。一项研究表明，用

---

[1]　刘大中和叶孔嘉：《中国大陆的经济：国民收入与经济发展，1939—1959 年》，第 142—143、512—513 页；萧梁林：《中国的对外贸易统计，1864—1949 年》，第 32—33 页。

1913 年的物价来计算，从 1875 年到 1928 年的手工业出口值年均增长 2.6％。另一个估计表明，从 1812 年到 1931 年大宗手工业产品出口额每年增长 1.1％。[①] 由于对国内消费缺乏更多的了解，仅从出口增长的数字当然不是结论性的。不过，对中国 20 年代大宗单项出口商品的丝绸而言，充分的事实说明，直到 1930 年，国内市场销售的绝对数量，是与出口量同时增长的，两者间的相对份额比例大体上没有变化。[②]

最后一个指标是农业产值，特别是需要进行加工的经济作物，在 1912—1949 年间的增长率，与人口增长率每年略低于 1％大致相同。珀金斯估计，1914—1918 年，每年的农产品总值为 160.1 亿元至 170.3 亿元；1931—1937 年，每年为 191.4 亿元至 197.9 亿元；二十多年中约共增加 16％—19％。[③] 珀金斯还证明，在 30 年代，能够在现代工厂加工的农产品，不超过 5％或 6％，或者不到 20 世纪的前 10 年代和 30 年之间农产品增长百分数的一半。[④] 换言之，在最坏的情况下，农产品的手工加工仍保持不变。

关于工厂工业，除了其数量上的重要性较小之外，还有几点特别值得注意。

（1）如上所述，现代制造工业集中于沿海省份，特别是在条约口岸及 1931 年以后的满洲。以最重要的棉纺织业来说，在 1924 年，中国 87.0％的纱锭和 91.1％的织机，设置在河北、辽宁、山东、江苏、浙江、福建和广东，而上海、天津、青岛三个城市即占纱锭的 67.7％和织机的 71.9％。现代工厂制造业虽有某种程度的地理分布，例如 30 年代的纱锭（1918 年，纱锭总数的 61.8％设在上海，而 1932 年是 55.4％，1935 年是 51.1％）。在抗日战争爆发前，中国内地省份几乎依旧不知道现代工厂工业为何物。

（2）所以地理上集中的原因，是外资工厂在制造业中占有很大份

---

① 侯继明：《1840—1937 年中国的外国投资和经济发展》，第 169—170 页。
② 李莉莲：《江南与丝出口贸易，1842—1937 年》，第 266—273 页。
③ 珀金斯：《中国的农业发展》，第 20—30 页。
④ 珀金斯：《中国 20 世纪经济的增长和结构变化》，第 122—123 页。

额，这些外资工厂全部建在条约口岸。从 1931 年至 1945 年间，满洲的经济与关内的经济没有联系。但恰恰是在满洲，而不是在别的地方，现代中国出现了某种程度的"经济发展"，其中包括建立可观的重工业基地。各种资料表明，在中国抗战前的制造业中，外国企业占有很突出的地位，但对其在产值中所占比重的各种估计，却彼此相距甚远。刘大中和叶孔嘉把刘大钧的数据与其他数据结合起来，得出 1933 年关内和满洲中外资工厂产值和雇工的数字（见表 9）。

表 9　　　　　华资工厂和外资工厂的产量和工人数，1933 年

	总产值 （百万元）	%	工人数 （千人）	%
中国本土				
中国人拥有	1771.4	66.9	783.2	72.8
外国人拥有	497.4	18.8	163.1	15.2
满洲	376.7	14.3	129.5	12.0
	—	—	—	—
总计	2645.5	100.0	1075.8	100.0

资料来源：表 4。

在中国关内，中资工厂占工厂工业产量的 78％，比起中国制造工业资本构成中的中资份额，这是一个实际上较高的比重。根据粗略的估计，在 30 年代，外资的资本份额仅占总数的 37％。[①] 到底外国在华企业的重要性，是按其产值份额来衡量，还是按其资本的投资额与中国企业比较的相对规模来衡量，这就产生了问题。过分注意资本的构成，容易导致夸大外资工业的重要性。资本份额是非常难以计量的，而且会使人忽视中国企业多数是从事轻工业产品制造，资本的不可分割问题很小，而劳动力可以代替资本的程度却很大。换句话说，中外企业的资本和产值比率的相同，实际上是个假设。表 10 所示，20 年代和 30 年代制造业的几个行业中，外资企业产值份额的数据（关于 1933 年，又见表 3），表中包括煤炭的数据；除了条约口岸的集中问题外，这里的有关工厂，一般也适用于矿业。

---

① 谷春帆：《中国工业化通论》，第 170 页。

表 10　　　中国和外国[+]公司在几种工业的总产量中所占百分数

年份	煤[*]		棉纱		棉布		卷烟		电力		火柴	
	中国	外国	中国	外国	中国	外国	中国	外国	中国	外国	中国	外国
1913	7.0	93.0										
1919	24.4	75.6	57	43	41	59						
1923	21.1	78.9	67	33	50	50			23	77		
1928	22.0	78.0	62	38	44	56						
1933	16.7	83.3	71	29	39	61	43	57	37	63	89	11
1934	34.3	65.7	71	29	36	64	42[≠]	58[≠]	45	55	89[≠]	11[≠]

　　*　仅指"现代"煤矿。

　　+　外国拥有或外国投资/控制。

　　≠　1935 年。

　　资料来源：严中平：《中国近代经济史统计资料选辑》，第 124、130—131 页；雷诺兹：《贸易和外资对工业化的影响》，第 216、221 页；陈真等编：《中国近代工业史资料》2，第 971 页。

　　（3）不包括满洲在内的中国工厂工业，主要是消费品工业。1933年，生产资料占工厂净增值的 25％。用产值衡量，最大的工业部门依次是棉纺织、面粉、卷烟和榨油工业。在刘大钧调查的 2435 家中资工厂中，50％（1211 家）从事纺织和食品生产。这 1211 家工厂合起来，占全部中资工厂产值的 76％，雇用工人数占 71％，动力设备占 60％，资本投资占 58％。

　　（4）工厂的平均规模很小。在同行业工厂中，中资工厂的规模常小于外资工厂；但与明治时期的日本工厂，或与其他国家早期的工厂相比，则就不算小了。刘大钧调查的 2435 家工厂资本总额为 4.06 亿元，平均每个工厂为 16.6 万元，按当时汇率计算约合 5 万美元左右。这些工厂共有动力的总功率为 507300 匹马力，平均每家工厂 200 匹马力，每家工厂的工人平均为 202 人。

　　（5）对于中资工厂，甚至设在条约口岸的中资工厂，其所处的社会条件在很大程度上依旧是"传统的"；这就强烈冲击"现代的"事物，即使这些工厂使用机械动力和复杂的机器。在刘大钧调查的2435 家工厂中，只有 612 家是作为合股公司组织起来的。由于没有较为发育的股票交易市场，股东和工厂经理人员之间形成特殊的关系。在这种关系中，股东对获得短期利润的需要，常常与通过再投资扩大企业，但却与使其现代化的长远目标相矛盾。那些保证股息的做法，常常迫使企业为了获得营运资金而借高利贷。在民国时期，为现代工业筹措资金一直是不充足的，投资于购置农田和城市房地产总是具有吸引力。此外，在一段时期内，还出现了商品、外汇和政府债券的投机交易。下面我们还将讨论政府的财政政策，如何使资金从生产性投资转移到其他方面去的。

中资工厂缺乏有才干的管理人员。在 1931 年，82 家纱厂的 4000 名技术人员中，只有 500 名接受过正规训练。高层管理同官督商办时期（见第 11 卷）的管理状况没有多大区别。成本会计这类技术很少被采用。在廉价土地上盖两层楼厂房是很普遍的，折旧提成和设备维修的不足是人所共见的。这是工业化初期的现象，世界上到处都是一样；同 50 年前美国的纺织工业相比，中国的情况并不特别坏。

中国工厂的工头总想摆"长衫客"的架子，不屑于做卑下的工作，把真正监督工人的工作交给技术上无能的监工。这些监工往往是"承包人"，通过与童工的父母达成协议等方式招工。到 1933 年，中国虽然已有 100 多万工厂工人，但总的说不是一支熟练的、稳定的、有纪律的劳动力。如同日本一样，各工业部门的变化可能很大；有经验的工人可以得到奖励，熟练的男工工资要高些，受到的训练也多些，而且通常终身受雇于一家企业。但在占优势地位的纺织工业，除了机修工人，经验并不十分重要。许多工人保持着同农村的联系，其所以要离开农村，原是想用工厂的工资补贴贫乏的农业收入。对年轻的妇女和儿童来说，尤其是如此，他们在劳动力中占了很高的比例。在刘大钧调查 2435 家工厂的 493257 名工人中，有男工 202762 人，女工 243435 人，16 岁以下的童工 47060 人；在纺织工业中，相应的数字是 84767 人、187847 人、29758 人。由于这样一支劳动力并不是完全终身从事于工厂劳动，又由于可以从农民中得到源源不断的补充，因此，用国际标准来衡量，中国工人的工资低，劳动时间长。1937 年之前，中国纺织厂通行每班 12 小时的两班工作制，日资的纺织厂普遍采用 11 小时的工作班。不过，用中国农村的标准来衡量，城市工人的实际收入还是比较高的，这成为农村人口向城市转移的一个原因。在资本昂贵和劳动力便宜的情况下，在一些中国的企业中，生产的"合理化"表现为通过降低工资，或延长工时来加强使用劳动力的方式。低工资的普遍实行，使劳动力不断大量轮换现象永久存在，也因之使工人不愿割断与农村的联系，以便在工业出现衰退时能够回到农村这个避难所。这种情况又使雇主们确信，工人能靠"一把米"过活。此外，低工资的常规又阻碍劳动生产率的提高，而劳动生产率低反过来又使工资进一步下降。[①]

也许除此之外，别无其他选择。中国工业面对的基本问题是需求疲软。如果在条约口岸以外的地区，传统社会和日益凋敝的农村经济不发生重大变化，那些由工资较高的劳动力生产出来的新的或改进的商品（也是较贵的商品），怎么可能会有市场？

（6）现代工业集中于沿海城市，外国企业占有很大比重，消费品占优势，大多数工厂规模小，而且技术落后——所有这些，都是使现代工业在 1949 年以前的中国国民总产值中，仅占有很小的比例。但估计"制造业≠"（见表 3，指工厂产品、矿产品、公用事业和现代运输）中的现代份额，只占 30 年代国内总产值的 5％（表 2），或 7％（表 3）——说明中国的经济显然是不发达的。但不应由此引出结论，认为现代工业和运输业，对 1949 年以后的中国经济发展是无关紧要的。虽然中华人民共和国继承的产业在数量上不多，但在 1953—1957 年期间工业生产的增长中，却有 2/3 以上来自现有工厂增加的产量。[②] 苏联虽然从满洲搬走了工业机器和设备，但恢复这个主要生产资料基地生产所需的新投资，总比建立新厂所需的投资为少。总的

[①] 关于 20 年代劳动力的来源、招募、工资和工作条件，见琼·切斯诺《中国的工人运动，1919—1927 年》，第 48—112 页。1949 之前工业工资结构分析，见克里斯托弗·豪《现代中国的工资模式和工资政策，1919—1972 年》，第 16—27 页。关于日本式的"常年"雇用熟练男工的一个例子，见《慎昌洋行》，第 114 页，为最后这本参考书，我要感谢托马斯·罗斯基教授。

[②] 赵冈：《工业政策与执行》，见亚历山大·埃克斯坦、沃尔特·盖伦森、刘大中编《共产党中国的经济趋势》，第 579 页，表 3。

看来，1949 年以前的中国没有工业化，只是棉织品工业迅速而持久的发展，并且这个行业没有被外国企业所垄断；甚至在 30 年代，中国的棉织品产量已位居世界前列。1949 年后，中国对轻工业的投资虽远落后于重工业，但棉织品和布匹的出口仅次于加工和未加工的农产品，是中国用以支付进口货物外汇的主要来源。[①]

同样重要的是 1949 年以前的小型现代工业部门，为中华人民共和国提供了熟练工人、技术人员、有经验的经理和组织经济活动的模式。有了这些基础，再加上苏联专家的培训，才有可能对数量大增的新经理和新工人提供经验和进行训练，以充实 50 年代末开始建立的许多新工厂。特别是在生产资料部门，几十家较小型的上海机器制造厂，其中不少是从 1949 年以前的时期继承下来的，发挥了其灵活性，开发了新产品和新技术；使之能在 60 年代初，在克服"大跃进"和苏联撤退专家带走图纸的困难中，曾起了很大的作用。[②] 没有这些基础，中国在 50 年代和 60 年代的工业发展，将大为缓慢，或将更加依赖外国技术专家，或者两者兼而有之。[③]

农　业

民国时期的中国经济，如同过去一样，基本上是农业经济。1933 年的农业净产值，估计为 187.6 亿元，占国内净总产值的 65%。这些产值是 2.05 亿农业劳动者生产的，占全国劳动力的 79%。从 1912 年至 1933 年，这个百分比只有很小的变化。尽管 1933 年以后满洲工业的迅速增长，使农业比重的下降比前几年稍微快一些（见表 3）。以作物产品为主，而其中又以粮食作物为主；表 11 是对 1933 年的估计，按重量粗略计算，粮食作物（稻谷、小麦和其他谷物，土豆、蔬

---

①　马逢华（音）：《大陆中国的对外贸易》，附录 C，第 194—200 页。

②　托马斯·G.罗斯基：《制造工业的发展，1900—1971 年》，见珀金斯编《中国现代经济》，第 228—232 页。

③　珀金斯：《中国 20 世纪经济增长与结构变化》，第 125 页。

菜、水果）占作物产品的 80％。

表 11　　　　　　　农业几个部门的产量，1933 年

	总增值 （10 亿元）
作物产品	15.73
畜产品	1.37
林产品	0.60
水产品	0.41
杂品	1.07
	—
总计	19.18
减去贬值	0.42
	—
净增值	18.76

资料来源：刘大中和叶孔嘉：《中国大陆的经济》，第 140 页，表 36。

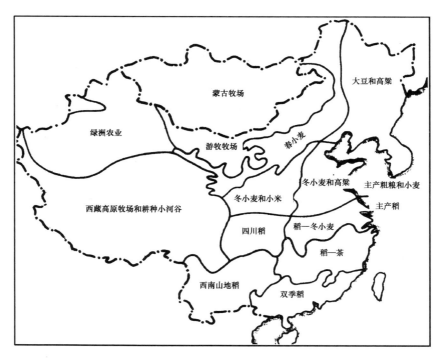

地图 3　　主要农作物区

　　直到 1937 年,农业总产值大体与人口增长同步(从 1912 年的 4.3
亿到 30 年代中期的 5 亿)。从 1931 年至 1937 年农产品的不变价格计
算,人均值与 1914 年至 1918 年大致相同(表 12),反映出产量年增

表 12　　　　　**农产品总值,1914—1957 年**（1933 年 10 亿元）

	1914—1918 （平均年）	1931—1937 （平均年）	1957
谷物	9.15—10.17	10.31—10.96	12.32
大豆	0.43	0.66	0.78
油料作物	0.51	1.13	0.77
棉花和其他纤维	0.78	0.86	1.28
烟草、茶、丝	0.49	0.52	0.32
甘蔗和甜菜	0.11	0.11	0.14
牲畜	1.14	1.40	2.74
小计	13.63	15.65	19.36
其他产品	3.40	4.14	4.91
总值	16.01—17.03	19.14—19.79	24.27
人均（元）	36.1—38.4	38.1—39.4	37.5

　　资料来源：珀金斯：《中国的农业发展》,第 30 页,表 Ⅱ.8

长略小于 1%,这个增长部分来自扩大耕地面积。珀金斯估计,1918
年的耕地面积为 13.56 亿市亩,1933 年为 14.71 亿市亩。[1] 另一部分
增长,来自现有耕地粮食和经济作物产量的提高。在这个时期,人均
粮食产值基本没有变化,约为 21 元;而人均其他产品产值,包括经
济作物产值,从 15 元增至 17 元。表 13 说明,1914—1957 年种植产
量的变化。从 1914 年至 1918 年到 1931 年至 1937 年,粮食(按市斤
=1.1 磅)增长 12.9%,但稻谷产量却下降了 5.8%,而土豆和玉米
的生产分别增长了 16.4%和 39.2%。产量的这些变化,反映粮食作物
布局的变化,向单位面积含热量较多的作物产品转移,从而腾出地来
增加商品作物的种植。小麦是华北一些地方的商品作物,增长 16.8%;
这些地方把小麦在市场上卖掉后,买高粱、小米等粗粮供农家消费。

---

[1]　珀金斯：《中国的农业发展》,第 233—240 页。

在华北和华中，小麦和棉花播种面积的增加，减少了稻谷的播种面积；油料作物的播种面积也在华中增加了。商品作物产量占农产品价值的百分数，在 1914 年至 1918 年是 14％；1931 年至 1937 年是 17％。同时，一些经济作物的产值比粮食产值增长更快，芝麻 170.1％，大豆 53.7％，油菜籽 33.7％，棉花 17.6％，花生 15.6％，烟草 15.1％。[①]

表 13　　　　作物产品的实际产量，1914—1957 年（百万斤）

	1914—1919 （平均年）	1931—1937 （平均年）	1957
稻谷	147610	139110	173600
小麦	39570	46200	47100
玉米	14680	20440	37470
土豆(谷物等价物)	7060	15280	43800
高粱	23750	24680	20030
小米	22180	27680	23330
大麦	18090	19440	9300
其他谷物	10370	10940	15170
谷物总计	283300	319960	370000
大豆	10970	16860	20100
花生	4540	5250	5142
油菜籽	3800	5080	1775
芝麻	670	1810	625
棉花	1606	1888	3280
纤维	1410	1350	1290
烟草	1590	1830	1220
甘蔗	18720	18720	20785
甜菜	—	—	3002
茶	445	399	223
丝	406	420	225

资料来源：珀金斯：《中国的农业发展》，第 266—289 页。

中日战争前的中国农业，除满足农村人口缓慢增长所需外，在正常年景，还可以向人口增长较快的城市地区供应部分食品和原料。在 20 年代，由于内战造成的运输困难和其他的破坏，需要进口粮食满

[①] 这些是包括满洲在内的整个中国的数字。关于华北，见迈尔斯《中国的农民经济》，第 177—206 页；天野元之助的《中国农业诸问题》中概括了许多地方的研究，见该书 I，第 3—148 页。

足城市消费。在 30 年代，粮食进口略有下降；以后由于中日战争的爆发，粮食进口再次上升。[①] 此外，农产品占中国出口的大宗（见表 28）；在 1912 年至 1931 年间，农产品出口总值年均增长 3.5％，出口量年均增长 1.7％。[②]

总之，1949 年以前的中国经济，农业部门虽没有重大的技术改进，但还是取得了成绩。在民国时代的 40 年中，就各个农户或各个地方和地区而言，年产量并不是一成不变的。由于气候、自然灾害、破坏性的战争，或不利的价格趋势，产值和收入可能有大幅度的波动。[③] 仅够勉强维持生活的总产量，再没有富余应付频繁发生的意外事故，也无法确保一家免于饥馑冻馁之忧；甚至对这个"成绩"，也需要加以说明。

天野元之助的中国农业史，仔细考察过中国每一种作物的栽培技术及农用工具的发展；深刻地指出，民国时期的农业技术，沿袭了清代的耕作方法，仅略有改进。[④] 在整个民国时期，也有改良种子和耕作技术的零星试验。例如从 1912 年至 1927 年，在各省建立了 251 个农事试验场。[⑤] 南京政府的工商部及其后的农矿部和全国经济委员会，也都鼓励对农业的研究和农业知识的推广。[⑥] 不过，这些试验的

[①] 关于稻米、小麦和面粉的进口，见萧梁林（音）《中国的对外贸易统计，1864—1949 年》，第 32—34 页；巫宝三：《中国粮食对外贸易其地位、趋势及变迁之原因，1912—1931 年》。

[②] 萧梁林：《中国的对外贸易统计，1864—1949 年》，第 274—275 页。

[③] 天野元之助：《论中国的农业经济》（以后简称《农业经济》），2，第 696—698 页，开了一张单，列出 1912 年至 1931 年间的内战、洪水、干旱、瘟疫等影响的省份。又见卜凯《中国土地利用统计资料》，第 13—20 页，关于 1904—1929 年间的"灾害"及所在地。

[④] 天野元之助：《中国农业史研究》，第 389—423 页，例如关于水稻种植技术。F.H.金《四千年的农民》，对 20 世纪初"中国、朝鲜和日本永久不变的农业"作了生动的描述。

[⑤] 李文治和章有义编：《中国近代农业史资料》，第 2 卷，第 182 页。这套资料的第 1 册，李文治编，包括 1840—1911 年；第 2 册和第 3 册，章有义编，分别包括 1912—1927 年和 1927—1937 年。

[⑥] 拉蒙·H.迈尔斯：《土地改造与农业改造：大陆中国和台湾，1895—1954 年》，载《香港中文大学文化研究所学报》，3.2（1970 年），第 532—535 页。

规模很小，而且缺乏地方政府的支持。

表12和表13说明，20世纪前数十年农业总产量的缓慢增长，主要不是由于改良种子，施用化肥或增加排灌设备获得的。从1913年到30年代期间，耕地面积的扩大有70%出现在满洲，其中主要是大豆及当地人口消费的高粱等粮食作物的种植面积。满洲人口从1910年的1800万，上升到1940年的3800万。[1] 这样，满洲农业仍使用"传统"技术大发展所带来的增产，在全国农业总增产量中占了很大比重。江苏、湖北、云南和四川的耕地面积也有少量增加，但产量提高的原因，是由于一些地区采用了以前从未使用过好的传统耕作技术。现有农田增产部分（也许是大部分），是因为投入更多的劳动力。

在30年代初世界经济不景气到来之前，由于农产品出口的不断增长，价格走势的有利，城市非农业就业机会的增多，农户发展生产的积极性也因之受到鼓励，也推进了满洲及边远地区的开发和促进了对传统技术的使用。日益增长的农业产量，从统计上看，足以养活增长速度年均不到1%的中国人口。中国人口增长率之所以较低，因为出生率虽然很高，但死亡率也很高，而且波动较大。这反映了中国人的生活水平普遍很低，公共卫生条件很差，对自然和人为灾害的抵御能力极弱。农业产量之所以被认为充足，只是因为普通的中国人依旧很穷，人口的增长受到马尔萨斯人口论的制约。在这些不利条件限制下，出口和城市工业部门对经济作物的需求，使农作物的生产向获得较高单位收入的作物转移，对较小的农户来说，尤其是如此。

直到1931年，农产品价格对农民都有利（见表14）。20世纪前30年的总趋势是上升的——农产品价格，农民购买包括生产资料和消费资料的商品、地价、农业雇工的工钱、税收都提高了。在20世纪的前10年，农产品和工业产品之间的贸易条件已有波动。但到20年代，这条件对农业愈来愈有利，农民所得到的价格比其付出的价格上升得更快。但1913—1931年间，农产品价格上升了116%（如果

---

[1] 埃克斯坦、赵冈和约翰·张：《满洲的经济发展》，第240—251页。

表14　　农产品价格，贸易条件、地价、农场工资、土地税指数，1913—1937年（1926年＝100）

年份	(1)农产品批发价格 天津	上海	(2)贸易条件 (1)÷所有工业品的批发价格 中国	(1)÷消费品批发价格 天津	上海	(1)÷农民所付价格 天津	上海	(3)地价 中国*	卜凯	(4)农场工资 中央农业实验所	(5)土地税
1913	61		58	82		86		89	63	72	79
1914	58		59	78		83		92	66	74	80
1915	58		61	74		81		90	68	77	84
1916	61		65	72		81		92	72	80	86
1917	70		69	77		83		91	75	83	83
1918	64		69	67		74		87	77	86	84
1919	59		69	61		63		84	81	88	86
1920	77		80	76		79		94	85	89	87
1921	78	75	90	77	66	80	76	102	87	91	86
1922	75	86	92	78	83	75	90	101	89	93	86
1923	82	92	98	84	86	83	91	103	92	95	88
1924	89	92	97	90	92	90	94	96	95	95	89
1925	100	95	102	101	94	102	95	101	100	97	92
1926	100	100	100	100	100	100	100	100	100	100	100
1927	103	103	95	101	92	98	98	92	100	105	109
1928	103	95	106	97	94	92	97	96		112	118
1929	107	99	127	96	94	94	96	108	100	118	119
1930	107	113	125	90	98	81	101	99	99（1931=100）	124	140
1931	96	106	116	72	80	70	82	86	103　100	126	132
1932	90	95	103	73	79	69	80	81	93	95	
1933	73	94		64	84	61	86			89	
1934	64	86		60	83	59	84			82	
1935	82	83		79	83	75	82			81	
1936	102	102		87	91	82	91			84	
1937					106		108				

　　* 15省36县37地区。

　　资料来源：(1)和(2)：南开大学经济研究所编：《1913年至1952年南开指数资料汇编》，第12—13页；《上海解放前后物价资料汇编》，第135页；卜凯：《中国土地利用：中国22省，168地区，16786田场及38256农家之研究（1929—1933）》，第149—150页。

　　(3)卜凯：《中国土地利用、统计资料》，第168—169页；《农情报告》，7.4（1939年4月），第47页，见李文治和章有义编《中国近代农业史资料》，3，第708—710页。

　　(4)卜凯：《中国土地利用、统计资料》，第151页。

　　(5)同上书，第167页。

我们用表 14 中卜凯的指数),而农民所付的价格上升了 108％。在同一时期,地价上升 63％,农户雇工工钱上升 75％,田赋上升 67％。在华北,雇工工钱的增加有落后于物价的倾向。但在南方的水稻产区雇工工钱,则可以跟物价上涨持平,表明南方对劳动力有更大的需求,非农业就业的机会亦较多。物价比工钱增长快的地方,雇用帮工的农户显然能以较高的价格出售其产品,从而获取较多的利润。在这 20 年中,地价和田赋增幅很小。在价格普遍上涨的几十年中,田赋的名义负担是增加了,而实际负担却是减少了。

不过,从 1931 年的复苏直到 1935 年,甚至持续到 1936 年,中国农民的收入锐减,农业贸易条件也明显恶化。所以产生这样的后果,一方面是由于世界性萧条引起的出口市场收缩(由于银价在 1931 年以前继续下跌,萧条在中国的影响推迟);另一方面是由于从 1931 年起黄金对白银的比价上升。而银价的上升,首先是由于英国、日本和美国放弃金本位;然后又由于 1934 年美国颁布《白银购买法案》,引起中国的白银外流。在此物价急剧下降时期,农民的固定生产费用和需要购买的制造品价格下降较慢;而农产品价格首先下降,并下降得非常快。农民对萧条的反应,是明显趋向缩减经济作物的生产,恢复传统粮食作物的种植。[1]1931 年后,由于城市的劳动力返回农村地区,对农民特别是小农家庭收入,最重要的非农业就业机会,可能也有暂时下降。[2]关于农村雇工工钱的数据材料是零星的,但可能其下降比农产品价格下降得少些。在 1931 年至 1934 年期间,田赋平均增加 8％—10％(然后在 1935 年至 1936 年间又下降),而地价从 1931 年起下降,这表明农民在萧条中的实际纳税负担在加重。[3]从农村地区向上海或其他城市流出的白银,使农民得到贷款更加困难。总之,农民在过去很长一段价格上升时期得到的一些好处,在 1931 年至 1935 年间全部失去。1936 年,农产品价格和经济作物产量

---

① 李文治、章有义编:《农业史》,3,第 476—480、622—641 页。
② 同上书,第 480—485 页。
③ 《农情报告》,7.4(1939 年 4 月),第 49—50 页,见李文治编《农业史》,3,第 708—710 页。

开始回升，但到了 1937 年，日本发动了大规模侵华战争，遂即引出了新的问题。

1931 年以前农产品价格的上升，但 1931—1936 年价格却猛降约 25％，使许多农户受到影响；其所受影响的程度，则视农业的商品化和卷入市场交易的程度而定。珀金斯曾估计，在 20 年代和 30 年代，20％—30％的农产品是在当地出售，另外 10％运到城市地区，3％是出口。同 10 年前相比，销往城市和出口部分呈增长趋势，分别为 6％—7％和 1％—2％。章有义编的定性数据资料，也证实了 20 世纪的农产品日益商品化；尽管章氏的主要目的是在说明，这是国内商人和帝国主义商人共同对中国农民所造成的恶果。[1] 除了商品化程度较高的长江流域各省和有经商意识的富裕农民外，大多数农民只是最低限度地参与市场交易。如果我们回忆一下，30 年代时的经济作物（绝大部分在市场上出售）占农业总产值 17％。珀金斯对农产品商品化的估计表明，农户在市场上出售的粮食，不到粮食作物总产量的 1/4，其中大部分是在不受国际市场影响的集市上卖出的。在中国主要稻米市场之一的湖南长沙米市，在 30 年代，其价格的波动主要只同本省的年景收成和地方的政治形势有关。对农业区域的大多数人来说，全国物价平均下降 25％，就意味着实际收入的下降比这要少得多，可能只有 5％。换言之，世界经济萧条的影响和其他价格变化的上升或下降，对中国内地省份来说，也许还比不上气候波动所造成的不可避免的灾难。

中国农业养活了中国人民，甚至在最低限度的消费水平上还可以有一点小小的"盈余"。总的说来，按照最终用途计算，食品消费占国内总支出的 60％，而个人的总消费占 90％以上；留下所剩无几的数目，用于公共服务、政府消费和投资。[2] 正如表 12 所列，人均

[1]　珀金斯：《中国的农业发展》，第 136 页；李文治、章有义编：《农业史》，2，第 131—300 页；张人价：《湖南的稻米》（译自湖南省经济研究所 1936 年报告），第 87—113 页。

[2]　刘大中、叶孔嘉：《中国大陆的经济》，第 68 页，表 10。

38—39 元农业产值表明，明显依旧是"贫困"经济，人口的大多数只能维持最低限度的生活水平。20 年代和 30 年代，用国际标准来衡量，中国粮食的亩产量决不算低。例如，稻米略高于明治时期的日本——虽然比 30 年代的日本低 30％，是印度和泰国产量的两倍或三倍；小麦的产量和美国不相上下。在 20 年代，中国一个农民一年劳动所获的平均产量，只有 1400 公斤；而美国可以比较的数字是20000 公斤——高出中国 14 倍。[①] 中国有 4/5 的劳动力从事农业，而农业技术与组织的特点，是每个劳动力所创造的增值又非常低；无论与发达国家的农业相比，还是与中国经济的现代部门相比，都是如此。这就是中国贫穷的根本原因之所在。

克服中国经济"落后"的主要障碍，是无论私人部门还是北京政府或南京政府，都不能掌握和分配资金、资源和技术——这是继续不断进行新投资所极为需要的。在 1949 年以前，中国本土的年投资总额，大概从未超过国民收入的 5％。由于政府的软弱无力，国家的长期分裂，以及连年的内战和对日战争，农业部门不能满足城市对食品和原料巨大需求的提高，也不能满足出口换汇，用来进口工业机器设备的需要，这对经济结构性改变缓慢起了相当的作用。就软弱的民国时期政府而言，对缓慢增长的农业部门实行"强制储蓄"，是行不通的。

中国在 1949 年以前之所以未能工业化，尤其是没有使农业达到重大的增长，无论是用"分产主义的"或"技术的"分析，都不能自圆其说。技术的或"折中主义的"观点，拒绝把农村的社会—经济关系看成是农业部门的主要问题，而认为如上文所讲的那样；在 1937年以前，断定总的农业情况还是不错的，其后来的发展所以受到阻碍，归因于得不到适当的投入——特别是技术的改进，而不是制度的僵化。[②]

分产主义的观点认为，不平等的土地所有权、租佃制、农村债

---

① 珀金斯：《中国的农业发展》，第 35—36 页；李文治、章有义编：《农业史》，2，第406—407 页；卜凯：《中国土地利用》，第 281—282 页。
② 迈尔斯：《中国的农民经济》，到处可见此论证。

务、不公平的税收,以及所谓买方独家垄断的市场,是引起农业停滞和农村日益凋敝的主要原因。这种观点断定,土地的使用权缺乏保证、高地租和偏向地主的不平等租佃关系,导致农民既没有生产兴趣,也没有物质手段进行纯农业投资。[1] 分产主义学派把中国"持续的农村萧条",归因于"土地耕种者的收入和土地的非生产性支出,被各种寄生虫吸走;这些寄生虫靠农业剩余生活,却不创造任何农业剩余"[2]。

纯粹的技术分析,至少有两个潜在的困难:由于其所列举的农业不大增长,可能忽视了人均产值和收入的极低水平,从而低估了需要改进的迫切性;更重要的,相信调整(比如通过引进,改进了技术调整农业的生产能力)可以在现有的平衡中进行一些调整,这种看法显然无视历史的传统。在中华民国时期,无论在任何适当时期,对于制度上没有实质性改变的情况下,要进行大量的农业新投资,确实是值得怀疑的。

同样,纯粹分产主义的分析认识上的许多缺陷,也难以令人信服。首先,认为农村日益加深的贫困化,在几十年中,没有得到任何农业部门全面研究的证据。有些农户,有些地方,甚至有些较大的地区,遭受到持续时间长短不等的困难,是无可置疑的。但不能据此认为,在人口增长仍然较低情况下,若不提人均产值和收入,现有的农业体制就无法维持下去。农业这样能支持多久,可能是个有根据的疑问——犹如这理应从愿望出发的伦理道德问题。在 1937—1949 年之间的大破坏年代之前,中国并未发生持续不断的农业衰退。

至于在农业创造的"剩余"中,有多少可以用作生产投资。维克托·利皮特把农村的"剩余"表现为两种形式:一种是地主所得的财产收入(主要是地租),另一种是自耕农支付的土地税。其后,卡尔·里斯金发现,1933 年的农村实际总剩余为国内净产值的 19%。

---

[1] 罗伯特·阿什:《中国革命前的土地占有:20 年代和 30 年代的江苏省》,第 50 页。阿什自己也对更"纯的经济因素"予以一定重视。但是,他的研究估计 20 世纪江苏农业投资的程度和来源时,似不足以令人信服。

[2] 卡尔·里斯金:《现代中国的盈余和停滞》,见珀金斯编《中国现代经济》,第 57 页。

(假定实际总剩余为国内净产值的 27.2％，里斯金估计非农业部门创造的剩余，为国内净产值的 8.2％)。[①] 从农村剩余中扣除用于投资、公共服务和政府消费部分后（1933 年，这些项目占国内净产总值的 5.8％中的 4％），再假定 15％的国内净产值被农村中绅士和富户用于奢侈性消费。[②] 的确，一部分被"投资"于不动产，或借给贷款的农民，而其他部分被储存起来了。假定除大众消费外，相当于国内净产值 15％的农村剩余可用于再分配——这一假定的主要困难，在于无论利皮特、里斯金还是费维恺，都没有任何数据可供估算农业剩余在各种不同用途中所占的比重。例如，如果地主购买农田和城市房地产，储藏金银，借给农民的消费贷款数额巨大，这会导致地主的部分收入转化为农民消费的"循环杯"。在一定时期，这些都不是地主的直接消费；但从长期来看，这些会使个别地主在国民收入中所占的份额增加。只有富人过度的消费，特别是在进口奢侈品上的消费，才是"消耗性"支出，也是对国内产值的直接耗费，因为这样会损耗使本来可以用来购买生产资料的外汇资源。

当然，在中华人民共和国成立的头 10 年中，中国农业的经验充分证明，社会的实质性变革可能是生产持续增长的必要条件，但还远远不是充分条件。虽然在 1958 年后更加强调对农业的投资，但中国的农业仍然是落后的。良种的供应，充足的肥料和水，优化作物的布局，以及在劳动力短缺的地方实现机械化等问题，都还没有得到解决。总之，20 世纪前 75 年的全部经验证明，只有制度上的改革和先进技术的大量投入，中国的农业问题才能解决。

如果说民国时期的农业结构状况，减缓了独裁政权的强制储蓄冲击了中国农村，这是因为对一个农民的命运，会比他的父辈和祖辈稍好一点，已不存任何希望。换句话说，如果 1949 年以前中国农村中的农民——地主——政府之间的再分配效应，对农民不是普遍认为的

---

① 卡尔·里斯金：《现代中国的剩余与停滞》，见珀金斯编《中国现代经济》，第 57 页。
② 同上书，第 68、74、77—81 页；维克托·利皮特：《中国的土地改革与经济发展》，第 36—94 页。

那样繁重，那么对整个经济而言，这种关系的长期效应就会逐步趋向衰减。土地的占有，农村高利贷和递减的税率，都是自然要出现的问题。围绕着这些问题，会把农民调动起来，去推翻一个使人看不到改善前景的社会制度。

我们对人口（1912 年 4.3 亿，30 年代 5 亿）和耕地面积（相应的是 13.56 亿亩和 14.71 亿亩）所使用的估计表明，在 20 世纪前几十年中，人均耕地面积从 3.15 亩降到 2.94 亩。卜凯调查收集到的资料也表明，从 1870 年到 1933 年，普通农户耕种土地的规模日益缩小。[1] 虽然根据不同的资料，用不同的方法，但两种估计却很接近卜凯。1910 年一农户 2.62 英亩（作物面积 1 亩＝0.167 英亩），1933 年为 2.27 英亩。珀金斯假定一个普通农户的五口之家：1933 年为 2.6 英亩，30 年代为 2.4 英亩。1934—1935 年农户的规模分类见表 16（3）。在南方省份（卜凯所说的"稻米区"），耕作的平均单位比北方（"小麦区"）小得多。在所有地区，农业经营规模与农户家庭规模之间有密切关系。这表明人口的高密度导致土地的高价格，农民只有大量使用劳动力的方式才能承受得了。因此，家庭成员少的农户，对土地经营的规模也就较小。

由于中国的财产继承制中缺乏长子继承权，农户的土地往往被切割成许多互不相连的小块。这就加重了小规模耕种的浪费，相当多的土地成了地界无法利用，从一块土地走到另一块土地用去很多的劳动时间，灌溉变得更为困难。卜凯估计，平均每个农户要耕种 6 小块土地；其他人估计，每个农户从 5 块到 40 块不等。

中国农民对传统的农业技术运用得极为纯熟，到了可能性的极限。但是到了 19 世纪 20 年代，种子、农具、肥料、农药和其他方面的进步知识，很少传入中国农村，农业投资基本上都用于土地投资。人力比畜力更为重要，农具——许多世纪以来很少改变，则要适合人力。每英亩土地上对人力的利用，可能比世界上任何别的国家都更为密集。与之矛盾的，除了播种或收获季节的高峰期外，个体劳动并

---

[1]　卜凯：《中国土地利用》，第 269—270 页。

没被集中使用。在农村 16 岁到 60 岁的男人中，参加全日劳动的只有
35％，58％参加非全日劳动。部分多余劳动力从事副业，通常是家庭
手工业，这可以为农户提供 14％的收入。[①]

本节开头部分概述的农业产值分类与数量，是上百万农户的人力
物力资源分配和农业技术运用的结果。近一半农户的土地少于 10 亩
（1.6 英亩），80％少于 30 亩（5 英亩）。不过，有必要对土地耕作和
土地所有权需加以区分，并考察土地租佃对农业产量和各农户家庭的
影响。

在 30 年代，中国有多少土地出租？举例说，卜凯估计，私人农
家的土地有 28.7％租给了佃农［表 16（2）］。如果农田的 6.7％为公
有（公田、官田、学田、庙田、祭田、屯田和义田），并几乎全部出
租，加上这个数字后，看来有总数为 35.5％的农田租给了佃农。[②] 中
华人民共和国初年的土地改革过程中，重新分配土地的数量资料，证
实了这种估计——占 1952 年耕地面积的 42％—44％。[③] 这个比例超
过了 35.5％的部分，也许是象征着极度狂热的土改时，地主和"富
农"的土地全部都被没收了。

在中国，土地的占有是非常不均等的；但比起其他的"不发达"
国家来，也许还是好一些的。在全国经济委员会所属全国土地委员会
和财政部、内政部的指导下，对不包括满洲的 16 个省进行了一次土
地调查，得到在 30 年代最好的数据（见表 15）。表中的数字呈下降
趋势，因为资料仅是实际住在所调查土地的地主。1934 年至 1935 年
调查所涉及的 1295001 户自耕农，平均拥有土地 15.17 亩（2.5 英
亩）。但在被调查的农户中，有 73％拥有土地 15 亩或 15 亩以下，只
占土地总面积的 28％，而 5％的农户拥有土地 50 亩或 50 亩以上，占土
地总面积的 34％。大土地所有者几乎都不是自己耕种，雇用劳动力

---

① 卜凯：《中国土地利用》，第 181—185、294、297 页。
② 同上书，第 193—196 页。
③ 珀金斯：《中国的农业发展》，第 87、89 页；利皮特：《中国的土地改革与经济发展》，
第 95 页；肯尼迪·R.沃克：《中国的农业规划：社会主义文化与私人部分，1956—
1962 年》，第 5 页。

从事商品化农业生产也是罕见的。土地一般是出租给佃户，或者由地主耕种一部分（根据土地拥有量和其社会地位，使用其家庭劳动力，还是雇用劳动力），余下的土地出租。在 20 世纪，由于内地许多地区的社会秩序混乱，地主相继离开农村乡镇，迁居城市以寻求保护。迁居城市的地主通常只保留地产的所有权，把监督佃户和收租的事务委托给在当地的代理人（如长江流域的租行[1]），租行和代理人从中常常能捞到很多好处。[2] 特别是在东南沿海一带，这样新的严酷做法使农村的阶级关系更为激化——这从来不是田园诗的主题，即使地主是孔夫子最好的信徒，与冷酷无情的市场重压相比，或许会多少带有一点人情味。

表 15　　　　　农村地权的分配，1934—1935 年* （16 省）

所有土地面积	业户		所有总面积		每户平均所有
（亩）	户数	%	亩数	%	土地（亩）
<5	461128	35.61	1217	6.21	2.64
5—9.9	310616	23.99	2245	11.42	7.23
10—14.9	170604	13.17	2090	10.63	12.25
15—19.9	103468	7.99	1802	9.17	17.42
20—29.9	106399	8.22	2589	13.17	24.33
30—49.9	80333	6.20	3053	15.54	38.01
50—69.9	28094	2.17	1646	8.38	58.59
70—99.9	17029	1.32	1408	7.16	82.61
100—149.9	9349	0.72	1124	5.71	120.21
150—199.9	3146	0.24	514	2.76	171.97
200—299.9	2587	0.20	623	3.17	240.95
300—499.9	1368	0.11	518	2.63	378.40
500—999.9	674	0.05	453	2.30	671.87
>1000	196	0.02	344	1.75	1752.60
	—	—	—	—	

---

[1] 校注：租行为江南地区，特别是苏州地区实行的收租组织。地主身居城市或他乡，以其在乡间出租土地之地租，承包给租行向佃户收租。租行多为城市流氓无赖或青皮恶棍所组织；收租之时，乘船率众，持械或持枪至农村向佃户收租。租行一般按所收地租折价货币交付地主。

[2] 村松祐次：《近代江南租行——中国地主制度的研究》，第 47—237、391—636 页；又见《中国清末民初江南地主所有制的纪实研究》，载《东方与非洲研究学院学报》，29.3（1966 年），第 566—599 页。

续表

所有土地面积	业户		所有总面积		每户平均所有
(亩)	户数	%	亩数	%	土地(亩)
总计	1295001	100.00	19650	100.00	15.17

  * 包括的省份：察哈尔、绥远、山西、陕西、河北、山东、河南、江苏、安徽、浙江、湖北、湖南、江西、福建、广东、广西。

  资料来源：全国土地委员会：《全国土地调查报告纲要》，第32页。

  珀金斯认为，在30年代，有3/4的土地出租者是在外地主，其中大多数是由农耕以外的途径致富的。换言之，在中国有些地方，土地是富商和其他一些人经常投资的对象。这种情况主要发生在城市化和商品化程度较高的长江流域南方各省，那里有较发育的粮食市场，有便于市场的廉价水路运输，因之投资购买土地可以获得较高的利润报酬率。[①] 表16（5）的数据表明，各个省份地租占地价的百分比，与租佃率之间有一定的对应关系。贵州在西南有些特别，北方的山东也是如此。贵州跟其他比较贫穷落后的地区一样，租佃率所以较高，是因为"封建"的佃农—地主关系（劳役，苛捐杂税，更牢固的控制）根深蒂固的持久性，而不在于土地价格的商业收益。[②] 在山东，土地收益率较高，而租佃率则较低，这也许是由于中央农业实验所的调查人员对该省每亩土地的"平均"价格，选用了较高的数字所致。[③]

表16   **30年代的租佃情况、租佃面积、农场规模、
地租形态和租率**（22省，不包括满洲）

	(1)自耕农、自耕农兼佃农、佃农的百分数						
	中央农业实验所，1931—1936年平均数			卜凯，1929—1933年			
省别	1936年报告县数	自耕农	自耕农兼佃农	佃农	调查地区数	自耕农	自耕农兼佃农	佃农
西北								
察哈尔	(10)	39	26	35	—			

[①] 珀金斯：《中国的农业发展》，第92—98页。

[②] 陈正谟：《中国各省的地租》，第43页，发现河南、四川、贵州、云南的劳役地租负担最高，根据的是不包括满洲在内的22省1520处报告。

[③] 国民政府主计处：《中华民国统计提要，1935年》，第462—463页，列出1933年山东的地价与浙江大致一样；但中央农业实验所提供的1934年山东的地价比浙江低1/3。

续表

(1)自耕农、自耕农兼佃农、佃农的百分数							
	中央农业实验所，1931—1936 年平均数				卜凯，1929—1933 年		
省别	1936 年报告县数	自耕农	自耕农兼佃农	佃农	调查地区数	自耕农	自耕农兼佃农	佃农

省别	1936 年报告县数	自耕农	自耕农兼佃农	佃农	调查地区数	自耕农	自耕农兼佃农	佃农
绥远	(13)	56	18	26	—	—	—	—
宁夏	(5)	62	11	27	(1)	96	1	3
青海	(8)	55	24	21	(2)	20	8	72
甘肃	(29)	59	19	22	(6)	58	16	26
陕西	(49)	55	22	23	(20)	68	15	17
北								
山西	(90)	62	21	17	(4)	38	38	24
河北	(126)	68	20	12	(6)	71	17	12
山东	(100)	71	17	12	(15)	72	18	10
河南	(89)	56	22	22	(8)	58	23	19
东								
江苏	(56)	41	26	33	(6)	31	23	46
安徽	(41)	34	22	44	(2)	35	13	52
浙江	(62)	21	32	47	(14)	29	20	51
中								
湖北	(48)	31	29	40	(5)	35	31	34
湖南	(41)	25	27	48	(13)	16	27	57
江西	(57)	28	31	41	(7)	33	35	32
东南								
福建	(42)	26	32	42	(1)	30	55	15
广东	(55)	21	27	52	(13)	16	35	49
广西	(50)	33	27	40	—	—	—	—
西南								
贵州	(23)	32	25	43	(6)	25	22	53
云南	(39)	34	28	38	(8)	49	27	24
四川	(37)	24	20	56	(3)	27	15	58
全国平均（不包括满洲）	(1120)	46	24	30	(140)	44	23	33

(2)租佃面积占农场面积的百分数		(3)各种规模的农场的百分数，1934—1935 年				
	全国土地		（亩）				
省别	委员会	卜凯	<10	10—29.9	30—49.9	50—99.9	>100

省别	委员会	卜凯	<10	10—29.9	30—49.9	50—99.9	>100
西北							
察哈尔	10.2	—	1.4	7.9	2.2	8.9	79.6
绥远	8.7	5.0	9.3	33.3	16.2	18.4	22.8
宁夏	—	0.5	—	—	—	—	—

续表

| 省别 | (2)租佃面积占农场面积的百分数 | | (3)各种规模的农场的百分数，1934—1935 年 | | | | |
	全国土地委员会	卜凯	（亩）<10	10—29.9	30—49.9	50—99.9	>100
青海	—	9.5	—	—	—	—	—
甘肃	—	9.1	—	—	—	—	—
陕西	16.6	17.4	38.7	35.9	12.8	10.1	2.5
北							
山西	—	15.8	16.9	41.0	20.3	16.1	5.7
河北	12.9	9.8	40.0	41.4	10.8	6.1	1.7
山东	12.6	9.8	49.7	38.5	7.9	3.3	0.6
河南	27.3	19.7	47.9	34.6	9.5	6.2	1.8
东							
江苏	42.3	33.3	52.3	38.1	5.8	2.5	1.3
安徽	52.6	51.0	47.0	38.2	9.6	4.5	0.7
浙江	51.3	31.0	67.0	27.8	3.5	1.4	0.3
中							
湖北	27.9	31.2	60.4	32.0	5.5	1.8	0.2
湖南	47.8	36.6	56.5	33.4	6.3	3.1	0.8
江西	43.1	51.4	54.2	41.6	3.7	0.5	*
东南							
福建	39.3	55.7	71.8	24.8	2.5	0.8	0.1
广东	36.9	59.6	87.4	12.3	0.3	*	—
广西	21.2	26.0	51.1	37.7	7.2	3.0	0.9
西南							
贵州	—	25.8	—	—	—	—	—
云南	—	27.6	—	—	—	—	—
四川	—	52.4	—	—	—	—	—
全国平均（不包括满洲）	30.7	28.7	47.0	32.4	7.8	5.4	7.4

| 省别 | (4)各类地租形态的百分数，1934 年 | | | (5)租额占地价的百分数，1934 年 | | | 物租与分租占收益的百分数，1934 年 |
	钱租	物租	分租	钱租	物租	分租	
西北							
察哈尔	19	51	30	2.9	4.4	6.9	37.5
绥远	31	23	46	6.4	14.4	12.0	
宁夏	46	19	35	—	—	—	
青海	11	54	35	—	—	—	30.9
甘肃	14	51	35	11.4	12.0	13.7	
陕西	15	9	26	10.1	13.0	12.6	41.1

续表

省别	(4)各类地租形态的百分数,1934 年			(5)租额占地价的百分数,1934 年			物租与分租占收益的百分数,1934 年
	钱租	物租	分租	钱租	物租	分租	
北							
山西	27	45	27	6.2	5.9	6.2	50.1
河北	52	22	26	7.3	7.6	8.1	49.1
山东	30	31	39	16.0	18.8	20.8	46.5
河南	17	39	44	—	—	—	49.5
东							
江苏	28	53	19	8.7	7.8	12.8	40.3
安徽	14	53	33	9.4	9.4	16.4	40.4
浙江	27	66	7	9.6	10.3	13.2	42.4
中							
湖北	20	58	22	8.3	6.8	13.6	38.6
湖南	8	74	18	17.4	17.4	28.5	44.2
江西	7	80	13	19.2	18.1	36.8	42.6
东南							
福建	19	56	25	17.8	19.9	21.0	44.7
广东	24	58	18	17.0	19.0	15.4	42.5
广西	6	65	29	—	—	—	43.1
西南							
贵州	10	40	50	6.2	13.4	12.1	51.4
云南	14	61	25	13.9	16.6	16.8	43.4
四川	26	58	16	11.4	14.5	16.9	49.1
全国平均(不包括满洲)	21	51	28	11.0	12.9	14.1	43.3

　　*　少于 0.05%。

　　资料来源：(1)《农情报告》,5.12 (1937 年 12 月),第 330 页,载李文治和叶孔嘉编：《中国近代农业史资料》,3,第 728—730 页。卜凯：《中国土地利用、统计资料》,第 57—59 页。

　　(2)卜凯：《中国土地利用、统计资料》,第 55—56 页。全国土地委员会：《全国土地调查报告纲要》,第 37 页。

　　(3)《全国土地调查报告纲要》,第 26—27 页。

　　(4)《农情报告》,3.4 (1935 年 4 月),第 90 页,载国民政府主计处统计局：《中国租佃制度之统计分析》,第 43 页。

　　(5)《农情报告》,3.6 (1935 年 6 月),载《中国租佃制度之统计分析》,第 79 页；陈正谟：《中国各省的地租》,第 94—95 页。

对民国时期租佃情况的估计很不一致，地方之间的差别很大，但总的看来，约有50％的农民牵扯进地主—佃户关系；约30％为佃农全是租种地主的土地，20％以上的自耕农兼佃农，租种部分土地。

表16（1）列出30年代各省租佃率的两种统计，虽在细节上有些差别，但都清楚表明，长江流域和南方沿海种植水稻省份的纯租佃率，比种植小麦的北方各省高得多。[1] 这些省份的数据，常常掩盖了省内因地区、土质、商品化程度和历史积累的不同，而产生不少的地方性差异。[2] 还应当指出，类别中自耕农、自耕农兼佃农、佃农的顺序，在经济上不一定都是每况愈下。例如表17所示，全国土地委员会1934—1935年的调查中，较为复杂一些的分类明确说明，表16（1）

表17　　　　　　　　　　**各类地权形态户的百分数**

（16省1745344户，1934—1935年）

地主	2.05
地主兼自耕农	3.15
地主兼自耕农兼佃农	0.47
地主兼佃农	0.11
自耕农	47.61
自耕农兼佃农	20.81
佃农	15.78
佃农兼雇农	0.02
雇农	1.57
其他	8.43

资料来源：《全国土地调查报告纲要》，第35页。

---

[1] 在表16（1）中，费维恺用了卜凯的"农业调查"，而不是他的"田场调查"中通常被引证的百分比导出的可供选择的估计。后者的估计显然太低，一方面由于他的实例对南方各省重视不够，另一方面由于调查的性质使得比较容易接近的地区支配了数据。

[2] 关于江苏的地区差异，见阿什《中国革命前的土地占有》，第11—22页；关于山东与河北，见迈尔斯《中国的农民经济》，第234—240页。

中的"自耕农兼佃农",包括了从租种 1%土地的地主,到租种 95%土地贫农之间的所有情况。山西、山东、河北、河南的农民,人口压力较小,农户规模较大,大都是自耕农;但其在家庭收入方面,并不比广东的佃农好。租佃和经济进步也不是不相容的。例如,在美国,农场经营者的佃农,1879 年为 25.6%,到 1945 年增加到 34.5%。他们都是佃农。

有关租佃率变化的可靠历史数据几乎没有存在。把 19 世纪 80 年代一些观察家、传教士和其他人士所作的估计,与 20 世纪 30 年代的估计相比较,表明各地租佃率有相当大的差别,但总的看来没有重大的变化。[①] 中央农业实验所的估计,表明仅有微小的变化(全部租种土地的农户,从 1912 年的 28%,增加到 1931—1936 年的 30%)。1931—1936 年的数据是用平常通信调查获得的,参加者是成千志愿的作物报告者,其中有许多是乡村教师;而 1912 年的数据纯属推测。[②] 拉蒙·迈尔斯把 19 世纪 90 年代山东 22 县,与其在 20 世纪 30 年代相比,揭示出佃户的百分数在 13 个县下降,有 9 个县上升。[③]河南、安徽、江苏和湖北四省,1913 年、1923 年和 1934 年的数据比较,明显没有重大变化:佃农从 39%增加到 41%,自耕农兼佃农从 27%增加到 28%,而自耕农则自 34%下降至 31%。[④]

表 14 表明,与其他商品价格相比,土地价格的上涨比较缓慢一些。这说明在 20 年代动乱不定的环境下,对土地的需求比较疲软。正如卜凯所称,"反地主运动……减低土地需求,甚至使有产之人出售其产"[⑤]。最后,如前面所指出的,中华人民共和国成立初期进行土地改革时,被重新分配的土地数量——尽管在 12 年的外战与内战之

---

① 乔治·贾米森:《中国的土地占有与农村人口状况》,载《皇家亚洲学会华北分会会刊》,23(1889 年),第 59—117 页。
② 《农情报告》,5.12(1937 年 12 月),第 330 页,见李文治和章有义编《农业史》,3,第 728—730 页。
③ 迈尔斯:《中国的农民经济》,第 223 页。
④ 天野元之助:《农业经济》,1,第 299 页。
⑤ 卜凯:《中国土地利用》,第 333 页。

后，地主控制的土地数量大致与 30 年代相同。我们可以由此断定，虽然土地的买卖照常进行，但地租率在某一地区与在另一地区的基本情况（主要由于有差别的地主经济收益，但在最落后的地区，也由于持续的"超经济"劳役和其他的苛捐杂税），在民国时期没有重大变化。

佃农的地位是否能有保障？总的看来，在 20 世纪，佃农的地位是不十分牢靠的。1924 年至 1934 年间 8 省 93 县情况表明，年租的百分比略有增加，3 年至 10 年的租约没有变化，10 年至 20 年的租约和永佃租额略有下降。[1] 例如 1930 年的《土地法》中规定，佃户有权不定期的延长租约，除非地主在租约期满后收回土地自种，这表明租佃缺乏保障确实存在。《土地法》虽没有切实执行，租佃的没有保障仍继续是个问题。中国农村田产观念现代化的一部分是"永佃"制，此制分为"田面权"与"田底权"；佃户有"田面权"，而地主有"田底权"。[2] 永佃制为短期的租佃契约所取代。年租约的没有保障，使农民处于不利地位，地主能够以押租（作为防止不交租的担保）的形式，把额外的负担和更高的租额强加给佃户。

这种趋势的出现和发展极为缓慢。而对中国农业生产力具有更大直接意义的，是上述八省中的较长租约（包括永佃权）的发生率与租佃之间百分比的关系。全国土地委员会 1934—1935 年的调查发现，在租佃率高的江苏、安徽、浙江三省，"永佃"最为盛行。[3] 佃户如能完全拥有其所佃租耕种的土地，自然会有更大的积极性来改进土地。但佃户与地主的长远经济利益，遂导致在高租佃率地区租佃契约的长期性。佃户在租种的土地上追加投资来提高生产力的兴趣，并不是不能实现。

内政部 1932 年对 849 县所作的调查，发现押租制在 220 个县流

---

[1]　国民政府主计处统计局：《中国租佃制度之统计分析》，第 59 页。

[2]　校注：永佃制分土地的使用权与所有权，佃户一次交地主银若干，可获得一定数量土地的永佃权，即具有使用土地的田面权；而土地的所有权仍属地主；此土地之田赋仍归地主交付。此制盛于苏州地区及江南各地。

[3]　全国土地委员会：《全国土地调查报告大纲》，第 46 页。

行（占 26%），在另外 60 个县也存在押租制。① 佃户向地主交纳地租，主要有三种形式，即钱租、物租和分租。中央农业实验所 1934 年的调查称，有 50.7% 佃户交纳固定数额的地租为谷物，28.1% 是分租制佃户，21.2% 交纳固定数额为钱租，见表 16（4）。1934 年至 1935 年的土地调查中可以比较的数据，为谷租 60.1%，钱租 24.62%，分租 14.99%，力租 0.24%，其他 0.14%。② 在 20 世纪，钱租所占的比例增加得很慢。③

如表 16（5）所示，分租的负担（地主供给种子、农具和牲畜的数量而定，年均为土地价格的 14.1%）略大于谷租（12.9%），谷租则大于钱租（11.0%）。在佃户自备种子、肥料和牲畜情况下，定额分租的谷租额，平均占农作物总值的 43.3%。国民党规定把谷租限制在农作物总值的 37.5% 的政策，显然没能得到实行。

中国南方的地租，不论佃户以何种形式交纳，其绝对数字和土地价格比较，都高出北方许多——但土地的亩产量也是如此。除了华北和西南的贵州省外，定额谷租制是主要的地租方式。在租佃率最高的五省（安徽、浙江、湖南、广东、四川），占全部地租的 62%；在租佃率最低的五省（陕西，山西、河北、山东、河南）仅占 39%。在固定实物地租的租制下，佃户向地主交纳的定额谷物，却不论年景收成的好坏（在灾难性的坏年景，有可能减少或展期交纳）。南方水稻产区省份普遍实行的长期租约，实行定额实物地租后，使佃农增加劳动和投资提高生产力，从中可以获益。因此，定额地租与分租地租相比，更能刺激佃农对增产的积极性。分租制在租佃率低的华北五省（占 32%），比在租佃率高的五省（占 18%）更为普遍；在华北的押租也比南方为少。北方的租约条件与南方相比，较少鼓励佃户为改进

---

① 内政部：《内政年鉴》，3，《土地》，第 12 章，（D），第 993—994 页。陈正谟发现，押租流行于 1933—1934 年报告中 30% 的地区，6% 以上的地区有过这种现象。陈正谟：《中国各省的地租》，第 61 页。

② 全国土地委员会：《全国土地调查报告纲要》，第 44 页。

③ 国民政府主计处统计局：《中国租佃制度之统计分析》，第 43 页。1924 年与 1934 年比较，数据的变化极小，没有重要意义。

土地投资；但租佃在北方也不如在南方普遍。

上述只是对省一级的定量研究，没有充分涉及个别佃户的情形，也没有详细反映出各地做法上的巨大差异；同时也没有反映租佃制的合理方面及其对促进生产的局限性。在特定地区与特定时间，佃农是否能得到足够的收入，用以改进耕作与提高产量，只有通过详细的地方研究（如拉蒙·迈尔斯之研究河北和山东，罗伯特·阿什之研究江苏）才能确定。迈尔斯的发现是肯定的，阿什则是否定的。

上述的土地占有和耕作方式，与农业信贷、市场销售和税收均有密切关系。农业是生产周期缓慢的行业；而中国的小农与别国的小农又不同，往往在青黄不接时，不靠借贷就无法渡过难关。负债是引起农民情绪不满的主要原因。卜凯在 1933 年的调查报告估计，有 39％的农户负债。中央农业实验所估计，有 56％农户借过现金，有 48％的农户借过谷物或粮食。另一种全国性估计表明，1935 年有 43.87％的农户负债。[①] 所有的研究者都确信，农村的借债是为了应付家庭消费的需要，而不是为了生产投资。对穷苦的农民来说，负债是经常遇到的事。[②] 农户借债的利率都很高，正反映农民需要借债的迫切，也反映了中国农村资本的短缺和拖欠债务的风险；农村也没有政府或合作信用机构可供选择。小量实物借贷，年利率竟达到 100％—200％。农民借贷中的 2/3 部分，年利率为 20％—40％；年利少于 20％的约占 1/10；其余的则在 40％以上。大约有 2/3 的借款期限为半年到一年。[③] 农业贷款主要来自个人——地主、富家、商人，如表 18 中 1934 年的数据所示。

农村地区很少有政府的或私人的现代银行，而且在任何情况下，

---

① 卜凯：《中国土地利用》，第 462 页；《农情报告》，2.4（1934 年 4 月），第 30 页，见《中国近代经济史统计资料选辑》，第 342 页；全国土地委员会：《全国土地调查报告纲要》，第 51 页。

② 同上书，第 462 页；76％的农户借债是为了"非生产性目的"；天野元之助：《农业经济》，2，第 219—220 页，引用了七项全国和地方研究。

③ 《农情报告》，2.11（1934 年 11 月），第 108—109 页，见《经济统计月志》，1.11（1934 年 11 月），第 7 页。

银行也不会在消费贷款上投资。例如江西的 7 家现代银行,在 1932 年的未偿还贷款中,只有 0.078% 是投入农户的贷款。[1] 始于 20 年代的农村信用合作运动曾引人瞩目,但即使在其最盛时,也只涉及中国农民极少的部分。[2] 放债人通常是地主或粮食商人,起着使部分农业剩余又回到农民手中的作用。因而使农民可以在入不敷出情况下生活下去,但为此而付出了极大的代价,即保存了不被触动的地主统治的农村社会。

表 18　　　　　　　　**农场信贷来源,1934 年**

农场信贷来源	占总贷款的百分数
银行	2.4
合作社	2.6
当铺	8.8
钱庄	5.5
农村商店和店铺	13.1
地主	24.2
富农	18.4
商人	25.0

资料来源:中央农业实验所:《中国作物报告,1934 年》,第 70 页。

中国的一个村庄在经济上是不能自给自足的,但是在一个较大的单元——施坚雅的标准集市区域,可以看成是这样。为了照章交租和纳税,为了购买多种生活必需品,农民必须把一部分收获物投入市场出售。在卜凯的调查中,农民收成的稻谷大约 15% 和 29% 的小麦被出售;农民出售的经济作物如烟草、鸦片、花生、油菜籽和棉花等,所占的比例更高。[3] 在许多情况下,农民不得不在当地市场上出售产品,而没有别的选择。交通运输困难,而且运费太贵,加上信息不灵——尽管农村的无知状态可能被夸大了,遂使农民被隔离在远离市场之外。市场价格的大幅波动,对农民往往不利。因为在收获季节,

---

[1] 《经济统计月志》,1.11(1934 年 11 月),第 2 页。

[2] 李文治、章有义编:《农业史》,3,第 206—214 页;天野元之助:《农业经济》,2,第 308—348 页。

[3] 卜凯:《中国土地利用》,第 233 页。

正是农民要出售其产品的时候，市场由于供应较多而过剩。而在春季，农民需要购买的时候，市场上的供应却较少。此外，在东南沿海一些靠近大城市地区，农产品的商品化已有一些发展，专事剥削的代收体制，如英美烟草公司所实行的，使农民任凭买方摆布。

作为个别小本经营者，农民影响不了贸易市场。用生硬的马克思主义（和儒家的）语言说，商人都是寄生虫，对经济毫无贡献；或者认为，20世纪农产品商品化程度的增加，对农村的生产和收入产生消极影响。这些都是十分荒谬的看法。在原子式的农村部门①，没有从事商业的任何障碍（除了被经常夸大的信息外）。实际上没有政府干预，各个行业的资本需求都很低，因此商业都处于自由竞争状态。高利润率很快将新来的参与者吸引到现有市场中，中国和别处也是一样最富有的商人，都是在商业化程度较高地区做生意的人。这里的商人在市场经营方面信息灵通，变化灵活，经验丰富，不是靠诈骗顾客赚取钱财，而是靠劳动的专业化和分工，并以低廉的单位价格，提供必要的服务而获得利润。地方市场常常被描写成这样，对农民卖东西来说，市场倾向于买方独家垄断；而对农民买东西来说，市场又倾向只此一家。但在事实上，很少有研究证明这个普遍的假定。如果2/3以上的作物在本地上市售卖（如珀金斯所认为的），这类交易就根本没有商人参与。农村的定期集市，是农民互相买卖的场所。珀金斯认为，绝大部分稻米市场交易都是由地主进行的，而地主并非在收获季节出售谷物；地主们享有信息和贸易上的来往关系，很少受到欺诈上当。如果珀金斯的这个观点也是正确的（见前文），那么，认为市场出现买方独家垄断的说法就很难成立了。

我在前面曾经指出，农业与工业之间的贸易条件，在1931年以前，一般对农民有利。经济作物的产量和销售量的提高，是1912年到30年代农业总产值增长的主要原因。而农业总产值的增长，使这个时期的人均农业收入基本保持不变。实际上，农村集市是无组织的，有时对小生产者极为不利，而且有过多的中间商造成麻烦。所有这些，

---

① 校注：原子式的农村部门，有的译作"原始状态的农业部门"。

都妨碍了产量的进一步提高，明显地损害了农村的福利。但在 1937 年以前，农产品市场在保持传统经济体制运行时，还起了很好的作用。

在 1927 年以前的北京政府及其后的南京政府时期，农业税也许是不公平的负担，但这个问题从未被仔细研究过。田赋主要是由省或地方征收。地方上的豪绅与税收人员勾结串通是普遍的现象，结果使小自耕农的税额负担超过其合理的份额。地主还以更高的押金形式把田赋转嫁到佃户身上。此外，强制性的预征，操纵汇率和各种额外费用等。[①] 在国民党执政的最后 10 年，重庆政府通过战时田赋征实和粮食征购，加重了小农和佃农的赋税负担。

如果说赋税的负担是不公平的，那么，田赋在 1949 年以前最主要的经济特征，就是没有对地主占有的农业剩余主要部分征税，再分配到生产投资上去。实际上赋税的标准很低，正是说明国家的职能对地方社会是鞭长莫及的（见后）。与信贷和市场交易一样，农业税制加强了收入分配的形式，只容许产量有不大的增长；对个人的收入和福利根本没有增长。

对 1937—1949 年期间的中国农业进行定量研究，几乎是不可能的。日本发动的侵华战争和三年的内战，停止了南京政府收集十年的农村统计资料。华北是战争的主战场。这里的农田被破坏，运输瘫痪，人力和畜力的被征用，军队的征粮，政治斗争的激化对农民的影响。这一切在华北，肯定比华南和西南严重。[②] 战前农业日益商品化的过程，在此期间发生了逆转，农业生产力和产量下降，城乡之间的商品交换中断。甚至到 1950 年，根据中华人民共和国最初两年的调查，华北一些地区因人力和畜力的损失，产量还没达到中日战争前的最高水平。[③] 日本占领下的恶劣状况和 1948—1949 年的内战决战，

---

① 见李文治、章有义编《农业史》，2，第 559—580 页；3，第 9—65 页；天野元之助：《农业经济》2，第 1—158 页。

② 迈尔斯：《中国的农民经济》，第 278—287 页，简略地叙述了 1937—1949 年间华北农村经济所遭受的混乱状况与破坏。

③ 中央农业部计划司：《两年来的中国农村经济调查汇编》，第 141—144、149—151、160—161、226—236 页。

都较少波及华南和西南；但在华南和西南，却有军队征兵征粮造成的损失。而且从 1947 年起，失去了控制的通货膨胀，这些地区也削弱了对城市的粮食和工业原料的供应。中国城乡经济的崩溃，到 1948 年已成为人所共见的事实。

运　　输

在整个民国时期，运输的发展始终是中国经济最弱的一环。无论从微观或从宏观来看，这都是显而易见的。中国的主要工厂汉阳铁厂，在 1919 年生产 1 吨生铁成本是 48.50 元；而满洲本溪的日本铁厂，1915 年生产 1 吨生铁成本只需 22.00 元。本溪本地产的焦炭 5.74 元 1 吨。由于粤汉铁路修筑进展缓慢，从 300 英里外的江西萍乡用木船运送焦炭到汉阳，每吨成本上升到 24.54 元。[1] 由于上述两家铁厂都是从自己控制的矿山中得到原料，所以其生产成本的差异，绝非 1915 年和 1919 年的市场价格不同所致。

苦力劳动工钱低得令人难以置信，而在地方运输中起主要作用的脚夫经济效率更低。一位考察者报告称：

> 在四川省，从渭河流域到成都平原的大路上，我们可能遇见背负 160 磅重棉花包的苦力。他们背着这些东西，一天走 15 英里，共要走 750 英里，一天一角七分钱（墨西哥银元），相当于一角四分钱一吨/英里。按照这个价钱，把一吨货物运送 750 英里，要花费 106.25 元；而铁路运输却只要 15 元，是人力运输费用的 1/7。京奉铁路[2]为开滦煤矿公司运煤，一吨/英里不到一分钱，用苦力运棉花，路上要用 50 天，而铁路只用两天，从而节

---

[1]　刘大钧：《中国工业与财政》，第 197—219 页；顾琅：《中国十大矿厂调查记》，3，第 49 页。

[2]　校注：北京至沈阳的铁路，在北京政府时期，称为京奉铁路；京指北京，奉指奉天。日后的辽宁省此时称奉天省。国民政府时期，改称京奉铁路为北宁铁路。北指北平（国民政府改称北京为北平），宁指辽宁（国民政府改称奉天省为辽宁省）。

省 48 天的利息,并在更好的条件下卸棉花。[1]

在中国,几种主要的运输方式运货的比较费用,估计如下(分/吨公里):帆船,2 分至 12 分;轮船和汽艇,2 分至 15 分;铁路,3.2 分至 17 分;大车,5 分至 16.5 分;独轮车,10 分至 14 分;骆驼,10 分至 20 分;卡车,10 分至 56 分;驴、骡和马,13.3 分至 25 分;人力搬运,14 分至 50 分;黄包车,20 分至 35 分。[2] 整个民国时期,大宗货物继续使用传统方式运输。例如非典型的 1933 年表明,旧式运输方式(12 亿元)所占国民收入,是现代运输方面(4.3 亿元)的三倍。

若有一个四通八达的铁路网,就能大大降低运输费用,并可以促进内地的开发。此外,经铁路运输货物,往往可以避免各地设卡抽取厘金或地方的过境税;而且修通一条铁路,会促使沿线度量衡制度和货币的统一。英属印度的例子说明,一个巨大的铁路网可以同一个落后的农业经济并存,仅靠扩展铁路里程的长度,并不能自动导致经济的发展。无论如何,民国时期的铁路里程长度、分布的不均衡和运营的效率,都是不够的。第二次世界大战结束时,包括满洲和台湾在内,中国共有干线和支线铁路 24945 公里。[3] 民国各个时期修建的铁路,按习惯分期如下:

1912 年以前	9618.10 公里
1912—1927 年	3422.38 公里
1928—1937 年	7895.66 公里
1938—1945 年	3909.38 公里
总　计	24845.52 公里

中国的第一条铁路,是怡和洋行和其他外国人未经清政府许可修建的,从吴淞到上海,长 15 公里,1876 年通车;因受到官方和地方

---

[1] 美国银行公会、商业和海事委员会:《中国,一次经济调查,1923 年》,第 16 页。

[2] 全国经济委员会、公路总局:《中国的公路》。

[3] 《中国近代经济史统计资料选辑》,第 172—180 页,其他资料估计的英里数,与此略有不同。

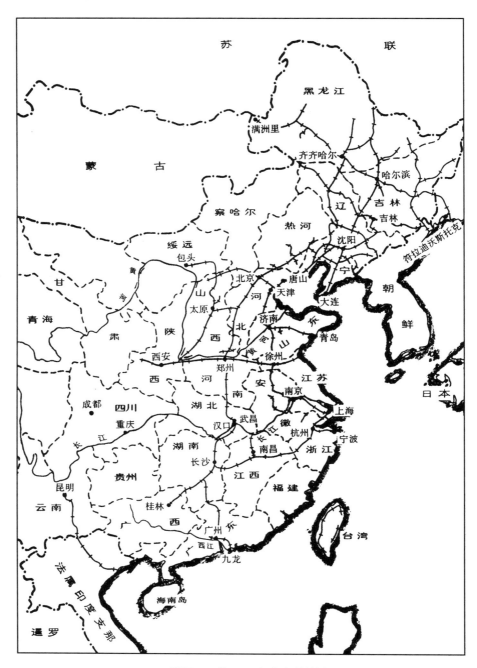

苏　联

黑龙江

满洲里

蒙　　古

齐齐哈尔

哈尔滨

察哈尔

热河

吉林

吉林

绥远

包头

沈阳

符拉迪沃斯托克

黄河

北京

唐山

宁

朝

甘

青海

山西

河

太原

天津

大连

鲜

肃

陕

北

济南

泰

山

青岛

西安

河

徐州

江苏

日本

郑州

安

成都

四川

南

南京

重庆

湖北

汉口

武昌

徽

上海

长

江

杭州

宁波

湖南

长江

南昌

浙江

昆明

贵州

长沙

江西

福建

云南

桂林

西

台湾

广州

西江

九龙

海南岛

法属印度支那

暹罗

地图 4　到 1949 年为止的铁路

的强烈反对，为清政府收买后拆毁。直到 1894 年至 1895 年中国为日本战败时为止，因受地方人士与官吏的反对，使铁路建设毫无进展。此后，一方面"自强派"使朝廷认识到，修建铁路作为朝廷反对外国进一步侵略的必要手段；另一方面中国暴露出的软弱，吸引了外国资本的投入，把对建设铁路投资，看成是外国的政治影响和经济渗透的手段。到 1894 年，中国仅铺轨 364 公里铁路。从 1895 年至 1911 年，是中国铁路建设的第一次高潮，共完成铁路建设 9253 公里，大部分是用外国贷款兴建的。在 9253 公里的总长度中，俄国修建横穿满洲的中东铁路[①]，以及向南自哈尔滨至大连延长线的南满铁路，占去了 2425 公里。

在清朝的最后 10 年间，各地绅商进行私营修建铁路计划失败后，清政府实行铁路国有计划，由此导致清朝被推翻的直接原因。在袁世凯和军阀政权时期，一直到 1927 年，中国的铁路建设显然慢了下来。几条私营铁路的国有化也没有遇到强烈反对（这对清政府曾是致命的），大部分私人股份都兑换成了不兑现的政府债券。中国政府与外国债权人虽商定了新的贷款，重新谈判了一些 1912 年以前的贷款，但第一次世界大战使欧洲对中国铁路的投资停止了。当新的四国财团 1920 年集会时，北京政府与美国的愿望相反，拒绝与其进行交易。中国仅限于完成了北京至归绥的京绥线，以及粤汉铁路和陇海铁路的一部分，总里程为 1700 公里。在满洲，建成了与此里程相等的几条铁路，其中包括日本投资建设的几条南满铁路支线；张作霖也用京奉铁路的经济收益，投资修建了与日本人竞争的路线。中国在华北的建设和在满洲的新路线，一方面是出于对日本的战略考虑，另一方面也出于经济上的需要。

在 1928 年至 1937 年间，中国在关内修建的铁路将近 3400 公里，包括完成全线的粤汉铁路、浙赣铁路和同蒲铁路；这些铁路的修建，主要不是靠外国借款。浙赣铁路主要由中国银行提供贷款，同蒲铁路

---

① 校注：中东铁路为清末中俄共同投资兴建，实权悉操之于俄人，初名东清铁路；民国后，更名东省铁路，亦称中东铁路。

是由山西省自筹税收集款。在满足军费需求和还本付息之外，南京政府能够从中得到用于经济复兴的资金就所剩无几了。在这同一时期，满洲建成了 4500 公里铁路，主要是日本在 1931 年后新建的，是作为伪满洲国发展工业的基地计划的一部分。在中日战争的巨大困难时期，中国在未沦陷区建成了 1500 公里铁路，对中国的经济和军事起了重要作用；日本人在中日战争时期也在满洲增建了许多路线。

在 50 年来修建的铁路中，有将近 40% 在满洲，有 32% 在关内的长江以北，22% 在华南，4% 在台湾。在人口稠密的华南，铁路里程相对来说是很小，这证明前现代精巧的帆船和舢板与现代的轮船和汽艇水路运输网的持久性，继续有效地同蒸汽机火车竞争。从土地面积和人口比例来看，满洲的情况远较中国其他任何地区为好，也反映满洲工业化程度较高。没有铁路穿过富饶的四川省，也没有铁路抵达西部的甘肃、新疆和西藏。中国幅员广大，与少得可怜的铁路里程太不相称；中国铁路发展还十分杂乱无章，路线的分布也常常是不经济的。从中国全境来看，一个更合乎需要的铁路系统，应当是以汉口为中心的辐射网。而中国实际的铁路系统，却是一个平行的铁路网，并且过分集中于华北和东部。在满洲曾发展过辐射与平行相结合的铁路网，但由于 20 年代中国与日本在东北的竞争，这种铁路网受到不经济的复线损害。

中国铁路系统的建设，曾涉及大量从英国、比利时、日本、德国、法国、美国和荷兰的借款；这个借款顺序，是按 1898—1937 年每个国家的铁路借款总额排列的。这些借款集中在清末民初（条件常常涉及外国对修建路线的实际控制），也反映了外国辛迪加为铁路特许权和借款合同而进行的竞争；同时也是这些国家在政治上和金融上的明争暗斗以及阴谋诡计。铁路债务的偿还来自路线的营业收入；从 1925 年到 1935 年，大多数铁路借款都拖欠未还。到 1935 年 12 月 31 日，未清偿的铁路债务总数，包括本利，合计为 53827443 英镑，或 891920730 元。[1] 铁路债券的下跌，以陇海铁路为例，竟跌到票面价

---

[1]　张嘉璈：《中国为铁路发展而奋斗》，第 170—171 页，表Ⅲ。

值的 11％。

中国政府的铁路收益支付能力，仅够付给债券持有者的利息。在1916—1939 年期间，平均每年营业的净收入，占轨道和设备成本的7.4％，而铁路借款的利率为 5％—8％。虽然中国铁路营运效率明显低于南满铁路，但从经济效益上来看，政府的铁路收益还是可行的，给民国时期的民间带来了经济增长，并能产生为数不大的利润。在这20 年中，铁路平均营业净收入的 35％用在借款利息的支付，大部营业净收入——例如在 1926 年、1927 年和 1930—1934 年，有 50％以上移交给中国政府，用于一般的开支[1]；1921 年至 1936 年移交给政府的款项，相当于增加铁路设备支出的两倍。

中国政府铁路很少盈利的主要原因，是民国时期不断的国内纷争。互相混战的军阀，不仅征用铁路运送军队，甚至把客运和货运的收益用作维持其军队的军费。例如 1912 年至 1925 年间，京汉铁路的客运（按人英里计算）有 21％是军运；1920 年至 1931 年间，北宁铁路有 17％的客运为军运。[2] 除了战争直接破坏（这可能最小），路轨和车辆的维修完全被忽视。在这 20 多年中，铁道部门通常只能从几条支线中得到稳定的收入，而整个铁道系统则日益变得陈旧和效率低下。

在 1912 年至 1947 年期间，直至 20 年代中期，中国政府的铁路运输，客运和货运都是逐年增长（见表 19）。

表 19　　　　　　　　**中国政府铁路的客运和货运**
的指数，1912—1947 年

(1912＝100)			(1917＝100)					
年份	客运 (人英里)	货运 (吨英里)	总计货运 (吨英里)	制造品	矿产品	农产品	林产品	畜产品
1912	100.0	100.0						
1915	61.1	92.5						
1916	127.2	107.7	94.7	94.8	93.8	91.3	81.0	126.9
1917	131.1	113.8	100.0	100.0	100.0	100.0	100.0	100.0
1918	143.0	140.8	123.8	124.6	127.6	123.5	120.9	97.8

---

[1]　侯继明：《中国的外国投资和经济发展》，第 32、39—42 页。

[2]　《中国近代经济史统计资料选辑》，第 210 页。

续表

年份	客运 （人英里）	货运 （吨英里）	总计货运 （吨英里）	制造品	矿产品	农产品	林产品	畜产品
	(1912＝100)		(1917＝100)					
1919	155.2	158.8	139.6	132.6	159.0	114.3	147.3	104.2
1920	194.8	186.7	164.1	138.2	165.0	186.2	171.6	102.3
1921	194.8	193.6	170.2	138.9	175.7	168.8	198.2	92.1
1922	204.6	163.7	143.9	155.7	151.4	127.8	188.8	127.7
1923	210.3	211.2	185.7	183.3	240.8	135.6	264.8	144.1
1924	220.7	187.9	165.2	157.5	199.4	102.7	226.1	121.5
1925	231.7	169.0	148.6	152.5	132.6	97.0	220.6	105.9
1926	159.9	99.6						
1927	164.1	109.4						
1928	144.8	96.0						
1929	196.1	102.7						
1931	267.4	183.3	161.1	217.0	165.3	101.2	151.6	113.9
1932	212.6	183.2	161.1	197.3	189.2	89.2	150.6	82.9
1933	248.3	196.1	172.4	200.9	192.4	94.6	146.3	89.3
1934—5	250.0	257.7	226.5	237.9	273.4	149.4	169.7	110.4
1935—6	267.9	266.8	234.5	268.3	282.6	132.9	152.0	122.3
1936—7	128.5	94.9	83.4	79.0	111.9	37.5	34.1	37.4
1937—8	56.3	51.4	45.2	22.0	22.9	27.1	44.3	18.2
1938—9	69.7	24.9	21.9	10.7	11.1	13.1	21.5	8.8
1939—10	88.6	20.5	18.0	9.9	8.8	10.7	9.7	7.3
1940—1	95.7	21.3	18.7	10.2	10.6	8.4	16.0	8.8
1941—2	90.7	19.1	16.8	8.7	10.0	6.1	14.2	4.9
1942—3	129.9	22.4	19.7	7.8	12.0	5.8	15.3	4.6
1943—4	62.1	9.4	8.3	3.1	5.7	1.8	10.5	1.6
1944—5	112.1	15.1	13.2	8.0	10.4	4.1	32.1	10.8
1945—6	765.1	154.4	135.8	83.2	80.0	54.3	249.1	89.5
1946—7	524.7	112.5						

资料来源：严中平：《中国近代经济史统计资料选辑》，第207—208、217页。

北伐战争和南京政权的建立，一度影响了客货运输。但到了相对平静的30年代，铁路运输不仅有了恢复，而且超过已往的水平。1937年至1945年间，日本人占据了中国大部分铁路，国民政府被迫转移至内地。这些在此一时期的数字中也有反映。

中国政府铁路的营业收入，约有40％来自客运，其中相当大一部分是运兵；矿产占货运的一半。占据货运重要性第二位的是农产品。货运的一般形式，是把农产品和矿石从内地运到沿海的条约口岸，由条约口岸再把工业品运到内地。民国的前 10 年中，农产品运输的增加，正反映前述农业趋向商品作物产量的增长。特别是在满洲，华北也是如此，如表 12 和表 13 所示，铁路推进了农业产量的缓慢增长。如表 19 所显示的，世界经济的不景气对中国经济作物的影响，以及中日战争爆发前农业的复苏。

关于公路的里程，1912 年以前，中国不存在行驶机动车的道路。在 1937 年 7 月之前，中国完成了约 11.6 万公里，其中 4 万公里铺了路面。[1] 这些公路的修建，大多数是在 1928 年以后。当年即修筑公路 3.2 万公里，均由全国经济委员会公路总局所承担；既是为了军事上的需要，也是为了商业上的需要服务。例如七省公路建设计划，由河南、湖北、安徽、江西、江苏、浙江、湖南七省合作，用公路系统把国民政府最具有实力的省份连成一体。公路的修筑虽然少了一些，并且又十分简陋，但在中国关内的分布，比铁路的分布还是合理一些。

中日战争促进了内地公路的兴修，其中包括著名的滇缅公路。但在 1949 年，如同 1912 年一样，中国内陆地区的货物运输，仍然主要使用传统的水陆运输工具，很少使用汽车或火车。例如，在 1941 年 9 月，在江苏、浙江、安徽三省，共有 118292 艘在汪伪政府的船民协会登记，共计有 850705 吨位，水手 459178 名。[2] 帆船运输，还是长江下游、华中和华南短途大宗运输的主要手段。在上述地区，许多世纪以来，河流、湖泊和运河连接起来，形成一个广大复杂的运输网。与之相对照的，各港口之间的贸易，早在 19 世纪的 90 年代，就已基本上采用轮船运输——主要是外国人的船。但在几个条约口岸海关申报和结关的中国帆船，其总吨数自 1912 年至 1922 年大致依旧不变，只是到了 20 年代以后才急剧下降。[3] 在 20 世纪的前数十年中，

---

[1] 中国情报部：《中国手册，1937—1945 年》，第 217 页。
[2] 满铁调查部：《华中的帆船贸易》，第 134—135 页。
[3] 杨端六等：《六十五年来中国国际贸易统计》，第 140 页。

中国主要河流行驶的轮船运输在稳定增长，从登记的船只总吨数增加中可以得到证明。1000 吨以下船只，从 1913 年的 42577 吨增至 1933 年的 246988 吨。但内河的帆船，在许多地方仍持续相当长的时间。例如长江在宜昌以上，帆船的总吨数，从 19 世纪 90 年代到 1917 年还略有增长，直到 20 世纪 20 年代才开始下降。南宁和梧州之间的西江，也是到了 20 世纪 20 年代，轮船才取代了帆船。[①]

运输部门也和别的部门一样，中国经济在 20 世纪前半期变化很小。这个很平常的事实却往往被掩盖起来，置于视线之外；而把不相称的注意力放在经济中很小的现代部门，既表现在官方的言行中，也表现在中国经济学家的著作中；既表现在拟写给外国人看的年鉴和报告中，也表现在非中国学者所指导对 1949 年以前中国经济的研究中——只有日本人在这个问题上，对中国有一个比较"现实主义"看法。南京政府放弃了对土地问题的解决，却主要从现代经济部门榨取收益，这等于建造空中楼阁。

政府与经济

无论是北洋军阀政权及其后的南京政府，都是主要从城市的经济部分为政府筹借经费。民国的政府既不是从农村征收大量税收，也没有对半自治的省或地方的收入和支出产生重大影响。换言之，在 1949 年以前，没有一届政府不是通过中央财政来管理国民总收入的大部分。其结果是政府的政策虽对经济有深远影响，但在实际上，却从来不能推动中国经济朝现代化的道路前进。

例如在 1931 年至 1936 年间，中央政府的总支出，占国民生产总值的 2.1%—4.9%，平均为 3.5%（如果各级地方政府的支出也包括在内，这个百分比数可能要加倍）。税收比这个数字要小得多，这一方面反映国民政府无法调动农村的资源，另一方面也反映其不能或不愿对整个社会征收所得税。而且这有限的政府收入，也大量浪费在维

---

① 《中国近代经济史统计资料选辑》，第 228—229、235—236 页。

持一支庞大的军队，并耗费在持续的内战之中；或者用来偿还内债和外债本息作抵押。无论是北京政权或是南京政权，都不能从政府收入中提出资金，用于任何重大的发展投资，其政策也没能促进私营经济资本的形成。

辛亥革命后，新的共和政府首先与清朝的财政体制作斗争。虽然各种财务名称和官僚结构很快给改变了，但共和政府比起清政府来，更加无力控制中国的税收来源。1913 年，北京政府曾试图划分中央、省和地方税收的范围，但由于中央政府过于软弱，无法执行有关规定，即使袁世凯政府也不例外。1914 年以后，除关税和盐税外，其他大部分税收由各省管理。从法律上讲，田赋（和一些货物税）仍应属于中央政府，但在事实上却归各省所控制。尽管名为"某省的国民支出"会计名目之下，实际都是在省内花销。袁世凯在 1916 年死去之前，还能从各省提取一些田赋款项。这种状况，断断续续以最低数额维持到 1921 年。此时政治形势严重恶化，内战遍及全国，北京政府完全失去了对财政的控制。[1]

关税几乎全用来偿还外国的借款和支付赔款。从 1912 年至 1927 年底，北京政府能够从海关收入中用于行政经费和其他支出的，仅为海关全部收入 71767200 海关两的 20％，即为 142341000 海关两。[2] 1902 年和 1918 年两度修订了关税细则，但由于市场价格的上涨，1923 年以前的实际进口税率在 2.5％—3.6％之间变动。1923 年再次修改海关税则，使实际税率达到 5％。在 1930 年中国关税自主之前，关税的收入不可能有大幅度增加。

从 1913 年到 1922 年底，盐税的收入超过了关税；不过，1922 年以后，中央政府只能得到盐税的一部分。1913 年，为了给"善后大借款"（袁世凯政府如没有这笔借款，可能难以存在）提供保证，任命了一位洋会办来监督并实际控制盐务署。虽然这有损于国家尊

---

① 贾士毅：《民国财政史》，1，第 45—77 页。

② 斯坦利·F. 赖特：《辛亥革命后中国的海关收入》（1935 年第 3 版），第 440—441 页。

严，但这一措施使中央政府的财政收入立即大幅猛增。实际上用盐税偿还外债的数目并不很大，例如，善后大借款从 1917 年起用关税偿付。但由于不断的内战，这种相对较好的形势不久就不复存在。各省对盐税横加干预渐渐严重起来，盐税收入被各地大量侵吞，食盐走私猖獗。1922 年后，盐税总收入明显下降，实际上交给北京的部分也在减少。盐税的纯收入，在 1922 年曾达到最高点 8600 万元；1924 年降至 7100 万元，1926 年降至 6400 万元，1927 年降至 5800 万元。1922年，盐税实际上交给北京的也只有 4700 万元（或纯收入的 55％）；1200 万元经中央政府同意留在省里；但有 2000 万元（占 23％）未经中央同意，即为地方占用。1926 年，被省当局和各地驻军截留的盐税，总额达 3700 万元，当年上交北京的实际数额仅为 900 万元。[①]

面对长期的财政困难，北京政府被迫靠举债度日。1912—1926年间，财政部共发行 27 种国内债券，票面总值计 6.14 亿元。[②] 但债券是折扣销售，最低时售价仅为面值的 20％，所以政府实得的收入比发行额要少得多。南京政府时期也是如此，但对此时债券发行的情况尚不得而知。看来成立有纸币发行权的新银行，和政府举内债之间有密切的关系。这些国内债券大部分被中国的"现代"银行所认购；这些银行持有政府证券，作为投资和作为发行纸币的储备，并得向政府预支。

北京政府留给其后继者 2.41 亿元内债；这似乎表明，北京政府虽然拖欠债务，但债权人并没有因北京政府打折扣的公债券而太吃亏。北京政府举借内债，一次一次使军阀得以中饱私囊；但这些借款的收益，却没给国家带来什么好处。内债和外债的还本付息，成了北京政府最大的支出；加上军费的支出，至少占去每年总支出的 4/5。[③]政府在支出了一般行政费用之后，也就没有余款进行发展投资了。省

---

① P.T. 陈：《财政》，见《中国年鉴，1935—1936 年》，第 1298—1299 页。
② 千家驹：《旧中国公债史资料，1894—1949 年》，第 366—369 页。
③ 贾德怀：《民国财政简史》，第 697—698 页；柏井象雄：《中国近代财政史》，第 63—64页。

和地方的税收收入，也被军费和治安费用耗尽。[1] 北京政府的举借外债，也不是着眼于进一步发展经济。

1912—1926 年期间的新外债，在数量上是少于清末的赔款和铁路借款。外债总数（不包括庚子赔款），从 1913 年的约 5.26 亿美元，增加到 1931 年的 6.96 亿美元。[2] 1913 年的 2500 万英镑善后大借款，是新外债中最大的一笔。此外，相当大一部分外国借款，是 1918 年的所谓"西原借款"——日本利益集团向当时执掌北京政权的安福系军阀和几个省的地方政府借予的无担保借款，主要用于打内战和进行政治阴谋活动。后来，"西原借款"中的几笔贷款，转为合法的铁路和电报借款，但其绝大部分——约 1.5 亿元，从未得到南京政府的承认。与 19 世纪 90 年代对日的赔款借款，袁世凯的善后大借款和内债一样，北洋军阀这次穷途末路的借款，除了几笔铁路借款外，对中国的经济发展没有任何帮助。事实上也有理由认为，中国每年偿还政府债务的支出（包括庚子赔款），大于从新贷款中得到的收入。例如 C.F. 雷默估计，在 1902—1913 年间，每年平均付出 8920 万元；1913—1930 年间，每年平均付出 7090 万元，而在这两个时期，每年平均借款收入分别为 6100 万元和 2380 万元。如此大的资本"消耗"，必然引起中国经济资源的净流出，其影响当然是阻碍中国经济的增长。[3]

1928 年南京政府建立后，经过了十年内战，初步得到政治统一。在 1928 年至 1937 年的九年中，国民政府对关内财政所达到的控制程度，超过了自清朝以来的任何时期；与 1916 年至 1927 年的军阀时代相比，无论是税收或税收制度都有显著的改进。关税自主是 1929 年至 1930 年恢复的，较高税率的新关税增加了政府的收入。1930 年，海关采用金单位，将海关税收计算标准由银单位改为金单位，既保证

---

[1] C.M. 张：《中国地方政府的支出》，见《中国经济月报》，7.6（1934 年 6 月），第 233—247 页。

[2] C.F. 雷默：《中国的外国投资》，第 123—147 页；徐义生：《中国外债统计资料，1853—1927 年》，第 240—245 页。

[3] 雷默：《中国的外国投资》，第 160 页。

了关税的真正价值，又从下跌的银价方面增加了收益，从而增强了政府对巨大外债和内债还本付息的能力。1928 年以前被地方大量占用的盐税，也并入到国家财政体系。尽管仍要转给各省，但盐税的大部分实际上已归中央。许多（虽然不是全部）中央和地方的货物税，合并成为全国通行的统税，由中央征收，以交换省里占用的田赋，基本上（虽然不是完全）废除了厘金。1933 年，政府实行废两（旧制的白银计算单位）改元，统一了货币；然后在 1935 年以外汇储备作为担保，采用现代纸币制度。美国收购白银，无意中推动银价上涨，并为中国提供了相当大一部分所需的外汇储备。1935 年 11 月，政府规定白银收归国有，禁止把白银作为货币在市场流通，中央银行、中国银行、交通银行发行纸币作为法定的支付货币。国民政府试行年度预算，大大改进税收征收和财务报告制度。为了实施财政改革与经济发展计划，国民政府于 1931 年成立全国经济委员会，任命委员，指导国家经济的"重建"工作。

这些成就大都仍然肤浅，但与过去相比，给人以深刻的印象。由于国民政府收入的基础是适用于现代经济部门的间接税，因此对产值的缓慢增长受到严重限制。由于不能对农业征税，使税收的增加受到难以克服的限制——也是对政府计划的限制。关税、盐税和货物税给一般消费者以沉重负担，税收的实际影响也是难以追究的问题；富人并没有纳很多的税。掌握在各省手中的田赋，既没有改革，也没有发展，同样把负担都加在小农身上。国民政府的经济政策根本没有解决农民的问题，也没有促进工业的增长，更没有有效地利用人们的政治支持和心理支持，使中国经济能从停滞状态中走出来。[①] 到 1937 年为止，所得到的收获并不大，由于此后 12 年的对日战争和内战，而政府也没有采取必要的措施，使中国人民在战争年代付出的牺牲得到

---

① 扬格：《中国的建国成就，1927—1937 年：财政和经济记录》，提供了全面说明。道格拉斯·S. 帕俄：《南京政府时期的中国政府财政》（哈佛大学哲学博士学位论文，1950年）；《南京时期的中国国家支出》，见《远东季刊》，12.1（1952 年 11 月），第 3—26页；《国民党与经济停滞》，见《亚洲研究杂志》，16.2（1957 年 2 月），第 213—220页。

补偿,一切都荡然无存。

表 20 列出南京政府 1928 年至 1937 年间的九省财政年度的主要收入和支出。在 1938 年以前,省和地方政府的支出数量仍然很大;在以后战争时期,省和地方政府的支出与中央的支出相比,则急剧下降。但即使把省和地方的支出加在中央政府的支出上,总数也仅占中国国民生产总值很小的比例,在 1931 年至 1936 年期间,仅占 3.2%—6%。美国可以比较的数字,是 1929 年占 8.2%,1933 年占 14.3%,1941 年占 19.7%。[①] 就国民收入而论,中国的中央政府的支出为数很小,这既反映了国家税收基础的狭窄,也反映了经济的现代部分的有限规模;而这个部分实际上承担国民政府税收的最大负担。

1929 年初,国民政府开始实行财政控制。除海关外,仅在浙江、江苏、安徽、江西、河南五省实行。这种情况后来有所改善,但在

表 20 　 **南京政府的收支报告,1928—1937 年**(百万元和%)

	第一部分									
	1928—1929		1929—1930		1930—1931		1931—1932		1932—1933	
	元	%	元	%	元	%	元	%	元	%
收入*	434	100.0	585	100.0	774	100.0	749	100.0	699	100.0
a. 税收*	334	77.0	484	82.7	557	72.0	619	82.6	614	87.8
Ⅰ. 关税	179	41.2	276	47.2	313	40.4	357	47.7	326	46.6
Ⅱ. 盐税	30	6.9	122	20.8	150	19.4	144	19.2	158	22.6
Ⅲ. 货物税	33	7.6	47	8.0	62	8.0	96	12.8	89	12.7
Ⅳ. 其他+	92≠	21.2	39	6.7	32	4.1	22	2.9	41	5.9
b. 用借款弥补的亏空	100	23.0	101	17.3	217	28.0	130	17.4	85	12.2
支出*	434	100.0	585	100.0	774	100.0	749	100.0	699	100.0
a. 党	4	0.9	5	0.9	5	0.6	4	0.5	5	0.7
b. 政府*	28	6.4	97	16.6	120	15.5	122	16.3	131	18.7
c. 军队	210	48.4	245	41.9	312	40.3	304	40.6	321	45.9
d. 借款和赔款还本付息	160	36.9	200	34.2	290	37.5	270	36.0	210	30.0
e. 其他	32Ⅱ	7.4	38	6.5	47	6.1	49	6.5	32	4.6

① 美国人口调查局:《美国的历史统计资料,1789—1945 年》,第 12 页。

续表

	第二部分							
	1933		1934—1935		1935—1936		1936—1937	
	元	%	元	%	元	%	元	%
收入*	836	100.0	941	100.0	1072	100.0	1168	100.0
a. 税收*	689	82.4	745	79.2	817	76.2	870	74.5
Ⅰ. 关税	352	42.1	353	37.5	272	25.4	379	32.4
Ⅱ. 盐税	177	21.2	167	17.7	184	17.2	197	16.9
Ⅲ. 货物税	118	14.1	116	12.3	150	14.0	173	14.8
Ⅳ. 其他+	42	5.0	109‖	11.6	211‖**	19.7	121	10.4
b. 用借款弥补的亏空	147	17.6	196	20.8	255	23.8	298	25.5
支出*	836	100.0	941	100.0	1072	100.0	1168	100.0
a. 党	6	0.7	6	0.6	8	0.7	7	0.6
b. 政府	160	19.1	151	16.1'	163	15.2	160	13.7
c. 军队	373	44.6	388	41.2	390	36.4	512	44.6
d. 借款和赔款还本付息	244	29.2	238	25.3	294	27.4	302	25.9
e. 其他	53++	6.3	158‖++	16.8	217++	20.2	178++	15.2

* 除 1928—1929 年外,包括征税费用;不包括现金余额。

+ 印花税,省级汇款,政府企业利润,杂项。

≠ 6204 万元=各省征收的国税和直接支付的军费。

§ 主要从盐税中转给各省。

‖ 中央银行资本,2000 万元,1928—1929 年;7400 万元,1934—1935 年。

‖ 政府企业收入,1934—1935 年,6100 万元;1935—1936 年,6700 万元;主要来自铁路,包括军事运输的价值。

** 包括 7800 万元的各种内部转账。

++ 包括"建设费",1933—1934 年,700 万元;1934—1935 年,2600 万元;1935—1936 年,8800 万元;1936—1937 年,5400 万元;其中一部分可能投资于军需工业。

资料来源:财政部长的年度报告,见 P.T. 陈:《财政》,《中国年鉴,1935—1936 年》,第 1192—1237 页;《中国年鉴,1936—1937 年》,第 587—588 页;扬格:《中国的建国成就,1927—1937 年:财政和经济记录》,第 433—440 页。

1937 年以前,中央政府从未达到对华北、西北和西南完全控制的地步。中日战争全面爆发后不久,政府主要依靠的沿海和长江流域各省,沦陷于日本人之手。

1928 年 6 月,在全国财政会议上,划分了中央和地方的税收界限,中央政府正式把田赋让给各省。这个划分并不是一项政策,借以改善北京政府遗留下来公认的财政管理混乱状态。而南京政府对政治现实的承认，意味着为了换取各省软弱的支持，中央政府放弃了对创造国民总产值 65% 农业部门的财政权力，这也就放弃了对不公平田赋制度彻底改革的任何努力。在现行的田赋制度下，土地的谎报和官员的腐败，使一些富人逃避公平纳税的义务；结果是很大一部分农业税收被截留，不能用于公共社会福利。

1941 年，在战争的环境下，未沦陷区，中央政府从各省收回了田赋管理权。为了补偿地方政府在税收上的损失，中央政府答应给以现金补助。田赋征实和随之而来的粮食征借，在 1942—1943 年和 1943—1944 年，分别为中央政府提供了总收入的 11.8% 和 4.2%。但到抗日战争结束时，中央政府的农业税收很快又降下来。战时实行的田赋征实，确实使中央政府能够控制对粮食供应的同时，也减少了政府向军队、公务人员和城市工人供应粮食的直接支出，相应地抑制了战时货币发行量的增长速度。不过实行田赋征实时，政府并没有对旧田赋制度的不公平作任何纠正。当国内其他阶层大都被免除类似的直接税，而小农却增加了新的不公平负担。[1]

同所有"不发达"国家一样——明治时期的日本和 1949 年以后的中国是主要例外，战前南京政府的收入主要靠间接税。南京政府三项最重要的税收，是关税（关税自主权收回后，收入迅速增加）、盐税和货物税。如表 20 所示，在关税、盐税、货物税这三项收入，仍占不稳定的 1928 年至 1929 财政年度总收入的 55.7%。在以后的八年中，这个比例在最高 81.9%（1932—1933 年）和最低 56.6%（1935—1936 年）之间变动，平均数为 71.4%。在这三项以外的收入，是各种杂税和政府企业的收入，而最主要的是来自借款。到了 1936 年 10 月，政府才开始初步征收所得税。1937 年中日战争爆发，阻碍了征收所得税计划的推行；所得税、遗产税和战时过分利得税，三者加起来未超过政府总收入的 1% 或 2%。在中日战争及其后的内战时期，商业和金融业的投机交易，为包括政府"知情人"在内的极

---

[1] 周舜莘：《中国的通货膨胀，1937—1949 年》，第 64—65 页；张嘉璈：《恶性通货膨胀》，第 140—144 页。

少数人带来了巨额利润；但这些获利者从未被真正征税。抗战以前，国民政府的财政收入主要来自递减的间接税；尽管 1937—1949 年国民政府的收入中，来自税收的比重愈来愈少，但间接税仍是主要的。

在中日战争爆发前，外国借款在国民政府的财政中，所占数字并不很大。几笔数额不大的借款，都是 30 年代借的，其中包括两笔总数为 2600 万美元的商品贷款和铁路修建贷款。战后联合国（善后救济总署）和美国（经济合作署）的援助基金（当然不是借款），主要用于弥补中国巨额的外贸逆差，但由于没有适当的计划或管理，因此也没有给经济带来多大裨益。1937 年至 1945 年间，中央政府实际利用战时信贷和租借法案，合计约 21.5 亿美元（美国 18.54 亿，苏联 1.73 亿，英国 1.11 亿，法国 0.12 亿）。这些款项，部分是为军事供应和军事服务形式提供的；部分在战时和战后，与政府积累的外汇（主要是通过美国在战时以高汇率购买中国货币得到）一起，在企图维持法币对外价值中浪费掉了。[①] 总之，外国贷款和援助，帮助了国民政府度过了战争，但对战前和战后中国经济的发展毫无所助。

表 20 所示，历年财政收支赤字，主要由内债来弥补，实际上在 1931 年至 1932 年以后，每年的内债都超过赤字本身，因为在一些账户中，这些款项被作为现金平衡。在 1927 年至 1935 年间，南京政府财政部发行了 38 种公债，票面价值为 16.34 亿元。[②] 这种"一般用途"的举债之所以成为必要，主要是由于政府大量的军费开支。因为政府在政治上的无能为力，不能"打破饭碗"裁减中央和各省的军队。另一方面，政府用来围剿中共苏区的支出日益增加；1931 年后面临日本即将入侵，蒋介石军队的现代化也需用款项。

1931 年和 1932 年，政治和经济均呈恶化形势，上海的债券市场呈现严重的萧条。例如，财政部发行以关税作担保的国库债券价格，由 1931 年 1 月的 62.9 元跌至 12 月的 26.6 元。1932 年 1 月应支付内

---

① 扬格：《中国与援助之手，1937—1945 年》，第 440—442 页。
② 千家驹：《旧中国公债史资料》，第 370—375 页；扬格：《中国的建国成就》，第 459—468 页。

债本息约为 2 亿元，相当于 1931—1932 年财政年度预算收入的 1/3。同时，大多数内债应在五年偿还。由于举借新债已不可能，面临旧债无法偿还的前景，政府迫使银行和债券持有者清理债款，将所有债券的利息率固定为 6%，并将偿还期延长一倍。从 1933 年开始，由于世界大萧条的影响波及到中国，政府的财政赤字再度增加。如表 20 所示，从 1933 年到 1935 年，由于军费支出上升，借款总额逐年增加。到 1936 年 2 月，政府进行了第二次内债大清理，发行统一公债 14.6 亿元，取代 33 种利息和偿还期不同的旧公债。统一公债为五种用海关收入作担保的公债，年息 6%，偿还期分别为 12、15、18、21、24 年；此外，又发行新公债 3.4 亿元。到 1936 年底，国民政府共发行内债总数接近 20 亿元。

大量内债的发行及其处理，揭示出国民政府和上海银行界之间的共同的利害关系，其中包括四大官方银行（包括 1933 年设立的中国农民银行）。政府发行的债券，很大一部分为银行所吸收。例如 1936 年 2 月，银行持有总额 2/3 未偿还债券。除了少数例外，至少在 1932 年以前，南京政府的做法是将债券存入银行，作为预支其面值 50%—60% 现金的附属担保。当债券公开发行和公布市场价格之后，银行再以预支款和市场之间的差额，从政府手中购入这些债券。绝大多数债券的发行价格可能仅为 98，而市场上的最高报价从未超过 80，甚至跌到 30 或 40。一项可靠的估计，在 1927—1934 年间，共发行公债面值为 12 亿元，而南京政府实得的现金，可能仅为面值的 60%—75%。[①] 因此，名义上的利息是 8.4%—9.6%，财政部的实际负担则是 12%—16%。如果利息和本金如期偿还，债券持有者一年可能赚到 20%—30% 的利息。1932 年内债清理后，政府偿还内债的负担有所缓解；内债平均的年收益率，从 1932 年底的 15%—24%，

---

① 扬格：《中国的建国成就》，第 98、509—510 页。1927—1947 年期间，财政部的财政顾问扬格，强烈反对 50%—60% 的较低估计；这个数字出现在伦纳德·G. 迁的《中国的现代银行与政府财政和工业》中，《南开社会经济季刊》，8.3（1935 年 10 月），第 591 页，以及别的地方，源自朱偰：《中国财政问题》，第 231—232 页。

跌到 1933 年的 16.8％，到 1936 年跌到 11.6％。[1] 债券被银行买去作为发行纸币的准备金；1935 年实行币制改革后，货币的发行量迅速增长。公众对上海市场上政府债券的需求，主要是为了投机，而不是为了投资。由于公债还本付息的费用不断增长，政府被迫于 1932 年和 1936 年实行公债清理，使名义利率下降，延长了偿还期，对债券市场形成了冲击。直到战时的通货膨胀，实际上抵消了国内公债——这是民国时期唯一的实质"累进税"。在此之前，向政府提供信贷，一直是对贷方大为有利。

政府的主要信贷者，是在现代银行系统中居于统治地位的四大政府银行。在银行系统起操纵作用的，是政府中的显赫人物，利用银行资本进行政治欺诈来谋取个人利益。人们普遍相信，在 30 年代，中央银行是孔祥熙的，交通银行是 CC 系的，中国银行是宋子文的，中国农民银行是中国军队最高领导的。[2] 不过，个人的贪污是不易有证据可查的。无论如何，把可以用于工业或商业投资的资金，用于政府的军费支出，或用来从事公债市场上的投机，贪污的后果比之这些，或许不那么严重。

20 世纪的中国银行系统，没能为整个经济的发展建立起信用的职能。第一，中国的现代银行业并不发达。虽然从 1928 年至 1937 年有 128 家新银行开业；在 1937 年，中国有 164 家现代银行和 1579 家支行，但大都集中在沿海各省的主要城市（在 1936 年，仅上海就有 58 家总行和 130 家支行）。在内地的农业地区，现代银行机构极少，并完全不能适应农业经济对信贷的需求。20 年代和 30 年代发展起来的合作社，本来可以作为银行系统和农民之间的中介人，但在数量上少到无足轻重，并倾向于把大部分信贷贷给较富裕农民。这些富裕的农民，通常能够以比较低的利率从其他地方取得贷款。30 年代兴旺一时的钱庄，此时虽幸存下来，只倾向于向当地的商业提供资金。至

---

[1] 扬格：《中国的建国成就》，第 98—99 页。
[2] 校注：交通银行不属于 CC 系，属于旧交通系；中国银行不属于宋子文，属于政学系；中国农民银行是属于 CC 系，也不属于"中国军队的最高领导"。

于条约口岸的外国银行,虽有充足的资金供应,包括中国富人在其中的大宗存款,但其主要业务是为外贸提供短期资金和从事外汇投机。

在中日战争爆发前的十年中,中国确曾有过发展现代银行系统,但却被歪曲成为向总是欠债的政府筹措资金的工具。几家主要银行的资本和储备,从 1928 年的 1.86 亿元增加到 1935 年的 4.47 亿元。在同一时期的银行存款,从 11.23 亿元增至 37.79 亿元,增额中有许多来自政府"四大"银行的增长。1928 年,中央银行、中国银行、交通银行、农民银行①共有资本和储备 6400 万元,或总数的 34%;到 1935 年,数字是 1.83 亿元,或总数的 41%。四大银行的存款总额为 5.54 亿元,或占 1928 年存款总额的 49%;到 1935 年是 21.06 亿元,或总额的 56%。到 1935 年,政府拥有 10 家现代银行(包括四大政府银行)资本额的 4/5,即 1.46 亿元,这个数字相当于全部现代银行总资本的 49%,或为全部现代银行总资产的 61%。其他主要的私人银行,也都在"四大"政府银行控制或影响之下。许多互相关联的董事会,把主要地区的银行集团、政府银行、钱庄组织及其所投资的保险业、商业和工业企业都拴在一起。省银行中最大的是广东银行,拥有全省地方银行总资产的 40%,与中国银行有密切的关系。政府和私人银行之间的合作,便于满足财政部借债的需要,但也挤占了私营生产和贸易部门所需的资金。此外,建于 1928 年的中央银行,在货币供应和信贷方面,也没有成为一个真正的中央银行,基本上是为政府的债务提供短期资金的工具。②

总之,这就是由四家政府银行居统治地位的集中化银行结构系统,集中了银行业的财源,目标是实行"经济控制",这正是国民

---

① 校注:中国农民银行成立于 1933 年,1928 年的统计中不应有农民银行。

② 弗兰克·M.塔马格纳:《中国的银行业与财政》,第 121—196 页;宫下忠雄:《论中国银行系统》,第 103—221 页;德永清行:《论中国的中央银行》,第 235—350 页;安德烈亚·李·麦克尔德里:《上海的钱庄,1800—1935 年》,第 131—185 页。到 1934 年底,只有中央银行和中国农民银行是政府完全控制的。南京政府仅拥有中国银行和交通银行 20% 的股份,并对两行重要人选的任命有些影响。但这两家银行有很大的独立性,并且时常反对政府的财政货币政策。1935 年 3 月,在一次由财政部长孔祥熙执行的经周密计划的突然行动中,中国银行和交通银行被"收归国有"。

政府经济思想的基本特征。国民政府经济控制所达到的目的，主要的却不是经济的改革和发展。在 30 年代，政府通过银行得到的信贷，都用在以武力统一国家上面——在南京政府看来，这是头等大事。尽管许多中央机关和省级政府忙于制定计划，但可用于经济发展的资金，已所剩无几了。

根据已公开发表的资料，在 1928—1937 年（不可能泄露政府军事费用的总数），年支出的 40％—48％用于军事目的。军事拨款加上公债和赔款的还本付息——大多数借款出于军事需要，占每年总支出的 67％—85％。"政府"开支中的大部分是征税的费用——例如，1930 年至 1931 年占 1.2 亿元中的 6000 万元，1931—1932 年占 1.22 亿元中的 6600 万元。公共工程的拨款数量极少，而福利的支出几乎没有。

由于政府总支出只占国民收入中很小的一部分，但上述的收支格局，对经济发展和国民政府的稳定，只产生消极的影响。在 30 年代，军费支出可能从未超过中国国内生产总值的 2％，这是真实的——1933 年是国内生产总值的 1.2％。而此时日本对中国的威胁正在加紧进逼。此外，军事的支出，也可能产生有实际价值的经济附带作用，如修建公路，农民的士兵学会操作与维修简单的机器，促进了某些工业（例如化学弹药）的发展，等等。因此，前面所说的"庞大的军事机构"一语，只是从另一个角度来看，反映了部分对南京政府所作的反面评价。但是从实际效用，而不是从潜在的财政资源来看，南京政府巨额的军费支出，确实本可以用于私营经济部门的投资，或对消费的经济资源抽取。南京政府此举，既未平息国内的动乱，也未能阻止日本的入侵。由于普遍实行递减的间接税和偿还内债，使实际债券的购买，从低收入阶层转移到少数富有投机者的手中。由于内债的收入主要用于军事目的和旧债的还本付息，债券持有者只愿进行投机，而不愿进行投资。因此，举借内债并不能导致商品质量的增加，也不能增进公共和私人支出，以补偿递减的国税结构所加给中国人民的负担。此外，对私营工业企业家来说，银行信贷一直是短缺的。30 年代，银行付定期存款为 8％—9％的利率，用这些定期存款去购买政府公债，必然使银行贷款的利率过高，阻碍了向私营工业、商业和农业提供大量资金。

在中日战争爆发前的最后两年，轻度的通货膨胀势头已经出现；部分原因，是 1935 年币制改革之后，货币的供应量能自由增加。不过此时的通货膨胀，比起始于 1937 年中日战争爆发，止于 1948 年至 1949 年国民政府的货币体系彻底崩溃的膨胀，实在不啻小巫见大巫。中国失控的通货膨胀，主要是为了弥补不断的财政赤字，去无限制地发行钞票。而最根本的原因，则是日本人在战争的第一年就占领了中国最富饶的省份；但也不能否认发行钞票对于支持八年抗日战争所起的作用，而国民党在三年内战中仍采取大量发行钞票的政策。面对 1948 年至 1949 年通货膨胀的危险，国民政府竟没有作出制止通货膨胀的措施。在 1937 年至 1949 年间，国民政府执行一种令人惊奇的经济政策，这实际在 1937 年以前已经显现出其缺陷性了。[①] 表 21 列出 1937—1948 年纸币发行的增长和飞涨的物价指数。直到 1940 年为止，通货膨胀仍然是缓和的，并且大都限于较为敏感的城市经济部门。由于 1940 年歉收，1941 年末沦陷区的粮食生产继续下降，加之太平洋战争的爆发，遂引发了新的通货膨胀的压力。从 1940 年至 1946 年，中国大后方的物价每年平均上涨 300% 以上。1945 年秋日本投降后，物价在短时期内猛跌；但从 1945 年 11 月至 12 月，物价指数开始以空前的速度上升；在 1948 年 8 月新的金圆券发行时，有一个暂时的停顿，其后即趋于暴涨。

在战争时期，政府的实际收入和支出都急剧下降，不过收入比支出的下降要大得多。战前，最大的税收来源是关税；在日本人很快占领了中国沿海省份后，海关也都失去了。随着沦陷地区的扩大，国民政府控制的后方地区也逐渐缩小，货物税和其他税收也都随着下降。在支出方面，政府偿还内债本息的费用，由于通货膨胀也急剧减少；而关税和盐税担保的外债偿还，在 1939 年初也暂停支付。军费的支

---

① 关于战时和战后的财政和通货膨胀，见周舜莘《中国的通货膨胀》；张嘉璈：《恶性通货膨胀》；扬格：《中国的战时财政与通货膨胀，1937—1945 年》。

表 21 纸币发行与物价指数，1937—1948 年

年份*	已公开发行的纸币+（百万元）	物价指数≠（1937 年 1—6 月＝100）
1937	2060	100
1938	2740	176
1939	4770	323
1940	8440	724
1941	15810	1980
1942	35100	6620
1943	75400	22800
1944	189500	75500
1945	1031900	249100
1946	3726100	627210
1947	33188500	10340000
1948	374762200	287700000

　＊　在每个公历年的年底，除去 1948 年，该年的数据分别为 6 月和 7 月的。

　＋　1937—1944 年：扬格：《中国与援助之手，1937—1945 年》，第 435—436 页。
1946—1948 年：张嘉璈：《恶性通货膨胀：中国的经验，1939—1950 年》，第 374 页。

　≠　在每年年底，除去 1937 年（1 月至 6 月的平均数）和 1948 年（7 月）。1937—
1945 年：中国未被占领地区主要城市平均零售价格指数（扬格：《中国与援助之手》，
第 435—436 页）；1946—1947 年：全中国；1948 年：上海，张嘉璈：《恶性通货膨
胀》，第 372—373 页。

出，与 1937 年以前一样，是政府的主要付出；特别是从 1940 年起，
蒋介石为了进行持久抗战，并准备在中日战争后与共产党决战，于是
进行大规模扩军。在战争结束时，国民党共有军队 500 万人，耗费了
政府战时支出的 70%—80%。这些军队武器装备不足，军官素质极
差，对士兵的训练与管理松弛。由于过度征召农村的劳动力去服兵
役，遂促成农业生产的下降。又由于这些军队集中驻扎在大后方的城
镇附近，极大地增加了通货膨胀的压力。与战前一样，国民政府军队
规模的扩大和军费的增加，既未能相应地促进中国的国防，也未能促
进国民政府的稳定。当 1947 年和 1948 年内战激烈进行时，由于政府
当权者拼命增加军费的开支，使政府的支出完全失去了控制。

　　与战前的格局一样，国民政府在战时通过征税筹款，主要是递减

的间接税（一个例外是战时的田赋征实，其对贫穷农民的打击比对富人的打击更为沉重），特别是不向利用通货膨胀大发横财的企业家和投机家征税。在 1945 年至 1946 年间，在抗战结束和内战开始之前，政府在收复沦陷区时，其间间歇的时间虽然短暂，本可以出现一个实行彻底而公正的税收改革，以抵消通货膨胀的影响，但政府并没抓住这个机会。

战时和战后的政府支出，不是靠税收，主要是通过银行预支筹款，从而导致纸币发行量的不断增加。债券的出售，尽管是强行摊派，也只占 1937 年至 1945 年间累计财政赤字的 5％，而在 1946 年至 1948 年间则更少。1942 年，政府把发行专有权交给中央银行之后，甚至把债券存入银行作为预支担保的手续也取消了。战后，政府曾采取出售外汇或黄金与进口外国商品等办法，来消除纸币发行过量的影响，以维持中国货币的国际价值；但这些措施，也耗尽了国家积累的外国资产，而这些资产本应用于抗战胜利后的经济建设。

当然，在商品供应不足情况下，通货膨胀是政府因财政赤字引发的过量货币需求的结果。在抗战时期，大后方消费资料工业品的产量仅略有增长，但其绝对量是不足以减轻通货膨胀压力。这些消费品大多是由私人小企业所生产，生产资料工业部门主要是政府或半官方机构投资。大体与战前一样，政府也没有有效的政策，使稀缺的资金用于最紧要的需求。总之，战时在内地发展起来的小工业基地，当战后政府复员返回沿海时，实际上是被抛弃了。

收复中国工业较发达的省份，对解决商品供应不足的问题，可能有些希望，但这希望被事实残酷地粉碎了。苏联从满洲搬走主要的工业设备；中共控制下的许多华北农村，拒绝向上海的纱厂供应原棉；资源委员会和接收敌伪企业的中国纺织建设公司的无能和腐败；政府没有合理和公平的计划来分配战争结束时所拥有的外汇资源，遂使国民政府同 1937 年以前一样，没有能力控制投机，对于改革税制和为经济发展优先安排投资也无所作为。

对外贸易与外国投资

在 20 世纪，对外贸易和外国投资，在中国经济中的作用仍然是很小的。西方和日本的经济影响，只在有些部门存在；中国经济的绝大部分，都是外国人所没有触及到的。

据 C.F. 雷默和日本东亚研究所的估计，到 1936 年，外国在中国的投资总数曾达到 34.83 亿美元；从 1902 年的 7.33 亿美元开始增长，1914 年为 16.1 亿美元，1931 年为 32.43 亿美元（表 22）。按人口平均——以 1914 年为 4.3 亿，1936 年为 5 亿；这两年的数字分别为 3.75 美元和 6.97 美元。这些按人口平均的金额，明显低于其他"不发达"国家的外国投资。例如，1938 年，印度是 20 美元，拉丁美洲是 86 美元，非洲（不包括南非联邦）是 23 美元。用一个特定年份的人均外国投资额，不一定是外国投资重要性的主要指标。但是根据所得到的材料，以外国投资与国民收入和国内投资相比较，无法对资本流入量作出精确的估计。据粗略估计，30 年代初的外国私人净投资，略小于中国国民生产总值的 1%，约占总投资的 20%。[1] 换言之，外国人在中国投资虽然总数很小，但并非没有重要意义。

表 22   **外国在中国的投资，1902—1936 年**

（百万美元；括号内为百分数）

投资类型	1902 年	1914 年	1931 年	1936 年
直接投资	503.2(64)	1067.0(66)	2493.2(77)	2681.7(77)
中国政府的债务	284.7(36)	525.8(33)	710.6(22)	766.7(22)
向私人参与者放款	0.0	17.5(1)	38.7(1)	34.8(1)
总　　计	787.9(100)	1610.3(100)	3242.5(100)	3483.2(100)

资料来源：侯继明：《1840—1937 年中国的外国投资和经济发展》，第 13 页，这个资料又是根据 C.F. 雷默的《中国的外国投资》和东亚研究所的《外国在中国的投资和中国的国际收支差额》。

---

[1] 罗伯特·F. 德恩伯格：《外国人在中国经济发展中的作用》，见珀金斯编《中国现代经济》，第 28—30 页。

雷默的数据表明,在 1902—1931 年间,每年外国流入中国的资本,小于中国政府偿还外债本息的款额与外国投资利润之和,因而中国存在着巨额资本的净流出。[①] 不过,如表 27 所示,华侨每年寄回国的汇款大于这个流出的款额。所以总的来说,中国是资本流入;这种资本的流入,加上硬币支付,为中国继续不断的入超提供了资金。在这种情况下,除了价格上涨的因素外,外国投资总额的增长,主要是由于在华外国人将其所获利润用于在华再投资。事实上,有些汇往"国外"的款项,从没有离开过中国,而是被直接支付给上海或香港的外国信贷者;而这些信贷者把相当一部分利润,再投资于设在几个条约口岸的企业。怡和洋行(又称渣甸洋行)在 1830 年以来的一个世纪中,从一家小代理商,发展成为一个拥有众多工业和金融机构的最大贸易公司,表明这一过程的办法是相当有效的。

在 1931 年日本人占领满洲,并在那里发展大量投资之前,在中国最大的投资者是英国(见表 23)。英国的直接投资,在 1914 年和 1931 年,分别占英国总投资的 66% 和 81%。在 1931 年全部投资中,与外贸有直接关系的约占一半,房地产业占 21%,制造业占 18%,

表 23 **外国在中国的投资——债权国投资,1902—1936 年**

(百万美元;括号内为百分数)

	1902 年	1914 年	1931 年	1936 年
英国	260.3(33.0)	607.5(37.7)	1189.2(36.7)	1220.8(35.0)
日本	1.0(0.1)	219.6(13.6)	1136.9(35.1)	1394.0(40.0)
俄国	246.5(31.3)	269.3(16.7)	273.2(8.4)	0.0
美国	19.7(2.5)	49.3(3.1)	196.8(6.1)	298.8(8.6)
法国	91.1(11.6)	171.4(10.7)	192.4(5.9)	234.1(6.7)
德国	164.3(20.9)	263.6(16.4)	87.0(2.7)	148.5(4.3)
比利时	4.4(0.6)	22.9(1.4)	89.0(2.7)	58.4(1.7)
荷兰	0.0	0.0	28.7(0.9)	0.0
意大利	0.0	0.0	46.4(1.4)	72.3(2.1)
斯堪的纳维亚	0.0	0.0	2.9(0.1)	0.0
其他	0.6(0.1)	6.7(0.4)	0.0	56.3(1.6)
总计	787.9(100.0)	1610.3(100.0)	3242.5(100.0)	3483.2(100.0)

资料来源:侯继明:《中国的外国投资和经济发展》,第 17 页。

[①] C.F. 雷默:《中国的外国投资》,第 170—171 页。

公用事业占5％，矿业占2％，杂项占3％。当1905年日本在南满的地位巩固之后，其在中国的投资迅速增加。日本的直接投资（占1931年总投资的77％）主要在运输业（南满铁路）、进出口贸易、制造业（主要是棉纺业）和矿业。俄国的投资，几乎全部用于中东铁路，这条铁路在1935年出售给日本。①

在1914年、1931年和1936年，外国直接在华投资，分别占其在华总投资的66％、77％和77％，其余的差额主要是向中国政府贷款。侯继明对雷默和东亚研究所（表24）的数据作了再核算，表明1931年外国直接投资分配如下：进出口贸易19.4％，铁路16.0％，制造业14.9％，房地产13.6％，银行和金融8.6％，航运7.8％，矿业4.4％，交通与公用事业4.0％，杂项11.3％。这些数字表明，与许多"不发达"国家外国投资的格局不同。外国在中国的投资很少进入以出口为方针的实业，如矿业和种植业；甚至在南满，日本对农业的投资也是微不足道的。

在有一些国家——例如拉丁美洲的许多国家，或荷兰统治下的印度尼西亚，外国资本都集中在出口产业，结果导致接受者经济的片面发展，使其专门从事一种或几种农产品或矿产的出口；这些产品的市

表24　　　　　　　　**外国在中国的投资——工商企业投资**

（百万美元；括号内为百分数）

	1914年	1931年	1936年
进出口贸易	142.6(13.4)	483.7(19.4)	450.2(16.8)
银行和金融	6.3(0.6)	214.7(8.6)	548.7(20.5)
运输			
（铁路和航运）	336.3(31.5)	592.4(23.8)	669.5(25.0)
制造业	110.6(10.4)	372.4(14.9)	526.6(19.6)
矿业	34.1(3.2)	108.9(4.4)	41.9(1.6)
交通和公用事业	23.4(2.2)	99.0(4.0)	138.4(5.1)
地产	105.5(9.9)	339.2(13.6)	241.1(9.0)
杂项	308.2(28.9)	282.9(11.3)	65.3(2.4)
总计	1067.0(100.0)	2493.2(100.0)	2681.7(100.0)

资料来源：侯继明：《中国的外国投资和经济发展》，第16页。

---

① 侯继明：《中国的外国投资和经济发展》，第17—22页。

场，对外国的经济周期极其敏感。此外，这种"殖民地"式的外国投资，加强了当地的土地所有者的阶级地位，使其成为这种商业化农业的主要受益者。但这个受益者阶级却未能把增加的收入用于工业发展的投资，原来是使用过去的方式处理这些收入，储藏在本国内（购买土地，或港口的房地产）；现在则是更安全地储藏在国外（存入外国银行，或购买外国证券），或用于购买奢侈品消费（入超）。出口产业的发展，还把本地资本吸引到第三产业中，如从事附属于外国公司的小行业，其后果是使人力和资本流失，不能为具有生产性所利用。在有限的地区，如中国的东南沿海和广州附近，上述资本的运作过程也可以看到，但其规模较小。在民国时期，中国的经济并未因外国资本的流入而得到根本改造，使中国经济的命运与世界市场的变化联系起来。

　　1931 年以前，外国的直接投资集中在几个条约口岸，特别是在上海，如表 25 所示。日本人在 30 年代努力发展满洲的工业生产，已见上文论述。外资工厂在制造业部门所占份额，详见表 9 和表 10。在许多研究者看来，外资企业以及中资企业中的外国投资（往往是对企业的控制），阻碍了中国现代工业的发展。这种观点认为，外资企业有更多的收入，更好的技术和管理，享有治外法权和免税特权，还可以免受中国官员敲诈勒索，因此中资企业根本无法与外资企业竞争。与这种"压制论"的观点相反，侯继明指出，在 1937 年以前，中资现代企业不但没有被外资企业所压倒，而且一直在现代经济部门保持着相当稳定的比例。[①] 尽管可以辩解说，没有外国企业的竞争，中国的企业可以发展得更快，但绝非意味着没有对外贸易和外国投资的"外来冲击"，中国在 19 世纪的前现代经济就能够走上发展的道路。

　　除了铁路建设和工业借款外，中国政府的外债是否有利于中国经济，是值得怀疑的。这些外债给中国带来的好处极小，而其还本付息的费用（利息、贴现、佣金）却是很高的。对 1912 年至 1937 间举借的外债，根据借债使用的目的作出分析似乎可以证明，举借外债没有

---

① 侯继明：《中国的外国投资和经济发展》，第 138—141 页。

表 25　　外国在中国投资的地理分配，1902 年、1914 年、1931 年
（百万美元；括号内为百分数）

	1902 年	1914 年	1931 年
上海	110.0(14.0)	291.0(18.1)	1112.2(34.3)
满洲	216.0(27.4)	361.6(22.4)	880.0(27.1)
中国其他地方	177.2(22.5)	433.1(26.9)	607.8(18.8)
未分配的	284.7(36.1)	524.6(32.6)	642.5(19.8)
	—	—	—
总计	787.9(100.0)	1610.3(100.0)	3242.5(100.0)

资料来源：雷默：《中国的外国投资》，第 73 页。

给中国经济带来任何好处。[①] 约占外债总数的 8.9％（按 1913 年不变价格计算），是为军事目的和偿付赔款举借的；另外的 43.3％用于一般的行政管理，主要是外债的付息。虽然占 36.9％的铁路借款，是一笔潜在的生产性投资，但其用途不仅受到区域性小军阀之间内战和内乱的限制，也受借款合同规定的限制。借款合同规定，几条铁路分别为各自独立经营的企业，确定各条铁路之间的界限范围，使之不能联营，以此来阻止中方实行统一有效管理，外资从而从中得到其他的益处。工业借款中的最大部分，是占 10.8％的电话和电报借款。

　　由于缺少可用的国民收入资料，对民国时期外贸在国民总产值的比重，只能作粗略的估计。1933 年的国内总产值，只这一年有个比较可信的数据，进出口总值为国内总产值的 7％。但这是在满洲沦陷和世界经济大萧条之后的情况，而满洲对外贸易不算少的数额。在 20 年代后期，中国的对外贸易额可能略大于国民总产值的 10％。从中国的国土面积，发展水平，主要的海上航线距离，丰富的资源，巨大的国内市场来看，这个 10％的比重是比较低的；但若与国际上水平作一比较，则并不算太低。表 26 列出 1912—1936 年中国对外贸易的价值与指数。

　　按当时价格计算，从 19 世纪 80 年代到 1900 年，进口和出口都有缓慢的增长。从 1901 年到 1918 年，增长的速度较快。其后，在 1919 年到 1931 年，增长的速度明显加快。按数量而不是按价值计算，外贸

[①]　侯继明：《中国的外国投资和经济发展》，第 29 页。

增长的速度要稍慢一些。在 19 世纪最后 20 年，进口是相当稳定的；从
1900 年起，则呈稳定的上升趋势，只是第一次世界大战才使这种趋势
中断。我们已经指出，第一次世界大战为中国工业的发展提供了一些
余地。约从 1907 年起，出口持续增长。现有资料表明，简单进出口贸
易条件的变化趋势，对中国是不利的（见表 26）。但是，从中国经济与
世界市场联系来看，上述趋势在一定程度上还是有意义的。就中国的
情况而言，比起其他"不发达"国家，这种联系的重要性是小得多。

在民国时期各年中，如同 19 世纪 80 年代以来的情况一样，中国
对外贸易的突出特点，是进口大于出口，因此经常账户结算始终是入
超。中国之所以能够长期保持商品进口大于出口，在很大程度上来自
华侨年复一年向国内的汇款，同时也有新的外国投资不断投向中国。
对中国国际收支的所有估计中，即使考虑到侨汇和外国投资，仍有一
个数额巨大的"未予说明"的项目。

表 26　　　　　　　**对外贸易额和指数，1912—1936 年**

| 年份 | 时价计算额* | | | 贸易总额指数 1913＝100 | 数量指数 1913＝100 | | 进出口交换比率（进口价/出口价）1913＝100 |
	净进口	净出口	入超		进口	出口	
1912	473	371	102	86.7	82.8	103.8	112.9
1913	570	403	167	100.0	100.0	100.0	100.0
1914	569	356	213	95.1	91.6	83.8	103.3
1915	454	419	35	89.7	70.3	96.5	104.8
1916	516	482	34	102.5	73.7	102.3	104.6
1917	550	463	87	104.0	73.4	108.3	123.4
1918	55	486	69	106.9	66.1	10.5	128.4
1919	647	631	16	131.3	75.4	140.0	134.1
1920	762	542	220	133.9	75.9	119.3	155.6
1921	906	601	305	154.8	94.7	126.9	142.3
1922	945	655	290	164.4	112.5	130.5	117.7
1923	923	753	170	172.2	108.5	137.3	109.1
1924	1018	772	246	183.91	119.6	136.6	105.4
1925	948	776	172	177.1	109.9	132.9	103.5
1926	1124	864	260	204.2	130.5	141.1	98.6
1927	1013	919	94	198.4	109.8	154.1	108.6
1928	1196	991	205	224.6	131.5	156.1	100.4
1929	1266	1016	250	234.4	139.9	149.2	93.1
1930	1310	895	415	226.5	131.0	131.1	102.5

续表

年份	时价计算额*			贸易总额指数 1913＝100	数量指数 1913＝100		进出口交换比率（进口价/出口价）1913＝100
	净进口	净出口	入超		进口	出口	
1931	1433	909	524	240.7	129.9	136.5	116.0
1932	1049	493	556	158.4	106.0	100.8	128.6
1933	864(1346)	593(612)	471(734)	129.1	97.5	124.7	142.7
1934	661(1030)	344(536)	317(494)	103.2	85.1	118.6	136.1
1935	590(919)	370(576)	220(343)	98.6	83.6	126.7	122.9
1936	604(942)	453(707)	151(235)	108.6	77.9	125.6	109.4

＊ 单位：百万海关两；从 1933 年起，价值用元计算，如括号内所示。

资料来源：萧梁林：《中国的对外贸易统计，1864—1949 年》，第 23—24、274—275 页；郑友揆：《中国的对外贸易与工业发展》，第 259 页。

表 27 中对 1903 年、1930 年和 1935 年的估计，是分别由 H.B. 马士、C.F. 雷默和中国银行作出的。

在 19 世纪中叶，中国的主要出口商品是丝和茶。1871 年，丝、茶两项占总出口的 92％，19 世纪 80 年代降为 80％左右，1898 年降到大

表27　　　**国际收支差额，1903 年、1930 年、1935 年（百万元）**

	1903	1930	1935
经常性付款			
商品进口	492	1965	1129
硬币进口	58	101	—
外债还本付息	69	111	108
中国的海外支出	7	3	55
外国企业的汇款和其他利润	35	227	55
	—	—	—
总计	661	2417	1347
经常性收入			
商品出口	374	1476	662
硬币出口	51	48	357
外国在中国的支出	81	218	150
海外的汇款	114	316	260
	—	—	—
总计	620	2058	1429
资本收入			
外国在中国的新投资	42	202	140
未予说明的	—1	—157	222

资料来源：李卓明：《国际贸易》，载 H.F. 麦克奈尔编：《中国》，第 501 页。

约 50％。此后继续下降,如表 28 所示。在 20 世纪中,中国出口仍然以自然资源为大宗,但出口的种类已大为增加。新的主要出口商品是大豆和大豆制品,主要产自满洲。出口到日本的铁矿石和煤炭,以及日本在华棉纺厂运往日本的棉纱,也成为重要的出口商品。

表 28　　　　　　　　**对外贸易的结构**（现值百分比）

	1913 年	1916 年	1920 年	1925 年	1928 年	1931 年	1936 年
进口							
棉制品	19.3	14.1	21.8	16.3	14.2	7.6	1.5
棉纱	12.7	12.4	10.6	4.4	1.6	0.3	0.2
原棉	0.5	1.6	2.4	7.4	5.7	12.6	3.8
米和麦	3.3	6.6	0.8	6.8	5.7	10.6	4.1
面粉	1.8	0.2	0.3	1.6	2.6	2.0	0.5
糖	6.4	7.1	5.2	9.5	8.3	6.0	2.2
烟草	2.9	5.8	4.7	4.1	5.1	4.4	1.8
纸	1.3	1.8	1.9	2.0	2.4	3.2	4.1
煤油	4.5	6.2	7.1	7.0	5.2	4.5	4.2
石油	—	0.2	0.4	0.9	1.4	1.8	4.1
运输材料	0.8	4.0	2.6	1.9	2.3	2.3	5.6
化学药品、染料和颜料	5.6	4.1	6.4	5.6	7.5	8.0	10.8
铁、钢和其他金属	5.3	5.1	8.3	4.4	5.4	6.2	13.2
机器	1.4	1.3	3.2	1.8	1.8	3.1	6.4
其他一切	34.2	29.5	24.3	26.0	30.8	27.4	37.5
	100.0	100.0	100.0	100.0	100.0	100.0	100.0
出口							
丝和丝制品	25.3	22.3	18.6	22.5	18.4	13.3	7.8
茶	8.4	9.0	1.6	2.9	3.7	3.6	4.3
豆和豆饼	12.0	9.3	13.0	15.9	20.5	21.4	1.3
种子和油	7.8	8.4	9.1	7.9	5.8	8.4	18.7
蛋和蛋制品	1.4	2.6	4.0	4.3	4.4	4.1	5.9
生皮、皮革和毛皮	6.0	6.1	4.0	4.3	5.4	4.1	5.7
矿石和金属	3.3	6.3	3.2	2.9	2.1	1.6	7.7
煤	1.6	1.2	2.3	2.6	2.9	3.0	1.6
棉纱和棉制品	0.6	0.8	1.4	2.0	2.8	4.9	3.0
原棉	4.0	3.6	1.7	3.8	3.4	2.9	4.0
其他一切	29.6	30.5	40.8	31.2	29.6	32.7	40.0
	100.0	100.0	100.0	100.0	100.0	100.0	100.0

资料来源:郑友揆:《中国的对外贸易与工业发展》,第 32、34 页。

鸦片曾是最主要的进口商品,直到 19 世纪 90 年代才为棉布和棉纱所取代。大约在 1900 年,棉布和棉纱构成进口总值的 40％。中资棉纺厂和外贸棉纺厂的发展,导致棉纺织品进口的下降。为了供应这些新纱厂原料,中国成为一个相当大的原棉进口国。到 1936 年,国内的原棉生产差不多可以满足需要；但在 1945 年后，受内战和运输破坏的影响，农业生产下降，原棉再度短缺。大体上来说，工业原料和设备，在总进口中所占比重在稳步增加，但很缓慢；而纺织品、卷烟和火柴等制造业生产的消费品进口，则呈下降趋势。在 20 年代末和 30 年代初，大米、小麦和面粉在进口商品中曾上升到重要地位；但随着 1935 年和 1936 年的经济复苏，又降了下来。农村人口，特别是城市人口的增长，农业生产的停滞，以及落后的运输，使得供应中国城市人口一直是个难题。

表 29 表明，中国的主要贸易国，在中国进出口贸易额中所占的比重。在 1906 年和 1936 年间，外贸逐渐多样化，"其他贸易国"的比重所以逐年增加（从香港的进口明显减少，是因为 1932 年实行新的发货票规定，以证实经香港转运到中国的货物之真实来源国）。英

表 29　　　　对外贸易在贸易伙伴中的分配（现值百分比）

	1906 年	1913 年	1919 年	1927 年	1931 年	1936 年
进口自：						
英国	18.4	16.5	9.5	7.3	8.3	11.7
香港（中国）	33.8	29.3	22.6	20.6	15.3	1.9
日本和台湾（中国）	14.3	20.4	36.3	28.4	20.0	16.3
美国	10.4	6.0	16.2	16.1	22.2	19.6
俄国	0.1	3.8	2.1	2.2	1.7	0.1
法国	1.0	0.9	0.5	1.4	1.5	2.0
德国	4.0	4.8	—	3.8	5.8	15.9
其他	18.0	18.3	12.8	20.2	25.2	32.5
	—	—	—	—	—	—
	100.0	100.0	100.0	100.0	100.0	100.0
出口到：						
英国	5.6	4.1	9.1	6.3	7.1	9.2
香港（中国）	35.0	29.0	20.8	18.5	16.3	15.1
日本和台湾（中国）	14.1	16.2	30.9	22.7	27.4	14.5
美国	10.9	9.3	16.0	13.3	13.2	26.4
俄国	7.9	11.1	3.4	8.4	6.0	0.6
法国	10.7	10.1	5.4	5.6	3.8	4.3
德国	2.4	4.2	—	2.2	3.8	5.5
其他	13.4	16.0	14.4	23.0	23.7	24.4
	—	—	—	—	—	—
	100.0	100.0	100.0	100.0	100.0	100.0

资料来源：郑友揆：《中国的对外贸易与工业发展》，第 20、48—49 页。

国、日本和美国是中国的主要贸易伙伴。对日贸易在满洲和华北居主要地位，在南方甚小；英国则与此相反。对美国贸易，在 30 年代中期超过所有国家，集中于华中。1931 年后，中国对日本的贸易额下降，在某种程度上看来，是测量中国人抵制"满洲事件"的尺度。

以上说明了中国的对外贸易和外国在华投资的格局。这种格局从总体上来说，到底对中国经济有哪些影响；我们曾明确指出，若与其他"不发达"国家相比，这些影响要小得多。许多中外研究者认为，这些是决定中国现代历史进程最关键的影响。20 世纪以来，外国对中国的影响是多方面的和复杂的。现在的困难，是如何从 20 世纪外国对中国的复杂的所有影响中，分离出纯粹的经济因素。[1] 中国因在近代与西方相遇而改变了，中国的这种改变，是符合西方的利益和愿望的，首先是把外国人诸多活动方式带到了这个中央王国。外国的经济活动，在中华帝国的边缘，对形成一个中资与外资企业的贸易和制造业规模不大的现代化部门，起了主要作用。但中国经济在总体上并没有多大的变化，只不过出现了一种"局部的发展"。外国对中国现代经济的作用，是建立强制的低关税和治外法权的特权之上，这些都受到其本国高度发达的工业经济的支持，这些国家从战争赔款和偿还外国借款本息中吸吮资本。但所有这些，对中国经济的停滞不前，并不是主要原因，而只应受到部分的责难。超过了这一点，就掩盖了意识形态和政治的不平衡；当然，这种不平衡，是西方冲击的最深刻的后果。数十年来，这种不平衡阻碍了新的政治体制的出现；只有这种新的政治体制，才能取代过去儒家君主制，才能充分发挥现代工业技术促进经济发展的内在优势。

在中国的这部历史长剧发展中，中国的经济在本章限定的年代里，并没有占有显要地位，而只是一个配角——也许只有几句精选的台词，听候皇帝、官僚、外交家、将军、宣传家和党务活动者的吩咐。

---

[1]　见本书第三章，费维恺：《外国在华势力》。

第 三 章

外国在华势力

民国初年，外国势力就在中国扎下根来，表现在许多方面，如领土、人员，条约规定外国单方面所取得的权利，以及武装力量、外交、宗教、商务、新闻机构，海盗般的冒险活动与种族歧视的态度。本章扼要地论述外国人对中国的政治、经济、社会和心态诸方面进行冲击的主要形式；至于外国势力对中国人在生活、知识、精神方面引起的后果，本章仍不能一一论列。

外国在华势力范围

与印度、东南亚（泰国除外）和大多数非洲国家不同，在 19 世纪后半期，列强虽进入衰弱的清帝国，但中国并没有被列强所瓜分。中国之大，远不能为任何一国所独吞。而列强从中国获得令人眼花缭乱的战利品，各国又不能进行满意的分赃。结果是中国的主权虽受到损害，但却从来没有濒于灭亡。外国人始终承认中国的中央和地方的政权，而这个中央政权一直是和地方势力在进行着斗争。由于外国人的利益要求，而中国政府又软弱无力对其要求加以拒绝；于是在中国领土的某些部分，政府的权力在形式上被削弱了，甚至是被放弃了。这样在中国境内，形成了各种各样的条约口岸、租界、租借地和列强的势力范围。

条约港口

"条约口岸"（treaty port）是一个有多种含义的词。"港口"的准确界说，是一件引起争议的事，《南京条约》（1842 年）的英文本更广义地写成"cities and towns"（城和镇），外国人在这里有居住和贸易的权利。上海、广州、福州、厦门和宁波是海港，是无疑义的。到了 1893 年，增辟了 28 个地方开放对外贸易；在 1894—1917 年，又增辟了 59 处；在 1917 年总数达 92 处。在这 92 处通商口岸中，有的是内地城市，有的是在大陆的边境；另有一些是沿海港口或满洲的铁路交叉点；许多增辟的港口是在长江或西江沿岸。总起来说，这些地方统称之为商埠，即贸易港。从法律上说，开放对外通商的口岸可分为三类①："条约港口"，即由某项国际条约或协定而开辟的港口；中国政府无条约义务而自愿开辟的"开放口岸"；"停靠港"，外国轮船获准在该港登岸或载运乘客，并在某种限制下载货，但外国人不得在该处居住。到 1915 年，92 处通商口岸中，只有 48 处设有海关②，这说明中国有许多地方在国际贸易中没有发挥重要作用。

在"条约港口"，中国的国家主权在两个方面被外国破坏了：首先，外国侨民在其领事的治外法权管理下，得在此居住，并拥有财产和从事工商活动（而且可以带护照在内地旅行，在法律上除传教士外，不得在内地居住）。其次，在某个条约港口卸下的外国货物，交付一次进口税（按中国不能控制的海关税率）后，如再转运至其他条约港口，即不再缴纳转口税。缔约列强强迫清政府将这种在条约港口实施的税率，扩大到自开口岸。自开口岸和约开口岸是不同的；在自开口岸中，外国"租界"或"侨民居留地"③，是处于中国地方政府

① 校注：下文所说的"条约港口"、"开放港口"、"停靠港"，实际上中国称"条约港口"为"约开商埠"，称"开放港口"为"自开商埠"，凡在内陆之开放商埠，称之为通商口岸。中国无"停靠港"之说，有"外人居留地"之称，外轮得停靠其地载运乘客及货物，但外国人亦不得在该处居住。

② 校注：中国政府原来所设之税关，如临清关、崇文门关，谓之常关；约开商埠（即条约港口）设置之税关，称之为海关，亦称之为洋关。洋关税务司概由外国人充任，虽有中国人任海关监督，但无任何权力。此处所称 48 处海关，均为设于条约口岸，即约开商埠之海关，即洋关。常关之官员称监督，洋关之官员称税务司。距洋关 50 里范围内之常关，属洋关之中国海关监督管辖。

③ 校注：租界英文为 concession，侨民居留地英文为 settlement。按租界条约规定，中国政府失去行政权之地为租界。此处所称租界应为侨民居留地。中国政府在侨民居留地仍具有行政权。

的市政管理和警察控制之下的。

在 16 个条约口岸设有外国的租界，即专门为外国侨民居住设立的特定区域，其地方的行政权（警察、卫生、道路、建设管理等）由外国人管理，其财政收入是外国当局所征收的地方税。例如天津、汉口、广州的外国人居住区为"租界"。在这些地方，中国政府征用或者买下整个地区，然后永久租给特定的列强（在天津，租给英国、法国、德国、日本、俄国、比利时、意大利、奥匈帝国；在汉口，租给英国、法国、德国、俄国、日本；在广州，租给英国和法国）。[①] 占有租界的国家领事，常常得到租界工部局的支持；外国侨民通过租界工部局董事，可以转租到特定的财业。

上海的公共租界和法租界，根据条约，专门划给外国侨民个人居住和经商，但不租给有关国家。中国官员向从原土地所有者手中购买了土地的外国人颁发地契；外国人随即持地契在外国领事馆登记，领事馆发给购买土地的外国人地契保证书，使土地的转让更加确定，并且提高了这些财产的价值，使之对财产托管人的外国律师、传教士和其他的人，能从中获得高额利润。在租界里，虽然有很多中国人通过其外国代理人，实际上也拥有土地，但却是不合法的。在上海的租界内，中国人直接拥有大量土地，其所有权从来没有转让给外国人。

通过在北京的外交使团向总理衙门施加压力（这是列强在中国攫取利益的正式合法手段），上海的公共租界原来是英租界和美租界，

---

① 校注：外国在中国的租界，除这 15 处外，另有上海的公共租界和法租界，镇江的英租界，九江的英租界，苏州的日租界，杭州的日租界，沙市的日租界，重庆的日租界，鼓浪屿的公共租界，厦门的英租界，厦门的日租界，福州的日租界；外国在中国上海、天津、汉口、广州、厦门、杭州、苏州、镇江、九江、沙市、重庆、福州、鼓浪屿等 13 城市划租界 27 处。中国在 1937 年抗日战争前，计收回天津的德租界、俄租界、奥匈租界、比利时租界，汉口的英租界、德租界、俄租界，镇江英租界，九江英租界，厦门英租界等 10 处租界；余天津的英租界、法租界、日租界、意租界，上海的公共租界、法租界，汉口的日租界、法租界，苏州的日租界，广州的英租界、法租界，杭州的日租界，福州的日租界，厦门的日租界，鼓浪屿的公共租界，沙市的日租界，重庆的日租界等 17 处租界，中国政府统于抗日战争胜利后收回。又，北平东交民巷使馆界，实已形同租界，抗战后，中国政府同意暂缓收回。

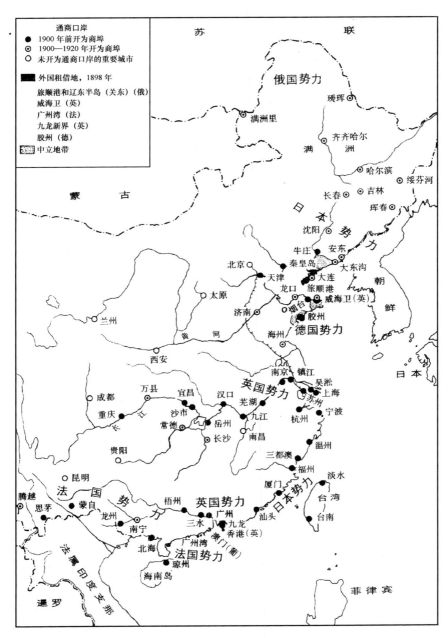

地图 5　中国 1920 年前后的外国"势力范围"

大约有一平方英里的地面（见《剑桥中国史》第 10 卷），在 1893 年扩展到 2.75 平方英里，在 1899 年扩展 8.35 平方英里。原来面积为 0.26 平方英里的法租界，经过 1881 年、1900 年和 1914 年几次扩展，扩大到 3.9 平方英里。1915 年，公共租界工部局和北京的英国公使曾多次交涉，企图正式批准为公共租界划进更多的土地，遭清政府拒绝，而此时中国要求废除所有外国租界的民族主义情绪亦作出反应。但是，租界工部局通过占有邻近租界的土地（先是修建租界以外的道路，即越界筑路，然后铺设自来水总管道和电缆，最后在新扩展的地区征收税款和行使警察权力），事实上，这块土地成了外国控制下的"越界筑路区"，在 1916—1925 年期间有了相当的发展。

在上海租界，通过外国领事颁布一系列《土地章程》手段，处心积虑建立起完全由外国人独揽大权管理市政的工部局。中国人在同意 1842 年、1843 年和 1858 年的条约时，没有把这种类似地方自治发展当成一回事，当外交使团提请北京政府正式批准这些条款时，北京也不得不作为既成事实予以接受。在有些时候，使团对条款大加修改，如 1898 年修改上海的计划。1898 年的《土地章程》，在 1928 年华人代表获准参加工部局以前，是公共租界"宪章"最后一次修正。这个章程，给占统治地位的"大班寡头政治"提供了正式的自治，但较之其所要求的要少一些。因为按照章程，租界每年纳税会议的决议，依然要受上海的领事团和北京外交使团的批准，这就使上海工部局的权力在名义上受到限制。工部局与领事团和外交使团之间的摩擦，也是屡见不鲜，有时达到公开程度。虽然领事团和外交使团对上海的外国侨民以盛气凌人的态度对待中国地方官员作了批评，但通常是支持这种态度的。

上海公共租界的工部局，形式上只是纳税人会议的执行机构，逐步扩大了权力，取得了广泛的行政权力，其中包括向租界中的中国居民征税和维持治安的权力（除了土地税——因为土地是在中国领土之内，和关税以外，中国不得向上海的租界征税）。工部局董事会的 9 名董事是在外国选民中产生；选民必须拥有不低于 500 两白银的地产，或每年缴纳不低于 500 两白银的租金。这类选民，在民国初年略多于 2000 人，不到在租界内居住的外国人的 10％。如无重大事项，纳税人会议的到会人数很少。进入工部局董事会的人选，是由一个核心小圈子里的英国人严格控制，代表工商界的利益。工部局的市政雇员，绝大部分都是英国人（在 20 世纪 20 年代初，雇员总数为 1076人，其中 965 人为英国人，还不包括在巡捕房中的 792 名锡克人），所有的主要部门——卫生处、工程处、电气处、沟渠部、财务处、救火队、万国商团以及工部局、董事会领导职务的负责人也都是如此。

从理论上说，中国的国家主权此时还保持完整，但实际上租界是外国人在中国境内自治的一块飞地。在租界内，除了外国人享有治外法权的权利和特权外，公共租界当局实际上行使对中国居民的司法权。中国居民占租界人口中的绝大多数，但在市政管理机构中却无权参与。中国当局只有得到有关的外国领事同意，才能逮捕住在租界的中国人。在上海的公共租界里，中国人之间的民事或刑事案件，要由租界的会审公廨来审理，会审公廨实际上（不是根据条约权利）常被外国陪审官所左右。中国军队在租界的通过权，始终为租界的外国市政当局所拒绝。租界当局坚持，租界是在中国内战中的中立领土。

上海的外国人生活

租界里的大部分外国侨民的生活方式，都被那些雇黄包车（一英里五分钱），付现款乘舢板，主日教堂的捐献等漫画化了。普遍用来付款的票据或钞票，象征列强的商务、外交、军事和宗教代表们，在旅居中国生活于基本设备齐全的世界。其中有的人对正在变动的中国，作为真实而有见地的观察家，致力于学习中国语言、艺术、文学等，结交中国朋友。但这不能否认另一个事实，即字面的和比喻性的"食谱"，是由移植到中国的各种外国原料构成的。一位英美烟草公司的美国新雇员，回忆 1911 年 8 月在公司食堂的情形说："这是我将在以后几年要吃的数百次类似便餐的第一次——清炖鸡汤，蘸面包末的炸牛排，大米饭，煮青菜和一块黏糊糊的糕点，英国式烹调总带有一股李—帕林斯调料味道。"①

上海的居民很少到"县城"去。在闹哄哄的 20 年代和 30 年代以前，在空闲的时间里，可以身着条约港口特有的休闲服装，与外侨们一起度过。有钱的外侨，带着妻子，乘坐敞篷马车，上午在曲折的静安寺大道上来回漫游。在这条大道上，有大花园和网球场的大班（商号老板）别墅，是消磨英国漫长午茶时间的好地方。众多廉价的侍者，使得一些宴会和招待会，比英美烟草公司的食堂风格显得更为奢侈大方。这反映了外国式的上海，是一个英国人的"城市"——汤，鱼，带骨的肉，开胃的菜肴，甜点心，然后是咖啡，再给男士们送上葡萄酒，烈性甜酒和雪茄；打桥牌时连续送上威士忌和苏打水，在餐后可以消磨好几个钟头。第一次世界大战以后，在电影出现之前，有歌舞表演的餐厅和夜总会急剧增加。在此以前，在第一流的大旅馆和社交俱乐部②以外的"夜生活"，仅限于宁波路上的卡尔登咖啡馆和餐厅等少数几处（见地图 6）。在这些地方，为身着盛装的外国人提供精美的食品和音乐，"但是到了 10 点钟，男女共同参加的宴会结束，只有男士留下。这是可以理解的。从 10 点钟直至次晨破晓，美、英、法，也许还有德、俄、意大利和西班牙不同国籍的女士，在江西路和苏州路阴森的灰色石库门房子中放荡地出出进进，使香槟酒和冒泡沫的勃艮第酒的销售额直线上升"③。

在静安寺路东端，沿着护界浜，占有大块地面的跑马场，有着引人注目的大看台和俱乐部，每年举行两次（5 月和 11 月）为期三天的大赛。场地的中心建有板球场和网球场。在上海的外国侨民热爱运动，特别喜爱骑马和打网球；这也许是在大多数社交集会中，对惯于豪饮的补偿。上海俱乐部有号称"世界上最长的酒吧"。板球俱乐部

---

① 詹姆斯·L.哈吉森：《中国通》，第 20 页。但是在这个许多"老中国通"并没有发现本地烹饪技术举世无双的国家中，烹调标准饮食，不仅仅有老牌的优质 L.&P. 酱汁。

② 英国上海总会，德国总会，共济会俱乐部均位于外滩；斜桥总会位于静安寺路；日本总会位于文监师路；还有那些层次较低的如海员协会、外国人基督教青年会、海关和商团有关的较少排他性俱乐部。

③ 哈吉森：《中国通》，第 236 页。

设有 12 个网球场和 18 个板球练习网。上海高尔夫球俱乐部成立于 1894 年，1898 年建造了一座附有男女化妆室，以及用具间和酒吧间的俱乐部用房。[①]

在骑马和打网球之余，还可以观看上海业余剧团和法租界的法国剧团演出。在 5 月到 11 月间，工部局铜管乐队在外滩公园演奏，冬季则在市政厅演出。每个外国侨民居住区都有自己的社团——美国社团、德国联合会、英国的圣乔治协会、苏格兰人的圣安德鲁斯协会、爱尔兰人的圣帕特里克协会。这些外国侨民的社团，在自己本国和民间节日，举行热烈的庆祝活动。花费精力和较为严肃的文学和教育社团，有亚洲文会华北支部、摄影协会、教会文学界联合会、美国妇女文学协会、园艺协会、美国大学俱乐部、德国交响乐团以及文学晚会等等。一些慈善团体，有上海防止虐待动物协会、慈善协会、海员福音会和急救协会等。万国商会是各行各业社团中最强有力的组织，其他的社团，包括股票经纪人协会、驾驶协会，以及会员超过 100 人的工程及建筑师协会。

供欧洲侨民儿童就读的学校，有上海公学，法租界有法国工部局学堂和黄浦路的德国学堂，另外还有一所日本小学。几家医院分属工部局、几家慈善团体和日本社团。在第一次世界大战前，公共图书馆有 1.5 万册西文图书。十几个教会团体在上海设立机构进行活动，使上海成为中国最大的传教活动中心。新教教会，包括规模很大的圣三一会（有 13 世纪歌特式风格的华中英国圣公会主教座堂）、新天安堂（英国早期风格，位于苏州路），位于外滩的浸礼教堂，位于黄浦路的德国福音教堂；法租界和公共租界都有天主教堂，还有一座清真寺、一座犹太教堂和一座日本的佛教寺庙。汇司洋行、泰兴洋行、福利公司、惠罗公司供应食品、家具、呢绒绸缎和妇女头饰；别发洋行供应图书和地图；霍普兄弟公司专营珠宝；上海药房坐落在苏州路上。外

---

① 在体育俱乐部的行列中，还包括上海划船俱乐部、游艇总会、猎狐俱乐部（在乡下猎"狐"，狩猎时紧跟穿红罩衣的骑手，骑手散纸片为狩猎者指出狐的踪迹）、草地网球俱乐部、步枪射击俱乐部、棒球俱乐部等等。

文报纸，有英文的《字林西报》、《大美晚报》，《上海泰晤士报》、《大陆报周刊》，法文的《中法新报》，德文的《德文新报》和日文的《上海日报》——都能在上海买到和读到。[①]

上海为外国人在华生活的榜样，建立了外国在华势力租界的模式。天津的租界由七个不同国家管理[②]，包括三个英国独立的市政区、五座教堂、八个网球俱乐部、五家旅馆、七个不同国家的协会、七个社交俱乐部（英国的天津俱乐部最老，另外一个德国总会，一个法国剑术俱乐部，一个日本俱乐部等），以及游泳、曲棍球、棒球、板球和高尔夫球的俱乐部。赛马俱乐部在 1901 年新建一座精美的大看台，代替被义和团毁坏的旧看台。万国商团成立于 1898 年，市政图书馆位于英租界，藏书 7000 册。从 1914 年起，英国人伍德海主编《天津时报》（伍德海为《中华年鉴》的主编和发行人），以与日文的《天津日日新闻》、法文的《津郡权务报》、德文的《北洋德华日报》进行竞争。

在汉口，英、法、德、俄、日五国租界，沿着长江延伸了几英里；把这些小型欧洲城市连在一起的，是一条沿江的江汉大道。这是一条宽阔的林荫大道，在行车道和人行道之间，是绿树成荫和芳草如茵的草坪。每天下午，外国社交人士聚集在赛马俱乐部饮茶，然后打网球或高尔夫球。汉口有 18 穴的高尔夫球场，在亚洲是最好的。俱乐部的建筑有游廊环抱，内设游泳池、游戏室、衣帽间和一间宽敞的饮茶室——有一个著名的长酒吧间，在长江巡弋的外国炮舰上的军官，多到此光顾。

有着这样豪华奢侈的生活，就使人们不难理解，为什么那些"老中国通"要捍卫其特权了。所谓"上海首脑"，不但不容许中国官员对其进行任何干涉，并把典型的外交使团和领事团也视作对其碍手碍

---

① 日本帝国铁路：《东亚官方指南》，第 4 卷，《中国》；C. E. 达温特：《上海旅行者和居民指南》，都提供了有趣的细节。

② 校注：天津共有英租界、法租界、德租界、俄租界、日租界、意大利租界、比利时租界、奥匈帝国租界，共为 8 个国家。原美租界后合并于英租界。

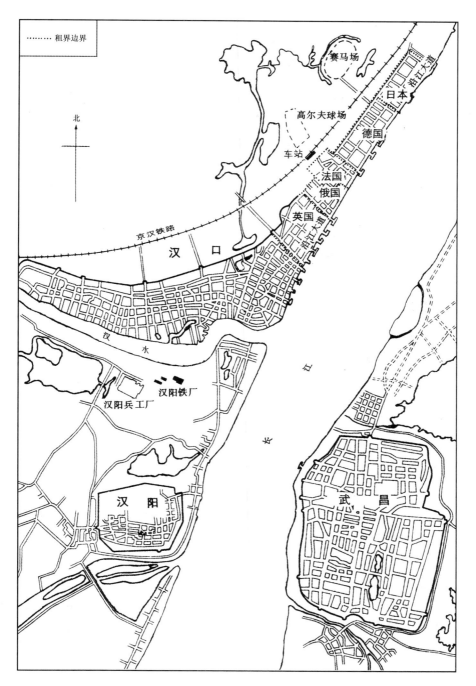

地图 8　武汉三镇（1915年前后）

脚的累赘，认为有时对其虽可加以利用，但总是感到其过分考虑中国人的感情。我们所以强调"老中国通"的豪华奢侈，有一个重要的原因，即是在上海及其他条约港口生活的人，是用鲜明的阶级界限来划分的。一个人所以出名，是看他从事的职业，加入到哪个俱乐部，以及他拥有的赛马号码。犹太人、葡萄牙人和欧亚混血儿，居住在与其他外国分开的地方。少数的犹太商人，在上海是很富有的。而葡萄牙人和欧亚混血儿，只能在商行中承担日常的工作，报酬也很低，如文书、办事员、图书管理员之类的职务。每个条约港口，都有一群外国流浪汉、穷困的水手和事业上可怜的失败者。外国社会金字塔底层与邪恶和犯罪的下层社会，在对条约口岸生活奢侈令人愉快的回忆录中极少提及，但这确实是外国在华势力中的组成部分。

租借地

外国在中国的"租借地"共有5处，是1898年列强为在中国争夺势力范围和战略基地，强行租占中国的5块领土。面积共552平方公里的山东胶州湾及其周围的土地，1898年3月被德国强行租占，租期为99年。德国并获得山东境内3条铁路修筑权，并规定铁路沿线10英里范围内的采矿权亦属德国（在1914年11月德军与日军经过激战后，胶州为日本所占，日本人在战斗中死616人，伤1228人。这是第一次世界大战中的附带事件。几经交涉，中国于1922年始自日本手中收回）。1898年3月，俄国人获得租占南满辽东半岛（包括旅顺和大连两个港口），订了租期25年的租约。此外，俄国控制的中东铁路，获准修建自哈尔滨至旅顺—大连的支线，即南满铁路，并可在铁路线区伐木和采矿。1898年5月，法国对清政府施加压力，获得租占广东省海南岛对面的广州湾港口，订租约为期99年，法国以该港为其海军停泊地。同年6月，英国获得了从大陆向香港殖民地延伸的一块土地（即"新界"），订租约为期99年。列强这一系列掠夺中国领土的行动，以1898年6月英国租占山东威海卫而告结束。英国在威海卫的"租用期，将与俄国占领旅顺港的时期一样长"①。

与租界形成对比的，在租界中，租约期间的中国主权，暂时明确被取消了。缔约各列强一致同意，在其他"中国的"领土上拥有治外法权中的领事裁判权，不得扩展到这类租借地。其中山东和满洲两处租借地，就处在德国、俄国和日本——连同英、法两国；英、法的"势力范围"建立在更广泛的基础上——在中国领土上更大"势力范围"的核心。

任何强国对势力范围的要求（包括贷款，建造和经营铁路，开矿，雇用其为"顾问"，或在中国某一地区行使形同司法权的优先权或独占权）的基础，如前所述，是持续侵犯中国主权的因素——中国的衰弱和列强的威胁。在形式上，不同国家的势力具有不同的基础，或是中国与特定的列强缔结协定。不把某一特定区域借让给第三国；或根据一些协议和条约，中国虽为缔约国的一方，但无力提出反对意见；或某些列强因近水楼台，坚持具有同样权利；中国并未参与，列强互相承认权利的协定。由于既成事实，占绝对优势的金融和商业利益，列强提出更多的要求。

俄国在满洲的权利，来自1896年5月的中俄密约。根据密约，俄国得在满洲修建中东铁路及南满支线，并租借辽东半岛。有了这样的基础，俄国政府着手在铁路区内②建立实际上的政治和军事控制。1900年义和团运动时，俄军凭借有利地位占领了满洲，并以控制满洲的地位对朝鲜施加影响。俄国在满洲的势力扩张，引起了1904—1905年的日俄战争；俄国以失败告终。于是俄国的辽东半岛的租借地，南满铁路长春至旅顺段，连同俄国在铁路区域内的"权利、特权和财产"，一并转移到日本人手中。1905年以后，俄国继续对中东铁路路区及沿线的北满城镇（如哈尔滨），实行有效的政治管辖权。俄

---

① 记载这些租约的协定，可见约翰·V. A. 麦克默里：《1894—1919年与中国缔结或涉及中国的条约和协定》. Ⅰ，第112—131、152—158页。

② 校注：俄国与清政府协议，规定中东铁路两侧各5公里为中东路路区，俄国并于哈尔滨设行政公署治理铁路区；我国收回铁路区后，改设东省特别行政区。

国和日本在满洲势力的最后划分，是在 1907 年和 1910 年《俄日协定》中正式规定下来。1914 年，除美国外，缔约列强均承认俄国对中东路路区内居民的统治。[1] 日本以中国在 1898 年一视同仁的声明为借口，要求福建省为其势力范围，但并未得到实际结果。日本在满洲的特殊地位不断得到发展，中国除了把辽东半岛及俄国在南满铁路的采矿权给予日本外，别无其他选择（1905 年 12 月的中日条约）；并且另订协定，让日本在营口、安东和沈阳设立"居留地"，并给予修筑铁路的特许权。1906 年，日本关东总督府设立，管理 218 平方英里的租借地及 108 平方英里的铁路区。日本在满洲的势力范围，1907 年为法国所默认（日本则相应地承认法国的势力范围），亦在 1908 年为美国的罗脱—高平协定所默认，还被俄国所默认（如前述）。日本强迫袁世凯政府于 1915 年接受"二十一条"要求中的第二部分，其在满洲的地位得到进一步加强；辽东租借地的租期和南满铁路的特权，均延长为 99 年；并开放全部南满境内，允许日本人居住、经商和设厂，向日本侨民提供更多的矿区以便居住；许诺将来向日本资本家贷款，南满和内蒙东部雇用政治、军事和警察顾问时，优先录用日本国民。

关东租借地成了孤立于中国大陆的日本社会和文化区。日文出版物，色彩艳丽的和服，神道的节日，官方通货的日元钞票，成了这块殖民地和其主要城市大连生活的一部分。南满铁路从关东[2]北上，穿过经济中心地带，其干线延伸 483 英里，直至长春；通过支线可达营口港；亦可从沈阳通往与朝鲜毗邻的安东，衔接上大连和旅顺。在南满铁路沿线城市及铁路两侧，日本竟不顾中国抗议，行使事实上的行政管理。关东总督府与南满铁道株式会社密切配合，会社的大部分股份都掌握在日本政府手中；会社接受关东总督的监督。日本驻满洲城市的领事均由会社指派，其中有许多人同时在总督府担任秘书。除了几条铁路外，南满铁路株式会社在抚顺（沈阳附近）和烟台〔辽阳附

---

① 见 B.A.罗曼诺夫：《俄国在满洲（1892—1906 年）》。

② 校注：辽宁境内并无关东其地，日本以辽东半岛租借地，置关东州，其总督府初驻大连。此处所称关东，似指大连。

近（原文如此。——译者注）〕的煤矿以及轮船业和货栈，并在铁路区内设置学校、医院、实验农场、公用事业和路警。

在 1931 年以前，日本在满洲的政治权力仅限于关东租借地和铁路区内。但由于日本人在满洲占有优势的经济地位，可以把奉天省①主要城市的货物都汇集到南满铁路，运往大连和旅顺港，再由此用日本轮船运往天津、上海、横滨和大阪。日本过高地估计了其对满洲军阀统治者张作霖的影响。北京政府的权力在张作霖的辖区内，确实是很小的。但张作霖却能巧妙有效地限制日本人，视其情况之不同，或是对日本人的要求置之不理，或是与之妥协，成功地利用互相竞争利益集团的倾轧，维持了中国满洲的半独立政权。②

从 1914 年 11 月直到 1922 年 2 月，在华盛顿会议上签订中日山东协定，日本把山东③归还给中国为止。在这段时间里，日本占领了原来德国胶州湾租界地；不顾中国的强烈抗议，日本进而控制山东境内的铁路和矿藏。其目的大概是想把山东的铁路与满洲的铁路联系起来，从而统治华北。在 1897—1914 年间，德国曾把胶州湾租借地作为海军部管辖下的殖民地来治理，并试图谋求铁路和采矿特许权，把势力扩大到山东全省。1913 年，拥有 55000 中国人和 5000 欧洲人与日本人的青岛（胶州湾租借地总人口为 20 万），在外国人中以"远东的布赖顿"著称，气候宜人，沿黄海海边长达一英里多的优美海滩（奥古斯特·维多利亚湾），使之成为避暑胜地。青岛海滨饭店能容纳500 位客人，与赛马场一起位于海滩附近。在伸向海湾的南坡上，建起了规划整齐的青岛"欧洲城"，铺设平整街道的两旁，先用瓦斯灯照明，后改装电灯。沿着绿树成荫的道路，有德国人的花园别墅，中国仆人住在主建筑后的"苦力小屋"中。大部分中国人住的"中国城"，是由靠近外国人住宅区，被拆除的中国村庄迁移来的居民所组成。这样，"中国城"实际上已与欧洲侨民隔离开来。青岛已

---

①　校注：1928 年 12 月 29 日"东北易帜"前，辽宁省称奉天省；次年改称辽宁省。

②　见罗纳德·S. 苏莱斯基：《张作霖统治下的满洲》（密歇根大学博士论文，1974 年）。

③　校注：应为胶州湾和胶济铁路。

发展成为一流的港口，市政当局管理着现代化的供水和排污系统，高效率的医院和一所德国初级中学。1909 年，德国政府和中国官员共同努力，创办一所德华中学。青岛城市本身的工业投资较少，最著名的企业是建于 1904 年的英德酿酒公司，至今仍生产有名的青岛啤酒。

山东铁路公司和山东矿业公司成立于 1899 年，由上海德华银行等几家金融机构联合组成的辛迪加。与一些德国商行（例如礼和洋行）组成在理论上的中德合资公司，实际上从青岛至济南的胶济铁路完全是德国资本，并由德国人经营管理。在威海卫和黉山开采的煤矿，情况也是如此。德国的银行辛迪加以及英国的金融业，在各自政府的支持下，于 1898 年达成协议（建造一条从天津到达长江边的铁路）[1]，德国的势力将向北扩大到河北省。[2] 作为回报，英国在长江流域和山东省得到占优势的利益，亦得到德国的承认。但是在山东，德国也发现要求优惠的待遇越来越难以实现。1900 年以后，德国在外交上处于孤立地位，在山东的独占权利，担心会危及其在华别处的商业利益，加上中国正努力限制德国在山东扩张势力范围的行动，这几方面因素结合在一起，就有效地把德国限制在其租借地及狭窄的铁路和采矿特许权的范围之内。不像日本人在满洲，中国及非德籍的路警负责青岛至济南的铁路警卫。德国接管铁路沿线邮电业务的努力也归于失败，只有部分矿山的特权可以使用；甚至青岛作为自由港的地位，在 1906 年也告结束。[3]

中国南部的云南、贵州、广西三省邻近法属印度支那，法国要求三省为其势力范围，并于 1898 年得到修建从东京[4]经边境进入云南的特权（筑路始于 1903 年，1910 年竣工，完全为法国资本，由法国人管理）。法国得到保证，中国与毗邻印度支那的任何省份不得与第

---

[1] 校注：此时计划建造天津至长江边的铁路，原拟天津至镇江，名为津镇铁路，后改线为天津至南京对江的浦口，遂名津浦铁路。
[2] 校注：1928 年 6 月，直隶省始改称河北省；1898 年尚称直隶省。
[3] 见约翰·E.施雷克：《帝国主义与中国民族主义：德国在山东》。
[4] 校注：今越南南圻。

三国结盟，并获得广州湾的租借地。由于法国修建了东京至昆明的铁路，其商务活动，特别是在云南，也得到了优惠；但取得其他的特许权利却很少，也没有得到像俄国和日本在满洲实施的政治控制。

直到第一次世界大战为止，英国左右着外国在华商业，是中国最大的债权国，拥有主要的筑路和采矿特许权，向中国海关署和盐务署提供了大部分雇员，还有在中国一半的新教传教士。在某种意义上说，英国的势力范围扩大到整个中国全境，因此宁愿保持19世纪末国际对抗以前的状态。[1]英国除了香港殖民地，1898年租借新界和将发展为海军战略基地的威海卫，其在华势力范围，缺乏特定的地域基础，因此也缺乏如同日本之在满洲，成为在满洲政治活动中有吸引的主角。英国虽已作出含糊的承诺，但京汉铁路的筑路权却被一个比利时辛迪加取得（大部分股权由一家"法国中国铁路公司"掌握）。英国政府的反应，给北京的中英（银）公司（由汇丰银行和怡和洋行组成）以有力的支持，取得了长江流域的铁路特许权（从山东边境往南的天津—镇江线、南京—上海线和上海—杭州—宁波线）、广州—九龙线以及在满洲的牛庄—山海关线的特许权。英国的这些特权都是1898年取得的。与此同时，金融家卡尔·迈耶和罗思柴尔德勋爵支持另一个英国集团的"福公司"，获得了开发山西和河南煤矿的特权，并建造一条东西向由河南矿区与京汉铁路连接的清化镇—道口镇线。英国之所以如此追求特许权，既基于财政原因，也基于政治原因；其政治目标在于阻止竞争对手势力范围的巩固。但英国对特权区的直接政治控制，既没有去加以设想，也没有真正取得。

第一次世界大战，在很大程度上改变了国际体系的格局；同时，中国国内局势也发生了深刻变化。这些变化的情况，大为削弱进入20世纪以来外国在中国划分势力范围的意义——只有一个重要的例外，即除了在满洲的日本人，一些外国取得的铁路和采矿权，虽然以不同形式继续存在，使之中国的民族主义也感到不快。到了1920年，这些外国在华势力已居于比较次要的方面。

---

[1]　见 L. K. 杨（杨国伦）：《英国对华政策，1895—1902年》。

外国居民

对外国居华人数要作出精确估计是不大可能的。例如到底有多少万朝鲜人渡过鸭绿江，进入到满洲？海关每年对开放港口的外国"商号"和居民的估计数，除了在满洲的朝鲜人外，大城市所有的外国侨民集中聚居在主要地方。例如，在关东租借地的大连，从1910年起，与哈尔滨一起估计在内；但胶州湾租借地的青岛，在德国人统治时期就没有包括在内。表30列举了1903—1921年期间选出几年的海关估计数字。[①] 此表在几方面是有缺陷的。[②]

表30 在华的外国"商号"和居民[*]

年份	英		美		法		德		俄		日		总计[+]	
	商号	居民	商号	居民	商号	居民	商号	居民	商号	居民	商号	居民	商号	居民
1903	420	5662	114	2542	71	1213	159	1658	24	361	361	5287	1292	20404
1906	492	9256	112	3447	94	2189	199	1939	20	273	739	15548	1837	38597
1909	502	9499	113	3168	84	1818	232	2341	83	336	1492	55401	2801	88310
1911	606	10256	111	3470	112	1925	258	2758	313	51221	1283	78306	2863	153522
1913	590	8966	131	5340	106	2291	296	2949	1229	56765	1269	80219	3805	113827
1916	644	9099	187	5580	116	2374	281	3792	1422	55235	1858	104275	4724	185613
1918	606	7953	234	5766	156	2580	75	2651	1154	59719	4483	159950	6930	244527
1921	703	9298	412	8230	222	2453	92	1255	1613	68250	6141	144434	9511	240769

[*] 表的一些缺陷已经在正文中讨论。

[+] 包括未单独列出的其他国家的国民。

1905年以后，日本人大批涌进了满洲，海关作出了准确的反映，但表内的计数太低。例如，日本政府报道说，1914年在华的日本侨

---

① 中国海关总税务司：《海关十年报告（1902—1911年）》，第2部分，第354—355页；《海关十年报告（1912—1921年）》，第3部分，第450—451页。

② 在1910年以前，大量集中在满洲哈尔滨的俄国人和日本人未包括在内。1909—1911年，俄国侨民突然增加，是显而易见的事（1920年以后，从西伯利亚突然涌入的、无治法权的人数最后超过20万的无国籍的"白俄"难民，也没有被反映出来）。类似的情况还有青岛的德国人是外国侨民，也没有列入，在1910年，共有4084人，其中有2275人为军人和官员。海关的估计中，没有把全国内地的传教士包括在内，驻华的外国军队亦未被列入。

民为 121956 人。1914 年日本从德国人手中夺取了胶州湾后，日本侨民向山东迁移。但日本侨民主要的居住中心，依次是大连、青岛、上海、安东、厦门。英、德、美、法四国侨民总数的 40％ 住在上海（应注意第一次世界大战后，美国侨民总数相对大量增加，德国侨民人数减少的情况）。[1]

除了在满洲的日本侨民外，在 20 世纪第二个十年，几个主要在华的外国侨民如下：在中国中央和地方政府的雇员 2000 人（其中 1300 人在海关）；外交人员 500 人（按人数计算，最多的为日本人，其次是英国和美国人）；传教士 9100 人（6600 名新教徒，2500 名天主教徒）；军事分遣队和警察 2.6 万人（其中包括驻满洲的 1.7 万名日本士兵和警察）；数千名工商业者，其数无法估计，但正是此等人群——除从事下等职业的日本人外，构成了上海和其他主要条约港口外国侨民的大部分。[2]

海关对于外国商号的资料，特别容易引起误解，其所用的标准有很大伸缩性。就满洲而言，甚至为俄国和日本人服务的小铺子也统计在内；在中国境内，同一商号的上海总办事处，和在其他港口的分支机构分别统计。1911 年，在上海的 643 个外国商号中，40％（258 个）是英国人的，16％（103 个）是德国人的，9％（59 个）是美国人的，7％（47 个）是日本人的，其余的为其他外籍侨民所有。1911 年，在中国境内，拥有外籍侨民机构次于上海的城市，依次为天津（260 个）、厦门（240 个）、汉口（125 个）、广州（102 个）。

治外法权

几个条约港口的外国侨民和商号——还有住在内地的传教人士，

---

[1] 不算满洲的大连和哈尔滨，中国境内有大量外国侨民的城市，在 1911 年，按人数多少计算（估计数列在括号内），依次是上海（30292）、天津（6334）、汉口（2862）、厦门（1931）、广州（1324）。在上海的日本侨民（17682），构成了最大的外国侨民队伍；其后是英国（5270）、葡萄牙（3000）、美国（1350）、德国（1100）、法国（705）、俄国（275）。

[2] 卡罗尔·伦特编：《在华外国名人录》，上海发行。此书——笔者见过 1922 年版和 1925 年版——根据向外国侨民发出的调查表的答复提供的简要传记。

普遍享有治外法权制度的权利和特权。1842—1844 年订立的条约中，通过列强加给中国的正式协定，以及列强对特权的坚持，由此开始，全部"外国建立的机构"基本上都不受中国政治机构的管辖。原告为中国人（不论是个人或是中国政府部门），被告人为条约港口的外国侨民的案子，都由侨民所属国根据该国法律审理；无论刑事案件或民事案件都照此办理。中国同任一缔约国侨民之间，或不同列强在华侨民之间的争端，同样也不在中国人管辖的权限之内。治外法权主要由港口的领事官员行使，或者经过上诉，由在北京的公使馆官员行使。此外，英国和美国在上海都设有其本国的法庭；英国在华的高级法院成立于 1904 年，美国的在华法院成立于 1906 年。

总的说来，外国罪犯在领事法庭上受到的处理，不及在其本国严厉，这无疑伤害了中国人的民族主义感情。但对中国经济和社会来说，更具有深远意义损害中国主权的，是中国当局不能直接对条约港口的侨民或商号进行限制与管理，发给许可证或征税。这些外国侨民或商号，作为"法人"只受其本国领事法庭的法律制约。由于一个外国侨民或公出，或出外游乐，随便到什么地方，都享有治外法权的权利。所以外国侨民不仅在条约港口，实际上在中国任何地方都不受中国法律的制约。在中国的外国银行也享有治外法权的权利，可以不受控制的发行货币，并且不受其他任何法规的制约。外国侨民或公司可以不直接向中国纳税，这并不是由于有任何条约权利的规定。中国税吏试图通过外国法庭去征税，是没有结果的，因为外国法庭执行其本国法律。传教士和其他外国侨民，在中国境内自由办理学校；对学校的选址、课程、教员资格等方面，同样也都享有治外法权的权利。在治外法权的掩护下，自以为是的外国报纸，无所顾及地对中国和中国人进行吹毛求疵的恶意攻击。更有甚者，那些与中国非缔约国的臣民，都应是没有受到条约特权保护的外国侨民，但也因列强的滥用权利，也受到条约权利的保护，也不受中国司法的管辖。例如梅梅尔（Memel）、摩纳哥、波斯和罗马尼亚在中国的侨民，却享有法国领事的裁判权。一位美国外交官对此概括如下："原来不受中国司法管辖的基本权利，被延伸和扩大了，直到包括不受中国行政管辖，除非在条约中有明确的规定。"①

在上海、厦门和汉口的租界会审公廨中，治外法权的范围，甚至扩大到原属中国法律及司法程序的争端之中。上海公共租界的会审公廨，经与上海道员达成协议后，于1864年成立，用以审判租界内的中国罪犯；解决外国侨民申告中国人的民事诉讼，或外国侨民申告外国侨民及中国人申告外国侨民的民事诉讼。而根据历来签订的条约，所有此类案件均属中国司法管辖范围，由道员指定一名中国地方官员主持公廨。缔约列强在华侨民为原告的案件中，缔约列强有权（1858年《天津条约》第17款规定）派其代表为外国的"陪审推事"，会同中国法官一起，"依法调查案件，公正作出决定"。甚至在会审公廨1911年为公共租界当局接管之前，中国地方官的权力已大为削弱，除了纯属中国人之间的民事案件外，事实上外国陪审推事的权力已经起了支配的作用。1883年的一件判例案件，结束了中国地方官逮捕租界中华人的权力。在1903年的著名《苏报》案中，中国从租界引渡"政治"犯的权利受到限制。从1905年起，工部局的巡捕，而不是中国的"衙役"，执行会审公廨的拘留令和拘捕令。在辛亥革命过程中，上海工部局取得了任命中国法庭官员和付给其薪金的权利；外国陪审推事此时也正式审理中国之间的民事案件。这项临时性措施，不论在哪方面都没有任何法律根据。到1926年，随会审公廨"移交"归中国人控制，这项措施才告结束。

1917年8月，中国加入协约国参加第一次世界大战后，德国和奥匈帝国在中国的侨民失去了治外法权的权利。与之相似的，十月革命也结束了俄国侨民在中国享受治外法权的特权。首先是中国政府在1920年9月，关闭了在汉口和天津的沙皇俄国的领事馆，并收回了汉口和天津的俄租界。其次是苏俄政府自动放弃在华的治外法权（虽然没有放弃对中东铁路的控制）。没有武力——即没有军事力量的支持，或至少是缔约列强的默认，治外法权制度，甚至对虚弱的中国，也是无法存在下去的。

① 范宣德：《在华治外法权制度：最后状态》，第26页。

军事力量

军事力量使之外国在华势力才得以成为现实。外国在中国境内的主要河流和沿海水域，不断部署军事力量，成为保障外国人的条约权利和财产及人身安全，所采取正规外交手段只是象征性的（有时是实际上）的后盾。外国炮舰驶入中国内河和条约港口，大型军舰停泊在中国沿海港口，是根据1858年《天津条约》第52款随意性解释的结果。该款规定："英国师船，别无他意，或因捕盗驶入中国，无论何口……地方官妥为照料……"1896年，英国停泊在中国的海军总吨位是5.9万吨，俄国军舰的总吨位与英国接近，法国是2.8万吨，德国是2.3万吨，美国是1.8万吨。1908年，英国皇家舰队的总吨位达到7万吨，共有舰只33艘，其中铁甲巡洋舰4艘，二级巡洋舰2艘，其余27艘为小型战舰及内河炮舰。

使用武力，或用炮舰威胁使用武力，在19世纪后半期发生的"教案"中，是不断使用的威胁手段。1900年，英国炮舰第一次驶至重庆。在20世纪初，法国军舰对长江上游进行开发性考察，希望找到从云南铁路向外扩展贸易的通道。德国人积极在鄱阳湖地区的活动，引起了视长江流域为其势力范围的英国人极大的不安。在19世纪末，作为租借地的海军战略基地——青岛、旅顺、广州湾、威海卫，使外国巡洋舰和战列舰能定期驶入中国水域。

在1903年，美国与英国不同，没有保持驻于长江重要港口的炮舰舰队。美国的亚洲舰队，大约每年派战舰沿长江巡航一次；美国的长江巡逻舰队，也就是1908年到1919年间的太平洋舰队的第三中队第二分队——在第一次世界大战时期有旧式炮舰6艘至8艘；而当时英国在长江的舰队则有15艘新式炮舰。在民国早期，外国炮舰在长江巡逻大多是例行的，水兵们最渴望的是上岸。但炮舰停泊的地方，是"为了维持江河的治安"；此举无疑是缔约列强为了保持其特权利益的目的。

在20世纪初，外国军队和警察在中国的数量，比上个世纪末并未明显增多。在几个租界内，城市警察和国际义勇队（商团）的力量日益增加。上海商团是规模最大的一支，在1913年有59名军官（主要是英国人）和约 1000 名士兵（一半为英国人，其余分属 15 个国籍的连队）。1898 年，外国从中国取得租借地；1900 年，列强又强加给中国《辛丑和约》，使外国在中国长期驻军，规模也更为庞大。

根据《辛丑和约》，列强可以在北京使馆界区域（使馆界卫队）内驻兵，并占有从北京至山海关铁路沿线的要地；外国在天津驻扎军队，中国军队必须撤离该市。[①]

驻于威海卫和广州湾的英国和法国的军队为数甚少，但德国在青岛驻的海陆军总数达 2300 人。1914 年，有四个大队的日本兵共 2100 人代替了德国人，部署在青岛至济南的铁路线上，一直驻扎到 1922 年；这支日本军队还有为数众多日本宪兵的支持。在辛亥革命的汉口战斗中，英、德、俄、日四国向该港口派出军队保护侨民。英、德、俄三国军队于 1912 年撤走，日本有一个 500 名士兵的兵营和一支特种兵分遣队，在 1922 年以前一直驻扎在汉口。日本在辽阳租借地内[②]设大本营，通常在南满铁路沿线各地驻扎有一个师团的兵力，其中包括骑兵和炮兵。1920 年，总数达 1 万名的苏俄军队和 16 支日本的护路大队，驻扎在中东铁路区和南满铁路区。这是根据 1905 年日俄签订的《朴次茅斯和约》有关条款部署的。中国方面坚称，1905 年 12 月中国与日本签约承认辽东租借地和南满铁路由俄国转手日本时，并没有同意日本部署护路军队。1920 年，在满洲租借地的日本警察有 811 人，另外在南满铁路区和安东—沈阳铁路区的警察有

---

① 在 1913 年，北京使馆界卫队共有 2075 人（370 名英国人，309 名美国人，307 名日本人，301 名俄国人，288 名法国人，199 名意大利人，151 名德国人，64 名奥地利人，35 名荷兰人，31 名比利时人），到 1922 年，总人数减至 997 人。德国、奥地利和俄国由于丧失了治外法权的权利，其使馆界卫队的分队也随之撤去。其余各分队（除美国人总数达 354 人外），也多少削减了人数。1913 年，驻天津的外国军队总人数为 6219 人（2218 名英国人，1021 名法国人，975 名美国人，883 名日本人，808 名俄国人，282 名德国人，21 名奥地利人，11 名意大利人）。1922 年的总人数为 2720 人（982 名法国人，762 名日本人，504 名美国人，472 名英国人）。在华北的其他地方，主要是北京至山海关铁路沿线及邻近唐山附近外国人经营的煤矿地段，1913 年驻有外国军队 1253 人，1922 年驻有 602 人。

② 校注：辽阳不在关东租借地内；日本的关东军大本营最初设在大连，后移驻沈阳，没有设在辽阳。此处辽阳疑为辽东之误。

1052 人。①

与在长江中的炮舰一样，所有这些外国士兵和警察，从数量上来说，并不是难以对付的军事力量。尽管外国军队的这些部署，是中国被迫同意接受的国际协定，如《辛丑和约》的规定，有其法律根据；但外国在华势力，无疑是对中国主权的肆意践踏。日本不顾中国政府的屡次抗议，在满洲和山东的铁路沿线做法尤为明显。人们完全可以理解为外国在中国领土驻扎军队，即意味着有治外法权的列强，能够在必要时使用武力来维护其单方面取得的权利。

外 交 官

> 北京的外交使团，在他们之中资历最深的一个官员屋中聚会，当我们在暖和的天气聚会于英国公使馆时，窗户朝馆内的一个小院子敞开着，院中的紫丁香正在春季盛开着。公使馆的鹦鹉常常一直耐心地听着，还参加我们的讨论（有时很得体），不时地发出哑哑笑声，或者一声压低的咯咯声，或者突然一声尖叫。它是一只会说话的鹦鹉，但是只会讲汉语，所以参会的大部分外交官都听不懂。②

外交使团

在民国初年，外国在华建立的机构中，最惹人注目的是北京外交使团，是由 15 国的特命全权公使组成。③ 秘鲁、挪威（1905 年与瑞典分离）和墨西哥也与中国有条约关系；享有"最惠国"条款利益的国家共 18 个，但在 1913 年，挪威、秘鲁和墨西哥三国未派代表驻于

---

① 《中华年鉴，1919—1920 年》，第 333 页；《中华年鉴，1923 年》，第 603—604 页；《华盛顿限制军备会议，1921 年 11 月 21 日至 1922 年 2 月 6 日》，第 988—998 页。

② 华蕾：《含笑的外交官》，第 128 页。

③ 校注：按照建立条约关系的顺序，与中国建立外交关系的国家是英国、美国、法国、比利时、瑞典、俄国、德国、葡萄牙、丹麦、荷兰、西班牙、意大利、奥匈帝国、巴西和日本。

北京。在外交使团内，有 11 个和中国签订《辛丑和约》的国家——德国、奥匈帝国、比利时、西班牙、美国、法国、英国、意大利、日本、荷兰和俄国，形成一个交往密切的圈子。实际影响中国和世界事务的国家，是英国、日本、俄国、美国、德国和法国为其中之佼佼者。

华蕾先生是第一次世界大战期间的意大利驻华公使，基本上公正地评价了其同事们的汉语能力。朱尔典爵士在 1876 年作为一名见习翻译来华，在英国领事馆长期任职，工作出色，1906 年在北京任公使之前，还出任过驻朝鲜公使。除了朱尔典外，外国公使都是典型的"外交官"，从一个职位调到另外一个职位（到 1913 年，比利时的贾尔牒男爵，丹麦的阿列斐伯爵，意大利的斯弗尔扎伯爵，法国的康悌）。朱尔典继续担任公使，直到 1920 年。其在北京的同僚之一，在叙及当时写道：

> 对他来说，中国不过是许多驻地中的一个，代表着其事业的开始和终结……在我看来，其世界是由大英帝国和中国所组成，而俄国和日本在背景朦胧中出现（有时近得碍手碍脚），其他的许多国家则在周围大惊小怪，干涉与其并不直接有关及其完全不了解的事情。①

朱尔典的前任是萨道义爵士，1900—1906 年在北京，虽然是比朱尔典爵士更为职业化的外交官〔他是很受赞扬的《外交实践手册》（1917 年及以后几版）的作者〕。萨道义也是作为一名见习翻译开始其事业，因能讲一些汉语和流利的日语而闻名。他多年在日本、暹罗、秘鲁和摩洛哥的领事馆中任职，1895 年被任命为驻东京的公使。其私人秘书描述其是"一个严厉的人，对其属员很严格，要他们做大量的工作，如其所自称的那样，是从一所严格的学校中培养出来的，这就是巴夏礼爵士学校……我从萨道义爵士那里学到了额尔金勋爵与中国官员打交道的一句箴言，决不要提出没有正当理由的要求；当你

---

① 华蕾：《含笑的外交官》，第 128 页。

提出了合理的要求，就一定要得到满足"①。日本的几任公使都是职业外交官（东京帝国大学法律部毕业生），因其过去在驻华领事馆工作具有丰富经验，可能已懂得一些汉语。② 日本和英国的外交文件表明，在这些年来，日本人和英国人一起，在所有列强的外交官中，是对中国的政治经济事务了解得最多的外国人。

1898年至1905年的美国公使，是前共和党议员康格，通过其与麦金莱总统的私人关系而获任此职。康格的继任者为1905年至1909年任职的柔克义，是一位职业外交官，在19世纪80年代已经在北京和汉城任职。柔克义是一位颇有造诣的语言学家和学者（熟悉西藏的佛教，中亚及近代以前的中国与西方世界，现代以前的朝鲜和东南亚的关系）。1909年至1913年的美国驻北京公使嘉乐恒，是塔夫脱总统选派的，长期在伊利诺伊州共和党内活动，并曾作为麦金莱总统和老罗斯福总统的特使，派往古巴和委内瑞拉，是一位有经验的外交官。1913年至1919年的美国驻华公使芮恩施，曾在任威斯康星大学政治学教授时，其学术著作曾引起两任总统威尔逊的重视。芮恩施的回忆录《一个美国外交官在中国》（1922年），表达其对中国人渴望国际平等的深切同情（虽然是无效的）。巴黎和会把山东交给日本后不久，芮恩施就辞职了。

与中国外务部的日常接触，由主要国家公使馆中的"汉务参赞"

① 许立德爵士：《在华四十年》，第35页。
② 校注：1901年至1906年任公使的内田康哉，在1896年担任公使馆一秘时，已经是代办。内田后来担任其他重大大使馆职务，1911年、1918—1923年和1932年任外务大臣，最后一次任外务相时，还兼任南满铁路株式会社的总裁。内田的继任者为1906年至1908年的林权助。林在英国受过教育，在其他的时间里，担任过驻英和驻俄公使，还担任过很长时间的外务相。1908年至1913年间的驻华公使为伊集院彦吉。1893年伊集院作为驻烟台领事，首次来到中国，1901年至1907年任天津总领事，后任关东租借地总督；在1923年还任过短期外务大臣。山座圆次郎在1913年至1914年短期任驻华公使之前，是日本驻釜山公使馆秘书。1915年曾递交日本"二十一条"要求的日置益，在1914年被任命为公使之前，1894年至1899年曾在汉城工作，接着在1900年至1902年在北京担任一秘和代办。几次出访欧洲之后，日置益返回中国，担任1925年关税会议的日本代表。长期以来，小幡西吉在天津、北京等地担任领事和代办（1914年、1915年、1916年），最后在1918年至1923年任公使。

进行。"汉务参赞"往往能影响公使馆负责人的观点。例如，从 1911
年至 1922 年任汉务参赞的巴尔敦，便是英国公使馆中起支配作用的
人物。巴尔敦娶了怡和洋行一名董事的长女为妻，狂热地维护英国利
益，其人虽不机敏，却惯于使用强硬手段，因之颇受在华的英国人喜
爱；而其须对付的中国官员，则视其为不受欢迎的人。1922—1929
年，巴尔敦任英国驻上海总领事。美国的驻华公使馆的汉务参赞，多
来自美国在华的传教士。[1]

使馆界（东交民巷）

驻北京的公使及其属僚居住在使馆界内，是国际法上的不正常现
象。1901 年的《辛丑和约》规定："大清国国家允定，各使馆境界，
以为专与住用之地，并独由使馆管理。中国民人，概不准在界内居
住，亦可自行防守。"新的公使馆界区，比 1900 年以前扩大了九
倍[2]，位于内城宏伟的南城墙内，周围新建了一道围墙（和常驻的卫

---

[1] 1901 年至 1908 年的汉务参赞卫理，1887 年至 1896 年曾在外国基督教传道会工作，
1896 年离开该会，接受上海美国总领事馆翻译的任命，1911 年至 1913 年任北京美国
公使馆一秘。在嘉乐恒离任和芮恩施到任前期间，卫理担任数月的代办——在此期间，
美国承认中华民国，中国发生了二次革命。在 1914 年至 1918 年期间，卫理任美国国
务院远东司负责人；1918 年，为伯克利加州大学东方语言和文学的阿加西斯基金会的
教授。接任卫理的是丁家立，在美国海外布道会赞助下，于 1882 年来华。1886 年，
丁家立不再继续从事传教工作，以后的 20 年，先后得到直隶总督李鸿章、袁世凯的支
持，在天津兴办教育；1886 年至 1895 年，任"中西书院"院长，从 1895—1906 年，
任天津海关开办的中西学堂（1900 年后称北洋大学）总教习。从 1902—1906 年，丁
家立任直隶高级与中级学堂的学监；从 1908—1919 年，除短时间外，任美国公使馆汉
务参赞；1919 年至 1920 年，以一秘的身份代理馆务。由于丁家立广交中国官员，包
括袁世凯总统，故其在公使馆的作用是很有影响的。1903 年至 1918 年，裴克任助理
汉务参赞；1913 年至 1914 年和 1919 年至 1926 年，任汉务参赞。裴克生于天津，其父
母均为传教士，1906 毕业于加州大学后，来华任见习翻译；1914 年至 1919 年期间，
在青岛、汉口、天津等地领事馆任职。裴克在 1945 年退职前，于 1935 年至 1940 年任
美国驻华大使馆参赞，在处理美国与中国的关系事务中，裴克一直是个突出的人物。
[2] 马士写道："公使馆界，可以认为是在一个敌对国首都中心取得的一个可以防守的要
塞——用于这一目的，是太大了；或者可以认为，是为列强的外交官提供的宽敞的生
活场所，有公园般的环境和良好的卫生条件，并且是由中国人出钱。这样一来，建立
使馆界的理由又不充分了。"见马士《中华帝国对外关系史》第 3 卷，第 355 页。

兵守卫）。使馆界的北面和东面，以一块地势略为倾斜的"缓冲地带"为界——这一块开阔的空地，是义和团运动中被夷为平地的帝国翰林院旧址，此时用作打马球，踢足球，学骑马和公使馆卫队训练的场地，也算是用来保护使馆界的。使馆界是从南城墙的前门向东延伸到哈德门（崇文门）（萨道义爵士等人在 1904 年谴责其同僚们的胃口太大了）。

事实上外交使团扩大的"权利"，大大超过《辛丑和约》第 7 款规定的范围。部分缓冲地被租给公使馆卫兵常常光顾的旅馆、酒吧间和一个领有执照的妓院。从理论上来说，这块缓冲地是列强共同拥有的产业；与这一原则背道而驰的，是个别国家颁发建筑许可证是有偿条件的。实际上使馆界内已经有了商业企业、商店、教育机构和大量非外交人员——尽管清政府从来不打算开放北京，使之成为外国侨民居住和经商的一个中心。在使馆界内或周围，有顺利饭店、北京饭店①、六国饭店（常常聚集一批寻求贷款和采矿合同的人）；有汇丰银行、道胜银行、德华银行和横滨正金银行；有几个外国大型货栈，有一个士兵基督教青年会，两家卫理公会医院，一座为公使馆卫兵用的天主教堂，一座卫理公会教堂（可容纳 1500 人），一所卫理公会女子学校和燕京大学②（也是卫理公会办的）；有伦敦布道会的罗克哈特医学院，美国海外布道会的教堂和学校，盲人慈善堂等。按照规定，华人只有穿着特定制服的使馆仆人及雇员，才准许进入使馆界。事实上，使馆界内经常住有相当数量的中国人，这些人通常住在六国饭店。在 1911 年以后，六国饭店是以北京政府下台官员避难去处而出名。外交使团屡次向中国政府要求在使馆界内的"避难权"。张勋将军在 1917 年实行溥仪复辟失败后，就藏在使馆界内的荷兰公使馆内。

1914 年才对使馆界进行联合治理，取消了三个独立部分（西段、英国段和东段）。在此以前，各段都是自行治理，并有自己的章程。

---

① 校注：北京饭店在东长安街北侧，不在使馆界内。使馆界北以东长安街为界，其南界为城墙，其北界的东长安大街即不属使馆界。

② 校注：此处所称燕京大学，应为燕京大学前身之一的汇文大学。

由三名《辛丑和约》缔约国代表，两名使馆界内的居民代表组成行政委员会，监督执行新的治安章程和道路章程。公使馆和居民私人缴纳土地税，来维持行政委员会的费用。

总的来说，在北京的外交官，是生活在一个与中国人隔开的社会里。这种情况，在清末的最后十来年开始发生变化，民国以后变化更大。1885—1898 年任美国驻华公使的田贝所说有一定道理：

> 新外交官来到北京后，第一个任务就是去拜会总理衙门，即后来的外务部，向总理衙门致意和取得对其官方资格的承认……对总理衙门的拜会，是新来者唯一必须做的事……互相也不必进行社交会面。这对中国人和外国人来说，都可以大大松一口气。除了极少数的情况外，社交对双方来说，都是特别令人厌烦的事。[①]

在义和团运动后，清政府实行"新政"的太平日子里，受过外国教育的外务部和邮传部年轻官员，在晚上与公使馆的人打扑克消遣，这是大家已习知的。但是在北京的外国侨民社团（不论是外交人员或是私人）的生活，是独特的和自我封闭的。其中最为典型的要算英国人了，"他们以宴会、舞会、聊天及打高尔夫球等活动，来消解其思乡的苦闷，在欢乐中完全不顾其所在国人民的习俗、语言和情感"[②]。意大利公使回忆 1918 年时，说："一个外交官的山中城堡，对妇女和小孩来说，如果只从卫生的观点来看，这是件好事。但是大多数外交官生活在这个国家内，是处于孤立状态，并且与之格格不入。"[③]

虽然外交官在北京是与外界隔离，但其在北京的物质生活享受却是十分奢侈的。下面是 1900 年英国公使馆大院：

[①] 田贝：《中国及其人民》，1，第 34—35 页。

[②] 西里尔·珀尔：《中国的莫里斯》，第 86 页，概括了 G.E. 莫里斯在其未发表的日记中记录的印象。

[③] 华蕾：《含笑的外交官》，第 88 页。

占地在二英亩以上……原来是梁亲王的王府，由女王陛下政府租用。正房为公使的住所。这是一座优美的中式建筑，大门很雄伟，有一条高出地面的甬道穿过两条富丽堂皇的回廊（中文叫亭子）。这些建筑的屋顶都覆盖着只准高官才能使用的绿色琉璃瓦；黄色的琉璃瓦是皇宫专用之物。秘书们住在平房内，只有一秘例外，住在两层的西式楼房里；见习翻译和随员住在三所房子里……还有一个小教堂，一个剧场和一个保龄球场。[①]

美国公使馆是用从美国运来的材料建成的，具有文艺复兴时代殖民地的豪华风格，周围的附属建筑，是一座真正的农庄，秘书、随员、见习领事和文书都住在那里。这是一个风景如画的村庄，有一座古庙和许多独立的宅院；每一处都用高墙围着，墙内还有花园。[②]

1913 年，意大利公使馆的一秘写道，他家里共有"从头等仆役到三等苦力"10 名仆人，其中包括"厨师、码米童（manmiton）和两名阿妈，一人叫'洗衣和照顾婴儿的阿妈'（wash-and-baby amah），一人叫'绣绣阿妈'（sew-sew-amah）"。此外，公使馆的仆人包括"四名马夫，即一名老马夫和他的三个儿子（还有他的一个饲养小毛驴的孙子，由我付给薪金）；还有一名洗衣匠及其帮手，一名花工和四名园丁，一名'看门的'即门房，一名'听差'即送信的"[③]。

在 20 世纪 20 年代以前，北京的汽车很少，也没有像样的汽车行道。外国人主要靠骑马和乘马车前往赛马场（位于北京西郊，距城约

---

① 许立德：《在华四十年》，第 4 页。甚至在政治上并不重要的意大利公使馆，在公使和一秘住所的旁边，有"一等、二等汉务参赞"和使馆牧师的房屋各一所。小教堂（实际上与大部分教堂一样大）的天花板是从意大利来的；有驯马用的空地和一个大院子的马厩，能饲养八匹马；还有一间洗衣房，一座水塔，一个浴室，两幢中国仆人居住的房屋。这些都围在一个绿树成荫的大花园里。在这些房屋旁边，与公使馆建筑相连的，是海军陆战队的兵营；也有医院，大小厨房，军官和士兵的住所，食堂，办公室，禁闭室，军需库。此外，还有一套提取净化水的装置和许多马厩。见华蕾：《含笑的外交官》，第 88 页。

② 芮恩施：《一个美国外交官在中国》，第 20 页。

③ 华蕾：《含笑的外交官》，第 92 页。

四英里，义和团运动时被焚毁，重建后规模更大），或到颐和园野餐，或去香山。外国人喜爱散步。从崇文门至前门一段的南城墙，根据《辛丑和约》的条款，已移交给各国公使馆，很多外国人都在这里散步。这里有使馆界卫兵巡逻，中国人不得到此。在夏季的数日中，除了海关的官员外，外国人都到京城以西 12 英里的西山，特别是到八大处去避暑。八大处以众多寺庙闻名，外国人（和中国的权贵们）租赁寺庙房屋。外国人给八大处的八个山峰另外起了名字，其中有一座叫"布鲁斯峰"，还有一座叫"蒲安臣峰"。外国人在一年其他时间里，无休止地举行宴会、舞会和看戏等活动，从比较正式的礼仪中稍得放松——虽然大家都知道，朱尔典在炎热的夏日晚间，甚至在租赁的寺庙中单独就餐时，也是衣着整齐正式。外国人在八大处的周围农村散步，使这些欧洲游客得以接近中国民众的日常生活。

当然，除了娱乐外，还有工作。在 1900 年 10 月至 1920 年 5 月期间，公使团举行了 219 次正式会议。外交官们在一起无休止地讨论印花税、货币流通、金融危机以及其他财政事项；也讨论商业、航运和条约港口租界的事务，甚至上海公共租界的会审公廨，外交人员和领事馆工作人员的权利和特权；也讨论到中国的辛亥革命及其后果的问题；显而易见，还要讨论使馆界本身的管理问题。

外交压力

在治外法权和"不平等条约"制度下，北京的公使团和在条约港口领事馆属员，实际上可以认为是中国政府的组成部分，具有对在华外国侨民进行民事裁决和刑事审判的特权。公使们借故生端的警惕，一切违反条约的真实的或想像的情况——不但指字面上的违反，而且指精神上的违反。在《南京条约》订立后几十年积累的事例中，所指的精神违反，已成为缔约列强对条约权利含糊而任意解释的精神源泉。每当外国侨民的地位和利益受到中国政府的某项措施影响时，公使们总是毫不犹豫地对外务部或其他部门施加强大的压力，声称其已受到直接损失，百般进行交涉，很少同意接受适度的赔偿；对"侵犯利益行动的""负责"官员进行无端的指责；要求一些被认为是诋毁外国人的出版物要受到查禁。这些要求，比清除长江和珠江航道上的障碍物要容易得多。此外，公使们还用很多时间和精力，攻击清政府或地方政府给予某一列强的特许权，或与之订立合同的行动。美国公使田贝在1906年写道："在欧洲的国家里，如果他试图做这些事情中的一小部分，他就会拿护照离任。"[1] 田贝公使指出，驻华公使（由于国内"大报"上观点所造成的压力）"不得不假定，在一切案件中，其本国同胞都是对的，中国人都是错的"。如果这位公使胆敢对涉及其本国同胞的主要利益进行是非调查，他将因此被认为意志薄弱或道德败坏。[2]

但是，列强外交官对中国中央及地方政府的影响，还低于自己的估计。晚清及后来民国的官员有许多办法来拖延，佯装不知，或干脆不理不睬某一西方强国的纠缠。由于民族主义意识与维护主权的愿望渗入晚清的官僚集团，然后渗入民国的后继者，使之对外公使的抵制态度有所发展。就1913年的善后贷款而言，几个债主认为，让一个外国人进入中国政府监理贷款的分配，即能左右袁世凯总统的贷款使用。因此，列强争着担任民国的顾问和审计，最后贷款协定实际被拖延下来。实际上，外国稽核和会计所了解的，只是袁世凯愿意让其知道的事。

列强追求某些要求表现的态度（这些要求，常常是以中国含糊的声明为依据，而这些声明又常常是在外国的压力下作出的），与时运亨通的特权享受者提出要求的态度，对中国主权的损害，要比其真正获得的实利要大得多。最能说明问题的例子，是美国坚持要参加1909年计划中的湖广铁路贷款。张之洞在1909年6月刚与德、英、法三国银行集团谈妥了贷款协议（在摩根财团、库恩—罗博财团、纽约第一银行和花旗银行怂恿下），这时美国塔夫脱总统发给摄政的醇亲王一封私人电报，要求美国银行集团也参与贷款。美国所以提出这项要求，是根据1903年和1904年中国政府对美国公使康格所作的承

---

[1] 田贝：《中国及其人民》，第91页。
[2] 同上书，第99页。

诺，即中国无力向汉口至四川的铁路（此时是拟议中的湖广铁路网的一部分）投资时，英国和美国资本可享有提供贷款的优先权。美国以此为据，对中国政府无情地施加压力，同时向巴黎和伦敦发出措辞严厉的照会。但是，那项被美国国务院称之为"庄严义务"的中国对康格的保证，并不存在。事实上，在1903年和1904年清政府外务部已断然拒绝了康格代表美国企业集团提出的要求。清政府在1903年对此类要求答复中称："某国愿意承办何处铁路，亦应听中国商明准驳，方于自主之权无损。自不得以贵国与某国自行商议之事，作为中国允许之据。"美国1903年的交换文本，甚至在华盛顿也找不到。1909年7月，美国国务院要求北京立即把这些文本送到伦敦，以便支持其在伦敦进行谈判；但在美国拿到文本后，由于内容对美国不利，根本就没有给英国人看。[①]

最后，由于压力而不是由于所谓"保证"，中国同意了塔夫脱电报的内容，欧洲金融集团也同意美国参加贷款。因为欧洲金融集团担心如果拒绝美国的要求，也可能难以实现对自己十分含糊的贷款保证。美国向湖广铁路网系统贷款并不曾实现，但在追逐并不实际的经济利益时，列强完全是把中国视为商品目标，而不是作为平等的贸易伙伴。

语言障碍是导致外交专横的一个重要原因。驻北京的外国官员，很少有人懂得汉语，条约港口的外国商人也多是如此；其中也有少数值得尊敬的人，但这是例外。在领事一级，语言状况稍微好一些。在1913年，英国除在北京的公使馆，还在28个港口设有领事馆，其中8个是总领事馆（广州、成都、汉口、喀什噶尔、沈阳、上海、天津、云南府[②]），配备有较多的工作人员。在1913年，驻北京的英国公使馆有7名见习翻译。在20世纪以前，与美国领事馆形成对比的，在英国领事馆任职的，都是高度职业化的外交人员。这些人员都是通

---

① 小约翰·A.穆尔：《对华的国际财团和美国的对华政策，1900—1917年》（克雷蒙特研究院博士论文，1972年），第18—31页。

② 校注：云南府即昆明。

过竞争考试录用的，要在中国进行其终生事业。一个人在被任命为见习翻译之后，作为未来的领事，首先要在北京进行两年的汉语学习；结业之后，还要进行一次语言考试。这次考试的成绩，对于其未来工作的安排，是至关重要的。

1913 年，美国在中国设有 5 个总领事馆（广州、汉口、沈阳、上海、天津）和 9 个领事馆；1912 年，才任命第一个见习翻译，即是安立德。此人后任美国公使馆的商务参赞并是《中国：工商手册》（1926 年）的作者。1913 年，美国驻北京公使馆配备有 9 名见习翻译；在领事中，有些人显然是"中国通"，如驻长沙的领事詹森和驻上海的领事高思两人，后来都担任过驻华大使。在第一次世界大战前，典型的短期任命和付酬雇用代理领事制度，与之相比，显然是个很大的变化。

在 1917 年以前，俄国领事馆人员具有的专业知识，与英国相当。俄国从圣彼得堡大学东方语言学院教师中，或从俄国的传教士中选用使馆人员。一些俄国传教士，从 18 世纪以来就在北京接受汉语言的训练。到 1913 年，俄国在中国设有 8 个总领事馆（广州、哈尔滨、喀什噶尔、沈阳、牛庄、上海、天津、北京）和 11 个领事馆（其中 9 个设在满洲和蒙古）。当年有 4 名见习翻译为公使馆工作。[①]

1913 年，日本在中国设有 8 个总领事馆（广州、青岛、汉口、哈尔滨、沈阳、上海、天津、香港）和 22 个领事馆（其中 10 个设在满洲）。日本外交人员认为，被派驻中国，不如去欧洲或美国。在第一次世界大战前，日本的领事馆官员，据说是把在华任职当成踏脚石，其外交语言能力常常受到会议的批评。总的来说，日本的领事队

---

① 许多俄国领事的汉学才能，兹举例加以说明：驻天津总领事休德满，1894 年毕业于圣彼得堡东方学院，1896 年至 1899 年为俄公使馆见习翻译，然后任领事职务；驻汉口领事贝勒城科也毕业于圣彼得堡东方学院，1899 年来华。贝勒城科在 1912 年与他人合作，把《今日中国政治组织》一书译成英文。此书由俄国公使馆的助理汉务参赞 H.S. 勃伦奈特和驻上海总领事馆的参赞 V.V. 哈格尔斯特罗姆，于 1910 年在北京出版。该书英文版经总领事和俄公使馆的汉务参赞科列索夫修订补充后，是后来研究中国近代史学者的必备手册。

伍是高度职业化的（通过高级文官考试，主要是录用著名的东京和京都大学的毕业生），到中国去任职的人，要对中国的情况有些了解。

关于其他国家，德国 1913 年在中国设有 1 个总领事馆和 8 个领事馆；法国设有 3 个总领事馆和 10 个领事馆；奥匈帝国共设 3 个领事馆，比利时 6 个，意大利 7 个，墨西哥 4 个，荷兰 9 个，葡萄牙 7 个，西班牙 7 个，但通常由第三国侨民代管。缔约国列强，无一例外在广州、上海、汉口、天津都设有领事；而其余的领事机构所设置之地，则反映其各自声称的"势力范围"，例如俄国和日本的领事馆多分布于满洲，英国的领事馆主要分布在长江流域，法国的领事馆则分布在中国的西南。

传 教 士

1900 年，基督教传教团在华北普遍受袭击；然后攻击者被多国的入侵所镇压。在这一转折之后，传教运动便进入了充满机会的新时期。在 1860 年的《中法天津条约》中，外国人取得"在所有的租地和置土地"的权利，遂据此在远离条约港口的地方建立布道站。[①]

传教事业的建立

在民国初年，传教士在中国只是短期居住；传教团是欧洲人在中国的最大团体，其共同的目标是使传教士们团结为单一的集团。传教士受有治外法权的保护，几乎深入到中国的每一个角落。到 1919 年，中国关内和满洲共有 1704 个县，除 106 个县外，都报道有新教徒的传教活动。传教士一般都懂汉语，与听福音的中国人有比较密切的接触。其最大目标，是使当地人信奉基督教以平等来拯救每个人，并组织中国的基督教教会。到了 20 世纪 20 年代，许多传教士（至少是新教徒）开始看到，外国传教士虽经多方面活动，但在中国并未能创立

---

① 见保罗·科恩：《1900 年以前的基督教传教活动及其影响》，见《剑桥中国史》，第 10 卷。

强大的本土教会。外国传教士认为，创立本土教会的主要障碍，就在众多外籍传教士本身。中华续行委办会干事罗炳生，在该会一份对新教在华活动的权威性调查中写道：

> 可以预料，下段时期是过渡时期。此时工作的负担及对工作的控制，将日益从外国人转移到中国人。基督教界中日益高涨的民族意识，正导致最能干和最献身的中国基督教徒，对现状的某些方面深切的不满。他们有一种非常强烈的正当愿望，即基督教应摆脱被人视为"外国宗教"的沉重负担。西方教派分立的状况，不应在中国长期存在下去。他们认为，宗教界外国势力支配一切的状况，是在中国更迅速地传布基督教的主要障碍之一。[1]

在 1949 年以后，基督教在中国被镇压之前，罗炳生所定的任务只取得很有限的成就。传教士和受圣餐入教的人数增加了，更多的中国人选进了教会的领导层，教会对教育和医药服务的质量有了提高。但在 1922 年以后的 25 年间，大多数外国传教士在华机构的成分，与20 世纪的前 20 年情况相比，在性质上基本没有多大变化。

20 世纪的前 25 年盛行的"中华归主"，可称之为一段短暂的插曲。在此之前，是义和团运动；在此之后，视基督教为外国帝国主义恶意产物的民族主义兴起。在义和团运动后不久的几年，中国的基督教盛行新教。在经过半个多世纪的平庸无为的结果后，新教与中国的改革力量之间形成了临时联系。在清代的最后 10 年，当本地的教育设施和师资供不应求时，教会学校对中国的现代教育发展作了很大贡献；在民国的前 10 年，情况也是如此，并且不仅表现在初等教育方面。中国的现代西方医学，在很大程度上是传教士的示范行动和教授的结果。20 世纪 20 年代的中国青年，多半是由教会学校培养出来的——这造就了新型的城市爱国者和改革者，以及农业科学、新闻事

---

[1]　中华续行委办会：《在华基督教的传布：1918—1921 年中华续行委办会调查和传布专门委员会所作的在华基督力量的数量和地理分布的全国调查》，《导言》，第 3 页。

业和社会学等新兴领域的开创者。新教教会事业的繁荣，是依靠与当局之间有不明确的联系。最后，新教之所以得到国民政府的认同，因为二者基本上以城市为基础，并且都是资产阶级式"现代化"的不同形式。即使保守的民族主义，像罗炳生承认的那样，从长远观点来看，也只能接受真正本土教会。由于教会立足于城市，而且是非政治性的，只是强调在现存的政治制度范围内拯救个人；基督教变得越来越脱离农村社会。这对于教会的活动具有革命的意义。这场革命，由城市精英支配的教会半西化及其对中国教会革命的控制，终于在1949 年结束了；而这场革命原是教会所支持的。

· 1900 年至 1920 年期间的"中华归主"（1922 年用一个虽不恰当但却生动的词组（"Christian occupation of China"中的"Occupation"一词意即占领。——译者注），在所有方面都有相当发展。[①] 表31 总结了关于新教传教团体的材料。

表 31 **在华新教教会的发展**（人）

	1889 年	1906 年	1919 年
外国传教士	1296	3833	6636
受有圣职的华人	211	345	1065
全部中国的工作人员	1657	9961	24732
有权受圣餐者	37287	178251	345853
教会学校学生	16836	57683	212819

在义和团运动以后的数年中，罗马天主教布道会也迅速发展。1901 年，在中国的天主教会，有 1075 名外国神甫和 500 名中国神甫，有 72.1 万名受圣餐者在天主教社团工作。到 1920 年，有 1500名至 2000 名欧洲神甫，将近 1000 名中国神甫，1000 名外国修女，1900 名中国修女。200 万名有权受圣餐者，1.3 万名中国宣教士和教师，以及 18 万名天主教学校的学生。在 13 个以上的天主教布道会

---

① 以下大部分数字材料，来自前一脚注所引的著作。关于罗马天主教的"占领"的材料，取自赖特烈的《基督教在华传教史》。

中，法国的布道会（如遣使会、外方传教会）特别突出。因为法国利用条约中信仰自由的有关条款，取得在中国建立天主教会保护地的特权。在第一次世界大战前夕，一半以上在中国的外国神甫是法国人。天主教会正式组成 51 个"副本堂神甫的教区和教廷的大教区"，不按中国省份来划分传教教区。在中国，有将近 1500 个地方有外国或中国神甫。天主教徒最多的地方，是直隶、江苏、四川和山东。尽管天主教会在新教集中的大城市中也有活动，但其工作着重在农村，争取全家或全村居民都皈依天主教，并试图建立完整的当地天主教会，只允许教徒子女进入其所办的学校。在 20 世纪 20 年代以前，天主教传教会没有与义和团运动以后的新教教会相比，去着力在教育和医学方面发展，却去企图扩大对中国的社会影响和拯救灵魂。与新教教会的工作相比，当然这都是次要的。与 19 世纪的教案不同，20 世纪 20 年代的反基督教运动，几乎全是针对新教教会的。这说明天主教的活动，依然处于形成中国 20 世纪的主流之外。

除原教旨主义的中华内地布道会及与其有联系的布道会外，1900 年以后，新教传教士逐渐从劝个人信仰关心的重点，转向扩大中国社会全部基督教化的目标上。这意味着新教要在教育和医药工作方面，须投入更多的人员和经费，以便实现一位传教士领导人所称福音书的"社会含义"。

到 1919 年，共有 6639 名新教传教士，分驻在全国所有省份的 693 个地方，并分别在 1037 个布道站工作。在 693 个传教士驻地的中心，其中有 578 个（占 83％）只有一个布道会，442 个（占 65％）驻有 5 名或更少的传教士。这些所驻传教士较少的地方，多是内地的省份。约 57％的传教士驻于沿海省份，26％的传教士驻于长江流域省份，只有 17％的传教士不在沿海省份和长江流域。传教士驻地的 8 个中心，是上海、北京、广州、南京、福州、长沙、成都和济南，各有 100 多名传教士，合占全部外国传教人员的 26％。2/3 的新教传教士和 1/4 有权受圣餐者，住在估计有 5 万人口以上的 176 个城市。这些城市的居民约占中国总人口的 1/6。按地理位置排，广东、福建、浙江、江苏、山东、直隶和奉天 7 个沿海省份，共有 71％的新教徒受圣餐者，63％的初小学生，77％的中学生。新教宣讲福音的活动，从所驻地中心向外辐射，1919年，宣称有6391个教堂和8886个福音中心，大部分的布道站离城市有数里之遥。

1920年，独立的新教传教团体，已从1900年的61个增至130个；另外还有基督教青年会、救世军和雅礼布道会等36个不以教派划分的基督教组织。传教团体的增加，是在1900年以后，许多小的教派团体（其中大部是美国的）来华的结果。这个时期，最大的布道会是基督复临安息日会。在1905年，新教的外国传教士，有一半来自大英帝国（包括大不列颠、加拿大、澳大利亚、新西兰），1/3来自美国，其余则来自欧洲大陆。到1920年，大英帝国和美国所占的比例颠倒了过来，美国此时却占了新教传教士的一半。天主教的传教活动，绝大部分由欧洲人所把持，美国的天主教传教士主要是在20年代以后才来华。表32显示主要教派的力量，不涉及其来自何国。

表32 **1919年新教各教派的相对力量**

	团体	传教士人数	站	圣餐者	医院
圣公会	4	635	79	19114	39
浸礼会	9	588	68	44367	31
公理会	4	345	34	25816	32
路德会	18	590	116	32209	23
监理会	8	946	83	74004	63
长老会	12	1080	96	79199	92
中国内地布道会	12	960	246	50541	17
其他	63	1492	315	20603	29
合计	130	6636	1037	345853	326

从20世纪前10年起，虽然教派之间继续还有区别，各派之间仍保持其内部特性。但在中国的新教出现了一些倾向，即拟订出共同的和基本的神学，在一些活动领域中努力实现组织团结。由于中国人对欧洲人过去（中国人对此基本上不清楚）在忏悔方式上的区别，就需要修改和简化外来的神学理论。1907年，中国传教百年大会召开，

采取了共同的神学理论，为所有的传教团体（除中华内地布道会等为信奉原教旨主义的新教团体外）提供了教义的指导路线。在组织上，规模较大的传教团体共同出版新教月刊《教务杂志》①，支持非教派或跨教派文学团体；共同创办中华基督教教育会、中华基督教博医会、中华主日学校联合会；建立协和教会学校以及不同教派的学院和大学；共同发起 1877 年、1890 年、1907 年召开的中华传教大会和 1922 年的基督教全国会议。而基督教全国会议，首先正式接纳中国人主持的教会。新教统一的主要表现，是 1913—1922 年的中华续行委办会，由中华全国基督教协进会接替。这是又一次扩大了中国教会在基督教整个教会中的作用；当然，调和和合作也绝不是完全有效的。例如保守的中华内地布道会，在 1926 年就退出了中华全国基督教协进会。

表 33 根据 1919 年各传教团体的实际传教士人数多寡的顺序，列出了当时最大的新教传教团体，并列出其布道站数目和地理分布。② 当时是 18 个新教传教团体，共有传教士 4350 人（占总数的 66％）和 611 个布道站（占总数的 59％）。一个"普通"的布道站，可能有 6 名至 7 名传教士，但实际的分布情况却大不相同。如中华内地布道会、宣道会的传教士只有 4 人，或更少。而美以美监理会海外布道会、美国长老会（北美）、公理会海外布道会，则平均为 14 人或 15 人。总的来说，传教士集中在一个布道站，除了布道，还广泛从事教育和医疗事业。而人数分散的小布道站的主要工作（虽然不是唯一的），则只是传布福音。几个团体不同的工作重点，还可以从下面的例子中反映出来。中华内地布道会所雇用的员工，66％从事福音宣讲工作，30％从事教育，4％从事医疗工作。而公理会只有 28％从事传教，64％从事教育，8％从事医疗工作。

---

① 校注：《教务杂志》英文名称为"Chinese Recorder"，译意为"中国纪事"。
② 关于所报道的"传教士"的人数，在任何一个时期都有多达 1/6 的外国工作人员在中国国外休假，将近 1/12 是新来的，主要进行语言学习。许多为已婚妇女，宗教工作只占她们一部分时间。因此全日工作的人数，估计可能为所列总数的 2/3。

表 33		最大的几个新教传教团体，1919 年		
	国籍	传教士数	布道站数	布道站位置
中华内地布道会及附属机构	国际性	960	246	安徽、浙江、直隶、河北、湖南、湖北、甘肃、江西、江苏、贵州、山西、陕西、山东、四川、云南、满洲、新疆
美国长老会（北美）	美国	502	36	安徽、浙江、直隶、湖南、江苏、山东、广东、云南
监理会海外布道会	美国	419	28	安徽、浙江、福建、江西、江苏、山东、四川
中华圣公会	英国	353	58	浙江、福建、湖南、江苏、广西、广东、四川、云南
美国新教圣公会	美国	202	15	安徽、湖南、湖北、江西、江苏
美国海外布道会	美国	198	14	浙江、福建、山西、山东、广东
基督教青年会	国际性	192	24	各大城市
美国浸信会海外布道会（北浸信会）	美国	188	19	浙江、江西、江苏、广东、四川
加拿大监理会	英国	184	10	四川
南浸礼会海外布道会	美国	175	24	安徽、河北、江苏、广西、广东、山东
美国长老会（南部）	美国	146	15	浙江、江苏、山东
伦敦布道会	英国	145	17	直隶、福建、湖北、江苏、广东
基督复临安息日会	美国	138	21	浙江、直隶、福建、河北、湖南、湖北、江苏、陕西、广西、山东、四川、广东、满洲
浸礼会布道会（英国）	英国	123	11	山西、陕西、山东
监理公会布道会（南部）	美国	118	6	浙江、江苏
英国循道会（韦师礼会）	英国	118	19	湖南、湖北、广西、广东
宣道会	美国	106	25	安徽、湖南、湖北、甘肃、江苏、广东
弟兄会	英国	83	23	广西、山东、蒙古

　　新教徒的内向性，从晚清一直保留到了民国。保罗·科恩对晚清时期的新教徒情况写道：

　　　　传教士生活在密集建筑的布道团院落内，结果导致其在心理、生理严重脱离周围的中国社会……除了不得已时，传教士不愿进入中国人的世界。传教士的目的，是要让中国人进入他们的世界。①

随着这种隔离的状态,产生了一种对他们天职的绝对自以为是的心理。这种心理,常常压倒了因他们的政府使用炮舰去解决他们在华时期时有发生的反传教士运动而引起的任何道德上的不安。

布道会与中国社会

在义和团运动以后的 20 年中,许多新教传教士与其周围社会的关系,在原来寻求武装干涉以求保护其特殊地位方面,发生了一些变化。新教传教士在中国教徒面前所表现的文化优越感依然如故,但却突破了 19 世纪在布道会院中传布福音的界限,参加教育、医疗和慈善工作方面的活动,从而与 20 世纪初期的改革潮流汇合在一起。妇女教育(金陵女子文理学院成立于 1915 年),反缠足运动,基督教青年会和基督教女青年会,对城市问题和劳工问题的关心,救济灾荒,公共卫生(消灭肺结核,灭蝇运动),建造公共运动场馆和娱乐设施,禁烟运动,农业的科学研究(由金陵大学农林科②发起),这都是新教传教士倡导或积极参加的事情。

布道站是传教团体购买或租用的房屋,周围筑有围墙,并受治外法权的保护,保持着传教活动的典型特点。在这块封闭的场地内,通常悬挂一面教会所属国的国旗,既是传教士的驻地,又是教堂、学校教室、医院或药房。典型的布道站位于城市的市区,临街的教堂每天定时开放,宣讲福音,由一名外国传教士及其中国助手主持。"站外"的教区信徒,由本地的牧师负责,布道会每年派人巡视几次。

每个布道站平均有两三个传教士家庭,另外还有一些单身妇女。每三个布道站有一名医生或护士;不过,医疗人员的实际分布并不平均。1919 年,在中国的新教传教士共 6636 人,其中有 2495 人(占38%)为男性,1310 名已获得担任圣职的牧师资格;2202 人(占

---

① 西德尼·福赛思:《1895—1905 年美国在华的一个传教团》的前言,第 7 页。

② 校注:金陵大学于 1914 年开办农科,1916 年设农林科,1930 年改称农学院。

33%）为已婚妇女；1939 人（占 29%）为单身妇女。医生中的男性348 人，妇女 116 人；并有 206 名妇女为受过训练的护士。由获得圣职的男性传教士负责教会的主要传布福音工作，并组织唱诗班。未获得圣职的男性传教士，在日益增多的教会学校中任教师；女性传教士从事教学和护理工作，并走访中国教徒家庭。

传播福音的主要方式，是在教堂或临街的小教堂布道；成功与否，一定程度取决于传教士的汉语口头表达能力。1910 年以前，新教传教士的语言学校，只有中华内地布道会在扬州和安庆开办的两所，安庆一所的开办时间可以追溯到 1887 年。在每一个布道站，语言训练占有特殊重要的地位，不过教会面临的依然是汉语水平低下的严重问题。民国初年，各教派联合开办了一些高质量的跨教派联合语言学校，采用现代化的"语言教学法"，并使用分级教学课本。中华内地布道会在镇江和扬州设有"训练所"，实行六个月一期的基本课程教学；采用鲍康宁牧师编的基础教材，并聘用中国教师。1912 年，金陵大学开办传教士训练部，订出每期一年学制的住校学习课程，由51 名中国教师任课。学生完成第一年学业后，也可以接着上第二学年的课程。传教士训练部开办后，每年约有来自 20 个不同传教团体150 名学员入校学习。在完成一年学习后，学员多通过函授继续学习。北京的华北协和华文学校于 1913 年正式组成，1920 年隶属燕京大学。1921 年，燕大录取了 147 名学生，所授课程与南京金陵大学传教士训练部雷同。此外，尚有成都的华西协和大学传教士训练学校（华西协和大学的一部分），上海东吴大学[①]英语方言学校，广州协和华语学校。与外交官很像，很少有传教士能用汉文达到能说能写的程度，更很少有传教士精通汉语。但传教士中也有不少人大致能说当地的方言。

几乎每个新教布道站都设有一所初级小学；693 个新教驻地，据称办了 306 所高等小学和 141 所中学。表 34 列出 1919 年各级学校的数目和入学人数，也列出 1916 年公立学校的入学人数。这些数字可

---

① 校注：东吴大学不是设在上海，该大学英文名称为 Suzhou University，即苏州大学。该大学本部及文、理两学院设在苏州，法学院设于上海。

能是由推测估计得来的。教会学校入学人数少于表 31 所列人数,但比例误差并不大。这些数字表明,教会初级小学学生仅为公立初级小学学生的 4%,但教会高等小学和中学的学生人数却升至 8% 以上。1907—1920 年间,教会学校学生——其中的一半,也许来自基督教家庭,已增加了三倍,而新教的受圣餐者人数只翻了一番。这表明教会在影响中国青年方面已取得成就,也显示了现代教育的吸引力。新教传教士夸耀说,中国每 75 名学龄儿童中,只有一名接受教育;在全部基督教青年中,每三人中就有一人在教会学校入学。

表 34　　　　　　　　**新教传教士学校和招生人数,1919 年**

教会学校数		教会学校招生人数	1916 年公立
		男生/女生/总数	学校招生数
初小	5637	103232/48350/151582	3752982
高小	962	23490/9409/32899	388941
中学	291	12644/2569/$\dfrac{15213}{199694}$	179621*

＊　包括同等水平的技术学校和师范学校。

　　新教的教会学校不但配备了外国教师(在高小和中学更常见到),而且也聘请了大约 8000 名中国男教师和 3000 名中国女教师。初级小学很简陋,往往是只有一间教室的学校,严重缺乏课本和教具;高等小学的设备就好一些,常常是用英语教学。教会学校采用教育部审定的公立学校课本,在开始是有选择采用。自 1928 年起[①],为了取得在政府备案的资格,才采用教育部审定的课本。所有的教会中学原来都有宗教课,国民政府规定予以取缔。教会学校的语文课本,规定必须使用教育部审定的"全国通用"的课本。大部分教会学校的科学教学很差,因为实验室设备太贵,供应缺乏,所以学校很少为学生提供职业训练。教会中学很可能不比公立中学差;在民国初年,教会中学

---

① 校注:1928 年,国民政府颁布法令,规定教会学校必须在各地方政府登记备案,并规定必须使用经教育部审定的课本教学。全国各教会大学均向政府登记备案,唯上海圣约翰大学不向政府登记。

发展过快，超出其实际能负担的财力。

在中国20世纪20年代的高等教育中，有20所新教教会办的学院和一所天主教教会办的学院。新教的学院经过改组，最终合并组成13所综合性大学，到30年代渐臻于完善。在20年代末，天主教会又增设两所学院。除了文科院校外，新教为了传教的需要，还办了几所神学院（其中有各教派联合创办的）和几所教会办的医学院；天主教也有几所神学院。成都的华西协和大学由加拿大人和英国人主持，在人事和组织上都具有两国的风格。新教的文科院校，大多是美国传教士主办的，以其就读过美国中西部小型大学为蓝图，在中国创办类似的大学。这些学院的前身，大多是19世纪后半期开办的高级中学，逐步扩大，并在学术上升格为学院，其目的是为教会学校培养出中国牧师和教师。

在1920年，新教的院校共招收2017名学生；在20世纪20年代一段迅速发展之后，1925年的学生总数已达3500名。1925年，中国的大专院校共招收2.1万名学生，新教院校占学生总数12％；而34所公立院校学生占88％。几所规模最大的教会院校——北京的燕京大学、上海的圣约翰大学、南京的金陵大学、济南的齐鲁大学的学生，每校都不超过三四百人。各校的教职员人数和开设学科的能力，也同样受到限制。在1920年，外国教师共有265人，中国教师——大部分为助教，有229人；其中还有不少人在同一校园的中学任课。

在1928年国民政府规定教会院校必须在教育部登记注册以前，教会院校都是在美国注册的，所以其在中国没有正式地位。教会院校实际是受教会理事会所控制，只能领得2/3的经费；学校教师聘任都不为本地校董会控制。教会院校在这个时期，有些像自给自足的一块外国飞地。在20世纪30年代以前，可能只有圣约翰、燕京、金陵三所大学的学术水平，可以与美国较好的大学相比。教会大学大部分学生都是教会中学的毕业生，才能完全接受大学的英语授课。因为教会大学除了中国文学和哲学外，其他的课程全部是英语教学。教会大学（还有教会中学）对中国学生的吸引力，在很大程度上能够提供优异的英语训练。优异的英语训练，为城市青年提供进入条约港口工商界和金融界的入场券，或进入政府部门（如电信、铁路和海关）的机会。对这些工作，英语知识是一项重要的本钱。到1920年，教会大学毕业生2474人中，如创建教会大学的传教士所期望的那样，有361人成为牧师或教师。但在20世纪前20年，学生入学不到一年就完成了学业。教会大学中有一些"退学学生"，原来其入学只是想掌握英语知识，而不是学基督教的人文科学教育。

20世纪20年代后期，中国兴起的民族主义洪流，教会院校也正当其时。① 在30年代，教会大学日益把其课程世俗化，并且其教职员和行政管理人员也随之中国化，但其外来的特性仍然保留着。

19世纪从医的传教士，首先认为自己是福音的传布者。传教士医生在教会诊所或医院治疗病人，也是为了使病人能受到福音的感召。后来教会的医疗逐渐专业化起来，这反映在观念上的变化；教会的医疗工作专业化，可以与教育工作的专业化相媲美。1919年，据报告称，在693个新教驻地中心，其中有240个中心共开办了326所医院，每所医院平均有51张病床，共有病床16737张。这些医院共有464名外国医生、206名外国护士，以及2600名中国医务工作者（其中只有少数人是合格的）。亦如布道会的其他部分，这些医院都设在市内，而且集中在东部沿海各省。受过良好医学教育的医务人员，是非常稀疏地分布在这些医院，很少有一个以上的传教士医生定期驻在一个医院。这些医院除了突出的例外，一般是设备相当简陋，但却是很实用的。

中国西式医学教育，是从布道会医务工作的派生物开始的医生感到工作负担过重，对其助手施以非正式训练，医学教育遂发展起来的。到1913年，共有教学人员配备和设备不够齐全的小型教会医学院11所，其中8所培养男生，3所培养女生。北京的协和医学院（1915年由洛克菲勒基金会中国医药委员会接管，自此正式不再是一个布道会医院），才接近西方医学院的标准。改组后的协和医学院规模较小，到1936年，只有166名学生获得医学博士学位。协和曾因

---

① 见杰西·卢茨：《中国教会大学史，1850—1950》。

脱离中国农村医疗的需要而受到批评，但其确实成为具有国际水平的教育和研究的医学院校。

中国的政府机构

外国势力在华的人物，在中国政府的三个部门是非常明显的；这些人形式上隶属中国当局，但许多方面是在外国人的领导下，并在许多外国人担任副职的情况下，行使实际上的自主权。这些部门就是海关、邮政和盐务。

海关

从 1865 年起，北京设海关总税务司署；总税务司几乎每天都要与总理衙门打交道。1900 年，海关归总理衙门管辖。到 20 世纪的开初几年，海关的组织机构、职责、工作程序及海关人员的组成，基本上都是赫德（1835—1911 年）所一手操办的。自 1863 年至 1908 年，赫德作为总税务司，在海关独揽大权。[①]

赫德在中国 50 年的工作中，已获得很大的个人权力和独立性。这些权力和独立性，在赫德开始任职时是无法想像的，总理衙门也肯定不会给予，对赫德的效忠之心，官员们是不存怀疑的。在这几十年间，作为总税务司的赫德，总是不断谆谆告诫外籍员工说，其本人和众洋员都是中国政府的雇员。到 1906 年，赫德已经 71 岁了，健康状况不佳，退休已是迫在眉睫了。在清朝实施新政的 10 年中，要再寻得一位具有同样强有力的外籍继承者来代替赫德，是根本不可能的。19 世纪时期，也许是较温和的"自由贸易帝国主义"，已经为狂热的

---

① 赫德 1908 年 5 月离开北京回英，但形式上仍保留总税务司官衔，直到他在 1911 年 9 月去世为止。裴式楷（1846—1918 年）从 1908 年 4 月至 1910 年 4 月任代理总税务司。然后在 1910—1911 年期间，由安格联（1869—1932 年）接任。赫德死去时，安格联为总税务司，直到 1927 年。见斯坦利·赖特《赫德与中国海关》；费正清等编：《北京总税务司赫德书信集：1868—1907 年的中国海关》；中国海关总税务司：《中国海关的起源、发展和活动文献集》。

国际竞争所取代。到了 1898 年，当时的全部关税收入，都成了甲午战争期间向外国贷款的抵押，以及《马关条约》规定的巨额赔款；海关实际成了外国债主向中国讨债的场所。1901 年，当关税收入中未用于偿付外债的余额，条约港口 50 里内的常关——这时由外国税务司控制的税收，都用作庚子赔款担保时，海关被视为外国利益集团的工具。对此，中国人的民族主义愤激情绪增长起来。而缔约列强仍顽固坚持对中国进出口货物进行检验与征税，以促进外国对华贸易，并以偿还外国债务为海关存在的理由。由清朝皇帝钦准的 1896 年和 1898 年《英德借款详细章程》和《英德续借款合同》条款就含有这样的内容。在贷款偿还期内，海关的行政仍应维持当时原状。在 1898 年的换文条款中，英国以条约形式迫使清政府同意，只要英国对华贸易在中国对外贸易中占有优势地位，总税务司将由英国臣民担任。此外，海关还管理中国国内邮政业务，由外国人控制重要的运营部门。海关承揽了灯塔业务，遂控制了中国港口的领港工作（在许多港口，此项业务几乎全由外国人掌握），并且出版统计、商业和文化资料。在外国人眼中，海关是中国唯一的情报资料机构。自此以后的 50 年，还没有一个中国人在海关被任命为重要管理职务——甚至没有中国人担任任何条约港口海关的帮办。

1901 年，海关由总理衙门移交外务部管理过程中，没有发生重大事故。但 1906 年 5 月，清政府设立独立的税务处[①]（不是部一级机构，虽然税务处最初由户部尚书铁良和外务部侍郎唐绍仪领导），以监督海关业务。外国政府、海关雇员及债权人（与关税收入有关），认为这是对半个多世纪已形成的具有外国特性海关的威胁。1906 年税务处的成立，是一个温和的尝试。在面临预料到外国反对情况下，尽量设法稍微降低海关的特殊地位，以确保赫德的继任者，不致取得半世纪以来海关总税务司的极大独立性。事实上，安格联爵士在其任总税务司 18 年间，所起的政治作用，从来没有可以与赫德的作用相比。

[①] 校注：税务处 1906 年 5 月 9 日成立，清政府派铁良充督办税务大臣，唐绍仪为会帮大臣。所有各海关所用华人、洋人工作人员，统归税务处节制。

新总税务司及其外籍属员，远不像 19 世纪那样专心关注中国的国际
关系。1911 年以后，中国人开始担任海关上层的内班中低级职务。
在 1927 年南京政府成立以前，海关几乎没有出现重大的中国化情况。

对于在袁世凯总统任期内及其后历届北京政府时期里，可能分享
权力的中国人认为，在外国人控制下的海关，是中国国家统一与中央
集权很少几个稳定而具体的象征之一；而这些领导人都认为，在其领
导之下可以重建国家。海关是恪尽职守的，在对外和沿海的贸易中严
格征收关税。在 1917 年以前，还未有过"关余"。此时要在偿还借款
和庚子赔款后，才能把余额上缴给北京政府使用。但从此以后，海关
结余数额将有增加的前景，这对任何北京政府的掌权者都感到有潜在
的利益。对巨额外债和赔款的有效偿还，固可以有助于阻止缔约列强
有进一步行动，但仍不能减少其对华的影响。当时对德国、奥地利和
俄国的赔款义务已被取消，关税收入出现结余。用这笔钱作为北京政
府举行内债的保证金时，那么，归还这些内债即由外国人的总税务司
负责。于是投资者认为，总税务司在中国的各派势力之间争权夺利的
斗争中，在政治上是中立的，这事实上大为加强了政府的信用。

海关的主要责任是阻止走私，检查船货，征收进出口货物和沿海
贸易的关税。海关的职责范围，适用于"各式外国标志的船只"和外
国人租用的中国帆船。[①] 从 1842 年的《南京条约》，直到 1928—1930
年中国恢复关税自主，海关的关税税率是由海关与缔约列强商定的，
实际上是与中国贸易的伙伴强加给中国的。固定的税率表，大部分是
含糊地对进出口货物，按价征收将近 5％的税额；税率在 1858—1860
年、1902 年、1919 年和 1922 年也上调了几次，以求实现对进口货物
按实价 5％的规定征税。但是，1902 年的关税税率只有 3.2％，1919

① 根据《辛丑和约》第 6 款，在条约港口和港口半径 50 里以内的当地常关的收入，被抵
押用于偿还赔款。这些征税常关归海关管理。赫德在 1901 年 11 月进行名义上的控制，
但实际上在 1911 年前应由当地常关征收用作赔款的款项，大部分由其他项目的省拨款
解决。辛亥革命以后，才实行海关对条约港口 50 里内当地常关的控制。当时革命中断
了各省赔款应摊份额的汇入。这使外国债主震惊。见斯坦利·赖特《辛亥革命后的中
国海关收入》（第三版），第 181—182 页。

年也只有 3.6%。①

设在每个条约港口的海关，都是中外共管的，其管辖权属于由税务处任命的中国监督和由总税务司任命的外国税务司（只有总税务司由中国政府直接任命）。虽然在形式上各地海关税务司有时要听从中国的海关监督，但实际上各地海关的实权都操在税务司的手中。港口海关的内班（行使行政职权）只按税务司的指令行事。当涉及与外国贸易商人发生争议时，和外国领事进行交涉，则是税务司，而不是海关监督；但监督能通过其书办（1912 年以后改称录事），逐日了解税收情况。港口 50 里范围内的当地常关，由港口的税务司管理；常关的税收须送交港口海关，作支付赔款之用。有关海关办公人员及日常业务，总税务司责成税务司与监督会同办理；只有距港口 50 里以外的常关由监督管辖。

在 1911 年 10 月以前，总税务司及其下属各港口税务司，实际上并不在几个条约港口征税，也不把征收的税款存入银行或汇出。总税务司通过各港口税务司，只负责确定向中国政府报送征收关税数额的准确会计报表，中外商人直接向政府批准的海关官银号缴税；这些官银号是中国人办的，通常是由监督选定。关税收入款项的安全，监督需向清政府负责；监督的账目，须与外国税务司送报的报表核对。1911 年 10 月武昌起义时，清政府政权在大部分地方瓦解（其中有许多是清政府指派的海关监督，因为担心自己的安全，离职他去）以后，这时的海关体制发生了巨大的变化。由于担心独立各省的都督会扣押用作支付外债和庚子赔款的关税税收，向清政府宣布独立的几个

---

① 对从外国，或从另一个中国的条约港口（除非有免税证书，证明关税已在最初的进口港缴付）进口的外国货征收足额的进口税。在海关缴纳所列进口税的一半，即可取得过境证，这些货物即可运至目的地，沿途不必再缴纳厘金税。出口或运至另一条约港口，货物要付等于出口税一半的沿海贸易税。从内地运至某一条约港口，再运至国外的中国货物，如要取得免缴沿途厘金税的出口过境证，应由海关征收等于出口税一半的过境税。见斯坦利·赖利：《中国争取关税自主的斗争，1843—1938 年》。

1876 年的烟台条约把领取内地过境证的特权，扩大给中国国民（实际上在 1880 年实施），但北京直到 1896 年才同意把出口过境证发给中国商人。关于详细的海关手续的指南，见中国海关《上海海关工作程序手册》。

省港口的税务司为了缔约国的利益，直接控制了海关税收，把税款存入银行。税务司这样的安排，在 1912 年 2 月正式被南京临时政府不得已接受了，并载入北京公使团强加给清政府的一项协议之中。协议条款规定，组成一个上海各国银行总董联合委员会，以监督作为支付外债和庚子赔款保证的关税，并委托总税务司征收各港口的关税。各港口税务司把税款汇到上海，存入外国银行，"以作归还该项洋债及赔款之用"，并根据委员会决定的先后次序，负责归还到期的借款。

在南京国民政府成立之前，1912 年协议中的两点内容一直生效。直到 1921 年，缔约列强有权决定在偿还外债之后，是还有"净存税项"，即"关余"；并有权在任何款项解交北京政府之前，须总董联合委员会批准。列强对可能关税余额的估算是慎重保守的，连历届北京政府都对此不满，但也无可奈何。此外，原先由中国的银行所掌握的巨额政府资金，此时也转存入上海的三家外国银行——汇丰、德华（1917 年中国对德宣战）和俄华道胜（1926 年受清理）。在及时付给外债利息的同时，这些外国银行总是存有巨额存款，用于各项投机事业。而且在偿还外债时，这些银行从处理货币兑换的业务中，赚取巨额利润。

海关收入的第一个用项，是海关职员的薪金和办公费用。这项费用，由中国政府与总税务司直接商定，1893 年[①]定为 316.8 万海关两，此数保持不变，直到 1920 年才增加到 570 万海关两。此外，各监督官邸的维修费，每年约需耗费 40 万海关两。1898 年，海关收入总数为 2250.3 万海关两，1920 年为 4982 万海关两。因此，这两年的征税费用——不包括银行总董的佣金，以及在征收和汇纯收入时产生的兑换上的损耗，分占总收入的 15.9％和 12.2％。1898 年，海关办公费支付 895 名外籍职员和 4223 名中国职员（包括邮务科 24 名外籍雇员和 357 名中国雇员）的薪金，平均每人为 619 海关两。到 1920 年，海关共有 1228 名外籍职员和 6246 名中国职员（1911 年起，邮政人员与海关分离）。这说明自 1898 年至 1920 年的二十多年间，又

---

① 校注：应为 1898 年。

有许多新的港口被开辟为商埠。1920年，海关的办公费平均每人为763海关两，因收入的增加，也缓和了业务扩大引起的财政紧张状况。

表 35 **1915年的税务部内班**

	英	美	法	德	俄	其他欧洲人	日	华	总计
总税务司	1	—	—	—	—	—	—	—	1
税务司	23	3	3	5	3	4	2	—	43
副税务司	11	1	3	4		3		—	22
帮办	76	11	4	17	10	37*	32	60	247
杂务	10	1	2	2		2		—	17
医务人员	31	5	5	2		3	3	9	58
同文供事	—	—	—	—	—	—	—	627	627
见习+								33	33
录事								350	350
文书和抄写员								110	110
教员	—	—	—	—	—	—	—	7	7
收账员	—	—	—	—	—	—	—	10	10
总计	152	21	17	30	13	49	37	1206	1525
非华人总计				319					

* 包括一名朝鲜人。
+ 有海关临时级别的海关学堂毕业生。

海关的中外籍职员分配在三个部门——税务部、海务部（成立于1865年）和工务部（成立于1912年）工作。海务部负责测探沿海和内河的水道，操纵灯塔和灯船，修理浮标和指向标，维修港口和维护港口的治安。到1911年，海务部建成132座灯塔，56艘灯船，138个浮标（其中许多有哨声和煤气照明）和257个指向标（主要在长江和西江）。工务部负责维修海关的房屋和财产。海关的中心当然是税务部。

税务部的人员分属三个科，即内班、外班和港务科；每科又分为"洋员"和"华员"两部分。每个港口的内班是海关的行政部门，负责行政和会计，由一名副税务司领导；税务司又有一名副税务司和四个级别的帮办协助工作。各个海关所有人员的任命、提升、工作分配和调动，都归总税务司管理；总税务司只需向税务处报告任免情况。如前述的罗炳生，曾设想成立一个"中国真正土生土长的……教会"，赫德也不止一次重复其在 1864 年备忘录中的意图，"当能够塑造出一个当地的管理机构，并公正有效地取代它的时候"，外国人的税务司署"便可以结束工作了"①。但是，在赫德担任总税务司期间，没有一个人当上内班中最低级的帮办。赫德曾一度设想，对英语有说话和写作能力的同事，可能最终会递补进帮办队伍中去。这些人主要是教会学校的毕业生，其中文教育可能有些欠缺，这成为阻碍其高升的理由。赫德援引北京高级官员反对提升这些职员，因为这些人来自教会学校，又多是南方人。北京高官们的反对其汉文不佳，就不足为奇了。在这些人中，很多是广东人，其次是江苏人、浙江人和福建人。这些人是在大的港口，由税务司主持的考试被录用的；其所以能被录用，除了英语能力外，还能懂得几种方言，最初主要做口译或笔译人员。到赫德去世时，许多人正做着和外籍帮办相同的办公室工作。1908 年税务学堂成立，为海关提供了一批受过良好税务训练的毕业生；从这些合格的税务人员中，安格联开始任命一批中国帮办。

书办或录事是海关监督的会计人员。内班中的第三个中国雇员集团，是长于中文文牍工作的书法文书和抄写员，为税务司和监督准备与地方官员之间的往来中文公文，也准备报送北京总税务司署再转送税务处的文件。

在 1915 年，税务部内班人员按职务和国籍的分别情况，如表 35 所示。② 外籍的内班人员，有的来自伦敦海关，来替其英籍高级同僚；有的是驻京公使团直接向总税务司推荐被任命的。这许多海关属员都是受过大学教育的年轻人，认为与在其本国相比，在中国可以得到更多的发展机会。在人事任免方面，各地税务司官署常常受到压力。缔约列强进入中国海关人员之多寡，与其对华贸易之规模成正比。兹举例以明之，在 1895 年，中国海关根本没有日籍职员；1905 年，有 16 名日籍人（全是帮办）；1915 年，有 37 名日籍人（包括两名税务司）。英籍人员在中国海关始终占优势。在 1911 年，全年都是

---

① 引自赖特：《赫德与中国海关》，第 262 页。
② 同上书，第 903 页。

用英国船只进行贸易，英国对华贸易给中国带来的关税收入，在海关收入总额中从未低于 60％。经海关结算，即使在第一次世界大战的 1915 年，中国对外贸易与港口间贸易总额中的 42％的货物，是由英国船只运送的。[①]

从海关业务一开始，赫德就强调税务司和帮办掌握中文说与写知识的重要。凡新来的外籍海关雇员，必先在北京进行语言学习，然后才能分配至某一港口工作。1884 年，赫德命令对所有内班的外籍雇员，进行强制性年度语言考试。从 1899 年起，没有足够中文知识的人，原则上不得升任副税务司或税务司。任职满三年而汉语不过关的职员，或任满五年而汉文不过关的帮办，原则上要予以解雇。但对于此事，赫德对于下属要比在其他方面要宽容一些。内班中的外国雇员，从整体来看，只具有中等水平的中文知识；但大多数外籍雇员对中文基本是不通达的，只有极少数人成为杰出的汉学家。安格联在 1910 年 10 月对海关提出要求[②]，是更严格的语言考试；根据语言能力对帮办进行分等的措施，立即奉命执行，并再次在 1915 年详细提了出来。安格联对此似乎满意。但海关人员亦和其他外籍人一样，真正能通达中文的人很少。

1915 年，税务部的外班，包括 881 名外籍人和 3352 名中国人；在全部 490 名负责人员——超等总巡、头等总巡（外班的行政官）、管驾官员、验估、头等验货、二等验货、三等验货及铃子手中，除 14 名中国铃子手（检查进出口船只的货物）外，都是外籍人；英籍人又占支配地位。在 881 名外籍人中，英籍人有 454 人。在 57 个超等总巡、头等总巡和验估的高级职位中，英籍占 32 人，余下的 3328

---

① 萧梁林：《中国的对外贸易统计（1864—1949 年)》，第 201—223 页。

② "从收到关于内班人员中文成绩的本年报告中，虽然总的来说，可以看出中文学习没有完全被忽视，但清楚地说明，整个海关关于（中文）能力的标准太低；除了少数突出的例外，对中文学习不认真。民族主义在所在地的出现，要求再加把劲。为了海关的名声，为了使中文能继续使用，此时比以往任何时候都更加需要开始受到责难，对没有兴趣去学习雇用国家语言的海关雇员应予解职……"《总税务司通报》第 1732 号（第 2 辑）；《中国海关工作文献》，第 2 卷，《总税务司通报；1893—1910 年》，第 709 页。

名中国人（上文是 3352 名中国人，减去担任铃子手 14 人，应为 3338 人。——译者注）为称货员、看守、驳手、警卫、信使、厨师、门房、更夫和苦力。在港务科，40 名警长、管驾官、技师和炮手也都是外籍人（其中英籍 29 人），而 448 名中国雇员，则担任水手、火夫、舱役。在海务部工作的 1239 人中，除少数中国人官居"要"职外，其余的职务，基本上是 117 名外籍人员的禁脔。在小小的工务部，33 名雇员中只有 14 名中国人。总之，在 6159 名中国雇员（外籍雇员 1376 人）中，只有很少一部分中国人担任非低贱的职务。

外班的外籍雇员与内班的雇员不同，是在条约港口就地招用的。在海关的早期，这些人过去多是水手和冒险者，试图在中国沿海寻找发迹的机会。因此，内班人员和外班人员之间的社会背景不同，这种情况一直延续到 20 世纪。内班人员的薪金、住房、津贴和晋升机会等，都反映出优厚的待遇；内班人员，被其他外籍人视为条约港口的精英之一。[①]

到赫德离职时，不满情绪在海关已闹得沸沸扬扬。这种情绪不仅是针对外籍雇员高人一等的优越感而发，也是对赫德专横作风的普遍反应。安格联任总税务司时的官方通报，虽在语气上不比其前任温和，但也确实解决了一些具体的不公平现象。例如 1920 年，海关建立了退职和退休制度，而这是被赫德长期抵制的。

邮局

除了为清政府服务的驿站外，中国公众是通过私人办的信局来寄送信函；这种信局利用能使用的交通工具，为一些大中城市服务。外国列强在中国开办了自己的邮政业务。1896 年，清政府建立了大清

---

① 晚到 1919 年，代表外籍外班的代表团，向安格联抱怨说："'外班'一词带来的污名，已经扩大到海关以外，在外国的所有社会关系中都有反应。"并报告了以下几方面的"普遍存在的情绪：内班人员极度看不起外班人员，在纪律争端中，外班人员得不到公平的待遇，只代表争端另一方和税务司方面……外班人员的私生活受到头等总巡不正当的干涉"。《半官方通报》第 29 号，《中国海关工作文献》，第 3 卷，《总税务司通报，1911—1923 年》，第 504 页。

邮局。在中华民国开始几年，六个缔约列强仍在中国保持其自己的邮局和独立的邮政业务。英国在 12 个大城市和西藏的 3 处地方设有邮局，法国在中国 15 个城市、德国在 16 个城市设有邮局；日本在中国关内 20 个城市，在满洲租借地内的 6 处，在满洲另外 23 处设立邮局；俄国在中国 28 个地区，其中包括满蒙多处，美国只在上海一处设立邮局。列强在中国设立邮局的辩护词，说是因为"在华的安全通讯得不到保证"①，这显然是侵犯了中国的主权。因为即使在从各个方面限制中国主权的各项条约中，都找不到外国在中国设立邮局的根据。虽然在 1914 年中国参加了万国邮政联盟，已使 1906 年的万国邮政大会上通过的《执行章程》中的一项条款归于失败（该条款为外国继续在中国设立邮局的国际法基础），但直到 1921—1922 年华盛顿会议，缔约列强才同意于 1923 年 1 月撤销其在华邮政。但是，外国对中国民族主义的让步，并不是没有附带条件；外国在华租借地的邮局要继续保留（日本人宣称，对此理解应包括满洲的铁路区，中国邮政部门由外籍人担任总办的特殊地位不得改变）。

外国邮政在主要港口所以要与中国邮政展开竞争，是因为在这些地方，潜在的邮政业务较易获利，而又不承担无利可图的边远地区的投递责任。在执行中国海关条例时，外国邮局的态度极为怠慢，在 1914 年后，曾几次拒绝中国邮局发往海外的邮件。外国邮局在 19 世纪 60 年代出现，也许是不得已的。但随着中国发展现代化的邮政制度，外国邮局再继续在中国存在下去，除了作为外国人在中国的特殊地位标志之外，就成为多余的了。中国邮局的现代化发展，是在海关的推动下出现的。② 在 19 世纪 60 年代，邮政作为海关的一项业务，在北京和条约港口之间传送几个公使馆的函件；到 19 世纪 70 年代和 80 年代，发展为一项向所有用户开放，并使用西方电报线路的邮政服务。在 1896 年 3 月改为大清邮局之前，很少中国人的信局和外国

---

① 出席华盛顿会议的日本代表团声明，引自惠斯特尔·W. 威洛比《外人在华特权和利益》，第 887 页。
② 郑英还:《中国邮政通讯及其现代化，1860—1896 年》。

邮政机构发生竞争，此后即不断稳步发展。

根据新的安排，大清邮局的管理属于总税务司，赫德把邮局作为海关的一个部门来经营。几个港口的税务司，也负责其管区的邮政事务。1898 年，24 名外籍人和 357 名中国人，从海关各部分分离出来，成立了邮务股。为了达到成为一家官方垄断机构的目的，邮务股一方面竭力设法限制信局的活动，另一方面又把信局吸收进来。1906 年，总税务司特命邮务司被派往上海、广州和汉口工作，以减轻负担很重的海关税务司的双重责任。虽然邮政局的业务和人员发展了（在 1911 年有 99 名外籍雇员和 11885 名中国雇员），但收入却落在后面。在邮局与海关分离以前，海关常给邮局补贴，使海关的邮局能够继续营业。

邮局与海关在 1911 年 5 月分离，大清邮局转归邮传部管辖，由前海关邮务股总办帛黎管理。帛黎此时任大清邮局会办。此人为法国人，1874 年进入海关工作，1901 年被任命为海关邮务股总办，民国后任邮政会办，直至 1917 年。帛黎的继任者为铁士兰，也是法国人。这反映在 1898 年列强在中国"争夺特许权"时期，中国对法国作出的许诺，即中国的邮政"在选择邮政人员方面，要考虑法国政府推荐的人选"。但帛黎作为邮政总办的权限，比海关总税务司的权限更受到限制，因为帛黎在形式上是邮传部的一个局长的下属，这也许是中国民族主义高涨的结果。在 1911 年以后，邮政局是中国政府的一个部门，而不是海关的（甚至安格联时期海关的）业务。但在以后的 20 年中，北京和各地仍有许多重要的邮政职务由外国人担任（是原来由海关调入的）。各地邮局职务的典型分配是这样，一名外籍邮务司总揽地区邮政，有华人或外籍副邮务司以及华人或外籍帮办协助其工作。北京的邮务总办（正式名称为邮政总局副局长）的办公室，还有 25 名左右的外籍职员，另有 75 名外籍雇员被派往各地。1920 年时，邮政系统有一半的外籍雇员是英国人，1/4 是法国人，其余是来自其他十几个国家；大约有 3 万名中国雇员在实际负责处理和投递邮件。

盐务

中外合办的盐务署是在 20 世纪，而不是在 19 世纪，是由列强强加给中国的。盐务与海关不同，也不如海关重要。

中国除了同意外国的咨询和技术指导外，是反对列强参与盐务管理的。外国人进入盐务，从 1912 年 2 月一直拖到 1913 年 4 月才结束，是列强向袁世凯政府贷予 2500 万英镑的《善后大借款》谈判的结果。当时主要的缔约列强——英、法、俄、德、日、美（美国在贷款谈判成功前退出银行团），通过六国银行团，寻求加强袁世凯政府，希望能够维持中国的统一和保护外国的利益。但银行家只有在获得足够保证条件下，才答应 2500 万英镑的巨额贷款。因为海关收入已完全用作以前几笔借款和庚子赔款的抵押，北京政府只能用第二保证，即用盐税的收入来作担保。作为发放贷款的条件，财团坚决要求采取措施对盐务进行控制（不仅仅是咨询和审计）。为此，几个国家迫使日益破产的袁世凯接受这个条件。因此，1913 年 4 月 26 日签订的《善后借款协定》第 5 款规定，在北京政府财政部下设盐务署；署内设立由"一位中方总办与一位洋员会办领导的稽核总所"。在每一产盐地设立一个分所，"设盐务运司华员一人，协理洋员一人，会同担负征收、存储盐务收入之责任"。

一个毫不掩饰的外国利益集团，插手中国的盐务税收之中。爱国主义者正确地将这种情况看作是对中国主权的侵犯；在有些省份的中国盐务运司和外国协理并列，看来很像条约港口海关的外国税务司和中国监督，在名义上分享权力的安排。事实上，由于盐政是中国政治机构中一个要害部门，具有平衡国内收支的微妙作用和长期的利益关系，因此任何外国进入其中都会有无法避免的摩擦。海关是对外贸易的成长而发展起来的新事物；而稽核总所与之不同，最初只表现为盐的生产运输、纳税、行销等环节，进入复杂的国库岁入机构之中。稽核总所强行加在盐务机构之上，以确保所征收的盐务税收能成为中央政府用来偿还善后借款，所以稽核总所在一个时期内，确实取得了对盐的生产和销售的控制大权。但这种控制除了保证分期归还善后借款的本利外，对国际商贸的增长和保护不发生作用。盐税收入的实际增长，主要是控制北京政府的人受益；在 1922 年以后，主要是地方军阀的督办们受益。

稽核总所的外籍会办和外籍属员，是欧洲各银行的代表；而欧洲各国的银行，又分别得到其各国政府的支持。所以稽核总所的外籍会办，不仅仅是协定第 5 款文字上所规定的副手。但在稽核总所并没出现像赫德在海关的情形，弄成"政府中的政府"局面。在稽核总所初期，外国曾施最大的压力给以影响，当时对袁世凯政府的作为看来有些希望；袁世凯对稽核总所的第一任会办丁恩也给予支持。丁恩（1854—1940 年）是以往在印度任职的文职官员，先后担任过北印度盐税专员，然后任印度货税和盐税的第一总税务司；在 1913—1917 年来中国任职期间，负责广泛的盐税方面改革。但其人绝非另一个赫德。[1] 财政总长和中国的总办，对丁恩一切工作给予形式上的批准，两人都是十足的傀儡。相反，丁恩和总长、总办尽管是代表官僚集权制的保守主义，却也卷入到民族主义的政治潮流之中。其利益在一段时间内，与外国辛迪加的利益是一致的；而且也乐于利用外国代表的势力，来压服地方上的离心势力。

盐务稽核总所的外籍雇员从未超过 40—50 人（1917 年为 41 人；1922 年为 59 人；1925 年，中国雇员共有 5363 人，外籍雇员为 41 人）。而在民国初年，在海关工作的外籍雇员超过 1300 人。[2] 与海关不同，稽核总所的大批中国雇员，不受外籍会办的控制，有十数名的外籍雇员担任外籍会办手下的行政人员，其余的外籍雇员则在各产盐区担任审计、经理、协理，或帮办。由于这些外籍雇员及与其地位相当的中国同僚，所检查和审计的不是对外贸易，而是中国国内商业的主要组成部分，所以中国雇员并没像海关监督那样被降低到多余的地位。与外国帮助下进行改革盐务稽核组织中国的雇员却相反，外籍雇员并不深入到迷宫般盐务组织基层中去。就海关而言，外国雇员既是受管理和抽税工作的主要参与者，又是管理者和征税人；1928 年以前，还是支付贷款和赔款的大量税款最终受款人。但在盐务方面，外籍雇员对外国的具体利益，只限于保证把税款收入按时付给外国财团

---

[1]　关于丁恩进行的一些改革，见 S.A.M. 阿谢德《中国盐务的现代化，（1900—1920）》。
[2]　日本外务省：《中国雇聘外国人人名录》。

的银行。到 1917 年 7 月，关税收入的增长，已经不仅可直接偿还先前各项条约所规定的外国债务，而且能够支付善后贷款。从此，偿还善后贷款，是盐务机构中的外籍雇员与外国势力发生间接的联系。

盐务稽核总所会办是英国人，该所的外籍雇员几乎一半都是英国人，这就加强了英国在北京和在长江流域的影响（在稽核总所的外籍雇员中，日本人的人数仅次于英国人）。两名稽核总办对"盐余"——即对超过善后借款分期支付数的盐税的控制，是根据借款协定的条款进行的。这些条款，要求全部收入一并存入外国银行，"非有总办、会办会同签字之凭证，则不能提用"。这使丁恩在北京有很大的影响，当然这需要各省的省长与督办能继续汇来大量盐税为条件。1922 年以后，稽核总所所报的盐税总额和中央政府所收到的份额，都急剧地减少。而关税收入一直仍在中央政府控制之下（甚至在军阀统治的鼎盛时期也是如此），中外共同负责的稽核总所，没有能够，也不打算阻止各省扣押盐税收入。丁恩的后任，是甘溥和韦礼敦两人。甘溥爵士是北印度的盐税专员，于 1918 年起任会办；韦礼敦原为英国外交官，长期在中国任职，1923 年起任会办。甘、韦两人的影响，比丁恩小得多了。从海关来的俄国人葛诺发被安排主管审计院，监督对善后借款的支付；另一位德国人 C. 伦普领导涉及未来中国政府贷款有关部门。但两人并未给所代表的两国政府任何一方带来什么利益。葛诺发仅是被告知一些中国人让其知道的事，而伦普从来也没受到过咨询。

经 济 利 益

外国势力在中国的存在是一清二楚的，但其间还有一些自相矛盾的情况。民国初年，外国公司、投资、贷款和人员在中国现代经济部门，都居于主导地位。但是，这个在当代文献和追溯性研究中，有突出记载的，仍是中国经济的一小部分。外国和中国的企业都曾稳步发展，但在 1949 年以前都没能迅速壮大。晚到 1933 年，中国国内总产值的 63%—65% 来自农业，这是完全没有外国参与的。南满铁路株式会社在满洲经营了一批试验农场，但在中国的其他任何地方，都没有外国种植场生产出口的农产品（茶叶、生丝、植物油和油制品、蛋制品、皮革和皮制品以及猪鬃），更不用说生产大米、小麦、蔬菜和棉花等主要农作物了。中国的手工业生产也没有外国参与，在 1933 年占国内生产总值的 7%，而外资占很大比例的现代工业部门则只占 2.2%。在运输业方面，帆船、大车、兽力和人力运输工具，为现代运输部门的三倍（占国内生产总值的 4%）。在现代交通部门中，外国拥有的轮船和所经营的铁路，占有主要的地位。中国的对外贸易，甚至中国港口之间的贸易，主要是靠外轮运输货物。中国的对外贸易总额，从未超过（也可能从未达到）国内生产总值的 10%。可以设想，如果 1915 年对全部外国拥有、控制、经营或影响的企业实行国有化，把所有的公私外债一笔勾销，也不会制造出多少能够用于经济与社会发展的"剩余"；以此与国内净生产总值 37% 的潜在剩余相比，也是微不足道的。这个 37% 的数字，是卡尔·里斯金根据 1949 以后财富和收入再分配取得的剩余计算出来的。[1]

但是，外国的工商业者及其资本依然是存在的。现在可以观察一下这些外国工商业者所采取的是什么形式和产生了什么影响。[2]

贸易

成立于 1832 年的怡和洋行，1867 年在上海开始营业的太古洋行，是最著名两家英国在中国的贸易公司。不像许多"中国老字号大店铺"，怡和与太古都经受住了 19 世纪 70 年代和 80 年代期间的激烈变化，商人由自行进口在市场销售的做法，为"委托商"所代替。怡和的总部设在香港，其分支机构则分设在各大港口。除了总的对外贸易部门和许多代理商号外，怡和洋行还控制着怡和轮船公司（该公司拥有 41 艘轮船，是沿海和长江航运的主要力量）和庞大的公和祥码

---

[1] 卡尔·里斯金：《现代中国的剩余和停滞》，载德怀特·H. 珀金斯《历史剖析中的中国现代经济》，第 49—84 页。

[2] 以下所引的统计资料，主要取自以下的来源：严中平：《中国近代经济史统计资料选辑》；侯继明：《1840—1937 年中国的外国投资和经济发展》；萧梁林：《中国的对外贸易统计，1864—1949 年》。

头公司。怡和在上海经营一家大棉纺厂（怡和纺织公司）和一家缲丝厂；代理俄国的外贸银行和有利银行，以及为数众多的海事和火灾保险公司与几家航运公司；并与汇丰银行有密切联系。太古洋行稍小一些，除在上海设总部外，还在其他 14 个港口设有分行，经营太古轮船公司，在长江和沿海有 60 多艘轮船航行；在香港经营太古制糖公司及太古船舶修造和工程公司；还有许多经营航运和保险业的代理机构（在第一次世界大战前，两百多家的欧洲保险公司由上海的商号代理业务）。仁记洋行也是一家在华的老洋行，在更早些时候，在广州、福州、天津和长江沿岸几个港口设有分行，但在 20 世纪前 20 年，只有在上海、香港和福州三处办事处。仁记洋行主要经营茶叶和生丝出口，经办代理机构的委托业务、上海房地产交易以及航运和保险业。老公茂洋行成立于 1875 年，是最早几家作为“委托商”经营业务的商行之一，为中国商人按契约方式购买进口货物，还在上海经营老公茂纺织公司。此外，如天祥洋行经营出口茶叶和进口成匹棉布以及航运业、保险业等。还应指出，在民国初年，英国商人面临日益增加的德、日两国商人的竞争。

1856 年起设在上海的兴成洋行，是上海最早的德国洋行，在香港、广州、汉口、天津和青岛都设有办事处；是一家著名工程公司和为工厂以及铁路提供成套设备的承包商；并以其为保险代理机构及广泛经营进出口业务，而广为人知。礼和洋行在 19 世纪 40 年代已开始营业，也许是德国最大的洋行，从事航运代理，经营上海的扬子码头货栈公司，出口羊毛、草帽缏、蛋制品和猪鬃，尤以进口德国重型机械、铁路和采矿设备（例如为汉冶萍钢铁厂及其下属的萍乡煤矿进口设备）以及兵器（为克虏伯兵工厂在华唯一的代理商）最为著名。礼和洋行设在上海九江路的总部大楼，是 1908 年公共租界中最大的建筑，在香港和六个条约港口设有分支机构。第三个重要的德国商行为美最时洋行，于 1866 年在香港开业，1877 年在上海设办事处；是北德劳埃德公司在华的代理商。

日本在中国最大的贸易公司，是三井物产会社在华的分支机构，设在上海和其他七处地方。除代表日本主要制造厂和保险公司外，三井还代理几个著名的英国、欧洲和美洲商行的业务；并开办自己的轮船航线，经营两家纺织厂（上海纺织公司和三泰纺织公司）。

在出口贸易方面，早期外国商人往往自己建立采购机构，进行以下两项业务：一是从分散的小生产者手中得到货源，一是为出口货物进行分等、拣选和初步加工。到 19 世纪后期，除了有些加工工作外（例如俄国商人经营的蛋制品、皮革和砖茶加工），这些业务大部分已由中国商人承担。就茶叶而言，外国商人几乎总是从在港口的中国商人处购买。现代的缫丝厂虽然是欧洲人引进到中国，但在 20 世纪开始时，大部分缫丝厂为中国人所有（有时有欧洲人——通常是意大利人当经理）。货物一旦在条约港口卸下，中国商人在进出口贸易中的作用更加突出。从 19 世纪 60 年代起，随着轮船航运的发展，从事进口棉织品或鸦片的中国商人，往往避开小的港口，而直接在上海和香港购买货物。虽然洋行在小港口没有被排挤出去，但其分支机构被关闭了，留下的则把业务集中在收购出口货和销售更专门的进口货，而不去销售大宗货物；大宗货物销售的业务，主要由中国人经营了。这样，在民国初年，外国贸易公司的业务，在很大程度上集中在大的条约港口，成为典型的代理商。在条约港口把进口商品卖给中国商人，并在这里从中国商人手中买进中国商品（并对一些商品进行加工）出口到国外。[①]

19 世纪 80 年代，纽约的美孚煤油公司把第一批煤油运到中国，再由太古和怡和等洋行经销。在怡和洋行与美孚煤油公司谈判为其在亚洲（包括中国）销售代理商失败之后，美孚煤油公司着手建立自己的市场销售机构，一开始只在上海把煤油售给在"内地"包销的中国商人。但不久美孚煤油公司就在大港口设驻地经理，并在该港口建立巨大贮油罐；指定中国"承销商"与之订立契约，严密监视代理商及其下小代理商的销售情况。"例如在有些地方（如芜湖），纽约公司的手已经伸向街头的小贩。"[②] 专门制作的中文小册子和招贴，宣传美

---

① G.C. 艾伦、奥德丽·G. 唐尼索恩：《远东经济发展中的西方企业：中国和日本》，提供了详细的记载。
② 拉尔夫·W. 海迪和穆里尔·E. 海迪：《开拓的大事业，1882—1911 年》，第 552 页。

孚的优质红飞马牌和较便宜的鹰牌煤油；免费分送，或低价出售带玻璃灯罩的小煤油灯（著名的"美孚"灯），为煤油的销售打开了市场。到1910年，美孚煤油公司向中国运来的煤油，占其总出口量的15%。（1935年的一项农村调查发现，有54%的农户定期购买煤油。）美国的推销员（许多人有大学学历）与公司签订三年为期的合同，公司付给其回国的来回船票，用美国方法训练的中国帮办，来代替外国洋行中的买办。美孚公司的代理人必须会汉语，不断在各处巡回视察，挑选销售商，用以保证广大地区的煤油供应。这些代理人像颇具事业心的传教士一样，深入到中国社会的基层，因此常与地方上的税收人员和地方官员发生冲突。在华的外国人中，有像孙明甫那样动人的事迹很少。孙明甫为上海东吴大学传教士校长之子，任美孚煤油公司镇江办事处经理，在1911年辛亥革命时，站在革命军方面，积极筹措参加江浙联军对南京城内清军的围困；后来又往来于各派军阀之间。

美孚煤油公司在中国的主要竞争者，是亚细亚火油公司（英、荷合营的皇家荷兰壳牌石油公司的子公司）。亚细亚公司也与美孚相似，自己直接控制销售网营业，也派来西方的推销员深入内地，在中国许多城市建立贮油设施，保有其煤油的所有权，直至售完为止。但美孚和亚细亚两家石油公司的成功，最终还是靠利用，不是代替当时中国的商业体系。其中国"承销商"，即批发商，一般都是殷实而有信誉，并经营有其他商业的商人。甚至美孚煤油公司独特的黄色门面店铺的零售业主，也都是当地颇有名气的商人。

辛格缝纫机公司和主要销售纯碱、颜料和化肥等化学产品的卜内门洋碱有限公司，赚取巨额利润的英美烟草公司，也都是依靠中国的市场商业体系，将产品最终到达消费者手中。[1] 英美烟草公司在营业中是与众不同的，除了进口英美制造的纸烟外，到1915年经营在中国设立的六个大工厂，这些工厂都享有治外法权，避免缴纳大量的直接税。从1913年起，英美烟草公司使用美国烟种，积极改造山东农

---

[1] 见谢尔曼·G. 科克伦《在中国的大买卖：烟草业中的中美对抗，1800—1930年》（耶鲁大学1975年博士论文）中有关在华英美烟草公司的部分。

民种植烟草技术——这种外国势力进入中国农业生产现象，在中国是少见的，而在完全是殖民地的亚洲国家，却是典型的。该公司在外国代理商管理之下的批发零售体系，完全凌驾于中国现有的运输和销售设施之上。在山东——这个早已种植烟草的地方，分配烟种、化肥以及收购烟叶，英美烟草公司主要是依靠中国的中间商。

除了商业结构本身外，中国经济的普遍贫困状况，从根本上限制了外国商人及其产品对中国的冲击。只有煤油、纸烟和进口布匹（在其被中国棉织品竞争取代以前）等的大量倾销，是几个重要的例子。甚至在 1936 年，中国（包括满洲）人均对外贸易额小于任何其他国家人均贸易额。如有的分析家所指出的，对于像中国这样幅员辽阔、资源丰富的"不发达国家"来说，其在世界贸易中所占的份额及其人均对外贸易额，也不算是"异常"的低。而事实的情况，是外国对中国的农业和矿业产品的需求，仅仅产生很微弱的"逆向联系"（即在中国经济中诱发出对其他产品生产的需求），而进口的制造产品或加工产品，主要是满足于最终的消费需求，因而仅仅产生非常微弱的"正向联系"（即资本或原料输入到中国的生产）。外国企求经济利益来到中国，直接影响中国近代历史发展进程的，与其说是具体的经济影响，不如说是在特权条件下，对于其政治和心理方面的影响。

银行业

在中国缺乏现代金融机构的情况下，早期在华的外国商社，在经营进出口贸易所需的各种辅助性服务，如银行、外汇兑换和保险等，是由这些商社自身提供的。但进入 20 世纪 20 年代以后，已有 12 家银行在中国开业。[①] 这些银行主要为外国商社的进出口贸易提供资

---

① 麦加利银行，1858 年起在华开办（总行在伦敦）；汇丰银行，1864 年组成（总行在香港）；有利银行（总行在伦敦）；东方汇理银行（总行在巴黎），1899 年在华；华比银行，1902 年起（总行在布鲁塞尔）；德华银行，1889 年起（总行在柏林）；花旗银行，1902 年起（总行在纽约）；和兰银行，1903 年起（总行在阿姆斯特丹）；道胜银行，1895 年起（总行在彼得堡）；横滨正金银行，1893 年起（总行在横滨）；台湾银行（总行在台北）。

金，也向中国商人提供一定数量的贷款；但其影响中国商业体系的主要形式，是向钱庄贷出短期"货物贷款"，钱庄转手把钱再借给中国商人。这些外国银行向钱庄提供的信贷，随着辛亥革命的爆发而停止，曾一度使外国银行对上海的货币市场产生重大影响。[1]

外国银行实际上控制着中国的外汇市场。中国的银通货和金通货（国际本位）之间的兑换率，往往是波动很大的。外汇的兑换交易和国际性套汇，使外国银行（特别是汇丰银行）获得巨额利润。汇丰银行每天公布汇率，被上海市场承认为官方汇率。外国银行利用其治外法权地位发行钞票；外国银行在中国发行钞票的权利，中国政府从未予以承认，但又无力制止。1916 年在中国流通的外国银行钞票的总值，几乎与中国公私银行发行的钞票数额相等。[2] 有钱的中国人把自己的流动资产存入外国银行，这为外国银行提供了进行外汇交易所需白银稳定的来源。但是，更重要的来源，是大银行在中国偿还外债和支付赔款中所起的作用。偿债和赔款，使关税、盐税和许多铁路营运资本源源不断流入这些外国银行。此外，这些大银行还通过与欧洲债权人，从安排赔款和铁路贷款中获利。获得在华修建铁路和采矿特许权的外国公司，经常是这些银行的分支机构。例如中英（银）公司，与汇丰银行有密切关系；德国在山东的铁路和采矿公司，与德华银行的关系也是如此。在 1895—1914 年期间，一份关于英国银行从发行钞票和中国归还贷款中获益的研究断定，利润平均是贷款票面价值的4.5％（非铁路贷款）至 10％（铁路贷款，通常列有利润分成条款和银行充当购买代理人条款）。[3]

在 20 世纪 20 年代，特别在 1928 年以后，外国银行丧失了其某些特权地位；由中国政府支持的银行，取得在资助对外贸易上的突出表现。然而，除了对外贸易和政府财政外，外国银行对中国经济的影

---

① 安德烈亚·李·麦克尔德里：《上海的钱庄，1800—1935 年》，第 21—22 页。

② 见献可：《近百年来帝国主义在华银行发行纸币概况》。

③ C.S. 陈：《英国银行家从中国贷款所获利润，1895—1914 年》，载《清华中国研究杂志》，新版 5. Ⅰ（1965 年 7 月），第 106—120 页。

响是微不足道的。如同外国银行的主要客户贸易商行一样，外国银行之能影响于中国，主要是因为其为外国的，既享有特权，又常常非常蛮横。这些银行与中国一些为数很小，但分布广泛的现代经济部门有所联系。例如，1910 年上海橡胶市场上的投机活动，严重损害了四川铁路公司的利益。该公司要求清政府用粤汉铁路国有化办法来弥补其所受损失；而这样做的结果，却加速了辛亥革命的爆发。总的说来，虽然金融大恐慌会成为头条新闻，而上海和其他港口与广大内地，只有松散的经济联系；即使是外国（甚至是中国人），虽取得对现代经济部门的统治地位，但也难以控制整个中国。

制造业与采矿业

在 20 世纪的第二个 10 年，外国人在四种工业中占有优势的份额。而在 1933 年，占中国现代工业净产值的 52％，这些工业是棉纱和棉布、纸烟、煤矿和电力。[1] 1933 年，外国企业的产值，占中国制造业总产值的 35％；但对 1910—1920 年与之相比的估计数，却无法作出。在这个十年期间，中国现代采煤工业的 75％—90％ 和将近一半的棉纺织工业，是操在外国人手中。表 36 显示了外国人在采煤工业和棉纺织工业中所占的份额。虽得不到实际产量的数字，但仍可以通过卷烟的产销量上看到，外国人在卷烟业中是占着统治地位。1919 年，英美烟草公司的销售量为 120 亿支纸烟（大部分在中国生产）。而其主要竞争者的中国南洋兄弟烟草公司，仅生产 20 亿支纸烟；两相比较，即可判断。大港口的发电——1910 年至 1920 年没有发电量的资料，基本上也是由外国所控制。

当然，我们应当避免根据有关现代经济部门的统计资料，去作出过多的结论；因为这些是唯一可得到的定量资料，所以必须要慎重处理。1902 年，英美烟草公司的建立，虽大大促进了卷烟的销售；但没有证据证明，在城市以外，消费烟草的主要形式，中国人已不再是 17 世纪以来普遍吸用的旱烟、水烟或鼻烟。甚至晚至 1935 年，只

---

[1]　约翰・K. 张：《共产党统治前中国工业的发展：计量分析》，第 55 页。

表 36 采煤工业和棉纺织工业中的外国份额

| 年份 | 采煤
(用现代方法开采按
吨计算的总产量%) | | 棉纱和棉布
(开工的纱锭和织布机的%)* | | | |
| | | | 纱锭 | | 织布机 | |
	外资 矿	中外合 资矿	外国人 所有	中国人 所有	外国人 所有	中国人 所有
1910			30.3	69.7		100
1912	42.6	49.3				
1914			46.0	54.0	50.1	49.9
1915	35.2	54.5				
1918	34.1	43.2				
1919			43.6	56.4		
1920			41.9	58.1	49.0	51.0
1921	30.9	45.0				

* 在中外合资厂内的纱锭和织布机数被平均分到外国人所有和中国人所有两栏。

有 19% 的农户购买任何一种卷烟。关于棉纱,1905 年只有总消费量的 18%(1919 年为 34%),是由中资或外资现代纱厂生产的。1905 年和 1919 年的棉布可比数字,分别为 1% 和 5%。手工纱和进口纱,占 1905 年消费量的 82%,占 1919 年的 66%;而棉布则分别占 99% 和 95%。这说明在中国最发达的现代纺织业中,外国人所占的份额是如此之大;即使是如此发达的棉纺织业,也不能供应绝大部分中国人口的穿着。1912—1921 年期间,用现代方法开采的煤,平均年产量达 1000 万吨;甚至用现代和传统方法开采的煤,平均年产量为 1600 万吨,也只能为 4 亿至 5 亿中国人消费煤总量的一小部分。多数中国人仍像以往一样,用木材、稻草和麦秆等植物废料为燃料。甚至在 1933 年,中国煤的总产量只有 2800 万吨(1973 年为 2.5 亿吨),几乎全部消耗在大城市和铁路、轮船以及小型现代制造业。与此相类似的,1933 年共发电 14.2 亿千瓦小时(1973 年为 1010 亿千瓦小时),其中 63% 是外资厂发的电;电厂所发的全部电力,都用于较大的城市。

在 1919 年,中国 45 家棉纺厂中,15 家为日本和英国人所有;外国棉纺厂纺的纱,平均比中资棉纺厂的纱高 5 支至 7 支。中国工厂所以能够顶着外国厂很强的竞争,并在以后的年代中保持着在市场的份额,纱的支数的差别具有很大的意义。纺低支纱需要利用比纺高支纱更加劳动密集的技术，这样适合中国资本少而劳动力较便宜的情况。此外，手工织布者愿买低支纱作经纱，用手工纺纱作纬纱，织成经久耐用的粗布；农村对其需要的量很大，也受到农村人口的欢迎。这样，生产中出现了外国厂和中国厂遂部分产生分离市场经营的倾向；大部分外国厂的产品，供应条约港口和其他大城市的消费者。卷烟工业也是这样。在卷烟业中，南洋兄弟烟草公司生产比较价廉的纸烟，供应在英美烟草公司产品消费者以外的一些瘾君子。在采煤业方面，外国矿通常与中国矿不在一个地区。在银行业方面，如前所述，外国银行专门为国际间的贸易提供资金。

当然，现代产业部门，包括外资企业，一直是不断发展的，并且成为以后中国经济发展的重要基础。事实上，1937 年以前的中国工业部门（包括满洲）的年平均增长率，为 8％至 9％。[①] 此外，对于1949 年以后的中国经济发展，这些工厂都作出了重要贡献。另外，上海和其他地区的一些小型机械制造厂，在克服 60 年代的经济困难中起了重大作用。[②]

可以质疑的看法，在现代制造业部门中，值得注意的外国的作用，是使中国经济全面落后的主要原因，或是造成 1949 年以前削弱中国经济不平衡特征的主要原因。不论工厂是外资的还是中资的，就其发展和分配两者来说，如与有特权的（就现代工业而言，有时是占优势的）外国人在华的政治和心理影响相比，其经济后果是很不重要的。对 1949 年以前中国工业的研究，不仅显示了如前所示的引人注目的发展速度，而且证明中资企业与外资企业同样高速度地发展。[③]对 20 世纪的长期发展趋势虽不完全清楚，但仍能表明，中国人在对外贸易、银行业中，也和在工业部门一样，中资企业在资本和产值方面所占的份额，都是逐步增长的。至于传统经济部门（例如手工制造

①　约翰·K. 张：《共产党统治前中国工业的发展：计量分析》，第 70—74 页。

②　托马斯·G. 罗斯基：《制造工业的发展，1900—1971 年》，载珀金斯编《中国的现代经济》，第 203—234 页。

③　侯继明：《中国的外国投资和经济发展》，第 138—141 页。

业）受现代工业的打击，主要是由中资现代部门造成的。因为中资现代部门主要服务于地理上和技术上很分散的农村，而外国厂家产品的主顾是相对富裕的城市居民。从长远来看，外国企业最重要的作用，是把机器工艺和组织现代工业技术转移给中国。这种"示范作用"，还在金融和商业部门中发挥作用。在 1911 年以后，中国的现代银行和保险公司在工业部门的作用日益增强，按外国企业模式建立起来的中国外贸公司，在 20 世纪 20 年代也开始显示其重要作用了。

外国企业因享有以下的"不公正"条件而获得利润：享有治外法权的地位；能够逃避交纳直接税，特别免受中国官吏的压制；接近外国的资本市场，有较好的管理和技术改进。外国企业的特权地位及其目中无人的傲慢，助长了 20 世纪"服用国货"情绪高涨的民族主义。中资商号通过抵制（例如 1905 年、1908 年、1909 年、1915 年、1919—1921 年）外国厂商生产的货物，抵制进口货，通过比中资企业更为频繁发生的外资企业中劳资纠纷，来煽动民族主义情绪。反帝情绪日益高涨起来，但事实并不像民族主义宣传所断言的那样，在华的外资工业真的阻碍了中国的现代化，损害了手工业生产（这与前一种说法是有矛盾的），阻止了中国制造业的发展，或者比本地资本家更加厉害（或较少）剥削工人。

运输业

在 20 世纪前 20 年，中国对外贸易总值 85％—90％的货物，是由悬挂外国旗帜的船只运送的。外轮还在对外贸易港口，即条约港口之间，沿海岸贸易中运送 2/3 的货物；由于这类货运由外轮运送，所以也列入海关的统计之中。对于"内河航运"，也就是驶往条约港口，即对外贸易港口以外的河港码头，或河港码头之间的轮船贸易，海关只对进出这些港口应纳税的货物进行登记。在缺乏确凿有据的数据情况下，可以根据按照 1914 年的航运章程，对进行登记的外国船（1152 艘）和中国船（211 艘）来判断；这项内河航运业也是受外国航运业的控制。

中国的海外贸易主要是通过外国船只进行，这本是不足为奇的；

但在国际法中，沿海岸贸易——即沿海岸和内河航运，一般只是由本国船只进行。外国船只在中国港口之间运输和在中国内河航行，这是缔约列强强加给中国的，中国甚至在理论上都没有得到对等的权利。

不可能在数量上进行准确的估计，外国轮船在中国沿海和内河的航行，影响了中国传统的帆船及其船工。中国政府对扩大轮船航运所持的反对态度，反映其对失业船工造成混乱的担心。但在另一方面，总的来说，中国帆船从内河贸易的发展中是得到好处的。在轮船不能到达之处，50万艘帆船的运送货物，遂进入日益兴旺的商业活动之中。这些船只不仅在大江大河中航行，而且也往来于运河与小河流组成的广阔水网。20世纪30年代的计量数据及分散的统计表明，帆船仍是南部中国的主要运输工具；甚至在1959年，中华人民共和国国内货物运输总量，只有36％是由现代运输工具运送的，其余部分仍主要是由帆船运送。

在1903年至1918年期间，长江轮船航线主要由四个航运公司所均分，即是太古轮船公司、怡和洋行的怡和轮船公司、日清汽船会社和中国官办的轮船招商局。新英格兰的船长和苏格兰的轮机长，在英国和中国的船队中都占统治地位（"据说，如果你要'轮机长'，只要向下对轮机舱口喊一声'麦克'〔即'老兄'。——译者注〕，他就露面了"）。[1] 为了避免引起价格竞争，这些大轮船公司常常在内部商谈航运的价格。总的来说，英国和日本船只在中国外海和内河港口之间的贸易运输业中，占有统治地位。日本人也逐渐赶上其对手的英国人（1910年，海关记账和清算的总吨数中，英国人占38％，日本人占21％；而1919年，英国人占38％，日本人占29％）。

1914年，运输业几乎占外国在华直接投资额的1/3（31％）；大部分为铁路投资，投入轮船航运公司的资本较少。外国在铁路上的权益是复杂的，从享有许多未兑现的铁路修建权，到直接控制几条主要铁路线。铁路贷款合同规定，往往把修路权也给予贷方（债主作为购买进口物资的代理人，可获取巨额利益）。在1908年津浦铁路签订合

---

[1]　盖乐：《中国的盐务：1908年至1945年我在中国的经历》，第66页。

同之前商定，在贷款期间，铁路的管理权交予贷方。在 1908 年以前的一些合同规定，在贷款偿清之前，贷方有权分享铁路运营的纯利润。甚至在 1908 年以后，大部贷款合同还规定，须聘用一名外国总工程师；这意味着贷方也参与了铁路的管理。

到 1918 年，中国在运行中总长近 6700 英里铁路（包括满洲）中，完全用中国资本建筑的铁路，包括尚有数百英里未竣工的粤汉铁路，京奉铁路中的天津—山海关段，以及 376 英里的京绥铁路。京绥铁路是一条由中国的工程师建造的。外资铁路总长 2487 英里：中东铁路（俄国，1073 英里），南满铁路及其支线（日本，841 英里），云南铁路（法国，289 英里，轻型窄轨），胶济铁路（德国，1915 年起为日本，284 英里）。在 1913 年至 1915 年期间，根据记载和统计，需要中国官办 4000 英里铁路的路轨，才能连成了全国的铁路网。这一措施得到（密歇根大学和州际商务委员会的）亨利·卡特·亚当斯博士的帮助。亚当斯在 1913 年至 1917 年期间，在中国政府担任铁路账务标准化的顾问。但是，外国的金融集团对中国这 4000 英里铁路网，仍继续在不同程度上享有财务利益。通过贷款合同规定，英国的投资者实际上控制了京奉线（600 英里）和沪宁线（204 英里）；通过雇用英国总工程师和其他人员，参与津浦线南段（237 英里）、沪杭甬线（179 英里）和道口—清化线（95 英里）的管理。一个法国总工程师代表山西正太铁路（151 英里）法国贷方的利益；而比利时、荷兰和法国的工程师和会计师，则监督 1918 年已经建成的 365 英里长的陇海铁路。

西方列强帝国主义的目的，是外国资本投入中国铁路的原因。作为外国破坏中国主权和领土完整的象征，外国有特许权修筑的铁路，以及中国所负担的沉重外债，引起中国人的民族主义愤慨。外国的政治利益，使其在满洲建设了一条不适当的铁路平行线。虽然对下面的问题还没有进行过研究，可能由于中国的内战和对外战争以及政治上的变化，投入中国铁路的相当大一部分外国资本，从没得到归还。总之，外国人投入大量有形资本的建设，在为中国北部现代化交通设施起了决定性作用。在这里，缺乏水上航道为之联络的各经济区，互相阻隔，成为经济发展的主要障碍。中国的官办铁路，甚至支付了外债以后，在 1920 年还从总投资 5.22 亿元中取得利润 4100 万元。这 4100 万元，有总投资中的中国政府份额的利息；如果这部分利息按 5％计算，仍然留有 3100 万元的纯利。在军阀时期，特别从 1922 年起，政府铁路利润下降，北京政府所能控制的比例越来越少。尽管如此，这些由外国人提供资金和主要由外国人修建的铁路，毕竟是中国经济上的成功之举。

财政

在 1912 年至 1921 年的 10 年中，至少有 70 笔大部分是小额无担保贷款和预支款（在 1921 年，未归还的余额，也许共计 2 亿元），由形形色色众多外国贷款人，贷给中央政府和各省的各种机构。数额最大的几笔，是 1917—1918 年的"西原借款"，日本利益集团企图通过这些贷款，来获得其在满洲和蒙古的要求。由于北京政府日益恶化的财政状况，这些贷款大部分都拖欠下来。对比之下，在 1925 年之前，约有 3 亿元未偿还的铁路贷款余额，按期从几条铁路的收入提款归还。但中国向外国所借的外债，绝大部分如下：甲午战争对日本战费和赔款、庚子赔款、1912 年的克利斯浦贷款、1913 年的善后借款。这几笔借款合计在一起，1921 年未归还的余额将近 10 亿元。[①] 这些债款，全部用关税和盐税的收入作担保，或者用二者之一作担保，并且不间断地支付借款本利。

除了铁路贷款外，这些外国资金对中国经济建设没有贡献。用于以往赔款的贷款以及义和团运动后的庚子赔款，成为中国资本的净流出。其他的贷款也被北京政府用于非生产性的行政和军事费用支出。外国贷款者有的支持中央政府，有的支持某一政治派别去打击另一派别。外国贷款者们在上海的银行，作为归还贷款担保的关税和盐税收入都存入这些银行，并从其对外汇市场（中国的白银在这里折换成贷

---

① 徐义生：《中国近代外债史统计资料，1853—1927 年》，载《中华年鉴，1923 年》，第 713—727、744—748 页。

款合同规定的黄金，归还贷款）的控制中获取利益；也许会取得对北京政府的政治影响。不包括庚子赔款，在 20 世纪第二个 10 年中，中国每年支付的外债利息和分期偿还的外债，至少相当于中央政府日益减少收入的 1/4 或 1/3（民国初年的财政资料，是一个未经研究的领域）。

对民国初年的中国外债状况，唯一值得称道的，是中国的外债额在 1921 年为人均 3 元，这个数字是很低的。

总的来说，外国人在中国的经济收益（部分以其特权为基础，并靠这个特权使收益能成倍增长），并不是完全从中国的经济福利中取得的。相反，中国自身的现代化——即中国经济开始出现"上层平衡圈"；这个平衡圈把中国经济限制在低产量的水平上而徘徊不前——只是由于进口外国货和外资，在中国制造业引起外来冲击作出反应，中国的现代化才开始的。① 尽管国民生产增长的速度缓慢，社会分配也不够合理，但是贸易、制造业和运输业中的外国投资以及技术的引进，使中国的经济产生了向发展方向的有益变化。如果是在不同的政治背景下，中国能有一个有效率的政府来管理，那么，对外贸易和外国制造业与国内经济的中资部门，其间的联系会有更多的由逆向转为顺向。无论如何，外国经济在中国的存在，只是促使中国政体衰弱的一个因素——而且不是主要的因素。

---

① 见罗伯特·F. 德恩伯格《外国人在中国经济发展中的作用，1840—1949 年》，载珀金斯编《中国的现代经济》，第 19—47 页。

第四章

辛亥革命后的政治风云：袁世凯时期，
1912—1916 年

　　辛亥革命后的最初几年，即袁世凯任中华民国第一任总统时期（1912—1916 年）；对此，可以用两种完全不同的方法来进行讨论。第一种是强调军阀统治的开始，政治统一解体，军事统治出现，不讲道德，背信弃义，利己苟且精神在当权者中蔓延。这种观点认为，这次革命的成功，甚至在取得成功的瞬间，革命已经变得没有意义了。1912 年 2 月，当庄严的统治大权从幼小的满族皇帝手中正式交予袁世凯之日起，中国失去了具有两千年历史，又是强有力的政治统一象征的君主政体。从此，占据国家中央地位的，却是一个既无政纲，又无帝王权威的一个反动、无耻军阀。由此看来，新的共和制的意义实在不大。按照这种观点，革命的后果，迅速导致了袁世凯庇护下军阀统治的局面。

　　第二种看法认为辛亥革命是以前革命的继续，不能看成是中国政体衰弱过程中的又一事件，而是一场更新政治与更新社会的民族主义运动高涨。革命后的实践，经受了地方分权自治和中央集权两种互相对抗观念的检验；这两种观念，在民国的前 10 年间，都各自赢得拥护者。辛亥前后是一个充满政治活力的实验时期。伴随着政治实验的开展和政治参与的扩大，与中央集权统治之间的冲突也展开了。但是，这两种互相对立的纲领，在其各自经历了蓬勃的活跃时期之后，军阀主义的特征才暴露出来。按照这样的解释，袁世凯担任总统的时期，最好被理解为中国民族主义第一次浪潮的逻辑结果；既包含了这个浪潮的优点，也包含了这个浪潮致命的缺点。

　　两种观点，各自都可以收集到丰富的资料来维护其观点。本章的叙述偏重于第二种看法。因为持此看法，似乎更能解释当时最主要的政治走向；袁世凯之就任总统，仅是这些政治走向之一。但是，对此时政治家言过其实的颂扬，第一种看法倒是一剂有效的矫正药。民族主义的第一次浪潮，毕竟没有达到主要目标，建立独立与强大的中国；要恢复中国的主权，还需要作更彻底的努力。而与此同时，军阀主义却以其特殊的破坏大肆干扰。

含混意义的传统革命

无论倾向何种看法，但都必须承认，对辛亥革命的成败有多种解释；政治体制没有解决的紧张局势，一直延至民国初年。本章关于这个时期的叙述，就从这些多种解释或紧张局势开始，并进而讨论其各种根源。

对辛亥革命后果的不同理解，是从革命本身通过谈判来解决开始的。1911 年 11 月，在革命军取得初步成功后的一个月，清政府的官员和同盟会革命党人代表，举行了最初几次会谈。双方的正式谈判是当年 12 月开始的。1912 年 1 月，主要问题已经议定①，同年 2 月 12 日清帝退位。三个月后，新的中华民国政府自南京移驻北京行使职权。到底是谁赢了？从 1913 年和 1916 年两次起兵，对北京政府的武装进攻（有时称为二次革命、三次革命）来判断，我们可以得出结论：1912 年的谈判解决办法，是不稳定的妥协。

一方面，这样的解决办法巩固了巨大的革命成果。清王朝被推翻了，这是胜过过去无数次起事的伟大业绩，包括 19 世纪中叶的太平天国叛乱在内。再者，代替清王朝的是新的共和形式的政府，维护众多积存下来的陈旧看法和政治习俗的帝制已被废除。这两项成就已被证明是不可逆转的。尽管 1915 年至 1916 年以及 1917 年曾有两次恢

---

① 校注：作者在此处未述及 1912 年 1 月 1 日中华民国南京临时政府的成立，而将 1912 年 2 月 12 日清帝退位作为中华民国的开端。中华民国历史始自 1912 年 1 月 1 日，不能作始自 1912 年 2 月 12 日。

复帝制的尝试，但主张共和政体革命党人的两项最低目标是永远达到的，即推翻满清，建立民国。

另一方面，对于那些最早献身革命的人来说，新建立的政体远非其理想之政体。优待童稚的清朝退位皇帝及庞大皇室，包括承诺一笔巨大的皇室津贴。[①] 可能这是一项无害的让步（尽管清帝溥仪幸存下来，日本人在 30 年代得以利用其在东北建立奴颜婢膝的伪满洲国）。革命者的愿望，与新的国家元首袁世凯大相径庭，而且受到袁政府高级官员的严重危害。革命党发言人所以接受 52 岁的袁世凯来领导新政府，以对袁氏的安排作为清帝退位的代价，也是为了避免长期的内战。有人甚至对袁氏将来发挥的作用抱乐观看法，认为袁氏有能力，在清政府官员中堪称"进步分子"。袁氏的权力毕竟受革命党人制定的《约法》所限制，包括内阁和议会的限制。但是一个宪法总统不承担明确的为革命和共和献身义务，这就是妥协让步引起严重隐忧的根源。袁世凯不愿离开北京，去到南京就任临时总统。1912 年初，南京是革命势力的中心，这就加剧了隐忧。更加使人不安的，是有经验革命家的作用受到限制，在北京首届共和内阁中，被排除在财政、军事的职务[②]之外。谁赢得了革命，这仍是个模糊不清的问题。

革命对国家统一有什么影响，这又是一个具有不同理解的问题。按照民族主义的想法，革命要保全清王朝的领土作为新国家的领域，并以此作为新统一国家的基础。袁世凯之就任总统，即导源于这种迫切性的需要。实际上，革命已切断了各省与中央政府之间大部分行政联系。具有讽刺意义的是，由于对袁世凯总统的不信任，有些省对于恢复其与中央的行政联系，竟予以抵制。更有甚者，地处边陲的外蒙古和西藏，有脱离中国政府的倾向。

就蒙古和西藏来说，汉族的民族主义在这两方面受到抵制。当地的非汉族首领，借机想摆脱北京政府的控制，从而缩小了清朝留给民国的遗产。而列强则趁此时机扩大其势力范围，以紧缩对中国的战略

---

① 校注：此皇室津贴，初为岁用 400 万两，待铸新币后，改为 400 万元。

② 校注：原南京临时政府陆军总长黄兴与财政总长陈锦涛，均被排除在北京政府内阁之外。

包围。清末，这两个传统属于中国的旧属地①，开始反抗清政府的干预，蒙、藏的上层开始进行摆脱北京当局的活动。在 1911 年末和 1912 年初，这些分裂活动在王公领导下取得成功。② 分裂者为巩固其成就，外蒙古去依靠俄国的保护，西藏去依靠英国的保护。后来，北京政府为收复这些失地作出努力，只能采取同这些欧洲列强谈判方式。无论是俄国还是英国，都不坚持把这两个地方成为其完全的殖民地。但是，民国初年的历届北京政府对两地所能挽救的，只能对清朝时的这些边陲地区保持微弱的宗主权。

外国政府以不同方式利用了革命的混乱。外国参与征收中国关税的程度大为增加；外国特派员不仅成为估税员、会计师，而且成了实际的收税员。不仅如此，按照革命时期的临时措施，海关的收入在支出之前，要存入外国银行，支出时才予提取。这项措施，使外国金融家增加了对海关的控制，从而可以获取更多的利润。辛亥革命时期，外国趁混乱之机扩大了在华各种特权，遂使之产生了人们的误解，错误地认为革命损害了中国的民族主义，也玷污了革命的旗帜。

标志革命特征的许多情况，有助于说明为什么对革命的后果有不同的解释。同盟会虽广泛有力地领导革命运动，但在辛亥革命以前的年代里，没能够团结一致；其全国领导人往往与各省的革命发展联系甚少，不能把革命进程中成长起来的各种势力，融为一个紧密结合的整体；害怕持续的分裂和内战可能导致外国的全面干涉——革命党人在战略上和心理上对此是完全没有准备的——这种恐惧心理挫伤了革命党人团结一致的革命决心。因此，尽管革命军队凑合在一起，总数远远超过清政府指挥的军队，但由于上述的恐惧，最终作了妥协让步。妥协的方案，是革命党人同意清政府的总理大臣袁世凯出任民国

---

① 校注：此处原文作"these old dependencies"，译意为"这些旧属地"。清雍正五年在西藏设驻藏办事大臣，驻拉萨。清雍正十一年于乌里雅苏台设定边左副将军，喀尔喀蒙古四部及唐努乌梁海各旗与佐领统属定边左副将军。上述两地均隶中国版图，不应列为属地。

② 校注：1911 年 12 月 1 日，外蒙古哲布尊丹巴活佛宣布独立，驱逐了清驻库伦办事大臣三多。哲布尊丹巴称大汗，年号"共戴"。

首任总统。虽然已有 14 个省成立了革命的军政府①，但同盟会仅在光复后的 3 个省（广东、江西、安徽）担任都督，也有坚定的拥护者可以依靠。事实上，革命党人从来没有完全掌握革命的形势，只是迫切要求尽早结束当时的混乱局面。

革命的另一特征，与政治激进主义随之而来的，是社会方面的保守主义，遂由此导致了对革命后的多种不同解释。这场革命，以近代的西方政体模式，取代中国古老的政体。《约法》规定国家主权属于人民；国会（或称议会）、总统、内阁、法院行使国家权力。但是，在不久以后，事情就变得很明显，在新的政治体制中，原来占优势的社会名流，不会从其占支配的地位被撤换下来；相反，旧统治阶级中当权人物又都一一出现了。在四川和陕西，秘密会社及下层社会的支持者虽十分活跃，但尚不足对军官、革命政治活动家以及地方自治团体②领导人构成严重的威胁。这时，所有三个最有实力的集团，在社会上都是有名气的人物，也大都是士绅。另一个对现存社会秩序的威胁，则来自数省的民军。这些民军都是当初被动员来支持革命的，但此时也受到了控制，并且对地方没有必要，被予以强行解散（广东就是显著的例子）。

随着社会政治参与的不断扩大，民权得到正式的承认；这是激进的。与此同时，有组织的革命力量，不论其互相之间如何争吵不休，但都一致同意把政权掌握在上层士绅手中；这是保守的。作为革命的湖南都督焦达峰，1911 年底，被认为其势力的基础在秘密帮会时，即遭暗杀。围绕在省议会议长谭延闿周围的，是社会上更为保守的集团，遂夺取了政权。贵州的革命政府刚刚坚持同下层分子结盟，于1912 年 3 月，就被邻省云南的革命军队所推翻。自 19 世纪晚期以来，中国社会的精英名流，在文化风格和经济活动方面，已变得更加多样化了。但在辛亥革命的余波中，精英名流们为了维护其自身利

---

① 校注：此 14 省为安徽、江西、广东、江苏、湖北、湖南、山西、陕西、浙江、福建、广西、四川、云南、贵州。
② 校注：当时称为立宪团体，以预备立宪公会及各省谘议局为代表。

益，表现出奇特的凝聚力与决心。少数的革命变节者和动摇分子，被
轻而易举处置了，根本用不着上报北京的袁世凯政府。

士绅阶层在成功挫败对其构成威胁的社会力量之后，遂向国家
和省的领导人提出两项要求，即国家应维护统一，地方应享有自
治，这是革命后的紧张局势所以未得缓解的另一个原因。中国的统
一是珍贵的历史遗产；而外国对中国的野心图谋，也是迫切的现
实，需要图谋对策的。对这一基本的看法，几乎不存在什么分歧。
但如何去组织国家的统一呢？随着革命的发展，一些重要的政治领
袖和团体，竭力主张实行中央集权制，其中以北京的袁世凯和边远
的云南省都督蔡锷主张最力；中央集权制也是许多党派政纲中的要
点。但在革命后的最初数月中，中央集权制的呼声被地方自治鼓吹
者的声音所淹没，并在国会①中被否决；这些鼓吹者往往是省自治的
极端拥护者。

认为各省自治较之中央集权制，更有利于中国的民族主义。这种
观点在清末即已广为传布。大多数省份在革命后，也都以完全自治的
姿态出现，无意于放弃其已得到的特权，包括统率地方的军队，截留
税收，选任省级和省内地方官吏。与此同时，省级以下的县议会的影
响力和自信心，也大为增强了。在地方主义者的心目中，统一和自治
两项要求，可以融合在联邦制的体制中。民国早期，中国在实际上是
各省联邦的形式；但是外国对中国政府不断的施加压力，使这种松散
的联邦受到严峻的考验。

新秩序的结构

在紧张的局势未得缓解的形势下，新的政治秩序虽已建立，但上
述矛盾并未获得解决，还需付出艰苦的努力。为了弄清以后各主要事
件的前后经过，简述1912年新的政治秩序结构是必要的。

根据革命后谈判达成的协议，由袁世凯出任中华民国总统。袁氏

---

① 校注：1913年4月8日，第一届国会开会。

宣读了革命领导人 1912 年在南京起草的《临时约法》和总统誓词，宣誓实行共和体制。但新的《约法》赋予总统相当大的行政权，理论上总统是全国海陆军的统帅①；要弹劾总统是不容易的。再者，总统在理论上有广泛任用官吏的权力，同内阁总理和内阁共同承担责任；而内阁总理和内阁，是由总统征得参议院，即国会的同意后任命的。第一任内阁总理，是袁世凯的老同事唐绍仪，在革命以后，却异乎寻常地坚持同情革命。②

民国第一届临时参议院由各省代表组成，每省选出代表 5 人；参议院没有重要的保皇派，但主要革命党同盟会员的席位仍不足 1/3。这反映出同盟会对参加革命的各省，仍不能控制半数以上的省份。其他的各主要政党，既不代表先前从同盟会中分离出来的派别，也不代表官吏和士绅的改良主义立宪派。这些官吏和士绅只是在革命中，有的是在革命后，才开始接受共和体制的。第一届参议院的主要成就，是制定两院制议会和新的省议会的法规（各省的省议会，实际上是 1913 年上半年建立的）；其另外一个成就，是抵制袁世凯关于建立控制各省行政管理的设想。

在大多数的省份里，政治领导集团由两套机构组成：一是军队，主要是清末在各地建立的现代化新军的领导人；二是各省的省议会。虽然革命的爆发经常是从社会下层开始的，但当此清政府已处于土崩瓦解之际，要巩固新政权还是要靠这两个集团中的人。各省最高的军政长官是都督。我们把满洲的几个省和甘肃省排除在外，因为那里的情况不同，难以比较。余下的内地 17 省中③，在 1912 年仲夏，有 12 省的都督是军人④；这 12 人中，有 6 人是日本

---

① 校注：《临时约法》第 32 条"临时大总统统率全国海陆军队"。
② 校注：唐绍仪于任内阁总理时，加入同盟会。
③ 校注：内地 17 省为江苏、安徽、浙江、福建、江西、湖北、湖南、广东、广西、云南、贵州、四川、河南、山东、山西、陕西、直隶。
④ 校注：都督中的 12 个军人，为安徽都督柏文蔚、湖北都督黎元洪、广西都督陆荣廷、直隶都督张锡銮、福建都督孙道仁，加上⑤中列出的日本士官学校毕业生 7 人，共 12 人。

士官学校的毕业生①，有 5 位都督不是军人，其中 2 人自清帝退位前没有参加革命。② 在各省政权中，军队和省议会成员所占比例各有不同。在云南，新军军官牢固地控制都督府；在湖南，掌握省军政大权的都督，改由省议会议长谭延闿担任。在几个省内，革命党人及其支持者成了第三方面势力。在广东，省政权完全由革命党人所控制，胡汉民得以出任都督。在某些情况下，如在湖北和江苏，军队中的许多重要部门不一定包括都督在内；到处是革命党的支持者，或与其持同样激进的观点。而由此产生的政治状况是相当混乱的。值得注意的是，大部分早先参加革命的省份，多数省都能团结一致，防止北京的权势人物插手地方事务。仅在北方三省，即直隶、河南、山东以及满洲，袁世凯才能单方面任命重要官员。

多数省的都督不仅不受北京的控制，而且还能聚集起足够的力量，防止下级行政单位分离出去。在几个省内，巩固省都督的权力是很不容易的过程。扩大革命地区的方式之一，是建立省以下的道一级革命政权，虽隶属于省都督府，但经常不能迅速完成。与革命前的省巡抚权力相比，到 1912 年底，省的都督在辖区内普遍已具有财政权和人事任免权。这种状况部分是由革命环境造成的，因为革命是采取分权，反对中央集权。出现这种情况，在很大程度上面对僵化的中央集权——被认为这是清朝统治，特别是清朝最后数年统治的特征，各省坚持自治，被认为最符合国家的利益。

在对省自治的阐述中，上海年轻的记者戴季陶③ 1912 年曾撰文称："省之地位，对于地方，则为最高之行政区域；对于中央，则为最大之自治范围。盖欲达共和之目的，非求民权之发达不可；而民权

---

① 校注：都督中在日本士官学校的毕业生应为 7 人，即浙江都督蒋尊簋、云南都督蔡锷、江西都督李烈钧、山西都督阎锡山、贵州都督唐继尧、陕西都督张凤翙、四川都督尹昌衡。

② 校注：清帝退位前，没有参加革命的二人，为直隶都督张锡銮，河南都督齐耀琳，即清帝退位没有参加革命的都督不止二人，除去东北和甘肃外，直、鲁、豫三省均效忠袁世凯，来参加南京临时政府，另有山东都督周自齐。

③ 校注：1911 年 10 月武昌起义爆发后，戴季陶自日本返回上海，参加创办《民权报》。

之发达,则非扩充自治之范围不可也。"戴氏指出,中央集权拥护者辩解称:"中国之所以不发达者,一般人士每论为地方之见太深,故此省与彼省隔,此府与彼府隔……"戴氏为驳倒此论点称,中国太大,人口太多,不能行中央集权之制;中央集权之制,常造成帝制时期衰弱与崩溃之局。戴氏断言:"由此言之,中国之所以不发达者,正以中央集权思想过深,地方自治观念甚微。"并认为,省自治与民选省长,为国家政治进步与安定之关键。[①]

这种地方分权的自治情绪,与北京的官僚,包括总统在内,正好相反。戴氏的分析,也意味着制止省以下的道有避开省权力的意图。

各省都督府在省内取得的实际权力,也大不相同。清朝末年,已经开始在县建立自治的谘议局;革命后,这些团体的影响迅速增加。按照清政府的预计,地方代议机构的职能,只能是在中央委派的官员指导下,着手进行地方的改革,特别是教育的改革,并为这些改革筹集资金。革命以后,许多地方的县谘议局就任意扩大权力,竟自行推举县的行政官员,包括县知事。县谘议局的这些做法,与数世纪以来的政治思想流派相吻合;这个政治思想流派,竭力促进地方名流与地方行政长官之间,建立更密切的联系。1912 年至 1913 年间,一个实际的现实问题,不仅违背了北京中央集权者在政治组织上的观点,而且也是对各省都督的蔑视;大体上都是省行政当局得到胜利。但从数年来各省的预算来判断,省当局的胜利常常是部分的;与清代多数省的情况相比,县里截留的税收似乎更加增多了。

同时革命后,军队扩充多了,因之向各省征收的税款也大为增加。尽管在清帝退位以前就裁减一些军队,但参加革命的各省在多数情况下,仍然保留了各种各样的军队。有的是清朝遗留下来的,有的是在革命中招募的。不发清长期拖欠的军饷,遣散军队是办不到的;拖欠的军饷越多,士兵和下级军官留在营里的时间越长,越有可能发生骚乱,或从事抢劫。例如在江苏,据一位日本领事估计,清末该省有 4.4 万名军人,革命时增至 18 万人。经过大力裁减和遣散之后,

---

① 戴季陶:《戴天仇文集》(台北重印版,1962 年),第 187—195 页。

在 1912 年 8 月，各军事单位仍有 10 万人。[①] 至于全国性的数字，只不过是一种估计。北京政府同外国银行谈判贷款，以便用贷款的一部分去支付裁减军队所需的遣散费；对于当时全国的军事武装人员，谈判时使用的数字是 80 万。只要有靠地方财政的供给维持军队，北京政府既得到加强，又削弱了省的实力。各省虽对北京当局也做了防范准备，但也耗尽了省预算的资金。不然，这些资金完全可以用在改革上面，也能够为省自治注入活力。1912 年和 1913 年，北京政府继续裁军。到 1913 年春，当时的现代化正规的军队，约有 50 万人。[②] 但大多数参加革命的各省中，军费的筹措与军队的指挥仍由各省负责；直到 1913 年夏，袁世凯向省自治发起武装进攻为止。[③]

拖欠军饷曾多次激起兵变，这也是事实。但军队从来不反对社会制度，也没有对当时的上层集团统治构成威胁。同时，农村的混乱和骚动也很快平息了。有关大股土匪的活动也经常发生，农村偶尔也发生反对苛捐杂税和贪官污吏的动乱，但是经常遭到镇压。在二次革命后，农村的动乱也没有达到值得全国重视的规模。来自下面的威胁，即使是分散和无组织情况，也引起地方社会上和政治当权者的重视。当国家的领导在试行自由主义的政治时，来自下面的威胁也被顺利地控制了。

政党和立宪政府

在中国历史的进程中，政府之外的团体，是否可以联合起来以达到参政的目的，一直是一个引人注意的问题。在帝制时期，正统的观点认为，党派和小集团对政府工作是有害的，而且其本身也是邪恶的。这种观点主要集中在"党"字这个词上。当清朝被推翻时，党禁也被解除，被压制了数个世纪组织政党和社团的热情，顷刻之间喷涌

---

① 日本驻南京领事船津致外务相内田的密报，38 号（1912 年 8 月 23 日）。日本外务省缩微胶卷，MT5.1.10.5—1。
② 日本参谋本部：《革命后中国各省军事力量变化表》，1913 年 3 月 10 日。日本外务省缩微胶卷，MT5.1.10.5—1，463 卷，第 420—421 页。
③ 校注：即 1913 年（民国二年）癸丑之役的二次革命。

而出。民国刚建立的头数月里，一下就出现了几十个政治团体，在名义上都是要通过代议制，为取得政权而进行竞争。

政治团体的大量出现，是革命后政治风气的重要现象，这些政治团体，正是建立在革命前的实际经验基础之上的。组织党派的领导人，大多都在日本度过一段时间。而日本的政党已经有了三十多年的发展，辛亥革命前后，日本的政治生活正进入新的重要阶段。自从孙逸仙于 1894 年、1895 年在檀香山和香港建立兴中会组织以来，中国的政党是以秘密团体进行密谋活动出现的。在清朝末年，各省建立的谘议局和全国的资政院，对于公开成立政治团体是一个鼓舞；这些政治团体都毫不隐讳地以政党的面目出现。卓越政论家与具有丰富经验的社会活动家梁启超在日本撰文，以务实的顾问身份，鼓励组织政党事态的发展。当革命到来之时，中国受过教育的精英，特别具有西方政治概念的人，遂以高度的积极性进入政坛，投身于政治斗争。

这时，公众的注意力集中在最主要的革命团体同盟会上面，孙逸仙、黄兴、宋教仁是同盟会著名的领导人。但同盟会的这些具有全国性威信的领导人，手中并没有掌握有影响力的地方组织；对地方上最具有献身精神的坚定革命分子，也不能真正控制。最近的学术研究成果，强调辛亥革命后各省政治上的自治；但国家的统一仍然是最终目标，国会、总统府等正处在形成全国性合法机构。在此形势下，全国性领导人所取得的成功或失败，对革命者来说，是至关重要的，并对整个政治风气具有重大影响作用。

革命爆发后的第一年，最主要的革命党人相继扮演了三种政治角色，即推翻清朝的密谋者，革命中或革命后的军事领导人和行政官员，争取全国大选胜利的公开政党的组织者。

在共和的旗帜下，革命得以迅速发展，主要应归功于同盟会及其支持者的宣传及各种密谋组织网；革命的成功，也大为提高有经验的同盟会领导人的威信。但在大多数情况下，因士绅政客和军官的加入，使革命政府陷入困境。革命密谋的成功虽给地方带来了好处，但好处并没为密谋者所垄断。但无论如何，有经验的革命党人在许多省里实际掌握了政权，控制了资金和军队的权力，因之其在同盟会中占有举足轻重的地位。

全国性领导人（以区别于省的领导人），从密谋者转变为行政官员，首先发生在 1912 年 1 月光复各省的首都南京。孙逸仙当了革命的中华民国南京临时政府的总统。从 1 月直到 4 月，南京临时政府解散，孙逸仙同少数杰出的革命家一样，也接受了北京袁世凯的新共和政府授予的职位，当了发展全国铁路的督办。这是一个没有多少分量的职务，但明显符合集中其精力于社会关切的问题，而不去问政治的意向。黄兴是南京临时政府的陆军总长，后来被袁世凯任命为南方部队驻南京的留守，忠实地在南京进行裁军，把军队裁减到经费所能承担的地步，并在 1912 年 6 月即辞职。宋教仁在南京时起草了治理新秩序的宪法。1912 年春，黄兴与其他的同盟会老会员，一起在北京参加了新的共和政府的内阁。

不论是为革命时的密谋者，或为革命后的行政官员，都未能使革命者获得稳固和主要的地位。除在少数几个省还在掌握权力和有较大的影响外，革命党人在民国元年的趋势，是手中的行政权力越来越削弱了。1912 年 6 月，唐绍仪因与袁世凯矛盾，辞去内阁总理①时，来自南京的内阁阁员也都随唐绍仪退出政府。② 袁世凯控制着内务与陆军两部，使辞职成为唯一可走的路子。因此，有经验的革命家想以和平的方式重新恢复其全国政治影响，就得组织政党，而不能靠官僚机构的特权。

1912 年 3 月，同盟会正式将自己从革命团体改组为公开的政党。唐绍仪之出任国务总理，虽由袁世凯总统所任命，但原来是作为北京方面和革命党人之间谈判议和的内容之一。此时唐绍仪也参加了同盟会。但同盟会在参议院中仍是少数党，尽管与其他团体联合在一起能成为多数党。1912 年 8 月，在宋教仁领导下，以同盟会为核心，合并了其他四个小党，建立了一个新党，采用了国民党的名称。

---

① 校注：1912 年 6 月 15 日，袁世凯总统任王芝祥赴南京遣散军队，国务总理唐绍仪拒绝副署，辞职赴天津；6 月 27 日，袁世凯批准国务总理唐绍仪辞职。

② 校注：来自南京唐内阁阁员，为教育总长蔡元培、工商总长陈其美、司法总长王宠惠、农林总长宋教仁，四总长随唐绍仪总理一起退出内阁。

同盟会的这次改组不仅是形式，是国民党妥协的结果；从其政策上来看，明显不如同盟会激进。孙逸仙关于地租和地权的政策，在国民党的政纲中不提了。这些政策尽管是温和的，但对于出身上层社会的人，仍为之感到不安。国民党党纲又删除了"男女平权"主张；对于同盟会"力谋国际平等"的提法，因中国受有不平等条约的制约，而软化为"维持国际和平"。同盟会纲领中"行政统一"号召，被含糊地鼓励"政治统一"所代替，却保留支持"地方自治"的提法。这些改动是保守的，但其独特的社会政治倾向，与袁世凯是截然不同的。与一些老革命党人的愿望相反，宋教仁把立足点放在拉拢保守的士绅阶层选民上面，而这部分选民早把赌注押在地方自治和政治参与上了。革命党人调整了自己的政治立场，以适应虽在政治上激进，但在社会方面保守的性质。国民党经过这样一番改造之后，在 1912—1913 年冬的国会选举中，终于取得了重大的胜利。

在革命领导人眼中看来，民国元年可以被认为是一连串的退却。在革命过程中，革命的力量并没有完全调动起来，全力以赴地去夺取全面的胜利（大部分革命力量并非听从革命领袖）。当权力机构重新改组时，权力越来越多地从革命党人手中滑掉了，直到 1912—1913 年冬季选举时，这个趋势才得到改变。有些革命党人甚至怀疑，通过选举能否获得政权，竞选是否会冲淡人们的革命信念。[①] 但是，若用另一观点来看 1912 年时，同盟会却显得更加强大了。

在民国建立的数月内，一些非同盟会的主要党派纷纷试图合并，但没有取得多大的成功。党派之一的民社，是以湖北都督、民国副总统黎元洪为中心组织起来的。该政团于 1912 年 1 月组成，说明其已脱离湖北省同盟会。民社之所以重要，因为黎元洪是第一个革命政府有威信的首脑，也是一支规模相当大军队的有力统帅。

另一个重要的政治集团是统一党，其主要领导人为学者章炳麟。章氏成为共和主义者已有 10 年，曾一度为同盟会的领导人之一；但

---

① 回头来看，至少孙逸仙就是一人。李守孔：《民初之国会》，第 61—62 页。广东是同盟会的一个重要部分，因有批评性的意见，在一段时间内不愿加入新改组的国民党。

在 1910 年与同盟会决裂，并与在上海光复会的几个同志联合。辛亥革命后，章氏与在江苏、浙江两省事务中起重要作用的人士联合；这些人士曾是官僚和拥护过君主立宪政体，但随着革命的发展，也都转而支持革命。这些人士中有改良主义学者张謇，曾任孙逸仙的南京临时政府内阁总长[1]；有前清的江苏巡抚，当时任江苏都督的程德全。在章炳麟的帮助下，统一党成了前清官员和士绅要求向新秩序过渡的桥梁。[2] 统一党的纲领，正如其名称一样，强调国家的统一，提出对全国的行政区划实行改组，以达到国家领土统一的目的。统一党正与同盟会和国民党相反，不强调地方自治的重要性。

此外，有些人建立一个听从梁启超领导的党；这些人在君主政体下，通过全国的资政院和省谘议局组织代议制政府，曾起过重要作用。1912 年秋，这个党的名称改为民主党。[3] 这个政治集团，在革命前曾经建立一些类似政党的组织，在许多事件中，特别是组织 1909 年和 1910 年为召开国会的请愿活动中起过很大作用。革命以后，该政治集团不久即主张实际取消省的行政建制，作为统一全国行政，建立单一强大政府的必要步骤。[4]

在有实力的同盟会面前，这些小党派感到其势单力弱。1912 年 5 月，这些小党派合并组成共和党[5]，其目的正如章炳麟给梁启超的信中所称，在于"以排一党专制之势"[6]。这个新党不能长期容纳不同

---

[1] 校注：张謇任南京临时政府实业部总长。

[2] 丁文江：《梁任公先生年谱长编初稿》，第 398—400 页；竹内克己和柏田天山：《支那政党结社史》，Ⅰ，第 94 页。

[3] 校注：1912 年 8 月，由共和建设讨论会汤化龙、林长民等人发起，与孙洪伊的共和统一党及共和促进会、国民协会、国民新政社，合并组成民主党。1912 年 9 月，民主党在北京成立，汤化龙为领导人，幕后主持人为梁启超。

[4] 李守孔：《民初之国会》，第 72 页。

[5] 校注：1912 年 5 月 9 日，由统一党、民社、国民协进会、国民共进会、国民公会、国民党，在上海联合组成共和党，推举黎元洪为理事长，张謇、章炳麟、伍廷芳、那彦图、程德全为理事；总部设在北京，于上海等地支部。此处的国民党，为潘昌煦、温宗尧、朱寿朋于 1912 年 2 月在上海组织的国民党，非 1912 年 8 月以同盟会为基础，联合国民公党、统一共和党、共和实进会、国民公会所组成的国民党。

[6] 丁文江：《梁任公先生年谱长编初稿》，第 398 页。

的派别，章炳麟一派和梁启超一派遂与该党就分道扬镳了。但分裂的原因，并不是因为对同盟会势力的估计；相反，却是由于对同盟会势力的过分恐惧所致。梁启超是革命党人主要攻击的对象。民国初年，一些党派的组织者生怕招致同盟会的攻击，力图避免吸收梁启超参加其党。

同盟会对梁启超的敌视，可以追溯到 10 年以前。那时，同盟会与梁启超之间，曾为争取海外华侨与中国海外留学生有过争夺。梁启超与同盟会的代言人，曾就革命是否必须以及其他的问题，进行过激烈的论战。[1] 梁启超反对革命的态度可能仍未改变，甚至在 1911 年末和 1912 年初清帝退位势在必行之际，仍坚持其延续清帝的立场。梁氏当时鼓吹"虚君共和"，并从日本委托在国内的密使，把这个主张转达给章炳麟和袁世凯等人。这是梁氏组织和鼓吹 10 多年君主立宪运动最后发出的哀鸣。梁氏最后"虚君共和"的提法，可能是其对这场政治大变动所采取的最激进的步骤，有意把君主降低到只有象征性的做法，像 1946 年后的日本天皇一样。但是，梁氏为此所作出的努力，像其在革命中阻挠真正共和主义者所设计的各种方案一样，都丝毫无助于同盟会对其取得和解。

梁氏的好友张君劢，在清帝退位的当天，写信给在日本的梁启超说，虽然革命党人的新政治制度不是梁氏所期望的，但再变来变去，国家也经受不起折腾了。此时梁氏集团已处于瓦解的边缘[2]，看来梁启超是接受这个意见的。但对梁启超及其追随者的攻击，在其最终放弃君主制的主张之后并未停止，广东就曾发生主张剥夺梁启超从事社会活动公民权的运动。1912 年 7 月，一些革命派的编辑对一篇有侮辱性文章的反应，要解除天津一家改良派报纸工作人员的职务，并企图逮捕其经理人，而这几位经理人都是梁启超的密友。梁党[3]的集会

---

① 有关其中论战的卓越叙述，见马丁·贝尔纳：《到 1907 年为止的中国社会主义》，第 129—197 页。

② 丁文江：《梁任公先生年谱长编初稿》，第 372 页。

③ 校注：此处所称的"梁党"，即为日后的进步党。进步党成立于 1913 年 5 月 29 日，系由共和、民主、统一三党合并所组成，以黎元洪为理事长，梁启超等 9 人为理事。

也遭到同盟会代理人的破坏；梁启超得到了通知，吓得其他的人不敢去开会。① 与此同时，袁世凯在革命时期曾求助于梁启超的支持，但遭到梁氏拒绝。1912 年早春，在结束了同革命党人的谈判之后，袁世凯也明显失去对梁启超的兴趣，甚至发现梁氏正逐步卷入由同盟会政治基调所左右的气氛之中。梁氏在国内的代表劝告梁启超，在其从日本回国之前，应先取得北京政府的正式邀请。② 袁世凯在首都北京接待了孙逸仙和黄兴之后，于 1912 年 9 月底——可能是被说服了，才向梁启超发出邀请返国函。10 月，梁氏在北京备受款待，并立即恢复其新闻活动和政治活动；但梁氏仍然重新向其发起攻击的革命党人和解。③

非同盟会的观点表明，在 1912 年，虽然在行政职位上的革命党人不多，但拥有相当大的政治潜力。这在国民党成立后三个月的国会选举中，是一次唯一的机会。中国各政党可以利用这一时机，在全国广大选区内，免受官僚操纵，或在被迫下竞争选票。

有关选举的规定如下：凡年满 21 岁的男性，具有小学同等学历，或拥有财产，并按规定数量交纳税金（数量虽低，但足以把大多数男子排除在外），并在选区（县）内居住两年以上者，除少数例外，均有选举权。登记的选民，约占全人口 4%—6%。选民的总数大大超过清末的选举人数，那时有选民资格的人数远低于 1%。选民投票选举的，是国会两院议员和省议会与县议会的议员。选举是间接的，投票人先选出代表，由代表在晚些时候开会选出县议会议员；再由县议会议员中选举省议会议员，再由省议会议员中选举产生国会议员。选举过程，从 1912 年 12 月持续到 1913 年 1 月以后。新的县议会和省议会在冬季的几个月里组成。新的国会（议会）于 1913 年 4 月在北京召开。

国会的许多席位的分配，是一个实际的问题。比如分配给西藏、

① 丁文江：《梁任公先生年谱长编初稿》，第 395、400—401 页。张朋园：《梁启超与民国政治》，第 42—58 页，描述并分析梁启超与革命党人之间的不断冲突。

② 丁文江：《梁任公先生年谱长编初稿》，第 398 页。

③ 例如 1912 年 11 月 4 日的《民立报》。

蒙古、华侨的席位，不可能由选举来产生议员，实际都是由袁世凯指定。来自上海的曹汝霖，在北京当过律师，后去外交部任高级职务，就成了代表蒙古的参议院议员。[①] 如果不考虑这些特殊情况（274 席中的 64 席），只计算内地和满洲 21 省[②]选出的议员，国民党在参议院中取得明显的多数（210 席中的 123 席）。在众议院中也是同样情况。许多议员并没有参加任何一党，有的热衷于具有几个党的党籍；国民党在众议院所占的席位为 169 席，超过了其他三个主要党加在一起总数的 154 席。梁启超感到十分沮丧。国民党处于极其有利地位，可以要求在国会占优势的党内选出总理和内阁成员。

对国民党获胜的解释，公正地说，是其政治力量来源于党同革命保持密切的一致。国民党既然在国内分权的行政机构中不占优势，就必须直接向选民（限制在受过教育的有产阶级中）发出号召，来调动这股力量。很明显，国民党既依靠其所掌握的行政当局，也依靠在对立或中立的都督统治区内，开展强有力的宣传活动。与其他政党相反，国民党支持地方自治。在当时条件下，要承认许多省的自治，这是受到地方士绅和省里的精英分子欢迎的。接着，国民党凭借其革命威信与组织效率，制定了具有吸引力的政治纲领与战略。

收买选票，特别在选众议院议员时，为了影响选团而收买选票，规模虽不得其详，但已被广泛揭露。同其他国家的代议制发展中出现的情况一样，中国自由主义的共和国在其选举进程中，也不可避免地受到个人或官方金钱的影响。但无论从报道看，还是从选举结果看，贿赂在全国范围内还不是决定性的。

国民党的胜利，是由主谋人宋教仁运筹策划得来的。宋氏时年 30 岁，受到胜利的鼓舞，终于取得 1912 年革命党人不曾得到的全国政权。1912 年夏，袁世凯独断独行之事[③]，导致参加同盟会的唐绍仪

---

① 曹汝霖：《一生之回忆》，第 79 页。
② 校注：此处原文为 "home"，意为家中，即人们常说的内地。当时称直隶、山西、陕西、山东、甘肃、河南、安徽、江苏、湖北、湖南、四川、贵州、云南、广西、广东、江西、浙江、福建为内地 18 省，加上满洲的奉天、吉林、黑龙江 3 省，合为 21 省。
③ 校注：指 1912 年 5 月的王芝祥督直事件。

内阁因之倒台，遂破坏了袁世凯和革命党人之间的协议。但这个被破坏的协议，又于当年8月底和9月初为孙逸仙和黄兴所修复。孙、黄二人此时来到北京①，与袁世凯一起参加了关于统一及目标一致的相互尊重的庆祝会。结果于1912年秋，国民党与北京政府进行合作。国民党虽没有实际参加政府，但在此后数月的选举运动中，没有公开提出反对袁世凯。由于国民党在1913年1月和3月取得了明显的成功，宋教仁开始在演说中攻击袁政府及其政策。② 宋氏更加坚持其主张，只有国会才能产生总理和内阁；国会负责起草新的更为持久的宪法。宋教仁直截了当鼓吹需要削减总统的权力。尽管孙逸仙向袁世凯保证，新国会仍继续选其为总统③；宋氏也的确认真考虑过驱袁世凯下台的问题。

宋教仁的计划并没有得到实现，于1913年3月20日遭到袁世凯政府派遣的密探所暗杀。宋氏所设想的选举、政党、国会及其与行政之间的关系，都一一付诸东流，并且当年没有实现，以后也没有实现。此后，其他一些政党建立了，又改组了；除了手中掌握有军队的人以外，没有一个政党能够掌握政权。

议会与政党运动虽然失败了，但在民国最初两年，也表现出非凡的活力。议会和政党毕竟是建立在民国前10年的政治组织，是有政府以外运动经验的基础，并引起了深入研究和多年的讨论。退一步说，政党的组建和竞争，是自由主义热情的政治表现，也是社会日趋解放时代的组成部分。例如，对官僚的崇敬显然减少了。一场规模不大，但十分积极、自信的妇女运动，开始鼓吹妇女选举权，向妇女普及教育，主张改革婚姻习俗。报纸数量的激增，人们热烈讨论国家大事。在城市里，男人普遍剪去了辫子，新款式的服装也流行起来。保

---

① 校注：孙中山于1912年8月18日应袁世凯邀请，离沪北上，25日抵北京。黄兴与陈其美9月11日至北京。
② K. S. 刘：《为民主而奋斗：宋教仁和中国辛亥革命》，第186—189页。
③ 同上书，第189页；吴相湘：《宋教仁：中国民主宪政的先驱》，第219—226页；欧内斯特·P. 扬：《袁世凯的总统职位：中华民国初年的自由主义和专制独裁》，第115—116、282—283页。

守主义者带着疑惑的心态，来关注中国发生的社会和政治的剧烈变化。

袁世凯面临的问题

　　在晚清的官吏中，没有第二个人能像袁世凯那样，在短暂的时间内取得如此多的改革成就。在慈禧太后的支持下，为实现改革的方案，得到众多招聘幕僚的帮助，袁世凯参与了清末制度改造与革新的各个方面。[①] 袁世凯是个实践者，而不是理论家，并没构想出改革方案，也没有为这个改革方案制定出原则；而只是贯彻执行，从实践中证明其可行性。但是，即使考虑到强调袁氏的实践，人们也很难理解，袁世凯在任总统时却转向保守主义。

　　作为实用主义者和政治家的袁世凯，当革命势力已掌握国家之时，应当承认民国的必然性。在共和制的最初几年，袁氏为避免与革命领导人发生冲突，表现出委曲求全；在其受到威胁时，则采取策略上的退却。但是，袁氏对革命后政治和社会开明景象的不满，不久就变得明显了；认为学生变得无法无天，感到鼓吹妇女平等将破坏家庭，也破坏了社会的伦理纲常。在袁世凯看来，民国初年废除小学生读经，是离经叛道的措施；抱怨在革命后，官场的规矩已荡然无存；各种税收被地方上的权势人物挥霍一空，农村一片混乱。总之，袁世凯深感中国的落后，也经常指出改革是必要的，但操之过急，要求过多，与其主张的收缩整顿是相矛盾的。

　　在袁世凯任总统的最初两年，最使其感受困扰的是国内问题，即政党和议会的作用以及省与中央关系的问题。

　　袁世凯在就任总统时，宣誓遵守《约法》、议会的地位；这是

---

① 关于袁世凯任直隶总督期间的各方面活动的研究，见埃丝特·莫里森：《儒家官僚政治的现代化：民众管理的历史研究》（拉德克利夫大学哲学博士论文，1959 年）。斯蒂芬·R. 麦金农：《中华帝国末年的权力和政治：袁世凯在北京和天津，1901—1908 年》；约翰·E. 施雷克尔：《帝国主义和中国民族主义：德国在山东》；渡边惇：《袁世凯政权的经济基础：北洋派的实业活动》，载《中国现代化的社会结构：辛亥革命的历史地位》。

1912 年革命党人起草《临时约法》中所载明的，也是十多年来政治运动和政治论战所得到的成就。袁氏不去评论《约法》是否必要，也不问代议制是否在中国适合，却讨厌 1912 年创制的政治体制，并提出越来越多的批评。其不满和抱怨的焦点，集中在政党上面。早在 1912 年 7 月，袁氏就警告说："无论何种政党……若乃怀挟阴私，激成意气，习非胜是，飞短流长，藐法令若弁髦，以国家为孤注，将使灭亡之祸，于共和时代而发生，揆诸经营缔造之初心，其将何以自解？"① 1912 年 12 月，开始进行国会议员选举时，袁世凯表示，担心获胜者会更关心其一党之影响，而不是公众之福祉。②

国民党在选举获胜后，被袁氏视为其主要的敌对者，但对其他政党亦不表尊重。当致力于组织国家政权机构时，袁氏感到"临时约法……即其内容规定，束缚政府，使对于内政外交及紧急事变，几无发展伸缩之余地。本大总统……身受其苦痛，且间接而使四万万同胞无不身受其苦痛者"③。袁世凯的这个看法，只是在其摧毁国民党，国会已经破产之后，需要制定更符合袁政府要求的宪法时，才得到公开表露出来。1913 年 3 月袁氏之暗杀宋教仁，并不简单是为了清除政敌，而是表明袁世凯与宋教仁之间，在组成全国政府的观点上有着根本的分歧。

袁世凯所关注的第二个是造成国内分裂的问题，认为只有实行中央集权才是适合于中国的政体。1911 年 11 月，当梁启超公开拒绝由袁世凯提出的清政府授予的官职时，袁氏指出，国家面临的基本问题有二：其一是国体应当是君主制还是共和制，其二是政体的组织应当是联邦制还是中央集权制。④ 前一问题已经为革命解决了，而后一问

---

① 《中华年鉴》，1913 年，第 514 页。

② 《政府公报》229（1912 年 12 月 16 日），第 6—8 页。

③ 《总统在政治会议上发表的演说》，1913 年 12 月 15 日。英国外交部档案，伦敦档案局，FO228/1852。这个文件，据称是袁氏的演说未经审定的逐字记录译文；同在《政府公报》585（1913 年 12 月 19 日）第 1—6 页正式公布的文本比较，倾向于认为其是真实的（此处据正式文本）。

④ 丁文江：《梁任公先生年谱长编初稿》，第 346 页。

题尚有待作出回答。民国的第一年，有一种奇怪的现象，一个日益倾向于中央集权的总统，统辖的却是个联邦制政府事实。

与代议制政府和政党作用的问题一样，中央集权制问题也早在十年前就明确提出了。清末，政府所实行的新政改革，即是为了加强中央对国家的控制。在很大的程度上，辛亥革命即是各省对中央扩大权力的反抗。革命以后，那些固守在中央集权下统一的人，对把联邦制度推向极端感到极大的震惊。官员的任免、财政、立法，甚至军事上实行自治，大多数省份都已普遍采用。争论使人们相信，联邦制会削弱民国政府的力量；而中国正处在具有掠夺性的帝国主义世界之中，只应从根本上加强中央政府的权力。强调政党和议会的人，不一定就赞成联邦制。强调自由主义的中央集权论者，如宋教仁，认为同省自治的捍卫者结盟，支持其某些要求，在策略上是有利的。

在就任总统的前数月内，袁世凯不得不默认省的自治，但对此表现出越来越多的厌烦情绪。1912年7月，袁世凯承认各省都督的合法地位，当然这些人不是靠袁氏才当上都督的。袁氏认真地请都督们能与政府合作。[1] 同年秋，袁氏试图行使任命各省文职官员的权力，但此举显然是徒劳无功。袁氏的此种作为，被认为是对各省内部事务的干预，并频频受到激烈的抵制。当年11月底，袁世凯要求各省当局任命县知事时，须呈报中央政府批准，称此为《临时约法》赋予总统任免官吏的权力[2]，但对此未得到各省的反应。袁氏关于在各省设置特派员机构的立法建议，亦未获临时参议院的批准。1913年1月，参、众两院正忙于选举，实际处于休会状态[3]，袁世凯利用此时机颁布《划一现行各省地方行政官厅组织令》[4]，于是抗议总统专横跋扈的呼声随之发生。在袁氏出任总统的第一年里，虽敛气以行，经此次抗议后，其重树中央权威亦大为受挫。时政府的国库，亦因各省对税

---

① 《政府公报》74（1912年7月13日），第2—3页。
② 《政府公报》210（1912年11月27日），第4—5页。
③ 校注：1913年1月10日，参议院与众议院的选举告成。
④ 《政府公报》243（1913年1月9日），第1—5页。

收的截留而大感拮据。

清朝的这位重要的改良主义官员，作为总统不能够，或者是不愿意适应民国的分权和自由主义环境。民国时的社会松弛，对袁世凯中央集权在实践中所施加的限制，使其深感恼怒。国民党1913年在选举取得了胜利，使袁氏面临权力将被进一步限制的前景。宪政、选举和地方自治三者，正在一步步将袁世凯逼向政治绝路；但袁氏并不作退却，而是准备应战。

二 次 革 命

从数量上来看，袁世凯在1913年春，并未掌握绝对优势的武装力量；其军事优势，在于所控制部队具有持久的聚合性与机动性，总数约8万人。虽然中国的其他部队数倍于袁氏的部队，但在地理上处于分散状态，在政治上号令又不统一。袁氏之所以能发挥其军事优势，实有赖于成功地运用政治手腕，争取了同盟者，制止敌对方面的结盟。其在1913年所以能克敌制胜的关键，是在很大程度上孤立进步党，又获得了外国的援助，使多数省份的实权派人物保持友善的中立。

国内的武装冲突，爆发于1913年7月，持续了两个月时间。冲突的起因有二，一个是国会是否有权改组政府（这个问题因国民党1913年初选举的胜利而陷入危机），另一个是北京政府对各省拥有多大的权力。宋教仁遭受暗杀事件，促使许多国民党领导人迅速转向进行武装抵抗。宋氏于1913年3月20日在上海被暗杀，两天后即逝世。一系列的证据证明，这次暗杀是由袁世凯政府指使的。

1912年夏天，孙逸仙在北京明确表示对袁世凯的支持；在1913年的前数周内，又重申对袁氏的支持。然而，宋教仁遇刺的事使孙氏明白，袁世凯必须下台；并进而意识到，仅有宋氏的选举和议会是不足恃了。1913年3月末，国民党的首要人物孙逸仙和黄兴，试图集结足够的军事力量，在战场上打败袁世凯。本来袁世凯想除掉宋教仁以削弱国会中的反对力量，结果却因此引发了一场军事冲突。

怎样发动一场讨伐袁世凯的战争？各省实际上都有自己的武装力

量。直到 1913 年春，大批部队集中在三个中心地区：华北的北京周围（最大的），华中的武昌周围，长江下游的江苏南京周围。军队分别占据中国最发达的交通三角形的一角。北京有铁路同武汉和南京相连，长江又把武汉和南京连接在一起。军队有可能在这个三角形的任何一边，来回作大规模的迅速运动。鉴于渗透北京核心的部队没有希望，国民党领导人努力在湖北和江苏争取同盟者，力图从上层和下层两方面开展工作，既谋求都督的支持，又直接号召下层军官参加讨袁事业。

湖北省的实权人物是前清官员，也是民国副总统的黎元洪。尽管黎氏同老资格的革命党早就疏远了，其所以被提名为袁世凯的副总统，是宋教仁为了确保国民党选举成功的权宜之计；此时却有革命党人提议由黎元洪替换袁世凯为总统。宋教仁遇刺后，黎氏曾被劝说参加反袁起义[1]，但黎氏毕竟是从民国一开始就同袁世凯结盟共事。也有情况表明，确有革命党人正在活动黎氏部队中的激进军官，参加反袁的密谋。[2] 黎元洪拒绝了所有这些建议，并把在军中活动的异端组织视为对其本人的威胁。4 月，黎元洪秘密邀请北京派少量部队进驻湖北。5 月，秘密不复存在，开进湖北的北京部队已增至 1 万人以上。[3] 早在交火之前，中国三个重要的军事中心，袁世凯已据有其二。

在江苏的都督——黄兴同该省权势人物有密切联系，与黎元洪在湖北不同，是在省内并不占有支配地位的人物。直到二次革命爆发前，江苏依旧在袁氏和其对手之间徘徊不定。但是，早在湖北的密谋失败时，人们已感到士绅和商人中普遍存在着厌战情绪，该省参加起义的前景显然已很暗淡。许多革命党人，特别是与驻南京精锐部队有密切联系的黄兴，在这段时间里又恢复已故宋教仁的方式，主张合法反袁。但是，在江苏省仍存在两种反袁力量：其一是地方主义者对袁

---

① 日本外务省编：《日本外交文件汇编》，1913 年，2，第 350—351 页。

② 中国人民政治协商会议湖北委员会编：《辛亥革命回忆录》，1，第 96—97 页。

③ W. H. 威尔金森，汉口（1913 年 4 月 11 日、5 月 11 日、5 月 22 日、7 月 8 日），FO228/1873，伦敦档案局。乔治·欧内斯特·莫理循日记（1913 年 4 月 7 日），97 条，莫理循：《书信文件集》，悉尼，米切尔图书馆。

世凯中央集权的不满；另一是国民党实力人物在该省的组织工作。

不少省份因为税收和官员任用与北京发生冲突。当这些省份决定对袁氏反抗时，而袁氏退却了。但是，袁氏同国民党的江西省都督李烈钧，已经处于接近公开的敌对状态。李氏是受过良好教育的清军军官，曾参加辛亥革命，热心家乡江西省的自治。当时袁世凯为了分江西省的权力，任命一文职人员为江西民政长。[①] 当这位民政长于12月到达江西后不久，即被赶出江西。1913年1月，袁世凯下令扣押合法运往江西的一船军火。不顾李烈钧的反对，江西省的长江港口要塞司令执行了袁氏的命令。这样，事情变成了江西都督与境内军事官员的权限问题，因为袁世凯的退避，所以战争在3月间得以避免。在宋教仁遇刺时，还没有一个国民党领导人对袁世凯敢如此公开的敌意。李烈钧对宋教仁强调的国会和宪法程序并不赞同，但其对武力讨袁运动甚为热衷。

在广东和湖南，即可以看到既有国民党的政治倾向，又有地方主义者对北京的反抗两者结合起来的情况。不过，其形势比江西更加变化无常。安徽的都督是国民党员柏文蔚，参与了反袁的密谋。反袁的密谋者还寄希望于福建、四川等省的响应。

在1913年春，革命党人还是具有潜在的优势；但参加反袁斗争者，并不是出于对结局具有充分的信心。相反，这场反袁的斗争，是被总统逼出来的。在国民党取得选举胜利以前，袁世凯已决定不再退却，要转入进攻。

在暗杀了宋教仁（3月20日），并在军事上包围了湖北（始自4月初）以后，袁世凯下一个重要步骤就是大借外债。辛亥革命结束以来，外国银行团在其各国（英、法、德、美，不久又有日、俄参加）政府指导下，给予北京政府一笔巨额贷款的谈判一直在进行。北京政府对外公开宣称，贷款主要是用于偿付拖欠和即将到期由清政府继承下来的债务，包括偿付外国在辛亥革命中受到损失的要求赔款，还用于急需的政府开支。以英国为首的银行团所属各国政府提出，要在中

---

① 校注：1912年12月16日，北京政府任命汪瑞闿为江西省民政长。

国政府内安插更多的外国人为条件。最引人注目的，外国雇员首次进驻并"改组"的盐务署，以盐税作为贷款的抵押。同时，银行团的各国政府，有效地阻止中国从银行团以外取得大量贷款。北京政府当局面临在半殖民地条件下令人难堪的局面，即主要资本主义国家组成一道坚固的阵线，力图用巨额贷款换取其在中国政府中更高的地位。甚至伍德·威尔逊 1913 年 3 月宣布美国退出银行团之后，美国人仍然遵从银行团的协议，在该项贷款签约之前，抵制其他方面向中国作大笔贷款。

北京政府贷款一事的危险性，并因此受到谴责；不必是国民党人，就是任何人都能看得出的。1898 年维新运动的领袖，孙逸仙的宿敌康有为，在 1913 年把贷款比作"食毒脯以止饥"。康氏争辩说，总可以找到某种办法，以避免银行团置人于死地的施舍。用盐务管理权换取 2500 万镑的贷款，在扣除拖欠的债款及筹措借款的费用外，中国政府实际只能拿 1000 万镑多点的贷款。做了这笔交易，政府下一步又将如何呢？康有为问道：外国人再注入一笔钱，是否就不会献上另外的政府机构，或者土地税呢？"诚不待外兵之瓜分，而已自亡也。"康氏写道，此时向正欲鲸吞蒙古与西藏的俄国和英国借款，是何等荒唐！"政府是谁委托，而敢以五千年之中国，万里之土地，分赠于他人乎？"康有为深知，清末的外国贷款协议致犯众怒，终导致清室之亡；亦即暗示，尽管当下民众对外国贷款之事默然无声，但新燃起的怒火，有可能在民国重复上演。[①]

然而，袁世凯于 1913 年 4 月 27 日凌晨[②]，悍然签订了所谓"善后大借款"；因其预料终将与革命党人摊牌，需要资金十分迫切。康有为提出补救办法，建立统一的国家财政体系，袁氏亦表示同意；但各省都督和国民党人反对中央集权的倡议。这样，要实行全国财政统一，只有靠武力才能办到；而动用武力是需要用钱，唯一可以求助的

---

① 康有为：《大借债驳议》，载《民国经世文编》，重印于吴相湘编：《中国现代史料丛书》，3，第 893—895 页。

② 校注：中文文献日期为 26 日。

就是向外国贷款。袁世凯行动进程的逻辑，也正是如此。

在签订借贷协议之前，袁世凯就决不将此案提交国会批准。袁世凯曾同意按照《临时约法》来治理国家，而《临时约法》明确规定，此类协议须经国会同意。暗杀宋教仁引起国人的愤怒，借款条件的不得人心再次表明，贷款要得到国会的批准是困难的。同时，缔约国事先就接受了这个不合法的程序；签订贷款协议的意图一暴露，国会就大吵大闹起来。

袁世凯向英国驻北京的公使透露，按照国会程序办事是"完全没有希望的"，自称："如果他们再这样闹下去的话，有办法对付他们。"[①] 5月，这个贷款计划部分被泄露出来。原来自1912年秋天以来，袁世凯支持把国民党以外的所有党派联合在一起，也为此作了不少的努力，终于建成了进步党，梁启超成为这个党的领袖，花了许多钱去收买国会议员。结果拟议中的弹劾政府流产，国民党在国会中的势力也随之削弱了下来。从此，袁世凯便开始直接对国会议员进行恫吓和人身威胁。

到了6月，袁世凯一切准备工作已大致就绪，遂首先下令免去对其计划最怀敌意的都督职务。李烈钧在江西的部队已于3月即处于临战状态，也是第一个被免职的都督。然后，袁世凯接着下令撤换国民党在广东和安徽两省的都督。[②] 7月6日，袁氏下令调遣驻扎在湖北的北洋军队[③]，进驻江西省的长江沿岸地带。李烈钧与其他被解职的都督从策略上采取同一步骤，表面上接受解职；同时即遄返江西集结部队[④]，于1913年7月12日正式宣布江西脱离北京政府，实行独立；省议会推选李烈钧为讨袁军总司令。

---

① 朱尔典：北京（1913年4月30日），FO228/1852。
② 校注：广东都督为胡汉民，安徽都督为柏文蔚，两人均为同盟会员，此时为国民党党员。
③ 校注：原文译意为北军，此时通称袁世凯军为北洋军。
④ 校注：1913年6月初，李烈钧由九江乘轮赴沪，晋谒孙中山。袁世凯免去李氏江西都督时，李氏正在上海。7月8日，李烈钧由上海潜返江西湖口，在湖口成立讨袁军司令部。

此时，革命领导人在春季的密议已得到实施。革命党人为了军事需要占领了南京，江苏都督程德全不愿参加反袁，由南京出走。黄兴由上海赶来南京，坐镇指挥反袁战争。为时不久，讨袁的北伐军沿津浦线攻入山东境内，把战争引入袁世凯统治区。在上海，讨袁军五次猛烈攻击大军火库①，几乎击溃了北洋军的守备部队。若不是在上海的海军站在北京一边，讨袁军很可能攻占这个战略据点。

少数几个省，特别广东和湖南，对讨袁作出不同程度的反应。但反袁阵线的分散，正显出了袁世凯军事力量集中的优势。反袁斗争的焦点，取决于江西、南京和上海，其他各地对反袁的军事并没有重大贡献。反袁运动在数周后即归于失败，其领导人大都逃往日本。

三年以后，袁世凯似乎控制了中国的大部分地区，而却无力镇压对其反抗的运动。但在 1913 年，袁氏从其有限几省的地盘出发，轻而易举地战胜了反对者。在二次革命中，袁世凯曾拥有两个优势，即在国内获得对其政治立场的支持，在国际上得到外国的帮助；而袁氏的这两个优势，后来就丧失了。

在 1913 年，袁世凯在国内有几个方面胜于其反对者。虽然袁氏的权力还达不到全国大部分地区，但自民国元年起，即牢固地掌握了文武两个方面的北京官僚机构。这个官僚集团的成员，也不像日后军阀混战年月中的那伙蝇营狗苟混官过日子的人。在民国初年，官员们还有使命感，想为国家创造一个高效率的行政统一体；这个目标看来是可以达到的，也是值得追求的。

袁世凯之为人，不论在公共事务上，还是在其个人品格上，都是强有力的。在 1913 年 7 月二次革命开战后不久，袁氏公开宣称，凡因辛亥革命而执政各省军政大权自封的都督，"威令本自不行，功过安从责课？厥后亟筹分治，民政别置长官，而乃简令朝颁，拒电夕告"。袁氏认为当务之急，是"规复政令之纪纲，建行国家之威信"②。

---

① 校注：即江南制造局。

② 白蕉：《袁世凯与中华民国》，重印于沈云龙编：《袁世凯史料汇刊续编》，第 68—69页。

英国驻北京公使朱尔典[1]，在6月初与总统进行长时间谈话后报告称，"袁决心不惜一切代价，保证在中央政府领导下之各省统一……"[2] 对这一目标的实现，固然符合袁世凯及其政权的利益；而袁氏确有实据令人信服地争辩说，松散的联邦制将使国家软弱可欺，毫无防御能力。

这种中央集权的观点，除了袁氏的亲信外，还吸引了其他不少的人，都帮助了袁氏孤立激进分子。而此时除国民党人以外，其他主要的政党都支持中央集权制政策。少数非本地人的省都督们及其同盟者，对于袁世凯反对各种省自治形式，颇引以为同调，而对与袁政府合作更感兴趣。湖南人的蔡锷之任云南省都督，即为一实例。蔡氏于1913年拥护中央集权的北京政府，与袁世凯合作反对革命党人。[3] 但不到三年，蔡锷成功地领导了反对袁政府的护国战争。有些都督不是国民党员，却统治亲国民党情绪浓厚的省份，起初也欢迎袁世凯的措施。湖北的黎元洪和四川的胡景伊[4]就是两个例子。

这些都督们只是到后来才明白，袁世凯既然厌恶省的自治，对于各省都督岂能不赶下台，但为时已晚了。

当时，反袁运动不善于结成广泛的联盟，国民党本身在地方自治问题上也意见不一。1913年的革命党人，虽然利用了各省自治积聚起来的力量，但宋教仁在去冬的选举运动中却与之相反，没有明确表示其为各省权力和地方自治的捍卫者。对于只注重省内和地方事务的许多人来说，宋教仁的遇刺和袁世凯在国会的做法，都是远方发生的事情。当时观察家的印象是，起兵反袁，没有把士绅名流和商界的头面人物争取进来，也没有试图去广泛发动群众。

在二次革命中，袁世凯除了获得国内相当大的势力支持其政治立

---

① 朱尔典，北京（1913年6月5日），FO228/1852。

② 校注：1913年10月7日，英国正式承认中华民国。当年6月，英国尚未正式承认中华民国。朱尔典为英国派驻清政府的公使，辛亥革命后仍留北京。

③ 谢本书：《论蔡锷》，《历史研究》（1979年11月），第47—61页；唐纳德·S.苏顿：《省黩武主义与中华民国：滇军，1905—1927年》，第141—161页。

④ 校注：武昌起义后，尹昌衡被推为四川都督。1912年7月，胡景伊为四川护理都督；1913年6月，尹昌衡调任川边经略使，胡景伊任四川都督。

场外，其第二个优势就是外国人的支持。对于辛亥革命，列强以为是灾祸中之幸事，以为可以由此获得许多附加条件。列强普遍对袁世凯抱有信心，相信袁氏能很好地维持其在中国的利益；而列强的这种信心，也正符合袁世凯当前的需要。列强确信，袁世凯能够不顾《约法》，无视国会，签订"善后大借款"，从贷款所得到收入。袁世凯在与革命党人的斗争中居上风，并可以收买叛变国民党的国会议员的支持，而且还可收买一些拥兵自重的军事首领，如山东的张勋①——革命党人也曾争取张勋，但未获结果。有了贷款的资金，袁世凯北洋军的军饷就有了保证；当然，这会大大鼓舞了士气。这次贷款，中国在财政上和政治上付出了高昂代价；但在开战的前夕，对袁世凯来说，能获如此大量的现款，自然是利大于弊的。公正地说，在二次革命中，是外国银行团为袁世凯提供了资金，才战胜国民党人的。

英国人很久以来就具有一个信念，认为统一的中央集权的中国，可以使英国人在贸易上充分发挥其优势，并能最好地保护外国人在中国的利益；英国人的这个信念一直保持到辛亥革命以后。因此，在中国的外交官、银行家以及英国外交部，都特别热衷于支持袁世凯，他们是非常了解袁世凯。在二次革命中，英国屡屡破坏中立和不干涉中国内政的原则；英国银行直接向驻沪的中国海军舰只拨给"善后大借款"的现款，使海军拥护北京。② 银行的汇款果然是及时的，第二天革命党人进攻江南制造局时，驻上海的中国兵舰即发炮挫败了革命党人。

革命党人在 1913 年也有外国朋友。这年春天，孙逸仙和参与密谋的人，曾求助于日本官员。③ 但因日本政府不愿公开破坏其与英国

---

① 校注：张勋于 1911 年 11 月在南京为革命军击败，退至徐州。1912 年初，柏文蔚率革命军沿津浦线北伐，攻下徐州；张勋率辫子军退至山东兖州。革命军很快退出徐州后，张勋由兖州复返回徐州。此后一直至 1917 年 6 月，张勋一直以徐州为据点活动，并未在兖州或山东进行活动。徐州地处江苏、山东、河南、安徽 4 省交会之地，虽地近山东，而实属江苏。疑原文误以徐州属山东。

② 北京，英国公使馆代办艾斯顿爵士，两份电报（1913 年 7 月 20 日），FO228/2498。北京汇丰银行给上海银行团的电报（1913 年 7 月 21 日），附于北京 R.C. 艾伦给艾斯顿的电报（1913 年 7 月 21 日）内，FO228/2498。

③ 日本外务省编：《日本外交文书》，1913 年，2，第 340—341、352 页。

在华合作的关系，所以没有向革命党人提供重大的援助，可能也援助革命党人少量的金钱。少数日本的军事顾问，曾巡视过革命党人的营地。对革命党人最有力的帮助，是二次革命失败之后，日本在中国的海军舰只，护送革命党领导人到达安全地带，最后到达日本避难。但日本对革命党人蜻蜓点水的援助，根本不能与袁世凯得到的外国援助相比——甚至无法同袁世凯从日本得到的援助相比，因为日本是参加"善后大借款的"。

袁世凯战胜了二次革命，解决了一次革命，即辛亥革命的一些悬而未决的问题。对推翻清朝作出的革命贡献，已不再是跻身高位的凭证；虽然这不是合格的凭证。在组织国家的问题上，在民国头一年实行的联邦制，此时也让位给中央集权的政府了。增加了政治参与，又和社会等级制的结合是辛亥革命后初期的特点，也促成了国民党1913年选举的胜利。辛亥革命就要为社会和政治意义的保守主义的政体所取代了。

对于上述意义的这个转折，有两点更深层的论点应予指出。首先，民国前两年的自由主义时尚和自由主义制度，已经不复存在。其根本的原因，在于宪政以及代议制、选举制的政治体制，不符合中国人的喜好与政治习惯，也许这最终会自行破产。但是，1913年发生的事变并不是这样，自由主义的政治是被武装力量摧毁的。二次革命之所以失败，是由于没有认识到武装力量的危险性，去组织必要的防御与之相对抗。虽然1912年和1913年的条件难以再现，但恢复自由主义体制的观念是可以理解的，并没有灭绝。这种社会的和政治的试验，尚未到最后的结尾（不论结尾是什么样子），只是被过早地强迫中止罢了。

其次，就一般而论，此后数年的保守主义，也不是回复到"传统的中国"，或者是儒家政治的老观点上。民族主义思想在19世纪90年代，开始得到系统的阐述，并在最后十年中得到进一步完善；现在，民族主义的政治目标仍为人们所信服。虽然袁世凯已成了新的独裁者，但仍是力求实现民族主义理想与中国现代化运动的一人。袁氏及其支持者所反对的，是政治参与、地方自治及自由主义的极端行为；其对中国必须以变革求生存的主张，并没拒绝。袁氏自己认为，关于如何在中国进行必要的变革,有其高明的见解。这样一来,中国又开始了新一轮的试验过程。

独 裁 政 体

在中国人记忆中的袁世凯,是个背信弃义的人,背叛了 1898 年的维新派;在辛亥革命中又背叛了清廷;当了民国总统后,又背叛了民国。按照这种"三叛"观点看来,袁世凯手握北洋军强大的军事力量,腹藏阴谋操纵人民的权术,为其提供再三叛变的机会;撒谎、欺骗、玩弄阴谋、暗杀,翻云覆雨,为其取得一条通至高位的道路。在追求个人权力时,袁氏是代表中国最反动的社会势力,并迎合外国帝国主义的要求。简而言之,袁世凯成了 20 世纪中国所能找的,一切道德卑鄙、政治堕落的化身。在以后的年代里,辱骂中国领导人的一个方便方法,便是说其人在这些方面像袁世凯。20 世纪 40 年代对蒋介石,70 年代对林彪,都是这样做的。①

在考察袁世凯权势的鼎盛时期,应当把其性格作为其政治生活的组成部分。袁世凯与孙逸仙不同。但袁氏与其同时代的杰出人物相似,即努力使中国适应其心目中 20 世纪的要求时,其个人生活作风牢牢扎根于古老中国的思想与习俗之中;袁氏有十多房妻妾和众多子女。袁氏除于正式场合身着西式军服外,平时均着中式服装;又不懂任何外语,除朝鲜外,从未去过其他国家。袁氏虽在科场中失利②,但也饱读儒家经典,并且相信其道德上的作用。

另一方面,袁世凯是沿着西方和日本的道路进行官方的改革,在清朝赢得赫赫声名;曾招聘了许多受过外国教育或有在外国经历的人为幕僚,也认真训诫对其派上用场的外国人,更送自己的几个儿子到国外去受教育。看来,袁氏是在不断追求新旧的融合,并相信这种新

---

① 陈伯达:《窃国大盗袁世凯》,北京,1949 年,首次印刷 1945 年。孙克复、樊树生:《袁世凯尊孔复辟丑剧》。

② 校注:袁世凯早年应科举试,但屡试不第。

旧融合的混合体，是最适合于中国的国情。

下面的词语，很可能被当成美化袁世凯的生涯。袁氏经历了1898年的维新运动和义和团事件的动乱，在辛亥革命中也没有倒台，并且地位越来越高，这表明袁氏有抓住机遇的才能。这种才能，也可以被认为是机会主义和野心的标志。袁氏对变革持谨慎态度，主张融合新旧为一体；这虽然适合于其任直隶总督时期，但面对辛亥革命后生气勃勃的局面，就显得缺乏目的和明确方向了。袁世凯在任总统时期，始终坚持建立一个强有力的中央政府；人们的看法认为，袁氏热衷于贪求不受道义制约的个人权力。

虽然袁世凯是野心勃勃，也热望按其意念组织中国的政体；其为人亦非狭隘自负和习惯于接受阿谀谄媚。袁氏确是十分残酷无情，为了达到政治目的而草菅人命，但与其共事却是亲切随和的。袁氏极重视下属在政治上对其的忠诚，但并不鼓励对其个人的过分奉承。作为总统，袁氏的种种过分行为，并非由于袁氏的自我夸大引起的，而是由于严格的官僚政治造成的。袁氏推崇严格的管理手段和行政法规，强调官场纪律，并视行政管理经验为其个人长于他人之处。袁氏不信任自发性行为和不受约束的政治活动；袁氏以规整统治机构，任用"可靠"的官员，为治理中国弊政的秘方。袁氏严酷无情地拘泥于形式化的秩序观念，更是显得特别危险。袁氏本可以等待时机再作动作，但其不顾一切地要消除不可预料和不正规事物的强烈欲望，确实使人闻之生畏。

袁世凯建立的独裁统治分为以下几个步骤。第一个步骤，是军事上占领全国广大地区；这些地区，在二次革命之前，是在袁氏北洋军的控制之外。在打败革命党人之后，得胜的北洋军不仅留驻在新占领的地盘，而且还伸展到许多并未积极参与起事的省份。最后，除六个省①外，所有内地省份都为北洋军占领了。剩下的这六个省——大都在边远的南方，人口不到全国的1/4，也受到胁迫，这几个省的首脑只得遵照袁世凯的方案办事。北洋军的军事占领，只不过是袁氏庞大

---

① 校注：此6省为云南、贵州、广西、浙江、四川、福建。

改组计划的最初部分。袁世凯的第二个步骤，就是要删除辛亥革命以来在行政上盛行的省自治，各省官员的任命权又为北京收回。清朝官吏不得在本省任职的规矩——1912 年实际已被废除，现在又恢复了。甚至在浙江，尽管是北洋军没有进驻的六个省之一，以前的浙江籍首脑虽仍然在位，但在袁氏独裁政体下，浙江籍的县知事比例也大幅度下降了。[①] 中国在 1914 年和 1915 年间确立的中央集权制官僚体制——从未被超越，一直到 1949 年。

在 1913 年末的一段时间里，内阁（梁启超在这一届内阁里起领导作用）宣布完全撤销省级行政单位的公开政策。袁世凯最后表明不愿走得太远。在 1914 年春的官员职能重大修正案中，在削弱各省都督权力情况下，袁氏颁布的条例中规定，加强各省巡按使[②]的权力。民政长的头衔换成了巡按使[③]，确立了有利于文官地位的先后次序；由巡按使主管省内税收和县知事的任免，都督不再参与民政事务。颁布这些条例，并不等于就达到袁氏的根本目的——恢复 19 世纪中期太平天国革命以来文官地位被降低的情况。而辛亥革命以来，文官在政治上的优势已基本丧失。例如南京的冯国璋[④]是主要的北洋将领，很难限制其只在军营之内。冯国璋对袁氏如此削弱都督权力，心怀不满。袁世凯在全国范围内的势力网，开始是用军事行动建立的，不可能很快就改变为纯粹的文官政府；但袁氏确将此视为其建立独裁政体发展方向。

选拔称职的文职官员，是受到各方极为关注的事。北京政府为此建立了考试制度，特别是对县知事人选一定要经过考试；考试的科目，不是对儒家经典的掌握，而是有关行政能力和一般的知识。1914

[①]　罗伯特·基思. 斯科帕：《浙江的政治和社会，1907—1927 年：精英势力、社会控制和省的发展》（密歇根大学哲学博士论文，1957 年），第 296—298 页。

[②]　校注：辛亥革命后，各省主管行政的长官称民政长，此时，袁世凯改称民政长为巡按使。

[③]　校注：此处原文译意为"省长官文职权"。1914 年 5 月，北京政府改称民政长为巡按使；6 月，改各都督为将军。

[④]　校注：1913 年 12 月 16 日，冯国璋署江苏都督，1914 年 6 月 30 日任将军。

年和 1915 年，有数千人在北京参加了考试；考试的成绩虽不是唯一的，但也是重要的任职标准。① 袁氏公开强调，要惩治贪官污吏和官员的腐败行为。在袁世凯的革新运动中，恢复了监察制度②，成立了审判官吏罪行的特别法院（平政院）③；在挥舞惩罚大棒的同时，也准备了提高官员的薪俸和高额养老金的胡萝卜。

在这场整肃官场的运动中，地方上取得的成果，看法是毁誉不一。地方对北京的指示都普遍地做到了，官府的威严及其与普通民众的疏远都恢复了。在提高效率的同时，达官贵人摆架子、摆威风的恶习又出现了。这些官僚的保守主义作风，和 1912 年的自由主义风尚，是大相径庭的。对此，1914 年夏，一位中国的评论家说："窃恐本意在重经验，而所保者仅其习气；本意在注意制度，而所恢复者仅其流弊……"④

文职的巡按使之所以既没有完全压着军人的都督，也没有在办事的效率上受到赞扬，其原因之一为巡按使诞生在恐怖气氛之中。北洋军对革命地区的占领，开始往往是残酷的。不仅如此，袁世凯还通过军事机关和警察机关，大肆捕杀全国各地参与 1913 年二次革命的革命党人。不管其与革命党人的何种关系，甚至很疏远关系的人，都会受到株连。袁氏的流血镇压政策持续了一年多，其规模在各省亦各有不同，牺牲的革命志士总以万人计。卓越的和激进的国民党领导人，都已逃亡到日本，或其他地方。二次革命过后，反袁的力量和袁世凯的镇压力量之间，不管在数量上和团结一致上都不成比例。

前一年在国会投票支持国民党的大部分地区，对袁世凯的恐怖统治十分厌恶。甚至可以说，正是袁氏的恐怖政策，更为助长了社会的

---

① 吴应铣：《民国初年地区行政长官的职务，职业的招聘、训练和流动性》，载《现代亚洲研究》，8.2（1974 年 4 月），第 219—224 页。

② 平政院下设肃政厅，负责纠弹。——译者注

③ 校注：1914 年 3 月，北京政府设平政院与肃政厅；肃政厅一方面是平政院属的机构，另一方面又是独立行使职权的机构。平政院具有法院性质，肃政厅具有检察官性质。1916 年 6 月，裁肃政厅。1914 年与 1915 年，中央设立文官高等惩戒委员会及司法官惩戒委员会，分别由总统派大理院长及平政院长充任委员长。

④ 黄远庸：《远生遗著》，重印于吴相湘编：《中国现代史资料丛书》，2，第 246 页。

动乱，使之社会的动乱也因之难以遏制。最显著的例子是白朗——或称白朗率领的"匪徒势力"。

白朗其人，通常被称为白狼，是在河南南部取得胜利的"匪徒"领袖，出现在辛亥革命后，1912 年夏大约拥有 1000 徒众。[①] 拥护白朗的人群，似乎同许多"匪徒"一样，都是贫苦无地的农民和被遣散的士兵。1912 年，这一伙人的政见，是反共和、亲清廷的；其口号，"为大清朝廷辛亥蒙冤受难的人报仇"[②]。辛亥革命后社会保守主义和新秩序下士绅势力的增长，使最受压迫者提出"保清反革"的政治见解，是可以理解的。1913 年，当国民党反袁战争即将爆发之际，革命党人开始与白朗发生联系。后来，袁世凯取得胜利后，反对革命党人的恐怖统治遍及各地，许多人加入了白朗集团；这支白朗的队伍，便被引导服从于革命的战略行动。

从袁世凯恐怖统治下逃出的难民，被遣散的散兵游勇，大量涌入白朗的队伍，使白朗帮伙变得强大起来。如果白朗仍旧是一伙纯粹的"匪徒"，对政府当局只是一个麻烦的事，与其他这类久已为患，但仍可控制的事相比，几乎没有什么两样。但白朗一旦与革命党人有了联系，并提出反袁的政治倾向，使情况在两方面都发生了变化。这样，剿灭这个日渐扩大的军事集团，遂成为北京政府的当务之急。这个军事集团在河南南部建立了根据地，得到当地群众的支持；但其一旦离开根据地，就会陷于孤立的境地，而被各个击破。1913 年 4 月和 1914 年 1 月，这个军事集团攻入安徽，引起了数省的围剿。1914 年 3 月，其主要分遣部队转而西进，明显是响应孙逸仙提出在四川建立根据地的号召。这支拥有三千至一万人的主力部队，所到之处，一伙一伙的人参加了进来，使之人数增至数倍之众，胜利跨越陕南地区。但其进入四川的通道已堵塞，不得已转趋甘肃；因该地的民族与宗教

①　对白朗帮伙的这种叙述，是根据菲利浦·理查德·比林斯利：《1911 年至 1928 年中国的盗匪活动，特别论及河南省》（里兹大学哲学博士论文，1974 年 4 月）。又见爱德华·弗里德曼：《退向革命：中华革命党》，第 117—164 页。

②　比林斯利：《中国的盗匪活动》，第 373 页。

均与白朗集团不同，又有强烈的地方主义，使白朗集团颇受居民的敌视。白朗率残部返回陕西、河南，途中被官兵追逐。白朗本人于1914年8月身亡，不是由于在战斗中负伤，或是由于有人向政府告密。政府军数十万人费了很长时间，才把余下被围困的小股力量剿除。

从白朗的故事中，可见辛亥革命既未能消除社会动荡的根源，也未能免除不少民众的绝望心；而革命几乎没有认识到这些问题。据此便可推知，在白朗家乡以外的地区，一些农村社会中的边缘分子，既能参加到当地的土匪团伙，又能在政府的散兵中取得同道，在此充分得到了证明。流亡在日本的孙逸仙追随者中，人数虽大为减少了，但还力图使反袁的火种在国内燃烧不息；对白朗集团建立联系，构成革命党人的政治策略之一。而白朗集团的不满主要是在社会方面。

如果袁世凯把敌人只限在革命党人和社会上投匪谋生者的范围之内，其政权或许可以在其余的中国广大阶层中扎下根来；但袁氏把其官僚体制的运转想像得过于美妙，以致不容许只制止上述的两种力量。正如袁氏不加区别恐怖行动所表明的，其设想中国的弊端，远不止地区的匪患和革命党人的密谋。在袁氏看来。政治参与的全部现象已脱离常规，士绅阶层和其他社会精英，包括商人，必须放弃近十年来代议制机构兴起以来的政治特权。

限制参与政治的运动，是起自袁氏对国民党反击开始的，其范围不久就越扩越大了。在二次革命后，国会仍然存在。此时的国民党议员已与参与二次革命者划清了界限。国民党在国会中已不复存在，但袁氏还需要国会再走一次形式。按照1912年《临时约法》和以后制定的法规程序，选举其为正式总统（不同于其已得到的临时总统职位）。袁氏任意逮捕甚至处决国会议员，造成极度紧张的气氛。在金钱的贿赂收买和气势汹汹的暴徒恫吓下，1913年10月6日，国会投票选袁世凯为正式大总统。但即便如此，国会在最后投票通过前，一再延长投票时间，起草一份会议制宪法，代替1912年的《临时约法》。1913年11月4日，袁世凯列举国民党在二次革命中的政治罪状，下令彻底解散国民党，取消剩余在国会中的国民党议员资格，定国民党为叛乱组织。这样，袁世凯的恐怖行动已在全国达到顶点，国会已失去了活动能力。

但是，袁世凯并不到此止步，在 1914 年前数月，很快下令解散所有选举产生的各级议会，国会中剩下的议员被通知回家。在清朝末年搭起的议会框架，在民国初年积极活跃的县及县以下的议会①，现在无一例外的全部解散了。在清朝最后两年曾喧嚷一时，在辛亥革命中起过政治重要作用的省议会，全都被取消了。对于曾参与建构代议制，受过良好教育的资产阶级代表人物来说，这真是莫大的侮辱！英国驻北京公使，在评论解散地方自治团体时，断言这项命令，"在经济上以及从议员们在当地的声誉观点来看，影响全国各地一大批小士绅和资产阶级，使之都站到袁氏的敌对者一边"②。中国人赞同这一判断的声音，虽被袁世凯的统治所压制，但还是能听得见的。

袁世凯的行政管理模式，是加紧限制社会自治的范围。前两年，报刊出版曾完全摆脱了中央的控制（虽然地方政府也压制当地报刊的批评）；1914 年，对报刊的检查制度袁氏以法律形式固定下来，中国商会被置于新的法规之下，一切听命于政府当局；中国邮局也需把邮件送交警察局检查。成千的便衣情报人员到处搜捕持不同政见者。警察随时以搜查可疑人员及密件为由，对旅客进行盘查，对其行李则拆开仔细检查。在人员和效率所能达到的严格技术范围内，袁世凯政权正在逐步成为专事镇压的警察国家。

袁世凯的这些措施，使推进政治上自由主义（以社会的精英分子为基础）的普遍运动受到沉重打击，而且永远没有完全恢复过来。1913 年 10 月，袁世凯陈述其专制独裁哲学准则时说：

> 今日人人皆侈言平等；而平等者，实于法律面前之人人平等

---

① 校注：清末，省设谘议局，民国后改称省议会。据 1909 年清政府颁布的《府厅州县地方自治章程》，各县多设县议事会。民国后，裁府、厅、州，各县仍沿用清制，设县议事会。1908 年 12 月，清政府颁布《城镇乡地方自治章程》，城镇、乡为县以下初级自治单位；民国后，对此仍沿用未改。1914 年 2 月，袁世凯下令停办各级自治，县议事会遂被解散，城镇乡自治停办。

② 朱尔典：北京（1914 年 2 月 9 日），FO228/1883。

之谓也，非指社会等级之取消也。如是，则人各皆得否认，自立准绳……自由为另一华丽之现今词语；但自由之度，应限于法律范围之内。在此范围之内，人人皆得而自由之；逾乎此，不受限制之自由，非社会之所存在者。盖倡言平等自由之辈，置法律于不顾，以肆言无忌为能事，亦不应受制于国法。世间果否有此事乎？彼辈倡言者自了然于心中矣。彼辈皇皇倡言平等自由者，实助桀为虐之乱言耳。夫共和之所以为众人所共誉者，西人释其义，以其国人皆享有发言权之谓，非为国人皆得干预于政府之行为也。若国人对政府横加指责，道途传言，混淆视听，其后果将何以堪！至民权之说，乃选举总统之最高特权，与夫代议权、选举权耳，切不可理解为对行政之处理也。①

其实，真正熟悉这种语气精神的，倒不是 19 世纪的儒家保守主义，而是现代西方经验。袁世凯所竭力抵制的，正是新的和激进的民族主义，其所得结果，怕是曾国藩对之也是闻所未闻。与此同时，袁氏却接受了民族主义的某些前提和目标；此人是个民族主义的保守派。

独裁政体的纲领，正是 20 世纪中国民族主义复杂内涵的反应。选举产生的各级议会被废除了，而民众代表制的重要性却得到了承认。袁世凯命令设计地方和全国的新规划，但其在两年半后去世时，这个规划根本没有付诸实施。但是，从许多筹备中的规定可以看到，重点是从属于官方的指导。选区的选民人数，也较 1912 年和 1913 年为少。宪法程序、法律程序、公民权利，代议制会议，都被认为是实现中国现代化具有决定的意义。不过，在袁世凯看来，这些法制都应加强，而不应削弱；中央政府的权力和社会秩序的稳定，也应付诸实施。

为了使税收从地方流入北京的渠道重新畅通，北京政府作了很多努力，也取得了一些成就。当第一次世界大战在欧洲爆发时，北京政

---

① 《总统在政治会议上发表的演说》，见前"袁世凯面临的几个问题"一节注中关于这一材料来源的评论。
校注：此处据原译者由英文回译的白话译文，今转为文言译文，以适当时气氛。

府勉强实现财政自给自足，不再需要向外国贷款（在大战时，贷款无论如何是少有的）。1913 年，袁世凯的冒险战略，是在屈辱的条件下接受外国资金，以此完成了国家行政的统一，从而奠定了财政独立的基础。这是一个荒谬的诡计，也未免把事情看得太乐观了，以为所有这些暴行不需付出国内的政治代价。当账单一提出来，1914 年和1915 年表面上的财政成就，都化为乌有了，剩下的只有袁世凯在1913 年签了字的屈辱的条件。

独裁统治取得财政上的成就，不仅得益于中央对于国家的行政控制，而且还由于严格压缩各项支出的改革。清末官方民族主义[①]所倡议的，民国头两年自由主义所推行的各项方案，不是被砍掉，就是被削减。这些方案中有各种自治团体，已如前所述。法院和法官从政府执行部门中独立出来；新的司法系统虽大为削减，但并未被取消；现代警察也没有了专款。晚清时的现代化新军，在辛亥革命后急剧膨胀；而在全国许多地区部队的规模和预算，却被大大压缩。袁世凯的北洋军虽依然受宠，但在压缩预算上也未能幸免。削减各方面的预算，袁世凯的目标，都是为了国家最终摆脱外国债主的纠缠，但却违背了民族主义者对改革的期望。

在袁世凯实行紧缩政策中，教育算是例外。袁氏不断宣说公民教育的重要性，称"凡一国之盛衰强弱，视民德民智民力之进退以为衡，而欲此三者程度日增，则必注重于国民教育"[②]。根据这一思想的计划，特别重视推广全国免费的国民教育，即四年制的初级小学。尽管普及教育还只是遥远的目标，但在独裁统治时期，这类由地方筹措资金办起的学校一时兴起不少。

从整体上来看，袁世凯的教育政策是复杂的，多方面的。由湖北省原谘议局老练的局长汤化龙[③]领导下的教育部，要求在小学教授经典著作，仅限于精选的章节，目的是在学生语言文学方面的训练，而

---

① 校注：此处所称"官方民族主义"所提倡的各种改革方案，似指清末实行的新政。
② 《政府公报》956（1915 年 1 月 6 日），第 9 页。
③ 校注：汤化龙于 1914 年 5 月 1 日至 1915 年 10 月 5 日任教育总长。

不是在道德方面的培养。袁世凯坚持要把全部《孟子》编入初级小学的课程之中，还批准了一个试验计划，用拉丁文字母拼写汉字，以此对成人进行识字教育。在独裁时期，基础一级的学校得到扩充，而紧缩了上一级学校的经费。袁世凯增设规模不大的高等教育机构的"预科"，以适应上层社会的需要。袁政府对教育是采取保守主义态度，但却是改良主义的；同1912年和1913年自由主义的民国时期相比，当然不能满足士绅阶层的愿望（他们关注的是学制中较高级别的学校）。

因为往往强调这个时期袁世凯的人品恶劣与政见反动，而对其所实行政策的探讨就难以找到了。或许有人会提议，把过去的批判颠倒过来，但这样做并不能证明是有道理的。对袁世凯以敌视的观点来论述，是有确凿事实根据的。对袁世凯独裁统治其他方面的改革——例如鼓励发展经济，利用第一次世界大战中国内工业体系所得到的好处。[①] 但无论如何，注意力最终必然转移向袁政权的残酷性及其根本性的失误上。袁世凯的愚蠢做法是强迫他人服从于他；其所以是愚蠢，因为这是不可能做到的事；还因为这会激起对其支持的社会阶层，甚至是其副手和合作者的反对。

袁世凯意识到高压统治是有其极限的，也坦白承认宪政和代议制的必要性；但却不去迅速恢复自由主义共和政体的民众参与局面，而试图从帝国政治中找出其他的办法来补救。对袁氏及其政策来说，其结果都是毁灭性的。

袁世凯的帝制运动

在总统任上，袁世凯通盘考虑独裁政体的成果时，想着国家行政既然已经统一，为什么他举手投足而老百姓不三呼万岁？为什么他号令既出而老百姓不乐于赴死？当初设想随中央集权而来的国家强盛，

---

① 评价专制独裁统治下，北洋派对中国资本主义发展的贡献，见菊池贵晴：《中国民族运动的基本结构：关于排外性联合抵制的研究》，第154—178页。

今又在何处？为什么中国面对外国列强仍如此软弱？袁世凯任总统时的外交危机，一概以中国的退让而告终。外蒙和西藏在相当大的程度上仍处于欧洲人的势力笼罩之下。无论袁世凯在 1913 年和 1915 年同俄就外蒙问题签订了协定，也无论袁世凯在 1914 年关于西藏问题的西姆拉会议后，拒不与英国签订协定，但都未能改变这两个地区的状况。同时，外国人已插手盐务管理；列强在中国的铁路修筑权也扩大了；外国列强拒不与中国重开关税谈判。最屈辱的后果是 1915 年 1 月开始的中日谈判。袁世凯在日本提出有名的"二十一条"最后修订文本面前投降；竟把这些机能不全症状的疾病，盲目诊断为帝国营养不良，认为是皇朝瘫痪，帝王失位，中国是缺少了皇帝。

人们有理由感到惊讶，清朝皇帝如此轻而易举地被推翻之后，怎么能有人这么快得出这个结论呢？对辛亥革命的不同解释，是理解这种思路的一个线索。人们可以把这场革命看成是含义为排满的斗争，而不是当成反对帝制的革命。按照这种观点，民国只不过是因为缺少汉族皇帝来名正言顺地代替被推翻的满族皇帝所偶然出现的结果。在袁世凯的心腹人员中，有些人一开始就指望，民国只不过是袁世凯登基时机成熟之前的临时过渡形式而已。

恢复帝制最有说服力的道理，是明显的民国不得人心的事实，已在前文中指出，所以白朗匪徒 1912 年提出拥清口号。在有的省内，因为有为数众多的民众参与，革命的新秩序得以实现；但在数月之后，这些民众（诸如秘密会社）即被清除出权力机关，若进行反抗，就遭到残酷镇压。

鲁迅在 10 年后表明辛亥革命特点，在小说《阿 Q 正传》中的描绘，也许更具有典型性。起先，阿 Q 由于其在村里的最下层的社会地位，受了可能发生动乱的幻想所吸引。但是，阿 Q 所看到的，却都是旧的、受过古典教育的高贵人物，和新的、受过外国教育的高贵人物，都加入革命而携手合作。这里，阿 Q 感到深深的失望，当其想去参加时，而人家却要他滚出去。阿 Q 生气地指责说："不准我造反，只准你们造反？"阿 Q 因抢劫罪——他只是动了这个念头，但并未付诸行动，而被革命的代表所处决，更加强了这种分析的准确性。[1]

鲁迅的这篇短篇小说，生动地描述了民众被排斥在革命之外，民众也因此疏远了民国。在民国初年的自由主义阶段上，一切充满活力的民主参与机构，都始终与广大群众无缘；且不说还有交通问题，对共和政体的机制不够熟悉的问题，都是难以解决的。即使那些确曾见到新秩序的民众，也没什么理由来欢喜它。主张君主制理论的基础，对民众来说，民国对其是生疏的，或者不受欢迎的；这种看法在有限范围内，可能是合乎事实的。

但是，若提出要用君主制来对此加以补救，作为政府与民众相联系的工具加以恢复，这种论点就破绽百出，不堪一击了。在二次革命前，偶尔出现如白朗拥清的口号，说是对皇帝的怀念，倒不如理解为对民国社会现状的不满和抱怨。无论如何，恢复帝制的事是极端机密进行的，怎么会传到民众中去呢？省和地方上的上层人物，理应是恢复帝制必不可缺少的同盟者；而在这些人中，有不少已享受到共和的特权，为什么还会与帝制合作？

特别在 1915 年，帝制问题即将作出决定时，主张帝制必然要涉及外交问题；对此，当时还未公之于世。袁世凯的心腹曾提到这一点，英国驻北京公使朱尔典，将此看作是密谋恢复帝制的因素。[2] 帝制密谋者辩护说，帝制可以对付日本人。1915 年 5 月，《中日二十一条》签订后，北京担心日本会向中国提出进一步要求。日本并没有得其全部要求，而欧战使列强无暇东顾，中国也因之失去列强在华的均势。人们明显地相信，袁世凯也相信，日本人本身具有亲帝制的心态；中国转而实行帝制，至少在欧战结束前，可以牵制住日本。

在诋毁袁世凯的人看来，其子嗣的个人野心，是袁氏这场复辟帝制的关键；袁氏子嗣的个人野心确实存在。而中国历史长时期的帝制

---

① 戴乃迭编译：《无声的中国：鲁迅选集》，第 42—58 页。

② 张一麐：《心太平室集》，重印于沈云龙编《近代中国史料丛刊》，8（台北，出版日期不详），第 38—42 页。朱尔典（1915 年 10 月 20 日），朱尔典书信文件，FO350/13。

传统，才使袁世凯决定利用这个传统；其间到底有多少个人因素，有多少政治因素，这已是无法估量的了。同时，袁世凯迟迟不能认识称帝是件无益的事，既可能是受野心的蒙蔽，也可能是顽固坚持中国国情的看法；两者看来都是有道理的。

袁世凯对恢复传统政治礼仪的偏好，在其独裁统治一开始就明显表现出来；似乎不只是要退回到过去，确切地说，是坚决要把旧的和新的结合在一起。熔共和与君主于一炉，以适应或欺骗现代知识界人士与传统无知之辈的选民混合体。1914 年，袁世凯主持祭孔大典，又庆祝 1911 年 10 月 10 日的武昌起义；既称赞科学净化迷信的作用，又仿照古代帝王，身体力行，号召全国祭祀[①]上天。1915 年 8 月，在总统的默许下，一场拥戴袁世凯位继大统的闹剧开场了。然而，皇帝却要经过选举（实际上是走形式），帝制也写进了宪法。

袁世凯意念中恢复万世一系的皇统，注定是要倒霉的。全国上层社会对帝制作出冷淡和敌视的反应，看来几乎没有人被袁世凯的新旧政治混合体所蒙骗。1915 年，独裁政体的中央官僚机构运作相当顺利，各地的当权者也都俯首听命，各省文武首脑的巡按使和将军也都恭顺上书，拥护袁氏登基称帝。但是，普遍接受帝制的，不过是骗人的假象；就是在表面上看，持异者也是比比皆是。

革命派人士早就警告说，袁世凯虽当了总统，但其人有称帝野心。孙逸仙等二次革命领导人大都流亡在海外，在政见上也不一致；但其对于反袁，即反对继续君主专制，是共同一致的。

政治领袖们对帝制的不满，是多少有些出乎袁世凯的预料之外；这些人虽是袁氏在清朝为官时的心腹，也帮助其击败国民党，建立起独裁政体，其中就有梁启超其人。此公曾在辛亥革命前和革命中，支持清廷进行改良，又在袁氏的独裁政体的前数月中出任内阁成员。[②]

---

① 校注：当时政治会议认为，礼莫大于祭，祭莫大于祀天，应定祀天为通祭。大总统代表国民致祭，各地方行政长官代表地方民众致祭，国民各任家自为祭。京师祭所设在天坛，祭期为冬至之日，用跪拜大礼，祭品用牲牢。

② 校注：梁启超于 1913 年 9 月 11 日至 1914 年 2 月 20 日，先后任梁士诒内阁和孙宝琦内阁的司法总长。

在袁世凯宣布帝制后，此公竟愤然撰文，公诸报端，给予袁氏以毁灭性的打击。①

即使在袁世凯的长期追随者中，有的一开始有明显表现出故意退缩不前的拖延，也有少数人最终发展到公开反对的实例，冯国璋就是惹人注意的代表。甲午战争后，冯氏就在袁世凯建立的现代化北洋军中任职，1915年正在南京任主管江苏省军事的将军。② 另一位段祺瑞，19世纪90年代以来，是袁世凯部属中最杰出的军事人才；民国建立后，出任陆军总长，因与袁氏在政策上发生分歧，于1915年5月退隐。段氏拒绝请其出山的各种恳求，直到袁氏不再坚持帝制为止。大多数省的军事长官和民政长官，都在全神贯注于保住自己的位子，怕惹出麻烦。在袁氏的政治机器中，帝制的积极支持者，为数甚至少于心怀怨恨的人。

为什么曾经为独裁政体立下汗马功劳的人，竟然会在不同程度上抵制袁世凯的帝制呢？或许有人感到，一旦世袭王朝建立，其向往通向最高权力的道路就会受阻；当然作这种考虑的人是极少数。人们普遍感到不满的来源，是儒家关于道德上忠臣不事二主的教导。曾经任职清朝的官员们，或许可以接受袁世凯为总统，但绝对不能接受其当皇帝。另有一些人，感到帝制已经过时，对其反动内涵曾大感不快。梁启超评论说，帝制是不必要的——这丝毫也不会增加总统的现有权力；帝制无论如何是已经死亡的旧制度，无法引起人们的敬畏与服从。

透过这些反对帝制的感想和论述，人们深深感到对袁世凯统治的幻灭感。对于那些曾经支持过独裁政体的人来说，要承认这些政策产生令人失望的结果，是不容易的。但那些脱离了袁氏阵营，抗拒其帝制的人发现，现在所支持的政治体制，正是独裁统治曾经谴责过的政

---

① 校注：1915年8月20日，梁启超冒着生命危险，在《大中华杂志》一卷八期上发表《异哉所谓国体问题者》，亟言帝制之非是。该文发表后，京津沪各报，争相转载，震动中外。蔡锷称该文，"先生所言，全国人人所欲言，全国人所不敢言，抑非先生言之，固不足以动天下也。"

② 校注：冯国璋1913年12月10日署江苏都督，1914年6月30日，改都督为将军。

治体制。

例如梁启超后来证实，在帝制运动之前，就对袁世凯的统治感到失望。[①] 梁氏曾积极为独裁政体卖力，发起省服从中央的运动。但在1916 年，梁氏却成了明确号召实行联邦制运动的领袖，在 3 月提出"诸省乃中国政治之基本单位"，其个人亦表示愿各省能充分发挥作用。[②] 冯国璋和蔡锷（其人是独裁政体的合作者，后来成为武装讨袁的领袖），作了与梁氏类似的政治上 180 度大转变。

袁世凯的中央集权政策已经失败，社会上名流的情绪已经转变为反对独裁政体了。袁氏对 1912 年和 1913 年选民所支持的政党，采取了严厉镇压的政策，并解散了为广大社会名流进行政治论坛的各级议会。在帝制运动初期，这种情绪普遍影响了行政人员，使其普遍产生不满原因之一。这也可帮助理解，为什么独裁政体的背叛者来领导反袁运动，又回返到民国初年的自由主义立场上，把立宪政体、代议制和联邦制，看作是恰当的奋斗纲领。[③]

反对袁世凯恢复帝制，继而迫使袁氏退位的武装斗争，在几个地区同时进行，但从未联合成为一体。孙逸仙的同事中，著名的陈其美和居正、蒋介石，从国外基地组织了沿海各地的袭击。[④] 1915 年 11 月，袁世凯派在上海的镇守使遭到暗杀[⑤]，12 月初，停泊在上海的一艘军舰[⑥]被起义者暂时占领。起义者试图争取整个海军参加起义，但未获成功。孙逸仙的最大计划，是在山东建立一支规模不大的军队，争取与当地的同盟者一起，在 1916 年春占领该省省会济南；这支部

---

① 梁启超：《袁世凯之解剖》，见《饮冰室文集》，台北，1960 年，第 9 页。

② 梁启超：《从军日记》，见《盾鼻集》，第 124—125 页。

③ 白蕉：《袁世凯与中华民国》，第 326 页。

④ 校注：1916 年春，孙中山命居正为中华革命军东北军总司令，至山东督师。居正至山东，在青岛组织中华革命军东北军二师一旅，任蒋中正为全军参谋长，计划主力攻潍县，沿胶济铁路向济南推进。5 月 26 日，中华革命军进入潍县，并攻取山东境内十余县城，谋合围济南。此时，袁世凯病逝，黎元洪继任总统，中华革命军与山东都督张怀芝议和罢兵。

⑤ 校注：时在上海的淞沪镇守使为郑汝成。

⑥ 校注：肇和舰。

队曾一度占领山东境内日本管理的铁路[1]沿线。很明显，这个行动是靠日本人的钱和取得日本人的保护的；这就大大降低了这支部队在铁路沿线占领据点的意义。

云南是北洋军未驻防的省份。以云南为基地的武装起义，对于讨袁运动起了直接作用，云南也因之成为讨袁运动的中心。孙逸仙的新党[2]没有在云南起义中起直接作用，但其不少成员参与滇军的组建工作。云南的滇军建立于清朝末年，是当时国家新军的一部。因为云南的建军工作成绩优良，中国许多训练有素的年轻军官前往参加，湖南人的蔡锷即为其中之一。辛亥革命后，蔡锷被推为云南都督，1913年底接受中央政府的职务，曾直言不讳地表示拥护中央集权的国家政体，并与1914年解散各级议会的事有很大牵连。蔡锷对袁世凯的幻想最后破灭。帝制运动发起后，蔡氏即与梁启超等人策划，密谋反袁；两人秘密离开北方，去接受反袁的新任务。

梁启超于1915年12月中旬到达上海，以其个人的威望和文学天才，邀集了更多的支持者，共襄反袁大业。大约与此同时，蔡锷和其他的军官一起返回云南。与蔡锷同返云南的军官，有江西的李烈钧，与当地的将领共举反袁义旗。李烈钧是滇军的老军官，也是1913年二次革命的主将之一。云南的军事首脑唐继尧，同蔡锷和孙逸仙等人的政治观点虽不同，但因其在晚清时与蔡氏有共同的学历，又在滇军中有过共事的经历，也参加了起义。

梁启超的著作和以后纪念蔡锷的文章，以近乎崇拜的论述颂扬蔡氏，已为世人所熟知。在反袁的护国运动中，梁启超与蔡锷两人的重要作用是无可争辩的；但在1915年秋，梁氏在天津寓所描绘云南为

---

[1] 校注：1914年8月，欧战爆发后，中国政府宣布局外中立，日本则对德宣战。日军在胶州崂山湾登陆，要求中国政府将山东省黄河以南地区划为日本对德交战区，并要求中国军队在胶济线上撤退至潍县以西。日军在龙口陆续登陆，分兵西进，胶济铁路全线陷入日军之手。中国外交部与日本多次交涉，均无结果。文中所称之日本控制下的铁路，即胶济铁路。

[2] 校注：1913年二次革命失败后，孙中山等革命党人流亡在日，于1914年7月8日在日本东京成立中华革命党，即此处所称的新党。中华革命党以孙中山为总理，多次策动国内讨袁武装起义；1919年10月10日，组为中国国民党。

唯一的反袁运动发源地，却是不合事实的。自 9 月以来，云南的军官就秘密讨论抵制帝制的问题。蔡锷 12 月返回云南，倾向革命的军事领导人信心为之大振，以蔡氏之威仪，足以折服动摇不定之人，并加速作出向北洋军发起进攻的决定。[①] 即使蔡锷不回云南，云南也会爆发别种形式的反袁运动。

反袁运动因在云南省会昆明护国寺举行会议而得名[②]，称为护国运动，军队也因此称护国军。1915 年 12 月 24 日，护国军领袖给袁世凯发出最后通牒，袁氏拒绝接受。25 日，护国军正式发起讨袁运动，通知贵州、广西两省及早给予支持，组织进攻四川、湖南、广东数路讨袁军。其中最重要的是进攻四川的一路，由蔡锷亲自指挥。蔡将军部下的军官中，有后来同毛泽东一起组建红军的朱德。这支被称为护国第一路军的队伍，最初大约只有 3000 人，面对着川军各师及驻川装备精良的北洋军（后来被称为军阀的冯玉祥即为其司令官之一）。当袁世凯看到事态的严重时，命令从华中调遣大量增援部队沿长江西上；尽管蔡锷也获得增援部队的援助，但形势依然不利。

蔡锷率领的讨袁军，具有晚清滇军训练出来的集体精神，顽强坚持战斗，向全国显示出袁世凯的虚弱。蔡锷领兵，指挥十分协调和熟练。日本军事情报称，蔡锷的战术特点，是长于夜袭，常于夜间发起攻击，又善于利用地形；对川军进行有效的政治攻势，使川军有一个整师投到护国军这边。北洋军遭受未曾预料到的重大伤亡。[③] 此外，四川省内的"土匪"武装，在川籍护国军人士的鼓舞与协助下，加上

---

① 苏顿：《省黩武主义》，第 184—191 页，精选有关 1915 年 12 月云南起义的证据。关于对梁启超的叙述提出的较早异议，见金冲及《云南护国运动的真正发动者是谁》，收入周康燮等编《近二十年中国史学论文汇编初编：辛亥革命研究论文集，第一集（1895—1929年）》，第 261—286 页。寺广映雄：《云南护国军起义的主体及运动的性质》，载《东洋史研究》，17.3（1958 年 12 月），第 37 页。

② 校注：1915 年 12 月 25 日，云南军政大员在昆明护国寺集会，宣布云南独立，废去将军、巡按使名义，恢复民国元年都督府、民政长制，推唐继尧为云南都督，定反袁运动为护国运动，起义军定名护国军。

③ 参谋本部：《中国事变的参考资料，第 8 号》（1916 年 3 月）。《袁世凯称帝计划事件·补充材料：反袁动乱和国内情况》，第 6 卷，1.6.1.75，日本外务省档案，外交资料馆，东京。

向北京要求自治的影响，又得到川中政治人物的鼓励，使这些"土匪"武装，发展成为具有相当规模的游击运动，活动在北洋军占领区内。这些游击队的发展，大有助于蔡锷的胜利。

袁世凯在四川的心腹——北洋军将领也没把握能战胜云南的护国军。不久，蔡锷与四川将军陈宧①，同出色的北洋将领冯玉祥，都取得了联系。1916年3日，在四川的护国军与北洋军达成了和解。紧张困难的时刻已经过去，护国军终于在四川压倒了袁世凯的北洋军势力。

3月以后，在国内外的联合压力下，袁世凯的势力迅速瓦解了。从外部条件来说，日本在对帝制运动作了两个月的观望之后，对袁氏的称帝意图，愈来愈表示出敌视态度。日本之所以形成公开反对袁氏帝制政策，因为已经看到帝制在中国上层社会十分不得人心。至于说帝制有可能用来阻挠日本在中国的长远利益，此时连日本人也不是这样认为的了。1915年10月，日本说服了英国和其他列强，就称帝的危险性向袁世凯提出警告。而12月护国战争爆发，证明当时和以后列强的警告是有道理的，也因之更加强了日本反对帝制的态度。接着，1916年3月，日本内阁正式通过一项政策，谋求彻底使袁世凯离开权力中心，即以大量金钱投入到反袁的阵营。②

指望其早日依附革命的广西将军陆荣廷，于1916年3月中旬采取了行动，宣布广西独立。1915年夏季，不赞成恢复帝制的冯国璋，此时在南京同其他省的都督，一起要求袁世凯取消帝制。1916年3月22日，袁世凯宣布恢复总统制，重新回复到总统的位置。但在4月，更多的省份宣布独立；5月，又有省份宣布独立。③6月初，对

① 校注：陈宧原为参谋次长，1915年5月1日调署四川巡按使，会办军务；8月25日，任四川将军。
② 艾伯特·A.阿尔特曼和史扶邻：《孙逸仙和日本人：1914—1916年》，载《现代亚洲研究》，6.4.（1972年10月），第385—400页。
③ 校注：4月上旬，广东宣布独立；4月12日，浙江宣布独立；5月上旬，陕西宣布独立；5月22日，四川宣布独立；5月底，湖南宣布独立。5月18日，冯国璋发起南京会议，计参加者有江苏、安徽、江西、山东、河南、直隶、奉天、吉林、黑龙江、湖北、湖南、山西、福建、热河等17省区代表，共20余人；会议讨论结果，"也多主张袁世凯应退出总统一职"。

袁世凯来说，剩下唯一的问题就是去职的方式问题时，而袁氏却因尿毒症在北京去世，终年 56 岁。

此时，国家已陷入于极度混乱状态之中。当袁世凯显然正在病危之际，反对派也无共同的组织，对袁氏去世后的制度也无共同意见；当时有几个权力集团存在。未被北洋军占领的南方四省——云南、贵州、广东、广西暂时形成了一个协调一致的集团；由于军事行动已告结束，这个集团的势力遂扩展四川、湖南。滇军的凝聚力遂转化成为共同的政治路线，取得了一些成就，至少在坚持推翻袁世凯，恢复 1912 年的《约法》是成功的。1912 年的《约法》，被袁世凯的独裁政体所代替（见本书有关章节）。[1] 第二个集团，是以冯国璋为中心的长江中下游的联盟；冯氏在 1916 年春召集一些省来讨论战略的发展问题，其本人成了中间人的地位，既反对袁世凯独裁政体的中央集权，也拒绝同南方革命党势力结合在一起。

在北京，段祺瑞于 1916 年 4 月重新出来任职，担任内阁总理，事实上取代了袁世凯，成为北洋领袖和独裁政体统一大业的继承人。但段氏的这个愿望是不可能实现的，实际上只是第三个权力集团的代表而已。当段氏在 1917 年试图把湖南置于北京行政当局管辖之下时，这一点就明显表现出来。段氏发现，其所遭到的反对力量不仅来自湖南的领袖人物，还来自南方各省的联盟，以及冯国璋在长江沿线的同盟者。

在袁世凯逝世时，另一股重要的势力在张作霖统率下，开始在满洲各省形成；但张氏并未把这个广大地区统一成为一个整体。在上述几股势力中，并没有一支是真正团结一致的。每一股势力，都是由军事长官和地方官员组成的星座集团，在极度混乱的环境里，首先追求自己生存；这个为生存而设置的舞台，就是连绵不断的内战。军阀混战的时期开始了。

当袁世凯的好运过去时，另一种政治趋势出现了。这种趋势，就是复活民国自由主义阶段时的体制；即使在袁世凯执政时期，其权力

---

[1] 校注：1914 年 5 月 1 日，袁世凯批准公布《中华民国约法》，废止《临时约法》。

不曾达到的地方，省和地方的议会又重新集结起来。袁世凯一死，1912年的约法和1913年的国会都复活了。在20世纪的前10年和20年代初，这种趋势的重要性也许没有得到足够的评价。省自治和联省自治运动仍在继续活动，并影响到早期的军阀政治；但在辛亥革命后具有活力的代议制政治，却永远没有恢复。

回顾起来，民国早期两场失败的政治试验——自由主义政治和独裁政体，似乎彼此是在其互相斗争中消灭的。袁世凯认为，议会和省自治是削弱了民族国家，相信在帝国主义时代的民族国家，应该是强大的中央集权制。因此他要废除议会和地方自治及其辅助的制度，如互相竞争的政党和不受检查的新闻自由等。但是袁世凯的统治体制并未激发民众普遍的欢迎；虽然开始得到一些重要党派人士，如梁启超等的支持。甚至早期的支持者，对袁氏的独裁作风也感到失望。袁世凯走错了称帝这着棋，为失望感的蔓延提供了机会。独裁政体和君主制度一起垮台了，但自由主义的舆论虽得重又出现，在其取得优势之前，分散的军事霸权主义却又插了进来。民国早期的两种试验形式，终于在政治上作为主要的反面教材成为历史的陈迹。

第 五 章

立宪共和国:北京政府,
1916—1928 年

1916 年 6 月的袁世凯之死,预告了军阀时代的到来;然而在随后军阀混战的十几年中,北京政府始终是中国国家主权和人民瞩望统一的象征。在既无王朝,又缺少强有力的人物和执政党的情况下,北京政府仍代表着国家观念;普遍的宪政信念在支撑着这个政府。在世纪更迭之际,这个信念随民族主义的兴起在中国爱国者中滋长。[①]

当中国训练和装备的海军,在 1894 年至 1895 年的中日甲午战争中全军覆没时,许多政治上的有识之士已经认识到,仅是技术和军事的"自强"还不足以救中国。这些有识之士还被这样的机遇所打动,以为世界上所有最强大的国家,包括日本,大都在近代通过了宪法。此外,国外新的政治科学的专家断言,起草一部适合得当的宪法,无论在何处,都是有效稳定政府的关键。事情已很清楚,只有宪法才能使中国强盛。

但中国应采取何种形式的宪法,众说纷纭,莫衷一是,大多数中国政治思想家在两个问题上意见是一致的。第一,政府和人民的利益基本是一致的,但中国却是积贫积弱的国家,这要归之于人民的被动状态。对此,只有通过诸如选举、学会及立法机关等参与制度,允许民众直接关心政治,才能予以克服。正如维新派人士康有为在 1898年所称:"臣窃闻东西各国之强,皆以立宪法开国会之故……人君与

① 在很大程度上,本章吸取了安德鲁·J. 内森的《北京 1918—1923 年的政治斗争:派别活动与宪政的失败》的内容。

千百万之国民合为一体，国安得不强？"①

第二，中国历史上社会动荡的主要原因，在于权力关系界限的含混不清，导致皇位继承权的争夺，大臣之间的冲突，地方官员的专横跋扈；凡此只能由民众起义才能遏止。但在立宪制度下，正如康有为弟子梁启超在 1900 年所云："君位之承袭，主权之所属，皆有一定……大臣之进退，由议院赞助之多寡，君主察民心所向，然后授之……民间有疾苦之事，皆得提诉于议院……故立宪政体者，永绝乱萌之政体也。"②

康有为、梁启超等保皇派人士相信，在中国人学会自我管理之前，应有一个训导阶段。按照中国政治思想的传统治国概念，政治家在逐步引导民众进入参与制度时，应教育与惩戒并用，以维护公共秩序。而孙逸仙领导的共和派争辩说，中国的未来如同修建铁路，"中国而修铁路也，将用其最初粗恶之机车（君主立宪）乎？抑用其最近改良之机车（共和国）乎？"③ 清廷曾对康、梁悬赏欲得其首，而后终接受其主张，于 1906 年下令实行君主立宪。但在清廷尚未颁布立宪之前，革命军起而共和派获得了胜利。

从某些方面来看，1906 年清帝的立宪诏书，比之辛亥革命更为明确。共和国的理念，在 1911 年后，至少受到君主主义者的三次挑战，即是袁世凯称帝的冒险行动，1917 年张勋导演的宣统皇帝复辟，以及 30 年代伪满洲国复活的"王道"④。但自 1906 年以来，甚至在 1949 年之后，对于这种或那种形式的宪法，从未产生过重大怀疑。的确自清朝末年起，公众就意识到不仅对国家，而且对政党、商会及各个利益集团，宪法都是必不可少的。

一些省份也制定了宪法⑤，这一趋向最重要的例子，就是 20 年

---

① 康有为：《请定立宪开国会折》，重印，载翦伯赞等编《戊戌变法》，2. 第 236 页。
② 梁启超：《立宪法议》，载《饮冰室文集》，第 5 卷，第 2 册，第 3—4 页。
③ 迈克尔·加斯特：《中国知识分子和辛亥革命：近代中国激进主义的诞生》所引，第 138 页。
④ 校注：此处的"王道"，即指溥仪的恢复帝制。
⑤ 校注：省一级制定的宪法，中国通称为"省宪"。

代初的"联省自治运动"。在湖南、四川、广东及其他南方省份的领导人争辩说，如果各省能使自己摆脱军阀混战，去寻求自身的稳定和发展，整个国家将会因此而强盛起来。但在以什么方式达此目的时，"关于中央政府与各省地方政权之间的权限，及各省地方政权结构的讨论时，便出现了无休止的争论，纷纷引证 1815 年的日耳曼联邦、瑞士联邦、美利坚合众国、加拿大、澳大利亚为例，评论中国此时颁布或起草的各省省宪；但出于技术和法律的观点，而不是基于中国的现实"①。有几个省草拟了省宪，其中之一（湖南）还在短期内实行过。但联省自治运动，并未能将中国从军阀混战中挽救出来。相反，一些军阀为了实行否定中央集权的策略，欣然颁布其联省宪法。②

尽管有许多失望，但近代中国人对宪法仍持坚定不移的信念。对此如何解释？在近代的西方，如同在中国一样，宪法的效力是不确定的，但又是必不可少的。无论在东方或西方，宪法的概念，都是从国民的基本信念中汲取活力。在个人主义的西方，宪法被视为保护个人权利，调整人群之间利益冲突的准则。在中国，宪法被视为凝聚集体力量，对当前社会目标的基本表述，也被看作是促进共识和防止误失的手段。因此，中国的宪法，一直被认为容易随社会目标的变化而改变。

宪法还具有实用主义的功效。对于正力争在世界获得一席之地的中国来说，宪法是现代国家标志的重要组成部分；宪法也是统治者要求承认其合法性的根据。早期共和国的宪法，允许小范围的集团可以宣称，其角逐政治权力是合法的；而革命力量（国民党、共产党、学生、工会）的活动则是非法的。这些集团可以认同忠于宪法的必要性，却又对宪法的诸条文含义争吵不休。

总之，不论是在中国或在其他地方，也不论是在民国初年或在其

---

① 让·切斯诺：《中国联邦制运动，1920—1923 年》，载杰克·格雷编《近代中国对政治体制的寻求》，第 123 页。

② 校注：原文译意为"联邦宪法"，当时中国称之为"联省宪法"。

以后，对宪法的赞同基于两个原因：一是宪法对于杰出人物具有便捷的实用价值，二是对宪法有能力使国家变强的信心。这种赞同是相当真诚的。在1916—1928年间，费了大量精力去草拟宪法，争论条文，谴责对手违反宪法，祝贺同盟者恢复宪法。在另一方面，随着1916年以后派系冲突的每一次循环，政客们玩弄立宪的谎言也明显增加；而民众对民国共和政体的支持，则相应地下降。其最终结果，是使自由共和国的观念信誉扫地，并产生了一系列权力主义政权，其中的第一个是国民党的国民政府。从一定意义上说，晚清的君主立宪派观点已取得胜利。训导的观念，并不是君主政体本身，而只是其争论的中心。自1928年以迄于今日，中国政府一直受着这个或那个列宁式政党的控制，其目的在于避免重现民国初年的混乱。

宪政社会与思想根源

在1920年前后，4亿中国人中，只有一小部分人知道或关心宪政，对于试图将宪政信念付诸实施的人就更少了。在政界名流的利益和观点的眼光里，在某些方面可以解释立宪政体信念，何以具有如此的号召力。

国家政治名流中最有权势的人，是前清的官员；对他们来说，宪政是沿着西方现代化路线。其中大多数人不是主动赞成推翻清朝，但要求保持其行政权力不受损害，也就不去反对了。这些名流权势人物的一切目标是国家强盛，要以西方和日本为榜样；因为在这些国家里，宪法与国家的强盛显然是有着联系。

晚清时的官员，后来成为民国的领导人，大致可以分为三个年龄组。[①] 生于19世纪60年代的人，属于袁世凯（生于1859年）一代，受的是为准备科举考试的正规教育，读的是儒家的经典著作；其中也有少数人受的是外国新式专门技术教育。这一年龄组的人，大部分在1895年甲午战争和1900年义和团运动之后，才勉强接受宪政，或者

---

① 关于支持以下主张的例证，见内森《北京1918—1923年的政治斗争》，第8—13页。

在 1911 年宪政作为既成事实才予以接受；其对共和国的拥护是有保留的（这一代人是几次复辟清朝的主要支持者）。这一代人的领导方式是独断专行，个人至上。

19 世纪 70 年代出生的一批人，接受相当多的经典教育之后，又普遍地受过新式教育；在其一生较晚时期才出现新学。中国新式教育，在基本的社会和政治准则方面，仍然是传统的内容。留学生多出身于和社会现状有利害关系的富有之家。70 年代出生的一批人中，许多人具有与其前辈一样在政治上的保守主义观点。而另一方面，因受到日本和西方的技术、政治、文化的影响，这部分人较善于掌握共和政体的政府形式，对于铁路经营、金融和对外关系具有领导能力。这一年龄组为早期民国政府输送了大量内阁阁员。

对 19 世纪 80 年代出生的人来说，纯粹的经典教育再也不实用了。以经典为据的科举考试于 1905 年被废除后，那些为应试而学习经典的人，不得不改变课程。想着在政府任职的年轻人，现在必须接受国内的新式教育，或出国留学，或两者的教育都接受，以为今后在政府供职做准备。出国留学的人大多数是去日本。从中国各地到国外的学生，在国外的学生团体中办俱乐部，出版杂志，组织政党，广泛吸收西方和日本各种思潮，用半生不熟的中外混合语言进行热烈的讨论；渐倾向于抛弃中国的传统，照搬外国的思想和社会时尚，采取"中国无一是处，西方一切都值得仿效"[①] 的观点。

70 年代组的人和 80 年代组的人之间，存在着精英政治文化上的重大区别。正是在 80 年代的人中，产生了五四运动的上层领导，以及中国共产党一批最老的领导人。当然，在老官僚庇护之下，进入清廷官僚机构的年轻人，不像后来成为共产主义者同龄人那样激进。但是，由于这些共产主义同龄人，比其长者较好地理解共和的理想，也就更加拥护共和的理想，因之随即成为从内部对共和国失败的主要批评者。如果 80 年代组的人与 60 年代组的人，都一样对共和持有矛盾或不满心态的话，那就是 60 年代组的人，认为民国走得太远了；而

① 　汪一驹：《中国知识分子和西方，1872—1949 年》，第 147 页。

80 年代组的人却觉得民国的路走得还不够。

早期民国的全国性政治名流另一个组成部分，是新兴的职业成员——教育家、律师、工程师、记者、现代商人和银行家。报纸、大学、法院、银行以及其他专业新机构，都需要受过专门教育的人员；新式教育和出国留学则满足了这种需要（见第 11 卷第 10 章）。为了使新兴的职业能自我管理，清末以来，适应改革的要求，成立了各种行业公会（社团），如商会、律师公会、银行公会。这个改革，对中国的现代化趋势，起了特殊的推动作用。因为行业公会承担着半政府职能；从事这些行业的人，逐渐成为对公众事业有合法发言权的名流。其与政府之间正式或非正式的合作关系，与一向由士绅享有合作的关系相似。就 20 世纪的中国中央政府而言，这些行业名流，的确逐步代替拥有土地的士绅，成了"公众意见"的蓄水池和源泉。当发迹拥有土地的士绅，即地方上的乡绅，与握有兵权的大小"司令"争权夺利之时，新兴职业阶层的人物，已成功地确立其在国家级层次上的地位。当然，新出现的城市中产阶级并不富有，受教育较少部分——小商人、手工艺人、学生、小职员，则被排除在正统社会的名流之外。

在新的职业阶层中，职业政治家起了特别突出的作用。从 1900 年起，东京的中国留学生团体，成了这些职业政治家的人才后备基地。留日学生在那里阅读关于民族主义和革命的书刊，能结识政党组织者和革命党人。一些官费留学生放弃了官宦前途，也仿效这些政治活动的榜样。此时，梁启超在日本宣传和鼓动，在清廷实行君主立宪的道路；孙逸仙为建立共和国而进行革命，在日本成立了秘密组织，留日学生可以在两者之间作出选择。

1909 年省谘议局召开和 1910 年全国谘政院召开，为许多政治家在这两个机构内从事政治活动的前途提供了机会。典型的省谘议局议员，年轻（平均年龄 41 岁），富有，出身官宦世家，其中有 1/3 的人在国内或到海外受过现代教育。[①] 尽管谘议局与谘政院和民国时期的

---

① 张朋园：《清代谘议局议员的选举及其出身之分析》，《思与言》，5.6（1968 年 3 月），第 1439—1442 页。

议会相差无几，有不少官僚、专业人才、商人、地主等等，但职业政治家在其中占有显著优势，并控制了舆论。

　　然而，职业政治家并未曾在政府部门供职，在早期的共和政治活动中，长期被排斥在外围的地位。民国的最高职位主要是官僚，前清的官僚，通常都是军人。在职业政治家中，很少有人担任过内阁阁员，更没人当过总统（除孙逸仙曾短期担任过南京临时政府的临时大总统）。在国会休会期间，这些职业政治家已经成为政客，充当各官僚派系之间的调停人、政治掮客和盟友，朝秦暮楚，极尽尔诈我虞之能事；只有在国会开会时，才处于政坛的中心地位，为扩大国会的权力而进行斗争。

　　宪政是符合前清官僚与政客利益的，因为宪政给予其以合法的政治场所，而又不使这个政治舞台向下层人士开放。除此之外，宪政在世纪交替和进入 20 世纪以后，对许多人也具有启迪思维的意义；首先西方专家的自信给中国人留下很深的印象。在中国政府担任多年宪法顾问的约翰斯·霍普金斯大学政治学教授韦罗璧写道：“中国人……为许多政治问题所困扰，但不是由于民众普遍缺乏自治能力和政治代议制，而是因为其一直想在一部实质上并不完善的宪法下来管理自己。”[①]

　　韦罗璧的看法，代表了 20 世纪 20 年代西方政治学家的观点，落在肥沃的中国知识界的土壤之中。看到西方政治学者的声望和自信，中国的一些阶层，希望通过向西方国家学习的西化途径，以取得国际社会的承认。立宪政体能使之成为世界强国方面已有显著成就，这些仅是中国仿效西方明显的动机。科学主义也是中国思想界一时的风尚——相信现代科学机械模仿的说法，能解决人类的问题。正如“科学”马克思主义在西方和在中国之所以具有吸引力，在于其宣称自身融合科学控制了自然的力量。同样的，现代“政治学”也标榜自己具有同样间接的超凡魅力，就像数年后的马克思主义一样；宪政似乎通过科学设计的民主，能把陈独秀说的德先生（民主）与赛先生（科

---

① 　韦罗璧：《中国立宪政府：现状与展望》，第 33 页。

学）结合在一起。

更为根本的，是中国人对宪法的信念，深深植根于人的自觉意识，在行动过程中起着的主导作用。孔子认为，欲统一天下者，首先必须"思无邪"；明代重要的新儒家王阳明曾指出："知是行之始，行是知之成。"孙逸仙则简明扼要地说"能知必能行"①；换言之，如果自觉的意识能想到如何做一件事，那么相对来说，实际去做是不成问题的。相应地，如果事情做错了，解决的办法就在于纠正当事人的思想。只要将宪法条文看作是国民自觉意识所"知"之物，立宪共和就没有不成功的道理；如果共和失败了，原因不是民众对立宪原则的掌握和支持不够，就是宪法本身有缺陷。

假如说坚持"唯意志论"的传统有助于使宪政变得合理，那么，宪政对国家富强会有作用，无疑对之是具有吸引力的。在中国人看来，宪法的作用是将个人利益与国家利益结合在一起，由此激发民众为实现国家的目标作出更大的努力，发挥出更大的创造性。许多中国思想家认为，旧中国的问题在于民众的被动性和狭隘的自私性。相反，在现代社会中，由于实行民治，民众将全心全意奉之于国家。"万其目，一其视；万其耳，一其听；万其手，万其足，一其心；万其心，一其力；万其力，一其事。其位望之差别也万，其执业之差别也万……心相构，力相摩，点相切，线相交，是之谓万其途，一其归，是之谓国。"② 这种视宪法为强化器的观点，与孟子的观念一脉相承。"得道者多助"，"仁者无敌"③；宪政可以被看作这样的"道"，所以其能获得民众的支持，认为是中国繁荣强盛的关键之所在。

---

① 孔子之说，引自内森：《北京 1918—1923 年的政治斗争》，第 21 页。王阳明语引自戴维·S. 尼维森：《王阳明以来中国思想中的"知"与"行"问题》，载芮沃寿编《中国思想研究》。孙逸仙语引自邓嗣禹、费正清编：《中国对西方的反应：1919—1923 年文献概览》，第 264 页。

② 梁启超语，引自张灏：《梁启超和中国知识分子的转变，1890—1907 年》，第 100 页。

③ 科文：《王韬对变化中世界的看法》，载费维恺、罗兹·墨菲、芮玛丽编《中国近代史入门》，第 160 页。

北 京 政 府

在 1916—1928 年的大部分时间内，是根据 1912 年的《临时约法》成立的北京政府在运作。虽然《临时约法》设计者有意把主要权力归于内阁，但因其措辞含混，导致大总统与国务院和国会之间接连不断地发生争执与冲突。

总统由国会选举产生，任期五年，仅具有象征性职责，并享有国家元首的声望；其本人的品格和党派的背景，决定其能否将象征性职责变成实际的权力。内阁为"辅佐"总统，管理各部总长，副署总统颁布的命令和法规，接受国会的质询。内阁通常由各派系分得职务的人员所组成，实际上很少起到决策机构的作用。尽管宪法对国务总理的权力未作特别规定，但有时国务总理能通过组阁及促使国会批准内阁起些作用；并通过同党派成员控制一些要害部门，如陆军、财政、内务等部的总长来控制政府。国会是由参议院和众议院所组成，议员任期分别为三年和六年。国会不仅选举总统、副总统，批准内阁，还有权批准预算，批准条约，宣战，以及质询和弹劾的权力。由于经常性的派系倾轧，使之中国政府对这些操作不能够熟悉运用；国会除了默认或阻挠外，几乎起不了什么作用。表 37 列出了民国初年的国会及国家其他立法机构的情况。

根据《中华民国临时约法》，国会的主要任务是起草永久性宪法。在若干年内，数届立法机构都在从事这一工作，又回到清末的宪政辩论上面；袁世凯当政时提出的问题——中央集权与地方自治，立法权与行政权，广泛的政治参与和有限的政治参与（见本书第四章）。在 1913 年至 1914 年的会期中，为准备宪法草案花费了大量时间；1916 年至 1917 年会议期中，准备草案又继续进行。1917 年，同时成立了两个政府，一个在北京，另一个在广州，都声称要执行《临时约法》，并且都制定宪法草案。原国会（或称旧国会）于 1922 年再度召开，产生了 1923 年 10 月 10 日的"曹锟宪法"（因由曹锟总统颁布而得名）。1924 年的北京政变将曹锟赶下台后，一个临时性文件《中华民国临时政府条例》代替了宪法。同时，宪法起草委员会召开会议，再次尝试制定宪法。1927—1928 年，张作霖政权为自己制定了一份替代宪法的文件，即《中华民国军政府组织令》。

直至行将垮台时，北京政府宣称其为正统；即使在越来越受到混战军阀的控制，正统性也使其占有重要的地位。直到1923年，如果

表 37		民国初期国家级的立法组织	
名　　称	日　　期	注　　解
各省都督府代表联合会	1911 年 11 月 30 日至1912 年 1 月 28 日	先在武昌，后在南京召开，都督的代表们为组建新共和国采取的第一个步骤。
临时参议院	1912 年 1 月 28 日至1913 年 4 月 8 日	在南京召开，迁到北京。制定《临时约法》。
第一届(旧)国会第一次会议	1913 年 4 月 8 日至11 月 13 日	袁世凯驱逐国民党议员后解散。
政治会议	1913 年 12 月 15 日至1914 年 3 月 18 日	袁世凯为取代国会而召集，开始时称政治会议。
约法会议	1914 年 3 月 18 日至6 月 5 日	袁世凯召集以起草新约法。
参政院	1914 年 5 月 26 日至1916 年 6 月 29 日	在新约法指导下，暂时行使立法职能。
第一届国会第二次会议	1916 年 8 月 1 日至1917 年 6 月 12 日	袁世凯死后旧国会恢复；张勋复辟过程中解散。
第一届国会"非常会议"	1917 年 8 月 25 日至1922 年 6 月 16 日	为抗议选举新国会的计划，许多旧国会议员在广州重新开会，这一会议以后移在昆明和重庆召开。
临时参议院	1917 年 11 月 10 日至1918 年 8 月 12 日	段祺瑞为制定新国会法而召开。
安福国会	1918 年 8 月 12 日至1920 年 8 月 30 日	直隶—安福战争后解散。
"新新"国会	(1921 年夏)	根据徐世昌的命令，11 个省举行众议院选举，但其他各省未选举，此届国会从未召开。
第一届国会第三次会议	1922 年 8 月 1 日至1924 年 11 月 24 日	恢复旧国会 1917 年的体制，排除 1919 年选入"非常会议"的新议员。
善后会议	1925 年 2 月 1 日至4 月 21 日	段祺瑞执政府为解决悬而未决的国内问题而召开。
临时参政院	1925 年 7 月 30 日至1926 年 4 月 20 日	临时立法机构，在一次政变中解散。
国宪起草委员会	1925 年 8 月 3 日至12 月 12 日	制定一份新宪法草案，从未生效。

资料来源：刘寿林：《辛亥以后十七年职官年表》，第 486—487 页；内森：《北京1918—1923 年的政治斗争》，第 183 页。

不是更晚的话，许多舆论界的代表人物，在慨叹军阀混战和政治腐败的同时，依旧希望能最终实现宪政制度。每个大军阀都在国会、内阁和政治报刊中扶持派系盟友或追随者；可能的话，还在总理与总统间建立良好的关系，目的在于取得正式委任（如一省的省长），使之其在地方的统治取得合法地位。

北京政府之所以重要的第二个原因，是外国的承认。面对中国分裂的现实，列强仍坚持只有一个中国。在 1928 年以前，北京一直是中国的首都。即使有的问题实质上是地方性的，但列强普遍要求通过中央政府外交部来正式解决各种问题。即使在军阀控制的地区里，许多铁路上有利可图职位的任免，条约口岸办事机构的设立等，因为这些常涉及外国的利益，所以需要北京政府的认可。最后，外国使馆的存在，为北京提供了实实在在的保护。1901 年《辛丑条约》规定，如果北京遭受军阀侵犯，北京—天津铁路被其占领，就可能招致列强的干预；但列强并未行使这个特权。

北京重要性的第三个原因，与财政收入有关。在北京政府的财政中，税收所占比重很少；海外汇款额，在袁世凯去世前就开始下降，以后更大量缩减。外国的承认对中国财政的重大影响，就是借款能力问题。中国政府以自然资源为抵押向外国贷款，如 1917—1918 年 1.4 亿日元的"西原借款"。政府也在国内借款——从 1913 年到 1926 年，政府共发行 27 种公债，筹款 6.31 亿，部分借款以盐税和关税作担保。而盐税和关税的征收，均有列强的参加，因之得以避免军阀的干预（列强对于征收关税的参与比对盐税更为全面）。除了主要的外国贷款和发行国内公债以外，还有国库券（分长期和短期），银行贷款，政府各部认购的证券，拖欠薪饷及其他债务，其总额从未计算过。政府筹款变得日益艰难，没有长久期待的大笔外国贷款，没有以关税和盐税作为抵押的国内公债（总是抱有希望，虽然常常总是失望），是否能在国内借到一小笔钱，是令人怀疑的。

借来的钱用于政治活动（付给国会议员和新闻记者的"荣誉金"），给与北京政府当权者结盟的军阀军队发放军饷和急需资金的政府部门。而政府公职人员却迟迟拿不到薪金，于是教师、警察、公务人员不断罢工示威。为了维持生计，只有接受贿赂，以其作为第二职业。在这种情况下，能完成任何一件有益的行政管理工作，都是不平常的。但也确有迹象表明，在这段时间里，一些部的工作却取得相当成效。

在教育部的集中领导下，初等、中等、高等教育机构的标准水平有了提高，入学人数也增多了。[①] 司法部之下的法院系统一直不完善，并未充分发挥作用，但享有正直的声誉；在法典编纂和监狱管理方面也取得了进展。内务部领导下的北京新式警察，保持了很高的事业水准，在 1928 年，北京曾被描述为"世界上治安最好的城市之一"[②]。尽管军阀企图干预，交通部属下的铁路、电报和邮政业务仍能赢利，又十分可靠。为理解这些表面现象，需要对官僚政治进行仔细研究。在这种险恶的政治环境中，中国固有的官僚传统工作，如何同西方的技术和事业规范相结合，而幸存下来。

北京政府各部中最有效的——又是遭受同时代人和后代人最猛烈的抨击的，也许是外交部。在军事和经济都无力保护自己的国家里，享有世界盛名的外交家——像顾维钧和颜惠庆等人，为了国家的利益，顽强推行收复权利的工作。中国 1917 年对德国及奥匈帝国宣战，废除了该两国的治外法权，终止了向其支付庚子赔款，还赢得暂停向协约国支付庚子赔款五年的期限。尽管中国的宣战纯粹是名义上的，但战后还是以战胜国身份参加 1919 年的巴黎和会。《凡尔赛和约》将德国在山东的权利交给了日本，使中国大感失望，但中国外交家在国际舆论法庭上赢得了赞誉。在 1921—1922 年的华盛顿会议上，日本只得被迫撤出山东。此外，英国同意归还中国的威海卫；九国[③]宣布

---

① 伍德海编：《中华年鉴，1926—1928 年》，第 407—410 页；关于司法部，见第 753—768 页；关于交通部，见第 269—385 页。
② 《纽约时报》1928 年 12 月 30 日，引自戴维·斯特兰德：《20 世纪 20 年代的北京：政治秩序与公众的抗议》（哥伦比亚大学哲学论文，1979 年），第 43 页。
③ 校注：在华盛顿会议上签字九国公约的 9 国，为中、英、美、法、日、意、比利时、荷兰、葡萄牙。

尊重中国的主权，提高关税至 5％，还订立了最终中国关税自主和废除治外法权的条款。在 1924 年，中国与苏俄签订协定，苏俄放弃了在华治外法权、庚子赔款及其在天津和汉口的俄租界。即使在北京政府濒于崩溃时，外交部还说服各国派代表出席修订关税的会议[①]；会议虽未取得实际结果，但详述中国立场的文件，成为南京政府 1928 年成功宣布收回关税自主权的基础。所有这些成就背后的艰难谈判，尚有待研究。但 1924 年中俄协定的谈判却是例外。研究这次事件的专家结论，是因为外交部"超出大多数人的想像，具有相当大的权力和独立性，较高的人员素质，十分积极的政策和更为强烈的民族主义动机"[②]。

现代银行的政治作用

从民国初年到 20 年代，北京政治活动日益显著的重要特征，是条约口岸的现代中国银行卷入于政治。在中国的金融界里，这些中国现代银行，遭到外国银行在条约口岸的分行及中国钱庄两方面的夹击。这两类金融机构的财力，都超过中国的现代银行。27 家外国银行及其在中国的分行，拥有 3 倍或 4 倍于 119 家（或更多）中国银行的资本，实际上垄断了有利可图的外汇和外贸市场，还享有发行货币的特权，并收存每年数亿元的盐税和关税收入。这些外国银行得到中外商人的信任，在条约口岸招揽大批金融业务。另一方面，数不清的钱庄牢牢占据国内货币汇兑，证券投机和短期贷款市场。单个钱庄的规模并不大，但所有钱庄的资本总额却大于现代银行；并且由于其有固定的业务渠道，比现代银行更成功保持业务的畅通。实际上，钱庄成为现代银行短期资金的来源。

民国初年，现代银行的财力是不足的。根据现有资料，119 家现

---

① 校注：1925 年 1 月 31 日，北京政府电令驻各国公使，分别向各驻在国提出召开关税会议要求。1926 年 7 月，出席关税会议的各国代表决定暂时停会，俟中国代表能正式出席时，再继续开会。
② 梁肇庭：《中苏外交关系：1917—1926 年》。

代银行，总计拥有 3.5 亿元核准资本，能筹集到的实缴资本仅 1.5 亿。[①] 由于缺乏公众信任，中国的现代银行不得不通过发行纸币（如果能得到政府批准）以高利率向钱庄贷款，以高息接受储蓄存款的手段，吸收极为短缺的流动资金。于是，为了偿付高息存款和贷款，为了支撑币值，银行不得不寻求利润高而风险大的投资；政府公债和国库券，正是这种投资的重要部分。

随着财政收入其他来源的枯竭，政府日益依赖国内资金市场。1915 年下半年，在袁世凯进行帝制运动时，一些省份宣布脱离北京独立，国内税款收入急剧下降。1918 年，日本新组成的原敬内阁，放弃了前任内阁的政策，停止承诺对中国大量少条件担保的贷款。1920 年，外国银行家组成国际财团，实际上是延长外国金融联合，对中国政府实行制裁期限的工具（见第 2 章）。事态发展的结果，几位极少有成功希望的财政总长，为筹款活动而奔忙，国内信贷变得日益重要起来。但是，从 1919 年发行八年公债开始，银行家们对政府证券开始消退；政府负债累累，已经没有可靠的收入为新公债担保。而政治形势又日趋恶化，以致银行仅以小笔预付现金，向政府强提苛刻的贷款条件。政府在上海出售剩余的第一年公债时，每 100 面值售 21.5 元；未售出的七年公债，按每 100 元以 54 元出售。银行对政府的大批短期贷款，月息竟高达 16%—25%，以未售公债面值的 20% 作为担保。从 1912 年到 1924 年，共向银行出售价值 46740062 元，偿还期为一年或二年的国库券，价格仅为面值的 40%；在政府赎回债券时，银行获取的折扣率是很高的。

于是，现代银行成了政府债券的主要持有者。银行常以自己发行的钞票，按面值一定的比率购买公债；但可能公债永远得不到兑现，其价值可能会一直跌下去。另一方面，公债的市场价格也可能因为得到新的担保，而部分抽签兑现；或新任财政总长，也会使公债市场上扬。公债市场价格如此剧烈涨落，证明这是有利可图的投资。然而，要在投机中获得成功，就必须要预测，甚至要有影响市场的活动；这

---

① 　资料见内森：《北京 1918—1923 年的政治斗争》，第 74—90 页。

就需要与政治进行密切的联系。

总行设在北京和天津的银行，与北京的政治活动关系最为密切。
（上海的银行也从事政府公债投机，但其业务重点是票据交易和工业
投资。其他条约口岸的银行，与当地政治活动的关系，比起在北京政
治活动的关系更为密切。）典型北京或天津的银行董事会，是精心组
成的。其核心是一些与政府内各派系有良好关系的银行家；此外，就
是一些与政治团体利害攸关的人，或具有银行以及其他金融经验的
人。这样各方面人事平衡的目的，在于为银行确定债券市场价格的涨
落，获得政治内幕的情报，并结识政府中能获得保护特权的朋友；从
而避免政局发生变化时，由于银行的单一倾向而陷于孤立无援的
境地。

1919 年以后，政府的财政日益拮据，而银行及对其有影响派系
的政治地位却逐步上升。交通系（下面还要谈及）作为内阁命运的主
宰者形成了。与此同时，银行向政府施加影响的能力，普遍有所增
加。1920 年 12 月，银行公会在上海举行会议[①]，决定拒绝认购所有
政府债券，除非政府"重新调整"旧债券的清偿方式。政府对此的反
应，于 1921 年 3 月 3 日发布的总统令中，政府建立统一国债基金会，
将关税余额用作偿债基金，由海关总税务司安格联爵士管理。第一、
第五、第七年的长期公债及第八、第九年的公债（后来又加上了其他
债券），按面值的一部分重新作价，并兑换成两种新发行的债券；这
两种债券的偿还金，是由上述基金担保的。

整理公债基金的设立，对银行家是一种照顾。债券的重新作价低
于其面值，但这无关紧要，因为银行当初购买债券时就打了大折扣。
现在一旦认购的债券能兑现，就可以得到高出原购价一倍以上的收益；
或者如果进行市场交易，亦可以高于买入的价格出售。虽然政府发行
任何新的债券，都必须经安格联爵士同意，但政府的威信还是提高了。

---

① 　校注：原文译意为中国银行家协会。1918 年 7 月 8 日，张公权、宋汉章、陈光甫、钱
　　新之等在上海发起成立上海银行公会，参加的银行为中国、交通、浙江兴业、浙江实
　　业、上海商业储蓄、盐业、中孚等 7 家银行。

派系与私人关系

从表面上看，北京政府的制度是合乎宪法的，立法、司法、行政的权力由法律予以区分，决策也按规定程序制定。但政府的组成，实质上却是派系在起作用。一大批个人追随者，越过法定制度的界限而取得捷径；每个派系以一位特定的领袖人物为中心，由其个别吸收忠诚的追随者组成。

在组织这些派系时，政治领袖特别注意；凡是工作上既能干，政治上又积极可靠的人，认为也是有前途的人。领袖人物对可靠性的判断，在极大的程度上取决于"关系"的观念。对大多数中国人来说，社会是由父子、君臣、夫妻、师生的关系网所构成。信任与自己有确定关系的人，比信任仅仅是相识的人要安全得多。即使是关系疏远，也有助于建立交往的稳定性；因为交往双方的尊卑，可靠的惯例，包括一方有权向对方要求，或要从别人那里期待得到什么。

当然，血亲或姻亲的血缘关系极为重要；尽管一个人毫无从政经验，但因其人为亲属之故，也会派给一不具敏感性职务，使之其位居挂名差使。另一种重要关系，是来自中国同一地区的人之间的关系，即同乡关系。由于语言和风俗习惯上的差异，远离家乡的广州人或安徽人，在北京很容易各自结成一伙。教育过程产生另一类效忠中心：一些受业于同一教师的人，毕业于同一学校的人，或在 1905 年以前同科中试的人，均彼此视为同学，其间之亲密关系远胜于兄弟关系。这些同学，对其过去的师长和主考官①负有终生忠诚的神圣义务。与此相似的，从官僚生涯中滋长出与其同事或上司的关系。除了这些自发形成的关系之外，或作为这类关系的替代，一个人还可以通过师生关系，保护人与被保护人的关系，或金兰结义的兄弟关系，使自己与另一人联系在一起。

以广泛的关系网为基础，杰出的政治领袖人物，在其身边集

---

① 校注：原文为"Examination Supesvian"，译意监察考试的人，按即主考官。

结一批精明、称职而忠诚的追随者，组成派系。在由共和宪法规定陌生的社会中，这些政治领袖们，越来越依赖其派系继续展开政治活动。

最有影响和最复杂的派系之一，是由段祺瑞（1865—1936 年）领导的。段氏于 1887 年（应为 1889 年。——译者注）毕业于北洋武备学堂炮科，去德国深造后，回国任炮队统带，兼任袁世凯训练新建陆军（见第 11 卷第 10 章）的小站炮兵学堂总办和主要授课人。由于段氏在小站练兵的重要作用，新建陆军中约有一半的军官，包括民国初年华北的许多军阀，都是段氏的学生。段祺瑞为安徽合肥人，与其家乡有政治活动能力的人很接近；合肥出生的子弟，具有浓厚的地方主义色彩和非凡的政治手腕。虽然段氏是位将军，但其政治基础，不是军阀式对军队的直接指挥，或是对地盘的控制，而是凭其资历的影响、威望和政治手腕，特别是以其大批追随者为基础。

民国时期，通过其追随者，段祺瑞的影响力，遍及政府的许多部门——参战军（后称边防军）、内务、财政、交通等部，国务院秘书厅、京汉铁路、官办的龙烟铁矿公司、大理院。本文特别感兴趣的，是段祺瑞如何通过其两个密友王揖唐和徐树铮组织的安福俱乐部，其势力控制了 1918—1920 年的国会。王揖唐与段祺瑞同为合肥人，是靠段氏庇护的政客。徐树铮是段氏在清末提升为助手的年轻军官（安福俱乐部的介绍见后）。

民国另一个主要派系是交通系，源于清末的邮传部（1906 年设立）。由修建和赎买铁路，扩充电报系统，邮传部遂组建交通银行，于是大量资金流入该部，使之成为具有政治、金融势力的重要部门。袁世凯的追随者担任该部及其下属机构的各级官职，梁士诒（1869—1933 年）即是其中之一。梁氏从 1906 年（应为 1907 年。——译者注）到 1911 年，占据邮传部里最重要的职务——铁路总局局长。美驻华公使芮恩施描述梁氏称，他"被认是在北京仅次于袁世凯，是最能干，最有影响力的人……一个广东人，身矮体壮，长着拿破仑式的大脑袋。他很少说话，但他在一旁的插话，表明他总是在讨论问题中先行一步。这一点也通过他尖锐的提问反映出来。当直接向他提问时，他总是能对任何问题给予清楚而连贯的说明"①。

1906—1916 年，梁士诒担任一系列政府高级职务。在此期间，梁氏在邮传部和交通部的官僚中组织了势力网，并在梁氏从政府引退后仍继续存在。例如梁氏的追随者叶恭绰，曾任铁路总局局长、交通银行总理、交通部次长（1913—1916 年、1917—1918 年）及交通总长（1920—1921 年、1921—1922 年、1924—1925 年）。梁氏另一位追随者②曾任吉（林）—会（宁）铁路督办，主管过吉（林）—长（春）铁路，并几度出任交通部次长及代总长。梁氏还有其他的追随者。

交通系在金融界的影响，为其权势所及的另一个方面，而以对交通银行的控制为关键。交通银行起着政府银行的作用，然而却由私人投资者所控制。梁氏于 1908 年建立该行，作为邮传部管理铁路、邮政、电报和航运运营资金的管理机构；1914 年，被授权发行货币，并与中国银行共同管理国家财政。③ 尽管该行在政界拥有势力，享有特权，但在 1914 年后，其 70％的股票为私人股东持有。梁士诒通常控制政府股份，并通过在董事中之友人控制大部分私人股份。除了交通银行外，梁氏还组建了其他几家私人银行，包括中国最重要的一些银行（其中有金城银行、盐业银行、大陆银行和北洋保商银行）。根据一项资料，在 20 年代初，政府欠有债务的"大多数"国内银行中，梁士诒及其同伙，都享有股权。④ 约在 1920 年，梁氏担任国内公债局总理；该机构是为重新调整内债以恢复政府信誉而成立的，其助手叶恭绰和周自齐二人，分别任交通总长和财政总长。梁氏本人不仅是交通银行的董事，还是六家私人银行（其中有三家是一个向政府贷款的财团——国内银行团的成员）董事会的董事；交通系的其他成员，

①　芮恩施：《一个美国外交官在中国》，第 95—96 页。

②　校注：此人为权量，湖北武昌人，清末，任工商部秘书；民国初年，任农商部秘书，交通部参事；1916 年，署交通部次长等职；1918 年，任吉会铁路督办、吉长铁路管理局局长。此处吉林今更名永吉。

③　校注：中国银行 1905 年设立，原称户部银行，1908 年改称大清银行；1912 年 1 月，改称中国银行。

④　《北华捷报》1922 年 2 月 4 日，第 289 页。

在这几家银行和其他大银行中担任董事职务。

这些事例表明,民国初年的派系活动是多种多样的。其他派系具有强烈的军事性质(曹锟、吴佩孚的直系,张作霖的奉系);还有一些派系,主要是由国会政客和报人所组成(研究系,政学系)。总之,最成功的派系全仗着人多势众,随机应变,才能在政府更迭和军事、金融局势变动之中得以幸存。

主要由派系组成的政治体制,可能在宪政框架下运行,但现实的政治斗争必然是派系之争。由于是对个人效忠,而不是以对体制效忠为基础;而且派系的规模仅限于领导人亲自培养,或通过最接近的助手培养的二三十人。然后,可能再由其党羽驱策最底层的军人或政府雇员,这仅限于派系成员当权之日,某一派系的领袖争得总统或国务总理,而其对手仍将在政府各部、国会、银行保留自己的势力,并可以继续控制地方的军队。这一派系仍将通过其在据点上的成员,联合起来对付在朝的派系或其盟友,攻击谩骂,散布谣言,撤回资金,拥兵自重,直至时机成熟之时,行使贿赂,或发动政变,迫使政府改组。同时代的外国人,常将民国初年的政治称之为"一场闹剧"。实际上,这场闹剧,都是宗派主义作祟的政治活动;按其自身的逻辑发展,在其发展过程中破坏了宪政的结构。

1918 年的安福国会选举

对 1918 年国会选举的研究表明,在宪政早期阶段,宪政的形式和宗派主义的现实是互相渗透的;斯时,看上去二者尚能共存。1917年 6 月 12 日,保守的辫帅张勋,在力图复辟清帝的短期几天中,1913—1914 年选出的第一届国会又第二次被解散。张勋为效忠段祺瑞的军队逐出北京,段氏复任国务总理。段氏在前此内阁任职时,视国会为眼中钉,此时下决心更换国会;借口挫败张勋的复辟为是再造共和,应遵循辛亥革命前例,召集临时参议院起草新国会组织法和国会选举法;以选举新国会,将为民国带来一个新起点。当然,只换国会而不换国务总理，是不合逻辑的；南方5省拒绝参加。① 然而，临时参议院于1917年11月10日在北京还是召开了。段祺瑞的党羽及结盟派系成员，控制临时参议院，制订的参选人数更少，是更为驯服的国会条例。

条例规定选举分两阶段进行。第一阶段为选出各省的选举人，由选举人再开会选出国会议员。例如在江苏省，众议院议员的初选和复选日期，分别定在5月20日和6月10日；参议院议员的初选和复选日期，定在6月5日和20日。第一阶段众议院议员选举，英国驻南京领事翟比南形容，是"一次腐败与吵闹的闹剧"（原文如此②）。翟比南领事写道："选票的行情与每日市场涨落情况，逐日登载在当地的报纸上，是一件可买卖的商品，像大米、豆饼或其他商品一样。"选举监督人截留大批本该发给选民的选票，填上捏造的姓名投入票箱，或者雇些"乞丐、小商贩、算命先生、乡下人等市井小民"前往投票，这些都不足为奇。另外，办理选举的人员将一大堆选票卖给候选人，由其如法炮制。那些没有能力买足选票的人，就雇些无赖恶棍在投票时抢选票。同样的例子，有的候选人付钱给另一些候选人，要其退出竞选。在第一阶段参议院议员的选举中，翟比南的报告说，情况比较平稳，因为选举人较少，更容易收买所有的选票。③

在第二阶段选举中，候选人"开始认真地竞相出价"；在此阶段，众议院的选票价从150元到500元不等。因对选票价格争论不休，选举一再推迟。来自天津的报告说，如果说江苏的城市与天津有什么相似之处的话，那就是茶馆、酒肆和妓院的生意。由于候选人要款待可能的支持者，利用各种场所达成选票交易，这些茶馆、酒肆和妓院从春节后的冷淡又都兴盛起来。一位天津的作家写道："谁谓选举无益于小民哉。"④

---

① 校注：南方拒绝参加的5省，为广东、广西、四川、云南、贵州。

② 此处为英文原文附注。

③ 外交部档案228/3279，载《截至1918年7月31日的南京情报季度报告》，翟比南，无日期，第15—23页。

④ 南海胤子（笔名）：《安福国记》，Ⅰ，第47页。

国务总理段祺瑞的选举机器安福俱乐部，在江苏有个名叫雅园的分部，大概在南京的这幢房屋因用金钱交换选票而得名，安福系在这里秘密招待未来的支持者。翟比南的报告称，尽管"该省大部人都强烈反段"①，众议院第二阶段的选举结果，安福俱乐部还是赢得 3/4 的众议院议席。安福系在江苏的主要对手是研究系；在众议院选举不利之后，研究系作了"极大的努力"，才赢得参议院的一些席位。研究系多亏其盟友，江苏督军②李纯发起"虽不引人注意，却是强有力竞选运动，才得以在参议院的复选中，设法收买到几个议席"③。

据报告，每位参议院候选人的选举费用为 4 万元。安福俱乐部在江苏的投资，据一位观察家估计为 10 万元；据另一位观察家估计，仅参议院选举即达 16 万元。④ 安福俱乐部用钱支持无财力买国会席位的候选人，比起自行筹款，用安福俱乐部牌子当选的候选人，在未来国会中保证能得到更忠诚的支持。

尽管安福俱乐部在其他省份也花了很多钱，但选举结果却极少像江苏这样不明朗。当时英国驻华公使朱尔典的报告，记述得一点也不夸张，"所有各种情况的结果表明，要和控制选区的军事要员的观点要一致"⑤。当然，国会的席位是十分有利可图和受人尊崇的，甚至激起了当地的军阀的拥护者，也竞相参与买卖选票。但在大多数省份里，省议员团的成员虽尚未确定，而其政治上的结盟已事先确定了。

向新国会派出议员团的 17 个省份中，13 省的军阀已与段祺瑞结盟；其中有 11 个议员团实际上已加入了安福俱乐部，并成为该俱乐部的一个组成单位。在秉承当地军阀愿望的首领率领下，使一省、两省或三省集团，或议员团在俱乐部内进行活动。两个与段祺瑞结盟的

① 外交部档案 228/3279，《截至 1918 年 7 月 31 日的南京情报季度报告》，第 24 页。
② 校注：各省最高军事长官 1912 年称都督；1914 年 6 月，袁世凯改称为将军；袁世凯死后，1916 年 7 月 6 日，改称督军。
③ 外交部档案 228/3279，《截至 1918 年 7 月 31 日的南京情报季度报告》，第 24 页。
④ 外交部档案 228/2982，急件 67，1918 年 6 月 18 日，翟比南致朱尔典，第 2 页。外交部档案 228/2982，急件 72，1918 年 6 月 29 日，翟比南致朱尔典，第 2 页。
⑤ 外交部档案 371/3184，126951（516666），急件 351，1918 年 7 月 24 日，北京，朱尔典致贝福，机密。

军阀所控制的省议员团中，产生了巨大的非安福系势力。三个拥护段氏政敌冯国璋的省份及中立的浙江省，也产生了混合议员团。特别行政区的蒙古、西藏、青海①和所谓"中央选举区"（分为六个小团体，由少数名人在北京组成）的议员团中，亲安福系的势力极强，因为其成员都是在中央政府的直接影响下选出的。

总之，在这次选举中，安福俱乐部赢得重大胜利。在 470 席国会议员中，安福系控制 342 席；其余的 128 席中，研究系控制了 20 席，交通系也许占有 50—80 席，其他席位由无党派独立候选人占有。

议员们于 1918 年 8 月到北京；各派都建立了俱乐部，以便联络和活动。在以后的两年中，俱乐部是国会里的主要组织。最大的当属安福俱乐部，总部设在北京安福胡同，秘书处设在更宽敞的场所，可以在此召开全体会议。秘书处下分五个部门，每个部门由一名俱乐部领导成员监督，下分若干科室；科室则由指定的俱乐部官员管理。

俱乐部章程规定了详细的制度，进行内部管理，有评议会、议员会和政务讨论会；但在实际上，俱乐部是为少数几个创办人的小团体所控制，资金也为其所操纵。俱乐部的决策，在集团成员中与其外部盟友之间，以非正式的协商作出的。然后，各省议员团负责人将这些决定，分别带到各自在北京的寓所，提交各议员团召开非正式的会议讨论，对于其间产生的问题进行调处。所以当俱乐部正式召集决策会议时，通常是在领导人的发言之后，进行几乎无异议的象征性投票。

俱乐部的领导成员的能力卓有成效，议员们想从总统、副总统、议长、副议长候选人，及被提名的内阁成员处得到贿赂的路子，也被俱乐部的领导给这个财路断绝了。在得不到大笔贿赂的情况下，议员们每年有 5000 元政府发给的薪金，再加上俱乐部每月给予的 300 元津贴；但这些款项都是以支票形式支付，只能在俱乐部的会计部门兑现。对于省议员团的领导及其他重要工作的议员，俱乐部每月另付

---

① 校注：此时青海未设特别区，1915 年 10 月，北京政府于甘肃省内置甘边宁海镇守使；1926 年 10 月，改为甘边宁海护军使。

300—400 元薪金。一些有知名度的议员，还有兼任政府闲职的收入，如各部的参事，政府谘议委员会委员。此外，安福系的议员，可以在众议院秘书厅安插自己的亲信，这是个任人唯亲而又臃肿的机构。因为俱乐部成员不能用惯常收取贿赂的方式，以补偿谋得议员席位所支付的费用，于是只得竭力维护俱乐部在国会中的优势，使之其领导能保持着势力和在政府的职位；而这是议员们每月津贴和干薪的根本来源。在国会的明争暗斗中，俱乐部在国会中的优势，也有助于加强其内部纪律。①

安福俱乐部的纪律及其在国会中的优势，使国会能顺利地履行职能，从这个意义上讲，是有助于宪政发挥作用的。选举总统是国会的主要任务之一。1918 年 9 月 4 日，国会几乎一致推选段祺瑞支持的前清官僚徐世昌为总统候选人。这次总统选举，是民国早期和平的和符合宪法的总统选举，经过反复讨价还价，国会还批准新总理和内阁的提名。② 这一届内阁，是民国早期少数几届经国会完全批准的内阁之一。众议院和参议院还产生了各自的议长和副议长③，但由于交通系和研究系的多方阻挠，安福系提出的副总统候选人流产。④ 职位安排的问题一经解决，国会也就完成了基本任务；安福俱乐部虽仍旧存在，并不时为段祺瑞的皖系所利用；直至 1920 年 7 月的直皖战争后，国会被解散为止。

宪政理想的衰落，1922—1928 年

很难确定，自由共和国由一个充满生机的理想，是何时变成了遗忘其目标的。也许中国人对于在宪政制度下政治家的正直与诚实，期望过高和不切实际。正常的政治妥协被视为背叛，策略上的转变被当

---

① 关于安福俱乐部组织，见内森：《北京 1918—1923 年的政治斗争》，第 106—110 页。
② 校注：徐世昌总统准段祺瑞辞去国务总理，由内务总长钱能训暂行代理国务总理，后任龚心湛、靳云鹏为总理。
③ 校注：参议院议长李盛铎，副议长田应璜；众议院议长王揖唐，副议长刘恩格。
④ 校注：安福系决定选曹锟为副总统，因研究系和交通系议员的反对而流产。

成缺乏原则的证据。然而，新的开始仍能使人重新抱有希望。1916
年袁世凯死后，黎元洪就任总统便是一例；1918年安福国会选举徐
世昌为总统，则另是一例。但制宪的第三、第四次恢复又归于失败，
人们普遍产生对宪政幻想的破灭感。其原因之一，也许是1922—
1925年之间，北京产生的种种事件，比之已往更严酷地暴露宪法的
虚伪性，原来在其背后还有派系政治的现实。

宪法恢复又衰落的第三次循环，始于1922年春的第一次直奉战
争（见第六章）后不久。直系（以曹锟、吴佩孚为首）希望将其对奉
系的胜利，扩展为在其领导下对全国的统一。直系及其盟友发了一系
列通电，要求徐世昌辞去北京的总统，孙逸仙辞去广州的总统，并提
出在黎元洪领导下"恢复法统"（黎氏于1917年为张勋赶下台，导致
后来被直系宣布为违宪的安福国会的选举）。黎元洪表示在接受职务
之前，要求军阀们同意"废督裁军"政策。对此意见一致后，黎元洪
来到北京，为此目的发布一系列的命令和任命。有些军阀甚至将自己
的督军头衔改为"军务善后督办"[1]。黎元洪还采取行动裁撤冗员，
惩办腐败，恢复政府信誉。[2]

黎元洪最主要的成就，是任命包括有声望、有现代化意识的律
师、外交官和教育家的所谓"好人内阁"。新的财政总长是在牛津受
过教育的罗文干，在最高法院辞职后加入内阁。罗氏通过重新谈判奥
地利借款，减少政府债务3亿英镑，并得到供政府使用的8万英镑支
票，证明其办事能力之高强。因涉及非法程序及个人贪污案，总统下
令，罗文干于1922年11月18日午夜被捕入狱，这是一次戏剧性的
震动。

争论罗文干有罪还是无辜的文章充满报纸。国会众议院议长、副
议长[3]18日晚曾访问黎总统，提出罗氏若干罪状及贪污旁证，黎氏

---

[1] 校注：各省最高军事长官，1922年"废督裁军"后，各省督军先后改称督理、督办，
后一律统称"军务善后督办"，简称督办。

[2] 内森：《北京1918—1923年的政治斗争》，第189—193页。

[3] 校注：黎元洪复职后，恢复旧国会。旧国会众议院议长此时为吴景濂，副议长为陈
国祥。

当即冲动（也许是非法的）发布逮捕罗文幹令。尽管黎元洪很快后悔，但已不能收回成命。内阁遂全体辞职，罗文幹案移交法院；一年半后，罗氏以无罪开释。

罗案的根源，在于"好人内阁"未能操纵国会政治（黎元洪复职后，立即恢复旧国会）。"好人内阁"由于采取"超越党派"立场，未与国会派系发展关系，亦未向有军阀后台的议员提供足够的资金，致使国会曾试图以质询和弹劾案困扰内阁。两位议长也许没有想到，其对罗文幹的指控竟使总统黎元洪冲动行事，以致使对罗总长的指控造成了内阁垮台的局面。

黎元洪设法任命了接替的内阁[1]，仍继续为总统。但吴佩孚的上司，直系领袖曹锟对总统已垂涎已久。1922 年底，曹氏的代理人开始组织政治俱乐部[2]，以便在国会为选举拉票。[3] 1923 年初，倒黎的问题已尖锐化起来。孙逸仙回到广东，任军政府大元帅，致力于消除军阀混战的割据状态。黎元洪的总统任期无疑不会很久，不论曹锟还是国会都未采取步骤，召集会议选举新的总统。

1923 年 6 月 6 日，四位忠于曹锟的内阁阁员[4]，指责黎总统对内阁干涉过多，迫使内阁总辞职。以后数日，北京驻军的官兵到总统府示威，索要军饷，警察罢岗，有组织的示威包围了总统府，驻军及警察的指挥官提交辞呈。6 月 13 日，正值 1917 年黎氏遭张勋发动政变六周年之际，在官邸遭围困的黎元洪逃出北京，宣布其打算在天津继续行使总统职权，但黎氏的专列在杨村被驻扎在该地的曹锟部将拦截。在离京后约 9 小时，黎元洪于午夜签署一份辞职声明；黎氏在住进天津英租界得到保护后，立即否认了该项声明。黎氏走后，北京还

---

① 校注："好人内阁"总理王宠惠 1922 年 9 月 19 日组阁，同年 11 月 29 日因罗案倒阁。汪大燮继任总理。

② 校注：曹锟派保定派的亲信人物，在北京拉拢议员组织十多个俱乐部，每省议员都指定一人。

③ 内森：《北京 1918—1923 年的政治斗争》，第 201 页。

④ 校注：此四阁员为农商总长高凌霨、交通总长吴毓麟、司法总长程克、财政总长张英华。

成立了看守内阁，由国务院摄行总统职权。

然而，新的障碍又出现在曹锟面前。在这次政变前后，国会的法定人数已经走散。对曹锟野心抱有敌对态度的政治领袖——满洲的张作霖，浙江的卢永祥，南方的孙逸仙，以及其他的人——撤回了在国会中的议员，而其他的议员已在惊慌中逃散。黎元洪发布文告称，要将国会迁往上海，其本人将在该地重整旗鼓，另建政府；还提供一笔资金，负担议员赴沪路费及在沪的食宿费用。

为了在北京重新组织国会法定人数，曹锟的党羽提出针锋相对的建议，北京将支付从上海返回北京的路费，每周还有一笔参加国会非正式讨论会大方的酬金，将参加修改国会组织法；使议员的任期不再是有限时期，而是无限期延长，直至选举产生新国会为止。选举总统前，必须先完成宪法。总统选举时，每位议员将得到 5000 元谢礼；来北京的国会议员人数逐渐上升。

与此同时，黎元洪离开天津，到上海后发现，当地军阀不愿冒险接待有争议的对抗政府。黎氏即乘轮船东渡日本，在上海组织的新政府也就此垮台。在北京，国会的议员人数增加了，尽管"几乎完全没有公众关心的任何明显迹象"[1]。选举于 10 月 5 日进行；10 月 10 日，曹锟就任总统，当天并公布了中国新的永久性宪法。尽管宪法拟订得很好，但颁布宪法的肮脏背景损坏其效力。据报纸揭露，每个投票选举曹锟为总统的人，收取了 5000 元贿赂，更加剧了公众对"猪仔议员"和新政权的厌恶。[2]

据估计，曹锟为了住进拘泥礼仪而笼罩沉闷气氛的总统府，共花费了 1356 万元。曹氏是位无所作为的总统。在未选出新国会时，旧国会仍召集会议。国会中辩论有如家庭中的口角，有时发展到双方动武的地步。正如英国驻华公使麻克类爵士在 1924 年 6 月的报告所称，"过去五六个月中，北京的政治局势异常平静，并且……没有倾向于

① 外交部档案 371/9812，急件 586，1923 年 10 月 17 日，麻克类致寇松。
② 关于"猪仔议员"及公众的普遍反应，见刘楚湘《癸亥政变纪略》，第 218—219 页。

削弱或加强曹锟总统及中央政府的特别进展"①。

同时，导致北京另一次政变的军事活动也日趋成熟。驻扎在北京附近的直系将领冯玉祥，奉命向北进军，迎战奉军。但冯玉祥于中途回师北京，废黜了曹锟总统，并要求结束军事行动（见第六章）。

冯玉祥发动的政变，显然使曹锟的宪法失效。为了拼凑一个可以使人接受的政治班底，段祺瑞被邀再度出山。②虽然段氏是个实干家而不是个理论家，但感于时代的要求，仍抱着全国团结和重订宪法的空想。段氏认为，这又是一场革命，所以于 11 月 24 日就任中华民国临时执政府的"临时执政"，在拟就约法之前，暂时集总统和总理权责于一身。新宪法的草拟过程是非常复杂的，首先要召开代表主要军事和政治势力的善后会议，对国家的统一作出安排；然后按照善后会议制定的条例，组织宪法起草委员会；最后召开国民代表会议通过宪法。

段祺瑞的方案，对厌倦于政情的民众并没有什么号召力，但有些政治活动家却乐于参加。善后会议遂于 1925 年 2 月 1 日召开。

在历时 3 个月的善后会议上，共有 160 位代表讨论了 30 多项议案，包括遣散军队，整顿政治、税制、教育经费，查禁鸦片，还有其他议题。会议通过的议案中，有一项对召集宪法起草委员会（1925 年 8 月 3 日成立，12 月完成宪法草案）作了规定，对选举国民代表会议（但从未举行选举）作了规定。同时，段祺瑞执政又召集临时参政院行使临时立法权。国会人员的分配十分周全，讨论得也十分严肃，国会的活动十分认真。人们甚至认为，执政府成员根本就没有看出在其身边会爆发一场革命。

宪政也不能遏制日益膨胀蛮横的军事力量。在一场革命的骚乱中，北京又发生了一次政变。1926 年 4 月 9 日，段祺瑞的贴身保镖被解除了武装，段祺瑞被免除了执政的职务。

---

① 外交部档案 371/10243，F2665/19/10，急件 400，1924 年 6 月 23 日，北京，麻克类致麦克唐纳，机密，第 1 页。

② 校注：1924 年北京政变，曹锟被赶下台后，张作霖等举段祺瑞为中华民国临时执政府执政。1925 年，段氏召开善后会议，抵制孙中山倡导的国民会议。

当新的统治军阀争论由谁组阁时，北京实际上有数星期处于无政府状态；随后，一系列的内阁成立，"行使执政权"。最终，张作霖解散了最后一届摄政内阁，1927 年 6 月 18 日任安国军政府陆海军大元帅；任命其党羽为内阁大部分成员，发布任命、分配资金，以应付外交使团。但国民革命军于 1928 年 6 月 8 日进入北京时，中国的议会民主试验也就结束了。

中国社会变革的大浪潮，把富人和幸运的人冲到条约口岸的外国租界边缘。据一位天津的居民回忆，"在社交上，生活……十分有趣，迷人"。以前的满族皇帝安逸地住在天津日租界的一座豪宅中。前总统徐世昌住在天津英租界里，欣赏文学著作和莳花种草。曹锟偏好独居，但也接待一些生活上的朋友。"段祺瑞执政比较穷——事实上，没有自己的房子，是住在当年一位忠实旧部属提供的一所住宅里，花时间去研究佛经，有时也喜欢轻松地打打麻将……当被问及中国国内纷争的原因时，段氏总是给予佛经上的解释，说中国正被派到地球来的恶魔的古怪行为折磨，动乱将继续下去，直到魔鬼被赶尽杀绝。"[①]

宪法未能如广大中国人所期望的消除冲突，统一了国家。对此，后来的一些分析解释，也同段祺瑞一样，感到大惑不解。中国为什么会成那个样子，至今仍有争论。有些人的解释，认为操纵政坛的，都是些以权谋私和虚伪的政客，践踏法制造成的结果。另一种看法，认为名为中央的北京政府，实际上只是地方军阀割据称雄形势下，罩在上面的一件外衣罢了。本章所论述的，是由于参与者热衷于派系斗争，使宪法体制也耗尽了自身的活力。

---

① 颜惠庆：《1877—1944 年的东—西万花筒：自传》，第 174—175 页。

第 六 章

军阀时代：北京政府时期的政治
斗争与军阀的穷兵黩武

1916 年至 1928 年之间，通常称为"军阀时期"，其政治可以从两种观点来分析。从各省的观点来看，需要对军阀的穷兵黩武进行研究；从中央的观点来看，要求对北京政府的维宪与军事斗争进行考察。这两种观点，将有助于评价军阀统治在中国近代历史上的地位。

各省的军阀及其统治

简单地说，"军阀"是指挥一支私人的军队，控制或企图控制一定范围的地区，并在一定程度上独立行事的人。在中文意义上，"军阀"是个不光彩的贬义词，意指没有什么社会意识和民族精神的一介武夫，是手中握有枪杆子以谋取个人利益的极端自私自利者。有人认为，在当时握有兵权的品流混杂人物中，称之为"地方军阀"，实在是高抬了这些人的用语。另一些人认为，就其强暴和侵夺国家官员权力而言，用军阀一语的含义是恰当的。不管怎样，对"军阀是以其行使某种权力，而不是以其目标来识别的"[1]。由于许多主要的军阀，拥有一省军事统治的地位，"督军"一词被用作军阀的同义语。

军阀是形形色色品流混杂的人物，其个人品格和所实行的政策，一般的概括也难以避免许多例外。在袁世凯死后的两三年间，一时的风云人物都是原来清军的高级将领，一般都能恪守儒家的社会准则。例

---

① 史扶邻：《中国的军人与政治：军阀模式是否贴切》，载《亚洲季刊：一种欧洲杂志》，3（1975 年），第 195 页。

如段祺瑞(1865—1936年),如前章所述,曾是一位遍及各地的军人派系首领,在袁世凯政府中担任过陆军总长;袁氏死时,出任国务总理。[①]

冯国璋(1859—1919年)的经历,在有些方面类似段氏。冯氏也毕业于北洋武备学堂,并成为袁世凯建立一支新军的助手之一。在辛亥革命期间,袁世凯使用政治伎俩迫使宣统退位,自己成为中华民国临时大总统的运筹操作中,冯氏率兵给袁世凯帮了大忙。从1913年起,冯氏出任江苏都督;1916年袁氏死后,黎元洪正位总统,冯氏当选为副总统,但仍在南京督军的位子上。尽管冯氏缺像段祺瑞那样网罗部属和激励以忠诚的才能,但其具有广泛联络,从1917年起,越来越显出,是段祺瑞政治上的对手。[②]

一个更明显的传统拥护者是张勋(1854—1923年),忠心耿耿的为清室效力,并从皇帝那里得到殊荣。此人在民国后,仍令所部蓄发留辫,以示其作为效忠清廷的标志,并认为其个人与清室废帝的命运休戚与共。外国人称此人为"辫帅"。1917年,辫帅曾使清帝一度短暂复辟。[③]

到了20世纪20年代初,第二代军阀开始崭露头角,他们中很多人是出身寒微。例如冯玉祥(1882—1948年)在19世纪90年代投军时,是一个没有受过教育的农家子弟,由于勤奋好学,幸运地和一位北洋军官的侄女结婚。冯氏富于练兵的才能,得以在森严的军旅等级制中步步高升。冯氏把中国的传统知识和近代西方的知识,混合起来进行自学;部分因为其自身具有基督教的清教徒精神,部分因为信奉基督教可能得到外国的援助,遂于1914年受洗为基督教徒。在冯氏一生的鼎盛时期,以基督将军而闻名遐迩;其部队是出名演唱激昂的耶教赞美诗来代替进行曲的军歌。冯氏很相信儒家关于政治道德的

① 严格地说,段祺瑞不是一个军阀,因为其在1916年以前,放弃了对军队的直接控制,而受到北京政府高层的欢迎;但很多军队的将领仍视段氏为导师和领导人,使其成为一个主要军阀派系的公认领袖。参见包华德和理查德·C.霍华德编《中华民国传记词典》3,第330—335页。

② 包华德和理查德·C.霍华德编:《中华民国传记词典》2,第24—28页。

③ 同上书,1,第68—72页。雷金纳德·约翰斯顿:《紫禁城内的微明》,第146—156页,载有张勋1921年写的一篇简短自传的课文。

作用，政府对民众的责任；在其辖区范围内，带来了和平和社会秩序，并力求以其个人的品德垂范示人。[①]

张宗昌（1881—1932 年）出身微贱，野心使其成为一支军队的司令官以前，曾犯轻罪，当过土匪。其人所实施的政策，是和改良主义相对立的，在 20 世纪 20 年代中期成为山东军务督办时，把该省所能得到的财富都搜刮到手。张氏的军队以擅长"开瓜"而闻名。所谓"开瓜"，就是敢于鲁莽冲撞这位"狗肉将军"的人，其头颅将被劈开。[②]

西式教育对陈炯明（1878—1933 年）有较大影响。陈氏在 1898 年前后的科举中考中秀才，但却越来越转向西学，编辑维新报纸，并任广东省咨议局很活跃的议员。辛亥革命期间，陈氏组织一支军队，攻占了惠州，开始其军旅生涯。陈氏后来统治广东时，曾试图着手进行民主政治改革与教育改革。但与孙逸仙的事业相比，陈氏专注于广东的独立和其在广东的统治。1922 年，陈氏与革命家分道扬镳，最后为孙逸仙的党人赶出广东。[③]

李宗仁（1891—1969 年）1891 年生于广西临桂，实用主义似乎为其特点，是广西的领袖之一。李氏出身于富有的家庭，进广西陆军速成学堂，于 1916 年参加广西的军队。在 20 年代初，广西有一打以上的军事割据，各自拥有军队，控制数县。各割据称雄的大小军阀之间，连续不断的发生混战。李氏和两个信得过的朋友加入了这场竞争。到 1926 年底，李宗仁等三人控制了广西全省，同年都加入中国国民党，实行开明而有实效的政策治理广西，颇获国人称誉。[④]

---

① 詹姆斯·E. 谢里登：《中国的军阀：冯玉祥的一生》。

② 对张宗昌没有全面的研究。《中华民国传记词典》在其书目中列出了一些不可靠的资料。"狗肉将军"这一称呼不是由他的食品，而是由他嗜赌牌九而来，牌九是种高赌注游戏，华北俚语叫"吃狗肉"。比较西方赌博游戏中的"roll those bones"（掷骰子）、"snake-eyes"（掷骰子游戏中掷出两幺点）、"dead man's hand"（扑克牌戏的两对，A 和 8，或 J 和 8）。参见李川《军阀轶闻》，第 123 页。

③ 谢文苏：《一个军阀的思想和理想：陈炯明（1878—1933）》，载《关于中国的论文》，16（1962 年 12 月），第 198—252 页。

④ 黛安娜·拉里：《地区和国家：1925—1937 中国政治中的桂系》；唐德刚和李宗仁：《李宗仁回忆录》。

"学者军阀"吴佩孚，是一个变成军阀的儒家学者，饱受传统的教育，于1896年考中秀才。一直到死，吴氏始终是一位明确的儒家制度和社会准则的倡导者。吴佩孚于1903年毕业于袁世凯的保定陆军速成学堂；两年后，被派到北洋军第三镇。该镇自1906年起即由曹锟任统制。曹氏是袁世凯最初网罗来训练北洋军的一批军官之一。在袁世凯任总统期间，曹锟—吴佩孚与其追随者，利用第三师（第三镇）来推行袁氏的政治目标。1916年，曹氏任大省直隶（河北）的督军，这是很有权势的职位。吴佩孚所以能分享督军的权势，不仅是因其为曹氏的忠诚副手，而且还因其为一颇有才能又颇有主见的将领。吴氏虽从未否认过曹锟的领导，但其实际居于直系军事的领袖地位，是得到普遍认可的。[①]

在数百个军阀中，现在还只有少数被研究；余下的一些，对其价值观、政治倾向或个性，可望将获得研究。总之，这些作为军阀的人，都统率有一支私人军队，并且控制或企图控制一定的地盘。

军阀部队

说军阀是有"私人的军队"并不确切，因为军阀的军队在建制上是有组织的自治团体，使之有可能为其他指挥官所完整的接管。这些军队并不因对"私人的忠诚"永不得解脱，而承担单一对个人的义务。实际上，当受到个人政治利益的驱使时，即使是司令官最亲密的支持者，届时也可能背弃而去。尽管如此，由于两个密切相关的理由，"私人军队"的用语，还是十分恰当的。第一，只有这支军队的司令官才能决定对部队的调遣，而其上级是调遣不了的。一个司令官若是忠于上司的命令，将部队带至指定的地方驻防，此人即不是一个军阀；由个人决定其所属部队行止的司令官，则是一个军阀。这个界说虽不十分明确，但用以区别两者还是有实际意义的。因此，由司令官独立使用，由其个人任意支配，甚至用于反对其上司的军队，在这

---

① 吴应铣：《近代中国的黩武主义：吴佩孚的生涯，1916—1939年》；陶菊隐：《吴佩孚将军传》。

个意义上，这支军队即为一支"私人的军队"。

第二，一个司令官与其重要的军官之间，将感情、忠诚或义务的私人关系，置于其组织之间的关系之上时，此司令官即可能具有独立的权力。权力和服从、纪律和忠顺的等级制度，在大多数中国军队中都是存在的；就军事的组织来说，这是正常的。实际上，在民国早期，军队可能是最少分裂的组织。但是，在面临与其他军阀冲突的普遍威胁时，脆弱的政权机构及其自身的合法性，又在有可疑之处的情况下，军阀们为谋求其在军中的权威，只有借助中国社会长期传统崇拜的各种私人关系。这类私人关系，包括师生间终生忠诚和相互帮助的关系。一旦卷入军官培训的任何人，都自然而然地建立这类关系。此外，有时通过互相同意，此一人可以成为彼一人的"受业门生"或"夫子"，而不必实际涉及给予或接受教导。在中国所有的关系中，以家族纽带关系最为强而有力；因此，军阀们有时派遣其亲族成员到重要的职位上。婚姻关系虽然稍弱于亲族关系，但也常被利用。军阀们常常培养有才能的年轻人，从而在两者间建立起保护人与被保护人的关系。同在一个学校毕业，尤其是同班级，会在个人之间建立起联系，正如同乡就具备了特殊交往关系的基础。

军阀们利用如此的私人关系，以谋求下属军官们对其的忠诚；同时，下属军官也仿此与其下级建立类似的关系。有些司令官尽量把第二层次的忠诚减少至最低程度，并把全部忠诚集中于一己之身；但欲达此目的，则十分不易。第二层次忠诚的格局，在军队组织中是一大隐患，一个下属军官的叛逃，会带走其党羽及士兵。用这种办法诱使军阀中军官的叛逃，成了军阀冲突中使用的重要策略。

军阀军队的士兵，主要是由应募而来的破产贫苦农民所组成。在整个军阀时期，用武器装备的人数，从1916年的约50万人，增加到1928年的200万人或更多。[①] 有不少人把当兵当成找饭吃的路子，俗称当兵为"吃粮"。另一些则是穷苦没有读过书的人，想从当兵中寻

---

① 事实上这一动乱时期装备有武器的人数不可能精确。齐锡生在《中国军阀的政治斗争，1916—1928年》第78页论述了这个问题，并作出这里的估计。

求出人头地的机会。尽管正式的规章规定了新兵的体格及其他条件，还有服役的期限以及薪饷等，实际上执行的远不符合这些规定。大多数军阀所招募的新兵，只要看上去身体能干活的人就可以入伍。当兵是无限期的，视每个士兵的家庭情况、身体状况和态度而定。有些司令官发现难于给部队正常发饷；在最糟糕的军队里，有时会用抢掠的方式来发饷。战争也是补充兵源的一种方式；凡得胜一方的军阀，照例将战败一方军阀的部队收编成为自己的军队。被收编的部队，似乎与其在原部队中一样的发挥作用。到 20 世纪 20 年代晚期，中国的士兵曾在三四支不同军阀部队中效过力，已是屡见不鲜的事。

这些军阀的军队，使中国军队得到"好铁不打钉，好男不当兵"的极坏名声。中国人把军队看成是集瘟疫、为非作歹、破坏成性、残暴不仁四者的化身。外国记者把中国军队描写成是一群毫无纪律的流氓恶棍群体；中国古代的典籍也流传着这样的看法。中国军队仅以显示武力解决争端，避免真正实际进行战斗。为了得到一点儿军饷和安全而应募的散漫农民，用以组成新编组的军队。在战斗中，当看到己方与对方显而易见的力量悬殊时，就会迅速撤退，认为这样要比英勇战斗的办法好。一个军阀为了避免战斗，可能会用"银弹"买通对方军官率部来降。此外，军阀们通常也不轻易把部队投入战斗，因为这样做极有可能导致失去部队。但军阀之间仍然有过无数次的战争，其中有多次是残酷的遭遇战。一位下台的军阀回忆说，当其还是年轻的军官时，在与对方的战斗进行中，奉派指挥留在后的督战队，开枪射击从前方退却的任何士兵。[①] 因为当时的医疗设备极端缺乏，所以战争变得更加残酷，对伤员也没有救护的准备，常是靠军中的朋友，或是中国的志愿者，或教会的医生来搭救伤者。

控制地盘

独立军队的主要因素，是需要有独立运作的地盘来维持。地盘提供可靠的基地，有税收的收入，有物资的供应，也有兵源的来源。没

---

① 《张发奎将军对夏连荫讲述的回忆》，哥伦比亚大学东亚研究所口述历史项目。

有对地方权威的司令官，必然是别人管区里的客人。处于一个地区客人的地位，是非常不可靠的，而且处境风险是很大的。所以军阀们不得不以武力来夺取地方的权利，要不然就要接受从属的地位或不利的结盟。占有了地盘，即使是最独霸专横的军阀，也可以因此取得合法性。为此，产生了镇守使、巡阅使、护军使等官职头衔，各为一特定地区军阀的活动提供合法的根据。统治省城的将军，一般是督军及其后的督办。但在有些情况下，督军或督办也仅只控制该省的一小部分，实际权力则分给了若干小军阀。

占有地盘涉及政府的责任，而军阀政府的性质和实力差别很大。有的军阀拥护"进步的"政治思想。但在整个军阀时期，统治山西的阎锡山，以"模范省长"而闻名。阎氏之所以有如此的称号，主要不是由于其施政值得效仿，而是由于在此大部分时间内，使山西处于战争之外的事实。一方面，阎氏提倡社会改革，废除妇女缠足，实行改进妇女教育和改善公共卫生的措施。另一方面，阎氏不能消灭省里官僚机构的贪官污吏，其施政通常与士绅的利益是一致的，尽管有时也会发生冲突。[①]

当陈炯明统治广东时，设立了一批新式学校，资助 80 多个学生出国深造，遵循民主的方针调整广州政府，促成保证公民权的省法规，厘定反对军人干预民政的条款。冯玉祥在其当权的省内实行改革，废除妇女缠足，禁止吸食鸦片，修筑道路和植树，逮捕与处置贪官污吏。陈炯明和冯玉祥俩人，都不能在省内进行持久的施政改革，但其政策仍然反映了进步的倾向，也反映其把握机遇和负责的自觉。相反，1918 年至 1920 年的湖南督军张敬尧，1925 年至 1927 年的山东督办张宗昌，两人却以贪婪和敲诈勒索著称。

最进步的政策，如果不能一直贯彻到地方一级，也没有多少意义。但是，对军阀和地方当局之间关系的研究，现在才是开始；不少关于这方面的疑问，还未得到解答。在大多数省份里，省长与督军、督办并行职权，尽管有时两个职务由同一人担任。在理论上，省长的

---

① 唐纳德·吉林：《军阀：1911—1949 年在山西省的阎锡山》。

职权是管理经济事项、教育、司法和财政事务，监督下级官吏；但在事实上，省长通常完全从属于督军、督办。

军队在这个时期的地位是突出的；军队的长官在地方政权中起重要作用，行政机关都全部变成军事化了，也是不足为奇的事。有迹象表明，确实出现过这种情况。在吴佩孚控制河南的鼎盛时期，即1923年时，144个地方行政官员中，有86人在军队中任过职，有24人是吴佩孚的直属下级，另37人是吴氏部下的参谋人员，还有25人在其他军队中供过职。这些人并不都是上过前线的军官，许多人只担任过顾问、书记、军法官、军需官等；有些人甚至在任行政官员时还兼任军职。①

此时，地方行政长官的更换率很高，尤其在不稳定地区更是如此。例如四川——该省在军阀时期，一直处于分裂和混乱状态，地区的行政长官平均任期都非常之短。有一个地区，两个行政长官设法才任职满了一年，有22个行政官员任职不足一月。② 在互相争夺的地区，情况就更为复杂。在1919年，一度有三个对立的行政长官，在广东同一地区各设官署，同时宣称其各有权在该区统治。

军阀的统治破坏了昔日的回避制度；按照这个制度，县和府的行政长官不得在本省任职。而在军阀时期，当地人在本地区出任行政官员的人数明显增多；在有些情况下，县知事就是本县的居民。例如在广西的一个大县里，在1912—1926年之间，18个县知事中，有15个是本省人，有7人来自本县。③

税收

军阀为了提高其主要部下权势以及部队供应武器、给养和薪饷，因此，对于获得财源异常关切。各级政府因为战争造成很快的人员变

---

① 吴应铣：《近代中国的黩武主义》，第62页。
② 吴应铣：《民国初年地区行政长官的职业、职业的招聘、训练和流动性》，载《现代亚洲研究》8.2（1974年4月），第237页。
③ 拉里：《地区和国家》，第30页。

动，也常常形成混乱的局面。许多军阀把其在辖区的权势，看成可能是暂时的过客，所以总是依靠获得税收的传统做法，以其所能采取的任何手段来搜刮民脂民膏。

基本的税收来源是田赋，有些军阀就大为提前征收田赋；军阀还可以规定对一些商品实行政府专卖。例如在山西，阎锡山控制了面粉、火柴、盐和其他商品的生产。垄断政策，对于像阎锡山这样多年维持稳定政权的军阀来说，是非常适合的；也有其他军阀试图举办专利事业的例子。军阀把持铁路运营，下令征收食盐附加税，货物过境税。一些军阀发行自己的货币，至少有两种纸币，是由手工操作的印刷机印制的。

出售鸦片可获利极丰，这种毒品的税收中心，在禁烟局的伪装下，日益增多。在有些地区，设立合法的赌场，军阀也可以从收赌捐中得到大笔收入。例如在广东，1928 年的赌捐每月收入可达 120 万元，而且这是许多官吏在中饱私囊后的款项数字。卖淫与其他色情行业，军阀也加以支持，以抽取花捐。

军阀在规定的数额之外，还以各种方式榨取商人。1925 年，山东商人被迫从省政府购买新的印花，规定在所有证件和单据上都必须贴用；而商人们已经按北京规定，使用了同样的印花。商人们被迫要提前交纳打折扣的执照费和各种税款。例如广东的当铺要以额定税额的 75％，提前两三年交纳税款。有的地主被勒令在指定日期交出一笔专款，额度相当于一季地租的收入。[①] 有时军阀干脆宣布，限令城市商人必须在数日内交出其所需要的金额。特别在某一军阀将要被敌方赶出某一城市时，在其失去母鸡前，尽可能争取抠出最后一个金蛋。卢永祥在 1924 年撤离杭州时，从杭州商人手中榨取了 50 万元。当湘军于 1920 年迫近长沙时[②]，湖南督军张敬尧迫令长沙商人交出 80 万元；并警告说，否则，将纵兵劫洗长沙，且扣留商会会长以为

---

① 校注：原文为一个月的地租收入。地主并非每月向佃户收取地租，而是按夏、秋两季谷物成熟季节向佃户收取地租。应改"一月"为"一季"。

② 校注：1920 年 6 月，赵恒惕任湘军总司令，率部进逼长沙。

人质，最后商人只交出 11 万元，张敬尧为了要急于逃命，也就只好接受了。

尽管军阀们拼命的横征暴敛，但省政府仍常常处于破产的边缘，连行政事务费也无钱可用。有一些省里，长期拖欠教师薪金的例子，正和 20 年代初期北京发生的情况一样。当然，造成这种矛盾的明显原因，是军阀们搜刮来的钱不是用于政府的公共费用，而是进了军阀的大小头目们的腰包；军阀中有许多人积累了巨额财产。此外，每省都要维持一支军队，而军费的开支又是很大。在整个军阀时期，政府的岁入实际用于公共用途的部分，许多省都显著的下降了。[①]

军阀派系

主要的军阀通常因利益一致而结合成为一体的各派、各系、各集团，和结合成为一体的政治派系（见第五章），几乎如出一辙。但是各军阀集团之内的团结，从松散的结合，到组织成为紧密的统一体，则各不相同。最松散的派系，主要是为参加者各自图谋的利益而结成联盟；但私人的交往和恩义的纽带往往也起作用，特别是在一些势力较强的派系之中。派系之间的结盟，主要为成员与其领袖之间的关系；各派系成员之间的横向私人联系，可能很少，或根本不存在。各派系成员与其领袖之间的私人纽带，如前所述，即用以增加军阀军队内部凝聚力的纽带，为亲族、师生、保护人和被保护人的关系，同省或同乡、友谊、同学的关系。

齐锡生曾将这些从最强（父子）到最弱（同学）的私人联系加以分类，分析研究了皖系、直系、奉系三个主要集团。[②] 奉系的内部组

---

① 军阀税收的资料，选自范围很广的原始文件。关于个别军阀的专题论著，外交家和记者的报道，报纸和期刊的纪事，有些最有趣和最富有揭露性资料，载于《张发奎将军对夏连荫讲述的回忆》，唐德刚和李宗仁的《李宗仁回忆录》。关于军阀税收简要而有见地的记述，是齐锡生的《中国军阀的政治斗争：1916—1928 年》，陈志让讨论了这个问题，见《军人—乡绅的联合：军阀统治下的中国》，第 130—145 页。吴应铣《近代中国的黩武主义》，第 55—80 页详细研究了吴佩孚的岁入资料。章有义的《中国近代农业史资料》，强调军阀搜刮钱财的范围以及多种横征暴敛的性质。

② 齐锡生：《中国军阀的政治斗争》，第 36—76 页。

织是最简单，也最严密；每个成员实际上如齐锡生所断定的，与其领袖都是这种纽带联系。相反，直系的结构非常复杂，包括一大批多种多样关系的军阀，但大多是齐锡生列在松散的一类。然而齐锡生又暗示，各种关系的交叉重叠可以强化这样复杂的关系，而有利于巩固结合。但直系中地位相近的人结成联盟，显然比奉系为佳。皖系的联系，比直、奉两系要松散一些，因为该系拥有大部兵力的司令官，是以最弱的纽带与其领袖相联系。齐锡生没有分析桂系和直、奉、皖三系的不同，因桂系大部分活动时间限于在一省之内，基本上是广西一省的政治—军事组织。它的三个领袖，非正式地承担不同的领导任务，并且令人惊奇地保持极高程度的团结。对各系的简要研究，可以说明在其间所表现出的差别。

直系和皖系的基础，是以袁世凯北洋军的军官关系建立起来的。袁氏在其部下中培植各种私人恩义，以保证其军队的忠诚和团结，而袁氏党羽也以同样办法对待其部下。在袁世凯活着时，北洋军中的这些关系网，是从属于对袁氏忠诚的格局；而在其死后，北洋的将领不得不适应新的局面。在谋求适应的数年时间内，每个将领都要从对下述诸方面作出抉择：到底何去何从，是听从谁的领导，地理环境和军事形势容许自己怎么办，个人的倾向与愿望，如何使个人利益能得到最大的满足，以及国家的政治形势如何。

我们已经谈到（见第五章）段祺瑞如何逐步建立皖系（段氏是安徽人）和有一个政治俱乐部（安福俱乐部），以增强其个人的实力。不在段氏党羽之列的将领，预见到有朝一日将会成为段氏统一政策所针对的对象，自然对段氏怀有敌意。此外，段氏把自己手下的人安插到最高的位置上，以致使被冷落的人非常不满。从对段氏的畏惧和怨恨的背景出发，遂出现了一个与之相对立的集团。这个集团寻求一位具有与段氏才干相当，在政府中又身居高位的北洋将领来领导，此人就是冯国璋。

冯国璋做过北洋军最高一级的指挥官，又身任直隶都督，后又当过江苏都督；1916年，又成为民国的副总统，1917年，并成为代总统。对于这些职位，冯氏确认，只有在其党羽对于长江流域的三个省份得到确保控制之时，才可以赴任。对于冯氏为什么要领导一个对段祺瑞怀有敌意的集团，现在还不够清楚。一个可能的原因，是孙逸仙此时已在南方建立了独立政权。冯、段二人对消灭南方政权和重新统一国家的方针不能一致，冯氏主张谈判，段氏要使用武力。

冯国璋于 1918 年辞去总统职务，但反对段祺瑞的人仍尊其为领袖。冯氏为直隶人，在发展中的军阀和政客集团就被称为直系，因此，他们尊冯氏为领袖。由于段祺瑞比以前更加着力于图谋建立军事与政治优势，期以由此来统一国家；直隶督军曹锟愈加感受皖系集团的威胁。冯国璋与段祺瑞之间也渐渐冷淡起来，曹锟终于迫使段氏下野。由于曹锟在 1920 年直皖战争中起着领导作用，终于成了公认的直系领袖。[1]

奉系的创始人是张作霖，也是出身寒微的军阀之一，生于满洲一个农民家庭，最初应募当兵，后来组织一支地方防卫队，并编成为满洲正规部队的一部分。张氏率领与其有亲密私人关系的下级及同伙，循军队升迁的阶梯逐渐上升。辛亥革命时，张氏支持清政府当局；动乱平定时，遂成为奉军中第二位的职务。1915 年奉天将军去职时，张氏以其与地方的关系并率其部属，迫使新到任的将军难以立足；1916 年 4 月，终于被承认其为奉天的将军。[2]

张作霖稳固地控制了奉天之后，便使用军事威胁和政治影响在吉林、黑龙江两省建立威信。1917 年，北京以黑龙江督军支持清帝复辟，将其免职；张作霖已经做好军事准备，保证了这一免职令的执行，并提出其信得过的人为黑省督军。[3] 从这时起，黑龙江即由张氏所认可的人治理。在吉林省，也发生如黑龙江相类似的情况；直到

---

[1] 安德鲁·J. 内森，《北京 1918—1923 年的政治斗争：派别活动和宪政的失败》，第 128—175、232—239 页。吴应铣：《中国军阀一派：直系，1918—1924 年》，载安德鲁·科迪埃编：《哥伦比亚大学国际事务文集》3，优秀论文（1967 年），第 249—274 页。又见吴应铣：《中国的黩武主义》。

[2] 校注：1912 年 9 月，张作霖任陆军第二十七师师长。1915 年 8 月，段芝贵任奉天将军，1916 年 6 月被免职；张作霖署奉天将军，1916 年 7 月任奉天督军，1918 年 9 月被授东三省巡阅使。

[3] 校注：1917 年 7 月，鲍贵卿任黑省督军。

1919 年，张作霖才将该省完全置于其部属控制之下。由于张氏对奉、吉、黑三省牢固的控制，三省的丰富物产与地理位置，遂一直成为奉系的基地。后来，张作霖的势力扩展到了华北，另外一些军阀也加入了奉系[①]，但其与张氏的关系从没有像满洲将领之间那样牢固。[②]

在此大部分时间里，桂系只在广西一省里活动。李宗仁是桂系首领，但以其为桂系三巨头中居于首位更为恰当。白崇禧和黄绍竑是桂系初期的两个成员，直至黄旭初取代黄绍竑为止。桂系在 20 世纪 20 年代出现，由李宗仁、白崇禧和黄绍竑建立的一个松散的联盟，其目的是在统一一极度分裂的广西省。到了 1924 年，李氏等三人消灭了许多省内的小军阀，但三人之间又面临互相交战或进行合作的抉择；因为三人的出身相似，又发展了互相牢固的关系，所以决定其合作共事。[③]

各军阀内部又产生了派系。直系分裂成了两派，一派以吴佩孚为首，一派以曹锟为首。曹锟的一派，又分裂为二。这些派别为了担任的职务，为了控制的地区和财源而争吵不休。奉系内部也存在派别。尤其在 1922 年受到一连串挫折时，张作霖随即对部队进行了整编，提拔一批受过近代军事训练的年轻军官，同时又想继续得到旧部属的支持，遂使奉系中产生了"新派"与"老派"的分化。[④]

军阀混战

在民国期间，举凡地方性和地区性，以至全国规模的长期和短期的武装冲突，可以毫不夸张地说，有数十百次之多。许多次战争，军阀间是为了争夺对一个行政区或一个地区的控制，如一省或一县而以兵戎相见；其他则是为了争夺跨行政区的地方，或为区域性经济流通

---

① 校注：应张作霖要求，1925 年 4 月，段祺瑞派张宗昌为山东督办；4 月，派姜登选为安徽督办；张、姜二人即加入奉系。

② 加万·麦科马克：《张作霖在中国东北：1911—1928 年：中国、日本和满族人的想法》。

③ 拉里：《地区和国家》。

④ 内森：《北京 1918—1923 年的政治斗争》，论述了各派；附录提供了七个主要派别的情况。关于军队各系为首的将领及其所率部队，见文公直《最近三十年中国军事史》，处处可见，尤其第 1 卷第 2 部分。

网络而战。例如，来自云南、贵州的鸦片，需通过一条可靠的商路运到湘西，然后从这里向北可以运到长江流域，向南可以运到珠江三角洲。而控制湘西军阀的归属与倾向，则决定选择哪一条路线，是使长江流域的军阀赚钱，还是使广东的军阀得利。湘西正处在这条商路的位置，因此，这里成为军阀争夺的目标；对长江流域和广东两方面军阀来说，这里都成为必争之地。类似于此的商业网络遍及全国，无疑要引起战争。谢文荪已经开始对这个课题进行研究。①

各主要派系之间具有相当规模的战争之所以引起注意，因为这将决定对北京政府的控制；而北京政府是正统的象征。当某一派系扬言强大到足以制服其他派系的军阀时，便图谋以其为中心，建立真正中央集权制的政权，而其他的军阀便合力对其共击之。因此，直、奉两系于1920年协力赶走北京政府中皖系的权力人物，使皖系控制的大部分省份转移到胜利者手中。1922年，奉系又联合皖系的残余和华南的势力，图谋推翻直系。奉系虽然失败了，但没有被消灭，因其有一个远离华北战场广大富饶的满洲基地。直系没有做好侵入满洲的准备，因而奉军能够出关返回基地，重整旗鼓，卷土重来。1924年，奉系再次与华北的皖系支持者以及南方的势力结盟，第二次与直系交锋，并成功地策动了直系将领冯玉祥的倒戈。但直系军阀仍控制华中的数省，于1926年与奉系联合攻打冯玉祥，把冯氏的军队赶到遥远的西北。② 这样，张作霖就成了北京的主要人物。这时，一支新式的国民革命军兴起了，开始进行消灭军阀的北伐战争，结束了军阀割据的混战局面。所附的地图，表示上述历次战争结束后，派系势力分布的大致变化。③

学者们从各派系力量的均势上分析了这些战争，有时是国际关系的模式。④ 的确，军阀们为反对可能的统一，而一再联合的实例证明，力量均衡思想是重要的研究方法。但在中国，均势是一种非常不

① 谢文荪：《军阀主义的经济》，载《中华民国研究通讯》，1（1975年10月），第15—21页。
② 关于这几次战争军事方面的明确叙述，见文直公《最近三十年中国军事史》第2卷。
③ 见图9、10、11、12。
④ 齐锡生：《中国军阀的政治斗争》，第201—239页。

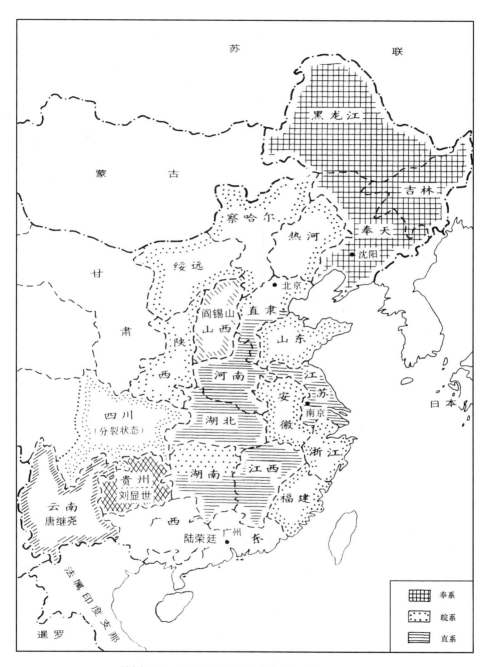

地图 9 直皖战争前夕军阀势力分布图（1920年）

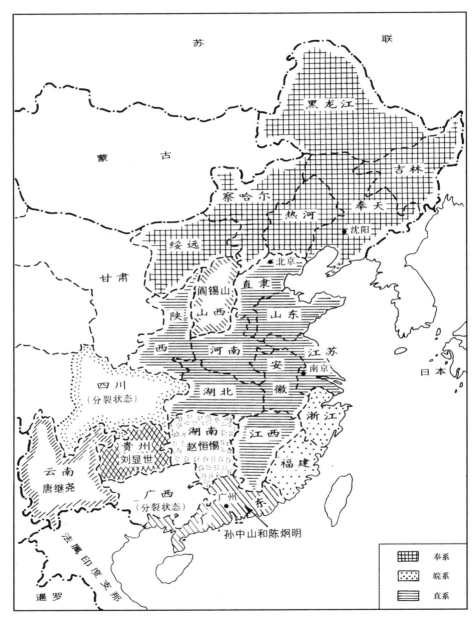

地图 10　第一次直奉战争前夕军阀势力分布图（1922年）

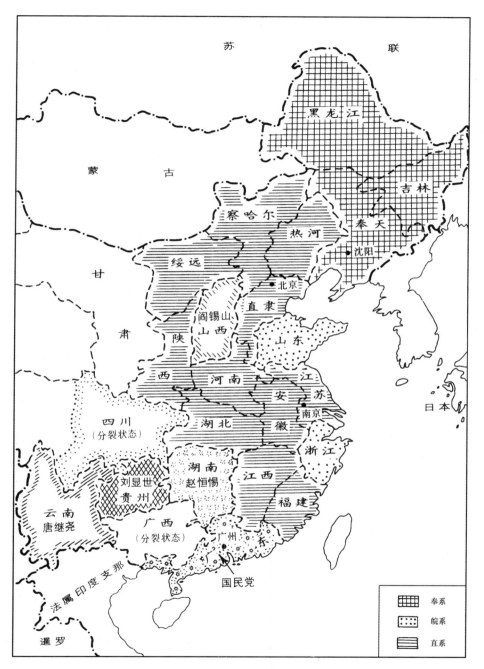

苏联

蒙古

甘肃

黑龙江

吉林

奉天

沈阳

察哈尔

热河

绥远

北京

直隶

阎锡山山西

陕西

山东

河南

江苏

安徽

南京

湖北

浙江

四川
（分裂状态）

湖南
赵恒惕

江西

云南
唐继尧

刘显世
贵州

福建

广西
（分裂状态）

广州

广东

国民党

法属印度支那

暹罗

日本

	奉系
	皖系
	直系

地图11　第二次直奉战争前夕军阀势力分布图（1924年）

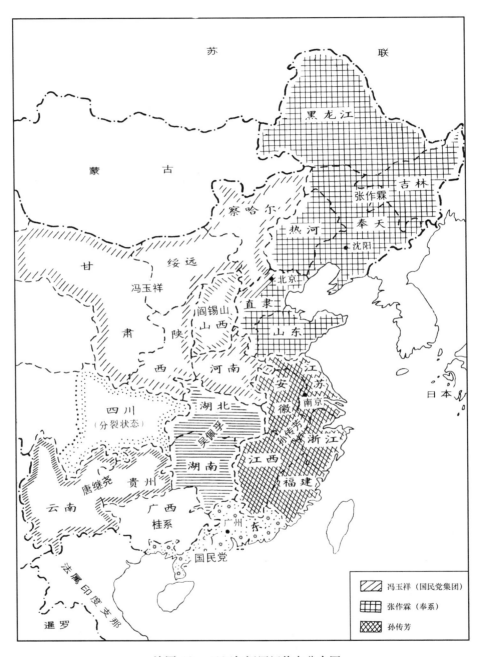

地图 12　1926年初军阀势力分布图

图例：
- 冯玉祥（国民党集团）
- 张作霖（奉系）
- 孙传芳

地图 9、10、11、12 的注

这几张地图,依据传记、政府文件和布告、年表、外国目击者的报道和研究军阀的著作。齐锡生的《中国军阀的政治斗争》第 210、212 页,有类似的直皖战争和第一次直奉战争前的形势图。

这几张地图试图表示 20 年代初期中国的分裂状况,以及分裂的格局是如何变化的,但它们却给人一种完全精确和确定的错觉。它们在几个方面是不准确的:(1)派系的隶属关系主要依照省的督军的归属,没有顾及存在一些往往控制了重要地区的次要军阀。(2)这几张地图没有表示出争夺的地区或权力机构不存在或不清楚的地区。例如图 9 和图 10 表示福建在皖系控制之下;在这些年份里,李厚基是福建督军,他和段祺瑞的联系很稳固。但这个省的南部有时是在广东军阀们的控制之下,有时是在敌对的北方指挥官的控制之下,李厚基的权力在最盛时也是有限的。陕西在第二次直奉战争的前夕,按地图所示是在直系阵营,但事实上这个省争夺权力的小军阀非常多,以致也同样可以标明是"分裂的"。(3)几张地图没有区别强的和弱的派系隶属关系,可疑或变化着的派系隶属关系。例如图 9 表示河南在直系阵营内;可是从军阀时期一开始就任河南督军的赵倜,只是在他认为段祺瑞正打算替换他时,才在某种程度上靠拢直系军阀。图 11 表示山东在皖系势力之下,尽管直系势力这时在华北正处于鼎盛时期。理由是 1919 年起,已是督军的直系拥护者田中玉,在 1923 年被解除职务而由郑士琦接替,所有资料都同意郑倾向皖系;在 1923 年时还不对吴佩孚和曹锟怀有敌意。(4)地图所示的派系的地区的大小和其实际力量之间没有相互关系。例如对绥远、察哈尔和热河的控制,给人以地区广阔的深刻印象,但在军事上并不特别重要,因为这些地方贫瘠,人口稀少,远离主要交通线。(5)这几幅连续的地图上的变化,并不都由于这系或那系在地图涉及的主要战争中战败或战胜。例如李厚基于 1922 年夏季晚期被赶出福建,而地图排列的顺序,不可避免地含有这是第一次直奉战争的结果的意思。但事实上他是被广东的国民党部队赶走的;这一事实在几幅地图甚至没有表示出来,因为国民党部队在几个月之内便已离开,而孙传芳成了这个省的首领。

稳定的规律。各派军阀并不寻求作为终极目标的平衡,而是每个派系都在谋求霸权,直至在未来成功的把其他派系都推到对立面为止。此外,人所共庆知,均势是结局的一种方式,即军阀主义有朝一日总会结束,而国家终将统一,这一点也是每个军阀都认为是理所当然的。每个军阀也都承认,国家的重新统一是不可避免的,甚至是人所共贺的,但却希望国家重新统一而不限制其个人权力。这是一个矛盾。每个大军阀都期待由其个人来解决国家的重新统一。不可能领导国家统一的军阀,则希望延缓统一,同时制造混乱。军阀们都是只看眼前的事物,作极短期的打算,很少考虑到 5 年或 10 年之内会是怎样的形势,而努力在今年征收明年的税收。

虽然每次战争的结果都有一个明显的胜利者,但从长远的意义上来讲,这是不确定的。因为没有一个派系所树立的政府,其政治权力是长期计划的。每个军阀的主要目的都是个人的,或以一己为主要目的,也就是最大限度地增加其个人权势。派系中的每一人,其目的并不是为该集团的目的而去作出贡献,都是在为其个人利益而打开局面。一个派系的领袖可能希望统一国家,但他是孤立的,站在流沙之上的。每个派系的领袖只不过有个统一的简单想法,而且其目标的实现将会威胁其敌对者,也同样会威胁到其支持者。因为领袖一旦实现其权力的梦想,将导致对其支持者丧失独立,而独立是作为取得军阀地位的要素。派系目标的暂时性和短期性,是军阀时期高度不稳定性的原因。

军阀间重要冲突的战争,是很短暂的;但在整个军阀时期的趋势,军阀军队的从事战争,是次数更多,规模更大,也更为残酷。1920 年的直皖战争,10 天之内就结束了,因为吴佩孚所率的一师兵力控制了局势,所以没有引起大规模的军事调动和巨大的伤亡。1922 年的直奉战争,甚至为期更短——只持续了 7 天,但双方投入的军队数量却更多,伤亡也更大。在这次战争以后,从事战争的双方军阀都扩编了军队。在 1924 年的第二次直奉战争期间,从华北到江苏和浙江之间以及满洲边界的数处,都被战火波及,以致战斗持续达两个月之久。1926年,冯玉祥与张作霖交战,两军激烈鏖战达 8 个月之久,伤亡巨大。

军阀与列强

军阀的混战,导致北京政府的软弱不堪,使中国更易于遭受外国的政治压迫与军事侵略。但与此同时,国内普遍的骚乱不安,也限制了外国的活动,妨碍了外国企业来中国开发投资。军阀们有时任意对外国商号增加税收;士兵和土匪使外国人的财产和生命遭到损害。例如,在 1917—1924 年间,单在一个领事区内,就有 153 个美国人或其商号遭到抢劫,约损失 40 万元。[①] 盗匪活动和战争,阻碍了正常

---

① J.S. 休斯顿领事就汉口领事区的情况致国务院的报告,1925 年 4 月 4 日,国务院有关中国内部事务的文件,893.00/6206。

贸易和商业活动。军阀也压制了外国人在华的贸易伙伴，造成通货贬值和无担保纸币进入流通。军队对铁路设施的破坏，有时竟占用，使之铁路的管理趋于恶化。

外国人以严厉的谴责和停止贸易，来对待此种混乱与破坏的局面。外国政府的代表不断向北京政府提出抗议，但软弱的北京政府对此也无能为力。列强于是就具体的问题，与地方的军事首领进行交涉。例如，在1924年，苏俄就中东路的地位与管理，与北京政府达成协议后，而苏俄不得不与张作霖进行四个月的单独谈判，因为中东路是在张作霖的势力范围之内。[①] 至少有一个例子，外国人为了取得保护和与地方当局合作，向地方当局付了钱，这种做法，很可能还有更多。

外国对中国所抱怨的混乱，实际自己也起了促成的作用。外国的兵痞在中国内战中也起了一定的作用。一个英国人在管理张作霖的兵工厂，三个美国飞行员有数月为陈炯明驾驶轰炸机。类似于此的外国冒险者，也可以在其他地方和其他的军队中发现。而更为重要的，1919年多数列强曾签订协议，对中国禁运武器。外国人不顾这个协议，竟输入军火武器，以满足军阀们对枪械无穷无尽的需要。外国军火商不考虑政治后果，以为这是完全公正的交易，向任何能照价付款的人售给军火武器。有些外国政府实际上是在幕后，有选择地支持某一军阀；在整个军阀时期，日本明显的与中国一些军阀有牵连。

1916年，日本政府实行全力支持皖系首领段祺瑞的政策，建立中日之间政治和经济的合作，签订财政债务协议。日本在随后的两年中供给段氏1.5亿元，表面上是为了国家的发展，实际上被段氏主要用于政治和军事的目的。段祺瑞政府还和日本政府缔结军事协定，由日本政府提供援助、顾问和教官，帮助中国编练参战军，参加第一次世界大战协约国军作战。但是这支军队从没有开到欧洲，只是用于扩展段氏的军事力量。在日本政府给予段祺瑞以财政和军事援助的同时，日本商人也着手进行许多冒险事业，以与中国企业家联合的形式

---

① 唐盛镐：《俄国和苏联在满洲和外蒙的政策，1911—1931年》，第152—153页。

开发中国的资源。

长期以来，日本对满洲的事务表示出极大的关注，从日俄战争起，即在该地区据有得势的地位。日本人密切注意张作霖的兴起，并在必要时采取积极的干预，想着务必使满洲的人事任命和政策的决定，不得忽视日本的利益。由于皖系在 1920 年直皖战争中的失败，而张作霖作为直系的同盟者，在这次打败皖系中作出了贡献，遂使之张氏成了全国闻名的大人物，得以控制着满洲和战后分赃得到的内蒙。日本政府的一项政策决定，使之成为此后张作霖生涯中日张关系的指导方针，即在满洲的发展和建设中，日本将牢固地对该地区的控制，直接和间接地帮助张作霖。但日本对张氏谋求问鼎中央政府的野心，则不予帮助；意在张氏即在满洲，致力于维护当地的治安和社会秩序，不要卷进可能导致的战争和混乱中去，以致威胁日本的利益。

日本并不想直接向张作霖提供武器，去违反武器禁运条例，而是帮助张氏建立一个兵工厂，由中国人自己来制造武器。日本人以下述暗示性语言，表达其对于向张作霖提供财政援助的态度：

> 虽然帝国政府并非不愿据情对财政援助给予友好之考虑，但其重要者，在于所用经济贷款之方式，尤以采取于联合企业投资之形式，得以避免列强之怀疑与中央政府之猜忌。如张作霖氏亦有意于更加推进中日合作之实体，均将尽力关于土地之租借，矿山及森林之经营，以及其他此类有望发展之事业。如张氏愿尽一切努力，贯彻共存共荣之原则，并制定已存与将建立之中日合资经营公司，共同管理之方法。如是，则东三省之财源，即可遽然而兴盛之矣。①

但日本与张作霖的关系并不稳定。张氏继续卷入逐鹿中原的事务，置日本望其驻留满洲于不顾，三次投入在华北的战争。张氏不甘

---

① 日本外务省：《日本外交年表和重要文献》，1，载《文献》，第 525 页。关于引文和上述两段文字，见麦科马克《张作霖在中国东北》，第 56—59 页。

于为日本的傀儡，而坚持其独立自主自卫的精神。然而日本仍认为张氏之在满洲，为其所利用之最好选择，尽力维护张氏在满洲之地位。在1924年的第二次直奉战争时，日本只在边缘非重要方面对吴佩孚进行了干预，显然用金钱买通了冯玉祥在战争中倒戈。当1925年张氏的一个部将反叛，试图夺取沈阳时，日本人进行了干预，把张作霖从不可避免的失败中挽救了出来。具有讽刺意义的是，日本人还是把张作霖害死了。1928年，日军中的极端分子终于杀害了张氏，原是希望以此引起东北的混乱，日本得以从中谋取利益。

苏联则积极帮助冯玉祥。当1924年第二次直奉战争结束后，冯玉祥转而反对吴佩孚，急切地寻求援助。因为冯氏知道，不久将被迫要得到日本支持，并与受日本训练的庞大奉军作战。依据苏联的观点，冯玉祥的改革意向和革命言辞来看，认定其是支持国民党的候选人。整个1925年，苏联人向冯氏提供武器、金钱、顾问和军事教官。作为回报，冯氏同意在其部队中进行国民党的政治教育，并广泛与国民党合作。冯玉祥接受了苏联的援助，但却尽可能阻止苏联人或国民党的代表使其部队政治化。因为冯氏知道，其部队的政治化后，即将丧失其个人对部队的控制。

和张作霖的争战终于在1925年末到来，冯玉祥很快在战争中失利，于1926年初通电下野，到苏联去停留有五个月时间。冯氏想着其离国而去，会减少张作霖消灭其部队的决心，也想从苏联领导人那里开阔开阔自己的眼界，了解了解该国共产主义的思想体系。冯氏偕同一位苏联顾问一道旅行，接受进修性教育，就便向顾问求教关于马克思主义、俄国革命、世界各地的政治形势、党的体制等问题；并对中国的国、共两党合作以现实国家的统一，驱逐帝国主义出中国。冯氏似乎真正为苏联的社会和苏联共产党的纪律与效力所信服，同时也与其在国内遭受重大失败的部队保持联系。当1926年初秋，在商定450万卢布的附加军事援助后，冯玉祥回到其被击溃的士气低落的部队中。

当冯氏返抵故国时，国、共两党为消灭军阀与统一国家的军事行动——北伐战争已经进行。冯氏对部队进行了一番整编，并在占领河南宣布参加国民革命的北伐战争。在 1927 年蒋介石攻击共产党人时，苏联领导人曾短时期寄希望于冯玉祥，望其能继续支持国民党左派和中共党，以其所统率的军事力量与蒋介石相抗衡。但冯氏迅即与蒋氏达成协议，奉劝苏联人返国。这样，苏联人卷入中国军阀的政治斗争，也就随之而结束。①

长时间以来，英国在中国有很大的商业和金融利益，因此也特别关心中国政府的稳定。英国人在第一次世界大战后，努力恢复其在中国贸易中的突出地位。中国政府的稳定显得更为重要，甚至在混乱预示整个中央政权行将崩溃之时，英国人仍在支持北京政府。因为段祺瑞政府带有明显的亲日倾向，所以英国人对其并不表示热心。1920年，皖系为直系打败后，英国人欢迎段氏下台；因直系领袖曾声称其反对再举外债，使之英国人相信直系有能力统一中国。许多作者曾断言或暗示，英国人和美国人曾向直系领袖吴佩孚提供过各种各样的大量援助。但新近的详细研究断定，当时吴氏确曾悉心照顾英美人士，以期得到英美的财政和军事的援助时，英、美两国坚持严守中立，拒绝给予吴氏援助。尽管在华的外国人普遍赞扬吴氏，而吴氏也确从外国人在中国的公司——特别是英美烟草公司和亚细亚石油公司得到大批款项。这只是两公司对吴氏的回报，感谢在吴氏控制的地区，两公司的商品未曾受到抵制之故。②

武人的专横与政局的动荡

在军阀时期的 12 年，北京的中央政府始终动荡不定，变动无常；

---

① 谢里登：《中国的军阀》，第 163—169、177—179、197—202 页。

② 吴应铣：《现代中国的黩武主义》，第 151—197 页。关于吴佩孚从一些外国公司得到钱的事，见罗赫德致马慕瑞，1925 年 9 月 19 日，国务院，汉口档案 L，第 2 号；罗赫德致国务卿，1925 年 9 月 25 日，国务院，汉口档，第 8 号；《密勒氏评论报》，1926 年 4 月 24 日，第 207 页；C. 埃斯特朗热·马隆上校：《新中国：调查报告》，第 1 部分，《政治形势》，伦敦，独立劳动党出版社，1926 年；J.C. 休斯顿致马慕瑞，1926 年 7 月 1 日，国务院，汉口档，第 63 号。

前后共有 7 人任国家总统或临时执政，其中 1 人是两次出任，实际是
8 位国家首脑。除此之外，有 4 个摄政内阁，在短暂的过渡期管理政
务，还有一次满族皇帝短命 12 日的复辟。学者们共列举出 24 届内
阁，5 届议会或国会，至少有 4 部宪法或基本法（参看第五章）。在
此时期内，人物、机关，以及法律上和政治上的变化，更是数不胜
数，令人眼花缭乱。因此，要用清晰简明的方式来论述此时北京复杂
繁乱的政情，是非常困难的。前面第五章已扼要简述立宪政府的工
作。兹就前述之事件加以考察，以表明武人跋扈产生之经过，并终于
抹去宪政痕迹。

　　在袁世凯政权后期，段祺瑞担任了国务总理，并在黎元洪任总统
时，继续任此一职务。从黎元洪一上台，段祺瑞就一手把持政务，形
成总统府与国务院之间的"府院矛盾"。这时段祺瑞领导的国务院，
可能认为是责任内阁，这正是议员们在袁世凯任总统时所希望的。但
很多政治家对段祺瑞不给予支持；段氏不得已，指望军队的高级将领
和各省的督军成为其权力的基础。因此几乎从一开始，依靠军队力量
的段祺瑞，和谋求对其加以抑制的国会之间，就存在着紧张的关系。

　　这种段祺瑞与国会之间的紧张关系，在 1917 年春中国参加第一
次世界大战问题上，达到了顶点。梁启超和段祺瑞认为中国应当加入
协约国一方，梁氏希望利用参战和战后和议来提高中国的国际地位；
段氏于当年 4 月在北京召集了一次督军会议，对总统、内阁，尤其是
对国会形成了压力，近似迫使国会批准参战政策。于是在关于对德宣
战问题上，展开了矛盾。督军们支持段氏的参战政策；国会在军人的
压力下，则畏缩不前，拒绝段祺瑞在总理任上讨论参战问题。于是各
省督军极力主张，由总统黎元洪下令解散国会。相反，黎氏在稍事犹
豫之后，竟免除了段祺瑞的国务总理。这一下黎元洪捅了马蜂窝了。
段祺瑞要求督军们给予支持，北方八省的督军宣布脱离黎元洪政府独
立。在此期间，面对督军们的反对，黎元洪竟找不到一个人愿出任国
务总理。

　　在这种僵局下，张勋提出愿在总统和督军之间进行调解。此人原
是死心塌地忠于满族皇室的"辫帅"。因为"辫帅"曾在一年前促成

许多督军们组成督军团，并充当督军团的首脑，似乎此人确实具备影响督军的条件。但是"辫帅"的居间调停，既不是为了保全黎总统，也不是为保卫共和政体，而是梦想实现其复辟清帝的计划。首先，"辫帅"要求总统解散国会，而这正是督军们早就希望的。黎氏此时已别无选择，终于同意解散国会，于当年6月中旬发布解散令。张勋于是率军进入北京，于7月1日宣布复辟满族皇帝重登皇位。

其实，张勋议论复辟的事已有数月，其他许多督军也赞成或默许；但是，这些复辟的假想同盟者，在复辟发生后却兴兵讨伐。有些研究者认为，督军们所以改变主意，因为张勋在复辟朝中占了权势太大的职位，还因为督军们态度的不同，已预示支持复辟者比反对者为少。但主要原因，似乎是督军们并不真心想要皇帝复辟，只是想利用张勋对皇权的信奉，作为反对黎元洪政府的一个手段。[①] 段祺瑞立即组织讨伐张勋的军事行动，同时宣布黎总统已重任其为国务总理。这次讨逆战争是短暂的，复辟只在两周之内结束了，张勋避居到一个外国公使馆。段祺瑞以"再造共和"者重入北京。黎元洪可能在段氏的压力下辞去了总统，副总统冯国璋遂继任总统，任满从袁世凯开始的五年总统任期余下的一年。[②]

军事—政治派系的出现，1917—1920年

以宪法为据作为冯国璋出任总统的唯一基础，冯氏是不愿接受总统职务的。在安排其一亲信者继任江苏督军，并使其他两位支持者分任沿江的湖北和江西督军之后[③]，冯氏才同意担任总统。这样，冯国璋与段祺瑞都有相等数量的督军支持者；段氏的支持者为安徽、浙江和福建三省的督军。[④]

当段祺瑞重任国务总理时，因为以前的国会曾与其作对，遂决定

---

① 《革命文献》第7卷，突出了复辟之前的错综复杂的密谋，见陶菊隐：《督军团传》。
② 袁世凯最早的正式总统任期，从1913年10月10日开始，在此以前，从1912年3月起，袁氏担任临时总统。
③ 校注：即江西督军陈光远、湖北督军王占元、江苏督军由李纯继任。
④ 校注：即安徽督军倪嗣冲、浙江督军杨善德、福建督军李厚基。

不再恢复被黎元洪解散的国会；而于 1918 年操纵选举安福国会（见第五章）。为增强其军事力量计，段氏用武力压制不同意见的各省，将其亲信安插在有权势的位置上，以为用这种方式就可以达到全国的统一。其他的督军们担心，段祺瑞沿着这个方针继续下去，督军们将会被逐一消灭，于是集合起来反对皖系势力的控制。这样就形成了直系。

湖南战略地位的重要，使之成为段祺瑞的第一个目标；从北方可以由铁路进入湖南，而湖南与四个分离主义的南方省份相连接[①]。1917 年 8 月，段氏任命其党羽为湖南督军[②]，遭湖南人反对，于是战争爆发。[③] 湖南人迫使段祺瑞任命之人离开湖南。战争持续到 1918 年春季，吴佩孚终于打败了湖南军队，使湖南处于北方的控制之下。段祺瑞遂任命"自己的人"张敬尧为湖南督军[④]，使吴佩孚希望得到这一任命落了空。

在 1918 年吴佩孚率军占领湖南以前，其上司曹锟通常是支持段祺瑞的。但从此时起，曹锟与段祺瑞为各自的利益开始出现分歧；段、曹关系的恶化，部分起因于吴佩孚。吴氏在湖南取得胜利后，指望能被任为湖南督军。但段祺瑞无视于吴氏的愿望，而属意于自己的人。作为对段氏的回答，吴佩孚停止了对南方的军事行动，并从此时开始，对北京作出了尖锐的批评。同时，曹锟也担心段氏会免去其直隶督军的职务。对于怀有独立野心的军阀曹锟和吴佩孚来说，段祺瑞稳步积累财政、军事和政治力量，俨然对其是隐含着一种威胁。1917 年 8 月，段祺瑞终于对德宣战。原来在 1918 年初，日本曾向段祺瑞提供了大宗借款，并缔结了陆军和海军协定，为段氏组织参战军提供了合法的基础。表面上这支参战军是为了在欧战中使用，实际上是为段氏在中国的目的效力；欧战停战后，这支军队改名为边防军。

---

① 校注：四个分离主义省份，即广东、广西、贵州、云南。

② 校注：此人为傅良佐。

③ 校注：史称之为南北战争。

④ 校注：段祺瑞为安徽合肥人，张敬尧为安徽霍邱人，故称张氏为段氏"自己的人"。

面对段祺瑞正在增长的权势，不属于段氏集团的军阀，便奉冯国璋为其利益的主要代表。甚至更为重要的，曾经听从段氏指挥的军阀，此时也看出段氏的最终目的，是在消灭所有不服从北京皖系政权的军阀。无疑有这种考虑因素，加上段氏没有任命吴佩孚为湖南督军，遂导致曹锟背弃了段氏集团。冯国璋于1918年离开总统职位，并于一年后死去时，曹锟继冯国璋之后，遂成为段祺瑞反对派直系的首领。

满洲的张作霖，也关怀段祺瑞权势的扩张；因为段氏势力的扩张，隐含着对张氏独立自主的威胁。的确，段祺瑞已经把势力扩大到内蒙；张作霖一向认为，内蒙为其势力范围。这样，奉系与直系决定合作来对付皖系。

公众对一系列发生的事件深感不满，在严厉的集中批评段政府的亲日方针之后，使事态发展到危机的程度。1919年的巴黎和会，决定把德国在山东胶州湾租借地移交给日本，并以日本和段祺瑞政府之间的协定为根据，以证明此决定的正当。巴黎和会的这一决定，立即在广大知识分子及其他人士之中，也在直系军阀——其中值得注意的是吴佩孚，引起了激烈的反对。1920年，反段的军阀们要求改组北京政府，消除皖系势力在北京政府的垄断地位，并要求重开和南方的谈判以及减少段氏所掌握的兵力。段祺瑞拒绝了这些要求，战争于是在7月爆发。直奉联军迅速打败了皖系军阀，按照中国对下野官员宽大的惯例，段祺瑞通电下野，去研究佛学了。

直系政权的兴衰，1920—1924年

在军阀时期，北京政府的人事安排和政策，是以反映幕后的军阀愿望为准则。但政府不稳定的主要原因，还在于难于在职务安排和政策制定中，当众将领对其相互间实力不太清楚的时候，准确反映出军阀间权力分配的状况。在1920年的战争之后，直系和奉系分享政权，起初以双方可以接受的方案组织政府，接着便开始互相排挤，利用政府官员和政策作为双方斗争的棋子，直至最后双方以兵戎相见。

1886年中进士的年高的徐世昌继续在总统位置上。徐氏资格老，有威望，适合于这个职位，但其和直、奉两派的关系都不密切。徐总

统继续任靳云鹏为国务总理。张作霖与靳氏为姻亲,所以能为张氏所接受;吴佩孚曾是靳氏的学生和被保护人,所以也能为吴氏所接受。靳云鹏在任总理的一年多时间里,如履薄冰,只有在和两个集团协商之后,才能作出重要决定。

当段祺瑞被赶下台时,安福国会也随之被解散。总统徐世昌下令,按照 1912 年《临时约法》选举新国会,但广州的护法政府对此拒不接受。按照广州的看法,新选举是多余的,因为原来的国会议员任期未满;而且徐世昌总统的命令也是不合法的,因为徐氏的总统是由非法的安福国会选举产生的。南方此时已从分立中获得利益,分立使南方几省有理由保持独立,并为许多国会议员提供职业。因为只有少数议员到了南方;1919 年,南方就补选了数百名议员。当北京不顾南方的抗议下令重新选举时,只有 11 个省进行选举。这样,新议员不足法定人数。因此,新国会从未召开。

直皖战争后,新组成的北京政府,授予胜利者各种适于其新权势的官职,使其掠夺得以合法化。曹锟被任命为直鲁豫巡阅使,管辖数省的巡阅使——有时称之为"总督",实际上有权任命所辖各省的督军。张作霖已经是东三省巡阅使,又兼任蒙疆经略使,使张氏在内蒙的活动合法化了。

吴佩孚被任为直鲁豫巡阅副使,充当曹锟的下级是适当的,但却不能使这位独立的军阀得到满足。吴氏把其司令部设在河南,似乎已完全控制了该省,又于 1921 年取得湖北省。其所用的方式,充分说明同一集团军阀之间的矛盾。依附直系已有数年的湖北督军王占元,当 1921 年联省自治运动接近高潮时,湖北的政治家要求该省制订省宪,并建民选政府。联省自治运动领先的湖南督军,自称是一支军队的总司令[①],要把湖北从非联省分子控制下解救出来。王占元请求吴佩孚率兵前来援助,但在王占元被湘军打败之前,吴氏并不派兵相助。等到湘军将王占元打败后,据有了湖北,吴佩孚这时才率兵把湘军赶走,自己得到了湖北。于是吴佩孚渐成了直系实际的军事领袖。

---

① 校注:时湖南督军为赵恒惕,自称为湘军总司令。

吴佩孚于是组织沿江五省的联盟①，以防止外部的入侵和内部的纷扰。满洲的张作霖和广东的孙逸仙，都感到来自直系势力扩张的威胁，于是就联合起来反对吴佩孚。1921年末，张作霖利用北京政府的财政危机，挑选梁士诒代替靳云鹏出任国务总理。吴佩孚则以梁士诒的亲日政策为口实加以攻击，实际是间接攻击张作霖。

绝大多数军阀冲突的最初阶段，都是一场"电报战"，双方都在电报中指责对方政策的误谬和爱国心的虚伪，同时也宣扬自己一方动机的纯正。直系和奉系的领袖在1922年的前数月中，互相发出此类通电不计其数，在春季遂发展成为以枪炮相对的真正战争。直系军队以惊人的速度——奉军在人数上和武器装备上都占有明显的优势，但为直系的速战所击败。张作霖只有退回到长城以外，直系也没有准备向关外进军。北京政府随即由直系军阀所控制，所有张作霖任命的官员一律被免除。张作霖干脆宣布满洲脱离中央政府，自行独立，仍如往日一样，以完全分离的形式进行在满洲的统治。

张作霖的同盟者孙逸仙也没有获得成功。孙氏派出一支北伐军后，名义上属于孙氏部下的陈炯明，却炮轰孙氏的总统府。孙氏虽得以脱身，但政府已被颠覆，北伐也只得停止。尽管陈炯明想当广东督军的野心得到满足；很明显，这是陈炯明和吴佩孚协议的结果，也是军阀联盟制造混乱状态的一个显著的事例。

尽管这时只有一个集团控制北京政府，但卷入北京政治斗争的却有两个派别。② 吴佩孚的军人职责与其忠君的儒家原则，使之其不可能公开背离曹锟，但对于政府却有其不同的主张。此外，每个军阀都有一批党羽，都想在政治策划中提高其首领的地位，并由此求得其个人的升迁。两个派别斗争胜利和失败的主要手段，就表现在内阁的任命和政府的政策。

在战争之后，北京的新统治者立即迫使总统下野。吴佩孚请黎元洪出山，重任总统。同时，吴氏又恢复旧国会。这是1914年第一次

---

① 校注：沿江5省，即湖北、湖南、江西、安徽、江苏，但此5省联盟终未组成。
② 校注：即以曹锟为首的津保派；以吴佩孚为首的洛阳派，吴佩孚的总部驻河南洛阳。

被解散,1917 年又被黎元洪第二次解散的国会,留下的议员一直在南方,主要在广州。

黎元洪第二次总统的任期只有一年,1923 年 6 月到期,这比其第一次任总统更为失败。直系军阀不给黎氏实权;只有经过军阀们同意,黎氏的任命和决定才能生效,而且也很难得到经费来维持总统府的公务用费。在黎元洪第二次总统任期的前一段时间,吴佩孚在很大程度上控制了政府;曹锟也无法实现其垂涎已久对总统的渴望。但在1923 年初,曹锟的党羽用贿赂收买,成功地把吴佩孚支持的内阁赶下了台①,并任命提名的人组织政府。曹锟一伙掌握了主动权,千方百计要使曹锟当上总统。但是,要曹锟当上总统,必须使黎元洪离职;而要做到这一步,必须把黎元洪赶出北京。曹锟以付给投票选其为总统的议员,每人 5000 元至 7000 元代价,果然于 1923 年 10 月当选为总统。

仍在关外的张作霖,谴责选举曹锟为总统是非法,并宣称其责无旁贷之任务,是使国家从曹锟与吴佩孚卖国贼手中解救出来。张作霖在 1922 年战败之后,对其所部重新训练和整编;到 1924 年,与南方的孙逸仙再次结盟,准备与直系一决雌雄。与此同时,吴佩孚已放弃早先想由会议统一国家的希望,并且断定只有打败所有不承认北京领导的督军,才能统一国家。张作霖当然是首当其冲的争战对象。

在互相指责的电报战之后,第二次直奉战争终于在1924年秋爆发。② 数星期之后,当吴佩孚沿长城一线的进军顺利之时,其部下一个将军的倒戈,导致了吴氏意料不到的战争结局。基督将军冯玉祥突然率军脱离战场,返旆南指,回师北京,于当年 10 月 23 日占领北京,囚禁总统曹锟,并宣布停战。吴佩孚试图率直系其他部队对冯玉祥部进行反击;但其他直系部队尚未及成军,而吴部在战场已全线崩

---

① 校注:1923 年 1 月 4 日,国务总理王正廷被免职,张绍曾任国务总理。
② 校注:1924 年 9 月,张作霖乘江浙战起,率大军 17 万人入关。吴佩孚统领 25 万大军前往迎战。两军在热河、山海关等处交锋,均动用海、空军参战。冯玉祥突率军倒戈,直军迅速溃败。此为第二次直奉战争。

溃，其本人只得败走华中。

在 1918 年后，冯玉祥虽被视为直系成员，但其从来不是吴佩孚的亲密朋友。冯氏曾冒犯过吴佩孚，批评过吴氏的个人表现，于1922 年任河南督军时，拒绝送交吴氏所要求的款项。另一方面，吴佩孚曾限制冯氏扩大部队，还将冯氏调离河南督军的职位，到北京就任易受攻击的职务。[①] 因此，即使是直系战胜奉系，冯玉祥也并不能指望个人有何得益之处；相反，吴佩孚会因胜利而扩大其势力，将更易于对冯氏的控制。

由于有这样的背景，冯玉祥在接受了大笔贿赂款项后，转而举兵反吴。钱是由日本提供的，显然是采用像给张作霖贷款的方式，可能附有未来由北京建立的新政府偿还的承诺。对于此项贷款金额，各有不同估计，很可能在 150 万元左右。[②] 冯玉祥多年来受到资金极为短缺之苦，就是吴佩孚胜利也不可能有多大指望，因而就接受了这笔贿款。日本人所以要花上这笔巨额贿款，目的有二：第一，预防受其保护的张作霖失败；第二，更重要的，是使段祺瑞再度担任政府首脑，以便恢复 1917—1920 年之间日本和段政权的互利关系。

张作霖的权势，1925—1928 年

冯玉祥发动的政变和吴佩孚的突然失败，引起了广泛而复杂的军阀关系的重组，大约进行了一年。一开始，冯玉祥和张作霖两个胜利者，都为自己在权力分配上能获得相应的职位。张作霖获得统治东北的奉天、吉林、黑龙江三省与热河[③]、直隶两省区的正式权力。冯玉祥被委任为负责绥远、察哈尔[④]、甘肃三省区；与冯氏结盟的一些军阀，则率兵进入河南、陕西，取得对两省的控制权。[⑤] 张作霖派军队

---

① 校注：冯玉祥由河南督军调任陆军检阅使。
② 谢里登：《中国的军阀》，第 138—148 页。麦科马克曾披露证实日本人所起重要作用的事实，见麦科马克《张作霖在中国东北》，第 131—145 页。
③ 校注：热河此时未设省，置热河都统，为特别行政区。
④ 校注：绥远、察哈尔均未建省，为特别行政区，置都统。
⑤ 校注：冯玉祥国民军第二军长胡景翼任河南督军，第三军长孙岳任陕西督军。

进入山东、江苏、安徽；但一个据有长江流域的军阀[1]，迫使张氏所部退出苏、皖两省，并使该两省加入长江流域的五省联盟。吴佩孚以其资历和声望，试图获得有真正权力的位置，于数月后获得了对湖北的控制权，被承认为华中几省名义上的领袖[2]，并和其长期的敌对者联合，去与新的敌对者冯玉祥作战。

直系 1924 年的失败，给北京政府的组成形式以强烈的冲击。最后，段祺瑞东山再起，任新政府的首脑。段氏于 1924 年 11 月就任临时执政府临时执政之职，颁布了《临时执政府组织条例》（见第五章）。

预料之中的冯玉祥与张作霖之间的战争，果于 1925 年最后数星期内开始。到是年年底，冯玉祥看到战争已不可能取胜，遂宣布下野出国，希望在其下野后讲和时，能保留一些力量。张作霖对此概不留情，反而此时又与吴佩孚结盟。吴佩孚对冯玉祥怀有刻骨的仇恨，要张作霖率部对冯军继续攻击，准备将其彻底消灭，也几乎大获全胜。到 1926 年中期，冯氏的部队衣衫褴褛，溃不成军的退往西部。这支军队虽能重整旗鼓，但张作霖和吴佩孚暂时成了十足的胜利者。[3] 当然，张、吴俩人的胜利，也预示风雨飘摇的北京政府会有另一场巨变。

1926 年 4 月，冯氏部队以段祺瑞阴谋对其陷害为由，企图逮捕段氏；段祺瑞避入使馆界。在冯玉祥部队被赶出北京时，段氏虽然很快返回临时执政府，但是张作霖已决定不再保留段氏的职位。段祺瑞失去了张作霖的支持，于 1926 年 4 月 20 日黯然去职。当张作霖和吴佩孚尚未决定处理组织政府事宜时，北京有数周时间没有全国性的政府，最后组织一个"摄政内阁"。实际上，"摄政内阁"只是军阀们委任的政客委员会。在此以后的时间里，"摄政内阁"经过了多次变化；1927 年初组织了一个新的"摄政内阁"。[4] 摄政内阁表明，存在 10 年

---

[1]　校注：此处长江流域的军阀，即后来苏浙皖赣闽 5 省联军总司令的孙传芳。

[2]　校注：此处所称吴佩孚为华中几省名义上的领袖，即吴氏号称的湘、鄂、川、黔、苏、浙、皖、赣、闽、豫、陕、甘、晋、桂 14 省讨贼联军总司令。

[3]　侯服五：《中国的中央政府，1912—1928 年：制度研究》，第 158—159 页。

[4]　校注：最后的摄政内阁，为顾维钧代理内阁（1926 年 10 月 1 日至 1927 年 6 月 17 日），摄行临时执政职。

的北京政府，已衰落到了极点。从 1926 年中到 1927 年中，这时的摄政内阁，"并不比电影中的统治者具有更多的权力"：财政总长没有钱，交通总长没有铁路可管，因为铁路全在军队的司令手中；教育总长该管的公立学校，而这些学校已关门大吉，政府不能支付公用事业的费用，教员也领不到薪金。内务总长"任命任何一个下级官员，都需经官员赴任所在地区军阀的同意"；遇有和外国政府的争端，地方官员与当地的外国领事馆来解决，因而外交总长无事可做；陆军总长对全国的军事组织并无权力，这些军事组织受最有权势军阀的指挥。[①]

在这种情况下，掌握实权的人终于承担起政府的正式职责，这也是人所希望的。张作霖于 1927 年 6 月 17 日宣布组成安国军政府，自任安国军政府大元帅，成立了内阁，置内阁总理。[②] 政府大体上都由张作霖部下人员所组成，张氏以一个军事独裁者进行统治。和 1916 年以后的政府一样，张作霖政权的权力只能达到其兵力所及之处，主要是满洲、直隶和山东。甚至在张作霖的势力圈也很快受到挑战，因为广州持不同的政见者已组成了一支革命军，开始进行北伐，要从军阀控制下把中国解放出来。张作霖的奉军最后被北伐军打败，张氏于 1928 年 6 月 3 日逃离北京。

北京军阀政治斗争的可悲记载表明，1928 年以前立宪政府的失败，不应理解为有效政体的衰落，而应理解为没有能力建立这样的政府。段祺瑞、吴佩孚及其他具有全国性资格的领袖，有时在全国大部分地区建立有实力的军事控制。但这种成就只能在军事上，从来没有随军事以俱来，并与之相结合而建立有效的政治制度，从而规范出真正有权力的文官政府；也没有作出认真的努力，去动员有社会影响的人士来加强政府机制。士兵是军阀唯一的选民。当国家的官员只能靠军队来维持其权力时，这种权力就可能被另一个更强大的军队所废除。军阀的弱点不在于其谋求权力，而在于其把权力构成的眼界看的

---

① 侯服五：《中国的中央政府，1912—1928 年：制度研究》，第 158—159 页。

② 校注：1927 年 6 月 18 日至 1928 年 6 月 3 日，潘复任安国军政府内阁总理。

太狭窄，不能扩大到非军事方面。

军阀统治与中国社会

如上文所指出的，分裂国家的军阀，在才能和社会态度上有很大的差别，其所造成的社会影响亦因地而异。当地方或地区的军事司令官频繁更动时，也是因时而异。军阀掠夺的方式及其所造成的灾难，任何时期的记述都不能适用于全国；但是，还是可以恰当地说，军阀混战给无数中国人直接或间接带来了恐怖与掠夺。[①]

军阀对钱的需求，是贪得无厌的；从民众中榨取的款项，其名目之多，令人大为吃惊；发行大量无担保的通货强迫民众使用，使商品交易成为变相的没收。在1924年晚期，仅在广西一省，就发行无担保的纸币达50亿元。这样巨额的财富，耗于军事和其他非生产性用途，抑制了正常的经济活动和筹划，尤其影响到对大规模工程的投资。因之，军阀注定妨碍了中国经济的发展。[②]

军阀混战酿成了连年饥荒。在一些省份，军阀强迫种植鸦片作为经济作物，因而减少了粮食作物面积；减少维修水利和防治洪水设施的经费，造成数次灾难性的洪水泛滥。军阀的军队经常抢走农民的耕畜，不但给农民造成经济损失，还降低了农民的耕作生产能力。20世纪20年代中期和晚期几次毁灭性的饥荒，毫无疑问是军阀治理不善造成的。华洋义赈会照章只救济因自然原因造成的饥荒受害者；对此情况，该会不得不改变其对饥荒的定义，以便因管理不善和抢夺而造成的饥饿人群也能得到救助。事实上，美国红十字会当时拒绝参与

[①]　有些学者认为，军阀的横征暴敛及其所造成的灾难程度，被大大夸大了。这是由于其设想的经济理论在经济中的作用，在中国要大一些；忽略了军阀活动的积极方面，如发展工业、农业、运输业和教育，从而歪曲了事实。这种看法的例子，是托马斯·G. 罗斯基的《中华民国经济论》。事实上，每位研究军阀的人，都认为有些军阀是有建设性活动的。但是从全面考虑，军阀不能认为其是积极的；压迫和掠夺造成的灾苦并不是普遍的看法，也违反了直接的经验和观察到的大量证明材料。

[②]　关于推算可用于经济现代的资金，而被转入到军事用途，见陈志让：《军人—绅士的联合：军阀统治下的中国》，第189—190页。

在中国的饥荒救济，认为中国的饥荒是政治原因造成的，而不是自然原因造成的。[①]

在许多地方，军阀有组织的官兵行为，还不如在乡下抢劫农民的散兵游勇。1930年，即军阀时期结束后的两年，南满铁路的一项研究估计，在山东省，有31万散兵游勇和土匪，加上19.2万正规军，都是靠掠夺农村来生活。[②] 盗匪活动遍及于全国各地，抢劫和暴力行为成了家常便饭。战争得胜的军队随时可能会抢劫。战争常使平民百姓的生命财产毁于一旦，政府对此则置若罔闻。贪污腐化、骚乱和抢劫已习以为常。社会失去秩序的混乱，使无数的人流离失所，或漂泊他乡。一个审慎的作者断定，20年代军阀的威胁和骚乱，造成了"本世纪规模最大的一次国内迁徙"[③]。

军阀的混战也影响了中国民族主义的形成。在20世纪早期，民族主义是中国最有影响的社会运动。在一定程度上，民族主义是对军阀混战所造成的国家分裂，使国家在国际上陷于孱弱的地位。而很多军阀却也很爱打出爱国主义的旗子，提出民族主义的口号，作为其行动合法化的手段。不论军阀们的真实动机如何，其打出爱国主义旗子和提出民族主义口号，也培育了中国人应当关心国家大事和探求国家前途的出路。例如，一位中国的将领回忆说，其1912年投军时只是为了谋生，但在听到冯司令的爱国演说以后，终于从国家的立场来看待军队了。[④]

但军阀的行为也助长了中国民族主义强烈的尚武风尚。尽管军阀们不能建立国家的政治权力，但也阻止了非军事集团去建立国家的政治权力。军阀们以这种方式，促使中国的政治斗争进一步军事化；大多数军阀都继承了尚武精神。国民党为了和军阀相对抗，也不得不发

---

① 安德鲁·詹姆斯·内森：《华洋义赈会史》，第40—56页。

② 满铁调查部：《山东农村和中国的动乱》（大连，1930年），第20、27页；拉蒙·H.迈尔斯：《中国的农民经济：河北和山东的农业发展，1890—1949年》，第278页引用。

③ 迈尔斯：《中国的农民经济》，第278页。

④ 刘汝明：《刘汝明回忆录》，第2—3页。

展强大的武装力量；并在这一发展过程中，终于使军队控制了党。共产党人为了和国民党相抗衡，并和 1928 年以后残存的军阀势力作斗争，也不得不建立一支强大的军队。

但是，这种军事化并不是根本性永久不变的。军阀统治并不能说明，中国社会有一种持久的核心动力，以保证唯有军队才能起强大的政治作用。曾经有人认为，"军阀证实了这样的事实，在近代中国，政治力量不能与军事力量分离……而且到目前为止，还没有人能够发现，怎样能使军队退出中国政治舞台中心的秘密。"[1] 恰恰是这个看法的反面，倒是正确的。军阀们的失败表明，单独的军事力量，绝不能使之成为中国政治力量的基础。

在中国历史上，以前许多世纪的改朝换代时期，都有许多和近代军阀很相似的人物，但最后还是让位于统一中央集权的文官政府。在 20 世纪，民族主义和共产主义在这个传统过程中起了作用，但并没有文官统一的结局。民族主义只强调国家统一的紧迫性，所有的军阀也都承认这一事实，至少在口头上承认这一事实。尽管一些省和地区的督军或巡阅使宣布独立——却没一人宣布成立新的国家，乃至表示作永久性的分裂。中国国家统一的观念与情感如此深厚，以致有的首领争辩说，地方主义所增强的局部力量，也是有益于国家的。这种论点，只有假定最终国家恢复了统一，才可以说得过去。军阀们也公开声称，愿对文官政府效忠，承认文官治国的历史传统。尽管军阀们把中国的政治斗争造成暂时的军事化倾向，但中国权力斗争最后胜利者的共产党，始终坚持党指挥枪的基本原则。

军阀们的地方势力在中国地区造成的分割，对于国家的分裂并没有起多大的加强作用。事实上，地方主义在中国历史传统上是很盛行的；即使是在中央政权很强大的时候，也是如此。各地的地理特征，经济利益，语言差异，民族和文化模式之不同，都促进了忠诚于——归属于地区的感情。在这里，存在有"分层次忠诚"的体系，即有对省，或对多省地区的忠诚。有对省内地区的忠诚，有对边缘地带地区

---

① 卢西恩·W. 派伊：《军阀政治：中华民国现代化中的冲突与联合》，第 169 页。

的忠诚。一般来说，这些都不属于政治上的忠诚；同时也说明，这种对地区的忠诚为什么能和有力的中央政权共存不悖。只有当中央政权崩溃之时，传统的地方主义才获得重要的政治意义。在中国统一的国家里，具有重要文化和经济地位的地区和单位，在中央政权解体之后，便成为自然单元以及自然而然军阀割据的基础。但是，这样的地区在统一的中国，是正常存在的。这一事实，意味着军阀的地方主义，与其他方面相比，是破坏作用比较小的力量。地方主义对于恢复国家的统一，并不是必然起破坏作用，而是独立的军事力量有赖于地方主义。

大多数的军阀是守旧的，与中国传统的社会准则是协调的，自相矛盾。军阀们所造的国家混乱和不统一局面，却为思想多样化和对传统观念的攻击提供了绝好的机遇，使之其盛极一时。中央政府和各省的军阀，都无法有效地控制大学、期刊、出版业和中国知识界的其他组织。在这些年代里，中国知识分子对国家以何种方式实现现代化，对增强国力进行了热烈的讨论，从一定程度上来看，这也是军阀主义弊端的反应。1921 年中国共产党的成立和 1924 年国民党的改组，在相当程度上可以归因于这一时期的思想繁荣。因此，在 1912—1928 年时期，一方面，是军阀时代对 20 世纪中国的政治团结和国家的实力达于低点；另一方面，这些年也是中国思想活跃和文学成就的高峰，作为对军阀一定程度的反应，在这个动乱与血腥的时代，却涌现出导致中国的重新统一，恢复青春的思想和社会运动。

第 七 章

思想的转变：从改良运动到五四运动，1895—1920 年

改良思想中的进化论

在中国思想史上，1898 年和 1919 年，通常被认为是与儒家文化价值观决裂的两个分水岭。1898 年的改良运动，是在天子门前的文人士子，企图变革政治制度的一次尝试。这场运动，开始是作为对 1895 年甲午战争战败的反应，但却以摒弃了传统的中国中心世界观，大量吸收西方"新学"而告结束。其对晚清的现代化新政趋势，对 1911 年帝国体制的崩溃，都产生了积极的影响，并引起以后更彻底的重新评价思想浪潮。1898 年改革的锐利锋芒，直指历代传统的政治制度；而 1919 年的五四运动，标志着彻底的"新文化"思想运动，也被视为是对传统道德和社会秩序的冲击。五四运动的领导者，来自中国新近现代化的大学和中学，除了反对帝国主义之外，目的在于涤荡中国过去封建制度留下的污泥浊水，建立科学的与民主的新文化。新一代的中国知识分子，已明显从对传统价值观核心之点的怀疑，转向对传统价值观彻底的否定。

此外，在这同一时期，作为一个阶层的知识分子精英，已经历了若干重要结构上的变化：一方面出现了各种新式报刊和新联系方式的社团；另一方面，建立了各种类型的学会和政治性党派。传统的科举制度已经废止，而代之以现代的学校制度，遂导致对传统文职仕途的中断，知识分子工作的迅速职业化与专门化。文化中心（中国历史上已经发展到相当水平的城市），也受到世界工业化城市生活的影响。在这些变化中所形成的知识分子，正在发展成为新的凝聚力量；这种

凝聚力量，有与中国社会其他部分重新分离的危险。读书受教育已不再是为了做官；知识分子越来越处于政治权力的主流之外，也愈来愈按照外国模式接受教育，不惜抛弃传统的"之乎者也"文化模式与语言，以营造与民众相沟通的桥梁。

西方的发现：改良主义者的进化宇宙观

研究 1890 年以后的中国思想界的变化，必须从中国人"西方的发现"入手——对中国人来说，西方不只是帝国主义侵略，或奇技淫巧的发源地，而且当做世界文明本身。这个发现，最初由少数先驱者在 19 世纪头 10 年积累起来的知识，向广大精英阶层传播的结果。1895—1898 年间重要的改良学会，先是宣传条约口岸政论家与买办的王韬和郑观应的著作，或早期派往出使欧洲的薛福成和郭嵩焘的著作；甚至还有基督教差会团体的著作，为自强早期兴办武备学堂的读物，都得到广泛的传播。然而，与改良运动掀起的巨大浪潮相比，早期对西学的探索，很快就显出是远远不够的。在政治流亡者的推动和新式教育的吸引下，1900 年以后，许多人到国外去生活和学习；在其回国以后，要求获得精神领袖的地位。对于国内的人来说，由此可以得到很多西方知识译本，尤其是关于世界历史、地理、政治、法律著作的译本；最初主要是由日文转译，后来也译自欧洲的文字。中国翻译界的先驱，如专译英、法两国社会和政治学著作的哲学家严复，以介绍欧洲浪漫主义文学作品著称的林纾，都是当时最受欢迎的著作家。1895 年，康有为在北京组织激进的强学会成员，还不能在北京的书坊找到一张世界地图。到了 1919 年，经过蔡元培领导整顿的北京大学（蔡元培是清代翰林院的编修，后来到德国来比锡大学进修过），却聘用了西方的大学毕业生来校任教，并开设欧洲文学、历史、科学及哲学等课程。

这样一些事实，曾引出被广泛接受的假定，即改良一代的中国人带有"回应西方"的明显印记，因而必须从外来的观念对中国的思想影响来进行分析。新儒学的重要学者冯友兰，曾把 19 世纪 20 年代至 20 世纪 20 年代一百年间的特征，描述为中国人迷恋"西方精神文

明"时期——以别于帝国时代的中国中心论，与 20 世纪 20 年代至
30 年代批判的新传统主义，对两者应加以区别。[1] 中国的马克思主
义史学家侯外庐，也把这种对西方的迷恋和社会结构的变化——新
生的中国资产阶级推动工业化的进程联系起来；这个资产阶级和其
欧洲的伙伴一样，在文艺复兴的科学与民主概念中，恰当地找到了
表达其对社会和经济愿望形式。[2] 美国学者李文逊很重视的中国改
良主义者，是以极其矛盾的心情来看待西方和西方思想的。李文逊
认为这种心情，表现出中国的改良主义者，承认普遍社会准则（这
种准则，提出采用外国新信念的需要）和认同民族文化特殊意识
（这种意识，又使之回复到对以传统为满足），这两者之间是存在着
矛盾的。[3]

"对西方反应"的概念，注意到作为外在力量的西方帝国主义，
对于激发中国人要求变革愿望所起的重要作用；注意到中国最早对
19 世纪西方科学、社会和政治思想的探索，在积极和消极两方面所
产生的重大影响。但是，"对西方反应"的概念含有危险的倾向；一
个危险暗示所谓进步，就是用"西方的"观念来取代本民族的观念；
如是，则中国的民族思想处于被动的地位。另一个危险是鼓励这样的
想法，一旦西化的过程开始，中国人此后便不能保持任何传统的社会
准则。中国对"西方"的反应，从 1890 年以前对传统社会准则的肯
定，发展到 1919 年"新文化"运动过程对这种传统的否定，正是这
种研究模式套用的结果。

另一种观点，首先强调区分改良运动背后的政治原因及其思想内
容，认为只有如此，才能在找到时代思想要求的社会根源时，便可提
出另一种选择的观点。一方面，学者们越来越注意到传统思想中异端
运动，举出无论是 17 世纪晚明效忠者的反专制主义，新儒学陆、王
传统的个人主义，大乘佛教的社会大道主义，道教主张的意志自由，

<hr>

[1] 冯友兰：《新世训》。
[2] 侯外庐：《近代中国思想学说史》。
[3] 李文逊：《儒家中国及其现代的命运》。

或是像墨子、颜元讲求功利与实用主义的功利观点，乃至法家——都是改良主义者主张的论据。帝国的正统观念不是要消除，而是其掩盖了中国传统思想的多样性；也并不是所有的本国传统——精英的或民众的都是保守。另一方面，也有越来越多的人认识到，中国新传统主义的哲学家及其对手毛主义者，认为对儒家社会的信仰，经过"新文化"和五四运动的反偶像冲击之后，并没有被摒弃，而是继续指导着众多中国人的社会行为和精神生活，直至1949年的解放以后。

然而，"对西方反应"的思想变化模式，只是部分的受到分析挑战，认为延续性和非延续性一样是历史的线性发展。更富有成果的探讨，可能承认改革时代的思想家，试图了解延续性和非延续性为适应内涵而改变结构。为改革而进行的社会政治斗争，不是孤立的，而是在进化宇宙论的框架内的表述。这是关于自然宇宙的总概念，把自然的、精神的和社会现象，视为熔于一炉的单一宇宙实体表现。这种宇宙论产生的外在原因，是中国人发现西方人揭示了有关自然和历史事实的理论，使之认识这些全新的真理。一方面，中国人发现世界历史包括了许多高级文明，且其彼此不仅互相影响，并同周围"野蛮的"文化互相渗透；另一方面，对西方科学法则的含义进行了探讨——特别是对以达尔文生物学为基础进化法则和牛顿的力学法则的含义。从国内方面来说，这种新宇宙论植根于儒家和道家的传统，要人们把社会—政治现象和自然界宇宙模式，在互为因果的过程中彼此联系起来。从新宇宙论产生了新的世界观，消除了中国人自认为是世界文明唯一源泉的幻象，表明中华文明是世界众多文明之一，中华民族是世界上众多民族之一。由此以相对的眼光来看中国，并非简单的还中国以原来面目——倒不如说把中国文化、社会阶段和所有的历史时期，都作为相对之物来考察。在中国人中由此产生对世界历史进步的新信仰，既强调历史进步的道德目的，又强调其在任何时间区段中的相对不完善性。于是遂由此导致中国人在"易"的古典含义——一种宇宙力量，把在相互影响运动中起支配的作用，重新强调时间本身——作为形而上的实体。最后，新宇宙论使中国人极为关注，人在宇宙中道德行为的突出观念——要求以其自身的浮士德形象一样的人类，或者在外部决定的进程面前，处于无所作为的状态。

不足为奇，最早断言相对的世界会变化的人，是早年与欧洲有过接触，并一直保持着接触的人。薛福成在 1890—1894 年间，任出使英国的外交使臣，因受 1879 年日本占领琉球的刺激，撰写了论述改良的著作，提供了典型的新世界历史的概略。薛氏认为，人类历史的黎明和当代之间，已有一万年之久的事实，是由于社会内在的更迭规律而为人所知，其更迭规律支配着世界变化的速度。薛氏的万年周期说，遵循标准的历史编纂学；认为当今是一个重要的转折点，是中国和蛮夷不相往来的时代已经结束，各国之间互相交往的时代已经到来。而更为重要的，是薛氏把这些变化看成完全必然的，不受人的愿望所支配。薛氏有云："彼其所以变者，非好变也，时势为之也。"①

欧洲社会学著名大翻译家严复，在其 1895 年著名论文《论世变之亟》，强调了世事变化的必然性，最早提出明确进化观念的改革。严氏认为，中国历史传统大分水岭的秦汉时代，和当时的世界之间的类似之处怀有深刻印象；但其承认对历史性转变的原因仍难于理解，称：

> 强而名之曰运会；运会既成，虽圣人无所为力……谓圣人能取运会而旋转之，无是理也。彼圣人者，特知运会所由趋，而逆睹其流极。②

改良主义者们确信，其所处之历史阶段确为一极重要之历史转折点；认为这是某种宇宙法则运行的结果。改良主义者最初认为进化，是时代切合于传统信念的模式。其在"用世"时所起的作用，只是宇宙秩序的调整者；用条约港口早期报人王韬的话来说，就是"道贵乎因时制宜而已"③。在此情况下，中国政治改革运动自身的目的并不重要，重要的是适应世界历史发展的新阶段。众所周知的工业化西方

---

① 薛福成：《筹洋刍议》，载杨家骆：《戊戌变法文献》（一），第 159—161 页。
② 严复：《论世变之亟》，重印，载《严几道诗文抄》，卷 1。
③ 王韬：《变法》，重印，载杨家骆：《戊戌变法文献汇编》，1，第 133—135 页。

世界的制度，使人想到人类社会乌托邦式的未来希望——由于认识的是一个模糊的轮廓，对之更加激动人心。[1]

上述内容表明，进化宇宙观的形成，与其说是某个人的见识，不如说是许多人共同得出的系统概念。不过，要考察其成熟情形，最好去分析主要改良派知识分子的思想。这批人中的资深者，无疑是康有为。其著作《新学伪经考》（1891年）、《孔子改制考》（1897年），支持了向来煽动的改良，而又支持久已湮没无闻的儒家今文学派。在1898年，皇帝发起的百日维新——康有为亲自领导，失败以后不久，康氏以其乌托邦的综合体系的论著，编成一部《大同书》。此书在康氏生前从未全部刊出，但其门徒都知道手稿和大纲。[2]

在康氏的众弟子中，谭嗣同无疑是最勇敢，也是最富有煽动性的思想家，其哲学的创见足以与康有为相媲美。戊戌政变之后，谭氏在33岁英年之时被清朝当局斩首。其挺身而出，从容赴义的殉道精神，深为幸存的同志心目中之典范，也使其身后发表的著作《仁学》成为传世之作。[3]梁启超作为康有为政治上的亲密盟友，与康氏一起实际上开创了研究社会的运动。这次改革的思想运动，在1895年以后席卷了全国。梁氏在1896年和1897年作为最早的新闻撰稿人，主编研究社会的《时务报》，是新闻工作的先驱者。1899年以后，梁氏在日本流亡期间，该报作为改革反对派的喉舌，其影响达到了顶峰。

上述康、梁、谭三人在1898年，都倾其全力争取变法的胜利，并为其失败而走避国外，或为此而付出了生命的代价。那么，这个运动的第四位鼓动者严复，却保持了处于事件边缘的克制立场。表面上看，这位天津水师学堂的总教席，是英国培养的杰出工程"洋专家"，

---

[1] 托马斯·梅茨格的《摆脱困境：新儒学和演变中的中国政治文化》，以新儒学政治文化为背景，分析新乐观主义。

[2] 康有为：《大同书》，劳伦斯·G.汤普森英译本。

[3] 谭嗣同：《仁学》，1899年《清议报》首次刊出，其后15年中四次再版。我研究谭嗣同一直受益于戴维·怀尔《谭嗣同：生平主要著作〈仁学〉》，威斯康星大学哲学博士论文，1972年。

但其能杰出的总揽当代英国——欧洲文明，在其同时代中为无与之能伦比者。严氏在一系列翻译斯宾塞、赫胥黎、G.S.穆勒、亚当·斯密、孟德斯鸠等人的著作中，发展了诸著作人的思想。严氏以其深厚的国学根底和学者传统的评注惯例，以中国古典哲学词汇的丰富资源，释译原文，文采绚丽典雅；以西方诸著作来理解康、谭二氏的哲学，并吸取了深厚的本国文化根源。

从严复、梁启超受西方社会达尔文主义的启示，可以看出康有为、严复、梁启超、谭嗣同四人之间的复杂思想关系。有的分析认为，康、谭二氏倾向于国际主义，大都植根于中国中心体系的"天下"理想，设想未来社会典型的黄金时代，倾向于信仰儒家"仁"的思想，颇近似于乌托邦主义，并以此作为宇宙—道德原则。对比之下，严复和梁启超受社会达尔文主义的启示，采取了民族主义和实用主义的观世态度。不过在 1903 年或 1904 年之前，所有四人的著作，都对中国的远景表现出潜在的乐观态度；但这与其所持反帝国主义，反朝廷的愤懑焦虑论调，颇不能一致。从整体上来看，四人之所以抱乐观主义，是基于对超历史进程的良好本质理解，由此导致其逐步实现世界大同的信念。

《大同书》和《仁学》的主要贡献，在于其表述结合宇宙进化论思想，把进化的发展过程与社会的变革联系了起来，但仍确信儒家学说的精神实质，将继续成为社会变革规范的形而上根源；同时，又承认世界历史新阶段所预示对社会价值的重新评价。

儒家的今文学派，为康有为提供了全部西方发展理论，用以观察历史分阶段向前发展的中国模式。康氏借助于这种模式，以发现者的热情去理解历史发展阶段的变化。不过，一种类似的——虽然就表面上的退化观念而言，是超历史进程的分析（见之于一篇古文经学的），甚至是《大同书》的一个重要来源。这篇经文即《礼运篇》，从"大道之行也"的远古黄金时代——一个没有家族制和私有制玷污的"太平"世（大同）开始，记述其"三世"的学说。按照《礼运》的说法，历史上的三代圣君治理第二世，即"小康"世。这是从黄金时代，退化到武力和道德礼仪的世界，成为"天下为家，各亲其亲，各子其子，货力为己"的社会。① 康有为把现世作为孔子时代已开始第三世的"据乱世"，与导致世界回归太平将来临的"升平世"之间为过渡时期。康氏预言，以氏族家长制为基础的社会制度，相应以君主统治民众，或贵族对平民为基础的政治制度，也将发生变化。对此取而代之的，将出现人民与统治者之间，不同的个人之间，所形成的悬殊等级社会关系，将变为明显缩小的社会。体现这种新社会关系的政治结构，将是民族国家和君主立宪政体。揆其原旨，即是"变法"，使中国处于与日本和欧洲同等水平，导致向升平世社会制度的转变。康氏认为，虽然共和政体国家的瑞士和美国，其政治制度已表现出平等主义的萌芽，并将逐渐浸润到一切社会关系之中。《大同书》概略的描述这样的世界，没有任何以财产、阶级、种族和性别为基础的社会差别。斯时，所有的民族国家，将为一个全球性的议会政府所代替，而所有民众将接受共同的习俗，并在共同的信念下联合成为一体。

康有为的《大同书》，似乎已放弃了儒家信仰的基本原则，主张道德完美的社会，不应是有等级制度差别的社会。这种理念，是对传统孟子思想的发展。孟子认为，恻隐之心"充塞"于天地，其根源在于培养同情他人的人类天性；因此，扩大而普遍化了人的美德变成了"仁"。在康有为的理念中，仁为能动的宇宙—道德力量，认为仁是在引力和排斥的力量中表现出来。引力和排斥的力量，是存在于外在宇宙运动之中，作为有意识人类的道德生活基础，从感情冲动的引力中自发表现出自己。在升平世时代，考虑到关系的远近、地位高低的不同，社会准则（"礼"）仍然允许人际亲疏的伦理差别。在大同时代，社会的习俗要排除所有的"私心"，将完美的体现出博爱精神（仁）。

这样，康有为的自然和社会进化模式，是以野蛮到文明的历史演变为出发点，并且包括由西方范例所启迪的先进民主和富裕社会的观点；不过，基本上仍认为社会的全部过程，是一部人类精神日臻于完善的奥德赛史诗。康氏以维新来支持其乌托邦预言，提出了两机体的两极之间，即圣人为一方，外在"天地"宇宙为另一方之间的新型关

---

① 引自冯友兰：《中国哲学史》，第1卷，第378页。

系。把圣人几乎设想为大千世界的旁观者，而不是把圣人占据宇宙变化中心的根源。尽管把仁作为个人道德的源泉而发挥作用，但是在外部世界——在群星闪烁的天空和变化动能本身，最有力的显示出来。从这里引出了康有为的唯物主义倾向，宇宙决定论的萌芽，以及激进的道德乐观主义。一般新儒学家担心宇宙失序和道德沦丧的忧虑倾向已成过去，取而代之的是康氏的信念，认为人类的天生愿望，与"仁"的精神是和谐一致的。在未来的乌托邦社会中，人们可望获得个人的享乐、欢快、富足以及教化。创造社会乌托邦的是历史，而不是圣人。康有为认为，消除了人类社会的诸界之后，才能达到精神的尽善尽美；更可能是历史解放的赐予，而不是人类奋斗的结果。

因此，人类克服自私的梦想，显然忽略了需要内心斗争，克服自私的任何强烈意识。的确，康氏通常把道德完善的障碍，解释为自我之外的环境和礼仪的"诸界"，是把实际的道德行为视为对外部诸界事实上的承认，亦即人们的行动必须适应生活于其中的时代。这样，精神的进化便成为宿命论的宇宙发展，即所谓"时之至也，变亦随之"。只有先知的预言反映了未来，才可以说在某种程度上决定了未来；圣人的真正道德行为就在于预示未来。

《大同书》所描述的康氏特有的社会理想，虽然在细节上是现代的，甚至是"西化"的，但在其信念系统中，却不具有真正的现世的自主。康有为提出的形象描述（对人类社会"九界"的描述），重复神秘的体验——儒家等的传统陈述中，自我、外界、神灵之间的界限至少是变动的，最后则归于完全消失。康氏的社会理想，强调去级界，去种界，去形界，去国界，与其说是因为这些等级制度是邪恶的，不如说是因为所有这些现象的差别遮掩了真理——就哲学真理说，"本体"就是"一"。就社会心理说，《大同书》确实表达了康氏对家族主义束缚的抗议，强烈地认为这些"界"是邪恶的，不过在这里，康氏也避开了社会关系的中间领域。对于康氏来说，这些"界"或者视为对个人私生活的具体束缚，或者被视为由不完善的形而上学所导致的观念上的错觉。

康有为对儒家形而上学的顺应，就是以这种方式游移于圣人与宇宙之间的平衡。作为有目的力量，康氏的外部宇宙具有太浓的物力论色彩，这是传统观点很难于承认的。作为变化过程有限的预见者，圣人的作用又相对降低了。谭嗣同的著作则恢复了这种平衡，再次肯定圣人的作用，创造了政治化的圣人来担当现世的英雄。谭氏提出外在宇宙力量的文明和抗拒的辩证模式，作为圣人式自我实现的必要背景。将这两种意向结合起来，使进化宇宙论带有机械宇宙论色彩，也肯定了人的力量在扩大的宇宙中的作用。

如果说康有为著作反映了作者作为预言家的自我形象，那么，谭嗣同的著作则暗示其最终选择作为殉道者的命运。在谭氏的道德能动主义中，宗教的救世者气质被视为世界历史变化的关键因素。同时谭氏设想，演变过程的终点将超越个性自身。康有为的视野没有超过地上的天国；谭嗣同则使进化的最终目的达于如斯阶段，甚至知觉着的人的意识也将不复存在。

和康有为一样，谭嗣同也假定有宇宙—道德能量的存在，用以调节其自身的运动，创造出"事物"所具有的内在结构。谭氏的这种观点，包括对儒学"理"、"气"二元论的批评，并以来自西方科学的物质概念为基础。不过，谭氏关于物质运动的模式，受更多的佛—道两家现象学的影响。康有为把"气"（物质力量）等同于"电"；而谭嗣同则从"以太"的概念开始，认为"以太"是物质存在的最小单位，充满于宇宙空间，内含于所有生命之中，并使一切现象联系在一起。虽然这种基本的实体被解释为物质性的，而其发挥能动作用的重要方式，却是道德的，谭氏称"仁即以太之用"。因此，以太的转化是通过道德力量的能动而产生的，谭氏称此种能动性特征为"通"。

"通"很难解释，但至少与其立面的"塞"、"碍"、"滞"并列时，可以被译为"弥漫"、"交流"、"渗透"、"循环"。谭氏用"通"的重要概念，来补充康氏在宇宙结构与理想社会关系之间所不及之处；在"事物"的界限能渗透时，"以太"在道德上自所起的作用最为明显。在社会领域，这些界限就是文化、民族、风俗，或者是人们交易和联系时的经济界限。在人际关系领域，这些界限是利己而妨碍道德共性的障碍。在自然界，这些界限使精神—物质统一的连续分离，受制于时空的不连续现象。这些现象根据各自的对立物再次区分，然后被个体化的人类不完善的定义为"客体"。因此，在真正最为完美的形式中，"以太"的道德功能在不受阻碍的流动中，将显露出万事万物互相联系的统一性；儒家形而上学所蕴藏的真理，"大人通天地万物为一身"。

谭嗣同以此种方式得出了社会改革的处方，即"冲决"现存儒家秩序的"罗网"。谭氏认为，传统的中国人都是"名教"的奴隶。语言学上的"名"——人类按照外部现象的不同特征，用以鉴别所感受现象的工具。在中国历史上，"名"已被理解为孔子进行道德的判断与规范道德准则的方法。因此，在谭嗣同看来，"名"象征约束个人行为和政治行为，是正统等级规范的"礼"或"五伦"。谭氏的进化理论设想，在"仁"的积极能动性影响下，以"礼"为基础的现行社会体制将要崩溃。这可以解释《仁学》书名的内在蕴涵。当人类的"仁学"完善时，人类将逐渐获得丰富的物质生活，享有活泼、自然和愉快的感情体验，处于平等的政治关系和个人的关系，甚至具有更博大的胸怀。

谭嗣同对进化的设想，从宇宙的最初产生，延续到最后的"太平"时代；把今文经学的"三世"说，与其所理解的地理、生物进化的事实，以及传统道家宇宙论，诸种因素结合在一起。从无到有的最初分化，经过太阳系的形成和达尔文进化论过程的发展，朝着越来越高级的有机生命形式前进。谭氏对于未来预言，地球上最终均匀分布的人口，将为现存规模的数百倍，但仍将受到科学和医学成果的限制。科学将使生物世代发展的趋势，朝向更加优化与灵性的方向，最终造就一个"纯粹智慧"的族群；既能生活在空中，也能生活在水中，使人类的生存摆脱了地球的局限。

谭嗣同认为，所有这些变化的方式，都能够在《易经》中适当地辨识出来。其最终的宇宙进化神话逻辑结构，依据《易经》八卦首卦乾卦符号的象征性，有赖于传统上孔子的人生发展诸阶段的生物学隐喻。谭嗣同设想进化分为六阶段：前三阶段是从远古部落社会的"太平世"，退化到孔子所处的"据乱世"；通过晚期帝国的混乱进入不远未来的"升平世",亦即"太平世"所到达的顶点。在"太平世",有如孔子在老年时所云,人们将随心"所欲,不逾矩"。在谭氏看来,每一世的结构都是由君主和教主的作用来决定——每个社会的主导形式,都是逐渐出现发展到世界规模的统一。这些发展,反过来又为太平世的到来铺平道路,即"人人可有主教之德而主教废,人人可有君主之权而君主废"①。

与康有为不同,谭嗣同对不以人为中心的机械目的,深感不满;其理论中有一个道德行为,如何在宇宙进程中发挥作用的模式。这个模式架起了一座桥梁,使新儒学的自我修养的传统模式,与一种伦理观之间得以沟通。从未来目标来看,这种伦理学解释的善是一种手段;从心灵内的斗争来看,这种善又是主观的。在改良运动之初,谭氏已谈及改革的信念要"日日新";然而在《仁学》中,却又引进了更具创新意义的"心力"概念。"心力"能够在无尽的发展方向上,随宇宙运动的活力而运行,并在变革世界的实际斗争中把能力表现出来。"心力"的充分展开将表现为行动,集中体现孟子所说的恻隐之心和菩萨慈航普度的大慈大悲。无疑,谭氏在建构与以太流转相协调的宇宙理论。然而,谭氏的这个理论,却与其另一概念相抵触;心力作为以太运动的一种形式,对其自身特有活动的促进,是随其所遇阻力之大小而改变。为了达到自我完善,诚心需要克服许多障碍,"愈进愈阻,永无止息"②。而且,心力乃"人之所赖以力事者是也"③,亦即心力是用来达到目的的工具,在逻辑上与其自身的活动相分离,因此具有道德上的两种可能。在《仁学》的最后部分,谭嗣同回复到宗教拯救者立场,提出以其作为人类社会发展变化的动因。谭嗣同如同浮士德式理想的敏感性指出,进化宇宙论忽视了人类行为的心灵因素,这使其哲学与社会达尔文主义者严复的哲学有了联系。

严复提倡把盎格鲁—撒克逊的自由主义注入中国政治,因为他把

---

① 谭嗣同:《仁学》,重印,载《谭嗣同全集》,第88页。
② 同上书,第74页。
③ 同上书,第80页。

它特有的"个人主义"看作推动先进的科学和工业文明运动的"心力"。由于这种"文明"是由在这个世界中行动并对这个世界起作用的奋斗的个人的浮士德式活力形成的，构成他的宇宙论基础的关键，就在于斯宾塞的理论。"他按照进化论解释所有变化。他撰写的著作和论文把天、地和人包容在一个原则之下。"[1]

在斯宾塞的哲学中，最令人深感满意的是它把自然和社会进化的一元论看法作为从纯粹和同质到不纯和复杂的单线发展的基础。进化的动因是达尔文有关物种之间生存竞争、弱肉强食的机械论。在严复的看法中，这个进程是良好的，既是因为它适合于文明的目的，也因为在社会发展进程中成功的竞争者的"力、智、德"[2]在他眼中本身就是令人赞美的。成功的人类群体"始于相忌，终于相成"[3]。他关于达尔文主义的主要译著，即赫胥黎《进化论与伦理学》的译本（中文版名为《天演论》），在人类道德和进化选择的自然力量被看作总的宇宙进程的补充部分方面，为支持斯宾塞辩解，而与赫胥黎对立。"群学"——严复关于斯宾塞社会学的用语——暗指荀子自然主义哲学中的"群"的观念，荀子断言，人类处于生物分类等级中的最高地位，全靠他们的社会结群本能。严复认为，在社会组织形式总是更趋复杂方面的优秀人类群体，将创造出最终继承世界人类遗产的文化。

严复尽力使中国同胞能熟悉 19 世纪欧洲自由主义经典——在他看来，西方的价值体系最为优秀；证明原著的历史主义和社会学的论题是最敏锐的。在考查亚当·斯密时，严氏强调个人开明的自利行为，借以满足社会经济需要的功利主义，是"看不见的手"。在穆勒的《论自由》中，严氏很注意自由提供条件，在为无私的寻求真理所起的作用，以便社会最终在共同适用的原则基础上联合成一体。为了说明法律在欧洲政治中的重要性，严复即转向孟德斯鸠；但对孟氏立法

---

① 关于严复，基本的英文研究著作是许华茨：《寻求富强：严复和西方》。引文见第 111 页。
② 严复：《原强》，见《严几道先生遗著》，第 101 页。
③ 同上书，第 107 页。

的"天赋人权"之说表示怀疑，既承认法定的"自然权利"，也承认社会决定因素制约着政治制度。严复认为欧洲的自由主义传统，在个人行为和社会组织的客观需要之间，发挥着自然的协调作用。

和今文学派的进化理论家一样，严复对人类历史的总看法，认为线性发展的未来趋向，是以富足与文明为特征的民主和工业的社会。不过，在分析进化的诸阶段时，严氏并不注意于乌托邦的远景，而把注意力集中于当前国家变革达到的"富强"，与西方跻于同等的水平。斯宾塞曾主张，从部落和家长制社会，向早期现代"军事国家"的发展道路前进。严复认为中国的现状，正处在上述两个阶段之间的艰难转折点上。作为中国近代最早相信中国落后的思想家，认为自秦代以来就构建了"军国"的政治架构，但由于"家长制"儒家文化规范礼法的影响，其自然的发展受到阻碍。只有多个中国人完成了精神转变，在自身培养起国家所需要的"力、智、德"，以建设强而开明的现代文化。严复相信，人为的文化决定性力量，在很大程度上抵消了其对中国落后的悲观看法；中国的前途，有赖于民族精神的努力，而不是取决于物质力量的推动；人们实行自我转变的能力，将直接决定着中国的前途。

如果说一个名副其实的儒家，必须接受人文主义的形而上学。按照康有为和谭嗣同的反传统的态度来说，严复就很难算是儒家了。严氏从道德意义上对宇宙作了别具一格的解释：真正促成社会进步的，不是规定人类行为的诚心，而是以非人格方式作用于时代行为的本身，而且和个人并无关系。严复以这种方式进一步改变了平衡，从作为圣人人格内在的品质美德力量，移向反应有才智洞察力适应的社会——历史力量。这种进化宇宙观意义上的人类行为观念，显然带有宿命论的成分。在实质上，严复在伦理学上脱离儒家圣人人格的理想，其另一后果是抵消了宿命论观念。严氏强调个人主义，必然与人民才是世界上真正的主人信念相联系；其民族主义的概念，是建立在全民的总体力量，可能是文化发展的关键因素。当康有为和谭嗣同论及全人类的道德目的——民族国家对此只是过渡性的工具时，本质上是指个人得救的一种手段，包括谭氏说的悖论，"度己，非度也，乃度人也;度人,非度人也,乃度己也"[1]。严复把希望完全寄托在人民的进步与文明上面,是一位以民粹主义来解释中国的民族主义的先驱。

虽然康、谭、严三人有上述的分歧,但三人都认为有机的进化,是一个合自然、社会和精神力量为一体的完整过程;认为自然、社会和精神的相互依赖,是超时间的。因此,哲学家可以从任何一个阶段所获得的经验,去把握整个过程。最为重要的,三人都毫无例外地坚信在过程之外,有不可言喻与"不可知的"形而上本体,在充当着过程发展的基础。康、谭二人的理论基础,放置在儒家对"仁"的人本主义信念之上,以"仁"为宇宙的力量;而严复的形而上学倾向于道家,把斯宾塞的"不可知"论,等同于老子的神秘主义怀疑论;其对进化之必要性的承认,也深受康、谭二位哲人反人格化的神秘自然主义的影响。总之,三位改良主义者都相信,宇宙是个开放的动力系统,隐含着社会根本改革的无限活力。就谭、严二人而言,这种活力又吸收竞争的观念,并把竞争作为善"心"的特殊功能。这样,中国的宇宙论思想就给引进了一种观念,即具有科学法则发展的宇宙,可以与浮士德式的人类行动活力相配合;这就是改良主义文献中所常说的"公理"——自然和社会的普遍原则。

在这四位伟大的改良主义先驱者中,梁启超很少脱离当前迫切的政治问题,以及同这些问题所要求的实际行动。梁氏以新闻工作者与现实的密切联系,为其享有盛名和巨大影响的重要原因。正如其情绪和意见之多变,因而导致其易于招致批评。但在实际上,梁氏的历史观点,是其在当代事件中寻求发展变化模式的关键。严复和日本思想家加藤弘之,是梁启超关于社会达尔文主义知识的来源;而加藤弘之对民族主义和种族主义作了突出的解释。不过,对亚洲人和西方人为霸权而斗争的现代帝国主义时期的分析,梁启超概述了其历史哲学和关于人类行为的理论;关于宇宙论的基础,使人想起了谭嗣同。同时,梁启超的历史哲学和理论,发展了严复对于西方个人主义浮士德

---

[1] 谭嗣同:《谭嗣同全集》,第 89 页。

式解释的含义。

梁启超构想的宇宙论较为简单，把谭嗣同的"以太"和"心力"合并成一个单一的概念，即动力，或物质和精神现象中的活力。"盖动则通，通则仁，仁则一切痛痒相关之事，自不能以秦越肥瘠处之，而必思所以震荡之，疏瀹之，以新新不已，此动力之根源也。"[①] 不过，梁氏把"辩证"的因素引入"动力"框架，提出社会—历史变化的模式，是以宇宙"动力"，即主动力和反抗力的更替为基础。质言之，欧洲和中国近代社会，为专制政治的压迫力量引发起反抗力，要求民权形式的对抗运动高涨，是不可避免的。

梁启超把历史的运行，与众多影响历史运行的形而上力量联系起来，提出对于达尔文进化论的道德解释，以及对自由观念的解释，认为对两者的解释是符合达尔文的竞争理论。当梁氏谈及人权时，说其所谓的"人权"，不是西方文艺复兴时期政治理论的"天赋人权"，而是接近于实在的能力，即发挥个人潜在能力而获得奋斗成功赢得的东西。梁氏更认为，"权利"实际即是"权力"；并认为作如是之说，并不会使政治理想的道德基础无效。这种权力学说似乎是对人权的否定，实际上却是人权的完成。[②] 因此，梁氏暗示性地说，"权利"是自我"心力"的最大延展，达于心外的外部世界的一种表现。在历史上，欧洲古代的自由，曾经是贵族强行保有的特权；而现代的民主自由，则是经过民众斗争和革命而赢得的。而且，个人的心力具有与生俱来相互吸引的特点，总是趋于广泛"群"的联合，并将成为进化竞争的自然结果。梁启超呼吁中国出现"新民"的著名号召，是指自由的个人走向集体主义方向的个性解放。这样，人类自由的进展，便成为人类合力不断增长的动力过程——在上古时代，这一过程，是通过部落之间的斗争而展现出来；并预期在遥远的未来，作为人类最弱小

---

① 梁启超：《说动》，1898 年首次发表，重印，载《饮冰室文集》，2，第 37—40 页，参见张灏：《梁启超和中国知识分子的转变，1890—1907 年》。

② 任公（梁启超）：《论强权》，载《清议报》，31（1899 年）。（据英文翻译，删去引号。——译者注）

的成员，即平民和妇女，都能成功的维护其"权利"时，这一过程便达到了顶峰。

与谭嗣同一样，梁启超关于历史过程中人的行为理论，也给了反动势力（如专制主义和帝国主义）以肯定的评价——反动势力是激发进步创造者反应的活力所必需的。梁氏断言，精神在斗争中的天赋活动能力，通过创造出更高形式的社会群体，导致人类在更高层次完成自我的实现。从宇宙的角度来看，促进历史变革的动力，表现出某种类似热极原理的东西。梁氏相信，当全世界的统治力量和反抗力量平衡时，人类的平等也终将出现。大同将是无差别的——其社会表现，将是平等的分享权力；其历史表现，将是静态平衡，亦即历史的终结。

与谭嗣同所不同的，1902年，梁启超明确否认其关于历史发展哲学有儒家思想核心之说；称"仁"的品德太柔顺了，不能作为现代国家发展的动力。但于其同年所著有关历史哲学的明确论述，却仍然植根于进化过程本身的臆说，其实质与他人之臆说雷同。梁氏主张，人性"乃进化之极则，转型之不竭源泉"；提出其"新史学"应该以研究社会群体的进化为基础时，承认改良主义者共同信守的有机论。梁氏认为族群是群体亲和的重要根源，并为当代的"群体"或民族之间竞争的基础。不过，梁氏仍认为，经由文化总的表现而显示出的"心力"，在各种社会制度中都是变化的主要动因。梁启超主张，史学应揭示出社会变化的方向而有益于国家。这样，梁启超就与谭嗣同等人一样，断定历史是有目的的。这种历史目的论，是凭学者们对于超历史"精神"的洞察，才能被揭示出来。梁氏并断言，"主观"在历史著作中有合理的地位。此说并不是简单的解释历史，而是那些有远见的历史学家，能够作出有创见的贡献，因其主观意识有完整把握全部历史连续性的能力。[①]

最重要的，主要改良主义思想家的进化宇宙论形成了系列，即从

---

① 见梁启超以下几篇论文：《中国史叙论》，载《饮冰室文集》，3，第1—12页；《国家思想变迁异同论》，同上书3，第12—22页；《过渡时代》，同上书，3，第27—32页。

强调宇宙力量，到强调以人为中心的力量对世界变化的影响；从相对静态的模式，发展到更加辩证的模式；并越来越多的强调，现代国家是进化过程中的积极因素。这些因素都标志离开儒家—道家的形而上学，朝着自然主义色彩、历史化倾向和现世意味的进化模式的转变。梁启超讲到历史哲学在当代世界中的作用时，宣布其对上述系列的理解及其设定的界限；称历史哲学提供了一个替换宗教教条的代用品，意指历史哲学是概括人类社会、事件的因果关系，和其中的道德目的完整解释系统。对于梁启超和其他改良主义者来说，进化论提供了一套伦理学，使个人的奋斗得以与鼓吹现代化的哲学相联系。同时，进化论也把以宇宙论为基础的道德目的赋予未来，从而使梁启超也像其他改良主义者一样，希望其革新将促进对完善传统公认终极王国的作用。

大同与变法的西方模式

进化宇宙论为中国改良主义者对西方文明的解释，提供了框架；强有力地影响以欧美国家作为未来的发展模式。西方的论述者往往认为，亚洲的改良主义者对西方的赞美，不过是对西方成就的过时评价。这种说法，既是忽视了改良主义者知识来源的偏见，也忽视了中国人经过吸收这类知识的基本价值体系，而随意给予这类知识以含义。在新教传教士影响的条约口岸，英国化了的中国人，是改良派领导者最早的领路人，充当了维多利亚时代文明的鼓吹者和辩护士。中国的改良主义者又从明治维新时代的日本，看到经过东亚文化适应性过滤而成功地完成西化榜样。然而，对这些论述西方经济和政治制度乐观图景的反应，中国人却把此种发现与其乌托邦的投影叠合起来了。在这个意义上，"西方"不仅是个充当文明的现实模式，而且也是中国人对历史设想的理想图像宝库。经过改良宇宙论的过滤解释，科学和民主成了整个宇宙秩序的物质和社会表现的大同终点。科学和技术提供了唯物主义宇宙景象，其奥妙将产生历代帝王都不曾料想的财富和力量。民主提出中国赖以复兴的政治制度，使之更接于"天下为公"的理想。

西方科学对中国改良思想的第一个贡献，是作为改良思想理论基础的进化宇宙论。康有为和谭嗣同都使用了物理学概念作为自己的哲学基石，确信自然的真理确实能被认识。康、谭二人认为，科学证明了所有现象的相互依存性；这种观念在文化上和社会上的应用，比起在理论方面更具有革命性。儒家的哲学，从没有在历史上把精神和物质作为取决人类社会的准则，取决于宇宙论精神和物质之间的区分。这些社会准则，也没有与在空间占有固定位置的人类当做宇宙的中心联系起来；或者把人类从超然存在的自然能力中划分出去，与在分类上确定的人类观点联系起来。

由于这个原因——更因为 19 世纪的传教差会把科学讲成自然神学，即天意的证明。改良主义者在科学中寻找尚未受怀疑主义侵蚀的佛—道现象学。对康有为来说，科学的量度手段证明了我们感性认识的相对性；人们"看见"了流星的光芒，但看不见构成水滴旋动的分子。对谭嗣同来说，物质基础结构的科学理论作为经验的最终——与最初相对，真理的相对性几乎消失。康、谭二人都吸取佛家的宇宙论，并极力采用大乘教的世界观念——星系之外的"世界海"，"世界海"之外的"华藏世界"，以及"圣智所行"的"算所不能稽"的"一元"。因此，科学加强了康、谭二人对客观起决定作用的宇宙信念；而宇宙是相对的，不受人的意志支配的；像上帝威力一样自然而然的源泉。

很明显，康有为和谭嗣同都不理解对科学真理的阐述，要由实验的检验来证实；而二人却任意的把思辨推理的传统结构成果，作为科学整合进入其宇宙论之中。然而，二人的坚信科学真理，一方面固由于以试验为据，另一方面有数学的基础。康有为是一位热心的天文观测者，谭嗣同曾进行过古典力学的实验。二人都迷上了数学，把科学作为演绎推理的方法，认为科学能够表达其自以为已了解的真理。在谭嗣同看来，代数是表述变数和常数之间的宇宙联系的抽象方法。康有为是伦理学的相对主义者，认为社会道德是受历史条件限制的；并努力证明终极的道德真理，已由欧几里得的几何学原理完美地表达出来。

与康、谭二人不同的，严复对科学的理解建立在相信验证的理论上，遂导致其首先翻译穆勒的《穆勒名学》，随后又翻译杰文斯的著作，努力想把归纳法原则引入中国，作为探求一切可靠真理的基础。尽管严复是引进科学实证哲学的先驱，但作为一个"社会科学家"，同其他的人一样相信科学事实——特别是达尔文的生物学，证实了其整个进化宇宙论的权威性。

自从 19 世纪 60 年代的"自强"运动以来，在治国之道方面，由于对西方技术敏锐的感受，导致官僚注重实用技术之说，已甚嚣尘上。改良主义者把科学作为真正宇宙论的新信仰，使官僚们更容易欢迎技术文明的到来。1898 年改良运动的领导人，迈出了工业化转型的第一步。同样重要的，改良主义已逐渐认识到技术的进步是无止境的，需要持续不断的发明创造；而对今天难以解决的人类健康与幸福问题，仍望有赖未来的发明方法予以解决。是故，持久的敞开大门实为必需，应视经济发展与科学进步为达到国家独立与臻于富强的手段。此种见解已成为改良主义的宣传主题；而其领导者更超越此点，以发展的成果视为人类的财富。

改良主义者不仅提出发展工业的战略性计划，如修铁路，开矿山，还进而为生产的机械化提出了改进的论据：以此可创造就业机会，增加休闲时间；以科学技术施于农业，则可增加粮食供应；以其施于交通，则通讯设备将促进文明在世界之传播。这些见解，既表明了中国人在 19 世纪对发展工业的信心，也表明了改良主义者深信将克服面临之物质困难而取得成功。对于西方怀疑中国有否现代化能力问题，梁启超答称，欧洲人信赖科学和发明，创造出克服粮食不足供应人口之需问题，吾华人效仿欧人之信赖科学发明，以中国地大物博之资源，亦定能在吾国获得成功。梁氏在这里承认中国的落后，但却口出豪言壮语以示其志；如斯之精神，在 1898 年夏季表现的最为明显。所有的改良主义者，即使是最稳重的严复，都认为顶多在数十年内，中国即可赶上欧洲；并评论称，欧洲的经济优势是不久前才出现的，而后来者则于其发展中，可取得先行者欧洲人在误失中获得经验的优势。

工业的社会代价，在欧洲已十分明显；但在改良运动之初，对此却少有论及。康有为与梁启超曾附带指出，欧洲工业资本主义的巨大发展，迄今不特没有消除，反而扩大了贫富之间的差距，认为这是欧洲道德上的失败；但这既不是发展过程不可避免的，也不是永久的现象。谭嗣同比较了铺张和节俭，对资本主义提出了道德上的辩护，结论是与传统的农民节俭习惯——贮藏和积蓄相对照。资本主义用钱和投资的方式，在经济领域表现了"渗透性"（通）的发展趋势；这说明谭氏及其他改良主义者，把消费的资本主义当成是发展的终点。谭嗣同相信物质财富极大的丰富，将把人们从对物质的渴望中解放出来。而康有为则预言在"大同"世界里，财富将由全体民众共同享受。资本主义的发展是不可避免的，实际是即将到来社会的唯一模式；但从"大同"的利他主义的道德理想来看，这也只可理解为一个发展阶段。梁启超 1902 年与社会主义理论开始接触，并热烈地予以颂扬，视此为高级的经济制度朝向既定目标进行的必由之路。

当西方的科学和技术提供了改变社会物质条件的可能时，民主则唤起了政治革新的希望。在这点上，改良主义者既对君主专制进行直接攻击，也确立了"为公"政府长期理想的目标，而这样的政府是数百年官僚政治所不知道的。

在历史上，中国治国的实践者把"为公"视为政治中的道德精神。在建立政府组织和确定官员时，往往提出两种主要的方法，每种都伴有令人难以接受的代价。一种是世袭的地方自治的"封建"模式，认为可以在统治集团与下层民众之间建立共同（公）的关系，但其代价是承认地方上受封家族据有的统治权。另一种是非个人中心的"官僚"模式，在实施公共管理（公）是更有效的，但其代价是要以掌权的精英人物与民众的疏远。改良主义者普遍相信，在议会民主政体下的公民中，盛行英国的政治制度和"公共道德"精神，使改良主义者升起了解决这个古老难题的希望；议会似乎能解决共同体的社会准则和公共的社会准则之间的紧张关系，从而实现儒—法两家在"公心"政治理想上的统一。

对改良主义者把立宪议会的"公共"统治，与帝国专制君主的

"个人"统治相对照，使人们期待议会政治能纠正典型官僚主义的弊病，也使之对理想的解释向"封建的"公有制社会倾斜。康、梁集团中的一些人认为，议院将纠正普遍承认的君主政体的缺陷，即强调中央集权和重视资历与官署的重复。在中国，议会制是相对于官僚政治的另一选择，而不是像在西方议会制与封建等级处于对立地位；议会被视为联系所有政治参与阶层之间的完美体制。儒家相信，正确的政治行为，必须以公认的原则为基础；议会不是为居中仲裁多数人的利益，而成为取得一致意见起教育作用和表达意见的工具。因此，议会被认为是对付官僚主义弊病——即对文牍命令泛滥于上，口是心非流行于下的纠正；其目的还不是使统治者和被统治者达到地位上形式的平等，而是建立使两者之间认识和意向的一致。

经过这样一番理想化，中国的改良主义者把立宪制度，视为高度发达社会群体的政治形式。谭嗣同以特殊的方式，对民主政治形式的结构作了集体主义的说明，建议改革议程要由自愿的学会来组织，而不是由纯政治性的议院制订。学会代表社会中的职业集团，如农民、工匠、商人、学生、官员等。在学识与行动联系起来的前提下，具有意向一致的人群中，将为共同追求的文明提供论坛。谭嗣同以想像的口吻说："疏者以亲，滞者以达，塞者以流，离者以合，幽者以明，羸者以强；又多报章，导之使言，毋令少有壅塞。"[①]

以这种和谐的眼光来观察，在改良主义者心目中，民主似乎源自古代乌托邦政治模式。康有为和谭嗣同都认为孔子是一位改良主义者，不仅因为其明白达时知变的道理，而且在其赞同古代贤明帝王尧、舜和周公为榜样，由有德之人统治的"民主"理想。梁启超还肯定孟子关于"民主精神"的强有力主张，所谓天命最终是归于民心。其他一些人推测，议会在周朝实际是存在过。在严复看来，老子是古代民主精神的源泉，因为其强调个人独立和"顺"世。

西方学者常把这些类比看作是文化上的民族主义——要在本民族

① 谭嗣同：《治事篇》，重印，载杨家骆编：《戊戌变法文献汇编》，3，第83—92页，又见第86页。

的传统中，找出与西方文化相对应之物的愿望所激发的。在当时保守的中国人中，斥责此说为替新观念的民族主义披上本国的外衣，使之能获得声望；而后来激进的中国知识分子，则把此种类比作为伪装的传统主义予以摒弃。不过，在康、梁集团寻找这些古代的类比时，恰恰承认了进化论。改良主义者认为，其在古代看到的是基本道德理想的早期潜在因素，历史终将予以承认之，完善之。严复和梁启超都明确承认，孟子的民本主义是家长式的，而不是平等参与式的。严复同时也坚信，"古代民主"的"萌芽"在中国和希腊一直存在着。这种古代民主的萌芽，通过历史进化的逻辑，才与现代社会成熟的民主政治体制有机地联系起来。

中国最早对"西方"的发现，曾导致进化论作为改良主义者的哲学在中国出现。而其所了解的进化论，把未来的西方与道德的目的论联系在一起，遂产生了对西方制度的乌托邦幻想。直到 1919 年五四运动，科学与民主一直是西方文明最受赞美的内容。与此同时，民主发展的目的，继续与本民族的乌托邦思想相联系；不仅是创造财富，而且共同分享财富。这种乌托邦思想要消除社会的等级差别，即使不是在文字上消除，也是从共同体形成的心理上来消除，使之个人在道德上实现自我成为可能。

这是一个矛盾，西方作为一个整体文明，却开始了对中国进行空前的帝国主义侵略时期，而现在又成了被赞美的对象。改良派的刊物在概述新世界观下的世界图景时，也分析了 1895 年以来远东力量对比改变的危险倾向："西方"支持扩张主义者"争夺租借地"，这是一种绝不友好的观点。于是，康、梁集团深深地卷入民族抵抗的政治斗争。

然而，改良主义者对于帝国主义的评论，多是自我批评，而少反对西方。在国内，改良主义者对当朝保守的"清议派"，动辄以"驱逐蛮夷"政策给以毁灭性的打击，并谴责其对近期的军事失败负责。但是，这也无法避免改良派对西方文化的赞许，及其在洋务上的迁就退让——认为对危机负主要责任的是中国人，而不是外国人这样一种逻辑联系。改良派的民族主义宣传所反复谈论的，是要从波斯或土耳其帝国的衰亡中，从"失去家园"的波兰人、爱尔兰人或美洲印第安人民族历史中吸取客观教训——把这些社会机体视为进化竞争的失落者；潜在的意思，暗示中国已面临生死存亡的关头。

1895年，严复坦率地说，西方人最初来到中国，并没有损害人的意图。谭嗣同提出了一个奇特的帝国主义毒害的理论，说西方强大而公正的国家，因为急于医治沉疴不起的中国，所以采取了欺骗和胁迫的办法。这已成为其习惯的行为方式的危险——先行之于国外，再行之于国内。然而，谭嗣同在揭示权力隐含着腐败倾向时，也批评了弱者；说受害的弱者必须承认，固为强者犯罪，其为弱者也难脱干系。严复认为，强有力民族的标志为"力、德、智"的结合，而且是以内部变动为条件的结合。对大多数改良主义者来说，这两部分的相互依存是不言自明的。儒家的思想认为，道德和力量来自同一源泉。西方所以强大，是与其人民所达到的文化水准相联系的。中国的改良主义者因其软弱无力而责备自己，一方面在进化的内在要素中寻找药方，另一方面努力实现心理的自我更新。

1898年"争夺租借地"的瓜分危机和1900年义和团灾难后，慈禧太后终于在1901年责成朝廷进行改革，国内发展的远景终于出现了希望。尽管来自西方列强的威胁继续存在，但中国沿着日本明治维新开辟的道路，开始认真追求自己的现代化。然而民众对满族朝廷的改革深感不满；在新的大众刊物上，对现代"文明"的日益高涨。1903年，一部连载的小说刊诸报端，肯定了"现代"精神：

> 诸公试想……你看这几年新政、新学，早已闹得沸满盈天……。这个风潮不同那太阳要出，大雨要下的风潮一样吗？所以这一干人，且不管他是成是败，是废是兴，是公是私，是真是假，将来总要算是文明世界的一个功臣……"腐朽神奇随变化"，聊将此语祝前途。①

---

① 李伯元：《文明小史》；道格拉斯·兰开希尔译：《译文：中英翻译杂志》，2（1974年），第128页。

因此，康、梁及其许多追随者在政治上仍然失意，只得流亡国外，但其所倡导的思想日益深入人心。到 1903 年或 1904 年，作为"现代化的温和信仰"的进化论，迅速成为精英文化的主流。

改良主义者进化乐观情绪的消逝

就在改良主义舆论日渐盛行之时，却遭到新的攻击。1905 年以后，渐变进化论受到主张革命的同盟会的攻击。改良主义者们对西方和朝廷的退让，此时受到新的反帝国主义和反满战斗精神的挑战。在文化方面，改良派的亲西方主义面临排外主义对抗性的反应；"保存国粹"运动约于 1904 年开始出现。最后，改良派的乌托邦主义对必然到来的失败而感到恐惧——因为中国确凿有据的落后，是难以消除的负担，其困难的程度是超出最初的预料。

在 1903—1911 年间，梁启超拒绝革命和坚持改良的态度，表明其一贯坚持的潜在立场。① 和严复一样，梁启超总是把中国政治的渐进发展，与现代文明在大众中的传播联系在一起，使其"新民"的民粹主义理想远不如初看似一有机之整体。新民的理想，试图消除文明与野蛮、教养与愚昧之间传统的社会界限，坚信进步就是前者克服后者。仍是与严复一样，梁启超从一开始就对文艺复兴时期"天赋人权"概念表示怀疑。民众拥有抽象的法定天赋权利，通过这种权利形式成为国家的主人的观念，与梁氏的信念是矛盾的。梁氏相信政治乌托邦，将通过人类自我实现的历史进程才能达到。

以这些假设为前提，梁启超的"新民"民粹主义政治信念基础，完全被其用来证明中国社会道德落后的证据所减弱。梁氏实际上是把道德上的缺陷，与 1903 年以后的革命"左"派的行为相联系，而没有与传统的民众行为相联系；认为是新的政治风气，才导致了无政府状态下的"落后"现象。

在使信仰体系适应渐进主义的新需要时，梁启超以一个反乌托邦

---

① 对于梁启超的政治生涯，见黄宗智：《梁启超和中国近代的自由主义》。

的解释，来适应其进化宇宙论。这种解释不是鼓吹突飞猛进，而是强调有条不紊的逆转，不是强调唯意志论——进化斗争的成果，就是人类心理力量运用的结果；强调一切阻止人类自身变革或社会变革的历史决定因素，不是道德进步展示希望，而是为道德堕落的忧虑所困扰。这种进化宇宙论的反乌托邦看法，不需要改变基本前提，只需对"时代"本身作出悲观主义的评价，因为进化论使事件本身成为解释的唯一来源。

具有讽刺意味的，尽管进化宇宙论在伟大的政治改革运动中，解释了中国的历史形势，却最终只是作为变革的自发源泉，起着对"政治"无足轻重的作用。在这一时代达到最高潮的事件——1911 年的辛亥革命中，中国知识分子获得一个深刻的教训，清醒的政治活动家集团，是无力实现其想要达到的目标。这个教训，使反乌托邦的进化思想得到广泛的传播。1914 年，君主立宪派在上海的喉舌《东方杂志》，特别强调了斯宾塞社会学的原理，认为生物机体和社会组织"内部之机能，必渐有以适应四周之境遇，而因以保持其生存传种之目的"[1]。该刊所得出的结论，应当承认中国的民族心理不适应现代的政治形式。对严复来说，新的民主教训是，国民之文明水准不可企求。[2] 梁启超承认辛亥革命是不可避免的，但得到的结论却是保守的，说"（清）政府之覆，实难继之"[3]。

如果在 1911 年以后，认为中国历史状况的决定作用归于宿命论的落后，而强调人的作用则将承担失败的道义责任。进化宇宙论强调浮士德式的人类精神是变化的因素，正好抵消了宇宙决定论。因此，民国的失败不应归之于命运，而是道德上的过错。在幻灭席卷全国的情绪下，知识分子直率而严厉的斥责民国政府的官员，把注意力的焦点集中在领导人员的腐败上面，认为也有民族文化落后的原因。正当这种愤怒倾泻而出时，也透露出深深的自我谴责。1912 年以后，对中

---

① 钱智修：《说体合》，载《东方杂志》，10.7（1914 年 1 月）。
② 引自许华茨：《寻求富强：严复和西方》，第 218—219 页。
③ 梁启超：《复古思潮评议》，载《大中华》，1.7（1915 年 1 月 20 日）。

国的"国民性"和"民族心理"的批评，已成为常见文章的主题。由
于假定民众作为一个整体，是社会有机体中的活性因素，新一代思想
家继承改良思想的唯意志论传统，必然使其与改良主义者达成妥协。

梁启超研究历史的方法并没有改变，但其从历史中汲取的教训却
改变了。当梁氏 1916 年回顾民国最初的五年时，仍把这一时期看成
是转变时代；造成转变的动力一直是外部的西方刺激，致使旧学说失
去其权威性。梁氏认为中国的"反动势力"在革命的猛烈冲击下，复
辟帝制的失败已分崩离析。梁氏仍然认为，在发展的长期曲折过程
中，人的精神活力能推动历史；并认为目前在中国，这种精神活力因
适应新奇事物被消耗掉了；还担心在不久将来的中国，将没有足够的
雷霆闪电可资利用。在梁氏看来，这种精神的衰竭，既是中国与"世
界文明进化之轨不相顺应"① 事实的原因，也为其结果。

这个结果表明，改良主义者的进化宇宙论已经走到了尽头。改良
主义者发现了西方，发现了西方的自然科学和历史的发展观念——首
先激励了有机的形而上学理论的复活。进化逐渐被视为自然发生的宇
宙过程，其动力的方向为其内在的"辩证"力量所引导。其次，由于
改良主义者把社会乌托邦等同于现代化，并以此来审视进化的道德目
的，因而感到有必要对中国民族发展历史所形成的制度作出判定。由
于认识到宇宙的力量，传统想像中圣人的力量降低了作用。改良主义
者试图把圣人改造为浮士德式的英雄，或者人类的心理汇集成为人的
"精神"。改良主义者的这样每一步骤，都在事实上引起通往现世化之
路。在其想像中，以形而上学为基础的道德目的是变革的"动力"，
要受到人和事件的检验。当改良主义者不再相信道德目的起作用时，
进化宇宙论便成为纯自然主义的信仰体系。就儒家的观点来说，这种
信仰体系将付出"非人化"的代价，用以维护社会和宇宙秩序的一体
化。这除了导致五四运动时曾触及改良主义领袖的信仰危机外，必然
出现对历史进程不同的理解，及其与精神价值的概念体系之间
的关系。

---

① 梁启超：《五年来之教训》，载《大中华》，2.10（1916 年 10 月 20 日）。

国粹和儒家思想的未来:新传统主义的出现

在第一代改良主义者的思想中,进化宇宙论的诠释,首先包括了变化的种种可能性,而后是论证了适应变化的必然性。不过,思想家用代替的办法,强调宇宙运动中的道德目的,还认为这只是自然主义和社会历史的过程。对一方的强调,并不意味对另一方的否定。19世纪 90 年代以来,中国传统政治秩序的崩溃,已早为人所共识。到1911 年,革命终于成为事实。这使进化论有机主义者的臆说,日益成为改良主义后继者的负担。中国的君主制因为政治上的失败,遭受过多次严厉的批评;但其曾经是神圣的制度,象征着中国价值体系和社会政治秩序。中国中央集权制度的崩溃,无目标、无原则和无效率的民国,是其明显的后果,并令人深感沮丧和不安。

由于儒家神圣的精神规范与社会—政治制度之间联系的减弱,许多知识分子从进化宇宙论臆说的哲学立场,转向进化自然主义的立场。进化宇宙论的观点是综合的,既接受科学,但也作为儒家—道家自然界基础。就形而上学来说,其作用比科学更具有根本性的。进化自然主义的观点是西化的,赞成当代物理学宇宙模式。第一种观点认为,意识与人类的精神是相联系的;在微观上拥有的力量,与在宏观上推动宇宙的力量是同样的;因此前后能保持协调一致。第二种观点认为,意识是心理过程,人类是纯粹生物和社会的有机体,因此否认人类历史能够反映本体。第一种观点以激发"新民"精神,来抵消决定论的宇宙进程,坚信人类的英雄能够拯救社会。第二种观点认为个人和政治本身,是被潜在的社会力量所决定的。梁启超就强烈地受到自然主义和社会进化观念影响,但其在最后对现世主义含义的分析,却难为当世的改良主义者所接受。

进化自然主义在相当程度上,成了激进思想家专有的理论,其中包括边缘的激进共和派革命者,也有无政府主义者。他们对辛亥革命前发展起来的思想体系大事颂扬,赞美历史上的革命对制度的动摇,并认定社会革命是历史进步的基本因素;这个理论在辛亥革命前夕得到迅速发展。他们也包括辛亥革命后出现的新文化运动中的西化人物[1]，开始创立由马克思主义派生出来的批判理论，认为中国之落后在于"封建"社会制度。激进主义者用形而上学思考变革时，并没有完全舍弃传统的宇宙论概念。但其对于受益于儒家思想一概不予承认，并提出科学的纲领，对其与儒家思想的联系加以掩饰；不仅把科学作为自然主义的宇宙观，而且也当做实证主义的验证方法，用以证明其拒绝所有的传统为正当的。这些激进派偏差积累的后果，使其反对者完全走向相反的方向，认定西方的非道德和非宗教理性主义，造成了共和制的混乱和社会的消极因素。

从这个意义上说，儒家精神规范的崩溃及其所受西方的侵袭，使所有的社会准则受到世俗的腐蚀。一些深切感受精神危机的人，对此也只是感触与不禁激动而已。产生于这种危机的新传统主义，最终在下述两种人之间结成了联盟：从很早就对晚清现代化怀疑的人，与梁启超、康有为早期改良主义者，最终结成联盟。康、梁二人受反乌托邦进化论的影响日趋消沉沮丧，但似乎只有持此理论才能对辛亥革命后的道德堕落，作出前后一致的解释。

不过，在寻求出路时，康、梁和任何其他的新传统主义者，都没有完全抛弃进化论；在谋求使传统适应于当前的需要时，均认为传统的确在变。在解释传统的"基本"价值及其在当代文化上的表现时，他们都利用了儒家—道家的宇宙论，根本不区别"道"与"化"过程的事实；其在哲学上有机整体的主张，总是与其对当代社会—政治条件的分析是相左的。结果，两种相异的哲学词汇，很难共存于新传统主义者的著作之中。一种旧的设想，社会与价值在一个能动的宇宙中互相依存。另一种则反映了新的设想，社会—政治领域的日益现代化是必要的，但与其价值的精神—道德领域是分离的。

"精神东方"和"物质西方"，是作为新传统主义文辞华丽的口头禅而被广泛流传，归因于其双重的传递和矛盾的信息。一方面，这个词汇似乎暗示了整个宇宙和世界秩序的有机进化；另一方面，则又暗示这不

---

[1]　对五四运动期间知识分子激进主义的权威研究著作，是周策纵的《五四运动》。

343

是两种并列的实体，而是以形而上或象征的方式，勾画出精神价值必须居于社会—政治之上，并且是与其分离的。新传统主义经过"五四"时期的发展，前一种哲学的内涵逐渐取代了后一种哲学的内涵。

在1898年的改良运动和五四运动之间，共出现了三个新传统主义流派，每一派都有其使儒家思想和古代传统适应现代条件的策略。① 第一种是国粹派，成员主要是旧式学者和政治活动家。在辛亥革命以前，国粹派热衷于分析中国历史，从民族传统在地域、种族以及文化的古代根源，来探索民族的起源和发展——为当前争取国家主权和民族独立的斗争提供了依据。国粹派以历史的发展来阐述民族主义的观念，证明民族主义是保存中国文化遗产的基本手段，并支持反满反帝的政治运动。其按儒家的古典信条重新塑造民族历史的努力，则反映了清末教育改革的变化，使古典知识与仕途分离开来。于是，知识起了新的作用，学者也发挥了新的社会功能。

第二种新传统主义的流派，是由梁启超领导的。梁氏在辛亥革命以后，以有威望的政界元老返国，登上政坛，仍如其1902年号召之"新民"，集中注意力于中国人共同心理。不过，梁氏现在企图界定和维护植根于历史之中的"国性"——可以在中国古代人际关系和自我修养中找到社会道德。与"国粹"的历史一样，"国性"也受进化法则的支配，但其价值却来源于其过去的有机联系，而其变化也被断定是与其特性相符的。梁启超在辛亥革命后创办的刊物《庸言》和《大中华》，成了辩论的论坛。辩论者纷纷援引社会的证据，来推断民族心理的优点与缺点。

第三派的人，对儒家的精神信条在现实的意义十分关注，其中有一些是追随康有为的人。康氏自1898年改良运动初起之时，就提倡儒学为法定的国教；民国初年，遂吸引了有组织的追随者，游说在宪法中写上"宗教条款"。许多倾向儒家哲学的人，在宗教的进化社会学中寻求支持——称其信仰在历史上是先进的，不像原始宗教信仰充

---

① 陈荣捷：《近代中国的宗教倾向》；费侠丽：《变革的限度：关于中华民国时期的保守抉择论文集》。

满迷信和强烈的超自然色彩。争论的双方有一些共同之处，都认为儒学是仍在发挥作用的现代信仰体系。

所有这三种新传统思潮流派，共同具有的主要特征，是怀疑主要的西方道德价值——把竞争的个人主义，追求物质财富及功利主义等同起来；作为反应，全都含蓄地认为中国价值观的核心，正是与西方的道德价值观相对立的。由于其在文化上反对"西化"，新传统主义者，对反对帝国主义和保持民族情操作出了特殊贡献。其次，因为要褒扬传统遗产道理的精髓，而搁置其所假定的糟粕，进化论在运动中被修正过的实在论抵消了。有时候，国粹派学者在校订过去两千年来古典文献的钦定注解时，就采取以历史上的原教旨主义为道理的标准。在另一些时候，当现时的"国性"与以往的伦理道德分离开来，在功能上与现代化并不矛盾时，就是采用进化论的标准。从这个意义上说，新传统主义者都有当代社会学理论倾向，使传统信仰体系功能上的效用，成为证明信仰有理的根据。然而，新传统主义者也感到有必要从外来的历史之中找观点，使当代儒学的价值避免受进化论变动的影响；因此，帝制时代的儒家思想，曾渗透神圣和世俗的法典，并在日常的实际生活中散发宗教和道德气息。而新传统主义者被迫逐渐后退，把儒学的价值视为自主的领域。

在五四运动的高潮中，年轻的一代中有两个优秀的中心人物，哲学家梁漱溟和熊十力象征性地改变信仰儒家思想时，儒家的宗教性与世俗性发生了两极分化，终于被儒家学者所明确承认。梁漱溟和熊十力，不是为其进化论或功利主义为基础的新信仰辩护，而是表示其所以重视儒家思想，以其规范表达了梁、熊二人精神体验的特殊需要，并回答了整体性存在意义的问题。现代主义者都是维护宗教的特殊本质，其内涵所提供的象征性源泉，可使之用以去应付人类环境中的世俗哲学所没有回答的问题。循着这个方向，进化论和功能派在维护其信仰时，也迅速走上了"直觉主义"的道路，虽然对其"直觉"的含义还含糊不清。

国粹派

"国粹"是日本明治时代的一个新词，在 1903 年前后开始出现在中国知识分子的著作中。当时，教育制度的改革和君主政体的世俗化——如果不是废除，而是被改造，确为清代改良运动的目标。从广义上讲，"国粹"是学者们的口号；学者们在寻求可以替换儒学的方案，以便确立帝国正统观念的科举标准。[1] 对现代意义的"国粹"表示兴趣的，最早是张之洞、罗振玉和朝廷里主持新教育政策的官员，想以此来限制新教育制度课程中的外来影响，把中国的伦理学规定为主要科目。[2] 不过，许多旧式学者不仅不对此视为适应于新情况之措置，而且还以其为抗拒取向西方的改革来看待，使之"保存国故"运动成为传达民族主义者的不满情绪，和改良主义运动批判者的宣传工具。

大约从 1904 年开始，一批杰出的怪人成了国粹派的领袖。在反满的政治活动中提出了一个革命策略，即恢复明代、唐代，甚至汉代以前的精神，也为进化论者的历史编纂学（这种历史编纂学赞扬汉民族与汉文化是无与伦比的）找到了理论基础。1905 年 1 月，邓实、黄节、刘师培在上海建立的"国学保存会"，宣传反满革命是改革的近代思潮，也是追随西方另一种有吸引力的选择。虽然国粹的倡导者承认西方也是世界文明的一个源泉，承认文化中心之间的联系是世界历史的必要形式；但在实际上，其学术研究主旨在为崩溃中的正统儒家寻求本民族历史根基的替换物。国粹倡导者既从春秋时期的"诸子百家"中吸取养分，也十分重视明代遗民、佛学，以及逞强好斗"游侠"的传统。[3] 最后，在国粹运动中，有一种与中国普通百姓有关的强烈潜在倾向；这些老百姓也像新传统主义者一样，成为朝廷与各省精英制定现代化计划的受害者，而非受益者。秘密会社和朝廷反叛者的古代民粹主义者，以此成为其反满辩论的基础；促使文化上的保守

---

[1] 《京师大学堂之国学问题》，载《新民丛报》，3（1903 年 7 月），第 61—62 页。

[2] 马利安·巴斯蒂：《20 世纪初张謇著作中关于中国教育改革的看法》，第 64—65 页。

[3] 费侠丽：《变革的限度》，第 2 部分："国粹"，第 57—168 页。

派支持基于暴力的政治策略，并对普通落后的百姓，反对文明和亲西方的特权者深表同情。[1]

"国粹派"史学家对修正历史的努力，最初受到政治上反满主义的巨大影响。1901—1906 年间，章炳麟的《訄书》、刘师培的《攘书》和黄节的《黄史》[2] 出版，都对满族统治的合法性提出了学者式的质疑。所有这些著作，都以种族神化为依据来定义中华民族，假定中华民族是传说中的黄帝（公元前 2697 年至前 2597 年）的共同后裔。根据这个种族理论，满族应当排除在这个民族共同体之外。这些著作强调中国早期历史的自然古朴本质，而与正规的传统决裂。章太炎和刘师培援用斯宾塞的社会达尔文主义，来比较和评价古代中国和其他发源地的文明以及所有野蛮民族；甚至一度接受比利时汉学家德·拉·科帕瑞的观点，断定古代的中国和中东有一个共同的发源地。[3] 然而，对这些国粹派著作最具有强烈影响的，仍是 17 世纪明朝遗民的历史学家王夫之的《黄书》。

作为"民族历史"，这些著作都超出了其反满争论的目的，为中国人作出"民族"的定义——一个以地域、血缘、习俗和文化共同纽带为基础的有机集合体。这个集合体，表明了民族道德价值心理起源的古代源头，而民族道德价值可能为当代的国家和文化复兴提供线索。刘师培融合卢梭和王夫之二人的观点，假定贤明君主和民众之间最初的社会契约，使早期的君王得以创立儒家独特的社会—伦理规范。对章炳麟来说，家族制度及其井然有序的谱牒，奠定了中华种族统一的基础；而语言则凝结了中国人思想的精华。早在秦汉时代，法家即已指明富国强兵之道。国粹派的历史学家都不否认，历史是进化的存在与发展。但作为价值论者所强调的起源，却超过了发展；肯定

① 见周锡瑞《中国的维新与革命：辛亥革命在湖南和湖北》。

② 《訄书》，重印，载罗家伦编：《中华民国史料丛编》；《攘书》，首次发表于 1903 年，重印，载《刘申叔先生遗书》，1，第 762 页以下各页；《黄史》，首次发表于《国粹学报》（1905 年），第 1—9 卷。

③ 德·拉·科帕瑞《中华文明的西方源头》的节选，载 1903 年 12 月至 1905 年 1 月之间的《新民丛报》。

根本的一致性，却超过了过去与现代价值之间的进化连续性。

在谈到价值论时，"国粹派"学者把其注意的中心，从儒家传统的经典转移到总体文化的精华——特定民族积累起来的精神遗产，在更抽象的观念之上。而且，这种继承古典文化的新见解，又与对早期古典主义的批评联系在一起；古典主义的早期形式，是以"汉学"为基础建立起来的。17世纪以来，对尚存的古典文献进行细致的义理分析和版本校刊，增进了对古籍的理解，并在19世纪唤起了人们对长期湮没的异端思想体系的兴趣。但是，"国粹派"学者超越了传统的做法，不再认为统治者推崇古典文献是正统观念的神圣园地，而把其重新估价为博大多样的中国古代文献总体之一部分，现在只能作为研究历史的材料。这种观点可能导致一种史学研究的方法论。在清代的汉学、校刊家注重史料依据的传统，与20世纪西方批判使用证据的科学方法之间，架起了一座桥梁。

与此同时，"国粹派"治学方法的形成，不只作为规范的儒学直接反对"西化"。著名"国粹派"历史学家章炳麟最关心的问题，是批判康有为改良派的文化方案。章氏以反帝反西方的文化精粹主义，来对抗其所谓改良进化的现代主义。在1906—1908年间，章氏作为同盟会革命的《民报》编辑，一方面把其"国粹派"治学观点作了通俗的宣传；另一方面以更强的学术形式，纳入其1910年出版的《国故论衡》之中①，此书备受学术界之欢迎与重视。从政治上看，章炳麟与康有为的学术思想之争，与"改良派"和"革命派"之间的对立也有关系；从学术上看，二人之争，也关系到对古典文献的古文经学和今文经学理解之争。这两个学派各自持有儒家经典不同的版本，遂出现了两种对立的理解圣人的现代方式。按照新儒学和历代正统观念的标准，这两种方式都是异端，都不同意把传统的文献作为真正古代黄金时代的正宗遗产。②

在康有为手中，汉初口述经典的今文传统；照今文固有的解释，

---

① 章炳麟：《国故论衡》。
② 周予同：《经古今文学》。

孔子是宗教的教主。孔子在公元前 6 世纪至公元前 5 世纪期间，创立了其预想"大同"社会准则的传播工具。康氏的论证，在学术上是很复杂的。依据文字的考证，提出刘歆于公元 1 世纪欲立于学宫儒家经典的版本，是出自政治目的的赝品，认为其所依据的原始材料不会早于孔子生活的时代。可是，断定这些经典是孔子的预言，说这是远古历史的真实，就不可能使人相信。如康有为的批评者所指出的，"有为以孔子为第一任真的作伪者，刘歆为第二任假的作伪者"①。康氏提出在儒家没有前例的选择，或者神化历史上存在人物的孔子，或者怀疑经典记载的儒家黄金时代真有任何的历史根据。

这种怀疑产生的必然结果，是不再把经典当做准则，必须把其放置在历史的背景中，放到现在认为其问世的时代中去理解；也就是把其当做出于政治动机的杜撰，其目的是在证明周代的"后王"，或其后继者西汉帝王的合理性。对康有为的批评者来说，其理论既提出虚假神圣信仰创立者孔子的形象，也提出对儒学的真实而令人为之惋惜的评价，把儒家学术当做君主时代支持国家政权的工具。康氏的理论，不是把学术看作是思想体系，反映一个时代的价值和预为思考的问题，而是视其为历代知识分子与政治家相妥协的道德观；其学问不是为了真理的阐明，更多的是为了其发迹，而最终却促成了国家的衰落。康有为的哲学和历史论文，转而不利于作者自己；也宣告了康、梁的改良运动，是儒家谋求升官发财"经世"传统的现代表现。②

为了配合对今文经学的攻击，章炳麟依据"汉学"传统，断言孔子"述而不作"和"六经皆史"——即现存在早期周代朝廷官方记载的断简残篇，奚落儒家学说可能是基督教似的教条；推而广之，断言儒家学派并没有特许传播社会道德的使命。在否定儒家调整社会历史作用时，章氏否定了康有为"内圣外王"圣人品格的基本模式，也否定了为学与做官的传统共生现象，使之中国传统文化带上政治化的特

① 侯外庐：《近代中国思想学说史 》，第 789 页。
② 今古经文之争，对民国初年历史编纂学的影响，在劳伦斯·A. 施奈德的《顾颉刚与中国新史学》有分析。

点。取而代之，章炳麟认为，孔子是中国历史上创立的第一个民间（与朝廷的官学相反）思想学派的学者——既是首倡学术应"科学的"忠于事实的先驱，也是第一个使知识分子的使命从权力腐化中分离出来的先驱。

在反对今文经学的乌托邦改良主义时，早期的多数"国粹派"人士，始终追随章炳麟否定孔子是中国最杰出的道德家。相反，当有人诬康有为是败坏圣人理想的追名逐势之徒后，其对儒家人文主义之反迷信，仍没有超过标准的极限。章炳麟的思想超出了理性主义和道德主义，对改良派宇宙论之中的进化，提出了新传统主义的第一个根本性批评。在1903—1908年间，章氏不断在许多反满的革命刊物上，发表对改良主义者反复攻击，激烈反对今文经学关于历史的虚假推论；不仅因为康氏的不"实事求是"和"掩往古之点污"[1]，而且因为宇宙进程的改革模式，提出了关于自然和社会进化的固定法则。这在事实上否定了宿命论的分析。[2]

在章炳麟的宇宙论中，变化不是可以预见的和有规律的，而是具有突发性、偶然性和机遇性特点。时间不表现为事件间的线性关联，并朝向一个既定的目标，而是无始无终，处于"运动和停滞的相互对立之中"[3]。物质在哲学上进行分析时，其自身的属性导致认识上的惑疑主义，因此也就导致对"唯物主义"的否定。章氏从道家吸取了宇宙论的构想，把宇宙描写为不确定的和连续不断的变动；无外部的强制或指引，可以感知形式是在其中不断的形成。章氏从唯识论的佛教中，接受了这样的信仰，即现象之流本身必须依赖心灵的创造才能被认识，运转的宇宙法则的无常演替，是"发散"一元论的"藏识"。

---

① 侯外庐：《近代中国思想学说史》，第801—802页。
② 见章太炎（章炳麟）以下文章：《俱分进化论》，载《民报》，7（1906年9月5日），第1—13页；《社会通论商兑》，载《民报》，12（1907年3月6日），第1—24页；《五无论》，载《民报》，16（1907年9月25日），第1—22页；《驳神我宪政说》，载《民报》，21（1908年6月10日），第1—11页；《四惑论》，载《民报》，12（1906年9月至1908年7月），第1—22页。
③ 章炳麟：《四惑论》，第10页。

根据这样宇宙真理的模式，章炳麟认为，改良派的进化论及其所信仰的公理，或对进化的自然法则的信仰是荒谬的。当严复作为斯宾塞派哲学家，把世界历史的发展模式，勾画成从宗法政权到军事政权时，暴露出其对中国制度史缺乏了解。而章炳麟却是在此领域的专家。更为重要的，严复对任何特定历史或人类经验的独特属性，对其因果关系难以捉摸的性质表现出迟钝。当康、梁二人断言人类合群的本能，将引导人类在物质上和道德上趋于更高形式的共性时，正是把达尔文主义的社会互助法则强加于人们；以为人生的理想更多是受庄子"齐物论"的影响，强调自主、分散和自动的"自然"生存状态。

章炳麟认定改良派的宇宙论是唯物主义的，又是宿命论的，这是对改良思想和"西化"之间的联系作出的反应，也是对科学在宇宙论中的地位作出的反应。科学在宇宙中的地位，实际上似乎是暗示强有力的外部宇宙自然的和机械的过程，人类对此是无能为力的。但章氏在反对宿命论时，在很大程度上又退回到关于自然与社会的古老争论上，这个争论曾使战国时代的儒家和道家成为对立的两派。章炳麟断定，人类与外物之间并没有自然的联系纽带，也没有社会法则使人类本身结成道德的统一体。章氏像古代道家一样，呼吁以个人主义来抵制儒家的社会价值——这个呼吁并不是坚持有社会限定的自由权，而是使自我与外部非社会和自然界自生自发的天地万物，能取得节律相协调一致的愿望。

章炳麟和改良派的宇宙论者一样，用哲理进行推究，认为形而上学的建构与社会—历史的进程是一致的；然而，在确定宇宙属性之后，保持其内部的相互依存关系，却极为困难。和改良主义者一样，章炳麟转向传统象征主义宇宙论"界"的概念。这个概念既能表达人类社会面临外在社会和自然的障碍，也能表达内在的心理和精神的界限；这种内在的界限，阻碍真我的获得与对整个宇宙浑然一体的体验。然而，改良主义者幻想破除界而趋向"大同"的道德共同体，章炳麟却期望"人类众生，世界一切，销镕而止"[①]；随着意识的消亡，

---

① 　章炳麟：《五无论》，第 32 页。

世界本身——作为生物有缺陷的知觉作用的产物也将消失。谭嗣同曾用类似佛教的构想来表达超意识的洞察力，而章炳麟的说法则看到了湮灭。

作为"生命虚无"的宇宙论，佛学一直具有在形而上学上取代儒学的潜在可能。在改良时代，求助于代替物反映新的东西——伴随革命出现的神圣世俗两极分化。在今文经学和古文经学的对立中，与康有为相反，章炳麟坚持儒家思想不是宗教——这是其作为基础的假定，即社会—政治秩序和宇宙真理各自据有不同的领域。然而，反对儒家的精神并不是肯定世俗主义，而是新传统主义者在探寻新的精神，以求取代儒家使宇宙道化的古老传统。在个人信念上，章炳麟回到佛教和道家的立场，既是为了找到批判儒家误谬的民族武器，也是为了求得对存在的严格理解。作为"国粹派"学者，章氏一生赞成为学问而学问的本分，这意味着纯粹知识是超越社会的价值，并在本质上不为社会所影响。这样，章炳麟个人宇宙论的信念，就补充了更广泛的国粹主义，使之国粹把保存古代遗产的中国文化精神理想化了。

而且，作为批判的理论，章炳麟的信念日益适应东方文化对西方文化新传统主义的分析。这种分析的主要观点，即进步是幻觉，对其信仰是现代迷信。达尔文主义的生存竞争理论强调追求财富和权力，导致以内在精神为代价去危险地依赖于外部；如果中国文化不依靠其自身内在精神来更新，则将趋于消亡。

1919 年五四运动期间，"国粹"的口号等同于反对白话文运动，在这场中国新文化运动的斗争中，明显成为失败者。不过，国粹派对西化的批评，在研究民族历史时，追寻中国文化和地域根源的研究模式，却为国民党学者所继承了。"国粹"概念所蕴含的学术研究不倾向政治，也为后来民国年间许多大学的师生所赞同。重要的，国粹运动开拓了考察文化的新方法，把文化看成是绝对价值的保存库，是处于现代社会—政治进程之外，却又构成了衡量进程的评判标准。国粹概念及其对进化宇宙论的批判，为基于心物对立的新型二元论形而上学奠定了基础。

国性

如所预料的那样，1911 年以后，梁启超对传统的维护，表现为竭力与进化思想保持一致，以世俗论的观点对价值的探讨和对改革社会道德的关怀。清朝的崩溃似乎是一个信号，长期的动乱隐含着社会解体的危机。梁氏于 1912 年返国后，创办了《庸言》杂志，并在创刊号的社论中对"国性"作了论述。[①]

自 1902 年首次号召"新民"以来，梁启超的改良主义就一直立足于以假定为基础之上，即社会进步和繁荣的关键，在于系统地表述精神的健康和活力，此种精神通过共同的民族心理而表达出来。梁氏此时重新寄希望于民族精神。"国性"的价值相对来说，是节制的，既是永远的正确，也不是直接与本体论的真实保持联系，只不过从历史的观点来说是适当的。虽然在提出适当性主张时，梁启超不再对中国的落后让步，指出儒家社会道德的基本特征，能够也必须超越过去绝对化的"五伦"老准则存在得更久，为健康的（因而也是逐步的）民族发展提供基础。梁氏称，国家也是像人一样有"性"，其命运取决于宗教、风俗和语言所表现出来的本质。"性"能改变，不过只是逐步的，犹如机体可以改变其物理成分，但不能在毁灭这个有机体之前而给予以完全的改造。这就"如场师之艺，虽常剪弃枯枝败叶，而断不肯损其根干"。当一个民族传统完全失去其神圣的风韵时，其为民族之"性"者，也就荡然无存了。[②]

梁启超以这种方式给"国性"以理想化，并不是从历史中抽象出来的文化"客观精神"，而是以其设想活着的"国性"，亦即表现在成千上万普通中国人身上的道德本性。梁氏认为，这些中国人并没有受到过去 20 年里发生事件的熏染。为了对抗西方的"个人主义"和"享乐主义"，梁启超提出用家族主义的方法来予以矫正，把家族主义

---

① 梁启超：《国性篇》，载《庸言》，1.1（1913 年 1 月），第 1—6 页。
② 同上。

的道德准则确定为"恕"、"名分"和"虑后"①。在这三种美德中，"名分"与"虑后"被视为对现代民族主义特别起作用。在未来的建设中，将激励出万众一心和自我牺牲精神，并要求以其才干的政治精英，要以道德作为合理性的基础，而不是以民主的水准来衡量。在使"恕"成为人际关系的美德时，梁启超采取温和的自由主义来处理辈分之间和两性之间的关系，但自由不会威胁到家庭基础的团结。与"孝"的德行相比，"恕"总是注意地位低者的精神要求，而根本不涉及人际关系职分的等级制度。

这种对儒家社会伦理的解释，是明显的修正；但并没有割断与进化宇宙观的潜在联系，而只是强调改良派进化论的一个假设，即核心价值形成社会变化，并赋予社会变化以活力。梁启超在1916年说："吾于保全'国粹'论，虽为平生所孜孜提倡，然吾之所谓国粹主义与时流所谓国粹主义，其本质似有大别。"② 梁氏的观点，如果历史上任何儒家的行为规范，都是相对的和不完善的，儒家的道德人格观念就在于其本身内在，而不是外在偶然的价值。这种价值在世界政治中，将比民族主义存在的时间更长。③

如果说梁启超的"国性"理论与其基本的进化信仰是一致的，也贯彻了其社会和文化优先于政治的着重点。在讨论"国性"的同时，《庸言》从政治上分析了恢复帝制的争论，根据相对论的观点，反对恢复帝制。梁启超宣称，政体——即一个国家的实际代议和行政制度，比国体——即国家的正式统治权，对于政治制度所起的作用是更为重要的标志。梁氏的含义，中国应该承认既成的事实，保持共和国体；但其未来的"政体"，必须与本国社会关系准则协调发展。④

由于梁启超以"国性"的理论作为论述社会伦理的具体准则，及其渐变进化的模式，这样"国性"论便与新文化运动处于对立的地

---

① 梁启超：《中国道德之大原》，载《庸言》，1.2（1912年12月）；1.4（1913年2月），第1—8页。
② 梁启超：载《大中华》，1.2（1915年2月），第7页。
③ 同上。
④ 见《庸言》，1.3（1913年），第3—4页；载《大中华》，1.8（1915年8月），第13页。

位。双方虽然得出不同的答案，却提出了同样的问题，即如果人际关系的准则是决定政治秩序进化的文化力量，而中国历史上的人际关系模式是怎样起作用的？是否有必要从根本上加以改变？双方的答案有一个共同倾向，针对每一篇赞扬中国人热衷于和平相处，内心满足和家族情感的文章。另一方的文章都大肆攻击那些假设的民族偏向，即忍受、顺从、依赖和奴性。当一方强调中国传统的集体主义和公心，在现代社会仍然有作用时，另一方则列举西方的个人主义、竞争和科学理性，正在现代社会发挥作用的事例而与之抗衡。

因此，不足为奇，梁启超坚持改造"国性"，鼓吹改进"合理的"儒学，使之与其逐渐现代化的主张有相同的命运。甚至在民国初年，对共和政治的失望，也曾使梁启超在反对乌托邦的悲观情绪偶然迸发，时而变换其他对价值的新传统主义的主张。① 最后，第一次世界大战的爆发，摧毁了西方文化在知识分子心目中的声望，也使梁氏由此获得其一生最后的教训——进化宇宙论的臆说必须抛弃。梁启超作为巴黎和会中国代表团的一名观察员，而该和会无视中国的国家主权，使国人蒙受极大的羞辱。梁氏虽负有使命，但以沮丧心情回国，撰写《欧游心影录节录》②，对整个当代西方文化进行谴责。梁氏即使是迂回曲折，已不再认为人类历史发展是有机的过程，而是两个完全相对立的形而上历史体系。一个是西方的，受制于"科学人文观"的铁定法则，形成以机械为基础的经济和社会制度，鼓励追求权力和财富，导致了享乐主义和贪婪等腐败现象。而与之形成相对照的东方文化，现在正处于一个转折点。如果迷惑于科学万能的观念，盲目追随欧洲，将冒有灾难性的危险。梁启超的庸俗进化论此时已达到顶点。一旦进化论和儒家的道德价值信条表现出不能合拍时，梁氏也就抛弃进化的理论。梁启超关于全部文明的最后宇宙神话，不是真正有机的宇宙论，而是关于物质和精神二元论形而上学的隐喻。当一种文明处于席卷全球的现代化进程之外时，中国的精神才能被视为这样文明的体现。

---

① 引自许华茨：《寻求富强：严复和西方》，第 218—219 页。
② 梁启超：《欧游心影录节录》，重印，载《饮冰室合集》，《专集》第 5 册，第 1—152 页。

孔教派

儒家思想在历史上是一种"教"(教旨或教义),而英文"religion"(现译为宗教)在中国古代文献中,找不到相对应的汉语词。由于宗教是 19 世纪传教士带进中国时,宗教概念本身是与基督教心物二元论的臆说联系在一起的,而儒家学者从来不对精神和物质加以区别。从制度上看,二元论导致教会与国家的政教分离,这里的国家和家长制社会毫不相干。因此,当 19 世纪 90 年代,今文改良派知识分子提出儒家思想应否作为宗教问题时,不得不输入新的术语("宗教"是日本首先使用的新词),规划出新的制度结构,并最终对儒学的基本内涵重新解释。在众说混合的儒家传统中,人文倾向的理性主义者为一极端,与其相对的神秘主义为另一极端,历来都没有感到有排斥对方的必要。在此种陈陈相因和代代相传过程中,儒家遗产中积累了大量可使宗教与世俗分不清的信条和概念,而这正是区分宗教所要求的。所以,把儒家学说当成"宗教"的说法,是有争议的。自认为是维护传统的人,或站在传统之外的世俗人士,对此都会群起而攻之;而且前者比后者更为激烈。

康有为和谭嗣同的今文经学,首先以教义感化方式引进宗教问题。自封为众说混合论者的康、谭二氏,认为历史上有名的三大宗教信仰,都有一个关于真理的共同核心——基督教据此在本体论作出了突出的贡献。康、谭二人把孔子当做教主,认为"仁"是充塞于宇宙之间的兄弟友爱,宣扬预示未来和殉道精神,希望宗教救世主重新降临来拯救世界——这表明众说混合论者否认基督教独立起源时,曾被基督教的动人故事所触动。康有为更为新教徒以内在精神的呼唤,藐视教义常规的精神所动,并以其个人在中国的作用,与路德对宗教改革的领导地位相比。[①] 在谭嗣同的著作中,基督教的影响表现于《仁学》书中的一些段落。这些段落认为,人的精神之间保持根本的张

---

① 见侯外庐:《近代中国思想学说史》,第 704—727 页。

力，并断言儒家传统有其不朽的教义形式。[①]

在教义众说混合论的指引下，今文经学派改良主义者提出其主要主张，即儒家思想具有宗教性质。但是基督教在神学上对改良派进化论的影响，和基督教会的实例相比，从短期来看，可能和这种主张更少关系。1895 年，康有为发动变儒家思想为国教运动，并在 1916 年袁世凯去世之前，一直为康氏和其他的人坚持推行。[②] 事实上，和对宗教的关注相比，康有为更多的是对社会—政治关注的反应[③]；在认识到君主立宪制和新学制意味着政治的世俗化之后，希望创立一个宗教专业团体来主持正式的国教。在康氏看来，教会与国家的分离是一个关键，使西方的强国能够"双轮并驰"，以双重制度来支持社会道德。从这个意义上说，康有为认为即使在冲突激烈时，宗教也能保持其令人敬畏的力量，道德也会受到崇敬。[④] 康氏的儒教蓝图是顺应帝国儒家综合体的分离，实行学者—官员的统治。然而，这只是儒学对中国当代社会的适应，而不是由于确信儒家真理需要的表现形式而想出的策略。

以宗教信仰来支持社会道德的功利主义观点，得到一些支持者。士绅们看到随革命而来的道德败坏，感到非常懊恼，相继成为地方孔教会的新成员。孔教会出现于 1911 年以后，并在 1912—1914 年间，列入宪法中的宗教条文而大肆活动。这场运动得到康有为的同意，并由其信徒、哥伦比亚大学毕业的经济学家陈焕章领导。袁世凯政府中的官员注意到，民国官方祭孔典礼并没有宗教礼仪，而趋向市民的简单化方向。袁氏也表示，政府任何纪念仪式都没有建立国家宗教的意图。袁氏是在调整其对统治驾驭的操纵，使之符合受过教育者的公众

---

① 《谭嗣同全集》，第 24—35 页。

② 校注：孔教亦称儒教，儒家今文经学派，从董仲舒到康有为，都曾看待孔子如宗教教主。1912 年 10 月，陈焕章等在上海发起成立孔教会；1913 年 2 月，出版《孔子教会杂志》；9 月 9 日，在曲阜召开第一次全国孔教大会，后改为孔教总会，康有为任总会会长；总会自上海迁北京。袁世凯进行帝制运动时，1916 年，曾举行祀孔祭天。

③ 见萧公权：《近代中国与新世界：改革者和乌托邦主义者康有为，1895—1927 年》，第 4 章，第 97—136 页。

④ 康有为：《中华救国论》，载《不忍杂志》，1（1913 年 3 月），第 21—22 页。

舆论。这种舆论认为，从历史观点来说，国家宗教是倒退的主张，因为国教是以西方更原始超自然主义，取代先进文明国家的本民族人文主义信仰。

国家宗教的主张，作为适应时代需要的功利主义，应该说是合理的，但很容易被更高级的方案所取代。对儒家学说更有吸引力的精神维护，采取宗教进化的观念来重新评价中国没有儒家教会的事实，以此作为进步而不是退步的标志。根据这种进化观点来看待中国宗教史，夏曾佑撰写了《中国历史教科书》。[①] 夏氏认为，随着春秋时期儒家和道家的出现，中国已经从迷信神灵力量的原始信仰，进至宗教意识的更高水平，委婉地批评今文经学家出于政治的原因，复活了西汉信仰的迷信因素；并认为本来是讲伦理学的儒家，是受神秘道家影响的结果。这种观点，使当代中国人追随章炳麟向道家寻求本体论学说，同时也尊奉儒家的伦理学。不过，更标准的观点，还是把道家当做"迷信"和消极的影响不予接受，并赞同梁启超 1902 年反对康有为的论点，要使儒家思想成为宗教，是歪曲孔子的真正精神。[②] 基督教的"宗教"观念应用于儒家传统，孕育其对立面，即理性主义的圣人模式。按世俗的价值，凭理智的宽容行事，承认肉体，否定来世。以这种理论为儒家意识的标志，成了肯定儒家信念与科学真理协调一致的基础。

在 1913 年，哲学家张东荪温和地批评民国初年孔教会激增的现象，提出了微妙的折中主张。[③] 张氏从理论上对中国思想界的分析，转到西方的宗教哲学，提出按威廉·詹姆斯的宗教哲学定义，来看待儒家的本体论和伦理学，无疑应该包括在宗教概念之下。与此同时，张东荪也赞同宗教信仰形式具有科学的合理性。张氏特别强调《易经》的观点，谓"太极"的超现象世界是不可知的，道是宇宙进化的原则。作为推论，张氏赞扬儒家的伦理学与现代社会主义道德理想是

---

① 夏曾佑：《中国历史教科书》，见蔡元培《五十年来中国之哲学》的分析，《申报》创刊 50 周年纪念刊《最近五十年》。

② 梁启超：《保教非所以尊孔论》，载《新民丛报》，2（1902 年 2 月 22 日），第 59—72 页。

③ 张东荪：《余之孔教观》，载《庸言》，1.5（1913 年 6 月），第 1—12 页。

和谐一致的。

　　因此，现代化的儒家，无论是作为国教，还是把孔子当做理想主义者，或是为"理性的宗教"辩护，全都用这类推理方式，即以进化论为形式，本质却是功利主义的。虽然现代化儒家没有公开提出用工具主义，使信仰起到维护社会秩序的作用，但都明确认为，宗教对于促进社会制度的演变，是起重要作用的，因而必须不用遥远大同世界的词语，而是用现在的词语去证明这种作用。但是，儒家的人文主义要求儒家脱离神秘主义和繁琐的礼仪，使信念的核心依赖于社会—政治道德；这种社会—政治道德已深受损害，而且儒家改革者早已对儒家的伦理准则予以抨击。另一方面，儒家对当代科学理性主义观念的认同，也使信仰易于受到科学本身更彻底的理性主义的挑战。从宇宙观上说，科学本身的理性主义是以原子物理学为基础，而不是以《易经》为基础。从真理的形式来说，科学本身的理性主义源出于实验，而不是源出于传统确认的信念。宗教与世俗的两极分化，首先创造了"宗教的"和"理性的"两种圣人幻象，最后却以放弃"理性的"圣人而告终。

　　到了"五四"时期，关于儒家学说现代形式的讨论，使新传统主义者意识到一个新问题，即人类生活中的"宗教问题"；在前十年的讨论中，对此尚未充分展开。按照宗教在人类生活中意义的观点，所有以前为使儒家学说发展与现代化策略，都被视为受到功利主义的玷污。"五四"时期对"宗教问题"的讨论中，进化的臆说成了非宗教主义者的专利。此等人士认为，随着进步的历程和科学知识的逐步完善，"宗教"终将为社会所抛弃。西方科学给早期的改良主义者，提供观察自然界与理想的社会准则协调作用的模式，现在改造成为向其挑战的实证主义证明方法。随着这一变化，为信仰而辩护也改变了立场；不仅从进化论退却，而且重新专注源于西方的认识论问题。科学的理性主义验证理论，将受到真理"直觉"模式的反对。①

---

①　严既澄：《〈少年中国〉宗教问题与批评》，载《民铎》，3.2（1922 年 2 月 1 日），第 1—12 页；另见周策纵：《五四运动》，第 322—323 页。

主要的直觉主义形而上学家，年轻的北京大学哲学家梁漱溟，是改革时代最先进的教育培养出来的人。梁氏于民国初年经历了一场信仰危机，最初导致其信仰佛教，然后又逐渐导致其信仰儒家。[①] 当时在法国留学的少年中国学会[②]的成员，在1921年就"宗教问题"开始一场公开讨论时，梁氏谈到其个人改变信仰的心情，表示其在此之前极度沮丧，然后决意抵制信仰上的民族主义或其他功利主义的冲动，遂改变了信仰。梁漱溟称，从人的角度来说，人无论如何总是有重大作用的，因为只有宗教能解决完全处于特殊宇宙之外（即使不是其外延之外）的问题。[③] 梁氏着重论述了死亡和受难的问题，认为这是人类面临的永恒问题，而只有宗教才能赋予以令人满意的意义。梁漱溟极大的倾向佛教——"印度宗教"是真正"超越"的宗教模式。在1921年的那场争论中，梁氏对儒学思考的发展，并于次年出版的著作中反映出来；其主要主张，即儒家思想肯定"生"本身的本体真实性，也关心同样的基本问题。

梁漱溟的《东西方文化及其哲学》一书，使其成为"五四"时期最有影响的新传统主义思想家。[④] 梁氏这部著作的成功，可以归之于其以非凡感人的效果（虽然不是逻辑上的澄清），融和了新传统主义思想家两种互相冲突的倾向—— 一方面继续此时流行的进化宇宙论，另一方表达一种新观念——把通过人类良知而理解的非历史价值，与受科学支配的社会—政治过程，这两者之间关系分开的新观念。

《东西方文化及其哲学》，首先勾勒人类文明沿着形而上学的历史阶段，而逐渐形成的轮廓。按照梁氏的用语（这得益于叔本华），

---

① 见盖伊·阿利多：《最后的儒家：梁漱溟和中国现代性的困境》。

② 校注：少年中国学会，1918年7月，王光祈、李大钊、曾琦等在北京发起成立，总会设在北京，1924年迁南京，在成都、法国巴黎设分会；初有会员42人，后发展至120余人，分布国内外。会员有的主张共产主义，有的主张无政府主义，有的主张国家主义等，大多从事教育、新闻、工程、农业和科学研究活动，会员的主张后发生分化。1925年，停止活动。

③ 引自严既澄：《〈少年中国〉宗教问题》。

④ 梁漱溟：《东西方文化及其哲学》。

每个阶段都是"大意欲"的产物。梁氏使"大意欲"等同于"生"的本身，也等同于"仁"。和谭嗣同一样，梁漱溟在唯识论佛教和基于《易经》的新儒学宇宙论中，找到了对整个宇宙看法的启示；提出整个宇宙是源于无穷的存在之流的精神创造；其变化无定的现象形式，是通过阴阳两种力量的中介作用才获得的。不过，由亨利·柏格森的活力论而传播的生物学使梁漱溟断言，宇宙确实是一个有机的、充满生机的结构。对早期的改良主义哲学家谭嗣同来说，生与死是最终并无差别连续统一体的隐喻；但在梁漱溟的宇宙论神话中，生与死是明显的两极化了。谭嗣同在以太的概念里，混合了物理学、伦理学和本体论；而梁漱溟为了抵制受科学影响的自然主义因果模式，把"因果关联"（原）和真正的原因（因）分离开来；并说前者可以从物质力量，如历史和环境方面去理解，而后者必须被视为出自精神。

从形式上说，梁漱溟关于人类命运的想像，提出了人类从西方式的世界文明到中国式文明的发展。在西方式文明中，意欲激发的方向是对客观环境的控制；而在中国式文明中，意欲要适应宇宙，与宇宙和谐协调，止于意欲神秘的自我克制，最后进至生命本身否定的"印度"文明。从形式上说，宇宙意欲的形而上历史运动的每一阶段，都被认为导致典型的历史文化模式。第一种是西方文化。在希腊时代，即从哲学上的怀疑主义和功利主义获得自身的特性，导向科学、民主和工业资本主义，使追求私利的理性主义精神，在社会生活和物质生活中表现出来。相比之下，自孔子以来，中国文化在精神上是由"仁"起作用的力量形成的。因此，其社会构成是宽容、灵活、俭朴，和以农为本的协调培育人类情感。

然而，和时间的顺序相比，这种"进化的"图式更多地表现为一组理想的自动转换。梁漱溟把中国文化当成唯一能与宇宙真正本质的"生"和谐一致的文化，其要旨的核心是为儒家形而上学价值辩护。因为只有儒家的价值确认充满生机的宇宙，不能通过固定范畴的理性主义分析去理解，反而使人接受易变、直觉的经验特性。只有儒家思想的"仁"和"中庸"学说，承认人类生活应遵守宇宙的节律，而不是与之对抗，使真正充满生机的生活成为可能。这种生活是在内在的精神直觉、情感和欢欣之流中，自由而毫无阻碍。

和早期的改良主义者一样，梁漱溟还保有残存儒家形而上学精神痛苦。传统的真正自我表现受到的限制很少，能够通过精神扩张并改变世界，同时也易受客观宇宙恶势力的侵害和损毁。从道德心理学观点来看，真实内心活动是可以辨认的；因为只有这些内心活动是真正自然的，也是自由的，是与外在追求私利的计算之心相对立的。然而，过分强加于道德形而上学改变其方向和内涵的，并非来自中国传统，而是源于西方哲学中科学和形而上学之间的冲突。梁漱溟认定科学的理性主义，和为一己打算非道德的理性主义等同起来。假定为受西方科学法则支配的宿命论的自然宇宙，是与外在压迫的宇宙力量相联系的，而正是这种压迫力量阻碍了内心潜在的转变活动。这样，摇摆于内在与外在之间的古老形而上学二元论，与结构上不同的一些范畴——物理对精神、理性对直觉、理智对情感联系了起来。精神、直觉、情感不能逐渐渗透到其对立面；如果可能，只能取代其对立面。其含义是指，如不能把哲学家梁漱溟导向彻底的一元论，那必定是二元的。一个哲学家如果通过意识的直觉接触到宇宙的构造，其所接触到的将会是特殊的超验的宇宙构成，或凌驾于另一更具世俗的自然和思想进程之上发挥作用。梁氏在其后来的著作中明确地承认了这一点，为了"理性"哲学——孟子式的直觉理论，摒弃了与超历史宇宙联系体观念的偏见。但是，梁漱溟为新儒学信念辩护的倾向，在1921年和1922年已非常明显。后来在20年代和30年代，新儒学主义者张君劢和冯友兰都追随这同一道路。

新传统主义者曾认为，进化论是连接儒家核心价值与社会—政治变革的桥梁，而到1919年却陷入于惶惑之中。梁启超抛弃了世界现代化进程与中国道德复兴不相矛盾的想法，康有为争取在共和政体中使儒家信仰制度化的企图归于失败，功能派为儒家的道德争辩，"国粹派"为中国古代文言和经典争辩，这时也都同样处于守势。儒家不得不寻找新的路向。儒家的真理在形而上学上与历史分离了，最终只能由直接的直觉经验加以证实；同时和决定中国社会何去何从问题，只能讨论关于神学的问题。"精神的东方"已变成了心性之邦。

科学与玄学

具有讽刺意味的是，新传统主义在 20 世纪初期中国的发展，可以说是儒家哲学逐渐"西化"的历史。到了 1919 年，正当"拯救信仰"、"保存国粹"和赞扬"国性"等各种运动中，出现日益激烈反对西方时，新传统主义者使用的术语概念，也反映出来自西方现世主义革命和科学化、革命化的影响。不过，到了 1919 年，西方也为抵制新文化激进派的科学主义和现世主义提供了武器。许多令人震惊的事例，宣告了西方自由民主制度的失败。在国内，制宪中华民国成了一幕闹剧。在海外，第一次世界大战是一幕不幸的悲剧。梁漱溟的《东西方文化及其哲学》和梁启超的《欧游心影录》，都带有反省这些事件的痕迹，也是二位梁氏为了回应当时思想激进主义高潮作出的反应；激进主义完全利用新传统主义提出的二元论新构架。

这种反应，终于蔓延开来成为一场"科学与玄学"的争论。这场争论，由梁漱溟的朋友、哲学家张君劢于 1923 年挑起的，最终把十多个玄学的坚决支持者，包括梁漱溟本人及张东荪、林宰平、范寿康等都参加进来。[1] 在这场争论中，儒家信仰真理的捍卫者谴责了达尔文的进化论——社会科学独断化观念、心理学的生理模式思想，以及所有实证主义理论的知识。在首先挑起这场争论的文章中，张君劢[2]把受科学支配的自然知识和人生观作了对比，概括人生观为主观、直觉、综合、意志自由，对每个人来说是唯一的。同梁漱溟一样，张君劢也把"生命"领域与内在精神，对经验得来的价值意识联系起来，并认为内在精神受到"宿命论宇宙"的有害宇宙势力的威胁。不过，张氏以变动不居的内在领域，去对抗固定停滞的外在经验领域；然后明确把内在的精神意识，等同于新儒学陆、王学派

---

①　《科学与人生观》，由胡适和陈独秀作序。
②　张君劢：《人生观》，载《科学与人生观》。

心学的良知观念。

选择陆、王学说，标志儒家改良主义者和新传统主义者重点的变化——离开原教旨主义的"五经"，或宋代早期的思辨宇宙论，转向陆、王心学以道德为基础的形而上学。陆、王心学不仅更符合新传统主义哲学二元论的需要，而且专注于领悟道德体验和德性知识，架起了与西方认识论争论的桥梁。科学证明方法的哲学基础一旦受到挑战，认识论问题便很快引起争论者的关注。不过，柏格森、倭铿、杜里舒、汉斯·德赖奇、张君劢及其支持者，尽管借助于康德，但和其带有感情色彩与善辩的玄学家相比，并不太精通认识论。在道德感情问题上，虽然张君劢和其他的人也附带谈到其目的，是扩充人的内在生命来创造精神文明，但总的来说，并没有建立形而上的历史体系来表明主观道德体验所具有的特性。

在论战中，自由主义者和激进主义者属于科学派，信奉自然主义的进化理论，持有乌托邦似的乐观主义，以丰富的玄想来领会进化论。这些特点，使人想起老一代的康有为。崇奉杜威和罗素的胡适，向"自然主义的宇宙"奉献了一首赞美的散文诗，认为人生不管怎么微弱，由于"有创造力的智慧"在起作用，得以成功地创造出富足而合理的文明。老资格的无政府主义者吴稚晖，甚至想出改革者完整的儒—道家宇宙论的连续统一体，也就是在其内部，把人类带入朦胧的大化之流的进化远景。在这些表述中，早期改良派的科学概念作为真正的宇宙观，无论是设计自然的宇宙，还是在使人类能成功地追求道德和物质的乌托邦社会，都没有实质性的改变。

作为知识界的一场大规模论战，"科学与玄学"的争论，不可能在公众未作出评判以前就宣告结束。当玄学被判定在论战中失败时，仅只反映其追随者的规模，并没有反映出其潜在的持续力。实际上，首先从中国知识舞台上退出的是科学派，进化自然论在20年代末败给了马克思主义。由于新传统主义对中国道德价值的世俗化，为知识分子提供了一个解释明确的选择现代具有持久的复兴力量；并以与西方文化抗衡的态度，在随后20年中具有颇大的社会吸引力。

社会乌托邦和五四运动的背景

改良与革命

在中国，新传统主义是反对改良主义现代化的反应，以"国粹"运动开始的，并在 1904—1907 年间，吸引了一些追随者。而另一个鲜明的革命运动，旨在推翻满清王朝和建立共和国，几乎与新传统主义同时出现，形成历史趋势的这两个潮流。对于反满，古典学者与革命激进主义者具有共同的憎恶情绪，两者的暂时合流，是完全自然的。章炳麟作为一位古典学者，1903 年在上海的政治审判中[①]，是主要的受审人，而这场政治审判是革命派活动受到的第一次攻击。

1905 年，在孙逸仙领导下，激进派实现了联合，组成建立在留学生支持基础上的中国革命同盟会，同时在华侨和国内的秘密会社及新军中寻求同盟者。在 1905—1908 年间，同盟会在东京的机关刊《民报》（作为中国革命运动的喉舌受到广泛的注意），与以梁启超改良主义者的《新民丛报》进行了激烈的论战。然而，正在同盟会宣称取得这场论战胜利时，其左翼却发出不满的声音，批评同盟会的政治革命思想，没有提供另一种社会的选择来取代立宪派的改良主义。这些左翼人士是无政府主义者，其见解的激烈程度与其微少的人数，极不相称。所有革命者的革命信仰，都是促进体制变革的必要催化剂。但是，无政府主义者超越了政治范畴，把革命视为大同理想联系的乌托邦社会转变的实现化，并认为大同社会不仅是革命进程的最后礼物，而是当今青年一代有权要求的事物。因此，在 1911 年的政治革命之后，无政府主义者的社会乌托邦思想继续存在，在民国的"新青年"与旧社会制度斗争中，激发了反对传统观念的反抗精神。

由于改良派和革命派都假定社会的变化，是整个变化过程不可缺少的组成部分。在 1903—1907 年间，这两个群体的差异第一次表现

---

① 校注：即 1903 年 6 月的上海《苏报》案。

出来时，要对两者加以分辨是很不容易的。当《民报》和《新民丛报》论战激烈进行时，两方的对立常显得是策略性而非战略性的。双方争论的基本问题，是清政府能否使中国朝着现代化目标前进，能否维护民族的独立。① 在具有潜在意义的社会问题上，梁启超领导的改良派，的确反对孙逸仙的"土地国有化"原则（此为孙氏民生主义的组成部分），认为在经济上是荒谬的，是煽动民众中的"野蛮"来对抗"文明"所采取的手段。但是，在这场政治争论中，社会政策受到的注意还是很有限的。当时，孙逸仙和梁启超关于社会进化的观点是一致的，在帝制时代的中国，并没有像欧洲"封建"阶级的划分。当今中国为了发展，需要适应资本主义企业形式的混合经济。这样，在适当以本民族传统的社会和谐为基础，经过一个时期的过渡，将逐渐发展为工业社会的合作经济模式。②

在 1903—1907 年之间的早期发展中，革命派的观点看来有些近乎改良派观点的夸大，而不是对其否定——至多是号召加快历史的进程，用革命英雄的名义铸造新浮士德式的人物。此时的革命派，不过是早期改良派乌托邦主义的最后代言人而已。革命派说，革命不仅是中国人的事，而且也是科学和民主新世界秩序的先驱，是道德进步与物质发展相随并进。革命派所抛弃的旧社会，也正抛弃了沉闷腐败的专制政治制度；抛弃阻碍财富增长，妨碍自我实现和大同社会到来的社会形式。大同社会的到来，有赖于革命者道德上的成就。这些革命者如要增强进步力量，其行为就必须摆脱自私自利和功利主义。和以前改良派的主要信念一样，此时则成为革命派的主要信念。

到了 1905 年，梁启超和改良派与真正的革命思想分道扬镳，不相信革命是一个不可避免的进步运动，不相信这是一个历史的必要动因。梁氏作为改良主义者，最早向觉醒的中国人介绍现代革命必然引起制度变革的概念。这种变革概念，和中国过去改朝换代中统治家族

---

① 关于这场争论的分析，见迈克尔·加斯特：《中国知识分子与辛亥革命：近代中国激进主义的诞生》。

② 马丁·伯纳尔：《1907 年以前中国的社会主义》。

转移天命（革命的最初含义）的概念，是不相容的。而且，西方的历史说明，1776 年和 1789 年（英国和法国）的革命历史，是动力和阻力之间的冲突，推动历史发展到达终极的爆发点。1905 年后，梁启超自己对时局的估计，当今"国家帝国主义"精神，要求中国保持一个强有力的政府——或是"开明专制政府"，或者是君主立宪政体[1]。在梁氏看来，这样的政治格局，是因为中国落后而不得不付出的代价。由于有一个这样的结论，改良主义者在估计变革的基本动因时，便从政治领域转移到文化和社会领域。政治领袖不可能摆布文化和社会；相反，在文化和社会如熔岩的流动中，政治是由既定的渠道流向缓慢形成的，要想猛烈改变其方向是不行的。因此，梁启超开始将"承认对目前社会结构要进行社会改革"，如"不可能付诸实现，或只能在一千年之后才能实践的……社会革命主张"加以对照。[2] 不过，这种保守主义并不含有否定政治暴力的意思。梁氏在原则上并没有谴责政治暴力；暴力只是一种策略，也像适应渐进主义的任何其他事物的策略一样。梁启超和革命派关于时代性质的不一致，就成为这样一个典型的分野。激进派是超越阶段的跃进者，而保守派则是现存制度的维护者。

激进派在加速历史进程上，与改良派首先分裂，不仅加速使激进派在理论上对社会斗争的歌颂，而且也把斗争的社会目的，提高到激进思想的突出地位。大同理想在时间上的缩短，转而成为空间上的扩展。无政府主义者从中注入了国际性，有时把现代的"巴黎街道，伦敦的市场和纽约的摩天大楼"[3] 当做进步的具体表现。康有为曾设想一个未来的世界会议。中国的无政府主义者，则使自己的组织活动与欧洲的激进党派，主要是无政府—共产主义者联系起来，并把"大同"与西方革命的社会主义理论和实践联系在一起。无政府主义者考

---

① 梁启超：《开明专制论》，载《新民丛报》（1906 年），重印《饮冰室文集》，第 6 册，第 13—83 页。

② 伯纳尔：《中国的社会主义》，第 158—159 页。

③ 民［褚民谊］：《无政府说》，载《新世纪》，40（1908 年 3 月 28 日），第 158 页。

察中国时，对社会冲突特别敏感，并对封建的过去和改良的现在提出尖锐的社会批评。最后，无政府主义者接过了从儒家思想的社会义务中解放出来的号召——这个号召最初由康有为和谭嗣同提出，并使这个号召成为其社会方案的焦点。康、谭二氏最终使社会解放，从属于目前的政治改革和未来的社会解放；无政府主义者即依据社会解放，来评价所有其他问题。在无政府主义者看来，从礼教的"罗网"中获得个人解放，是最终据以评价革命的标准。

激进派第一个显著的特点，是强调个人的解放，强调革命"因素"是起作用的进化催化剂。其第二个特点，是乌托邦与自然主义的进化宇宙论联系起来的科学主义。从早期改良主义者接过鲜明的进步旗帜之后，无政府主义者和后来围绕《新青年》杂志的群体，都自豪地肯定意识的物质基础，肯定生命力的生物属性，肯定历史进程中因果关系的社会学基础，并以此作为座右铭。其思想上实际受益于儒家的人本主义和形而上学，但在很大程度上则不被承认，因其一向贬传统为反动的社会道德体系。

但是，激进的科学主义仍不能指出一条直通乌托邦的道路。像其他的人一样，激进主义者对民国以来的混乱局面也深感失望，转而着手对历史力量进行社会分析，认为这些力量使之中国社会落后。封建习俗阻碍政治斗争，而封建文化的价值观则成为构成封建习俗的基础，农业经济与此两者交互作用。但是，因为接受了科学的世界观，激进派的自相矛盾，遂陷入无能自解的地步。比起新传统主义者，因其社会宿命论的幽灵，无能自解的程度要小一些。梁启超在 1902 年所号召的"新民"，在 1915 年为《新青年》所更替，成为对文化革命的号召。这时，个人主义的人格和科学思想的理想，虽和"形而上学"的观点对立起来，但仍被视为进步的道德动因。现世主义和进化宇宙论，在社会乌托邦的激进主义表象中彼此协调了。

早期无政府主义：革命的虚无主义

早在 1902 年，中国人就对西方无政府主义产生了兴趣。最初阶段和早期的激进主义者，一致集中注意力于政治革命。[①]"无政府主义"一词涉及欧洲"极端革命党"中的"虚无主义者"——他们不同凡响之处，在于以恐怖主义作为政治手段。俄国革命运动中的密谋团体，首先受到无政府主义的影响，在 19 世纪末期，以极为惊人的暗杀行动去对付沙皇的官员，逐渐促成 1905 年的革命。在中国，民间源远流长的"侠义"传统，补充了无政府主义的恐怖，理想的"亡命之徒"模式的梁山泊好汉，或是桃园结义的英雄，在乱世中为正义拿起了武器。

　　但是，在中国的激进分子看来，恐怖主义行动是作为进步的手段，认为革命的暴力是反应的力量——唯一能够回应强大的专制制度，并成为与之相抗衡的力量。用一本学生散发的小册子里的话来说，"各个国家的革命，都起源于起义和暗杀，但暗杀的影响甚至比起义更大……因为英雄们的力量增长，统治者的力量必将灭亡。"[②]恐怖主义者可以看作是激进分子的同胞，即梁启超所谓的新民——尽最大限度公开肯定个人力量，因此断然反对传统的被动心理及与之相随的僵化历史。在 1904 年和 1907 年之间，热血青年曾多次进行政治暗杀，仿佛以此永垂史册的忘我行动，就成为进步的推动者，并在精神上体现社会共有的道德目标。

　　因此，恐怖主义的道路是一条个人主义的道路。遵循这条道路的人，把比起一般新民从道德意义上的自我肯定，解释成为与超历史的进程是一致的。在这里，直接以暴力来威胁他人的无法无天行为，只能以自我面临的危险来相抵消。虚无主义者对新儒家的概念作了新的运用，主张革命必须绝对"真诚"，圣人的力量必须与充塞于四体的"诚心"联系起来。"真诚"既能使暗杀者的刀刃锋利，又能使其合法运用。在实践中最好的证明，就是其自发的献身精神，以自己的生命去进行革命的冒险行动。

　　虚无主义者高度信从内在化的新儒家道德信条，认为革命使命合

---

①　关于虚无主义者的讨论，见唐·C.普赖斯：《俄国与中国革命的根源，1896—1911 年》，第 7 章；伯纳尔：《中国的社会主义》，第 198—226 页。

②　引自普赖斯：《俄国与中国革命的根源》，第 148 页。

法化是必要的，但对其每次企图的失败负有责任。张继、杨笃生、刘师复以及汪精卫，都是暗杀阴谋著名激进分子，但其暗杀行动没有一次成功杀死预定的刺杀对象。这些行动中的真正英雄和女英雄牺牲很多。秋瑾女士在牵连 1907 年安庆的起义①流产后，听由自己被捕并被处死。② 一个高等学堂的学生吴樾③，1905 年在北京火车站，被试图投向出洋考察五大臣的炸弹炸死。

秋瑾给予世人的启示，自我牺牲的行为是能改变社会的；吴樾则以进化宇宙论来解释其虚无主义者的使命。吴樾的"遗书"连同其支离破碎的尸体照片，在《民报》的一册纪念号里刊出。吴樾在遗书中为其行动解释称，这是对于压迫势力应有的举动；当今是历史需要的"暗杀时代"，也由此推动革命辩证的前进。秋瑾视革命任务为社会道德的更新，并因此采取了谭嗣同式的牺牲。吴樾则希望以自己的行动来体现变革的"反作用力"，足以激发其对专制"动力"的抗衡。秋、吴二人的行动都说明，虚无主义者所受中国传统道德的英雄主义的影响；但二人的行动，也是平衡社会要求和自我肯定主张所作的努力。其为中国无政府主义者，不顾儒家相互依存的群体理想，以寻求发展在个人主义新理想下发挥个人的潜能，为中国激进主义者所面临的问题，提供早期过激的解决办法。因此，虚无主义者多是政治革命家，而不是社会革命家；其所提供的个人主义的道德问题，为后来无政府主义者的社会乌托邦不得不面临的问题。

巴黎小组和东京小组

1907 年夏，两个相距遥远，但思想相似的无政府主义者小组，

① 安庆起义，即浙皖两省共谋举义时徐锡麟在安庆刺安徽巡抚恩铭案。

② 玛丽·巴克斯·兰金：《清末妇女的出现：秋瑾个案》，载马杰里·沃尔夫和罗克珊·威特克编：《中国社会中的妇女》，第 39—66 页。

③ 校注：吴樾（1878—1905 年），安徽桐城人；1902 年考入保定高等师范学堂；1903 年，赴上海西牢访问章炳麟、邹容，并与陈独秀、张继、陈天华、赵声等相结纳，参与创建军国民教育会；并在保定创办两江公学、《直隶白话报》，撰文《暗杀时代》，倡导暗杀手段。1905 年，清廷派五大臣出洋考察宪政，吴樾潜入北京，于 9 月 24 日，在五大臣到车站登车出发时，怀揣炸弹混入五大臣专车，炸伤二大臣，吴樾壮烈牺牲。

同时在巴黎和东京的中国留学生中出现。每个小组都是以先前的某个学会为基础产生的。组织学会是中国和外国激进主义分子——法国的和日本的，直接接触下组织起来的。外国的激进主义者倡导无政府—共产主义，1914 年以前，在欧洲的影响达于高峰时期。两个小组都办有刊物，由一两位年长且有声望的学者主盟，周围集合一群志同道合的学生出版发行。尽管巴黎和东京相隔半个地球，但两地的无政府主义者却保持彼此工作上的接触，也与其认为暂时事业的同道，与类似同盟会的活动也有联系。[①]

19 世纪西方无政府主义的乌托邦有两种类型：一种是指望通过技术进步求得解放，圣西门以对未来的科学幻想来召唤乌托邦；而另一种类型如查尔斯·博立叶，在未受玷污的洁净纯朴与亲密无间的社会中寻求幸福。中国的两个无政府主义小组，接受了上述两种类型的幻想。

巴黎小组，正如其刊物名《新世纪》所暗示的，相信其是站在现代主义的最前沿，不仅接触到工业文明；而且接触到社会和道德的前锋，克鲁泡特金、邵可侣和马拉特斯塔领导的无政府—共产主义运动。李石曾是巴黎小组的建立者，为巴斯德研究所学生物的学生，和邵可侣的侄子是朋友。《新世纪》的资深编辑是吴稚晖，曾受过古生物学的训练，盛赞克鲁泡特金的"互助论"为科学社会学，胜过由严复来自斯宾塞的进化论。这使吴氏认为，在文化领域是理性主义优于神秘主义，在政治领域是国际主义优于和平主义。作为自封的科学唯物主义者，巴黎小组从 1898 年的"大同"空想家吸收了预示未来的热忱。吴稚晖特别于技术方面的空想，赞美创造，称制造工具是人类天赋的本性，并号召以"灵动"精神来"用机器拯救世界"。其所谓的灵动精神，一半是宇宙论的幻想，一半是科学的玄想。

　　其时学问之研究，最普通者，首为一切交通便利之工程，求

---

①　对这两个小组的英文论述，见于罗伯特·斯卡拉皮诺和乔治·余：《中国无政府主义运动》和艾格尼丝·陈：《中国的无政府主义者》，加利福尼亚大学博士论文，1977 年。

与海底世界自由往来。余则改良野蛮肉食之品物，及精究卫生之医理，使年寿加增。至于理化博物种种进化之科学，当时既以文字简易划一……百出新法，以求易知易解。园林清游时，可以随便在花间树底，口讲而指画。道途间与绝未见面之人相遇，亦可姑出其学于夹袋中，问难而质证。如此，其时即十许龄之童子，已能共有现在科学家之如此。[1]

不过，与康有为不同，吴稚晖的科学主义以理性主义的西方形式来反对宗教，认为其科学主义是清除形而上学幽灵的自然主义世界观；拒不承认其通过"仁"来实现进化的净化过程[2]，曾受儒家象征主义精神的任何影响。在吴稚晖的带领下，《新世纪》主张宗教和世俗两极分化，并以此遣责儒学是反动的迷信；把现代伦理视为自古代最初的萌芽中发展而来的。《新世纪》对伦理变化的过程，解释为依靠净化的概念；到了革命时刻，使本质固有的良好本性，得以在净化中摆脱长期积累起来的杂质。

相对于科学主义的《新世纪》，东京的无政府主义者出版的刊物《天义》[3]，则反映了该刊编者，一位古典学者刘师培及其妻子何震的人本主义倾向。刘师培是国粹保存会的创办人之一，又是出身书香门第人家，在1907年，发现反满观点在海外广泛流传，并得到肯定。在东京，刘氏与日本的激进分子幸德秋水和北一辉有了联系。此时正值幸德等人放弃改良社会主义，转而成无政府—工团主义者。刘师培因此在其后两年里了解了无政府主义；何震明显受东京环境的影响，组织了"女权复兴会"，又作为《天义》的编辑和发行人，使激进的女权主义成为无政府主义观点一个组成部分。

《天义》以反传统的姿态猛烈攻击现存制度，并与古怪的文化保

---

[1]　吴稚晖：《无政府之闲天》，载《新世纪》，49（1908年6月30日），第191—192页。
[2]　吴稚晖：《推广仁术以医世界观》，载《新世纪》，37（1908年3月7日），第3—4页。
[3]　《天义》，3—19（1907年7月10日至1908年3月15日），按1966年东京单行本编码。

守主义混在一起。刘师培与何震认为, "欧美日本各国,只有伪文明"①,不愿肯定现代欧洲最接近大同社会;设想出农民—学者们居住在自给自足的农业村社的乌托邦。在这小型的自治农业村社里, "人人不倚他人之谓也,亦人人不受役于人之谓也";所有的人都生活在"放任"的状态之中。② 《天义》刊载了《共产党宣言》最早的中文译本;刘师培给予无政府主义先驱的公元 4 世纪道家哲学家鲍敬言(抱朴子)③,给战国时代农学家许行以相当的地位。抱朴子是一本谴责所有政权的古典小册子的作者;许行则反对孟子把社会划分为劳心者与劳力者的制度,认为所有的人都应毫无例外地耕种土地。《新世纪》推选克鲁泡特金为其西方的圣人。《天义》则特别推崇托尔斯泰,刊载其《致中国人的信》;该信赞扬传统中国是世界上最自由的社会,并告诫人们要提防立宪政府,提防工业主义和军人政权暴虐后果。④

作为传统主义者和无政府主义者,刘师培憎恶清末改良派的现代化方向,认为这种改良将使中国社会受到西方邪恶的影响,便于军国主义和专制性国家机器的发展,更为加深的阶级分化,唯物主义和贪欲的商业文化将产生。⑤ 在何震看来,结束妇女的与世隔绝和促进妇女教育的现代化计划,暴露了改良派不切实际的幻想,也否定了妇女真正的经济和个人人格的独立,为男人性别剥削提供了意志自由论的新形式⑥;就要到来的革命,或许不会废除一切政府。面对这种可能,刘师培和何震对中国的过去和未来,作了令人失望的对比,认为大同的临近,只是表示消除财富和等级身份的障碍。传统的中国既是后封建的,也是前资本主义的;其所自夸的专制主义政治,早已徒有其表。其结构上的弱点, "中国人正利用其政府之腐败,以稍脱人治

---

① 刘师培、何震:《论种族革命:无政府革命之得失》,载《天义》,6 (1907 年 9 月 1 日),第 135—144 页。

② 刘师培:《人类均力论》,载《天义》,3 (1907 年 7 月 10 日),第 24—36 页。

③ 校注:鲍敬言 (约 278—342 年),东晋思想家,无神论者。

④ 《天义》11—12 和 16—19 (1907 年 11 月 30 日和 1908 年 3 月 15 日)。

⑤ 刘师培:《论新政府为病民之根》,载《天义》,8—10 (1907 年 10 月 30 日),第 193—203 页。

⑥ 志达:《男盗女娼之上海》,载《天义》,5 (1907 年 8 月 19 日),第 95—98 页。

之范围，而保其无形之自由"①。虽然刘师培并没有使其乌托邦理想打上缅怀中国历史的印记，但其对现代化的憎恶，既激发其激进思想，也使其1908年决定革命的目标。

像1898年的改良主义者一样，两个无政府主义小组都自认为是国际主义者。但在1907年以前，国际主义实为东亚传统的"天下"理想的发展，是对抗19世纪90年代以来兴起的排满反帝运动。面对帝国主义的威胁，无政府主义者反对以"富强"作为国防的中心。《天义》和《新世纪》的读者，对此作出了激烈的反对。而无政府主义者却抬出克鲁泡特金来反对达尔文和斯宾塞，强辩说，对动物群体的生活表明，人类社会的进化是由种族内的合作，而不是由种族内的竞争推动的。

然而，无政府主义者的国际主义含义，民族之间的敌对掩盖了其他更深的社会裂隙。改良主义者认为，阶级冲突如果真有，也不是中国社会的事。无政府主义者却一再讨论贫富之间、官民之间、智愚之间、城乡之间和男女之间的矛盾冲突，认为毁坏过去和现在社会秩序根深蒂固的对抗，来自传统政治制度的"强制力量"。

每种政治制度，都是为某些精英集团权势人物的利益服务的基础。《新世纪》认为，中国的平民百姓应该认识到，立宪政府将成为士绅的工具，就像海外的政府是服务于资产阶级。何震把妇女的从属地位，归之于在经济上对男子的依赖，把妇女的生产劳动视为劳动等级中之最下等者。刘师培抨击清政府改革方案的社会代价，向农民征税用来创办学校和建立治安组织，是为了扩大地方上头面人物权力而设置的"自治"议会。刘氏的这种分析，表现出与马克思主义阶级意识观点的一致，也为五四运动时期民粹主义的群众运动做了准备。

对社会冲突的敏感，与无政府主义者热望平等密切相关。在无政府主义者看来，阶级和身份的等级制度造成所有社会区分，即"界"——无论是种族、国籍、财富、职业、居住地、性别等的加强。许多无政府主义者的乌托邦蓝图过激特点，实际上是取消不同个体在生存环境的最微小差别主张。《天义》和《新世纪》都提出过掉换性

---

① 刘师培、何震：《论种族革命与无政府革命之得失》，载《天义》，第138页。

伴侣和居住地的建议。刘师培模仿许行对孟子的批评，把所有真正的劳动分工视为社会等级的根源，并试图把许行的个体自给自足的经济药方应用于现代社会，提出每一个人在其一生中应该依次从事所有的基本职业，即 21 岁建筑道路，22 岁开矿和伐木，23—30 岁从事工艺活，如此等等。①

由于群体差别比个人之间的差别要大，无政府主义者认为所有现存的社会群体——无论是家庭、氏族、种族、省份、国家都是妨碍平等的"界"。所有这些都会产生利己主义的纽带，使一个群体与其他群体相对抗。欧洲的无政府—共产主义者经常谈到，一旦政府消失，自愿联合将提供健全的社会组织结构。但中国的无政府主义者设想的是自足的村社，或一个统一世界——两种情形表明一种制度，独立的个人置于单一无差别的联合体中。只有如此，乌托邦制度的公有特征，才能避免封闭的群体，或个人私利的腐蚀。因此，在无政府主义者较早期的著作——不是直接吸取西方模式的著作中，发现这种看法并不令人惊奇，强调个人从一切群体联系，特别是从最基本的家庭联系中解放出来。

最后，对每个无政府主义者来说，重新组织家庭生活是最基本的问题。对此系统的看法是多种多样，大多数人认为家庭是政治结构的根本，也是其他统制权力的基础。其他一些人则强调家庭特有的个人直接性，使社会制度的变革必然由此开始。另一些人则确定自私道德上的根源，在于家庭所产生的特殊联系。无政府主义者全都说明了家庭的中心地位——对其自身的经验来说，并因此把其作为人类幸福可能模式的乌托邦。

在要求人际关系的革命时，无政府主义者实际上追随康有为和谭嗣同，曾预言最终将"摆脱"儒家礼教的网罗。康有为最早的哲学手稿（在日期上早于其三世进化论 10 年），强调个人"自由"是人类本性的基本要求，只有在平等的人际交往中才能找到其外部表现。② 在

---

① 刘师培：《人类均力论》，载《天义》，第 27—28 页。
② 李三宝：《康有为对传统观念的攻击：其早期著作的解释和翻译，1884—1887 年》，加利福尼亚大学博士论文，1978 年。

《大同书》关于家庭部分中（上述手稿是这些部分最早的来源），康氏从未否认强加给子女的孝道，是回报父母养育之恩的绝对道德义务；把此种义务视为沉重精神痛苦的根源，只有当"人无出家之忍，而有去家之乐"① 时，这种痛苦才能减轻。康有为乌托邦的许多重要社会事业机构，如公共托儿所、医院、学校和养老院，都是替代家庭作用的组织，将避开私人的依赖，保留一般的公共责任意识，承担了历史上由家庭履行的责任："未曾施恩受恩，自不为背恩。"②

康有为认为，人际关系的平等来自道德的约束；施惠与受惠之间的不平衡，在心理上是不能忍受的。康氏之所以谴责儒家的主要美德"义"是不平等的根源，原因即在于此。谭嗣同更率直地把儒家的家庭，描述成"上以制其下"的压迫制度。③ 康、谭二人都把家庭中上下尊卑长幼和相互依存关系，看作是道德的败坏。在康有为看来，这种败坏是以内疚为基础；而谭嗣同则认为其根源是暴虐。康氏呼吁从相互义务的负担中获得自由，谭氏则呼吁自从属的奴隶关系中求得解放；两人之间存在着心理反抗和政治反抗的差别。

上述这两种倾向，都是无政府主义者对家庭制度攻击的表现。但后来的乌托邦主义者，倾向于遵循谭嗣同关于家庭关系的政治模式，断言家庭关系不是基于正常的道德情感，而完全是事实上的安排。"故父愿其子孝，且用强迫威骇以得之，而子变为奴隶禽兽矣。故孝者，父之利也。子欲其父慈，欲其有利于己……则父母为马牛……故慈者，子之私利也。"④ 按照李石曾的说法，这种关系的本质是功利主义的，而且这些相互依赖和奴役的功利主义安排，是建立在"强迫威骇"的基础之上。因此，家族主义的政治化模式是一种严酷的压迫，必须通过号召反叛，肯定"强权"是外在的和人为的强加信念，应予以反抗。在此意义上，对当前强与弱为霸权而斗争，而互相如野

① 《大同书》，汤普森译本，第 184 页。
② 同上。
③ 李三宝：《康有为对传统观念的攻击：其早期著作的解释和翻译，1884—1887 年》，第 14 页。
④ 李石曾：《三纲革命》，载《新世纪》，11（1907 年 8 月 31 日），第 1—2 页。

兽一般厮杀的霍布斯式社会，被视为只是那个时代的序幕；到那时，"人情"将在"公道真理"的世界重放光彩。

以家庭改造为基本社会目标的乌托邦主义者，都以与此相关的逻辑鼓吹男女平等。有些人如李石曾追随谭嗣同，认为妇女在家庭等级制度中处于最弱者地位，是这种制度的受害者。作为男性的激进主义者，有如年轻者在长者面前，以代理人姿态谈到妇女的苦难，鼓吹妇女需要自我改进以克服对家长统治的依赖；家长统治使男性的优越意识，在妇女中因亲属关系而缓和一些。另一些人在思考妇女问题时，更多地受到康有为影响，家庭作为生物学上的统一体应该废除，最容易受到攻击的就是婚姻关系。通过教育和工作，使妇女为获得自主做好准备，这是成为妇女摆脱生育和家庭负担的先决条件。刘师培和何震则认为，乌托邦社会的基本要求是取消劳动分工，以实现两性平等的理论为前提；而男女之间难以克服的生理差别，使两性平等成了取消一切差别的最后与最为艰难的一步。因此，何震争辩说，不愿受男人奴役的妇女，必须选择为共产主义社会而奋斗的道路，因为只有在这个社会，才能消除一切形式的奴役。[1]

然而，男性乌托邦主义者和妇女激进主义者，对家庭价值的重新估计，在性别的作用上却有重要分歧。从康有为到《新世纪》，典型的男性乌托邦理想，是男女享受自由的性关系，而不负任何道义的责任。从思想上看，这是维护人的天生情感而反对礼教的道德，同时，也怀疑是否一切排外的个人关系，在本质上都是自私的。这种乌托邦理想，是乌托邦主义者思想十分自然的延伸。但何震像大多数中国妇女女权主义者一样，关于性别和作为意志自由论者相比，更是像一个清教徒似的，其理想是结束一夫多妻制和妇女作为"性物"所受的压迫。[2]

无政府主义者把婚姻和家庭制度作为权力基础的政治制度时，其言辞十分激烈；但其论及家庭成员个人的主观情感，家庭关系的政治

---

[1] 何震：《论女子当知共产主义》，载《天义》，8—10（1907 年 10 月 30 日），第 229—237 页。

[2] 何震：《女子复仇论》，载《天义》，3（1907 年 7 月 10 日），第 7—23 页；参见兰金《清末妇女的出现》。

模式是难得以证实的。在中国人的丧葬仪式上，虔诚的儒家子女要对其父母丧亡痛加自责为"不孝"，李石曾大声疾呼曰："（子女）何罪乎？"[①] 李氏之意，应由腐败的环境和虚伪的社会意识负责。但在家庭中，子女是奴隶，也是依赖者；父母的外在权力与子女驯顺地承认软弱，是相对的。信仰虚伪的儒家社会准则——这是束缚个人，使之接受从属性的"迷信"，导致自我的内在失败，要靠道德上的努力予以克服。这样，无政府主义者进行家庭改革的强烈愿望，使其重新肯定早期改良主义的信念，人类在促进进步的责任中，有道德动因。

这种新的个人主义理论，提出了道德成功的本质问题，这是早期改良主义者所不曾面对的难题。刘师培说："因不能独立，遂自失其自由权；因不能自由，遂自失其平等权。"[②] "自由"这个西方的新词用在这里，指在政治联合体中的正式公民权利，而自由不过是自然过程的一个环节。这个过程始于个人内在的自我限定（独立），而终于其对人际关系的体验（平等）。在这种意义上，危害独立和平等的，不是威胁自由的非人格政治结构，而是在实际生活中人的最亲密关系的纽带。无政府主义者以独立、和平来反对亲属关系，并没提出自由公民的政治理想，而只是自给自足社会的个人的道德理想。实现这一理想带有新的精神代价，抛弃传统上受人尊崇，又为人提供安全与满足感的社会关系网络。为独立自主而进行的斗争，不是直接寻求个人的解放，而是艰苦的自我约束；这样，自我的责任感加重了，极可能还存在内疚的负担。

从儒家礼教的桎梏下争取解放的要求，是改良时代关于生活方式的自由主义核心。无政府主义者对家庭的攻击，大为扩展了这场运动。但其对解放定义为割断一切社会关系时，个人主义的精神代价便显露出来。这种新的断裂是神秘的，即个人作为与他人处于平等关系中的一个分离原子，在融入无差别的空蒙中完全消失时，才能被想像为是通往幸福之路。

---

① 李石曾：《三纲革命》，第 41—42 页。
② 刘师培：《人类均力论》，第 25 页。

于是个人解放，是康有为和谭嗣同进化宇宙论乌托邦最终设想的一个过程，必定会摧毁"诸界"的整个复杂系统。在今文经学中，"界"的概念是指地域、文化、伦理阻止人类博爱的障碍。佛—道的形而上学认为，种种界是强加于无差别统一实体的人为栅栏，而新儒学传统则给予这个概念以道德的基础，强调内在的道德心和外在的恶势力是两个不同的层次——这两个层次可以渗透，形成关于道德争论的主题。

对于无政府主义者来说，消除界的象征意义，成了表明超越社会的乌托邦的人类幸福。《新世纪》对乌托邦似的解放论述，表现出忘我的形而上学看法，认为忘我便能与无限的宇宙之流和谐一致：

> 人惟无彼此之心，则世界众生，一切平等。物无所竞，天无所择……且互相救互相助，以跻于至平，此爱非生于有情，乃无情之极端也。[1]

吴稚晖试图使基督教（以及儒家）的人类之爱，与佛—道哲人形而上学的超脱相调和。

在讨论工程技术和乌托邦社会时，吴稚晖也像以前的康有为一样，把科学的最大赐予，描述为创造庄子"逍遥游"式的生活，无往而不适。在乌托邦社会里，男人和妇女，依靠科学摆脱了繁重的体力劳动和疾病的烦扰，首先是学习和旅行。就学习而言，目标是全面的知识——在想像中对宇宙无所不知的理解；就旅行而言，有可移动的住所、旅店、宾馆、轮船、火车、气球、潜海器，甚至在居住点之间有自动传送带。如此逼真的幻想勾画出的一种生活方式，即人们与整个世界的联系无需费力，也包含个人与世界任何特殊联系都割断了。

《新世纪》的作者们，象征性地把自我解放说成个人混入整体。刘师培在《天义》中设想，通过宇宙力量的作用，引导人类从独立自主到平等的自我解放；道德能量体现在每个个体的自我肯定中，并最

---

[1]　吴稚晖：《推广仁术以医世界观》，第 148 页。

终不断为其他人相等之能力所平衡。在上述两种理论中，解放的过程，都是始于个体追求解放对个人的自我肯定，而止于社会上个性的消失。

儒家学说与道家学说在哲学上的基本冲突，始终围绕着道家个人主义的神秘超脱，与儒家人文主义的社会关怀之间，难以调和的矛盾而展开。无政府主义者拒绝在两者之间进行选择，认为在心灵对精神文明的追求和参与救世之间，应该不存在任何根深蒂固的矛盾。因此，尽管无政府主义者用道家式的平等主义，去批评儒家的社会伦理，但赞同形而上学对道德所持的肯定态度；而形而上学与儒家宇宙—人类相互依存的神话更和谐一致。当然，无政府主义者否认特殊的人际关系能够传达道德感情，也使道家的超脱精神灌注到对乌托邦讨论之中。在这种情况下，无政府主义者要解决个人自由与社会团体之间的矛盾，就只能靠幻想把人际关系的平等（"平"），描述为反映着宇宙的平等（"平"）；而宇宙的平等则是绝无分别的延续，自我就完全消融在其中了。

尽管没有回答，但社会乌托邦主义者提出了这个问题，即摆脱一切社会事务考虑的道德准则，个人解放是否一定成为终极目标。大多数社会乌托邦主义者不再热衷于神秘的飞跃，而从这个边缘退回。无政府主义者认为，平等的实现，将建立以互助为特点的公共社会关系。这些经过经验检验过的主张鼓舞其追随者，与老人政治权力作斗争，使民国早期要求家庭革命的青年，以自己的经验来思索独立的收获与代价。大多数后来的"新青年"急于证明，是其个人的反叛推动了进步。但直到1919年，只有少数勇往直前的人坚持这一立场；唯一可取代礼教文化的办法，是不受约束的非道德的自我。有些自由主义学者，如历史学家傅斯年，越过社会"义务"，选择个人的"自发性"作为个人的权利。① 有些浪漫主义的文学家，如放荡不羁的创造

---

① 戴维·雷诺兹：《对传统观念的攻击、能动主义和学识：傅斯年思想中的"自发性"和"责任感"之间的紧张状态》，提交儒家研究地区讨论会的论文，伯克利，1977年6月4日。

社成员,宣称其艺术是纯粹自我表现形式,除了其自身的美和情趣之外,并不需要社会承认。甚至鲁迅也告诫青年,"蛇蝎"之道比圣人之道更可取,并且建议以尼采的超人作为新文化的英雄。① 所有这些反叛者都表现为行动植根于愿望,即使是打上狂人身份的烙印,也照自己的意思去做。从这个意义上讲,无政府主义所要求的个人解放,蕴藏着纯粹个人主义的潜力,但其追随者却视为超凡的潜力。因此,毫不奇怪,既然如此,只有极少数中国人沿着乌托邦个人主义的道路走到底。

无政府主义者对社会平等的信奉,在中国的社会思想中开拓了新的领域,其要求个人解放的基础,也是对家族主义批判的基础。然而,激进主义的思想内容,主要是采用了改良主义进化宇宙论的理论框架。无政府主义者强调革命"时机"的催化作用,很容易与其所持科学上是"物质的"论点,在道德上是能动发展的宇宙观相契合;把儒家思想作为反动的社会实践体系,使之不肯承认受惠于儒家形而上学的象征主义,并遍及其逐步人格化的宇宙模式之中。褚民谊在《新世纪》上对这些论题的系统阐述,尤为引人注意②,称于强制力量和遍及世界的道德文明之间,看到了斗争;在此种斗争中,创造的力量和摧毁的力量对事物的影响,是相互依存的。因此,进步的消极力量(或革命)与进步的积极力量(或教育),是相随并进,一起发挥作用。③ 从这种意义讲,褚民谊认为,宇宙将以无限积累方式,从"有"到"无"前进。前者在性质上是被强制的,是表面的、仪式的、虚幻的;后者则是自发的、真正的、出于仁爱之心的、真实的。褚民谊相信克鲁泡特金的互助论充实了孟子对人性的论述,并导致其过分的道德乐观主义;认为一个"真正人性世界"正在到来,相信只有完整把握了革命的观念,并具有道德洞察力的

---

① 鲁迅:《文化偏至论》和《摩罗诗力说》,载《坟》,首次发表于《河南》杂志,1907年。
② 褚民谊:《无政府说》、载《新世纪》,31—48(1908 年 1 月 21 日至 5 月 16 日)。
③ 同上书,第 158 页。

人才能作出这样的预言。

作为世俗主义的科学哲学，褚民谊或吴稚晖的思想是不完善的；这种观点与科学主义改革的看法是有区别的，至多不过是明确主张宗教和世俗的分属，显然不可调和的意义范畴。吴、褚二人最后信奉的科学真理模式——事实上来自西方科学与宗教的争论，成为无政府主义的教条，但对其宇宙论思想没有多大影响。准确地说，褚民谊和吴稚晖等人沿着改良派的道路，继续在形而上学假定宇宙—人性是相互依存的。

作为革命的理论家，无政府主义者追随谭嗣同和梁启超，进一步对变革的力量作了辩证的对改良主义的说明。但是，无政府主义者对进化宇宙论的看法，却是与其社会思想中具有意义的新因素联系在一起的。无政府主义者相信，人类社会基本上分成压迫者和被压迫者的社会集团，并且通过这两个集团冲突的推动，而不只是把文明从人类共同体的先进部分向落后部分温和地扩散。虽然无政府主义者承认教育的渐进过程，与革命的爆发点在历史过程中是相互依存的，但其目标是教育被压迫者，使教育所起的辩证作用是反抗，而不是合作。由此观之，无政府主义者不只发展了对未来社会的乌托邦幻想，也为政治进步的社会革命模式作出了贡献。

辛亥革命后的无政府主义与社会主义

1912 年中华民国的建立，既为无政府主义思想在中国的自由传播，也为激进组织的新实验开辟了道路；甚至在革命以前的流亡者中，巴黎和东京小组就贬低政治斗争的作用，把赞扬宣传鼓动看作社会革命的教育。在辛亥革命期间，无政府主义者吸取了欧洲激进派的经验，鼓动一切形式的活动——从学会到群众大会，用俱乐部，暗杀，罢工和抗税作为宣传手段。目的在于把中国人的公众意识，提高到欧洲革命先驱的水平；以为中国用这种办法，可以为世界范围的"革命时代"做好准备，并预计革命时代将在下一代某个时候在欧洲开始。

清政府一被推翻，就有两个小组在宣传活动中崭露头角。第一个是刘师复的心社，第二个是江亢虎的"中国社会党"①。刘师复因一次暗杀尝试在广东监狱服刑时，于 1907 年阅读《新世纪》，有了政治觉悟。经过这次磨难后，刘师复宣称自己是克鲁泡特金的信徒，献身于无政府主义的宣传；1912 年 2 月，与几个亲密的追随者，在杭州附近佛教的白云庵集会，产生了心社。江亢虎于 1907 年和 1909 年，两次到日本和欧洲旅行，接触到东京的激进主义者和巴黎的《新世纪》小组，受到无政府主义和社会主义的影响。返回中国后，江亢虎曾担任妇女教育学校的领导人，于 1911 年夏季开始演说，鼓吹在中国实行社会主义，并且利用革命的形势，为传播其学说思想组织了社会主义研究会。

这两个运动都认为其主要纲领的基础，是废除家庭和创建代替家庭的一般性公共机构，进行普及平等的教育；与之同时，还希望结束所有的阶级区分和地位等级制度，创造一个没有社会差异的社会。但是江亢虎和刘师复不久成了对手，这正反映其分别与欧洲社会主义第二国际和国际无政府主义者代表大会结成同盟。

在刘师复与江亢虎之间，接着发生关于"社会主义"正确含义的争论。刘氏既反对江亢虎的社会主义社会中的国家政权作用，也反对其在社会主义经济中允许保留私人企业。刘师复以绝对不与任何功利主义妥协的态度，幻想出一种和谐而非现世的完整共产主义。在那里，消费品和生产资料都将是公有的，货币将被取消，工作将因科学的进步而变得轻松愉快。刘师复更坚持认为，无政府—共产主义以人类本性的互助原则为基础，与无政府主义的任何个人主义的解释皆无共同之处。②

①　关于刘师复，除阿格尼丝·陈的《中国的无政府主义者》外，参看爱德华·克雷布斯：《刘师复和中国的无政府主义，1905—1915 年》，华盛顿大学博士论文，1973 年。关于江亢虎及其党的讨论，见马丁·伯纳尔：《1913 年以前的中国的社会主义》，载杰克·格雷编：《现代中国对政治形式的探索》，第 89—95 页；魏斐德：《历史与意志：毛泽东思想的哲学观点》，第 207—210 页。
②　上海无政府共产主义同志社公布（师复）：《无政府共产党之目的与手段》，载《民声》，19（1914 年 7 月 18 日）（香港龙门书店重印，1967 年），第 222—225 页。

　　另一方面，江亢虎仍然是民族主义者和斯宾塞式的达尔文派，相信经济的发展有赖于生产活动，利用人类固有的竞争本能。作为实现人类平等的手段，江亢虎提倡废除家庭，认为这主要取决于妇女完全解放；还提倡废除财产继承，用以促进健康的经济竞争和劳动专业化；确信由公共机构培养的个人，在其死亡以前将会回报这些机构。[①] 在西方社会思想家中，江亢虎最感兴趣的，是倍倍尔的《妇女与社会主义》所表达的思想，和苏格兰长老会的进化社会主义者托马斯·柯卡普——江亢虎把其著作《社会主义史》译成中文。

　　两个小组在组织上和学说上都存在分歧。江亢虎是一个精力旺盛的组织者，把社会主义研究会看作组织政党的准备，宣称到1913年，中国社会党已有40万党员和400个支部。无疑这是夸大的，但也反映其希望取得群众基础，也说明北京政府所以查禁该党的原因。在社会党被查禁之后，1913年末，江亢虎出走美国，这一运动此后即趋衰落[②]。另一方面，刘师复的"心社"建立在严密的组织原则之上，其个人至上论和亲密关系，使加以禁止深为困难。辛亥革命以后，这群受无政府思想激励的团体建立起来了，在社会实践中推动朝向大同的理想，心社是其中最为热衷的。刘师复、张继等人怀有建立试验性的乡村共同体的梦想，从没有一个无政府主义的团体实行过。不过，心社仿效巴黎《新世纪》小组所提倡的集体自助模式，用部分来自捐赠和集体所有的企业，如餐馆和印刷厂等的收入为共同基金，来维持成员的生活，居住在共有住宅里。

　　比这些试验性公社生活更为重要的，是乌托邦成员在道德上自我完善的理想，制定出一系列约束个人行为的禁欲主义和自我克制的戒条。发誓信守这些戒条实际上成了一种仪式，以此确定一个人在一个无政府主义团体中的身份。心社的戒条是禁止饮酒、抽烟和吃肉，表现出与传统宗教的联系，把罪恶与道德败坏联系起来。无政府主义者规定的戒条，反对订立婚约，不许皈依宗教，不许担任任何性质政府

---

① 江亢虎：《洪水集：江亢虎三十年以前作》。
② 马丁·伯纳尔：《1907年以前中国的社会主义》，第91页。

的职务。明确反映无政府主义者的目标，即独立自主和平等的人格理想，禁止雇佣奴仆，乘坐黄包车、轿子。其他无政府主义团体的戒规，则比心社宽松一些。由原《新世纪》领导人于 1912 年建立规模最大的进德会[1]，甚至按照个人对戒规承诺的程度，来考虑会员的身份等级，承认人类的弱点和向现存社会制度的要求作出让步，看来这是不可避免的。

1915 年后心社的衰落，在很大程度上是由客观原因造成的。刘师复在这一年因肺结核而过早地死去；此后，又受到第一次世界大战的震动，摧毁了克鲁泡特金领导的欧洲母体组织所奉行的国际主义原则。从 1912 年到 1915 年之间，心社出版了四本《新世纪》选集，许多小册子和传单，一份用中文和世界语发行的杂志《民声》[2]，还在几个城市设立了分支机构。晚至 1919 年，心社松散的后继者，还在北京、上海、南京、天津和陕西省等处活动，用的是群社、无政府主义同志会、实社、平社之类的名称。[3] 原来的《新世纪》小组，在 1915 年后也继续活动，虽然其领导人李石曾和吴稚晖仍以欧洲为基地，但通过发起富有创造性的勤工俭学运动，对中国的学生运动产生意义重大的影响。在法国，战时动员造成人力奇缺，在 1912—1920 年之间，数百名中国学生就是以这种方式在国外学习，以其所得到的收入来养活自己及其伙伴。

1912 年以后，革命的社会主义团体对中国激进主义的贡献，更多的是从事教育宣传和社会试验，而不是学说上的革新。与其以前的团体相比，1911 年以后的这些团体对社会实践极为关切，遂又促使其进一步关注欧洲原型的组织工作。于是除了国内形式无政府主义团体之外，还出现了政党建设、平民宣传等形式。在上海，还试图组织城市工人。在辛亥革命和五四运动之间的年代里，对无政府主义的表

---

[1]　校注：进德会为李石曾所组织。
[2]　《民声》，1—33（1913 年 8 月 20 日至 1921 年 6 月 15 日）。
[3]　杨铨：《中国近三十年来之社会改造思想》，载《东方杂志》，21.17（1924 年 9 月 10 日），第 53 页。

示同情，以其作为现代的大同学说。1917 年以后，这种对无政府主义的同情，扩展到蔡元培主持下的北京大学。蔡氏鼓励思想自由，鼓励复兴进德会和《新世纪》模式的勤工俭学计划。中国共产党创始人中的许多人，包括毛泽东在内回忆说，在 1920 年改信马克思列宁主义之前，无政府主义在政治上曾经吸引过他们；甚至到此时对"共产主义"一词，普遍理解为无政府主义者，而不是马克思主义者的用语。①

因此，在 1919 年之前，中国人所了解的西方社会主义传统，主要是无政府主义，而不是马克思主义。朝向了无政府主义，才使得中国人熟悉欧美社会主义运动历史的基本轮廓，但只熟悉很少一部分社会主义的原始文献，而且绝大部分都是来自克鲁泡特金及其盟友。在 1917 年以前，曾被改良主义者、也同样被革命党人曾附带谈论过的马克思主义，是从不适于中国的议会民主和工业生产的背景下，看到欧洲社会民主和劳工运动相联系。中国的社会乌托邦主义者强调家庭关系的革命，就提出一个非马克思主义的主张，把个人生活的改变当做革命过程中其他变革的原因，而不仅仅是其结果。朝向无政府主义，在某些方面仍为后来正统的马克思列宁主义做了准备，使之知道与斯宾塞理论相对抗的马克思主义的历史阶段，也使之知道通过革命过程而起作用的变化的辩证观点。这样，遂培育了朴素但却又强烈的阶级意识，作为历史发展动因对普通民众的同情关注。此外，中国社会乌托主义者，使用和发展来自本民族传统的激进主义观点，便可以更清楚理解。在后来中国共产主义的理论和实践中，所坚持的某些组成部分，包括毛主义者所强调的文化改造和人格矫正，使之作为革命变革独立自主的源泉；不喜欢城市工业经济的理论解释，而赞赏农业公社的社会动员；怀疑职务上的"界"会产生阶级；热衷于"自力更生"；最后虽不是重要的一点，依靠经过教化的人的能力作为变革的动力，既能有跃进到太平盛世的乌托邦势头，但又担心无法摆脱对历

---

① 周策纵：《五四运动：近代中国的知识分子革命，1915—1924 年》，第 97—98、224—225 页。

史倒退的恐惧。

新青年

1915 年 9 月，由著名的激进主义者、人文科学教授陈独秀主编的《新青年》杂志创刊了。[①] 该刊的正式出版，开创了中国的新文化运动，汇集了 19 世纪 90 年代早期改良运动以来，关于进化宇宙论第三阶段发展的各种思想。在 1895 年至 1905 年间，初期的改良主义者，曾赞扬新的进步要求的宇宙观。无政府主义者曾发展改良主义者乌托邦想像，调强革命斗争以摧毁社会的不平等和儒家的礼教，作为达到个人幸福和社会乌托邦的手段。《新青年》的作者们，则以自然主义的科学语言去描述进化，而没有儒家的道德含义；但与之同时，认为"青年"本身的活力来推动变革的进程，在活力论生物学基础上，注入新的道德乐观主义来激励全人类。

不过，《新青年》在 1915 年并不是从直接肯定这种乐观主义的进步哲学入手，而只是激进知识分子抵制政治与文化领域中倒退势力的工具。在袁世凯任职总统期间，这股倒退势力蹒跚而行于共和政体的实验之中。然而，困顿中的激进现代主义者，开展了作为防御性反击的冒险事业却取得了势头。因为许多在民国时受教育的"新青年"，聚集在《新青年》提倡的科学与民主的口号之下，以文学革命与青年和妇女反抗相号召。到了 1919 年，风起云涌的学生运动，保守派在北京大学和其他大学领导地位的明显失势，使人们有理由相信，新文化正在成为现实。学生领导的反对外国帝国主义和北京军阀政府的"五四"示威表明，被动员起来的觉悟人民，作为进步的政治力量终于出现了，并成为新文化运动的补充。国内形势的急剧变化，国际上第一次世界大战的结束，尤其俄国革命，三者都有相应的呼应。到1920 年，陈独秀与其在《新青年》密切合作者哲学家、北京大学教授兼图书馆主任李大钊，宣称其信奉马克思主义，并把《新青年》杂志改为在中国宣传共产主义运动的工具。关于中国和世界历史的乌托

---

① 《新青年》，1915 年 9 月至 1926 年 7 月，重印本 14 卷（东京，1962 年）。

邦理想，此时又在新的意识形态中重新点燃，为中国共产主义革运本身打下了基础。当中国共产主义革命回顾自身的历史时宣称，新青年运动事实上标志着这个时代的另一伟大变革。

在 1915 年 9 月《新青年》创刊时，陈独秀与其合作者们，还没有摆脱进化论带来的悲观情绪；在民国初年，悲观情绪使新传统主义者和立宪主义者感到气馁。《新青年》并不凭纯粹的想像，来代替无政府主义式的理想，而是冷静地专注于中国的文化落后，对当代政治所造成的危险。同样也具有当时常见的进化社会学观点，断定社会风俗、道德和民族心理，对政治变化有决定性影响。《新青年》和梁启超以及其他"国性"论者一样，关心如何克服社会有机体的各部门之间，因不相适应而产生的脱节现象。因此，其反对文化落后运动，首先提出在政治上与君主复辟进行斗争。《新青年》最著名的家族制批判者吴虞认为，中国历史上之所以无力摆脱专制主义，主要由于宗法习俗。与此同时，陈独秀在与康有为的论战中，也提出反对儒家道德的论点。在袁世凯的独裁政治下，儒家道德成了保守主义者控制政治的工具。[①]

在 1915 年，工具论观点成了温和派的文化改革主张是重要的——在陈独秀思想中只起次要作用。陈氏的出发点，是对科学的新信仰，不仅相信改革方式是自然哲学的表现形式，也作为实证主义的证明方法，主宰着自然与社会的真理标准。在为"国性"辩护时，梁启超鼓吹文化的适应，应参照儒家的道德品格，并以日益增长的不满，来审视对进化的自然主义解说。但陈独秀则把科学当做一个实证过程，强迫人们把自然主义的宇宙既作为事实，又作为价值观来接受。陈独秀不像大多数无政府主义者那样，仍然认为意识与精神反映经验的真"心"有联系，而是在生理的心理基础之上谈意识；并认为人类只是生物学和社会的有机体，否定历史进化与宇宙的进程相联系。这表明陈独秀代表的那一代人极端现世主义倾向，及其与圣人人

---

① 郭新同（音）：《儒学的两种面貌：20 世纪第二个十年间和 70 年代反复辟理论的比较研究》，提交儒家研究讨论会的论文，加利福尼亚大学，1976 年 6 月 4 日。

格理想的彻底决裂。因此，陈氏和《新青年》都被贯以"全盘西化"的名声。①

当然，陈独秀的科学主义世界观，并不像其他欲使读者相信的那样，彻底根除与传统信念及传统道德的联系。的确，陈独秀是最早摆脱传统哲学概念，用白话文来表达其思想的人之一；避免使用新理性主义的外衣，来表述传统形而上学无政府主义者的信条。但是，陈氏在 1915 年向青年提出的人格理想，也充满着显著的世俗主义，在许多方面仍是 1902 年梁启超"新民"的直接派生物。

改良主义者的"新民"是朝向进步的，坚持己见的，有生气的，独立自主的。康有为曾为独立自主提出宇宙论的基础，以为每个个体都有其基本的宇宙本质。谭嗣同曾使斗争成为道德品格的验证尺度。梁启超则认为，奋斗的个人作为进步的动因，体现其目标的合于道德；因为拒绝向其他优势力量屈服的旺盛斗志，应当致力于平等的道德目的。这种弱者观点的社会达尔文主义，比较容易调和个人和集体的利益，并赋予以务实的、有成效的努力，以求得道德价值。

陈独秀在《敬告青年》的重要文章中称，人格中的蓬勃活力应被视为青春本身，不是年龄所起的作用，而是使个人真正自我意识的心理特质，并因此具有进步效力的自我更新力量。陈氏赞"青年如初春，如朝日，如百卉之萌动，如利刃之新发于硎"②；以自然主义的隐喻取代宇宙论的隐喻，号召人们采取现代主义论题的态度。陈氏并在文中称，"是进步的而非保守的"，"是进取的而非退隐的"，"是世界的而非锁国的"；以这些警语昭示自 19 世纪 90 年代以来的文化革新的基本目标，"是自主的而非奴隶的"，体现了从礼教的人际中解放出来，达到激进的社会—乌托邦要求。而陈独秀的解释表明，这一警语也作为独立思考和行动准则的科学理论。在其"实利的而非虚文的"和"科学的而非想像的"号召中，陈氏以其所倡导的实证和社会决策经验主义模式，发展早期"新民"理想注重实效的潜在精神。

① 关于陈独秀的科学主义，见郭颖颐：《1900—1950 年中国思想中的科学主义》。
② 陈独秀：《敬告青年》，载《新青年》，1.1（1915 年 9 月），第 1—6 页。

因此，在《新青年》对个人解放解释中，以为科学的世俗主义促进了新的转变，以外部的社会实践向着意义明确的自我实现，使之离开以人格解放为道德的自我实现的早期模式。个人主义的品德——独立，和自力更生，并不是以社会—乌托邦的方式，也不是从激进的本质上是神秘主义中解放，而是要求解除所有彼此纠结的社会关系。相反，这样会更适于自由选择婚姻配偶为核心的家庭，也适于经济独立的欧洲模式的家庭制度。更为重要的是这些品德之所起的作用，被视为与经济的生产能力相联系。"现代生活以经济为命脉，而个人独立主义，乃经济学生产之大则……故现代伦理上之个人人格独立，与经济学上之个人财产独立，相互证明，其说遂至不可动摇，而社会风纪，物质文明，因此大进。"①

同样的信念，心理上的态度和社会结果，在功能上是相互联系的。因此，《新青年》在讨论自杀问题时，很是活跃。当改良时代的许多中国人，在寻求理解新的人格理想，并使之成为个人品格时，自杀问题曾强烈地吸引了他们。早期的无政府主义者曾谴责逃避现实的自杀，而赞成自杀性的暗杀；理由是暗杀者不仅拯救了自己，也改进了世界。② 当新青年运动的支持者否定自杀行为，在传统上被认同道德的肯定或反对的启示时，便取消了这一行为具有的感人力量，从而在事实上改变了自杀的社会意义。不过，其初衷还在于超过虚无主义者对被动的简单否定，进而对儒家两个基本观念任何行为提出质疑。儒家的两个基本观念，即儒家引为道德典范的自我克制的理想；儒家的任何行为，应假定与道德之外的宇宙统一体协调一致。谭嗣同按照儒家的这两个信条，选择了殉难。但在 20 年以后的《新青年》世俗社会中，这种对死的选择无论其意义如何高尚，也只能看作是对社会责任的逃避，因为只有活着才能进行斗争。③

---

① 陈独秀：《孔子之道与现代生活》，载《新青年》，2.4（1916 年 12 月 1 日），第 297 页。

② 沃尔夫冈·鲍尔：《中国和对幸福的追求：四千年中国文明史中反复出现的主题》。

③ 陶孟和：《论自杀》，载《新青年》，6.1（1918 年 1 月 15 日），第 22 页；参看陈独秀：《对于梁巨川先生自杀之感想》，载《新青年》，6.1（1918 年 1 月 15 日），第 25—26 页。

在《新青年》的自然主义进化论者看来，生命本身既是人类价值的本源，又是进化的道德目的论证据。在五四运动期间，法国哲学家亨利·柏格森引起了新传统主义者的注意。柏氏的"生命冲动"学说，表明其理解科学推理所达不到的道德体验直觉本源。但是，柏格森的"创造进化论"，却使陈独秀与其合作者相信，已找到科学根据的哲学语言，再次确认人类在人道主义目的发展中，天然相互依存的进化观。青年相对摆脱了落后传统环境的拖累，对老人统治抱有"阶级"敌意，是最适合充当进步性变革行动的先锋群体；青年象征着假定能激发宇宙整体力量的生命力。

按照这条路线，新青年运动科学的、实用主义的现代主义者，又回到了形而上学历史进程的宇宙观理论上面。《新青年》杂志另一位关心青年问题的形而上学者李大钊①，舍弃了儒家的道德象征主义，吸取了儒—道宇宙论的象征主义，颂扬自然主义的宇宙一切运动，认为其具有生命本身的内在价值。李氏赞曰："大实在的瀑布，永远由无始的实在向无终的实在奔流，吾人的'我'，吾人的生命，也永远合所有生活的潮流；随着大实在奔流，以为扩大，以为继续，以为转进，以为发展。故实在即动力，生命即流转。"② 李大钊选择了以创造时刻作为形而上学历史进程的基础。在两种不同性质分成对立的力量为特征的宇宙中，年轻、春天、诞生、创造的存在，完全依赖于其对立面——灭亡、冬天、晚年、毁灭的相对性。但超过现象，宇宙作为整体只能被理解为时间本身状态。这里，时间现象的特征——差别、相对性和变化，应当与其超自然状态——绝对，形成鲜明的对照。因此，"年轻"、"春天"、"今"都是超自然的实在；这些发展阶段的能量震荡一切。李氏叹曰："不仅以今日青春之我，追杀今日白首之我；并宜以今日青春之我，预杀来日白首之我。"③ 在李大钊看来，这种超验意象的社会意义，在于保守主义者必须承认其与宇宙的能量是协调的；人们

① 关于李大钊的全面研究，见莫里斯·迈斯纳：《李大钊与中国马克思主义的起源》。
② 李大钊：《今》，载《新青年》，4.4（1918 年 4 月 15 日），第 337 页。
③ 李大钊：《青春》，载《新青年》，2.1（1916 年 9 月 1 日），第 16 页。

对现在的唯一真实利用，是为创造未来而奋斗。生物学与感情都教导去否定死亡——无论是自我、民族，还是物质宇宙。

对于李大钊的气质来说，有与赞美诗中相近的欢快冲动，早在1905年就已明显地表露出来。在当时许多人都读过的信函中，李氏指责其友人陈独秀，在国难当头之日有悲观厌世情绪。[①] 但是，国内新文化运动的传播，国际上欧战结束后世界变化步伐的加快，在陈、李两人心中都激起了希望。陈独秀认为，这些事变证实了其信念，即历史上的促进力量，是由文化和习俗之间复杂的因果互动关系而产生的。陈氏撰文称："一种学说，可产生一种社会；一种社会，亦可产生一种学说；影响复杂，随时变迁。其变迁愈复杂而期间愈速者，其进化程度乃愈高。"[②] 因对当代的事务变得非常专注，李、陈两人于1918年创办了第二种刊物《每周评论》，专事于对本国和世界政治形势的讨论。

最初，协约国在世界大战的胜利，似乎成了标志时代伟大转折的事件。不仅是《新青年》，把历史的目标与西方的民主科学等同看待，所有知道威尔逊总统民族自决提案的中国人，都期望协约国的胜利能改变近代帝国主义侵犯中国国家主权的态势。但是，李大钊于1918年向布尔什维克革命的致敬，却证明具有更重大的意义。当预祝1919年新年成为新纪元的开端时，李氏利用改变正朔所包含的象征意义，指出历史的更新；并清楚地表明，其所预见的进步社会类型，即是马克思所预言的经济生产制度。

> 从今以后，大家都晓得生产制度如能改良，国家界线如能打破，人类都得到一个机会同去做工，那些种种的悲情、穷困、疾疫、争夺，自然都可以消灭……从今以后，生产制度起一种绝大的变动，劳工阶级要联合他们全世界的同胞，作一个合理的生产者的结合，去打破国界，打倒全世界资本的阶级……这是新世纪

---

① 李大钊：《厌世心与自觉心》，载《甲寅》，1.8（1915 年 8 月 10 日）。
② 陈独秀：《孔子之道与现代生活》，载《新青年》，第 296 页。

的曙光！在这曙光中，（多少个性的屈枉，人生的悲惨，人类的罪恶）都可望像春冰遇烈日一般，消灭渐净。（多少历史上遗留的偶像，如那皇帝、军阀、贵族、资本家、军国主义）也都像枯叶经了秋风一样，飞落在地。[①]

　　1919 年和 1920 年，在许多激进的中国人中，迅速传播开对于马克思主义的兴趣。同样，也为因协约国胜利引起对自由民主失望的激发，遂促使新传统主义者在战后抨击"唯物主义的西方"团结起来。这样，凡尔赛和约在各方面都成了催化剂，激发了中国人对西方改革模式的重新评价；而这个模式曾强烈地影响整整一代中国人对世界进步的看法。民国以后共和政治的创伤，第一次世界大战和中国在和会上被出卖，使梁启超抛弃了对进化道德目的论的信仰。陈独秀（在这次战争中）曾把协约国的目标与公正的理想等同起来，但 1919 年的凡尔赛和约使其大感震惊。由于陈氏在反对凡尔赛和约的"五四"示威游行中所起的作用，被判处监禁五个月。到 1920 年中，陈独秀即完全信服马克思主义新的革命社会科学。许多人从思想领域的各方面追随梁启超或陈独秀，把长期压抑在胸中对西方的批评，以猛烈的方式倾泻出来。在整整一代人的时间里，中国人将本民族的复兴寄希望于世界进步之上，一直倾向于西方，却掩盖其对中国露出两副面孔的两面神的真实面目：或者把西方对侵略中国主权的愤怒，分成各不相干的部分，完全是就事论事地来对待这些侵略行为；或者把中国受列强的欺凌，归咎于自己国家的衰弱。中国人以此为代价，继续相信文明与强权是一致的。而马克思主义的观点和新传统主义的看法一样，相信外患的入侵是对中国的许多问题应承担责任，只有这样才可以解除中国人蒙受难言之隐的屈辱。

　　这样，自由主义的西方改革模式，再也没有恢复其昔日的光彩。在"五四"反对帝国主义运动的氛围下，受激进团体攻击最有力的自由主义改良信念，是其所持的渐进主义。于是，变革的进化方式与革

---

① 李大钊：《新纪元》，载《每周评论》（1919 年 1 月 15 日）。

命方式，越来越被认为是不相容的两种选择。早期的无政府主义者曾经认为，从长远的历史观点来看，渐进和革命两种方式是互为补充的辩证统一。而在湖南省城长沙，一名激进的青年学生毛泽东，却自称为是信仰大同进化论信徒的反对者，提倡"民众大联合"的动员，断言这种大联合动员，能够很快实现中国社会的全面改革①。知名的北京大学教授胡适，在美国留学期间已成为约翰·杜威的信徒，在1919年秋，发现其所主张从问题出发去进行改良的科学方法，受到了尖锐的挑战。在这场"问题与主义"争论中，胡适的"一点一滴"改革主张，遭到李大钊的反击。李氏与胡氏针锋相对地说，每个时代都是经济关系制度所基本规定的。根据这种观点，李氏又说，一个时代所有的问题都是相互联系的，所以人的意识可以成就一个共同的基础，而且能够为全部改革确定方向。两派都认为，"从问题出发"的论点，是向革命社会主义思想体系的挑战。②

到"五四"时代后期，在激进主义者的团体中，大同的概念已日益与上一代人的改良思想体系，亦即和消极的、非政治的、精英的优越感联系起来。如前所述表明，在马克思主义对中国人思想上的吸引力中，除了布尔什维克革命的政治行动提供了榜样以外，还有另外一个因素在起作用，就是从早期马克思主义者对历史和社会的解释中，领悟到对进化宇宙论决定性的修正。当中国人对自由、民主的国家前途幻想破灭之时，而对于其最初解说改革理想的"民主"与"科学"仍坚信不疑；当然这是要从当代欧美的土壤中移植过来，重新栽植到未来遥远的世界。李大钊作为中国最重要的马克思主义理论家和毛泽东早期的导师，不但坚信马克思主义是西方科学与民主传统的真正载体，而且吸收个人解放的社会乌托邦主旨和互助自然伦理观，作为其

---

① 毛泽东：《民众的大联合》，首次发表于《湘江评论》，1919年7月21日至8月4日，见斯图尔特·施拉姆译注：《民众的大联合》，载《中国季刊》，49（1972年1至3月），第88—105页。
② 周策纵：《五四运动：近代中国的知识分子革命，1915—1924年》，第218—222页；迈斯纳：《李大钊与中国马克思主义的起源》，第105—112页。

马克思主义信条的组成部分。①

作为一位马克思主义者，李大钊把世界范围内通行的阶级制度，说明劳动人民是世界进步的动力，并认为劳动人民的斗争是自然和社会发展的必然结果。李氏相信，普通人进行革命的力量，是来自其独立自主意识，来自其自身力量的自我觉悟和认识；即一个人的命运只有属于自己，才能发奋图强，对社会作出贡献。李氏在劳动大众身上，看到变革人的动因，认为这种动因足以弥补非人的生产力，而不会被其所压倒。从这个意义上说，李大钊并没有发展在社会实践上精深的马克思主义理论，而只找到强调人类内在活动的"唯意志论"，与强调外在超历史过程"决定论"之间的平衡。最后，正如进化宇宙论者，曾努力使达尔文竞争手段与儒家道家的道德共同目的协调起来。李大钊认为，互助是阶级斗争的补充；作为社会主义道德目标，互助不能与实现这个目标的阶级斗争过程割裂开来。

整整一代改良主义者，都以进化宇宙论为其思想定向——无论是采用更神秘的，或是世俗化形式的人，都必须信赖一些基本信念，即假定传统的儒—道宇宙论范畴与西方的自然宇宙模式，是互补的，而不是对立的。这些改良主义者相信一种有机论的相互依存的臆说，上至自然—历史和宇宙精神领域的相互依存，下至社会、文化和政治秩序的相互依存——恰是所有这些方面日益为人们以分析的方法，理解为不同方面的时候，于是就设计一种世界进步的乌托邦蓝图，认定无论经过多少迂回曲折，进步终将把世界导向大同的理想。虽然这些人不再把政治和政治领袖作为变革的主要动因，但却也反对进步只是由非人力的社会与历史动力宿命论选择；相反，寄希望于人性之内的道德能量，首先是被概念化为主观精神力量，然后概念化为全人类固有的精神，最后使之体现在民众政治运动之中。当中国的马克思主义者不再用儒—道的信条描述整个宇宙时，不再把革命的劳动阶级能量，与在人类发展中的人本主义启蒙思想联系起来，而把其自身描绘为严肃的、世俗的、科学的唯物主义者时，于是便走出了作为信仰体系进

① 迈斯纳：《李大钊与中国马克思主义的起源》，第 140—154 页。

化宇宙论的范围。马克思主义者致力于民众的政治运动，强调作为变革动因的民众运动，应当重视社会行动。因此，中国的马克思主义者不再用心于进化神话的构造。不过，就李大钊而言，这种改变绝不是直接的或急剧的，进化宇宙论仍然在中国马克思主义者的辩证法结构中留下了痕迹。

第 八 章

思想史方面的论题:"五四"及其后

"五四"事件

不言而喻,1919 年和 20 年代初的伟大思想浪潮,是由许多因素共同造成的。按照中国方式,给以一个中性的数字名称——"五四"(即 5 月 4 日)运动。这次中国思想转变的背景,有几个必要的发展阶段。首先是北京大学(一般简称"北大")已成为现代化的高等学府;从 1917 年起,由新校长蔡元培(1867—1940 年)领导。蔡氏的经历,跨越新旧两个时代;25 岁在翰林院以研究经学闻名,后来成为同盟会的革命者,在德国研学了 4 年的西方哲学,1912 年担任中华民国首任教育总长 6 个月。蔡元培在北大任职时,欢迎来自全世界的各种思想,延聘具有不同经历的优秀青年学者来校任教。

这种进步风气很快推动了语言改革运动,即白话文运动。曾在日本和法国留学的陈独秀[①],参加过辛亥革命和 1913 年的二次革命,创办过多种报刊,其中包括 1915 年创刊的《新青年》,在其成为知识界的领袖后,仍在编辑此刊。另外一位受过传统训练的年轻学者胡适(1891—1962 年),留学回国也到了北京大学。在 1910 年和 1917 年之间,胡适在康奈尔大学和哥伦比亚大学学习。胡适在提倡白话文方面,很快得到陈独秀的支持,而白话文是现代思维和使民众受教育的重要工具。深奥的传统文言文只能为学者所理解,因此应予以抛弃,而代之以日常语言的表述方法和词汇——欧洲文艺复兴时期,拉丁文让位于各民族语言,也发生了类似的变化。到 1920 年,教育部规定

---

① 校注:陈独秀只在日本留过学,没有去法国留过学。

各学校使用白话文。

同在这个时期内，由于日本的侵略，爱国民众日益关心国家的命运，尽管许多说法还是表面的。日本的侵略集中表现在 1915 年的"二十一条"中，也集中表现军阀们为了其私利，与日本帝国主义相勾结的结果，尤其是控制北京政府的安福系军阀。1919 年，山东问题的纠纷，使之中国民族主义情绪的高涨达到新高峰。巴黎和会最终决定，依照战争期间日本与英国、法国、意大利的秘密协议，日本在 1914 年把德国逐出山东后，可拥有原来德国在山东省的特权。这样的协议，公然违反威尔逊的外交和民族自决原则，于是引发了 5 月 4 日的事件。

5 月 4 日下午，来自北京 12 所学校的 3000 多名学生，在天安门前集会，反对巴黎和约，抗议安福系政府 1918 年与日本秘密勾结，允许日本继续占据山东。示威者开始是和平游行，后来袭击了一名亲日官员[1]，并烧毁了一名内阁次长的住宅。[2] 北京政府用武力拘捕了数百名学生。学生因此更为激愤，爱国的民众遂被唤醒。学生运动至少在 200 个地区爆发。上海商人罢市一周，约有 40 家工厂的工人罢工。一场有妇女参加，得到广大民众支持的学生运动发动起来了；拯救国家的责任，使学生的组织及行动达到空前的程度。这是民族主义在政治上的新表现；因为其事先未经策划，所以意义更为深远。这次事件带来许多成果，其中之一就是北京政府被迫作出让步，大约有 1150 名学生胜利地走出监狱——这是很长时间以后还有影响的一次胜利。

中国在处于政治、思想、社会的重大转变时刻，发起了五四运动；"五四"一直被概括为一个时代。但这既不是这个时代的开端，也不是其终点。因此，我们要了解这个时期的动向，对其来龙去脉必须加以考察。我们还必须承认这样的事实，即在一定时期，中国历史会走向一个波澜壮阔的时代。此外，在思想和文化的发展程度上，必

---

[1] 校注：示威者袭击的亲日官员为时任驻日公使的章宗祥。

[2] 校注：烧毁的内阁次长住宅，为参与"二十一条"谈判的外交部次长曹汝霖赵家楼住宅，史称火烧赵家楼。

须认清种种限制。

本卷涉及现代中国思想史篇章，把主要注意力集中于知识分子身上。因为知识分子阶层人数虽然一直很少，但其颇为关心中国和现代世界具有重大意义的论题和争论，却没有论及中国大多数人的精神生活。直到 1949 年，中国民众（和社会高级阶层）一般仍然生活在传统文化所支配的世界中。的确，中国在 20 世纪出现了大量城市人口所面临的世界，有各种新式的通俗出版物，有受西方影响的种种文学作品，甚至还有电影院；然其参与政治事件，也有新的观念——他们仍然照旧生活在古老的传统中。实际上，民间宗教和"迷信"的社会，秘密会社和宗教——政治派别的社会，和尚、道士和教派首领的社会的这种状况，至今仍存活在台湾和大陆之外的其他中国文化地区。尽管官方加以限制，但这种状况的前景至今还是不可预测。现在，西方学者开始以严肃的学术眼光来关注这种状况；这样，中国20 世纪的历史还须撰写。

中国知识分子中有一些关心大众文化的学者政治家和小说家，如顾颉刚、郑振铎、瞿秋白、鲁迅、沈从文等。他们总是根据其特殊情怀和独特眼光来观察民众社会，但是如把他们的著作，与在这个领域先行者的日本学者以及西方人类学家的工作结合在一起考虑，将会有助于对这个问题的进一步研究。

这一章的主要论题是"五四"时期（广义的）及其后知识分子阶层的讨论中，占主要地位的论题和论点。然而要说明 1919 年 5 月 4 日发生的事件，还必须从发展的过程讲起。20 世纪中国思想史的研究者现在都很明白，始终支配本世纪上半叶（及其后）的论题，实际上早在 19 世纪末和 20 世纪初就已提出。由于本书费侠丽和李欧梵所写的两章，已对其中的许多论题作了分析，因此，我们在此先作一扼要之复述。

进步与民族主义

正如前一章所论述的，关于历史的进步或进化问题，是所有论题中最主要和最为持久的问题。康有为、严复、谭嗣同等伟大先驱者的著作中，首先对这些论题作了说明。正是在他们的著作中，我们了解到一个广阔的宇宙—社会进程的观念，将引导人类最终实现难以想像的人类成就的可能性，甚至人们所有的问题，都能得到乌托邦式的解决。无论人类是否会直接把这种观念当做西方的观念来接受，也无论人们会像康有为那样，为这些观念找出中国的根源；就其结果而言，是对盛行许多世纪的传统儒家社会—政治秩序，是具有极大的破坏作用的。

虽然这种观念本身实质上具有普遍的意义，但是中国人最终对其接受，则和19世纪最后10年极为紧迫的时局有很大关系。原来国家政体可能即将崩溃的前景，严复、康有为、梁启超等有为有守的文人是绝不能接受的。中国文人一向以"天下兴亡，匹夫有责"自任，一直把自己看作是社会的政治领袖和卫道士；持有这种根深蒂固的意识，绝不能接受中国作为社会—政治统一实体的消亡。

到了19世纪末，中国文人终于面临一个严峻的问题，即作为完整体系的古老儒家传统秩序，和作为社会—政治统一实体（即梁启超所说的"群"）的中国，两者都继续存在是不是矛盾的。他们选择了后者，实际上也是由于今后的需要，而选择了民族主义。一旦国家的生存和兴旺被确定为首要的目标，民族主义的主题就一直占主导地位。尽管从一开始，民族主义就与社会—达尔文主义的思想意识有牵连，而社会—达尔文主义构想的目的更具有普遍性。有关民族存亡的紧迫问题，首先使人们对造成西方国家优势的技术、制度、体系和思想进行广泛的研究。至少在短期内，主要的进步目标是复兴中国，使之中国重新成为社会—政治统一实体。

不过发展进化观念本身，还有超出这个目标的意义。严复在西方认识到的，不仅是西方实现了人类难以想像的新奇事实，而且认为中国也可以赶上去。严氏所获得的新信仰，即是宇宙发展进化的观念，西方因顺应宇宙进化进程的巨大能量而得到了进展。这是普遍的进程，也必定以某种方式在中国起作用。

这种非人格力量和不受个人操纵的历史结构观念，在中国并不是新鲜的。中国人常常用宇宙—社会这个"外界"的天或道的神秘运行，认为人类对其控制是极为有限的。实际上，邵雍、章学诚等所表述的思想中，一个组成部分便是这样的历史模式。从总体上看，这不是中国思想中较为乐观的部分，因为其往往强调历史命运对人类希望的束缚。19世纪西方发展进化论和历史主义学说的新鲜之处，不在于关于历史的客观动力的观念，而在于这种客观力量必然与人类希望趋向一致的观念。这种观念本身——完全撇开力学上有关力的特定概念，便是康有为和严复思想之所在；尽管前者仍使用传统术语，而后者用社会达尔文主义的措辞。

这种观念在否定方面的含意，就是指古老的儒家体系在历史中的地位只是相对的。帝制、科举制、官僚政治和人伦礼仪，在过去都属万世不变的秩序（尽管这个秩序实际作用遭到严厉的批评），现在却变成因时而异了。的确，严复、康有为、梁启超在20世纪前10年中，始终是帝制拥护者，但此时却把帝制当做手段。中国民众对共和制毫无精神准备。然而，也正是中国民众使皇权一时降到低下的地位，帝制在中国变成正在消逝的人类旧制度。

人们可以由此发现，从一切规范中摆脱出来的激进思想——谭嗣同生动地称之为"冲决罗网"。根据这个水准，我们看到的现象是对历史激进的批判。为什么在西方一往无前的历史力量，而在中国却是如此无能为力呢？康有为认为，这是因为孔子的真正教导已被千百年来的古文经学歪曲的结果；严复则认为，是由于圣人君王一贯压抑民众创造力的结果。这些解释，似乎都很难与发展进化的决定论学说协调一致；似乎暗示着自觉意识的力量，还是能够阻碍进化的力量。实际上，这个论题已经预示了，从后来的新文化运动著作中，在庸俗的马克思主义者的著作中，可以找到一些不加掩饰的观点，即中国传统的精英文化，是精心设计用以压制发展力量的手段。但是，不管这些学说怎样自相矛盾，人们此时都希望进化的力量或历史的力量，最终将会冲决过去所有的樊篱，以及所有的成规和消极压抑人的专制主义。在所有这些学说中，我们觉察到一种反结构主义的夸张心态——偏好把客观实在，看作是由能量与超越的无形力量构成连续统一体，而不是永恒秩序和结构的实体。

我们在这里谈的只是传统的儒家体系，而不是过去的全部传统遗产，因为在辛亥革命以前的一代，并没有"全盘"抛弃这些传统。那一代人深深浸沉在这种文化之中，也深刻了解这种文化的丰富多样性及其内在的冲突。为了在中国的思想中找到一些与西方观念对应的形式，儒家以外的其他传统思想也常被引用，其动机可能是在挽回民族自尊心。如李文逊所称，这时"有价值的"事物已不再和历史相称了。① 不过，19世纪末（甚至在此以前），大乘佛教哲学②和"达观的"道家学说的复兴，却不能完全按上述方式来理解。事实上，佛教和道家学说是从超越所有的形式和结构的超验领域这一角度形成的观点，和贬低儒家的永恒秩序概念是相对的。

过去，这种超越观点在任何社会—政治意义上，并不是具有破坏性的。瑜伽佛教的"佛性"，道家学所说"无"的境界，为人们提供了慰藉，使人得以摆脱污浊社会的痛苦。对于热心于佛教复兴的一些人，如杨文会、欧阳竟无，甚至对于革命派的章炳麟，佛教的吸引力依然存在。不过我们此时所要指明的，是与此相反的倾向，即存在的本源不再被视为慰藉，而是具有无穷推动力的能量源泉，冲决人类历史中所有起约束作用的制度结构，最终引导人们从社会和个人两个方面获得终极解放。③ 就个体而言，以一种佛—道似的泛神论方式来看，存在的本源甚至可以成为各种浪漫主义的灵感。这种灵感终于使郭沫若高喊："一切的自然只是神的表现，我也只是神的表现；我即是神，一切自然都是我的表现。"④ 这类带有传统情怀的灵感，表明现代西方关于进步观念的解说，都假定人类和宇宙之间存在着鸿沟；对于中国思想先驱们来说，这不成为一个重要的问题。

总之，这些先驱们所面临的是列宁主义的困难。和列宁一样，中

---

① 见李文逊：《梁启超与现代中国思想》，及其《儒家中国及其现代命运》。
② 有关这个问题的一份英文资料，见陈荣捷：《现代中国的宗教趋向》。
③ 这种相反的情况，不是完全没有历史先例。在王安石等人的著作中，可以发现这样的话题，救世菩萨不是通过宗教怜悯心，而是通过社会—政治的转变来拯救世人。
④ 李欧梵引自郭沫若所译《少年维特之烦恼》的《序引》；李欧梵：《中国现代作家中的浪漫一代》，第183页。

国思想先驱们狂热地相信，历史的"客观力量"会向一个确定的方向发展。也和列宁相似，因为这种客观力量不能在中国实现，而感到愤怒。如果把过去的历史归因于客观有机力量之所为，那么，对于现在更适合的比喻，历史就先已存在着道路或梯子。相信目标是先定的，这样的信念仍然是鼓舞人心的，引导中国沿着这条道路前进的重任，就将落在新一代"智者"、"先知"和"先锋"的肩上。

尽管普遍的风气，是从根本上否定刚刚过去年代的历史，当我们转而考察思想先驱们对未来的积极憧憬时，注意到其间的重大差别。关于下一阶段的历史需要——基本根据日本明治维新的路子，规划君主立宪政体的现代化方案——他们大体上是一致的。但康有为与严复的意向截然不同。严复期望在遥远的未来实现人类大同，但其对眼前所关注的，只是如何切实地学习那些已经使西方——尤其大不列颠达到目前高水平的物质技术和社会工程。中国思想先驱的任务，就是去掌握各种技术、制度、国家基本结构知识的严肃科学。这些知识将导致每个人发挥其身体、心智和道德方面的能力，并能增强这些能力用以贡献于国家社会。这就涉及要切实借鉴英美自由主义学说的思想，需要建立文官政府、法制以及经济和教育的合理化系统，以此来造就一代"新人"（梁启超所说的"新民"）。新人的所有创造能力和才干，在为国家效力时得到发挥。严复根据翻译亚当·斯密的《原富》指出，资本主义经济应是上述方案的主要组成部分。尽管严氏对自由的向往极为真诚，但感人至深的，还是其明智的专家治国方面。

当我们转而研究康有为时，发现其包罗万象的精神—道德想像，使其具有完全不同的感染力，尽管其所接受的现代化方案与上述的方案基本接近。康氏的乌托邦的构想，使其很快跳跃现代西方所设置的未来格式，而达到其完全不同的悟性。当我们研究康氏的乌托邦著作（《大同书》）时，发现其可能深受 19 世纪西方社会主义文献的影响，但字里行间又明显有佛—道因素。未来的乌托邦就是人类的大同世界，使人们彼此分离一切家族、阶级和民族结构，连同其使人们生活承担的义务，在大同社会中都将消失。不过这些结构的消失，不是为了使"个人"脱离社会，而是为了把众人融入不再有隔离的人类共同体之中。更为玄奥的，这样个人融入茫茫人海之中，可以最终使受苦的人类得以从个体存在本身的束缚中，全面解放出来。虽然康有为及其门徒谭嗣同关心科学技术，但其对历史的根本看法却是与此大不一致，把历史当成一连串的精神—道德上的冲突事件。这些冲突事件将会引出精神—道德的决裂。康、谭二人的想像，与严复关于在不远将来实行"专家治国"的憧憬，则大相径庭。① 这两种极为不同的观点，对以后事态的发展均有深远的影响。

当然，正是严复和梁启超介绍能动的进化原理，引起人们注意新的观点——社会达尔文主义学说。这种令人震惊和引人入胜的新学说，当时遂成为改变中国道德价值观的根源。自然选择和存者生存的进程，无论对于个人或国家社会之间的相互作用，都需对人要有新的理解。物力论，进取精神，坚持己见，施展才能——所有这些生命力的特性，都一直被以往的道德伦理所压制。这些道德原则所扶植的，是和平、和睦、隐忍和顺从——这时都是受到颂扬的。尤其需要的，能人、智者之间的经济竞争和"生存斗争"，似乎符合自由主义的观念。当把这种观念应用于国家冲突时，便表现出更加激进和更为可怖的面目。当然，作为进步动力的集团之间的斗争，最终将在马克思列宁主义中找到另一种新的方式。

中国的社会达尔文主义根本不赞成经济上的个人主义，完全不理解现代西方达尔文主义的主张。从一开始，中国的社会达尔文主义，就阻止不住对当时西方社会主义学说的兴趣，对社会主义给予资本主义的批判尤感兴趣。康有为的乌托邦想像，无疑是"趋向社会主义的"。梁启超既是其先前导师康有为的代言人，也是严复的代言人，后来变得有些前后矛盾。梁启超是中国讨论社会主义和社会主义对资本主义批判的第一人。严复对亚当·斯密学说的倡导，并不是由其对古典经济学原理的赞成，而是出于"现实主义的"设想，即资本主义是实现发展工业的进化动力。1905 年以后，梁启超相信和自由主义

---

① 的确，严复自己的思想中，存在多少有些不同的道—佛因素，见许华茨：《寻求富强：严复和西方》，特别是第 10 章。

相比,国家社会主义能够控制和加强经济,并能消灭经济上的不平等,且定能使中国在纷乱的国际事务中成为有力的竞争者。自由主义由于强调各不相同的个体和团体利益,最终只能削弱国家。经过1905年和革命派的论战以后,梁启超又回到这个论点上。

随着对社会主义兴趣的兴起,出现了对中国过去采取宽容的态度;无论其是否与社会达尔文主义相关,这种态度似乎与上述对中国过去采取毁之有加的正相反。与这种态度相联系,中国的社会主义者开始站在"更高"的立场上,对当代进行反资本主义的批判。正如梁启超和孙逸仙所坚持认为的,在中国,人们总是以为统治阶级会关心民众的疾苦,从未经历过尖锐的阶级差别,像真正达尔文式的历史。中国将来有可能利用"落后的有利方面"(后来反映为毛泽东关于中国"一穷二白"的想法),避免西方资本主义某些极为可怕的后果。严复仍然坚定地相信斯宾塞给予的启示,依旧认为,被认定为西方历史标志的激烈冲突,正足以证明资本主义的个人主义竞争,是西方文明的合理之处。中国需要集体的动力,也需要个人的动力。

革 命

20世纪的前10年又出现另一个主题——革命主题强有力的影响。革命的概念,在性质上完全与现存社会—政治秩序决裂的集体行动,无疑是建立在进步观念之上,但从某些方面看,革命似乎很可能与西方18世纪时的思想有联系,而不是与19世纪渐进的进化或历史的发展观念有联系。中国的革命者,如孙逸仙和本世纪初留学日本的革命学生言论中,总是混杂着18世纪西方思想和社会达尔文主义的概念。

在对待历史的论述中,严复和梁启超(其言论再次出现前后矛盾)已经清楚地显示出民粹主义[①]倾向,痛恨传统文化束缚民众的创

---

① 校注:民粹主义,亦作民粹派,19世纪下半叶俄国空想社会主义的思想流派,以平民知识分子为主体,主张采取政治暗杀手段,认为不经过近代大生产的发展,只要发展"村社"就能由农民的小生产过渡到社会主义。

造力和才能。受束缚的民众潜力，只能在先驱的指导之下，经过长期有序的进化发展过程才能发挥出来。人们没有理由相信，一旦社会的障碍被革命性的变化所排除，潜在的民众智慧就能显露出来。同一阵营的革命者对此也是众说纷纭。孙逸仙早有所见，认为中国民众事实上已具有"村社民主"的基本形式，一旦把满人的统治推翻，这个基本形式就可以成为民主的坚实基础。其他一些人则认为，进化的力量只有经过革命才能激发出来。邹容在其所著《革命军》中说："革命者，天演之公例也。"后来，中国和西方的马克思主义者，都了解"实证进化论"和"辩证革命论"是两种对立的主张；而对于孙逸仙和邹容等人而言，这种对立的区别却是模糊不清的。应该补充的，革命者都认为，革命是为了实现民主共和——尽管是带有"社会主义"因素。

从一开始，中国革命者就面临列宁主义的困境。革命是否时机一到，就会发生客观事件？革命是否需要积极分子或英雄充当先锋？和大多数俄国革命的同龄人一样，并受到这些俄国人的影响，使之很快相信革命必须有革命领导者。年轻的革命者不仅要寻求解决民族要求问题的答案，而且还要树立其个人作为个体的形象。严复和梁启超所谓的新人，就是有理性和有作为的"现代人"——新社会里的工程技术人员、企业家、专门职业者。不过，树立这种形象的可能性，是要建立在对现行制度否定的基础之上，可能导致十分浪漫的个人主义观点，强调解放人的情感经验能力。20世纪初林纾的西方文学译作，展现了丰富的情感体验的景观——爱情、冒险、英雄主义。[1] 这种新的情感体验方式，与革命英雄主义形象相融合的模式，成为自我实现的典型。在著名的革命义士秋瑾、吴樾、陈天华等人身上看到这种典型。

如上所述，无论是革命者还是改良者，其理想并不是对整个文化遗产的"全盘"否定。年轻的革命者在反对盛行已久的传统儒教时，也是深为植根于深层的遗产之中。举凡游侠传统，明代英雄义士的传

---

[1] 李欧梵：《中国现代作家中的浪漫一代》。

统,清初的不合作者传统,以俄国民粹主义恐怖分子为榜样,及拜伦式造反诗人形象,在年轻的革命者心目中都混在一起。这些年轻革命者是真诚的献身于革命事业,无须有任何怀疑的,但革命也成为个人自我实现的一种方式。

在革命者形象中,不仅能发现强有力的传统成分,甚至还能发现革命运动作为一个整体,必定要成为整个文化有关民族主义运动的中心(尽管改良派也参与其中)。这种民族主义,与严复的彻底反传统的民族主义,明显是对立的。在这里,现代民族主义显出矛盾百出,一方面为了实现民族的富强,也需要彻底破除传统的束缚;另一方面有关民族存亡的认同意识,似乎又要求充分信赖历史上民族文化成就的内在价值。

在中国,刚烈性格的学者章炳麟所鼓吹的反满主题,似乎为民族地位的巩固,有意提供一个恰当的基础。依章氏的看法,清代不仅是一个衰落的朝代,代表一个劣等民族,而在任何方面都优于满族的汉人,却受其奴役达数世纪之久。革命一旦成功,汉民族将获得解放而发挥高度的创造力。汉民族是一个有自己历史,有自己"国粹",自己走向未来道路,并富有生命力的实体 。章炳麟无疑熟悉欧洲民族主义的固有观念,据此而激烈主张,中国人应从自己的传统中寻找出自身的思想方针。不过,矛盾的是章氏既强调中国精神,又似乎不把中国精神当做普遍真理的体现,只要求严格信守在具体问题上表现出来这种精神。作为清代古文经学的著名学者,章炳麟尤其强调,中国青年应该学好全部文化遗产,并应以此引为自豪。然而在另一方面,在文化遗产的范围内,章氏也有其个人的偏好。其他的革命文化民族主义者也是如此,如刘师培、柳亚子等人,虽同样是如此,但更偏好民族文化遗产中的文学和美学方面。的确,纯粹"文化"的民族主义,只是革命阵营中的一种潮流而已。孙逸仙的个人生活经历,和刘师培、章炳麟等文人很不相同。孙氏的确能把纯粹民族主义的激烈内容,结合进其折中的三民主义体系之中。但其根本倾向仍是西方式的,其追随者中的很多人也是如此。不过,"纯粹的民族主义"作为一个论题,在以后的国民革命运动历史中曾起重要作用。

革命阵营里另一个值得注意的倾向，是无政府主义。20世纪初期，无政府—工团主义在欧洲激进派和美国左派中很有影响。事实上，从整体看，当时（特殊地说）代表"革命左派"的，既不是欧洲的社会主义者，（一般地说）也不是马克思主义者，而是无政府主义者。这在其他方面也有类似情况。翻译日文和与日本激进分子的接触，是中国革命左派获得信息的主要渠道。[①]

有些革命者接受无政府主义，与其对过去对压抑人的消极权力的抨击有关，这种抨击在先前的思想家那里已经看到。的确，先前的思想家（以及很多革命者）决没有得出，所有的权威本来就是有害的，或多余的结论。按照其看法，中国需要的是新的、建设性的、起教育作用的权威，可以促进民众的力量。有些更敏感的人，由于相信一场世界性的无政府主义革命即将在西方来临的说法，迅速作出反对所有权威的结论。热心提倡"国粹"的刘师培，在老子的书中为其信念找出了根据，即中国的无政府主义革命可以恢复道家"无为"社会的自然朴素状态；这显示出当各种学说如万花筒般混杂在一起。而另一些人，在克鲁泡特金的仁慈"互利"理论中，为达尔文学说寻找宇宙论的根据，以为从其中可以找到更近似中国的传统——与极端的政治激进主义学说有关的中国传统宇宙论。

这里应当补充提到，在辛亥革命前后，都有一些具有特殊性情的人，对能够影响大多数新文人的鼓吹并没有什么反应。不论由于什么原因，这些人对20世纪社会—政治的偏激倾向，是十分抵触的。

章炳麟是一位复杂的人物，一方面热情地卷入社会—政治冲突之中，又沉浸于文化民族主义的复兴；另一方面，又深受再次流行的大乘佛教（尤其是唯识宗）和庄子思想的影响。就此而论，章氏在神秘的觉悟中找到其最终慰藉；这种神秘的觉悟，否认整个现象世界的内在价值。章炳麟随意理解达尔文主义，以其当做对无常世界的解释，甚至否认达尔文主义会提供任何终极解放的希望。这实际是否认进步。

---

① 马丁·伯纳尔：《无政府主义对马克思主义的胜利，1906—1907年》，载芮玛丽编：《革命中的中国：第一阶段，1900—1903年》，第391—396页。

另外一个有趣的例子，是王国维这个复杂人物。王氏的个人气质和生活阅历使其认为，有很多人对国家“富强”和政治救亡学说，只是表面的了解。在王氏接触到叔本华思想以后，发现其根本感受——生活本身就是问题，完全不同于特殊情况下的生活苦难，得到西方的实证。很显然，尼采和实证主义使王国维最终坚信，叔本华的形而上学尽管许诺能解除人生的痛苦，但“是不可信的”。此后，王氏终于以从事哲理性的文学批评（如其对小说《红楼梦》的解释），并最终在融合清代和西方哲学传统的创造性学术生涯中，找到了慰藉。

辛亥革命与“新文化”

中国的辛亥革命常被看成是“表面的”，认为是没有引起社会变动的。然而辛亥革命仍然结束了君主政体，使皇权合法化的宇宙论思想也崩溃了。政治权力分散，而且趋向军人掌握政权化；原来贯通于全社会的权威系统，降低至地区性水平；道德的威严在社会许多方面崩溃；地方上有权有势的人都极不安全；新的共和政体未能建立其合法基础——所有这一切，必然有力地冲击知识分子对上述论题的观念。以上的种种趋势，很多在1911年以前已在发展。废除科举制，对文人的社会地位造成巨大影响。君主政体的宇宙论基础，已被康有为、严复、梁启超等人的进化学说大为贬低。按照林毓生的恰当说法：“堤坝的闸门经过长时间的腐蚀，当堤最终溃决时，任何东西也抵挡不住这场破坏一切的洪水冲击。”[①]无疑，客观地研究1911—1919年之间中国所有地区的变化，将能揭示出多种多样的情况，其中甚至会有一些积极进步事件。不过，在多数“高级”知识分子心目中，整个社会却是堕落、残破、腐败、野蛮的景象。中国的发展趋势将陷入绝望的泥潭之中。

严复和康有为都更加确信，“进化不可力迫之”；认为在中国进化的现阶段，共和革命是个重大的错误。梁启超认为，革命和君主政体

---

① 林毓生：《中国的意识危机：五四时期激进的反传统主义》，第17页。

的覆灭，是不可逆转的历史法则。梁氏最初站在其一贯的立场上，支持袁世凯建立的"共和"独裁制度，认为这能够实现现代化的任务。康有为也站在其一贯坚持的进化立场上，仍然相信唯有君主政体的象征形式，才能够恢复已经崩溃的核心凝聚力。① 此三人在此时期的共同倾向，都是非常乐意接受文化民族主义的基本思想。长期以来，康有为一直为其看法鼓吹，在小康中等水平进化阶段中，儒教是必需的。在分裂形势日益严重的局势下，严复和梁启超越来越深信，中国需要能够稳定共同信念的基本思想。在此情况下，严复在"孔教会"请愿书上签了字，要求定儒教为国教。② 严氏认为，令人悲痛的是中国社会仍处于由"父权"阶段向"军事"阶段的转变时期③，而中国仍然需要父权信仰。

激进的革命者们的反应是多种多样的，很多人很快表明其思想信仰的旗帜是鲜明的，但却是不深刻的。这些人在声名狼藉的军阀混战时代，卷入到政治斗争之中去了。孙逸仙在二次革命和三次革命后的暗淡岁月里，继续（积极的，但没有多少效果）寻找政治权力的基础。"国粹"派的拥护者不久发现，腐败的满清政府被推翻之后，汉族并没有自然而然地得到全面"复兴"。刘师培等人仍专心致志于维护民族文化特点，但指望用政治手段得到保护的信心已经丧失。用劳伦斯·A.施奈德的话来说，"这一批人的文化使命，是这时使其团结一致的唯一原因"④。刘师培等人关于文化的观念，已倾向把注意力集中在文学和传统学术上，使之成其为激烈反对"五四"时期语言和文学革命的人。

可是辛亥革命以后受到的挫折，引起各种反应中最为重要的，是陈独秀于1915年创办《新青年》为最突出代表的新文化运动。在确定新文化运动的性质时，其消极方面，就是对全部文化遗产的抨击过

---

① 这将导致康有为支持辫子军阀张勋1917年的复辟尝试。

② 严复等：《孔教会章程》，载《庸言》，1.14（1913年6月），第1—8页。

③ 许华茨：《寻求富强》，第234页。

④ 劳伦斯·A.施奈德：《国粹和新知识界》，载费侠丽编：《变革的限度：关于中华民国时期的保守抉择的论文集》，第71页。

于偏激——更全面的抨击，这是整个新文化运动的特点。陈独秀倡导
"自主的而非奴隶的，进步的而非保守的，进取的而非退隐的"思
想①，并无若何新奇之处。但此时的抨击已不仅指向传统的儒家
社会—政治制度，而是指向包括儒、道、佛三教的整个传统（更不用
说民间的迷信风俗）。

　　社会达尔文主义的进化论概念虽仍被沿用，但在某种意义上，
"旧社会"和"旧文化"已被当成巨大而毫无生气的沉重负担，使民
族灵魂趋于麻木委靡。革命已经证明，虽然能够推翻传统的政治制
度，但却不能改变遍及整个社会的腐败现象。事实上，陈腐的旧势力
绝不只是继续有能力苟延残喘，似乎大有力量卷土重来（袁世凯的试
图恢复帝制即为例证）。因而摆在革命面前的任务，就是改变民族的
全部精神生活。"新文化"的领袖们认为这项工作，是任何政治行动
和体制改革所不可或缺的先决条件。年轻的胡适，在 1917 年从美国
归来途中所表示的决心，"二十年不谈论政治"，实际似乎是传达整个
新文化界的普遍情绪。正如其主要刊物名称②所表明的，认为其主要
读者是受过教育，但还没有被"陈旧之物，腐臭之物"③ 完全腐蚀的
青年。

　　《新青年》的见解与先驱思想家们的见解之间，似乎只有程度上
的差别。前述列宁主义的困境时，先驱们逐渐开始强调观念意识在改
变社会中的重要性。然而，在清代维新运动期间，社会公共设施方面
的变化，或将要发生的变化，才使维新派人士得以有进行意识启蒙的
想法；进化在意识启蒙的配合下，似乎正在进行之中。与之相似的，
1919 年前新文化界判断，只有改变意识，才能推动社会变革。

　　1919 年以前，新文化运动的一个方面，是政治家和知识分子之
间划了一条清晰的界线，并对未来产生持久的影响。早在 1905 年的
废除科举制度，就已预示了这种分离。尽管历来有"士大夫"的说

① 陈独秀：《敬告青年》，载《新青年》，1.1（1915 年 9 月），第 7 页。
② 校注：此处主要刊物，当指《新青年》。
③ 陈独秀：《敬告青年》，载《新青年》，1.1（1915 年 9 月），第 1—2 页。

法，但过去也一直有一些士人基本上是知识分子，而另一些士人基本上是政治家。1919 年以后时期，也有许多知识分子再次卷入于政治生活。然而，知识分子（尤其是学术和文学方面的知识分子）作为独立阶层的自我意识一直很顽固，甚至 1949 年后还是如此。这种自我意识本身，包含对学术活动中自主"权力"的自觉要求。

新文化运动的另一个重大方面，是新文学的出现。这适宜于在书的另一章（见第 9 章）中论述。我们在这里看到的，是作为人类经验一个重要自主领域中的文学。[①] 长期以来，虽然诗歌和纯文学一直是文人高雅文化的有机组成部分，但是在观念上，文人从来没有脱离自我修养的统一体系。总是有像欧阳修那样的文人，把文学（就纯文学来说）当做高雅与自主的职业观念，但却并不普遍。小说是文学的一个门类，写小说尤其不是值得重视的高雅文化活动。梁启超在这方面，和在其他领域一样，也是一位先驱，提倡用小说作为有效动人感情的媒介，来宣传其社会—政治思想。年轻的周树人（鲁迅）和周作人兄弟两人也是先驱。辛亥革命以前，周氏兄弟在日本时，即想用文学作为医治中国民众精神痼疾的手段。新文化运动有效地开展了新的白话"雅文化"文学。新文化运动把小说体裁提高到雅文化的地位。其所以如此，在极大的程度上，是由于把小说和小说"服务于生活"的看法结合了起来。中国的新文学从一开始就达到这样的程度，基本倾向于文学应为社会道德目的服务的观点。当然，这种倾向并不妨碍一些伟大作家热衷于纯文学事业，但其仍把基本社会道德作为宗旨。

即使是浪漫派创造社的郭沫若、郁达夫等人，表面上采用"为艺术而艺术"的口号，也对一些非纯属艺术的事物深切关注。[②] 如我们所了解的，浪漫主义作为挣脱传统生活束缚的主张，在 1911 年以前就已出现；即使在当时，一面追求个人生活的意义，一面又卷入革命的浪漫情调中。在辛亥革命以后，当政治救亡的希望戏剧性的破灭

---

① 李欧梵：《中国现代作家中的浪漫一代》，第 2 章。
② 李欧梵《中国现代作家中的浪漫一代》对此有论述；又见戴维·罗伊：《郭沫若：早年》。

时，对个人和国家两方面传统价值信仰迅速失落。年轻知识分子对个人人生意义的关注，成了新文化运动的一个重要方面。在某种意义上，"个人主义"就其自由主义和浪漫主义两方面的含义而言，似乎这时对个人生活有很大的直接影响；而对先驱者一代，这无疑是不正确的。先驱者一代依旧十分安适的生活在传统儒教的家族价值观的范围之内，至少在一段时间内，对个人的关注似乎无助于达到社会—政治目的。载于胡适主编的《新青年》易卜生专刊上的易氏《玩偶之家》译文，是这种关注的标志。创造社浪漫主义的作家们，着迷地热衷于其不能满足情感上的渴求，但决不是对"为艺术而艺术"的关注。用李欧梵的话来说，"法国象征主义者的看法，是艺术不仅重建生活，而且建造了艺术家可以在其中逃避生活的新大厦。与此相去甚远，成（仿吾）的论点指向另一个方向"[1]，指向压倒一切对生活的关注。这种关注，不论表现为郁达夫感伤的自我放纵，还是表现为郭沫若飘然的自我陶醉。

与新文化运动明显相关的另一件事物，可以称作对传统遗产的"更高层次的批判"，以胡适、顾颉刚、钱玄同为代表。

关于各种传统经典的可靠性与权威性，是中国思想界长期争论不休的问题。清代考据学派杰出的训诂学者们，对一些重要的典籍进行了整理。其工作是否具有怀疑主义的——反传统观念，是值得怀疑的；而 20 世纪对其推崇的人，则认为此工作是具有这种含义的。康有为——其人决不是一个批判性学者，在 20 世纪初，曾试图系统地抨击古文经典，用来支持其个人今文经学。

和康有为学术活动一样，胡适所说的"整理国故"运动，也具有意识形态的深刻动机，用劳伦斯·A. 施奈德的话说，"科学"方法可以用来"削弱传统史学和经典史学基础的可信性"[2]。要消除过去传统对现今的影响，最有效的方法，就是彻底改变把神话当做史事的方

①　李欧梵《中国现代作家中的浪漫一代》对此有论述；又见戴维·罗伊：《郭沫若：早年》，第 22 页。
②　劳伦斯·A. 施奈德：《顾颉刚与中国的新史学》。

法；正是这些神话，一直被当做维护传统的根据。最后，许多其他"国学"学者——甚至包括"新传统主义"学者，未必具有胡适和顾颉刚反传统观念的先入为主之见，都从事此种批判性工作，使史学研究从尽信经典和沿袭传统的重负中解放出来。

甚至就具有反传统观念的"新文化"学者来说，其意图也并不完全是破坏性的。尽管胡适、顾颉刚和傅斯年专心致力于在当代西方找到其模式的远景，但和中国民族主义者一样，并非完全不希望在中国历史中，找到胡适所说的能发展出现代文化的"正宗"。胡适的导师约翰·杜威提倡的科学观念，以其渐次增进的进化观点，也支持这样的看法，即现在总是由过去发展而来的。顾颉刚和胡适两人，的确都能找到中国思想中有现代倾向的组成部分。顾、胡二人认为在清代的学术研究中，存在着近乎"科学"的方法，在中国古代的思想里就有了逻辑学的萌芽。按胡适的说法，历代生动的白话文学作品，与贵族们颓废的、形式主义的古典文学作品，形成了鲜明的对比。把来自民间生动活泼的民粹主义文化，和不得人心的、压制人的"雅文化"相比，最终导致顾颉刚广泛研究民俗学（见下文）。胡适关切新文学活动，也关切新文化中的学术活动，后来在其对过去白话小说的学术研究中，融贯了这两方面的兴趣。无论是文学方面，学术方面，或是对时事评论方面，所有这些努力都贯穿了新文化运动的共同前提。

尽管都共同具有新文化运动的前提，当我们并列提出新文化运动的主要倡导者——胡适、陈独秀、鲁迅的名字时，也明知三人之间的深刻差别。辛亥革命以前，胡适还是一个青年学生，已受严复和梁启超的社会达尔文思想的深刻影响。胡氏作为留美学生的经历，早期与杜威哲学接触，使之相当容易形成对陈独秀的"德先生和赛先生"著名提法产生共同看法。而陈独秀对提出此的之前之后，基本保持不变。严复介绍的培根—穆勒科学概念，作为简单的归纳主义，有助于了解杜威的实验主义概念。胡适 20 世纪初期在美国的生活经历，使其对现行的民主怀有美好印象，甚至热情接受杜威对真正民主更深入的和具有批判性的观点。

照杜威的看法，科学与民主是不可分的价值。依赖实验性的假设，应用于研究“未可预断情况”的科学实验方法，意味着否定全部精神权威和预定的教条——无论是宗教的，政治的，或形而上学的，因此，这才是维护自由的真正基础。这种科学方法，已非常成功地运用到自然方面。如果人们能互相协助，把科学方法应用于人类社会和文化问题的研究——这个领域仍然受到教条的绝对统治，那么，真正的自由平等就终将实现。可以想像，科学知识通过教育普及于全社会，将使人们据此有效地分析和处理其共同的问题，甚至调解其间相互冲突的利益。尽管杜威所批评的，只不过是形式的“政治民主”和立宪主义，但其整个观点的前提，似乎无疑是以接受立宪民主作为“游戏规则”。

虽然胡适接受了杜威把科学作为方法论的看法，但却似乎完全疏忽了作为哲学家杜威提出的精深认识论问题，而且深感有必要把杜威的实验主义与简单教条主义的机械论—自然主义的形而上学结合起来。[①] 在这个领域里，胡适的自然主义不带有道—佛色彩，但在很大程度上，依然严守着严复和梁启超的传统。再者，杜威在论述社会—政治问题时，强调“科学调查”和教育；但其对“纯政治”的反对，似乎增强了胡适本来已有的倾向，即认为中国混乱、“荒唐的”政治冲突，与中国真正的进步发展，两者是离题的。

杜威对科学和知识教育的强调，与整个新文化对改变精神生活的强调是一致的。因此，当胡适于1917年返回中国时，必然要和新文化运动发生紧密的联系。胡氏对语言改革的浓厚兴趣和新文化运动普及教育的目的完全一致。其对新文学的兴趣，既反映其个人对文学的强烈爱好，也反映了其确信文学具有感染力，是传播新思想最有效的媒介。当我们回顾评述胡适的一生时，认为其坚定的关注文学和学术，既反映其个人爱好，也无疑反映其真诚相信“整理国故”是至关重要的文化任务。这并不是说在那些年月里，胡适没有在其著作中把大量的注意力集中于社会和政治问题，但在极大程度上无力影响政治

---

① 胡适坚定地支持这种形而上学，似乎遮住了其目光，因而未对杜威后来关于宗教和审美经验的精深论述作出任何反应。

事务的实际进程。因而胡氏觉得把"科学知识"运用于文化遗产的评论，更切实可行。

当我们转向对陈独秀的研究，发现其最早提出"德先生和赛先生"口号时，对两者范畴的看法，和胡适有微妙的不同。陈氏的性情不像胡适，热情而急躁。其思想立场所受西方的影响，主要来自法国，而不是来自英、美，这个事实绝非没有意义的。陈氏对科学的看法，基本上是达尔文主义形而上学的粗浅看法。科学是可以用来削弱传统道德价值基础的腐蚀剂，进化的力量，在中国却似乎完全陷于困境，使陈氏一时间极为沮丧。然而与胡适一样，陈氏基本上把其"科学"决定论，和对知识精英能力的强烈信任结合起来。和胡适不同的，陈独秀并没有从内心深处真正领悟，把科学当做循序渐进实验方法的实证论学说，以至于后来把科学一词，从达尔文主义转用于马克思主义，还以为保持着这个概念中所有必要的确定性。

与上述情形相类似，胡适关于科学方法的概念，似乎使其对革命性彻底变革思想的呼声无动于衷。而极力赞扬法国革命是现代民主先河的陈独秀，尽管在 1919 年以前抱着彻底反政治的"文化"观点，但可能其本来就更易于为革命性的变革所感染。不过，在陈、胡两人密切合作期间（1917—1919 年），关于个体以及关于民主内涵的看法，两人仍有许多相似之处。

鲁迅（周树人）是一位极富个性的人物，后来成为现代中国最著名的文学巨人。在其作为文学家的一生中，似乎对"黑暗势力"特别敏感。在鲁迅青年时代，很容易地改信进化论，然而在辛亥革命以前就模糊地开始对进化论发生怀疑。鲁迅的个人家庭经历，使其对中国民众的堕落和"奴性"有深刻了解，甚至辛亥革命以前，似乎就已降低了对进化力量在中国起作用的信心。鲁迅虽接触到尼采的著作，但并没有使其转向真正的尼采哲学，而是为其提供了奔放不羁，具有英勇反抗精神的生动形象，也就是反对多数人"奴役"的形象。鲁迅一度沉浸在尼采—拜伦式诗人英雄的幼稚梦想之中，以为这样的英雄能够把人从精神昏睡状态中唤醒过来。也可能正是尼采和拜伦，使鲁迅很早就对西欧和美国平庸的"资产阶级"文化缺乏同感。尽管受到严复的影响，但鲁迅还是一直冷漠地对待西方专家治国的思想倾向，也冷漠地对待西方文学作品中的人类道德生活有着过分复杂看法的超然“现实主义”。

辛亥革命以后的形势，把鲁迅推到绝望的边缘。鲁迅对尼采式文学英雄塑造社会的能力，所抱的幻想似乎已迅速消退；对中国极权主义的过去和现在“全盘否定”的形象化描绘，与其“新文化”同道的描绘相比，其区别就是更为阴暗。在鲁迅心目中，当时中国社会的残暴、腐化、奴性和虚伪，并不表示传统社会价值的衰落，就某种意义而言，实际上恰恰是那些起破坏作用价值的表现。在鲁迅的《狂人日记》中，清楚地表达了这样的看法。“吃人”的不仅是中国社会的现实，这个社会的理想就是“吃人”的理想；甚至在辛亥革命以前的时期，青年革命者们也很快屈从这个梦魇般的恶毒势力。鲁迅决定再次开始写作，是对新文化运动教育目的的响应，但却似乎是深存怀疑的响应。

尽管鲁迅“全面”抨击传统观念，不过就其文学创造力来说，中国过去“反传统”的某些方面，仍然对其具有强烈的吸引力；指出这一点是很重要的。可是，鲁迅所注意的历史，和胡适从中找寻“正宗”的历史，是完全不同的。鲁迅所注意的，是南朝放荡不羁“新道家”文人的历史，是民间志怪和传说的历史，甚至是某些涉及个人私事评价的历史。不过，这些诱人的方面，似乎并没有扭转鲁迅对整体文化遗产的否定。

“五四”及其影响

在论述 1919 年 5 月发生的一连串事件的影响时，我们不必在此详述无数新期刊所表达的多种学说。在新文化的种种论题——尤其是对文化遗产的“全盘”否定的读者面扩大（已经在进行）的时期，“五四”只是标志一个极易引起争论的阶段。然而很明显，其中大多数学说并不是新的。

在此，我们要论述的“五四”事件影响之一，是引导出对中国的弊病作纯文化分析的判断。"五四"是一次反抗外国帝国主义的政治行动，但只是表面上有效的行动。尽管"五四"甚至导致一场群众运动，虽然只有学生和城市各阶层民众参加。新文化运动的领袖们，过去一直是主要关注中国本身的弊病；其思想的社会达尔文主义色彩，使之基本上对帝国列强的举动不作道德评价，也不把中国的种种弊病去归因于外国。可是学生民族主义的急切希望和紧迫感，迫使其思想上的前辈暂时离开长期从事的文化工作，把注意力转向当代中国政治的可悲现状。

甚至使反对政治的胡适，也为"五四"事件所推动，而重新考虑自己的态度。"五四"事件给予胡适的直接影响，是增强了其信心；令其感到欣慰的，文化改革似乎已在青年知识分子中进行，或许不至于向政治方面发展成为一场"社会运动"。杜威于1919年来到中国，看到"学生"团体已在从事民众教育、社会服务、慈善事业和活泼的思想讨论[①]，杜威鼓舞了胡适的信心。胡适曾谈到"民众要教育，妇女要解放，学校要改革"[②]。似乎胡氏从一开始就有这样的假设，只要能避开1919年中国存在政治—军事势力难以对付的现实，上述所有目标都有可能实现。不过到了1922年夏季，胡适在友人丁文江的推动下，帮助创办《努力周报》，这是明显从事政治活动的刊物。

丁文江是一位有才干的地质学家，在新文化的"从事科学工作"知识分子中，是少数真正科学家之一，他不是在美国，而是在苏格兰受的专业训练。[③] 丁氏在英国学到地道的经验主义对科学的看法（和胡适一样，丁氏也是清代"经验论者"的推崇者），但是这种类型的经验主义，不像杜威的实验主义者的看法受到民主主义的影响。因此，丁文江没有热情对军阀和政客的道德去给予评价（而在胡适心目中，这些却都是要认真考虑的）——这与我们的论题有关吗？胡适在过渡时期，已经痛苦地意识到政治势力的权势，妨碍知识分子言论和

---

① 杰罗姆·B. 格里德：《胡适与中国的文艺复兴》，第179页。
② 同上书，第177页。
③ 关于丁文江，见费侠丽的研究著作：《丁文江：科学与中国新文化》。

行动自由的权利,也觉察到新权威"主义"的出现——准备抢先登上政治活动的舞台。因此,胡氏政治活动的一个方面,就是对"公民权利"的自由主义要求,反对独断专行,这是此后其一直信守不渝的主张。

胡适政治方案的另一个方面——提倡"好人政府"和"有计划的政府"——已经指向如何在中国把"科学"与"民主"联系起来的重大问题。杜威关于科学的定义是"常识性的",以满怀的信心期待着科学研究的方法,将迅速普及整个美国社会,使科学成为文明人的武器。根据中国的情况,胡适只希望有科学知识的人(人数很少的"好人"),能对现存的权力中心施加影响。胡适与共产主义者和民族主义者一样,感到自己只能相信先进的优秀人物。胡氏曾希望能与吴佩孚控制下的政府合作,当然这只是暂时想法,不久很快回复到从文化的观点来看待中国的问题。

"五四"时期的青年普遍都有民族主义的热情(是压倒所有意识形态的热情),孙逸仙及其追随者是能更好利用这种热情的集团之一。不管人们对孙逸仙作为思想家或政治家的优点有何种看法,在1911—1919年的整个惨淡时期里,孙氏始终没有改变其建立强有力的中央政权的政治目标的努力,尽管其方法不能奏效。"新文化"运动为中国病症所困扰,而孙逸仙并没有被这种困扰所压倒;相反,其至在1911年以前,因和"国粹"思想的接触,使其确信必须扶植对历史的民族的自豪感,其至提出应珍视之处的明确看法。

应受珍视的传统道德价值,是历来都强调的"民生"。孙逸仙很久以前(像梁启超那样)对"民生"的重视,和"社会主义者"对西方社会中尖锐阶级对立的批评结合在一起。和梁启超一样,孙逸仙不断强调其所界定的阶级对立,在中国传统社会中相对是少一些。在1911年以后苦难日增的年代里,孙氏还热衷于在中国创建有纪律与团结一致的先锋政党的问题。总的来说,孙逸仙对西方式立宪民主政体的信念逐渐减弱。因此,事情并不令人感到意外,孙逸仙及其最亲密的追随者在十月革命以后,对列宁关于政党组建的理论,对军事权力的布尔什维克的规定,表示出迫切而强烈的关注。孙逸仙追随者中的一些年轻人——如胡汉民、戴季陶、朱执信等，事实证明，的确很善于接受列宁关于帝国主义的理论，以此来分析西方国家所作的行为。[1]

马克思列宁主义的传入

五四运动期间，各种学说纷然杂陈，布尔什维克革命学说作为一种新理论，也加入其中成为被讨论的论题。在"凡尔赛出卖"之后，列宁关于帝国主义理论的词句，很快在各界流行开来。但是，把苏维埃共产主义作为完整的理论来接受，却是一个缓慢的过程，随后改信这个主义的人很少，就充分证明了这一点。因此，在论述马克思列宁主义的感召力时，我们绝不局限于考察共产主义运动早期的发端。

十月革命最初的影响，也许只限于革命事实本身。渐进的进化宇宙论，曾是革命以前时期的主要信条，现在，这种强烈的信念已失去了活力。那些认为西方的今天便是中国未来的新文化领袖们，已经感觉到身为启蒙者，应该回过头来开发并依靠自己的力量和智慧。那些自称为社会主义者和无政府主义者的人，已接受了来自西方反对资本主义的观念，似乎对越来越稳定的西方，也敏感到戏剧性的历史运动迹象。

李大钊以非常生动的象征，来说明布尔什维克革命引起的反响，认为这次革命是世界历史再次向前发展的标志。[2] 李大钊是新文化运动群体中十分具有特色的一员，甚至在暗淡的年代里，也总是对其诗样理想中的历史进步抱着乐观的信念，其所持有的看法，与流行的社会达尔文主义信条不同。李氏思想受到多种影响，如爱默生、柏格森、黑格尔和道—佛思想的启发，把历史想像为统一的，永远年轻的精神世界，总能冲破其所造成的静态结构。李大钊为举行大解放行动做好了准备，且其对布尔什维克革命的启示非常敏感，以此作为新历

---

[1]　其看法见《建设》杂志，1920年。
[2]　关于对李大钊的研究，见莫里斯·迈斯纳：《李大钊与中国马克思主义的起源》。

史变化的征兆；并认为这种新的历史变化，将扫除"所有国界，全部阶级差别，一切障碍"。如莫里斯·迈斯纳所指出的，在李大钊思想中，这种更为广阔的视野与极为强烈的中国民族主义结合在一起；这种民族主义似乎设想，中国作为一个"人民国家"参加世界的重大事件。列宁关于帝国主义的学说，关于民族主义在"落后"国家的资产阶级民主阶段中，暂时性地位的肯定态度，为李大钊开启了思路，尽管无法弄清李大钊是否真的承认民族主义的暂时性质。不过，如约瑟夫·李文逊所指出的，这种对历史的新想像——即使对马克思主义发展运动理论还没有深入了解，现在就把中国置于历史变化的前锋地位；而这一历史运动，将在腐朽的现代西方国家以外另辟蹊径。如是，从更高的反传统观念出发，可以拒斥西方。

正如经常所指出的，马克思列宁主义的革命也会遇到一个难题，即前面已谈及的列宁主义的两难困境。这涉及到一个坚定的信念和一个深刻的怀疑：既深信历史"在我们一方"，又怀疑从现在到未来的变化能否依靠非个人的力量。列宁所遇到的有意识的先进分子的难题，也曾困扰过严复和梁启超、孙逸仙，甚至困扰着"五四"时期的胡适和丁文江。但是列宁却以一种新方式来对待这个问题，把共产党作为产业无产阶级根本意志的集中体现；按照军事化意义，把党当做有高度纪律性的总参谋部，把"职业革命者"严密地组织起来，正如将领们能够说明其作战地区的空间地形。这个总参谋部能够分析正在出现的客观历史情况的时间"地形"——这些观念后来成为马克思列宁主义不可缺少的组成部分。

不过，回顾起来，列宁主义作为政治策略，其更为重要的似乎是军事比喻的另一个方面——强调动员群众是政治力量的源泉。共产党的组织原则，别的党可以模仿，如国民党在1923年以后之所为。然而，最为要害的，是先锋党的概念和动员群众二者的结合。列宁无疑真诚相信布尔什维克党体现了产业无产阶级意志的信念，使其积极地（但不总是成功的）把自己与党的"阶级基础"组织工作联系在一起。除此而外，列宁还深刻了解权力来自与群众急切联系的需要，如在1917年采用"和平与土地"的口号。所有这些并不表明，参加运动的个人在组织活动中，不会受到同情和愤怒自然情绪的影响，而恰好表明，领导毕竟是"总参谋部"，其策略和看法在理论上不能混同于群众"有局限性的"、眼前的看法。领导集团的自信，是根据长远的历史观点来决定采取的行动。军事化的意义暗示，领导人不仅要坚定不移地投身到群众运动中，而且还要不断客观地估计周围环境中政治势力的实力和分布。只要长期不断按马克思主义观点，把政治形势看成是"阶级关系"的反映，人们就能坚信把马克思主义理论和实际联系起来了。

我们要急于补充在这些抽象论题中，任何一个都不能保证共产主义在中国取得根本性胜利。空洞的公式，并不能解答如何获得群众基础的问题。没有伟大的领袖，能否建立一个有效能的政党，这是一个尚未解决的问题。强调"现实主义"的政治策略，并不能保证中国或莫斯科采取的策略是正确的，而且不能不考虑未可逆料意外事件的决定性作用，如数十年后的日本入侵。

在1919年以前，人们还不大注意动员起来的群众力量之中所蕴藏的政治能量。在中国过去的起义中，无疑知道动员群众的威力。在辛亥革命以前，革命派基本上没有想到群众组织是政治力量的一个来源①（多少有些可疑的与秘密会社的合作除外②）。就某种意义说，文人新的西方观念扩大了，而不是缩小了其与群众的距离，更使其认为，群众是沉沦在无知消极之中的无能群氓。

尽管辛亥革命以前，革命者着迷于俄国的"革命英雄主义"。但"走向民众"的观念，在"五四"之前并没有在当时的"社会运动"中出现。就晏阳初、陶行知、梁漱溟等人的工作来看，知识分子和群众之间直接接触的看法，其前途是可观的，但并没有涉及动员群众是政治和军事力量源泉的观念。1919年以前的"新文化"运动，几乎

---

① 爱德华·弗里德曼：《退向革命：中华革命党》，论及孙逸仙的一些追随者，如朱执信于1911年以后组织"群众"的活动。
② 关于这种合作的讨论，见玛丽·巴克斯·兰金：《早期的中国革命者：上海和浙江的激进知识分子，1902—1911年》。

还不是以群众的政治动员为方向;不过,的确是真诚地以启蒙群众为己任的。

问题与"主义"

"五四"时期各种学说之间的冲突纷起,其中重要的冲突之一,是胡适和李大钊等人关于《问题与主义》的争论。在以马克思主义为指导的教科书关于"五四"以后中国思想史叙述中,可以看到一系列的论战,每次论战都有一方明显获胜,并在经过逐渐进步的过程,最后到达马克思主义的胜利。然后在马克思主义阵营内部,导致"真正"马克思主义的胜利。对这些争论,不去着眼在胜利的看法,其间并没有什么明显的胜利和明显的失败。

载于《每周评论》1919年7月和8月号上,胡适的《问题与主义》的文章,反映了对其友人陈独秀、李大钊等人进入共产主义阵营引起的烦恼。如胡适所说的,"孔丘、朱熹的奴隶减少了,却添上了一班马克思、克鲁泡特金的奴隶"[1]。在这些文章中,胡适在杜威对待社会的科学方法和总括的"主义"之间,作了鲜明的对比。前者把注意力集中在具体的情况和问题上,并对其加以分析,从而为特定问题提供具体的解决方案;后者却声称要为一个社会的全部问题,找到整体的"终极解决方案"。正如人们所料想的,胡氏的对手回答说,一个社会中种种不相关联的问题,都联系于一个总体结构或体系之中,只要这个"系统"在整体上发生变化,全部问题才能从根本上得到解决。有趣的是,这时还没有参加共产主义阵营的陈独秀,仍然倾向支持胡适的观点。而李大钊和许多学生,则强烈地盼望能有一种"终极解决方案"来救中国,因为中国已处于不胜负担的苦难之中。李氏等渴望能在无政府主义和马克思主义里面为上述愿望找到保证,使之历史终将走向这终极的解决。在1949年以后的中国,胡适当然被明确当成这场争论的失败者。

---

[1] 格里德:《胡适与中国文艺复兴》,引自《我的歧路》,载《胡适文存》,3,第99—102页。

用不着是杜威"科学方法论"的信徒，中华人民共和国的兴起，的确可能已经解决了某些根本问题，包括建立看来能维护全面合法性的政治秩序。但即使按照其领导的看法，仍继续面临一些严重的——甚至是根本的问题，有些是老问题，也有一些是新问题，其中有许多是难于解决的。

胡适的致命弱点及其对手主要的有力之处，在于胡适认为可以避去政治势力所造成的悲剧性问题，去解决社会教育问题。在胡适看来，在当时中国的环境中，使自己卷入创建自己的政治势力基础，无疑会跌入非理性的情欲和自私自利的阴谋之中，也会堕入军阀政治的暴力之中。而这一切，与解决社会问题所需要的"科学的"理性态度，几乎毫不相干。和其科学家朋友的丁文江一样，胡适与政治产生的联系只达到这样的程度，即只希望影响当权者，希望当权者能接受其劝告。

这里涉及的问题，不是权贵们能否被说服去实行改良的抽象问题。丁文江不像胡适那样，对军阀抱着道学家的羞怯态度，曾力劝江苏军阀孙传芳，在上海地区实行某些审慎的城市改革①。可是，在中国当时野蛮而极不安定的政治环境中，很难使持有权力和特权的人，从对政治生命的狭隘迷恋中扭转过来。

另一方面，共产主义者（不仅是李大钊）准备讨论建立政治（终极是）军事力量的问题，并准备对当时不堪改造的权力有所行动，也不管这些实际情况在根本上与马克思主义的阶级分析是否相一致。在1919年，李大钊或其他自诩的共产主义者，已找到对中国当时全部问题的"终极解决方案"，也不是意味其已经看到"革命"口号将给中国政治带来何种后果。法国和俄国的革命之所以被称为是社会性的，而不是政治性的，在于其中心任务是摧毁旧秩序。1919年的南北分裂，对摧毁北京政府也不会有多少影响。因而民族主义者和共产主义者都认为，在以后数年的任务，就是如何在中国建立新政治权威的基础，而不是摧毁旧秩序。社会不能与政治相脱离；政治任务是建

---

① 见本书费侠丽所写第7章。

立新的政治秩序，而不是摧毁已牢固建立的旧政治秩序。

大众文化的主题

"五四"事件并没有导致直接的政治结果，知识阶层中有很多人，包括鲁迅在内，对其重大意义并没有特别深刻的印象。有些人，如胡适、顾颉刚、傅斯年等，仍然相信中国问题的根源在于文化方面，因此，应当努力"整理国故"。

这项事业的一个新的趋向，是用积极的态度去研究大众文化。胡适极力主张，过去的白话文作品，比枯燥无味的雅文化"古典"作品更为生动活泼。其实，胡氏是把民粹派的论调带进了自己的主张，似乎要把古代民间文学归入"正宗"加以保存，但不包括群众宗教文化任何方面的兴趣。不过，大众文化是具有活力的论点，使之鼓励顾颉刚等人努力研究民间传说和地方习俗，搜集民间故事和民歌。1919年以后，学生中出现"到民间去"的新运动，顾颉刚很受感动，把这一运动与其论点联系起来，认为过去的知识分子总是依附于旧的贵族势力，现在则应当获得了自主权利去与普通百姓相结合。可是，要做到这一点，就必须坚持用科学研究的方法，去研究群众的精神生活——民间传说、习俗和民歌。①

从这一运动开始，就试图用通俗形式来传播启蒙知识，如利用民歌曲调填入有教育意义的新词。不过，顾颉刚对民歌、庙宇、节日的兴趣表现得更为积极，并发现了大众文化形式中所体现的审美价值。顾颉刚抨击了1929年国民政府的反迷信政策，从整体上来看，这种政策基本上是反大众文化。顾氏抱怨说："先人的艺术遗产随着反迷信一起被丢弃了；与其如此，就根本没必要反迷信。"② 顾颉刚对生动而有创造性的大众文化积极方面所作的评价，与其对雅文化正统性的"科学"而辛辣的攻击，是结合在一起进行的。顾氏此时再次提出

---

① 施奈德：《顾颉刚与中国的新史学》，第4章。
② 同上书，第152页。

为先驱思想家所议论过论题的真面目，即从秦至清，正统文化一直是用来压制民众创造精神的。顾颉刚在《歌谣周刊》、《民俗周刊》等刊物多年从事学术活动期间，与其他的大众文化学者如郑振铎、钟敬文，出版了给人印象深刻的研究著作。

对大众文化的新颖、纯朴感到兴趣的，并不限于前述的学者。鲁迅对大众文化的书画、刻印艺术、社戏等非常了解，对大众通俗文化的很多方面的兴趣是矛盾的。这种又憎又爱的矛盾心情，使鲁迅的小说为之增色不少。在湘西苗族区度过少年时代的沈从文，详细描述了汉苗人民共处的生活和习俗，在大众文化中出现了粗犷生命力的源泉。

我们几乎没有发现知识分子表现出以任何的同感，来看待当时非西方化居民中盛行的活动，如佛教或信仰驳杂教派的活动或秘密结社；当然，知识分子也不可能在这些群体中进行政治活动。

共产主义者瞿秋白，严厉批评其同行马克思主义作家崇尚"西方古典主义"。其论点简明，应当在中国写唤起群众（这里主要指城市无产阶级）的革命文学作品；应当用群众熟悉的语言，用群众熟悉的生活方式来写。不过，这些通俗的形式，应当基本上用来为新的内容服务，并不是因为其本身具有若何内在价值。瞿秋白的注意力集中于城市劳动人民，深信其所论述的基本上就是"现代的"普通人。瞿氏对"通俗文化"学者工作的批评，总体上看是严格的。胡适所赞扬的白话文学作品，大体上都是文人的作品；群众的文化，包含有大量使民众继续受奴役的迷信。后来，毛泽东在延安时期，提出完全为现代政治目的而利用通俗文化（指农民群众的文化）形式的论题。然而，毛泽东强调的民族主义，导致其对过去大众文化的价值，作出较为有利的评价，使之对其内容有更广泛的理解。毛泽东也像胡适那样，承认中国白话小说属于民众文化范围，也不论其"民间"身份是否可疑。

"新传统主义"——从传统中寻找真理

五四运动带来的另一后果，是"新传统主义"反对五四运动"全盘否定"传统的主张；这一点，直到近期才引起西方著作的注意。忽

视属于新传统主义的代表人物，其所以如此，因为新传统主义在
1949 年受到挫折后，以为这已完全不值得注意了。这里要论述的人
物，和前面讨论的大众文化倾向几乎没有关系。这些人所关注的是古
典的雅文化，甚至把这种雅文化等同于一般意义上的"中国精神"；
也在不同程度上熟悉现代西方思想，并用西方思想来维护其主张。按
照李文逊的看法，新传统主义者从西方哲人寻求支持，再次表明其思
想的"新传统主义"性质；也暴露出其并不相信传统中国思想能坚持
自己的价值，依靠寻找西方与中国相同的思想来挽救民族的自尊心。
这种"浪漫的"文化民族主义多次出现，其最显著的例子，是 1927
年以后国民党的意识形态，我们现在还不能断言这种情况是不可避免
的。

　　李文逊的看法，对"五四"时期以前的刘师培、柳亚子等革命的
"国粹派"来说，可能是适用的；不过，在"五四"以后的后继者，
却是一个完全不同的集团。梅光迪、吴宓等人曾在哈佛大学著名学者
白璧德指导下学习。梅、吴二人虽和老"国粹"集团保持密切关系，
却采用了完全以不同的观点表现于其刊物《学衡》上面。梅、吴等人
通过白璧德，接触到文学批评家充当生活批评家的西方传统。白璧德
把"古典的"和"浪漫的"范畴，提高到主要生活态度的重要地位。
所谓"古典的"，表明的是超历史的审美和伦理标准，并包括个人对
自身道德生活的"内心反省"。这代表的是秩序和结构。所谓"浪漫
的"，表明是要取消所有准则，在个人和集体生活中放纵感情，等等。
《学衡》的领导者们相信，总有某些范畴能超越文化的差异。在白璧
德的鼓励下，他们相信儒家的社会准则和中国的经典著作，在中国是
"古典的"；现在还难以断定，这种观点到底是"文化民族主义"，还
是跨越不同文化精神的真知灼见。事实上，这种特殊的"新传统主
义"并不是很有生命力的。自认为是真正儒家学说代言人的梁漱溟认
为，整个"国粹"派的学术和审美，只着眼于"挖出僵化腐朽的东
西"，对此应予拒斥。[1]

---

[1]　见盖伊·阿利多：《最后的儒家：梁漱溟和中国现代性的困境》，第 118 页。

值得注意的是指出"五四"时期以后"新传统主义"思想主线的人，还是极为善辩的梁启超。梁氏曾作为出席巴黎和会的中国代表团非正式成员去了欧洲，深感第一次世界大战灾难之后，许多欧洲大陆思想家表示了忧郁和伤感。和欧洲思想家的接触，使梁启超写了《欧游心影录》，其对"东西方文明"的本质作了全面的再评价。严复、陈独秀等人的著作中，虽进行过这种讨论，但总是把文明的巨大综合体轻率地纳入于简单二分法的模式之中。西方文明的本质——在梁启超看来，西方文明的本质自古以来即是如此，就是"物质文明"（如其这时所称呼的）。这种文明只求用科学和技术去征服自然，也就是个人、阶级、民族间冲突的达尔文主义的世界。梁启超对这种文明的评价，与先前的看法完全相反。梁氏过去曾热情地把社会达尔文主义，当做积极进取的伦理准则给予肯定；而现在西方一些批判性的思想家则认为，导致第一次世界大战的浩劫，正是社会达尔文主义。既然这就是西方文明的本质，其侵略的、好战的本性，甚至有更早的历史根源。那么，梁启超宁愿去探索东方文明的功用，即使其看到西方像柏格森具有东方精神的批评家。

与我们的讨论密切相关的，另有一个问题，即梁启超是在哪里找到中国精神的立足点。梁氏发现，中国精神并非存在于以往所谓"外在领域"的学说中——有关正当行为、制度和社会组织规则（所谓"礼"）的学说，有关自然界结构的学说，在这些领域中，中国仍然需要学习西方的物质技术和社会管理方法。梁氏认为，中国精神明显的存在于强调"内在领域"的思想形态之中——存在于朱熹和王阳明的宋明新儒学；除此以外，也存在于大乘佛教哲学。梁启超在青年时代，曾醉心于大乘佛教哲学。中国独特的文化核心，在于相信人类具有良知的信念，通过这种良知，得与广阔无际及不可名状的万物之源合为一体。人类得以从万物之源中，获得精神和道德的自我改造力量。西方自由思想只讲生物性需要的问题——不讲以宇宙论为基础的道德自律。

就梁启超——一个多变的人来说，谁也不能完全确切了解其思想根源。李文逊猜想，重新认识中国精神的优越性，使梁启超的新看法中获得对民族主义的满足，这可能是正确的。梁启超认为中国思想的核心在于新儒学，这个观点，预示了下一个时期整个新传统运动的主要倾向。

科学与玄学的论战[①]

1923 年，梁启超的年轻助手，在德国研究哲学的张君劢，发起"科学与玄学的论战"[②]。这是在新传统主义出现时期，也是中国在澄清科学的意义。这次论战是极为重要的。张君劢认为科学不能解释人生，因为人生是"主观的、直觉的、自由意志的，而且对每个人来说都是独一无二的"。这种主张反映其对新康德主义的研究，也反映了德国"自然科学与精神科学"的论战。和梁启超不同，张君劢深知与英美实验主义传统相反的德国哲学，似乎很快从康德认识论的怀疑主义，转到王阳明宇宙论的直觉主义。

丁文江在知识分子中是最早讲述科学的，接受了张君劢非难科学普遍性的挑战。自从严复在著作中首次对"科学"作出说明以来，"科学"一词在中国已有了确切的含义。从一开始，一般所理解的"科学"，就是培根归纳主义意义上的科学。这种概念在《穆勒名学》（严复译）中也有极完备的表述。尽管杜威对英国强调感觉的经验主义作了保留，但其科学方法论及其对经验和实验的重视，无疑完全符合于这个传统。从严复到毛泽东，对赫伯特·斯宾塞的社会达尔文主义和马克思主义理论体系，是建立在由观察归纳而来的概念之上，从没有表示有什么怀疑。自然科学的力量更多的取自数学——演绎假设的力

---

① 校注：科学与玄学的论战，原文作"The Debate on Science and Human Life"。此处 Human Life，通译为人生。在 1923 年，张君劢发起中国称之为"科学与玄学的论战"，亦称为"人生观问题的论战"。由此可见，玄学就是讨论人生观问题，英文据其内容，译玄学为 Human Life。1923 年 2 月，张君劢作《人生观》为题讲演，认为科学受因果律支配，人生观则为自由意志，主张用玄学解释人生观，故称玄学派。玄学为形而上学版另一译名。

② 见《科学与人生观》，胡适和陈独秀序，又见本书第 7 章。

量，而不是仅仅来自观察和实验；在中国，能认识这点的人实在不多。

丁文江的思想基础，是毕尔生《科学语法》中表述的实证主义认识论。毕尔生坚决主张，感性素材是人与世界之间唯一的联系，而且人永远无法深入到"外在世界"去认识它；科学是组织分析感性素材的唯一方式。这种观点，与西方认识论的怀疑主义很少联系，但其对科学的看法并没有离开归纳主义传统。正如费侠丽在第17章中所指出的，丁文江的地质学研究，显然也是属于观察—分析的科学。这次论战的其他参加者，有吴稚晖、胡适，还有此时已成为共产主义者的陈独秀，都倾向于不理丁文江（和杜威）的认识论；坚决相信，科学有助于证明吴稚晖提倡的道—佛玄想，混杂纯属空想的机械唯物论，或者有利于证明马克思主义为新的真正的社会科学理论。胡适和陈独秀承认，科学是控制自然和社会的工具，并且认为科学动摇了张君劢关于个人具有"内在"精神道德改造能力信念的基础。此外，这场论战只不过表明，科学概念本身再也不能为科学派与玄学派提供任何共同一致的基础。

张君劢的论点及其发展，再次证明更有生命力的新传统主义的核心思想，总的来说是新儒学思想，尤其是王阳明思想。

在"五四"以后，在传统思想中占有中心地位的是王阳明。在这里需要说明的，所要分析的不是这位明朝学者及其追随者，而是要讲一下王阳明对梁漱溟、熊十力，甚至对蒋介石等不同人物的吸引力。首先是这样的信念，即宇宙存在的最终根据也是人的精神—道德生活的源泉；精神—道德的良知，把人与这个终极联系在一起。我们在这里看到，是以直觉为理由来排斥笛卡儿以后认识论的怀疑论，排斥"非价值"的宇宙观。虽然王阳明的直觉使其得出与儒家道德—政治价值协调一致的结论，但其对"内省"的依赖，使其有可能脱离传统儒家"外在领域"的观点。对比之下，朱熹强调"格物"以致知，似乎使其与传统秩序的"物"紧密结合在一起。最终，王阳明强调，个人只有在具体社会情形下的活动过程中，才能导致良知，这至少为在世界上发挥作用的人提供了强烈的动机。

新传统主义运动中最著名的人物之一是梁漱溟，在少年时代，受的是严复和梁启超提倡的全盘西化方针的教育。在 1911 年以后使人失望的年代里,梁氏没有卷进"新文化"阵营。其父梁济是儒家德行的楷模。这样一个权威性榜样,足以使梁漱溟拒斥鲁迅全盘否定传统的看法。与之相反,梁氏遂先寄情于佛教,后在王阳明学派的新儒学观点中寻找慰藉。

这里也不详述梁漱溟 1921 年的名著《东西文化及其哲学》[①],只是说明该书对西方的概念,在主要方面近似梁启超。中国文化的精髓,在于其很早就发现人类根本的特点,是精神—道德的本性,如果不受阻碍,这种本性既可导致内在的和谐,也可导致人与人之间亲密的同情。中国文化在历史上很早就获致这种直觉理论,也为此付出了代价。在梁漱溟看来,虽然西方重视物力的文明,使之走向畸形的资本主义的消费社会,但西方文明毕竟发现了满足人类基本需要的方法;中国需要得到这些方法的帮助,但不能以牺牲中国的精神基础为代价。梁漱溟完全接受了王阳明哲学的能动精神实质,也和王阳明一样确信,儒家学说对社会和个人实在明确本质,亦即儒家学说对"外在"和"内在"领域的推论。正是这种确信,使梁漱溟对已经在进行的"乡村运动"发生了兴趣;而这一运动,是晏阳初、陶行知等"西化人物"所支持的。按照梁漱溟的看法,中国农村的广大民众,还没有被城市资本主义的腐蚀性影响所败坏,但却因贫穷、贪污腐化、动乱等交织在一起的罪恶而经受痛苦。

1930 年以后,梁漱溟在山东邹平县的教育和改革活动,是以反对政治官僚主义为基础。蒋介石试图把王阳明"自我修养"的观念,与其梦想的现代官僚主义—军事化国家结合起来。在梁漱溟看来,这是不能解决中国问题的;在贪污腐化、军事胁迫和暴力泛滥的情况下,哲人只有通过与农村群众直接接触,才能使其道德感化产生影响。从某些方面来看,梁漱溟和延安时期毛泽东的一些想法颇有相似之处。盖伊·阿利多认为,梁漱溟关于道德上的反省,或在小组上的

---

① 盖伊·阿利多:《最后的儒家:梁漱溟和中国现代性的困境》,涉及了该书所讨论的所有问题。

自白，关于农村教育重新确定方向的某些看法，在其与毛泽东1938年著名的会晤之后，可能的确对其朋友毛泽东有很大影响。① 不过两人的分歧仍然很大。梁漱溟的纲领基于两个方面，一个是回避现存政治结构，另一个是无选择地去寻求掌权者的支持。在这方面，梁氏与胡适颇有相似之处。毛泽东的纲领则是以马克思列宁主义为前提，无保留地承认残酷的权力争夺。对梁漱溟来说，试图建立政治组织，就是否定其关于权力道德基础的儒家思想。当然，在这点上，梁漱溟很像先前的孟子，孟子是设法掩盖"三代"盛世的暴力起源。毛泽东主义利用改造农村，作为建立军事和政治权力基地的手段。尽管梁氏赞扬共产党的工作，但无疑已看到共产党未来的工作有败坏的可能。1953年，梁漱溟果然指责说，中华人民共和国采用斯大林主义的发展模式，正是这种官僚主义败坏的表现。不过梁氏自己却也找不到把改造农村的活动，从政治环境变迁中隔离开来的办法。

梁漱溟的儒学直接把其导向行动的领域，而熊十力及其追随者唐君毅、牟宗三等则与之不同。熊十力（1885—1968年）是一位颇有个性的"边际"人物，曾短期卷入革命的政治斗争，但所受教育的主要内容没有超出传统文化的框架。和其以前的人一样，熊氏最初为"唯识宗"所吸引，后又受王阳明影响，回到儒家的信念，认为人类的道德生活至为重要。和梁漱溟不同，熊十力及其追随者承认其学说涉及社会的内容，均不赞同立即行动的方案。在熊氏等人看来，需要投入全部注意力，来论证和阐述其直观主义哲学的基础。而梁漱溟则与其完全不同，似乎对其个人的"贤明"十分自信。托马斯·梅茨格认为，在唐君毅的著作中，表现出宗教—伦理乐观主义以及对"贤明"能力的信心；当其脱离旧儒家外在的体系时，会使人们狂热相信，社会的彻底变革是完全可能的。② 梅茨格认为，从尚未被承认的水准上来看，毛泽东也是具有这种"传统"信念。不过，事实上唐君毅、牟宗三和熊十力（在其1968年去世前，住在中华人民共和国），

① 盖伊·阿利多：《最后的儒家：梁漱溟和中国现代性的困境》，第283—292页。
② 托马斯·A.梅茨格：《摆脱困境：新儒学和演变中的中国政治文化》。

都觉得中华人民共和国不是其理想的实现,并且一直在思考其信仰与个人生命存在之间的关系。

新儒学的另一个类型以冯友兰为代表。冯氏在美国接受教育成为哲学家,和梅光迪一样,在哲学上受到西方盎格鲁—撒克逊传统的影响。如果说冯氏是"新传统主义者",其传统主义显然是属于世界性的类型。在20世纪早期,冯氏曾专心致志于英美一度盛行的柏拉图学派的"新实在论",深信其范畴可以用于朱熹的思想。值得注意的,新实在论在西方强烈反对占优势的认识论怀疑主义传统;其一些支持者的确准备接受柏拉图学派的解释,即数学和逻辑真理是客观的与永恒的形式。冯友兰似乎深受古希腊理想的影响,认为理智的沉思是获得崇高意识的途径,也是超然于人类日常生活纷扰的意识途径。冯氏根据这种看法,认为科学不仅具有用逻辑—数学概念来达到控制世界的目的,对"贤明的"人来说,科学还包含对数学和逻辑"形式"之美的关注。冯友兰的看法包括理智的沉思,但不包括神秘主义。因此,冯氏在寻求与其观点相当的中国思想时,引起其注意的便是朱熹的理学,而不是王阳明"反理智的"心学。冯氏并把朱熹的"理"解释成为柏拉图学派的"范型";这是否妥当,还是一个大可争论的问题。然而,我们无需怀疑,冯友兰相信其基本观已找到在中国的框架。

这种观点,绝不意味冯友兰否定其同时代人对社会和国家的关怀;相反,在20世纪30年代,极有可能接受准马克思主义的历史决定论。历史和自然一样,也是其自身起主导作用的结构——即其自身发展的"形式"。冯友兰很可能按照经济决定论观念的历史进程诸阶段来考虑形式。根据这种看法,道德行为,也就是适应社会—历史发展阶段要求的行为。按照冯友兰关于实在的沉思,"哲人"是超越历史变迁的人,在其道德—实践的生活中,能适应历史的要求。这种哲学观点,使得冯友兰愿意接受中华人民共和国,但不能使其免于后来受到的很多磨难。[①]

---

① 见米歇尔·马森:《中国的传统观念:冯友兰,1939—1949年》(哈佛大学博士论文,1978年,未出版)。

应当补充，所有这种传统思想，在香港、台湾，甚至在海外华人知识分子中，继续有其影响，仍然是范围更广的 20 世纪中国思想史的组成部分。

马克思主义的优势

我们论述马克思主义在中国思想界上升到优势地位之前，首先必须讨论所谓自由主义倾向——其根据往往是可疑的。在"五四"以后，胡适继续坚守其基本立场，尽管此时已受其各方论敌的攻击和指责。在 1924—1927 年间轰动一时的一些事件，以及随之而来的政治激情，都没有使胡氏动摇其信念。非理性的政治激情，历来都是远离真理的。胡适和其导师杜威一样，绝不偏袒资本主义，但仍然确信中国根本的灾难，不应归之于外国帝国主义。因此，胡适继续抨击孙逸仙和马克思主义者的"教条"。

在国民政府成立以后，胡适仍然抨击国民党意识形态中的传统主义成分，号召把"科学才智"用于国家的决策，提倡立宪政体和公民权利，并倡议以"现代化"的教育系统来造就现代文明新一代精英。自 1932—1937 年间，在日本威胁日益加重的阴云下，出版的《独立评论》，反映丁文江和历史学家蒋廷黻等人站到胡适一边，努力想给国民政府的政策施加影响。不久以后，很快表明丁、蒋等人与胡适的共同之点，只是胡氏关于"科学"的主张，而不是其对民主的信仰。

丁文江从没像胡适那样倾心于自由主义的社会准则，在多灾多难的 30 年代，和蒋廷黻一样，逐渐感到（很像其以前的严复和梁启超）中国需要的是"科学的"专政制度——一种能使政府机关、工业和教育体制现代化的专家政治。斯大林的俄国模式给丁文江很深的印象。[①] 尽管国民政府表示了对专家政治目标的承诺，丁文江和蒋廷黻

---

① 校注：1933 年，丁文江曾赴苏联做地质旅行。胡适在《丁文江传》中说："在君（丁文江字在君）却正是能计划又能执行的科学政治家，所以他对于苏俄的极大规模的有计划的政治经济大试验，抱着极大兴趣，极热忱地希望他成功。"

两人对国民党领导的能力都评价很低，不过仍然希望组织权力中心的国民政府能听取意见。中国共产党在湖南和江西以及后来在延安，所进行的农村革命戏剧性事件，在丁文江和蒋廷黻看来，这与民族的需要毫无关系，而且会进一步削弱国家中央的力量。胡适在丁、蒋等人有关科学精英的想像，和其主张的立宪民主信念之间，感到左右为难；但和别人一样，也只能希望对现有政权施加影响。胡适面对极权的共产主义和国民党两个对立的政治阵营，认为国民党虽然腐败，但其专制程度较为有限，最终有可能被推向比较自由的方向。在两者的极化过程中，最后胡适觉得只能两害相权取其轻。胡适终究无法在政治上以精神领袖的身份，来应付 20 世纪中国政治权力的现实。这是悲剧性的，也是人难以驾驭的。

无论如何，1924—1927 年间，最为重要的特点，是马克思主义思想在城市知识界的迅速传播，并且成为知识界最主要的思潮。不过也应当指出，马克思主义的传播和中国共产党的最后胜利，仍然既是互相关联，但又可以分开的两件事。

在 1924 年至 1927 年的动乱年代里，具有彻底全面反传统主义思想的"五四"时期一代年轻人，后来在国共两党合作所造的生气勃勃的政治戏剧中，找到投身于其中的机会。从这时开始，列宁的帝国主义理论及其对西方世界的分析，不仅被接近共产党的知识分子所接受，甚至也为接近国民党的知识分子和政治活动家所接受。1925 年的五卅事件，极为形象地证实了，外国帝国主义和中国新出现的产业无产阶级所受剥削两者之间的关系。城市居民的积极行动，中国共产党与城市劳动阶级建立的联系，似乎证实了马克思列宁主义关于无产阶级在历史上作用的理论。彭湃和毛泽东[1]等人与农民建立联系，正符合列宁关于农民在资产阶级民主革命中的作用的理论。在 1926 年至 1927 年的北伐时期，许多知识分子投入了发动群众和组织群众的革命浪潮之中，也成为新成立的武汉政府的积极参加者。这样的一番

---

[1]　关于共产主义农民运动早期阶段的研究，见小罗伊·霍夫海因兹：《中断的浪潮：中国共产主义农民运动，1922—1928 年》。

经历，既激发了中国知识分子的民族主义的激情，也唤起其改造世界的普遍热望。这场革命既能实现国家的统一，并可以把中国改造成一个全新的社会。的确，莫斯科内部激烈的斗争表明，马克思列宁主义并没有给予现成的启示，但只要革命的进程在向前发展，中国知识分子中的很多人，仍然强烈地把莫斯科奉为深远有效的智慧源泉。

在马克思主义知识分子中，浪漫的"创造社"（见下一章）和新成立的"太阳社"① 的成员，起了重要作用。经历了罗曼蒂克爱情的心醉神迷与绝望沮丧，以及作家宣泄情感的阅历，郭沫若、蒋光慈等人及其他一些作家，感到现在应该作为革命领袖去做一番英雄事业；感觉像辛亥革命以前的浪漫的革命者，并打算通过普罗文学的作品来激发革命的热情。

鲁迅向马克思列宁主义的转变，是痛苦而艰难的；实际上，其对旧文化"吃人"势力的深恶痛绝，并没有因五四运动而减轻。② 对辛亥革命以前许多年轻理想主义者的遭遇，曾引起鲁迅沉痛的回忆，这也许是其没有响应"五四"的一个原因。鲁迅对接受人类进步的新理论表示犹豫，也可能因为其对创造社的论敌作浪漫的革命姿态的反应。这些创造社的才子们，用浮夸的普罗文学口号来影响历史进程，鲁迅对此极为反感。即使在鲁迅已转向马克思主义阵营时，还想从普列汉诺夫等人寻找理论根据，来支持其反对此辈任性夸大文学作用，妄说文学能引起社会革命的谬论。在 1927 年以前，鲁迅就开始用马克思主义的范畴来论述问题；但最终促使其接近共产党的原因，是国民党处决其最亲近追随者中的年轻人③，遂引起鲁迅极大的愤怒。从此鲁迅更为积极但又忧心忡忡，期望马克思列宁主义能比过去的进化

---

① 校注：太阳社为文学团体，1928 年 1 月（一说 1927 年秋），由蒋光慈、钱杏邨、洪灵菲发起成立于上海，曾主办《太阳月刊》、《时代文艺》、《海风周报》等刊物，并编印《太阳社丛书》，在东京设有支部，强调文艺为革命斗争，但忽视文学的艺术性；1929 年底，自动解散，其成员均参加中国左翼作家联盟。

② 见哈里特·C. 米尔斯：《鲁迅：文学与革命——从马拉到马克思》，载默尔戈德曼编：《五四时代的中国现代文学》。

③ 校注：即为 1931 年 2 月 7 日的殷夫、柔石等五烈士案。

论学说更准确地分析历史,这无疑使鲁迅更加接近共产党。

城市知识分子归向马克思主义的一个重要原因,是其与国民党内的蒋介石集团之间出现了鸿沟。尽管蒋介石曾经受列宁主义言论中反对帝国主义方面的影响,但其早年在家乡和日本所受的教育,使其成为一个文化民族主义者,对全面否定传统观念的"五四"深不以为然。蒋氏掌权的军事基础,可能使其更轻视城市知识分子的作用,贬低其可靠性。在 1927 年以后,蒋氏甚至更为坚信,中国的当务之急是军事统一,并仍然作为孙逸仙的忠实的追随者。国民党内外所有反对派人氏,因此在蒋氏身上看到了旧军阀再次出现的迹象。军队未能从属于内政,这象征对蒋氏是可悲的事实。蒋氏的文化民族主义和"全盘否定传统观念"之间的鸿沟,也仍然存在。

1927 年的大动乱,没有降低马克思主义的声望。列宁主义认为错误的政治方针,实际上反映了错误的"革命理论"。这更促使人坚信,有了正确的理论指导,革命就会向前发展。对许多人(但不是所有的人)来说,苏维埃政权作为革命的总部继续存在,遂提供了有力的保证,历史终将沿着马克思列宁主义的轨道前进。

因此,在此后的 10 年中,许多马克思主义知识分子主要关心的事情,是如何按马克思主义来认识中国社会,这绝非偶然。列宁主义者把理论当做"行动的指南",促成了这样的信念,即一定时期的"党的路线",必须以马克思主义对阶级力量构成情况的分析和历史发展阶段的特性为根据。"关于中国社会史问题的论战"[①],就是这种关注的表现。但是,按照马克思主义的理论,来确定中国当时的"生产方式",事实证明却不是一件容易的事。其逻辑结果,引起了对中国

---

① 校注:论战于 1932—1937 年间展开。论战以中国历史上经过哪些社会发展阶段为中心,围绕中国历史上有没有奴隶社会阶段,什么是商业资本主义社会或前资本主义社会以及专制主义社会等问题展开。以郭沫若、吕振羽等为代表的左翼社会科学家,分别提出西周奴隶社会、殷商奴隶社会与西周封建说的观点,论证中国历史发展的规律。以陶希圣、梅恩平为代表的新生命派,以任曙、严灵峰为代表的动力派,以顾孟馀为代表的改组派,都否认中国历史上存在奴隶社会阶段,认为中国封建社会已被商业资本主义社会所取代。

悠久社会历史周期性的关注。在讨论所有这些问题中，参加者不知不觉地把思考重点，由"理论是行动的指南"的讨论，转向马克思主义学说，当其应用于过去时所更具决定论性质。参加讨论的一些人对马克思主义之发生兴趣，基本上是把马克思主义当做杰出的社会科学。例如，这场争论的一个重要人物陶希圣，和其一些参加者一样，便是一个国民党拥护者。陶氏发现其三民主义思想体系放入马克思主义范畴的框架之中，竟然毫无障碍；而用马克思主义的分析，能引出非共产主义的结论。其他一些论战参加者，有的是代表斯大林派观点，有的是代表托洛茨基派观点。①

在此，我们只能谈到这场争论的要点，从整体上看，试图用马克思主义关于资本主义和封建主义的概念来分析中国社会时，参加讨论的人似乎只是弄清了马克思学说中与讨论有关的一些问题，还有些尚未解决的含混之处。封建社会是不是全都是由统治阶级用"超经济"的权力控制的农业社会？或者，不同的"财产关系"是否就反映不同的"生产关系"？地主阶级的任何类型是否都是封建的？商品关系的普遍程度，是否便能确定社会的性质？抑或"生产方式"的作用才是决定性的？对这些问题和其他许多问题，在本书中都可以找到各不相同的答案。

大多数参加者普遍不接受马克思主义关于"亚细亚生产方式"的概念，赞成马克思为西方规定的关于历史分期的分阶段发展模式。毕竟只是在这种模式的框架之内，马克思实际描述了有力的历史辩证法。有的参加者如陶希圣，想用其他的方法来划分历史的发展阶段，并划分了时期。要是承认马克思关于稳定的"亚细亚生产方式"的观点，实际上就是否认中国社会历史具有自身发展动力。

---

① 校注：中国社会史问题论战的参加者，只有左翼社会科学家的郭沫若和吕振羽，新生命派的陶希圣和梅恩平，动力派的任曙、严灵峰，改组派的顾孟馀；不牵连到斯大林派和托洛茨基派问题。疑此处把中国社会性质问题论战，与中国社会史问题论战放在一起了。实际上，这是两个论题，但却交织在一起讨论，一般是作为两个问题，即中国社会史问题和中国社会性质问题。中国社会性质问题论战，是马克思主义者与中国托洛茨基派、新生命派在思想战线上的一场论战。

如果说这场争论有胜负的话，也只能说是靠的认可，而不是靠的论证取胜。延安时期的毛泽东，对这场争论丝毫没有作出“理论上的”贡献。毛氏对高深的理论颇有兴趣，使其参与了在马克思主义圈子里不甚著名的另一争论，一场关于辩证法和马克思认识论问题哲学解释的争论。

马克思主义在30年代还成为文学战线上的主要力量。在鲁迅、瞿秋白等人组成的左翼作家联盟中，关于马克思主义对于“上层建筑”文学所起的作用，出现了激烈的争论，但也未能取得一致意见。尽管马克思主义似乎极端强调文学的道德—政治功能，却无论如何无法在逻辑上使所有讨论者都承认，作家必须服从于党的变化无常路线的权威。很明显，鲁迅本人就不曾接受这种权威。

在20世纪40年代的10年中，证实日本的战争机器已全面威胁到中国。战争引起的破坏使所有的人都百感交集，使知识分子没有余力来关注新的思潮。的确，战争的压力甚至使一些最不关心政治的人，如梁漱溟也从事政治活动，也成了中国民主政团同盟的一位创始人。然而知识分子的政治化有一个值得注意的现象，从整体上来看，都是有“自由主义”倾向。尽管这是其中的大多数人；但就其基本信念来说，绝不是自由主义者。在整个30年代的上半期，知识阶层已经获得作为独立的知识分子（而不是政治家）的自由意识；这到底是祸是福，还很难说。知识分子的“学者”已经到了与“官”分庭抗礼，习惯于自由交流思想。当民族主义和共产主义精英治国的主张对立时，知识分子常常坚持民权的立场。1945年以后，在内战时期两极分化的社会中，大部分知识分子都被吸引到共产主义的一边。不过，此后的事态表明，这种“自由主义”倾向仍将是一个问题。

20世纪40年代的另一个重要发展，是延安的“毛泽东思想”。很清楚，在毛泽东论述的问题中，有许多便是这个时期思想争论中的一部分；这一点也不贬低毛泽东的政治天才。不过毛泽东所考虑的问题，在其之前也曾有人考虑过。

知识分子在20世纪前半期所提出的问题，1949年以后是否都解决了呢？就我们所处的这段时间来说，有些问题无疑是已经解决了。

强有力的政治权力中心业已形成（有些人会说过于强有力了）。尽管常有政治运动，但法律和秩序已经重新建立起来；相对合理的商品分配，在经济极为落后的情况下，已经得到实现；民族主义的激情多少得到了满足；公共卫生有了进步；妇女的地位得到了改善。然而，不管"主义"的主张如何，上述论及的许多基本"问题"依然存在。中国的未来与其文化传统的关系将是怎样？假如目标就是实现"现代化"，那么能否回避严复和丁文江想像的"专家治国"的道路？官僚体制和权力的问题是否得到了解决？文学、艺术以及个人生活的意义如何？中国人也像其他的人一样，必将探索着走向未来之路。

第 九 章

文学的趋势:对现代性的探求,
1895—1927 年

夏志清教授在一篇论述中国现代中国文学论文中,描述笼罩 20 世纪前半期整个文学创作的"道德义务"。夏志清教授指出,"中国文学进入现代阶段的特征",就是"念念不忘对中华民族的危害,使其不能自强,或不能改变其自身所具有不人道的精神疾病的关注"。按夏教授的看法,这种"爱国热忱"激励这一时期所有的主要作家,而且产生"某种爱国主义的地方主义"。"中国作家们把中国的情况,看做是中国所特有的,其他国家所不具备的"①。正是这种忧国忧民的感情,使得作家们处于社会—政治混乱状况时,关心作品的内容甚于关心形式,特别强调"现实主义"。因此,要研究中国现代文学,就离不开中国的现代史;并且除了注意文学本身的特点以外,对历史方法的注意是必要的,也是不可避免的。

用历史的眼光来看,"摆脱不了的中国情"的主题至少包括三个主要方面,甚至可以视其为中国现代文学的特点。第一,从道德的观点把中国看做是"一个受精神疾病所困扰的国家",并由此引发传统与现代性两极尖锐对立。这种疾病扎根于中国传统;而现代性就是破除对传统的迷信,并从精神上寻求新的解决途径。从这个意义上讲,中国现代文学的兴起,应视为新文化运动的一个组成部分,这也是大多数研究五四运动的学者所指出的。② 第二,中国现代文学的反传统

---

① 夏志清:《摆脱不了的中国情:中国现代文学道义上的责任》,见其所著《现代中国小说史》,第 2 版,第 533—536 页。

② 参看例如周策纵《五四运动:近代中国知识分子的革命》,也可参考许华茨编:《关于五四运动的意见:专题论集》,特别是引言部分。

立场，更多来源于中国的社会—政治条件，而较少出于精神上或艺术上的考虑（像西方现代文学那样）。可以这样认为，中国现代文学的兴起，乃是国家与社会之间的鸿沟日益扩大的结果。由于国家未能采取积极行动对国事的改进，知识分子越来越感觉失望，遂抛开了国家，而成为中国社会激进的代言人，现代文学因之成为对社会不满的工具。中国现代文学的主体扎根于当代社会，反映出作家们对政治环境的批判精神。这种批判态度，是五四运动最持久不衰的遗产，其回响一直到今天都能感到。

中国现代文学的第三个特点，尽管其反映出极为强烈的社会—政治痛苦意识，但其批判眼光却具有浓厚的主观性。现实是通过作者个人的观点来理解的，同时也表现出作者的自我关注。雅罗斯拉夫·普鲁舍克教授称其为"主观主义和个人主义"的普遍倾向——着眼于作者"自己的命运与生活的倾向"，着眼于作者"本人和性格"[1]，使现代中国作家对自我和社会的理解，具有深化了的矛盾心理；对中国的关注和对其弊病的厌恶情绪同时存在，既对之希望和参与而憧憬，又因对之失落感与孤独感而烦恼。正是这种无法解决的矛盾心情所引起的紧张心态，既要区别于传统文学，又要区别于共产主义文学，为20世纪最初30年的文学创作和文学运动提供了基本推动力。

晚清文学，1895—1911 年

中国的现代文学，可以上溯到晚清时期。特别是自 1895 年至 1911 年的 16 年的这段时间里，一些"现代"的特征变得越来越为明显。因此，我们首先要研究这一阶段的文学史概况。

文学报刊的发展

晚清文学的出现——特别是小说，是报刊的副产品，也是从一连

---

[1] 雅罗斯拉夫·普鲁舍克：《中国现代文学中的主观主义与个人主义》，载《东方档案》，25.2（1957年），第266—270页。

串的政治危机的社会反应中演化而来的。[①] 1894—1895 年甲午战争失败的耻辱，终于惊醒了中国知识分子的精英们，促使其投入于行动；其对改革的要求，到 1898 年变法的失败，算达到了顶峰。对这次自上而下的改革幻想破灭之后，有志改革的文人学士，便抛开无能的清政府，成了中国社会激进的代言人，努力集中于动员"舆论"，对清政府施加压力，遂发现了条约口岸的报纸是达到这个目的的有效手段。

早在 19 世纪后半期，非官方的报纸即已出现，主要是由西方传教士资助兴办的；但其迅速增多，则是立志改革的知识分子精英们倡导的结果。梁启超办的《强学报》和《时务报》，是作为康有为改革派的机关报，分别于 1895 年和 1896 年创刊。1898 年，变法失败后，梁启超亡命日本，又创刊《清议报》（1898—1901 年）和《新民丛报》（1902—1907 年），以继续其新闻事业，两报很快成为权威性报刊。严复仿照梁启超的榜样，协助创办《国闻报》（1897—1898 年），狄楚青则创办了《时报》（1904—1939 年）。革命派也很快创办自己的报纸，加入到新闻界的行列，其中最著名的有章炳麟的《苏报》（1896—1903年）、《国民日日报》（1903—1904 年）。到 1906 年，据统计，在上海的报社共 66 家，而在这个时期出版的报纸，总数达 239 种。[②]

为了宣传自己的事业，这些报纸通常发表一些笔锋犀利的新闻条目，也包括娱乐性的诗歌和散文，后来这类诗文都登在专门的"副刊"里。由于对这种副刊的需求日增，于是就扩充另出独立的杂志，文学刊物就是这样诞生的。这些文学刊物的编辑们，是一群记者—文学家，也懂得一些西方文学和外国语，对中国传统文学的根基很深厚。这些出版物发表了大量伪称为翻译的译文、诗歌、散文以及连载的小说，声称意在唤醒民众的社会觉悟与政治觉悟，也是为了大众的

---

① 李欧梵：《中国现代作家中的浪漫一代》，第 3—7 页。

② 66 这个数字，是李宝嘉提出的，其中至少有 32 种被阿英称之为"小报"，政治性不强，供城市中产阶级消闲。参看阿英：《晚清文艺期刊述略》，第 51 页。239 这个数字，见于《清季重要报刊目录》一文，载张静庐编：《中国近代出版史料初编》，第 77—92 页。

娱乐。到了这个时期的末尾，在上海文学报刊占居首位的只有 4 家，即梁启超创办的《新小说》（1902—1906 年），李宝嘉编辑的《绣像小说》（1903—1906 年），吴沃尧和周桂笙编辑的《月月小说》（1906—1909 年），黄摩西编辑的《小说林》（1907—1908 年）。

在 1917 年"文学革命"之前，至少已有 20 年，都市文学刊物——半现代化的"民众文学"，已经为日后新文学的作家们建立了市场读者。这些杂志的编辑和作者赶着写作预定时限的作品，以写作大量赚钱；其勤奋努力的结果，创造了一种新的职业，作品所获得的商业成功，证明文学能够成为独立且能赚钱的职业。然而，这种工作直到其"五四"继承者，才赋予新职业以崇高的社会威信。

晚清文学刊物的一个显著的特点，是以"小说"占主导地位，无论是杂志的命名或作为文学的体裁，小说都占首要位置。"小说"一词仍然如传统一样，包罗典雅的散文和诗歌以外的各种文学形式。按晚清作家们的理解，"小说"包括形形色色民间流行的各种叙事文学——古典故事、长篇小说、弹词，甚至戏剧。在所有这些形式中，连载的长篇小说，无疑是晚清文学中最主要的文学形式。这要归因于梁启超和其他文学精英所作的开创性努力，把新思想的活力和政治意义，灌注到传统上"被贬低的"文学体裁之中。

"新小说"理论

有三篇重要的文章表达了小说与社会之间的重要关系——小说的社会—政治功能。在天津《国闻报》第一期上，严复和夏曾佑写了一篇题为《本馆附印说部缘起》的文章，阐述了小说过去在民众中的影响，借以强调小说在现在所具有的潜在教育作用。但是，严复又以传统文人盛气凌人的口吻警告说，中国传统的小说是充满毒素的；"浅学之人，沦胥若此，盖天下不胜其说部之毒，而其益难言矣"。因此，中国民众需要通过崭新的小说受再教育；这种小说在西方和日本已经产生了奇迹。

梁启超发表于 1898 年的《译印度政治小说序》一文中，基本上持着与上述相同的观点，同意严复关于小说具有潜在教育作用的看法，但对传统的文学作品更加蔑视。梁启超指摘大多数的中国小说，都是模仿《水浒传》或《红楼梦》，因其诲淫诲盗而遭到学者的谴责；当务之急是要进行一次"小说界革命"，把公众的兴趣引向"政治小说"。由于受到日本小说的启发（这篇序言，是梁启超为译柴四郎的《佳人之奇遇》所写的导言），梁启超对外国的政治小说的产生和声望，作了虽是想像但却强有力的描述[①]：

> 昔欧洲各国变革之际，其魁儒硕学，仁人志士，往往以其身之所经历，及胸中所怀，政治之议论，一寄之于小说。于是彼中辍学之子，黉塾之暇，手之口之，下而兵丁，而市侩，而农氓，而工匠，而车夫马卒，而妇女，而童孺，靡不手之口之。往往一书出，而全国之议论为之一变。彼美、英、德、法、奥、意、日本各国政界之日进，则政治小说为功甚高焉。

经常被人引用的晚清政治小说的观点，见于梁启超1902年发表在《新小说》上的著名论文《论小说与群治之关系》，引用外国的例子，力主革新小说为革新一个国家民众之关键；创造一种新小说，可以在国民生活的一切方面——道德、宗教、习惯、风俗、知识和艺术，甚至民众性格，都会发生决定性的影响。除了列举小说对社会的广泛影响之外，梁启超还在文章中集中指出小说的四种基本感化力量，即对读者的"熏"、"浸"、"刺"和"提"的作用。梁氏特别强调"提"的意义，即将读者提高到小说主人翁的水平，并向其学习。但这些值得中国人学习的英雄，却不能从中国历史中寻求，必须从西方历史中去寻求。对中国人来说，真正具有民族美德的完人，是华盛顿、拿破仑、马志尼、加里波的，以及其他许多现代爱国者、革命家和政治家。梁氏曾为这些人物写过传记。

严格地说，严复和梁启超都不能看做是文学家。在严、梁二人

---

① 此处和前面的引文译文，见夏志清：《新小说的倡导者严复和梁启超》，载阿黛尔·A. 里基特编：《从孔子到梁启超的中国文学观》，第230—232页。

看来，文学——特别是小说要为其他的目的服务，就是唤醒民众。梁启超着手写过几部小说，但一部也没有写完。严、梁等人对文学功能的看法，不能算做文学评论，只能看做是社会文化史方面的文献。

尽管严复和梁启超都深受中国"伟大传统"的影响，但都反对这个传统在近代的衰朽状况。八股文是清朝中晚期所盛行的，守着固定程式化没有意义的散文写作方法，其中充满了高谈阔论的治国平天下之道，但仔细一看，只是一些浅薄的老生常谈。由于文化"高雅"形式的僵化，"低级的"通俗而具有活力的文体，随即应运而生。不过，在普及的领域里，严复的贡献远不及梁启超。严复仍用典雅博学的文言体散文，来翻译斯宾塞、赫胥黎和 J. S. 穆勒的著作；虽然提倡小说，却不愿对"民众的欣赏力"作任何让步。梁启超却能汲取民间和外国词语，写的文章也是给广大读者看的。[①] 因此，梁启超的著作在改良派精英——如康有为、谭嗣同和严复等人和市民之间起了桥梁作用。没有梁启超在大众传播方面的开拓作用，严复的翻译和一般的维新思想，就不可能有那么广泛的影响。

梁启超极力提倡小说，还表现出其政治背景的巨大转变。百日维新失败以后，梁氏几乎把注意力完全转向中国社会，试图设计一种新的社会集体（群）的蓝图，由此以构成现代化的中华民族。梁启超著名的"新民"概念，虽然是和精英主义有千丝万缕的联系，但其本质上却是群众性的，目的在于改造整个中华民族。按照这一新的思路，无论梁启超是否借鉴了日本明治维新时期的经验，其鼓

---

① 梁启超仍用文言句法，但大量使用口语说法。其追随者更进而大胆试用方言口语——包括官话和各地区方言（尤其是江浙一带的方言）。最早完全用方言写作的报刊之一，《演义白话报》于1897年创刊。其宗旨是使一般民众能阅读到用通俗易懂形式写成的新闻——尤其是有关外国列强的新闻，并且将各种有用的书报杂志译成口语，以求便于阅读（阿英：《晚清文艺报刊述略》，第64页）。文学报刊的影响，使文言和白话的分界线逐渐模糊，并增强了白话的地位。到20世纪初，白话不仅在报刊和文学作品中使用，并且已在历史、地理、教育、工业、科学著作中使用。参阅米列娜·多列扎洛娃-费林捷洛娃：《中国现代文学的起源》，载默尔·戈得曼编：《"五四"时代的中国现代文学》，第13页。

吹小说的力量是很自然的，也是必然的。梁启超与后来的胡适不同，对语言问题本身并不感兴趣，而是关心对读者的影响。他所说的小说四个特征，和小说的作者无关，也和文学本身的特点无关，而仅仅是关系于读者。

在使小说成为重要的媒介方面，梁启超是有大贡献的，但其和晚清小说的文学质量却没有多大关系。在这方面，这个贡献应归功于条约口岸的文学家。这些作家虽受的教养较少，但都是一些富有才能的报刊工作者。

新小说的实践

晚清的文学界可以分为主要两种流行的小说类型，即社会小说，或用鲁迅的说法"谴责小说"和"言情小说"；后者的重点放在人的情感上。

胡适认为，晚清的社会小说，都是模仿一部先驱的著作——18世纪的小说《儒林外史》。[①] 由于梁启超和严复提倡"新小说"的社会政治方向的巨大影响，作者们自然而然地将《儒林外史》当做社会小说的光辉先例。不过，19世纪末的中国社会，比起吴敬梓小说中所描写的18世纪的中国社会，充满了更多的危机。因此，除了在形式上和内容上与吴敬梓的小说有明显的相似之处外，晚清小说则散发更为紧迫尖刻的语调，显出阴暗灾难临头的情绪。这种紧迫感常以漫画的手法表现出来；而是对吴敬梓温文尔雅的讽刺却走向极端。在吴沃尧的《二十年目睹之怪现状》[②] 里，所揭露出轻松的幽默和令人震撼的荒唐事物纠缠在一起，不只是令人忍俊不禁，而且使人痛加感伤。李宝嘉的《官场现形记》，夸大了生活中冷酷与阴暗的一面，也许是作者身受肺结核的磨难无意中的流露。《官场现形记》中大量戏谑和被扭曲的情节，似乎表明作者对其周围发生的一切极端地憎恶。小说中充满了反面人物——全都是贪得无厌，野心勃勃，满脑子只想

---

① 　胡适：《五十年来中国之文学》，载《胡适文存》，2，第233—234页。
② 　此书有刘师舜的英文缩写本。

升官发财,热衷于行贿受贿的肮脏人物。甚至连计划改革和有志于改革的官吏,也没有逃脱作者犀利文笔的冷嘲热讽,这些从作者的《文明小史》中表现得更为突出。普鲁舍克教授认为,这是作者人生观的反应,本质上是倾泻一个人愤世嫉俗的愤懑之情;言外之意,在这样一个充满愚昧和绝望的国家,很难看到还有什么希望。[1]

为了表达这近乎绝望的情绪,吴沃尧和李宝嘉常使用一些引人注意的生动外号。《二十年目睹之怪现状》的作者自称"九死一生",说自己"所遇见的只有三种东西:第一种是蛇虫鼠蚁,第二种是豺狼虎豹,第三种是魑魅魍魉"。著名的《孽海花》作者曾朴使用的笔名是"东亚病夫"。另外两位作家的笔名分别是"天下第一伤心人"和"汉国厌世者"。也许可算是晚清最优秀的小说《老残游记》的作者刘鹗(铁云),给自己取了一个含有悲痛隐喻的"老残"笔名,在一场失败的棋局中作最后的挣扎。书名《痛史》、《恨海》、《劫余灰》、《苦社会》等小说,赋予晚清小说前所未有的忧郁和悲愤情感。这些小说的不安情绪与深沉的《儒林外史》是不能相比的。

尽管晚清的社会小说得益于《儒林外史》甚多,但仍不应忽视其所独有的特点:外国的词语、思想,常和本地的场景和人物融合在一起。《官场现形记》中提到卢梭的《民约论》和孟德斯鸠的《法意》。在《孽海花》里,甚至还有外国人约翰·弗赖尔、托马斯·韦德——一位俄国的无政府主义者和一位德国将军(瓦德西),而且小说的部分情节发生在欧洲。晚清小说中还谈论"洋务",描述外国风气涌入中国的情况。虽然大多数作者都热心汲取外国的意识,西方著作的译本也与日俱增[2],但却显然无意学习西方的文学技巧。这些作者所模仿西方文学的范围,只限于小说中的男女主人公。柯南·道尔的歇洛克·福尔摩斯成了极受欢迎的人物,引出了一系列对其模仿的中国侦

---

① 这里所讨论的,是根据普鲁舍克教授 1967 年在哈佛大学的讲学笔记,米列娜·多列扎洛娃-费林捷洛娃编的学术论文集《19、20 世纪之交的中国小说》中,对晚清小说作了综合性分析。

② 但是胡适认为,吴沃尧的小说《九命奇冤》,在倒叙技巧的运用和结构的统一方面,受了西方小说的影响,见胡适:《五十年来中国之文学》,第 239 页。

探英雄。侦探小说的盛行，既是社会小说通俗化的扩展，也是西方影响的结果。

政治幻想是晚清小说的又一特征，可能这是受到梁启超的未完成的小说《新中国未来记》的启发。这部小说的故事，始于中华乌托邦共和国建立之后 50 年。另一部流行的小说，是旅生写的《痴人说梦记》，以一场梦来结尾。梦中的上海不再有外国人、外国巡捕，建筑物上也没有外国招牌，也没有外债，到处是中国人建筑的大量的铁路和学校。陈天华的小说《狮子吼》的故事，发生在一个名叫"楚山"的海岛上。明代遗民将该岛建成为一个政治乐园。岛上有一个"民权村"，有礼堂、医院、邮局、公园、图书馆、体育馆，还有三家工厂、一家轮船公司和许多现代化的学校，全都办得井井有条，为岛上大约 3000 个家庭谋福利。[①] 显然，这些小说源于中国传统文学中的描述幻境手法，但其对未来的憧憬和现代化的内容，却表现出对社会加速改革的盼望。这些描述未来中国的乌托邦，为作者，也为读者，提供了热情洋溢的政治梦想——对中国命运的关注之情，在想像中的满足；同时，还提供了对现实问题的浪漫主义的逃避处所。

关于中国命运的各式各样的乌托邦，都指出改革的迫切性，但改良却成了没有精神内容和政治意义的陈词滥调。正如李宝嘉、吴沃尧和曾朴等人的著作中所描述的，改良思潮已经成为"洋务专家"鹦鹉学舌的老生常谈。这些洋务派是各地努力"自强"的产物，不过是一批在上海、广州、天津的纨绔子弟，和一些在条约口岸买办"洋场"中游手好闲的机灵之辈。晚清小说中，充满着一批游荡于中西文化交口处阴暗区里的人物，其中五花八门，有欲壑难填的商人，有觊觎地位的暴发户，有移居城里寻欢作乐、腐朽已极的地主遗少。读了这些讽刺作品——阴暗图景中较轻松的一面，读者会感觉出作者们的自嘲与矛盾的心理。作为评论家的报刊工作者—文学家们，对如此的现实社会真是伤心之至，只能靠这些所讽刺的人过活。实际上这些作者和

---

① 阿英：《晚清小说史》，第 97 页。

文学家们，也可以被看做是"洋务"与"维新"的间接产儿；也正是其所厌恶的时髦维新思潮，才使其著作受到社会的欢迎。因此，尽管这些人过着寄生生活，但却很少有人赞成彻底革命，因为革命会将他们虽然反对但却又习惯了的世界摧毁。

虽然晚清小说的主题是社会讽刺，但对社会与政治的批判，也和作者的个人主观感情交织在一起。社会和感情两种因素常互相结合，以达到情绪的高度，来证实作者的目的的严肃性。开创"言情小说"《恨海》的作者吴沃尧，在《新小说》上发表了一篇题为《社会与言情小说之关系》的文章中宣称：

> 我素常立过一个议论，说人之有情，系与生俱来……要知俗人说的情，单知道儿女私情。我说那与生俱来的情，是说先天种在心里，将来长大，没有一处用不着这个情字……对于君国施展起来便是忠，对于父母施展起来便是孝，对于子女施展起来便是慈，对于朋友施展起来便是义。可见忠孝大节，无不是从情字生出来的。至于那儿女之情，只可叫痴。更有那不必用情，不应用情，他却浪用其情的，那只可叫做魔……许多写情小说，竟然不是写情，是在那里写魔……①

在这篇陈义崇高的声明中，吴沃尧希望给主观感情以广阔的社会与伦理基础。翻译家林纾想从伦理的观点，来为感情辩护与之如出一辙。但吴沃尧这篇宣言的儒家框架，并没有定出晚清言情小说的真正内容。事实上，绝大多数这些小说，写的都是男女之间的"痴"情，或者是"中了魔似的"伤感情感。林纾也逐渐认识到，个人的情感假如表达得纯正，不论其是否反映公认的伦理准则，都可能成为一个人的主导的人生观。② 特别是通俗言情小说的作者们发现描写感情，尤

---

① 阿英：《晚清小说史》，第173—174页。
② 参阅李欧梵：《中国现代作家中的浪漫一代》，第3章；林纾的翻译作品将在本章第二部分讨论。

其是以"痴"或"魔"的形式表现出来，会受到读者热烈欢迎的时候，所谓严肃性就更加淡化了。所以这种言情小说，一直是被中国文学史家们视为晚清小说中的末流作品。[①] 虽然这类作品是以伟大文学作品《红楼梦》为榜样，但大多数更像 19 世纪的"才子佳人"小说，如《六才子》和《花月痕》之类。实际上最受欢迎的，是那些以色欲为中心兴趣的书；其中才子们迷恋的佳人，又无例外的都是妓女，以致被称为"妓院指南"。胡适挑选其中的《海上繁华梦》和《九尾龟》两本，特别加以谴责，称其缺乏理智的洞察力和文学价值。因此，"言情小说"中的低劣作品，似乎只是亵渎感情——据文学史家阿英的看法，这类作品很快为"鸳鸯蝴蝶派"打开了大门。[②]

鸳鸯蝴蝶派小说与"五四"前的过渡时期，1911—1917 年

"鸳鸯蝴蝶派"的说法，可以上溯到这类小说中的第一本畅销书，徐枕亚的《玉梨魂》。这部情意缠绵的小说于 1912 年出版，书中的诗将情侣比作成对成双的鸳鸯和蝴蝶。[③] 这种带有贬义的称呼，被用来惯称在 1910 年约至 1936 年期间出版的 2215 部小说、113 种杂志和 49 种报纸。这个"鸳鸯蝴蝶派"可以和其派中最著名的杂志《礼拜六》互换，公开宣称其宗旨是为了"消闲"。

鸳鸯蝴蝶派小说之盛行于一时，实在是对中国现代文学史极大的嘲讽之一。改革派的冲击和清末小说的严肃内容，随着清王朝的崩溃而逐渐消失。正如言情小说堕落为"狭邪小说"和"鸳鸯蝴蝶小说"那样，社会小说的主流也从批判和揭露社会—政治病态方向，转向以耸人听闻的轰动性为目的。少数值得尊重的"社会批判"杰作，却被

① 参阅阿英：《晚清小说史》，第 13 章。
② 同上书，第 169、176 页。
③ 林培瑞：《10 和 20 年代传统类型的通俗市民小说》，载戈德曼编：《中国现代文学》，第 327—328 页；并参阅其博士论文：《上海现代通俗小说的兴起》（哈佛大学，1976年）。

描写社会丑恶与犯罪的"黑幕"小说所取代。在民国最初的十来年里，这两种民众文学——庸俗的社会小说和言情小说都达到了鼎盛时期，所拥有的读者和销售量，都超过了此前此后时期的作品。[①] 根据林培瑞对鸳鸯蝴蝶派小说的初步研究所得的惊人结论，30 年代以前真正的通俗文学——既不是梁启超倡导的"新小说"，也不是"五四"时期的新文学，而是迎合中下层阶级口味并反映其价值观念的"消闲"文学作品。

根据林培瑞的分析，这一类通俗市民小说的兴起，反映出都市居民在"逐步现代化的环境"中，经历迅速变革的焦虑不安心理。当新的都市生活——尤其生活在上海变得沉重的时候，"读者要赶上世界的愿望，就让位于想忘掉自己赶不上世界的愿望了"[②]。除了想逃避变革中都市世界的现实需要之外，林培瑞还指出，鸳鸯蝴蝶派小说中风靡一时的主题，可以与特定的社会—政治发展联系起来。20 世纪第一个 10 年的初期，出现了第一个爱情小说的浪潮，把婚姻自由作为其共同的主题。因为此时妇女解放和妇女教育的问题，正是在晚清改良运动中曾受到过极大的关注的。此后 20 世纪头 10 年的前半期和 20 年代早期，侦探小说、黑幕小说和武侠小说的各次浪潮，与袁世凯和北洋军阀政府所造成的政治混乱相关联。在各次浪潮里，小说中的遁世基调，都具有反动的复古性和幻灭感。小说的作者们对中国的维新、现代化和进步，失去了信心，而这些正是其前辈——晚清的报刊工作者所孜孜以求的。相反，这些作者对中国流行的价值观念"持"保守的态度[③]，认为西化的潮流闹得太过分了，完全不符合中国国情，而且同中国本身的问题格格不入；于是不采取激进精神去拥护社会秩序的改变，建立另外一种

---

① 根据林培瑞的统计，这类小说中最受欢迎的，"在上海肯定有 40 万至 100 万人读过"。参看林培瑞：《传统类型的通俗市民小说》，第 338 页。鸳鸯蝴蝶派小说的销售记录，直到 30 年代末期都未被超过，以后才逐渐衰落。1949 年以后的共产主义小说的销售量，当然要大得多。
② 林培瑞：《传统类型的通俗市民小说》，第 330 页。
③ 同上书，第 339 页。

社会制度，而采取了传统的"拾遗补缺"态度——只反对儒家价值体系中的某些弊端和过分之处。

林培瑞用对比的方式，阐明了在鸳鸯蝴蝶派之前的通俗文学和其后"文学革命"的性质。晚清文学显然经历了一个自相矛盾的大众化发展过程；开始是知识分子精英的自觉努力，唤起社会的下层群众认识中国面临的危机与维新的迫切性。因此，"新小说"更多的是意识形态的主旨，而不是从纯文学上的考虑。但是由于写小说后来成了有利可图的行当，这种意识形态的主旨就为"争取读者"的商业需要所冲淡了。通俗性为晚清作家提出了既要教育读者，又要娱乐读者的双重任务。当文学作品从精英的构想发展到通俗作品时，"新小说"就逐渐失去其充满启蒙的精神因素；这种因素在某种情况下，曾使小说具有长久的文学价值。从商业的观点看，晚清通俗小说达到前所未有的成功；而从理性知识和艺术的角度来看，尽管在开始时曾经有成功的希望，但其最终发展却以失败而告终。在1900—1910年期间出版的小说中的改革和进步观点，在其后的10年中，竟为保守主义和遁世主义所取代。在创作于1904—1907年间的《老残游记》中，那位孤独的主人公面对封冻黄河壮丽的冬景，大地一片茫茫的景象，遂勾起无限的沉思，感叹国家及其个人命运的多舛，蓦然发觉自己面颊上的泪水已冻成冰珠时，读者当为这激越难忘的情怀与山河壮丽的场景而壮怀激烈。到了1913年，一般都市的读者却只会为徐枕亚畅销的《玉梨魂》中一对为爱情而缠绵悱恻的"鸳鸯"，掬一腔同情之泪了。

鸳鸯蝴蝶派小说大受欢迎的事实，证明新的更加激进的一代迫切感到，需要重新创造完全不同类型的通俗文学，作为整个知识界革命的一部分。从"五四"作家们的"新"观点来看，晚清的"新小说"，连同其庸俗化的鸳鸯蝴蝶派，已经"陈旧"了。尽管那些晚清年代的先行者们，在建立白话文体，造就了广大读者群，能够借以谋生的写作职业诸方面，作出了值得重视的贡献；但这些"陈旧"的作品，应被归入腐朽的"传统"世界。

"五四"时期，1917—1927年

在大多数中国文学史家看来，民国初年是中国现代文学的"低落"时期。晚清文学中产生了四位伟大小说家——吴沃尧、李宝嘉、曾朴和刘鹗以及一些其他作者，朝气蓬勃的创作十年忽然终结了。这四位有才能的作家中，李宝嘉未及完成其计划中的120回巨著的一半，就于1906年去世。多产的吴沃尧（共写过15部小说）也于1910年去世。刘鹗也许是四人中最有文采的一人，只写过一部小说，而且此书在30年代重版之前并不十分流行。曾朴在政治信仰上是最革命的一人，因过分忙于其他活动而未能完成其小说创作，并且和《老残游记》一样，直到20年代才受到人们的赏识而获得充分评价。[①]

辛亥革命出乎意料的胜利，并没有引起文学的复兴运动；相反，政局的混乱，使逃避现实的鸳鸯蝴蝶派小说大受欢迎。唯一能与之相颉颃的文学流派是南社。[②] 该文学社团，是由涉足文学的革命政治家和报刊工作者组成的松散组织，1903年由三位同盟会的报刊工作者柳亚子、陈巢南、高天梅所创建，定期出版社员的诗文集，多半为社交集会作品，在民国初年很受革命派人士和青年欢迎。在半个世纪后重读其中诗篇时，颇感其情调和形象多属于旧传统，胡适甚至斥之为放纵不羁的"淫滥"[③]。回顾过去，南社的作用似乎不在于响应革命，而在于为革命者们提供一个表现文学的场所。

和条约口岸的报刊工作者—文学家一样，南社的大多数会员都有

[①] 新近对曾朴和刘鹗两位作家的深入研究，见李培德《曾朴》和夏志清《老残游记：对其艺术和意义的研究》，载《清华中国研究学报》，7.2（1969年8月），第40—66页；并参阅哈罗德·沙迪克带有注释的《老残游记》的精彩译本。

[②] 校注：南社：辛亥革命前后著名的文学团体，社名取"操南音不忘其旧"之意，发起人为同盟会会员陈去病（陈巢南）、高旭（高天梅）、柳亚子，1909年11月13日成立，主要活动中心在上海，社员人数1180余人，1923年解散，以后又有新南社、南社湘集、闽集组织。

[③] 曹聚仁：《文坛三忆》，第150—151页；关于南社的一般情况，参看柳亚子：《南社纪略》。

较好的旧学修养，其作品的文体和词汇比起晚清的冤家"同行们"更为高雅古奥。如果说条约口岸的文学报刊被视为是晚清改良运动的文学一翼，其在主题和文体上肯定比南社的诗歌更为激进。南社诗歌的华丽辞藻，掩盖了其所宣称的爱国心和忧国忧民的感情。[①] 南社曾经号称拥有 1000 余名会员，但在二次革命讨袁失败之后，逐渐衰落下来；大多数知名的社员卷入到军阀政治的漩涡中。柳亚子及另外一些人短期从政之后，又重新从事报刊工作。

当五四运动创造出崭新的社会—文化风气时，南社差不多已经被人忘了。南社和"五四"在意识形态方面的鸿沟是显而易见的，但"五四"的领袖们和鸳鸯蝴蝶派与南社两个过渡群体成员之间，仍可以在社会事业上找到某种联系。当陈独秀说服一位上海出版家资助其新刊物《青年》（不久即改名为《新青年》）时，一些南社会员和条约口岸有势力的报刊工作者—文学家，仍然掌握着上海的各主要报纸。当时上海三家主要报纸——《申报》、《新闻报》和《时报》的文学副刊的编辑，是鸳鸯蝴蝶派的大手笔周瘦鹃、张恨水、严独鹤、徐枕亚和包天笑等人，包天笑也是南社的一名积极会员。"五四"的知识分子在南社控制的报纸上宣传其事业，并赢得其他革命的报界人士和梁启超追随者的支持，后来又从鸳鸯蝴蝶派作家手中夺取各报文艺副刊的主编地位。其中最有名的例子，就是《小说月报》的内容和版面的改变，这份由严肃的商务印书馆出版的杂志，本来是鸳鸯蝴蝶派的基地，茅盾在 1921 年担任主编后，就将其改造成了"新文学"的机关刊物。

文学革命

当《新青年》越来越引起报刊界和学术界重视时，思想革命的气氛，早在 1917 年 2 月文学革命正式开始前即已酝酿成熟。在 1915—1917 年的数年间，陈独秀在《新青年》杂志上，发表了越来越多的吴虞、易白沙、高一涵和陈氏自己的文章，攻击儒家，赞扬西方思

---

① 王平陵：《三十年来文坛沧桑录》，第 5 页。

想。胡适首先提出文学革命的主张，受到陈独秀的热烈欢迎，认为文学革命是整个反传统崇拜运动的一个组成部分。胡适本人曾兴高采烈地披露这段史话，并在无意中把其对这一重要事件的"看法"，也随之被永久化了。① 下面的分析，可能与胡适的解释不尽相同，但在分析过程中不可避免地也吸收了胡适的意见。

当胡适在康乃尔大学写的一首诗中，首次使用"文学革命"一词时，其主要目的，只限于在朋友间对中国语言进行学术性讨论。胡氏急于争辩并证明，白话可以作为有生命力的文学工具。其实，早在胡适之前，白话文的重要性已经被认识到了。大批晚清的思想家和报刊工作者—文学家，早已将白话文作为群众启蒙手段加以宣传和使用过。胡适也了解这些先例，但也的确提出"革命"性主张——其先驱者或者是不曾察觉到，或者是未能有信心的加以提倡。晚清提倡白话的人，虽然认识到白话可以作为普及政治教育的媒介，却没有承认其为文学表现的主要形式。胡适比严复和梁启超走得更远，明确指出在过去的千余年中，中国文学的主流并不是古典文体的诗文，而是白话文学。在胡适看来，文言已经是"半死"的语言。这种"半死"的语言，对传统中国文学内容的僵化和形式的过分雕琢，起了助长的作用。白话是文学演变的自然结果。作为活语言的生命力，已经在宋朝理学家的语录和元明两代的戏剧和小说中得到证明。胡适认为，书面语言和口头语言的统一趋势，在元朝已达到高峰。这种趋势，如果不曾被"八股文"的强制推行和明朝以来的古文运动所遏止，中国文学就可能发展为口语的白话文学——胡适把这个现象与但丁以后的意大利文学、乔叟以后的英国文学、路德以后的德国文学相比，因而后来胡适在芝加哥大学讲学时说，这次文学革命是"中国的文艺复兴"。

---

① 参看胡适附录在《四十自述》之后的著名论文《逼上梁山》，第 91—122 页；还可参看胡适在芝加哥大学发表的英文演讲《中国的文艺复兴》和 1958 年在台湾发表的演说《中国文艺复兴运动》，已被收入刘心皇：《现代中国文学史话》，第 1—15 页。第二手材料，有杰罗姆·B. 格里德的《胡适与中国的文艺复兴》，第 3 章；林毓生：《中国的意识危机：五四时期激进的反传统主义》，关于胡适的一章。胡适在文学革命时期的大多数论文，均收入《胡适文存》第 1 卷。

因此，胡适相信，活的语言是现代思想运动的先决条件。而中国文学革命的首要任务，就是白话文代替文言文；换句话说，就是恢复宋朝以来文学演变的自然过程。

胡适也深知，白话文学本身并不能成为新的文学；"新文学必须要有新思想和新精神"，但仍坚持语言工具的优先地位。

> 死文字决不能产生活文学。若要造一种活文学，必须有活的工具……我们必须先把这个工具抬高起来，使它成为公认的中国文学工具，使它完全替代那半死的或全死的老工具。有了新工具，我们方才谈得新思想和新精神等等其他方面。[1]

后来胡适自己也承认纯粹是"文体革命"的想法；在其1916年10月给陈独秀的信中表明得很清楚，列举了新文学的八条原则：

> 一曰不用典，
> 二曰不用陈套语，
> 三曰不讲对仗，
> 四曰不避俗字俗语，
> 五曰须讲求文法之结构，
> 此皆形式上之革命也；
> 六曰不作无病呻吟，
> 七曰不模仿古人，语语须有个我在，
> 八曰须言之有物，
> 此皆精神上之革命也。

胡适在最初的说明中，对文学形式方面所提的建议，显然比对内容方面更为详细和具体。陈独秀虽然热烈地支持胡适，却担心其八不主义可能被理解为传统的"文以载道"。因此，胡适在《新青年》

---

[1] 胡适：《逼上梁山》，第112页。

1917年1月号上发表的《文学改良刍议》中，改变了其八不主义的
顺序（新的顺序是八、七、五、六、二、一、三、四），并试图更多
地注重新文学的实质。为了区分新"质"和儒家的"道"，胡适强调
了两个方面——"感情"和"思想"仍然是含混笼统的。于是胡适更
加详细地阐述了另外三条原则（三条原则用的是《文学改良刍议》序
数，即给陈独秀信中的七、一、四。——译者注）。二，不摹仿古人
（胡适主张用进化的眼光看待文学，并高度赞扬晚清小说）；六，不用
典（胡适力图区分仍然具有广泛现代意义的典故，所摒弃的是狭义过
时的典故）；八，不避俗字俗语。这最后的"八"，显然是胡适最关心
的中心问题，也是其以前和朋友们辩论的症结之所在。

　　胡适文章中的谨慎语调和学者态度，对《新青年》编辑们的激进
情绪来说，实在是太温和了。钱玄同不同意胡适对用典所采取的宽容
态度，全面反对用任何典故。在陈独秀看来，用白话文取代文言文是
不言而喻的，但却无暇下功夫去进行学术讨论。在1917年2月1日
出版的《新青年》中，陈独秀干脆抛开胡适的温和改革主张，宣布文
学革命已经开始，称：

　　　　余甘冒全国学究之敌，高张"文学革命军"大旗，以为吾友
　　（胡适）之声援，旗上大书特书吾革命三大主义：曰，推倒雕琢
　　的阿谀的贵族文学，建设平易的抒情的国民文学；曰，推倒陈腐
　　的铺张的古典文学，建设新鲜的立诚的写实文学；曰，推倒迂晦
　　的艰涩的山林文学，建设明了的通俗的社会文学。①

　　诚如周策纵教授所指出的，陈独秀攻击的目标，是由三个文学派
别占主导地位的流行风尚——桐城派和《文选》派的古文及江西诗派
的诗歌。② 尽管陈独秀的三条原则中的建设性部分，也包括了胡适主
张的白话文体，但主要的却是针对文学的内容。陈独秀在以前的文章

---

① 周策纵：《五四运动》，第275—276页。
② 同上书，第266—270页。

中，认为现代欧洲文学已经从古典主义和浪漫主义进展到现实主义和自然主义，而现实主义较之自然主义更适合于中国[①]，所以主张引进现实主义。陈氏的另外两条原则，似乎是把胡适对白话文体的关怀，改变成创造新文学的政治要求；新文学在内容上应当更"大众化"和更"社会化"。

虽然陈独秀憎恶传统文学的精英主义，但其对大众化倾向仍是模糊的。陈氏所理解的新文学，顶多也只能称之为"社会现实主义"，也不一定就是社会主义的或无产阶级的文学。凡是真实描写社会各种人物生活的现实主义新文学作品，只要不是属于"少数贵族"的，陈独秀大约都会欢迎。在早一些时候，陈独秀虽然拟议出范围更广的新文学，但并没有提出创造这种新文学的具体办法，还不是只专注于更具阶级意识的工农方向。胡适在 1918 年春季发表题为《论建设性的文学革命》，以较之过去更大的闯劲讨论了这一任务。

胡适在这篇文章中提出了一个响亮的口号，即"国语的文学，文学的国语"，说文学革命的建设性目标，是创造新的白话民族文学。但是既然还没有标准的国语，又怎么能创造出国语文学？胡适的回答，带有实验主义的话语，称新的作家应该用一切口语来写作；可以用传统通俗小说语言，而以当今口头的说法作补充；如有必要，甚至还可以用一些文言的词语作补充。在所有各类作品中——诗歌、书信、笔记、译文、报刊文章，甚至墓志铭，都应当只用白话文。经过不断练习，用白话文写作会逐渐变得容易。关于文学创作的方法，胡适认为新文学的题材应当拓宽，要包括各阶层的民众；并认为以实地观察和个人的经验为素材，再加以生动的想像来补充和分析，应当是构成写作的先决条件。

虽然胡适不厌其烦地阐述了语言工具和文学技巧，但其对建设性建议的最关键部分——新文学的思想内容却不置一词。和陈独秀不同，胡适不大愿意对中国现代读者最理想的新文学类型作出详细说明

[①]　周策纵：《五四运动》，第 272 页。

（不管是怎样笼统的说明）。这可能是由于胡适比陈独秀少一些成见，不是那么固执己见[1]。但是更有可能的是，胡适对此根本就没有兴趣，因为在胡适看来，文学革命实质上是一场语言的革命。但是，已经开始的思想革命，就是要完全改变中国文化的内容，而文学是其中的一个主要部分。陈独秀理解两种革命——思想革命和文学革命之间的关键性联系，并使之联系得以实现。相反，胡适则从来不像《新青年》其他领袖那样，投入反传统主义的事业。胡适在学术上全神贯注于语言，因而奇怪的是竟没有觉察到自己思想实质的变化。

就胡适个人所关心的目标而言，文学革命算是完全成功了，白话文逐渐用于迅速增多的所有新文学刊物。1921年，教育部通令小学教科书一律用白话文编写。反对文学革命的，还大有人在，但是起来得太晚了，也太软弱无力了。"文学革命大军"轻而易举地即将其击溃。林纾给蔡元培的著名长函，是在1917年发动文学革命之后的两年才写的。胡适的老友和对手梅光迪和吴宓、胡先骕创办的《学衡》杂志，到1921年才出版，而此时白话文已定为"国语"了。当北京政府教育总长章士钊于1925年在《甲寅》周刊上放最后一炮时，胡适和吴稚晖在对章氏反驳时，甚至不屑一顾。新文学此时已发展到如此兴旺程度，胡、吴两人完全用戏谑口吻，哀悼老章和旧文学的"死亡"。

除了进行人身攻击外，反对派的论点集中在几个有关的问题上。《学衡》派反对胡适的进化论观点，说在进化最后阶段出现的几种文学——现实主义、象征主义、未来主义，并不比以前的文学为好，也不能取代早期的文学。[2] 因此，每一种文化的古典遗产都应珍惜，以其曾为改变和更新文化的基础。作为古典文化遗产的主要媒介，文言不能完全为白话所代替。林纾更进一步争辩说，如果对文言没有全面的知识，作家就不可能创作出白话文学。

这些论点显然都倾向于古典主义。至于《学衡》派，明显带有其

---

[1] 侯健：《从文学革命到革命文学》，第32页。

[2] 侯健对此观点作了同情的分析，见《从文学革命到革命文学》，第57—95页。

师承白璧德思想的印记，要求其中国的门生们，要"保存包含在中国的伟大传统中真理的灵魂"①。但在这热情奔放、破除迷信的新时代，这种保卫传统的理性主张，无论想得多么周到，也注定要失败，因为其与革命变革激进的冲力背道而驰。文学革命的概念不但为胡适的特点，也为激进的一代许多人所拥护。这也是胡适和激进的一代，对未来的看法和西化倾向的直接表现，认为必须用西方的新观念来取代旧传统，才能将中国转变成现代国家。甚至连反对派也不反对变革，所反对的只是某些过火行为。保守主义在文化上最薄弱的一环，就在于其对白话看不起和不信任的态度，担心口语变化太快，不宜于作为"经典"著作或文学杰作的文辞。而这些"经典"著作和文学杰作是永恒的，都是传世之作，也应让后世理解那些名著所使用的语言和词汇。白话文的提倡者和反对者似乎都不曾认识到，最后在"五四"文学中形成的"国语"是一种口语，竟是欧化句法和古代典故的混合物。保守的批评家们实在是杞人忧天，因为文学作品使用白话并不一定就降低了质量；而且这种忧虑也太早了。"五四"时期的白话文学，到了30年代又遭到左翼评论家瞿秋白的抨击，认为这是披着现代外衣的高雅贵族文学。

新作家的出现

文学革命的破坏任务是容易完成的，虽然遭到软弱敌对者的零星抵抗，但其建设阶段的工作却就十分艰难了。

中国的"新青年"们对于文学革命立即作出热烈的响应，也许是这一运动领导者所没有料到的。几年之内，新文学杂志有如雨后春笋，在各大城市成立的文学团体在100个以上。② 所有这些自行发展都证明五四运动，特别是学生们1919年的游行示威所引起的热烈情绪。

新形成的文坛领导权，起初掌握在北京地区的教授们手中，如

① 周策纵：《五四运动》，第282页。
② 李欧梵：《中国现代作家中的浪漫一代》，第9页。

陈独秀、胡适、钱玄同、李大钊、沈尹默、鲁迅（周树人的笔名）、周作人；其一部分学生——罗家伦、傅斯年、朱自清，还有叶绍钧——创建了新潮社，并出版了同名的刊物《新潮》。一位有学问又有进取精神的孙伏园，接办了北京《晨报》副刊后，又接办了天津的《京报》副刊。孙氏把两个副刊变成了新文学出色的橱窗，刊登新秀们的著作。这些学者、学生、编辑和撰稿人，形成以北京为中心的松散文学团体；大多数人都表现出文质彬彬的学者风度，与上海文坛上的那些傲慢、狂妄与任性的人，形成鲜明的对比。北京的文学群体，称之为京派；上海的文学群体，称之为海派。京派中的老成员包括周氏兄弟、孙伏园、钱玄同和出版家李小峰。后来《语丝》周刊（1924—1930 年），发表著名的有教养的语丝体评论，避免过激的立场。《新青年》的领导于 1921 年分裂后，胡适很快分离出去，并和一群主要是受过欧美教育的学者——著名的有陈源和徐志摩携起手来。陈源创办了《现代评论》，而徐志摩则是新月社的主将。该社后来出版《新月》杂志（1928—1933 年），在抗拒左联和鲁迅对其的攻击，捍卫自由主义的文学和政治观点的论战中，扮演了重要的角色。不过，20 年代早期，《新青年》已变为政治刊物，并从而失去了在新文学中领导地位以后，而《语丝》和《新月》还未能产生多大影响之前，主宰文坛的两个组织，即文学研究会和创造社。

文学研究会于 1921 年在北京正式成立，开始时有会员 21 人，大部分都是京派，如周作人、郑振铎、孙伏园、叶绍钧、许地山、王统照和郭绍虞，在茅盾的努力下组织起来。茅盾是少数和京派没有关系的文学研究会创建者之一，被任命为有影响的《小说月报》主编，抓住了这个大好机会，遂将这个原属鸳鸯蝴蝶派的刊物转变来为新文学服务。在经过改造的《小说月报》第一期（第 12 卷第 1 期）里，文学研究会发表自己的宣言中，规定了三条原则：（1）联络从事新文学者的感情，以求互相理解，结成一个作家团体；（2）"增进知识"，特别是外国文学的知识；（3）为作家协会"建立基础"，借以提倡文学工作不是消遣或娱乐的方式，而是一种"终身的事业"①。

1921年1月，文学研究会发表的这个宣言，是中国现代文学史上的里程碑，因为这是献身于独立与可敬文学事业作家团体的第一个宣言，证明20多年来晚清文学先驱所作的职业化努力是合理的。通过发展会员，文学研究会在其他城市建立分会，出版新的刊物——《小说月报》之外，著名的有《文学旬刊》、《文学周报》和《诗》。文学研究会得以巩固和扩大阵地，使越来越多的新人能够展现其才能，树立起职业作家的声誉。除了叶绍钧、茅盾、王统照、许地山之外，文学研究会还培养了众多的人才，如谢冰心、黄庐隐、许钦文和丁玲。文学研究会还主持了大量欧洲文学的翻译工作。《小说月报》出专刊介绍托尔斯泰、泰戈尔、拜伦、安徒生、罗曼·罗兰，以及"被压迫民族"文学、"反战文学"、法国文学和俄国文学。在1925年，文学研究会的活动达到了顶峰，其后逐渐衰落，到1930年就销声匿迹了。

另一个主要的文学团体创造社，和文学研究会差不多是同时成立的，最初由少数亲近的朋友郭沫若、成仿吾、张资平等人发起的。这几个人当时都在东京帝国大学读书，经过多次非正式商量，决定回国后出一份新文学刊物。当其回国后，上海一家不大出名的泰东书局以其才能可资利用，同意由该书局可为出版刊物。1921年7月，创造社在上海正式成立时，有社员8人。在郭沫若的倡议下，决定出版《创造季刊》（1922—1924年）；其后，另出两种期刊：《创造周报》（1923年5月至1924年5月）和《创造日》（共出100期，1923年7月21日至10月31日，为《中华日报》副刊）。1924年，一群青年作家加入创造社，出版《洪水》半月刊。当1926年大部分老成员去广州后，周全平负责出版部的工作，拉进了更为激进的朋友。新老成员之间开始出现日益扩大的分歧。老成员们在1926年又创办新的《创造月刊》，出版到1929年1月。但年轻的成员在上海已掌握了大权，把郁达夫排挤了出去，并说成仿吾和郭沫若把创造社的出版物当

---

① 李欧梵：《中国现代作家中的浪漫一代》，第12页。

做马克思主义的"思想阵地"。因此，创造社被认为经历了两个发展阶段：1921—1925年的早期为浪漫主义阶段；1924年郭沫若转向马克思主义以后，逐渐向左转的阶段——创造社自己著名的说法，是"文学革命到革命文学"。

大多数文学史家，一直将这两个文学组织之间的分歧，用两个口号加以区分，即"为人生而艺术"和"为艺术而艺术"①。前者被认为是文学研究会的立场，其成员提倡"现实主义"；后者是创造社的立场，其成员所实践的是"浪漫主义"。但如仔细考查，这种理论上的对立只不过是表面现象，而实际上两派所代表的，正是"五四"时期大多数新作家共有的精神气质，所表现的两个互相关联的方面。这是自我与社会互相交织的人本主义气质，经常以强烈的感情主义的方式表现出来。在文学研究会的成员方面，这种人本主义气质较多的从社会和人道主义方面表现出来，而在创造社领袖们的早期著作中，则集中于自我倾向。实际上文学研究会的方向和创造社的方向并不互相排斥。因此，周作人在其两篇重要文章——《人的文学》和《文学的要求》中，主张通过作者"自己"的感情和思想紧密"联系人生"。换句话说，自我表现无例外的都和全人类联系在一起，因为周作人把个人看作是"有理性"的动物，是"人类的一员"②。在新文学更加集中注意力于社会的同时，茅盾则提醒读者，真正的自我意识与"社会同情"并非互不相容。③ 创造社的作家们经常使用"浪漫主义"词汇，来歌颂"美"、"全"和创造，但其对"为艺术而艺术"的口号和对其在欧洲文学中的含义，了解得也很不同。在欧洲文学中这个"为艺术而艺术"的口号，是将更深刻的艺术境界的真实，与外部生活中

---

① 几乎所有权威的中国第二手资料，都采用这两种分法，例如可参阅李何林的《近二十年中国文艺思潮论》，第4章；王瑶的《中国新文学史稿》，第40—53页；刘绶松的《中国新文学史初稿》，第3章。

② 见李欧梵：《中国现代作家中的浪漫一代》，第20页所引周作人的文章《人的文学》，该文最初载于《新青年》5.6（1918年12月），第575—584页。当时文学研究会尚未成立，严格地说，并不能认为是阐明该会的宗旨。

③ 茅盾：《什么是文学？》，见张若英编：《新文学运动史资料》，第312—313页。

的现实市侩主义相对立。可是在成仿吾看来，艺术"美"的作用，是用来"培养"和"净化"生活的："文学是我们精神生活的粮食，我们能感受多少生命的快乐，多少生命的颤动啊！"[1] 郭沫若则进一步将这种"生命的颤动"，变成了对社会不满的叛逆行为。

处于前马克思主义阶段的创造社成员们，与冷静的文学研究会的作者相比，则更加充满了对人生的迷恋。因此，文学研究会和创造社两派更多的区别，则属于着重点和偏爱的不同，而不在于基本的美学理论。其实两派作家都在不同程度上，强有力地支持胡适文学改良的原则，即"语言须有我在"；不过，在关于自我和社会人道主义中，大多数中国现代作家在 20 年代初期，更为关心的却是前者。

浪漫主义与个性解放

郁达夫曾经写道，"五四运动的最大成就，首先就在于个性的发展"[2]。在文学革命之后的最初几年里，文学市场上充满了日记、书信和主要是自传体的作品——全都是满纸的顾影自怜和自我陶醉，而且倾泻着青春的放纵。文学革命使二十来岁的青年男女出了名，以其洋溢的激情表现着青春的活力；在许多方面，确实体现了陈独秀在《新青年》发刊词中所号召的那些品质：要求进步，敢于闯荡，有科学精神，富有个性。用陈独秀形象的说法，这些青年的生活和作品，为陈腐的中国文化僵尸带来了新鲜活泼的细胞。

"五四"时期的一般知识分子，尤其是作家，具有强烈的性格特征，遂赋予"五四"文人以格外积极的心态，并将其与虚弱、衰老的传统主义纽带拧断开来。大部分这种青春的活力，自然是用来摧毁旧的传统势力。正如郭沫若的长诗《凤凰涅槃》的主题所表现的那样生动：个人的和合群的热情烈火，将把往昔的陈迹统统烧光，从灰烬之

---

[1] 李欧梵：《中国现代作家中的浪漫一代》引文，见第 21 页；关于这场文学争论的更全面的论述，可参阅郑振铎：《"五四"以来文学上的争论》，这篇文章是郑振铎为赵家璧主编的《中国新文学大系》第 2 卷写的导言。这套丛书的八篇导言，都收集在郑振铎编的《中国新文学大系导论选集》中。

[2] 参看《中国新文学大系导论选集》，第 150 页。

中，新中国的凤凰将获得再生。在这方面，正如夏志清所称，"中国的青年们，迎接五四运动的乐观主义和热烈情绪，与法国大革命激励出的浪漫派诗人，其感情的本质是相同的"①。

但是，憧憬恢复青春活力中国的实现，比起"五四"时期反偶像崇拜者所预想的要遥远得多。在抛弃一切旧传统的方式和价值观念，并摧毁了一切信仰和固定了取向之后，"五四"作家们发现其自身处于新体系——毛泽东思想演化出来之前，正是在过渡时期的文化真空之中。军阀割据所造成的政治混乱，加强了作家们的异化感，因之其所处情况更为恶化。"五四"作家们被割断同政治权力的联系，并同任何的社会阶级缺乏有机的联系，不得不再回到自身，并将其自我价值观念强加于社会——这一切都是在思想革命和文学革命的名义下进行的。

在差不多整整十年之内，这种青春激情的爆发，可以用一个难以捉摸的字眼来概括，就是"爱"。对于迎着浪漫主义疾风骤雨前进②的"五四"青年，爱已经成为其生活的中心，而作家们则是这种爱的倾向带头人。写了几篇爱情的自白书，描写追求基于爱情的"摩登"生活方式，被认为是作品中不可或缺的时髦。因而"五四"作家们的普遍形象，常因爱情而纠缠在一起，有的是一对，有的甚至三角。郁达夫和王映霞、徐志摩和陆小曼、丁玲和胡也频等一些受爱情折磨的人物，在爱情上的行为和方式，个性的重要意义受到广泛的认可。"爱"成了新道德无所不包的象征，很容易取代了循规蹈矩的传统礼仪，现在这不过是遵奉者的束缚。在解放的大潮中，爱情和自由被看成是一回事，认为通过爱情和宣泄自己的感情和精力，个人就会成为一个充实而自由的男人或女人。敢于爱，被视为是反抗和真挚的行为。就这个意义上讲，20年代的浪漫主义情绪完全是世俗的。夏志清认为，这"在哲学上是浅薄的，心理上是不成熟的"，并未能"探

---

① 夏志清：《中国现代小说史》，第 19 页。
② 这是创造社成员郑伯奇对"五四"早期的评价，见《中国新文学大系导论选集》，第 94 页。

索心灵的深处,信仰更高的超脱世俗的或内在的真实"①。

但是,作为积极行动的气质,浪漫主义的爱情对社会主义运动却有特殊的影响;对妇女的解放运动尤为如此。在 20 世纪初期,妇女解放运动即已开始,到 20 年代达于高潮,新文学家们在其中扮演了关键性的角色。妇女解放运动的"教父"是胡适(而胡适本人在私生活上,也许是最不解放的男人之一)。在 1918 年,胡适翻译了《玩偶之家》,将易卜生介绍到中国,无意中将剧中女主人公娜拉推举到前所未有的家喻户晓的地步,成为"五四"时期妇女解放的象征。无数的女青年挣脱家庭的锁链和幼年时代的环境,都以娜拉做榜样为自己的行为辩护。娜拉最后砰的关上了家门,以示与产生自私、奴性、虚伪和怯懦(即胡适所指的四种社会弊病)的社会决裂的行为,被中国青年妇女作为解放了的妇女具有重要意义之所在,赞许娜拉反驳丈夫对其指责所作的表白:"我对自己负有神圣的责任。"② 按时下流行的理解,一个中国"娜拉"对自己的基本责任,就是她应该有爱的权利。在爱情的名义下,传统的婚姻被打破了,新的婚姻关系得到确立;"恋爱自由"成了十分流行的口号,几乎和妇女解放有相同的意义。

但是,个性解放的浪漫主义信条,也有许多令人苦恼的问题,突出表现在无所不包的价值观的种种局限性上。特别是对中国现代女作家,这些问题都很尖锐、辛辣。在"五四"时期为数众多的"娜拉"们看来,易卜生主义的关键是"出走"作为开端的行动。当娜拉将《玩偶之家》的门砰的一声关上时,她的解放就被认为是完成了;但很少人认真地去想鲁迅在 1923 年提出的问题:"娜拉出走以后怎样?"正如梅仪慈在其关于 20 年代和 30 年代女作家的论文中所作的深刻分析,现代中国的女作家们,"如此猛烈地粉碎文学权威和社会权威,摧毁支配其生活的旧秩序和价值观念……突然变得无所依傍,只能从其自身感情和不确定的关系中获得支持,而这种关系本身又取决于不可靠的感情。当自我肯定的权利终于得到时,却证明其是靠不住的东

---

① 夏志清:《中国现代小说史》,第 18 页。
② 胡适:《易卜生主义》,见《胡适文存》,1,第 643 页。

西；而依靠爱情和感情来维持生活的女人，就更加容易受到其他苦难的伤害"①。

这一时期的著名女作家——黄庐隐、冯沅君、丁玲的作品，为勇敢与脆弱、叛逆与幻灭的混杂感情提供了感人的佐证。冯沅君在其著名的小说《隔绝》中，描写一对没有经验的情侣，在和家庭决裂出走以后所遭遇的艰难与困苦。在文学研究会成员黄庐隐的作品中，总是出现欺诈与受害的主题：解放了的女主人公，满脑子都是在家里读过的传统言情小说的爱情幻想，对于由男人主宰的社会一无所知。她们起初的叛逆很快导致其走向"堕落"。当这些涉世未深的娜拉式少女，被追赶时髦的纨绔子弟领进放荡淫乱的世界时，纨绔子弟就油嘴滑舌地炫耀自夸是文学天才，熟练地玩弄"自由恋爱"的把戏，占有那些毫无社会经验的幼稚姑娘理想主义的心态。

丁玲也许是现代最主要的女作家，早期的小说提供了这种混乱情绪最大胆的例子。其最有名的小说《莎菲女士的日记》，描写和两个男人搅在一起的一位"新女性"，不满足于那个柔弱伤感的青年，而迷上了一位来自新加坡富有的花花公子。和黄庐隐的那些"游戏人生"的女主人公不同，莎菲女士设法征服了两个男人；不过其征服的欲望，在表面上看来虽然像是表明其坚强的个性，实际上却是掩盖其内心复杂的追求与负罪的苦恼。莎菲女士的故事，可以看作是被肉体情欲与精神爱情二者之间的冲突和骚动弄得晕头转向的现代女性的经历，她精神恍惚狂乱，无法将二者结合起来。②

在黄庐隐和丁玲笔下，爱情的持久性主要体现在精神方面。为了反抗将性爱看作是男人玩物的传统恶习，也为恢复婚姻中的爱情，"五四"时期的易卜生主义者反对中国多妻制恶习，然其动机是肉欲的而非精神的。既然爱情被认为是新的道德，爱情的内涵自然就更侧

---

① 梅仪慈：《20年代和30年代的女作家》，见马里·沃尔夫和罗克珊·威特克编：《中国社会中的妇女》，第161—162页。

② 关于对丁玲的另一种理解，参看梅仪慈的《变化中的文学人生的关系：作家丁玲的某些方面》，载戈德曼编：《"五四"时代的中国现代文学》，第281—308页。

重于精神，因而中国的"娜拉"们的感情经历常常产生新的嘲弄。虽然这些女性可以轻易地以爱情名义拒绝传统的婚姻制度，但却难以在其所理解的爱情基础上，去建立新的关系或婚姻。由于中国娜拉式女性的"精神"倾向，既无法"弄清，也无法对自己解释，其所经历的难以抑制并搅得不得安宁的冲动"。因此，其写作过分专注于自我，以此为理由来说明其作为解放了的妇女的存在，同时，通过自我表现来显示其为人。①

中国女作家作品中的强烈主观性，给"五四"时期的文学带来了新的深度和心理的复杂性，但这也暴露了女作家们在艺术上的局限性。正如梅仪慈所指出的：尽管许多男作家，后来终不再沉湎于自我表现和忏悔录式的写作；而"五四"后一段时期的女作家们，却谁也未能达到茅盾描写社会的广度，或者如鲁迅所讥评的深度，或者张天翼的讽刺的力度。其所以如此，可能因为"大多数的女作家，在一生中的创作阶段，只限于青春期刚结束的一段时间"②。这些女作家们，一旦经过了充满青春活力的自我追求与自我肯定时期，其写作动力好像也随之而枯竭。除了丁玲以外，大多数女作家在纵情沉湎于爱情阶段以后，都安定下来过着正常的生活。到了30年代，20年代的欢乐感都已消失，大多数的"娜拉"们都放弃了写作生涯，而成为教师、学者，或者像凌叔华和冰心那样，成为家庭主妇。鲁迅对自己提出的问题——"娜拉出走后怎样？"——的回答，证明其确有先见之明。娜拉或者"堕落"，或者"回家"③。鲁迅提出的问题和所作的回答，似乎暗示只要经济上不能独立，在社会地位上就不可能平等。娜拉的解放，顶多只能是一种时髦的姿态，一种浪漫的人生观，而最后则不免是一场幻觉。只要中国的各阶层人民不来个根本性改变，中国的"娜拉"们永远得不到完全的解放。

尽管鲁迅对20世纪初期的中国妇女解放，持有很大的保留态

---

① 梅仪慈：《20年代和30年代的女作家》，第108页。
② 同上。
③ 鲁迅：《娜拉出走后怎样》，见《坟》，第141—150页。

度。但到了已届中年的鲁迅，对女作家却极表同情，且给予极大关怀；而对男士的同行们，则表现为冷峻的轻蔑。"才子加流氓"，虽是鲁迅专门送给创造社诸君的简洁雅号，但其极愿将此雅号扩大到一大批文坛新贵们头上。这些新贵们大肆炫耀其在某新办刊物上，发表了一篇小说或一首新诗，要求立即承认其文学地位。实际上，这些人的声名之取得，主要不是由于作品的质量之优胜，而是由于其嚣张狂妄的浪漫行为。许多"五四"时代的作家，都抱着生活就是艺术、艺术就是生活的信条，将作家的个性和生活经历提高到如此的高度——对自我如此过分关注，对"五四"时期文学创作的质量，具有关键性的影响。

鲁迅与现代短篇小说

"五四"文学最引人注意的特点，是其强烈的主观性。晚清小说中出现的日益突出作者个人感受的写作方式，到"五四"时期发展到了顶峰。少数晚清作家仍在用作者即主人公的写法，如刘鹗；或用第一人称叙述者的传统写法，如吴沃尧。"五四"作家却完全抛弃了讲故事的姿态，"讲故事的人暗指作者，甚至就是作者本人"[1]。在许多情况下，作者毫不掩饰地作为"小说"的主人公出现。这种"新的作者主人公的出现"，经常发生在短篇小说中。而短篇小说，在文学革命后的十年中，是占主要地位的文学形式。也许"五四"作家们，过分忙于写出其激动而不安的经历，以致顾不上花更多的时间写出长篇小说。[2]

按照普鲁舍克教授的说法，选择短篇小说，也和西方文学和中国文学传统的双重影响有关。由于对中国文学中占统治地位的古典形式

---

[1] 西里尔·伯奇：《中国近代小说的变迁和连续性》，见戈德曼编：《中国现代文学》，第390页。

[2] 对少数不那么易动感情的作家来说，最富吸引力的短篇文学形式是散文，这种传统文学形式，被周作人和鲁迅发展到了新的高度。关于周作人散文写作艺术的深入讨论，可参阅戴维·E.波拉德所著《一种中国文学风格：与传统有关的周作人的文学价值观》。

的反抗，"五四"作家们很自然地为最不受传统束缚的文学门类所吸引。既然短篇小说和长篇小说，"除少数的例外，一向被排斥在古典文学之外"，而于今却成了新作家的宠儿了。[①] 诗歌在古典文学中占有崇高的地位，在新文学中反而降到从属的地位。在两种散文叙事体裁中，长篇小说直到 20 年代晚期和 30 年代初才流行起来。普鲁舍克认为，这可能是因为"五四"作家极力模仿 19 世纪欧洲长篇小说。和中国古代长篇小说相比，其主题构思整体性更强，结构更为严谨。因此，中国现代作家在驾驭这种文体时就更为困难。尽管晚清长篇小说在艺术上已有很大进步，但仍旧过于"传统"，急于反对传统的新作家们，不能用此来作为表达新思想的工具。

就短篇小说的体裁而言，郁达夫是 20 年代最早与最著名的作家之一。其第一个集子里的短篇——《沉沦》、《南迁》和《银灰色的死》，以其对"性堕落"的坦率描写而引人注意。但郁达夫早期短篇小说的另一个重要特征，是其追求感情的满足，而性爱的挫折，不过是这种追求"忧郁症式的"表现。对这种自称"零余者"的孤独者来说，生活只不过是一次伤感的旅行，形影相吊的主人公无目的地漫游，去寻觅生活的意义。因此，郁达夫小说的特点是感情、观察和事件的自然展开，并没有压缩到首尾相连的结构之中；过去和现在都是印象主义式地交织在一起，几乎全凭自传中主人公随心所欲；唤起各种情绪和回忆，不是为了促进情节的发展，而是为了创造某种激越的感情。郁达夫在写作最成功的地方，往往能表达出真实而强烈的感情；其败笔则会给读者以漫不经心和支离破碎的印象。[②]

尽管郁达夫很有才华，但也只是在模仿和试验之中，摸索写作短篇小说技巧的新手。事实上，郁达夫有的短篇小说读起来像是抒情的散文，并不像结构严谨的小说。和郁达夫的作品比较起来，创造社的

---

① 雅罗斯拉夫·普鲁舍克：《中国文学革命情况下，传统东方文学与现代欧洲文学的对抗》，载《东方档案》，32（1964 年），第 370 页。
② 关于郁达夫的艺术分析，可参阅李欧梵：《中国现代作家中的浪漫一代》，第 6 章；安娜·多利扎洛娃：《郁达夫：文学创作的特性》；迈克尔·伊根：《郁达夫和向中国现代文学的演变》；戈德曼编：《中国现代文学》，第 309—324 页。

其他作者的小说创作，有的显得粗糙（成仿吾），有的是无穷的多愁善感（王独清），有的简直就是为了赚钱（张资平）。唯一的例外，可能就是郭沫若，但其创作才能表现在诗歌方面，而不是小说。文学研究会的作家的作品，较之创造社似乎略胜一筹。尽管其作家的小说中，也表现出强烈的自传倾向，但一般不像创造社同行那样言过其实地自命不凡。文学研究会的作者们在热烈探求人生意义的主题时，并不是很沉迷于自我，而是更倾向于人道主义。在黄庐隐的作品中，正如前面所已分析的，女主人公对这种探求采取了从理想主义出发，发展到理想幻灭过程的形式。冰心对"年青一代，在痛苦转变时期进退维谷处境"[①] 的处理，更是理想主义的，"富于哲理"的。与黄庐隐不同，因《寄小读者》而享有盛誉的冰心，倾向于描述多愁善感的母爱，并根据作者童年欢乐的形象将世界理想化。文学研究会创作的最佳样品，是由叶绍钧提供的。按夏志清的看法，在《小说月报》发表的早期作家的作品中，叶绍钧是"最经受得起时间考验的"；在这方面，与其同时代的人中，很少能与之相匹敌的。[②] 叶绍钧早期的短篇小说，大都是以教育为主题，这反映出其本人作为一位虔诚的教师的经历。在其有些作品故事中表现的哀愁，并非来源于主人公的苦难（如郁达夫的作品），而是出于在主人公力图实现其目的时，对所处社会环境的热切关注。在一篇篇小说故事中，叶绍钧都描写理想遭遇挫折的模式，热心而富有理想的教师到处碰壁与失败。在长篇小说《倪焕之》中，叶绍钧简要地描写出一位教育改革者，亦即"五四"知识分子的肖像。这部基本上是自传体的小说，是很早出版的优秀小说中的一部（1927年）。书中叙述一位小学教师的经历，对教育和社会改革抱着玫瑰色的设想，最初是由其所在学校的校长及其女友的爱情培育起来的，但却为政治环境的阴暗的现实所粉碎。主人公最后染伤寒病死去。

茅盾称赞《倪焕之》是生动的现实主义作品，认为是值得重视的

---

① 夏志清：《中国现代小说史》，第 73 页。
② 同上书，第 57—58 页。

成就；同时也指出，尽管小说在结尾处表现出幻想的破灭，但叶绍钧仍是一个不成熟的理想主义者。书中一面描写城市知识分子的"灰色"生活，一面却又不惜点缀几笔"光明"。对于叶绍钧而言，"美"和"爱"是人生意义的真谛，是将灰色生活转化为光明的基本条件。[①] 尽管叶绍钧态度诚恳，技巧纯熟，感觉敏锐，且富有修养，但仍不能和"五四"时期最成熟和最深刻的作家鲁迅相比。虽然鲁迅只写了两集短篇小说而叶绍钧共写了六集，却给原是浅薄的"五四"早期文学带来了思想上和艺术上的深度。因此，应该给予鲁迅作品以更加详明的分析。

在同时代人中，鲁迅作为一个有创造性的作家，其天才是无与伦比的。鲁迅的第一篇短篇小说《怀旧》，虽然是在文学革命之前用文言文写的，却已表现出与众不同的敏锐感和成熟的技巧。[②] 鲁迅此后所写的，都是以其故乡绍兴为背景，而且传统味道很浓的短篇小说，洋溢着主观的抒情韵调，表现出其对自我与社会问题复杂而迷惘的反应。鲁迅的这些小说被认为是反传统的文学而大受欢迎，但从两个主要文学团体早期创作成果来说，却不是很典型的。

鲁迅本人曾不止一次地说过，有两种重要的激情促使其从事小说创作，声称其目的是启发民众和改良社会。鲁迅说："我的取材，多来自病态社会的不幸的人中，意思是揭出病苦，引起疗救的注意。"[③] 但是鲁迅也承认，其小说是个人回忆的产物；其所以写作，是因为无法从记忆中抹掉那些使之烦扰的往事。因此，鲁迅在小说创作中，极力将个人往事的回忆和对民众进行思想启发，艺术地将二者结合起来。鲁迅由此试图重新整理对个人经历的追忆，使之融入广泛的国家历史的图景中。这样，创作就不像大多数早期的"五四"文学作品那样，都是以自我为中心，这对读者当然更有意义。在一定程度上，鲁

---

① 引自王瑶：《中国新文学史稿》，第 89 页。
② 关于对这篇短篇小说的分析，可参阅雅罗斯拉夫·普鲁舍克的《鲁迅的〈怀旧〉：中国现代文学的先驱》，载《哈佛亚洲研究杂志》，26（1969 年），第 169—176 页。
③ 鲁迅：《鲁迅全集》，3，第 203 页；参看威廉·莱尔：《鲁迅对现实的洞察力》。

迅巧妙地将这两种激情熔铸成一个艺术整体。但是，这种民众与个人之间的创造性，其相互影响的关系并不是和谐的。

当钱玄同第一次要求鲁迅为《新青年》撰稿时，鲁迅用一个含义深刻的暗喻来回答：

> 假如一间铁屋子，是绝无窗户而万难破毁的，里面有许多熟睡的人们，不久都要闷死了，然而是从昏睡入死灭，并不感到死的悲哀。现在你大嚷起来，惊起了较为清醒的几个人，使这不幸的少数者来受无可挽救的临终的苦楚，你倒以为对得起他们么？[①]

在一个充满漫无节制热情和乐观的时代，鲁迅竟有如此阴暗的思绪，足以证明其与众不同的心态。一间铁屋子没有窗户可透进一点光亮——的确是一幅黑暗封闭的图像：这就是鲁迅认为的中国文化和社会的恰当象征。这个明确的信息，当然是号召思想启蒙。但是这一似非而是的比喻，还暗示一场不祥的悲剧。那些"较为清醒的人"当被惊起时，也会和那些"熟睡的人们"一样，得到同样的结果，而鲁迅并不曾指出捣毁这铁屋子的任何途径。随着鲁迅将故事情节的展开，"铁屋子"的主题，在少数清醒者或半清醒者与熟睡的大多数人之间展开的悲剧性冲突中，得到了发展。这些熟睡者的不觉悟，往往由于其愚昧的残忍行为而变得更为恶劣。与群众对立的孤立者形象，显示出鲁迅对自己的"民族主义"与其无法克服的"个人主义"和"人道主义"之间的矛盾有左右为难的感情；换句话说，也就是对社会思想启蒙的责任感，和无法克服的个人悲观主义之间深感不安。

鲁迅在好几篇小说里写到"群众"，如《孔乙己》中咸亨酒店里的顾客，《狂人日记》和《明天》里的邻居，《祝福》和《风波》里的

---

① 鲁迅：《呐喊自序》，《呐喊》，第 10 页。英译文载杨宪益、戴乃迭译：《鲁迅小说选》，第 24 页。

村民，尤其是生动而未被重视的《示众》中的观众。在谴责群众中的老一代人时，鲁迅的讽刺艺术达到了高峰，例如《高老夫子》、《肥皂》和《离婚》。通过这些个人或集体的速写，鲁迅拼集成一套自己同胞的画像——一个居住在"懒散、迷信、残忍和虚伪"社会里的民族[1]，揭露了一个阴暗、"病态"急需救治的社会。这个社会"病态"的根本原因，在鲁迅看来，并不是体质上的或环境方面的，而是精神上的。自1906年鲁迅决定放弃医学，转而从事文学之时起，就一直不倦地以通过文学来探求群众的"精神"内容，深入揭示中国的"国民性"，这种努力一直左右着鲁迅对群众的看法。鲁迅的这种探求结果，虽在其许多著作中都可以找到，却最完整地展现在长篇小说《阿Q正传》中。

鲁迅在其最著名的作品中，并没有展示出一位强有力的个人英雄，而是创造了一个给人以深刻印象的平庸人物——阿Q，是普通人中最普通的人，也是群众中一张熟悉的面孔。因此，阿Q的传记可以视为了解中国群众概括的写照。阿Q的许多缺点，也为一国之民的中国人所共有，可以归纳为两类主要的反面素质。阿Q的"精神胜利法"，一种自我欺骗的方法，将自己的失败转变为似乎是胜利的思想方法；一种是甘愿作为压迫下牺牲品的"奴隶性"。这两种品质必然也就是中国的病根，也就是中国的历史遗产。鲁迅的意思是说，中国历史上屡受强大而野蛮的侵略，使之屡受屈辱的经历，特别是近代若干年来，已经给中国人的心里灌注了一种消极、麻木不仁和听天由命的心态。说来很具讽刺意味，所谓阿Q精神竟是完全没有精神。

尽管阿Q是民众的一面镜子，但却为民众所疏远，由一位劳动者变成了被社会遗弃的人。在最后的三章里，阿Q先成"革命者"，然后是一名"强盗"，最后被定罪为死囚。在"大团圆中"，阿Q当众游街，并被处决。阿Q一生最后的经历，就这样给辛亥革命的失

---

[1] 夏志清：《小说史》，第32页；夏志清在该书第42—46页中，对《肥皂》和《离婚》作了深入的分析。

475

败作出了可悲的评语。① 虽然当时已晚，阿Q在临死时确实有了些觉悟，认识到中国民众的真实性格，正是那些观众在一直迫害他。这些人似乎是急于要吞食阿Q的血肉，并且已经在"咬住其灵魂"，使阿Q在不知不觉中让自己成了这些人的牺牲品，成了献祭的羔羊。

作为一个"熟睡的人"，阿Q并不曾经历死亡的痛苦，尽管在其临死时有了一点觉悟。但是当写到"较为清醒的人"——那些多半是知识分子的不幸者；这些人虽和阿Q不同，但身处熟睡的人群之中，而又和其疏远，只有奔走呼号一时鲁迅对民众的教导，经常渗透着同情和绝望的个人感情。这些人物好像是从记忆的噩梦中浮现出来的，是鲁迅痛苦的"recherche du tempts perdu"（追忆逝去的年华）的结果，也体现了鲁迅自己内心的冲突。而最重要的，这些人是象征着鲁迅赋予的"较为清醒的"，表现占有了中心地位的哲理性进退两难的处境。这些不幸的少数人，由于天赋的敏感和理解能力而惊醒过来时，能从"无可挽救的临终的苦楚"中找到什么意义呢？

《狂人日记》（中国第一篇现代短篇小说）的主人公，是鲁迅笔下最早觉醒的知识分子，也是最引人注目的一位；可以视其为鲁迅在日本留学时期，最早崇拜的"摩罗诗人"的"患精神病"的后代——一个叛逆者和新思想的开创者，一切政治、宗教和道德的改革，都是从这些新思想开始的。但是，这种英雄的姿态却因完全脱离民众，而受到极大的限制，使其对社会的影响几乎等于零；其过分的敏感和探求精神，成了疯癫的证据，并因此而受到迫害。正因为如此，"狂人"是孤独的，被周围"熟睡的"民众所排斥，成了这些人的牺牲品。

虽然鲁迅创造的这位知识分子英雄，向人们提出中国社会吃人的警告，却被当成疯子的呓语，在日记的末尾发出了清醒的呼吁："救救孩子。"但是自此以后，鲁迅为现代知识分子所绘的肖像中，如此

---

① 林毓生在深刻地分析了这篇小说时指出，辛亥革命不但没有创造出任何正面成果，反而使中国社会里受到传统约束的邪恶势力泛滥起来。阿Q这个浑浑噩噩的"革命者"的死，指出了一条不可避免的教训，思想革命是中国革命的先决条件，见林著《中国的意识危机》中关于鲁迅的一章。

的教诲逐渐让位于忧郁的倾向，愤怒的叛逆者既为沉思的孤独者所代替，也为痛苦的伤感主义者所代替，更为厌世的自杀者所代替。在三篇带有典型自传性的短篇小说中，鲁迅所描写的"较为清醒的"人也逐渐变得悲观，甚至几乎完全绝望了。

《故乡》里的那位述说故事的知识分子，即鲁迅小说中的"我"遇见了童年时代的朋友闰土。闰土已经从一个农村少年，变成了饱经风霜、拖家带口的中年人了。讲故事的人立即有一种深深的隔膜感，这不单由于其与闰土之间社会地位的悬殊，也由于时间的推移，将其以往的欢乐变成了今日的感伤。"我"清醒地看到自己已经不能再进入拴牢闰土的那个世界，也无力将过去的朋友解救出来。因此，"我"的寂寞是认同感被绝望所窒息的结果；仍是知识分子的洞察力，使之其过去与现在的矛盾变得更加难以忍受。

《在酒楼上》的那位故事讲述者，在一家酒楼上与过去的朋友不期而遇。两人过去都有激进的理想，而现在又同样的意志消沉。因此，当故事的讲述者听到这位友人说起给其弟迁葬和拜访亲邻时，两人相互之间的理解几乎完全一致。故事的讲述者和小说的主人公，实际上可以看作是鲁迅本人的艺术再现。通过巧妙安排的两个人物之间的交谈，鲁迅在小说里进行自我内心的自白。

鲁迅内心的矛盾，在这个故事里并没有得到正面解决。正如帕特里克·哈南教授所指出的，《在酒楼上》和《故乡》的中心思想，都是"不能实现鲁迅那一代人愿献身于社会服务的理想和道德理想"；这牵涉到"个人的良心，甚至罪责的问题"[1]。《孤独者》是鲁迅小说中最伤感的一篇，其中的罪恶感和幻灭感，进一步蜕变成自我厌恶和自暴自弃。在遭受到一系列挫折，又参加了其祖母的葬礼，失去了最后一位亲人之后，小说的主人公魏连殳面临使一切厌世者苦恼的中心问题，在生活中还有什么值得活下去的东西？魏连殳在其最后的告别信中，所作的回答很有启发性：

---

[1]　帕特里克·哈南：《鲁迅小说的技巧》，载《哈佛亚洲研究杂志》，34（1975年），第92—93页。

我失败了，先前，我自以为是失败者。现在知道那并不，现在才真是失败者了。先前还有人愿意我活几天，我自己也还想活几天的时候，活不下去；现在，大可以无须了，然而要活下去……

我已经躬行我先前所憎恶、所反对的一切，拒斥我先前所崇仰、所主张的一切了。我已经真的失败，——然而我胜利了。

你以为我发了疯么？你以为我成了英雄或伟人了么？不，不的。这事情很简单；我近来已经做了杜师长的顾问……①

这最后的讽刺语气，使鲁迅笔下这位觉醒的孤独者形象，面对一个痛苦的结局。"孤独者"此时已经失去了天才的狂态，失去了孤独的英雄气概，甚至失去了怪癖与玩世不恭的傲慢；自暴自弃，与世事疏远，也受不到世人的青睐。这种生活将其引向绝望的尽头，通过自杀性的妥协行为——"无可挽救的死"，遂加入于庸俗人的行列之中。

《孤独者》写于1925年10月，正是鲁迅的消沉达于最低点时，但是并未跟随其主人公，而是在此后的几年里逐渐从中解脱出来，在政治上走上献身"左翼"文学的道路。鲁迅生活中的这一阶段，被称为上海时期（1928—1936年）。鲁迅的这两部短篇小说集，代表其在五四运动中最初的"呐喊"和高潮过后，随之而来的是"彷徨"。作为"五四"时期知识分子的鲁迅，与其较年轻的同时代人根本不同的心态，提供了极其深刻的佐证。作为一个阅历丰富的中年人，鲁迅具有更成熟的洞察力，能够透过"五四"反传统浪漫主义的光环，找出隐藏在后面的问题和冲突。对于这些问题，鲁迅也没有提出解决的办法，实际上暴露出其训诫目的的病态，并未导致任何明确的医治方案，什么地方也没有看到"铁屋子"的破坏。但是鲁迅却比任何其他作家，都更成功地尖锐讽刺"铁屋子"中的"熟睡者"。鲁迅成功地以极大的悲痛与激情，揭示了剧烈转变中觉悟知识分子的悲惨命运。即从这两点而言，鲁迅在中国现代文学史中的重

① 鲁迅：《彷徨》，第134页。

要地位，也是完全肯定的。

外国文学的影响

除了作为最杰出的短篇小说作者，鲁迅还是最坚持不懈的外国文学翻译者之一；与其弟周作人一起，开创了对俄国和东欧小说的翻译；其译著均收在 1909 年出版的两册《域外小说集》中。这两册书在商业上失败得很惨，每册只售出 20 本左右。[①]

较周氏兄弟远为成功的翻译家，是晚清学者林纾，虽从未出过国门，也不懂外国语文，但在周氏兄弟译著时，已出版了 54 种译书。在 20 多年的翻译生涯中，林纾译了大约 180 种书，其中 1/3 以上是在清朝最后的 13 年中译出的，其余的则译于民国 24 年以前。[②] 林纾的译书之多，在中国现代文学史上是空前绝后的。

林纾译书之所以受到欢迎，是由于其天赋的文艺鉴赏能力和高雅的古文笔法。在口译者的帮助下，林纾能轻而易举地把握住外国小说的风格和情调，并称其能区分这一部小说与另一部小说之间的细微差别，如区别家中人的脚步声一样。[③] 作为对唐宋散文有深厚修养的古文大师，林纾养成了对西方文学的奇特的判断力，认为狄更斯远比哈葛德高明，并将这位英国大作家的各种写作技巧，与伟大的史学家司马迁和唐代古文家韩愈相比。林纾撰写的学术性很强的序言虽然也许只不过是对自己译述工作的理论解释，一定能使高雅的和普通的读者同样感到兴味。但是林纾在商业上的成功，与其利用文学出版事业的兴盛，译著迎合了晚清流行小说类型的才能和运气有关。林纾的绝大部分译著，可分为社会小说和言情小说两大类，另外还有相当大一部

[①] 关于鲁迅在日本时期的早年文学活动，可参阅李欧梵：《一个作家的诞生：关于鲁迅求学经历的笔记，1881—1909 年》，载戈德曼编：《"五四"时代的中国文学》，第 179—186 页。

[②] 林纾的弟子朱羲胄说，林纾共译 206 种，见朱氏编：《林琴南先生学行谱记四种》，载《春觉斋著述记》，1，第 17 页。180 种的数字，是根据周策纵的《五四运动》，第 65 页。关于林纾的一生和作品的论述，可参阅李欧梵：《中国现代作家的浪漫一代》，第 3 章。

[③] 见林纾为其所译狄更斯的小说《老古玩店》所作的序，见《春觉斋著述记》，3，第 5 页。

分是侦探小说和冒险小说，仅哈葛德的作品就占 25 种。

正是这位文言文大师和文学革命反对者的林纾，为年轻一代的想像力提供了必要的营养；几乎没有哪一位"五四"作家，不是通过林纾的翻译接触西方文学的。林译的狄更斯、司各脱、华盛顿、欧文、哈葛德等人的作品，尤其是小仲马的《巴黎茶花女遗事》[①]，都是经久不衰的读物。当林纾使现代中国作家与读者接触到西方文学时，其同时代的苏曼殊，则将西方作家变成了迷人的传奇人物。[②] 由苏曼殊翻译出版了《拜伦诗选》（1909 年）——特别是其翻译的拜伦《哀希腊》，俨然将这位英国的浪漫诗人，变成了超凡入圣的英雄，可能成为现代中国文学最为光彩夺目的西方作家。苏曼殊将拜伦偶像化，并将自己比拟为拜伦，为中国接受西方文学创立了一个有趣的先例。正如拜伦被苏曼殊当做慷慨悲歌的英雄光辉形象一样，自此以后，一位外国作家在中国的地位，就由其一生和品格来衡量了，其作品的文学价值也就无关紧要了。

到了"五四"时期，苏曼殊的遗产则为徐志摩和郁达夫以及创造社的其他成员所继承，发展成为一种新的传统；外国文学被用来支持中国新作家的形象和生活方式。由于创造社的成员膨胀了自我和崇拜英雄的狂热，于是各自建立了一种个人认同的偶像。郁达夫自比欧内斯特·道生；郭沫若自比雪莱和歌德；蒋光慈自比拜伦；徐志摩自比哈代和泰戈尔，此二位大诗人均曾与徐志摩谋面，并成为朋友；田汉则是崭露头角的易卜生；王独清是雨果第二。一个人要在文艺界出风头，不仅要拿出新创作的诗歌或小说，还要展示出其所崇拜的外国大师。拜伦、雪莱、济慈、歌德、罗曼·罗兰、托尔斯泰、易卜生、雨果、卢梭，几乎都列名于每一个人最倾慕的作家名单之中。这些"英雄"中的大多数人，都是欧洲浪漫主义作家中的佼佼者。即使有些人不能简单归入浪漫主义行列中——例如托尔斯泰、尼采、哈代、莫泊

---

① 校注：原文为法文 La dame aux Camélias，译为《茶花女》，林纾译为《巴黎茶花女遗事》。

② 李欧梵：《中国现代作家中的浪漫一代》，第 4 章。

桑、屠格涅夫，也被崇奉者以其浪漫主义观点，尊之为以超人的精力为理想而战斗的伟人。

像这样从感情上将西方作家偶像化，遂产生了将外国文学当做意识形态源泉的倾向。像浪漫主义、现实主义、自然主义和新浪漫主义等术语，也和社会主义、无政府主义、马克思主义、人文主义、科学与民主等词语一样，被热情地广为传播。对这些了不起的"主义"的一知半解，就像和外国作家的"大名"发生联系一样，马上可以提高一个人的地位。这也是令研究现代中国文学史的人最感棘手的问题之一，要澄清、比较和评估这些各式各样来自外国文学中的"主义"，并确定这种"外国影响"的真正性质。

首先，翻译作品数量的庞大，使试图对其进行分类研究的人感到束手无策。《中国新文学大系》卷10关于翻译一节，列出1917—1927年出版的个人著作和选集，共达451种之多。《中国现代出版史料》列出到1929年为止的书目，达577种。[①] 翻译作品中最多的法国文学，计128种，其后依次是俄国文学120种，英国文学102种，德国文学45种，日本文学38种。不同作者和不同民族的文集31种未计在内。至于在文学刊物上发表翻译的诗歌、小说、戏剧和文章，更是多得不可数计。在文学革命之后的10年中，由于出版业的繁荣兴盛，翻译出版的外国文学作品数量极其庞大。

一个外国作家作品能否在中国流行，是很难判断的，这是由其译本质量与其性格的吸引力两方面决定的。那些比较富有魅力的作家——拜伦、雪莱、济慈、小仲马和其他浪漫派作家，虽然翻译成中文的作品并不算多，但却在中国成为家喻户晓的文学家。另外一些作家——哈葛德、安德烈夫、高尔斯华绥、霍普曼，尽管其作品译成中文的为数甚多，但却未能在中国享有盛名。像狄更斯和莫泊桑的作品，中文的译本很多，而又享有很高知名度的例子，并不多见。

中文翻译的外国作家作品，共有20多个国家的作者，也有各个

---

① 《中国新文学大系》，第355—379页；张静庐编：《中国现代出版史料》，甲编，第272—323页。

不同历史时期的作品。但一般说来，绝大多数介绍到中国的西方作品，都是 19 世纪的欧洲文学，其中在中国占统治地位的流派，是现实主义和浪漫主义。

从文学史的观点来看，中国对西方事物的狂热追求，表明其力图将整个 19 世纪的欧洲文学压缩到 10 年之内的中国文学中来。几乎所有的"五四"作家，因其出于反传统的热情，把古典主义和传统等同起来，所以都鄙视西方的古典主义；只有周作人对古希腊遗产表现出兴趣。为数不多的中国评论家——其中多数是白璧德的门生，似乎同意马修·阿诺德的意见。在 19 世纪以前的西方作家中，只有亚力斯多德、但丁、莎士比亚和歌德受到人们的承认。[1] 第一次世界大战后，在欧洲出现的"现代主义"流派，30 年代和 40 年代之前，中国的作家均对之不感兴趣——就是在此之后，也只有少数作家和评论家感兴趣。

发生这种现象的主要原因，可能因为当时流行的文学进化论观念。在关于西方文学理论介绍入中国后，邦妮·S. 麦克杜格尔指出，由于受到英文和日文教科书的影响，中国作家们显然相信欧洲文学的发展，是经过了古典主义、浪漫主义、现实主义、自然主义和新浪漫主义等诸阶段。[2] 虽然这样叙述欧洲文学史没有什么大错，中国人却相信这种文学演变是"进步"的顺序，并认为新形式肯定优于旧形式。因为相信文学是在向前发展，不但使许多中国追随者对西方古典文学、中世纪文学和新古典主义文学不感兴趣，并使其过分热衷于将现代中国文学压缩到上述类别中去；相信传统的中国文学在古典主义与浪漫主义之间，就停留在一点上了；于是认定现代中国文学不论作家喜欢与否，必须经过现实主义和自然主义。

这种从进化论观点对现实主义的推崇，虽带有浪漫主义情调，却

---

[1] 邦妮·S. 麦克杜格尔：《介绍进入现代中国的西方文学理论，1919—1925 年》，第 256 页。关于周作人对古代希腊文化的兴趣，参看王靖献：《周作人对古希腊文化的崇奉》，载《译文》，7（1957 年春），第 5—28 页。

[2] 邦妮·S. 麦克杜格尔：《介绍进入现代中国的西方文学理论，1919—1925 年》，第 254—255 页。

产生了理解上很大的困惑。前面已经讲到，西方的现实主义作家，在中国常常被当成"浪漫主义的"来对待。法国现实主义大师们——福楼拜和莫泊桑的反浪漫主义立场，在思想上被曲解为暴露资产阶级的腐朽与堕落。托尔斯泰除了作为"超人"的高大英雄形象外，还因为其道德主义和人文主义而受到推崇。相反，倾向于浪漫主义的中国作家们，往往注重欧洲浪漫主义的"现实主义"方面，而对其所具有的人道性和社会—政治的解释，则大部分都被忽视，着重强调自我表现、个性解放和对既定社会成规的反抗。田汉甚至把浪漫主义等同于自由、民主和社会主义。①

因此，一个典型的"五四"文学家，大都具有三合一的特点，即气质上的浪漫主义，文学信条上的现实主义，基本观点上的人道主义。这种独特的结合，乃是两种互相关联因素的产物，即"五四"作家们的先天倾向和新文学产生的环境，现代中国的"理论家"和实践者几乎都对文艺理论不感兴趣。在不停进行文学激情活动的10年里，作家们顾不上去弄清各种外国文学理论的复杂精微之处——不管是浪漫主义还是现实主义。再说，此时的文学理论，只不过是用来在辩论中攻击和捍卫文学以外的事业。新型的知识分子，仍然从士大夫那里继承了其基本的思维方式，尽管感到在政治上无能为力和被社会所冷落，但仍对当时社会的关怀深刻铭记于心。

从陈独秀开始，"现实主义"的概念，就和对社会—政治的关怀纠缠在一起。正如陈氏在文学革命的宣言中所揭示的那样，现实主义基本上就是对社会人道主义的关怀，并将其以简单、生动、通俗文体予以结合；首先以此作为意识形态的武器，粉碎老传统对中国文学的束缚；同时重新规定出新文学的性质与任务。正如"为人生的艺术"口号所说明的那样，新的要求是创作反映当前社会现实的作品——运用实际生活经验，摒弃那些文学上或文化上陈规陋习的干扰。有了这种实用主义的目的，"五四"时期提倡现实主义的人们，从来不曾打

---

① 邦妮·S. 麦克杜格尔：《介绍进入现代中国的西方文学理论，1919—1925年》，第97页。

算将现实主义的原理，当做规定特殊的文学创作或文学分析的艺术准则。20年代初期，中国产生的"现实主义"文学，和巴尔扎克或福楼拜的作品，其差别不啻有十万八千里之遥。同时，这种所谓的"现实主义"也并不是客观的现实反映，而是"通过十分主观意识折射出来的现实"①。

中国作家接受自然主义似乎也带有主观主义的特点（自然主义在中国常和现实主义混用）。在这方面，"五四"时代的作家们很可能更直接地继承了日本的遗产，在20世纪初，自然主义在日本特别流行。但是像左拉那样强调社会决定论和科学的客观性，对日本作家来说，实过于生硬而难于接受，于是就将"自然"一词的含意巧妙地加以曲解。自然主义就被解释为内心反映，又被解释成与客观现实不相干的人类"天性"主观表现的原理。② 当茅盾在1922年发表的著名论文《自然主义与中国现代小说》，将自然主义的概念旁征博引地介绍到中国时，这种主观的"偏见"即被保留了下来。在左拉的"绝对客观性"和龚古尔的"部分主观的自然主义"之间，茅盾更喜欢后者。③

茅盾写的这篇论文发表于新改刊的《小说月报》，其本意是针对鸳鸯蝴蝶派小说的。茅盾讨厌这些小说哭哭啼啼的伤感主义，认为自然主义可以提供必要的消毒剂。茅盾完全明白自然主义有夸大邪恶和包含宿命论与绝望的"坏"倾向，但仍根据文学进化论，认为至少在短时期内，"中国作家必须首先经历自然主义的洗礼"④。

直到10年之后，茅盾才开始实践其所提倡的这套理论。当茅盾最后写作自然主义的长篇小说《子夜》时，对上海的证券交易所和企业管理的"客观"细节，给予极大的注意，这是其精心研究的结果。但在30年代早期，现实主义和自然主义已经历了明显的变化。20年代初以自我为中心自白式创作的主观倾向，逐渐为更广阔的社会倾向

---

① 梅仪慈：《20年代和30年代的女作家》，第150页。
② 郑清茂：《日本文学倾向对中国现代作家的影响》，载戈德曼：《中国现代文学》，第78页。
③ 邦妮·S.麦克杜格尔：《介绍进入现代中国的西方文学理论，1919—1925年》，第177页。
④ 同上书，第189页。

所取代。正如西里尔·柏奇所指出的，好的作品都是那些"大体上抛弃了自传体的"[①] 作家们写的，如老舍、张天翼、吴组湘、沈从文和茅盾等人的小说中的艺术形象，和早期"五四"作家们一样具有个性，但却有更加广阔视野的描写。30 年代初期的"现实主义"作品，不再是"浪漫主义的"，而是"社会的"和"批判的"，是不加掩饰地暴露城乡生活的阴暗面。这种新的"社会现实主义"的传统，只须再向前跨上一步，就成了毛泽东的完全政治化的"社会主义的现实主义"了。

按照进化论的观点，现实主义和自然主义的下一阶段，应该是象征主义或"新浪漫主义"。说来奇怪，尽管有些人有所偏好，但象征主义和新浪漫主义两个术语，却好像从来不曾在中国文坛上流行过，这部分是由于社会政治环境已经改变。到了 30 年代初，中国现代文学作家中的大多数人已经"左"倾，开始接受"革命文学"和"普罗文学"之类的政治口号。只有少数几位诗人在提倡和实践象征主义，其中大多数人都和《现代》杂志有关系，都是政治倾向不同的人。但是撇开政治的考察不谈，这个问题也与定义和实践有关。

邦妮·S. 麦克杜格尔收集的文献证明，在讨论象征主义和"新浪漫主义"术语时，也许因为缺少资料和对历史不够了解，参加者是以尝试和困惑的态度来对待这些术语的。按照现在正常的理解，象征主义指 19 世纪末源出于法国的诗歌运动，主要作者有波德莱尔、魏尔伦、马拉美和瓦勒里。而"新浪漫主义"更是一个模糊用语，对于那些仍在使用此词语的人，是指新理想主义文学短暂的再起，其代表人物包括罗曼·罗兰、亨利·巴比塞、安纳托尔·法朗士和文森特·布拉斯科·伊巴涅斯。[②] 中国人对这些作家的名字是熟悉的，其中如罗曼·罗兰和魏尔伦，被当做浪漫英雄崇拜。但在 30 年代之前，这些早期的英雄崇拜者，并没有认识到法国象征派诗歌的文学意义，后

---

① 柏奇：《中国近代小说的变迁与连续性》，第 391 页。

② 普鲁舍克和麦克杜格尔一直使用"新浪漫主义"一语，但不见于雷奈·韦勒克《批评的概念》，或 M. H. 艾布拉姆斯的《文学词语词典》等权威著作。

来戴望舒和邵洵美才开始翻译波德莱尔的《恶之花》，并将波德莱尔的诗中形象移植到其作品中。[①]

20年代在中国占统治地位的象征主义理论家是厨川白村，其著作《苦闷的象征》，曾三次被译成中文。但厨川自己对从欧美学来的理论并不完全理解，所以在其理论中有许多自相矛盾和前后不一致的地方，而追随厨川的中国作家们又增加了更多的混乱。茅盾很机警地一会儿将象征主义和新浪漫主义归为一类，一会儿又认为新浪漫主义是行将取代象征主义的一股全新的浪潮。郁达夫把新浪漫主义分为两类：积极的新英雄主义和新理想主义文学，以罗曼·罗兰、巴比塞和法朗士为代表；以及追随波德莱尔和魏尔伦颓废的虚无主义与道德上的无政府主义之后，又兴起的消极的象征主义。[②] 虽然郁达夫公开表示热情赞赏前者，但从其创作中来看，显然是更为同情后者。

尽管郁达夫和茅盾对欧洲文学有相当广泛的了解，但也同其见识不广的同行们一样，喜欢作出意识形态的姿态（这种早期倾向，不久就导致了一系列的文学论战，见后面一章）。值得注意的是，只有极少数"五四"作家，能将此为数众多的西方文学理论应用到其创作之中，但又极不注意写作技巧，成了这一时期现实主义小说的普遍风尚。早期的新体诗的作者胡适、康白情、刘大白等人，形式都很粗糙，更不用提内容的浅薄了。20年代最有才华的诗人是郭沫若，其诗作受意象主义派和沃尔特·惠特曼的影响。[③] 郭沫若的诗豪放不羁，有意识的用粗糙的形式来表达。直到徐志摩从英国回来，于1926年创办《诗刊》以后，认真的改革——特别是在诗的韵律方面，才在英国浪漫主义诗歌影响下开始进行。[④] 20世纪初的几个先锋

[①] 关于波德莱尔在中国的影响，可参阅格洛里·比恩的论文《波德莱尔与汉园》（在现代语言学会年会汉语教学学会小组会上宣读，纽约，1976年12月）和《邵洵美与恶之花》（在亚洲研究学会年会上宣读，芝加哥，1978年4月）。

[②] 邦妮·S. 麦克杜格尔：《介绍进入现代中国的西方文学理论》，第202—203页。

[③] 参看方志彤：《新近中国诗歌从意象主义到惠特曼主义：对失败了的诗学的探讨》，载霍斯特·弗伦茨和G．A．安德森编：《印第安纳大学东西方文学关系讨论会论文集》。

[④] 参看柏奇·西里尔著：《徐志摩诗中的英、中韵律》，载《大亚细亚》，N.S.8.2（1961年），第258—293页。

派——表现主义、未来主义、达达主义等，在 20 年代也颇知名，并且也有过讨论，但并没有人把其主张付诸实践。因此，在 20 世纪的前 10 年，文学的现状颇有历史的反讽刺意味；虽然文学革命废除了旧的形式，并使现代中国作家，都成为新文学形式的试验者和向外国学习的人，但其文学实践又极为缺乏技巧上的适应能力。在这方面主要的例外是鲁迅，其次是郁达夫。

郁达夫自己承认，其早期的小说深受外国文学的影响。《银灰色的死》的背景，即取自罗伯特·路易斯·斯蒂文森的《寄宿》，写一个青年人爱上一个女招待的主题，则取自欧内斯特·道生的生活。虽然郁达夫自己不曾提起过，但《沉沦》中的田园式的景物，显然是模仿日本浪漫主义作家佐藤春夫。[①] 作为文学的模仿，这些小说都是失败的，因为这些小说的“异国情调”背景和欧洲浪漫主义诗歌构成的虚假景观，与故事的自传内容很不协调。

至于鲁迅，在两个方面的确是与众不同的。首先，正如帕特里克·哈南所指出的，鲁迅非同寻常地重视文学技巧；其早期的小说，显出有意吸取俄国和东欧小说的主题和传统。其次，和其他同辈的中国作家不同，鲁迅对现实主义的理论和技巧根本不感兴趣，这比起其在技术方面的适应更加引人注意[②]。鲁迅对法国的现实主义或自然主义作家不感兴趣，对日本的自然主义作家也不感兴趣；其早期的文学情趣，更倾向于“前现实主义”的果戈理、莱蒙托夫、显克微支和裴多菲，或“后现实主义”的安德烈夫、阿尔志跋绥夫和加尔洵。鲁迅的第一篇小说《狂人日记》的篇名，就是取自果戈理；但这篇小说和《药》里的“形而上学的恐怖”气氛和象征主义概念，则源出于安德烈夫（正如哈南教授令人信服地指出，尤其源出于《寂静》和《红笑》这样的小说）。[③] 另一面，如 D.W. 福克马教授所指出的，鲁迅对无家可归的漂泊者、被侮辱与被损害者，对狂人和落落寡合的知识

---

① 李欧梵：《中国现代作家中的浪漫一代》，第 112—113 页。
② 哈南：《鲁迅小说的技巧》，第 61 页。
③ 同上书，第 61—68 页。

分子这些处于卑贱地位但却能道出事实真相的人的偏爱，很可能是受了俄国浪漫主义传统的启示。福克马的结论称，"鲁迅被浪漫主义和象征主义的价值观所吸引，在现实主义的价值观中，只有启发性和人物的典型性才吸引他"[①]；或许还要补充一句，甚至鲁迅笔下的典型人物，也包含着象征主义的意义。

外国文学对鲁迅的影响，令人感兴趣之处，在于其是中国现代小说家中，几乎是唯一"发展"到象征主义阶段的人，尽管其同时代人都不承认这一点（除了其弟周作人以外）。这种象征主义倾向，在鲁迅1924—1926年间写的散文诗集《野草》中特别值得注意。普鲁舍克将《野草》的情绪、语调，和波德莱尔的《散文小诗》作了比较。这23篇散文诗创造出在一个梦魇般的世界里，在黑暗中闪烁着怪诞而有诗意的形象，如残损的墓碑，凝结的火焰，鬼魂出没的"地狱"，乞丐似的走向坟墓的过客，忍受钉十字架痛楚的耶稣，单枪匹马举起标枪的战士。[②] 作为鲁迅自己心灵的象征性表现，以及其寻求人生意义的比喻性记载，这个文集的全部著作最为晦涩，因之在中国读者中也很少得到理解。在散文诗中，鲁迅好像已经超越其同代人的感情，而到达西方现代主义文学的边缘。

这部文集尽管也提到尼采、克尔凯郭尔和基督受难，但其基本精神却与西方现代主义文学有本质的区别。在鲁迅的全部著作中，这个文集是"最超现实主义"的，仍然显示迫使其追求人生意义的人道主义精神，而不是揭露人类"普遍的"荒谬处境——生与死，过去与未来，希望与失望。鲁迅虽处在彷徨中的精神，但并没有完全陷入虚无主义。相反，鲁迅这个文集的一些篇章，似乎在指明走出这条胡同的道路是存在的；凝结的"死火"终于选择跳出了冰谷，步履蹒跚在人生道路上的倦客，终于决定阔步前行了。尽管鲁迅自己不曾清楚地说明，最后要指出这样的可能，人类意志的伦理行为仍有可能对现存无

---

① 道维·W. 福克马：《鲁迅：俄国文学的影响》，载戈德曼编：《中国现代文学》，第98页。

② 鲁迅：《野草》。

意义可言的环境，赋予其以某种意义。因此，在这本文集中，鲁迅与西方象征主义和现代主义在艺术上和"形而上学"的情调上，并没有将其引导到艾略特的"荒原"，或者是贝克特、尤赖斯科的荒谬世界；相反，却迫使鲁迅回到人类世界。在描写耶稣钉在十字架上最后时刻的一篇末尾，鲁迅加上这样一句评语，"上帝离弃了他，他终于还是一个人之子"。

1927年以后，鲁迅本人结束了其内心的苦闷，决定面对中国社会的具体现实，拿起笔为"左翼"事业来写杂文了。从纯美学的观点来看，鲁迅的这一明显转向，意味着作为创造性艺术家事业的终结①，但从意识形态的观点来看，只不过是投身于政治压倒了对艺术的兴趣。但是这两种看法都太过于极端，不但不能说明鲁迅和西方文学关系的深刻含义，也模糊了以"现代性"为背景的现代中国文学的真实特点。

对现代性的追求

从上述对鲁迅的分析中可以得出结论，中国作家们对19世纪欧洲文学主流的关心，对于其在20世纪早期发展采取迟疑不决的玩忽态度，不仅显示出在不同文化之间的相互影响中，必然要出现的"时间差"，也说明"现代性"一词本身含义的不明确性。

根据西方的背景来观察，"现代"一词——定义为与过去相对立的意思，到19世纪，已经有了两种不同的含义。按照马特依·卡林尼斯库教授的意见，19世纪前半期以后，"作为西方文化史一个阶段的现代性，与作为美学概念的现代性之间，已经发生了不可逆转的分裂，前者是科学技术的进步，产业革命，以及资本主义引起经济与社会全面变化的结果"②。后者产生了如象征主义和先锋主义等流派，

---

① 这是威廉·舒尔茨和已故的夏济安所持的观点，参阅舒尔茨：《鲁迅：创作的年代》（华盛顿大学博士论文，1955年）；夏济安：《鲁迅心中黑暗势力的诸方面》，载其所著：《黑暗之门：中国左翼文学运动研究》，第146—162页，此文对主要表现在《野草》中的文学心态有极精辟的研究。

② 马特依·卡林尼斯库：《现代性面面观：先锋派、颓废派、庸俗作品》，第41页。

代表对前一种现代性强烈而激进的反抗。前一种现代性表示了新的叛逆者的特性，是中产阶级和市侩的现代——"现世的世界观，实用主义的偏见，不求上进随俗浮沉和审美标准的下降"①。这种反抗的开始，可以追溯到浪漫主义的某些特点，既反对永恒和完美的古典主义概念，又反对19世纪日益增强的物质文明的虚伪与庸俗。但到19世纪末与20世纪初，这种新的现代主义有了明确的论战立场，（用奥特加·依·加西特的著名的话来说）成为反传统、反实用主义、反人文主义，追求艺术上的"非人性化"。新的艺术叛逆者们，对空洞的浪漫情调的人文主义已感到厌倦；对19世纪生活中的人文内容，对"资产阶级重商主义和庸俗的实用主义"，引起了"一种对生活方式或存在方式的真正厌恶"，并且发展到对人的因素逐渐消失。这种因素一直在浪漫主义和现实主义艺术中占据统治地位。② 新的现代主义既反对理性主义，也反对历史主义。正如乔治·卢卡契曾指出的，"现代主义对人类的历史感到绝望，抛弃了历史线性发展的观念"③。这种绝望感，是对实证主义的发展观念和启蒙时期理性观念感到幻灭的结果，遂使现代主义作家与艺术家对外部世界失去了兴趣，现在认为这个世界是毫无希望的，是难于驾驭和正在异化的世界；而且其开始以极端的主观主义和反传统的姿态，通过自己的艺术创造来重新确立现实概念。

　　从背景上来看，中国人关于现代性的理解，表现出明显的不同。自清末以来，日益增长"偏重当代"的观念，即反对儒家偏向古代的基本态度，无论在字面上，还是在象征性上，都充满了"新"的内容。从1898年的维新运动到梁启超的"新民"概念，以至"五四"时期出现的"新青年"、"新文化"和"新文学"；"新"字一词，几乎伴随着旨在使中国摆脱以往枷锁，成为"现代"自由民族而发动的每

<hr />

① 马特依·卡林尼斯库：《现代性面面观：先锋派、颓废派、庸俗作品》，第45页。
② 约瑟·奥特加·依·加西特：《艺术的非人性化》，载欧文·豪编：《文学艺术中关于现代的观念》，第85、92页。
③ 欧文·豪：《文学艺术中关于现代的观念》，第17页。

一次社会知识运动。因此，在中国的"现代性"，不但表明对当前的关注，同时也表示对未来"新"事物和西方"新奇"事物的追求。①因此，关于现代性的新概念，在中国似乎不同程度上继承了几种西方"资产阶级"现代性概念，即进化与进步的概念。历史前进运动的实证主义概念，对科学与技术有益的潜力的信心，相信广阔的人文主义框架中的自由与民主的理想。正如许华茨教授所指出的，这样的自由主义价值观，在严复与其同时代人的著作中，给以非常"中国式"的重新解释；个人的信念与狂热的民族主义结合在一起，其所设想的目的是在努力实现民族的富强。②因此，中国人的这种眼光，并没有预见到个人与集体之间必然要发生分裂。

当那些"五四"反传统的人，向传统展开全面总攻击之际，其感情激动之气质，导致了浪漫主义的自我肯定，与中国20世纪之初充满庸俗"市侩"的社会习尚相对立。"五四"的作家们，虽具有一些西方美学的现代主义在艺术领域的反抗意识，却并没有对科学、理性和进步失掉信心。"五四"作家对"现实主义"的追求，实际上很像奥特加·依·加西特对19世纪欧洲艺术家视为一个整体的看法——那些欧洲艺术家将"严格的美学因素缩小到最小限度，并使作品几乎完全成为虚构的人类实景。在这个意义上，上世纪所有正常的艺术，都应被认为是现实主义的"③。

在对中国文学革命所作的另一个深刻评价里，普鲁舍克也承认19世纪的这种影响；但却进一步指出，"五四"文学的主观主义和抒情主义"的确在实质上，和19世纪文学相比，更接近第一次世界大战后的现代欧洲文学"——据普鲁舍克看来，这是"中国古老的传统，与当代欧洲情绪互相汇合"④的结果。麦克杜格尔基本上同意普鲁舍克的意见，也强调中国作家对"先锋派"倾向的兴趣。但只要仔

---

① 一位文学史家认为，这种对"新"的追求，是现代中国文学的主要标志，而不是使用白话文。参看王哲甫：《中国新文学运动史》，第1—13页。

② 参看许华茨：《寻求富强：严复和西方》。

③ 约瑟·奥特加·依·加西特：《艺术的非人性化》，第85页。

④ 引自麦克杜格尔：《介绍进入现代中国的西方文学理论》，第262页。

细研究一下麦克杜格尔提供的证据，就会发现中国作家们所说的"先锋派"，虽也从艺术方面反叛传统，但却仍然只限于在"生活"的范畴。换句话说，中国作家们的愤怒和挫折、对当前现实的厌恶等情绪，使其采取植根于社会——政治关系的反叛立场。创造社的"为艺术而艺术"口号，既不是追随戈蒂埃的艺术非功利主义思想，也不是响应象征主义者超现实优越性的论战主张——更不用说现代主义者，创造一个比之当代生活和社会浅薄的外部世界，即具有更为"真实"的新的美学世界所特有的现代主义者的主张了。甚至在郁达夫早期小说中表现出变幻无常的情绪，也是渊源于中国的历史环境，而非来自抽象的历史观念——（用波德莱尔的话来说）都是一些"无常的，飘忽不定的，偶然的观念"。最后在"五四"文学中，找不到现代主义嘲弄和反对自己的任何证据（例如"颓废"和文学上的"庸俗主义"）。郁达夫为社会——政治所困扰，以无能为力心态的"多余的"知识分子，其颓废的本质，是以漂亮的风格勉强掩饰其失败感。[1]

"五四"文学的"现代主义"有一个最显著的特点，即中国现代作家突出的展示其个性，并向外部现实施加影响，而不是转向自我和艺术领域。就这个意义上说，"五四"文学是有些与西方现代主义的第一阶段相似。依照欧文·豪的看法，当时的现代主义并不讳言自己源出于浪漫主义，"宣称自我扩张，是事物乃至是个人活力的一种超凡的与放纵的扩张"[2]。这一阶段的典型，是郭沫若早年崇拜的偶像惠特曼。除了60年代以后的台湾文学外，中国的现代文学，大体上避开了西方现代主义的中期和晚期。"在中期，自我从外界开始退缩，几乎将自己看做是整个世界，专注于审视自我内部的动力——自由、强迫和任性；在晚期，则发生自我向外倾泻，因倦于个性与心理扩大而产生的突然变化。"这两个阶段的代表人物，分别是弗吉尼亚·沃尔芙和贝克特。前文已经述及，只有在鲁迅的散文诗中，才偶然进入类似贝克特的境界；而弗吉尼亚·沃尔芙的影响，则只有在以后的两

---

① 李欧梵：《中国现代作家中的浪漫一代》，第250页。
② 欧文·豪：《文学艺术中关于现代的观念》，第13页。

位作家凌叔华和张爱玲的作品中才能看到。[①]

因此，鲁迅从西方现代主义的边缘，又"回到"中国的现实一事，可以说明其同时代人的"现代化过程"。在"五四"时期，对于肤浅的人来说，"现代"的意思是"摩登"，是时髦，是赶上西方最新的风尚——从服装和发型的样式到文学流派。从深刻的意义上讲，以鲁迅为代表，"现代"一词意味着主观主义，也意味着与在新的未来世界中，建立新中国的民族现代进程之间的深刻矛盾。因此，夏志清的评论是十分中肯的：

> 现代的中国作家，即使不同意现代西方作家的绝望情绪，也会同情其厌恶情绪。但因中国作家的眼界不超出中国的范围，为了从西方或苏联引进现代的思想和体制，以改造目前国家的腐化和破败状况，仍然将希望的大门敞开着。如果中国的作家有勇气和洞察力，同等看待中国的景象与现代人的处境，就会置身于现代文学的主流之中了。但是其所以不敢这样去做，因为这一来，就会把改善民生和恢复人的尊严的希望完全打碎了。[②]

看来即使是最深刻的现代中国作家——鲁迅也未能超越对中国的执着感情。

鲁迅之走向左翼，也典型的说明 20 年代开始的文学政治化潮流。这种进一步"向外"的动向，最终导致主观主义和个人主义的终结。因此，历史地回顾起来，可以认为"五四"时代，是标志着这两类现代精神发展的顶峰。从好的方面说，"五四"文学传达出心灵上的冲突与痛苦，其尖锐的程度尤甚于相似的西方文学，因为其外部现实的威胁并没有从作家的意识中消除，而是仍然存在。一个死气沉沉和庸

---

① 1968 年，在伦敦，凌叔华在一次采访中对访员说，其最喜爱的西方作家是弗吉尼亚·沃尔芙。但是在现代中国文学中，自我从外界现实退缩到"仔细审视自我内部动力"的最好例子，是张爱玲的小说，对其作品的分析，参阅夏志清的《小说史》第 15 章。
② 夏志清：《小说史》，第 536 页。

俗市侩社会所产生的问题，以日益沉重的压力困扰着作家的良知。现代中国作家们与其西方的同时代的人不同，无法置眼前的现实于不顾，为自己的"爱国的乡土之情"付出的代价，是一种深刻的精神折磨，有危机临头的"现实"压力。从不纯粹的美学的观点来看，中国文学对现代性的追求，包含着悲剧性的意义，从来没有发生"颠倒"而钻"唯美主义"的牛角尖。中国文学也不会像西方现代主义，碰上自我失败的两难处境，专注于时间的无常。现代主义永远不会成功；如果成功了，也就成了"过时"的，因而不再是现代的。欧文·豪巧妙地总结说："现代主义必须永远战斗，但永远不能完全获胜；过些时间以后，就必须为不获胜而去奋斗了。"[1]

在为自己和为祖国追求"改善民生"和"恢复人性尊严"的过程中，现代中国作家处在不断恶化的社会危机与阴暗现实之时，总是寄希望于光明的未来。这种理想与现实的冲突，为30年代初最成熟的作品提供了源泉。但是，现代性从来不曾在中国文学史中真正获得过胜利。在中日战争爆发以后，这种追求现代性的艺术，为政治的迫切性所压倒；本来一直带有社会—政治色彩的创造性文学价值，更降到政治附属品的地位。当毛泽东《在延安文艺座谈会上的讲话》被尊奉为准则以后，艺术的真实概念，已受到政治思想的控制。无论是就西方还是中国的含义而言，现代性在中国现代文学进入当代以后，已经不再是中国共产主义文学的主要特点了。

---

[1] 欧文·豪：《文学艺术中关于现代的观念》，第13页。

第 十 章

1927 年以前的中国共产主义运动，1895—1927 年

　　最初基于感情上的原因而认可一种政治学说，这没有什么根本性的错误。"巴黎数十百万参加革命的人民，都已学会了卢梭的学说吗？……圣彼得堡、莫斯科那数万参加革命的劳动者和兵卒，都已学会了马克思主义了吗？……所以卢梭、马克思的思想，人人头脑中都有的，不过首先被他们两人道破罢了。"① 革命是群体现象，然而，只有通过领头的杰出人物的深思熟虑和计划，群体行动才能得以实现。当对革命的记载加以学术性考察时，往往过分强调领导运筹帷幄过程的作用，在某种程度上导致了事态的迅速变化发展，而容易忽视群众的情感与吁求的作用。尽管这些情绪与吁求表达得含混不清，但所以能为当时的领袖们所理解，是由于这些领袖们也受到其情绪和理智以及一时冲动的意识所支配，列宁和托洛茨基在这方面也都不例外。情绪和理智的相互作用，使之改信政治学说更为复杂，而不是更加简单。就 1917 年与 1921 年间中国的情况而言，改信马克思主义既涉及信仰者对中国现实的认识，也涉及其个人的性格和气质，同时又与其对学说的理解相关。②

----

① 陈独秀文，见《共产党》，2（1920 年 12 月 7 日），第 2—9 页（《共产党》杂志的主编是李达，而不是陈独秀）。上述引文录自《社会革命的商榷》，署名江春（李达的笔名。——译者注）。

② 到目前为止，关于中国早期马克思主义者改信马克思主义的系统论述，可参看许华茨的《中国的共产主义与毛的崛起》，以及莫里斯·迈斯纳的《李大钊与中国马克思主义的起源》。

改信马克思主义

在马克思主义传入很久以前，中国军事上的衰弱和经济上的穷困状况，对于稍有头脑的中国人来说，这已是显而易见之事了。因此，产生了富国强兵的呼吁。但是直到改良主义的思潮，其中包括比较保守的"体用"学派（见第七章）兴起时，值得为之献身中国的思想才开始出现。"改革"（或者"改良"，或者说"维新"）说法的本身，就是暗示在国家无法分割的文化和制度中，必须革除或改造其不可取的成分。从改革者的角度来看，那些反对改革的人，是在保护中国的不良品质，而且对这种不良品质的延续负有责任。在改良主义思想发展的第一阶段，几乎没有任何指导性的哲学理论，只有个人和社会零散的观察和比较；西方值得称道之处——其实力，其富足，其教育和良好的社会秩序——受到了注意，并以此与中国的不足之处进行了比较。康有为对儒家学说的修正与严复对托马斯·赫胥黎论进化和伦理文章的翻译，恰在同时，为改革提供了哲学基础。从此改良主义思想推进到第二阶段，即儒家化的社会达尔文主义。这种折中主义的哲学，在相当长的一段时间内有着极大的吸引力。在这样的框架之内，中国与其人民被当做一个不可分割的整体，没有哪一个社会集团可以与中国的政治—社会疏远开来。即使是在 1898 年维新变法失败以后，在政治舞台上取代改良主义者的革命派人士也认为，除了执政的满族人以外（以其种族低劣为借口），没有必要使任何人排斥在政治权力之外。对于中国维新派和革命派而言，尽管其哲学体系庞杂，除去中国的衰落模式和西方（包括明治维新时期的日本）的成功模式，并没有其他以经验为根据的理论。

中国社会的道德堕落，连续不断的政局不稳，以及经济的恶化，复辟派不断地企图恢复帝制，同时又不断地遭受外国的侵犯。在世界范围内，欧战暴露了备受赞赏的西方文明的弱点。而布尔什维克的胜利，连同其废除沙皇的在华特权，则为中国的解放指明了一条新的道路。似乎这样一些划时代的事件还有些不够，巴黎和会决定把以前德国在山东的权益转给日本，而不是公正的归还给中国。在这些事件和巴黎和会决议的综合影响下，中国的思想界与政治气候突然发生了转变——儒家化的社会达尔文主义的主宰地位被彻底粉碎了。紧随其后的，是思想界的混乱局面，其中的罗素或柏格森、尼采或孔德，克鲁泡特金或马克思，诸人的思想观点很容易为中国学者所信服，并改变了自己的信仰。

中国皈依马克思主义的是谁？其对自己国家的现实是怎样的理解？其在社会和政治活动中有怎样的个人经历？为什么其信奉这种学说？

五四运动后的5年里，在改信马克思主义的人当中，仅有12人已知是出身无产阶级。[①]其余所有的人都受过教育，而且有的还出身于相当富裕的小资产阶级。这些人在地理上分散在北京，围绕杰出人物陈独秀和李大钊所在的北京大学；上海，围绕创立于1923年的上海大学和陈独秀在1919—1920年帮助创建的工会组织；武汉三镇，围绕华中大学（见地图8）及其附属高级中学，李汉俊与恽代英在该处任教；长沙，围绕毛泽东、蔡和森与其他人组建的新民学会；广州，围绕陈公博、谭平山[②]与其他人任教的学校；广东的海丰与陆丰，围绕彭湃组织的农会；内蒙古，容易到达苏联和北京；陕西榆林，围绕李大钊的学生魏野畴执教的师范学校；成都，围绕吴玉章、恽代英任教的成都高等师范学校；连同在日本、法国和俄国留学生中受马克思主义影响的人。马克思主义的思想源头主要是在北京（通过广为流传的《新青年》杂志），再加上马克思和恩格斯、列宁和考茨基著作的日文译本，以及在法国马克思主义者所接受的马克思主义。因为这些激进的思想能够为中国的社会状况所验证，在上海和北京大都市中表述出来，遂传至远在内地的成都和榆林，都引起了反响。

在中国最早信奉马克思主义和列宁主义的人，是屈指可数的；其中年龄较大的人参加过辛亥革命，还有更多的人了解1913年的二次革

---

① 陈郁、苏兆征、向忠发、项英、邓发和柳宁，见唐纳德·W. 克莱因和安·B. 克拉克：《中国共产主义传记辞典（1921—1965年）》。还有邓培、朱宝庭、许白昊、刘文松、刘华和马超凡。见琼·切思诺：《中国的工人运动》，第400—402页。

② 校注：谭平山当时在广东高等师范学校任教；陈公博在广东政法专门学校任教。

命和 1915 年与 1917 年的两次企图复辟帝制在政治上的重要意义。这些
较多的人，大部分都有高中的文化程度，其中的任何一人都称不上研
究学术的学者。对其中的大多数人来说，知识总是要引起行动的结果，
否则，就将成为无目的的学习而一无所获，并且认为只有通过实践才
能证实其效用。一种理论一旦通过实践证明是错误的，就应该被修正
或放弃，同时开始寻找另外的理论。[1] 这些人或卷入政治，或干预政
治，或有意（或无意）地回避学术生活，只有胡适是个例外。但这并
不是说这些人探求知识不勤奋，也不是不仔细。虽然其共同的偏好是
在小组或者在学会中集体学习；其反对传统，意识到传统将被废弃，
并寻求将其铲除的方法。这些人在文化上的异化造成了其政治上的异
化，或是出于其自己的选择，或是因为缺乏有点威望的社会地位。

这些人关切自己国家的落后状况，寻找为国献身的途径。在这些
意义上，这些人都是民族主义者。这使其民族主义是有条件的——人
们热爱中国，使之变为值得爱的国家[2]，不只是因为其生来就是中国
公民。[3] 中国的落后状况集中表现为经济上的停滞，如陈独秀于 1918
年所指出的，或者如毛泽东于陈氏之言的 10 月以后，在《湘江评论》
发刊词中以同样的倾向所写的。[4] 其他的人如向警予通过不同的途

---

[1] 关于这一点，要感谢阿德里安·陈：《1925 年以前中国共产主义的发展和特点》（澳大
利亚国立大学博士论文，1974 年），第 39—40 页。但是，其研究仅限于陈独秀，我认
为李大钊、董必武、吴玉章、林祖涵，无疑都有同样的倾向，更不必说毛泽东了。又
见迈斯纳：《李大钊》，第 106 页。

[2] 关于"爱国"的最完整说明，见于陈独秀所作《新青年》的《本志宣言》，7（1919 年
12 月 1 日），第 1 页。

[3] 李大钊对这个问题的看法更为复杂。1915 年，李氏说："自觉之意，即在改进立国之精
神，求一可爱之国家而爱之，不宜因其国家之不足爱，遂致断念于国家而不爱。"显然李
氏没有为这些不足辩护，也没有试图为其解释。李氏的困境在于这样的事实，即这些不
足最终将使一个爱国者的努力成为徒劳，而且只要这些不足仍然存在，其所爱一直得不
到报偿。为了使其从这种进退维谷的境地解脱出来，他聊以自慰的是著名的凤凰涅槃式
的中华复兴的观念。但是后来，在李氏于第一次世界大战改信马克思主义的过程中，由
于将中国与世界的未来联系起来，他从其狭隘的、先验的民族主义，转到了人类的整个
历史和人类的伟大使命上来。迈斯纳：《李大钊》，第 22—23、27、180 页。

[4] 《独秀文存》，2（1918 年 9 月 15 日），第 275 页；内竹编：《毛泽东集》（以下作内竹
本），1（1919 年 7 月 1 日），第 53 页。

径，也得出了同样的结论。在向警予探求妇女解放的过程中，发现了马克思主义，遂成为中国最早的女性马克思主义者之一，逐渐相信"从前种种，皆是错误，皆是罪恶"①。

陈独秀和李大钊认为，造成中国普遍落后的原因，是人心恶劣，民德不隆②，这是腐败的官僚和无耻政客以及其追随者，加上无法无天军阀的胡作非为所助长形成的。③ 这些军阀及其支持者，毛泽东含混的称之为"强权者，害人者"④。中国的这些有权有势的害人者，都有"帝国主义者"作为靠山。获得这个认识，对于激进的思想家们是一个进一步极其重要的发现。⑤ 这为后来用阶级斗争，对剩余价值的剥削，被压迫者的国际大联合，无产阶级先锋队组织等概念打开了大门。至此为止，尽管接受马克思主义基本原理的基础已经奠定，但对中国现实认识的变化还是逐步的。十月革命以及对巴黎和会关于山东问题决议的反应，加速了这种转变。

正如陈独秀在 1932 年⑥以颠覆罪受审，为自己作的辩护词回忆中所称，"五四"运动是标志其思想发展的一个转折点。在此以前，陈氏呼吁重新振兴中华，是针对知识分子阶层发出的；此后，即转移

---

① 见李立三文，载《红旗飘飘》，5，第 28—31 页；《新民学会会员通信集》，2，载《五四时期期刊介绍》，1，第 154—155 页。

② 陈独秀：《独秀文存》，2（1916 年 10 月 1 日），第 85—86 页；4（1917 年 3 月 1 日），第 52 页。石峻：《中国近代思想史资料——五四时期主要论文选》，第 1906 页，1917 年 2 月 1 日。关于李大钊在 1915—1917 年对这个问题的看法，见迈斯纳：《李大钊》，第 24—34 页。

③ 李大钊：《李大钊选集》，第 81—82 页，原载《甲寅日刊》，1917 年 3 月 29 日。陈独秀：《独秀文存》，1（1916 年 2 月 15 日），第 53—54 页；《新青年》，3，4（1917 年 6 月）。陈独秀：《独秀文存》，1（1918 年 7 月 15 日），第 222 页；2（1919 年 11 月 2 日），第 387 页。

④ 《民众的大联合》，1919 年，竹内本 1，第 61—64 页。

⑤ 陈独秀的两篇文章，载《每周评论》，4（1919 年 1 月 12 日）；8（1919 年 2 月 7 日）。同时，李大钊在 1915—1916 年从其达尔文式的内省的民族主义，发展到 1919 年 1 月坚定的反帝立场，见迈斯纳：《李大钊》，第 24 页。李氏写的社论《新纪元》，载《每周评论》，3。

⑥ 校注：陈独秀于 1932 年 10 月 15 日在上海被国民党特工总部逮捕。1933 年 6 月 30 日，国民政府最高法院以陈独秀"危害民国与叛国"罪，判处其有期徒刑 8 年。

注意力到劳动人民身上。"盖以……世界革命大势及国内状况所昭示，使予不得不有此转变也"。在 1919 年的早些时候，资本主义制度和帝国主义分子对中国的压榨与敌视，使陈独秀理想中的中国形象不再符合盎格鲁—撒克逊式的民主模式了。与此同时，李大钊认为民主在美国已经丧失，声言要反对资本家的剥削。[①] 确实，李、陈二人对于民主思想仍都有所留恋，但是这却是另外意义上的民主，较之其所理解的英美模式，要求有更多的民众参与。在 1919 年 1 月，陈独秀在《每周评论》——激进的期刊上撰文，主张需要组织有国民为后援的政党；到了 3 月份，在另一篇文章中，其思想更达到了类似人民专政的程度。[②] 在这两篇文章之间，《每周评论》登载了一篇题为《中国士大夫阶级的罪恶》的社论，号召一场推翻士大夫统治的工农社会革命。这篇社论很可能是由陈、李两人执笔的（原文署名"一湖"。——译者注）。二人的民主观念确实在变化，其演进的过程，从人民民主经人民革命，到人民专政。到 1919 年底，陈独秀针对建立在私有制基础上的社会制度的道德败坏，发动了猛烈的攻击——"西洋的游惰好利，女人奢侈卖淫，战争、罢工种种悲惨不安的事，哪一样不是私有制度之下的旧道德造成的?"六个月以后，陈独秀以一种肯定的语气称，西方人所追求的利润是工人创造的，但被资本家盗走其所创造的剩余价值。[③]

从受压迫的青年和妇女——激进分子在其刊物上详细地讨论这些

---

① 陈独秀：《辩诉状》（出版处不详），标明日期为 1933 年 2 月 20 日，第 1 页；可参阅陈氏于 1919 年 3、4 月份发表在《每周评论》上的文章，均预示 1919 年 11 月 2 日经常被引用的文章《实行民治的基础》的出现。对于陈独秀改信马克思主义的日期后于李大钊一年或两年的看法，如许华茨的《中国共产主义》第 22 页和迈斯纳的《李大钊》第 112—113 页所坚持的那样，我是知道的。然而，尽管陈独秀对杜威的论述是很客气的，但他在 11 月份的文章上不仅批评杜威的民主观念"还有点不彻底"，而且明明白白地将社会的政治上层建筑置于经济基础之上，参看《独秀文存》，1，第 375 页；关于李大钊的观点，见《晨报》1919 年 2 月 7—8 日。

② 陈独秀：《独秀文存》，3（1919 年 1 月 19 日），第 589—591 页；4（1919 年 3 月 26 日），第 646 页。

③ 陈独秀：《独秀文存》，2（1919 年 12 月 1 日），第 72 页；4，第 216—217 页。

问题，到受压迫的劳工大众。激进分子注意的焦点转移到这些问题以后，就形成了其与劳工大众新的认同，视野更为宽广，以其同情之心推及于所有穷苦之人。对外，激进人士们不再是沙文主义的，而是跟随《每周评论》的论调行事。《每周评论》在"五四"之前两月，刊载了一系列关于爱尔兰、菲律宾和朝鲜争取独立斗争的文章；对内，以社会调查为基础，刊载一系列文章，涉及上海、汉口和唐山工人的工作和生活状况，山东、江苏和福建农民的悲惨境遇。这些文章，都在《新青年》、《每周评论》和《晨报》上大量刊出。在中国共产党创建以前，关怀和维护劳动者的杂志已经出现，提供了关于工人和农民的信息，对于劳动采取扶植的新态度；由此遂引起社会对最为严重社会问题的注意。随后不久，年轻的激进分子们，被劝告要到劳动人民中去工作，而且有的人是确实这样做了——彭湃在海丰的农民中，张国焘和邓中夏在北方的铁路工人中，毛泽东在长沙的工人中，恽代英在武汉的工人中进行活动。

人们一定要问：不用一场暴力革命，中国的民族愿望能否得以满足，社会的公平能否得以实现？当权的人物会甘愿让民族的愿望和社会的公平，用和平转变的过程得以完成吗？到了五四运动时，被觉察到的国家敌人——帝国主义者、军阀和腐败的官僚，都已被确定认清了。但是，正如李大钊所说，仅仅"开几个公民大会"是无法将掌权者从其所在的位置上赶走的。[①] 在这一点上，1911 年（中国）和 1917 年俄国的革命经验，提供了不容置疑的证据。在陈独秀的头脑中，欧洲的繁荣是其历史革命的结果；在李大钊的头脑中，只有在最大痛苦和牺牲之后，才可能有最大的成就。[②] 如同《每周评论》著名的社论《新纪元》（载于 1919 年 1 月，第 3 号和第 5 号）所解释的，进化的基础是合作而不是竞争。人剥削人世界的形成，是由少数人的贪欲所导致的，这是一个竞争而非互助的世界，因此，其结果必然是不公正的。对于这种不公正，除了革命以外，用其他别的手段是不能

---

① 《每周评论》，22（1919 年 5 月 18 日），第 22 页；见《李大钊选集》，第 214 页。
② 《思想史资料》，第 1906、1201 页。

消除的。陈、李两人认为，革命不只是简单的暴力行动，还包括旧事物的毁灭和新事物的诞生两个方面。按照马克思主义的观点，只有在革命胜利以后，才能解决所有的社会问题。因此，当讨论妇女解放问题时，李大钊遂将此问题与有产者阶级专政的社会制度的毁灭联系了起来，而陈独秀则简洁地说：“解决……所说（妇女、青年和工人）的三个问题，非用阶级战争的手段……不可。”① 其他一些激进分子，如《民国日报》附刊《觉悟》的一些撰稿人，也得出类似的结论，并接受了唯物史观和无产阶级专政的制度。② 在法国的中国留学生，将《共产党宣言》译成中文，并把精力投入到认真研究马克思主义的讨论会。③ 正是经由留学生之一的蔡和森，毛泽东才将早期对克鲁泡克金的信服，转变为对马克思主义的信服。④ 感情上的反抗，所有这些个人转变的例子都是明显的。在所有这些思想转向的事例中，使这些激进分子都成为狂热的革命者，大胆反抗情绪所起的作用都十分明显。如果没有这些因素，不可能使这些激进者成为激烈的革命者。

但为什么转向马克思主义呢？在这些激进派投身于有组织活动之前，其对马克思主义的了解所知无多。在中国共产党创立之前，可以找到《共产党宣言》的几种译本；《新青年》和《晨报》附刊上，还有介绍历史唯物主义的文章（河上肇著）。考茨基的《卡尔·马克思的经济学说》有两种译本，一种为国民党理论家戴季陶所译；《资本论》只有经过大量删节的中文译本。译成中文的，有《雇佣劳动与资本》、《哥达纲领批判》、《法兰西内战》、《论犹太人问题》、《神圣家族》、《哲学的贫困》、《政治经济学批判手稿》，以及《社会主义从空

---

① 《思想史资料》，第 1207 页（1918 年 10 月 15 日）；《新青年》，6（1919 年 2 月 15 日），第 2 页；《独秀文存》，4（1920 年 9 月 1 日），第 224 页。

② 《“五四”时期期刊介绍》，1，第 193—194、198 页。

③ 何长工：《勤工俭学生活回忆》，第 61 页；《新民学会会员通信集》，载《“五四”时期期刊介绍》，1，第 154 页。

④ 竹内编：《毛泽东集》，1，第 58 页；《新民学会会员通信集》，第 3 页；引自《湖南历史资料》，4（1959 年），第 80 页。

想到科学的发展》。在北京大学图书馆中收集有相当数量的英文、德文、法文以及日文的马克思主义文献，李大钊及其社会主义青年小组①在讨论中，利用了这些文献。除此之外，十月革命自然把激进分子的注意力吸引到布尔什维克领导下的俄国。列宁的《国家与革命》、《帝国主义：资本主义的最高阶段》和《共产主义运动中的"左"派幼稚病》，以及托洛茨基的《共产主义与恐怖主义》、《布尔什维克主义与世界和平》都译成了中文。列宁于1919年12月在苏共第八次代表大会上所作的《关于党的纲领》中的"民族自决"与"过渡时期的经济"的中文译文，在《新青年》（第8卷，第3、4号上）分两部分连载。介绍马列主义的工作，随着《共产党》月刊1920年11月在上海创刊而蓬勃展开。关于俄国的政党、国家和社会的各方面情况，俄国新的艺术和文学，都在激进的刊物上得到报道。② 对不满足于翻译新俄国的报道，中国人或前往俄国直接观察，报社或向莫斯科派驻记者。其中包括瞿秋白，动机是"寻求……改造中国的真理"③。经由这些报道，抽象的理论变成了具体的事实。在中国内地，恽代英于武昌创办的利群书社，毛泽东于长沙以及于湖南数县设有分店的文化书社，萧楚女于重庆编辑的《新蜀报》④，将这些宣传俄国革命的出版物散布出去。

有了这些出版物，马列主义的主要理论——辩证唯物主义、阶级斗争、剩余价值，等等，便为早期信仰者所掌握；国家的丑恶状况，劳动人民的苦难，都视为被帝国主义者、资本家和地主剥削，并由其垄断国家政权所造成的结果。按照这个观点，中国社会是由压迫者和被压迫阶级所组成，其性质是半殖民地半封建的。今日之

---

① 校注：1920年3月，李大钊、邓中夏、黄日葵、高君宇、罗章龙等19人，在北京大学秘密成立马克思主义研究会。同年10月，李大钊、张申府、张国焘3人在北大图书馆李大钊办公室中，正式成立北京共产主义小组。

② 关于这一问题，最好的资料来源有《"五四"时期期刊介绍》1和3；张静庐的《中国近代出版史料》，初编，第68、75页；《新青年》，9（1921年9月1日），第5页的一则广告；《近代史资料》，2（1955年），第161—173页。

③ 《"五四"时期期刊介绍》，1，第135—136页。

④ 校注：1923年6月，萧楚女任《新蜀报》主笔。

中国，与其数世纪前傲视寰宇之帝国，相距不啻数千万里之遥。应当承认，中国确实需要一场革命，但中国既没有发达的资产阶级，也没有一个壮大的无产阶级，为什么却掀起了一场由马克思主义指导和共产党领导的革命？李大钊在1919年5月4日《每周评论》的一篇社论中，对此简单回答——既然中国的资产阶级发展得不充分，中国的革命就可能比俄国、德国、奥地利和匈牙利更为容易。在中国共产党创建前夕，李大钊论证说，在劳工运动日益高涨的世界里，要中国发展自己的资本主义，在理论上和实践上都是站不住脚的。"再看中国在国际上的地位，人家已经自由竞争，发达到必须社会主义共营地位，我们今天才起首由人家的出发点，按人家的步数走。……在这种势力之下，要想存立，适应这共同生活，恐非取兼程并力社会共营的组织，不能有成。"[1] 陈独秀也根据事实赞同这种蛙跳理论，虽然没有像托洛茨基发展的不断革命的战略。按照陈独秀的观点，在1920年中国的发展程度仅是萌芽状态的资本主义，与1948年的德国或1917年的俄国的发展水平不相上下。既然俄国成功地完成了跳跃，中国为什么不行？[2] 这种蛙跳理论，严格地说是不合于辩证原则的。但对陈、李二人及其追随者周佛海、瞿秋白、蔡和森来说，社会主义代表一切美好的东西，是一个没有阶级对抗的社会，是为所有的人提供尽其所能发展自我的社会。[3] 如瞿秋白在其莫斯科之行前所说，其与共同主办的《新社会》杂志的同事们，希望促成的是一个自由、平等，没有阶级差别，没有战争危险的民主新社会。[4] 一个漫长而阴暗的"资本主义阶段"的前景，想起来太令人厌恶了。在中国人对马克思主义的理解阶段，列宁在1920年7月共产国际第二次大会上，以及在此以前所提出的关于土地、民族和殖民地

---

[1] 李大钊：《守常文集》，上海，1952年（1921年3月20日），第189页。

[2] 《新青年》，8（1920年11月1日），第3页。

[3] 周佛海的文章，见《新青年》，8（1921年1月1日），第5页；蔡和森在《新民学会会员通信集》中的通信，引用于《"五四"时期期刊介绍》，1，第158—159页；陈独秀的文章，见《新青年》，1920年9月1日。

[4] 《新社会》发刊词，1919年11月1日。

问题的论点，很可能仍然尚未为早期的中国马克思主义者所知晓，只是靠共产国际代表的斯内夫利特（马林）和维经斯基两人的谈话，始得知其内容。

中国共产党的建立

与中国人对俄国的迷恋相应的，是布尔什维克对中国的兴趣——由于中俄之间漫长的共同边界，在俄国的华人团体（华人在俄国内战中曾为革命而战），俄国在中国的地位，思想上旨在推动世界革命。以建立俄国共产党政权相同的原则建立一个中国政权，这对于中国的革命者，是十分向往的。

义和团运动和俄国在其中的作用，曾引起列宁对中国的注意，但正是中国和亚洲其他国家的革命，才使列宁认识到亚洲国家的觉醒。[1] 列宁登载在 1913 年 5 月 18 日《真理报》上的文章《落后的欧洲与先进的亚洲》中，谴责欧洲人在亚洲的野蛮行径。列宁关于帝国主义是资本主义的最高阶段，也是最后阶段的理论，直至 1920 年共产国际第二次大会才提出来，纳入全球性的革命战略之中。[2] 这样，西方的阶级斗争与东方的民族斗争之间的链条便形成了；一个从资产阶级民主革命，向社会主义革命发展的两个阶段革命战略的基础奠定了。这就需要刚出现的共产主义运动，与半殖民地国家的资产阶级革命之间建立起联系，并明示半殖民地半封建国家，在适当的时机成立农民苏维埃的可能性。列宁认为，领导落后的东方国家群众的任务，应归于西方国家的无产阶级；列宁的这个论点，赋予共产国际以教导和引导没有经验的东方革命运动的权力。

这便是共产国际派遣维经斯基和马林来中国的背景。维经斯基在中国逗留的六七个月里，帮助中国的激进分子——由信仰不同派别社

---

[1] 《真理报》，103（1913 年 5 月 18 日），《列宁、斯大林论中国》，第 20 页。

[2] 《真理报》，103（1913 年 5 月 18 日），第 43—63 页；H. 德昂科斯与 S.R. 施拉姆编：《马克思主义与亚洲：概论》，第 153—169 页。

会主义学说的人组成的混杂群体认识到，沿着《怎么办？》中所阐明的列宁主义组织路线成立政党的必要性。社会主义分散的研究中心，陈独秀于 1920 年 8 月创立松散的社会主义青年团，为组建中国共产党奠定了基础。这样，中国共产党的组建于 1920 年底即已形成，并于 1921 年 7 月举行的第一次代表大会上正式成立。这是一个大约 12 个二十几岁的年轻人参加的会议。会议是在上海法租界的一所女子学校（暑期放假）里召开的，成员们担心巡捕的监视，乘火车转移到（嘉兴南湖）湖上的一艘游艇中继续讨论。至于会议的具体情节，至今已模糊不清，且不同的见证人所说不一。

据"一大"的参加者陈公博说，中国共产党第一个章程规定党的任务，是组织和教育劳动群众，继续进行阶级斗争和社会主义革命，并最终实现无产阶级专政。尽管章程没有阐明民主集中的原则，党也将有计划地建立一个系统的、纯洁的、秘密的从小组到中央的组织，以便领导工人、农民和士兵群众来完成革命任务。党章认定党必须代表一个阶级的利益；中国共产党对中国存在的党派，包括国民党，采取敌视与不合作的态度。中国共产党要向共产国际逐月递交报告，并与其保持密切联系。根据这些规定，中国共产党在创立伊始，便是一个革命的政党，并不只是一个研究团体，这使得一些党的创建者大为烦恼，并因此而脱党。中国共产党中央由三个人组成——陈独秀为书记，张国焘任组织主任，李达任宣传主任。[1]

陈独秀并未出席第一次代表大会，但被选为党的书记，直到 1927 年 7 月 15 日辞职为止。陈独秀对中央的控制，对于这个年轻政党的发展，是至关紧要的事情。在这两位深受景仰的马克思主义先驱——李大钊和陈独秀中，为什么选中陈独秀而没有选中李大钊呢？李大钊仅获得一个候补中央委员的职位，因此时李氏正在四川

---

[1] 陈公博：《中国共产主义运动：1924 年写的一篇文章》，第 79—82、102—105 页；韦慕庭与夏连荫编：《有关共产主义、民族主义和在华苏联顾问的文件（1917—1927 年）》，第 100—109 页；郭华伦：《中共史论》，1，第 26—27、31 页；张国焘：《我的回忆》，载《明报月刊》，6，第 6 页；或张国焘：《中国共产党的崛起》（英文），1，第 136—157 页。

讲学，陈独秀正在忙于改革广东的教育体制。陈、李两人的学术地位，社会威望，对于传播马克思主义的贡献，都是无可挑剔的；决定党的书记，也许是有实际问题。陈独秀从北京大学辞职以后[①]，没有一份固定的工作，因此能有更多时间编辑激进的期刊，如编辑《共产党》，在上海办俄语学校，并在上海工人中进行宣传鼓动工作。[②] 实际的政治经验表明，陈独秀也许是日常组织工作的合适人选。[③] 这种选择在任何意义上讲，都不是轻易作出的。因为陈独秀以个性强烈著名。"一大"参加者周佛海评论称，仲甫（陈独秀的字）是个固执的人[④]，对尚武精神持反感态度，并对其他政治党派怀有厌恶情绪。陈独秀的这些个性特点，是与共产国际的中国政策不相符合的。

在中国共产党第二次代表大会上（1922年5月在杭州召开[⑤]），党在革命斗争中，作为无产阶级先锋队的性质得到重申。至少在理论上，民主集中制在第二个党章中被奉为神圣的原则；党的组织采用地方、地区和中央执行委员会三级结构，其基层组织是小组，所有党员必须参加小组每月的（或每周的）例会。党的全国大会代表要由中央执行委员会指派，而非选举产生，这确保权力掌握在领导者手中。这种中央集权由于新党章的规定，成为非常突出的特点并更为加强。这一特点，在关于党的纪律有整整一章，要求地方和地区的委员会必须

---

① 校注：1919年6月15日，陈独秀在北京被捕，9月12日出狱；1920年1月29日离开北京，到达上海。陈独秀自此即离开北京大学。

② 理查德·C.卡根：《陈独秀未完成的自传》，载《中国季刊》，50，第295—314页；阿德里安·陈：《发展》，第45页；许华茨：《中国的共产主义运动》，第10页以下各页。

③ 举例来说，迈斯纳的《李大钊》第204—205页指出，李大钊只是号召青年到农村去工作，丝毫没有谈到组织问题。

④ 郭华伦：《中共史论》，1，第95页。

⑤ 校注：中国共产党第二次全国代表大会，于1922年7月16日至23日在上海英租界南成都路辅德里625号召开。1922年8月29日，根据马林提议，中共中央在杭州西湖召开特别会议，出席会议的有陈独秀、李大钊、蔡和森、张国焘、高君宇、张太雷和马林等7人。马林在会上传达了共产国际7月决定和8月指示，再次提出中共党员加入国民党组织。中共"二大"和1922年8月在杭州西湖召开的特别会议，是两次不同的会议。

服从中央的决策；对于不服从者，将受到地方或中央委员会的惩罚。[①]

1925 年的五卅运动之后，中共大约发展到 2 万人的规模；中央的组织机构也因之增设妇女、劳工、农民和军事四个部得到了扩充。[②] 在 1927 年 4—5 月的"五大"上，中央执行委员会从原来的 3 名成员扩大到 29 名。在 1927 年紧张迅速变化的局势下，要有效地发挥作用，并需迅速作出反应，29 人的中央执行委员会是过于庞大了。很可能是由于这个缘故，设立了政治局。

作为阶级斗争的工具，为完成其所代表阶级长期与短期目标，党的政治路线和组织路线以及政治作风，不可能不产生彼此之间的矛盾，以致造成严重的党内纠纷。在陈独秀的领导下，中共 1923—1927 年的目标——推翻帝国主义和封建主义在中国的统治。这一目标促使党根据情况的需要，逐步加强其在工农兵中的力量基础，以及党所领导小资产阶级的妇女和青年组织。但是党不得不保持其中央集权制；否则，迟早会发现反动势力的攻击，而自己无能为力。尽管在陈独秀领导下党的生活和历史记载不多，但仅有的少量资料表明，创始人管理这个组织松散的政党，是自上而下的联络渠道比自下而上的联络，更为顺畅地起作用，实际是家长式的领导。在中共的顶层和中层，更多的依靠是与陈独秀、李大钊两人的私人关系，在大多数情况下，是导师和门徒的关系，而不是依靠不带个人色彩的纪律。事实上，一旦这些联系纽带因其他原因而被削弱，有关的党员便会表现出脱离组织倾向。[③] 李大钊和党的北方区委与上海的中央，几乎没有任

---

① 第二个党章的全文，载陈公博：《中国的共产主义运动》，第 131—135 页；回译成中文，载王健民：《中国共产党史稿》，1，第 52—55 页；韦慕庭、夏连荫编：《有关共产主义、民族主义和在华苏联顾问的文件，1917—1927 年》，第 104—109 页。

② 詹姆斯·平克尼·哈里森：《通往权力的长征：中国共产党史（1921—1972 年）》，第 67—68 页。张国焘列出以下略有出入的组织变动：中央在"四大"以后包括书记处、组织部和宣传部、《向导》周刊编辑；劳工部和农民部，分别在"五卅"运动之后和1926 年春设立。《明报》，13，第 89 页。

③ 陈公博：《寒风集》，第 226 页；栖梧老人：《中国共产党成立前后的见闻》、《新观察》，13（1957 年 7 月 1 日）；托马斯·C.郭：《陈独秀（1879—1942 年）与中国共产主义运动》，第 255 页。

何有记载的接触，多少有些处于半独立状态。1927 年初的占领并收回汉口英租界，如此意义深远而重大的行动，中共中央对此并未筹划，也未予以指导。[①] 仅在此四个月以前，中央执行委员会的一次扩大会议，还对过大扩展党组织的缺陷，表示严重关切。领导层表现出官僚主义倾向，有的同志甚至犯有侵吞财物和贪污的罪行。[②]

党希望在基层的小组中出现新的人生哲学，在作风上是集体主义的，而非个人主义的；党员的观点应当是客观的，而非主观的，并应对党绝对信任而不容怀疑。事实上，小组主要是处理实际工作，放弃了对理论的训练。[③] 党小组的生活，往往是无组织无纪律的散漫生活。陈独秀对于党组织的看法，似乎是更接于罗莎·卢森堡，而不是接近列宁。根据现有的文件，在陈独秀任书记职务期间，没有什么地方提到批评与自我批评的做法。[④] 党的主要决策，都由定期召开的代表大会和中央执行委员会的全体会议作出，陈独秀与书记处的同志则完成中央的日常工作。在陈独秀辞职以后，1927 年 8 月 7 日召开的会议，批评陈独秀的领导作风是"家长式的"和"独断专行的"，其组织路线是"不民主的"。这些反映了新一代经莫斯科训练的领导人的观点；这些人在党的生活中的经验，尤其是从批评与自我批评来说，与陈独秀领导时期是大不相同的。

第一次统一战线中的紧张状态

对于陈独秀领导下的中国共产党来说，最重要的政治问题，是与

---

① 迈斯纳：《李大钊》，第 119 页；《中共"八七"会议告全党党员书》，载《红色文献》，第 108 页。

② 1926 年 7 月 12—18 日全会的决议全文，载郭华伦：《中共史论》，1，第 224—230 页。译文载韦慕庭、夏连荫编：《有关共产主义、民族主义和在华苏联顾问文件（1917—1927 年）》，第 271—281、288—317 页。

③ 韦慕庭、夏连荫编：《有关共产主义、民族主义和在华苏联顾问文件（1917—1927 年）》，第 95、106、137 页。小组中党的生活，同在莫斯科的中共党员中实行的批评与自我批评，形成了鲜明的对比。经过莫斯科训练的党员回到中国，也许是导致 1926 年及以后对陈独秀组织路线尖锐批评的原因。

④ 哈里森：《通往权力的长征：中国共产党史（1921—1972 年）》，第 126 页。

孙逸仙领导的国民党的关系。这是一个极端错综复杂的问题，以致中国共产党起初并不愿陷入进去。中共"一大"对中国其他党派的态度，不是如陈公博记载的那样敌对，就是如陈潭秋的追述，支持国民党的进步政策，但采用非党合作的方式。① 陈独秀当时正与广东军阀陈炯明共事，李大钊打算与北方军阀吴佩孚进行会谈——这两人都是孙逸仙的敌人。② 但是，到中国共产党第二次代表大会时，陈炯明事件已经结束③；在马林和中国共产党关于时局的声明中，已严厉谴责了吴佩孚。中共的这个时局声明，邀请国民党以及其他民主和社会主义的团体，联合组成一个民主统一战线，将中国从帝国主义者和军阀的双重压迫下解放出来。④

统一战线压倒一切的目的，是无可置疑的；使中国共产党在宗旨上和组织上遇到的难题，是 1923 年 6 月采用"党内合作"的政策——中国共产党员以个人身份加入国民党，同时保持中国共产党组织上的独立性。⑤ 首先，与中国资产阶级合作的策略，与中国共产党在意识形态上铲除资产阶级的承诺是矛盾的。另一方面，党员的一致行动，正是列宁式共产主义政党概念的本质。⑥ 由于共产党在人数上不占优势，因此有必要在争夺政权的斗争开始之前，先经过统一战线

---

① 诺斯：《莫斯科和中国共产党员》，第 59 页。参看陈潭秋：《中国共产党第一次代表大会的回忆》，载《共产国际》，美国版，14.10（1936 年 10 月），第 1361—1366 页；英国版，13.9（1936 年 9、10 月），第 593—596 页。

② 《华字日报》登载了许多陈独秀 1921 年 3 月以后，尤其是 1921 年 9 月 10 日在广东的活动报道；郭华伦：《中共史论》，1，第 31 页。

③ 校注：中国共产党第二次全国代表大会，关于"民主的联合战线"议决案，规定实现民主联合战线主张的计划，先邀请国民党"开一代表会议"，"在国会联络真正民主派的议员"，集合工、农、商、学、妇、律师、职教员、新闻记者等团体，"组织民主主义大同盟"。中共第二次代表大会为 1922 年 7 月 16 日在上海召开，而 1922 年 6 月，陈炯明在广州发动叛乱，炮轰总统府，故此处称"陈炯明事件已结束"。

④ 《红色文献》，第 28、34 页。学者们大都同意统一战线的主意来自莫斯科，中国共产党在被诱骗的情况下接受了这个主意；与此相反的意见，参阅 H.R. 艾萨克斯对 H. 斯内夫斯特（马林）的访问，载《关于共产国际和中国革命的文献》，见《中国季刊》，45（1971 年 1—3 月）。

⑤ 布兰特等：《中国共产主义文献史》，第 68 页。

⑥ 许华茨：《中国的共产主义与毛的崛起》，第 52 页。

阶段。这似乎是有充分的根据，但也为统一战线的最终分裂埋下了种子。当国民革命快要取得胜利时，联盟中较弱的一方可能被较强的一方所抛弃，终至造成两党合作的分裂。因而这个联盟必然是暂时的，当革命从一个阶段转变到另一个阶段，就不大可能平静合作了。继列宁的《两个策略》之后，瞿秋白的重要文章《自民主至社会主义》①，似乎已准确地点明了这个问题。但共产国际更为乐观，谋求从内部控制和改造国民党。②

国民党的确也有了变化，在 1924 年全国第一次代表大会的宣言中，明确了反帝反封建的双重目标，并经由改组披上了列宁主义的外衣。③ 统一战线成立以后，中国共产党谋求把党员安插进国民党中央的群众运动部门和黄埔军校，从而来影响国民党。国民党员的兴趣在传统上被视为显赫而有实力的财政部和外交部，而不是组织、宣传、劳工或农民等部门。这反映了国民党对党的组织和革命的观点并没有改变，保守分子都去争取有钱有势的政府职务，或大元帅府的职位。④ 与此同时，共产党的机关刊物《向导周报》、《新青年》和《前锋》，从未停止批评国民党组织工作的腐败和妥协倾向。共产党对国民党的不断批评，连同俄国的援助和俄顾问的到来，遂在国民党中产生了左翼的力量。因此，在 1925 年春孙逸仙逝世以后（详见第 11 章），国民党遂逐渐发生了分裂。⑤ 国民党的组织虽落入左派之手，而政府仍在右派掌握之中。处此情况之下，

---

① 《新青年》，2（1923 年 12 月 20 日），第 79—102 页，署名屈维它（瞿秋白的笔名）。

② 许华茨：《中国的共产主义与毛的崛起》，第 52 页；韦慕庭：《孙逸仙：受挫的爱国者》，第 148—150 页。

③ 国民党组织部：《第一次全国代表大会宣言》，出版地不详，1927 年 8 月；参阅韦慕庭：《孙逸仙：受挫的爱国者》，第 172—174 页。

④ 校注：1923 年 3 月 1 日，陆海军大元帅大本营在广州成立，孙中山任大元帅。1924 年 1 月，国民党在广州召开第一次全国代表大会，实行国、共两党合作。1925 年 3 月 12 日，孙中山在北京逝世；同年 6 月 15 日，国民党中央执行委员会全体会议决议，改大元帅府为国民政府。7 月 1 日，国民政府在广州成立。

⑤ 陈志让：《国民党左翼——一种定义》，载《东方与非洲研究学院学报》，25.3（1962 年）。

身为国民党政治顾问的斯大林的特使鲍罗廷，希望形成一个中间派来团结和掌管全党。[1]

国民党内部的分裂，导致中国共产党重新调整关于统一战线的理论。被陈独秀认定为"反革命的"[2] 国民党右翼已背离了统一战线，而中间派则持暧昧态度；国民党左翼虽具有革命性，但易于妥协。陈独秀从早期认为，只有资产阶级才有能力领导资产阶级民主革命的立场，此时转变到只有无产阶级才能掌握这个革命的领导权的立场上了。大约与此同时，斯大林在莫斯科提出国民党实际上是四个阶级——工人、农民、城市小资产阶级和大资产阶级（即民族资产阶级）组成联盟的观点。[3] 就中国共产党来说，仍留在国民党内，以便保持"党内合作"的联盟，尽力使国民党发生转变，在理论上是可能的。

但从实际方面来说，中国共产党进行宣传和组织群众，则得益于国民党的合法旗号。[4] 在 1925 年的五卅运动，1925—1926 年的省港大罢工，1927 年 1 月收回汉口和九江的英租界的行动中，所取得的胜利，要归功于中共在城市劳工中的工作。[5] 在第一次统一战线将近终结之时，中国共产党大概已能够影响工厂、矿山和铁路的 300 万工人。这个数字与 1920 年仅 38.5 万人的数字相比[6]，工人的显著增长，主要归因于中共工会工作的措施，即 1925 年 1 月在广东召开的中共"四大"上采取开展工会工作和五卅运动的结果。工潮发生的次数增加了——由 1925 年的 348 起，增至 1926 年的 435 起，大都是由于经济原因。[7] 北伐期间（详见第 11 章），湖南的工人帮助北伐军运

---

[1] 哈里森：《通往权力的长征：中国共产党史（1921—1972 年）》，第 58 页。

[2] 《向导周报》，101（1925 年 11 月 7 日），第 844—845 页。

[3] 德昂科斯和施拉姆：《马克思主义》，第 228 页。

[4] 陈志让：《毛泽东与中国革命》，第 119 页；哈里森：《通往权力的长征：中国共产党史（1921—1972 年）》，第 50 页。

[5] 《第一次国内革命战争时期的工人运动》，中国现代史资料丛刊编（北京，1954 年，第 546—549 页）。

[6] 陈达：《中国劳工骚乱》，载《每月劳工评论》，6（1920 年 12 月），第 23 页。

[7] 哈罗德·R. 艾萨克斯：《中国革命的悲剧》，修订第 2 版，第 123 页；《向导周报》，159（1926 年 6 月 23 日），167（1926 年 8 月 15 日），168（1926 年 8 月 22 日）。

送军用物资，同时破坏北方军队控制的铁路系统。① 在汉阳兵工厂的工人则举行罢工，阻止为吴佩孚部队生产军火。② 工人运动的迅速发展，导致工会组织的不够巩固。因为工会本身存在共产党和反共产党路线的严重分歧，当广州的工会竟划分为共产主义的和反共产主义的工会时，工会领袖与工人们都感到大为失望。③ 在武汉，当时工会运动的杰出领导者刘少奇，承认工会群众基础薄弱，组织不团结，政治觉悟模糊。④

共产国际的第二次代表大会，在不违背正统马克思主义关于农民问题前提下，将亚洲革命者的注意力转向其本国的土地问题，共产国际在1922年第四次代表大会上，着重告诫说：

> 东方各落后国家的革命运动，如果不依靠广大农民群众，就不可能取得胜利。因此，东方各国的革命党必须明确制定自己的土地纲领。这个纲领应该提出彻底消灭封建制度以及这种制度的残存物，即大面积土地的拥有权与包租制。⑤

共产国际第六次全会（1926年2—3月），第七次全会（1926年11—12月），都提出和第二次代表大会同样的要求。⑥ 中国共产党的领导人中，陈独秀和张国焘尤为突出，认为农民对政治问题没有兴趣，又缺乏有组织行动的能力。⑦ 中国共产党1925年第四次代表大会，对

---

① 《工人》，第319—328页。
② 《民国日报》，广州，1926年9月21—25日，载华岗：《中国民族解放运动史》，上海，1947年。
③ 《劳动周报》，5—8（1923年5—6月），引自李锐：《毛泽东同志初期的革命活动》，第172页脚注12；《泰晤士报》，1926年12月1日；邹鲁：《回顾录》，上海，1943年，1，第166页。
④ 参见湖北总工会第一次代表大会上的报告，1927年1月，载《第一次国内革命战争时期的工人运动》，第407—408、413页。
⑤ 简·德格拉斯：《共产国际，1919—1943年，文件选编》，1，第387页。
⑥ 同上书，2，第279页；《红色文献》，第254—255页。
⑦ 陈独秀在《新青年》第12卷第4期（1924年）上的文章；张国焘在《向导周报》第12期（1922年12月）上的文章。

于土地革命仅表现出有限的兴趣；然而，这并不能否认党员个人身份，投入后来证明是相当重要的农村工作。沈玄庐在浙江萧山组织农民协会开展减租斗争；彭湃于1921年在海丰和陆丰创立农民协会，到1923年拥有10余万人的会员。后来在国民党赞助下，仍由共产党领导，农民运动波及广东全省，卷入运动的达70余万人。青年团领袖恽代英以不系统的方式劝导团员们下乡工作。[1] 湖南的农民运动，由于其规模的巨大和毛泽东在其中的作用，则是别具一格。湖南的农民运动始于1923年，在1926年该省为北伐攻占时，更加得到有力的推动。据毛泽东说，湖南的农民协会在1927年初已拥有200万名会员。[2] 当北伐军到达湖北时，农民运动也在那里爆发了。到1927年5月，湖北已有250万会员；而江西据说8.3万人加入农民协会。[3] 组织起来的农民，试图推翻或削弱"土豪劣绅"的统治，攻击不合理的风俗和习惯，铲除一切腐败现象。[4] 在湖南，农民超过了减租减息的范围，提出重新分配土地的要求。[5] 农民为北伐军递送情报和充当向导支援北伐军。[6]

　　到1927年6月，武汉国民政府的农民部长谭平山（详见第11章），声称6省[7]的农民协会拥有900多万名会员。[8] 如同工会一样，

---

[1] 《新青年》，9.4（1921年8月1日），9.5（1921年9月1日），10.6（1922年7月1日）；又见尼姆·威尔士：《红尘》，第199—200页；《第一次国内革命战争时期的农民运动》，中国现代史资料丛刊编，北京，1953年，第35—39页。关于彭湃的工作，见《红旗飘飘》，5，第38—42页。关于彭湃和海陆丰，见卫藤沈吉：《海陆丰——中国第一个苏维埃政权》，载《中国季刊》，8和9（1961年）；尤其是小罗伊·霍夫海因茨：《浪潮》。关于恽代英的工作，可参阅《中国青年》，32（1924年5月24日）。

[2] 胡华：《中国新民主主义革命史参考资料》，第63页；《毛泽东选集》，1，第14页。然而，李锐提供的1927年4月的数字518万人，见《第一次国内革命战争时期的农民运动》，第288页。

[3] 《第一次国内革命战争时期的农民运动》，第391、410、413页。

[4] 毛泽东：《湖南农民运动考察报告》，载竹内本，1，第209页。

[5] 《第一次国内革命战争时期的农民运动》，第289页。

[6] 董显光：《蒋总统传》，台北，1954年，1，第78—79页；《华侨日报》，香港，1926年9月7日。

[7] 校注：六省为广东、广西、湖南、湖北、江西、河南。

[8] 《第一次国内革命战争时期的农民运动》，第18—19页。关于农民运动夸大的叙述，也许是由于把"农会"（乡绅领导的农民团体）计入"农民协会"（农民领导的农民组织）。

农民协会的飞速发展，也导致了组织涣散和纪律的松懈。[1] 国民政府农民部长的共产党人谭平山，公开承认其在加强农民运动中的失败。[2] 更为糟糕的是上层决策的含糊而多变，造成下层的无所适从。一位领导者说：

> 而我们自己呢？当时实处在矛盾之中，既要与一切封建势力、土豪劣绅资产阶级宣战；而在另一方面，又要与代表土豪劣绅资产阶级的国民党合作，又要与封建余孽、豪绅资产阶级的走狗、大小新军阀讲亲善，谋妥协；对工农的要求，则制止工农自己动手来解决，而要他们等待国民党中央和国民政府的命令。这岂不是和俟河之清一样的无期吗？[3]

左翼国民党的领袖汪精卫，更谴责农民运动中的过火行为。[4] 斯大林所说的国民党左派基本上是小资产阶级，事实证明只是一种幻想。没收土地和组织农民自卫队，彻底剥夺了国民党左翼的利益，暴露了一场来自下面的革命，和"党内合作"的政策基本上不能相容。

中国共产党直到 1927 年 4 月的第五次代表大会，才有了土地政策。在此以前，毛泽东提交国民党土地委员会一份决议草案，主张在政治上没收"土豪劣绅"和军阀的土地，在经济上没收所有出租的土地。[5] 中共"五大"对土地问题的决议，比较毛泽东的草案要温和一些——仅没收公用的和大地主的土地，而将小地主和革命军官在这场磨难中放过了。[6] "五大"没有坚持土地没收以后的集体所有制，但认为需要解除地主的武装部队，同时帮助农民组织农村的自卫武装，

---

[1] 毛泽东：《全国农协最近训令》，1927 年 6 月 3 日，载竹内本，2，第 9 页。

[2] 哈里森：《通往权力的长征：中国共产党史（1921—1972 年）》，第 113 页。

[3] 柳直荀：《马日事变回忆》，载《布尔什维克》，20（1928 年 5 月 20 日）。

[4] 《汪精卫集》，上海，1929 年，3（1927 年 7 月 5 日），第 141 页。

[5] 蒋永敬：《鲍罗廷与武汉政府》，第 289—290 页。

[6] 郭华伦：《中共史论》，1，第 240 页；卫藤沈吉：《海陆丰——中国第一个苏维埃政权》，载《中国季刊》，9，第 162 页；斯图尔特·R. 施拉姆：《20 世纪的政治领袖：毛泽东》，第 98—99 页。

用来保护土地重新分配的果实。[1] 在军阀和地主具有军事优势的条件下，没收土地和武装农民，能否得以实现是值得怀疑的。农民协会购买武装，是武汉政府禁止的。[2] 这与在城市中收缴工人纠察队武器是同样做法。农民不能武装起来，乡村的农民运动就要遭到残酷的镇压。长沙附近的马日事变（1927 年 5 月 21 日）就是例子。这在以后的秋收起义期间，影响到第一个苏维埃的成立（详见第十一章）。

如前所述，陈独秀是反对依靠武力的，但这并不是说其人是个和平主义者。在 1923 年 4 月 18 日《向导周报》的一篇文章中，陈独秀阐明其立场，使之与马克思主义相一致；概括的论述拥有武装的人民，反抗拥有武装军阀的革命。这完全是一幅人民武装与反动势力正规军对阵的列宁主义景象；但陈独秀未能想出如何组织一支能征惯战的政治化军队。在中国共产党第四次代表大会不久，一个由共产党员组织的"青年军人联合会"在黄埔军校学员中成立了[3]；稍后，与之相对立的"孙文主义学会"也在黄埔军校诞生了。随着 1925 年 9 月国民革命军总政治部的设立[4]，中国共产党的一些党员（第二军的李富春，第六军的林祖涵）专门从事战斗部队的政治工作。[5] 但这些军中的政治工作人员，是否能与苏联红军中政治工作人员具有同样的权力，是成问题的。中国共产党在军事工作中的弱点，在蒋介石于 1926 年 3 月 20 日的事件（指中山舰事件。——译者注）时，就变得很明显了。事变的结果之一，是黄埔军校学员中的左、右两派组织同时解散。彭述之当时曾为国民党对自己军队控制的放松而惋惜[6]；这放松的标志，是汪精卫赴法和蒋介石向国民党中央执行委员

---

① 郭华伦：《中共史论》，1，第 241 页。

② 《第一次国内革命战争时期的农民运动》，第 400—401 页。

③ 蒋介石：《苏俄在中国》，第 35—36 页。

④ 校注：广州国民政府军事委员会 1925 年 7 月成立，军事委员会政治训练部亦于 1925 年 7 月成立，主任为陈公博。军事委员会政治训练部不是国民革命军政治部。国民革命军政治部（即总政治部）成立于 1926 年 7 月，主任为邓演达，副主任为郭沫若。

⑤ 《社会新闻》，1，14（1932 年 11 月 12 日），第 308—309 页。

⑥ 《向导周报》，167（1926 年 8 月 8 日），第 20—21 页。

会第二次全会的建议，禁止任命共产党员担任军队的党代表和政治部的工作。最后在 1927 年 6 月，军队的政治部和党代表都被蒋介石取消了。[1]

中国共产党试图推迟 1926 年 7 月发动的北伐，结果不起作用。彭述之和陈独秀从政治、经济，甚至战略角度，为推迟北伐进行争辩，但也没有起作用。甚至鲍罗廷提出不同意见也被拒绝。[2] 统一战线完结时，无论中国共产党的群众工作如何给人以深刻印象，但其在战场上，如汪精卫所大为抱怨的那样，显然无法与蒋介石和其他军事首领的部队相抗衡。没有巩固的群众组织，没有武装力量，没有坚实的经济基础，来自下层的革命，只会遭受毁灭性的被来自上面的革命压制下去。虽然蒋介石在 1926 年 3 月 20 日事件中已露凶兆，但斯大林在一年多以后，仍是信心十足地用压榨国民党右翼这个柠檬[3]的比喻，来劝告中国共产党，说共产党与国民党合作依旧是可行的最佳途径。共产国际执行委员会认为国民党左派，是无产阶级、农民阶级和小资产阶级的联合体，也提出了与斯大林同样的建议。如果中国共产党在简单的统一战线[4]中"不起领导作用"，"就不能取得在全国的领导作用"。因此，中共立即从统一战线中退出，是错误的；"根本不从其中退出"，也将是错误的。[5] 共产国际在此紧要关头的劝诫，中共因此同武汉的国民党妥协，同时避免了游戏式的暴动。

共产国际的决议，实际上否决了陈独秀于 1927 年 4 月的第五次代表大会上的提议。陈独秀曾数次提出，将党内合作变为"党外合

① 沈凤岗编：《蒋委员长全集》，5，第 12 页；《华字日报》，1927 年 6 月 13 日。校注：1927 年 6 月 1 日，国民党中央政治会议议决，将国民革命军总政治部改称政治训练部；各军、师政治部改称政治训练处，吴敬恒、陈铭枢先后任主任。党代表制度自此撤销。

② 《向导周报》，161（1926 年 7 月 7 日），165（1926 年 7 月 28 日）；路易斯·费希尔：《世界事务中的苏联人：苏联与世界其他部分的关系史》，2，第 648 页。

③ 艾萨克斯：《中国革命的悲剧》，第 162 页。

④ 哈里森：《通往权力的长征：中国共产党史（1921—1972 年）》，第 96 页。

⑤ 共产国际执委会第八次会议关于中国的决议，1927 年 5 月，载《红色文献》，第 277 页；英译文载赛尼亚·乔柯夫·尤廷与罗伯特·C. 诺思：《苏俄和东方，1920—1927 年：文献概览》，第 369—376 页。中译文引自《六大以前党的历史资料》。——译者注

作"的联合。① 既然蒋介石于 1927 年春在上海和南京对共产党人进行严厉的镇压，中共当然也就没有选择的余地。在五次代表大会上，各种相互矛盾的决议构成了混乱的局面。由于既不愿放弃统一战线，而又由于中共力量过于弱小，影响不了与之合作者，中国共产党只能看着局势的恶化。按照共产党人的用语或其他任何说法，这都是右倾机会主义。

中国共产党一旦决定实行暴力革命的策略，就不得不面对可能的暴力迫害，无论是在 1922 年或 1927 年都是如此。赤裸裸的事实，在被军阀肢解的中国，政权只可能来自枪杆子，即有枪就有权。第一次统一战线所造成的不同之处，中国共产党不像 1922 年，只有 130 名党员，而到 1927 年，已发展有 6 万党员的群众性政党。尽管中共随后遭受严重的损失，仍能够经受住国民党经常残酷无情的镇压。如果中国共产党在 1922 年和 1923 年不与国民党合作，而选择单独作战的途径，那可能情况更加不妙；如果中共早一些为与国民党最后决裂做好准备，也许情况会好一些。总之，1927 年 7、8 月的局面，是不可避免的——中国共产党必须拥有一支军队、一块地盘和一个政权；换言之，必须创造一个"国中之国"。

---

① 德格拉斯：《共产国际，1919—1943 年，文献选编》，2，第 276—277 页；参看陈独秀的《告全党同志书》，译文载于《中国历史研究》，2.3（1970 年春），第 224—250 页。中国共产党领导人在这次大会采取的立场，还不清楚。关于这次代表大会的专题研究，显然亟待进行。

第十一章

国民革命:从广州到南京,
1923—1928 年

组织革命运动

20 世纪 20 年代的国民革命,是中国现代史中最使人感到兴趣的事件。其所以取得成功,在于以爱国和革命的目标出色地动员了人力和物质资源。国民革命的组织阶段是从 1923 年后期到 1926 年中期。在此期间,一批意志坚定的中国人,以有限的力量开始,组织了一场革命运动,旨在统一国家,取消外国的特权和各种不平等条约。这些革命者得到一批俄国专家的建议和支援,传授给革命的理论,提供了组织工作的知识、金钱和武器。随之而来的,是持续到 1928 年中的北伐战争阶段。在此期间,原来以南方为根据地的国民革命军,一路一直打到北方的北京。这次北伐战争利用了军事技术,进行有效的宣传和敌后的策反活动。但终于出现了一场巨大的悲剧:在北伐战争进行中,领导层在统一全国过程中的暴力社会革命问题上发生了分歧——在革命阵营内部出现了阶级之间的分裂。在八个月的自相残杀的斗争中,成百上千的革命者丧失了性命。自此以后,在中国激进的民族主义者与保守的民族主义者之间展开的内战从没有真正地停止过。

中国的政治和社会环境为革命提供了潜力,但这种潜力必须转化为革命的形势。革命的摇篮是在广州,是中国最大和最富有与最为进步的城市之一,位于三条主要河流汇合的三角洲上,土地肥沃,人口密集。国民革命不屈不挠的鼓动者孙逸仙,在其成年后的大部分时间里,都献身于提倡立宪共和,反对阻碍其理想实现的北京政权。孙逸仙两次在广州成立政府:一次是在 1917 年,为了反对段祺瑞和安福系控制的北京政府；一次是在 1920 年，为了反对直系控制的北京政府。在成立第二次政府时，孙逸仙组织了一个残缺不全的议会，选举其为中华民国的"非常大总统"。1922 年春，孙逸仙联合几个军事派系，试图对北京政府发动一次征讨，但吴佩孚打败了孙氏的主要盟友张作霖。同时，孙氏部下的陈炯明率部于 6 月 15—16 日晚，将孙逸仙从广州总统府赶走。1922 年 8 月，孙逸仙由广州回到上海，计划通过政治手段在北京担任总统，而以武力收复其在南方的根据地。

1923 年孙逸仙虚弱的地位

孙逸仙博士没有达到第一个目标，但在 1923 年 1 月 15 日，用雇来的部队把陈炯明赶出了广州，并在这年 2 月 21 日，又由上海回到广州。这时孙逸仙已 56 岁，在以后不到两年，死于癌症。在这段短暂时期内，孙逸仙在面临巨大困难的情况下，开创了国民革命的组织阶段。

这些困难可以归结为如下各端。孙逸仙回到广州后，因为缺乏实力，所依靠的在南方的根据地也是不牢靠的。孙氏既不是能为其夺回根据地军队的真正的统率者，又不掌握政府的财政。国民党在国内只有数千名组织松散的党员，对改良现实的目标既无周密的战略，在公众中也唤不起热情。这些情况在 1923 年 1 月 1 日的国民党宣言中都被公之于世，使孙逸仙著名的三民主义——民族主义、民权主义和民生主义[1]进一步具体化。孙逸仙所面临的问题，是要掀起生机勃勃的革命运动，控制巨额收入的财源，建立一支能保卫和扩大南方根据地的军事力量，并且都要听从孙氏的命令。

军事问题有内部和外部两个方面。基本是自治的杂牌军的师长、旅长和团长，被孙博士的助手在香港收买过来时，其部队已占领了广州。来自云南的军队，以杨希闵将军为首，但也有几支独立的滇军，其中一支忠诚追随孙博士的部队由朱培德率领。刘震寰将军和沈鸿英将军率领桂军。同时，有一些政治上各行其事的粤军的师和团，另外

---

① 米尔顿·J.T.谢：《国民党：历史文献选编，1894—1966 年》，第 65—70 页。

还有若干纷争不已的地方"民团"。这些军队的指挥官一到珠江三角洲，就竞相抢占城镇中有利可图的地盘，掌握大部分税收来源。约有3.5 万人的军队（根据当时一个可靠情报人的估计），装备极差，训练也很差，而且其内部之间互相对立；同时又与陈炯明联合，意在与夺取广州的军队相对抗。陈炯明似乎与孙博士的劲敌吴佩孚结成了联盟。孙逸仙大元帅的军队要投入战争，就另外需要一笔数目巨大的现金。这笔巨款，主要由广州市政府向居民征收附加税；这项税收工作，要由精干得力的广州警察去完成。

在 1923 年春夏期间，孙逸仙的军事支持者，打败了吴佩孚和陈炯明支持的沈鸿英将军，保卫了根据地。经过这些战斗，孙逸仙的根据地面积向西和向北扩大到广东省边界，而广州仍易受东面邻近陈炯明部队的攻击。到当年秋季，孙博士仅能在名义上控制的军队，训练的素质很少提高。所谓"客军"，实际上是占领军。[①]

孙博士的财政问题是十分严重的，财政收入只有三个来源——捐献、贷款以及税收。1922 年秋，国民党以获得捐赠和贷款的形式，从中国支持者筹集到 50 多万元（根据上海和香港的行市），用来资助收复广州的军费；现在也难以再筹集到了。1923 年春，孙逸仙试图与香港商人谈判一笔 600 万元的贷款，与广州商人谈判 100 万元的贷款，但都没有成功；还希望向英国工商界借一大笔特许贷款，但因其所处危急的军事地位，使之不可能进行下去。为了发挥根据地的税收潜力，孙逸仙有必要任命自己的人控制行政管理机构。

孙逸仙的政府组织分为三级——大元帅大本营（有如一个全国性的政府）、广东省政府和广州市政府。而广州市政府最有实力。广州是一个富饶的城市，孙博士 31 岁的儿子孙科在领导有效率的广州市政府。孙科于 1923 年 2 月底到职，在广州市组织一支高质量的警察队伍。孙博士任命其老同事吴铁城为公安委员。孙科市长和六名受过

---

① 对此问题的探讨以及以下几段的内容是根据韦慕庭的《创始一个革命根据地的问题：孙逸仙在广州，1923 年》，载《中央研究院近代史研究所集刊》，4．2（1974 年 12 月），第 665—727 页。

西方教育的委员，在此后数月中推动广州的现代化，使该市成为军费的主要来源。

根据 1923 年官方的广州市政报告，除城市的事业费外，向大元帅大本营提供 600 多万元（以广州行市）用于军费给养。对比之下，因为省财政局只能在省内部分地区征税，广东省的岁入却比上一年减少近 900 万元。孙博士夺得了地方盐税的控制权[①]，使其从 1923 年 5 月至 12 月净得近 300 万元。这原来是由外国人管理的盐务税，应由北京政府的盐务稽核所征收，用以偿还 1913 年签订的外债。与盐务税有关的列强对此提出抗议，但没有阻止这种"挪用行为"。不过，当孙博士在年底威胁要夺取最稳定的财源——广州海关征收的关税时，列强却以武力来进行干涉。

这是一幅财政危机的景象。孙逸仙政府为了与军人争夺征税权，给民众增加了沉重的负担。不过，在孙逸仙返回广州后的八个月中，广州的南方政府逐渐增加了生存所必需的收入，并扩大了根据地。

国民党从其前身算起（孙逸仙组织和领导几个革命政党），已经有了近三十年的历史。在上海的中央党部，共有五个机构和一小批从事筹款和宣传人员。在 1923 年，除了广州外，其他城市显然没有分支机构的活动，党员的人数也不详。广东省几个党的分支机构的记录，在陈炯明 1922 年 6 月的叛乱中，已遭散失。总之，此时国民党党员的数字是不可靠的；孙博士计算党员的办法，是对军队、工会和学校的学生整个组织进行登记，宣称这些组织中的人都是党员。

可是，国民党仍具有产生全国影响的潜力，因为该党有一批有经验的领袖，并有反满、反袁的声誉，有谴责外国特权和力主政治改革的主张。其领袖来自不同的社会阶层，许多人受过良好的传统教育，也有人在清政府中任过官职，有的人获得欧美大学的学位，不少人在日本学校和军事学校学习过。这些领导人此时正届中年，在国外时曾

---

① 校注：此即历史上所称的"截留盐余"。

与外国朋友建立了友谊，也曾以不同形式策划过推翻政府的行动，筹措和分发过革命经费，偷运过武器，在军队中进行过革命宣传，也曾在下层秘密会社进行过活动，参加议会斗争，统率过军队，治理过省份，甚至从事过工商业经营。这些人虽大部分来自广东和长江流域各省，但有一部分则来自中国境内其他各个地区，天南海北，各有其与当地的纽带，与中国社会的传统及现代因素结成关系网。

国民党需要受到激励才能行动起来。孙博士显然被财政问题和军事问题耗费了很多精力，不能充分注意国民党本身的问题；尽管也经常让上海办事机构执行对外交涉使命，或开展对外宣传活动，并给予经费。1923 年 10 月，孙博士开始考虑如何能使党恢复生机。此时，苏联的首席顾问鲍罗廷于 10 月 6 日抵达广州，在此后六个星期里，两人系统地商讨了党的改组计划。

国民党内苏联利益的背景

在 20 世纪 20 年代初期，苏俄在中国既有国家的战略利益，又有革命的利益。俄国和中国有漫长的国境线地带，苏俄政府希望与北京政府建立外交关系，因为这会给苏俄带来种种好处。苏俄的一个战略目标，是取得对中东铁路（沙皇俄国的一个国营企业）的控制，该铁路穿过满洲境内，是连接苏俄滨海诸省与西伯利亚的纽带。中国政府认为，外蒙古为中国的领土，但苏俄红军却去那里扶植了一个蒙古政权。因此，中国与苏俄为外蒙古问题而对立。但苏俄不愿中国控制外蒙古这个缓冲地区，这就是苏俄派三个使团与北京政府正式建立外交关系的绊脚石。1924 年 9 月，苏联副外交人民委员加拉罕，作为全权公使到达北京，企图重开谈判。

在苏联的世界革命的策略中，中国应是一个从资本主义剥削中解放出来的区域。1919 年，列宁组织了第三国际（或称共产国际），作为世界革命的参谋部，总部设在莫斯科。在 1920 年的共产国际第二次代表大会上，列宁明确阐述了一项战略，即在资本主义大国及其殖民地之间，打进一个楔子，从而削弱这些资本主义大国。共产国际、宗主国及其殖民地的共产党，应当把自身的解放斗争当做世界革命的准备阶段。列宁预见到，殖民地的新兴资产阶级必然要领导这个解放运动；主张殖民地新生的共产党应该在民族斗争中帮助资产阶级。这就是统一战线的战略。但列宁又主张，殖民地的共产党应保持自己的独立性，经由组织和训练无产阶级及贫农来壮大自己的力量，为革命的第二阶段——推翻资产阶级及建立社会主义国家的斗争做准备。共产国际精心制定了这个基本战略方针，并在其使者能够插足的殖民地进行宣传。中国虽然不是殖民地，但却被纳入这个战略计划，于是共产国际派出代表来到中国。

苏联的使者在中国有双重任务，帮助组织共产主义运动，苏俄和共产国际在民族解放斗争中援助民族革命组织。苏俄的领袖们不了解中国，需要派出使者作若干年的考察，才选定为国民党（关于中国共产党产生的根源和环境，已在第十章进行过讨论）。统一战线一旦组织起来，亨德里屈斯·斯内夫利特——荷兰籍共产国际代表，化名马林就超过了这一战略，劝诱共产党人（大部分人违背自己的意愿）加入国民党，因为孙逸仙不愿意两党合作。共产国际执行委员会批准了这个策略，认为这是共产党在华南接近无产阶级的途径；而更重要的，乃是执行委员会希望共产党人能推动国民党使之趋于激进一些，并引导其与苏俄联合。苏俄的领导人打算成为中国革命的舵手。

孙逸仙和苏俄之间已经有了五年的"眷恋"。在孙氏革命生涯的不同时期，曾向各大国求助。在布尔什维克革命后不久，孙博士几次派人试探，以求国民党能与列宁的布尔什维克党结成联盟；后来希望这个新型革命的国家，能在军事上帮助其登上北京总统的位子。列宁和外交人员格列戈里·契切林通过偶然的信件往来，启发了孙逸仙。三名共产国际的代表——吴廷康、马林和达林试图说服孙博士必须改造国民党。当1922年6月孙博士被陈炯明赶出广州后，迫切希望能得到外国的援助，于是开始寄希望于苏俄。1922年下半年，孙逸仙即与苏俄驻北京的外交代表越飞通信。越飞虽经多次努力，但均未能与北京政府达成协议，于是就到了上海，在1923年1月与孙博士进行广泛的讨论。此时正是孙逸仙雇用的刘震寰和杨希闵的军队收复了广州之后。孙逸仙与越飞商谈的内容,从来都没有透露过,但在不久之后,苏联的领导人明确决定在财政上援助孙逸仙和国民党,并派顾问来帮助国民党改组,以恢复其革命精神。[①] 鲍罗廷是指导此项工作的人选。

根据共产国际的观点,鲍罗廷对此项工作具有足够的资格。鲍氏生于 1884 年 7 月 9 日,在拉脱维亚的青年时代就已经是个革命者;1906 年被驱逐出俄国,在美国度过了 11 年,然后于 1918 年夏季回到祖国,再次投身于革命工作。列宁很了解鲍罗廷,其一部主要著作就是由鲍氏译成外国文的。共产国际成立后,鲍罗廷成其派遣的使者之一。为了组织工作,鲍罗廷访问了西班牙、墨西哥和美国;为了协助改组英国共产党,后来在英国被拘禁了。1923 年春,鲍罗廷回到莫斯科不久,就被选定执行在中国的任务。鲍氏抵达广州时年仅 39 岁,从各方面看,这是一位聪明而性格富有吸引力的人。

鲍罗廷在中国作出的指示,至今未见发表,但可能其早已熟悉共产国际过去有关中国的决议。1923 年 5 月,共产国际执行委员会给中国共产党发来一道指示,清楚地说明共产党在国民革命中的作用,以及共产党应与国民党合作的条件;指示主张积极准备农村的暴动以扩大革命,并改造国民党使之成为民主反帝反封建战线的领袖。指示对国民党的"基本要求",是必须无条件支持工人运动;应吸引广大群众参加反对北方军阀和外国帝国主义的斗争。共产党必须影响国民党,使之支持土地革命,坚持最贫穷农民没收地主土地的行为,尽一切可能阻止孙逸仙与军阀联合。指示要求国民党必须尽早召开国民党代表大会,全力建立广泛的全国民主战线,坚决废除帝国主义列强强加给中国的不平等条约和协定。[②] 鲍罗廷在广州的早期活动表明,其

---

① 孙博士和苏联领导人结盟情况,见于韦慕庭的《孙逸仙:受挫的爱国者》。

② 赛尼亚・乔柯夫・龙廷、罗伯特・C. 诺思:《苏俄和东方,1920—1927 年,文献概览》,第 344—346 页;杰恩・德格拉斯:《共产国际,1919—1943 年,文献选编》,2,第 25—26 页,摘要。

目标大概也与此相似。

重振国民党

鲍罗廷经常与孙逸仙会晤，讨论国民党的各种问题，并就即将来临的革命提出建议。鲍罗廷还会见当地的共产党员，重新作出保证，归根结底，其长远意图是在使共产党能发展壮大。[①] 1923 年 10 月 25 日，孙博士指定了国民党临时执行委员会[②]起草党纲和党章，为召开全国代表大会做好准备，并任命鲍罗廷为临时执行委员会[③]顾问；广州咸以鲍顾问称之，而不及其名。鲍罗廷以联共（布）党章结构为模式，为国民党起草了新的党章。其党章草案与以后正式通过之党章极相似，将党分为五级组织——全国级、省级、县级、区级和区级以下的组织。党的全国代表大会每年举行一次，选出中央执行委员会及中央监察委员会。在全国代表大会闭幕期间，由中央执行委员会主持党务工作，任命党的主要官员，管理财务，指导中央所属机构的工作以及所有下级执行委员会的工作。国民党员都受严格的党的纪律约束，凡参加工会、商会、省议会或国会的党员，应组成党团，并且党团成员在其团体内始终保持一致的立场，以便掌握在团体中的方向。

中央临时执行委员会共开过 28 次会议，起草了一个措辞激昂的宣言和一部新党纲，监督党员重新登记，创办了一个刊物，来宣传党改组的意义，解释党的革命意识形态；创办了一所党校，训练区和区以下执行委员会的成员；确定全国代表大会的议事日程，监督从各省

[①] 有关鲍罗廷早期的几次会面报告，见 N. 米塔列夫斯基：《世界范围的苏联阴谋：在北京苏联使馆没收的迄未公布的文献所揭露的内容》，第 130—138 页。这是一部有敌意的资料集，但经与其证据核对，证明这些文献是真实的。关于孙博士生前与鲍罗廷的生活及其活动，其最佳的学术性论述，是莉迪亚·霍勒布内奇的《鲍罗廷和中国革命，1923—1925 年》。叙述鲍罗廷一生的传记，有丹·N. 雅各布的《鲍罗廷：斯大林派到中国的人》。

[②] 校注：1923 年 11 月 25 日，在广州召开的为"国民党改组特别会议"。

[③] 校注：这里的临时执行委员会，是国民党改组特别会议于 1923 年 10 月 28 日决议成立的"国民党临时中央执行委员会"。

和大城市以及海外机构选举代表的工作。①

随着陈炯明率领的部队威胁广州，到 1923 年 11 月，孙逸仙对广州的控制变得不稳固了。人们担心孙大元帅可能被迫出逃。在这情势十分危急之时，鲍罗廷力主采纳动员群众支持的激进计划，敦促孙逸仙及国民党领导人颁布法令，没收和分配地主的产业，把土地分配给农民，保证一天劳动八小时、最低工资以及其他权利。鲍顾问争辩说，这些许诺将使与陈炯明作战的部队受到鼓舞。因为孙逸仙左右追随者的反对，孙博士拒绝颁布土地法令，经过多次磋商之后，孙逸仙同意——根据鲍罗廷的回忆——颁布一项减地租 25% 的法令，另一项规定是建立农会的法令。② 对国民党人来说，幸运的是支持孙逸仙的部队赶走了敌人；但军事危机过去之后，孙逸仙并没有颁布减租法令。

另一个使国民党人和共产党人都感到心神不安的问题，是鲍罗廷与坚决主张孙博士倒向苏联一边的廖仲恺，于 11 月底前往上海，向国民党几个领导人解释改组国民党的必要性。11 名在广东有威望的国民党员（都是老资格的党员）③ 上书孙博士，在党的新体制和起草文献过程中，就共产党在其中的影响提出警告，指控共产党的领袖陈独秀是幕后人物；指责国共两党合作是共产国际阴谋的一部分，是为了在资本主义国家煽动起阶级斗争，以加速社会主义革命；在新生的

---

① 临时执行委员会工作的详情，分八期刊登在《国民党周刊》（广州）中，1923 年 11 月 23 日至 1924 年 1 月 13 日。又见《革命文献》，8，第 1077—1079 页；关于宣言，见 1079—1080 页；关于党纲的起草，见 1080—1084 页（英译文载谢《国民党》，第 73—85 页）。鲍罗廷的党章草案，载《国民党》，第 73—85 页。鲍罗廷的党章草案，载《国民党周刊》，1923 年 11 月 25 日；转载于《向导周报》第 50 期，1923 年 12 月 29 日，这是共产党的刊物。

② 路易斯·费希尔：《世界事务中的苏联人：苏联与世界其他部分的关系史》，第 637—638 页。A.I. 切列帕诺夫：《一个在华军事顾问的手记：1924—1927 年第一次中国革命内战的历史》，第 37—43 页；第 1 卷的译稿为亚历山德拉·O. 史密斯所译，第 45—49 页。军事危机，在《国父年谱》，2，第 1020—1033 页叙述甚详，但没有提到孙逸仙拒绝鲍罗廷的建议。

③ 校注：1923 年 11 月 29 日，邓泽如、林直勉、黄心持、曾志祺、黄隆生、朱赤宽、赵士觐、邓慕韩、吴荣新、林达存、陈占梅等 11 人上书孙中山。

资本主义国家中煽起阶级斗争，以联合劳工、农民和小资产阶级掀起全国革命。这些上书者断言，陈独秀已使其信徒进入国民党，准备进行接管国民党；并警告孙博士说，不出 5 年，陈独秀就可能被选为国民党领袖。这次 11 人上书是一个早期的证据，证明在保守的老资格党员中，不断有反对倒向苏联和让共产党员进入国民党的事。

孙逸仙拒绝 11 人上书的意见与批评，在作出书面答复中称，鲍罗廷是新党章的拟订者，陈独秀根本没有参与此事；与国民党亲近是俄国人的主意，建议中共党员在国民党内工作的人也是俄国人。孙博士断言，俄国必定是同国民党合作，而不是同陈独秀合作。"如果陈独秀不服从我们党，将会被驱逐出党"。孙逸仙提出警告说，"不要因为怀疑陈独秀，而怀疑起俄国"①。尽管孙逸仙有这样的信心，但新党章的草案还是被修正了，取消了选举党领袖的内容；取而代之定孙逸仙为领袖，成为党的全国代表大会和中央执行委员会的总理，并授予对两会各项决定以最后否决权。

广州的海关危机在 1923 年 12 月中旬，已发展到了顶点，更加深了孙逸仙的反帝情绪。虽然鲍罗廷在此之前的建议——危机时，鲍顾问不在广州，但一定也起了作用。孙大元帅及政府要求分享由外国人控制的中国海关总税务司在广州征收的关税，因为过去有过一个先例。当北京的外交使团没有按照大元帅府外交部长的要求②，指示海关总税务司拒绝海关收入拨给大元帅大本营时，孙大元帅立即宣布夺取广州海关，并另行任命海关官员。这危及列强所承认的海关——北京政府的一个机构的统一，并且可能最终影响到两项主要赔款和外国贷款的财政保证。与此有关的列强派炮舰驶来广州，阻止夺取海关，以此对付孙逸仙的挑战。但国民党势力太弱，无力进行战斗，只得转而求助于群众示威，来进行反对外国资本家的宣传。危机过去之后，

---

① 《中国国民党广东分党部弹劾共产党的请愿及总理的批评和解释》（中文），载中国国民党中央监察委员会：《弹劾共产党两大要案》，第 1—11 页。转载于《革命文献》，9，第 1271—1273 页，但缺孙中山的评论。几种评论的译文，载康拉德·布兰特、许华茨、费正清：《中国共产主义文献史》，第 72—73 页。

② 校注：此时大元帅大本营外交部长为伍廷芳之子伍朝枢。

孙逸仙由于这次向外国统治的挑战，在中国赢得巨大的政治资本。国民党更明显地趋向民族主义；反对帝国主义成为其重要的主题，完全如共产国际所指出的那样。[①]

1924 年 1 月 20 日，国民党第一次全国代表大会在广州召开，共有 196 名被任命或当选的代表[②]，大会开幕时，只有 165 名代表出席。大部分是老资格的党员，约有 40 名代表海外支部；约有 20 名代表既是国民党员，又是共产党员。大会为期 10 天，孙逸仙共作了 7 次演说，大会听取了国内各地区和海外党的活动报告。大会进行了辩论，通过了宣言以及党章党纲，选举产生了中央执行委员会和中央监察委员会。一份关于党员的报告称，经过大力吸收党员以后，在国内登记的党员人数超过了 23360 人，国外党员人数约 4600 人。大会中途休会 3 天，以哀悼列宁的逝世。[③]

在大会开幕词中，孙逸仙号召全党团结一致和要有牺牲精神。大会宣言强调反对帝国主义和反对军阀，同时强调群众——特别是贫农和工人在国民革命中的作用。但在幕后起重要作用的鲍罗廷，却未能说服孙逸仙，把与苏联结成在运动中统一战线包括在宣言之中。孙博士也未能把剥夺大地主和不在乡地主的土地分配给佃农，包括在宣言之中。[④] 党的政纲，是一个能为各种社会成分所接受的改良主义的纲领，并保证通过合法手段解决中国的问题。

当一些代表试图禁止国民党员参加其他党派的修正案列入党章时，国民党内的共产党员的问题再次出现。李大钊为共产党员参加国民党的意图进行了辩护，说这样是为了对老大哥政党的革命工作作出贡献，而不是以国民党的名义去推行共产主义；并向代表们保证，国

---

① 海关危机和孙逸仙日益敌视帝国列强的证据，见韦慕庭：《孙逸仙》，第 183—189 页。
② 校注：出席国民党第一次代表大会的代表，一部分系由孙中山指定，一部分由选举产生。
③ 《中国国民党全国代表大会会议记录》。关于大会系统的详细情况，见《革命文献》，8，第 1100—1160 页；关于大会总的看法，见《国父年谱》，2，第 1052—1070 页。
④ 切列帕诺夫：《一个在华军事顾问的手记》，1，第 67—71 页；译稿，第 85—92 页。切列帕诺夫指出，他论述的根据是鲍罗廷的笔记。

民党中的共产党员行动是光明正大的，不会有秘密阴谋，要求代表们不要对此抱有戒心。经过辩论，修正案被拒绝了。孙博士通过任命10 名共产党员为中央执行委员会委员和候补委员（约占总人数的1/4），明确表示孙逸仙同意共产党参加国民党。[①]

在大会闭幕之后，新选出的中央执行委员会开会，并组成中央党部（此时设在广州），决定成立秘书处处理党务的组织部，以及8 个职能部，即宣传、工人、农民、青年、妇女、调查（后撤销）、海外、军人8 个部。老资格的党员担任各部的领导，其中两个部的领导，由以前加入国民党后又加入共产党的两人，即谭平山领导组织部，林祖涵领导农民部。中央执行委员会设常务委员会（即中常委）处理日常事务，由廖仲恺、戴季陶、谭平山三人组成，是一个左派集团。住在广州的中央执行委员每周至少开会一次；大多数执行委员和候补执行委员，都回到北方的城市，在北京、四川、上海、汉口、哈尔滨设执行部，以推动党的发展。中央各部逐渐有了少量工作人员，地方党部开始发挥作用。党的领导集团主要力量用于进行全国范围的宣传工作，在全国吸收新党员；在广东，组织劳工、贫农和学生，建立一支忠于党的军队。进行这些工作只有少量经费，鲍罗廷开始时每月拿出约 3 万元。[②] 于是，国民党开始成为一个具有强有力的领导机构和革命意识形态的政党，并最终在中国计划夺取政权的大党。

创建一支革命的军队

与鲍罗廷一起来到广州，或后来在广州参加工作的，还有苏俄的

---

① 根据会议记录的辩论记录，载蒋永敬：《胡汉民先生年谱》，第 301—303 页；李云汉：《从容共到清党》，第 176—182 页。李大钊陈述的最早版本，可能载于《中国国民党周刊》，10（1924 年 3 月 2 日），第 5 页。李大钊亲笔的文字载《革命文献》，9，第1243—1254 页。

② 《革命文献》，8，第 1160—1167 页。鲍罗廷早期的财政捐献，是从邹鲁的《中国国民党史稿》中推断出来的（见第 2 版，第 390—399 页，脚注 21 和 22）。虽然邹鲁说，党的领袖决定以其他的经费来代替鲍罗廷的资助，但有大量证据说明鲍罗廷的捐献没有中断。

军事顾问。在 1923 年到 1924 年冬，苏联军事顾问们对孙逸仙麾下军队的状况感到吃惊：军队大部分训练不足，装备很差，统兵的军官也不够格。俄顾问[①]认为，只有孙逸仙的 150—200 名卫兵完全忠诚可靠，其他的部队都是其指挥官的私人军队。如果国民党人要进行统一全国的战争，并想在军事上取得成就，这种状况必须进行彻底改变：要集中税收，采购武器和支付军饷；要进行标准的军事训练，要向官兵灌输共同的革命思想，要建立统一有效的指挥系统。而要达到此目标，洵非易事。因政府的财力物力不足，加之统一财政和统一军事指挥，正与一些高级将领的特殊利益背道而驰，而政府所在的根据地又需要这些高级将领率兵来保卫。所以这些实在是难以实行的措施。地方的兵工厂开工，每年只能生产装备一个（最多是两个）满员师的步枪和机关枪。但兵工厂的经营是商业企业，任何将军只要付钱，就可买到武器。由于海关打算执行国际武器禁运，武器进口虽不是不可能，但也有不少困难。

孙博士让将领们担任国民党内的重要职务，以便加强个人的权力；挑选在广东的湘军挂名的司令官谭延闿，在广东的滇军司令官杨希闵，使二人在中央执行委员会当选为委员，又在中央监察委员会选举中，选粤军的司令官许崇智、桂军的司令官刘震寰、豫军的司令官樊钟秀为候补监察委员。1924 年 3 月，中央执行委员会委托刘、樊等人与滇军的朱培德和杂牌川人卢师谛将军，在军中建立党的基层组织。孙大元帅劝说各地将领接受其派往的税务人员征收税款，并发给各将领军饷，但成效不大。事实上，孙逸仙似乎不得不同意，各将领在其控制区内发给赌场执照或设置"禁烟"机构，以为生财之道。

鲍罗廷和孙逸仙所拟定最重要的措施，是建立一个训练下级军官的学校，对入学受训的学生充分灌输忠于国民党的思想，使其民族主义意识日益强烈。第一次党代表大会一结束，就开始执行这项计划。

---

① 校注：当时对从苏联来到广州的顾问，均称之为"俄顾问"。此处的"Russians"（俄国人）应译为俄顾问。

531

到1924年5月，陆军军官学校在广州南面珠江中的黄埔岛上筹备就绪，准备向全国各中学和高等学校招收第一期约500名学生入学。孙博士任命蒋介石为校长，主要的教官是日本士官学校或保定和云南的陆军军官学校的毕业生；这些教官，得到伏龙芝军事学院毕业苏联军官的帮助。这些苏联军官都在俄国的内战中经受过锻炼。蒋介石将军、军官学校的国民党代表廖仲恺、胡汉民、汪精卫、戴季陶等老资格的国民党员，均到校教授政治课。黄埔军校的经费，从一开始就得到苏联的资助，广州革命政府由地方税收加以补充。

1924年6月，苏联派来精通军事的指挥官P.A.巴甫洛夫将军为孙博士的军事顾问，巴将军提议成立军事委员会。同年7月11日，军事委员会组成①，其成员为支持革命政府的主要军事指挥官和几名老资格的国民党员。成立军事委员会，是在军中建立统一的司令部和政治机构的第一步。黄埔军校的工作应当改进；为了对军队进行再训练，在每支部队中还要为再培训而组织精英部队。②巴甫洛夫抵达广州后一个月，在东江前线的一次侦察中，不幸溺水而死。继任的俄军事顾问，为瓦西里·K.布留赫尔将军（在中国化名为加伦），于1924年10月才到达。此时，黄埔军校已招收第二期学生，并且由第一期毕业生中正组建教导团。这个教导团即"党军"，后来扩充为国民革命军第一师。第一批大量的苏联军火武器，于1924年10月由苏联海军"沃罗夫斯基"号运抵广州。此前，该舰从敖德萨运送了第三批苏联军事顾问；以后的军火，由符拉迪沃斯托克启运。③

---

① 校注：广州国民政府军事委员会，系1925年7月3日成立；1924年7月11日，尚为大元帅府时期，此时成立的军事委员会组成人员不详。
② 校注：此处"精英部队"，似为当时各部队中的教导队。
③ 《国民革命军，其起源、发展和体制的简史》，1927年4月6日，这份文件在苏联驻华大使馆武官处发现。英译文由北京的英国公使馆武官S.R.V.斯图尔德上校送交英国外交部，可在伦敦档案局找到（外交部371：12440/9156）。齐锡生的《中国军阀的政治斗争，1916—1928年》，对中国黩武精神的制度化问题进行了研究，迪特尔·黑因齐格的《国民党中的苏联军事顾问，1923—1927年》，系统地论述了苏联军事顾问所作的各种努力。

组织一次群众运动的努力

共产国际的代表们反复劝说孙逸仙发动民众投入国民革命，这也是中国共产党着手进行的工作。中共正打算指导组织无产阶级，使之与贫农联合。在民众运动中，国共两党成了竞争的对手。1924 年初，国民党中央执行委员会成立了工人、青年和妇女三个部，但工人和青年两部，很快处于朝气蓬勃的年轻共产党员势力范围内。共产党的助手社会主义青年团，在受教育的青年中产生着广泛的影响。

工人部的领导人廖仲恺，打算在其领导下，把广州所有的工会组成单一的联合会，但未获成功。因为许多有根基的工会，怀疑在工会部门中工作的共产党员，将渗入到这些工会之中，并控制工人。共产党希望把铁路工人、海员、报务员和接线员、邮务人员和电力工人，组成一个由其控制的单一工会，因为这些都是革命成功所不可缺少的产业部门。尽管虽有对抗，但广州的劳工确实团结起来了，共同支持沙面岛上英、法租界的中国雇员，抗议租界当局企图推行的通行制度①——该项制度是越南革命者②于 6 月 19 日企图暗杀正在该处访问的法属印度支那总督③未遂以后制定的——而进行了罢工。共产党的劳工领袖刘尔崧是这次沙面罢工的组织者，罢工持续了一个多月，对租界实行封锁。这次罢工行动具有强烈的反帝色彩，从中也取得了经验，为一年以后的省港大罢工所充分利用。

1922 年 11—12 月，共产国际在召开第四次大会时，充分讨论了东方国家组织农民问题。在《关于东方问题的一般提纲》中阐述道，为了调动农民大众参加民族解放斗争，革命政党必须迫使资产阶级—民族主义政党接受剥夺地主土地，并重新分配给无地农民的革命土地纲领。1923 年 5 月，共产国际执行委员会指示中国共产党，发

①　校注：英、法租界当局限制中国居民自由出入沙面租界通过制度，称为"新警律"。
②　校注：此人名范文泰。
③　校注：此处所称印度支那总督，系法属印度支那，即今越南、老挝、柬埔寨。

动农民大众并加紧土地革命的准备工作，把革命推向前进。[①] 实际上，中国社会主义青年团领袖之一彭湃的活动，已赢得一些声誉。1922 年和 1923 年，彭湃在广州以东的海丰故乡，在其他青年团员的帮助下，已把佃农组织起来。这一场大规模的抗租斗争，因许多青年团员的被捕而告终。但彭湃却得以逃脱，于 1924 年春来到广州，不久成了国民党农民部的领导人。[②]

农民部的工作开始部署得较慢。到 1924 年 6 月，国民党宣布一项关于农民协会的简单方案，规定农协会是自治团体，只容许从吸收的会员中组织农民自卫队。地方农民协会由拥有土地不足 100 亩（16 英亩）的农民组成，必须排除不良分子参与其中。中央执行委员会任命了 20 名特别代表，实地调查农村的状况，开展宣传并组织农民协会。7 月，农民部成立培训农民运动工作的农民运动讲习所；彭湃指导了第一期学员。学员接受了理论和实践方面的教育，包括军事训练；其他的共产党员为每个班讲课，直至第六期。1926 年 5—10 月，毛泽东为第六期讲习班的所长。到 1924 年 10 月，约有 175 名学员从经过短期培训的讲习所毕业，其中大部分人都回到本县去组织农民协会。这项计划，是要按县级、省级的农民协会统一起来，最终组成一个既不归国民党领导，也不归政府控制的全国性组织。这样的自治组织有何必要，成了理论上争论的主题。[③]

[①] 尤廷、诺思：《苏俄和东方》，第 151、233、344—346 页。

[②] 关于他的传记，见唐纳德·W.克莱因和安·B.克拉克：《中国共产主义传记词典，1921—1965 年》，2，第 720—724 页；霍华德·L.布尔曼和理查德·C.霍华德：《中华民国传记词典》，3，第 71—73 页。关于他的组织工作，见卫藤沈吉：《海陆丰——中国第一个苏维埃政权》，第 1 部分，载《中国季刊》，8（1961 年 10—12 月），第 160—183 页；关于彭湃的自述，见唐纳德·霍洛奇译：《农民革命的种子：彭湃关于海丰农民运动的报告》。小罗伊·霍夫海因兹的《中断的浪潮：中国共产主义农民运动，1922—1928 年》对彭有全面的论述。

[③] 《革命政府关于农民运动的第一次宣言》，载《中国国民党重要宣言汇编》，第 247—251 页。罗绮园：《本部去年工作简报》，载《中国农民》，2（1926 年 2 月 1 日），第 147—207 页；关于中央执行委员会的决定，见第 158—159 页，文中有关于讲习所的大量情况。

中国共产党想控制农民运动。一位共产党的作者，可能是罗绮园农民运动讲习所第二期的主任，是在农民运动中有影响的人物，在1926 年的一份报告中透露，中国共产党在 1924 年组织了一个农民委员会以"指导国民党的农民部"；断言当农民委员会在 1925 年 5 月组成时，指导省的农民协会以及地方的农民委员会和中央执行委员会派出的特别代表。报告还自豪地说，99％的特别代表是"同志"[①]。在苏联军事顾问就国民党敌视中共党员的原因进行讨论时，"尼洛夫"（萨卡诺夫斯基）引用了一个事实，共产党员企图垄断工农运动，所以成立一个全国农民大会（将在 1926 年 5 月召开）的预备委员会；"为了门面"，共产党员试图在委员会中安置几名国民党员。"尼洛夫"说，中共没有成功，"因为没有在农民中活动的国民党员"。中国共产党在 1926 年 7 月一份关于农民运动的决议中，宣称农民协会必须在组织上独立于国民党之外，而不要成为其附属物。但是，"我党必须尽最大的努力，在所有的农民运动中取得领导地位"[②]。成为广东省农民"运动的灵魂和精神支柱"的，是罗绮园、彭湃和阮啸仙。[③] 此三人都是广东省社会主义青年团早期团员，然后既是共产党员，又是国民党员。

农民协会的组织工作，在广州郊区及附近的县开始；到 1925年 4 月，大约有 160 个农民协会，报道的会员人数为 20390 人——占革命的广州政府控制地区农村人口的一小部分。[④] 共产党组织者在毗邻广西省的广宁县取得了巨大的成功。该讲习所的毕业生，在彭湃的领导下，把该地佃农组织起来，并得到广州的军事援助，经过持久减租减息的斗争，成功地打败了地主。从此，佃农能够在县

---

① 《广东农民运动报告》，第 53、124 页。

② 韦慕庭、夏连荫合编：《共产主义、民族主义和在华苏联顾问文献集，1918—1927年》，第 258、301 页。

③ T.C. 张：《广东的农民运动》，第 23 页。

④ 此数字根据 1927 年 12 月广州公社之后发现的一幅地图，见 J.F. 布雷南：《1927 年12 月 14 日，在俄国公使馆抄收的俄文文件翻译结果的报告》，英国外交部，405/256，密件。《关于中国的进一步通讯》，13583（1928 年 1—3 月）。日期是由推断得来的。

内组织更多的协会。到 1925 年 4 月，据报道有 294 个协会，会员近 5.5 万人。[1] 彭湃紧随东征军之后，于 1925 年 2 月底回到海丰县，在该县重新发动遭受破坏的农民运动。据报道，会员人数迅速增至 7 万人，而邻近的陆丰县又有会员 1.2 万人。但是陈炯明的军队在夏季又夺回了这两县，农民运动被迫转入地下。[2]

农民运动遭到了镇压。农民协会力图保护其会员免受迫害，动员会员反抗沉重的捐税，发动会员在减租减息中与地主斗争。有产业的人常常雇用打手、盗匪或民团，去强行征收款项。农民运动的组织者常遭杀害，有的村庄被焚毁。农民们进行反击，有时得到国民党军队的支持，在农民运动最有成就的两个地区就是如此。[3] 农民革命不可能被扼杀，但却威胁着本质上是改良主义的国民党与富有战斗精神的共产党之间的联盟。

革命阵营内部和国民党根据地中的冲突

到 1924 年 7 月，上海和广州的国民党领袖，已觉察到共产党的渗透策略和操纵党的活动情况，于是在上海和广州两地的国民党中产生了强烈的反共情绪。[4] 中央监察委员会委员就各种危机向孙逸仙上书请愿，并用在社会主义青年团和共产党中央委员会决议中发现的文献证据，与鲍罗廷相对证。这些证据证明，共产党员打算

---

① J.F. 布雷南：《1927 年 12 月 14 日，在俄国公使馆抄收的俄文文件翻译结果的报告》。蔡和森：《五月一日的广东农民运动》，载《向导周报》，112（1925 年五一特刊），第 1030—1036 页；《广东农民运动报告》，第 64—83、98—100 页。《广宁农民减租运动的经验》，载《第一次国内革命战争时期的农民运动》，第 139—147 页，从《广东农民运动经过概况》（1927 年 1 月 1 日）转载。

② 蔡和森的《本年五月一日的广东农民运动》（第 1031 页），引用彭湃报告，称其受到凯旋式接待和组织工作的信；关于其他细节，见卫藤沈吉：《海陆丰——中国第一个苏维埃政权》，第 149—181、151—152 页。

③ 卫藤沈吉：《海陆丰——中国第一个苏维埃政权》，第 159 页。书中列有直至 1926 年 5 月被害的 195 人的名单，材料根据阮啸仙：《关于去年广东省农民斗争的简报》，载《中国农民》，6/7（1926 年 7 月），该刊报告了许多具体事例。

④ 肃清（化名）：《共产党之阴谋大暴露》，本书广泛地讲述了所发现的情况以及两党之间日益激烈的争吵。

利用国民党来为其革命目标服务；特别反对小批共产党员分散在国民党各级组织的制度，认为这种做法违反了李大钊在国民党第一次全国代表大会上所作的保证，即共产党并非"党内之党"。给孙逸仙上书的请愿者，为国民党的未来担心。在与国民党的两个坚定分子张继和谢持辩论中，鲍罗廷明确指出，苏联的援助取决于共产党继续参加国民党。①

1924 年 7 月，国民党中央执行委员会讨论了上述问题，并发表声明，敦促党员们之间不要互相怀疑。孙博士在鲍罗廷建议下，成立了一个特别机构——政治会议，以处理重大的政策问题；政治委员会由几名可靠的国民党领导人组成，任命鲍罗廷为该会的顾问。鲍罗廷对国民党内日益反共的浪潮感到不安，担心国民党左派和右派正在联合反共；但由于其担心中共会因此孤立而失去外界的支持，所以还不敢采取断然行动。②

中国共产党的领袖也不甘屈服。中央委员会的陈独秀、蔡和森和毛泽东主张和国民党决裂。中央委员会甚至发出一份告所有区党委会和基层组织的秘密信，指示其准备与国民党决裂。③ 但鲍罗廷和共产国际的正式代表吴廷康，则坚持要继续调整，以便有助于两党的合作。

1924 年 8 月份，国民党中央执行委员会第二次全会，批准了政治委员会的决议，两党决裂的问题就暂时平息了下来。国民党中执委全会发表了《关于容共问题的指示》，认为共产党对无产阶级有特殊

① 国民党中央监察委员会：《弹劾共产党两大要案》，转载于《革命文献》，9，第 1278—1286 页。又见邹鲁：《中国国民党史稿》，台北版，第 413—421 页。《国民党中央监察委员会委员张继和谢持的质询及鲍罗廷的答复记录》，载《弹劾共产党》，第 25—30 页，和《革命文献》，9，第 1286—1291 页。
② V. I. 格卢宁：《共产国际和中国共产主义运动的形成（1920—1927 年）》（俄文），载《共产国际和东方：在民族解放运动中为列宁主义战略和战术的斗争》，第 242—299、271 页。已故的莉迪亚·霍勒布内奇为作者摘录了此报告的俄国档案文章。
③ V. I. 格卢宁：《共产国际和中国共产主义运动的形成（1920—1927 年）》（俄文），载《共产国际和东方：在民族解放运动中为列宁主义战略和战术的斗争》，第 271—273 页。

的责任，有其保守秘密的必要，告诫两党同志要互相合作来完成国民革命。① 对共产国际的政策和国民党中新形成的左派来说，这是一个胜利。

另一个冲突的起因，是孙逸仙的军政府和贪得无厌的"客军"所征赋税的繁重，也与日益增多激进主义者的做法与社会冲突有关。为了保护自身的利益，商界领袖们建立了商团作为对抗力量。当大元帅于1924年8月发现商人从欧洲进口大批武器时，下令予以没收；没收行动，由蒋介石的黄埔军校学生，在广州的海军舰只帮助下完成了。经过两个月无结果的讨价还价和一次流血冲突，孙博士命令所指挥的军队对商团实行镇压。军队于10月15日开始行动，采用纵火和掠夺，摧毁了广州大部分商业区。军队的这次行动，在国内外严重损害了孙博士在广州商界的声誉。② 但在11月13日，这位59岁高龄的领袖离开广州，前往北京。由于冯玉祥于1924年10月23日发动对其上级吴佩孚的政变，孙逸仙争取当总统的希望又重新出现。

当1925年3月12日孙逸仙因癌症病逝时，许崇智将军指挥下的粤军，会同由蒋介石指挥的黄埔军校师生组成的两个党军教导团，对陈炯明及其支持者发动了征讨，史称之为第一次东征。在1925年的2、3、4三个月，东征军在得到云南和广西"客军"牵制性的配合下，旗开得胜，一路打到广东省的东边境，攻占了几个主要城市，缴获了大批装备，但未能把陈炯明的军队完全消灭。6月，东征军还师广州时，又放弃了大部分攻占的地方。东征军所以如此做法，主要是为了要对付已牢牢控制广州的滇军和桂军。③

---

① 指示转载于《革命文献》，16，第2773—2776页；见《从容共到清党》，第324—331页；关于全会和辩论的情况，见《国父年谱》，2，第1117—1119页。
② 韦慕庭：《锻造武器：孙逸仙和国民党在广州，1924年》，第89—93、100—105页。书中有"商团事件"的翔实记载。
③ 校注：6月4日，滇军杨希闵、桂军刘震寰在广州发动叛乱，占领省公署等机关。6月12日，各路联军合力击败滇军与桂军，克复广州。

东征的若干特征，预示了日后北伐情形。一个特征，是党军下级军官和士兵的良好纪律与高昂的士气；这些军人已彻底被灌输了三民主义教义的新观念，并在蒋介石将军制定严厉的"连坐法"① 控制下作战。另一个特征，是先行于革命或随同革命军的宣传队，分发传单，向民众发表激昂慷慨的演说，以取得民众对革命的支持。其获得的效果极佳，农民为军队提供给养，充当侦察或信使，为革命军担任向导和搬运军火弹药，运送粮秣。如同后来的北伐一样，苏联军官担任军事顾问，参与制定战略，帮助运输和补给军粮，指引大炮射击火力。19 名苏联军官因在南方的作战实践，熟悉了中国战争的实际情况，从此生气勃勃地进行工作，使革命力量更为有效地做好战斗准备。最后一个特征，是敌对方面存在对立和不团结；革命阵营的将领之间也出现摩擦，甚至在下级军官之间，有共产党员组织起来的青年军人联合会和孙文主义学会的对立②；其他的国民党军官之间也存在冲突和隐患。③

1925 年高涨的革命声势

孙逸仙博士于 1925 年 3 月 12 日在北京病逝，给其追随者留下一份遗嘱④；这份遗嘱是由汪精卫起草，领袖在辞世前一日病势垂危时签名的。在 4 月份，在中国所有的大城市，都举行悼念孙逸仙博士的纪念大会；纪念大会突出强调孙逸仙的革命目标。中国国民

---

① 校注：连坐；亦称"缘坐"。中国旧时因一人犯法，而使一定关系的人，如亲属、邻里或主管者连带受刑的制度。国民革命军总司令部因作战颁布《连坐法》，一人作战不力，全班受惩；一班作战不力，全排受惩；余以此类推。

② 校注：青年军人联合会与孙文主义学会之间的矛盾和对立，系在黄埔军校之内，在国民革命军中并无此两派斗争之说。

③ 第一次东征的材料来源如下：陈训正：《国民革命军战史初稿》，载《革命文献》，10 和 11，第 1523—1677 页；毛思诚：《民国十五年以前之蒋介石先生》，台北版，第 406—463 页。中华民国国民政府国防部：《北伐战史》，第 13—25 页。切列帕诺夫：《一个在华军事顾问的手记》，第 138—202 页；译稿，第 183—263 页。

④ 韦慕庭的《孙逸仙》（第 277—282 页）对临终遗嘱、给苏俄领袖们的告别信以及纪念活动进行了讨论。

党和中国共产党合办的上海大学①，积极地进行革命宣传，并鼓励学生投身于组织劳工工作。共产党领袖恢复强烈的反帝色彩，工人运动矛头指向上海的日资纺织厂。1925 年 5 月的第一个星期，全国约 280 名工会代表齐集广州，召开大会，并组成共产党领导的全国总工会，目的是把所有工会组织起来，参加富有战斗精神的单一组织领导的国民革命，不过有许多反对共产党的工会拒不参加。总工会的 26 人执行委员会由共产党所控制，其主要工作人员也都是共产党员。② 于是在上海的一家日本工厂的罢工，点燃了导致五卅惨案的导火线。

1925 年 5 月 15 日，一群中国工人闯入暂时关闭的日本工厂，要求工作并捣毁了机器，日本的工厂卫兵向中国工人开了枪。工人领袖之一（是共产党员）中弹死亡。其他的工人领袖和上海大学的学生，立刻掀起了大规模反对帝国主义资本家的宣传鼓动，定被枪杀的共产党员为烈士③，并要求释放在公共租界游行示威被捕的学生。新近成立而活动于该市非租界安全地带的工会，在其中发挥了重要作用。该工会的共产党领导人，用一切办法劝说那个工厂的工人坚持罢工。后来，示威者又提出另外一个问题。6 月 2 日，外国纳税人将表决公共租界的四个章程，示威者反对租界内外国人为中国人制订规定；中国人不允许此规定对外国人特权加以扩大，要求

---

① 校注：上海大学，国共两党共同创办培养革命干部学校，1922 年 10 月，由设在上海东南高等师范学校改组而成。于右任任校长，共产党人邓中夏任校务长，负责主持工作；瞿秋白、蔡和森、恽代英、萧楚女、张太雷、杨贤江、侯绍裘等在该校任教；设有中国文学、英国文学、社会学三系及美术科；1927 年四一二政变后被白崇禧派兵封闭。

② 关于大会的论述，见（罗）亦农：《中国第二次全国劳动大会之始末》，载《向导周报》，115（1925 年 5 月 17 日），第 1063—1064 页；邓中夏：《中国职工运动简史》（新中国书版，1949 年），第 116—138 页；陈达：《中国劳工问题》，第 122—128、593页；中国劳工运动史编纂委员会编：《中国劳工运动史》，2，第 356—361 页；张国焘：《中国共产党的崛起，1921—1927 年》，第 414—422 页；琼·切斯诺：《中国的工人运动，1919—1927 年》，第 258—261 页。

③ 校注：此人即顾正红（1905—1925）。

废除 "不平等条约"①。

当 5 月 30 日星期六，上海地区八所大学和学院的学生在公共租界集合，进行反对不平等条约和反对中国军阀的宣传，要求租界当局释放被捕的 6 名学生时，看来并没有策划一场骚乱，也没有预料租界当局竟会开枪。公共租界的巡捕在其上级的命令下，企图阻止街上的学生示威，竟逮捕了拒绝停止游行的学生，于是立即发生了学生和参加游行示威的观众与租界警察的流血冲突。大批愤怒的群众涌向拘押学生的老闸巡捕房，原来该巡捕房储有军火武器。据后来对当时该巡捕房负责的巡官埃弗森调查和听审时的证词，埃弗森称其担心群众会冲进巡捕房。埃弗森为了阻止群众的行动，下令中国巡捕和锡克族巡捕，向愤怒的示威群众开枪。下午 3 时 37 分，巡捕开枪击毙 4 名在人行道上的中国人，还有多人受伤。后来查明，有 8 人中弹重伤死亡，其中有 5 人或 6 人为学生。这样一来，中国人和外国人的关系，再也不能恢复原来的样子。

五卅惨案给了国民革命以巨大的推动力。沪上的社会名流和在沪的政治活动家，立即组织全市规模的抗议活动。到 6 月 1 日的星

① 关于五卅惨案的重要史料，有《国闻周报》2，21（1925 年 6 月 7 日）、22（1925 年 6 月 14 日），以及延续至 9 月份以后数期。《东方杂志》，1925 年 7 月份专刊；《向导周报》，117（1925 年 6 月 6 日）至 134（10 月 30 日）；美国国务院：《关于中国国内事务的记录，1910—1929 年》，缩微胶卷第 329 号第 137 卷，关于美国国务院 893.5041/112。美国上海总领事馆克约翰 1925 年 6 月 10 日发出的快信，附件 1：《5 月 16 日至 6 月 5 日警察局报告摘录》；附件 2：调查；附件 5：《1925 年 6 月 2 日星期二会审公廨记录摘录》（初步听审）；美国国务院 893.5045/147：《1925 年 6 月 9 日星期二会审公廨记录摘录》（审讯和盘问，然后是九次出示证据，共 175 页）。审讯记录见《1925 年 5 月 30 日骚乱时被捕华人的审讯记录》（未见到此件）；美国国务院 893.5041/158，1925 年 7 月 3 日北京代办费迪南德·梅耶发的快信：外交使团派往上海的一个代表团的调查报告，附件 23 份；美国国务院 893.5045/274：10 月 12 日起，进行审问的英、美、日三名法官组成的委员会的单独的发现。国际法官委员会首席法官 E．芬利·约翰逊致国务院弗兰克·B．凯洛格说明事件的信件日期为上海 1925 年 11 月 14 日。发表的审讯记录，有 1925 年国际法官委员会的《国际法官委员会的诉讼报告》（未见到此件）。大量的信件、剪报、中国刊物译文、宣传招贴的照片等证据的要点，收入美国外交人员和领事馆的报告中。上述缩微胶卷第 329 号第 43—45、136—138 卷；这些材料可以在国务院的《关于美国外交关系的文件》，1925 年，1，第 647—721 页见到。近期见尼古拉斯·R．克利福特：《1925 年的上海：城市民族主义和外国对特权的捍卫》。

期一早上，抗议进而发展成为全市总罢工。进一步的骚乱又持续了数日，遭到租界巡捕的镇压后，又有 10 名中国人被击毙。随后，上海的万国商团和 1300 名来自五个列强①的海军陆战队员上街巡逻，公共租界简直成了一座兵营。中国的新闻界对惨案也作了详细报道，学生团体印发了无数的传单和漫画，并向其他城市发去电报和信函，号召各地支持罢工和反对帝国主义。至少有 28 个城市发生了群众性的游行示威。反对外国人的行动在镇江英租界爆发；在汉口的骚乱中，有更多的中国人被杀和受伤；在九江的骚乱中，日本和美国的领事馆被捣毁。捐款从全国各地汇往上海，华侨和苏联也不断地汇款到上海，来支持工人的罢工。在 6 月 23 日的广州惨案②中，数十名列队前进的中国人，遭到沙面租界的机枪扫射，更为增加中国人对列强在华特权的仇恨。由于旷日持久的罢工和抵制封锁，英国和其列强的政策因之发生了很大变化。因此，五卅运动是一次全国性对列强的抗议运动，在全世界激起了反对旧的不平等条约的舆论谴责。

巩固南方革命根据地

广州对五卅惨案的反应是迟缓的，原因是在该地领导人处境危险。因为大部分党军③在东征取得成功后，正在广东东部重新部署，所以，广州市为杨希闵的滇军和刘震寰的桂军所控制。东征军虽计划回师广州，降服滇军和桂军。但一旦对滇、桂两军的战斗打响，革命军就不可能再去发动反对外国人的游行示威，因为杨、刘二人正在寻求外国的支持。

争夺广州的战斗从 6 月 6 日一直打到 12 日。东征部队回师，在 6 月 8 日占领了位于九龙通往广州的铁路沿线东南通道上的石龙。其

---

① 校注：此处五个列强，即英、日、法、美、意五国。
② 校注：按：即沙基惨案。
③ 校注：1925 年 4 月，黄埔军校教导第一团和教导第二团，奉命改称党军；同年 6 月 15 日，国民党中央执行委员会决议，将建国军与党军改称国民革命军；同年 7 月 26 日，国民政府成立，所属各军一律称国民革命军。

他的国民革命军在西面和北面完成了对广州城的包围。6 月 12 日，革命军主力攻打广州以北的炮台。同时一支由黄埔军校系着红领带学生率领的混合部队，从长岛渡江，在广州东面的东山登陆，投入战斗。两方的战斗，从东山到城西北的白云山一带展开，到了中午时分，粤军从河南岛渡江，对城区的敌军发动了进攻。到了下午 3 时，革命军获得全胜。刘震寰弃军逃到沙面的英租界，乘轮到了香港；过了两天，杨希闵也到了香港。[①] 以加伦将军为首的苏联军事顾问团，在制定战略和监督实施方面发挥了重要作用。[②] 在这次战役中起领导作用的蒋介石，被任命为广州卫成司令，很快控制了城市的混乱。此时，国民党已有可能建立控制广州财政的新政府，也有可能参加到鼓动席卷全国的民族主义运动之中。

广州的局势一稳定下来，国民党领导人就开始着手在广州成立国民政府，以代替曾为孙逸仙的中央机关大元帅大本营。在鲍罗廷的建议下，国民党中央政治委员于 6 月 14 日在广州开会，决定成立国民政府。国民政府委员会统一领导下属的九个部[③]，决定把所统属的军队一律改称国民革命军；进行军事和财政管理的改革，使之武装和财政都归国民党所控制，所有机构都归国民党领导。国民政府委员会及

---

① 陈训正对这次战役有全面的报道，载于《革命文献》，11，第 1704—1706 页。此文是《北伐战史》中所附两幅地图类似报道的基础（1，第 280—287 页）。又见毛思诚：《民国十五年以前之蒋介石先生》（1925 年 6 月 1—14 日），第 484—486 页。美国国务院 893.00/6396 和/6458，广州总领事馆总领事詹金斯快信，1925 年 6 月 12 日和 17 日，载《纽约时报》，6 月 7—13 日。

② 切列帕诺夫与黄埔的学生参加了这次战役，他提供了战役的详细报道，虽然报道显然部分地根据苏联使团的档案，把加伦作为进攻计划制订者和所有军事行动的负责人来描述，并生动地叙述了苏联顾问与分散的革命军部队形成了一个通讯网络，准确地执行了加伦的命令。切列帕诺夫：《一个在华军事顾问的手记》，1，第 201—238 页；译稿，第 291—314 页。这个报道的特点，是对蒋介石抱有敌意的偏见，当时在革命军中的，大约只有 20 名苏军顾问。

③ 校注：1925 年 7 月 1 日，国民政府在广州成立，国民政府委员为汪精卫、胡汉民、谭延闿、许崇智、林森、孙科、伍朝枢、徐谦、张继、张静江、程潜、廖仲恺、朱培德、古应芬、于右任等 16 人；汪精卫任国民政府主席，胡汉民任外交部长，廖仲恺任财政部长，许崇智任军事部长，孙科任建设部长。国民政府共设此四部，此处所称"九个部"有误。

与之平行的军事委员会，接受国民党中央执行委员会的政策指导，实际上是受法令规定之外的中央政治委员会的指导。政治委员会由汪精卫、胡汉民、廖仲恺、伍朝枢和许崇智（在 7 月初进入政治委员会）组成。[①] 汪精卫、胡汉民和廖仲恺似乎在政治委员会、国民政府委员会和军事委员会实行很像古罗马时的"三执政官"[②]，三个委员会的主席都是汪精卫。广州市长伍朝枢。[③] 谭延闿将军和许崇智将军也很突出；蒋介石虽然是军事委员会委员、黄埔军校校长和党军的指挥官，但在政治上还没有上升到重要地位。汪精卫地位的上升，显然是胡汉民地位的削弱。在孙逸仙逝世之后，胡汉民任代理大元帅，现在降为国民政府的外交部长，而此时的国民政府又没有正式的外交关系。[④] 国民政府在 1925 年 7 月 1 日宣布成立。

　　一个星期以前，6 月 23 日悲剧性的"沙基惨案"，触发了长达 16 个月的省港大罢工。[⑤] 随着滇军和桂军的败走，广州的爱国者开始对上

[①]　校注：此处有误。1924 年 7 月至 1926 年 5 月，称中央政治委员会，主席初为孙中山，孙氏逝世后，1925 年 4 月 16 日，由谭延闿继任；1924 年 7 月 11 日任命的委员为胡汉民、汪兆铭（汪精卫）、廖仲恺、谭平山（7 月 16 日辞）、戴季陶、伍朝枢、邵元冲；7 月 16 日递补瞿秋白；1926 年 1 月 26 日，特任委员吴敬恒（吴稚晖）、于右任、李煜瀛（李石曾）、李大钊、陈友仁；伍朝枢任秘书长；鲍罗廷任特别顾问。许崇智不是中央政治委员会委员。

[②]　校注：此处有误。军事委员会系 1925 年 7 月 3 日成立，汪精卫任主席，胡汉民任军委会常委，廖仲恺仅为军委会委员。而且在 1924 年 7 月中央政治委员会成立时，并没有军事委员会。实际 1926 年 3 月 26 日汪精卫即离开广州，中央政治委员会主席即由谭延闿担任。广州国民政府 1925 年 7 月 1 日成立时，廖仲恺并不是常务委员会委员，仅为委员会委员，而且于 1925 年 8 月 20 日遇刺身亡；胡汉民虽为常务委员，但 1925 年 9 月 22 日即离。所以，此处所说汪精卫、胡汉民和廖仲恺似乎在政治委员会、国民政府委员会和军事委员会实行三执政官，是不准确的，至多只能说 1924 年 1 月 30 日成立的国民党中执委和 1924 年 7 月 11 日成立的中政委是如此。

[③]　校注：1925 年 7 月 4 日广州市并未设市长，设广州市政委员会委员长，伍朝枢任首任委员长，孙科任第二任委员长。

[④]　基本文件载于《革命文献》，20，第 3801—3820 页；《从容共到清党》第 373 页引的决议，来自 1925 年 6 月 14 日中央政治委员会第 14 次会议记录，记录保存在国民党档案馆；毛思诚：《民国十五年以前之蒋介石先生》第 494 页提供了这次中央执行委员会采纳的决议。其他详细内容载蒋永敬：《胡汉民先生年谱》，第 331—332 页。

[⑤]　本段论述省港大罢工的开始段落，是由作者研究中国、苏联、英国和美国材料的一份手稿写成。

海的五卅惨案，以及其他外国租界对游行示威的镇压，组织相应的抗议。劳工领袖前往香港，说服该地工会领袖参加预定在 6 月 21 日的罢工和封锁，并把广州作为香港罢工工人的避难所。由四个共产党员控制的香港工会，在此前已经罢工①，总工会指定时间，在广州沙面租界和香港同时罢工。香港的罢工工人涌进广州，总工会计划在 6 月 23 日进行一场大规模示威行动。忧惧交加的英、法租界当局担心租界会受到攻击，调集炮舰和海军陆战队来保卫租界。

6 月 23 日中午，一次大规模反对不平等条约的集会后，秩序井然的中国人游行示威队伍穿过拥挤的广州街道，走近面对沙面岛的沿江大道。游行队伍由 100 多支队伍组成，包括工人、农民、商人、学童、童子军、大学生、黄埔军校学生的分队，以及党军、湘军和粤军。当游行队伍经过隔开中英双方小河上的一座桥时，英方派出守桥的重兵中却发出了枪声。究竟哪一方先开的枪，立即成了有争议的事。② 在随之而来的密集对射中，沙面有一名外国人被击毙，有八九人受伤；但英、法一方的射击火力，至少击毙了 52 名中国人，有 117 人受伤，其中包括学生、各行业的平民百姓、军校学生和士兵。

广州人对英、法的屠杀行径怒不可遏，许多人叫嚷要进行战争，但军政当局极力平息群众的愤怒，以图阻止对租界的进攻。广州的政府当局对外国人采用经济战策略，再辅之以外交手段；支持香港中国工人的罢工（这对削弱这块殖民地只取得部分成功），支持停止与香

① 校注：1925 年 6 月 19 日，香港工人为支援上海五卅运动，在苏兆征、邓中夏等人领导下，举行大罢工；另二人不详。

② 这场争端，中国一方最全面的材料，是钱义璋编的《沙基痛史》，原文在国民党档案馆，230/1780；部分转载于《革命文献》，18，第 3330—3358 页，断续直至 3419 页。又，《6 月 23 日：1925 年 6 月 23 日中国广州沙基惨案调查委员会报告》，"委员会"分发。关于沙面的观察者证明，中国人先开枪的证词，见英国外交部，Cmd. 2636，中国第 1 号（1926 年）。《关于 1925 年 6 月 23 日沙面事件中先开枪的文件》，又，美国国务院893.00/6464，广州詹金斯 1925 年 6 月 26 日快信；893.00/6314，6 月 24 日沙面电报；亚细亚舰队总指挥给美国海军部作战司的两份电报，意译后交美国国务院，893.00/6352 和 6359。根据我掌握的证据，我发现不可能确定何方先开枪的事实。

港的一切贸易，抵制英国货物；在外交战线上，试图分化列强，集中力量对英国进行报复。这些措施持续实行了数月，直到 1926 年 10 月北伐进行时，经过中英双方多次谈判后，才得以结束。[①] 广州推动了中国的民族主义运动，市民们团结起来作政府的后盾。各地的爱国学生涌向广州，许多人报考进入黄埔军校。广州城市充满了失业的罢工者。为了支持这些罢工者，虽有全国各地源源不断的捐款汇来，也有华侨和苏联的钱款寄来，但却耗尽了广州市的财政。由于强制停止中国商人与香港的广泛正常贸易，使之受到严重损失。由中国共产党领导的武装纠察队，严密地组织罢工工人，成为在革命运动中一支能左右一切的力量。因此，虽然罢工和封锁在一开始有助于巩固革命根据地的作用，但却分裂了领导集团。这些结果，导致了 1927 年 4 月在镇压广州"左"派组织时[②]，成为乱成一团的冲突的一部分。

内部的纷争与不和

流产的反革命

反革命分子在 1925 年 8 月 20 日暗杀了廖仲恺，表明其真实意图之所在。廖仲恺是孙逸仙联合苏联的热烈支持者，并主张革命要大力发动群众。在悲剧发生后，鲍罗廷立即提议组成一个全权处理这场危机的三人特别委员会。委员会由许崇智、汪精卫、蒋介石三人组成，鲍罗廷任顾问。调查揭露了一个阴谋，发现一批保守的国民党领导人和一些粤军将领，企图打倒广州政权中的激进分子。不到一个星期，许多嫌疑犯被逮捕，有的被处死，有的阴谋策划者已经逃走。蒋介石和鲍罗廷决定把胡汉民派到苏联去。在一个月内，蒋介石驱逐了粤军

---

① 大卫·克莱夫·威尔逊：《英国和国民党，1924—1928 年：英国和中国官方政策和观念的相互作用的研究》，充分报道了间歇性谈判的努力；材料主要根据英国外交部档案，也使用了中文材料。伦敦大学东方和非洲研究学院 1973 年博士论文。

② 校注：按即广州四一五惨案。1927 年 4 月 15 日凌晨 2 时，在广州的共产党人及革命分子 2000 余人被捕，其中 200 余人被杀害。

总司令兼国民政府军事部长的许崇智（许将军是蒋氏竞争的对手）。两名阻止苏联影响扩大的老资格国民党员林森和邹鲁，被派到北方去执行一项"外交使命"。这些人后来成为国民党内一个重要派别的领导人，一直反对当时仍留在广州的领导集团。[①]

这场危机还有另外的重要后果。汪精卫和蒋介石成了革命运动中的关键人物，在长达 6 个月的时间里，在广州政府拥有最强的权势。支撑广州政府的军事力量，改组成国民革命军的 5 个军。[②] 要把驻在广东根据地的粤军联合起来，确不是易事，因为这支部队分散驻在全省各地。但新组建的第四军，逐渐成为统一而具有战斗力的部队。另外，统一财政管理的工作，经过努力，也终于获得成功。[③]

从1925年10月到1926年1月底，改组后的国民革命军打了3次仗以后，才巩固了对广东的控制。到 10 月初，陈炯明重整旗鼓，率部由东面来威胁广州；同时熊克武率领的川军在西北方面，邓本殷和魏邦平率领的粤军在西南方面，威胁广州。由第一军和第四军的几个师，程潜率领的一支混合部队（即以后的第六军），参加了第二次东征，彻底击溃了陈炯明的联军。据在战场目击者切列帕诺夫的叙述，10 月 14 日，第一军的第四团以大无畏的英勇气概和重大的牺牲，攻破了陈炯明号称坚不可摧的惠州要塞。切列帕诺夫并记述了共产党

① 有关这一系列复杂事件的材料来源是：《从容共到清党》，第 375—392 页；汪精卫在国民党第二次代表大会所作的《政治报告》，载《革命文献》，20，第 3851—3870 页；蒋介石：《军事报告》，载《革命文献》，11，第 1756—1763 页；《蒋介石日记》，8 月 15 日至 9 月 23 日；广州英国和美国领事的报告。

② 校注：1925 年 7 月 26 日，广州国民政府所属各军，一律改称国民革命军。8 月 26 日，国民革命军组编为五个军，1926 年 6 月 5 日组成总司令部，总司令为蒋中正（蒋介石），总参谋长李济深，总参谋次长白崇禧。第一军由党军组成，军长蒋中正（1926 年 1 月 20 日辞）、何应钦（1926 年 1 月 20 日任）；第二军由湘军组成，军长谭延闿（1926 年 9 月免）；第三军由滇军组成，军长朱培德；第四军由粤军组成，军长李济深；第五军为李福林个人的军队，称福军，军长李福林。

③ 韦慕庭、夏连荫合编：《文献集》，第 186—199 页，该书收集了一份"基桑卡"（N.V. 古比雪夫）可能在 1926 年所写的有价值的报告，详细地讲到军队改组和集中的重要成分。拙著《民族主义制度下的军事割据和再统一过程》，载何炳棣、邹傥合编：《危机中的中国》，1，第 203—263 页；特别是第 227—233 页，其中详述了广东的军事统一。

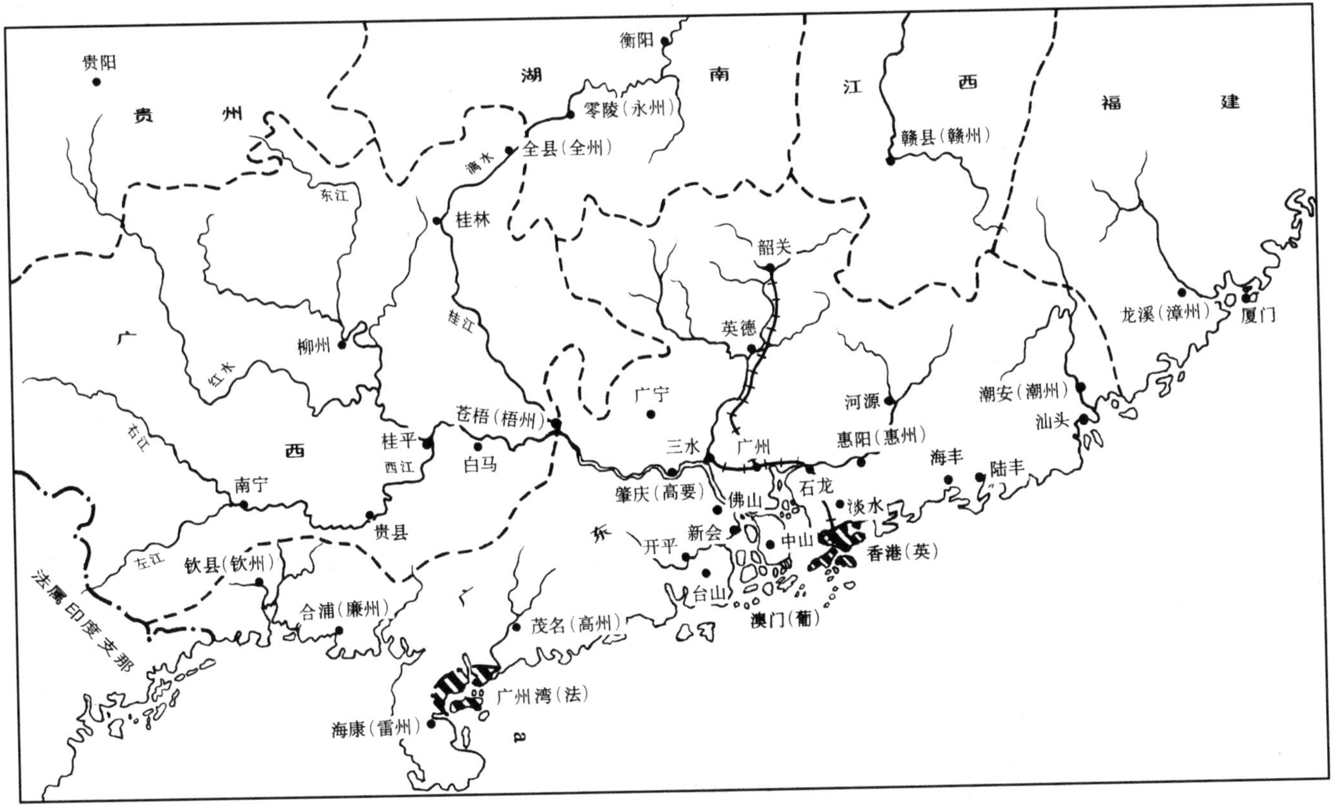

地图 13　20世纪20年代初的广东和广西

军官和党代表的英勇精神。① 在以后的一系列战斗中，由蒋介石全面
指挥的东征东军，攻占了前往汕头的沿途城镇。同时，程潜也率部切
断了敌军往江西和福建的退路。② 如同上一次的东征，政工人员动员
民众支持，苏联的军事顾问为每支主力部队出谋划策。

也是在 10 月份，第二军和第三军把川军赶出广东北境。在东征
结束前，第一军和第四军各派一部调往南线，在第二军和第三军帮助
下，于 12 月下旬打败了魏邦平和邓本殷，并且往前推进，攻克了海
南岛。因此，在北伐出师以前，国民革命军的大部分战斗人员都经受
了战斗的考验，成为坚强的部队。

在国民党控制了广东以后，毗邻的广西省，该省的三位将军遂与
广东相联合；黄绍竑、李宗仁、白崇禧加入了国民党，允许国民党在
广西区域进行工作。李宗仁等人统率的桂军改编为国民革命军第七
军，李宗仁任军长。在湘南指挥湘军一个师的唐生智，在 1926 年春
就所部参加国民革命军事进行谈判成功，改编为国民革命军第八军。
这八个军在进行北伐时，是国民革命军的主力。总兵力约为 15 万人，
不过其中只有 10 万人可以开到两广根据地以外去作战。③ 国民革命
军虽仍是一支相当混杂的军队，但是在苏联军事顾问的帮助下，经过
两年半的改组，在训练、装备、主义的灌输以及战斗经验方面，都得
到了改进和提高。

国民党的两极分化

1925 年夏季，戴季陶出版两本书④，对孙逸仙的哲学作保守性的
解释，反对共产党员加入国民党。⑤ 戴季陶争辩说，三民主义是国民

---

① 切列帕诺夫：《一个在华军事顾问的手记》，译稿，第 334—354 页。

② N.I.康奇茨：《在中国国民革命军队伍中》（俄文），载《中国第一次国内革命战争中
的苏联志愿兵；回忆录》，第 24—95 页；第 37—62 页的一份日记报道了程潜率兵的战
斗。

③ 《革命文献》，12，第 1802—1805 页；《北伐简史》第 46 页以后各图。

④ 校注：即戴季陶的《孙文主义之哲学基础》与《国民革命与中国国民党》。

⑤ 布尔曼：《传记词典》，3，第 202 页。已故的夏连荫小姐在《国民革命与中国国民党》
中，分析的主要几点，载韦慕庭和夏连荫合编的《文献集》，第 206—207 页。

党独有的学说，断言国民党是致力于国民革命唯一的政党；认为共产党员和其他不能无保留接受三民主义的人，应当从国民党中清除出去。戴季陶实际上是要求结束容许共产党员在国民党内工作的制度，指责共产党员是寄生的，挑起国民党领导人之间的冲突，说共产党正设法把非共产党员的人从国民党的岗位上拉下来，又吸收国民党员参加共产党和社会主义青年团。戴季陶的朋友沈定一原来参加了共产党，此时转而反对共产党，于7月5日召开国民党浙江省党部会议，发表了响应戴季陶的学说，谴责阶级斗争的宣言。国民党上海执行部将此文件印发其管辖下的党组织，并发出指示，禁止国民党员提倡阶级斗争。①

共产党迎击了这个挑战。共产党领袖陈独秀于8月30日发表了致戴季陶的公开信，为共产党员加入国民党的动机作了辩护，并警告说，戴季陶的著作正为反动派作宣传。② 中国共产党中央委员会，10月份在北京举行一次扩大会议，通过了一项关于共产党和国民党之间关系的决议案。决议攻击戴季陶之流是主要的敌人，并再次强调联合国民党左派、反对国民党右派的策略。决议力图确定划分国民党员中左、右两派的标准，但又对左派的真正力量表示怀疑。③

一批老资格的国民党员于1925年11月在北京附近的西山，自称召开国民党中央执行委员会全会。④ 实际上，此时的国民党，由于在广州正遵循着激进路线，已处于四分五裂的状态，无论是北京集团或广州的领袖，都不可能召集一次符合法定人数的中央执行委员会会议。然而，在西山召开的"国民党中央执行委员会四中全会"，决定

---

① 《从容共到清党》，第411—412页，根据国民党档案馆保存的文件。

② 陈独秀：《给戴季陶的一封信》，载《向导周报》，130（1925年9月18日），第1196—1197页。

③ 韦慕庭与夏连荫合编的《文献集》，第234—237页。

④ 校注：出席此次会议的国民党中央委员为：邹鲁、谢持、林森、张继、居正、叶楚伧、覃振、石青阳、石瑛、邵元冲、沈定一、茅祖权、傅汝霖及列名而未出席的戴季陶，共14人，自称为国民一届四中全会，决议开除李大钊、毛泽东等9名共产党员的国民党党籍，宣布取消共产党员在国民党之党籍及其所任中央部长之职，解除鲍罗廷的职务。史称此次会议为西山会议，称出席会议者为西山会议派。

把共产党赶出国民党，并宣称国民革命和阶级革命不能同时并举；宣布中止鲍罗廷与国民党的关系，解散没有党章根据的政治委员会，停止汪精卫的党籍 6 个月。西山会议派的这些决议，当然在广州方面没有约束性效力。为了报复，广州的国民党领袖以中央执行委员会名义，发表了一篇宣言，谴责邹鲁和谢持及其所领导的西山会议派。在一封公开信中，蒋介石为汪精卫、鲍罗廷和中共党员辩护。西山会议派在上海建立了总部，夺取了当地党员的花名册，接管了《民国日报》作为机关报，并计划召开国民党第二次全国代表大会。①

但是，广州的国民党领袖成功地召开了第二次全国代表大会。大会于 1926 年 1 月 4 日至 19 日在广州举行，到会正式代表 253 人。大会听取了关于党务工作的报告，其中包括谭平山关于党籍的报告。党员其实仍不足 20 万人，但谭平山报告称国内外共有党员 50 万人——这是夸大的。谭平山提到 11 个有正式党组织省份的每个省党员的粗略统计数字、5 个省正在建立党组织和 3 个特别市②党员的大致数字，共计为 183700 名党员。但谭平山在报告中不得不略去上海和汉口的党员数字（因为该两地没有上报），也没提到军队中的党员数字，因为海军和广州警察中吸收的党员人数，都另建有特别支部。③

第二次代表大会约 90 名国民党代表（超过 1/3），也是共产党员④，作为核心小组在大会中发挥作用。大会讨论了对持不同意见的保守分子的处罚和处罚方式。对此，出现了尖锐的不同意见，但到最

① 《西山会议关于国民党内清除共产党人的重要文献，1925 年 11 月》，载《国闻周报》，4，14（1927 年 4 月 17 日），第 14—16 页。邹鲁：《回忆录》，1，第 180—189 页。戴季陶：《戴季陶先生文存》，陈天锡编，3，第 975—978、985 页。《从容共到清党》，第 413—434 页（根据国民党档案）；韦慕庭、夏连荫编：《文献集》，第 309—312 页。

② 校注：1926 年，中国没有特别市建制；特别市建制始于 1927 年 4 月 17 日南京国民政府成立之时。此处所讲的三个特别市，是就国民党设立的北京、汉口、上海三个执行部而言，不是政区建制的特别市。

③ 《中国国民党第二次全国代表大会会议记录》，国民党中央执行委员会，1926 年 4 月，第 29、31 页。

④ 《从容共到清党》，第 463 页。

后汪精卫的从宽呼吁——为了不致进一步使党分裂——为举手表决的大多数代表所通过。谢持和邹鲁被开除出党，其他 12 名参加西山会议的党员受书面警告，戴季陶被责令作悔过检讨。① 作为对被西山会议派驱逐的鲍罗廷直接反应，第二次代表大会一致通过给鲍氏一封感谢信，并赠送一件刻有"共同奋斗"字样的银杯。②

由于西山会议派的主要要求之一，是在国民党内清除鲍罗廷和共产党员，这样，分歧就不可避免了。实际情况的确表明，存在一股指责共产党员秘密活动的暗流，并暗含对这些共产党员能否最终忠实于国民党表示怀疑。几名共产党员的发言，激烈地为其党辩护。于是，这个问题又被搁置起来，决定由两党中央执行委员会一起开会，制订出一个解决办法③，但这个会议从来没有举行过。

左派的另一个胜利，是选举国民党新的中央执行委员会。在北京持不同政见的西山会议派，无一人重新当选。在中央执行委员会的 36 个席位中，共产党员赢得了 7 个席位（也可能是 8 席），在 24 个候补中执委席位中，共产党员赢得了 6 个席位，其比率稍高于第一届中央执行委员会的席位。只有两名共产党员赢得中央监察委员会的席位，但第一届却没有。身份不确定的左派，赢得中央执行委员会的 9 个正式席位，3 个候补席位；在中央监察委员会赢得两个席位。蒋介石成为中央执行委员会的新委员，与汪精卫、谭延闿和胡汉民一样，也是得票最高的。胡汉民显然是一个潜在的右派领袖，因为在暗杀廖仲恺的阴谋中所起的可疑作用，所以仍流亡在苏联。胡汉民的全票当选，一定是事先做好安排的。④

---

① 《会议记录》，第 134 页；李云汉：《从容共到清党》，第 466—469 页。

② 《会议记录》，第 18—19 页。

③ 《会议记录》，第 165—169 页。

④ 选举结果载《会议记录》，第 145—146 页。前四人各得 249 张有效票数中的 248 张。当然会上三个得票最多的人，不能在记名的票上投自己的票。根据参加大会的张国焘的说法，缺席的胡汉民实际上得票 249 张，但在汪精卫的怂恿下，大会秘书长吴玉章减了胡汉民一票，排在汪、蒋之后，名列第三（根据公布的会议记录，实际上在汪、谭以后，在蒋之前）。张国焘：《中国共产党的崛起》，1，第 282 页和第 708 页脚注 14。

向左转的最明显证据，是新中央执行委员会选举九人常务委员会（真正的执行机构）一事。常务委员会包括 3 名左派——汪精卫、陈公博和甘乃光，3 名共产党员——谭平山、林祖涵和杨匏庵，以及蒋介石、谭延闿和胡汉民。[1] 然而，在广州的国民党左派和共产党的领导人，只享受了两个月的胜利果实。

国民革命军的政治化和共产党的渗透

国民党的国民革命军被有意识的政治化，使其成为有效的革命工具。这支武装力量在国民党的文职官员控制之下，官兵们被灌输以党的思想意识。控制军队的主要机构，是国民政府军事委员会（接受国民党中央执行委员会政治委员会[2]的指导），由军事委员会直接领导政治训练部以及较大部队的党代表。政治训练部模仿苏联中央政治管理局的模式，党代表相当于苏联红军中的政治委员。这套实施控制和思想灌输体系，是逐步建立起来的，最先始于 1924 年春天在黄埔军校建立之时；到 1926 年 3 月北伐开始前夕，在国民革命军大多数较大编制的部队中，都建立起政治工作系统。政治化部分代替了技术的现代化，同时也被视为控制一些对国民党忠诚有问题军官的有效手段。[3]

---

[1] 《从容共到清党》，第 473 页、第 519 页脚注 33，根据国民党档案馆会议记录，附投票结果。

[2] 校注：政治委员会是国民党中央执行委员会特设的政治指导机构。国民政府一切重大决策，均由政治委员会先行作出后，交由中央执行委员会讨论通过，交国民政府实施。所以政治委员会是联结国民党和国民政府的纽带。

[3] 以下的讨论，主要根据 1927 年 4 月 6 日在对苏联驻北京大使馆武官处的搜查中没收的一批未发表的文件。原件为俄文，英国驻北京的武官 J.R.V. 斯图尔德上校把英译文交英国公使蓝普森爵士，后者把文件转交给英国外交部。这些文件现存于伦敦档案局，档案号为 F.O.371—12502（F8322/3241/10）。这一批文件包括《国民革命军的政治工作》和 15 份附件，其中 3 份已散失。其日期约从 1926 年 3 月起，第 1 份《关于国民革命军的政治指导的规定》的日期，为 1926 年 3 月 15 日；它与第 6 份未注明日期的附件《关于国民革命军中政治委员［原文如此］的规定》被国民政府军事委员会于 1926 年 3 月 19 日颁布，为转载于《革命文献》（12，第 1814—1821 页）的几乎一样的规定所证实。韦慕庭和夏连荫的《文献集》的修订补充本计划发表这些苏联的文件。

政治训练部是既用于控制，又用于教导灌输的工具，约在 1925 年 6 月成立，到 10 月份开始行使其职能。军事委员会经国民党政治会议①批准，任命部的领导。陈公博在 1926 年 3 月担任此职，不久就被替换。② 当时一张组织表表明，约有 29 名军官在三个部门——总务、宣传和党务工作。军队中的实际工作，是通过党代表和政治部门进行的。政治训练部至少在理论上控制陆军中的军和独立师、海军局和空军局、中央军事政治学校③、总参谋部和军需处的党代表。军队中党的工作和政治、文化工作，都是在政治训练部指示下进行；发给高级党代表的指示，必须有军事委员会主席和政治训练部领导签名。但是在政治训练部与高级党代表（大部分为老资格党员）之间，却存在着摩擦和冲突。中共党员周恩来是该部副主任，常常代理主任的工作。④

到 1926 年 3 月中旬，政治训练部为官兵制定了一个 3 个月的政治训练计划；成立了一个委员会，为不识字的士兵编写读本，编写政治训练教科书⑤，发行了一份日刊《政治工作》简报，共发行 1.8 万份，发给大部分军官和政工人员；《政治工作》的编者是一名共产党员。中共的广州区委为该刊撰写一些富有特色的文章，以教育所有的政工人员，并由其教育全军官兵。为了协调各军、师

---

① 校注：1926 年 7 月，国民党第二届中央执行委员会为出师北伐，召开临时会议，决议将中央执行委员会常务委员会与政治委员会合并为中央政治会议。

② 校注：1925 年 7 月，陈公博任军委会政治训练部主任；1926 年 7 月，此时政治训练部改称总政治部，原政治训练部属军事委员会，总政治部改隶属国民革命军总司令部，邓演达任政治部主任，郭沫若任副主任；9 月 25 日，郭沫若任代理主任。

③ 校注：1926 年 2 月，为强调黄埔军校（全称为中国国民党陆军军官学校）的政治工作，依国民政府军事委员会决议，改名为国民革命军中央军事政治学校，至 1930 年停办。

④ 校注：此处的"该部"所指是政治训练部。周恩来 1924 年秋回国，任黄埔军校政治部主任、国民革命军第一军副党代表、政治部主任；1925 年 10 月，任东征军总政治部主任，并未担任过政治训练部主任，更未"常常代理主任的工作"。1925 年 7 月 3 日，军事委员会成立时，政治训练部隶属军委会，主任为陈公博；1926 年 6 月，国民革命军总司令部成立时，政治训练部即改称总政治部，隶属总司令部，主任为邓演达，副主任为郭沫若，同年 9 月 25 日郭沫若代理主任。周恩来从未任政治训练部或总政治部副主任；疑此处周恩来为郭沫若之误。

⑤ 校注：此政治训练教科书，为瞿秋白所编写。

政治部的出版工作，由这些部队的党代表组织委员会，计划出版 16 种小册子，其中有《教士兵什么，怎么教?》、《什么是"不平等条约"?》和《国民党总史》等 5 种已经付印。此外，其他的小册子、传单、书籍、杂志、情报、漫画、招贴等，也由不同机关大量发行。

党代表是国民革命军中的国民党政治监察人员和官方宣传员；到 1926 年 3 月，这个制度在所有陆军的军队、海军的舰只、中央的军事行政机关，都全部实行。《国民革命军党代表条例》第一条，规定党代表的职责，为进行革命精神教育，提高军队的战斗力，严肃纪律性，开展三民主义教育。[①] 党代表须对其部队的政治与士气的状况负责，并监督执行国民党的指示，指导党的核心组织工作以及开展所有的政治和文化工作。政工人员必须熟悉其部队的官兵，研究官兵的情况，努力纠正一切缺陷。党代表是有指挥权的军官，对党代表的命令也要像对部队指挥官的命令同样服从。在战斗中，各级党代表是英勇善战的模范；在战斗进行时，保护平民不受军队的骚扰，并与部队驻地的农会和工会建立联系。

党代表是独立指挥系统的一部分，与军事指挥系统是平行的，并不隶属于军事指挥系统。党代表要考察军官的忠诚；高级的党代表，由军事委员会向军部、师部、海军局、总参谋部以及其高层机关指派，并与军事指挥系统的同级军官共同行动。军事指挥官发布的命令，如无同级党代表的签署，则不能生效。一旦指挥官和党代表发生分歧时，党代表应签署向上级报告情况；如指挥官犯有某种不法行为，党代表应加以阻止，并立即向其上级及军事委员会主席报告。[②] 党代表即"政委"，与军事指挥官同为一体，不可分割，不论在何时何处，都应共同工作，以求达到在国民党的旗帜下统一中国的共同目标。

---

① 《革命文献》，12，第 1818 页，上引文件附件 6 的译文不同。

② 校注:1926 年 6 月，政治训练部改称政治部，隶属军事委员会改隶属国民革命军总司令部。此时，党代表是上报总司令，不上报军委会主席。

　　根据我们利用的基本材料（约至 1926 年 3 月）的苏联作者所掌握的情况，在国民革命军中共有 876 名政工人员，其中 75％是中共党员或国民党左派。其附件之一，提到在国民革命军中做政治工作的共产党员，有 241 人，即超过已知的政工人员人数的 1/4。已知有 887 名共产党员在陆军中任职，其中一半以上在第一军和中央军事政治学校——在当时 6.5 万名战斗士兵中也有一小部分。苏联军事顾问 V.A.萨卡诺夫斯基（尼洛夫）在探讨 3 月 20 日的政变时指出，共产党政工人员担任了军队中大部分重要职务，指派其自己的人到不同的岗位，并且秘密执行各指挥所不知道的任务，这就引起了各级指挥官及非共产党政工人员的猜忌和愤怒。萨卡诺夫斯基报道，第一军的政治部主任[①]，该军各师的 5 名党代表中的 4 名[②]以及 16 名团的党代表中的 5 名，都是共产党员。[③]

　　按照《国民革命的政治工作》一文的苏联作者的说法，所有共产党员接到指示，向国民党组织渗透，并在其内部取得影响。当时流行这样的口号，一个优秀的共产党员，就是国民党核心组的优秀成员。中共党员的这种渗透，特别是对部队进行政治教育关键领域的渗透，引起有些国民党领袖强烈的担心。而且中国共产党广东区委员会还在广州专门设立了军事部，指导共产党员在军队中的工作。军事部是一个秘密的小组织，指导军队中共产党核心小组的秘密工作，其成员均不为党员所知悉。人们甚至还揣测，军事部组织工农武装小分队，在秘密会社、地主武装以及其他武装集团建立核心小组，在铁路干线和重要水道组织核心小组，以破坏敌人的后方和平息反革命暴乱。那些

---

① 校注：此时第一军政治部主任为周恩来。

② 校注：按：第一军共辖第一、第二、第三、第十四、第二十共五个师，第一师师长何应钦，党代表周恩来；其余各师党代表不详。此处第一军疑为第一军第一师之误。文中所称五个师，疑为五个团之误。第一师下辖五个团。第一团党代表为贺楚寒，系国民党员；第二团党代表金佛庄，第三团党代表包惠僧，第四团党代表徐坚，第五团党代表严凤仪，均为共产党员。即第一师五个团的党代表，有四人为共产党员。

③ 韦慕庭与夏连荫合编：《文献集》，第 259 页，推断的日期是 1926 年 4 月 10 日至 16 日之间。一份令人失望的关于共产党员渗入政治部的含糊报道，载《国军政工史稿》，1，第 212—221 页，特别是第 221 页，把这类渗透归罪于陈公博。

以国民党身份为伪装而渗透到军队的俱乐部和学会——如青年军人联合会和孙文主义学会①的共产党员，向共产党的上级组织报告任何与之有不利的活动。总之，共产党的用意，虽然现在还不能指挥国民革命军，但却要尽一切可能去影响其政治化。

这个秘密系统，究竟如何巧妙地瞒过了国民党领导集团，还不得而知。可是共产党在军队里的组织工作和宣传工作，是不能完全隐瞒得住的。

北伐前共产党对群众运动的领导

中国共产党致力于组织中国民众——工人、农民、士兵以及学生，并使这些群体激进化，为将来革命发展第二阶段——社会主义革命做好准备。共产党领导集团的意图，是既想控制民众组织，又要在党的队伍中输入无产阶级成员，使之自己成为一个大党。1925年 10 月，中共在北京举行的一次中央委员会扩大会议上，通过一系列关于组织问题的决议案，就表明了这些意图。其中第二个决议案告诫说：

> 一方面是要集中和组织无产阶级，另一方面还要给他们以政治上的训练和教育，寻找着和农民结合的方法，及与一切民权主义分子联盟的正当道路。中国共产党为着要执行这种在历史上有重大意义的职任，第一便要扩大自己的党——吸收无产阶级及先进的知识阶级中最革命的分子……中国革命运动的将来命运，全看中国共产党会不会组织群众，引导群众。②

---

① 校注：青年军人联合会，由周恩来指导，1925 年 2 月 1 日在广州成立，以黄埔军校中的共产党员和青年团员为骨干。孙文主义学会前身是 1925 年 2 月由陈诚、贺衷寒在黄埔军校成立的"中山主义研究社"，以反对共产党的人为骨干，以戴季陶主义为理论，反对联俄、联共、扶助农工的三大政策，后更名为"孙文主义学会"，于当年 12 月 29 日正式成立。孙文主义学会中，没有共产党员，此处把青年军人联合会与孙文主义学会并列，说均有共产党员有误。

② 韦慕庭和夏连荫：《文献集》，第 100—101 页。决议的其他部分教导党员如何吸收无产阶级分子，并且批判了群众运动中的过去的错误。

随后一年的突出标志，是扩大党及青年团的组织，在改变成员的社会成分上取得了巨大成就。1925 年 2 月，共产主义青年团改名为社会主义青年团。该年之初，团员还不到 2500 人；到 1926 年 11 月，已发展到 12500 人。在 1925 年 5 月 30 日以前，90％的团员为学生；但到当年 9 月份，学生团员只占 49％；到 1926 年 11 月，学生团员只占 35％，工人团员占 40％，农民团员占 5％。[①] 由于 1925 年中期的革命高涨，共产党的组织也迅速得到发展；快到 1926 年年底时，原来几乎全是由知识分子组成的中国共产党，到此时已经改变了组成成分。据报道，其中 60％被划为无产者，22％为知识分子，5％为农民，2％为士兵。[②] 但是，这些比率可能把党和青年团都包括在内。

共产党员们都勤奋地工作，试图扩大其 1925 年 5 月在广州召开的中国第一次工人代表大会；大会由中共所控制，并组成了全国总工会。[③] 到 1926 年 5 月，召开下一次大会时，在组成的一些工会会员人数，据说已由 54 万人发展到 124.1 万人。[④] 但是由于遭受到镇压，许多工会已转入到地下。上海总工会在 1925 年 7 月 28 日宣布，在 117 个工厂中有 21.8 万名工会会员。这种工会会员的迅速发展，是 6 月爱国大罢工的结果；工人们由此知道只有通过工会才能得到罢工补

---

① 《中国共产主义青年运动报告》，载《中华星期画报》，北京，1928 年 1 月 28 日，第 14—18 页。这是在北京突然搜查时没收的文件；卡罗尔·安德鲁夫人提请我注意这份文件。又《共产国际第六次全世界大会上关于青年共产国际的报告》，载《列宁青年》，1，10（1929 年 2 月 15 日），第 69—94，案卷存国会图书馆。

② 罗伯特·C. 诺思：《莫斯科和中国共产党员》，第 131 页；书中引了《共产国际活动的报告，1926 年 3—11 月》，第 118 页。1927 年 5 月的中国共产党第五次大会时期的党员组成成分的另一个报道提供了以下的数字：工人，53.8％；知识分子，19.1％；农民，18.7％；军人，3.1％；中小商人，0.5％。米夫：《紧急时期中的中国共产党》（译自俄文），第 37 页。

③ 见上《1925 年强化了的革命气氛》第 1 段的第 2 条脚注。

④ 乐生（化名）：《第三次全国劳动大会之经过及其结果》，载《向导周报》，155（1926 年 5 月 5 日），转载于《第一次国内革命战争时期的工人运动》，第 219 页。我没有见到使用的一份重要材料是刘少奇的关于过去一年（即到 1926 年 5 月份）中国劳工运动的报告，载《政治周报》，14（广州，1926 年 6 月 5 日），现可在美国国立图书馆缩微胶卷（第 329 号，第 56 卷，893.00/7980）中见到。

贴。但也有工会纠察队胁迫和恫吓的情况。一年以后，上海总工会宣布，工会总部被强行关闭，有战斗经验的工人领袖刘少奇、李立三已在上一年 9 月被赶出上海；此后，只有 4.3 万名会员（另一报道说，1926 年 5 月有 8.1 万名会员）。[①] 尽管遭受这样的挫折，又有非共产党的工会和联合会的对立和反对，在五年工作以后，共产党内仍有许多有经验的劳工组织者，其中不少人是真正的无产者。[②] 此外，广州的共产党员还在左右着指挥省港大罢工的罢工委员会，控制着武装的工人纠察队，并且行使了司法和治安的某些权力。

1925 年 5 月和 1926 年 5 月，在广州召开的广东农民协会第一次和第二次大会期间，农民运动有了巨大的发展。1925 年 4 月相当可靠的数字表明，广东省的 94 个县中，仅在 22 个县的 557 个村或乡，就有农会会员 172185 人。[③] 一份关于 1926 年 5 月的详细报告表明，在 66 个县的 4216 个乡协会中，有会员 626457 人[④]，这仍占该省数百万农户很小的比率。始终由国民党中的共产党员领导的农民运动讲习所毕业生的积极组织，农民会员人数增加了将近四倍。从 1924 年 7 月到 1925 年 12 月，讲习所共办了五期，培养了 478 名农运骨干。[⑤] 如果逐县把农民协会标在广东省地图上，似乎都集中在该省的东南（彭湃为领袖的海丰、陆丰、五华三县）、位于珠江三角洲广州附近的几个县（特别是顺德、东莞和香山三县），以及西北的广宁县（运动

---

① 切诺斯：《中国的工人运动》，第 269 页（根据 1925 年 8 月 7 日警察局的日报，我认为准确的数字是 217804 人）；又切诺斯，第 339 页。一名英国的劳工专家在 1926 年访问上海，被告知上海工会联合会——上海总工会——声称在 1926 年 5 月，15 个工会连同 47 个分会只有会员 81000 名。C．埃斯特朗热·马隆上校：《新中国，调查报告》，第 2 部分，《1926 年的劳动条件和劳工组织》。
② 这个主题在切诺斯的《中国的工人运动》（第 400—402 页）中有所发挥。
③ 见上《组织一次群众运动的努力》第 7 条脚注。官方的 1925 年 5 月的数字为 21 万，但我认为不可靠。
④ 罗绮园：《会务总报告》，载《中国农民》，6/7（1926 年 7 月），第 639—687、654 页。报告提供了每个县的准确数字。还有以后在 1926 年的详细数字，列出在 71 个县的 6442 个协会有 823338 名会员。见 T．C．张：《广东的农民运动》，第 15—16 页。
⑤ 卫藤沈吉：《海陆丰——中国第一个苏维埃政权》（1，第 182 页），根据《中国农民》的详细报告。霍夫海因兹的《中断的浪潮》（第 78—92 页），讨论了讲习所。

最初在该县取得了巨大成就）。在国民革命军未控制的地区，如东北地区，或最近新攻占的地区，西南地区，农民协会很少，会员也不多。理由很清楚，农民协会是社会革命的推动者，也是国民革命的工具。在国民革命军尚未到达的地区，农民协会是难以组织和维持的。

地方农民协会一再进行消除社会—经济不公的斗争，遂即与豪绅、地主和税收机关等地方的有权势者对立起来，这些权势者和机关往往拥有民团。组织得比较好的农民协会，有自己受过训练的武装自卫队。在农民与地主的斗争中，双方人员大量流血，而且互相进行恐吓和威胁。关于1926年前三个半月的164件冲突事件，大致可以分为以下几类：反对民团和"土豪劣绅"压迫的斗争；土匪的抢掠和杀戮；军队的骚扰和官吏的压迫；另有一些事件产生于严格意义上的经济原因。[①] 共产党领导的声明强调，农民协会对国民革命军在广东的讨伐，对省港大罢工的封锁与抵制，都起了重要的支持作用。总之，农民协会在进行阶级斗争，支持着革命。

1926年初期俄国人的作用

苏联和共产国际派人充当中国革命运动的顾问，并提供资金上的援助，试图驾驭中国革命，使之能够成功地打败帝国主义和中国的军阀（对此问题详细的论述，不属于本章范围，但对1926年初的概括报道，可能有助于说明事态的发展）。

苏联对中国革命活动给予资金援助的数量，至今仍秘不可知，在此只能提供一些似乎较可靠的证据为例。1923年3月，苏俄领导集团决定援助孙逸仙，投票决定提供200万中国元的财政援助。[②]鲍罗廷提供了黄埔军校创办经费的一部分，后来又告诉路易斯·费希尔，苏联政府拨出300万卢布（约合270万中国元），作为学校

---

① 罗绮园：《会务总报告》，第667—668页；T.C.张的《广东的农民运动》，第24—30页，举例加以总结。

② R.A.米罗维茨卡娅：《米哈伊尔·鲍罗廷（1884—1951年）》，载《杰出的苏联共产党人——中国革命的参加者》，第22—40页；特别是第24页，根据苏联档案。

组建和开办费之用。① 布留赫尔日记中的几段记载表明，1924 年 11 月的按月资助为 10 万中国元。② 1924 年 10 月，伏罗夫斯基号运到广州的武器是赠送的，但 1927 年 4 月从北京苏联武官处查到的文件表明③，以后广州政府应该支付从符拉迪沃斯托克运来武器和弹药费用。武官叶戈罗夫于 1926 年 7 月起草一份致加伦（布留赫尔）的电报，通知加伦，到（1925 年）12 月 1 日，提供给广州的军事给养已达 250 万卢布，必须立刻付款；以后广州的订单，只有在付给现款的情况下，才有可能予以履行。④ 1924 年 8 月，孙博士在广州设立中央银行，苏联答应援助 1000 万元（粤币），不过当时只汇去 3 万元。⑤ 根据 10 月份来广州访问的孙博士密友马素报道，苏联还通过鲍罗廷在 1924 年每年资助国民党 3.5 万中国元。布留赫尔 12 月 1 日的日记指出，鲍罗廷还一直支付国民党军官的薪水，并资助党报和党刊。⑥

　　在 1925 年 2 月，中国工人在上海日本纱厂进行罢工时，《消息报》在 3 月 3 日报道说，"赤色职工国际"正支援工人 3 万卢布，并刊登了罢工委员会对援助感谢信的译文。⑦ 按照莫斯科报刊的报道，

---

① 费希尔：《世界事务中的苏联人》，第 640 页。广州苏联军事代表团成员所写的《国民革命军》（约到 4 月 19 日为止）声称："学校是我们在 1924 年组织的，并且在开始时是我们花钱来维持的。"

② A.I.卡尔图诺娃：《华西里·布留赫尔（1889—1938 年）》，载《杰出的苏联共产党人》，第 41—65、62—63 页。

③ 校注：1927 年 4 月 6 日，京师警察厅总监陈兴亚率领警察、宪兵、便衣侦探 300 余人，分别包围北京东交民巷中的中东铁路办事处、远东银行、庚子赔款委员会等处，重点搜查苏联驻华使馆及兵营。

④ 转载于《中华年鉴，1928 年》，第 802 页。亚历山大·伊里奇·叶戈罗夫是苏俄内战中的英雄，于 1925 年下半年来北京接任武官职务。

⑤ 韦慕庭：《孙逸仙：受挫的爱国者》，第 212 页、第 352 页脚注 99。

⑥ 美国国务院 893.00/6393，快信，梅耶，北京，1925 年 6 月 9 日，内有詹金斯 5 月 29 日自广州发来的快信。信中报道了与马素的一次会见，发表于 5 月 27 日的《香港电讯报》。卡尔图诺娃：《华西里·布留赫尔》，第 62—63 页。两个报道都认定作为国民党官员的廖仲恺，先与鲍罗廷，后与布留赫尔谈判苏联拨款之事。

⑦ 美国国务院 89300B/156，电报，科尔曼·里加，1925 年 3 月 9 日；译文来自莫斯科《消息报》第 51 期，3 月 3 日。

在爆炸性的五卅惨案以后，苏联一些工会迅速汇来 14.8 万卢布支援上海的中国罢工工人。[1] 也许需要查看一下鲍罗廷的账本，究竟在 1925—1926 年持久罢工和抵制期间，为了支持住在广州的香港工人提供了多少钱款。因为在北京的突然搜查中发现了一份文件（提到 1926 年 3 月的罢工过程），说资金"部分由中国国内外的中国人和无产阶级捐助"[2]。在北方，苏联顾问训练和装备了冯玉祥将军的军队。根据冯玉祥签名的收据，1925 年 4 月至 1926 年 3 月，苏联为其提供价值 600 多万卢布的武器和弹药。[3] 现在还没有见到共产国际给予中国共产党可以核实的财政援助估计数。

金钱给苏联带来了影响力，但没带来绝对的权威。在华的苏联顾问，也遇到不少挫折和失意的事。在 1925 年下半年，中共党员人数和社会主义青年团人数都有很大的增加，在组织从香港来的罢工工人和广东的农民运动方面都获得卓著的成绩。但中国共产党的领袖们对在国民党内工作的约束，却有些不耐烦了。共产国际的领袖们不得不阻止共产党试图退出党内联盟。[4] 1926 年 3 月 13 日，共产国际执行委员会通过一项关于中国问题的决议，坚持"国民党与共产党人的战斗联盟"；谴责中共在吸收工人时的"狭隘宗派主义观点"，而使组织发展缓慢；并对两种偏向提出警告：一种是"右倾主义"，即无原则的与一般民主民族运动合流；一种是"左的情绪"，即试图跳过民主革命阶段，直接过渡到无产阶级专政和苏维埃政权，而忘记了农民。共产国际执行委员会像 1923 年以来一样，坚持"中国民族解放运动的根本问题，是农民问题"；号召中共同志，"把农村中

---

[1] 美国国务院 89300B/156，电报，科尔曼·里加，1925 年 6 月 17 日。其他国家捐款 5000 卢布，也通过莫斯科汇到中国。

[2] 英国外交部 F6462/3241/10（现编档存于 FO371/12501），并印于 FO405/254，密件。《关于中国的进一步通讯》，13315，1927 年 7—9 月，第 27 号。邓中夏是这次罢工的领袖，他提供的材料到 1926 年 6 月。罢工委员会的总收入为 517 万中国元，列举的收入来源是整数；其中有"其他来源——20 万"。邓中夏：《中国职工运动简史》，第 184 页。

[3] 韦慕庭、夏连荫合编：《文献集》，第 333 页、第 521 页脚注 93，总计可能近 1100 万卢布。

[4] 韦慕庭、夏连荫合编：《文献集》，第 92 页。

现有的一切农民组织,联合成为共同的革命中心……这些中心便能发动农民进行武装斗争,反对军阀以及支持农村中半封建秩序的官僚、中介人和绅士"[1]。莫斯科可以轻而易举地指定这项任务,但在中国执行起来并不那么容易。在中国,晚至 1926 年 7 月,中国共产党中央执行委员会在一次全会上承认,仅有 120 人负责党的工作,而当时中共至少需要 355 名领导人员。[2]

苏联当时在华北已大量投资,以期加强并争取国民军。国民军是由冯玉祥及其他一些将领,在 1924 年 10 月对吴佩孚发动政变后组成的。从 1925 年 4 月下旬开始,一批苏联军事顾问开始与冯玉祥将军的国民第一军一起工作,到 11 月份,已有 42 名苏联人在冯将军的张家口根据地工作。这些苏联顾问虽未能接近冯将军(更谈不到控制冯玉祥来为苏联利益服务了),但均勤奋工作,通过建立各种技术学校来提高下级军官的素质;但终未取得如其同事在广州所取得的成就。1925 年 6 月,43 名苏联人抵达河南开封,与岳维峻指挥的国民第二军一起工作,但在各方面都遇到挫折,只有几个人留下来,看着岳军于 1926 年 3 月初在农村红枪会的攻击下而土崩瓦解。苏联顾问试图与国民第三军建立联系,但也没有成功,国民军第三军于 1926 年 2 月也崩溃了。

到 1925 年末,郭松龄推翻张作霖——苏联的敌人的失败,部分由于国民军支持不力(虽然在张家口的苏联顾问团 18 人协助冯玉祥进攻),部分由于满洲日军为保护张作霖而进行干预。于是冯玉祥下野,国民第一军将领撤到长城以北,避免和张作霖与东山再起的吴佩孚的联军交战。吴佩孚对于苏联,并不比张作霖更为友好。[3] 在郭松龄叛离

---

[1] 《共产国际执行委员会第六次全体会议关于中国问题的决议》,载《国际报刊通讯》,6,40(1926 年 5 月 6 日)。赫尔穆特·格鲁伯在其《苏俄主宰共产国际》(第 457—461 页)中引用。

[2] 韦慕庭、夏连荫合编:《文献集》,第 115 页。

[3] 根据夏连荫为韦慕庭与她合编的《文献集》补充本所写的一章,其中的基本史料为突然搜查中没收的文件,得到其他证据的证实。一名苏联的年轻妇女,当时作为翻译在张家口与顾问们一起工作。此人 1926 年 1 月在北京对事件的生动报道,见维拉·弗拉季米罗夫娜·维什尼阿科娃—阿基莫娃:《在革命中国的两年,1925—1927 年》,史蒂文·I. 莱文译成英文,第 80—122 页。

奉系时，张作霖从黑龙江调来援军，但中东铁路的苏联经理A.V.伊凡诺夫拒绝让军队不付费用而乘车通过。黑龙江的军队只有从另一条铁路南下，但在叛乱平息后，要强征几列火车返回哈尔滨。伊凡诺夫进行报复，关闭了长春至哈尔滨的一段铁路。伊凡诺夫于1926年1月22日被奉军逮捕，苏驻华大使加拉罕发出一份最后通牒，通过在奉天的谈判，问题才得到解决。张作霖此时完全了解在其盘踞的东北三省之北的苏联的力量，也了解苏联对其在国内敌人的援助。[①]

当年2月，在事件发生后不久，来自莫斯科以A.S.布勃诺夫为首的委员会，在北京研究华北和华南的苏联顾问的工作，同时调查苏联援助中国革命的系列问题。委员会会见了加拉罕大使和武官叶戈罗夫，也会见了协助冯玉祥和在广州工作的顾问。虽是对冯玉祥是否会真正献身于革命感到不放心，但布勃诺夫和加拉罕仍决定继续对冯玉祥表示友好。[②]

当年3月18日，北京发生了一起严重的事件[③]，遂使国民第一军与国民党和共产党的关系紧张起来，并可能与苏联大使馆更加难处。这个事件，是由8个《辛丑条约》缔约国于3月16日递交段祺瑞执政府的一份最后通牒引起的。最后通牒要求清除其北京至上海的一切通讯障碍，以信守1901年的《辛丑条约》。次日，北京的民间组织及政治组织的代表，向北京政府请愿，要求拒绝最后通牒，但遭到驱逐，许多请愿者受了伤。3月18日上午，一次群众集会，通过了取消《辛丑条约》和一切不平等条约的决议。国民党和共产党共同组织了重申两党基本目标的示威游行，约2000名示威者（其中有许多学生）浩浩荡荡地向执政府前进，但遭到政府卫兵的开枪射击，47名示威者中弹毙命，几乎与沙基惨案中被击毙的华人一样多。政府发出了缉拿5名著名国民党人的通缉令，其中之一是共产党创始人李大

---

① 梁肇庭：《中苏外交关系，1917—1926年》，第282—283页；O.埃德蒙.克拉布：《中国和俄国：“大角逐”》，第217—219页。

② 梁肇庭：《中苏外交关系，1917—1926年》，第282—283页；O.埃德蒙·克拉布：《中国和俄国：“大角逐”》，第217—219页，见上段最后的脚注。

③ 校注：按：即"三一八惨案"。

钊。几位被通缉的人，都隐藏起来，李大钊到苏联使馆避难。段祺瑞执政府是由冯玉祥的支持而幸存下来的。一名国民军将军是北京的卫戍司令和警察首领，但其人并未采取行动阻止这次屠杀。因此，国民党北京执行部把这次事件归咎于国民军领导，并且发表一项决议，声明如不逮捕和惩办段祺瑞及其他高级官员，国民党断绝与国民军的友好关系。但这事并没有发生。[1]

在华南，苏联于 1926 年 3 月初增派使团，人数可能是 50 人或更多一些。6 艘苏联船只定期往返于符拉迪沃斯托克和广州之间，运来汽油、武器和临时拆开的飞机。[2] 军事代表团团长 N.V. 古比雪夫（"季山嘉"）接替了布留赫尔将军，但却与党军领袖和黄埔军校校长蒋介石的关系很是紧张。

有些问题以及变化不定的局势，有助于解释苏联共产党关于中国与日本问题一项令人感兴趣的决议案。苏联共产党政治局一个专门委员会于 1926 年 3 月 25 日通过了这项决议案，一个星期后，政治局予以正式批准。[3] 以利昂·托洛茨基为首的专门委员会，对中国国内各种力量的相互关系，对 1925 年 12 月签订《洛迦诺公约》[4] 后的帝国

---

[1] 梁肇庭：《中苏外交关系，1917—1926 年》，第 282—283 页；O. 埃德蒙·克拉布：《中国和俄国："大角逐"》，第 217—219 页，见上段最后的脚注。

[2] 这是估计数，因为随着新顾问的到来，人数有变化，有的是来自北方缩小或撤销的军事代表团。伍朝枢可能在 1925 年 10 月下旬告诉德国的领事，有 38 名苏联顾问在广州政府中工作。英国外交部 405/248 第 251 号（F5914/194/10）。维什尼阿科娃-阿基莫娃于 1926 年 2 月 28 日来到广州，她提到了同船来的 6 名新来者，并叙述其在广州遇到了许多苏联人，但没有提供总人数。《在革命中国的两年》，莱文的英译本，第 141、149、176—188 页。

[3] 此文件藏于哈佛大学托洛茨基档案馆。《我们关于中国和日本政策的问题》，载《列昂·托洛茨基论中国：彭述之导言》，第 102—110 页。格鲁伯：《苏俄主宰共产国际》，第 462—467 页有摘要，但题目和译文不同。梁肇庭：《中苏外交关系，1917—1926 年》，第 286—289 页有评论。专门委员会的其他成员，是契切林、捷尔仁斯基和伏罗希洛夫。

[4] 校注：《洛迦诺公约》，即《洛迦诺保证条约》，英、法、德、意、比、捷、波 7 国于 1925 年 10 月 16 日在瑞士洛迦诺会议上通过，于同年 12 月 1 日在伦敦正式签字。《公约》最主要内容为德法比保证，德法、德比边境不受侵犯；1936 年 3 月 7 日希特勒向莱茵区进军，于 1939 年 4 月 28 日宣布废除该《公约》，随即发动第二次世界大战。

主义的各种力量得到巩固的危险，表示了严重的不安。委员会担心英国和日本可能联合起来反对中国革命和苏联。苏联需要一个持续的稳定时期，而中国革命也需要赢得时间。为了对付这些危险和保护苏联在满洲的利益，委员会决定，必须与日本和张作霖达成谅解，以保证日本和苏联在满洲的地位，必须"接受南满在近期仍由日本控制的事实"。这种妥协政策必须得到中国共产党和中国国民党的认可。但鉴于中国对日本的仇恨，委员会认为要国、共两党接受这个方针是困难的。对于这种"与日本达成某种谅解"的方针，必须做谨慎的准备，使中国的各种革命力量，不会错误地解释成"为了解决苏日的政治关系，而牺牲中国的利益"。委员会认为，为了正确引导舆论，必须对中国报刊加强革命和反帝国主义影响。

如果让满洲成为自治区（委员会说，这是日本所希望的），苏联应使张作霖放弃"干涉中国其他地区的内部事务"；中东铁路应完全归苏联控制，虽然要用汉化的文化性措施作为掩饰。在与张作霖谈判时，苏联应鼓励张作霖保持良好而稳定的关系。苏联不会损害这种张、日关系；但明确指出，为了在对日关系中保持某种独立性，满洲政府与苏联也应保持良好的关系，这也是对满洲有利的。可以向张作霖指出，某些日本集团正准备用一位无能的将军取其而代之，"但是……当正常关系尚存在之时，我们认为没有理由让别人代替张作霖"。张作霖以后与日本达成协议的几个问题之一，是保护革命的蒙古不受张作霖的侵犯。

在与日本谈判之前，苏联应集中力量改善其与日本的关系，使之影响于日本的舆论。委员会酝酿一项可能的三边协议（苏联、日本和中国），但是，"在政治上和外交上应该如此打好基础，使中国人不至于发现将中国被迫向日本作出的某些让步，解释成为我们参与对中国势力范围的划分"。应让左派人士知道，苏联对于容忍中国向日本帝国主义所作的让步，是有限度的；换句话说，让步的容忍，是以中国革命运动免受帝国主义国家联合进攻为限度的。可能举行的联合谈判，将达到以下的目的：以某些让步为代价，在日本和英国之间打进一个楔子。

苏联公开宣布，完全同情中国群众为建立单一的独立政府而进行的斗争，但不考虑由苏联出兵进行干预的想法；中国的问题必须由中国人自己来解决。中国在实现统一的政府之前，苏联政府"试图与现存的所有中央和地方政府建立并保持信赖的关系"。因此，就南方而言，委员会认为如果人民军（国民军）不得不长期把地盘让给吴佩孚，那么，南方政府可以就势与吴佩孚达成一项协议，以便削弱吴佩孚对英国（中国独立的主要反对者和死敌）的依赖。这样做是有利的。应鼓励广州政府把地盘不仅看成是临时的革命滩头阵地，也应看成是一个需要稳定政府的国家。还应鼓励其集中全力于内部改革和防务。斯大林对批准的文字进行了补充，说广州政府应"断然放弃任何扩张性军事征战的思想，总的说，还应放弃会把帝国主义者推向军事干涉道路的任何活动"——反对蒋介石北伐计划的告诫。一张便笺指示驻巴黎的苏联大使，查明广州政府有无可能与法国妥协，是否会派代表去法国试探这种可能性。[①]

总之，一个研究这个时期中苏关系的专家，概括这份文件的主旨：苏联的策略"是要分裂帝国主义阵营，其手法是把英国作为排外行动主要目标加以孤立，并在损害中国利益的情况下收买日本"[②]。但是就在这个时候，广州发生的事件清楚地说明，苏联不能控制国民革命的方向。蒋介石 3 月 20 日突然行动的含意，莫斯科的领导集团到 3 月底显然还没有领会，或者至少没有影响其关心北方的基本政策。

国民党内权力关系的再调整

1926 年 3 月 20 日"中山舰事件"的原因，蒋介石此后玩弄权术的手法，都非常复杂和使人迷惑不解，这里未能一一详述。[③] 由于广州三名高级苏联军事顾问盛气凌人的态度，及其对苏联武器和资金分

---

① 格鲁伯的译文是"派广州政府的主席"，而不是派政府的"一名代表"。鉴于蒋介石 3 月 20 日政变的一个结果，是汪精卫于 5 月前往法国。这个说法是令人感兴趣的。

② 梁肇庭：《中苏外交关系——1917—1926 年》，第 287 页。

③ 近期两篇有价值的研究论文，是吴天威的《蒋介石的 1926 年 3 月 20 日的政变》，载《亚洲研究杂志》，27（1968 年 5 月），第 535—602 页。《从容共到清党》，第 489—494 页。韦慕庭与夏连荫合编的《文献集》中（第 218—224 页），亦有简要的报道。

配的控制，又缺乏对北伐的支持，更由于蒋介石怀疑 N. V. 古比雪夫与汪精卫以及其他人的勾结，想把其送到苏联，蒋介石对这三名顾问的敌意更增加了，更敌视其主要政敌汪精卫，怀疑汪精卫与苏联人勾结在一起对其进行反对。①

从黄埔蒋介石大本营起锚的"中山"号炮舰，于3月18日和19日的可疑游弋，可能使蒋介石认为劫持其送往苏联的计划正在进行之中。3月20日上午，蒋氏扣留了炮舰，逮捕了海军局代理局长李之龙和一名共产党员，宣布广州实行戒严，命令解除保护苏联顾问住宅和省港罢工委员会指挥部卫兵的武装。②蒋介石的这次突然行动，没有与汪精卫商量，也没有预先向苏联顾问发出警告，造成了一次政治风暴。风暴的告终，苏联人同意驱逐反对蒋介石的三名顾问，从第一军中撤去共产党政工人员，汪精卫于5月9日去法国。

1926年4月29日，鲍罗廷与胡汉民、陈友仁和几位左派领导人一起从苏联回到广州。自此以后，蒋介石与鲍罗廷之间进行了激烈的讨价还价谈判。鲍罗廷在谈判中大部分似乎作了让步，蒋介石同意排除一批比较保守的国民党员；而鲍罗廷则同意继续苏联的援助，但仍支持原来苏联顾问和中国共产党反对北伐。共产党员在国民党内的活动也大受限制。

蒋介石要求召开一次国民党中央执行委员会全体会议；会议于5月15日至25日举行，决定对国民党内的共产党员活动进行严格限制。蒋介石系统阐述的大部分提案，经过文字修改后被采纳。在第三国际一名代表帮助下，计划再举行一次国民党和共产党高级代表的联席会议，以解决两党合作的障碍。国民党内"另一党"的党员，不得批评国民党领袖和三民主义。而此"另一党"必须把参加国民党的党员名

---

① 蒋介石日益增加疑心的证据，可以在其1926年1月19日至1926年3月15日的"日记"（毛思诚：《民国十五年以前之蒋介石先生》）中找到。蒋氏在4月初《致汪精卫的复信》，对汪精卫进行了一系列的指责。此信后来发表于文化研究社编：《中国五大伟人手札》，第246—253页。

② 毛思诚：《民国十五年以前之蒋介石先生》，3月22日至4月20日条目，转载于《革命文献》，9，第1291—1300页，提供了蒋介石对这次事件的记载。

单，交给国民党中央执行委员会主席。这些双重资格的党员，在国民党的中央、省或市的执行委员会中所占席位不得超过 1/3，也不得任中央机构的各部部长。"另一党"给其在国民党内的党员命令，必须先交给联席会议，再由联席会议转交国民党中央。国民党员非经许可，不得加入"另一党"。凡违反上述条件的党员，将被立即开除出党。国民党设立了拥有大权的中央执行委员会常务委员会主席的新职位，蒋介石的庇护人张静江（人杰）当选为主席，此人当时还不是中央执行委员会的委员。国民党对所有的党员进行登记，宣誓忠于孙逸仙的主要著作及第一次和第二次全国代表大会的决议和宣言；一些未经国民党批准而参加其他政治团体的党员，必须立刻退出其他团体。[1] 作为解决问题的初步行动，共产党在 4 月 10 日把第一军中任国民党党代表的共产党员撤出。[2] 但是其他的许多人仍留在自己的岗位上。

这就是蒋介石与鲍罗廷谈判的一些结果。国民党内共产党员所作的批评，必须受到限制，其在国民党高层机构中担任的重要职务必须放弃。裁定两党冲突的机构形成了，国民党也进一步集中化了。共产党员放弃国民党组织部、宣传部、农民部三个部长以及中央党部秘书处的职位。蒋介石亲自任组织部长，由其亲密助手陈果夫为副部长。随着胡汉民于 5 月 9 日去上海，吴铁城在 30 日被拘禁；外交部长伍朝枢被撤职，而代之以陈友仁；右派也受到抑制。蒋介石这时以充分的决心继续制订北伐的计划。

向统一中国的方向冲刺——第一阶段

制订北伐计划

制订由广东北上到长江的军事征讨计划，早就在进行之中。1925

---

[1] 摘自全体会议的会议记录，引自《从容共到清党》，第 504—509 页；毛思诚：《民国十五年以前之蒋介石先生》，5 月 15—25 日。

[2] 韦慕庭、夏连荫合编：《文献集》，第 222 页。

年 3 月至 6 月，布留赫尔将军提出了部分计划；9 月，制订了一个比较完整的计划。当时布留赫尔避开广州闷热的天气（既是气温方面，又是政治方面），正在张家口休养。[①] 9 月份的计划，估计了敌方的重新组织合并，也为训练较好的国民革命军，以备在北伐中遇到的抵抗能力；并预定在北伐中首先攻占长江中游的武汉三镇，然后夺取上海，估计不会遇到困难。这是非常有见地的谋略。

1926 年 4 月 16 日，国民党中央政治委员会和军事委员会召开联席会议，指定蒋介石、朱培德和李济深三人组成一个委员会，筹划北伐事宜。[②] 鲍罗廷回来答应支持北伐后，中国和苏联的参谋人员制订了进一步计划。当布留赫尔在 5 月下旬回到广州时，又补充修订完善了这一计划，在 6 月 30 日送交军事委员会。[③] 布留赫尔强调经湖南直趋汉口一路的进攻；并在东面部署兵力，防备由福建进攻广东；在北伐军右翼部署其他兵力，防备孙传芳自江西方面进攻。只有当所有部队布置到位时，北伐才能开始，因为简陋的通讯设备，使部队之间的协同作战难以进行。

在准备北伐过程中，蒋介石组建国民革命军总司令部[④]，最终取代了军事委员会（由政治军事领导人组成），作为主要的指挥机构。李济深将军任总参谋长，白崇禧将军任副总参谋长。李济深是第四军军长，

---

① A.I.卡尔图诺娃：《布留赫尔 1926 年的"宏大计划"》，英译本为简·索尔斯基翻译，韦慕庭加注，载《中国季刊》，35（1968 年 7—9 月），第 18—39 页。1925 年 10 月，苏联驻北京大使馆派 A.赫麦列夫去广州调查情况，报告加伦和鲍罗廷之间常发生冲突，结果加伦被迫离开广州。《A.赫麦列夫〈广州之行报告〉摘录》（第 27—30 页），此文件得自 1927 年 4 月 6 日的北京的突然搜查，译文藏于加州斯坦福胡佛战争、革命与和平研究所，杰伊·卡尔文·休斯顿藏书。

② 国民党中央政治会议记录，第 131 号。奇怪的是，蒋介石确实参加了这次会议，但其日记竟未提起这次联席会议。

③ A.I.卡尔图诺娃：《华西里·布留赫尔（1889—1938 年）》，第 62—63 页。蒋介石当天的日记没有提到这类会议，虽然蒋氏主持了总司令部政治部的一次会议，讨论战斗开始时应做的工作。

④ 1926 年 6 月 5 日，广州政府公布《国民革命军总司令部组织大纲》，规定国民政府所属陆海空各军悉归总司令统辖，政治部、参谋部、军需部、海军局、兵工厂等均直属总司令部。

并作为警备司令率两个师留守广州。白崇禧是保定军校的毕业生，是统一广西，使广西归属广州国民政府的三位年轻广西军官之一（另二人为李宗仁和黄绍竑）。白崇禧是著名的战略家。军事委员会改组了一部分，政治训练部改为政治部，属总司令部，邓演达代替陈公博任主任，郭沫若任副主任和宣传科领导。邓演达是个热情的革命者，曾就读于保定军官学校，是 1923 年送孙逸仙回广州的粤军第一师的一个团长，又是黄埔军校的组织者之一，并担任黄埔军校训练部副主任。1925 年，邓演达到德国，在那里结识了一批中国共产党人，并取道苏联回国，蒋介石遂即任命其为军校教育长。但邓演达在 3 月 20 日事件中与一批共产党员一起被捕，不久被派往潮州的一个军分校，后被任为总政治部主任，这使左派担任了负责职务。郭沫若是著名文人，在五卅运动中很活跃，帮助文学团体的创造社转变为推动国民革命的组织；其人是马克思列宁主义信徒，后来加入了中国共产党。在总政治部下面，组成国民革命军的军和师的司令部，都有政治部。①

　　1926 年春，国民党人通过一次军事—政治讨伐，来实现统一中国的希望。在这条道路上却横着三个军事联盟。吴佩孚自 1925 年中期以来，一直试图在湖北、河南和湖南北部组成一个既可以打败北方国民军，又可以打败南方国民革命军的联盟。在吴佩孚直接指挥的各个师，向以纪律严明骁勇善战著称，但又要倚重许多可靠的将领。吴佩孚的联盟军，号称有 20 万之众，很可能是夸大的数字。孙传芳在华东——福建、浙江、江苏、安徽、江西，领导"五省联军"，以富饶的长江下游地区为根据地。这个"联盟"拥有巨大的财政资源，但是一支实用主义的"联盟"，也号称有 20 万之众。张作霖领导的是一个最难对付的联盟，控制着满洲、山东和直隶的大部分地区。一般认为，这支武器比较精良的军队，约有 35 万之众。张作霖和吴佩孚虽是宿敌，却联合起来支持北京政府，并试图把冯玉祥的部队赶出在南口和张家口的根据地；苏联以武器和派顾问支持冯玉祥的国民第一

① 两人的传记见包德华《传记词典》，总政治部及其附属机构的组织系统，载《国军政工史稿》，1，第 264—272 页，第 281 页有邓、郭二人的照片。

军。1926 年 5 月，冯玉祥前往莫斯科寻求更多的援助，并派一个代表团到广州，打算与国民党人结盟。在制订战略计划时，西南的其他的军事集团必加以考虑，虽然其不是强大得足以造成威胁。两支集结在东海岸的海军，在战略上可能起重要作用，一支在福州，一支在上海。停泊在上海的舰只，有可能被用来在长江破坏部队渡江或运输，尤为具有危险性。[①]

由于李宗仁、白崇禧、黄绍竑三人率领的桂军和唐生智在湘南率领的一个师的加入，国民革命军已有扩大。广西的部队编为第七军，唐生智率领的一师编第八军。国民革命军总兵力可能已达到 15 万人，但不得不留守一部分兵力保卫根据地。可能在北伐开始时，投入的兵力不到 6.5 万人。

省籍在过去的历史和近期的政治形势中，决定了组成国民革命军的军和师倾向。第一军最初是从黄埔军校的几个教导团建立起来的；这些团的许多士兵，是从浙江、江苏和安徽招募来的。粤军为第二军的团和师。第一军军长何应钦是贵州人，日本士官学校毕业，参加过辛亥革命，是蒋介石保护人陈其美的部下。在进入黄埔军校以前，何应钦先是在黔军中任职，后任著名的云南讲武学校校长；在黄埔时，负责训练组成第一师的几个团。第一军的大部分军官，原来是蒋介石领导的黄埔军校的教官和学生，该军被认为是蒋介石权力的基础。保守的孙文主义学会控制着第一军的政治机关。第一军共有 5 个师，总兵力有 19 个团，远远超过国民革命军的其他各军。

第二军主要由湖南人组成，军长是学者—政治家的谭延闿。谭延闿在辛亥革命以后，几度出任湖南省的军政长官，与南方孙逸仙的政府合作过；在孙逸仙逝世后，是统治广东省的领导成员。第二军的实际战地指挥官是鲁涤平将军。留学法国的共产党员李富春领导政治部，许多团一级的政工人员都是共产党员。第二军共有 4 个师，总兵

---

① 《革命文献》，12，第 1780—1789 页；《北伐战史》，1，第 62—63 页；《北伐简史》，图，第 46 页以下。

力共 12 个团。

第三军基本上是滇军,军长是朱培德。朱将军是位老革命者,曾指挥滇军的几支部队在邻近各省作战,协助孙逸仙于 1923 年返回广州。孙博士选其为大本营巩卫军参谋长。第三军有 3 个师,由 8 个团和两个营组成,其中一个是炮兵营。

第四军是由忠于孙逸仙的粤军第一师整编建立的,是一支经过战斗磨炼的部队。李济深任军长,大部分军官与革命有长期的联系。该军除了有 4 个师外,还有一个由叶挺指挥的独立团。叶挺是共产党员,曾在红军学院和东方劳动大学学习,从黄埔军校调来一批共产党员的学生任排长。第四军的总兵力有 13 个团和两个炮兵营,可以与第一军相媲美。

李福林任军长的第五军,主要是广州以南的一支驻军,其中有些部队只在赣南参加过短期战斗。

第六军是在革命根据地最后组建的一个军。军长是程潜。程将军是湖南军官,长期以来从事革命工作,支持孙逸仙。第六军的党代表是林伯渠(林祖涵),也是湖南人,是程潜的革命同事;同时也是国民党、共产党的领导人之一。3 月 20 日事件以后,离开第一军的共产党政工人员,都来到了第六军。这支混杂的部队,共有 3 个师,下有 9 个团和两个炮兵营。

原为桂军的第七军,是按旅而不是按师组成的,共有 18 个团和两个炮兵营。李宗仁任军长。该军有一半的部队参加了北伐,其政治部主任为共产党员黄日葵,曾积极参加学生运动。在国民党第二次代表大会后,黄日葵在国民党青年部任职。但李宗仁把黄日葵派在留守司令部,任命留学法国的非共产党员麦焕章负责前线士兵的政治工作。

第八军刚刚组成,唐生智任军长,很快发展为 17 个团的 6 个师;党代表是刘文岛,在日本和法国受过教育,有丰富的革命经验,1925 年加入国民党。

此外,还有两个由中央军事政治学校①学生组成的步兵团,第五

---

① 校注:黄埔军校此时已改名为中央军事政治学校。

期学生组成的两个团，一个警卫团，不久成为十四军的赖世璜的独立团。[1]

从南方的广东等省份进行北伐的第一目标是湖南省，有两条路线可走。铁路从广州往北直达相距约 140 英里的韶关。由此起，山路崎岖，地势渐行升高，极难行走，至一关隘；再陆行 30 英里，至湘江的一支流。这条支流汇入湘江，贯穿湖南全省，自南而北汇入长江。另一条路线，从广西北部的桂林，通过地势较为平坦便捷的途径，而直达湖南西南部的湘江河源。湖南南部重镇的衡阳，是这两条路线的交汇点；该地也是唐生智驻军的主要根据地。但在 1926 年 5 月，唐生智的驻地受到湖南的另一个将军叶开鑫的威胁。北伐的第一个军事行动，是从广西调一个旅，从广东调叶挺独立团，由两路进入湖南，加强唐生智的抵抗力量。6 月 2 日，唐生智被任命为国民革命军第八军军长；6 月 5 日，国民政府任命蒋介石为国民革命军总司令。[2]

北伐开始

到 1926 年 6 月上旬，第四军的两个师——陈铭枢的第十师和张发奎的第十二师，已与叶挺的独立团在湖南东南部会合，在长沙南约 50 公里，两条河流——西面的涟水和东面的渌水流入湘江。前敌总指挥唐生智，对位于湘江东、西两侧的 3 个军的部队下达进攻命令。第八军的部队渡过了涟水，第四军则于 7 月 10 日攻占了东面萍乡——株洲铁路线上的醴陵。北伐军突破了涟水——渌水防线，长沙的敌人暴露在面前。叶开鑫从省城长沙退到湘北，唐生智将军于 7 月 11 日进入长沙。当这次战役进行之时，蒋介石于 7 月 9 日在北伐誓师大会上就任国民革命军总司令。于是，经过战斗，北伐军攻占了湘江流域的

---

[1] 指挥官和主要政工人员的事迹，在包华德的《传记词典》中有简要介绍，说明军、师、团、营指挥官的组织表载《革命文献》，12，第 1802—1803 页；《北伐战史》，7，第 322 页以下；《北伐简史》，第 46 页以下。

[2] 校注：1926 年 7 月 9 日，国民革命军总司令部在广州举行北伐誓师典礼。

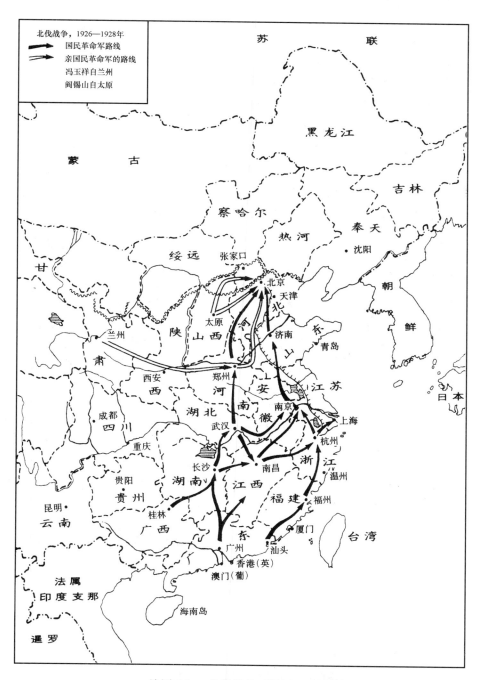

大部分地区。

吴佩孚开始只调几个师南下，第一军的第二师和第六军作为总预备队的兵力进入湖南；第二军和第三军奉命护卫右翼，以防孙传芳从东面的江西向湖南进攻。此时，北伐的大战才正式开始。不过，广州的国民党人一直在与孙传芳进行谈判，试图尽可能使其保持中立。国民党人还正在与西南的贵州省督办袁祖铭（时袁祖铭任黔军总司令。——译者注）谈判。7月11日，蒋介石电告唐生智，称袁祖铭已倒向革命。7月20日，军事委员会任其部将彭汉章为第九军军长，王天培为第十军军长（这种任命，在北伐过程中用来收编倒戈部队的

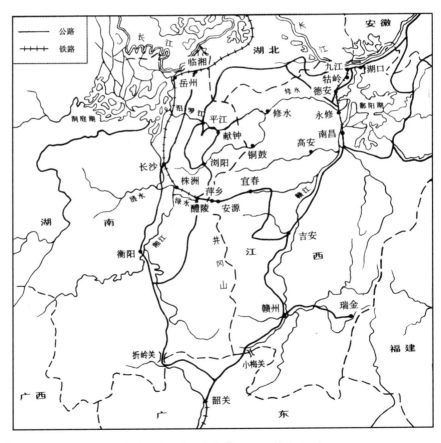

地图15　北伐战争时期的湖南和江西

做法，造成国民革命军的大膨胀，其素质也大降低）。[1]

　　蒋介石于7月20日离开广州，前往前线，随行的有参谋人员、布留赫尔将军和一批苏联顾问。8月11日到达长沙时，蒋介石召集了一次军事会议，决定下一步的军事行动。与会者有白崇禧、邓演达、战地政务员会主任陈公博、第四军副军长陈可钰和李宗仁、唐生智以及几名师长、布留赫尔和其他的顾问。这次会议决定，大军直捣湖北省城武昌，推迟了对蒋介石认为第一目标的江西省城南昌的进攻。第四军率先进攻汨罗江上重兵把守的要地平江，然后直扑通往武昌铁路线上的汀泗桥。第七军朝东北方向进军武昌。第八军沿西侧粤汉铁路线前进。

　　勇猛惯战的第四军于8月19日攻克平江，第十二师黄琪翔所部的第三十六团，率先入城。吴佩孚以重兵防守汀泗桥，一般以为不可能从南面攻下汀泗桥。8月26/27日夜，当地农民引导第三十六团涉过浅水河流，从后面对汀泗桥发动进攻，大获全胜。吴佩孚坐镇（下一个目标）贺胜桥布置防务，亲自督战。第十二师在第十师和第七军的其他部队支持下，担任主攻前锋。吴佩孚虽采用极端手段阻止其部队后撤，但在8月30日，仍被各个击破，战败逃散。

　　吴佩孚险些被俘，乘火车逃回武昌，再渡江逃往汉口。第四军虽是伤亡惨重，但还是会同第七军和第八军俘虏了数千名敌军，并缴获了大量的武器辎重。[2] 通往武昌的道路被打开了。

　　革命军的追击部队于8月31日进迫武昌近郊，但敌军还是抢先一步撤退到高厚的城墙以内。[3] "敢死队"经过夜间登城失利后（叶

---

[1]　关于广州谈判的有趣报告，见1926年6月3日根据鲍罗廷报告的文件。韦慕庭、夏连荫：《文献集》，第269页。唐纳德·A.乔丹：《北伐战争：1926—1928年中国的国民革命》，第276—286页。高级指挥将领之一回忆北伐的有趣报告，载唐德刚：《李宗仁回忆录》。

[2]　这些战斗，在《革命文献》（12，第1904—1931页）和《北伐战史》（2，第355—431页）有详细论述，两书均列有伤亡、战俘和战利品的数字。《北伐简史》，第55—59页；乔丹：《北伐》，第75—79页；A.I.切列帕诺夫：《中国国民革命军的北伐：一个在华军事顾问的手记》，第158—164页，此书根据苏联人的观点写成。

[3]　校注：武昌城防司令为刘玉春。

挺的独立团在这几次战斗中伤亡惨重），第四军、第七军和第一军的第二师决定围城，于是演变成了 40 天的围城战。9 月 6 日和 7 日，第八军渡过长江，在城防司令刘佐龙倒戈后，攻占了汉阳和汉口；刘佐龙被任命为第十五军军长。吴佩孚率残部沿京汉线北撤至湖北北境的武胜关，追击的第八军于 9 月 15 日占领武胜关，吴佩孚退入河南境内。最后在 10 月 10 日，武昌守军投降，湖北省遂置于国民政府管辖之下。

北伐军对江西的进攻，事实证明是比较困难得多。江西省的最重要的地形特征是在赣江。赣江发源于广东北境，向北流入巨大的鄱阳湖，再汇入长江。省城南昌位于该省北部鄱阳湖的富饶平原上，濒临赣江东岸。南昌与濒临长江的九江，有 79 英里长的南浔铁路相连接。当蒋介石的代表与孙传芳的代表谈判时，双方都派兵进入了江西。国民革命军总的计划，是派出尚未参加过多次战斗的部队，出湖南往东攻取南昌，而从湖北出兵夺取九江。江西南部已交给倒向北伐军被编为第十四军的赖世璜。北伐军的部署已在 9 月上旬进行。

在 9 月 19 日，程潜率第六军以急行军向前推进，在地方守军以及城内的学生和工人的帮助下，以及第一军第一师的支援下，成功地占领了南昌。但是孙传芳迅速派兵反击，把北伐军从南昌城内和对铁路的控制赶走，并重创了革命军，而第三军却没有前往增援。蒋介石率第一军第二师和第二军的两个师，亲自指挥第二次对南昌的攻击。到 10 月 13 日，这次进攻已经失败；第三、第六和第七军三个军的几支部队夺取铁路沿线城镇，也同样的失利。这双重的失利导致革命军的总后撤及重新部署。与此同时，布留赫尔将军及其苏联参谋人员进行了指导，为一次协同全面进攻做精心准备。这次进攻的所有部队，都配备应有的通讯手段，并在同一时间采取出击行动。第四军的四个团，新近与国民革命军联合的湖南将领贺耀组的第二独立师自武昌调来。迟至 10 月 28 日，蒋介石仍在与孙传芳的代表进行谈判；此时是以谈判为烟幕，用以掩护孙传芳部下的数个团和旅倒戈的谈判。

对江西的全面进攻,在 10 月底开始。第二独立师和第四军的第十二师进攻南浔铁路的中段和北段,以攻占九江为目标;第三军和第六军进攻南昌附近的（牛行）车站;第二军和第十四军从南面向南昌进攻。这是计划完善和战斗艰难的战役,持续了一个星期,成功地肃清了铁路沿线的敌军,在 11 月 5 日攻占了九江,在 8 日攻下了南昌。除了约有 7000 名敌军倒戈外,北伐军解除 4 万余名孙传芳士兵的武装。国民革命军在江西两个月的作战中,也伤亡近 1.5 万人。①

在进行江西战役的同时,何应钦将军正在指挥沿海福建省的另一战役。第一军的两个师,即第三师和第十四师守卫广东省东部边境,防止孙传芳的盟友——福建的军务善后事宜督理周荫人的可能进攻。何应钦将军与一个敌军司令李凤翔及其两个将领曹万顺和杜起云谈判,李、曹等人与驻在福州的几名海军将领一起投向北伐军。在福建的国民党人与各种"民团",也为协助驱赶北方人周荫人进行谈判。蒋介石指示何应钦将军,商谈和平的条件是周荫人不得派兵进入广东

---

① 一份日期为 1926 年 12 月 5 日、根据布留赫尔指挥部情报的报道,为 11 月 24 日至 30 日在南昌的 A.赫麦列夫所写。存于苏联档案馆内的这份报告,引了 11 月 15 日"加伦"发来的电报,电报中提供了这些伤亡数字,同时又加上了以前几次战役伤亡的 10000 人。布留赫尔显然只计算已在广东组织起来的军队（原来的国民革命军）的损失,贬低第 7 军和贺耀组的独立第 2 师在江西战役中的实际战斗,虽然这些部队缴获了敌人的大部分武器。布留赫尔的关于在广东以外作战部队的数字如下（11 月中）:

广东的军队	外省的军队
第 1:超过 3000	第 7:约 7000
在福建 8000	第 8:25000—30000（15000 适合战斗）
第 2:6000,战斗力差	第 9 和第 10:不详
第 3:3000 左右	第 14:约 500
第 4:原有 3500,新来 2500	第 15:5000 至 6000,素质差
第 6:超过 3000	第 17:8000

《根据国民革命军北伐史的材料》,载《历史档案》,4（1959 年）,第 113—126 页,文件 3,116。其他江西战役的报道有:《革命文献》,13,第 2047—2179 页（附多份电报）;《北伐战史》,2,第 499—564 页;《北伐简史》,第 69—90 页;切列帕诺夫:《手记》,第 189—201 页（对蒋介石抱有敌意的偏见）;乔丹:《北伐》,第 83—92 页。

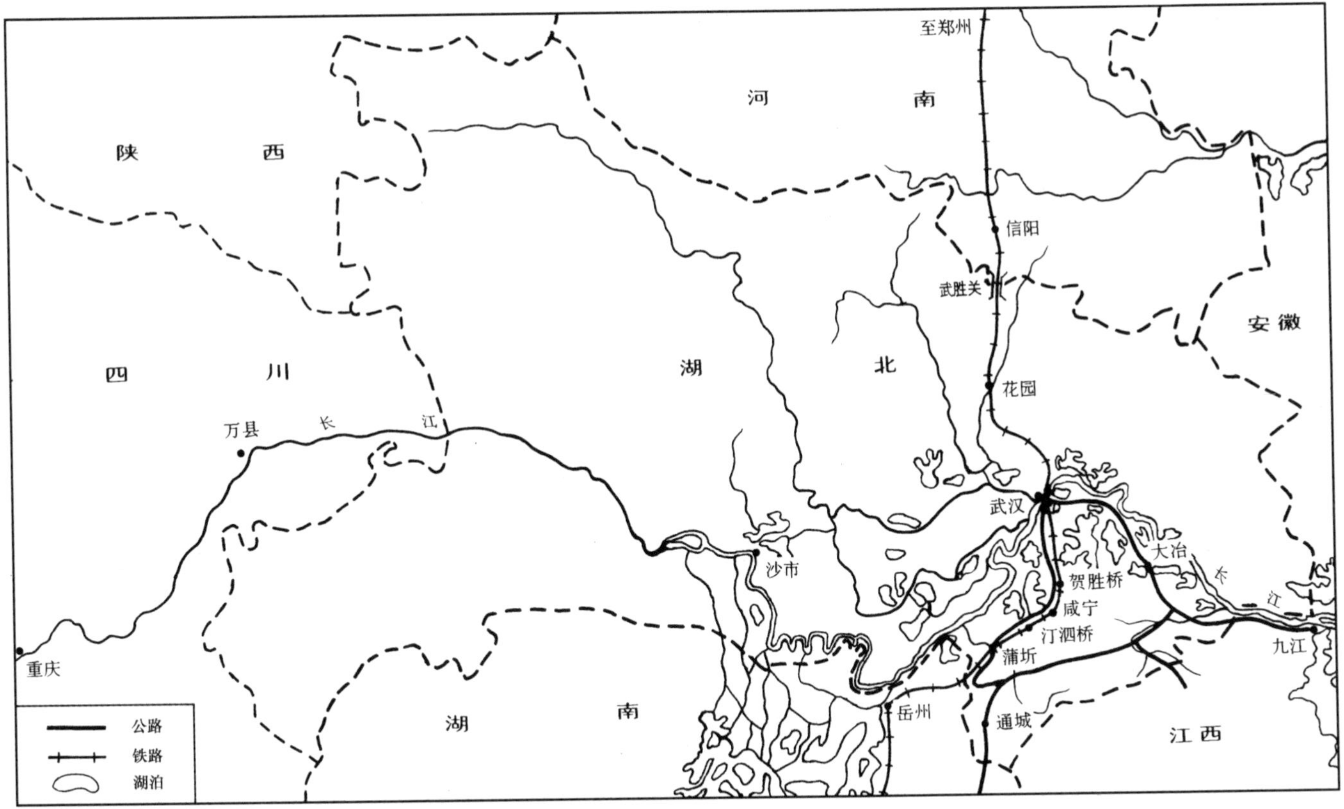
至郑州
河
南
陕
西
信阳
武胜关
安徽
四
川
湖
北
花园
万县
长
江
武汉
大冶
沙市
贺胜桥
咸宁
汀泗桥
蒲圻
九江
重庆
岳州
通城
湖
南
江西
公路
铁路
湖泊

地图16 湖 北

或广西。这些初步行动发生在 1926 年的 8 月和 9 月。[1]

据报道，福建的敌军在人员和装备上，都超过北伐军，两者之间为 5：1。9 月 27 日，周荫人派兵入侵广东省，目的是夺取东江流域的几个主要城市。何应钦将军得到这个计划的情报后，于是下令越过边境，进攻周荫人的基地永定。10 月 10 日，第一军的第三师攻占了永定，然后回师广东，去对付侵入松口的周荫人军。在这些战斗中，北伐军俘获了数千名战俘，虏获了大量步枪、机枪和大炮。10 月 14 日，福建陆军第三师按预定计划倒戈，改编为国民革命军第十七军。这些初步战斗获得如此的成功，蒋介石于 10 月 16 日任命何应钦为东路军总司令。东路军由第一、第十四（赖世璜的部队由江西开至福建）、第十七共 3 个军组成。蒋介石命令何应钦攻下福建省。

攻取福建的战事按部就班地进行，主力军沿着沿海路线攻下漳州（11 月 8 日）和泉州（11 月 21 日）等城市。当北伐军逼近闽江时，海军宣布归顺北伐军，困住了撤退的福建军部队，其数千名士兵遂被解除武装。12 月 3 日，海军占领了省城福州；12 月 18 日，何应钦以第一军的两个师控制了该城。在福建多山的中部地区，"民团"协助第十七军向前推进。周荫人率领残部退到浙江边境，希望能与孙传芳会合，但被正在谈判倒向国民革命军的陈仪所阻挡。

这样，到 1926 年 12 月底，除了原来的根据地广东以及经过谈判联合的邻省广西外，国民革命军已经攻占了湖南、湖北、江西和福建四省的省城及省内的主要城市。贵州省的督办[2]已把贵州省名义交国民政府管辖。合计广东、广西、湖南、湖北、江西、福建、贵州七省，有人口近 1.7 亿；被攻占的湖南、湖北、江西、福建四

---

[1] 在此使用陈训正的关于福建战役的记载作为基本史料。《革命文献》，14，第 2187—2212 页，有关文献见第 2212—2220 页。A. I. 切列帕诺夫是何应钦的军事顾问，但是他的关于战役的记载由于他缺乏文献，是简略的，而且不都是准确的。《手记》，第 172—178 页。其他记载载《北伐战史》，2，第 575—596 页；《北伐简史》，第 91—98 页；乔丹：《北伐》，第 93—96 页。国民党档案馆所藏《国民革命军东路军战史纪略》，465/30，提供了大量的详细情况。

[2] 校注：1926 年 6 月 1 日，周西成出任贵州军务督办兼省长。

省，有人1.1亿。[①]

国民革命军在六个月内之所以能取得这样的成就是有许多因素的，其中最为重要的是在苏联帮助下，对最初的国民革命军进行了两年的训练和装备，以及1925年在广东省内的几次战役取得的实战经验。另一个因素是对官兵的政治教育，使之了解为何而战——主要是灌输热烈的民族主义精神。还有一个很重要的因素，是在广东省进行的财政改革，使该省的大部分税收进入国民政府的国库，导致人们对通货的信任，使得通过销售国库券借款成为可能。北伐军与敌军的谈判和使用"银弹"促其倒戈的办法也很有效。但是决定性的因素，是在国民革命军中孕育已久在北伐中表现出来的英勇无畏精神，特别是第一军和第四军的牺牲精神。其他各军在战斗时也都奋勇作战。

苏联顾问在几次战役中发挥了重要作用。布留赫尔制定的总的战略，以及与其参谋人员为具体战役制定的细致专门计划。每个投入战斗的军都有苏联顾问，有的师也有苏联顾问。这些顾问都力图保证其所在部队能准确地执行计划。在战斗进行时，给布留赫尔提供情报网络，战斗后又提供有价值的总结。有的顾问实际领导了所在部队的进攻。顾问们还为其所在部队的中国将领，提供政治评价的参考意见。少数英勇的苏联飞行员，飞临敌军上空侦察阵地，或飞临被围困的城市上空散发传单，引起敌军的恐慌，并轰炸战略目标。有几个苏联顾问得了重病，一人患霍乱，其他有数人患痢疾。在江西战役后，"我们（顾问们）有相当大一部分工作人员"进了南昌的美国人办的医院。[②]

---

① 乔治·鲍勃科克·克雷西：《中国的地理基础：土地及人民概述》，第55页，根据1926年中国邮政局的估计数字。

② 赫麦列夫的报告，载《根据国民革命军北伐史的材料》，第125页；切列帕诺夫：《手记》，第124—169页；维什尼阿科娃-阿基莫娃：《两年》，第242—243、247页。三份来自前线的苏联顾问所写报告的译文，发表于韦慕庭和夏连荫合编：《文献集》，第43、44和49页。其他的报告在即将出版的《文献集》修订本中有摘录。陈训正在夺取武昌和南昌的记载中，称赞"我空军"的活动，而不提飞行员是苏联人。《革命文献》，13，第1991—1992、2163—2164页。

动员群众

北伐军迅速取得军事胜利的另一个重要原因，重要的因素是政治工作。随军的专职政工军官、在敌后的国民党员和共产党员，通过争取地方民众和试图策反敌军来支持战事。受过爱民和不扰民教育的国民革命军士兵，不准抢劫或强征劳动者入伍。劳动者热烈欢迎北伐军。农民卖食品给士兵，为北伐军充当间谍，侦察敌情，或任向导，或搬运军用物资，或为伤员抬担架。有数次武装简单的农民队伍，竟攻击敌军的后方。铁路工人破坏了敌方的交通，约有 400 名安源矿工参加了叶挺的独立团。在被北伐军围困的武昌城内，革命者秘密张贴标语和散发策反传单以动摇敌军的官兵。南昌的学生和警察，协助北伐军第一次攻占了该城。当北伐军退出南昌时，许多人还牺牲了性命。[①]

国民革命军一旦攻下大城市，劳工组织者就开始组织或恢复工会。工会的组织者大部分为共产党员，有的于五卅惨案后在上海工作，有的在广州指挥香港大罢工和封锁中已有丰富的劳工运动经验。湖南的劳工运动，在湖南一位名叫郭亮的指导下，很快得到恢复。1922 年，郭亮积极组织铁路工人，结果 1923 年在工会被镇压时遭受挫折。1924 年，郭亮参加了国民党，是国民党在长沙的地下核心组织的成员。在 1926 年 5 月广州举行第三次全国劳动大会上，郭亮当选为执行委员，然后回到长沙。不久，长沙被第八军攻占，数十个工会都建立起来，随即出现争取提高工资和改善劳动条件的罢工浪潮。政治军官支持工会运动，武装的工人纠察队强制执行罢工。9 月，湖南省工会联合会成立，12 月的一次大会通过了一系列决议，使工会

[①] 两份关于给推进的军队特殊形式援助的报道转载于《第一次国内革命战争时期的农民运动》，第 293—297 页（1926 年 9 月 14 日）和第 298—301 页（1926 年 11 月 4 日）。一个澳大利亚观察家的早期报道是 H. 欧文·查普曼：《1926—1927 年的中国革命：从国民党首都汉口所见的一份共产党控制时期的记载》，第 21—27 页。在乔丹的《北伐》第 75—79、241—246 页，可见到几个例子和一种评价。安格斯·麦克唐纳：《湖南农民运动：它的城市根源》，载《近代中国》，1. 2（1975 年 4 月），第 188—189 页，以及他的著作《农村革命的城市根源》，第 264—270 页；此书不承认农民支援部队的作用，认为城市工人更为重要。

组织和管理正规化，加强劳工运动的纪律，制止未经批准的罢工。27
岁的郭亮成了湖南省总工会委员长。到 1927 年，省工会联合会声称
会员超过了 40 万，其中 9 万人是产业工人。①

北伐军在 9 月份攻占汉口和汉阳以后，革命热情更不断高涨。汉
口、汉阳街上很快贴了许多打倒帝国主义和打倒军阀的标语，也贴了
许多号召支持国民革命的标语。政治部每天组织集会和游行；国民党
开始在学生、下级军官、妇女、劳工中吸收党员，到 12 月底，共吸
收了 3.1 万名新党员。共产党中央委员会派张国焘从上海到武汉来指
导革命，于 9 月 11 日抵达汉口。随之而来的，是李立三、刘少奇、
项英、许白昊几名具有丰富组织劳工经验的同志。在 1923 年 2 月京
汉铁路罢工受到镇压后的几年，劳工运动虽受到压制，但并未被摧
毁，此时又很快恢复起来。9 月 14 日一次工会代表的预备会议，计
划组织的湖北总工会，于 10 月 10 日正式成立；快到 11 月底公布一
张工会名单，列出武汉三镇的 73 个工会（据报道有会员 8200 人），
大冶铁矿有 6 个工会（会员 1100 人）。11 月间，共产党控制的中华
全国总工会，在汉口设立办事处，指导组织工会工作的进程。②

1926 年 11 月，一个罢工的浪潮冲击着武汉三镇，矛头既针对本地
的工商业，又针对外国的企业。印刷工、邮政工人、丝绸铺店员、苦
力、劳工、日本家庭和商号中仆人和雇员，都一起上街参加游行，英
国烟草公司停止营业。工会组织武装纠察队，强制实行罢工，有的还
采用粗暴野蛮的手段。大部分罢工，因为工资得到增加而很快平息下
来。但是工会却把其权威强加在罢工问题的处理上，以致加剧了对抗。
罢工使工商业越来越趋于萧条。11 家中国银行（包括两家最大的）在
11 月 19 日结账时破产。中国工商界的领袖人物开始组织起来保护自
己，甚至威胁说，如果不对两项要求作出答复，将举行罢市。两项要

---

① 《第一次国内革命战争时期的工人运动》，第 316—374 页，有关湖南工会化的文件。切
斯诺：《中国的工人运动》，第 322 页。
② 《第一次国内革命战争时期的工人运动》，第 321—322 页；张国焘：《中国共产党的崛
起》，1，第 532—550 页；《中国劳工运动史》，2，第 597—601 页。

求，即在没有工会干预的情况下，雇主和雇员直接谈判增加工资问题；工人纠察队不得进行威胁。政府的答复，立即成立调解委员会，由国民政府、国民党、商会和总工会各派两人参加；委员会将调查上涨的生活费用和工商界支付工资的能力。一批国民政府领导人从广州取道南昌，于 12 月 11 日来到武汉，很快设法成立更有秩序的政府。然而，造成经济分裂的力量已无法逆转，并最终导致了武汉政府的垮台。[1]

群众在革命中的参与，最具有戏剧性和最知之不详的，是新解放的几个省农民运动的发展。在北伐开始以前，农民运动的广州总部所知道的情况，在湖南、湖北和江西三省，只有 161 个农民协会和 43423 名会员。6 个月以后，在 1926 年年底，共产党的农民运动领袖声称，单就遍及湖南和湖北两省 91 个县，参加协会组织的农民就超过了 150 万人。这个数字不可能是确切的，但却说明全力投入这个革命阶段的数百名干部进行工作的狂热。[2]

在国民革命军到来之前，已经在当地秘密活动的共产党员，现在能够在政治军官的帮助与保护下，公开来进行组织农民了。在农村群众运动的组织者中，有广州农民运动讲习所的毕业生，有 65 人是属湖南、湖北和江西三省；10 月初，另外 85 人毕业于毛泽东指导的一期。地方农协的组织者知道贫苦农民的苦难，掌握了宣传口号和组织工作的本领。在湖南，则首先集中力量征募农民帮助革命部队，然后吸收其加入农民协会和农民自卫队。在一开始，农协的组织者并不着重在农村的阶级斗争，而是强调贫苦农民的利益，实行开仓放粮，号召减租减息，重新议定租约，禁止粮食从甲地运往乙地以降低其市场价格。这样的政策，

---

[1]　关于罢工、工商界的反应和调查委员会的情况，见《第一次国内革命战争时期的工人运动》，第 612—622 页。美国国务院 893.504/40，汉口总领事罗赫德致国务卿，1926 年 12 月 28 日，第 15 页，谈到罢工和银行破产情况。《中华年鉴，1928 年》，第 984 页论述工人纠察队的蛮横行为。王健民：《中国共产党史稿》，1，第 400—404 页，全面论述了湖北共产党组织劳工的情况。

[2]　吸收的人数根据《第一次国内革命战争时期的农民运动》，第 17—18 页关于 1926 年 6 月 3 日的数字；第 257—262 页关于湖南 11 月份的数字；第 395 页关于 12 月末的数字。李锐断言，在北伐开始前，4 万多名农民在湖南已被组织起来，但他没有证实。同上书，第 267 页。

遂激起农村权势者的激烈反对。湖南农村很快出现了农民和地主的冲突。"土豪劣绅"连同大地主和贪官污吏，成了农民打击和侮辱的目标。这些人的财产应被没收，在可能时即实行没收。但是正在组织农民协会的，不仅是共产党和国民党左派；一些保守省份的国民党员以及地方的权贵们，也在组织协会，或者给农业团体起上官方的名称。一个以长沙为据点的左派团体，试图引导农民走上改良主义道路。于是在农民土地运动中，既存在阶级冲突，也存在组织之间的冲突。[1]

随着农民运动暴力行为的扩大，有的地方已有处决恶霸的报告。在另一方面，有关于村庄被攻击或被焚毁的报告，有农民领袖被害的报告。在有些地区，贫农或其代言人要求"解决土地问题"，即没收和重新分配地主的土地，或采取其他"平均土地"的形式。农民运动在不同地区的发展并不平衡，其最为迅猛发展的地区，是在湘江流域和被国民革命军攻克的湖北省边境地区。到 11 月，据报道，湖南省有 6867 个地方农民协会，会员人数超过 126.7 万人。地方农民协会被纳入 462 个区农民协会和 29 个正式组织起来的县农民协会。对农民协会的阶级成分分析表明，60％以上是雇农，"半自耕农"占18％，"自耕农"和手工业者占所余 20％的大部分。很清楚，由左派领导这场农民运动，已吸引了农村的贫困阶层。[2]

湖南省的农民协会，是 12 月在长沙召开的为期一个月的大会上

---

[1] 后藤沈吉：《海陆丰——中国的第一个苏维埃政府》，1，第 182 页有关于农民运动讲习所毕业生的材料。关于早期的发展，见《第一次国内革命战争时期的农民运动》第 270—275、281—284、293—301、322—325 页的报道；霍夫海因兹：《中断的浪潮》，第 130—134 页。麦克唐纳：《湖南农民运动》，第 190—195 页，文中坚持对立的协会的多样性。

[2] 关于处决的情况，见英国外交部报告 405/252，机密，《关于中国的进一步通讯》，13313，1927 年 1—3 月，第 44、74 和 91 号；《北华捷报》，1927 年 1 月 15 日，第 62 页；米塔列夫斯基：《世界范围的苏联阴谋》，第 139—140 页，一名国民党官员的报告的译文。共产党强调处决的恶霸为数很少。见《第一次国内革命战争时期的农民运动》，第 281、312、381 页，第 282—283、329 页有关于杀害农村领袖的报道。霍夫海因茨：《中断的浪潮》（第 49—50 页）倾向于这种解释。显然杀戮在进入 1927 年以后增加了。关于 11 月份的会员数和阶级成分，见《第一次国内革命战争时期的农民运动》，第 257—262 页，以及横山英：《湖南农民运动》，载《近代中国》，1.2，第 204—238 页、第 217 页之图，但可能根据不同的材料来源。

组织起来的，170 名代表据说代表 130 万组织起来的农民。开始的几次会议，与据说代表省 32.6 万会员的工会一并举行的，讨论了多天以后，通过了事先准备好的几项决议。10 月 2 日，中共湘区区委通过宣言，提出农民的政治和经济的最低要求，成了 12 月大会通过决议的轮廓。这些决议要求，农民协会必须参加地方自治，成立由农民自己控制的自卫组织，打碎"土豪劣绅"的统治，支持国民党和共产党的革命政策，减租减息，取消苛捐杂税和厘金，储粮备荒和实行其他救济政策，没收反动派——军阀及其仆从、贪官污吏、"土豪劣绅"的财产。湖南省农民协会的缔造者之一柳直荀，任协会秘书长。柳直荀是湖南人，19 岁毕业于长沙雅礼学校，是毛泽东的朋友。刚刚担任共产党农民运动委员会书记的毛泽东，参加 12 月大会后期会议，并在会上作了两次讲话。毛泽东在讲话中，坚持农民问题是国民革命的中心问题；除非农民问题得到解决，否则帝国主义和军阀就不可能被打倒，工业的进步也不可能实现。毛泽东严厉谴责那些约束农民运动的人，号召要不间断地进行斗争。[①] 大会以后，毛泽东到长沙附近 5 个县调查土地革命状况，随即写了一篇激动人心——后来著名的报告。

在湖北，土地革命走了一条与湖南相似的道路。从 6 月 3 日报道的 38 个协会及稍多于 4000 人会员的基数，到 12 月的报道，在 34 个县已上升到 28.7 万会员。经过巨大困难才攻占的江西省，农民协会发展的并不很快。在 6 月份只有 36 个农民协会，约 1100 名会员；在 10 月份，据报道，有 6276 名会员（可能大部分在南方）。11 月北伐军攻下南昌后，在为省农民协会举行筹备会议时，发表的数字是 5 万人。江西省是蒋介石的势力范围，农民运动当然受到了抑制。[②]

---

① 关于李锐对大会的记述和毛泽东的讲话，见《第一次国内革命战争时期的农民运动》，第 275—278 页；关于共产党发出的宣言（横山英译成英文，见前引著作第 220—222 页，见第 322—325 页；关于大会通过宣言的决议，见 326—380 页。
② 《第一次国内革命战争时期的农民运动》，第 17—18 页有 6 个月的数字，关于湖北省的情况，见第 395 页；关于江西的情况，见第 420 页。晚至 1927 年 3 月份，据报道，江西省只有 82617 名农协会员。霍夫海因茨的《中断的浪潮》（第 104 页）提供了组织声称的 1924 年至 1927 年两个省（但没有江西省）的数字。

反帝运动

国民革命运动的核心，是反对外国人在华的政治和经济特权，这些特权，是过去 80 年间列强强加给中国不平等条约的结果。国民党的领袖用不断的宣传攻势，唤起民众来支持其收回中国失去权利的诺言。虽然许多外国的国民享受特殊的条约权利，国民党人的战略（背后有苏联人的出谋划策）是把仇恨集中在英国身上，避免同时与日本、美国和法国对抗。英国在中国占有突出的地位，因此成为当然的目标。反对帝国主义当然是世界共产主义运动的根本宗旨。支持国民党人，并为之出谋划策的布尔什维克苏联，把英国视为其主要敌人。苏联特别担心卷入与日本的冲突。把中国人的仇恨集中在英国人身上的策略，在 1925 年的五卅惨案和 6 月 23 日的沙基惨案以后更趋明显。因为日本虽是五卅惨案的元凶，法国在 6 月 23 日的惨案中，与英国一样有罪；但是在中国人进行反击时，日本和法国在惨案中的作用却被降低了。在争取民众方面，反帝运动给国民党人和共产党人以很大的支持（两党从 1925 年年中都得到迅速发展），但也包含着很大的风险。情况似乎可能是这样，如果做得太过分，英国很可能在军事上对广州进行报复，或者列强可能会支持国民革命的敌人——北方军阀的政策。

当北伐开始时，香港的罢工和对英国的贸易封锁，在广东省已经整整进行了一年，曾几次间接谈判以求得到解决，因为双方都需要结束这场冲突。罢工虽已不再困扰香港，但封锁却严重损害了英国在华南的贸易与航运。维持罢工者的生活，是广州政府沉重的财力和物力负担；而且罢工委员会在广州发展起来的独立武装，也令广州政府感到为难。配有武器而又难以驾驭的工人纠察队，也给广州领导制造了许多问题。罢工委员会是结束封锁的首要障碍，因为该会坚持要求一项数额巨大的资金，以支付罢工者一年的工资。但广州政府难以筹集这笔巨款；而香港政府认为这是讹诈，坚决拒绝支付这笔款项。对广州当局来说，当数千名香港工人的财政救济结束时，对其雇用也存在严重问题。国民政府急于要结束冲突，同意直接与香港政府谈判，而不再伪装为只是调停人的角色。从 7 月 15 日到 23 日，正式谈判又在支付问题上停滞不前。其后，9 月 4 日，英国海军舰只在广州港口作了一次短暂行动。次日，英国舰只又在长江上游制造了万县惨案①，这显然使广州当局相信，英国打算用军事手段强行结束封锁行动，尽管事实上并非如此。蒋介石从前线发来的电报，就此事可能产生的危险提出警告，下令停止罢工和封锁。9 月 18 日，代理外交部长陈友仁告诉英国驻广州代理总领事，封锁行动将在 10 月 10 日或以前即结束，广州政府将征收附加税支付给罢工者。这样，在 10 月 10 日，中国单方面决定停止封锁和罢工；广州政府对进出口货物征收附加税，这符合华盛顿会议规定的但从未实施过的 2.5％附加税。对新税的征收，英国政府也不闻不问，英国外交部高兴地看到使人头疼的封锁结束，并正式制定对广州政府友好的政策。②

长期以来，外国传教士在中国的活动，已经是狂热的中国民族主义者仇恨的目标。许多中国人藐视宗教，尤其反对外国传来的宗教，认为这种宗教奴役其信徒的灵魂；教会学校更是攻击的目标。因为此时对中国青年的教育，大多控制在外国教会手中。开始于 1922 年全国范围的反对教会教育的宣传运动，原来与国民党并无特别关系，但很快国民党和共产党都支持这种谩骂性的反基督教运动。1925 年，广州出现了赤裸裸的反基督教游行，发表街头演讲

---

① 校注：万县惨案即 1926 年 8 月 29 日，英国太古公司"万流"轮在四川云阳江面撞沉 3 艘中国木船，溺死 64 人，其中有杨森部下解饷兵 58 人，损失饷银 8.5 万元。"万流"轮抵万县时，杨森派官兵赴该轮查讯事件经过，又遭停泊万县江面英舰"阿克捷夫"号水兵袭击。杨森遂将"万流"轮扣留。9 月 5 日，英国竟派军舰炮轰万县，打死打伤军民达千人，毁民房商店千余间。

② 威尔逊：《英国和国民党》，第 335—401 页。根据英国外交部档案和中国公布的史料，提供了谈判解决的慎重报道，国民党中央政治会议 1926 年前半年的会议记录中，有许多关于罢工委员会或工人纠察队员行动的事例。政治会议发现这些事是不服管制的，并试图进行约束。罢工委员会的邓中夏和苏兆征在讨论这些问题时，常常出席这些会议。邓中夏：《中国职工运动简史》，第 188—194 页；《中国劳工运动史》，2，第 544—546、551—556、583—590 页中有关结束罢工和封锁行动的各方面中国人的报道。

和散发煽动性传单，侵犯和破坏有些教会的财产，其中有两次是国民革命军做的。教会学院和中学的学生，受到国民党和共产党的强烈影响，发生破坏学校的活动。例如在 1924 年和 1925 年，煽动者在长沙雅礼（在中国的耶鲁）挑起了"学潮"。1926 年 1 月，在广州举行的国民党第二次全国代表大会上，签发了一项支持反基督教运动措辞强硬的决议，并指责传教士办的学校、刊物和教堂，是"帝国主义的喉舌和爪牙"。广西自归入国民政府以后，在 1926 年上半年，也发生了几起反基督教骚乱，并有掠夺教会财产的情况。总之，反基督教运动是广泛反帝运动的一部分，但外国传教士及教堂很容易直接受到攻击。[1]

但是，这里也存在又恨又爱的矛盾心理。国民党有些领导人就是基督徒（孙逸仙就是基督徒），有的是教会学校的毕业生。对基督教会及教堂的暴力攻击，损害了国民党在海外的声誉，也损害了国民党在中国基督教徒中的声誉。国民革命军开始北伐时，似乎就面临着危险力量的对比；有充分的理由避免激起外国的反对。1926 年 7 月 12 日至 18 日，正当北伐进行之际，中国共产党在上海召开中央委员会全会，通过一项决议，确定了对基督教教会的态度：

> 在口头宣传上应引证许多具体事例，说明（基督）教会为外国帝国主义蹂躏中国人民之先锋……他们想把所有被压榨的民众一齐都欺骗下去，他们想引导一般被压榨的民众，都忘掉他们自身生活实际的痛苦，以保证帝国主义压榨民众基础之巩固与恒久。但在目前，我们不要故意造出一个与他们发生实际的冲突的机会，因为我们所处的环境（他们与军阀勾结，处处借口条约保护）使我们只能取如此一个态度……

---

[1] 大部分反基督教活动的材料，载戴遂良：《现代中国》，第 5、6、7 页，报道了 1924 年至 1927 年的反基督教情况；《美国外交关系》论述了此期间的中国。杰西·O. 卢茨：《20 世纪 20 年代的中国民族主义和反基督教运动》，载《近代亚洲研究》，10. 3（1976 年），第 394—416 页，及易家杰《中国的反基督教运动，1922—1927 年》，哥伦比亚大学 1970 年博士论文，出版书名为《宗教、民族主义和中国学生》。

8 月 20 日，国民革命军总司令蒋介石来到长沙后，向全世界发表声明，说明北伐的爱国目的：从军阀手中解放全中国，在世界各国中赢得公正平等的地位，并与所有国家友好相处；保护所有不妨碍革命力量的军事行动、也不协助军阀的外国人的生命财产。两天以后，长沙湘雅医学院和湘雅医院接到命令，要求派几名医生去护理蒋将军。为蒋介石拔掉一颗碰伤牙齿的美国传教士外科医生，对其明显的友好态度深怀好感。湘雅医学院的教职员曾担心其医院会被没收，但蒋介石的司令部反而在街对面设立一所设备良好的军用医院。两所医院合作了一个时期。蒋介石答应不准其所控制的部队攻击外国人。[①]

在战争移到湖南省境外以后，情况发生了明显的变化。省内发动了一次抵制英国货行动。长沙和其他城镇的示威行动，带有强烈的排外性。10 月份，许多布道站受到侵扰，房屋被贴上敌对性标语；中国雇员或学校的学生，都组成工会或社团，提出显然是共同商量好的要求。在醴陵和南县，传教士被赶出其布道站。在长沙，所有的教会学校都受到攻击。事态的发展越来越令人担忧，一名美国记者向在南昌的蒋介石提出几个问题。蒋介石于 11 月 19 日答复道："我与基督教没有争吵，传教士将一如既往地受到欢迎，本党党纲中并无在中国消灭布道团的内容，教会可以与往常一样在中国发挥作用。"可是在湖南，暴力的威胁和其他形式的压力发展得如此迅猛，以致到年底时，大部分教会学校都关闭；几个国家的传教士逃到汉口的庇护所，有的正准备逃往汉口。教会虽没有人被杀，但许多教会和布道团的财产，已被工会或军队抢走。但长沙的美国商业并没受到骚扰，一般地

---

① 共产党的决议，载韦慕庭、夏连荫：《文献集》，第 299—300 页。蒋介石的声明，载毛思诚：《民国十五年以前之蒋介石先生》，参看 1926 年 8 月 20 日条；法译文载戴遂良：《现代中国》，7，第 113—115 页（8 月 19 日）。《现代中国》的下一个内容，是第四军政治部发表的一篇反基督教的声明，日期为 8 月 25 日。关于蒋介石拔牙的事，见鲁思·奥尔特曼·格林：《湘雅杂志》，第 45—47 页；鲁本·霍尔登：《1901—1951 年大陆的雅礼和湘雅》，第 157 页，书中记述蒋氏声称："保持部队的良好纪律，并答应不侵犯外国人。"

说，日本人和德国人也都没受到干扰。[①]

11月开始，英国外交部开始拟订一个能充分适应中国民族主义政策的声明，并有助于改进与国民政府的关系。英外交大臣奥斯汀·张伯伦亲自指导制订这项新的前瞻性政策的尝试，其备忘录于1926年12月1日经内阁批准。备忘录用电报拍发给英国驻华公使蓝普森。蓝公使当时正从上海前往北京。备忘录声明（因其发自12月26日，后来被称之为圣诞备忘录）实际上是针对其他大国的，敦促各大国在中国出现有权威政府时，应宣布愿与其修改条约，并对其突出的问题进行谈判；在此之前，可先与地方当局打交道，并抱同情态度考虑任何合理性建议（即使这些建议有违背条约权利的严格解释），争取地方当局对外国利益能报以优待。备忘录声明，对企图完全拒绝履行条约规定之义务，或攻击外国人在中国合法利益的行动，将保留抗议的权利；并且抗议应通过列强的联合行动而产生效果。备忘录表明英国政府的观点，对治外法权委员会主张修改的某些建议应立即实行，列强应立刻无条件批准华盛顿会议所定的附加税，而不应指定此项收入的处理和使用。[②] 备忘录虽然希望能迎合中国爱国者的渴望，但仍然有太多的限制，难以满足国民革命运动的要求。

看到国民政府似乎在长江流域站稳了脚跟，英国外交部开始考虑一旦国民政府建立以后，并足以完全承担所有条约规定的责任和履行其他的义务时，英国政府考虑予以外交上的承认。在此之前，英国应尽力以友好的态度，与中国实际行使权力的任何地方的任何国民党机关打交道。英国外交部甚至在蓝普森就任北京的职务之前，授权命其去汉口访问。因此，英国驻华蓝公使于12月7日至

---

① 蒋介石的声明载《北华捷报》，1927年2月12日，第230页；但与戴遂良的《现代中国》（7.51）中的摘要迥然不同。凯瑟琳·M.麦圭尔：《1926—1927年湖南的工会运动及其对美国社区的影响》，哥伦比亚大学1977年硕士论文，文中引了驻长沙美国领事的档案和湖南各布道站发出的通讯。

② 威尔逊：《英国和国民党》，第434—441页；多萝西·博格：《美国政策和中国革命，1925—1928年》，第228—230页。

17 日，与国民政府外交部长陈友仁进行了第一次外交谈判。两人探索性讨论的中心问题是英国承认的条件；困难的是蓝普森坚持，在新约未商定之前，国民政府应同意现存条约是有约束性的。会谈使双方都可以估量到对方所能让步的限度。陈友仁急于抓住英国外交上承认能给国民政府带来好处，所以多方努力，试图找到弥合双方立场分歧的方案。陈友仁坚持蓝普森公使的离去，必须安排得像是会谈只是临时中断，蓝普森同意照此办理。[①]

收回汉口英租界

在武汉政府的领导人中，另外一些人在进行反对与英国达成协议的尝试。11 月份，反英已进入高潮，反英的示威行动引起了汉口英租界的恐慌。在蓝普森来访期间，反英的浪潮受到暂时的抑制。12 月 18 日蓝普森离开汉口时，民众再次被反对帝国主义的宣传所左右。鲍罗廷显然热衷于使激昂的反英情绪保持炽烈状态，在党政联席会[②]（武汉政府最高决策组织）上的建议，武汉市民反对英帝国主义委员会通过决议，均可证明其支持的态度。该委员会于12 月 26 日组织了一次盛大集会，李立三任大会主席并发表演说，其他的共产党人也在大会上讲了话。李立三曾在 1925 年夏季领导反英上海罢工中获得声誉，是一位老资格的共产党工运领导人。圣诞节备忘录也同一天在中国公布。鲍罗廷提出一条驳斥英国政策的宣传路线，为国民党中央宣传部所采纳。11 月 23 日，有 17 位国民党员在天津英租界与法租界被捕，这使中外关系日趋恶化。经过审

---

① 威尔逊：《英国和国民党》，第 464—467 页的叙述，根据蓝普森的电报，作者也在伦敦档案局见到此电报。陈友仁在 1927 年 3 月 13 日呈送给国民党第三次中央执行委员会全会的报道，载蒋永敬：《鲍罗廷与武汉政府》，第 89—90 页。蒋教授的研究根据国民党档案的原始文件。

② 校注：1926 年 12 月，广州国民政府北迁；同月 13 日，在武汉成立临时联席会议，代行国民政府职权。临时联席会议，由抵汉的国民党中央执行委员会委员、国民政府委员、湖北省政务委员会主任、国民党湖北省党部与汉口特别市党部各派代表一人组成，实行委员会制。其组成人员为徐谦、孙科、陈友仁、宋庆龄、宋子文、邓演达、詹大悲、吴玉章、董必武、蒋作宾、王法勤、柏文蔚、于树德、唐生智、张发奎等 15 人，徐谦任联席会议主席，鲍罗廷为总政治顾问。

判，这些被捕者移交给北京政府的地方当局；国民党的办事机构也被查封。广州国民政府对此提出抗议，宣称英国应对被捕的国民党员在敌人手里的遭遇负责。12月末，在天津被捕的七名国民党员遭到枪决时，汉口的国民党领导集团重新提出抗议。天津事件，成为收回外国在华租界宣传的部分内容；但对主要敌人英国的直接冲突，仍要求必须避免。①

随着反英游行示威的恢复，汉口英租界当局在进入租界的入口处，设置了路障，并在各入口处配备巡捕、海军陆战队的小分队以及汉口的商团。准许单个的中国人通过该处，成群的中国人或武装士兵则不许通过。1月份的头两天，武汉三镇举行游行和庆祝活动，欢迎——催促国民政府迁都武汉；1月3日，出现了大规模的反英集会。当天下午，大群中国人聚集在一处的路障外面，聆听宣传队的几个队员的长篇反帝演说。当有人突然开始向路障旁的士兵投掷石块时，群众仇恨英帝国主义的情绪被煽动起来，遂即发生海军陆战队用刺刀向愤怒的群众攻击的冲突。5名中国人当场被海军陆战队刺伤，愤怒的群众也打伤了3名英国士兵，但是英国士兵没有开枪。最初的消息说，有一个或数个中国人被杀死。当有人报告这一危急形势时，临时联席会议正在开会，立即决定设法阻止发生更严重的冲突，劝说群众散去，要求英国当局撤去海军陆战队，留下华人巡捕在中国军队支持下维持秩序。群众响应徐谦和蒋作宾的劝说也都散去。徐、蒋二人答应在24小时之内把问题解决。英国总领事葛福与海军少将卡梅伦商量后，谨慎地接受了陈友仁的建议（实际上是作为最后通牒递交），以避免五卅惨案和沙基惨案的重

① 蒋永敬：《鲍罗廷》，第93—98页，鲍罗廷对圣诞节备忘录的想法如下："我们当前的政策，是要使英国与日本、日本与奉天的冲突日益加剧。"在12月20日对数千名代表——可能是反对英帝国主义委员会的代表的一次讲话中，鲍罗廷声称，蓝普森"带着甜言蜜语来到这里，但是他内心是含有敌意的。英国人在我们背后活动，企图消灭我们。与之斗争的唯一方式，是首先抵制一切英国货"。载《北华捷报》，1926年12月24日；转引自威尔逊：《英国和国民党》，第468页；12月26日反英集会的一份报道，载《第一次国内革命战争时期的工人运动》，第383—384页。

演。商团撤退,海军陆战队返回其舰上,由华人巡捕来维持秩序。

事实上,路障此时已形同虚设。在煽动者鼓动下,群众冲进了租界,英驻汉总领事要求中国军队来维持秩序。1 月 5 日,租界的华人巡捕和锡克巡捕撤离。当群众中有人向巡捕房投掷石块时,局势顿趋紧张;租界的市政当局决定把巡捕房交国民政府当局负责。租界里的英、美妇孺乘轮开往上海;男子则集中在滨江的一座大建筑物中,准备一旦情况紧急,即可由此处迅速撤离。国民政府在英租界成立了一个管理委员会①,中国就把英国人控制下的汉口英租界收回了。1 月 6 日,九江的一小块英租界地,也由于群众的行动为中国所收回;英国人没有抵抗,但却发生了抢劫和破坏行为。中国民族主义的这些胜利,大大提高了国民政府的威信,但也有预想不到的后果。②

一个后果是内地来汉口的传教士日益增多,传教士们奉领事之命离开布道地,前往安全的地方;另一个后果是对上海公共租界安全的担心,该地为外国侨民最集中的地方,又是英国在华经济利益的中心。上海显然是北伐军要攻击的目标。根据英国远东舰队总司令和上海总领事的预测和估计,英国内阁对于派一支加强的军事力量来保护租界进行了辩论。1 月 21 日,内阁最后决定派一支巡洋舰分队和一个英军整编师,而不是只派在香港待命的一个营的印度兵。这个决定的消息很快传到中国,给国民党人带来了忧虑,担心英国可能试图占领汉口和九江的租界,或者英军将帮助孙传芳阻止北伐军攻占上海的计划。实际上,英国政府已经放弃了用武力重新占领汉口或九江任何

① 校注:1927 年 1 月 7 日,武汉国民政府成立英租界临时管理委员会;同年 2 月 9 日,武汉国民政府收回汉口英租界后,在其地成立第三特别区管理局。
② 中国一方的报道,载于蒋永敬《鲍罗廷》第 99—104 页。据报道,临时联席会议记录,《国闻周报》4.2 和 1 月 3、9 日(有徐谦和蒋作宾的照片),以及 1927 年 1 月 16 日;该报《第一次国内革命战争时期的工人运动》,第 384—393 页,转载了广州《民国日报》的报道;张国焘:《中国共产党的崛起》,第 484—497 页,此文使用了英国档案和国民政府文件,有说服力地断定,国民党领导集团并没有计划去收回租界。一篇英国目击者的报道由 E.S. 威尔金森所写,载《北华捷报》,1927 年 1 月 15 日,第 46—47 页;关于 1 月的事态,见《汉口捷报》。

一地租界的打算。此时在北京的蓝普森派了公使馆的两名工作人员前往汉口，谈判归还租界之事。

参赞欧玛利和汉文参事台克满于1月11日到达汉口，陈友仁和欧玛利之间进行关于租界问题的谈判，持续到2月12日。对国民政府一方来说，谈判带来了英国外交承认的表示，并且这一次成功的谈判将提高国民政府的威信。对英国方面来说，谈判可以检验其在处理与中国关系上的这种尝试性的做法是否有效。英国政府所需要的是在中国找回面子，以及国民政府保证不企图用武力废除条约。为了提供良好的谈判气氛，国民政府外交部在10月10日宣布，在谈判期间将停止反英和反基督教运动。为了回报确实出现的短暂安宁，欧玛利于1月24日说服英国的汉口侨民恢复营业。由于感到有危险，英国侨民早在1月5日就已关门停业。对于已为商业萧条和失业累累所困扰的汉口来说，外侨的停业更增加了经济压力。在140家中国的银行中，大约有30家银行在阴历新年（1月26日）破产。陈友仁发表了一项声明，主旨是表示国民政府愿意进行谈判以达成协议，来解决与列强之间一切悬而未决的问题。关于归还租界的问题，双方拟定了一个保留面子的方案；中国的委员会将继续管理租界，英国的工部局则结束未了的财政事务。然后纳税人会议将正式批准，把权力移交给一个中英联合委员会（由中国人任主席，中国委员占多数）；这个安排，是根据几年前德国归还汉口租界的先例作出的。协议定于1月30日签字。但是随着一个印度营于1月27日开到上海，并且风闻有更多的英国派遣军已在来华途中。于是新的问题出现了。陈友仁此时要求得到保证，上海的英军只是用于防御；并威胁说，除非途中的英军停止前往上海，否则将不在协议上签字。妥协的办法，陈外长正式声明，国民政府的政策，是不使用武力去改变租界和公共租界地位的现状。英国外交大臣张伯伦在议会声明，如果签订了汉口协议，又不再发生紧急情况，途中的英军将留在香港。做了这些姿态之后，陈友仁—欧玛利协议于2月19日签订；关于类似的九江协议在3月2日签字。国民政府通过谈判赢得了更高的威信，而英国则考验了其迎合国民政府的新政策。此外，武汉的左派赢得了加强其与南昌对手进行竞争的实力。①

<h1 style="text-align:center">关于革命目标的冲突</h1>

革命阵营内部的分歧

在国民党领导集团的成分中，由于四分五裂的派别活动，存在着不团结状况。具有与众不同的哲学与独立目标的共产党员虽然参加了国民党，但也带来了指导国民革命工作不能和谐一致的问题。对于国民革命应包括什么活动方式，都还没有一致的意见。到 1927 年初，国民党领导集团在一系列问题上出现了分歧。北伐军的下一步应该是什么——矛头是指向上海，还是指向北京？政府机构应设在哪里——是武汉还是南昌？在这个问题的背后，还有一个更重要的问题——在国民党内，应该由哪些领导人执掌主要决策权？在权力问题后面，还存在一个造成更加不和的问题——对社会革命应鼓励到什么程度？应容许以何种速度进行社会革命？一个类似的问题，即具有战略意义的问题，就是应推动还是限制反帝国主义的问题。在 1927 年的前三个月，对这些问题的争论遂导致国民党领导人之间的分裂；4 月份国民党内出现了重新的组合，以及在大部分革命地区对共产党员的清洗。

为了在武汉成立国民政府，在广州的领导人开始北上，分两批从陆路到达南昌，蒋介石的国民革命军总司令部已设在这里。经过一周的会议之后，第一批前往汉口的人于 12 月 10 日抵达。根据鲍罗廷的建议，主要由国民党中央执行委员会和国民政府委员会的几个成员，组成临时联席会议，选徐谦为主席，鲍罗廷为总顾问。这个法外的小团体，很快成了在武汉的主要决策集团，实际上取代了国民党中央政

---

① 这一论述主要根据威尔逊《英国和国民党》，第 498—530 页。此文以双方的文件和报道为基础，考察了演变中的英国人和中国人对汉口事件的反应。关于这个事件的国民政府的文件载《革命文献》，14，第 2343—2378 页。又见入江昭《帝国主义之后：探求远东新秩序》，第 101—103 页；蒋永敬：《鲍罗廷》，第 104—109 页。蒋永敬认为鲍罗廷在订协议时图谋拖延。

治会议的权力。在联席会议中，左派占优势，实际成了鲍罗廷施加影响的重要工具。[1] 联席会议行使的职权，很快受到在南昌有威望集团的挑战。在南昌的集团，不但包括蒋介石，还包括中央执行委员会代主席张静江和国民政府代主席谭延闿。这是第二批从广州出发的人，于 1926 年 12 月 31 日抵达南昌，国民党中央党部几名部长也都一起到达南昌。

在 1927 年 1 月份的最初几天，蒋介石在南昌北伐军总司令部召开军事会议，讨论几支日趋庞大部队的财政和改编问题，并为下一阶段的战役制订计划。蒋介石准备分两路向上海猛攻，一路沿长江而下，另一路经浙江向东北方向前进。布留赫尔反对这个战略，唐生智和有实力的总政治部主任邓演达也表示反对。双方所持的理由既是战略性的，也是政治性的。对于蒋介石及其追随者来说，胜利意味着控制富庶与工业比较发达的长江下游地区，以及未来的首都南京。对汉口集团来说，北伐进一步可能与苏联援助的冯玉祥军队会师，然后可能取得北京这个巨大的政治胜利品。会议最后采纳的战略符合蒋介石的意愿，但强调唐生智的部队应沿京汉铁路对北面进行防御。[2]

南昌集团成立了临时中央政治会议，大部分中央委员主张，中央党部和国民政府暂时设在北伐军总司令部所在地南昌。相反，徐谦及汉口联席会议的同事要求南昌集团立即搬到武汉。两个派别，一个声称拥有临时联席会议的权力，另一个则利用临时中央政治会议的名义，都决定召开中央执行委员会全体会议——在各自所在地方召开，以重新调整党务。蒋介石于 1 月 11 日前往武汉，去争取武汉方面的同志；但在一个星期后离开时，并未取得结果，心中甚为不满。蒋氏

---

[1] 联席会议的最初成员，有宋庆龄（孙逸仙夫人）、徐谦、邓演达、吴玉章、王法勤、唐生智、詹大悲、董用威（董必武）、于树德、蒋作宾、孙科、陈友仁和宋子文，除唐生智和蒋作宾外，其余各人均为第二届中央执行委员会委员或候补委员。唐生智是这个地区一支力量最强的军队的长官，是新兴的蒋介石的竞争者；吴玉章、董必武和于树德是共产党的领导成员；蒋作宾是革命活动中一个重要的湖北领导人，是孙逸仙的长期同事。名单来自蒋永敬《鲍罗廷》，第 33 页，根据联席会议记录。此名单中尚漏掉王法勤、柏文蔚、张发奎三人。

[2] 《北伐战史》，2，第 606—614 页，列出了将参战的所有的军和师。

在武汉受到鲍罗廷的谴责。次日，蒋氏也与之针锋相对，痛斥鲍罗廷一番。自此以后，两派日益对立，而各自独立行动；虽有信使不断往来于汉口与南昌之间，试图弥合分歧。但蒋介石与鲍罗廷之间，在私人及政治两方面的裂痕越来越为扩大。事实上有理由认为，是鲍罗廷亲自煽动起这场反蒋的行动，以期削弱蒋介石的地位。[①]

中国共产党的领导在争论冲突中，支持武汉的左派。1927 年 1 月 8 日的政治报告中，共产党中央委员会强调下一个战役应沿京汉铁路北上，所有的军队都应集中在那里。中共中央的报告赞成正在出现的上海自治运动，而这一运动将在北伐军和奉鲁联军之间制造一个缓冲区（如果上海自治运动成功，至少可能推迟蒋介石占领上海的行动）。报告还赞成联席会议，虽然惋惜国民党领导集团中出现冲突，并敦促蒋介石与汪精卫和解。汪精卫已被国民党请回，重新担任其领导职务。但是在 2 月份，武汉的共产党员开始了反对"军事独裁"和"新军阀"运动的宣传，并开始专门对强有力支持蒋介石的张静江进行谴责。蒋介石于 2 月 21 日的讲话中进行反击，谴责武汉的联席会议是篡夺了党的权力和徐谦的独断专行。蒋氏为其个人的立场辩护，也为其支持忠于孙逸仙的老同事进行辩护，并威胁要对咄咄逼人的共产党予以抑制。2 月 25 日，南昌集团从陈公博那里得知，武汉集团计划通过第三次中央执行委员会全体会议，主要把党的组织系统恢复到蒋介石集大权于一身的以前状态；蒋介石是在 1926 年 5 月第二次中央执行委员会决定任命他为国民革命军总司令时才集大权于一身的。南昌集团侦知鲍罗廷的计谋后，于是南昌的临时中央政治会议于次日打电报给共产国际，要求立即召回鲍罗廷。当没有收到共产国际

[①]　蒋永敬：《鲍罗廷》，第 33—43 页；《从容共到清党》，第 530—541 页；张国焘：《中国共产党的崛起》，第 556—562、567—568 页（以上的作者都谈到了分裂，并认为鲍罗廷是煽动者）。关于鲍罗廷挑衅性演讲，见《上海来信》，载利昂·托洛茨基：《中国革命的问题》，第 467 页。蒋介石对这次对抗的记载，载戴遂良：《现代中国》，17，第 140—142 页中有法文译文。关于裂痕的扩大，又见韦慕庭和夏连荫合编：《文献集》，第 381—388 页；关于苏联观点的记载，见切列帕诺夫：《一个在华军事顾问的手记》，第 205—210 页。

的答复时，据说政治会议就直接去电报给鲍罗廷，敦促其返回苏联。但鲍罗廷对此置之不理。裂缝到这个时候已经很宽了。[1]

在其他的问题上，革命领导集团也发生了分裂。由于担心列强最后将支持孙传芳和张作霖，反帝运动应否加以限制？更难解决的问题，为了避免使强大的反革命浪潮将加强敌人，以致阻碍在国民党领导下统一全国的行动，群众运动是否应加以控制？农民运动的暴力行为和工人运动的狂热情绪，正在国民政府的地区内引起反对的浪潮。在武汉的领导人中，有人就认为劳工运动必须受到约束，因为连续不断的罢工正在破坏商业，减少了政府收入，产生了失业救济的问题。在农村，被发动起来的农民正在无情地镇压敌对势力。大地主和商人正逃往城市，在那里散布农村恐怖的消息。这些人的出逃，使农村的商业受到破坏，特别影响到米、茶以及其他农产品的交易，这就导致在国民政府辖区内的长沙、武汉和其他城市的商业萧条。1927 年 1 月 8 日，中国共产党中央委员会的政治报告中，表达了这样的担心：

> 在北伐军所占领的湘鄂赣等省的民众，的确是已走上革命道路，革命已深入到乡下去……群众自动枪杀劣绅土豪的事屡见不鲜……设使现时的军事失败，必不免来到极大的反动。[2]

正在此时，毛泽东在长沙周围的几个县实地调查农民的暴动。在其后来成为经典的革命宣言的报告中，毛泽东为暴力行动和农民夺取地方权力而高兴；强烈要求，如果穷人理应推翻多少世纪以来的压迫者，革命的同志就必须赞成这个绝对必要的暴力时期。按照毛泽东的

---

[1] 韦慕庭、夏连荫：《文献集》，第 47 号，第 427—430 页。关于共产党的攻势，见第 388—393 页。关于蒋介石的讲话，见《革命文献》，16，第 2782—2789 页。摘录载《北华捷报》，3 月 12 日，第 402 页；3 月 19 日，第 439 页。蒋永敬的《鲍罗廷》（第 42 页）提供了陈公博的电报报告和南昌的反应。《从容共到清党》第 540 页提到了给鲍罗廷的电报，但没有有根据的材料来源。日期为 1927 年 3 月 17 日的"上海来信"声称，共产国际代表吴廷康访问了蒋介石，然后要求召回鲍罗廷，因为"否则蒋介石不作出任何重大让步"。托洛茨基：《中国革命的问题》，第 406 页。

[2] 韦慕庭、夏连荫：《文献集》，第 428 页。

阐述，农民的暴力行动完全是自发的。①

　　但是共产党的领袖们渐渐感到极度的不安。1 月 26 日，中共中央委员会政治报告分析了列强和中国各派政治势力，对共产党在革命中的作用的态度和看法，以下的引文十分重要。

　　　　国民党右翼正变得日益强大……当前国民党内部有一个极为明显的反对苏联、反对共产党和反对工农运动的趋势。

　　　　向右转的动向，首先是由于蒋介石和张静江认为国内只应存在一个党，一切阶级应该合作，阶级斗争应予禁止，不需要共产党……

　　　　第二个原因，是他们认为国民革命将很快成功，不久将出现一次阶级革命的运动。当前最大的敌人不是帝国主义和军阀主义，而是共产党……因此，一个巨大的反共浪潮已经在国民党内部发展起来……

　　　　当前需要我们迫切考虑的重要问题，是外国帝国主义和国民党右翼及国民党所谓温和分子的结合，造成了内外反对苏联、共产主义和工农运动的形势。这是极为危险的，而且是极为可能的。②

　　共产党领导提出什么对策与这种危险斗争呢？首先，中共应消除对国民党的种种恐惧；这些恐惧是基于以下的意见：接近群众的共产党反对国民政府，不久将有一次共产主义革命。为了消除恐惧，中共应敦促群众向政府提供财政和军事支持；同时通过宣传，解释国民革命的胜利仍很遥远，批判资产阶级及其意识形态，并且警告国民党不要与资产阶级联合起来反对"真正的革命者"，即不

----

① 《毛泽东选集》（英文版），第 21—59 页（有几处"更正"），部分英译文载布兰特、许华茨和费正清：《文献史》，第 80—89 页；斯图尔特·R．施拉姆：《毛泽东的政治思想》，修订本，第 250—259 页。霍夫海因茨：《中断的浪潮》，第 310—311 页有有关毛泽东这篇报告的不同版本的书目注释。所有毛泽东传记作者都对报告作了评论。

② 根据英文回译。——译者注。

要反对工人和农民。在外交政策方面，中共应集中力量进行反英运动，延缓把反帝运动扩大到日、法、美三国，以孤立英国。中共报告很有信心地提出，"这些政策如果得到确切的执行，必将导致完全的胜利，也将阻止外国列强对中国的联合进攻，并消除了国民党对共产党的恐惧"①。

然而，还是出现了一系列的事件，在城市和农村中出现了层出不穷的对立行动（罢工、工商业倒闭、夺取土地和暗杀），各种各样的宣传、地方主义情绪不断蔓延；最后是中国几个主要权力中心，以及莫斯科、伦敦、东京、巴黎和华盛顿作出的决定——正无情地导致革命运动内部的正面冲突。

革命者之间日益扩大的分裂

1927年的2月份和3月初，武汉集团与蒋介石及其支持者之间的裂隙，已成为非常明显的事情，两者终于分道扬镳了。激进的左派更坚定地立足于武汉，并试图抑制蒋介石的权力；而蒋总司令在其势力范围内镇压共产党，派军队去攻取长江下游，并寻求新的中外势力的支持。

国民党左派领导人、湖北共产党领导人和苏联顾问已经在一起工作了数月，建立了以唐生智为中心的反蒋军事联盟。3月5日，一份在汉口俄文写的秘密报告，报道了反蒋的军事阵容。其中提到第三军（朱培德）、第四军（张发奎，当时为代理军长）、第七军（李宗仁）、第八军（唐生智）、第十一军（从第四军第十师改编，陈铭枢）以及其几支战斗力较弱的部队，但是该报告警告说，倒蒋的内部斗争从来没有完全成功。② 写报告的苏联人错误地估计武汉卫戍司令陈铭枢的观点。陈铭枢此时已被派到南昌，去劝说中央执

① 韦慕庭、夏连荫：《文献集》，第48号，第431—434页。
② 韦慕庭、夏连荫：《文献集》，第35—436页，反蒋联盟的讨论，见第393—396页。切列帕诺夫的《手记》（第299—300页）引了布留赫尔1927年1月份的意见，说第二、四、六、八共四个军将支持左派和共产党员反对右派的一次阴谋，但是第三和第七两个军将成为严重的障碍。

行委员会的委员到武汉，参加有争议的全会。陈将军于 3 月 6 日从南昌回到汉口，当天晚上即迫使其放弃指挥权而离去①；该军转归左派张发奎指挥。

此时在南昌，布留赫尔将军及在蒋介石司令部的苏联参谋们，虽然反对立即向东突破，但仍制定了攻占长江下游地区的战役计划。布留赫尔主张向河南推进，去对付奉军，与冯玉祥所部会师，然后沿陇海线向东推进。根据切列帕诺夫的说法（他的著作，部分根据苏联的档案），鲍罗廷主张的战役计划，正与蒋介石相反。按照布留赫尔的计划，在向长江下游进军之前，应该沿京汉线北上，向郑州和洛阳挺进，为的是与冯玉祥部会师，冯玉祥所部此时集中在陕西—河南的边境。② 双方都在与冯玉祥的代表谈判。事实上在 1927 年的头几个月，双方都在与几方面的指挥官谈判，以铺平胜利的道路——其中有安徽的陈调元将军和王普将军，河南的靳云鹗将军和魏益三将军，江苏的孟昭月将军，上海的杨树庄海军司令和华庶澄将军。

蒋介石与军阀中最强大的张作霖之间，根据 12 月 7 日一次会上与鲍罗廷及国民党一些领导人作出的决定，消灭孙传芳和联合张作霖，与其进行间接谈判。③ 如果要消灭孙传芳，重要的一步是劝说张作霖不要对其给予支持。但孙传芳已经与张作霖及其部将张宗昌结盟；张宗昌率直鲁联军南下，支持——或代替孙传芳。蒋介石通过中间关系与张作霖的谈判，一直持续到 3 月份，并打算推迟与奉军作

---

① 李云汉：《从容共到清党》，第 541—542 页；蒋永敬：《鲍罗廷》，第 43—44 页；韦慕庭、夏连荫合编：《文献集》，第 531 页。李云汉、蒋永敬二位教授以国民党档案馆的材料为依据，把陈铭枢的被迫离去归咎于唐生智、邓演达和鲍罗廷。

② 切列帕诺夫：《手记》，第 300 页；关于制订计划的情况，见第 225 页。R.A. 米罗维茨卡娅：《第一个十年》，载《苏联有关中国的列宁主义政策》。莫斯科，《科学》，1968 年，第 20—67 页，第 44 页有《关于消灭长江下游地区的敌人的备忘录》的引文，备忘录的日期为 1927 年 1 月 6 日，现存档于苏联国防部。马克·卡萨宁：《20 年代的中国》，希尔达·卡萨宁娜从俄文译成英文，第 194—201 页提供了他在南昌布留赫尔参谋部工作的生动的报道。

③ 毛思诚：《民国十五年以前之蒋介石先生》，12 月 7 日条。

战。蒋介石可能指望腾出更多的力量来对付武汉的对手。张作霖作出了保持中立和划定势力范围的承诺；其中显然还包括蒋介石与中共决裂，并对其实行镇压。

在2月和3月份，一些共产党作者抗议蒋介石与张作霖和日本谈判的"罪行"。[1] 有大量证据证明，为了有助于与张作霖的谈判，以及预期对上海的强攻，蒋介石正在谋求与日本达成谅解。通过各种方式，蒋介石试图使日本以及其他列强相信，不用担心北伐军攻占上海的后果。[2] 对于国民党阵营中的分裂日益加剧，日本政府渐渐相信其有可能同蒋介石达成谅解。[3]

蒋介石进行攻夺上海的战役，需要用钱，所以对武汉政策抱怨的原因之一，就是不提供经费。蒋介石是宁波人[4]，曾长期住在拥有巨大宁波帮——在工商界和下层社会都有很大的势力的上海，又在上海有许多各方面的有利关系。1926年下半年，上海华人商会会长虞洽卿到南昌访问蒋介石，并称上海工商界领袖愿慨然以资金相助，共襄蒋氏率军攻占上海。据说另两位到南昌的来访者，是上海黑社会巨头和法租界巡捕首领黄金荣，以及与蒋介石结拜异姓兄弟

---

① 中共中央委员会致北方地区委员会的信（1927年2月13日），载米塔列夫斯基：《世界范围的苏联阴谋》，第119—120页；《一个警告》，以中国共产党和一些共产党控制的组织的名义签发，广州，2月27日，载罗伯特·C.诺思和赛尼亚·J.尤廷：《罗易之使华：1927年的国共分裂》，第150—155页。陈独秀之文，载《向导周报》，第190、191期（3月6日和12日），第2045—2046、2056—2057页。

② 在一次对访问南昌的一个日本人的采访（发表于2月9日的《时事报》）中，作者报道蒋介石曾说，他没有打算用武力取得上海租界的想法，如果任何国家出于同情心而要帮助国民党人，"我们不会拒绝这种援助，相反，我们将与那个国家握手……我们乐意与日本握手"。约翰·蒂利爵士于东京致奥斯汀·张伯伦快信，1927年2月14日，存英国外交部405/252，密件，《关于中国的进一步的通讯》，第13313号（1927年1—3月），附件第172号。蒋派戴季陶作为一名使者去日本。在2月27日东京的一次记者采访中，戴解释说，他的使命是取得日本对国民党的立场和未来政策的正确理解，同时他阐述了他的信念，即外国租界将通过和平方式收回。《北华捷报》，3月5日，第352页。根据当时的新闻报道及黄郛遗孀的自传，黄郛是另一个重要的中间人，见沈亦云：《亦云回忆》，第247—290页。

③ 关于两起谈判的许多假设性的证据，见韦慕庭和夏连荫编：《文献集》，第389—391页。又见入江昭：《帝国主义之后：探求远东新秩序》，第110、119—121页。

④ 蒋介石为奉化人，按清制，奉化属宁波府，故称宁波人。

的黄郛，在上海充当筹措资金的中间人。黄郛交给中国银行副总裁
张嘉璈一封蒋介石的密函，要求中国银行增加财政援助。张嘉璈在
1927 年 1 月拨给蒋氏数十万元。蒋介石派军需局局长俞飞鹏前往
上海安排贷款事宜。俞飞鹏又从中国银行提取了 100 万元；据推
测，又用类似办法在别处得到更多的钱。美籍犹太人乔治·索克思
可能劝说英美烟草公司预支 200 万美元（以未来的印花税担保）汇入
中国银行，以资助何应钦的第一军。①

行动和反行动

当薛岳的第七军第一师于 1927 年 2 月 18 日占领杭州时，蒋介石
攻占上海的计划向前迈进了一步。蒋介石从江西东部向浙江省城的猛
攻，得到第二师的援助，也得到上年 12 月倒向北伐军的周凤岐将军
率领的第二十六军的支援。何应钦任东路军总指挥，白崇禧任东路军
前敌总指挥。② 东路军攻占杭州（乘火车到上海，距离为 130 公里）
后，谨慎地向距上海约 47 英里要冲的嘉兴推进，双方都在准备一场
不可避免的上海争夺战。孙传芳总司令③与南京的新盟友张宗昌总司
令④商量后，把上海的防务移交给直鲁联军。在过渡时期，孙传芳的
部将李宝璋将军仍担任淞沪警备司令。在此期间，上海市内的共产党
领导人在争取群众的支持下，发动了反孙传芳总司令的第二次上海武
装起义。起义从 2 月 19 日持续到 24 日，使上海市陷于一片混乱

---

① 郝延平：《19 世纪中国的买办：东西方之间的桥梁》，第 290 页脚注，它引了一个后期
的材料，大意是虞洽卿答应由浙江的金融集团给蒋介石一笔 6000 万的贷款。哈罗德·
艾萨克斯：《中国革命的悲剧》，修订本，第 114 页，书中叙述了黄"代表上海的银行
界和商界"访问蒋介石之事。在存档于哥伦比亚大学的一份未发表的张嘉璈自传中，
报道了蒋介石争取中国银行支持他的战役的种种努力。1962 年在与作者的一次会晤
中，索克思详细叙述了他的作用，文字现存于哥伦比亚特藏图书馆。
② 乔丹：《北伐》，第 102—105 页；《北伐战史》，2，第 619—629 页；《北伐简史》，第
104—108 页。切列帕诺夫：《手记》，第 227—236 页。切列帕诺夫是何应钦的顾问。
③ 校注：孙传芳为苏、浙、闽、皖、赣五省联军总司令。
④ 校注：张宗昌为直鲁联军总司令，于 1927 年 2 月 23 日抵达南京，与孙传芳组成安国
军苏鲁联军总司令部。

之中。①

起义显然具有两个目的：扰乱孙传芳的后方以支援北伐军的进军；在国民革命军到达之前，争取尽可能多的控制一些城市，使之成为共产党和国民党左派掌握的工具。起义是在总工会的恐吓小组的威胁下，又杀了几个反对罢工的中国工头及其他的人，才强制进行的。② 李宝璋无情地镇压起义，派大刀队到上海大街上去斩杀宣传煽动的人——其中有很多是学生。可是，起义导致数十万工人（报道的几种数字大不相同）进行政治性斗争，显示出上海共产党人的力量。不过，这样的结果，也会更坚定上海工商界和国民党反动派反共的决心，也会加强英国政府防止另一次"汉口事件"的决心。法国、日本和美国已做好保护其侨民的准备。这样，蒋介石在寻找新盟友时，起义很可能给予其创造条件；同时也加剧了共产党中央委员会1月26日政治报告所预见的危险，即外国帝国主义和国民党右派以及国民党内的温和分子结成联盟，反对苏联，反对共产主义和工农运动。

1927年3月10日，拖延已久而又争论激烈的国民党中央执行委

---

① 有许多关于这次短暂的暴动的史料。主要的有赵世炎（施英）《上海总罢工史》，载《向导周报》第189期，1927年2月28日，附文件，转载于《第一次国内革命战争时期的工人运动》，第450—472页；《三次上海暴动》，载《中国问题》，2，第10—11页。《上海来信》，第409—412页；《北华捷报》，1927年2月26日，第317—321页；关于2月份上海市警察局报告，见3月19日，第472页；《中华年鉴，1928年》，第820—823页，转载了《军事部门会议记录》，这是一份共产党文件，在4月6日对北京苏联使馆的搜查中获得。美国国务院893.00/8822，1927年4月9日上海高思快信，《1927年2月上海劳工、学生和鼓动者的运动》，共34页，包括许多详细的事实。

次要的记载有《中国劳工运动史》，2，第637—640页；王健民：《中国共产党史稿》，1，第276—279页；乔丹：《北伐》，第209—211页（都抱有敌意的偏见）。哈罗德·艾萨克斯：《中国革命的悲剧》，第132—136页；切斯诺：《中国的工人运动》，第354—355页（这两部著作都抱有同情的态度）。

② 这里论述的证据来自《北华捷报》，3月19日，第472页，市政新闻：2月份警察局报告；《军事部门会议记录》，第823页，周同志（可能是周恩来）的报告，日期为3月10日以前，报告声称"红色恐怖已成功地在上海实行。10名以上的罢工破坏者、挑唆者，工厂中反对工人的人已被杀。这个运动对上述的人有清醒的作用……"（数字可能包括2月24日以后的几起处决）。

员会第三次会议，在汉口召开。出席会议的 33 人中，没有蒋介石；
蒋氏留在南昌准备向长江下游进军的计划。除了三人外，与会者都可
确认是国民党左派（在当时），或是国民党内的共产党员。①会议共开
了一个星期，通过一系列"恢复党的权力"的决议，对党的领导层和
政府的各个委员会进行改组；选出蒋介石的政敌汪精卫为国民党领
导，而此时汪氏正在由莫斯科返国途中。蒋介石虽在一些委员会与其
他人处于平等地位，但却排除其在党的主要决策机构政治委员会主席
团之外。全会重新设立军事委员会②；该委员会在北伐开始时被撤
销，为的是便于国民革命军总司令部的工作。蒋介石虽被选为军事委
员会七人主席团③成员之一，汪精卫在名单中列名第一；其他有唐生
智、邓演达和徐谦三人，也都是蒋介石的对头。汪精卫代替蒋介石，
被选为党的重要部门的组织部长；在汪精卫回国以前，该部的领导工
作由国民党内的共产党员吴玉章代理。

　　对蒋介石及其集团另一个打击，是宣布广东和广西两省党部和广
州市党部选举无效的决议；而该三地党部的改组，是在张静江和陈果
夫④指导下进行的。另一项关于统一对外关系问题的决议，禁止不负
责外交工作的任何党员或政府官员——尤其是军官，不得直接或间接
与帝国主义国家接触（除非奉命），否则将被开除出国民党。这项决
议是针对蒋介石的，因为蒋氏不久将率部不可避免地在上海与外国势

① 《从容共到清党》，第 545 页。李云汉根据国民党档案馆的文献，对全会作了详细的叙
　 述，有的文献发表在《革命文献》，16，第 2689—2695 页。又见蒋永敬：《鲍罗廷》，
　 第 46—51 页；韦慕庭、夏连荫：《文献集》，第 397—400 页，主要根据发表于 1927 年
　 3 月 8—18 日国民党官方喉舌《民国日报》的决议的译文，载美国国务院 893.00/
　 8910，美国驻汉口总领事赫德 1927 年 4 月 6 日的快信。
② 校注：军事委员会此时系改组，不是重建，该委员会系 1925 年 7 月 3 日成立，时汪精
　 卫任主席；1926 年 4 月 16 日，改由蒋介石任主席。1927 年 3 月以前，军事委员会并
　 未撤销，主席仍为蒋介石，但此时主席及其常务委员、委员多不到任，或不在武汉。
　 因蒋介石此时为军事委员会主席兼国民革命军总司令，形成实际上总司令部代替了军
　 事委员会。
③ 校注：军事委员会 7 人主席团，为汪精卫、唐生智、程潜、邓演达、谭延闿、蒋介石、
　 徐谦。
④ 校注：1926 年 5 月，蒋介石任组织部长，由陈果夫代理。

力接触①其他的决议。决议号召国民党和共产党之间更多地进行合作，决定停止在国民刊物上批评另一党；恢复成立一个有共产国际代表参加的联合委员会，以解决两党的矛盾和冲突。决议请共产党指派党员参加国民政府和省政府；敦促加强对群众运动的指导，特别是对农民、工人运动的联合指导。最后，决议派一个三人代表团去共产国际，商谈关于中国革命及其与世界革命关系的问题。②

正当汉口准备实施这些决定以削弱蒋介石的权力时，蒋介石集团在江西采取了反对共产党员和左派的行动。3月11日，蒋介石的一个部下处决了赣州（江西省南部的一个主要城市）总工会的共产党员领导人陈赞贤③，并解散了工会。3月16日，正当蒋介石准备发动向长江下游攻势时，下令解散支持武汉集团的国民党南昌市党部，并由其部下将南昌市党部加以改组。蒋介石数日后抵九江时，其部下用武力镇压共产党领导的九江总工会和国民党九江市党部。3月19日，蒋介石来到安徽省城安庆；安徽省是由于陈调元和王普归附北伐军倒向国民政府的。3月23日，在五个匆忙组成的反共省协会（其中之一取名省总工会）和共产党员之间进行了斗争。最后导致共产党员的离去。④ 这些都是不祥之兆。

夺取南京和上海

蒋介石攻取长江下游的几座重要城市的计划，是沿江两条路线实

① 李云汉：《从容共到清党》，第547页。
② 李云汉：《从容共到清党》，第548页；蒋永敬：《鲍罗廷》，第50页。
③ 校注：1927年初，新编第一师党代表倪弼，奉命到赣州镇压中共领导的工人运动；1月26日，捣毁赣州总工会；3月6日，将赣州总工会委员长陈赞贤杀害；南昌工人罢工三天以示抗议，并派200多名代表到武汉国民政府请愿。3月18日，南昌各界数万人举行陈赞贤追悼大会。
④ 《从容共到清党》，第565—568、594—598、660—662页；张国焘：《中国共产党的崛起》，第578页；刘立凯、王真：《1919年至1927年的中国工人运动》，第55页；切斯诺的《中国工人运动》（第352页）概括地叙述了这些行动，英国劳工领袖和1927年来华的国际工人代表团成员汤姆·曼于3月19日途经赣州，得知处决陈赞贤的详细情况，当其于3月25日抵达南昌时，"革命处于上升之时，但是其他的力量也处于统治地位"。汤姆·曼：《我在中国之所见》。

行猛攻。一路沿长江两岸而下：江右岸的军队由程潜统率，目标是南京；江左岸，即江北岸的军队由李宗仁统率[①]，目标是切断敌方南北联系的生命线津浦铁路。另一路是指向上海。上海位于杭州、南京三角地区的东端，其西南角为杭州，西北角为南京，大运河和太湖构成了大三角的底线。3 月中旬，已经攻取杭州的东路军，在前敌总指挥白崇禧的率领下，在距上海不远处进入阵地。同时，东路军总司令何应钦率部沿太湖东西两侧向北推进，以切断沪宁铁路，这是孙传芳残部和毕庶澄指挥的鲁军的主要退路。驻上海中国舰队的杨树庄海军总司令，早已通过其在上海的主要代表钮永建与北伐军进行谈判。3 月14 日，杨树庄宣布海军舰队归附国民政府；在此以前，杨树庄已派三艘舰只溯江直抵九江，供蒋介石使用。3 月下旬，因北伐军的进攻以及铁路工人的罢工和铁路遭受破坏，张宗昌在前线的部队必须朝南京方面撤退，否则即面临被包围的危险。

　　3 月 18 日，东路军一次进攻，突破了松江防线，北军[②]撤入上海，但没有进入租界。租界由一支多国部队在各路口严密设防保护。毕庶澄进行归附北伐军的谈判，把作战计划交给了钮永建[③]，然后乘日本船逃到青岛，再由青岛前往济南，在济南被捕处决。

　　3 月 21 日是星期日，当白崇禧率部逼近上海南郊时，上海总工会发动了"第三次武装起义"。现在工人纠察队约有 3000 人，由黄埔军校的学生担任训练，部分人配有长枪或短枪。有几个游击小组已渗入市区，恐吓小组——西方报道称之为"黑衣枪手"又在活动。起义在中午开始，工人纠察队和枪手袭击街头的警察，占领了华界的警察署，还抢去了武器。与此同时，数千名工人举行了总罢工（有的地方有时是强制举行的）。当时的气氛是庆祝和欢迎国民革命军，满市挂满了国民党的旗帜。经过一整天的混乱之后，共产

---

① 校注：程潜统率的称江右军，李宗仁统率的称江左军。

② 校注：当时通称国民革命军为北伐军，称北方军阀的军队为北军。

③ 陈训正：《浙江和上海的攻克》，载《革命文献》，14，第 2231—2309 页，第 2288 页有毕庶澄倒戈的描述。

党组织的地下力量，在群众支持下，除了租界外，似乎已解放了上海，尽管还不清楚国民党代表在多大程度上参与了起义。约有4000或5000名北军仍集结在沪宁铁路北站附近的闸北。根据当时的报道，发生了多起抢劫、纵火和杀人事件，部分是北军所为；另一些则是占领某一地区的小股武装分子所为。在这些非正规的武装人员中，有的可能既不属于国民党，也不属于共产党。但是，起义表现出一些共产党领导人明显的意图，即控制除了租界以外的地区，为组织临时政府做准备。领导上海起义的人中，有周恩来、赵世炎、罗亦农和汪寿华。

3月22日，白崇禧将军率部两万余人进入上海，并在市区南部兵工厂设立司令部。白将军部下的薛岳将军，指挥战斗力颇强的第一师，肃清了北军的残部，其中大部分人是在租界里被俘的。白将军发布维持社会秩序的命令，下令所有非正规的武装人员立即编入北伐军中，或交出武器后予以解散；并向外国当局保证，绝不允许使用武力接管外国租界。白崇禧下令，限3月24日停止总罢工。在23日至26日的四天内，北伐军在几个游击中心发动了一系列的攻击，围捕了20多名自封的司令（其中有一名共产党的领导人）和许多"黑衣枪手"，据说其中大部分人都被处决。几支武装良好的工人纠察大队仍留在三个中心，把控制范围扩大到黄浦江对岸的浦东。①

北军于3月23日撤离南京，当日晚，程潜将军指挥的江右军随

---

① 关于当时几份攻占上海的报道，有《国闻周报》，1927年3月27日，一篇赵世炎（化名"施英"）的文章和几份总工会的宣言，载《向导周报》第193期，1927年4月6日，转载于《第一次国内革命战争时期的工人运动》，第473—490页。《北华捷报》，3月26日，第481—488、515页；4月2日，第16页。美国国务院893.00/8406、8410、8414、8415、8421、8422，上海总领事高思来电，3月19—24日，有几份载《关于美国外交关系的文件》，1927年，2，第89—91页；和893.00/8906，高思的1927年4月21日的长篇快信：《上海领事馆区的政治形势》，报道了3月21日至4月20日的情况。《上海形势报告》，英国副领事包克本所写，日期为4月15日，载英国外交部405/253，机密，《关于中国的进一步通讯》，13304，1927年4—6月，第156号，附件2。次要的报道同关于"第二次暴动"的脚注。

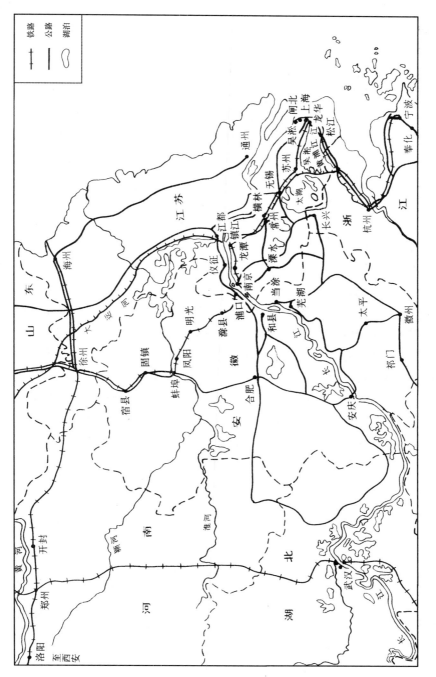

地图 17 长江下游地区

即进入南京城。24 日清晨,江右军士兵有组织地抢劫了英、美、日三国领事馆,打伤了英国领事;并袭击和抢劫全城的外国侨民,杀死两名英国人、一名美国人、一名法国人、一名意大利神甫和一名日本海军陆战队的士兵。当日下午 3 时 30 分,两艘美国驱逐舰和一艘英国巡洋舰,向美孚煤油公司的住宅区周围,发射了一阵组成屏障性的炮弹,以掩护约 50 名外国人(大部分为美国人和英国人)逃离。根据中国人单独的调查,向这片人口稀少的地区炮击,共杀死 4 名、6 名或 15 名中国平民和 24 名军人[①];更公布了中国和俄国的报告,断言数千名中国人被杀。炮击很快抑制了对外国人的进一步的袭击。下午进城的程潜将军,对部队重申纪律。25 日,所有希望离开南京的外国人都可以妥善安排撤退,虽然外国财产又被抢掠和焚烧了几天。[②]

除了穿北伐军军服的士兵真正参加外,究竟谁对南京事件负有实际责任,对此迄今仍无定论。3 月 25 日,程潜发表公开声明中称:"抢劫侨民财产,焚烧房屋的,是南京城内的反革命分子……从事煽动的敌对势力和一些地痞流氓,他们甚至造成一些伤亡事件。"同日,第六军第十七师师长杨杰告诉日本领事森冈正平,士兵是受到南京共产党员的煽动。各领事向其政府报告说,暴力行动是由第二、第六和第四十这 3 个军的共产党员党代表和下级军官、共产党南京地方委员会的党员计划的。北伐军将领武汉的报告中,把袭击归咎于北军和穿北伐军服的流氓。但是西方在华外交官及其本国外交部,很快就接受了日本领事的说法——

---

① 《北华捷报》,1927 年 4 月 26 日,第 108 页,登载一名中国人的"孜孜不倦的调查",他报道 4 名中国人被杀;《革命文献》,14,第 2381—2382 页,提到国民党第四师张辉瓒将军 4 月 5 日的电传报告,他报告有 5 或 6 个人被杀;右岸军总司令部政治部领导李世璋 4 月 5 日的电传报告,谈到有 1 名军官、23 名士兵和 15 名平民被杀。

② 外国目击者的报道,载《关于美国外交关系的文件,1927》,2,第 146—163 页;英国外交部,中国第 4 号(1927 年),《关于 1927 年 3 月 24、25 日南京事件的文件》,卷 36,第 2953 号;《中华年鉴,1928 年》,第 723—736 页《南京暴行》;艾丽斯·蒂斯代尔·霍巴特:《南京城内》,第 117—124 页。其他报道载博格:《美国政策和中国革命,1925—1928 年》,第 290—317 页。入江昭:《帝国主义之后:探求远东新秩序》,第 126—133 页。

共产党的煽动。① 这个解释，后来也为国民党中的蒋介石集团所接受。

南京事件是北伐期间唯一的事件；以前外国侨民从未遇到过如此广泛的袭击，并遭受如此严重的生命财产的损失。这次事件给上海的外国租界引起了恐慌，英国、美国、日本、法国和意大利在北京的公使就是否报复问题，在其内部和与各国政府进行磋商，就有关报复的一系列要求取得一致意见；但即使在国民政府尚未道歉和惩处有罪者之前，各国政府并不同意给予制裁。日本政府在外务相币原喜重郎的影响下，试图抑制英国和其他列强，使之不要采取好战的态度，同时也希望蒋介石和其他国民党温和派领袖，"解决目前的争端，并最终稳定整个南方的局势"；总之，鼓励蒋介石去反对其党内的激进分子。日本驻上海总领事矢田七太郎通过蒋介石的亲密同事黄郛，把这意见转达给蒋氏。但是，英国对国民政府的态度日趋强硬，此时已经具备进行各种惩罚的实力，不过美国政府却不同意参加制裁。结果持久的国际间争论后，各国没有采取直接的制裁行动；而国民党内部权力斗争的发展，使这些想法也变成多余的了。②

武汉政府在开始时，对南京事件很不了解。外交部长陈友仁从英国驻汉口代表台克满处获悉事件的详情，并得到美国和日本领事的证实。直到 4 月 1 日，中央政治委员会才得到南京事件的大量报告，了解到外国首都反应的一些迹象，于是认真考虑如何应付这个局面。看来英国和美国准备进行干涉，而日本的政策仍不明朗。鲍罗廷直率地指出，"如果帝国主义者真的帮助反革命，这能导致革命的毁灭"。鲍

---

① 《革命文献》，14，第 2379 页有程潜的发表于《东方杂志》［（24.7（4 月 10 日）第 128—129 页］的报告；第 2378—2383 页有其他的报告；入江昭的《帝国主义之后：探求远东新秩序》，第 128—129 页有森冈的报告。入江昭认为，杨杰的声明可能是捏造的。美国领事戴伟士认为张辉瓒指挥的第四师（第二军）士兵应对攻击负责。《关于美国外交关系的文件，1927 年》，2，第 158 页。

② 入江昭的《帝国主义之后：探求远东新秩序》（第 130—133 页），详细叙述了币原的政策及其对在华官员的指示，根据日本外务省文件。威尔逊的《英国和国政府》（第 575—591 页），根据英国外交部和内阁的文件，叙述了英国的反应。美国的政策在以下各书中有报道：《关于美国外交关系的文件》，1927 年 2 月，第 164—236 页；博格：《美国政策和中国革命》，第 296—317 页。

罗廷的建议是人们很熟悉的，就是分化英国和日本。通过日本解除日本人对革命的恐惧，保证在华的日本人，特别是在汉口的日本人的安全（根据陈友仁的说法，日本侨民怕汉口的日租界被中国收回），这是武汉政府能够做到的。武汉方面每天对外国进行宣传，特别是对日本和英国民众发出道义呼吁，希望其能起来反对干涉；宣传的内容是责备帝国主义应对南京事件负责。武汉方面同时明确所有的群众组织，特别是向武装同志解释，在华外国人应受到保护的政策是政治委员会通过的方案。①

事态的发展，很快使政治委员会向日本保证汉口日租界的安全化为泡影。4月3日，一名日本水兵和一名人力车夫发生斗殴，导致人力车夫被杀害。于是愤怒的群众打死了两个日本人（根据中国人记载，共抓获了10个日本人）。在这一触即发的危急局势中，日本的海军陆战队在汉口登陆，用机枪向群众扫射，射杀中国人9人，伤8人。日本租界当局撤走了大部分妇女儿童，关闭并派兵把守日租界的边界道口，同时派来更多的舰只驶来汉口。为了与政策保持一致，武汉政府试图尽量缩小事件的严重性，同时要中国人冷静下来，下令严格禁止对日报复。②武汉政府的命令，是武汉领导集团为了控制革命事态的迅速发展，所作出的重要努力之一。

控制上海的斗争

蒋介石在3月26日星期六下午来到上海。在争夺上海控制的斗争中，这个斗争只是争夺国民革命权力的一个方面；各派力量立即开始重新组合。共产党和国民党左派一边，是拥有武装工人纠察队的总

① 根据政治委员会1927年4月1日的会议记录，存国民党档案馆。蒋永敬：《鲍罗廷》，第124—126页，全文引了鲍罗廷向政治委员会的建议。武汉对南京事件的反应，在威尔逊的《英国和国民党》（第562—575页）有详细的分析。
② H.欧仁·夏普曼：《1926—1927年的中国革命》，第72页；夏普曼是当时在汉口的澳大利亚传教医生。蒋永敬：《鲍罗廷》，第138—139页。美国国务院893.00/8555/8605/8609，罗赫德电报，汉口，4月3、4和6日，以及8952号快信，1927年4月14日；《北华捷报》，4月9日，第53、55页；4月16日，第112页，根据汉口一封来信。

工会,几个学生、妇女、新闻工作者和小商小贩的"群众组织",以及当地的共产党员;苏联对之提供建议和一些物质援助。国民党的一边,有上海及周围几支北伐军的指挥官(也许薛岳除外);国民党"老资格的右派"成员,早把上海当成其营垒,并与工商界的巨头有良好的关系,而这些巨头有各自的理由反对好斗的劳工运动。最后是上海下层社会的帮会领袖,总工会在与这些帮会领袖争夺对上海工人的领导权。公共租界和法租界的外国当局和巡捕倾向于一方(维持法律、秩序和使特权继续下去的一方),支持这些势力的,大部分是外国领事。作为领事们的后盾,是一支约有 40 艘军舰和 1.6 万名士兵的兵力。这显然是一场力量不平衡的斗争,但双方各花了三个多星期时间准备。

左派试图发动上海的群众来取得支持。星期日,总工会在闸北湖州会馆设新办事处,汪寿华主持了一次集会。在会上,许多组织的代表通过了几项决议,要求归还租界,保证支持国民政府和上海临时政府,强烈要求薛岳的一师兵留在上海(谣传薛岳这一师兵即将调走)。在浦东,一批工人被指控为反革命,据报道,已被总工会下令处死。这天下午,在距法租界不远的西门召开盛大的集会上,发言者发表了措辞激烈的演说,要求立刻占领租界,否则即举行总罢工。国民革命军阻止了会后的游行队伍进入法租界。美国总领事报告说,局势非常紧张,甚至怀疑蒋介石是否有控制这种局势的意志和能力。①

蒋介石将军试图缓和紧张的局势,想以此使对手能平静下来。在同一天,即 3 月 27 日的晚上,蒋介石会见了几名美国记者,表示其对各国的友好态度;认为外国人准备保卫租界的行动,是"惊慌失措"的表现;也否认国民党内有任何的分裂。蒋氏并且认为不管共产党员的政治信仰如何,但其作为革命运动的参加者是无可否认的。蒋介石把南京事件归咎于穿北伐军军服的北军部队。在 3 月 31 日的另一次对外国记者的会见中,蒋介石抗议外国兵舰对南京的炮击,认为

---

① 《北华捷报》,4 月 2 日,第 6、16、19、37 和 3 页;美国国务院 893.00/8506,电报,高思,上海,3 月 27 日下午 6 时。

这引起强烈的排外情绪，呼吁不要把这个事件扩大。蒋介石并要求上海的租界当局采取措施，以缓和中国民众和外国侨民之间的紧张关系；声称已发布命令，禁止暴民使用暴力或任何其他行动损害外国侨民的生命财产安全。蒋介石要求外国当局结束戒严令，撤走外国的军队和军舰，由国民革命军来保护外国租界。总工会已在前一日发表宣言，驳斥北伐军和劳动阶级已经分裂的谣言，宣布外国租界将被工人纠察队攻击的说法是不实之词。[1]

蒋介石受到几个方面的催促，要求镇压上海好斗的劳工运动和约束共产党员；但这需要时间。虞洽卿和一家日本大航运公司的买办王一亭及伍朝枢等巨头，组成了一个商业联合会，在3月29日派代表去见蒋介石，强调立刻恢复市内和平秩序的重要性，并为蒋氏提供支持。[2] 日本总领事矢田在蒋介石到沪后不久，数次会见蒋氏的结义兄弟黄郛，敦促蒋将军镇压捣乱分子，对南京事件进行赔偿的善后事宜。《北华捷报》的评论指出，如果蒋将军"要拯救其同胞免于赤祸，就必须迅速无情的行动"[3]。

在国民党内，以吴稚晖为首的一批元老也逼蒋介石清党。这些元老，都是国民党1926年1月在广州召开的二大选出的中央监察委员会的委员。[4] 3月28日，12名常务委员中的5人举行非正式会议，通过了吴稚晖提出的从国民党中清除共产党员的决议。这一行动后来被称之"护党救国运动"。其他与会者，为中国知识分子"老前辈"

---

[1] 《北华捷报》，4月2日，第2、9和18页。

[2] 《北华捷报》，4月2日，第7、20页。《密勒氏评论周报》，4月9。资助蒋介石的确切金额不详。西方报道提出的数字是300万、700万和1500万。根据艾萨克斯的《中国革命的悲剧》第151—152页和第350页脚注37的材料。4月8日，总领事高斯得知当地的银行家已给蒋介石提供了300万元，但坚持一定要从国民党中清除共产党员，否则即不给予支持。美国国务院893.00B/276。

[3] 入江昭：《帝国主义之后：探求远东新秩序》，第130—131页及脚注。《北华捷报》，4月2日，第13页，社论的日期是3月28日。

[4] 校注：国民党二大选出的中央监察委员会委员12人，为吴稚晖、张静江、蔡元培、古应芬、王宠惠、李石曾、柳亚子、邵力子、高语罕、陈果夫、邓泽如。其中高语罕为中共党员，他于1928年2月2日被开除出国民党；2月3日，被黄绍竑逮捕。

蔡元培，孙逸仙和蒋介石的富有庇护人张静江，辛亥革命的老战士和孙逸仙的财政负责人古应芬，归国的留法学生领袖李石曾。4 月 2 日，这 5 位监察委员再次会见蒋介石的亲信、国民党组织部副部长陈果夫，中央监察委员会的两名候补监察委员黄绍竑和李宗仁也在场。李、黄二人是广西集团的领袖，黄绍竑是应蒋介石电召来上海的。这次会议，列出在国民党内担任重要职务的 197 名共产党员或亲共分子名单，并将名单提交中央监察委员会，对其实行监控。①

蒋介石邀约国民革命军的主要将领前来上海交换意见，其中有南京来的程潜、贺耀组和何应钦，江左军的李宗仁，广西的黄绍竑，广东的李济深，以及已在上海的白崇禧。其他的人，是被赶出武汉的陈铭枢，安徽的柏文蔚和王普，浙江的周凤岐——这些人都是反共的。

汪精卫在巴黎"休假"后经莫斯科返国，于 4 月 1 日到达上海，受到盛大的欢迎。也许只有汪精卫才有足够资望来弥合党内日趋明显的分裂。在以后数天中，汪精卫与武汉派来的宋子文，监察委员会派的吴稚晖、蔡元培、李石曾，与汪氏的旧同僚胡汉民，以及中共的总书记陈独秀等，进行头绪纷乱的会谈。4 月 3 日，蒋介石向国民革命军全体将领发出通电，以奉承的字眼宣布汪精卫归国，并称从即刻起，全部军事、政务、财政和外交事务悉由汪主席决断，其本人仅指挥若干军队，且愿意亦如其他将领一样服从于汪主席。蒋氏并称只有这样，才能真正确立党的权威，以便完成国民革命和加快实现三民主义。在私下里，蒋介石强烈敦促汪精卫驱逐鲍罗廷，清除党内的共产主义分子，并警告汪精卫切不可去武汉，否则其必将成为共产党的人质。其他的人也请求汪精卫参加清党。但汪精卫主张此等大事，必须召开中央执行委员会来决定，并要求各同志不得擅自行动。②

汪精卫与陈独秀讨论的结果，4 月 5 日上午的上海报纸上发表了

① 《革命文献》，17，第 3086—3093 页（名单在第 3091—3092 页）；《从容共到清党》，第 611—614 页；蒋永敬：《鲍罗廷》，第 158—160 页。
② 《从容共到清党》，第 615—617 页。蒋介石的电报载《革命文献》，16，第 2797—2798 页；《北华捷报》，4 月 9 日，第 52 页有摘要。

两人联合声明。声明首先强调革命阵营内部继续团结的必要性，认为共产党不论有过什么过错，但从来没有主张推翻友党的国民党；中国即使在将来，也不可能实行无产阶级专政；现在需要的是一切被压迫阶级用来对抗反革命的民主专政。声明提倡两党党员之间的合作精神，并用领袖孙逸仙的联共政策提醒国民党党员。声明试图平息当时在上海流传的两种"谣言"——共产党准备组织工人政府，冲入外国租界，搅乱北伐军和推翻国民政府；国民党的领袖们正计划从党内驱逐出共产党员，镇压工会及工人纠察队。其实，这纯属谣言，两党都没有这类意图。声明最后告诫所有的同志要除去怀疑，制止谣言，为革命利益和为两党利益而互相尊重，互相善意地进行协商。[①]

同一天上午，汪精卫出席有更多党内元老和国民革命军将领参加的会议，会议的情绪激昂，争吵得空前激烈。当日傍晚，汪精卫偷偷登上一艘轮船前往汉口。汪精卫在留给张静江（张人杰）和蒋介石的信中说，其前往武汉，是安排4月15日在南京举行的中央执行委员会全体会议，以解决国民党内的争端。[②] 武汉政府通过中国报刊和大约程潜4月6日的个人报告，才充分了解到上海几次会议的情况。程潜在上海与蒋介石商谈，又会见了吴稚晖和李石曾，然后把军队留在南京，自己前往武汉。[③] 武汉政府对蒋介石及其同谋者已无任何约束

---

① 《革命文献》，16，第2798—2800页；郭华伦：《中共史论》，1，第424—426页有英译文；摘录载《北华捷报》，4月9日，第74页。根据汪精卫后来记述，陈独秀写了一个声明，反驳吴稚晖、蔡元培、李石曾向汪精卫提出的对共产党的指责，见《汪精卫先生最近演说集》，第126页，1927年11月5日的演说。陈独秀本人后来称其为"可耻的"声明，谴责其对当时共产国际政策所持的立场。陈独秀：《告全党同志书》，1929年12月10日，译文载《中国历史研究》，3.3（1970年春），第231页。

② 《从容共到清党》，第617—619页，附有与会者名单；新增的人中，包括李济深将军，白崇禧将军，中央执行委员会的柏文蔚、宋子文和甘乃光。甘乃光是中执委的常委，被认为是左派。汪精卫的回忆，见其11月5日的演说；《从容共到清党》，第123—125页。吴稚晖对汪精卫写了一篇尖锐的批评文章：《书汪精卫先生铣电后》，载《稚晖文存》，第1集，第1—14页。

③ 李云汉：《从容共到清党》，第623页，引了武汉政治委员会4月7日一次紧急会议记录；程潜5月5日的书面报告，讲到其在上海的几次会议及一次其拒绝参加的军事会议情况，会议的参加者都是反共的，此报告存国民党档案馆，第1—5/804号。

能力。同时,武汉政府也因自身的问题被困扰得焦头烂额。

革命者内部日趋激烈的暴力行为

在 4 月 12 日前两个星期,许多城市爆发了激进派和反激进派的较量,表明革命阵营内部出现的冲突正在激化。这些派别的斗争不仅是为了权力的角逐,在冲突背后还隐藏着对革命意义的重大分歧。在现阶段,国民革命的目标是消灭军阀和清除帝国主义的特权,重新统一中国呢,还是一场解放劳苦大众的阶级革命?在农村,佃农发动起来是为了夺取土地,还是实行减租减息?在城市,工人阶级是否不但要资本家提高工资和改善工作条件,还要通过工会对企业进行控制?群众通过谋杀的暴力行为,是不是把下层阶级从封建主义和资本主义束缚中解放出来的唯一办法?总之,随着国民革命的进展,社会革命应当进行到什么程度?民族主义使革命阵营团结,而社会革命却使革命阵营分裂。

对于这些问题,社会各阶层的领袖,从激进到保守,都各持有不同的强烈信念。这种信念上的不同,遂导致国民党地方党部和政府委员会的权力之争,各党派竞相向下级军官和士兵灌输自己的主张。在革命者——人人都认为自己是革命者——中间,存在着对立的青年、工人、农民、商人和小业主的组织。有的受共产党的强烈影响,有的或为其所控制;而其他的一些则是反对共产党的。在劳工运动中,非共产党的工会组织者与一向视工人运动为其独占领域的共产党活动家之间的对立,可以追溯到六年以前。

城市中爆发的冲突,都循着一种固定的模式。首先是激进分子通过宣传或街头讲演,来动员群众参加爱国集会和游行(行动时,分发传单和口号,其中有一些是谴责保守的国民党领导人),来赢得社会的支持。受共产党控制的总工会的武装工人,即工人纠察队,保护激进分子的设施,并迫使工人罢工。反激进的行动也循着一个统一的模式,例如许多城市都出现相同的标语,"拥护蒋总司令","驱逐鲍罗廷"。在有些地方,随着冲突的激烈化,军事长官会下令逮捕共产党嫌疑分子,封闭其所控制的组织。有几次,忠于蒋介石的黄埔军校学生也卷了进去。在军队的援助下，一个对立的劳工组织会进攻总工会的地方办事处，并解散其纠察队的武装。4 月 12 日，对上海工人纠察队的毁灭性打击，不是一次突然的袭击。

在浙江省城杭州从 2 月 18 日被攻占之后，冲突的一方是国民党左派的党部、工会和学生会；另一方是反共的工会联合会、黄埔同学会和东路军后卫队。国民党浙江省党部中，一名很有影响的共产党员宣中华，试图逮捕工会联合会领导人，解散联合会，但受到公安局长和后卫部队司令的抵制。3 月 30 日，在工会联合会游行的职员和工人与总工会的武装纠察之间发生流血冲突以后，后卫部队司令官禁止总工会在次日举行集会和游行，违者将武力镇压。当学生和工人在工人纠察队率领下以各种方式游行时，士兵向游行队伍开枪，包围了国民党左派党部，并纵火焚烧，解除了工人纠察队的武装。暴乱者捣毁了总工会总部。①

同在 3 月 31 日那天，远在西部的四川省重庆出现了捣毁总工会和其他的左派组织，以及处决许多共产党嫌疑分子的事。重庆的国民党左派和右派之间的冲突，可以追溯到 1925 年。主要右派领导人之一为石青阳，他是老资格的国民党员，也是 1925 年反对国共合作的西山会议的主要成员。在 1926 年的大部分时间里，四川有两个省党部、两个总工会和其他的对立组织。左派领导人中的两名共产党员，是老资格的革命家吴玉章和后来闻名于世的刘伯承。1926 年 11 月，控制重庆的四川将领刘湘突然倒向左派，下令驱散右派组织②。这事发生在北伐第一阶段的高潮期，当时国民党左派正呈上升趋势。可能在 1927 年初，蒋介石和南昌的中央政治会议命令反共的向传义③和

---

① 《从容共到清党》，第 645—660 页。李云汉报道了宣中华和另一名有影响的共产党员安体诚在 5 月初被杀害的情形。《中国劳工运动史》，2，第 669—670 页，报道这份史料。浙江政治会议召集总工会和军队代表拟定了一个解决办法，即容许总工会继续存在，但把纠察队限制在总工会总部。后来，根据再登记的手续，联合会和总工会都解散，《北华捷报》，4 月 9 日，第 67 页，报道日期为 4 月 5 日。

② 《中国劳工运动史》，2，第 566—569 页。

③ 校注：向传义（1888—1950），原文作 "Hsiang Fuyi" 译音向傅义，误 "传" 为 "傅"。

吕超回到四川，去敦促刘湘和重庆戒严司令王陵基采取反对共产党行动。2月，吕超带领一队黄埔军校学生到刘湘军中工作。其他的反共集团也在组织之中，而且大部分军事将领都表现出敌视激进分子的情绪 。为了加强自己这一方的力量，国民党左派计划在3月31日举行一次大集会，表面上是为了一星期前炮击南京事件反对英美帝国主义，但也是为了激起反对蒋介石的情绪。戒严司令王陵基得到刘湘将军同意后，派兵包围了会场，逮捕了共产党嫌疑分子，搜查了吴玉章办过的两所学校，查封了省城和大城市以及县的国民党党部、省农会办事处、总工会和《四川日报》。[①] 根据作者掌握的材料，这些单位都为共产党所控制。[②] 当工人纠察队抵抗军队的逮捕时，出现了严重的流血事件。6名重要的地方共产党员牺牲。根据另一名共产党员给武汉政府的报告称，有400多人被枪杀，纠察队全部被击溃。从此清党遍及四川全省。[③]

4月2日在南昌，轮到左派去推翻其对手了。江西是国民党两派竞争的场所。北伐军占领江西后，许多共产党员在此地进行活动。蒋介石把总司令部设在南昌后，中共党员的活动受到了抑制。国民党江西省党部执行委员会以及省政府委员会，主要由"清一色"的国民党员所组成，由有威信的老资格革命家李烈钧任江西省政府主席[④]，但南昌的国民党党部却为左派所控制。当蒋介石1927年3月离开南昌时，李烈钧解散南昌国民党党部；但随着李氏也离开了江西，武汉政府遂得以加强在江西的影响。3月26日，武汉的国民党中央执行委员会指定一个8人委员会，来改组省党部执行委员会和省政

---

① 校注：原文为"Szechwan Daily"译为《四川日报》，疑为《新蜀报》之误，重庆无《四川日报》。

② 李云汉：《从容共到清党》，第666页。

③ 李云汉：《从容共到清党》，第666—668页；《中国劳工运动史》（2，第649页），估计有70多人被枪杀，100多人受伤。《北华捷报》4月9日，登载了一篇路透社4月1日发自北京的快讯，简短地报道了这场冲突（据推测取材于重庆英国领事馆）。

④ 校注：1926年11月，广州国民政府公布《省政府组织法》，第三条规定："省政府各厅各设厅长一人，联合组成省务会议，并举一人为主席。"自此，省行政长官即称主席。李烈钧于1927年2月20日任江西省政府主席。

府委员会。8 人中有 6 人是双重党籍身份。3 月 30 日，中央执行委员会任命第三军军长朱培德为江西省政府主席，争取其对左派的支持。为了执行武汉的决定，左派动员其在学生和劳工中的支持者，在 4 月 2 日发动了突然袭击。在这次事件中，朱培德部下的南昌警备司令王俊显然给予了配合，或者保持中立。后来成为著名的共产党将军的朱德，当时负责军官教导团和主持南昌军校①，支持这场突然袭击。在省政府任职的一批国民党员，约有 20 人被处死。李烈钧离去后，朱培德担任了其渴望的江西政府主席，并恢复了秩序。在收到蒋介石一封严厉的电报后，朱培德保护了被捕的国民党官员，但还是有数人被人民法庭判处了死刑。

在福州，左、右两派力量的比较似乎比较平均，事态的发展也呈现略为不同的形式。国民党内的两名共产党员马式材和李培桐控制省党部，并派员到各县去组织分党部和建立一个政治讲习所；其中的一批教员是共产党员，通过党部成立通常的青年、妇女、农民和工人的组织。在另一方，"纯粹的"国民党活动家成立了青年、妇女和工人的反共组织，甚至成立反共的总工会和省农民协会。此外，当时仍在福州的何应钦，不准共产党控制的工会组织纠察队，也不准成立农民自卫队。在 3 月份，双方试图在示威行动中集结各自的力量，并出现了双方的街头冲突，但冲突被警备司令压制了下去。3 月 19 日，黄埔同学会福州分会成立，从而加强了反共一方的力量。4 月 4 日，保守派力量在一次"拥蒋护党"的集会上，集结了保守分子，通过拥护蒋总司令为革命领袖，驱逐鲍罗廷，处分徐谦、邓演达和谭平山的决议。作出这类决议的指示，只可能来自上海。集会还决定惩罚"破坏党的工作"的地方共产党党员和左派

① 李云汉的《从容共到清党》（第 594—598 页）和蒋永敬的《鲍罗廷》（第 128 页）提到被处死者的姓名；高荫祖的《中华民国大事记》（第 252 页）提到 20 多人总总工会所杀，约 800 人被捕。作为省教育委员而被捕的程天放先生，1962 年在台北与作者会见中，讲述了他的惨痛经历。程天放的《中苏关系史》（第 138—139 页）提供了较短的叙述。写朱德传记的美国作者艾格尼丝·史沫特莱，叙述了朱德在南昌的工作，但略去了 4 月 2 日事件。史沫特莱：《伟大的道路：朱德的一生和时代》。

分子，包括马式材和李培桐。美国驻福州的领事报告说，"实际上等于反共产党的政变，包括完全改变省的行政机构……据说是直接奉蒋介石之命行事的"。4 月 7 日，一个更为保守的国民党领导集团正式组成新的省党部。同一天，马式材和其他几个人逃离福州，失败的一方约有 10 人"先后落网而被处死"①。

4 月 6 日，北京外交使团准许京师警察厅对苏联使馆的一处建筑物进行突然搜查。外交使团颁发搜查证的理由，是怀疑中国共产党正在利用中东铁路和远东银行在使馆界的办事处，策划在北京举行暴动。在搜查中，警察逮捕了 22 名苏联人和 36 名躲藏在内的国民党党员。其中包括中国共产党缔造者和主要理论家之一的李大钊。国民党北京执行部的 9 名执行委员中，有 6 人被抓。警察发现了中国共产党和国民党的文件、共产党党旗、印章和一些武器弹药。此外，警察看到苏联使馆武官处的苏联人正在烧文件时，扑灭了火势，搬走了 7 卡车文件。② 这次搜查的直接后果，是破坏了国民党和共产党在北方的活动，还可能破坏了苏联军事顾问与北京苏联武官处的联系。4 月 7 日，天津法租界当局搜查了租界内的苏联机构。在上海，公共租界工部局命巡捕包围苏联领事馆，禁止人们接近。这样，西方列强确实削弱了苏联对中国革命的援助。经过京师高等审判厅审判，李大钊及其他 19 名在搜查中被捕的中国人，于 4 月 25 日被处死；其他 10 人被判处徒刑。在被处死的 19 人中，有数人是北京共产党组织怀疑的国民党党员。

在上海，许多迹象预示，蒋介石及其支持者，最后必与武汉政府和中国共产党决裂。据报道，蒋介石的两名亲信杨虎和陈群，是与杜月笙的中间联系人；而这位杜大亨则是长江下游最有实力的下层社会的帮会领袖之一。杨虎、陈群劝说杜月笙领导这次反共行动。杜月笙

---

① 李云汉：《从容共到清党》，第 650—655 页，包括马式材的一份报告在内的档案材料，没有讲到李培桐的遭遇。美国国务院 893.00/8615，电报，马克谟，北京 4 月 7 日。

② 韦慕庭、夏连荫的《文献集》（第 8—37 页）报道了这次突然搜查及所发现文件的可靠性。在搜查后的数月间，许多文件被公布，从而透露了苏联从事间谍活动，援助国民党和冯玉祥的详细情况，以及苏联卷入两党革命运动的许多历史材料。

为此成立中华共进会；4 月 3 日，公共租界捕房已得知青帮领袖募集数百名武装亡命之徒，将住进法租界；蒋介石已给予其首领 60 万元巨款。4 月 7 日，公共租界捕房得知，这些亡命之徒目的是攻打总工会总部。[①] 杜月笙与上海总工会的共产党领导人汪寿华相识。确切地说，杜月笙的共进会和汪寿华的总工会之争，是争夺对上海工人某些部门控制的冤家对头。

在 4 月份的头三天，第一军第二师师长刘峙将军奉蒋介石和白崇禧之命，派兵攻打一支纠察分队的武装游击队，击毙了数十人，逮捕了其余的人押至龙华受审。刘峙的副官在 4 月 4 日告诉《字林西报》记者，"将近一个师"的非正规部队已被解除武装；因为总工会的工人纠察队未干预军务，"队员没有被解除武装"。但是如果纠察队有任何破坏安定的行动，"也将被镇压和解除武装"。4 月 5 日，蒋介石颁布戒严令，命令解除所有未编入国民革命军而携带武器的人员。次日，白崇禧封闭了武汉中央在上海设立的总政治部办事处，并命令检查汉口发来的电报和信件；8 日，对设在毗邻法租界南市的总工会总部进行搜查，19 名共产党嫌疑分子被捕。[②] 同时，蒋介石把第一师和第二师调往南京[③]，在那里还有其要做的事。

蒋介石所以要把军队调往南京的目的，是要控制与其盟友准备在南京成立的政府。为此，蒋介石必须保卫南京免受北军的来犯，

① 杨虎和陈群在辛亥革命时期和以后，与蒋介石一样，都参加了陈其美的组织，是很神秘的人物。杨虎被任命为上海警备司令的重要职务。杜月笙是上海最难以认识清楚但最有势力的人。见汪一驹：《杜月笙传（1888—1951）：初步的政治传记》，载《亚洲研究杂志》，26.3（1967 年 5 月），第 433—455 页。关于共进会，见切斯诺：《中国的工人运动》，第 393—394 页，书中引了 4 月 3 日和 7 日的警方日报。《第一次国内革命战争时期的工人运动》，第 492—493 页，根据总工会 4 月 15 日的一份报告，说 4 月 12 日前数日，工会屡次收到亡命徒将攻打工会和纠察队的报告。

② 《北华捷报》，4 月 9 日，第 50、51、55、57 页；切斯诺：《中国的工人运动》，第 346 页，根据 4 月 8 日的警方报告。

③ 高荫祖：《中华民国大事记》，4 月 9 日，暗示两个师已到达。里昂·托洛茨基在《中国革命的问题》第 276 页引了已从中国归国奇塔罗夫的报告，说薛岳向中共中央提议，他不服从蒋介石调动其一师兵力的命令，而要留在上海与工人一起战斗。一些负责的共产党领导人拒绝了薛岳的提议，因为其不愿与蒋介石发生"过早的冲突"。

同时也为消减内部的颠覆分子。蒋介石命令第二军和第六军渡江北上，去迎战敌军，并派第一军的两个师来加强南京的城防。这两个师的大部分军官是原黄埔军校的教官和学生，是能够服从其命令的。[1]

在南京城内，一场复杂的斗争正在进行。第二军和第六军的两个政治部，分别是由双重党籍的党员李富春和林祖涵领导。李富春是留法的年轻归国留学生，属于激进派。林祖涵是参加同盟会的老资格革命家，又是重要的国民党领导和国民党中央执行委员会委员。在 3 月 24 日北伐军攻下南京后，在这两个军政治部的领导下，开始成立总工会和其他群众组织的正常活动。在第六军攻下南京时，林祖涵不在军中，在 3 月底才来军中停留数日，为武汉一方争取支持。4 月 1 日，国民党江苏省党部才从上海搬到南京。江苏省党部是一个左派集团，其中据说是中共党员的张曙时和侯绍裘是两位引人注意的人。张曙时曾代表国民党江苏省党部出席第一届第三次中央执行委员全会，于 4 月 3 日由汉口乘船顺流而下，到了南京；后来给武汉政府的报告虽有偏见，却是关于南京正在发生冲突的第一手材料。张曙时知道两名"反革命歹徒"已组织了对立的市党部，但第六军政治部关闭这个机构，逮捕了该机构的几个党徒。张曙时知道这是一个不祥的消息。蒋介石已指定"安徽省党部的破坏者、流氓杨虎"负责南京特别区的工作，同时指定另一个"反革命歹徒"实行破坏活动。这些人组织了一个"主要雇用打手"的劳工联合会。这个联合会受到公安局长温建刚的庇护，政治部也不能将其关闭。公安局禁止集会，违者将以武力镇压。省党部于是决定举行庆祝军民联合的集会，第二天再举行庆祝汪精卫归国大会。第一个大会令人失望，因为第二军和第六军已渡过长江，只有第六军政治部和少数武装同志出席了会议，第一军则无人

---

[1] 李云汉的《从容共到清党》第 623 页载称，蒋介石命令部队渡江要在 4 月 6 日完成，当时在武汉的程潜，打电报给其指挥的第六军不要前往，但电报为蒋介石的指挥所发现，因此，"程潜的阴谋没有得逞"。5 月 5 日，程潜给武汉的中央执行委员会一封抱怨的信，详细叙述了这些事件及其部队被瓦解的情况。国民党档案馆 1—5/804。

参加。① 这是军事力量发生变化的信号。与此同时，汉口的鲍罗廷听了程潜和李富春关于蒋介石计划的报告后，在 4 月 7 日召开紧急政治委员会会议。会议决定中央党部和国民政府应当迁到南京②，但为时已晚。

蒋介石和何应钦在 4 月 9 日上午到达南京，留下白崇禧和周凤岐驻守上海；南京实施了严格的戒严令。曾计划举行盛大集会欢迎汪精卫的人，感到应该加一些欢迎蒋介石的标语和旗帜。但是集会显然永远不能举行了。一批武装歹徒——雇用费每天 4 元——捣毁了国民党江苏省党部和南京市党部，捆绑了省、市党部的工作人员，其中包括农民部和商人部的负责人、宣传部和妇女协会的干事、书记处的职员，一齐交送公安局，有数人据说是共产党员。张曙时在搜查时躲藏了起来，但后来还是被捕，关了一夜；因之得知蒋总司令是这些行动的幕后人。为了反击这次袭击，左派工人到总司令部向总司令请愿，要求保护国民党省、市党部和总工会，但没有结果。第二天，左派成功地举行一次大会。会后群众又去见总司令请求保护，但与军警发生了冲突，许多人受伤。4 月 10 日和 11 日是恐怖的两天：武装歹徒攻打总工会，宪兵搜查张曙时同党居住的旅馆和其他地方，抓走了一批人；侯绍裘与另外一些人被杀；张曙时乘小船通过水闸③逃走，前往汉口。④ 对于武汉的支持者来说，南京再也不是安全之地了。

厦门和宁波在 4 月 9 日和 10 日也发生了类似的冲突，以保守的一方取得胜利而告终。在广州，美国领事在 4 月 9 日的报告说，局势正变得非常紧张，可以预料，温和分子和共产党员之间的冲突在任何

---

① 张曙时：《江苏省党部代表报告》，国民党档案，江苏案卷，2/99，日期约 4 月 27 日，引用自蒋永敬《鲍罗廷》，第 133—135 页。按照白崇禧的说法，薛岳的师和严重的第二十一师中下级共产党员军官或是被撤职，或是被捕。白崇禧：《十六年清党运动的回忆》，广西省国民党重建委员会宣传部，1932 年，第 10 页。

② 李云汉：《从容共到清党》，第 623 页。

③ 校注：旧时南京通济门有水门设闸通城外秦淮河。

④ 这一段是综合张曙时的第一手报道和李云汉根据档案材料写成的报道，不清楚有多少人被捕和被处死。《中国劳工运动史》，2，第 646—647 页强调了这个事件的另一面。

时候都会发生。中国报纸发表了李济深自上海来电，声称汉口的行政当局已为共产党所把持，其命令就不必服从。[①] 这显然是对 4 月 15 日开始恐怖清洗的暗示。

尽管有这些事件和不祥之兆，上海的共产党领导集团对之却束手无策。由于缺少 4 月份前两周的党内文件，所以难以了解中央委员会和总工会领导人所做的准备。陈独秀后来透露，共产国际曾指示共产党把所有工人的武器隐藏或掩埋起来，以避免和蒋介石发生冲突。按照 A. 曼达利安的说法，电报是 3 月 31 日发出的，隐藏或掩埋武器的命令显然没有执行。[②] 相反，中共领导集团试图对工会和纠察队实施严格的纪律，争取公众的支持，准备在敌方试图解除工人武装时进行一次总罢工。在一艘因罢工停驶的船上举行秘密会议以后，上海总工会在 4 月 4 日举行了一次较为公开的集会，由总工会执行主席大胆敢干的汪寿华主持，决定——也就是宣布纠察队员在使用火药武器时，必须服从总工会的规定。工人如果没有工会的命令，不得宣布罢工；应告知公众，保持武装纠察队的必要性。4 月 5 日，汪精卫和陈独秀发表联合声明，旨在缓和紧张空气和取得公众的支持。但是总工会执行委员会决定，如果任何人试图解除工人武装，总工会即下令举行总罢工。在闸北，工人纠察队进行武装游行来显示力量。7 日，工会代表的一次集会决定，如果有任何人危害纠察队，或对其采取武力行动，全上海的工人必须奋起支持纠察队，用群众的力量来制止这种行动。同一天，在一次左派集会上通过的决议，表明激进分子所关心的问题是应当镇压环龙路的国民党右派集团，其成员应予逮捕加以惩办；上海的国民党应受汉口中央执行委员会的节制和指导；刘峙应被撤职并受到惩罚；应力促薛岳将军留在上海负责军事；所有的反革命分子应予镇压，所有的工人

---

① 《中国劳工运动史》，2，第 670—671 页；《北华捷报》，4 月 16 日，第 100 页，美国国务院 893.00/8642，马克谟，北京，4 月 11 日。

② 陈独秀：《告全党同志书》，第 231 页；诺思和尤廷的《罗易之使华》（第 54 页）引《真理报》[159（1927 年 7 月 16 日），第 2—3 页] 的一篇文章；张国焘：《中国共产党的崛起》，1，第 587 页。

应武装起来。①

反共清洗的扩大

白崇禧、杨虎、杜月笙及其同伙进行了周密的策划，来解除强大的上海工人纠察队的武装。杜月笙为征募的歹徒配了手枪，组成有特定攻击目标的小分队，穿着"工"字袖章的工人服装；数百名白崇禧部队的士兵也作这样伪装。4月11日晚，汪寿华应邀到杜月笙公馆赴宴，正在其要离去时，即被劫持杀害，尸体被弃置于龙华。周凤岐的部队，在晚上埋伏在工人纠察队大本营和总工会附近。公共租界和法租界的当局事先已接到通知，被告知午夜后袭击即开始，届时命令用路障封锁租界，以防有人逃入租界庇护。可是正好在4月12日黎明前，杜月笙的"工人"却获准从法租界通过，白崇禧的伪装部队也获准从公共租界通过。②

在4月12日凌晨4时和5时之间，总数约1000人的几支进攻特遣队，向毗邻公共租界的闸北、紧邻法租界的南市、黄浦江东岸的浦东，以及黄浦江汇入长江的吴淞等地的工人纠察队驻地开火。有数处的守卫者英勇抵抗，但有的地方却中计投降。在有些地方，周凤岐的第二十六军穿制服的士兵也参加进攻；但在另一些地方，则假装在冲突的劳工组织之间进行调解，以恢复秩序。根据早期的报告，约有25名至30名抵抗者在战斗中死亡。被捕的左派领导人被解往白崇禧的司令部。根据一份新的报告，有145人在白崇禧司令部里被处死。周恩来和纠察队的一个共产党领导人顾顺章，也和其他的人一起被捕，但两人都

① 《北华捷报》，4月9日，第80页；《从容共到清党》，第570—571页；《北华捷报》，4月9日，第50页，决议8—12、18。

② 关于汪寿华之死，见《传记文学》，11.1（1967年7月），第97页；台北《华报》，1961年10月4日的前秘书胡叙五所写的关于杜月笙的文章。两者都说，汪寿华确为杜月笙手下所杀害，但暗示与杨虎、陈群也有关系。在1962年白崇禧对所问的问题书面答复中说："我抓了汪寿华……和主要的共产党代表侯绍裘及其他的人，领导人被绳之以法。"美国国务院893.00/8906，快信，高思，上海，1927年4月21日，《上海领事馆区的政治形势》声称汪寿华于4月11日被捕，在白崇禧的司令部被处死。关于准备工作，见白崇禧的《十六年清党的回忆》，第11页。

逃脱了。周凤岐将军缴获了大量的工人武器,约有 3000 支步枪,两挺机枪,600 支手枪,大量的弹药以及许多斧子和长矛。在解除了纠察队的武装后,军队和伪装的流氓工人封闭各种左派组织的办事处。[①]

失败的一方企图集合起其支持者。总工会的领导不顾白崇禧的禁令,号召举行总罢工,仍有 10 万工人,许多人在纠察队的恫吓下参加罢工在第二天不去上工,但罢工没能持久。13 日,示威者在闸北集合后,游行到周凤岐的司令部,要求释放被捕者和发还工人的武器;在游行的队伍中既有武装人员,又有妇女和儿童。当司令部的卫队向游行队伍开枪时,数十名无辜者被杀害。在大约 90 名被捕者中,有 40 多名为原来直鲁联军的士兵,是被雇用成为纠察队员的。当日傍晚,新组成的工会统一委员会接管了总工会。这个工会统一委员会将是蒋介石控制下的工具,把劳工运动纳入于保守分子手中。4 月 12 日至 14日,恐怖的镇压粉碎了左派指导的上海群众运动,有数百人被杀,数千人胆战心惊地出逃。总工会领导别无选择,只能在 4 月 15 日取消罢工,并给武汉政府送了一份严厉谴责蒋介石和要求援助的报告。[②]

革命摇篮的广州,也经历了一次同样残酷的对共产党领导组织的镇压,许多知名的激进分子被杀。已被武汉政府"罢官"的李济深,在上海开完了右派的会议之后,于 4 月 14 日回到广州,当夜即召开了秘密的紧急会议。会议决定成立以李济深为首的特别委员会,来计划和执行清党行动。广州警备司令钱大钧宣布 4 月 15 日开始戒严,

---

① 《第一次国内革命战争时期的工人运动》,第 494—500 页,有关于共产党一方的早期报告;《北华捷报》,4 月 16 日,第 102—104 页,以及前面所引美国国务院 893.00/8906 号文件,有局外人的报道。次要的报道,载艾萨克斯:《中国革命的悲剧》,第 175—177页;切斯诺:《中国的工人运动》,第 369—370 页;吴天威:《蒋介石的 4 月 12 日政变》,载陈福霖、托马斯·H.埃佐尔德合编:《20 世纪 20 年代的中国:民族主义和革命》,第 146—159、155—157 页。白崇禧对军告诉作者,在《人类的命运》中,安德烈·马尔罗关于把被捕的激进分子投入机车炉膛去处死他们的报道,根本是不确切的。

② 《从容共到清党》,第 628—629 页。《第一次国内革命战争时期的工人运动》,第 516—518 页;总工会的报告,第 530—533 页。手写报告的原件的日期为 4 月 15 日,附有总工会信笺的说明信及印鉴,现存国民党档案馆,上海案卷,1.8/423。它们由王思曾携往武汉,在 4 月 27 日交中央执行委员会。《第一次国内革命战争时期的工人运动》的文本是一样的。部分原文引用于蒋永敬的《鲍罗廷》,第 161—162 页。

广州公安局也颁发了类似的公告。李济深称其奉国民革命军蒋总司令之命，立即逮捕广州所有的共产党分子，解除工会纠察队的武装。于是在4月15日黎明前数小时，广州开始清党。

数营的士兵和2000名武装警察，包围了香港罢工委员会、广州工人代表大会和几十个激进工会的总部，解除了警卫的武装，逮捕了领导人。在粤汉铁路终点站的黄沙车站，铁路工人的工会与其老对手保守的机器工人工会之间展开了一场对阵；在士兵的支持下，机器工人占了上风。中山大学、两所受激进思想影响较深的中学和两家国民党报社，也遭到搜查；报社以后即被改为保守派领导的报社。4月16日，街上出现拥护蒋总司令和拥护政府迁往南京（此时已即将实现）的标语。受共产党很大影响的黄埔军校学生，都被解除了武装，但大部分学生是拥护蒋总司令的。4月18日，约200名被怀疑为共产党的军校学生被捕，其他的学生则纷纷逃走。从4月23日持续到25日的抗议罢工，只有少数几个工会能够发动，但结果有20多或30多工人领袖被捕。散发反政府传单被捕的7人，悉被处决，其中有两名女学生。43个工会被强行改组。突击搜查持续到4月27日，约有2000名被怀疑为共产党员的人被捕。在几十名处死的人中，有刘尔崧、李森（李启汉）和萧楚女，都是已经加入共产党的左派斗士。[①]

李济深和特别委员会改组了广东省政府。孙逸仙的老同事，保守的国民党员古应芬成为广东省的财政厅长，李济深实际依然是军事长官；广东新省政府向武汉中央宣布独立。这样，对武汉政府就产生了两个严重的后果。其一，有800万银元储备在广州的中央银行，不再支持武汉，

---

① 英国外交部405/253，机密，《关于中国的进一步通讯》，13304，1927年4—6月，第127号；英国总领事璧约翰的快信，1927年4月21日，信中包括15日的公告及其他有关清党文件的英文译文，又英国外交部228.F3609/8135。美国国务院893.00B/286、290、292、296，美国总领事电报，广州，4月15、16、22、25日。《第一次国内战争时期的工人运动》，第534—539页，登载一篇发表于1931年的文章。《从容共到清党》，第655—659页，蒋永敬的《鲍罗廷》，第164—165页；两者都部分地根据5月15日韩麟符给武汉领导人的报告（韩麟符是共产党员，从广州逃到汉口）。《中国劳工运动史》，2，第673—677页。刘立凯、王真：《1919年至1927年的中国工人运动》，第57页。

使武汉不可靠的通货更为恶化。其二，追随武汉的三个省份①往南的通海的路线被切断，只能通过长江与东海相通，但是这是很不可靠的。

广西省的几个城市（根据上海会议的参加者之一黄绍竑的命令），以及汕头、厦门、宁波等口岸城市也都受到清党的波及。杨虎亲自来宁波监督国民党部的改组工作。在广东、浙江和江苏省的一些小城市，国民党党部和工会的左派领导人也都遭到清洗。南方和东部几个沿海省份，清党的行动并没有使从 1920 年以来发展起来的工人运动结束，但是共产党的影响急剧减弱了。共产党员或是转入地下，或是逃到武汉庇护地——事实证明，武汉也仅只是个临时的庇护地。

武汉的一些激进的劳工运动领导人，可能对在上海被杀害的同志怀着报复情绪，于 4 月 14 日处死了 8 名湖北工人运动的老资格工会组织者。这 8 人都是反对共产党控制湖北省工会，为邓演达的政治部逮捕，并被谴责为"工贼"。4 月 10 日，武汉的共产党劳工运动领导人举行湖北省总工会代表会议，会上决定将这 8 人交给民众处决。数日后，郭聘伯、卢士英、袁子英和另外 5 人经法庭宣判，被行刑队在汉口街头枪决。②在激进主义中心的长沙，据报道，估计有 30 名至 40 名与外国工商业有联系的中国人已被处死③，其中有著名的学者和保守分子叶德辉。

建立南京政府

在上海保守的国民党领导人，于南京另立中央和独立的国民政府，遂更加剧其与武汉的分裂。这些人在南京集合，表面是等待武汉中央执行委员会举行一次由汪精卫提议召开的全体会议。当汪精卫还没有到达时，在南京 9 名自封的中央政治委员会委员又增选了另外 9 人。这个集团在 4 月 17 日决定第二天在南京成立中央政府。在作出这个决定的人中，只有 5 人是中央执行委员会委员，而该委员会有委

---

① 校注：此时支持武汉政府的三个省为湖北、湖南和江西。

② 《从容共到清党》，第 568—569 页；蒋永敬：《鲍罗廷》，第 129 页；《中国劳工运动史》，第 601—602 页；切诺斯：《中国工人运动》，第 326 页。

③ 美国国务院 893.00/8802，电报，罗赫德，4 月 17 日；罗赫德报道的情报中，称"被共产党肆意杀戮"。

员 36 人，候补委员 24 人。8 人是中央监察委员会委员，而该委员会有委员 12 人，候补委员 8 人，余下的 5 人是将军。如果以在武汉的中央委员会的人数来衡量，武汉方面更有合法性；可是南京方面有几个很有声望的人，著名的有胡汉民、吴稚晖、蔡元培、李石曾、张静江、邓泽如。① 在由胡汉民任主席的国民政府成立的仪式会上，发表语气既是革命又是反共的宣言，使已在进行的清党运动合法化。政治会议讨论了中央监察委员会 4 月 2 日作出的决议，把共产党员清除出国民党，新政府向总司令及其他将领和官员发出一道相应的命令，称鲍罗廷、陈独秀、徐谦、邓演达、吴玉章、林祖涵为极端的邪恶分子；又向各地共产党领导人发出警告，并附有一份 197 人的通缉名单。就目前所知，可能中央监察委员会只是根据怀疑拟定的这份名单，其中并不全是共产党员。② 以后的几个星期，南京国民党成立中央和各地的清党委员会，并派出清党委员到上海—南京集团所控制的地方监督清党。南京政府本身并没什么基础，所在地也很不安全。

4 月 17 日，武汉国民党中央执行委员会把蒋介石开除出党，并撤销其一切职务；武汉国民政府发出一道命令，详列蒋氏的 12 大罪状。共产党于 4 月 20 日发表声明，对武汉政府的命令表示支持；并说明新的反动浪潮的阶级基础，声称无产阶级反对封建—资产阶级分子的直接斗争不应横加限制。③

武汉政权日益严重的问题

武汉争取生存的斗争

武汉领导集团此时面临重重的困难。北面是张作霖的强敌压境，

---

① 《从容共到清党》，第 632 页；17 日会议记录载《革命文献》，22，第 4211—4216 页。
② 一份不完整的名单载《革命文献》，16，第 2826—2827 页；更正的名单载《革命文献》，17，第 3091—3092 页，和《从容共到清党》，第 635—637 页。
③ 《中央通讯》，国民党中央执行委员会周刊，2.6（1927 年 5 月 1 日）；《中华年鉴，1928年》，第 1367—1370 页。

东面和南面的国民革命军倾向支持蒋介石，西面显然是与蒋介石联合的四川将领。在武汉方面看来，军事前景中一小块有希望的地方是在西北。冯玉祥在该处率领重整旗鼓的军队，准备沿陇海铁路东出，进入河南。冯将军的军队正以苏联武器重新装备，并有一批有经验的南方政治军官在军中工作。帝国主义者表现得咄咄逼人，需要国际承认的伦敦阿尔科斯袭击[1]；北京政府对苏联中东铁路办事处和远东银行的搜查，引起了人们的种种恐惧，担心会发生各国反对苏联支持中国革命运动的联合行动。可能有外国报复性威胁的南京事件尚未解决。而在上海的外国势力，现在已具有实力进行报复了，公开在武汉三镇的长江江面上停满了外国炮舰。4 月 3 日发生的日租界事件，使武汉政府与日本的关系也趋于紧张。

　　无论外部事务的威胁看起来如何严重，但真正威胁武汉政权生存的，却是内部的经济问题。数条河流和两条铁路线的汇合，使武汉三镇成为广大内地农产品和矿产的集中地，也是长江下游和外来加工产品的转口分销地。可是到了 1927 年的 4 月份，由于湖南和湖北两省农村进行火热的阶级斗争，而在主要城市又进行罢工和工商业的倒闭，遂使武汉的贸易处于停顿状态。有人甚至担心首都的武汉会闹米荒，因为湖南的革命者正在禁止大米运来武汉。其理由是如果大米不从一个个的乡镇运出，大米就会保持低价格，穷人就可以买得起，也就吃得饱了。在武汉，出现了大量的失业现象，有 10 多万工人闲着无事可做。这对武汉政府是一个潜在的危险和沉重的负担。部分由于外国人相率离开汉口（4 月 12 日，外国人从 4500 人减少到 1300人），部分由于罢工和不准工人进厂，于是外国工商界的活动大量减少。日租界的纱厂和码头都冷冷清清。外国银行的中国职员，在 3 月21 日的罢工助长了这种停顿状态，因为银行已不能发挥其在贸易中的金融职能。长江中的航运大量减少，部分原因是招商局的船只为了避免征用，已经撤走；部分原因是汉口码头上对货船的偷盗成风，阻碍了外国的船运。工商业的停顿，使政府的税收减少，同时也使政府

---

[1]　校注：即英国警察对苏联驻伦敦办事处的袭击。

处于通货膨胀的压力之下。为了防止硬通货储存的减少，政府于 4 月
15 日禁止数家中国的银行，以银元兑换其发行的钞票，并且禁止银
元出境。英国公使馆的汉文参事台克满在汉口停留了三个月以后，指
出"革命使整个华中的经济失调"，怀疑国民政府像随着革命浪潮
"沉浮的泡沫那样平庸人物"，能否控制其所制造的"风暴和混乱"①。

就在此时，武汉政府计划恢复北伐，以便与冯玉祥连成一气。鉴
于形势的危急，鲍罗廷提议作一次"战术撤退"。4 月 20 日，鲍罗廷
向中央政治委员会提出五条改变路线的措施，并且相当的激烈。（1）
为了对工人执行"革命纪律"，政府和工会应成立一个委员会；工会
应组成一个法庭，审判和惩处桀骜不驯的工人。（2）政府应与外国银
行及其他企业达成协议，使其在武汉管辖地区内自由营业；政府和工
会应组成一个委员会以执行协议；如果必要，可以使用纠察队和军
队。（3）非经此委员会同意，外国银行及其他企业的员工不准罢工。
（4）政府应当尽全力按铜板来规定商品的最高价格。（5）政府应设立
救济院和食堂以照顾失业者，财政部应拨给总工会 3 万元的铜板，用
来兑换工人手中的纸币。鲍罗廷向出席会议的委员们保证，实施这些
措施将消除外国干涉的借口；而外国人经济活动的恢复，对工人是有
利的。经过短暂的讨论之后，弄清了建议的新组织的权力，政治委员
会决定采纳鲍罗廷的建议，并任命国民党的工人部长和政府的劳工部
长以及外交部长和财政部长，去贯彻这条新的路线。②

武汉领导人于是采取果断的行动。陈友仁于 4 月 23 日会见了外
国工商界人士，答应改善其企业的环境，然后试图解决其具体问题。
新政策连同对工人的新约束，同一天刊登在《人民论坛》上，汪精卫

---

① 英国外交部 405/253，机密，《关于中国的进一步通讯》，13304，1927 年 4—6 月，第
112 号，附件，台克满 4 月 7 日发自汉口的快信；美国总领事罗赫德在其电报和快信
（包括其每个月的《工商业评论》）中，详细地报道了武汉的经济形势。离开的外国人
数字按国别载于《中华年鉴，1928 年》第 755 页。

② 蒋永敬：《鲍罗廷》，第 175—179 页；《从容共到清党》，第 680—682 页。两书都根据
国民党档案馆 4 月 20 日政治会议记录，被任命的四人是陈公博、苏兆征、陈友仁、张
肇元；陈公博为委员会主席，代替缺席的宋子文。

召开了国民党和共产党两党领导人的会议。4 月 25 日，共产党中央委员会和湖北省总工会的共产党领导人召开联席会议，发表声明，重复了五天前国民党中央政治委员会通过决议的内容和大部分措辞，但改变了措施的顺序，以强调对失业工人的救济。第五点声明称，为履行与外国企业和银行达成的协议，未经委员会同意，在外国企业和商号中不得举行罢工。决议最后称，"现在最需要的是革命纪律，自我牺牲精神和革命力量的团结"①。4 月 30 日，在孙科主持下，在武汉举行的一次所有主要的政治和军事要人、政工人员以及各地群众组织代表都参加的会议上，鲍罗廷作了关于外交政策的长篇报告，一如既往地把英、美、日三国区别开来，但同时强调当前进行妥协的必要性。财政部长②企图向会议参加者保证，政府的财政状况是健康的。虽然经济环境很严峻，但通过与湖南民众商妥，很快会有大米运到武汉，煤也很快就会运来。水上的船只现在可以自由售盐。政府已购进大量的铜，打算很快铸造铜板。有 100 万元存入到上海各银行，所以与上海的商业汇款将顺利畅通。由于政府控制了印刷数量，并以白银作为担保，纸币的币值将保持稳定。部长要求大家完全可以放心。③

　　武汉领导人还禁止省的领导人决定对外政策问题。如湖南没收所有美孚煤油公司的股票，决定组成一个销售这些股票的委员会；武汉方面派林祖涵到长沙，派陈其瑗到南昌，去解释外交政策。二人回来报告，在其召集的领导人会议上，得到一致的支持，只是由于工商业衰退，省的税收惊人地减少，但这并没有使革命的狂热冷静下来。这种情形既牵涉到感情，又牵涉到力量的问题。在湖北的一些地方，湖北布道会的财产、教堂和学校，都要交给中国人看管。在武汉附近，已被军队占领的几处外国人财产，都归还给原所有者。按照工会和业主都能接

① 引自诺思和尤廷：《罗易之使华》，第 186—187 页；《关于美国外交关系的文件，1927 年》，2，第 112—113、115—116 页；有罗赫德的几份电报，《人民论坛》，4 月 23、24 日。艾萨克斯以反对的语气，写到武汉政权采纳限制劳工和恢复与外国友好关系的措施。《中国革命的悲剧》，第 204—206 页。
② 校注：财政部长宋子文因公赴沪，次长张肇元代理部长。
③ 1927 年 4 月 30 日会议记录，存国民党档案馆。

受的条件来解决罢工，证明是困难的，而且已拖延了很久（有的谈判已拖延了6个月）。外国工商业者在5月份向陈友仁抱怨，工会的纠察队对恢复营业仍在进行干涉。可是，码头的秩序很快得到恢复，航运的情况也在好转。较大的中国企业及工人在恢复营业时，也遇到和外国企业相类似的情况。对失业者的救济到5月中才开始实施。武汉实施各种纠偏措施的结果，工商业在5月和6月稍有恢复；但经济破坏的如此广泛和严重，以致达到真正的恢复需要很长的时间才能完成。[①]

试图控制农村革命

武汉政府对湖南、湖北和江西三省的统治权力，是很脆弱的；三省的人口有8000万，总面积大于法国。在这块广大地区的一些地方，农民运动活动家中的激进分子推动的农村革命（因贫困、不平等和缺少土地而产生的革命）正在势头上；运动中处决土豪劣绅和佃农夺取土地的行动，都没有得到中央当局的批准。这些地方性的行动瓦解了农村经济，还带来了残酷的报复行为。国民党和共产党的领导对此都非常关心，怎样才能恢复这些如火如荼农民运动地区的秩序？

国民党中央执行委员会第三次全会通过一项决议，并于3月16日发表了《告农民书》，强调其帮助农民的决心，所有的地方武装团体都必须收归新的农民协会。农民自卫队受权推动反对土豪劣绅和不法地主的斗争。中央执行委员会批准国民党支持农民拥有土地的斗争，并提议没收反革命分子的土地。这些土地连同公地和寺庙的土地，应交给区和村农民协会的土地委员会管理，再在农民中进行分配。大部分建议是以湖南农民协会12月大会决议的形式作出的，并且这是共产国际的政策。全会还授权设立一个中央土地委员会[②]，制

---

① 蒋永敬：《鲍罗廷》，第186—194、228—229页；查普曼：《中国的革命》，第134—136页。关于罢工的解决和救济措施，国民党档案馆有5月和6月的劳工和外国资本关系委员会的会议记录；汉口总领事罗赫德1927年6月6日致国务院，《5月份工商业评论》，存美国国家档案馆，第59案卷组。
② 校注：1927年4月2日，国民党中央土地委员会成立，推徐谦、顾孟馀、谭平山、毛泽东、邓演达为委员。

定新的、更有战斗性的社会政策的细则。①

　　根据这一指示，地方农民运动的组织者，特别是湖南农民运动的组织者，在 3 月份就开始了一场由农民协会指导下，把自治扩大到所有农村的运动。在 4 月中，湖南省农民协会根据第三次中央执行委员会全会的决议，向所有县农民协会发出成立农民自卫队的指令；国民党湖南省党部宣传部发了份强调反封建斗争必要性的宣传提纲，说支持农民土地要求的时机已经来临。4 月底，湖南省农民协会定下一个宣传周，为此时解决土地问题的必要性提出一个理论，遂成为激进分子的标准论点。提纲认为，必动员农民来支持国民政府以挽救危急的政局。但是为了动员农民，政府必须解决农民对土地的要求。提纲还进一步争辩说，土地问题的解决，也就解决了政府的财政问题，因为新得到土地的农民不再向地主交租，便能交更多的农业税。因此，解决土地问题将为未来的繁荣经济打下基础。但是如果农村中存在的封建制度不彻底根除，以后的一切都无从谈起。所以地主必须打倒，耕者必须有其田，必须要有政治权力。② 到 4 月份，省农民协会估计湖南已有 600 万名农协会员，但在六个月以前，会员还不到 140 万。③ 不

① 3 月 10 日中央执行委员会全会决议全文，引自吴天威：《评武汉政权的垮台：1927 年的国共分裂》，载《亚洲研究杂志》，29（1969 年 11 月），第 129—130 页。卡罗尔·科德·安德鲁斯：《中国共产党对农民运动的政策，1921—1927 年：国民对社会革命的影响》，哥伦比亚大学 1978 年博士论文，第 7 章，第 61—62 页。根据 1927 年 6 月 30 日国民党中央农民部发的文献汇编，国民党档案馆 436/138。蒋永敬：《鲍罗廷》，第 268—271 页引用了决议的几个段落。告农民书又载于《中国国民党重要宣言汇编》，第 359—365 页。12 月的决议载《第一次国内革命战争时期的农民运动》，第 332—340、373—374 页。共产国际执行委员会第七次全会《关于中国形势的论题》，载诺思和尤廷：《罗易之使华》，第 139 页。

② 安德鲁斯：《中国共产党对农民运动的政策》，第 7 章，根据国民党档案馆藏当时的文件。

③ 蒋永敬：《鲍罗廷》，第 269 页，4 月 19 日凌炳的报告：湖南 500 多万组织起来的农民，代表了约 2000 万农民。曼：《我在中国之所见》，第 27 页；曼大约于 4 月 20 日在长沙告知，在 75 个县的 53 个县中，不少于 513 万农民参加农民协会。林祖涵：《湖南土地问题、财政问题和党的现状的调查报告》，5 月 2 日（1927 年），国民党档案馆，湖南5/53；现在（大约 4 月 30 日）65 县有农民协会，会员超过 600 万。林祖涵提到 6 个共有 160 万会员的"最先进的县"名，但其数字均以 10 万计。1926 年 11 月的数字，载《第一次国内革命战争时期的农民运动》，第 258—262 页。

论实际的数字究竟是多少，农民协会的迅速发展可能使组织者认为，可以用新的权力来强行加快农村革命的步伐。

有许多旧账有待清算。在 1926 年的后半年，在许多地方，有的士绅已经感到日益高涨的农民运动对其威信、权力和财产的威胁，试图来进行镇压，组织保护财产的社团，使用民团镇压新生的农民协会，对查出的农协活动分子准备逮捕处决。[①] 大多数的镇压行动，最初是由地主对农民开始的。但是从毛泽东 1 月份调查长沙周围数县的报告，1 月 8 日中国共产党中央委员会的决议——毛泽东的报告说，"群众自动枪杀劣绅土豪之事数见不鲜……设使现时的军事失败，必不免来到一极大的反动"——所表示的惊恐来看，在 1926 年后半年，湖南、湖北和江西的有些地区，形势显然开始转变了。[②]

在农村，理论正被转化为行动。反对土豪的斗争意味着逮捕和杀人；分田分地的斗争，导致地主财产的被分和地主的逃亡。湖南财政委员的一份关于省农民协会处决地主的报告——此人关心恐怖最后会使税收减少。在 1 月底，引起了武汉联席会议的一场争论，到底怎样控制这类行动？董必武报告了湖北几个县处死人的情况，认为政府应对群众的要求采取宽容态度。鲍罗廷提议，地方党和政府应有权决定死刑案件；对任何死刑均应由这一机构批准，不允许个人擅自行事。因此，联席会议决定，革命政府禁止群众及群众组织去执行死刑。对于要求执行死刑者，必须将指控材料送交地方党政机关，由其作出适当裁决。联席会议决定，授予省级革命法庭批准死刑的终审权。显然，武汉政府当局想把农村的报复性暴力行为置于制度的控制之下。3 月，国民党湖南省党部一个杰出的年轻共产党员夏曦，以赞赏的口吻报告说，其所列举的八个县党部，通过处死和拘禁，能够代表群众打倒"土豪劣绅"。联席会议的争论所引起的辩论，一直持续到召开

---

① 李锐：《毛泽东同志的初期革命活动》（英文版），第 302—306 页。书中有当时"左"派长沙的刊物，引用关于反农民运动和残酷杀害的报道。李锐坚持被杀的农民比被杀的土豪劣绅要多得多。

② 《湖南农民运动考察报告》，载《毛泽东选集》（英文版），1，第 21—59 页，特别是最后一部分"十四件大事"；韦慕庭、夏连荫：《文献集》，第 428 页。

第三次中央执行委员会全会。毛泽东赞成群众的直接行动。董必武介绍了国民党湖北省党部提出的惩办地方恶霸的规定，按其罪行的大小，或处死，或终身监禁。宣布判决的是县法庭，也就是县革命委员会。其成员由指定的群众在县长主持的会上以多数票选出，以类似的程序选出的省级法庭有终审权。长沙的湖南省特别法庭在 4 月 5 日成立，根据一份对其敌视的材料，也是像县一级的特别法庭一样，批准了许多集体处决的要求。长沙城中充满了从各地乡间逃来的人。另一个湖南共产党领导人凌炳，在 4 月 19 日向中央土地委员会报告说，国民党省党部已经处死了几十名土豪劣绅，但这还不够；说镇压反革命分子所真正需要的，就是农民自卫队的力量。[1]

在革命的狂热情绪中，有许多反常的情况和不法行为，以下所举的不过是几个例子。著名的共产党劳工领袖李立三的父亲，其家乡醴陵县农民不顾李氏来信保证其父不反对农民协会，将其处死。湖南新化县县长向国民党中央党部报告称，一伙在地方革命组织中大权在握的人公报私仇，不经审讯即处死土豪，甚至用充公的名义私分地主财产。根据指控，在"赤色周"中，这伙人处死了十多人，也无人敢干涉，甚至未经审判即枪杀了来收厘金的负责人；此负责人被拘留，本应交县长审讯。著名作家谢冰莹在其自传性记述中，记述了对三个人的审判。谢冰莹作为一个女兵，在晚上看守这三个人，判决的法官不过是一名途经这里的中尉连长。三个人就这样断然被处决了。[2]

在共产国际的领导人与武汉的中国共产党领导人之间，在鲍罗廷

---

[1]　蒋永敬：《鲍罗廷》，第 257—264、269 页。霍夫海因茨：《中断的浪潮》，第 49—51 页。推断处决的地方恶霸为数不多，但没有可以证实的证据。李锐：《初期的革命活动》，第 306 页，被农民直接处死的不过几十人。小安格斯·W.麦克唐纳统计到 5 月初，已报道处决的湖南土豪劣绅，发现"全省约 119 人"。麦克唐纳：《农村革命的城市根源》，第 312 页，但是有的处决当时新闻可能从未报道过。

[2]　张国焘：《共产党的崛起》，1，第 606 页。张国焘用李立三父亲生动的例子，说明农民运动已经失控的严重程度。县长李先培等人电报的日期是 1927 年 6 月 6 日，电报存国民党档案馆，汉口卷，湖南争论，1—5/704。这个集团的大部分成员在与县长的部队冲突中被杀，但几名为首者逃脱，电报强烈要求对其加以逮捕，为民除害。谢冰莹：《自传》，第 120—125 页，但这本书的译文有错误。

与新从共产国际来的印度人罗易之间，存在着巨大的分歧。分歧在于土地革命应向前推进，还是在此时（1927年4月）即加以限制。[1] 口头上，所有的人都同意土地革命是必要的。但如果大规模没收农田重新进行分配，这将危及（可能还会破坏）共产党员和国民党员之间的统一战线，而这条统一战线是共产国际神圣不可侵犯的政策。当时正在动员继续北伐，鲍罗廷认为，当扩大革命根据地的军事行动时，土地革命应予约束。而罗易则反对北伐，力主在目前的根据地进行"深入"革命，即在湖南和湖北举行农村暴动。到了4月份，有些地区的农民认为富人是敌人，已经在夺取其土地并瓜分其钱财。关于这些活动的报告，总是含蓄地说是贫农自己自发进行的。[2]

在动乱日益加剧，武装的农民运动战斗情绪日益高涨之时，中央土地委员会于4月2日至5月9日期间召开会议，制定出土地政策待国民党领导集团开会通过。邓演达为土地委员会主席，最近担任了国民党农民部部长，但其主要职务是国民革命军总政治部主任。土地委员会的其他成员为著名的法学家徐谦，前北京大学经济学教授顾孟馀，两人在国民党左派领导集团中都有很高地位；两名共产党员是谭平山和毛泽东。谭平山参加莫斯科第七次共产国际执行委员会全会后刚回来，毛泽东是全国农民协会总干事。土地委员会的委员共开五次会，发现问题是如此复杂，于是决定召开扩大会议来搜集更多的情报和意见。在4月19日至5月6日期间，扩大会议开了五次。会议参加者有省一级的国民党领导人，各省农民运动有关官员，军事将领，政治官员，几个熟悉北方几省——武汉领导人希望重新北伐控制各省——情况的人。几名苏联顾问也参加了会议，详细介绍了苏联"解

---

[1] 诺思、尤廷：《罗易之使华》，第32—83页，论述了从1926年12月到1927年5月的争论，附争论各方的引文。

[2] 曼：《中国之所见》，第27页，回顾大约4月20日至25日在长沙所了解的情况。林祖涵：《关于湖南土地问题的报告》，有关其在4月底了解的情况。5月9日，中国共产党第五次全国代表大会上通过的"土地问题决议案"称，"不但如此，两湖的农民斗争，已经开始要解决土地问题——没收土豪劣绅的土地，并有分配土地的运动"。斯大林在5月13日讲话中说，湖南、湖北和其他省的农民已经"自下而上地夺取土地"。诺思、尤廷：《罗易之使华》，第86、260页。

决土地问题"的经验，并提供了其搜集到的关于中国土地情况的所有
情报。鲍罗廷参加了一次会议，提醒不要在目前情况下制订过急和过
激的方案。[①]

　　经过许多小时的讨论和意见冲突的结果，是 5 月 9 日委员们签署
的一份报告和七个决议草案。委员们报告说，会议参加者都同意土地
问题亟须解决；但对土地立时全部收归国有，还是部分的没收，则有
很多争论。委员们都同意，鉴于客观情况，目前只可进行土地部分没
收，即政治上的没收。因为大部分军官都是地主家庭出身，并且在军
队中正在出现日益发展敌视农民运动的情绪，所以小地主和国民革命
军军人的土地应予保护。中央土地委员会只订出总的原则，实施细则
交各省当局根据各地情况制定。《解决土地问题决议（草案）》指出，
大地主和官僚的土地、公地和荒地，应分给无地和所耕土地不足以维
持全家生活的农民。为了保证土地问题确实得到解决，农民必须拥有
政治权力。因此，在农民与大地主和其他封建分子斗争中，国民政府
应予以援助。《处置逆产法》将"叛逆"规定为所有反对国民革命的
人，为帝国主义充当工具的人，巧取豪夺民众的人，制造假币的人，
军阀、官僚、贪官、土豪、士绅和其他反革命分子；其财产悉予没
收。可是《草案》还详细规定政府机构根据何种证据没收逆产，均须
依法施行。此外，在战争期间所获的敌产，将用于军政费用。就没收
的农村土地而言，30％的土地将用于改善农村的措施（如设立农民银
行）；下余部分，将分配给退伍的革命军人。分得土地的人不得出售
或转让分得的财产；于其死后，这些财产进行重新分配。内容更为详
细的《关于土地问题决定（草案）》表明，起草人把分出的土地看成
是租用地，即领受土地的人应当交纳地租，收入归政府。

　　委员会显然要将充公行为加以法律化，而不是听任群众随意的夺

[①]　蒋永敬：《鲍罗廷》，第 276—308 页，提供了最后的决议草案的文本和电报的记录。霍
　　夫海因茨：《中断的浪潮》，第 36—45 页。有关于各会议参加者采取的立场的生动而颇
　　不相同的记载，部分根据本文作者对存于国民党档案馆的会议记录所做的笔记，以下
　　的论述根据这些笔记作出。

取土地和财产。可是无人能回答顾孟馀教授提出的"重要问题",即湖南和湖北进行农民运动的同志能否断定,村民们是否将遵守委员会在房间中精心制定的这些规定?

委员会还全力处理租佃的复杂问题。关于这个问题的决议草案规定,佃农交租不得超过其收成的40%,不得再交付其他杂税;甚至详细提到租约、永佃、交租时间、困难时减租,以及中国租佃制中的其他复杂问题。委员会显然希望国民政府开始真正履行保护佃农利益,这是其未兑现的诺言。

中国共产党领导人也正在为制定一项关于土地革命的政策而斗争;有的最高领导人极力主张克制,而一些省一级的工作人员则要加快土地运动的步伐。5月9日,即在国民党土地委员会送交报告的同一天,中国共产党第五次代表大会通过了更为激进的《关于土地问题的决议》。①《决议》没收一切公有的田地,以及祠堂、寺庙、学校、基督教堂和农业公司的土地,交给耕种的农民。此等土地是否共同耕种或分配给农民,应由土地委员会决定。地主的地产应通过土地委员会转给耕种土地的人,但小地主和革命军人的土地不予没收。无地的士兵在革命战争结束后,可以领到一定数量的土地。没收的土地,除缴纳国家累进的土地税外,免除一切杂税,而地租率应减至相当于土地税的水平。耕种非没收土地的佃农,应享有永久租佃权,只缴纳确定的佃租,免除其他一切租税。地主及士绅被剥夺一切政治权力;其军事力量应予解除武装,而代之以农民自卫队。废除一切积欠的债务,用法律规定降低和限制利率。这些更为激进的土地革命处理方式,决议案前言中的基本分析,表明在国民革命时期,共产党是在支持社会革命——"自下而上的革命"的记录,但社会革命仍需要按规则进行。

5月14日,当土地委员会解决土地问题的建议提交国民党政治委员会等待作出决议时,几个领导人表示忧虑,认为如果建议得到通过并公布,将会大为影响国民革命取得胜利的机会。结果,投票赞成

---

① 诺思、尤廷:《罗易之使华》,文件16,第254—263页。

决议（虽然是保密的）的三人——林祖涵、吴玉章（两人均为双重党籍）和邓演达的票数，为八名反对的票数所压倒，拟议的土地法令就被暂时搁置起来。决议中其他有几项被通过，但没有全部公布。结果，因为战场上发生了事件，革命根据地内部不久也发生了事件，遂使武汉领导人为革命作出的立法，都成为废纸；这些决议的通过与不通过实在没有什么区别。

士兵决定问题

5 月份，国民党的两派革命军，沿铁路线重新开始北伐：武汉政府一派的军队沿京汉线进入河南，南京政府一派的军队则沿津浦线进入安徽北部和江苏北部。冯玉祥率部出陕西，沿陇海路东进，与武汉的军队协同作战。武汉和南京各自部署了后方防卫部队，以防对方的来犯。武汉的军队由唐生智全面指挥，先与吴佩孚的残部相遭遇，然后遭到强大的奉军对抗。南京方面则面对孙传芳的残部和张宗昌强大的直鲁联军。到 6 月 1 日，冯玉祥的国民军与唐生智的武汉军，在京汉铁路与陇海铁路交会点的郑州会师，而奉军已撤到黄河以北。两天后，南京军攻下了陇海铁路与津浦铁路交会点的徐州，孙传芳和张宗昌撤至山东，重新集结其部队。[①] 日本政府看到战事推进到山东，担心日本在山东的侨民安全，于是派兵到青岛，又复进兵省城济南。日军侵犯中国的行动，在有民族主义思想的中国人中，激起了强烈的抗议声浪。

武汉军的攻势，以张发奎处在前线的第四军和唐生智统率的第三十五军和第三十六军开始行动，兵力约 6 万至 7 万人，沿京汉铁路向吴佩孚部下将领残部地区——河南北境推进。吴佩孚的部下分成两派，一派希望联合张作霖来反对武汉军和共产党人，另一派则选择联合冯玉祥。在吴佩孚属下的第二个集团中，有数人接受了武汉军事委员会

---

① 这些战役的报道载《北伐战史》，3，第 677—755 页，附地图；《革命文献》，15，第 2412—2492 页，附文件；乔丹：《北伐》，第 129—132 页；詹姆斯·E. 谢里登：《中国的军阀：冯玉祥的一生》，第 220—224 页，附地图。

的贿赂，开放了武汉军进入河南的道路。吴佩孚试图在驻马店死守，但在 5 月 14 日仍遭到致命的一击。这样，吴佩孚就结束了其长期的戎马生涯，只得逃至四川东部去受杨森的庇护。[1] 吴佩孚战败后，武汉军打开了与奉军展开大战的道路。奉军由张作霖之子张学良统率，是具有重型武器装备的军队。张发奎的"铁军"于 5 月 17 日和 18 日两天在河南省北部的一场血战中，打败了奉军。而冯玉祥率部向东疾驰，兵不血刃，获得大量战利品。武汉军伤亡约 1.4 万人，冯玉祥部只损失 400 人。武汉的医院住满了伤员。[2] 以何应钦、李宗仁和白崇禧为前锋的南京军，在进攻的行动中所付的代价较之武汉军要小得多。

武汉政府派出最精锐的军队北上，与奉军展开血战，只留下很少的卫戍部队保护湖南、湖北的铁路线及主要城市，从而给对方的南京造成了有利的机会。在北伐初期，倒向北伐军编为第二十军——川军军长杨森将军，乘机从其根据地的四川万县，向东进攻湖北西部的宜昌。驻守宜昌的第十四独立师师长夏斗寅，虽受有武汉军事委员会的贿赂，可是为了想夺取武汉三镇而撤离宜昌。夏斗寅宣布反对共产主义，并要求后方驻军将领的支持。夏斗寅的这两个行动，似乎都是蒋介石煽动的。[3]

武汉的危机在 5 月中旬出现。当时夏斗寅师的一个团（通过空中

---

[1] 吴应铣：《现代中国的黩武主义：吴佩孚的生涯，1916—1939》，第 143 页。有吴佩孚部下的派别活动和吴战败的报道，国民党档案馆 441/22。一份 1927 年 4 月的军事预算和账目表明，4 月份靳云鹗收到 32 万元，魏益三收到 10 万元，冯玉祥在武汉的代表得到 4.4 万元，武汉政府希望与之联合的冯玉祥得到 73 万元，冯在武汉的代表得到 37360 元。除张发奎外，冯玉祥得到的贿赂比其他将领多，张发奎为其两个军得到 90 多万元。

[2] 谢里登：《中国的军阀》，第 346 页脚注 45，引了汪精卫的报告（存国民党档案馆）和总领事罗赫德 1927 年 6 月 30 日发出的快信。

[3] 美国国务院 893.00/8929，电报，罗赫德，汉口，5 月 18 日，报告说夏斗寅率部离汉口只有 40 英里，"相信已与蒋介石联合"。6 月 1 日，罗易在一篇为《国际通讯报》写的文章中，也这样暗示，称杨森、夏斗寅和当时也已叛变的许克祥是"傀儡，他们的行动由上海通过南京进行操纵"。孙科在 6 月 20 日一份报告中也指责蒋介石，报告现存国民党档案馆，484/283。蒋永敬：《鲍罗廷》，第 311、313 页。关于同样的主张和证明，蒋介石对事态的发展有准确了解的 5 月 20 日的文件，见《从容共到清党》，第 693—694 页。

侦察，估计有五六百人），从南面推进至可以打击武汉的距离之内，该师其他各部已进至距武汉仅 50 英里之遥。很明显，在武汉三镇地区的大部分守军，虽未与夏斗寅相联合，但却暗中予以同情。[①]

武昌的驻军司令叶挺，率新组建只有部分装备的第十一军第二十四师，在恽代英领导的中央陆军军事政治学校武汉分校数百名学生的援助下，迎击了夏斗寅的军队。叶挺和恽代英都是共产党员；而另一名共产党员张国焘负责紧急时期武昌的安全工作，特别担心附逆分子可能试图从内部推翻左派政权。罗易为共产党准备了一份声明，无产阶级的政党希望其伙伴的"小资产阶级"放心，无意将其推翻；同时却否认其对农民运动的"过火行为"负有责任。罗易还准备向夏斗寅的军队发出宣传性呼吁，要求士兵不要为其师长的反共声明所欺骗；指出这个师长真正反对的，是士兵们的"湖南农民兄弟"，因为这些农民兄弟正在分地主和士绅的土地。5 月 19 日清晨，叶挺率部击溃了夏斗寅的军队。[②]

武昌以南战事，切断了武昌与长沙的联系；而长沙当时是最革命的城市。该地共产党领导的群众组织正变得日益像军队样的好斗，许多对立分子在 4 月份已被处死。这样，激起了强烈反共情绪的人走到一起，正在进行筹划镇压激进分子的阴谋。长沙城内谣言四起，说武汉已陷落，汪精卫出逃，鲍罗廷被杀等。由于武汉政府将精锐部队调往北方，长沙的城防力量空虚，唐生智的湘军第三十五军军长何键将军，留许克祥率一个团驻防长沙。同时，长沙城中及全省各地，还零星分布有为数不多的其他湘军。有一些远离长沙的地区，军队与农民协会发生冲突，数名农民协会的领导人被杀；

---

① 《从容共到清党》，第 696 页引了一个武汉反共组织给南京的一份报告。

② 蒋永敬：《鲍罗廷》，第 311—325 页；《从容共到清党》，第 693—699 页。两者都对共产党针对夏的威胁活动作了敌视的报道，但也提供了战斗的有价值的记载。关于共产党一边的材料，见张国焘：《中国共产党的崛起》，1，第 627—632 页；诺思、尤廷：《罗易之使华》，文件 21、22，第 286—292 页。孙科在前面引的 6 月 20 日的报告中没有提到叶挺的作用，而是说，幸而第六和第二这两个军返回，赶走了夏斗寅，然后打败杨森（1930 年，夏成为武汉三镇的卫戍军司令，1932 年任湖北省政府主席）。

同时，长沙的驻防部队和总工会的武装纠察队之间的摩擦也正在加剧。显然双方都准备最后摊牌。[①] 有种种谣言，说农民自卫队和总工会纠察队计划解除驻防军的武装，商人关闭了店铺。为了缓和紧张的局势，一些共产党员于5月18日组织了由群众和守军参加的联欢会，保证遵守革命秩序和拥护国民政府。[②] 但是形势发展得很快，任何人都无法控制。根据湖南省代理省主席[③]后来的报告，第二天游行队伍的旗子上写着"打倒第三十五军，收缴他们的武器"。在同一天，城内的驻军与总工会发生了冲突，据报道，工会纠察队进入何键的住宅，拘留并殴打其父。[④]

两天以后，在5月21日晚，许克祥在其他军官支持下，对省工会和农民协会的总部进行暴力镇压，杀死了抗拒者，逮捕了大批共产党嫌疑分子，关闭了许多激进机关，实际上解散了省政府。武汉派来劝说省农协会向武汉放行运粮的购粮团人员，也在冲突中被抓，且有数人被杀。[⑤] 在以后的数日中，省城经历了一次血洗，反革命行动扩大到其他许多县城。[⑥] 在湖北，夏斗寅败退的军队在各处横冲直撞，

[①] 《革命文献》，25，在第5284—5285页何键提了四个计划政变的人的姓名。一封代理省主席张翼鹏及许多军官签署的自我辩解的电报，指控激进分子计划对卫戍部队发动进攻。国民党档案馆，汉口案卷，湖南争论，1—5/692、695和700，日期为1927年6月1、4和7日。一个共产党员回忆说，共产党领导人知道进攻正在来临，并试图做准备。《第一次国内革命战争时期的农民运动》，第383页。

[②] 蒋永敬：《鲍罗廷》，第328—330页，引用6月初湖南长沙几个人给武汉政治委员会的报告。蒋永敬把这次联欢会说成是共产党的防御策略。

[③] 校注：此时湖南省代理省主席为周斓。

[④] 高荫祖：《中华民国大事记》，第258页；布尔曼、霍华德合编：《中华民国传记辞典》，2，第61页。李锐：《毛泽东同志的初期革命活动》，第314页声称，只有何键的岳父挨了一次打。他列举了从5月中到5月21日，除长沙外各地对农会的杀害行动。我没有见到证明侵入何键家中的当时的文献。

[⑤] 国民党档案馆，汉口案卷，湖南争论，1—5/709，1927年6月14日，提供了给委员会的购粮款（大部分损失）的账目，以及一名目击者关于攻打省农民协会总部的报道。

[⑥] 吴天威：《评武汉政权的垮台》，第133页脚注30列举了许多关于"马日事变"（5月21日）的报道。艾萨克斯：《中国革命的悲剧》，第235—236页提供了关于处决的生动的、但基本上没有出处的描述。《从容共到清党》，第699、702页，说3000人被捕，70个机关被封闭。李云汉提到了三名被处死的共产党领导人和其他几个化装逃走的人的姓名。

到处打砸农民协会，恐怖行动发展到鄂南和鄂西的其他地区。[1] 湖南、湖北两省被杀的人，可能有数千之多。

长沙遭受的打击使共产党陷于混乱之中，也给国民党领导人提出了一个棘手的问题。当武汉的军队在前线进行战斗时，而留在后方的军队，未得到武汉政府的命令，竟擅自采取了反革命行动。对于能否节制许克祥和其他湖南的将领，要取决于唐生智和何键两位将军的态度，而当时唐、何二人正在河南前线指挥作战。武汉的政治委员会对长沙发生的一切也心中无数；于是在鲍罗廷建议下，决定派一个特别委员会前往调查，并在可能情况下恢复秩序。政治委员会任命刚担任武汉政府农民部长的谭平山以及陈公博、彭泽湘[2]和唐生智指定的其他两人[3]与鲍罗廷为委员会成员。委员会委员于 5 月 25 日由武汉出发，但刚到湖南边境，就接到许克祥发来的电报，要以加害于诸委员相威胁。委员们只得回到武汉。在长沙，许克祥和其他反共分子成立了一个清党委员会[4]，在湖南内对所有的国民党员进行登记，对党务进行整顿。[5] 湖南的一批共产党领导人计划在 5 月 11 日进行反击，并开始在长沙附近几个县动员农民自卫队。

不论在武汉或是莫斯科，革命指导者们争论如何渡过危机。5 月 24 日，可能对形势的严重性仍不清楚的罗易，就以国共两党关系为共产党政治局起草了一份决议，宣称在革命的现阶段，共产党与国民党的合作仍是必要的，然后试图定出这种合作的条件。这些条件是发展民主力量，坚持与国民党内的反动分子进行斗争，目的是对其加以孤立，然后清除其出党；与群众密切联系的左派要夺取领导权，捍卫

---

[1] 湖北省农民协会送出的一份 1927 年 6 月 15 日报告（存国民党档案馆），列举了 19 个具体的地方，并估计有 4000 至 5000 人被杀，许多村庄被破坏。协会请求国民党政府阻止这些攻击和惩办犯罪者。又《从容共到清党》，第 699 页。艾萨克斯：《中国革命的悲剧》，第 227 页，引了湖北屠杀农民的一份可悲的报告。

[2] 校注：原文为 "P'eng Tse-hsiang" 译彭泽湘，疑为彭泽民之误。

[3] 校注：唐生智指定的两人，为周鳌山、刘绍兹。

[4] 校注：原名为"中国国民党湖南省救党委员会"。

[5] 蒋永敬：《鲍罗廷》，第 332—333、337 页。

无产者和农民的利益。① 这个决议，连同在两党合作基础上拟定的许多温和的细则，都被搁置了起来。共产国际的主要政策——继续要另一党参加，并与其左派合作的政策所钳制的共产党政治局。在 5 月 26 日作出的决定，土地问题必须先经过一个宣传阶段；目前要对士兵进行宣传，并在村里和县里组织自治团体。② 这个顺应形势的决定，不过是重申了党的立场。更为具体的是在同一天，中华全国总工会和全国农民协会（此时还没有正式成立），却发给湖南省农民协会和各工会的电报通知，告知政府已成立一个委员会，正在解决长沙事件；并指示农协和工会要忍耐一些，避免进一步摩擦。③

在远方的莫斯科，共产国际执行委员会举行第八次全会（5 月 18—30 日），托洛茨基和反对派就斯大林和布哈林关于中国革命的政策，在会上对其进行猛烈攻击；特别攻击其继续支持武汉的国民党左派，说国民党左派限制农民运动，拒绝立刻成立苏维埃。④ 中国代表团则在中国土地革命时机是否成熟问题上争论不休。5 月 27 日，斯大林参加了讨论，出示了鲍罗廷来电，内容为国民党决定为反对土地革命而斗争，甚至与共产国际决裂亦在所不惜。根据在会上反对斯大林的艾伯特·特雷恩特后来的报道，斯大林问共产党应该战斗，还是施展策略？斯大林认为，战斗意味着必然失败；施展策略意味着赢得时间，变得更为强大，到以后在可能取得胜利的情况下再进行战斗。斯大林提出向鲍罗廷发出指示，命其反对没收和分属于国民党员或国民革命军官的土地。⑤ 共产国际执行委员会最后决

---

① 诺思、尤廷：《罗易之使华》，文件 23，第 302 页。
② 布兰特、许华茨、费正清：《文献史》，第 112 页，引了 1927 年 8 月 7 日《中共八七会议告全党党员书》。
③ 诺思、尤廷：《罗易之使华》，第 103 页，引 5 月 28 日的《人民论坛》。
④ 《列昂·托洛茨基论中国》，第 220—248 页，有托洛茨基在会议期间的讲话和文章。
⑤ 《关于共产国际和中国革命的文献》，哈罗德·艾萨克斯作导言，《中国季刊》，45（1971 年 1—3 月），第 100—115 页，附艾伯特·特雷恩特在 1935 年所写但根据 1927 年 11 月发表的文本的英文译文和法文译文。英文译文转载自格鲁伯：《苏俄主宰共产国际》，第 490—494 页（斯大林提议给鲍罗廷的指示不过加强了当时中共既定方针的力量）。

议,号召建立一支真正革命的军队,"但是中国共产党必须竭尽全力直接与国民党左派联合"①。

中国共产党湖南省委员会已经在长沙附近的几个县,动员一支强大的农民自卫队,准备对长沙及其附近城镇发起总攻。正好在预定总攻的 5 月 31 日之前,李维汉命令停止,这可能是对汉口指示的反应。②李维汉的命令还没下达到已开始向长沙进军的浏阳分队,其进攻在 5 月 31 日下午就被粉碎;另一支试图夺取湘潭的分队则被全部歼灭。③

在这次灾难后一天,斯大林给其部下的那份著名电报到达革命首都的武汉。④斯大林号召由群众"自下而上地"夺取土地,并号召与"过火的行为"作斗争;这些行动都不要军队的帮助,而只是通过农会来进行。电报指示,国民党中央执行委员会中动摇和妥协的领导人,应被农民和工人阶级的领导人所代替;必须停止依靠不可信任的将领;应通过动员湖南、湖北 2 万多名共产党员和约 5 万名革命的工

---

① 诺思、尤廷:《罗易之使华》,第 92—93 页。他们充分地讨论了 5 月份莫斯科激烈地展开关于中国问题的争论。

② 蔡和森和彭述之都指责李停止进攻的命令。诺思、尤廷:《罗易之使华》,第 106 页;布兰特、许华茨、费正清:《文献史》,第 487 页脚注 8。施拉姆断言是毛泽东根据斯大林的指令下的命令。李锐:《毛泽东同志的初期革命活动》(英文版),第 315 页注。克莱因、克拉克:《传记辞典》,同意李要为这个命令负责。

③ 《第一次国内革命战争时期的农民运动》,第 338 页,根据柳直荀发表于一年后的回忆。它的部分英文译文见李锐:《毛泽东同志的初期革命活动》(英文版),第 315—316 页。6 月 1 日,国民党中央执行委员会致函湖南特别委员会,内附湘潭党部和农民协会发来的电报,描述了第八、第三十五和第三十六等三个军的部队进攻工农组织的情况,使人相信 5 月 31 日以前侵略来自军方。国民党档案馆,汉口案卷,湖南争论,1—5/693。代理省主席张翼鹏于 5 月 30 日电报汉口,描述了一些县的群众集会和对不同地方的进攻;后来,"今天上午 10 时""数百名带枪的人和数千名携木棍的人"进攻长沙。经过两小时战斗,"农民被全部击溃"。他引了对俘房的审讯,大意是省农会已下令在 20 日突入城市并抢劫。"因此,我们才杀人"。国民党档案馆,汉口案卷,湖南争论,1—5/692(日期令人不解)。

④ 电文载诺思、尤廷:《罗易之使华》,第 106—107 页,译自斯大林的两篇 1935 年的文章。又载尤廷和诺思:《苏俄和东方》,第 303—304 页。1929 年,陈独秀提供了斯大林指示的要点,他说,指示来自共产国际,见《告全党同志书》,第 333—334 页;艾萨克斯在《中国革命的悲剧》(第 245—246 页)用了此信。不清楚电报是给鲍罗廷的,还是给罗易或中共中央的。

649

农，来建立一支新军；必须组织一个以一名非共产党员的著名国民党领袖为首的革命法庭，惩办那些与蒋介石保持联系和纵容士兵压迫人民的军官。斯大林强调说："劝说是不够的，应该行动了，流氓必须受到惩办。"

在中国当时的情况下，群众运动会遭到残酷镇压；共产党又处于混乱状态。这类命令有如陈独秀后来所描述的，是"在厕所中洗澡"；所有的中央委员会委员都知道这类命令不可能执行。据张国焘回忆，见到电报的人"哭笑不得"。因此，共产党中央政治局复电说原则上接受指示，但明确表示这些指示不能立即执行。[①]（罗易轻率地向汪精卫出示斯大林电报的事，在下面讨论）。

显然，共产党领导人能够全力做到的，就是6月4日和5日在武汉组织群众示威行动，向武汉国民政府请愿，要求在几个省停止杀人和惩办许克祥及其同伙。请愿者承认由于一些幼稚的行动，使土地革命运动受到损害；但又争辩说，这些行动在革命初期是不可避免的。这些幼稚行动，与许克祥及其同伙勾结蒋介石所犯的罪行，根本不能相比；但却破坏了北伐事业，危及于整个革命行动。[②] 一贯喋喋不休的罗易，准备了一封共产党中央委员会致国民党中央执行委员会的信，要求派兵镇压长沙的反革命分子，解散长沙的各种委员会；由国民政府颁发一项命令，保证湖南的工农组织和共产党的完全自由；要求下令归还从工农队伍没收的武器，武装农民以对付将要发生的反革命暴乱。罗易还起草了"向农民呼吁书"，中国共产党号召农民通过夺取土地，继续与大地主、士绅和反革命军阀进行斗争，但对小地主和在前线作战军官的土地不得侵犯；指出农民不应把士兵视为敌人，

---

① 陈独秀：《告全党同志书》，第234—235页；张国焘：《中国共产党的崛起》，1，第637页，罗易提供了6月15日发给共产国际电报的电文，罗易说电报是陈独秀奉政治局之命发出的。诺思、尤廷：《罗易之使华》，文件29，第338—340页，电报详述了危急的形势，表示共产党目前无力执行共产国际的指示。

② 国民党档案馆，汉口案卷，湖南争论，1—5/696和697，6月4、5日，一份请愿书，是在武汉举行的湖北省各界代表大会递交的，另一份是武汉庆祝攻占郑州和开封的大会递交的（有明显证据，说明是共同起草的）。

而应与其建立紧密的联系,进而把大批士兵吸收进农会。罗易力劝湖南农民要想使长沙的反革命集团投降,必须组织一次武装起义把这个集团打倒——"帮助国民政府恢复在湖南的权力! 支持国民党反对反革命军阀!"[①]

但最后的结果取决于军人,而不是语言。许克祥从一开始就与何键将军和唐生智将军可能由其代理人,用电报进行过联系。在调查委员会返回武汉后,唐生智指派第三十六军副军长周斓作为其特派员前往长沙,国民党中央执行委员会委任周斓为特别代表。周斓受命指挥湖南所有的军队,并实行纪律整顿;命令双方停止冲突,省党部、省政府和工农组织都需按中央的命令重新组成。周斓到长沙后,中央收到由张翼鹏 4 人以及包括许克祥等 41 名将领和政治军官员签署的电报,表示感谢周副军长转达的指示,为其 5 月 21 日的行动作了辩解,并保证绝对执行中央政府的一切命令。[②]

电报的语气是服从的,但那份电报签名的名单,显然是带有威胁的用心,意味着表示签名者的团结一致。周斓在 6 月 9 日的一次市民集会上虽受到热烈欢迎,但却敦促其参加清党运动。事实上周斓已觉察到长沙的反共情绪是如此之强烈,也感到贯彻其不偏不倚的命令已不可能;他打电报给武汉中央,说农民协会反对中央,要求调兵前来镇压。[③]

湖南农民运动的面铺得太宽,共产党领导人又太少而且分散,以致不能迅速控制混乱局势。几份送到中央的报告,将冲突归咎于农民运动。其中包括夺取萍株铁路和包围萍乡的煤矿,使煤炭不能外运,粮食也不能运进矿区以供给矿工生活。[④] 6 月 13 日,政治委员会在讨论湖南问题时,汪精卫报告说,在以前的一次军事委员会上,毛泽东曾经承认农民协会破坏了士兵的家,但却又归罪于湖南很有势力的秘

---

① 诺思、尤廷:《罗易之使华》,文件 26、27,第 314—320 页,6 月 3、4 日。
② 国民党档案馆,汉口案卷,湖南争论,1—5/700。
③ 蒋永敬:《鲍罗廷》,第 338 页,引 6 月 13 日国民党政治委员会的讨论。
④ 蒋永敬:《鲍罗廷》,第 343—344 页,引用文件。夺取铁路之事,在 6 月 15 日的政治委员会上报告了。

密会社哥老会的成员，说这些人已经渗入到农民协会。汪精卫引了毛泽东的话说，这些人既不知道国民党，也不知道共产党，而是以杀人放火为业。关于长沙的马日（5月21日）事变，毛泽东坚持是军队攻打了农民协会，协会不过是试图自卫，并不是想夺士兵的步枪。政治委员会取得毛泽东与吴玉章的同意后，决定派不久前从河南战场回来的唐生智到湖南去恢复秩序，但在执行时，不得使用武力。①

唐生智到达其根据地湖南以后，对局势进行了一番审度，于6月26日电告武汉，指出应把两名在领导许克祥清党的人开除出国民党，对许克祥本人应予记过处分。但许克祥不接受对其侮辱性的处分，率部开到湖南南境，接受了蒋介石的任命，参加了清党斗争。②

另一名军人也采取了反对江西共产党的行动。朱培德及其所部的第三军驻守该省，防御可能来自南京方面的进攻。但因军中的反共情绪和受长沙马日事变的影响，朱培德决定遣散军中大部分是共产党员的政治军官；5月29日，派其中的142人到武汉，于6月1日到达。朱培德释放了程天放和其他国民党领导人；这几个人自4月2日起即被关押，担心会被处死。6月5日，朱培德将22名为首的共产党员礼送出境，使其备受优待，并给予旅费；同时，又命省总工会和农民协会停止活动；并派宪兵从南昌农民自卫队处收缴了800支步枪和其他装备。朱培德刚出任江西省政府主席③，显然是在竭力防止湖南发生的冲突在江西重演。宣布遣散政工人员的目的，是在于能有安定的环境，别无他意。也允许国民党组织继续存在，群众组织并未被取缔，只是暂时停止活动，直至武汉政府命令恢复为止。朱培德宣布拥护武汉国民政府，反对南京的国民政府；还辞去了掌管党务的国民党特别

---

① 蒋永敬：《鲍罗廷》，第348页；《从容共到清党》，第707页。两书都引用了政治委员会的会议记录。郭华伦：《中共史论》，1，第243页也有引文。根据蔡和森的说法，鲍罗廷也是用这种解释。湖南农民运动的不法行为，"是当地的歹徒和哥老会引导的，我们没有引导"。蒋永敬：《鲍罗廷》，第336页，但没有说明确切的日期。

② 唐生智将军6月26日电报的英文译文，见诺思、尤廷：《罗易之使华》，第120—121页，译文取自6月29日的《人民论坛》（武汉无此刊物，疑为《武汉评论》之误）。中文电文载《从容共到清党》，第708页；蒋永敬：《鲍罗廷》，第350—351页。

③ 校注：朱培德于1927年3月30日出任江西省政府主席。

委员会的领导职务，并要求武汉派一批新的委员前来接替。可以料想，朱培德是在试探武汉方面的反应。在省内其他地区，朱培德命令暂时停止工农运动，被理解为镇压工农运动的信号。省农民协会送交武汉的一份报告称，大约有 200 名农民运动的领导被杀害；在报告提到名字的县份中，土豪劣绅疯狂镇压地方农会，大开杀戒以发泄其胸中的仇恨。

怎样应付这类事态的发展？武汉的共产党领导人之间，却存在着巨大的分歧。包括罗易在内的一些人，要求惩办朱培德，并策划举行一次总罢工以支持其建议。鲍罗廷对此建议极为不满。其他的人担心，一旦颠覆朱培德的企图失败，其后果将不堪设想。当汪精卫在郑州与冯玉祥会谈后返回武汉时，向忠发要求汪精卫下令恢复群众运动领导人的职务。后来，当国民党中央政治委员会考虑要朱培德辞职时，汪精卫简要地说明，如果朱培德得不到宽宥，此人会立刻投向南京，这将大大加强敌方的力量。因此，政治委员会决定对朱培德的辞呈不予考虑。为了寻求妥协，政治委员会决定派陈公博、陈其瑗连同几名共产党干部，前往江西与朱培德会谈。同时，谭平山应朱培德的要求，表示要派 40 名新近从农民运动讲习所毕业的毕业生，到江西从事底层的工作。6 月 20 日，陈公博与陈其瑗及共产党干部到达九江，在此与朱培德进行会谈。双方都同意一个相当含糊的方案，即权力集中在国民党手中，立刻约束不守纪律的人。问题就这样妥协解决了。在江西省共产党的影响虽不及湖南省强大，也已经明显地减弱了。[①]

共产党与国民党左派的分裂

6 月 5 日，即武汉政府重要人物将起程与冯玉祥会谈的前一天，罗易向汪精卫透露了斯大林电报的内容。在汪精卫的请求下，罗易后来将电报的中译文交给汪氏。汪精卫大为震惊，与其亲密同事经过费时数周的研究，才决定如何对付苏联因国民党政策的改变而带

---

① 这一简要论述系根据李云汉《从容共到清党》（第 709—715 页）和蒋永敬《鲍罗廷》（第 354—368 页）的材料综合写成，二者都根据当时的文件。

来的危险。①

6月6日，国民党中央政治委员会主席团启程前往郑州与冯玉祥会谈。② 因为武汉军在前线遭到惨重伤亡，后方又是一片混乱，所以冯玉祥在会谈中占有主动权。会议参加者同意冯玉祥控制河南省，批准其在陕西和甘肃任命的人选，都将成为国民政府的官员。冯玉祥所部和河南的杂牌军，改编为由冯将军指挥的七个军开赴前线。在前线的武汉军撤回后方，防守根据地。虽然冯玉祥私下对汪精卫表示，蒋介石是个背信弃义的人，但仍不愿介入对南京方面的战争。会议参加者中，有数人还讨论了斯大林的电报，并拟定了限制共产党活动的计划。③ 武汉军于6月12日匆匆撤回汉口，于右任也一道同行；留下徐谦在冯玉祥军中（二人原为老同事），顾孟馀在郑州多逗留几天。鲍罗廷本着自己的观点，很快意识到会议是一次失败。④

---

① 汪精卫在7月15日向中央执行常务委员会扩大会议报告了日期和情况，根据《从容共到清党》第736页和蒋永敬的《鲍罗廷》第403—404页。电报要点作为7月19日国民党政治会议主席团的报告，在1927年8月第一次公开透露，并由国民党中央宣传部公布。报告存国民党档案馆。见《从容共到清党》，第745页脚注94。1927年11月5日，汪精卫在广州的一次演讲中详细地谈了当时的情况，但说罗易透露的日期为6月1日。汪精卫的演讲发表在11月9日的《民国日报》上，转载于《革命文献》，16，第2851—2865页，有关的部分在第2861—2862页。

② 汪精卫在6月13日政治会议的第28次会上提名的主席团成员是谭延闿、顾孟馀、孙科、徐谦和他自己。汪提到其他与会者是武汉集团的于树德（唯一的共产党党员）、王法勤、邓演达和唐生智以及冯玉祥、鹿钟麟和于右任。国民党档案馆，005/3。蒋永敬：《鲍罗廷》，第380页又加上了张发奎。安娜·路易丝·斯特朗和雷纳·普罗梅同行；斯特朗小姐在一篇生动的报道中说加伦将军（布留赫尔）也前往，但鲍罗廷因发烧和伤臂不能起程。安娜·路易丝·斯特朗：《中国大众》，第46—48页。

③ 张发奎在与夏连荫的一次会晤中，想起了汪精卫报告共产国际决议，即斯大林的电报的内容，以及唐生智报告湖南农民动乱的情况。张将军回忆说，于是作出了"让共产党员脱离关系"的决定。谢里登：《中国的军阀：冯玉祥的一生》，第225—227页，有根据不同史料写的郑州会议的报道。关于讨论共产党问题的报道，见该书第7章的脚注50。可以推测，于树德和布留赫尔未参加这些会谈。

④ 美国国务院893.00/9106，电报，汉口，罗赫德致国务卿，1927年6月15日，电报报告了鲍罗廷的沮丧和他的信念：如果他参加，会议的结果本来会更有利。罗赫德补充说："出现了一种日益强烈的［意见］，即从这里的国民党各委员会中，将逐渐地清除俄国人和中国的激进分子。"

武汉政府面临的战略形势极为严峻。张发奎的第四军和第十一军作了巨大的牺牲，才清除了一些在河南的敌对势力。但是，这位靠不住的盟友冯玉祥，此时正控制着该省。最初的革命根据地广东省；则在李济深掌握之中；此人反对工农的过激行为，又是蒋介石潜在的盟友。李济深封锁了武汉到海上的通道。东面的南京军，此时已把孙传芳和张宗昌的军队赶到山东，很可能对武汉发起进攻；并且普遍怀疑蒋介石仍在与张作霖谈判停战。武汉政府在三省——湖南、湖北和江西根据地内，由于唐生智及其部下反对武装的农民运动，其忠诚是靠不住的。朱培德刚把为首的共产党员赶出江西，并命令停止工农运动的活动，似乎其有意于做国民党两派之间的中间人。斯大林命令鲍罗廷和中国共产党鼓动农民夺取土地，建立一支独立的武装力量，惩办不可靠的将领，自下而上地改组国民党左派。这样，上述的难题又更为复杂化了。

从郑州回来以后，一系列的问题一直缠绕着国民党上层领导者的头脑。为了安抚那些将领——其支持的作用是举足轻重的，国民党左派是否甘冒失去苏联支持的风险，而与共产党决裂？若准备决裂，当在何时并以何种方式开始？在军事上的前景，是继续向北京挺进，还是发动向南京进军的战役，抑或南下再次夺回广东？要向北京挺进获得成功，必须要有山西阎锡山的积极参与。阎将军可以率部东进，在石家庄切断京汉铁路；然后说服阎锡山与冯玉祥一道参加正在进行的北伐工作，但阎锡山又不可能同意（事实上阎锡山不久宣布支持南京）。如果能劝诱李宗仁，白崇禧和黄绍竑为首的桂系转变态度，反对蒋介石，东征南京可能成功。但要进行东征，江西朱培德的支持是必不可少的。罗易和少数共产党领导人极力主张南下，左派最忠诚的军事支持者张发奎可能对此也颇感兴趣。但其所率各部在河南作战中伤亡甚重，亟待补充恢复元气。汉阳兵工厂正在日夜开工赶造武器，但却缺少必需的原料供应，能否为武汉军第二次征战提供足够的武器？殊难逆料。

到 6 月 15 日，国民党中央政治委员会决定准备东征。根据蔡和森的说法，这是鲍罗廷的建议，汪精卫和唐生智予以接受，指望苏联能为东征提供一笔资金。在准备东征时，军事委员会重新调整了军队的番号。唐生智指挥第四集团军，由两个方面军所组成。第一方面军由唐生智直接指挥，下辖第八、第三十五、第三十六共三个军；第二方面军由张发奎指挥，下辖第四、第十一和新编的第二十（由贺龙统率）共三个军。但在东征开始前，武汉政府必须首先裁定仍在湖北境内横冲直撞的杨森和夏斗寅两部；派唐生智去处理湖南的事务，派陈公博去江西与朱培德谈判（前已详述）。

于此，共产党领导人遂陷入进退维谷的困境，知道不可能执行斯大林的命令。对于共产党员是否仍留在国民党内，在国民党的旗帜下继续为国民革命效力？这项政策曾使共产党组织得以迅速扩大，使党在学生、城市工人和贫苦农民中产生广泛的影响。但许多迹象表明，国民党要员中的敌对情绪正在增长，军队的将领中出现了反对群众运动和反对共产党的暗流。共产党只有抑制社会革命，在国民党内工作的政策才能够继续执行。但许多共产党员却把社会革命视为国民革命的精髓，以为群众组织是支持共产党的真正基础。经过激烈争论以后，在鲍罗廷忠告下[①]，共产党领导集团约于6月中旬似乎已经决定顺应时势，共产党员应该在国民党内，并试图限制社会革命。共产党支持发动一场反对蒋介石的战争，以期在胜利后重建统一战线和恢复群众组织。[②] 但在中共的计划之中，却忽略了冯玉祥这个因素。

---

① 蒋永敬：《鲍罗廷》，第393—394页。郭华伦：《中共史论》，1，第235页，有蔡和森的《机会主义的历史》的摘录。

② 争论的热烈可以从罗易6月9、15日的文件感觉到，载诺思和尤廷：《罗易之使华》，文件第28、31、32号，以及从1927年8月7日《中共八七会议告全党党员书》对中央委员会政策的批评感觉到，布兰特、许华茨、费正清：《文献史》，第102—118页有摘要。又蔡和森关于以后几个星期的争论的记述，见他在几个月以后所写的《机会主义的历史》，郭华伦的《中共史论》，1，第255—261页，蒋永敬的《鲍罗廷》，第393—394页有摘要。张国焘在《中国共产党的崛起》，1，第647—649页有回顾性的报道。快到5月底，共产国际第八次执行委员会全体会议通过了关于中国问题决议，在指示中预测对蒋介石的一次征讨："在蒋介石军队的内部和后方极力进行破坏士气的工作，以图消灭他们；这自然不是说，在适当时机不采取直接军事行动进攻蒋介石的军队。"尤廷、诺思：《苏俄与东方》，第275页。可以设想，这些指示已通过无线电传给鲍罗廷。

郑州会议以后，冯玉祥派代表毛以亨前往徐州，会见白崇禧和李宗仁，双方同意冯玉祥和蒋介石会晤。于是南京和上海的显赫的权势人物齐集徐州，6 月 20 日和 21 日与冯玉祥会晤。① 会议的重要结果，南京允许每月供给冯玉祥 200 万银元的军饷，冯玉祥明显的倒向南京一边。② 这个数目，远远超过了武汉方面支付给冯将军的金额。冯玉祥还同意利用其个人影响，迫使武汉方面把鲍罗廷遣送回苏联（从 2 月份以来，这是蒋介石一直想实现的事情），驱逐出共产党员，说服忠诚的国民党员都到南京，结束全党分裂的局面，重新统一全党，建立单一的一党政府。③ 6 月 21 日，冯玉祥向汪精卫和谭延闿发去一份最后通牒式的电报，回顾其在郑州谈到的情况，激进分子涌入党内，拒不服从命令，压迫商人、工厂主、士绅、地主和士兵，然后提出其条件：鲍罗廷应立刻回国；中央执行委员会委员愿出国休假者，准其所请；其他委员如果有意，可以参加南京的国民政府。"希望你们接受上述建议，并立刻作出决定。"第二天，冯玉祥向记者表明，"衷心希望国民党同心戮力，消灭军阀和共产主义"，并将电文的副本交给记者。④

共产党领导集团内部展开了关于策略问题的激烈争论。为了克服"革命目前面临严重的危机"，中国共产党书记处在 6 月 23 日提出一项铤而走险的方案。方案指示上海地下党在一个月之内，发动一场比

---

① 毛以亨：《俄蒙回忆录》，第 244—245 页。南京、上海一方的会议参加者除蒋介石外，有胡汉民、蔡元培、张人杰（张静江）、李石曾、黄郛、钮永建、李烈钧、李宗仁、黄绍竑、白崇禧和吴稚晖（他主持会议）。冯玉祥一方与会者为李鸣钟和何其巩。《从容共到清党》，第 718 页，根据转载于《革命文献》，15，第 2566 页吴稚晖的报告。艾萨克斯：《中国革命的悲剧》第 256 页说徐谦和顾孟馀陪冯玉祥去徐州。

② 毛以亨：《俄蒙回忆录》，第 245 页。英国驻上海总领事巴尔敦爵士在 6 月 30 日报告说，在 6 月份的最后两个星期，上海曾出现一次大规模的集资活动，他推测这是为了执行蒋介石资助冯以取得冯支持反对汉口和北京的徐州协定。英国外交部 405/254，机密，《关于中国的进一步通讯》，第 13315 号，1927 年 7—9 月，第 43 号，附件。

③ 蒋介石 6 月 6 日的报告，李云汉：《从容共到清党》，第 718—719 页有引文。

④ 艾萨克斯：《中国革命的悲剧》，第 256 页，他引了 1927 年 7 月 2 日《密勒氏评论报》的电文的一部分。中文电文见《国闻周报》，7 月 3 日；《从容共到清党》，第 719—720 页；蒋永敬：《鲍罗廷》，第 382—383 页。

两年前五卅运动声势更为浩大的战斗性反帝运动，学生、商人和工人宣布罢课、罢市和罢工，在外国租界内举行游行示威——如果必要，甚至要求没收帝国主义财产和收回外国租界。书记处设想，如果在各界人民中间形成强烈的排外情绪（特别是反对日本派兵到山东的情绪）。一旦这种情绪对蒋介石军中士兵产生致命的影响，就会迫使帝国主义占领南京和上海。书记处认为，这样就会导致一场全国性抗议，既破坏了蒋介石的权力基础，也粉碎了武汉政府右派制造的危机。一旦蒋介石进攻武汉，或武汉进攻蒋介石，这场运动就会成为爆炸性的爆发；共产党能够在新的反帝战争的旗帜下进行社会革命。[①]但是，政治局[②]否决了这一方案。因为已处于分崩离析状态的群众运动，这无异于自取灭亡的方案。武汉三镇日益增长的敌对形势，迫使中共领导人只得作出新的决定。

6月19日，第四次全国劳动大会在汉口举行，有400多名代表参加大会。代表们有的是上海和广州被破坏的工会成员。[③]参加会议的，还有亚历山大·拉佐夫斯基主席率领的赤色职工国际兄弟代表团，以及中国国民党、中国共产党和中国共产主义青年团的代表。中华全国总工会和劳动代表大会都受共产党的控制，可是冯玉祥此时明确要求，武汉政府必须与共产党割席绝交。还有谣言说，几名武汉的将领计划逮捕共产党员和镇压劳工运动；谁也感到不安全。当由苏兆征任主席的劳动大会进行之时，甚至汪精卫也在会上讲话表示支持。但共产党的政治局却在争论，如何处理穿制服的武装纠察队是归总工会，还是归李立三领导的湖北省工会的问题。纠察队是引起中外工商界深

---

① 诺思、尤廷：《罗易之使华》，文件35，第361—365页。据罗易，书记处把有这些指示的信送到上海，但是政治局经过漫长的讨论后，以一个反帝斗争的决议代替它。罗易没有引用，而是引述自己的话，政治局推测，他是反对给上海同志们这个蛮干命令的。同上，第366—369页。

② 中共第五次大会以后，政治局由陈独秀、张国焘、周恩来、瞿秋白、李立三、李维汉（化名罗迈）、谭平山和蔡和森组成，据李又宁：《瞿秋白传：从青年到党的领导（1899—1922年）》，1967年哥伦比亚大学博士论文，第197页。

③ 《第一次国内战争时期的工人运动》，第545页以下有会议和几个决议的报道；斯特朗：《中国大众》，第74—88页有对会议的描述。

恶痛绝的根源。而为了恢复萧条的经济和为数万名失业者提供工作，武汉政府正在想方设法对中外工商业者进行鼓励。纠察队是否应放下武器，作为对国民党的让步？或者是否让这些人渡江到武昌，去参加张发奎的部队？6 月 28 日，即代表大会的最后一天，中共政治局显然是在鲍罗廷住处集会，决定进一步后退；纠察队自动解除武装。当天晚上（或者是出于巧合，或者是在取得默契以后），武汉卫成区的军警占领了全国总工会和湖北省工会总部，限令纠察队交出步枪，脱下制服和摘下证章。但在第二天，军队将办公机构又还给了工会，并作了道歉；纠察队又重新出现，但人数较少，又无武器。当日晚上，大会的代表在联欢会上招待士兵。汪精卫下令不准许损害工会。①

迫使两党决裂的压力仍在增长。唐生智 6 月 26 日从长沙发来的电报，归咎湖南的混乱原因在于领导农民运动的人。电报于 6 月 29 日公布。同日，第三十五军军长何键发表声明，要求国民党进行清党，并威胁说，将令所部全力捕拿共产党员。面对这一威胁，共产党决定将领导机构迁至对江的武昌，再在该地举行一次中央委员会扩大会议，以确定一条政治路线。6 月 30 日，首先在鲍罗廷住处举行会议，政治局委员和两名新来的共产国际代表参加。经过一番唇枪舌剑以后，与会者接受了一系列决议，中央委员会在 7 月 1 日的会上予以通过。这些决议标志着共产党为了与国民党左派保持工作关系，作了最后的让步。这个无产阶级的政党决定，工人和农民运动应当接受国民党的命令，并受其监督；而国民党和国民政府必须保护工农的组织；工农武装应服从政府的监督和训练，武汉的工人武装纠察队应减少人数或编入军队；工人与其纠察队不得行使逮捕和审讯的司法权；如无国民党党部或政府的同意，纠察队也不得在街上和市场巡逻。不

---

① 《从容共到清党》，第 731 页，蔡和森后来对政治局紧急会议的报道；又见张国焘：《中国共产党的崛起》，第 649 页；蒋永敬：《鲍罗廷》，第 397 页，有汪精卫对突然搜查的描述；美国国务院 893.00/9159，电报，汉口，罗赫德致国务院，6 月 29 日，描述了占领的情况。斯特朗小姐观察了把全国总工会总部还给苏兆征的情况，并讽刺地描述了联欢会，其报道是在莫斯科写的，见《中国大众》，第 87—88 页，显然是汉口驻军司令李品仙下令进行这次突然搜查。

久,共产党领导集团就严厉谴责其本身向法律和秩序要求的妥协行为。另一个决议,是处理在国民政府或地方政府中工作的共产党员问题;这些人应作为国民党员看待来进行工作,而不可以共产党员的姿态出现;为了避免冲突,也可以请假。①

6月份的最后几天,苏联的军事顾问和鲍罗廷的参谋开始离开武汉;这些人帮助国民革命曾竭尽才能,耗尽心力,现在苏联的援助也随之快要终止了。7月初,记者访问病中的鲍罗廷,其人甚为消沉,但决定只要有一线希望,仍愿留在武汉;其妻在北京监狱,原于2月28日乘俄轮巴米亚列宁娜号前往汉口途中为直鲁联军所逮捕。鲍罗廷在离开武汉前,必须设法为释放其夫人的事情奔忙。日本显然愿充当斡旋人。7月12日凌晨,一名中国法官撤销了对鲍妻及同船被捕其他苏联人的指控。该法官旋即失踪,后来在日本露面。这些刚刚获释的苏联人兴高采烈地离开了北京,只有鲍夫人隐蔽在北京某处。为掩护其踪迹,苏联方面伪造了一系列假报道,称其已到达海参崴,并在外西伯利亚接受采访,最后发表其到达莫斯科时的谈话。到8月底,鲍夫人终于化装为一修女,成功地逃离了北京。②

国共两党的决裂发生在7月中,冯玉祥和蒋介石要徐谦一再致电其武汉同僚,敦促其解除鲍罗廷的职务。同时,蒋介石将其精锐的第一军调回南京,令第七军和其他两个军向江西开进。冯玉祥和蒋介石正在对武汉施压。在上海盘桓数月的宋子文,突然于7月12日回到

① 何键的言论载《国闻周报》,4.29(1927年7月21日),该报转载了八篇关于两党分裂的重要的武汉方面的文件。这些文件连续登载在以后的数期上。蒋永敬:《鲍罗廷》,第399页引用了《中共八七会议告全党党员书》11项决议中的4项。郭华伦:《中共史论》,第259—260页,列了同一材料的另7项决议。

② 美国国务院893.00/9128,电报,北京,马克谟(马慕瑞)致国务卿,6月23日,6月22日汉口电报,报告了苏联飞行员在早期离去。维什尼阿科娃—阿基莫娃:《在革命中国的两年》,第326页报道了其在6月20日以后不久,遵照鲍罗廷的命令,与几名军事顾问离开,其他的人在7月也成批随之离开。亨利·弗朗西斯·米塞尔维茨:《龙在活动:中国国民党概述,1927—1929年》;文森特·希思:《个人史》,第240—241页。两书都有对鲍罗廷的采访。希思详述了鲍夫人的逃亡,大约鲍夫人在逃亡中他起了作用(第255—258页)。前引卡萨宁著作第295—296页,补充了希思的报道。

汉口，显然带有宁方的密信。在汪精卫的住所召开的秘密会议上，比较保守的武汉政府领导人占了上风，希望找出办法和平解决与南京的对立。办法当然是与共产党决裂，要求鲍罗廷回国（鲍罗廷已经在做从陆路取道蒙古回国的准备）。①

7 月 14 日，政治委员会主席团通过了汪精卫的两项建议：其一，派一名高级代表去莫斯科，向苏联解释孙逸仙三民主义的联俄联共政策，以便澄清未来的中苏关系；其二，为了避免两党之间意识形态和政策上的冲突，特别是结束两套独立并行的冲突决策系统。第二天，国民党召开中央执行委员会常务委员会扩大会议，听取汪精卫关于 6 月 1 日斯大林影响中共政治局电报的报告，并得知罗易已经离开和鲍罗廷希望出走之事。会议决定，在一个月内召开一次中央执行委员会全体会议，审议政治委员会主席团的提议（这显然暗示要共产党员脱离国民党）。在此以前，中央执行委员会委托党部处理一批拒不服从命令的党员。会议参加者还一致同意政治委员会应选派代表去莫斯科，并通过下令保护工农以及共产党员人身自由的决议。这些决议对一般人是保守秘密的。② 因此，看来国民党的文职领导准备推迟分裂，然后采取和平步骤。国民党文职领导人之所以采取这种态度，一个重要因素是希望能继续得到苏联的援助。但是就在这一天，何键所部军队的士兵已在街上搜捕共产党员，其中包括两位已经失踪的国民党中央委员吴玉章和谭平山。

吴、谭二人一定和其他的重要的共产党员在武汉三镇躲藏了起来，这是响应 7 月 13 日共产国际会议紧急指示作出的结果。共产国际除了谴责中国共产党的机会主义错误外，还要求中共发表声明，明确宣布共产党员退出政府，但禁止其退出国民党；即使其被开除出国民党，仍应秘密地与国民党的基层群众一起工作，以抵制国民党上层

---

① 美国国务院 893.00/9165/9194/9213，北京发给国务卿的电报，传送了 7 月 5、11、13 日汉口和南京的情报；乔治·索科尔斯基论国民党，载《中华年鉴，1928 年》，第 1371 页，内有私下会谈的报道，材料可能是宋子文供给的。

② 蒋永敬：《鲍罗廷》，第 401—402 页；《从容共到清党》，第 736—740 页。两书都引用了会议记录。

的决议，并促成国民党领导机构的改变。对于共产党创始人和总书记的陈独秀来说，这种表里不一的做法很不光明，但对此也无能为力。在此基础上，共产党员应准备召开一次国民党大会。① 以前，陈独秀曾多次主张共产党人退出国民党，但都遭到拒绝。此时，陈独秀遂辞去了总书记职务。7 月 13 日，共产党发表声明，称国民政府未能保护工人和农民，实际是对反动派的鼓励；并宣布谭平山和苏兆征已辞去其职务，但仍强调共产党既不会退出国民党，也不放弃与国民党合作的政策。鲍罗廷前往九江附近的庐山胜地休养，会说俄语的瞿秋白伴随鲍罗廷前往，此时鲍罗廷的妻子刚从北京狱中获释。不久，时年28 岁的瞿秋白，即成为共产党新的总书记。②

现在国共两党的决裂已成为事实。7 月 16 日，即国民党中央委员会公布限制共产党员决议的当天，但仍命令保护其人身自由与不得损及工农运动。中国共产党的 7 月 13 日声明，也见诸于传单和报端。这促使国民党政治委员会主席团势必要把斯大林威胁性的电报公之于众，并谴责共产党企图在脱离政府之后，仍留在国民党内的做法。主席团指责说，这等于破坏国民党的容共政策；命令所有双重党籍的党员在两党中只可取一。双方发表了更多互相诋毁的文件。但几位国民党左派领袖则对两党的决裂深感痛惜。邓演达为此发表了谴责国民党的声明，并辞去了国民革命军总政治部主任和国民党农民部长的职务。邓氏原已告失踪，不久就起程前往苏联。孙逸仙夫人发表声明，谴责其同事已走上反革命道路，同时前往庐山牯岭，不久，就到上海

---

① 《从容共到清党》，第 735—736 页，引华岗《大革命时期中国共产党史，1925—1927年》；艾萨克斯：《中国革命的悲剧》，第 266—267 页，从《国际新闻通讯》7 月 28 日引了《共产国际执委会关于中国目前情况的决议》，其中有指示，但把通讯日期注为 7月 14 日。

② 声明转载于《国闻周报》，4.29（1927 年 7 月 21 日），部分英文译文载于 T.C. 武：《国民党和中国革命的未来》，第 323—333 页。陈独秀的立场在《告全党同志书》中有叙述。维什尼阿科娃—阿基莫娃大概根据苏联的档案，对会议作了谨慎的报道。《在革命中国的两年》，第 331 页。李又宁：《瞿秋白传》，第 221—222 页。7 月 13 日《中国共产党中央委员会对时局宣言》的英文译文，载 H. 帕克：《中国共产党文献集，1927—1930 年》，第 21—29 页。

转往苏联。邓演达和宋庆龄两人的声明，都强调基本的中心问题——社会革命，指责武汉的调和派领导人已转而反对社会革命。① 陈友仁也正在准备离开武汉。

现在，反革命势力已经进入左派阵营的首都。武汉三镇实施戒严令，军队再次占领工会总部以及其他被怀疑的共产党据点，并处死了武装敌对分子。对共产党领导人来说，似乎只有逃亡或是暴动两种选择。有名的共产党党员转入地下，或者逃到在江西北部的张发奎军中；张部正在向该省运动，军中原有许多共产党的军官。到 7 月最后一个星期，两党合作的政策在阶级斗争的礁石上碰得粉碎。在共产国际的鼓动下，共产党核心领导开始筹划进行武装暴动。

鲍罗廷的离开汉口，象征苏联想通过国民党促进中国革命——作为革命的第一阶段的努力已告结束。7 月 27 日下午，仍在发烧的鲍罗廷同一部分苏联顾问和贴身警卫、陈友仁的两个儿子、美国记者安娜·路易斯·斯特朗同乘一列火车前往郑州。火车上载着卡车、重型旅行车、大量汽油及行李，准备在漫长而路线不定的归国之途中使用。留在武汉最重要的官员为鲍罗廷一行举行了隆重的欢送会，汪精卫交给鲍罗廷一封"致苏俄共产党中央政治局同志们"的信，表示中国同志对鲍罗廷作为国民党顾问所作的杰出成就，怀有永恒的感激之情。此信还宣布，国民党希望在不久的将来，派几名重要同志前往苏联，讨论两国合作的途径；关于国共两党合作的具体方式，仍然等待共产国际的指示。汪精卫公开表示，其相信鲍罗廷能对两党合作的复杂性作出详尽的报道。此信以"致以革命的敬礼"为结语，落款署名为国民党政治委员会主席团。②

---

① 《国闻周报》有不同方面的文件，少数几件载《革命文献》，16，第 2828—2840 页，邓演达声明的节录收入美国国务院 893.00/9216，罗赫德 7 月 15 日电报。蒋永敬：《鲍罗廷》，第 409 页提供了邓演达到 7 月 18 日在郑州时的证据。孙逸仙夫人的声明转载于 T.C. 武：《国民党和中国革命的未来》，第 270—273 页。根据国民党文献，关于分裂的一般叙述，见蒋永敬：《鲍罗廷》，第 401—412 页；《从容共到清党》，第 741—743 页。艾萨克斯的《中国革命的悲剧》中有《武汉：它的垮台》一章。

② 汪精卫此信的起草日期为 1927 年 7 月 25 日，存国民党档案馆 445/35。

在郑州，鲍罗廷受到冯玉祥热烈的欢迎，冯下令保证鲍氏一行沿途的安全。鲍罗廷一行然后乘火车西行，同行的是几名知道行进路线的原冯玉祥的苏联顾问。在陇海铁路的终点站①，从火车上卸下卡车、旅行车和物资。鲍罗廷一行为危险的旅途做了准备，装了五卡车和五旅行车的给养，然后往西再往北，途经陕西、甘肃和宁夏城②，然后穿过沙漠，于9月中旬到达乌兰巴托。经过一段长时间休息后，鲍罗廷飞往上乌丁斯克，然后乘快车前往莫斯科，于10月6日抵达。鲍罗廷时年43岁。③

两个民族主义的政党因其社会哲学的对立，而终于分道扬镳了——共产党员走向反叛的道路，而国民党则致力于在各派之间实现不稳定的妥协。对于彼此互以"同志"相称并共事多年的政治家、劳工领袖、宣传家和军事将领来说，要分离是不容易的。有的人干脆退引了，但绝大部分活动分子走上这条或那条道路。两党的分裂，决定了未来10年中国政治生活主要发展进程。

共产党人转向武装暴动

共产党反叛的开始

1927年7月份的下半月，在新来的共产国际代表罗明纳兹的鼓

---

① 校注：按：1927年时的陇海铁路西端仅修至陕县，此处所称陇海铁路终点站当为陕县站。

② 校注：此时宁夏城属甘肃，所称宁夏城即宁夏道；宁夏并未设省。

③ 斯特朗的《中国大众》，有旅途的报道，到达日期据1927年10月7日《真理报》。鲍罗廷生于1884年7月9日，在莫斯科担任过劳动副人民委员、塔斯社社长助理、纸张工业的经理；1932年起，任英文《莫斯科新闻》编辑。路易斯·费希尔在1929年2月26日至6月29日期间，采访鲍氏10次，据费希尔的《人和政治：一份自传》第138页的材料。《世界事务中的苏联人》，2，在第632—679页的一章中，费希尔间接叙述了鲍罗廷告诉他的关于中国革命的情况。鲍罗廷在1949年与其他许多犹太知识分子一起被捕，被送往劳改营，在1951年约67岁时死在那里。《纽约时报》，1953年9月3日和1964年7月1日。最近，鲍罗廷的名誉在苏联已被恢复，有关其对中国革命贡献的学术著作已有发表。

励下，吸取了布留赫尔将军及其他参谋人员的意见，中国共产党领导集团就四省总起义计划展开了争论。该计划的一个重要内容，是力争掌握已开抵江西北部的张发奎第二方面军的部分部队，其中有一批共产党指挥官和许多共产党政工人员。起义的细节，是由南昌和九江的一批共产党员制定的，并于 7 月 26 日经过尚在汉口的共产党中央委员会常务委员——带计划回来的瞿秋白、李维汉、张太雷和张国焘在一次会议上进行过讨论，罗明纳兹、布留赫尔和其他几个苏联人一起也参加了讨论。这些密谋者希望说服张发奎参加起义，并率部返回广东；否则，共产党员将举行叛乱，不论以什么方式将接管其军队。这项起义计划已通知莫斯科。但在这次会议上，共产国际代表报告了电报指示的内容，苏联人不参加起义，也不提供经费。刚与张发奎在前一天进行讨论的布留赫尔预言，如果张发奎参加起义，起义士兵可以达 3 万余人，足可以一路打到广东东部；不过到那时候，共产党员能够把张发奎排挤掉。如果共产党在南昌与张发奎分裂，分化其部队，起义只能争取到 5000 到 8000 名士兵。莫斯科的一份电报警告说，除非有把握取得胜利，否则不要起义。因此，罗明纳兹当夜派张国焘去南昌，把共产国际含糊其词的指示通知密谋者。[①]

南昌起义的主要设计者是谭平山、邓中夏、恽代英、李立三、彭湃、叶挺以及后来中央派来监督这次起义的周恩来。中国共产党把起

[①] 本书对南昌起义的描述主要根据这次反叛的计划者和参与者——张太雷、李立三、周逸群和张国焘，在战败后不久的 1927 年 10 月初到 11 月初所写的报道，这些报道发表在 10 月 30 日和 11 月 30 日的中国共产党的新刊物《中央通信》上。韦慕庭在他的《战败的废墟》中把它们译成英文，载《中国季刊》，18（1964 年 4—6 月），第 3—54 页。王健民的《中国共产党史稿》，1，第 534—552 页的精彩论述的依据，也是这些文件以及一些国民党的史料。他提供了有用的战斗序列表。萧祚良的《从南昌到汕头》，载他的《1927 年的共产主义：城市与农村之对抗》，是另一篇根据这些原始材料以及张国焘和龚楚的回忆录整理而成的有价值的论文。张国焘的《中国共产党的崛起》，1，第 672—677 页和 2，第 3—55 页，部分地根据他当时的报告提供了带感情的回忆报道。又见哈里森：《通往权力的长征》，第 120—123 页；雅克·吉勒马兹：《中国共产党史，1921—1949 年》，第 150—156 页。

义的 8 月 1 日定为红军的建军节，以示纪念。参加起义的几名指挥将领——叶挺、贺龙、刘伯承、朱德、聂荣臻、罗瑞卿、陈毅、萧克和林彪，在红军中继续其辉煌的戎马生涯。[1] 计划已经进行到如此程度，以致当张国焘来到南昌，试图制止这次起义时，已是处于"箭在弦上，不得不发"之势。第二十四师长叶挺将军准备接管第十一军；尚未成为共产党员的贺龙渴望举行起义，以期取代当时正在避暑胜地庐山的张发奎；张将军此时正在该地与汪精卫、唐生智、朱培德、孙科以及其他将领和权贵人物举行会议。[2]

起义在军事上迅速取得了胜利，叶挺和贺龙的军队于破晓前，在南昌城内解除了对立部队的武装；朱德带来的教导团的残部成为一个新编师的骨干。起义者取得大量武器和弹药，从城内各银行和省金库中得到巨额的现洋和钞票。但是，政治上的准备工作却没有周密的制订出来。起义领导人仍然打着国民党的旗号，宣布了 31 人的国民党革命委员会名单，其中提到的缺席领导人，有邓演达、孙逸仙夫人、廖仲恺夫人（何香凝）、陈友仁及张发奎和其部下的两个军长，还有17 名共产党员。主席团中在场的只有谭平山、贺龙、郭沫若、恽代英。所有成立的各种名目的委员会领导都是共产党员，只有贺龙和郭沫若二人除外。据称，贺、郭二人是在退出南昌的途中加入共产党的。[3] 在成立国民党革命委员会时，领导人声称其有合法性，但后来则承认，在土地革命、对地方权势者的态度、财政管理办法等问题，都没有明确的政策；甚至就前往广州、还是前往广东东江地区问题，以及进军的路线都发生了争论。

8 月 4 日，这支起义部队撤离南昌城，冒着酷暑向南挺进，沿途

---

① 克莱因、克拉克：《传记辞典》，第 1066 页列出了 40 名已知的参加制订计划和行动的人。朱德给艾格尼丝·史沫特莱提供了回忆性的报道，发表在《伟大的道路》，第 200—209 页。

② 汪精卫在 8 月 5 日向武汉国民党中央常务委员会会议的报告中，提供了起义消息如何报告给这次会议、张发奎想前往南昌而没有成功和汪精卫对这件事大发雷霆等有趣的内容，根据国民党档案馆所藏的会议记录，转载于《共匪祸国史料汇编》，1，第 485—488 页。

③ 韦慕庭：《战败的废墟》，第 31 页。

损失了很多武器装备;加上士兵开小差、痢疾和战斗中的伤亡,部队的战斗力力大为削弱。蔡廷锴将军带着第十师开往浙江去了,只剩下第十一军的第二十四、二十五两个师起义军在瑞金和会昌附近战斗,遭受严重伤亡后,伤员留在闽西汀州的英国教会医院中接受治疗。[①] 因为在多山的赣东和闽西没有农民运动,所以,军队在途中得不到支持。起义军经过一个多月的行军,到达闽粤边境地带后,才短暂地控制了潮州和汕头(9 月 24 日至 30 日)。但得不到群众的支持;虽然仅在一年前,支持香港的罢工和封锁运动在该两地曾非常活跃。到 9 月底,被击溃的起义部队已完全失败。第二十四师和第二十军残部设法向沿海的陆丰前进,彭湃组织的农民运动在该地仍有力量;但贺龙部下的几个师长却在此地倒向敌人的一边。许多共产党领导于是乘小船逃到香港,有的则乘船前往上海。周士第指挥的第二十五师残部和朱德率领充当后卫的部队逃进山区。后来周士第和朱德率领部队穿过江西南部,然后分开;朱德带领 600 名左右装备很差的士兵,于 1928 年春季在湘南和毛泽东会师。[②]

南昌起义的直接后果之一,是九江和武汉地区大规模逮捕共产党嫌疑分子,许多人被处死。但是,大部分没有随军南下的共产党领导人已经躲藏起来,逃过了清洗;正在秘密制订计划,准备在秋收季节发动一系列农村起义——一般地说,在此必须交租之时,是农村处于非常紧张的时期。

秋收起义

遵照共产国际的命令,罗明纳兹在 8 月 7 日召集当时还在武汉的党中央委员开会,改组领导机构,同时批判过去的错误——错误归咎于中国而不是共产国际的战略家和批准新的政治路线。约 22 名中共党员在罗明纳兹的"指导"下,在武汉开了一天的会。其中

---

① 史沫特莱:《伟大的道路》,第 205 页。在 1937 年朱德回忆这件事情时,似乎仍有深刻的印象,说:"在这所外国医院中的傅医生和英国医生竟照顾我们的伤员。"
② 克莱因、克拉克:《传记辞典》,第 247 页。

15 人是中央委员或候补中央委员，不足总数的一半；选举了以瞿秋白为首的临时政治局，在新的大会召开以前，负责处理党的事务。党这时将保持严格的集中和高度的机密。[①] 8 月 7 日会议参加者还发了四份文件，据报道，一份文件是罗明纳兹口授的，指责过去中国领导集团的机会主义，特别指名批评谭平山，还批评共产党的创始人陈独秀。其他文件制定了一条造反的路线：共产党既要推翻南京政府，也要打倒武汉政府，将在一切客观条件许可的省份组织武装起义，期望尽早建成苏维埃。所有的起义都应当在"革命左派国民党"的旗帜下进行。[②]

原来计划号召的秋收季节起义，是在湖北、湖南、江西和广西四省进行，但大部分江西领导人在南昌起义后随军南下，离开了江西，致使该省不可能再举行一次起义。新政治局派张太雷作为共产党南方局和省委书记，坐镇广东。政治局把湖北分成七个区，把湖南分成三个区，希望在这两省发动广泛的农民起义；但由于缺乏指导人员，活动区域缩小到武汉以南的湖北省部分和长沙以东的湖南省部分。密谋者决定由毛泽东会同省委书记彭公达负责湖南的行动。湖北省委书记罗亦农也参加制订计划，但不执行湖北南部的任务；这项工作由匆忙

---

① 这些叙述根据李又宁的审慎的研究《瞿秋白传》，第 232—248 页。李博士确定了 14 名会议参加者，并指出以下的人为新政治局委员：瞿秋白、向忠发、李维汉、罗亦农、彭湃（缺席）、苏兆征和蔡和森；候补委员 4 人为张国焘（缺席）、张太雷、毛泽东和彭公达。萧祚良根据未参加会的张国焘的回忆，提出了一张不同的名单，并认为会议地点在九江。萧祚良：《1927 年的中国共产主义》，第 39—46 页。王健民：《中国共产党史稿》，1，第 503 页；哈里森：《通往权力的长征》，第 123 页。都肯定会议地点在汉口。

② 八七会议的文件发表在《中央通讯》，2，1927 年 8 月 23 日。有几篇转载或摘登在王健民：《中国共产党史稿》，1，第 504—528 页；《共匪祸国史料汇编》，1，第 445—484 页（两者都避讳而去掉了蒋介石的有关材料）。《中国共产党的政治任务和策略决议案》，朴在其《中国共产党文献集》中有英文译文；布兰特、许华茨、费正清的《文献史》，第 102—123 页有《告全党党员书》和各项决议案的摘要。在这次会议上成为政治局领导的瞿秋白，约在一年后在莫斯科作了长篇报告，内容是会议前的时期和他领导的时期关于中国共产党的几个问题。他报告的后半部被译成英文，发表在《中国的历史研究》，5.1（1971 年秋），第 4—72 页。

组成的特别委员会来指导。预定两省起义日期定为 9 月 10 日。① 农民起义将进行土地革命，推翻武汉政府和唐生智政权，进而成立人民政府。起义必须在组织、技术和政治方面做精心准备；起义一旦发动，绝不能退缩或后退。农民必须组成主力部队；对于现存部队和股匪，如果改弦更张而转向革命，则可以成为辅助部队。"耕者有其田！""抗税抗租！""没收大中地主的土地！""消灭土豪劣绅和一切反革命！"——这些口号对农民具有极大的煽动性。杀死阶级敌人和地方官员，促使农民投入广泛的农村起义和攻打县城；然后，武汉和长沙将随之起义。这就是处于逃亡状态的政治局委员们的理论构想；但要实现起来，其困难就难以逆料了。

　　在湖北省南部，9 月 8 日晚，起义过早的开始了，起义者抢了一列火车运送的钱和少量武器。但是当地方的共产党领导人，按计划攻打有两道城墙与防守严密的县城时，因缺乏有军事才能者的指挥，只得败退下来。以很差的武器，又没有受过训练组成的农民军，去攻打有两道城墙的县城，失败自在意料之中。中央已禁止特别委员会与仍有共产党军官的部队接触。因为这是一场农民运动，特别委员会被迫于 9 月 12 日在山区一个小镇成立了革命政府；不久就转到一个市镇——新店，希望得到一支地方自卫队（是一支有 38 支枪的以前股匪）的支持，准备联合攻打另一座县城。如果这一计划失败，即越过

---

①　起义的基本材料载《中央通讯》，第 4—7 期和第 11 期，8 月 30 日，9 月 12、20 和 30 日，10 月 30 日（1927 年 11 月后期也有可能）。这个材料中选出的文献由朴在其《中国共产党文献集》中译成英文：第 9 号（第 59—66 页），《湖南湖北起义计划决议案》；第 12—18 号（第 87—113 页），关于湖南的文件；第 30—32 号（第 201—215 页），关于湖北的文件；第 23 号（第 133—145 页）起义后的文件。计划决议案的摘要及其他内容载王健民：《中国共产党史稿》，1，第 533—560 页。这个决议和 1927 年 11 月 14 日的《政治纪律决议案》（未提对失败的责备）在郭华伦的《中共史论》，1，第 462—467 页有译文。广泛详尽的《湖北秋收暴动报告》，载《中央通讯》，第 11 期，在日本有错误百出的文本，由三上谛听、石川忠雄和芝田稔译成日文，载《关西大学东西学术研究所资料集刊》，大阪，1916 年。
　　第二手整理的学术著作有小罗伊·霍夫海因茨：《秋收起义》，载《中国季刊》，32（1967 年 10—12 月），第 37—87 页，附地图；萧祚良：《1927 年的中国共产主义》，第 39—80 页，附地图；李又宁：《瞿秋白传》，第 249—260 页。

省界，向岳州转移，与湘东的起义农民联合起来。不幸的是，当委员会在与自卫队谈判时，其参加抢劫列车的自卫队首领却背叛了，并解除了农民起义者的武装，但让委员会委员逃走。这样，经过不到十天的到处的骚乱和杀戮，鄂南的起义最终失败。①

　　毛泽东担任指导任务的湖南起义，在一开始比较顺利，但也以失败告终。在组织阶段，毛泽东与武汉的政治局成员在几个问题上发生冲突。毛泽东认为，如果没有组织起来的军队，不论是主要的还是辅助的军队，起义就不可能维持下去；坚持现有的领导集团不应过于分散；并不顾中央的意见，将其主要精力用在长沙附近濒临湘江的几个县。毛泽东还希望起义是在共产党旗帜下进行战斗，而不是仍打国民党的旗号；并主张完全没收土地，立即成立苏维埃。中共中央严厉批评了毛泽东，派了一名苏联顾问到长沙协助毛泽东指导工作。只是从这位马克夫同志的报告中，我们才得到关于起义和毛泽东"错误"的一些有用资料。②

　　到9月的第一周，毛泽东拥有四支可以投入战斗的队伍。第一支是由张发奎卫队的逃兵所组成，不足一个团的兵员；因其错过了南昌起义，士兵开小差严重，几乎不成建制。其正副指挥官均为共产党员，部队驻扎在江西省内靠近湖南边境的修水。第二支部队是由夏斗寅部逃亡士兵组成的"乌合之众"，指挥官原来是个土匪，曾与上述的所谓第一团发生冲突，被赶出了修水。第三支部队号称"平江浏阳自卫军"，一部分是5月底曾试图袭击长沙的农民，一部分是地方上的民团和土匪。一名中央军事政治学校武汉分校③的毕业生在指挥这支队伍，驻扎在长沙以东的山区。第四团为萍乡、浏阳自卫军，由安

---

① 霍夫海因茨：《秋收起义》，第51—57页；萧祚良：《1927年以前的中国共产主义》，第62—67页。

② 关于毛泽东与政治局冲突的权威性讨论，见斯图尔特·R．施拉姆：《论1927年毛泽东"异端"的性质》，载《中国季刊》，18（1964年4—6月），第55—66页，讨论根据当时苏联人和中国共产党的文件。霍夫海因茨：《秋收起义》，第61—66页；萧祚良：《1927年以前的中国共产主义》，第46—53页，也讨论了这个分歧。

③ 校注：1927年2月，称中央军事政治学校武汉分校；3月27日，正式定名为武汉中央军事政治学校。

源失业的矿工——一支由共产党领导的很有战斗力的队伍所组成。湖南省委把这四个"团"——分布在 150 公里范围内的三个地方,其中有两个"团"还互相持敌对态度——编为中国工农红军第一军第一师,并授予共产党党旗。[①]

最后的战斗计划,要求第一、第二两个团进攻长沙东北的平江,其他两个团攻打省城东面的浏阳。9 月 11 日或在此以前,在长沙周围农村举行小规模暴动,以转移对有城墙护卫城镇的注意;游击队则袭击出来镇压起义进攻者的部队。另外,起义者还注意到从南北两面切断通往长沙的铁路。在夺得平江和浏阳以后,所有起义部队在 15 日直趋长沙,而长沙城内届时将发动群众起义以作内应。但在 5 月 21 日事件的前些日子,执行这个计划的共产党员人数已大为减少——全省约有共产党员 2 万人,减少到只有 5000 人;在长沙的共产党员只有 1000 人。此外,起义部队的武器也比较少。

安源的第四团准时在 9 月 10 日开始进军,既然不能攻占萍乡,就在 12 日转而攻下位于通往长沙铁路旁的醴陵县城,并在县城驻守了一天,成立了革命委员会,宣布没收土地的纲领。一支只有 60 支枪的共产党领导的农民部队,在 13 日竟占领离长沙 60 公里的株洲,使省城惊慌失措。根据马克夫同志的报道,这个地区数千农民用长矛、大刀等武器参加了冲突,夺得许多枪支。在较远的北边,应当去攻占平江的两个团,竟自相火并起来,第一团的残部于 15 日退到江西境内山区。面临这一变故,湖南省委取消了预定在 15 日举行的长沙起义。16 日晚,第四团准备攻取浏阳。但就在此前不久,第三团因其北面右翼部队的叛变,而放弃了攻打该城的意图。次日,这支最优秀的共产党部队的第四团陷入了重围,几乎全军覆没;主要是农民组成部队的第三团,也遭到同样的命运。马克夫同志责备领导集团胆怯,要求重新发起进攻,但也未能奏效。

---

① 这里的叙述,是根据前面引用的霍夫海因茨和萧祚良的著作,以及斯图尔特·R．施拉姆的《20 世纪的政治领袖:毛泽东》(第 120—125 页)对毛泽东作用的推想,都是根据《中央通讯》的文件,但细节颇不相同。

毛泽东在浏阳县的部队之间往来时，为民团所俘获，差一点遭了大难；如果不是成功地逃脱并躲藏起来，多半会遭到枪杀。毛泽东被俘的日子和被关押有多长时间，现在都不清楚。毛泽东从被关押中逃出以后，步行到第三团残部集结的一个山间小镇，命令第一团的残部也到此集结。毛泽东力排众议，说服了这些溃不成军的士兵和矿工、农民和土匪组成的部队，撤退到湘赣两省交界的偏僻山区，这就是有名的土匪筑垒地区的井冈山。[1] 毛泽东于此开始其通向取得权力长征的第一步。过了很长一段时间，毛泽东才知道其已被清除出政治局；同时知道，政治局因谴责湖南的失败，也给其他领导人以处分。

广东是奉命举行秋收起义的第三个地区。彭湃以前曾在该省的东南沿海的海丰与陆丰，开展过轰轰烈烈的农民运动，当时还存在装备很差的农民武装。为反击李济深4月中旬的反共政变，共产党领导的一支部队于5月1日成功地占领了海丰县城，处死了没有逃走的官员和其他反革命分子，但是在十天之后又被逐出县城。而起义部队仍在城内不时进行袭击，农民也公然反抗地主。8月22日，闻知叶挺、贺龙率部正在逼近的消息，中共广东省委在叶、贺军到达时，举行了一次暴动。共产党领导的农民军，分别于9月8日和17日占领了陆丰和海丰县城，但在一番抢掠和杀戮之后，又撤出了这两座县城，重新在山区准备好的根据地集结。当叶、贺军接近汕头时，农民军又短时间占领潮阳和揭阳两座县城，不过这些地方武装和即将到达的部队之间却很少配合。农民军得到叶挺一个营兵力的帮助，为夺取普宁打了一仗。但在战斗结束之后，该营营长是一名共产党员，因为担心农民大肆杀戮，不许其入城。9月底汕头之战失败，共产党希望在广东建立一个工农政府的意图，又告暂时的破灭。[2]

面对所有这些失败，共产党领导机构在武汉被暴露的危险亦日益

---

[1] 1936年，毛泽东生动地向斯诺谈了其逃脱的情况，在《西行漫记》中成了不朽之说。

[2] 霍夫海因茨：《中断的浪潮》，第239—248页。卫藤沈吉：《海陆丰——中国第一个苏维埃政权》，2，《中国季刊》，9（1962年1—3月），第165—170页。韦慕庭：《战败的废墟》，第21、36、43页。

增加，瞿秋白和政治局的其他成员，经过化装后前往上海；约于1927年10月1日，复又在上海重新建立中国共产党的秘密领导机构。[①]

国民党领导谋求统一的努力

共产党领导人被赶出武汉以后，国民党的三个主要派别立刻进行和解谈判。上海的一派，是由一批有威望的老革命党员所组成。这一派因反对孙逸仙的联俄和在国民党内部容纳共产党人而结成一派，其中的几个人（但不是全部），于1925年11月在北京西郊的西山开会，强烈谴责共产党向国民党的渗透，要求解除鲍罗廷的职务，并指责汪精卫。持反对意见的西山会议派，坚持上海的原国民党执行部是国民党的中心，甚至在1926年3月独自举行国民党第二次代表大会。西山会议派在上海的领导人，于1927年春季的反共行动中，与蒋介石以及来自南昌的支持者进行合作，并于4月份帮助组成南京政府，但仍保留上海的中央党部。西山会议派在上海的一些人，因被广州的国民党领导集团"开除"出党而怀恨在心，有的人此时正在南京身居要职。到7月后期，国民党的武汉集团已与中国共产党决裂，而耿直的激进主义的——也是理想主义的党员已经离去。显然，和解决非易事。因为在1927年3月的第三次中央执行委员会上，武汉方面竭力主张削弱蒋介石的地位和权力。而在汪精卫回国后，武汉和南京已经变本加厉地互相公开攻击。双方各自都宣称其为真正国民党的中心。

到8月份，宁方（南京集团）数次遭到军事失利；而汉方（武汉集团）的统治区域内，又为共产党领导的暴动所苦。因此这就推动了宁汉两方的谈判。由于要派出兵力对付武汉，南京方面已削弱了在北线的兵力，遂给北军以喘息之机。张宗昌率部于7月25日夺回了徐州；孙传芳也发动攻势，企图收复其在长江三角洲的老根据地。7月中下旬，冯玉祥致电宁、汉双方敦促和解，但双方对冯氏均不予信

[①] 1927年9月底至10月上旬，中共中央领导机关及成员陆续由武汉迁至上海；11月9日至10日，中共中央临时政治局扩大会议在上海召开。

任。8 月初，宁、汉双方开始电讯往还，并互派使者。[①]

在宁方内部，李宗仁和白崇禧为首的桂系与蒋介石的黄埔系之间存在着冲突；甚至何应钦对蒋介石的支持也有些不大可靠。蒋总司令由于专横跋扈，树敌很多；而且这位总司令本人似乎就是双方和解的障碍。此时，蒋总司令统率的后备军兵力正在投入北伐，虽在上海作了勒索性的筹款，但南京政府在财政上仍是困难很多，这就降低了总司令的威信。在 8 月 12 日军事委员会的一次会议上，蒋介石表示要辞去总司令的职务，愿将首都的防务交给其他的将领。当场没有人提出异议时，这位总司令认为这是其受到不可容忍的侮辱，于是就离开南京，前往上海。张静江、胡汉民、蔡元培、吴稚晖和李石曾随即赴沪，对蒋氏劝慰挽留。8 月 13 日，蒋介石发表下野声明，强调其唯一愿望在于为党服务；如其下野能促进党内团结，当欣然引退。蒋氏回顾了党的历史、首言及孙逸仙的联俄容共主张，然后为其个人辩解说，其所以清除共产党，因该党成员在国民党内从事阴谋活动。声明最后敦促国民党同志共聚南京，完成北伐。[②]

蒋介石离开南京后，宁、汉双方使者在庐山讨论了和解的条件，并决定于 9 月 15 日在南京召开中央执行委员会和中央监察委员会，来解决双方的分歧。但在会议召开前，南京正处于危急之中，卷土重来的孙传芳企图夺回该地。孙传芳率部成功地渡过长江，前锋到达距南京仅 15 英里的地方[③]，并切断了沪宁铁路。事情发生在 8 月 26 日，防守南京的是李宗仁的原第七军和何应钦的原第一军，而两位将军一向又不和。更为严重的，唐生智派何键和刘兴率两个军向南京逼近，配合孙传芳的进攻。在此紧急关头，李、何两将军捐弃前嫌，在白崇

① 李云汉根据国民党的档案材料，在其《从容共到清党》第 756—812 页探讨了统一的复杂过程。关于南京和汉口从 8 月 8 日到 9 月 20 日交换的电报，见《革命文献》，17，第 3104—3109 页。

② 对蒋介石在此关键时刻引退，有不同的解释，其引退声明载《革命文献》，15，第 2567—2573 页和《中华年鉴，1928 年》，第 1380—1385 页。关于蒋介石代理人在上海勒索性筹款，见小帕克斯·M. 科布尔：《国民党政权和上海资本家，1927—1929 年》，载《中国季刊》，77（1979 年 3 月），第 1—24 页；又见科布尔博士同一论题著作。

③ 校注：此处为龙潭。

禧率部及其他部队配合下，全军投入战斗。经过六天的鏖战，北伐军击败了入侵的北军，于 8 月 31 日结束了这场拉锯战。约有 3 万名孙传芳的官兵，在退路被国民革命军的海军切断后，全成了俘虏；北伐军所获武器装备堆积如山。龙潭之战至关重要，拯救了南京和长江富庶的三角洲地区，使重组国民政府成为可能。①

汉方代表的谭延闿和孙科，为了进行党的统一初步讨论，已经到达南京；同时，在 9 月初，随着南京危机的解除，汪精卫与汉方的其他大部分领导人员，也都到达南京，与不久前的对手举行谈判。但在安庆督师"东征"的唐生智，却拒绝前往南京。在 9 月 5 日至 12 日的南京和上海的谈判中，宁、沪、汉三方制定了一个使大家都保住"面子"的妥协方案，设立一个中央特别委员会来处理党务，重新组建国民政府和军事委员会，准备在 1928 年 1 月召开第三次党代表大会。届时，大会将决定党采取新的路线，甚至对大会代表产生的方法也作了详细规定。由此，中央特别委员会将取代第二次代表大会各自对立选出的中央执行委员会。在组成特别委员会时，三派各提名 6 名代表和 3 名候补代表组成一个团体，由此团体再公举 14 名最有威望的政军人员——汪精卫、胡汉民、张继、吴稚晖、戴季陶、张静江、蒋介石、唐生智、冯玉祥、阎锡山、杨树庄、李济深、何应钦和白崇禧，共 32 名委员和 9 名候补委员组成特别委员会，名义上包括了最重要的军事将领；共产党员没有列入，宋庆龄、陈友仁，甚至宋子文的名字也被删除了。②

9 月 13 日，汪精卫辞去了职务，和亲信数人一道前往九江。汪氏建议召开第四次中央执行委员会却为一些人所否决，对此深为不满；而这些人还否认 3 月份在汉口召开的第三次中央执行委员会的合法性。汪精卫则公开表示特别委员会为非法。行前，汪精卫依中国惯

① 《北伐战史》，3，第 851—916 页；《国民革命军东路军战史纪略》，第 94—105 页；乔丹：《北伐》，第 138—141 页。在采访中，李、白两位将军回忆龙潭之役，认为对北伐的胜利是至关重要的。

② 姓名各细节，见《从容共到清党》，第 766—769 页；又见高荫祖：《中华民国大事记》，第 268—269 页。

例发表一个辞职声明，表示对其过去错误的检讨。[①] 其他的 31 位领导人于 9 月 15 日按商定的步骤，成立中央特别委员会，并致电汪精卫，拒绝其辞职；要求胡汉民、吴稚晖和蒋介石重新履行其职责。中央特别委员会然后选出新的国民政府委员会，由汪精卫、胡汉民、李烈钧、蔡元培、谭延闿 5 人任常务委员，并任命了 4 名部长执行政府的职能。[②] 但汪精卫和胡汉民均未到任。

这次三方的和解，一开始就遇到许多障碍。新的特别委员会因其不合党章，动辄遭到反对。几名原宁方和沪方的领导没有被安排，蒋介石仍缺席，汪精卫更公开反对特委会。10 月初，新的南京集团派代表试图劝说汪精卫。到 10 日，似乎新的妥协已经达成。次日，南京的谭延闿、李宗仁、何应钦和程潜，通电建议于 11 月 1 日在南京举行第四次中央执行委员会。但对汪精卫及其军事支持者唐生智来说，这个让步显然是不够的，唐生智意在取代蒋介石出任总司令。21 日，名存实亡的政治委员会发表声明，称在中央执行委员会恢复之前，于该委员会所辖地区范围内，是党、政、军事务唯一的权威。唐生智通电指责南京，扬言要推翻篡位者。10 月 29 日，汪精卫经过上海，秘密抵达前革命根据地的广州。

唐生智的挑战，或许是对南京政府 10 月 20 日下达对其讨伐令的回答。据称，在龙潭之役战后，南京方面发现唐生智与孙传芳、张作霖秘密勾结的证据。讨伐唐生智的战役，由唐氏在湖南的宿敌程潜统率，包括李宗仁、朱培德的部分军队，配有一支小舰队和数架飞机。唐生智四面树敌，北为冯玉祥，南有李济深，均足以威胁唐氏；而谭延闿军的前线总指挥鲁涤平率军自西沿江而下。在长江北岸，李宗仁率部迫使何键所部向湖北后撤；同时在长江南岸程潜率部把刘兴所部赶向江西，而刘兴部在江西将与朱培德的部队遭遇。11 月初，南京的舰队封锁了通往武汉三镇的水道，而鲁涤平正率部向岳州逼近，堵

---

① 汪精卫的辞职电报载《革命文献》，17，第 3105—3106 页；《中华年鉴，1928 年》，第 1391 页。

② 关于名单，见《中华年鉴，1928 年》，第 1390—1397 页。

住唐生智退往湖南的通道。唐生智的部将何键、刘兴、叶琪、周斓和李品仙诸人，决定退向其湖南的老根据地以期自保。11 月 12 日，唐生智宣布下野，秘密登上一艘日本轮船，前往日本避难。[①] 北伐的军事联盟开始分崩离析。

汪精卫回到广州后，另成立一个新的党部，以与南京的中央特别委员会相对抗。陈公博、顾孟馀、甘乃光和何香凝（廖仲恺夫人）等少数几名左派中央委员参加了汪精卫的阵营，而汪氏主要的军事支持者依然是张发奎。南昌起义后，张将军率残部——三个步兵师、一个炮兵团和一个教导团开到韶关；该地靠近广东北部边境，处于通向广州铁路北端。[②] 张发奎本人应李济深的邀请，取道海路于 9 月 27 日回到广州。当张将军率部到达韶关时，即下令开达广州。张发奎所部到达广州，则较李济深的部队更为强大；因为李济深的部队分驻在珠江三角洲的各市镇，而且又派数团兵力到汕头地区阻止叶挺、贺龙的侵犯。与叶、贺军战斗获胜后，李将军开始调回其部队。这样，汪精卫于 10 月 29 日抵达广州时，张、李两位将军的军事实力大致相当。李济深对汪精卫的支持是表面的，因其与黄绍竑的关系密切；黄氏乃是支持南京特别委员会及国民政府的。但是由于对唐生智的征伐，已经削弱了桂系对南京政府的控制，而特别委员会本身也陷于困境之中。[③]

汪精卫到达广州后，立刻发出在广州召开第四次中央执行委员会全体会议的号召，邀请南京和上海的委员前往参加，而李济深则拒绝参加。因为南京的领导人以前同意 11 月 1 日在南京举行此次会议，所以广州与南京之间又进行多次的电报谈判。第四次中央执行委员会全会没有召开，汪精卫于当日在广州成立了国民党中央党部。在李济

① 《从容共到清党》，第 780—782 页，部分根据《革命文献》，17，第 2996—3064 页，陈训正关于反唐战役的报道和文件。乔丹：《北伐》，第 145 页；《关于美国外交关系的文件，1927 年》，2，第 36—37 页。

② 校注：此时粤汉铁路，北段自武昌通车至株洲南渌口；南段自广州通车至韶关，自渌口至韶关段未修筑。

③ 高荫祖：《中华民国大事记》，第 269—273 页；《从容共到清党》，第 777 页称汪精卫于 10 月 28 日抵达广州。

深反共政权下，受到严厉镇压的广州左派工人运动，在张发奎和汪精卫回来之后，又显出了生机。数千名手执红旗的工人步行到汪氏住处，要求其立即释放被捕的工人领袖，但遭到警察前来把工人们驱散。恢复反英封锁的努力，预示共产党活动的复活，因为原来的罢工委员会曾为共产党所控制。汪精卫的政治委员会广州分会和广东省政府，计划每人发一笔钱，来遣散留在广州的香港罢工工人。[1] 汪精卫一派显然对工人的骚动不感兴趣，事实证明，其在广州的逗留也只是暂时的。到11月初，蒋介石又回到政治舞台，建议蒋汪联盟来反对南京的特别委员会。

蒋介石于9月28日前往日本，在日本除进行其他活动外，还赢得宋夫人[2]的同意，与其女宋美龄结婚。这样，蒋介石就与孙逸仙的遗孀、宋子文和孔祥熙的妻子有了姻亲关系。[3] 蒋介石于11月5日还私下会见了日本首相田中义一。田中男爵称赞蒋介石及时引退，称赞只有蒋氏能够拯救中国革命；建议蒋氏巩固长江以南的国民政府的地位，不要卷入到北方的军阀政治之中。田中对蒋介石说，只要在国际条件容许和日本利益不受损害的前提下，日本将支持蒋氏的反共努力。蒋介石回答称，国民革命军的北进是绝对必要的，要求日本给予援助，以清除世人对日本正在帮助张作霖的感观；并称只有这样，日本才能保证在华日本侨民的安全。[4] 蒋氏与田中二人，各自发出了呼吁和警告。

为了同汪精卫取得和解，蒋介石派宋子文前往广州。宋子文于11月2日抵达广州；蒋介石于10日由日本回到上海，即电邀汪精卫来沪磋商，表示同意汪氏的基本主张，即应召开中央执行委员会以解

---

① 高荫祖：《中华民国大事记》，1927年10月14日、11月1日与8日；又S. 伯纳德·托马斯：《1927年的中国革命和广州公社中的"无产阶级霸权"》，第21页。
② 校注：此处所称宋夫人，即宋庆龄与宋美龄等之母倪桂珍，其夫为宋耀如，即宋查理，故称宋夫人。
③ 董显光：《蒋介石》，第100—101页，蒋氏的结婚日期是在12月1日，采用民间和基督教的仪式，后来蒋介石即皈依基督教。
④ 入江昭：《帝国主义之后：探求远东新秩序》，第157—158页，根据日本外务省记录。

决党内的一切问题；为此，先应在上海举行预备性会晤。谭延闿也代表南京特别委员会致电汪精卫，建议上海作为第四次中央执行委员会预备会商的地点。[①]

当汪精卫和李济深准备到上海参加会商时，李将军在征得汪精卫同意后，邀黄绍竑来广州接管其部队。李济深如果支持汪精卫，张发奎同意出国，由省库拨给 5 万元港币作为旅费——说此款为李将军赠张发奎的旅费。张发奎将部队交给其至交黄琪翔将军指挥，在 14 日前往香港，再与汪精卫、李济深乘船前往上海。

实际上，这完全是个圈套，是个骗局。当汪、李二人在 16 日离开香港时，张发奎却"错"过了船班。在 17 日破晓前数小时，黄琪翔得到薛岳将军和李福林将军的支持，在广州发动一次兵变，率部包围了李济深、黄绍竑部队在广州的各指挥部和兵营，解除了部队的武装；本来预备逮捕黄绍竑，但其已事先闻风逃逸。17 日，张发奎、陈公博、汪精卫及其众多追随者在兵变后回到广州，建立新的省政府。兵变是以"护党"的名义发动的。李济深在香港至上海途中的轮船上，闻知兵变，也无计可施；汪精卫公开表示，对整个事件毫不知情。[②]

在上海，很少人相信汪精卫；虽然对其支持者加强了在富饶广东地区的控制，但显然其政治地位被这次兵变削弱了。上海的几个老党员——胡汉民、吴稚晖、蔡元培、李石曾和张静江，因汪精卫之背信弃义而嗤之以鼻，其中数人拒绝会见汪精卫。李石曾谴责这次兵变是共产党的阴谋，列举兵变前的一系列事件，又列举了兵变后收到的报告作证。而汪精卫则否认这种指责，说兵变完全针对不合法的中央特

---

① 高荫祖：《中华民国大事记》，第 274 页。英国外交部 405/255，机密，《关于中国的进一步通讯》，第 13448 号，1927 年 10—12 月，第 116 号附件，广州总领事璧约翰致北京蓝普森，1927 年 11 月 22 日，描述了前几周广州的政治，包括宋子文的来访。

② 李云汉提供了生动的报道，引了黄绍竑和李济深对张发奎的尖锐指责，《从容共到清党》，第 790—794 页。高荫祖：《中华民国大事记》，第 275 页。《关于美国外交关系的文件，1927 年》，2，第 35—36 页。总领事璧约翰在前面所引报道中的推测，李济深并非受骗，而是知道自己在广州的地位不稳才去上海，由黄绍竑来"背包袱"。根据掌握的材料判断，这似乎不大可能。

别委员会。然而，不论事实怎样，这个指责在以后数周内给汪精卫带来非常不利的后果。刚从唐生智手中夺得武汉的桂系李宗仁和白崇禧更是火冒三丈，甚至讨论对广州进行一次军事讨伐，以恢复李济深在广州的地位。这样，为召开中央执行委员会在上海举行的预备会议，就在极不和谐的气氛中开始了。赞成特别委员会的一派和汪精卫反对特委会一派之间，分歧尤为严重。胡汉民和汪精卫之间的宿怨一如既往，毫无和解迹象。蒋介石因在此前的三个月中没有与国民党的政治纠葛发生关系，恰处于进行调停的有利地位。11月24日，预备性的"会谈"在上海法租界蒋公馆内开始。①

从12月3日到10日，计划召开的中央执行委员会全会，在蒋公馆召开了几次较正式的"预备会议"。中执委和中监委的80名委员和候补委员中有35人出席，但各派之间的争论与以往一样激烈。12月2日，即会议召开的前一天，因张发奎、黄琪翔"勾结共产党"发动的兵变，南京政府下令对其进行军事讨伐。因为南京政府正是引起争议的中央特别委员会的产物，会上的斗争更为此讨伐令所激化，由互相指责进而到施加弹劾的威胁。由于各集团动辄不参加会议，所以预备会议只举行了四次。最后，在10月1日，蒋介石发表了妥协和团结的呼吁以后，汪精卫提出恢复蒋介石总司令职务的办法，并表示为了团结，其本人愿意退隐。汪精卫的动议被一致通过，遂出现了冯玉祥、阎锡山、何应钦及其他将领通电要求蒋介石复职的声浪——这多半是蒋介石自己暗中策划的。虽然蒋介石没有立即表示其决定，预备会议还是表决通过，要求蒋氏负责召开应在1月1日至15日举行的第四次中央执行委员会全会，一切有争论的问题都应在全会上解决。总之，国民党领导集团的分歧已达于四分五裂之中，以致预备会议只能解决一些例行事务。蒋介石在党内的地位已大为提高。现在蒋氏即使不是起决定性作用，但也可以施加强大的影响，以确定哪些中执委员和候补委员可以出席即将召开的全会；也被认为这是能把全党重新

---

① 《从容共到清党》，第792—794页；高荫祖：《中华民国大事记》，第275—276页。关于有关文件，见《革命文献》，17，第3113—3122页。

团结起来的全会。①

预备会议刚一结束,上海立刻获知了令人惊骇的消息,共产党于12 月 11 日拂晓前在广州举行暴动。在一开始,暴动显然成功地控制了该城的一部分。在暴动中,频频发生抢劫、放火和处死人事件。张发奎率大部兵力出城与黄绍竑部交战;有的驻扎在东江地区,奉令调回广州。到第三日,张发奎在李福林的帮助下,用调回来的部队把暴动镇压下去——残酷的镇压。这次暴动使广州受到极大的破坏;汪精卫的政治地位也因之一落千丈。为了安全起见,汪精卫先住进医院,然后于 12 月 17 日乘船第二次流亡到法国。在以后数年内,汪精卫派的其他成员更是受到排挤,不再能参加国民党的高层工作。②

广州公社

灾难性的广州暴动,是由一小批大胆的中共领导人,为了执行上海新的临时政治局的总指示而策划的,也标志共产党长期夺取政权斗争的低潮。在长达 20 年的时期中,这次暴动是共产党领导最后一次大规模的起义;毋庸置疑,这也是 1927 年 7 月执行共产国际命令起义政策的失败。国际共产主义运动把这次灾难说成英勇的行动,强调参加者的英雄主义,宣称这次暴动是一个象征性的胜利。但不论怎样,这次暴动是一次严重的失算,是共产国际指导别国革命的又一次失败。暴动的失败及随之而来的残酷镇压,给广州激进的劳工运动致命的一击,并对其他大城市产生有害的影响。关于暴动最初两天的杀人、放火和抢劫的报道,以及有关苏联人卷入的猜测,遂使中国的

---

① 高荫祖:《中华民国大事记》,第 276—278 页;《中华年鉴,1928 年》,第 1400 页;英国外交部 405/256,机密,《关于中国的进一步通讯》,13583,1928 年 1—3 月,第 154 号附件,上海总领事巴尔敦致北京蓝普森,1927 年 12 月 11 日。这是一份准备会议消息灵通的报告,巴尔敦爵士列举了 35 名参加会议的人,胡汉民因未参加而最惹人注意。巴尔敦举出以下数人为反对汪精卫一派的南京死硬派,为谭延闿、蔡元培、李石曾、李宗仁、李济深、伍朝枢和吴铁城,一个有趣的结合。关于蒋介石对会议参加者的呼吁,见《革命文献》,16,第 2875—2879 页;关于讨伐张发奎、黄琪翔的命令,见《革命文献》,17,第 3122—3124 页。

② 汪精卫的自辩书和引退声明,载《革命文献》,17,第 3134—3145 页。

舆论转而反对共产党和反苏。国民政府停止了其与共产国际反复无常的"联盟"。由于有许多报道性和分析性的记载,现仅将事实轮廓作一概述。①

共产党临时政治局于 11 月 10 日在上海举行扩大会议,以评估最近的失败和制订重新建党的计划。为了"在真正革命的布尔什维克斗争道路上起步",临时政治局为革命制定了总的战略②,在此之后,广东省委书记张太雷制定了起义计划。黄琪翔 11 月 17 日在广州对黄绍竑兵变的消息传来,张发奎和李济深两军之间很快可能发生冲突。为了利用这个机会,政治局在 11 月 18 日通过了 11 点纲领,指示广东的共产党员在农村发动农民起义,在县城发动工人起义,在广州发动政治总罢工和兵变。③ 11 月 26 日,广东省委决定起义,并任命以张太雷为主席、叶挺为总司令的五人革命军事委员会。委员会负责制

---

① 几乎所有的中共党史都描述了广州起义,起义在全世界的报纸上都有详细报道。以下是观察者的报道:J.卡尔文·休斯顿:《1927 年 12 月 11—13 日中国广州的农、工、兵的叛乱》。致美国驻北京公使马克谟第 699 号快信,1927 年 12 月 30 日,藏于胡佛研究所,斯坦福,加州,J.卡尔文·休斯顿藏件,第 2 袋第 2 部分第 5 夹第 20 件(第 12 件是 1927 年 12 月 11 日的中文传单原件,它宣布成立苏维埃和一份官员名单)。总领事休斯顿电报报告的要点可见于《关于美国外交关系的文件,1927 年》,2,第 39—40 页;美国国立档案馆有它们的缩微胶卷。英国外交部 405/256,机密,《关于中国的进一步通讯》,13583,第 71 号,附件 1,1927 年 12 月 15 日广州詹姆斯·布雷南致北京蓝普森,记事;附件 3,12 月 11 日广州散发的传单英文译文;同上,第 80 号,附件 4,香港总督金文泰致伦敦殖民大臣,12 月 15 日,记事;附件 5,12 月 11 日《红旗》的英文译文,宣布广州苏维埃成立和官员名单。英国外交部 371/13199 中有许多金文泰总督发出的快信,提供了 12 月至 1928 年 2 月广州和广东形势的情报。斯威舍伯爵在起义进行时至粉碎后在广州,他提供了目击者的生动报道,报道载肯尼思·W.雷亚编:《革命中的广州,斯威舍伯爵文集,1925—1928 年》,第 89—125 页收了文件的译文和景象可怕的照片。《共匪祸国史料汇编》,1,第 510—565 页转载了 12 月 13—15 日中文报纸的报道,以及一份有价值的文件,1928 年 1 月 3 日中共政治局决议《广州起义的意义和教训》。

　　广泛使用回顾性文献的有学术性和详尽注释的著作有:S.伯纳德·托马斯:《中国革命和广州公社中的"无产阶级霸权"》;萧祚良:《1927 年的中国共产主义》,第 134—156 页;《从容共到清党》,第 794—799 页。

② 计划以 11 月 18 日《中央通告第十六号》形式出现,载《中央通讯》,13(1927 年 11 月 30 日),第 1—6 页。

③ 托马斯:《中国革命和广州公社中的"无产阶级霸权"》,第 21—22 页。

定政治纲领，着手进行军事准备，选择官员建立苏维埃，动员工人保护红色工会，在军队中秘密发展组织，并试图与附近的农民运动建立联系。12 月 7 日，广东省委在广州秘密召开工农兵代表大会。会上选出 15 名代表组成苏维埃；从名单上看，其中 9 名为工人，农民和士兵各 3 人；省委后来承认，这些人均为知识分子。会议决定 12 月 13 日在广州发动起义。[①]

当时，革命军事委员会掌握有相当数量的军队。张发奎从武汉带来的军官教导团，其人员在武汉受恽代英的影响，有一些共产党员军官，副团长是叶剑英。[②] 委员会组织了赤卫队，其中 500 人是原省港罢工的工人纠察队员，1500 人仍是由共产党领导的工会会员；此外，还有黄埔军校中的一些共产党员学生。委员会主要的困难是缺乏武器。在 12 月上旬，因张发奎派出其大部分兵力出城，去阻击黄绍竑和李济深的军队，以致广州市内防守空虚，只有少量部队警卫各指挥部和兵工厂。李福林虽仍控制河南岛，也只有少数军队，因其大部分部队都在江门。但广州有一支战斗力颇强和装备精良的警察部队。任第四军军长的黄琪翔[③]因受邓演达影响，具有浓厚的"左"倾情绪；而与共产党接近的廖尚果领导第四军政治部。黄琪翔也知道共产党领导人正在从香港潜入广州，甚至把恽代英留在其东山的家中。

共产党在广州活动的消息，第四军政治部刊物上出现的过激文章，使在上海的汪精卫大吃一惊。原来汪精卫在 12 月 9 日和 10 日去电报给陈公博和张发奎，指示其采取反对共产党的行动；应派军队包围和搜查苏联在广州的领事馆，并指责该领事馆是中共计划暴动的总部，命黄琪翔、陈公博等人驱逐苏联的领事；认为黄琪翔应暂时隐退，同时广州应实行清党。[④]

---

① 托马斯：《中国革命和广州公社中的"无产阶级霸权"》，第 23 页。
② 校注：此处的教导团，为第四军教导团，团长为叶剑英，称其为副团长，有误。
③ 校注：黄琪翔任第四军军长的时间为 1927 年 6 月 15 日至 1927 年 12 月 14 日。
④ 《革命文献》，17，第 3124—3125 页。

12月9日，警察发现了一个炸弹贮藏地，加上张发奎计划解除教导团武装的消息，使革命军事委员会把起义的日期提前，匆忙把叶挺将军从香港召来广州，叶挺只是在暴动前数小时才来进行指挥。此外，起义时间提前两天，已征募的农民部队不可能赶到广州城。据报道，只有近郊500名农民参加了起义。

起义的突然性也有有利的条件。12月11日是星期日，凌晨3时30分，工人赤卫队攻打公安局——警察总部，很快得到大部分教导团学兵的增援。在叶剑英指挥下，教导团已经叛变，并击毙了15名军官；在攻下了公安局后，释放了前两天搜捕时被抓的700多名犯人。这些人大部分都是共产党控制的工会成员。这些人出了监牢之后，立即投入了战斗。到了中午，起义者攻下了广州城的大部分公安局机构。几个（不是全部）部队在广州的指挥部也被攻占，控制了火车站和邮电局，接管了政府机关和国民党党部；夺取了中央银行，但无法打开储藏银元和钞票的金库，一场大火很快吞噬了这座大楼。起义者还抢了其他的银行和钱庄。广州公安局成了新的苏维埃政府的中心。夜幕降临时，广州城内已发生多处的抢劫、放火和枪杀可疑敌人（其中包括约300名警察）的事件。但河南岛（即现在的珠海。——译者注）幸免于难，因该岛受有炮艇的李福林卫队的保护，忠于国民党的陈公博、张发奎、黄琪翔和其他的人，星期日早晨就已逃避到该岛。沙面租界仍是外国的保护地；英国总领事为忠于国民党的人，拍发调回西江地区驻防的部队，帮助平定暴乱。[①]

起义进攻的上午，苏维埃政府宣布成立。中共广东省委已印就了数千份传单，宣告广州苏维埃的成立与其政治纲领，并吁请群众的支持。《红旗》杂志也印发列有新政权官员的名单相似的传单。新政权以受人欢迎的海员工会领袖苏兆征为苏维埃主席。因此时苏氏不在广州，其职务由张太雷代理。工农兵苏维埃的其他11个职务，分别由

---

① 12月15日，总领事璧约翰报告所言，载英国外交部405/256，机密，13583，第71号，附件1，见本小节第一条注脚。

9 人担任，其中大部分，也可能全部都是共产党员。除苏兆征外，其他 4 人也是劳工领袖。[1] 根据警察报告，参加战斗和抢掠的工人约有 3000 人，但也只是在广州参加工会工人（估计约有 20 万人）的一小部分。其他的人，或者已被 8 个月前的镇压所吓倒；或者是对共产党工人领袖产生了敌视情绪，对起义不是袖手旁观，就是反对。对苏维埃几乎没有民众的支持。店主们沿用兵变时所用的故伎，关闭商店以防抢劫；店中的学徒和店员更是对起义漠不关心。很少武装的士兵参加暴乱，而平民百姓对两次群众动员会更是敬而远之。[2] 要是在起义前号召一次总罢工，情况是否会有所不同？鉴于共产党在工人中的地位已相当脆弱，所以革命军事委员会决定不号召罢工；但后来政治局对此作为错误加以指责。

第二天 12 月 12 日，张太雷在战斗中牺牲，时年 29 岁。张太雷是社会主义青年团的缔造者之一，也是中国共产党早期的党员，是共产党和青年团两个组织的一个主要人物。在与共产国际方面，张太雷是 1925 年省港大罢工的组织者之一，曾担任鲍罗廷的广州办事处的主要秘书，后来是鲍罗廷在武汉时的中文秘书。张太雷死后，叶挺将军担负了指挥责任。但由于其在此前 18 个月不在广州，对当地情况、党组织和群众的支持，都很不了解；仓促集结起来的军队，很快就被占优势的敌人所压倒。

张发奎将军和李福林将军从西江地区调回其部队，于 12 月 12/13 日晚开到河南岛和广州郊外；薛岳师的一个团和莫雄率领的独立团也同时到达。13 日清晨，炮艇以机枪扫射沿江的马路，为从河南岛渡江登陆的部队扫清障碍；其他部队则从西、北、东三面逼近广州。急于算老账的机器工会工人战斗队参加了对起义者的进攻。收复

---

[1] 英文译文，载英国外交部 405/256，机密，13583，第 71 号，附件 3；第 80 号，附件 5，照片和斯威舍的英文译文，载雷亚编：《革命中的广州》，第 99—102 页。苏兆征、张太雷、陈郁、澎湃（未在）、杨殷、叶挺和恽代英的传记，见克莱因、克拉克：《传记词典》，名单的其他人物是周文雍、黄平、何来和徐光英。

[2] 叶挺后来雄辩地描述了广州人对起义的敌视和恶感，引于萧祚良：《1927 年的中国共产主义》，第 141—142 页。

公安局(苏维埃所在地)的战斗持续了 4 个小时。到黄昏时分,一切战斗都已停止。许多参加暴乱的工人和士兵都已阵亡,其他的人则躲藏了起来,有的人朝西北方向逃走。共产国际驻广州的代理人及协助制订起义计划与提供经费的牛曼也溜走了。

两名苏联人在与薛岳的军队战斗时被杀,参加防守工农兵苏维埃总部的另两名苏联人被俘。苏联驻广州副领事 M.哈西斯带着手榴弹,乘领事馆车,试图到苏维埃总部时被捕。搜查队还俘获了藏在领事馆附近的两名苏联人。这五个苏联人在被捕游街后,即遭枪决。苏联驻广州领事鲍里斯·波克瓦利斯基连同其妻子以及数名苏联妇女儿童,也一起被捕;经领事团的干预,并说服了愤怒的当局,始获得免去一死;年底,被当局下令驱逐此一干人等出境。[①] 据说,在领事馆发现的文件,说明领事馆与密谋有牵连。苏联外交机构则否认领事馆与起义有任何牵连。

三天的战斗、纵火和抢劫使广州受到很大的破坏;在战事结束时,到处都是尸体。根据警察后来的报告,在 46 条街道上,有将近900 座建筑物被烧光。共产党广东省委在事后数周内估计,约有 200多名共产党员和 2000 多名赤卫队和红军被杀,但敌方死亡不过 100人。很可能在平息起义以后,被屠杀的人数要超过在起义中被杀的人。行刑队围捕了数千名嫌疑者,在肆意报复中将其处死。美国领事馆当时估计,被处决的男女在 3000 人至 4000 人之间,其中有许多人是无辜的,与起义毫不相干。政府当局则承认杀了 2000 人。后来共产党史料报道,则损失更是惊人。[②]

由于苏联领事馆对广州起义负有责任,南京国民政府命令关闭所

---

①　休斯敦:《广州的农、工、兵叛乱》,第 36—38 页,被杀人的照片藏于胡佛研究所,卡尔文·休斯敦藏品,第 2 袋,第 2 部分,第 3 夹,第 11 号。收藏品中还有副领事哈西斯的私人文件。

②　萧祚良:《1927 年的中国共产主义》,第 142 页引了广东省委 1928 年 1 月 1—5 日通过的《广州起义决议案》;休斯敦:《广州的农、工、兵叛乱》,第 28 页;托马斯:《中国革命和广州公社中的"无产阶级霸权"》,第 27 页引了载于 L.P.杰柳辛编的《广州公社》第 207 页的 1928 年 1 月的《布尔什维克》第 12 期材料。

有辖区内的苏联领事馆和其他机构，并将其人员驱逐出境。在汉口，武汉卫戍司令胡宗铎下令搜查苏联领事馆，也搜查其他被认为隐藏有共产党员的机构。12 月 16 日，在法租界和其他以前的三个租界中[①]，士兵、警察和便衣围捕了 200 多名被怀疑的中外人士。士兵们包围了武昌的第二中山大学[②]及其他学校，抓走了许多学生。接着劳工领袖和学生被处决，其中有许多妇女。12 月 17 日，两位著名的左派在日租界被捕，立即被处死。一位是李汉俊，中国共产党缔造者之一，此时已不是中共党员；一位是詹大悲，著名的反清革命者，孙逸仙的同事和国民党候补中央执行委员。[③]

汪精卫在广州成立政府的人员，大部分也黯然离去，有的人还卷省金库之款逃走。张发奎和黄琪翔承认对广州暴动负有责任，交出了对军队的指挥权，率领其部队开到东江地区，但在那里又被陈铭枢的军队打败。李济深于 12 月 29 日率部收复广州，其本人于 1 月初才回城。

这样，到了 1927 年年底，汪精卫一派已失去了其权力的基础；在其前往法国途中，汪派的大部分重要支持者也都黯然失色。由于 8 个月的镇压和数次起义未遂的失败，中国共产党也受到很大的破坏，

---

①　校注：此处所称"以前的三个租界"，即俄、德、英三国在汉口的租界。汉口德租界于 1917 年 3 月 16 日中国收回，18 日改原德租界为特别区。1925 年 3 月 2 日，汉口地方当局正式收回俄租界，改为特别区。1927 年 3 月 15 日，中国正式收回汉口英租界，设立汉口的第三个特别区。

②　校注：原文为孙逸仙大学。1927 年 2 月 20 日，武汉国民政府正式将前国立武昌大学、商科大学、湖北省立文科大学、法科大学、医科大学，合并为国立武昌中山大学，又称第二中山大学；1928 年 7 月，国立武昌中山大学始改为国立武汉大学。此处所称的孙逸仙大学，即武昌中山大学，亦即第二中山大学。

③　英国外交部 405/256，机密，13853，第 144 号附件 1—6，代理总领事哈罗德·波特，汉口，1927 年 12 月 1 日致北京蓝普森，附 1927 年 12 月 17—21 日《汉口评论》关于突然搜查报道摘录，报告有 700 多名中国涉嫌者和 12 名苏联人被捕，提供了 30 名被处死者的姓名，其中 5 名是女学生，年龄从 20 岁到 26 岁。李汉俊传记见克莱因和克拉克编：《传记辞典》；詹大悲传记见包华德和雷华德《传记辞典》。

　　奇怪的是，突然搜查显然未能抓住 12 月 14 日和 15 日在汉口参加湖北党代表大会的 39 名共产党领导人。萧祚良的《关于 1927 年武汉起义的争论》对此有叙述，载《中国季刊》，33（1968 年 1—3 月），第 108—122、133 页。

20 多名最优秀的领导人和数千名党员及追随者被杀。将要花多年的殊死斗争，才能把残破的党重新建立起来。

最后一战：攻克北京与定都南京

重新进军北京的准备

为了完成武力统一中国的使命，目前在国民党内最具有举足轻重影响的蒋介石，必须获得足够的财力，重新集结四分五裂的军队，并努力把国民党领导集团重新团结起来。蒋介石说服宋子文重新出任财政部长，在广州时，宋氏在理财方面已表现出非凡的才能。宋子文计划以各种方式增加收入；而此时地方收入解往南京政府的，只有江苏、浙江两省。在 1928 年 1 月 7 日就职之日，宋子文宣布每月的收入仅不足 300 万元，而支出则高达 1100 万元；希望能把每月的收入增至 1000 万元。[①]

重新组建一个战而能胜的军事联盟，亦非易事。原来英勇善战的第四军，此时已大为削弱，其数名高级将领均已引退。大部分原第八军已被赶回湖南，军长又远在日本。[②] 正在湖北建立权力基地的第七军，由蒋介石的对手李宗仁、白崇禧所统率；而李、白二人又与南方的李济深、黄绍竑关系密切。张作霖的奉军和张宗昌的鲁军，凭蒋介石指挥下的大杂烩部队，是难以对付这两个敌对者的。蒋介石只有把希望放在冯玉祥和阎锡山身上（阎锡山在 1926 年 6 月已经举起国民革命的旗帜，但在 1927 年 10 月与张作霖发生冲突前，两人保持着若即若离的关系），此两人是蒋氏进军北京时可能的合作者。蒋介石于 1928 年 1 月 4 日回到南京，9 日，宣布重任国民革命军总司令，并倡议召开中央执行委员会第四次全会。

事情很快被弄清楚，蒋介石及其亲信准备改造和清洗国民党，

---

① 高荫祖：《中华民国大事记》，第 281 页。
② 校注：原第八军军长唐生智，因在反唐战争中遭到失败后，避居日本。

企图组织国民党的领导集体。当时的中央执行委员会常委会宣布，五个省的党部在改组前应停止活动①，浙江和江苏的党组织正在改组。从 1 月 13 日到 2 月 1 日，蒋介石已为拖延已久的第二届中央执行委员会第四次全会一切事务安排就绪。除了议事日程达成一致，说服各派不要提出敏感性问题外，蒋介石必须解决一个问题，即准许谁参加会议。在两年前的第二次全国代表大会上，被选为中央执行委员和候补执行委员的 13 名共产党员②，当然不得参加这次全会。但是，汪精卫一派中许多人对 12 月份广州的共产党大破坏负有罪责，或至少是疏于职守，对于这些人怎么办？5 名中央监察委员会委员提出，汪精卫及其 8 名同事应排除在会议之外。但结果只有汪精卫、陈公博、顾孟馀、甘乃光 4 人不准参加会议③，其他的人可以与会。蒋介石的 3 个反对者胡汉民、孙科和伍朝枢，被说服携带巨款出国考察，其他有几个人可能不希望参加此会。④

　　共 29 名中央执行委员会委员和中央监察委员会委员以及候补委员，出席 2 月 2 日联席会议的开幕式。在世的委员和候补委员共有 77 人，其中约 50 人可以到会。后来出席会议的人数在 30 人上下。⑤全会有三个主要任务，即确立党的政策最新指导方针，停止以往的争论，选出新的领导集团。

　　与会者听取了蒋介石的政策建议，国民党应在国内促成精诚

---

① 校注：在改组前停止党务活动的 5 个省为安徽、湖北、湖南、福建、云南。

② 校注：当选国民党第二届中央执行委员的共产党员，为谭平山、林祖涵、李大钊、于树德、吴玉章、杨匏安、恽代英等 7 人，候补中央执行委员的共产党员，为毛泽东、许苏魂、夏曦、韩麟符、路友于、董用威（董必武）、屈武、邓颖超等 8 人；合共 15 人；13 人为误。二届的中监委共产党员为高语罕，候补中监委为江浩。

③ 校注：1928 年 1 月 7 日，国民党中常会决定，停止汪精卫、陈公博、顾孟馀、甘乃光 4 人中央执行委员职务。

④ 《从容共到清党》，第 804—806 页；高荫祖：《中华民国大事记》，第 281—284 页。

⑤ 包括候补委员，两个委员会有 80 人，但 3 人已死亡，15 人为共产党员，8 人已被开除或出国，3 人是苏联人。开幕式的名单载《从容共到清党》，第 806 页，11 名与会者为中央执行委员会正式委员（共 36 人），10 名为候补委员（共 24 人），5 名为中央监察委员会委员（共 12 人），3 名为候补委员（共 8 人）。

团结，以互相合作的精神取代共产党的阶级斗争观念；对一切宣传当以先总理的《建国方略》为基础，即以受布尔什维克直接影响之前的孙先生思想为基础；一切受共产党影响时期的口号都应停止使用，党的出版物应予严格监督，禁止反对国民党和反对国民政府的宣传；对外事务的一切公开言论，应符合国民党的政策。蒋介石提出，国民党应进行清党，办法是在党员重新登记前，解散所有各省的党部，撤销中央和省党部的农民、工人、商人、妇女和青年各部；目前只设三个部，即组织、宣传和政治训练三个部[①]；一切群众运动必须置于国民党控制之下，必须清除群众运动中的共产党影响；农民协会和工会的武装力量应予严厉处理；教育应以科学为重，学生应把注意力放在国家建设方面。[②] 这个保守的主张很快得到全会的通过。全会彻底消除了过激势力的影响，清除了过激分子和少数左派党员，为国民党以后的发展确立了方向。

为掩盖宁、汉双方以往的对立，全会批准了一个妥协方案，即以前所有关于联俄容共政策的决议，全部予以废止；同时，作为南京反共内容之一开除一些人出党的决定，宣布为无效。但是，要进行一次彻底的党员重新登记；特别注意清除中执委和中监委中的共产党员；还以甘与暴乱同谋为由，开除了彭泽民和邓演达两人的党籍；此外，还停止徐谦的中央执行委员的权利以及两位中监委候补委员的资格。[③] 为了填补空缺，中执、中监两委员会的全体候补委员，一律晋升为委员。[④]

---

① 校注：国民党二届四中全会确定，中央常务委员会下设组织、宣传与政治训练三个部及民众训练委员会。

② 《革命文献》，17，第3138—3152页详细介绍了丁惟汾、陈果夫和蒋介石的改造国民党的建议，此建议保存在国民党档案馆中。关于简要的报道，见英国外交部405/257，机密，《关于中国的进一步通讯》，13612，1928年4—6月，第36号附件3，上海巴尔敦致北京蓝普森，1928年2月16日。

③ 校注：被停止两位中监委候补委员资格的，为邓懋修与谢晋二人。

④ 《从容共到清党》，第807页；驱逐情况，参见《中国国民党整理党务之统计报告》，中央执行委员会组织部，1929年3月。

全会审议通过了一系列议案。现在国民政府组织得更加完善①,下设七个部的行政院、最高法院、考试院、监察院、大学院、审计院、法制局和四个委员会(建设、军事、蒙藏、侨务)。这虽不完全是孙逸仙设想的五院制,却是倾向于这个方向。而且国民政府的组织,此时大部分仍不过是一个计划。国民党的重建,必须在新的中央直接监督之下。全会还通过了标准的军事组织制度,批准在军队中改革政治工作——共产党员已很深地渗入这一工作(蒋介石已选定其密友、反共思想家戴季陶为政治训练部主任)。全会还进行了选举,但候选人的提名一直不很清楚。入选中央执行委员会常委的,是蒋介石、于右任、戴季陶、丁惟汾和谭延闿,另外 4 个位置留给在国外的领导人。② 国民政府委员会包括 49 名委员,其常务委员会由谭延闿(任主席)、蔡元培、张静江、李烈钧和于右任 5 人组成。新的军事委员会共有委员 73 人,其常务委员会委员为 11 人,由蒋介石任主席。这样,几个新的委员会足可以安排保守而有声望的国民党员和军事领袖。蒋介石负责军事,谭延闿似乎负责监督政府事务。③

完成了这些政治安排之后,蒋介石开始准备向北京进行最后的军事冲击。两个月以前,冯玉祥已派一支部队沿陇海铁路东进,何应钦第一军一部沿津浦铁路北上。两支军队于 1927 年 12 月 16 日在两条铁路交叉的战略要地徐州会师。1928 年的 2 月 9 日,蒋总司令率领参谋人员离开南京,到徐州检阅了部队,然后在 2 月 16 日前往开封,与冯

① 校注:1928 年 2 月 13 日,公布的国民政府组织法,规定国民政府下设法制院、审计院、大学院、考试院、最高法院、工商部、农矿部、司法部、交通部、财政部、外交部、内政部及侨务、蒙藏、军事、建设四个委员会;当时并未设行政院,各部委均直隶国民政府,监察院与考试院实际亦未设立。同年 10 月 8 日公布的中华民国国民政府组织法,始规定设立行政、立法、司法、考试、监察五院。
② 校注:国民党二届四中全会,决定中央执行委员会常务委员为 9 人,暂推蒋介石、谭延闿、戴季陶、丁惟汾、于右任 5 人为常委,留 4 人待胡汉民归国后补齐。
③ 高荫祖:《中华民国大事记》,第 285—286 页;英国外交部档案 405/257,机密,《关于中国的进一步通讯》,13612,第 36 号附件 1 号和 2 号(后者列出政府委员会成员名单)。关于全会在 2 月 8 日发表的公告,见《革命文献》,16,第 2887—2896 页;关于其他文件,见《革命文献》,17,前面的图版和 3153—3155 页。

玉祥将军会谈，商讨重新进攻的计划。冯氏的国民军获得部分南京政府拨给的军饷和给养。冯将军的几个朋友，还在南京政府中任职，黄郛任外交部长，孔祥熙任工商部长，薛笃弼任内政部长。[①] 汉口的桂系方面为了结交冯氏，也为其提供了一些资金和武器作为礼物相赠。此时广西的将领正在湖南忙于征战，对于进军北方自然不感兴趣。广州的李济深也是如此。2月28日，新成立的军事委员会宣布，蒋介石任第一集团军总司令，冯玉祥任第二集团军总司令，阎锡山任第三集团军总司令，原第一军军长何应钦任参谋总长[②]，以协调北伐军各部。[③]

约用了一个月时间，北伐的部队重新集结并完成了粮秣弹药的准备。蒋介石将军统率庞大的第一集团军，共有18个军，辖60多个师。这18个军又分属刘峙、陈调元、贺耀组和方振武任军团长的4个军团。第一军团是由原来的第一军扩编而成，由黄埔军校的教官和学生任军官，另外还包括有张发奎和朱培德交出的几个师和军。按照常例，第一军团是参战的几个军团中，装备最为精良的军团。[④] 陈调元是北方人，原来是安徽省督办，1927年3月倒向国民革命军，虽为北伐军的进军南京打开了通路，但其仍是一位旧式军阀。贺耀组将军在北伐第一阶段，率湘军一个师归附北伐军，参加攻取九江和南京的战役。该部现已扩编为第十四军，卫戍南京地区。方振武的革命资

---

① 校注：1928年4月，民政部改称内政部。

② 校注：1928年3月13日，任李济深为参谋总长，由何应钦代；同日，改任何应钦为参谋总长。

③ 高荫祖：《中华民国大事记》，第278—279、286—287页；《关于美国外交关系的文件，1928年》，2，第123—125页。

④ 根据《国民革命军第一集团军第一军团历史》，1928年3月22日至26日期间，一个委员会对这一军团作了一次详细的视察。第10—14页的图表表明，第一军的第一、第二和第二十二3个师的师部有2681名军官和30269名士兵，配备16236支步枪、502挺机枪和93门大炮。也由军部和3个师组成的第九军有2810名军官和24310名士兵，配备12436支步枪、221挺机枪和77门大炮。但是贵州的第十军只有两个师，有1437名军官和8263名士兵，配备2953支步枪、19挺机枪和29门大炮。全部战斗人员有70770人，但只有31625支步枪，再加上军官使用的1457支手枪。此外，第一军和第九军有5117名搬运工和673匹驮马。3个军的22名指挥官的平均年龄为33岁（从24岁到43岁），如果指的是虚岁，则要减一年。

历可以追溯到辛亥革命,曾与以前广州各派反政府势力关系密切,最近在冯玉祥的国民军中任职,参加 1927 年 5 月该军由山西向河南境内的进军;然后方将军只率领一支不大的部队参加国民革命军。这 4 个军团连同一些杂牌军,会同冯玉祥第二集团军的一部分,进攻山东。与两年前从广东出兵北伐的 5 个训练有素的军团相比,这支大军显得十分庞杂[①];其距北京的征程约 500 英里。

在战役开始前不久,外交部长黄郛与美国驻华公使马克谟就南京事件进行磋商,并达成协议。这是双方作出巨大努力达成的结果。3 月 16 日,南京政府发布了两道命令:其一,宣布南京事件中的肇事士兵和有牵连者均已处决;其二,宣布充分保护外国侨民生命财产的安全。双方代表互换了照会,在照会中互致歉意,并作了解释。3 月 20 日,双方协议签署,离暴力事件和炮击南京已一年有余。就美国而言,虽然外交上的承认晚了一些,但总算结束了与南京的外交困难。但对于中国的官员来说,这样的解决是远不能令人满意的。因为美方只表示了遗憾,说是"局势失控,有必要采取这样的措施(即海军炮击)以保护在南京的美国公民"。对中国人来说,南京事件明明是英美军舰炮击南京城。英国驻华公使蓝普森也访过南京,并与黄郛进行过磋商,但未获致双方都可以接受的方案。[②]

最后战役

张作霖大帅全面统率安国军,其中包括张大帅自己的奉军、孙传

[①] 《北伐战史》,4,第 1170 页一侧的地图显示了朝北京主攻的四个阶段;战斗序列在第 1180 页后面。这一卷的全部以及以下几部分论述这最后的战役:《革命文献》,18,第 3169—3271 页;19,第 3479—3503 页;20,第 3671—3773 页;21,第 3925—3970 页。以下几种著作有简要的报道:乔丹:《北伐》,第 151—168 页;谢里登:《中国的军阀:冯玉祥的一生》,第 236—239 页;唐纳德·G.吉林:《军阀:1911—1949 年在山西省的阎锡山》,第 108—109 页。

[②] 《关于美国外交关系的文件,1928 年》,2,第 323—369 页有漫长的谈判和照会的详细情况。博格:《美国政策和中国革命》,第 380—384 页作了概述。蓝普森的困难在威尔逊的《英国和国民党》第 644—649 页中有说明。蓝普森和马克谟致外交部长黄郛的措辞非常亲切的感谢信,转载于黄的遗孀沈亦云:《亦云回忆》,第 356—359 页。

芳的残部、褚玉璞和张宗昌的直鲁联军。奉军负责防守北京以及通往南方和西方的铁路线；孙传芳部和直鲁联军在东面防守津浦线。但是直隶省的大部和鲁西南是开阔的平原，难以防守，更难以防守骑兵的攻击。西侧的阎锡山统率第三集团军，使京汉线的防御更加复杂。

冯玉祥的第二集团军打响了国民革命军 1928 年的春季攻势，长驱直抵鲁西南，在西线展开了对奉军的攻击。第一集团军约于 4 月 9 日投入山东的战斗，沿津浦铁路线向北推进；并另派一支兵力在沿海附近北上，切断省城济南通往青岛港口的铁路。张宗昌的部队军心涣散；但孙传芳犹率部作困兽之斗，企图进行反攻，终至惨败。第一集团军由此打开了夺取济南的通道。孙良诚将军率领的国民军骑兵，于 4 月 30 日进入济南城。但在西线，奉军顽强抵抗第二集团军的攻击。当第二集团军推进至河南省北部的彰德、安阳时，距北京仍约有 400 英里。4 月份，奉军还沿京绥铁路和正太铁路作先发制人的反攻。在 5 月份的第一周，当大战方酣之际，正在挺进的国民革命军与调往济南保护日本侨民的日本正规军，发生了一场激烈的流血冲突。

济南惨案，1928 年 5 月 3—11 日

日本的田中政府，对蒋介石领导的国民革命运动虽表好感，但其对北伐初期的南京事件及其他的排外事件，仍铭记于心。为了应对北伐军取得胜利后的局面，日本内阁、军部、参谋本部就保护华北日本侨民进行了讨论；有人主张派出一支远征军到中国，但也有人反对。[①] 蒋介石和外交部长黄郛试图使日本人相信，国民政府及军队保

---

① 以下主要根据入江昭的学术性论述，《帝国主义之后：探求远东新秩序，1921—1931》，第 193—205 页，此书广泛利用双方的文献资料。中方的报道和其他文件，载《革命文献》，19，第 3504—3657 页；22，第 4443—4537 页；23，第 4783—4815 页。《中华年鉴，1929—1930 年》，第 878—893 页有各方的一些文件。最初的美国报告载《关于美国外交关系的文件，1928 年》，2，第 136—139 页。英国驻济南代理总领事发的目击者报告，载英国外交部 405/257，机密，《关于中国的进一步通讯》，13612，1928 年 4—6 月，第 238、239 号，附件。

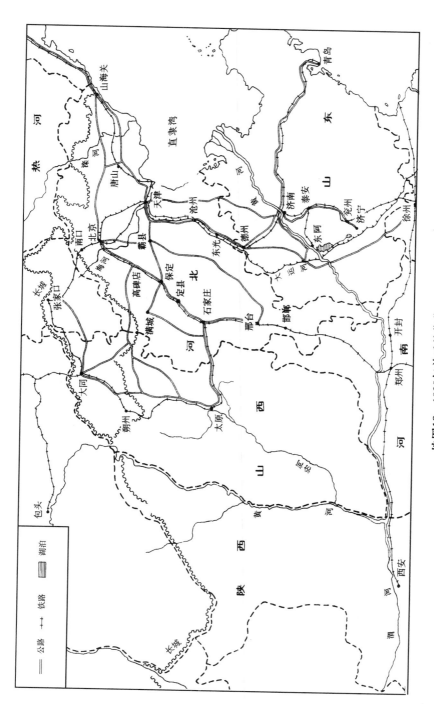

地图18　1928年前后的华北

公路　铁路　湖泊

包头

热河

山海关

秦皇岛

青岛

唐山

直隶湾

滦河

黄河

济南

泰安

兖州

济宁

徐州

北京

南口

天津

沧州

德州

东光

东阿

东平

霸县

寿河

高碑店

保定

定县

石家庄

满城

北

大运河

邯郸

邢台

河

河南

郑州

开封

张家口

长城

大同

朔州

太原

吕梁

山

西

黄河

西

陕

汾河

长城

西安

护其统治区的日本侨民生命财产的安全。但在 4 月初，形势趋于明显，北伐军可能通过济南向前推进。尽管田中男爵在此以前，曾向蒋介石和冯玉祥提出，要求北伐军绕过这座有 2000 名日本侨民的城市。于是日本政府决定采取行动。到 4 月 18 日，田中首相被军部说服，并经内阁同意，从第六师团调一支 5000 名士兵的远征军开往山东。日本还公开声明，设法使中国放心，并无意于干涉中国内政；当不再需要保护日本侨民时，军队即行撤走。北京政府和南京国民政府都抗议日本侵犯中国主权的侵略行为；而民众的反日情绪更为高涨。国民党高层希望避免冲突。国民革命军总司令发布严令，禁止在日本人居住区发动反日骚乱和敌对行为。

4 月 25 日至 27 日，福田彦助率第六师团到达青岛，自作主张，命令部队开往济南，约有 500 名士兵于 4 月 30 日抵达该城。此时北伐军已撤离济南。这支日本小部队立刻在济南城内设立桩牌，标出绝大部分日本侨民居住地区——称之为日租界①，并设置路障，禁止中国人进入。5 月 1 日，孙良诚率部及随后的第一集团军部队开进济南。当蒋介石将军于 5 月 2 日到达济南时，要求福田彦助撤兵，并向其保证维持济南城内的正常安定秩序。福田也同意，当晚日军即撤去路障，也准备离开，似乎愿意将该地区和平移交给国民政府。

5 月 3 日清晨，双方的小股部队发生冲突。至于战斗的原因和责任，至今仍不清楚。尽管蒋介石将军和福田力图制止，双方的冲突更为加剧，以至发展到暴力残杀。② 最后，双方实行停战。中方同意除留几千名士兵在城内维持秩序外，其他部队全部撤出。蒋介石为了不妨碍其向北京推进，显然设法避免陷入这场危险的冲突。

---

① 校注：济南无日租界。1906 年，清政府自辟济南西关外为商埠，居住日本侨民甚多，遂谎称此为日租界。

② 英国代理领事阿弗莱克先生报告说，其在 5 月 5 日被领到日本医院，给看了 12 具日本人尸体，大部分是已被阉割的男性。英国外交部 405/257，前引第 238 号，1928 年 5 月 7 日的《济南事件的报道》，在 5 月 21 日的一份报告中，阿弗莱克声称，他认为 5 月 3 日事件的引起，应归咎于抢劫日本店铺的中国士兵。英国外交部 504/258，机密，《关于中国的进一步通讯》，13613，7—9 月，第 37 号，附件，美国副领事欧内斯特·普赖斯因这一事件的发生，谴责中国士兵纪律涣散。

但是，福田却要通过对中国人的惩罚，来维护日本军队的尊严，要求军队增援。田中首相和内阁在 5 月 4 日决定，从朝鲜和满洲调兵前往增援。5 月 7 日，日本的军官见援军已开到济南，遂准备采取激烈的行动。[①]当天下午，福田把一份限期 12 小时的最后通牒，交给中国的代理外交特派员，要求惩办负有责任的中国高级军官，并提出侮辱性的要求：在日本兵面前解除负有责任的中国士兵武装；撤去济南附近的两座兵营；禁止一切反日宣传；所有中国军队撤到胶济铁路两侧 20 里（约 7 英里）以外。这样侮辱性的要求，是任何中国将领所不能接受的。当晚，已离开济南的蒋介石及随从参谋讨论了这个问题。次日上午，蒋介石将军送去了只满足福田几项要求的妥协答复。福田蛮横地认为，其最后通牒没有在 12 小时内被接受，声称为了维护日军的尊严，只有采取行动。5 月 8 日下午，日军在济南城区及周围地区发起进攻。到 11 日，经过激烈的战斗以后，留在城内的中国军队已被击溃。济南城市遭到很大的破坏，数千名中国士兵和平民被杀。再没有比济南惨案更能激起中国人的仇日情绪了。[②]

济南惨案结束了国民政府与日本和睦相处的努力。但是，国民政府仍尽一切可能，避免与这个强横的邻邦发生纠葛，要求国际联盟对济南惨案进行调查，也呼吁美国政府能给予支持。但这些要求都没有产生什么结果——以后也屡次出现这种情况。日本军事指挥官的这次强梁横霸的蛮横行动，是此后这类行动的第一次。日本军人的这种蛮横行动，导致三年以后日本关东军的强占满洲，然后导致日益扩大的中日冲突；最后的结果是 1945 年日本落到战败国的地位。

谁将占领北京

1928 年春，日本政府主要关心的是保护和加强其在满洲的特殊

[①]　入江昭教授公正地责备日本人重启战端，见《帝国主义之后：探求远东新秩序》，第 201 页。

[②]　入江昭：《帝国主义之后：探求远东新秩序》，第 207—208 页，根据日本人的记载。

地位。这可以通过与张作霖或与国民政府的合作来达到目的。为了在中国内战中作出公正的姿态，日本政府决定阻止中国的内战扩大到满洲境内。早在 1928 年的 1 月，田中首相已向蒋介石的驻东京特使张群提出警告，说日本不能容许北伐军到长城以外去追击奉军；但作为回报，如果张作霖战败，日本将保证其迅速退回到奉天。到 4 月份，日本政府已经决定要保持满洲的和平，如有可能，就安排交战双方停火，否则出兵实行武力干预。

为了避免同日本纠缠，蒋介石已撤回大部分进入济南的部队，并将其往西调动，准备渡过黄河后再在北岸集结。在 5 月中旬，当日军正在济南及周围打击中国军队时，国民革命军第一、第二、第三共三个集团军开始了总攻击，安国军朝北京和天津方面撤退。阎锡山率第三集团军向石家庄推进，于 5 月 10 日与沿京汉线追击奉军的冯玉祥第二集团军会师。同时，阎锡山的其他部队正在收复山西北部各地，并沿京绥铁路向北京的后方移动。安国军试图在西南的保定和山东北端的德州之间，建立一条较短的战线，以便使用褚玉璞的直军和奉军来增援鲁军；但在防线东端抵不住冯玉祥的攻势。德州于 5 月 12 日易手，守军朝天津方面撤退。5 月 18 日，蒋介石将军与冯玉祥将军在郑州会晤，计划大军向天津推进；如果攻下并守住天津，将切断奉军撤回其根据地的退兵铁路线。

此时，奉军准备撤离华北的形势已趋明显，军官们将家眷及贵重物品运送回东北老家。京绥路线的奉军开始撤向张家口，然后再撤至更远的地方。在奉军从张家口后撤时，桂系也开始行动。担任第四集团军前敌总指挥的白崇禧，已率部进入河南。军事委员会指定河南由任第四集团军总司令的李宗仁负责。5 月 20 日，白崇禧将军在郑州会见了蒋总司令，接受总司令的命令。命令他统率的部队却原来是唐生智湘军的一些士兵。[①]

---

① 白将军在 1962 年告诉作者，蒋总司令敦促其援助压力沉重的冯玉祥和阎锡山，其下面的三名指挥官是李品仙、廖磊和叶琪。白将军回忆称："当奉军看到如此大的一支增援军到来时，就匆忙撤出关外。"

天津和北京可能要被北伐军攻占，日本和西方列强担心其在天津五个租界①侨民的安全，还担心北京的使馆界。南京事件的经验和最近济南的纠纷，不论谁胜谁负，各国对中国军队能否遵守纪律，不能不加提防。根据 1901 年的《辛丑和约》，列强已多年在天津驻扎有几支军队，这些驻军最近增加至数千人。5 月 11 日，天津的日本驻军司令官提出，按照中国与列强 1902 年签订的条约，应把中国军队逐出城周围 30 里以外的地区。美国不是这个签字的缔约国，在天津也没有租界。② 美国的海军陆战队司令斯梅特利·巴特勒自己单独制定了保护美国侨民的计划，其他的列强则制定联合防御计划。

在东京，日本外务省正在准备分送给中国交战双方的文本，表明决心要阻止中国的内战扩大到满洲。5 月 17 日，田中首相会见英、美、法、意四国代表，向其解释将于次日分送南京和北京两个政府备忘录的目的。以下为其部分谈话：

> 我们制定的政策是制止在北京发生战斗，这是为了不让战乱扩大到满洲境内。如果张作霖和平地撤出北京，维持士兵的军纪，且不被南军追击，我们将容许其进入满洲。但是如果张作霖在北京进行战斗，并向山海关撤退，或者撤至我们确定的某个地点，与南军边走边打，我们将阻止其与南军进入满洲。我相信这项计划，将会使张作霖偃旗息鼓，悄然离开北京。我也相信，如果张作霖现在从北京退出，南军也不会对其横加干扰。因此，我期待北京能被放弃，和平的转入南军手中。③

---

① 校注：至 1903 年，天津共有英、法、德、奥匈、意、日、俄、比利时八国租界。1917年 8 月，中国收回天津德租界与奥匈租界；1923 年，中国收回天津俄租界。至 1928年，天津尚有英、法、意、日、比五国租界。
② 校注：1860 年 12 月，英国在直隶省天津府城紫竹林地区划定英租界，美国在英国租界南划定美租界。1902 年 10 月，美租界合并于英租界。
③ 英国外交部 504/258，机密，《关于中国的进一步通讯》，13613，《济南事件》，小节第3 段脚注所引，第 2 号，附件。这是美国大使馆尤金·科曼在会见时所作的记录，又见《关于美国外交关系的文件，1928 年》，2，第 224—225、229 页。

田中男爵指示驻北京公使芳泽谦吉去敦促张作霖，要其不失时机地撤至满洲。驻上海总领事矢田接到指令，要其通知国民政府，一旦张作霖退回到老根据地，日本将不准许其干预长城以内的事务。田中男爵及日本政府，就是这样计划分裂中国和保护日本在满洲的特殊势力范围。军部将日本政策的解释，电示满洲、朝鲜和台湾的驻军司令官，谓奉军如果有纪律地回到满洲，张作霖不必退隐，奉军也不是非被解除武装不可，但是日军将不准中国的南军部队开到长城以外。军部要关东军将为执行这个计划做好准备。

芳泽公使于 5 月 17—18 日晚拜会了张大帅，交给大帅一份日本的备忘录，并称北军的败局已定，如大帅能接受迅速返回满洲的建议，日本政府将能救助大帅及所统率的军队，但遭到张作霖总司令的拒绝。据芳泽的看法，张作霖想不放弃北京而能得到日本的援助。①

第二天晚上，张大帅派一名副官，把与芳泽午夜会谈的内容通报了英国公使蓝普森，征求蓝公使的意见；并问公使道，是否到了把北京和外国人留给无法无天军队的时候了？无疑，蓝普森在前一天已知道了田中首相对外国外交官所作的解释，便建议张作霖及其幕僚要作谨慎的考虑；并指出日本没有侵略的预谋，而是要保护其在满洲的利益，大帅应不惜任何代价，避免与日本发生冲突。②

日本代表向冯玉祥、阎锡山和蒋介石转达了日本反对任何破坏和平的行动，很可能还鼓励各方进行停止内战的谈判。美国政府不参与日本的外交活动。5 月 8 日，国务卿弗兰克·B. 凯洛格致电马克谟公使，并指示说："美国将不与日本政府或任何其他国家采取联合行动，去阻止中国人把敌对行动扩大到满洲，或干涉中国军队

---

① 入江昭：《帝国主义之后：探求远东新秩序》，第 210—211 页，根据日本人的记录。
② 英国外交部 504/258，机密，《关于中国的进一步通讯》，13613，第 6 号，附件，蓝普森致奥斯汀·张伯伦，北京，1928 年 5 月 23 日，《与吴晋先生的谈话记录》。吴晋为当时外交部次长。

进行有节制的军事行动，美国仅是保护本国的侨民。"[①]

时局发展得非常迅速。奉军难以守住保定的阵地，而在此以东的防线更不巩固。国民政府的代表正在北京尝试找谈判的代理人，以求寻得倒张的势力。张作霖及奉军的将领担心，过久地据守京津和冀东的危险性，很可能被围困在这里。但张作霖及奉军撤走，将由谁来接管北京？冯玉祥是张作霖的宿敌。早在 4 月中旬，美国公使马克谟即已指出，北京政府希望打败和赶走冯玉祥的军队，与上海和南京达成某种妥协。现在已是 5 月份，冯玉祥的军队肯定能攻下北京城。奉军之撤离北京已成为一笔交易，即让阎锡山的军队在京津捷足先登，而不让冯玉祥取得这一珍贵的战利品。[②] 到 5 月底，奉军已放弃保定，正向北京撤退；张作霖准备离开北京，打回老家去了。

6 月 1 日，蒋介石将军与冯玉祥、阎锡山在石家庄会面，筹划接管京津及商定以后的安排事宜，也许在当时——也可能在更早，冯玉祥才知道不是由其接管北京，也不是由蒋介石接管。蒋氏于 6 月 3 日即返回南京。6 月 4 日，国民政府任命——也就是证实阎锡山为平津卫戍司令。

张作霖于 6 月 1 日召见外交使团，发表了事实上是一篇告别的讲话。张作霖作出的安排，把北京城交给王士珍为首组成的治安维持会来管理。王氏是元老政治家，曾是袁世凯的亲密同僚，一度担任过国务总理。北京城内的治安由北京有效率的警察与鲍毓麟将军率领的一旅奉军负责。鲍将军留在奉军撤退的最后，直到把北京城移交给阎锡山，然后率领全旅平安地回到奉天。次日，张大帅向国人发出告别电，以其未能胜利结束反赤战争深表遗憾；并宣布了为了避免进一步流血，即率部返旆满洲。大帅由其大部内阁成员及高级将领的陪同，于

---

① 《关于美国外交关系的文件，1928 年》，3，第 226 页。入江昭：《帝国主义之后：探求远东新秩序》，第 321 页。

② 谢里登：《中国的军阀》，第 238 页；英国外交部，机密，《关于中国的进一步通讯》，13613，第 40 号，蓝普森致奥斯汀·张伯伦，北京，1928 年 6 月 8 日，快信。

6月3日夜乘专列隆重地离京。但当专列于6月4日晨驶近沈阳时，中了预埋炸药炸毁。大帅身负重伤，于两小时内不治身亡。大帅为日本关东军的一批军官所暗害；这些军官反对田中的政策，自行策划了这次行动。[①]

大帅的长子张学良和总参谋长杨宇霆与孙传芳，于6月4日前往天津商定，奉军在该地必须坚守至大军撤至山海关时为止。治安维持会已派专使前往保定，欢迎阎锡山前来北京。6月11日，阎锡山在白崇禧陪同下进入北京城。阎锡山部下另一名将军傅作义于6月12日接管了天津；除了一个事件外，整个交接过程都是和平的。率先向北京挺进的冯玉祥部的韩复榘将军，此时驻扎在北京城郊，包围并解除了奉军一个旅的武装；而外交使团曾保证该旅安全通行离开北京。因此，外交使团为此向南京国民政府提出严重抗议。最后，奉军被解围，武器全被发还。[②]

开始全国建设

1928年7月6日，4个集团军的总司令在庄严的仪式中齐集在北京城郊西山一座庙宇[③]中，在已故领袖孙逸仙总理灵柩前致祭，以告慰先总理在天之灵；宣称随着攻占北京和北京政府的倒台，期盼已久的北伐大业已告完成。数日之后，众将领及参谋人员召开非正式会议，讨论遣散军队问题。参谋总长何应钦报告，此时国民革命军约有300个师，分属84个军，其人数多达220万（虽然这个数字是把所有的有组织部队都算作国民革命军）。要维持这支大军，每月需要发6000万元的薪饷。总司令部希望把总兵额减至80个师，士兵为120万人。这样，全军的军费开支仅占全年国家岁入的60%。蒋介石向其军事同僚送去一份备忘录，专为即将召开的中央执行委员会准备

---

① 入江昭：《帝国主义之后：探求远东新秩序》，第213—214页，第324页脚注52、53。
② 《关于美国外交关系的文件，1928年》，2，第235—242页。英国外交部504/258，机密，《关于中国的进一步通讯》，13613，第50和89号，蓝普森的报告。
③ 校注：即北京西山碧云寺。

的。备忘录建议成立编遣委员会，专门制订遣散计划、固定军队的人数和军费的开支，并把全国分成几个确定的军区。蒋介石建议，全国划分为 12 个军区，每个军区拥有 4 万至 5 万名士兵的军队。① 编遣会议定于 1929 年 1 月召开，但成效甚微。当时的地区军事集团，实际上已分割了全国。以后不久的事态发展迹象，在 7 月的北京众将领会议上就已经显示出来。冯玉祥因未能获得接管京津战利品而怀恨在心。当北京成立以阎锡山为首的政治分会时，冯玉祥不同意在其中任职。更令人感到不祥的，冯将军于 7 月 14 日离开北京，前往祭奠其祖坟，然后再去其设在河南的司令部。②

国民党第二届中央执行委员会第五次会议，定于 8 月 8 日至 14 日在南京召开，其任务为谋规划国家的未来。冯玉祥和阎锡山两位总司令以及海军上将杨树庄，作为特邀嘉宾出席会议。③ 全会主要讨论国家政策方面的重大问题。最引起争论的，是怎样迅速和强有力地实现政治、经济和军事大权的集中？在国民党统治下的中国，是否应当废除实际陷于分裂割据的政治分会？④ 主张集权和维护地方权力的人之间经过长时间争吵——争吵几乎使会议开不下去，然后全会通过决议，肯定中央政治会议委员应由中央执行委员会指定，其任务是将中

① 高荫祖：《中华民国大事记》，第 300 页，1928 年 7 月 2 日。（胜利的国民革命军在 1928 年 7 月的人数约 160 万）《革命文献》，21，第 4067—4071 页，有关于蒋介石的初步遣散计划。《革命文献》，第 4067—4085 页，有 1928 年算作组成国民革命军的师和军（包括许多未参加北伐的部队）及指挥将领的名单。英国外交部 405/259，机密，《关于中国的进一步通讯》，13616，1928 年 10—12 月，第 46 号，附件 7，《蒋介石备忘录摘要》，国民通讯社发，北平，1928 年 7 月 15 日。
② 高荫祖：《中华民国大事记》，第 300 页，1928 年 7 月 6 日。英国外交部 405/259，机密，《关于中国的进一步通讯》，13616，第 9 号，蓝普森致奥斯汀·张伯伦，北京，1928 年 8 月 1 日。
③ 关于第五次全会的一些文件，见《革命文献》，21，第 4092—4100 页。关于通过的决议，见高荫祖：《中华民国大事记》，第 305—307 页。高荫祖称参加会议的有 24 名委员，1 名候补委员，8 名中监委，1 名候补中监委，以及冯玉祥和杨树庄。
④ 校注：中国国民党中央执行委员会中央政治委员会，简称中政会，1925 年 7 月 11 日，在广州成立，以后名称多次改动；1926 年 5 月，中央政治委员会改称中央政治会议；1927 年 3 月，复称中央政治委员会；1928 年 2 月，又改称中央政治会议；1928 年 8 月，中央政治会议设广州、武汉、开封、太原、北平 5 处政治分会。

央执行委员会的决议，经由中央政治会议交国民政府执行；各地政治分会应在年底撤销。这样，原来孙逸仙根据鲍罗廷的建议，设立作为核心委员会的政治会议，即不是独立，或凌驾于选举产生的中央执行委员会之上；新近设立的政治分会将不再存在。但是，公布的中央政治会议委员的名单，共有 46 人，几乎包括全部中央执行委员会委员和中央监察委员会的正式委员，也包括大部分重要的军界人士以及回到党内的几名保守的老资格党员。① 这个中央政治会议，很可能是个表示各派团结的摆样子机构，如同以往一样，一个很小的核心集团掌握着决策权。另一个朝向集权化方向发展的标志，是决议中的一条原则，中央执行委员会的委员必须住在首都，不得分散到各地去住。

政府的财政如何才能统一？财政部长宋子文已召开了两个会议，一个是讨论财政问题，一个是讨论建设问题。会议集中了主要私营银行家、商人和实业家、各省财政官员、各军队代表，以及财政专家。宋子文在会上详述了国家财政的混乱状况，并向两会提交了具体的建议。建议包括如何划分中央和地方的税源，取消货物国内的过境税，要求关税自主，清理国家债务，统一币制，促进贸易，稳定货币市场，建立政府的中央银行，调节私营银行的体系，发行公债以提供遣散军队和建设费用。宋博士坚持，财政统一和国家预算的采用，是必不可少的；除了实行这两件要事，否则恢复财政将是空谈。宋氏的呼吁，得到虞洽卿率领的近百人上海银行家和商人代表团的支持。代表团在会上威胁说，除非政府在财政上实行这些改革，否则，将不能再从其手中得到任何贷款；这些人已被蒋介石代理人敲诈到不堪忍受的地步。对宋博士来说，财政统一意味着统一财政的人事制度和集中管理岁入的收支；抱怨在北伐期间根本没有预算，财政部长只会聚敛资金，然后奉命将其悉数给最高军事当局处理。宋部长坚持说，现在所

---

① 除了未参加全会的胡汉民和汪精卫外，原来被排除在第四次和第五次全会的汪精卫的两名追随者陈公博和顾孟馀被列入名单，孙逸仙夫人和陈友仁也被列入。重要的军人，原来不是中央执行委员和中央监察委员而被列入参加中央政治会议名单中的有阎锡山、冯玉祥、杨树庄、白崇禧和陈铭枢。英国外交部 405/259，机密，《关于中国的进一步通讯》，13616，第 46 号，附件 3，有根据国民通讯社的一份名单。

有的税收都应交给国库；同时，政府所有各部门的拨款，都要由有权力的预算委员会决定；没有该委员会的批准，不允许有越权的挪用。宋氏下结论称，"除非实行健全的国家预算制度，否则，恢复财政和建立廉洁而有效率的政府是不可能实现的"。全会认为，宋部长的这些建议是"正确和适当的"，于是将其转交国民政府委员会进行仔细研究后，考虑予以执行；并同意建立预算是绝对必要的，责成国民政府委员会组织预算委员会。稍后，中央执行委员会常委会批准成立一个 13 人的预算委员会，其中大部分成员是有实力的地方军人。委员会规定，拨出预算一定须经政府委员会同意。①

　　权力集中的关键问题在于军界，如果将领们有各自独立的地盘和税源，就不可能真正的集中。因此，这些人或者听从劝告，真正的支持中央，或者可能要被中央制服，看来没有其他的道路可走。蒋介石发表声明称，握有军权的将领应公开承诺，无论其政见有何不同，但不可诉诸武力来解决问题；国民革命军今后只用于保卫国防和镇压叛乱，绝不能用于从事内战。蒋氏断言，如果都能信守这一原则，则地方实权人之间的政治分歧，绝无酿成全国冲突之可能。②

　　全会就军事改组问题展开了讨论，并就以下的几项基本原则作出决议：（1）军政与军令必须绝对统一；（2）军队必须迅速裁减，军费支出不得超过国家岁入的一半；（3）军事教育必须集中统一，所有的军事院校必须由中央政府设立，任何军队和地方政府不得设立军事院校，或与之相类似的机构；（4）所有遣散士兵将成为屯垦和参加国家建设的劳动者；（5）为了巩固国防，必须采取切实措施发展空军，加

---

① 关于不断向上海商人勒索资金和宋子文要建立一个更有秩序的财政制度的情况，见科布尔：《国民政府和上海资本家，1927—1929 年》，第 14—19 页。英国外交部 405/209，机密，《关于中国的进一步通讯》，13616，第 46 号，附件 6，有宋子文的建议；第 7 号，上海代理总领事加斯廷致蓝普森．1928 年 9 月 4 日，《革命文献》，22，第 4336—4339 页有预算委员会的章程和任命的人：蒋介石、阎锡山、杨树庄、王伯群、谭延闿、何应钦、冯玉祥、李宗仁、宋子文、于右任、李济深、蔡元培和蒋作宾；不能参加会议的委员，可以派代表参加。

② 英国外交部，前引第 46 号，附件 4，蒋介石提交的备忘录摘要，根据国民通讯社，1928 年 8 月 9 日。

强要塞和海军基地的建设。

上述的最后一条原则，表达了中国人 60 年来的梦想；其他几条则涉及中国在保卫国家免受外国侵略，也涉及长期内战中产生的一些问题。当然，这些问题不可能很快解决。全会把另外两项议案——一项是关于党对政府的控制，另一项是禁止军事部门介入群众运动——提交中央执行委员会常委会和政府最高军事机构[1]，要求其根据以党治国原则，制定出具体措施并付诸实施。[2]

当时认为军事行动时期已经结束，训政时期即将开始。全会决定起草、通过和实施的临时约法，政府的五院制应当实现；并试图立法以解决党和政府之间冲突的一些问题。这些问题对下面各级，显然比高层更为严重，因为在高层，党的领导集团和政府领导集团是合在一起的。任何一级党组织认为同级政府组织的行为不当，应将此情况上报上一级党组织，上级党组织即将此事提请其同级政府组织注意。而此政府组织即根据法律，给予有错误的下级政府组织以纪律处分。当一级政府组织对其同级党组织感到不满时，其诉讼程序同上；即此政府组织将事件情由上报其上一级政府组织，经过两同级政府组织与党组织协商后，有过错的党组织将受到其上级给予的纪律处分。[3] 但是这个规定不能解决两个权力机关——如果加上军方，就是三个——内部的问题。因为每个权力机关各有等级组织，而且各有其独立的指挥系统。

为了清除外国的势力，国民革命发动起来后，外国侨民在华享有特权的"不平等条约"，引起了许多爱国中国人的义愤。北京政府已

---

[1] 校注：1927 年 4 月南京国民政府成立后，于 7 月颁布新的军事委员会组织大纲，规定军事委员会为国民政府最高的军事机关，负全国陆海空军编制、统率、教育、经理及充实国防之责，设委员若干人，常务委员 5—7 人，主席 1 人，下设总务、参谋、军务、军事教育 4 厅及海军、航空、经理、政治训练 4 处；1928 年 11 月，军事委员会撤销。

[2] 英国外交部，前引第 46 号，附件 3，蒋介石提交的备忘录摘要，根据国民通讯社，1928 年 8 月 9 日。

[3] 英国外交部，前引第 46 号，附件 4，蒋介石提交的备忘录摘要，根据国民通讯社，1928 年 8 月 9 日。

尽其所能到最后时刻，企图修改不平等条约。1928 年 7 月 7 日，国民政府外交部长王正廷宣布，已经满期或即将满期的一切条约，将另订新约代替；所有其他条约将被废除，重新进行谈判。在此过渡时期，所有在华外国侨民及其财产将受到中国法律的保护。但此等侨民亦必须受中国法律约束，接受中国法庭的裁判，必须向中国政府纳税和交纳常规的关税。外交部按照这个命令（却没有实力执行这个命令），正式要求各国政府派出代表来华进行谈判。美国公使马克谟遵照国务卿弗兰克・B. 凯洛格的指示，的确与宋子文谈成了新的关税条约，并于 7 月 25 日签署了这个条约。新约接受了中国完全民族自决和国家主权的完整，以及在关税事务上两国平等互利原则，拟于次年，即 1929 年 1 月 1 日生效。但此项条约还要以"最惠国待遇"的条款为依据，这意味着在所有其他各国政府承认中国在关税自主之前，新约是不会生效的。宋子文与马克谟的谈判和签约得到国务卿的批准，事实上是承认南京国民政府的一种形式。[①] 此外，在 1928 年 8 月 8 日，英国和国民政府解决了南京事件，其条件也类似于美国。

就是在这样的民族主义气氛中，第五次中央执行委员会全会才有谭延闿和蔡元培准备的外交政策备忘录，要求完全和无条件废除所有不平等条约。备忘录规定 1929 年 1 月 1 日为列强把固定关税强加给中国条约的结束日期，要求无条件地取消领事裁判权，立刻归还外国在中国的租界，禁止在中国境内驻扎外国军队和停泊外国军舰；各国与中国谈判新的互惠条约过程，不得超过一年。[②] 谭、蔡二公的这个雄心勃勃的计划，经过 15 年的奋斗，终于在 1943 年实现了。[③]

全会于 8 月 15 日结束，留给中央执行委员会常务委员会许多需要处理的建议。然后，南京在体制上和人事上忙于筹备改组政府。胡汉民于 9 月 3 日从国外回来，经过一番犹豫后，同意与戴季陶和王宠

---

① 高荫祖：《中华民国大事记》，第 300—304 页；博格：《美国政策和中国革命》，第 400—402 页。

② 英国外交部 405/259，机密，《关于中国的进一步通讯》，13616，第 46 号，附件 5。

③ 董霖：《中国和外国列强：不平等条约的冲击和反应》第 249—257 页有 1931 年 9 月 "沈阳事变"前条约修改的系统叙述。

惠三人一起起草国民政府组织法，于10月3日完成了这项工作，国民党中央执行委员会于10月8日予以颁布。组织法首次颁布了训政时期的总指导原则，明确指出，国民党开始在中国人民争取民主生活的进程中，通过其全国代表大会及其中央执行委员会来行使统治权力。国民党的中央政治会议，将指导和监督国民政府处理重大的国家事务，并可以修改和解释国民政府组织法。[①]

1928年的10月10日，是推翻满清的辛亥革命17周年纪念，重新改组的国民政府在一片鼓乐声中隆重成立。其组织结构体现了孙逸仙的独立五院制，即行政院、立法院、司法院、考试院和监察院；国民党中央执行委员会常务委员会选任了五院院长，全是有威望的老资格国民党党员，即谭延闿、胡汉民、王宠惠、戴季陶和蔡元培——不过，蔡元培拒绝接受监察院长任命，后改由于右任出任。五院之上设国务会议，由以上5人及其他12人组成，其中有的是有实力，有的是有威望，有数人却远离南京。此12人即冯玉祥、孙科、陈果夫、阎锡山、李宗仁、李济深、何应钦、张学良、林森、杨树庄和张继，蒋介石任主席。国民政府的最高官员，即国民政府主席，亦即国家元首。数天之后，政治会议任命了行政的各部处长。

在国民党中央政治会议领导下，南京民国政府的时代开始了。

1928年中国的前景

1928年底，中国的未来前景看来十分光明，这是充满欢欣与乐观的时期。国民党已经推翻了腐败不堪的北京政府，代之以由受过良好教育和具有爱国热忱人士组成的新政府。这些人士长期以来关心国家的状况，期待新政府能够解决国家的政治、经济和社会的许多问题。国民党领导人试图控制政府来推行其政策，认为在训政时期，应起到管理者的作用。1928年，国民党确受到民众的拥护，很少中国人对国民党管理公共事务的权利提出怀疑。国民党有受人尊敬的长

[①]　关于指导原则和组织法，见《革命文献》，22，第4356—4363页；米尔顿·谢：《国民党：历史文献选编》第137—138页有指导原则的英文译文。

期革命历史，又被证明其为民众的目的，能效力动员并发挥战斗力的组织。

国民党在与苏俄发生密切关系的四年中，已经给其留下了深刻的列宁主义烙印。此时的国民党，与当年集合在孙逸仙周围而联系松散的革命者集体，已大不相同。国民党这时实行"民主集中制"，不可避免地强调集中而受少数人的支配。为了实行训政职能，比 1924 年改组前做了更充分的准备。国民党也改进了宣传技术，虽然仍把民族主义作为宣传的核心主题，但已认识到动员"群众"的作用，也知道动员会带来某些风险。国民党已经建立了一支由其领导的武装力量，通过政治训练，已证明其是革命的有力工具。国民党这时有了新的领袖，即受人尊敬和钦佩的 41 岁的蒋介石。在审慎的进行筹划，运用谋略，适当作出妥协等方面，已证明蒋氏的决心和能力。蒋介石深知金钱和刀剑的无比力量。与孙逸仙逝世后的头两年（鲍罗廷最具有影响力的时候）相比，此时国民党领导的观点要保守得多；大部分具有自由主义思想的人，现在都已相继离党而去；国民党内的共产党员已被清除。如前所述，国民党领导集团已被派系斗争弄得四分五裂——从整个中国来看，这是司空见惯的事情，但却是一个沉重的包袱。

共产党在与国民党合作时，党员人数迅速得到发展，也扩大了党的影响。而今取而代之的，是两党合作既已散伙，共产党被逼上梁山，开始进行武装反对国民党，只得走上准备要在很久以后的革命第二阶段——社会主义阶段。共产党员人数可能此时已减少到不足 1 万人；即使有 1 万人，也难以成事。约 20 名共产党的领导人——从"五四"学生运动一代中产生的理想主义活动家已被处决，其中包括陈独秀的两个儿子以及党的最有威信的领导人之一李大钊。数百名共产党员已经战死，或在暴动中被杀害，数千人畏惧危险而脱党。其余的党员悄悄住在城市里，或者住在偏远的农村地区，以图保住必不可少的根据地。剩下的几个领导人已经秘密前往苏联，去参加 1928 年6 月至 7 月在莫斯科郊外一个村庄举行的中国共产党第六次全国代表大会。大会选出了一位 40 岁的无产者向忠发为总书记；宣布要把帝国主义赶出中国，真正统一国家，废除地主阶级的土地所有制；号召中国人民推翻国民党，建立工农兵代表的苏维埃；没收外国企业；进行各种社会改革。但此时仍是资产阶级民主革命时代。党的领导人在敌对的环境中要重建自己的党，摆脱共产国际所定下的政治路线，这是非常困难的任务。

但是建党七年以来，中共领导集团获得了许多经验教训，从实践中学会组织以民族主义革命为方向的政治运动，懂得通过党的助手青年团组织来吸收爱国青年。这些青年团的领导人，大部分都受过教育，能够针对不同的社会阶层，凭借各种刊物完善其宣传手段；懂得怎样发现并组织积极分子举行爱国示威游行，如操纵这些活动来为党的其他目的服务。中共领导人已在"统一战线"工作中取得经验，即在共同的爱国行动——通常是反帝行动中，与其他形形色色的组织联合起来。有的领导人已懂得如何去"接近"真正的无产阶级，如何把工人组织纳入到党控制的工会和联合会，并在这个过程中组织罢工；也深知政权的重要性和获得民众支持的必要性。另有一些领导人已在华南组织大批贫农，使之懂得苦难与希望之所在，而加入到有组织的行动中。这种迅速建立起的组织，面对有根基的地方势力，其脆弱之势实不堪一击。卷入武装斗争的，不仅是一些幸存的党的骨干，还有黄埔军校及其武汉分校的学生，原北伐军中的一些政工人员和军官。1928年，不论其来自课堂、车间或农村，几乎所有的中共领导人都在一场浩劫中受到洗礼。经过这场浩劫的筛选过程，一些胆怯的人已淘汰出局。总之，中国共产党仍有一个生气勃勃的年轻领导集团，其中有许多才智之士，具有广泛的社会联系，也有丰富的革命工作经验；但其面临的反对力量，却是很强大的。

任何希望按照人道主义蓝图重新塑造中国的集团、政党或政权，都将碰到一大堆问题。在对外关系方面，有着70年遗留下来的条约，其中有许多是在威逼之下签订的。这些条约破坏了中国的国家主权，列强政府用炮舰和海军陆战队，迫使中国给予其享有特殊权利。虽然英美正在一步步朝向归还中国"丧失权利"的方向进行谈判，但日本这个死硬顽固的帝国主义国家，却正在使用武力来维护和巩固其在满洲的经济地位。

在中国国内,军阀主义也并未寿终正寝。孙传芳、吴佩孚、张宗昌和张作霖之流的军阀虽然已被打倒,但在北伐过程之中,却出现了另一些其代替者。这时,全国有 5 个地区的军事力量集团——以长江下游为根据地的国民政府中央集团;拥有湖北大部以及湖南和广西的桂系;以陕西和人口众多的河南为根据地,正忙于扩大势力到山东和河北境内的冯玉祥国民军;将其部下将领安置在平津地区的阎锡山;张学良及其他满洲将领控制着东北。北伐战争几乎没有触及到西部和西南大部分地区;四川、贵州和云南的军事将领,仍在各自据有的地盘稳坐钓鱼台;甚至国民革命发祥地的广东,也只是松散的依附于南京中央政府。这种根深蒂固的地方势力,几乎是完全的自治现象——这是地理和历史的产物,必然是国家统一和全民族复兴的主要障碍。

过去遗留下来许多棘手的问题,如混乱的币制,以剥削穷人为特点并充满贪污腐败的税收制度,完全不适应现代化国家的交通运输体系。此外,很少的现代工业,又都集中在少数几个城市。工人居住在贫民窟中,过度地劳动,而工资极低。最为严重的是农村生活条件的恶劣,稠密的人口却只有极少的可耕土地,没有科学的农业技术指导,绝大部分人在少得可怜的土地上辛勤地耕作来维持生活。农村广大的民众都是文盲,又经常染上一些完全可以预防的疾病,农村的教育及卫生事业亟待发展。国内有些地区还经常遭受周期性的灾荒。

因此,一些有识之士对 1928 年的政治意识充满着希望。但是,即使在具备最有利条件下,建设一个现代化国家的进程,也必定是缓慢的,更何况这种最有利的条件并不存在!

第 十 二 章

中国的资产阶级，
1911—1937 年

辛亥革命即使不是标志资产阶级的诞生，至少也是标志其开始成为中国经济与社会生活中的一个重要力量。明清两代商人阶层的发展，使得资产阶级有可能在沿海大城市中出现。18世纪的人口增长和区域间贸易的扩展，加速了城市化的进程；城市人口据估计已达2400万。① 商人们在各方面也加强其活动。各地区的会馆在全国猛增，在《南京条约》规定将宁波和上海辟为商埠开放对外贸易之前，各种形式的信贷已经在各地区出现。②

19世纪后半期，西方的势力进入到中国，给沿海城市以新的推动力，并引起了中国经济巨大的变化。在城市占统治地位的各阶层，都急于想从中获利，官僚和商人各有其优势。前者握有行政管理权及财政权，有责任感和领导能力；后者拥有个人财富，而且互相团结，并热心于变革。在两者既不情愿的合作，又部分地互相融合中，产生了一个界限含混的精英阶层，即所谓"绅商"。20世纪初，清政府的衰落，也削弱了官僚士绅在精英阶层中的地位。虽然辛亥革命是反映这一变化，并加速了其发展，但到第一次世界大战时，这个新兴的资产阶级才真正登上行动的舞台。大战时期，外国竞争者退出中国市场，为中国的资产阶级打开了国内外市场。活动领域的拓宽和活动方

---

① 吉尔伯特·罗兹曼：《中国清代和日本德川时代的城市网》，第6页；伊懋可：《中国昔日的模式》，第268页。

② 何炳棣：《中国人口研究》，第197—204页。苏珊·琼斯：《宁波的金融：钱庄》，载威尔莫特编：《中国社会的经济组织》，第47—51页。

式的多样化，促进了一代新型的企业家——银行家和实业家从商人中分化出来，并夺取了旧式商人手中的领导权。大战时期和战后的年代，成了中国资产阶级的黄金时代。但是 1927 年的官僚主义和军事专制政权的复活，开始了一个反动时期。资产阶级中最富有活力、最富有创业精神的人遂即失势，代之而来的是国家资本主义，基本上是高级官僚的资本主义。

20 世纪中国资产阶级的历史，是一段受挫折的历史；在以后的叙述中，将设法寻找其原因，要从中吸取教训则更为困难。我们固然可以回到某些能熟悉的论题，第三种势力难道不仅是一种幻象吗？第三世界向自鸣得意的西方去效仿，这不是画饼充饥吗？从另外的观点来看，还可以就资产阶级革命的必要性提出疑问：可以不可以绕过这个阶段，或者把进行资产阶级革命的任务，由资产阶级以外的其他阶级来承担？

历史上每一次失败的潮流，都可能被当做是无关紧要的偏向。中国官僚主义的回潮，先是在国民党的统治之下，后来又是在共产党的统治之下，但都不能抹杀现代、民主与国际主义三者在中国的传统；而这个传统都源于资产阶级在五四运动中所作的贡献。同样，官僚主义也不能阻止这个传统的复兴。说来好像自相矛盾，只有经过相当长时间的观察，才能深刻认识并对当年那场为时短暂、范围有限的资产阶级实验作出公正的结论。

中国资产阶级的诞生

19 世纪末与 20 世纪初的经济剧变

中国在对外开放以前的许多世纪，都是繁荣和发达的。精耕细作的密集型农业，保证粮食产量高于欧洲在工业革命以前的产量。中国的人口在 18 世纪增加了一倍，据统计，到 1850 年已超过 4 亿。费用低廉而管理良好的内河运输系统，承担着日益繁忙的地区之间的交通运输。城市化的步伐正在加快，市场网络日益将农村紧密地联系在一起，手工业已成为农村里的第二职业。传统技术已发展到极其完美的水平。如果不进行一场工业革命，看来更进一步的改进是不可能的，而且又无利可图。而受到人口压力，平均收入低下，消费需求不足，劳动力充足，以及相对的原料短缺，则又阻碍了工业革命的实现。中国的经济似乎已陷入了"超稳定的陷阱"之中。关于这个问题，伊懋可曾有很好的论述。[1]

西方势力的进入中国，对于中国经济体制的运转产生了深刻的冲击。在过去，由于明清两代政府抑制贸易和航海事业，使中国的经济体制变成内向型的。"松动并最终打破中国的超稳定的陷阱，是西方的历史性贡献。"[2] 在 19 世纪中期的战争和叛乱的危机中，中国经济发展的许多新动力因素正在聚集。1860 年以后，中国的对外贸易急剧增长，建立了最初的现代企业，包括兵工厂、轮船公司、钢铁厂和纺织厂。这种新发展的中心是在沿海的城市，其中的上海很快即确立其突出的显著地位。这些新的港口城市，与中国过去时代的城镇大不相同。16 世纪至 18 世纪，以往具有中等重要性的城市，既是市场或行政中心，也是商人们渴望与之合流的官僚士绅聚居之地，似乎政治与社会秩序完美的结合于其中。而其领袖人物，同时也是这个秩序中的活跃分子和主要受益者。清末的沿海港口，与上述城市不同之处，不在于其高度集中的人口——这使上海成为 20 世纪亚洲最大的城市之一。马可·波罗不是早就指出，中世纪的一些中国城市人口已为数百万计了吗？19 世纪后半期勃兴的沿海大城市，由于其已成为技术革新和政治变革中心，遂脱离了中国城市的传统。中国沿海城市的这种双重演变，是由外国人的到来所引起的；中国人从外国人那里学到新的生产技术和组织方法，并且在外国租界内谴责清政府的暴虐与无能。尽管清政府虽竭尽全力，但再也不能像过去控制内地城市那样，来控制这些新兴城市了。诚然，上海—广州—香港轴线，仅是在这个大陆帝国边缘形成的一个狭窄走廊。但是，通过这个缺口，却涌现出行将被推倒（或许仅是动摇其基础）持续数千年之久的文明观念、技术和人才。

---

[1]　伊懋可：《中国昔日的模式》，第 298 页。
[2]　同上书，第 314 页。

中国的资产阶级正是在这些新兴的城市中诞生的。其成长过程，和这个边缘地带对西方的影响的开放程度，是分不开的。在有些人看来，这个地带和孔夫子的"真正"农村中国，是格格不入的。[①] 同样的指责也落到资产阶级身上，并因其由买办组成而遭排斥——必要时，因其为中国人而获得谅解。商埠的概念，也合乎作为航海国家的中国传统——这种传统，与占主导地位的内陆帝国传统一样也确实一样存在，现代资产阶级是被嫁接在中国的传统社会之中的。

复杂的社会基础

当现代经济部门开始在 19 世纪下半叶形成时，占统治地位的城市阶层——官僚和商人力图对这些经济部门加以控制，并将由此而来的好处据为己有。

由于容易接近权力和掌握国家资金，政府官员获得了双重特权。实际上，在所有"不发达的国家"中，掌握政权的人，都在现代化的过程中起着主导作用。高级官员以政府的名义进行活动，收集情报，获得颁授特权——垄断权、免税权和贷款权。在中国，国家控制整个商人团体的传统，只能加强当局对现代化的压制。官僚们得到其天然盟友士绅的支持。从 18 世纪起，为数众多的地主已开始走向城市。由于把料理乡下田产的事务交给了别人，这些进入城市的新贵们即投身于高利贷和商业，或社会公益事业。从这一时期起，兴起了各式各样的慈善组织（善堂）和公务部门（局）。在这些善堂和局中，士绅和较低级的机关合作，实际上负责管理市政。[②] 尽管士绅们的创业意识和管理才能得到政府的关照，但国家资金的拮据和新的生产技术的

---

① 参考罗兹·墨菲的论文：《外来人：西方在印度和中国的经验》。

② 有关权力从占有土地的士绅转移到城市，或绅商转移的问题，参阅伊懋可：《中国昔日的模式》，第 235、248—260 页。伊懋可用农奴制的衰落来解释这一转移的观点，至今尚有争论；但似乎可以确定的是所有权制度以及一般的社会结构，在 18 世纪都经历了深刻的变动。参阅托马斯·A．梅茨格：《论中国现代化的历史根源：明末清初经济与行政的日益分化》，第 33—44 页，载中央研究院经济研究所编：《中国现代史经济讨论会》（台北，1977 年）。关于名流在城市管理中的作用，可参阅伊懋可：《上海的行政管理：1905—1914 年》，载伊懋可、施坚雅编：《两种社会之间的中国城市》，第 241 页。

复杂性，迫使官员常去寻求商人的帮助。

商人阶级的传统可以上溯到帝国的初始年代。这个阶级在中世纪的经济革命时期，曾得到蓬勃的发展。自从 18 世纪以后，这个阶级显出了再度的繁荣，并提高了威信，可以从地方行会与行业同业公会数目的猛增得到证明。中国商人从漫长的历史中，继承了商业和财务两方面的高度才能，繁琐的规章，中介人的繁多，以及运转的专业分工，使得商人能够将小手工业者和农民的产品成为商品化，并将其纳入——但不是控制本地的，或者是区域的；在较少的情况下，或是全国的市场。

中国商人能有抓住和利用时机致富的非凡才能，鼓励其与外国人合作。在一些开放的港口城市里，西方人办的工厂和运输公司为数众多。在 1900 年前后，将自己的才能为外国企业服务的买办人数，据估计已达 2 万。[①] 通过一些业务上的接触，中国商人获得了现代的管理和生产技术。这些人构成了一个面向外部世界的开拓者集团；其与外国社会的关系，也许比与中国传统社会的关系更为密切。但是中国商人在与外国人的接触中，其民族和社会的特性，并没有如信奉基督教和流行穿着西装的人那样数典忘祖，而是表现为地区行会、行业同业公会和 1914 年以后的商会之中，并以新的力量来激发这些组织。

但是，各式各样的障碍，延缓了商人阶级转变为企业家和实业家组成的现代资产阶级进程。这些障碍，部分来自商人传统自身，如来自销售和生产两个系统之间的严格区分。在 19 世纪下半叶以前，中国几乎没有采用由商人将原料分发给手工业者加工的办法；而在曼彻斯特和里昂，正是这种制度的广泛采用，标志着资本主义制度的诞生。同样，中国商人嗜好商业投机，为迅速获得高额的利润而甘冒风险。但最主要的还是商人社会地位的低下，阻碍了其在经济上和政治上的转变。当然，不能把儒家对商业的谴责看得过分认真；过去数百年来，实践一直在与僵化死板的原则相对抗。[②] 实际上，商人对公共权力的让

---

① 郝延平：《19 世纪中国的买办：东西方之间的桥梁》，第 102 页。
② 陈锦江：《清末现代企业与官商关系》，第 15—25 页。

步，并不表示商业活动受到压制，而是表现为各种形式的控制与合作，最典型的例子就是 17 世纪和 18 世纪的食盐销售制度。不过，商人这种退让的主动性，是为发财致富争取更多的机会。扬州盐商的豪富与权力便是明证。① 商人阶级的成员要想脱离自己的出身，爬上更高的社会阶梯，或者是由官僚的提携，或者是通过科举考试，或者花钱捐得官衔。不过这种向上爬的运动，也为一部分士绅从事反方向的运动所抵消。所谓反方向运动，就是这些人暗中或间接投身于商业活动。

19 世纪末，以官僚和士绅阶层为一方，与商人为另一方的合作增强了，并且有了部分的相互融合，结果就产生了商业资产阶级。在政府的倡导下，在现代经济部门中出现了混合企业（官督商办或官商合办），由公私两方共同出资，在上级官员监督之下，由商人来从事经营。随着岁月的流逝，这种官僚资本主义变得越来越少国家行政色彩了。当 20 世纪的最初 10 年，这种官僚资本主义发展到最佳状态时，企业领导人亦官亦商的双重依附关系，构成了官僚资本主义的唯一基础，例如张謇和严信厚。② 这一新的城市绅商群体的出现，受到 19 世纪中叶以来的大量捐官的认可，也受到 20 世纪初叶（1903 年的诏书）商人地位的上升的认可，更使官吏和退职官员对经商表现出日益增长的兴趣和鼓励。

在这个新的混杂的阶级队伍里，各种力量的对比处于不断的变化之中；在 20 世纪始初阶段，官吏似乎处于主宰地位。官僚主持着上海和广州的各种慈善协会（爱育善堂），也主持着雏形市议会的上海华界总工局，甚至担任新的商会长（清末商会的总数已达 800 左右）。③ 但在以后的年代里，由于科举制的废除（1905 年），中央政权的衰落，地方政权的军事化，官僚阶级的势力因而削弱。商人们逐渐在城市绅商中发挥更重要的作用，参加了 1905 年抵制美货运动，由此也显示其在经济领域和政治领域不可轻视的影响。加入资产阶级

---

① 何炳棣：《扬州的盐商：18 世纪中国商业资本主义研究》，载《哈佛亚洲研究杂志》，17（1954 年），第 130—168 页。

② 陈锦江：《清末现代企业与官商关系》，第 6 章。

③ 周策纵：《五四运动：近代中国的知识分子革命》，第 380 页。

队伍的官吏或其子孙的行为，越来越像公司的首脑和私人资本家。曾国藩的外孙聂云台在 1920 年前后，成了庞大的中国实业家协会的主要领袖和代言人之一。

条约口岸的作用

中国资产阶级的形成，也有其外部环境的原因，即由外国势力的进入和条约口岸租界所造成的。

在明朝，中国最初出现的资本主义萌芽，并没有开花结果，也没有促成一场技术革命，更没有产生现代的资产阶级就枯萎了。历史学家们对于中国资本主义萌芽遭受挫折的原因，至今还没有清楚地说明。学者们对此各执一词，归咎于官僚主义的压迫（E.巴拉兹）、制度运转不灵（费维恺）、原料缺乏，认为是习于按常规办事的小生产和信息灵通的商人之间缺少配合（伊懋可），甚至还有人认为是缺乏能源。[①] 充其量也只能像 E.巴拉兹那样指出，在许多世纪中，商人阶层的兴旺，都是与国家权力和官僚控制的减弱同时出现。但是，一旦占主导地位的政治和意识形态秩序受到削弱，就会出现资本主义萌芽；可是这个萌芽，又将或迟或早为政治和意识形态秩序的减弱，因而为发生的变乱所扼杀。因此，对于处在瘫痪过程中的专制和儒教政权，唯一的代替物似乎就是具有破坏性的无政府状态。

19 世纪末和 20 世纪初，中国资产阶级的迅速兴起，是由官僚主义控制的削弱（商人将其能量释放出来），以及相对安全而有秩序的孤岛，即"租界的庇护"（这种庇护保存了商人的能量）这两者同时的存在促成的。[②] 尽管居住在租界里的中国商人，受到二等居民的待遇，长期被剥夺了参与城市管理的权利而又必须纳税，但也因外国人

---

① 艾蒂安·巴拉兹：《中国的文明和官僚政治。一个主题的种种变奏》，第 44 页。费维恺：《中国早期工业化，盛宣怀与官办企业》，第 242 页。伊懋可：《中国昔日的模式》，第 284—301 页。S.A.M. 阿谢德：《现代中国早期的一次能源危机》，载《清史问题》，3·2（1974 年 12 月）。

② 详细的分析，参看 M. 克莱尔·贝热尔：《"另一个中国"：1919 年至 1949 年的上海》，载 C. 豪编的《上海，一个亚洲大城市的革命和发展》。

的存在而受益。租界里的巡捕，必要时能够得到从外国居民中招募的义勇队的支持，使条约口岸免受骚乱的干扰，也免受 19 世纪末以来各省连年不断的小规模叛乱的侵扰。这些义勇队的武装实力并无多大作用，而是停泊在主要口岸，或沿扬子江上下游弋的炮舰的威胁，足以保持这些"国中之国"的安全。在这种安全避难所里，各种公共事业（海关和邮局）引进了公正和正规化等行政优点。"模范租界"提供公用事业，如廉价的民用和工业用电，自来水、电车和电话，完全可以和西方的大城市媲美。但是中国的绅商们在租界内首先寻求的，是财产和人身的安全，把自己的钱财存入外国银行，其保险库是北京政府永远无法打开的；还可以向租界的会审公廨提出申诉，以抵制清政府官员的高压政策。[①] 外国人为了本地区的商业利益，希望保证其正常发展，不要受到政府当局的干扰，上海租界工部局于 1902 年提出，任何在租界内的中国居民，原则上在未被会审公廨审判定罪之前，均不得引渡交给清政府当局，在 1903 年的"苏报案"中，这个原则得到明确的验证。当南京的两江总督要求立即引渡激进的反满新闻记者时，工部局中的英国多数派对会审公廨施加压力，要求按西方法治原则审判，结果只判处了短期监禁。[②]

革命的反清运动与中国资产阶级的形成，都得益于由租界发展而成的国际飞地的存在；两者齐头并进，互相支持。

1911 年：不明确的资产阶级革命

1911 年真有一次资产阶级革命吗？

首先要抛弃或多或少被广泛接受的假说，认为 1911 年的革命不是一次资产阶级革命。在 1949 年胜利的前夕，中国共产党将其历史用马克思主义的词汇重新作了解释，把 1911 年的"旧民主主义革

---

① 费维恺：《外国在华势力》（本书第 3 章）。

② 约翰·勒斯特：《苏报案：中国民族主义运动早期的一段插曲》，载《东方与非洲研究学院学报》，27.2（1964 年），第 408—429 页。

命"，或多或少描写为封建主义和社会主义之间必不可缺的资产阶级阶段，把资产阶级设想成为这次革命的指导者和主要受益者。这不是事实——除非放宽资产阶级的定义，除了工商界和城市知识分子而外，也包括高级官吏、地主、军官、秘密会社首领和各种武装帮伙；而这些社会成分的特点和本性，与马克思主义关于资产阶级的界说是不相容的。这样的理解资产阶级，会把资产阶级与大体上仍然是农民和传统社会的统治阶级混为一谈。[1] 根据严格的定义，城市资产阶级只限定为和现代工商业相联系的阶级；可是，这个阶级显然在辛亥革命中只起次要的作用。武装暴动，由地方士绅领导的起义——这次最初的革命，超越了资产阶级，并脱离了资产阶级的控制。[2]

革命成功之后，资产阶级曾企图利用形势为自己牟取好处，但只获得了一半的成功，即仅取得了对资产阶级利益的尊重；除了局部地区外，并未取得权力。

虽然不能把辛亥革命称作资产阶级革命，但这场革命对资产阶级的命运起了重要作用。这次革命是资产阶级第一次卷入于政治，正式登上了中国的历史舞台——有人评论中国资产阶级第一次亮相说："当前的革命清楚指明，强大的商人阶层通过商会中介，采取行动所表现出的影响和稳定。"[3] 然而，在这个特殊的时期里，资产阶级的经济基础还很脆弱，而现代经济还很不发达，并且这些现代经济还都掌握在外国人手中。资产阶级的社会界限还不明确：因其与官僚集团言归于好而增强力量，但却削弱了其独立性。既是如此，那么，资产阶级政治作用的重要性从何而来？

1912 年，农商部列举了 794 个主要和次要的商会，计有 196636 个会员。[4] 由于商会会员既包括个人，也包括人数众多而由个人代表

---

① M.克莱尔·贝热尔：《中华人民共和国的历史学家对辛亥革命的评价》，载《历史评论》，230（1963 年 10—12 月），第 403—436 页。

② M.克莱尔·贝热尔：《资产阶级的作用》，载芮玛丽编：《革命中的中国：第一阶段，1900—1913 年》，第 229—295 页。

③ 《北华捷报》，1913 年 11 月 1 日，第 352 页。

④ 参看周策纵：《五四运动：近代中国的知识分子革命》，第 380 页。

的社团、同业公会或者公司，因此加入商会的商人——作为个人或者通过其指定的代表的人数，显然比官方公布的统计数字要多得多。如果连家属也计算在内，商人阶级中最富有和最受尊重的部分，必然已超过 150 万人至 200 万人，几乎占全国总人口数的 0.5％。这个百分比看起来并不大，但是与统治阶级中的其他集团相比，商人的数目与军官（1.7 万）[1]、学生（3 万）、归国学生（3.5 万）[2]、官员（5 万），甚至比上层士绅（20 万）[3] 都多得多。商会多达 794 个，说明商人阶级遍布全国。由于上述的原因（发财致富的新机会，财产和人身安全的保障），大多数最有生气和最富有的商人，都聚居在大的条约口岸，尤其是在上海——这些人最直接地进入现代社会。虽然在全国人口只占少数，但商人阶级在统治集团中却是人数最多的阶级之一；和士绅阶级联合在一起，则代表了条约口岸中新的现代化中国的主要精英。

中国资产阶级在当时所扮演角色的重要性，可以看作是由意识形态起决定作用的现象。这个中国阶级的出现，正值从西方引进的民主思想和民族主义在全国传播；而在 18 世纪至 19 世纪的西方，民主思想和民族主义的形成，一般是和民族资产阶级取得政权联系在一起的。青年知识分子和新军的一些军官传播了这些思想（不是没有歪曲和遗漏），并作这个思想体系继承者。中国资产阶级力图将这种舶来的意识形态，与中国的现实状况结合起来。反清运动领袖们所宣扬的民主、宪政和民族主义，正与资产阶级的愿望相吻合，遂使这个阶级急速觉悟的过程相应加快了。

资产阶级积极支持革命派；改良派和革命派也都得益于资产阶级的援助。当一种意识形态正在摸索中形成之时，而纲领的模糊不清尚待名人来影响之际，资产阶级表现的迟疑不决，是不足为奇的。在下层资产阶级与上层资产阶级之间，在买办和民族企业家之间，并没有

---

① 张仲礼：《中国士绅：对其在 19 世纪中国社会中的作用之研究》，第 117—120 页。

② 汪一驹：《中国知识分子和西方，1872—1949 年》，第 64、73、367 页。

③ 张仲礼：《中国士绅：对其在 19 世纪中国社会中的作用之研究》。

严格的分界线；改良派资产阶级和革命派资产阶级之间的划分，似乎也很难预测。这里也像许多其他领域一样，私人关系在起作用。因此，反对派的领袖在繁忙的旅途中与商人社团建立的联系，就显得十分重要。然而，在革命前夕，改良主义似乎赢得大陆资产阶级的赞同，而移居海外的华侨则表现得很为激进。在条约口岸的企业，总是和士绅阶级密切结成联盟；而且与这些士绅一样，具有十分实际的社会保守主义精神，对整个中国的局势无疑持更为现实的乐观看法。通过商会，商人们在立宪运动中发挥了积极作用；1909 年，其中很多人被选入省谘议局议员，1910 年，又参与速开国会的斗争。[1]

海外华侨渴望的，是建立现代化的政治经济组织形式，来恢复祖国在国际上的威望。香港、横滨和新加坡的华侨，首先从经济上资助孙逸仙的政治活动。1905 年以后，孙逸仙的思想传播到知识分子和新军之中，并为其所接受；孙氏与华侨商人的联系仍如以往一样牢固。当然，海外华侨加入激进的反抗运动，也不可强调的太过分。改良派领袖康有为和梁启超，也能赢得海外同胞的理解，并从中得到很多经济援助。此外，在清政府最后几年中，有志改良的大臣们也在海外找到可贵的合作者。如富商张弼士从新加坡回国，帮助盛宣怀发展国家的铁路系统和建立商部。[2] 在中国境内，条约口岸的商人虽然参加了宪政运动，并支持改良主义政策，却在时机到来时，转而投身于革命阵营，支持起义，并负责管理地方事务，以待新政权的建立。

商人与革命起义

1911 年 10 月 10 日的武昌起义，是由军人发动的。商人们虽然促成了导致革命爆发的局势，但并没有直接参加起义。1911 年的春夏之交，震动四川全省的反对铁路国有化风潮，得到重庆和成都的商会和各同业公会的积极支持。当年 10 月，武昌商人迅速起来支持军事起义者。10 月 12 日，起义者对商人作出保证，宣布：

---

① M.克莱尔·贝热尔：《中国的资产阶级和辛亥革命》，第 53 页。
② 陈锦江：《清末现代企业与官商关系》，第 131、164、168、183 页。

　　虐待商人者，斩；妨碍商务者，斩；企图关闭商店者，斩；
促进贸易者，赏。[1]

　　作为对保证的交换条件，商人须参加维持秩序，并组织商团搜捕
抢劫者和纵火犯；商会会长甚至被任命为维持治安的负责人。商会立
即向起义者提供20万两白银的贷款。

　　在上海，资产阶级与革命者的合作不是在起义发生之后，而是在
其以前，已为起义铺平了道路。[2]

　　1911年4月，商人们与同盟会领袖陈其美、朱少屏与银行家沈
缦云建立了联系。沈缦云在新成立的爱国组织中国国民总会任会长，
并曾任上海商务总会议董、上海城厢内外总工程局议事会议董，即上
海华界自治公所。同时，1906年建立的商团也进行了改组，由革命
党与商会统一领导。这支当时估计有350人至700人的武装力量，到
1911年11月初，扩展至2000人左右。这支队伍由上海的志愿者所
组成，与公共租界的义勇队"中国连"至少有政治上的联系。这支中
国义勇队由华界自治公所总董李钟珏（平书）指挥。李氏是属于绅商
中的官僚派，但是在上海，绅商们已形成统一战线。[3] 不论其出身是
商人还是文人，也不论其居住在租界或华界，似乎都同样的同情革
命。只是对清政府的不满和受爱国心的驱使，是难以解释这种一致
的。应该承认，是不是为数不多起带头作用的领导人组成绅商组织起
的作用呢？这些领导人顶多只有数十人，却领导着商会、商团和华界
自治公所。武昌起义后，在沈缦云资助的革命报纸《民立报》报馆中
举行每日例会上，陈其美和李钟珏两人之间建立起密切的合作。商团

---

① 贝热尔：《中国的资产阶级》，第59—60页。

② 伊懋可：《上海的士绅民主制，1905—1914年》（哈佛大学博士论文，1967年），第
　　230—246页。

③ 1911年末出现的上海商会短命的竞争者，也许正如J.桑福德所说的，反映了商人集
　　团内部的政治分歧，即使确实存在过矛盾，也很快解决了，因为这两个商会在1912年
　　就合并了。詹姆斯·桑福德：《19世纪末20世纪初上海华人商业组织与活动》（哈佛
　　大学博士论文，1976年），第259页。

控制了上海城市，华界自治公所使当地警察保持中立，商会答应给革命者以经济补助。[①] 当陈其美在 11 月 3 日打败了清军，并占领了江南制造总局以后，上海即实现了共和。

中国人团结一致的精神，作为辛亥革命的特征大大爆发了出来，但各省的城市情况也不完全相同。上海资产阶级所公认的特殊经历，不能被用来评价整个资产阶级的作用。在广州，10 月 10 日武昌起义的消息，只不过促使两广总督张鸣岐为保住自己的权力，宣布在内战中保持中立，并加强地方自治。张鸣岐的计划得到绅士阶层的支持，但却遭到商人的反对。士绅们于 10 月 29 日在爱育善堂集会，拥护共和，宣布广东独立[②]；但商人们却对其决议不予实施。直到 11 月 9 日，张鸣岐迫于革命的压力，只得从广州一走了之，将权力留给同盟会的代表胡汉民。因此，尽管广州在商业上占有重要地位，但广州的商人在辛亥革命中只起有限的作用；商人的分裂，为其软弱无力的主要原因。商会不能支配其下属的 72 个行会和 9 个善堂，不能成为整个商人阶级的代言人；再者，经济近代化的缓慢，也妨碍了城市绅商的团结。面对坚持其特权和享有传统利益的士绅阶级，广州的商人仅组成了一个没有多大作用的孤立团体。

因此，在不同的城市，资产阶级的作用也各不相同。在新近才移民垦殖的东北地区，资产阶级根本不为人所注意，只满足于保持秩序和采取"等着瞧"的态度。而在内地各省，例如湖南，军队、士绅和秘密会社之间，正在进行互相角逐。在沿海地区，如山东、浙江、江苏，或长江中游大口岸的汉口，资产阶级则比较活跃。

一般说，资产阶级在辛亥革命的各地起义中，没有起到领导作用，只满足于根据自己的实力，对其他社会集团造成的地方政治形势，作出自己的反应。即使是在上海，资产阶级也只是扮演赞助革命的角色。不过无论如何，资产阶级毕竟持同情的态度，满怀自信的欢

---

① 贝热尔：《中国的资产阶级》，第 62 页。
② 爱德华·J.M.罗兹：《中国的共和革命：广东的情况，1895—1913 年》，第 222—223 页。

迎革命。革命并没有带来任何严重的经济危机。交通受阻和流动资金缺乏，曾引起商业和工业活动的暂时下降，但没有发生恐慌。到 12 月中旬，上海便很快恢复正常。

中华人民共和国一些历史学者，强调资产阶级自身固有的内在矛盾，资产阶级站在知识分子和青年军官一边投身革命，然后——为剧烈的革命激变吓倒，又急剧后退，为保障其阶级利益，又站到士绅们一边去了。[1] 1911 年 12 月在广州的商人中和 1912 年初在成都的商人出现的情绪逆转，使上述说法显得有些道理。一般的说，中国商人似乎与其同时代的中国人一样，并没能看出起义的保守性，也没有意识到这种保守性以革命的名义表现出来。在这里，是不是可以说，这是"意识形态的混乱"和"政治上的不成熟"呢？[2] 如果我们同意周锡瑞的看法，承认在中国政治传统中，自由主义不应从个人的意义上说明，而是对中央政府极权主义的反抗。[3] 那么，地方的士绅们看到其权力已经建立起来，认为自由与民主已经获得胜利，就没有什么不妥之处了。

商人与名流的联合阵线

在革命的前夜，中央政权的衰落与政府当局的腐败，致使城市绅商承担起管理所在城市的责任。"清朝被推翻以后，在长达数月之久的时间里，中国大多数城市实际是由商会和同业公会联合管理。"[4]

商界介入到地方政治与行政事务，反映了自 19 世纪以来城市绅商在全国各地（包括内地）已获得重要地位。但这并不是新的政治现象，只不过是延续——并且扩大了行业联盟的传统，其作用在太平天国起义的危机时期已经奠定了。[5] 当时这些行业联盟已超出社团范围，致力于城市公益事业，在儒家公德责任心的驱动下，尽力补救当

---

[1]　董必武：《纪念辛亥革命五十周年》。
[2]　贝热尔：《中国的资产阶级》，第 41—42、125—126 页。
[3]　周锡瑞：《中国的维新和革命：辛亥革命在湖南和湖北》，第 237—250 页。
[4]　《北华捷报》，1913 年 11 月 1 日，第 352 页。
[5]　窦季良：《同乡组织之研究》，第 2 章（转引自伊懋可：《中国昔日的模式》，第 337 页，注 18）。

局的无能，并保护其在城市的切身利益。

1912 年，商会在大小城镇已树立了自己的权威，其目的都是维护社会秩序，与强盗、土匪、散兵游勇以及秘密会社进行斗争。商人和士绅阶级从事的事业是共同的。在这由一位名流组成的联合阵线中，虽没有必要把商人特别突现出来，但其在行动中的活力的确是出色的。商会和行业公会承担军饷，贿赂土匪使其离境，遣散军队，并在互争雄长的将领之间进行斡旋和调解。一位时人评论说，"在中国社会的各个组成部分中，商界是最团结，也是最保守的"[①]。

不论商界的介入有多么广泛，但其在政治上却只获得了有限的作用。实际上，商人只是要打进早已建立的体制框架里去，力图纠正其在运转中的缺点而已。商人们并没有为自己谋求权力，而只满足于能同现当权者参与协商。真正的当权者仍是在位的官僚、将领，或者是骤登大位的革命军人。这种间接控制的方法包含着不少风险。地方掌权者经常背叛商人，科以苛捐杂税，甚至会遭到威胁和绑架。尽管商人掌握着施加财政压力的手段（因为商人提供资金，或者为发行纸币作担保），商人虽为当权者建立政权出了不少力，可是还是成了这个权力的第一个牺牲品。在大多数情况下，商人并没有准备直接掌权。因为传统上商人是被排斥政权之外的，对革命的介入，也只是暂时的。

在这场波及整个政治制度的总危机中，这种权宜之计显然是无效的。不安全感继续存在，而且日甚一日。广东省完全变成了"海盗共和国"[②]。商人们曾经要求废除的厘金制度，又在以商捐或统捐的新名目下出现了。政府缺少正常的国库收入，商人们也无力独自长期承担公共行政费用。由于地方政权之间缺乏协作，以及对农村的漠然视之，商人们要求安定和统一市场计划的努力，最终都归于失败。在中国的各个省份里，商人的力量不足以取代中央和地方官僚的权力，其所能

---

① 《北华捷报》，1913 年 11 月 1 日，第 352 页，关于商人在各省城行政中的作用，参看贝热尔：《中国的资产阶级》，第 69—80 页。

② 让·罗德：《中国革命生活的状况，1911—1914 年》，第 117、301 页。

做到的，只是尽量限制无政府状态所造成的破坏。和过去一样，一旦帝制的王朝崩溃了，取而代之的，仍然是一场无政府状态的混乱。

上海的资产阶级和南京临时政府

在上海，一个强有力而组织严密的商人集团，正从过去的压抑中摆脱出来，继续受到租界内相对安全和稳定的秩序保护；并抓住辛亥革命所提供的机会，力求实现其在本地和全国范围内施展其政治抱负。

1911 年，驻守上海的清军被击溃后，公共租界和华界的主要商人，毫不迟疑地参加陈其美都督建立的军政府。陈都督聘请总商会的董事们担任其顾问（虞洽卿和周舜卿），将财政事务托付给银行家朱葆三和沈缦云等人主管，并由一位买办郁屏翰办理；商业管理交给船商和实业家王一亭，市政管理交给公共工程承包商李平书和粮商顾馨一；李、顾二人遂成了陈其美的助手。①

在最适合的环境里——即在中国沿海的世界性现代化，资产阶级表明自己要成为主导的政治力量。如果条约口岸真像有的著作指出的那样，成了国际飞地，缺少与内地的联系，上海商人也许不会梦想将自己的活动推行到全国。然而，沿海地带的经济发展，既朝向海外，也朝向内地；其繁荣同样既依赖于各省，又依赖于同国外的联系。这种经济上的一致性，加强了民族统一的需要和愿望。上海的资产阶级接受了孙逸仙的共和政治纲领，并在实现现代化的努力中与其合作。也像孙逸仙一样，上海资产阶级一道为了塑造一个新中国，并为此目的而向海外华侨呼吁给予援助；更想控制广袤的内地，将其按沿海形象予以改造，以便资本主义和民主的萌芽，也能在那些地方开花结实。

据估计，上海商人资助了 700 万两白银②，帮助孙逸仙于 1912 年 1 月 1 日在南京成立中华民国临时政府，由各省代表投票使之合法

---

① 小岛淑男：《辛亥革命时的上海独立与绅商阶层》，载《东洋史学论集》，6（1960 年 8 月），第 113—134 页（《中国近代化的社会结构：辛亥革命的历史地位》特辑）。

② 《北华捷报》，1912 年 7 月 13 日，第 109 页；1913 年 3 月 1 日，第 650 页；贝热尔：《中国的资产阶级》，第 82—85 页。

化。新政府宣布其为全国性政府，颁布了重复同盟会纲领的内容。孙逸仙在1912年1月5日发表的宣言中，谴责愚昧的清朝，"贼害吾民，以图自利。宗支近系，时拥特权，多数平民，听其支配……又复征苛细不法之赋税，任意取求，迹近掳劫。商埠而外，不许邻国之通商；常税不足，更敛厘金以取益，阻国内商务之发展……妨殖产业工之繁兴"。孙逸仙保证，"吾人当更张法律，改订民、刑、商法及采矿规则；改良财政，蠲除工商各业种种之限制……"①

在新任的实业总长张謇的倡议下，设立了工政司，将中央政府的指示贯彻到各省，并协调其工作。②银行家沈缦云自海外华侨中募得500万美元，在孙逸仙和上海总商会会长周金箴③的共同支持下，创办了中华实业银行；可是南京临时政府只存在三个月，当然不可能有多大成就。然而，该银行能不能有更大的成就呢？在孙逸仙就任大总统的数周内，"银行家、富有的商人和买办……开始感到这个政权的统治不堪忍受"④。商界和陈其美之间的关系恶化，这位沪军都督有时为了得到需要的款项，竟采取严厉手段。⑤2月初，临时政府决定以轮船招商局抵押向外国借款，遭到包括周金箴在内的股东们的强烈抗议。⑥

1912年在上海发生的冲突，与20年代坚持特殊论的广东资产阶级对国民政府的抵抗，看起来并不相同。当时的国民政府急于在统一国家的基础上扩展其活动，甚至不惜以发动艰难的北伐为代价。上海的资产阶级支持孙逸仙要求统一中国的主张；无疑也希望在其资助下

① 宣言译文，载F.麦考密克：《中华民国》，第457页（原文见1912年1月5日《孙大总统对外宣言》。——译者注）。
② 《近代史资料》专刊，《辛亥革命资料》，1，（1961年），第58、201页。
③ 《辛亥革命资料》，第96页，参看沈云苏：《中华实业银行始末》，载《近代史资料》，6（1957年），第120—139页。
④ 《上海法国总领事的报告》，1912年1月13、17、18日，法国外交部档案：中国国内政治：中国革命。
⑤ 同上。
⑥ 《北华捷报》，1912年2月10日，第356页；1912年8月10日，第405页；1912年8月17日，第458页。《上海法国总领事的报告》，1912年3月2日。

建立的南京政府，能迅速扩大基础，并获得国内其他方面的支持。但资产阶级的幻想很快就破灭了。由于缺乏足够的社会基础，南京政府很难得到高效率政党的支持。同盟会本来就是个松散的组织，早在1912年初就遭到一些新政党的竞争，没过多久，就只剩下孙逸仙及其少数追随者了。在拥有强大正规军，并得到官僚和旧式士绅支持的北京—武昌联盟压力下，孙逸仙被迫妥协，于1912年2月将民国总统拱手让给了袁世凯。

于是，中国资产阶级的第一次政治实验，于1912年春以双重的失败而告终。的确，在这段时间里，人们感到了资产阶级的分量。在各省，资产阶级曾协同保证商业照常营业，并在一定程度上维持了社会秩序；其对南京临时政府的支持，阻止了不得人心的清朝复辟，并为共和政体的建立作出了贡献。但是，资产阶级没能建立起对自身发展不可缺少的政治结构；在各省，其社会基础的界限也定得含糊不清，所采取的行动，也很难与士绅们的行动真正区别开来。连上海的企业家也无力将全国性政权单独掌握在自己手中，更无力将新秩序移植到中国内地的农村和官僚社会；这些新秩序是建立在贸易和技术、自由竞争和相对和谐的民主态度之上的。这些新秩序由于外国的参与，在条约口岸有可能建立。

尽管沿海地区已经有了资产阶级，但整个国家的命运仍决定在内陆的军事和官僚政治机构——只有这个机构才能控制整个国家。

倒退

袁世凯之就任中华民国总统，开始了中国资产阶级的倒退时期。经过了数月的混乱之后，商业界急于要恢复稳定和安全；在稍作犹豫之后，就表示对袁世凯的拥护。这标志着政治转向的开始。商界与革命的共和派联系就更为松弛了。1912年4月，上海"敢死队"总指挥刘福标[①]在公共租界被捕时，就谴责上海总商会的背叛。资产阶级的依附者都被吸引到新的温和的政党里，这些党派在1912年5月改

① 《北华捷报》，1912年4月27日，第217页。

组为共和党。在 1912 年 12 月至 1913 年 1 月的全国选举中，上海的温和派支持共和党。此外，袁世凯尽量向商人们提供补偿和保证，承担南京临时政府与上海商界签订合同的义务①，并答应赔偿汉口商人在 1911 年 10 月商店被捣毁所蒙受的损失。② 袁世凯长时间出席 1912 年 4 月 29 日在北京召开的临时参议院会议，为了争取资产阶级的支持，宣布了一系列的改革，取消厘金，减低出口税，统一币制和一项关于发展实业的方案。

度过了 1912 年初的数月不景气之后，商业的恢复把资产阶级从政治活动中吸引开去。由于农业的丰收和国际市场的白银价格上涨，与 1911 年相比，中国对外贸易总额的下降甚微。1912 年是 8.43 亿海关两，1911 年为 8.48 亿海关两。③ 这种繁荣也扩大到实业部门。1912 年，电力的供应必须增加 4 倍，才能满足新工厂——特别是沿苏州河两岸正在兴建的碾米厂和正在扩充生产能力的纺织厂的需要。④ 同一时期，面粉业经历了一次迅速发展（在上海、满洲和长江沿岸城市，1913 年登记的 53 家企业中，有 14 家是在 1911 年以后成立的）。⑤ 机械工厂的数目也有大幅度增加，1912—1913 年间，新建厂 5 家，大多都在上海。⑥ 汉阳钢铁厂的高炉，在 1911 年 10 月起义时即被闲置不用，这时又恢复开工。此后的操作人员全部都是中国人。⑦ 在采矿业方面，勘探和开采都有所发展，有时也得到外国资本的援助。⑧ 上海华界电车路系统（南道）的建设，从计划到完工只用了几个月时间，完全没有依靠外国的帮助。⑨ 这些业绩得到十几个省区或全国性社团的支持与协作；这些团体都是为振兴实业而于 1912

① 《北华捷报》，1912 年 3 月 1 日，第 650 页。
② 《北华捷报》，1913 年 11 月 9 日，第 40 页。
③ 萧梁林：《中国的对外贸易统计：1864—1949 年》，哈佛大学出版社，1974 年。
④ 汪敬虞：《中国近代工业史资料》，2，1895—1914 年，第 848 页。
⑤ 同上书，第 908 页。
⑥ 同上书，第 920 页。
⑦ 《北华捷报》，1912 年 11 月 16 日，第 479 页
⑧ 《北华捷报》，1912 年 12 月 7 日，第 665 页。
⑨ 《北华捷报》，1913 年 8 月 13 日，第 558 页。

年组建成功的。①

在这种情况下，工商界最担心的政治与军事上的混乱重演。1913 年 3 月 22 日，袁世凯唆使人暗杀了宋教仁，在上海的巨商中引起了深深的不安。② 然而，比起袁世凯的背叛来，更使巨商们忧虑的是孙逸仙作出敌对反应。在新的共和国体制和自由处于危急存亡的当头，资产阶级所担心的，新的危机将会给其带来直接的麻烦。对革命实验的失望，有秩序政权的吸引力，经济发展激起的希望，三者结合在一起，推动资产阶级趋向保持中立。③ 1913 年夏季的危机，将迫使其作出抉择。

1913 年 7 月，袁世凯与孙逸仙的冲突爆发以后，南方各省都督宣布独立。上海也卷入了这次运动，陈其美担任了讨袁军总司令。是公开反对讨袁运动，还是为了维护自身利益而采取机会主义态度？商人们对此犹豫不决。总商会拒不批准独立宣言，又不向陈其美提供其所需之资金。商人们最大的希望，是避免讨袁军与重新占据江南制造总局的袁军之间的战斗。"鉴于上海是商埠而非战场……任何一方挑起战端，均将被视为人民之公敌。"④ 商人们一个集团的私利，就如此简单地等同于全体人民的利益了。

在广州，广东都督陈炯明于 6 月 21 日宣布独立，但却遭到商人们的敌视和冷遇。⑤ 国民党为数不多支持陈炯明的人，都来自海外华侨或港澳。可是没过多久，其中最活跃的郑席儒就被港英当局取消其居住权。在长江流域的主要港口，如重庆、长沙、芜湖、南京，商人们也表现得小心翼翼，对讨袁军抱着不公开的敌视态度。⑥ 当地的商

① 汪敬虞：《中国近代工业史资料》，2，1895—1914 年，第 860—867 页。
② 《北华捷报》，1913 年 4 月 26 日，第 226、252 页；1913 年 5 月 10 日，第 427 页；1913 年 5 月 24 日，第 531 页。
③ 参看上海钱业公会通电，《北华捷报》，1913 年 5 月 17 日，第 495 页。
④ 《北华捷报》，1913 年 7 月 26 日，第 283 页。
⑤ 《南华早报》，1913 年 7 月 27 日、7 月 29 日、7 月 30 日、8 月 1 日。
⑥ 外交部驻华大使与领事档案、书信，F.O.228：2499，卷 277，革命，北方与南方，1919 年 7 月 24—31 日。F.O.228：2500，卷 278，革命，北方与南方，1913 年 8 月 16—31 日。F.O.228：2501，卷 279，革命，北方与南方，1913 年 8 月 16—31 日，特别参考发自镇江、南京、重庆、芜湖的书信。

会致力于保全其城市，贿赂讨袁军士兵，促其速即撤离，并为袁军的和平返回做好准备。商人们在这些方面也都获得了一些成就。可是商人们在南京的这些做法却未能奏效，首先被迫交给讨袁军大量的金钱；而袁军入城以后，又遭到大肆抢劫而倾家荡产（1913 年 9 月 1日至 3 日）。①

资产阶级对"二次革命"的敌视，只是很小心地表现出来，在那些宣布独立的省份尤其如此。各地商人不曾表示公开反对，而只是拒不给予财政上的合作——只要压力不是太大。无论如何，斗争的结局，主要取决于各省都督及其统率军队的人数与质量。袁世凯在这方面占有压倒优势。资产阶级对二次革命的反对，毋宁说是袖手旁观，并没有起决定的作用。正如在辛亥革命时期一样，资产阶级的支持革命，对事态的发展并没有多少真正的影响。不管是支持还是反对，资产阶级对革命都是次要的力量。

1913 年二次革命的失败，带来了沉重的苛捐杂税和商店的横遭抢劫，迫使资产阶级去保护自己眼前的短期利益。袁世凯鼓励商人回到其在传统社会的孤立中去，远离政治。在挫败了二次革命之后，袁世凯不再满足于迫使革命领导人流亡海外，而是首先解散国民党（1913 年 11 月），然后又解散国会（1913 年 12 月），企图以此来消灭革命。袁世凯进而又把目标指向革命以后地方士绅建立起来的代议机构，于 1914 年 2 月 4 日下令解散省议会和地方议会；1912—1913 年冬季，这些议会是在扩大选民范围基础上（占成年男性人口的 25％）恢复的。② 自革命以后，这些地方议会接管了许多原本属政府官僚机构的行政、财政和军政事务。③ 此外，议会还成为当时人数逐渐增多的新工业家、教育工作者、手工业者和妇女组织的论坛和活动舞台。

---

① 南京通讯，1913 年 8 月 29 日，F.O.228：2502，卷 280，革命，北方与南方，1913年 9 月。

② 参看本书第 4 章欧内斯特·P.扬：《革命后的政治风云：袁世凯时期，1912—1916年》。

③ 1911 年至 1913 年之间，为地方士绅利益而缩小官僚机构的权力，以及地方士绅和商人的结盟，参看周锡瑞：《中国的维新和革命》，第 246—255 页。

正是这些社会组织,整个社会各阶层——士绅,包括文人学士和小商人都纳入国家政治生活之中。这些地方议会在中国传统之内,其代表性很似自由主义的内容,起着保护地方利益,也捍卫了被官僚机构拒绝或忽视的社会集团的作用。在袁世凯心目中,议会对其个人权力和国家的统一构成了威胁,因为此人把国家的统一,看成仅仅就是严厉的中央集权。

对于上海的商人来说,二次革命是异乎寻常经历的结束。在革命以后,华界的市政当局重新命名为市政厅。被称为绅商的上海士绅,曾有机会证明其管理能力和现代化才干,对民主程序的理解及其对重大问题的兴趣。[①] 现在,上海商界将永远不能恢复其地方行政和政治自治权。袁世凯用来代替原来市政厅的"工巡局"(负责管理公共工程、巡警、捐税),被置于地方官的严格管辖之下。1914年制定的法律,加强了对商会的控制,剥夺了商人表达政治意见的发言权。

商人们就这样被剥夺了主动权,失去了过去十余年中曾鼓舞起对伟大理想的兴趣。由于不能使全国都接受商人在中国所开创的现代化,于是就转而全神贯注于自身的短期利益。面对一个虽不曾向往,但也并不难于接受的军事官僚政权,商人们只得在外国势力的庇护下,努力去加强自己地理和社会基础的自治;因此,要求南京的英国领事将租界[②]扩展到下关码头和商业区,以便得到更好的保护。在上海,华界闸北居住的一些社会名流,则请求公共租界的巡捕进行保护,用一位外国侨民具有讽刺意味的话说,寻求"我们自治暴政的保护"。

不过袁世凯接掌权力,并不是简单旧政权的复辟。袁世凯在担任总统期内,表现新的进一步发展经济的决心,完成了商业立法,稳定了财政与货币制度,鼓励私人企业。[③] 1913年10月至1915年12月,

---

① 伊懋可:《上海的士绅民主制,1905—1914年》,第73页;《上海市制进化史略》,载上海通讯编:《上海研究资料》,第75—78页。

② 校注:南京无租界,下关江边地带划有外国人居留地。作者把Concession与settlement两者混为一谈,南京1904年开辟下关为外国人公共居留地,并非租界。

③ 关于袁世凯的经济政策,参考菊池贵晴:《中国民族运动的基本结构——关于排外性联合抵制的研究》,第154—178页。

农商总长张謇促使关于商业企业和公司注册，关于开设公司的法令获得通过；建立培植棉花和甘蔗的示范站，并计划统一全国的度量衡标准。1914 年 2 月，在梁士诒的策划下，作为统一货币的第一步，铸造了袁世凯头像的银元。

袁世凯的这种鼓励商业的意愿，与其拒绝给予资产阶级最微小的权利，恰形成奇特的对比。袁世凯本人在清末就是传统的主要代表人物之一，现在，此人又回到现代官僚主义传统的老路。作为一个独裁者，袁世凯的权力支柱是军队和官僚集团，没有必要去讨好商人。因此，如果把袁世凯的经济政策看成是对资产阶级的支持，那就完全错了。同时，把袁世凯统治时期各大商埠的繁荣，归因于袁世凯的这一政策，也是错误的。把中国资产阶级推向其黄金时代的动力，乃是来自他处，即来自第一次世界大战对国际局势的改变。

中国资本主义的黄金时代，
1917—1923 年

尽管资产阶级只是有限度地参加辛亥革命，对社会的动乱采取保守反应，但这并不足以否定资产阶级革命的概念。于此，还需要进一步研究辛亥革命所产生的影响。虽然引进资产阶级革命的概念，对弄清 1911—1913 年所发生的事件也许意义不大，但是对中国较长时期社会经济分析是有用的。这样，过渡演变的概念（从"封建主义生产方式"到"资本主义生产方式"的过渡演变和从官僚主义社会到阶级社会的过渡演变），就应当代替革命突变的概念。这种变化产生于漫长的历史过程。在中国，这一过程始于 16 世纪至 18 世纪，中国传统经济中出现了资本主义萌芽。正如已经指出的，这一演变在 19 世纪变得十分明显；在辛亥革命之后，继续成为 20 世纪经济现代化和社会变革的一部分。因此，把资产阶级兴起的发展过程，简单归结为一个革命事件，是不可能的。

但是，在 10 年至 15 年的时间内，辛亥革命是否加速了中国工业化的进程，是否改变了中国社会内部的力量对比，是否促进了一个真正的资产阶级兴起呢？一些研究法国大革命的历史学者，在提到革命正是为了释放"野蛮的资本主义制度"的能量时，总是强调这一进程发展得十分缓慢。[①] 在中国，情形恰截然与之相反。革命后 10 年到 20 年代初，中国的民族资产阶级就开足了马力，出现了新一代从事工业生产和采用工资雇佣制的企业家。但是，这一都市经济和社会的巨大进步，更多地来自第一次世界大战所造成的经济奇迹，而很少受惠于被军阀所长期占有的革命成果。在半殖民地的中国，资产阶级革命的逻辑，必然是受外部国际关系的演变所制约。

战时与战后的繁荣,1914—1923 年

第一次世界大战，把 19 世纪被不平等条约所剥夺的一部分市场，又归还给了中国；交战国双方全力以赴贯注于战争，无暇顾及于中国。欧洲的衰落，正有利于中国恢复民族工业的发展，也助长了日本和美国势力的扩张——这就为中国带来新的障碍，并为未来的冲突播下了种子。

同时，战争使世界对于食品和原料的需求（有色金属、植物油）。作为原料的主要产地，中国正适应这一需要的供应。再者，西方列强不断在银本位的中国和印度增加白银的采购量，自 1913 年墨西哥关闭诸银矿以来，刺激了国际银价持续进一步升值。这样，中国的货币单位"两"变得坚挺，数年之内，在西方市场上的购买力提高了三倍。可是，虽然中国外债的负担因此减轻了，但进口，特别是工业设备的进口却并没有受益。因为战争虽为中国经济提供了发展的机遇，但对此机遇的掌握和利用，却受到中国"不发达"经济框架的限制，而且中国经济的基础，是深为各种障碍所困扰的半殖民地制度，作这些障碍则来自波及全球的战争。

由于交战国征用商船，商业性海运吨位的减少，结果是运费的上升，阻碍了国际贸易的进行。实行外汇管制，1917 年英、法两国实施的丝绸和茶叶的禁运，使中国传统的出口商品失去了市场。欧洲列

---

① 　弗朗索瓦·富列：《对法国革命的思考》。

强优先发展军火工业，使对中国的设备供应受到不利影响。正当外国
竞争减少，刺激中国民族工业增长时，但中国工业发展所需要的机器
变得十分困难。[①] 在第一次世界大战时期，中国的工业发展水平，尚
不能使其从外国势力的撤退中获得充分的利益。战争引起的困难，只
是无利可图，而不是直接的损失。对于中国经济中的现代部门，战争
的年代是一个繁荣时期；但是直到和平恢复以后，中国民族工商业的
"黄金时代"方才到来。

迟至 1919 年，中国的现代经济部门，才开始获得世界大战和重
新恢复和平所提供的利益；对原料的需求不但没有减少，反而增加
了；战争的需要被建设的需要所代替。1919 年的上海出口值，较之
前一年提高了 30%。在出口的增长中，尤为突出的是银价的上涨，
以及随之而来的"白银"汇率的升高；欧洲买主的迫切需求，使之其
不惜高价购买。由于海运能力的增加和战时工业又恢复到战前状态，
中国的实业家能够重新转向西方市场，去购买所需要的原料。其购买
纺织设备所花费的白银，从 1918 年的 180 万两增加到 1919 年 390 万
两。[②] 由于各种条件异乎寻常的配合，以前由外国进口货所开拓的国
内市场，中国企业能够从所需求中受益；并从外国竞争的减弱，及购
自欧美市场的设备和有利的汇率中受益。

在经过 1917 年以前缓慢发展时期之后，对外贸易总值从 1918 年
的 10.4 亿两，增至 1923 年的 16.7 亿两；出口量和品种两方面都有
进展。[③] 进口增长并不迅速，但结构有了很大的改变，消费品，特别
棉纺织品（中国的纺织工业正发展）的进口下降；生产资料的进口则
上升了。1920 年，这类生产资料的进口，占中国进口货物总值的
28.5%。[④] 进口与出口货物的不等量增长，促使贸易恢复了平衡。
1919 年的贸易逆差不超过 1600 万两。[⑤] 中国对外贸易的结构仍属于

---

① 贸易（1915 年、1917 年、1919 年），上海和广州的报告。
② 伍德海编：《中华年鉴，1921—1922 年》，第 1004—1006 页。
③ 萧梁林：《中国的对外贸易统计，1864—1949 年》，第 73—124 页。
④ 严中平编：《中国近代经济史统计资料选辑》，第 72—73 页。
⑤ 萧梁林：《中国的对外贸易统计》，第 23 页。

"不发达"经济的类型，但这种贸易已经不再是依赖型的经济了，大致相当于现代国民经济发展的第一阶段。

由于受到国内外市场需求的刺激，生产增加了。传统经济部门和现代经济部门的相互配合，以满足各种需求。迄于 1919 年，远洋运输力的不足和设备的缺乏，妨碍了现代工业的增长，但对于传统的手工业部门却没有多少影响。在 1915—1916 年期间，华北和华中各省织布机的数量都在增加，生产是面向国内市场。城市的作坊有所发展；以大都市为中心，商业资本遍及附近的乡村。纺织、成衣、针织、玻璃、火柴、榨油等产品取得新的进展，并不只限于原有生产方法的复苏。相反，手工业此时采用改进了的技术，取用工业的原材料（棉纱、化工产品）。手工业活动表现适应趋势的能动性。这种适应趋势，正是手工业向近代工业过渡很好的例子。因此，H.H. 福克斯所说的"工业进步只限于最主要的口岸"[①]，虽然这个说法为同时代的人所普遍首肯，但我们未敢苟同。

沿海城市现代企业的增长，只是企业更加普遍发展的一个方面，无疑这是最显著的一个方面。从 1912 年至 1920 年，中国现代工业的增长率达到 13.8%[②]（这样迅速的增长，只是在 1953 年至 1957 年的第一个五年计划时期才再度遇到）。在中国现代工业增长中，首屈一指的是棉纺织业。全国的纱锭数从 1919 年的 658748 锭，升至 1922 年的 1506634 锭，其中有 63% 属于中国工厂主。[③] 1928 年登记的 120 家纱厂中，有 47 家是在 1920 年至 1922 年间建立的。自 1917 年至 1922 年，共开办了 26 家面粉厂[④]，还购进了一些原来外商的榨油厂，证明了食品工业的增长。烟草和卷烟工业也有相当发展。但是这个黄金时代的狂热，却很少影响到重工业领域。南方各省有色金属（特别是锑和锡）采炼的短暂繁荣，完全是国际投机引起的，也随其活动的

---

① 海外贸易局：《中国的贸易与经济状况》，H.H. 福克斯的报告。
② 张长治：《共产党统治前中国的工业发展：计量分析》。
③ 严中平编：《中国近代经济史统计资料选辑》，第 134 页。
④ 周秀鸾：《第一次世界大战时期中国民族工业的发展》，第 2 章。

结束而消失。现代的煤矿和铁矿，仍然有 75% 至 100% 归外国资本所控制。机械制造业的进步最惹人注意。[1] 上海及其附近一带地方，是这一发展的主要受益者；这种发展也波及了天津、广州和武汉，但受其影响的程度较小。

在整个繁荣时期，贸易和工业的增长都得到信贷发达的支持，并受到物价和利润上涨的刺激。外国银行的衰落，妨碍了对外贸易业务，却没有影响到国内市场，因为国内市场的资金一直掌握在中国人手中。相反，国内金融市场为民族工业提供了大量资金，例如社会显要和买办的大量资金，过去出于安全和对利润的考虑，一直是投资于外国企业，现在却转向民族工商业了。中国的新式银行是在第一次世界大战期间兴起的，仅在 1918 年和 1919 年两年，就创办了 96 家[2]，其中大多数都与政府当局保持有密切联系。官方的中国银行、交通银行[3]和数十家省银行，都属于此类。另外，还有许多"政治"银行，其创办人都来自政界或与政府高级官员有密切关系。所有这些银行的活动，都只限于经营国家的资金和信贷。另有十多家新式银行，大部分设在上海，纯粹是商业经营；可是当其参与民族工商业金融活动时，却始终受到市场古老结构的阻碍。在第一次世界大战之前，中国没有证券和商品交易所。设在上海公共租界的股票交易所，经营的只是外国股票交易。上海证券物品交易所的创办和成功，促使许多人群

---

① 中国科学院上海经济研究所等编：《大隆机器厂的发生、发展与改造》，参看托马斯·G.罗斯基：《制造工业的发展》，载德怀特·H.珀金斯编：《历史剖析中的中国现代经济》，第 231 页。

② 刘大钧：《中国工业与财政》，第 48 页。

③ 校注：中国银行：1905 年，清政府设立户部银行；1908 年，改组为大清银行；1912 年，南京临时政府将设在上海的大清银行改组为中国银行；1912 年 4 月，袁世凯在北京另筹设中国银行，于 8 月 1 日开业；1913 年 4 月，颁布《中国银行则例》，规定中国银行属中央银行性质；1928 年，国民政府颁布《中国银行条例》和《中国银行章程》，改组中国银行为特种国际汇兑银行，总行自北京迁至上海。交通银行：1907 年，清政府邮传部奏准设立；1908 年 1 月开业，系官商合办，采用股份制，主要经营收支、汇兑、借款，还经营普通银行业务；辛亥革命后，交通部总长梁士诒任总裁，形成财政上与政治上的交通系势力；1928 年 11 月，国民政府改组为实业性质银行，总行自北京迁至上海。

效仿。到 1921 年末，上海共有交易所 140 家，大多数只经营自己的股票；数月之后，发生了"信交风潮"的股票交易倒闭风，才将这股雨后春笋般的交易所创建浪潮刹住。①

为了向企业提供资金，新式银行也不得不像旧式钱庄一样经营直接信贷。但新式银行要求顾客以财产抵押或货物抵押作担保，而钱庄却按向来的惯例，在私人关系的基础上"靠信任"提供贷款，这样就使银行处于不利地位。因此，尽管新式银行规模可观，但其兴起基本是投机性的，真正的商业银行还是"钱庄"。1920 年，上海有 71 家钱庄；而 1913 年还只有 31 家。1920 年，钱庄所控制的资本为 770 万元，是世界大战前的 5 倍。

由于缺乏证券交易市场和国家贴现制度，上海金融市场各银行间互相贷款的利率（银拆），可以作为经济发展的晴雨表。1919 年的每月利率平均为 0.06（每千两每日利率一分），1922 年升至 0.17。虽然可以将银价的升值解释为纯财政原因（外国银行将黄金运回本国的储备中心，世界市场对黄金的投机抢购），但是毫无疑问，经济发展的需要也起了作用。例如，在各大城市的金融市场上，销售特别指定输出的农产品，就要筹措越来越多的资金。

根据不同种类的调查和用各种方法推论出的物价指数，不可能加以精确的分析。② 但是物价指数的确表明，在第一次大战期间，批发价格上涨了 20％ 至 40％。和同时期西方国家相比，这并不算大。因为和工业品价格猛涨相反，农产品价格是稳定的。在传统的农业经济中，除了供出口的产品外，农产品价格之稳定，较多原因表明年景好，而不表明市场疲软——也就是表明农业社会的相对稳定。农产品价格的稳定和工业品价格的上涨，这是繁荣时期的互相补充现象。

在这一繁荣期中，最大的受益者是工商界。从 1914 年至 1919

---

① 佘耀枢：《论交易所失败之原因》，载《上海商会月报》，2.8（1922 年 8 月），第 8—13 页。

② 南开大学经济研究所编：《1913—1952 年南开指数资料汇编》，第 2—7 页；《物价调查方法》，载《中国经济公报》，1924 年 6 月 21 日。

年，纺纱厂每支纱的利润增加了 70%。而钱庄的利润增加了 74%。[①]
一些重要公司的利润增加了 20 倍，有的甚至 50 倍，红利达到
30%—40%，有时甚至 90%。[②] 因为企业家们并不与其雇员分享收
益，这样高利润的意义就更为重大。实际上技工和壮工的工资，在广
州只上升了 6.9%，在上海上升了 10%—20%。[③]

正是在这物质繁荣的基础上，都市社会在沿海大城里，越来越受
西方影响发展了。

都市社会的兴起和资产阶级的转变

随着经济繁荣而来的是加速的都市化。城市人口的年增长率，大
大超过了人口的总增长率。这个现象在上海特别明显，华界人口在
10 年之中增长 3 倍（参看表 38）；其他条约口岸，如天津、青岛也吸
引了许多新来者。

内地城市也经历了迅速发展，但不那么明显。在山东省的济南，
1914 年至 1919 年的年增长率为 3%，而全省人口的增长率只
有 1%。[④]

城市的迅速发展，既不是因为内地发生了饥荒，也不是由于社会
动荡的特别恶化，而实质上是反映了新的发展中心对农业社会的吸
引。贫苦农民，农村中的闲杂无业者，都到城市的作坊或新建的工厂
中找工作，或者到码头上当搬运工，当苦力，或拉洋车。许多农村的
士绅，也搬到省城或本地区的城镇去居住，一部分人是想在地方政府
或各种自治团体中谋个职位，部分人是为了子女能有受到新式教育的
机会——这是都市居民的特权。

---

① 严中平：《中国近代经济史统计资料》，表 61，第 165 页；中国人民银行上海分行编：
《上海钱庄史料》，第 202 页。
② 参考朱昌峻：《近代中国的维新人物：张謇，1853—1926 年》，第 31 页所引大生纱厂例
子。
③ 琼·切斯诺：《1919—1927 年中国的劳工运动》，第 197 页；《上海总商会月报》，4.4
（1924 年 4 月），第 35—36 页。
④ 戴维·D. 巴克：《中国城市的变化：山东济南的政治与发展，1890—1949 年》，附录
B。

表 38　　　　　　　　战争年代中国部分城市人口增加统计[①]

城　市	年　份	人　口
北京	1912	725235
	1921	863209
天津	1900	320000
	1921	837000
青岛	1911	54459
	1921	83272
上海		
外国租界		
外国人口	1910	13536
	1920	23307
中国人口	1910	488005
	1920	759839
华界		
	1910	568372
	1920	1699077

　　都市范围的向外扩大，郊外也被纳入于建设范围；而古老城墙和牌楼式的城门，给由郊区进入市中心造成很大困难。但在许多城市里——例如长沙、梧州和广州的城墙被拆除以修建新区。虽然新的建筑大多是住宅，商业建筑却最宏伟。汉口的新世界商场大楼，足可以与 1919 年上海开张的先施公司和永安公司的百货大楼相媲美。在广州，大新商场的 9 家商店，自 1918 年起即雄踞珠江岸上。上海公共租界工部局，在 1915 年批准 41 项建筑工程（西式建筑），1920 年批准 109 项。包括中式建筑、作坊、仓库以及其他各种建

---

① H.O. 龚：《中国六大城市的人口增长》，载《中国经济杂志》，20.3（1937 年 3 月），第 301—304 页；同时参考德怀特·珀金斯：《中国的农业发展，1368—1968 年》，附录 E，第 290—291 页。

筑，工部局在这段时期内批准的建筑工程费用，从 500 万两上升至 1100 万两。[①]

在这些迅速发展的城市里，人口从未停止增长。各个社会集团变得更加复杂，阶级分化也更加明显，出现了工业无产阶级，从城市士绅中诞生了现代知识阶层和现代资产阶级。这一社会演变引起了外国历史学家的注意，开始注意到这些新的精英是如何对西方经验作出的反应；同时也引起了马克思主义历史学家的注意，将此种现象从其所处的基本的传统中孤立出来，以便更好证明马克思主义的理论。[②]

实际上这些演变是很有限的：不但从整个中国社会的观点来看是这样，即使从城市方面来看，甚至在已经现代化的沿海地区，相对来说，看来也是如此。在辛亥革命前夜，被周锡瑞称之为"城市改良派精英"的一群名流，和法国历史上被称之为旧制度的资产阶级的一些人物十分相似。[③] 不先研究这些人的固执和演变，就不可能了解新企业家所起的作用（稍大于新型知识分子们所起的作用）。

虽然这些名流所从事的经济、社会和政治活动，与农村士绅们所从事的很不相同，但其对地产的兴趣和与政府的密切关系，仍然和旧制度的结构保持着联系；辛亥革命普遍使其地位更加重要，其领袖人物总是站在最前列。例如张謇（1853—1926 年），是清朝的状元，袁世凯政府的实业总长[④]；在其故乡南通办的大生纱厂，在 1914 年至 1921 年间，纱锭增加了一倍。[⑤] 再以虞洽卿（1868—1945 年）为例，曾任上海总商会和宁波同业公会的董事，在大战时期投资 200 万两办

---

① 费唐：《费唐给上海工部局的报告》，两卷，1，第 347 页。

② 琼·切斯诺：《中国的工人运动，1919—1927 年》，此书 1962 年出版以后，作者对中国劳工界似乎回到了较为实际的看法。

③ 周锡瑞：《维新和革命》；F. 富列：《对法国革命的思考》，第 159 页。

④ 校注：张謇于 1913 年 9 月 11 日任工商总长；1913 年 12 月 24 日，农林、工商两部合组为农商部，任张謇为农商总长，未就任；1914 年 5 月 1 日，复任农商总长，未就任，由周自齐署理。袁世凯政府时期，无实业部，只有农林、工商部及农商部。此处原文为实业总长有误，应为农商总长。

⑤ 朱昌峻：《近代中国的维新人物：张謇，1853—1926 年》。

轮船公司——三北（1917 年）、宁绍（1917 年）、鸿安（1918 年）。[1]
还有朱葆三（1847—1926 年），在 1919 年 72 岁时仍在上海任总商会
会长。第一次世界大战也巩固了荣氏兄弟——荣宗敬（1873—1938
年）和荣德生（1875—1952 年）的财产。[2] 荣氏兄弟二人出身无锡商
人兼小官吏家庭，1901 年创办茂新面粉厂，1913 年又创办福新面粉
厂。在 1914 年至 1920 年期间，这两家公司共开创 8 家新厂，其中有
些厂资金达 150 万两。荣氏兄弟更将其企业活动伸展到纺织业，创办
了申新纱厂。这些企业先驱者在经营上的成功，都得力于其个人的优
秀品质，在条约口岸通过与外国人的接触，获得了经营企业的一些不
完全的起码知识，进而了解到掌握现代技术和管理方法的重要性。

　　但大多数的城市精英，主要是以其政治倾向和社会影响著称，而
不是由其对现代企业的参与。辛亥革命后，代表地方利益创立的省议
会、商会、教育会和农会等新的权力网络，取代了官僚政治机构；但
这与袁世凯中央集权化的企图相冲突，在地方上又与互相争雄的野心
军阀相矛盾。但是城市精英的权力毕竟还是增长了，虽然这些城市精
英未能成功地为当地保住 1912 年至 1914 年间争得的行政权力（尤其
是税收权），但其对官僚机构的影响，还是比革命以前大多了。揆其
原因，无疑是因为这官僚大多是来自当地；出身本乡本土官僚的比
例，在革命初期曾经很高（1912 年的浙江都督府，每 7 名高级官员
中，就有 5 人是浙江人），后来有所降低（1920 年，浙江每 8 名高级
官员中，有 4 人是浙江人）。[3] 但是"回避法"并没恢复；清代规定，
禁止从本地学者中选任地方官。城市精英或者地方代表机构直接表达
意见，或者间接向地方官施加压力，以保障其利益不受政府干涉，也
不受外国人侵犯，并防止群众的各种无理要求。

　　就是这样，"旧制度的资产阶级"作为稳定力量，在中国社会出

---

① 方腾：《虞洽卿论》，载《杂志月刊》，12.2（1943 年 11 月），第 46—51 页；12.3
　（1943 年 12 月），第 62—67 页；12.4（1944 年 1 月），第 59—64 页。
② 《茂新、福新、申新总公司卅周年纪念册》。
③ 罗伯特·基思·肖帕：《浙江的政治和社会，1907—1927 年：精英势力，社会控制和
　省的发展》（《密歇根大学博士论文，1975 年》），第 218 页。

现了。浙江省的一个地区首府，1925 年控制地方政府的人物中，有 40％早在辛亥革命时就很活跃了。不过在这个人群中，各个组成部分之间的力量对比正在发生变化，有功名的文人学士（进士、举人、贡生）的作用已经减弱。1918 年至 1921 年间，在浙江省议会中，这些有功名的人数不超过 6％，而在革命前夕却占 46％。[①] 死亡为其人数减少的原因之一；而另一原因，为 1905 年废除科举制度，使其人数得不到补充。原来历来由其所掌握的慈善团体的账房和管事的职位，遂逐渐为政府当局和卫生与公共工程的专门人才所取代。例如在济南，情况就是如此，1917 年，广仁善局就为政府的善局所代替。[②]

这种情况的发展，加深了城市绅商和一直占支配地位的社会名流之间的裂痕；同时，也扩大了城乡之间的鸿沟，迫使农村为城市的各种事业提供资金。以济南为例，维持一支负责卫生、公共交通、法律与秩序以及消防的警察力量所需费用，其来自全省收入的款数，与来自都市税收的数额，恰好是相等的。

此后，都市的名流，从商人、地主和新式学校的毕业生中补充力量。这样，绅商的界限就不很清楚了；在省议会中会凝为一体，并在省议会中占大多数——1921 年至 1926 年间的浙江占 88％。[③] 这些新的知名人士，继续维护已重新组合的地主利益，现在更竭力保证商人的利益。商人们常在省议会中居支配地位，商会会长兼任地方城市议会议长的情况并不少见。有时城市商会会长竟完全取代城市议会的位置，例如 1922 年的浙江绍兴就是如此。20 年代商会的数目激增，浙江省的嘉兴县原来只批准设立两个商会，但到 1924 年，却已经有了 13 个。商会在地方各种代表机构中，逐渐占据了首要地位。[④]

在第一次世界大战期间，都市上流社会中出现了一个人数不多的

---

① 肖帕：《浙江的政治和社会》，第 254、307 页。

② 巴克：《中国城市的变化》，第 147—148 页。

③ 肖帕：《浙江的政治和社会》，第 254 页。

④ 巴克：《中国城市的变化》，第 149 页；肖帕：《浙江的政治和社会》，关于其他例子，在河北省，参阅琳达·格罗夫：《农村社会：高阳地区：1910—1947 年》（加利福尼亚大学博士论文，1975 年 12 月），第 49—52 页。

社会集团，献身于振兴实业，自由企业经营和合理化经济思想。这是一个真正现代化的资产阶级。由于受经济奇迹的影响，在由西方支配的半殖民地环境中，这种转变的发生是很自然的。现代的资产阶级新一代企业家们曾经在外国留学，对当时世界的现实情况有较多的了解，并且比较少受旧传统的束缚。其中最著名的无疑是穆湘玥（穆藕初，1876—1942年），出生于上海，为棉花商之子，学习英语，并于1900年通过考试进入海关工作。穆氏因1905年积极参加抵制美货运动，而被迫辞职，遂于33岁时赴美接受技术教育，先后在伊利诺斯大学学习农艺学，然后又转入得克萨斯农业机械学院学习纺织工程。在1914年回国以后，穆湘玥努力改进设备，使自己的纺织厂现代化，并引进美国的长绒棉种种植。穆氏于1915年在上海创办厚生纺织厂，1916年又创办德大纱厂，1920年在郑州创办豫丰纱厂；1920年，参加组建棉花交易所，任理事长至1926年。此为极少数经受住1921年投机风潮的交易所之一。为了帮助培养中国实业界所急需的人才，穆氏给其最好的学徒提供奖学金到美国留学，其中包括1921年赴美，后来成为南开大学经济学教授的方显廷。[1]

　　银行家陈光甫（1880—1974年。原文如此，应为1881—1976年。——译者注）的事业，和穆藕初十分相似。陈氏生于商人家庭，11岁当学徒，1904年赴美学习商业6年，回国后，找到一些老同学，同精通现代会计方法的海关和邮局职员合作，于1915年创办了上海商业储蓄银行。在1940年以前，由陈氏自己负责银行的经营管理，是当时最兴旺的私营银行之一。

　　还有一批工程师，出生于小康之家，也在外国受过教育，从事双重职业——既是公务员，又是企业家。其代表人物有江顺德（1880—？年），是近代油漆染料工业的先驱之一。地质学家丁文江（1887—1936年），于1921年至1925年间管理热河的北票煤矿公司。

　　最后，新一代实业家大量来自华侨，和留学生一样，对现代世界有实际经验。在第一次世界大战以前，简氏兄弟——简照南（1875—

---

① 穆藕初：《藕初五十自述》；方显廷：《一位七十岁中国经济学家回忆录》。

1923 年）和简玉阶（1877—1957 年）——在香港创办南洋兄弟烟草公司，其产品在泰国和新加坡的华侨中行销。1912 年至 1917 年间，南洋公司的产量提高了 610%[1]，并在宁波、汉口、上海设立分厂。上海分厂于 1919 年改为总厂办事处。简照南成为上海最有影响的企业家之一，任上海总商会董事。简照南死后，其弟简玉阶继承乃兄的事业，1949 年以后，在共产党政权下，仍然是一位民族资本家。

马玉山（1878—1929 年）的事业要短暂一些，初在菲律宾以饼干生产商的身份开始其事业；辛亥革命后，回到广州和香港，开设了一些新厂；其后居住上海，于沪上置总管理处管理各地分公司。1912 年，马氏企图建立中国新式制糖工业，在吴淞开设了国民制糖公司，上海的资本家投资 1000 万两。1913 年，马玉山游历西方各国，收集制糖技术情报，准备在满洲种植甜菜；但不久试验失败，马氏遂返回东南亚。[2]

聂云台在上海商界享有特殊的权威和声望，为城市名流和企业家二者之间的纽带。聂云台为聂缉椝之子，曾国藩总督之外孙，是上层绅士中的一员；虽是居住在中国，却对英语有精深的造诣。当其 24 岁，其父任浙江巡抚时，命其去管理一家用公款收购的纱厂。这家名为恒丰的纱厂，在第一次大战时有了发展；到 1919 年，资本已达到 100 万美元，各车间共雇用 1300 名工人。到 1921 年，聂云台创建了大中华纱厂，并向益中机器厂投资。聂氏既是一个组织者，又是一个企业家；1918 年，参加创建华商纱厂联合会，并组建一个改良原棉委员会；成功地促使东南大学和许多美国专家参加改良原棉的工作。在 1919 年至 1920 年的危机中，当上海总商会中的保守派和激进派互相水火之时，聂云台由于出任会长，得以出面调解[3]，而开辟了和解的道路。

---

[1] 中国科学院上海经济研究所、上海社会科学院经济研究所编：《南洋兄弟烟草公司史料》，第 19 页。

[2] 陈真等编：《中国近代工业史资料》，4 卷，1，第 502—509 页。

[3] 陈真等编：《中国近代工业史资料》，1，第 397—401 页；严中平：《中国棉纺织史稿》，第 3 版，第 328 页；聂其杰编：《崇德老人自订年谱》。

　　我们的回顾到此为止。还可以举出一些其他名字,一些是威望不高的,但是加起来也不会很多——也许是几百人。这些就真能构成一个资产阶级吗?

　　必须首先指出的,在出现这一群企业家的同时,一个新的知识分子阶层也正在形成。蔡元培、胡适、蒋梦麟、郭秉文等新型知识分子,也大都在外国受过教育,在世界大战开始时回国,拥有新技能和新思想。这些新型知识分子,脱离了中国旧社会,并与国家开科取士和政教合一的传统割断了联系;同时提倡以尊重个性主义为基础的新式教育制度。[①] 这个新的知识阶层出现,对新生的资产阶级是一个鼓励。这两大集团的联合,双方的力量都得到加强;但是其影响,主要在于其继续与城市名流保持联系。

　　这些年轻知识分子和年轻企业家,得到其先辈很大的支持,这既便于其行动,又保证其影响和成功。如果没有具有代表性和强有力的江苏省教育会的支持,蒋梦麟的新教育运动是绝难有所成就的。第一次世界大战爆发后,德国进口的染料来源断绝,传统商人因投机而获巨额利润,并将所获此巨额利润付给穆藕初。若非如此,穆藕初到何处去筹措开办其经营的第一个纱厂的资本?简照南刚从香港到上海,得到上海总商会董事们的合作。以城市名流为一方,以知识阶层和现代资产阶级为另一方之间的团结,是建立在社会保守主义、民族主义和对国家权威缺乏信任感的共同基础之上的。

　　新生的资产阶级的经济与政治战略,是在第一次世界大战末期成立的各种商业协会内部形成的。这些协会与职业或手工业的行会不同,也和同乡会不同。两者只是某方面代表商人利益的组织,也不同于朝廷强行加给地方团体的商会。这些商业协会是团结一致,并且是在自发活动中产生的;实际上,其主动性是来自受益集团自身。1918年建立的华商纱厂联合会,使一个保护性团体获得官方的合法身份,该团体在一年前为争取保留原棉出口税团结组织起来的。而当时的日本棉花购买商正要废除这种税。1920 年,北京的主要银行家每周举

－－－－－－－－－－

[①]　巴里·基南:《中国的杜威实验:民国初期的教育改革与政治权力》,第 56—63 页。

行两次友好聚餐会，在此基础上建立了银行联合会。华商纱厂联合会很快发展成为全国性组织。第一个地区性银行联合会成立于 1920 年 12 月，与全国银行总会成立相隔不到三年。

这些新的现代性商业联合会，表现于对任务的了解，也不再从事宗教或慈善事业的活动；而传统的行会为这些活动献出其大部分财力。现代性的商业联合会采取了国际资本主义的观点，以发展、进步和竞争为主旨，开始传播经济信息，并出版当时最卓越的经济学家合编的专业评论杂志。因此，在此后数年中，上海的《银行周报》（1917 年），《华商纱厂联合会季刊》（1919 年），北京的《银行月刊》（1921 年），汉口的《银行杂志》（1923 年）相继创刊。这些刊物提供了当时现代经济部门的活动，在发展途中所遇到的障碍，都有异常丰富而精确的证据。由于其对外国市场研究的重视，为中国能在世界各种经济力量的潮流中，获得发展作出了贡献。

此时，阶级利益呈现出现代面貌，过去行会的团结是基于既得利益之上的，而现在则是为争取尚未得到的利益而团结一致。发展的意识取代了垄断的传统。

这一群年轻的雇主，虽然只是代表商业资产阶级的一个狭窄边缘部分，但是这个先锋队的影响，却在商人权力的正式组织中发挥了作用——各个商会被迫使自己现代化，并且也多少使自己民主化一些。

在世界大战刚爆发之时，上海总商会好像只是受强大的宁波帮所操纵的一个帮会联盟；高达数百两的年捐认额，将会员名额限制在 300 人。除了帮会以外，只有一些最重要的企业在商会有代表，董事会为 35 名所垄断。作出决定的权力在德高望重的董事长朱葆三。董事会的董事，大多是从老一代商人和买办中选出的。而在 1919 年至 1920 年以后，由于受到内外压力的影响，商会选举了新的董事会；虽然选举的范围并没有多少扩大，但新选的董事会自后确实有了一些代表性。自新董事会诞生以后，上海总商会一直是从现代产业部门接纳代表，而这些现代产业部门代表一般是仍同传统商业保持联系的商人，如王一亭、虞洽卿等。第一次世界大战以后，商会的董事会扩大,包括银行家（宋汉章、傅筱庵、赵锡恩）、纱厂主（穆藕初、聂云台）、实业家（简照南、荣宗敬），其利益及活动完全是朝向现代产业部分。在商会内，这些董事的活动，继续沿着各企业联合会的框架中已开始的方向，传播经济情报，鼓励新技术，发展职业教育，与政府当局谈判协商。

不过，"旧制度的资产阶级"和新式企业家之间的合作，并不完全是一帆风顺的。上海总商会在 1919 年爆发五四运动时，内部出现了一场危机。[①] 对立面并不是来自新的商业联合会，而是来自一些旧式的同乡会。这些同乡会和帮会不同，一直让小业主甚至普通工人参加。1909 年，由陈洪赉组织的宁波旅沪同乡会，作为宁波帮会的分支，其贵族气就比帮会少一些。但是在各组织中最激进的，要数汤富福（汤节之）任主席的广东同业公会。在商会内部，约有 60 名会员组成的反对派，迫使朱葆三在 1919 年 3 月辞职；并提出改革方案，要求放宽会员条件，降低每年所交的会费，扩大董事会，成立经济信息服务机构。1920 年 8 月，董事会改选，改革派在 35 席中占 20 席。这是一些什么人呢？其中的一些人——例如汤富福或者冯少山，都因其广东籍贯和政治活动而引起重视。许多人简直是新一代企业家。

改革派未能将商会吸收会员的条件民主化，但其影响却可以从1921 年创办的《上海总商会月报》中表现出来，对经济发展和政治参与提出了新的见解。最卓越的分析家中包括方椒伯（积蕃），特别是冯少山。方椒伯 1884 年生于宁波一个显赫的家庭，是一名银行家和实业家，曾于 1922 年任上海市总商会副会长；冯少山也生于 1884年，广州人，是南洋兄弟烟草公司的股东。

1919 年春，伟大的民族主义总动员期间产生的新组织，接受了总商会拒绝扮演政治先锋队角色。1919 年 5 月创立的上海商业公团联合会，自诞生之日起，就是作为地方社会的代言人出现的；广东籍

---

① 上海社会科学院历史研究所编：《五四运动在上海史料选辑》，第 221—247、376—394页；周策纵：《五四运动》，第 6 章。桑福德：《中国的商业组织和状况》，第 5 章。

的活动家汤富福、冯少山在其间起了重要作用。虽然联合会的激进主义联盟，经常与商会的保守主义发生冲突，而在两个组织中身居要津的却常是同一些人（特别是虞洽卿）。两者的社会结构几乎没有区别，只是代表同一个资产阶级的两个方面。

数月后，许多"马路联合会"成立，代表上海各主要商业街道的中国商人，动员自己的会员——拥有自己商店的店主起来反对租界工部局的征税政策。因为上海是外国势力的堡垒，在这一地区发生冲突，对整个民族的解放斗争具有重要的意义。

因此，上海总商会想对"马路联合会"加以抑制的呼声，又在其他场合发生了。"上海商会已不能像往日一样代表中国社会了；其权威性已由其他的组织所代替"——上海公共租界工部局总董1920年作如是说。[①] 这些自己创建的新组织。或在传统组织中活动的一代新人的指导下，资产阶级正准备要重登政治舞台了。

士绅阶级衰落以后，资产阶级在城市的绅商中占了主导地位，团结大部分"旧制度"的名流和少数新生的现代企业家，组成了一个朝气蓬勃的联盟，并从前者继承了其对社会的稳定作用，从后者继承了其改革创新精神。这样的资产阶级丝毫没丧失其典型性，相反，却是真正代表了当时的都市社会。但是这个都市社会，却越来越孤立于中国的政治社会之外了；其进步和西化——这必然与其现代化联系在一起，扩大了其与农业社会之间的鸿沟。作为一个广阔的农业帝国，中国怎能为几个少数新兴的沿海城市所统治呢？

资产阶级在政治上的失败

资产阶级和袁世凯政权本来就是非情愿的结合；没有持续多久，袁世凯的独裁作风和随心所欲的苛捐杂税，在商人中引起的不满，在上海总商会中引起了反响。商人的嘴巴可以强行封住，但武力并不能

---

① 关于联合会，参看《五四运动》，第648—664页。关于工部局总董，参看费唐：《费唐的报告》，1，第126—127页。

防止其同情心的迅速冷却。[①] 1915年各省反对复辟帝制的起义,1916年政府在财政上的失败,加上官办银行延期付款的命令,合在一起把市场搅乱了。其结果是资产阶级与政府分道扬镳。

由于无力扭转政府的施政方向,资产阶级中的一部分人只得独善其身,梦想在社会中创造出一个繁荣安全的孤岛;在博爱传统的鼓舞下,想像出一个模范社会——有时甚至达到要实现的地步。张謇要把南通建成模范城市;朱葆三在上海郊区购买1000亩地,准备在该地建成一模范区。[②]

走向参政

另一方面,中国工商业的发展要求制度的改革——统一币制,改革财政,恢复关税自主。这些要求,又一次向中央政府提出了挑战,对中国也是因国际条约造成的半殖民地地位的挑战。近代资产阶级在经济上的抱负,必然将其引向更广阔的战场。日益众多的企业家开始认识到,其命运是与国家和社会的整体发展繁荣联系在一起的。"人不能离开社会独自生活,吾人不能脱离纷乱而无组织之今日中国社会,而自成一体。"[③]

在1921年的商联会的年会上,汤富福发表了激烈的演说,要求参与政治。这与过去不同,已经不是支持这个党或那个党,拥护这个强者或那个强者的问题;"我们不能信任任何人……救世主是没有的……"各商会应当把直接的责任承担起来。

> 面对目前境遇的商人们,现在应该是抛弃过时的不过问政治的传统的时候了!我们长期以来拒绝参与所谓肮脏的政治;但是如果政治是肮脏的,那是因为商人们允许其肮脏。各商会过去一贯坚持不过问政治,但是在今天,这种不过问已经变得

---

① 《北华捷报》,1916年2月19日,第467页。
② 《中国经济公报》,1922年12月23日,第2页。
③ 蔼庐:《金融界今后之觉悟如何》,载《银行月刊》,2.5(1922年5月)。

可耻了。①

穆藕初用平和一点的语气重复了相同的意见。

> 以前我们认为工商业者只应该关心工商业，这种陈旧的观念今天已经没有了。团结起来，用一切办法迫使政府改良内政，已经成了我们工商业者的责任……我们相信，只有这样办才有希望使我们国家的工商业复兴。如果我们不采取这样的步骤，其结果将是所有的企业失败，国民将无以为生，国家将遭到毁灭。②

资产阶级在经济发展中碰到各种制度性障碍，而突然出现的政治觉悟，是受到五四运动奋发精神的激励而产生的。国家的前途，国家的经济发展，中国资本家在国家工业建设中的作用，都成了每次讨论的中心话题。从中国贫穷和落后这个确定的事实出发，唯一的药方是发展工业；唯一的办法是从欧洲和美国的经验中吸取教益，但必须避免出现劳资冲突。这些在 1918 年停战后，是孙逸仙所写的《中国的国际开发》③ 一书的主要论题。这是一本带有圣·西门式的工业抒情诗情调的著作。同样的思想，约翰·杜威于 1919 年至 1921 年间，在中国各大学所作讲学中，作了进一步发挥。在杜威影响下，由中国自由派知识分子（张东荪、胡适）加以维护；还在一个短时间内，未来的中共总书记陈独秀也对此给予支持。④

五四思想家们所设想的，是部分由国家控制的发展；这个发展是建立在新兴的阶级基础之上的；而这个新兴的阶级既包括资产阶级，也包括工人阶级。在 1919—1920 年间，人们强调的不是阶级斗争，

---

① 《北华捷报》，1921 年 10 月 15 日，第 151 页。
② 穆藕初：《花贵纱贱之原因》，载《密勒氏评论报》，1922 年 12 月 23 日，第 140—141 页。
③ 校注：此书原用英文写成，后来成为《建国方略》的组成部分。
④ R.W. 克洛普顿和区俊珍（音）编译：《杜威在华演说集；1919—1920 年》。

而是面对发展任务的中国人民迫切需要的团结。"人类进步之基本动力在于互助合作,不在于斗争。"① 在自由派与激进派于 1921 年至 1922 年间爆发争论之前②,经济发展必须与民族主义、工业发展、社会和谐结合在一起。当时中国的政治思想,以非常典型的方式开始为乌托邦而奋斗的实现过程。

这些直接或间接以资产阶级的作用为中心的论题,引起了商界的密切注意。上海总商会接待了约翰·杜威和伯特兰·罗素。从张东荪主办的《时事新报》看来,似乎极其靠拢上海的青年企业家们,支持其商会的行动。孙逸仙在商界也享有崇高的威信,一部分商人准备在上海修建其在《中国的国际开发》书中所描述的东方大港。③

但是总的说来,资产阶级的观念更多的来源于商人的实践,而不是理论上的推论。在这方面,大战时期和战后具有决定意义的经验,是政治混乱中的经济繁荣。资产阶级更多的意识到经济繁荣带来的好处,而很少注意到政治混乱带来的麻烦。资产阶级几乎还完全不曾经历过现代的经济周期,短暂的兴高采烈掩盖了充满不测的未来;其乐观主义恰恰与乌托邦的理论合拍;因缺乏经验而产生的幻想,和政治思想上的犹豫不决,正在融为一体。

---

① 孙逸仙:《中国的国际开发》,第 2 版,第 158 页。

② 校注:此处所称的自由派与激进派的争论,即 20 世纪 20 年代初中国思想界关于社会主义问题的一次重要论战。论战的中心问题是中国走资本主义道路,还是走社会主义道路。论战由张东荪、梁启超等人所挑起。1920 年 11 月,张东荪著文提出在中国发展资本主义,反对社会主义的主张,认为"救中国只有一条路,一言以蔽之,就是增强富力……开发实行","至于社会主义不妨迟迟"。同年 12 月,陈独秀以《关于社会主义讨论》为题,予以驳斥。接着,张东荪、梁启超分别发表文章,把中国贫困和混乱的原因,归结为"无知病"、"贫乏病"、"兵匪病"、"外力病",否认在中国进行革命的必要性。当时李达、陈独秀、蔡和森、何孟雄等人在《新青年》、《共产党》等刊物上发表文章,对张、梁的观点进行系统批判,指出中国工业的发达虽不如欧美、日本,但"社会主义的根本原则却无有不同,而且又不能独异的",认为要推翻反动统治,改变中国现状,只有"组织革命团体,改变生产制度"。通过这次论战,为中国共产党的成立做了思想准备。1921 年中国共产党成立,论战遂告结束。

③ 《密勒氏评论报》,1921 年 3 月 26 日。

伟大的向往

资产阶级在商会中所采取的立场，在专业报刊上发表的文章，以及工商业者发表声明所表达的观点，全都集中在自相矛盾的主题上，既要民族主义又要国际合作，既要工业革命又要社会安定。

中国资产阶级附和所有要求废除不公正的呼声，废除二十一条，取消治外法权，恢复关税自主。① 这些论题没有一个是资产阶级所特有的。对于当时促使都市社会反对外国侵略的潮流，资产阶级的民族主义只起辅助性的作用。和大城市中的精英分子一样，商人们——如银行家赵锡恩所说，忍受着"社会不公"所带来的痛苦。"外商在上海似乎形成了一个排他性团体，中国的商人或公司没有和他们来往的权利……这种贵族式生活方式，全然不顾及其主人与顾客，伤害了我们商人的感情。"②

但是，外国的扩张虽然损害了被统治国家的一般利益，却以更直接的方式涉及商业、工业和金融领域，而这些正是工商业资产阶级特殊活动的领域。中国商人因此发现其受到双重影响，既作为急于救国的公民，又作为竞争的企业家。天津商会的一个负责人，在1912年举行的银行公会全国代表大会上致词，强调其所负的责任说：我真诚希望大家把发展工业和管理金融事业，看作是自己不可推卸的责任，为中国人谋福利。③

资产阶级意识到要控制经济的发展，并从中为自己谋得利益，有赖于与外国合作，"如果我们现在想给工业以新的动力，首先必须采取自由贸易的原则，利用外资，从外国引进机器……如果国家想着只靠自己的力量发展工业，这目标是无法达到的。"④

---

① 参看1921年10月在上海举行的商教联席会议提出的要求，《上海总商会月报》，1.4（1921年10月）。
② 《密勒氏评论报》，1922年12月16日，第86页。
③ 《全国银行公会联合会议记录》，载《银行月刊》，1.6（1921年6月）。
④ 工业高级官员叶恭绰对北京商会的报告，载《北京政治》特刊，1920年1月，第21—22页；1920年1月29日，第147页。

中国的商人于是寄希望于外国的援助，"我们希望你们利用一切机会，援助我们的商业与工业企业"[1]。但是中国商人对这种援助定下了严格的条件。"合作决不可以任何形式干涉我国的财政，也不应妨碍我们的发展。"[2] 外国不应该是控制，而应该是"明智的互利行为"[3]。为了在中国境内建立法国的商会，主席昂希·马迪埃主张所谓"友好的经济协作"。中国资产阶级寄希望于外国人的明智和善意，希望"盟国和友邦中的健康力量，能够影响其政府，废除或修改有害于合作精神的条约"[4]。由于受到威尔逊幻想的迷惑，中国实业界特别寄希望于美国，1918 年，满怀热情的美国总统特使、百万富翁查尔斯·克兰先生特地从芝加哥赶来中国，以表示其对中国的同情和援助之意。

由于缺乏资金，这种想依赖他人善意的想法，包括本来设想的努力都只能成为乌托邦的空想。中国的资产阶级在 1919 年至 1920 年面对的问题，即不发达国家接受外援的问题，至今仍具有头等重大的意义。问题的性质是非常清楚的，如何在取得外援的同时，又使国家的独立受到尊重，还要照顾到有关列强的相互利益。这虽然很难付诸实施，但也不是一个新鲜的观念，而在当时却是革命性的。这与 19 世纪以来追求特权和势力范围的国际外交原则，是背道而驰的；同时，也摒弃了儒家传统的中国为世界中心的观念。这种错误观念，对于国与国之间的互惠关系表现为十足的无知。

在国内政治水准上，这种国际合作与工业革命所需要的社会和谐思想，正好可以互相配合。

资产阶级对工人阶级所表现的关注，可能反映了一些信奉基督教雇主的担心，像聂云台、欧鹏（译音，南洋兄弟烟草公司创办人之一）和银行家徐恩元都属于此类。总之，这正与基督教青年会和 C.F. 雷默、歇伍德·艾地等人，自 20 世纪 20 年代起领导的运动巧

---

[1]　穆藕初语，转引自《北华捷报》，1923 年 1 月 23 日，第 95 页。
[2]　全国银行公会联合会第三次决议案，载《远东商业公报》，1921 年 10 月，第 17—18 页。
[3]　穆藕初语，转引自《北华捷报》，1923 年 1 月 13 日，第 95 页。
[4]　《北京政治》，特刊，1920 年 1 月。

合。这些影响与行会自治传统结合在一起，产生了温情主义思想，追求将劳动者的福利与雇主的利益调和起来。1920 年创刊的《工商之友》宣传减少工时、增加工资，工人分享利润①，在提高效率的名义下，社会进步的必要性被人们所普遍承认。穆藕初在 1920 年创办的一家新纱厂开幕式上说，工人的力量是"工业的看不见的资本……这个资本决不可以浪费掉"。面对艰巨的发展任务，资产阶级认为其与工人阶级是相互依赖的，主张制定"民主实业的新制度，实行业主与劳工的互助"②。这种认识，在某些工人团体中也得到响应。③ 民族工业正遭到外国的竞争，对共同危险的认识则加强了团结精神。因此，工人阶级的进步不是对大家有害的斗争结果；不是抛开资产阶级，而是和资产阶级一道取得进步，并要依靠资产阶级的主动精神。胡适认为，"在充分明智和强大的公众舆论形成之前，在有效的法律通过之前，要解决中国的劳工问题，只有靠聪明的雇主如聂、穆诸先生自愿地执行一种改善工人境遇的政策"④。

上海的中国报刊一再重复资产阶级有"聪明"和"有远见"的话题，强调"中国资本家的觉悟"的必要性，并为达此目的而努力不懈。自由主义大报《申报》要求提高工资，并解释说，这并不会损及股东们的利益。

实业界为大众教育而作的宣传，坚持社会团结的主旨，其直接目的显然是为工业提供所需要的职工。而 1917 年创刊的《教育与职业》坚持说，群众生活条件的改善，是工业与教育协调一致发展的结果，"雇主与学校合作，工作与教育并进"⑤。

在 1919 年，资产阶级的哲学为扩展的哲学，和法国的社会主义（特别是圣·西门主义）以及英、美的自由主义之间，在某些方面颇有类似之处，并不应完全归之于文化史；把一切都考虑在内，其来源

---

① 中共中央马恩列斯著作编译局编：《五四时期期刊介绍》，3，第 292—294 页。
② 《宁波工厂周刊》、《五四时期期刊介绍》，3，第 289 页。
③ 《工界》，《五四时期期刊介绍》，3，第 301 页。
④ 胡适，《密勒氏评论报》，1920 年 7 月 10 日，第 324 页。
⑤ 《五四时期期刊介绍》，3，第 303 页。

颇为相似的经历——成长的经历。因此,资产阶级黄金时代的乌托邦,在现代中国经济思想的发展史中占有特殊的地位,反映了那个时代短暂的现实:随着第一次世界大战而产生,但却是没有前途的经济奇迹。

民族主义的动员

　　资产阶级并不是一个单纯的阶级,其各个组成部分,对于外国势力和侵略的反应也是不同的。在这方面,马克思主义在民族资产阶级和买办资产阶级之间的分析,所划分的界限,看来并不正确。一方面,大部分新式民族工业都依赖外国人——即使只是在财政资金上;外国银行一直为中国工业提供直接贷款。例如亚细亚银行就向郑州豫丰纱厂投资,还有日资东洋拓殖会社、东亚兴业会社、中日实业会社等,也都曾向中国企业投资。[①] 同时,由于缺乏资金(这是当时经营方式所固有的问题),中国企业家不得不向旧式银行(钱庄)取得短期贷款,而这些钱庄本身又是部分由外国银行提供资金的。另一方面,即令有任何纯粹的民族资本确实存在,也不能认为是民族资本主义产生的主要条件。在有些情况下,由于中国企业家从与外国人的经济合作中获得利益,自然就倾向妥协。因此,在五四运动开始时,上海总商会采取的亲日立场,可以用其主席朱葆三和主要的理事们,如广州商人顾馨一、买办王一亭、宁波的煤炭商人谢蘅牕等人,与日本财界和商界的商业关系来解释。[②] 但是经济上的依靠,并不意味着政治上的屈从。就在这同一时期,天津买办、同业公会的积极反日分子主要支持者,就是天津商会副会长卞荫昌。[③] 因此,资产阶级的爱国主义,并不依赖于纯粹华资企业的发展。

　　各商业和职业团体发表的声明和采取的立场表明,爱国主义分裂成为激进的和温和的两翼。正如所已指出的,上海总商会在参加五四

---

① 周秀鸾:《工业的发展》,第 80 页。
② 周策纵:《五四运动》,第 243—244 页。
③ 《北京时报》,1919 年 11 月 21 日。

问题上表现得犹豫不决；当其在5月13日决定参加时，也是十分谨慎；而在6月3日，拒不批准由学生所发起的罢市。面对这样的既成事实，商会的主要考虑是维持秩序。商会的临时会长虞洽卿对地方军政当局要求商店开市，努力从旁协助。6月9日，商会正式宣布罢市，但是商人们没有服从这个决定。在整个这段时间内，别的组织在起带头作用。上海商联会于5月6日致电大总统[1]，抗议凡尔赛和会的决定称，"至学生爱国，起与卖国贼为难，正合全国民意……应请政府垂念学生，无罪即行释放……否则，全国暴动，更难收拾"[2]。在5月10日的电报中，商联会进一步谴责了总商会的亲日立场。6月4日，地区商会就已讨论了罢市的计划。正是这些商人在6月5日自行决定关门罢市，并在门上贴出启事，"因外交失败，无心营业"[3]。6月9日，宁波、广州、山东帮会和宁波同乡会，措辞尖刻地拒绝了总商会要求复工的呼吁[4]。

这些不同联合会的积极参与和总商会的节制之间的差异，部分反映了其社会组成的不同，银行家、买办、工业家和企业家为一方，商人、小店主为另一方。但是现在只有极少数会员还能弄清姓名的这些联合会，到底有多大程度上是代表了资产阶级的一个特殊阶层？这个阶级的结构还很不完善，不同集团之间的联系很复杂；同是一些人，在积极的和保守的两类组织中都担任领袖。上海总商会会长朱葆三和主要的董事虞洽卿，同时也都是上海商业公团联合会有影响的董事。顾馨一是地区的商会会长，同时也是总商会的老牌领袖。这些人的态度是可以随时改变的，并且显然是自相矛盾。5月底，支持改良派的虞洽卿，参与了要求朱葆三复职的活动，朱葆三因其亲日的立场于不久前下台。另一方面，上海商业公团联合会的创建人之一，广州买办兼实业家陈炳谦，却同时又是保守派的领袖。[5]

---

① 校注：1919年时总统为徐世昌。
② 周策纵：《五四运动》，第172—173页。
③ 同上书，第386页。
④ 同上书，第389页。
⑤ 桑福德：《商业的组织和状况》，第342、361页。

这种政治倾向上的混乱，说明社会组织的阶级结构还未能彻底和家族与地区的关系分离开来。并且，出于对儒家教义的尊重和社会威信的需要，激进派资产阶级继续有赖于其长辈。在上层资产阶级方面，为了不脱离广大工商业者阶层，常常又不得不认可这些长辈们的决定。在 1919 年至 1920 年，公共租界的中国居民和工部局的斗争中，商会勉强支持马路联合会的店主们宣布的抗税斗争。因为按照朱葆三的说法，既然商人们都反对交这些税，商会也只好与之采取相同立场；因为我们也是商人，应该与商店主采取共同行动。①

经济的繁荣和近代商人的出现，促进了商人的团结和儒家式的民主，从而淡化了利益上的差异；但这些企业家有时也和其长辈们一样保守。例如穆藕初就坚决反对 1919 年 6 月的罢市。然而这些新式商人宁愿作出必要的妥协；调和激进派和温和派的责任，就落在这些人的肩上。1920 年，聂云台当选商会会长，为这种妥协打下了基础。以同样的方式，公共租界的商人和居民，在抗议上海总商会"未经纳税人同意，就自称为其代表"以后，却选举了穆藕初、宋汉章和银行家陈光甫进入顾问委员会，负责在工部局中为其代表；穆、宋、陈三人都是商会的董事。②

这种激进分子和温和分子之间的合作，似乎在天津也重演了。天津商会颇不愿在副会长卞荫昌的诱导下，去参加抗日运动。卞荫昌的支持者有买办、纱厂，以及各类活动家组成的商会联合会和一个十人团。③

由于其内聚力，从最激进的一派和学生、雇员以及一些工人形成的联盟，资产阶级从其中得到了好处。这个联盟支持城市广大民众的要求，而使之得以实现市民作出的贡献。正是因为上海总商会和各银行联合会的坚持，北京政府才同意于 1919 年 6 月 10 日将三个亲日派部长④撤职。另一方面，群众运动的热情使资产阶级在国家利益和名

① 《北华捷报》，1920 年 4 月 24 日，第 185 页。
② 《北华捷报》，1920 年 6 月 12 日，第 660 页；1920 年 12 月 11 日，第 745 页。
③ 《北京时报》，1919 年 11 月 21 日。
④ 校注：此三部长为曾任财政部次长及驻日公使的陆宗舆，财政部总长曹汝霖；时驻日公使章宗祥，曾任司法部总长。

义下，增强了自己对抗外国势力的地位。

经济抵制，是进行国民动员卓有成效的资产阶级方法。1905年的反美运动，1908—1915年的反日运动中，商人们都用其自身的方法，来抗议外国的侵略和不平等行为的反应虽是激烈，但却为时短暂，且常带有排外主义，因而在政治上与经济上之成效均甚微。1919年以后，在五四运动激起的民族主义鼓舞下，这种经济抵制遂成永久性的。紧接在1919年至1921年的运动之后，又爆发了1923年的运动①，一直延续到1924年；到1925年至1926年发展成普遍性的运动②，其后又成了革命斗争战略的一部分。③ 在这期间，资产阶级常力图利用经济抵制来争取民族市场，促成一个新的工业社会。

从1919年至1923年，抵制运动完全是针对日本的。在第一次大战期间，西方列强自中国撤退，日本的廉价"劣货"潮水般充斥中国市场，直接和中国企业的产品竞争。1919年至1920年，由学生发起，而由商人付诸实施的抵制日货运动，不失成为缺乏关税保护的一种补救。日本在中国新建企业的速度减慢，日货的进口减少，也许部分是由于这一抵制运动。不过，除了抵制运动以外，日本当时正经历着危机复苏期，很难区分两方面原因所导致的后果有何不同。在抵制日本"劣货"的同时，中国掀起了提倡本国产品和"服用国货"的爱国运动，遂使这一运动的性质发生了根本变化。抵制运动不再是对某一特定措施，或对某一特定政策的敌视，而是变成了促进中国建立自己工业"长远计划"的永久性组织原则。"当每一个地方都回响着'中国人自己建立的股份工业公司万岁'的口号声时……这一次抵制运动的目的才算达到了。"④ 资产阶级所表现的已不再是排外思想和短暂的激情，而是代之以工业救国思想。各种情绪的反应必须让位给

---

① 校注：指我国要求废除"二十一条"与日军撤出山东，归还原胶州湾德国租界地及胶济铁路。
② 校注：指五卅运动及其以后反帝运动。
③ 校注：指国民革命的"打倒列强，除军阀"的战略。
④ 日本外务省外交档案：《中国抵制日货，杂件 M. T. 3. 3. 8. 5－1》，（1919年）。从烟台致领事的急件，1919年8月29日（编号740856—740873）。

"国策"①。抵制运动首先要考虑到"民族经济利益"②。这是目的，不是手段。③聂云台将这个分析引向极端，变成了类似甘地的不合作主义。④

在这样的环境中，抵制的责任又落到商人的肩上，在此后应实施抵制的各种规定，商人并亲自保证加以监督⑤，学生则不应参加进来。这实际上是为了防止出事故和出现混乱，是为了避免无谓的财产损失，也是使群众运动为资产阶级的经济发展服务。

在 1919 年至 1920 年间的各种经济报道，充满了有关抵制对建立中国工业激励作用的记载。⑥但是，如何能把构成这种形势的特定因素，从其背景中孤立抽取出来加以考察呢？

资产阶级为了特定的具体任务而进行斗争时，是比较容易评价其结果的。1920 年 10 月，列强签署了一项协定，决定组织一个国际银行团，负责向中国当局提供全部政府贷款。银行团企图以贷款担保的方式，取得对中国公共收入的控制权，如铁路的收入，甚至——根据一再否认的谣传——地产税。银行团的条款公然规定，"欢迎中国资本予以合作"⑦。中国的金融团体 1920 年 12 月举行第一次全国会议时，决定不申请加入这个银行团，自己组织一个银行团以应对外国的挑战，并称："国际银行团一再宣布援助中国的意愿……对此，我们深表谢意。但是，对中国行政事务进行根本性改革，是中国人自己的事。"⑧

《上海总商会月报》发表了一篇措辞强硬的社论，谴责列强包藏

---

① 《提倡国货之我见》，载《上海总商会日报》，4.5（1924 年 5 月），《言论》栏。

② 文汉：《由工业见地上论维持国货与抵制日货》，载《实业杂志》，71（1923 年 9 月）。

③ 《提倡国货之我见》，载《上海总商会月报》，4.5（1924 年 5 月）。

④ 聂云台（聂其杰）：《为日兵枪杀市民警告国民》，载《上海总商会月报》，3.6（1923 年 6 月），《言论》栏，法文译文见 M. 克莱尔·贝热尔、张瑞福：《救国！中国的民族主义与 1919 年的五四运动》，第 103—114 页。

⑤ 峙冰：《国权回复与经济绝交》，载《上海总商会月报》，3.4（1923 年 4 月），《言论》栏。

⑥ M. 克莱尔·贝热尔：《中国 1919 年的五四运动：经济局势与民族资产阶级的作用》，载《历史评论》，241（1969 年 4—6 月），第 309—326 页。

⑦ 伍德海编：《中国年鉴 1923 年》，第 674 页。

⑧ 《张嘉璈访问记》，载《密勒氏评论报》，1921 年 1 月 29 日，第 470 页。

祸心，并揭发其"经济瓜分"的诡计，认为中国正受到这一阴谋的威胁，指出"指鹿为马，以鸩为醴……昔之自由割据各独享受者，今变为合力并吞分赃享受耳"①。

中国官员和财政界坚持不懈的敌视态度，使国际银行团的投资计划未能实现。这是资产阶级的一个政治胜利。在此前的年代中，资产阶级力图在经济现代化的进程中取代外国人，也获得一些成就；现在要取代外国人，充当向政府提供贷款和控制政府财源的人了。列强由于低估了中国银行家的力量和决心，犯了一个错误。1921年11月至1922年2月的华盛顿会议，为列强提供了一个改正错误的机会。在英国支持下，美国的外交政策把赌注押在中国的资产阶级身上，推行了预示20世纪后半期的新殖民主义政策，力图确保中国的权力过渡到地方精英分子，特别是实业界人士手中。

华盛顿公告发表以后，中国的舆论被发动起来了，进行一场声势浩大的"国民外交"运动，各商会和金融团体在其中起着领导作用。这种由公众直接进行的外交活动，宛似一个没有统一政府的国家，也是在其政府代表的合法性引起争议时的最后一着。正是如此，1921年10月12日至17日，教育界和商会代表在上海举行联席会议时，蒋梦麟和余日章两位代表奉命去华盛顿表示"民意"②。这些区别于政府代表团的"国民"代表，主要是教师，但这两位国民代表和商界都有密切关系。蒋梦麟是一位钱庄主人的孙子，家里是上海钱庄的股东，在1918年和孙逸仙合作出版《中国的国际开发》一书时，对经济事业就发生了兴趣。余日章作为基督教青年会的总干事，也和实业界的领袖们有着千丝万缕的关系；同时，作为公共租界工部局的议董（在工部局中代表中国居民利益），和银行家宋汉章、陈光甫以及纱厂主穆藕初都有联系，都是亲密的同事。③

---

① 茹玄：《新银行团与经济瓜分》，载《上海总商会月报》，1.6（1921年12月），《言论》栏。

② 《全国商教联席会议始末记》，载《上海总商会月报》，1.4（1921年10月），《纪事》栏。

③ W.S.A.波特：《参加太平洋会议的人民代表》，载《密勒氏评论报》，1921年10月22日。

在华盛顿会议中，国民代表们虽是间接的，但却起了积极的作用，捍卫了中国在山东的主权，要求恢复在国际上的平等地位，而这是金融团体和商会所特别强调的。华盛顿会议，部分实现了中国民族主义者所寄予的希望。无疑，这也是由于世界列强外交战略的互相冲突，才使中国国民外交获得这一成功的结果。"如果一只瞎眼的猫抓住一只老鼠，那完全是由于运气！"一位英国记者这样评论说。① 但是，毕竟还是需要那只瞎眼的猫把爪子伸出去。中国资产阶级通过自己的组织，表现了其存在和决心；正是在这一点上，才导致英美将外交赌注押在其身上。

实际上，华盛顿会议以后，在华的外交官和企业家的呼声也有所提高。"代表中国经济生活的人们，有责任直接参加中国的政治改组"——新任英国驻华公使麻克类爵士到北京就任时就作如是说。② 而汇丰银行总裁 A. O. 兰则认为，"正是中国商界舆论和既得利益集团的主要部分……将证明其在不久的将来是主要力量。"③ 太古洋行老板兼上海英国侨民组织的中国协会主席 E. F. 麦凯对此又作了进一步的发挥。④ 这些呼声提出的根据，是各埠"所有"商人的利益都是一致的。要使经济发展陷于瘫痪的动乱停止，中国人和外国人都能从中同样得到好处。中国商人有责任保证外国人所企盼的政治改革得以进行；这种改革的动力应来自中国社会内部，但也可有从外部加以援助。因此，外国人向中国商人发出的这些敦促，充满了各式各样提供援助的建议。《字林西报》社论作者建议，"一名具备良好资格的顾问，在商界的支持下，能够代表一个诚实的政府很快改组财政工作"⑤。而 E. F. 麦凯则预言，在清除了腐败的官僚以后，"商界将接管权力，必要时可以由外国顾问协助"⑥。

---

① 《北华捷报》，1922 年 2 月 18 日，第 420 页。
② 《麻克类爵士与中国商人》，载《北华捷报》，1923 年 2 月 17 日，第 446—447 页。
③ 《北华捷报》，1923 年 3 月 10 日，第 664—665 页。
④ 《北华捷报》，1923 年 5 月 19 日，第 471—472 页；1923 年 6 月 23 日，第 818 页。
⑤ 《向商人们说的老实话》，载《北华捷报》，1923 年 4 月 4 日，第 77 页。
⑥ 《北华捷报》，1923 年 6 月 23 日，第 818 页。

外国人正在精心策划一场政治运动，急于利用其潜在力量，动力似乎来自汉口。1922 年 11 月，在该地曾开了一次万国公民大会，并且和正在该地举行全国联席会年会的中国各商会的代表取得联系。[①] 双方就遣散军队和建立立宪政权方案达成了协议。资产阶级热烈欢迎这一政治上的合作，但极力否认其有建立"一个附属于他们（外国人）的封建资本主义制度"的任何意图——这是共产党的《向导周报》对其所作的指控。[②] "敦请一友邦为佐理，系自动的而非被动的……系暂时的而非永久的。"[③] 孙逸仙本人在 1923 年 1 月 26 日发表的《和平统一宣言》中，似乎也支持"和平之要，首在裁兵"的主张，认为可以"敦请一友邦为佐理，筹划裁兵方案及经费"[④]。

英美外交政策所设想与中国资产阶级合作的建议，意在推动中国资产阶级逐步在国家政治生活中起重要作用的角色；但其这一意图显得异常的不够成熟，因为中国资产阶级在当时，尚无力承担其外国老师梦想赋予的政治使命。

行动中的自由主义

要了解资产阶级在 20 世纪 20 年代所进行的，但又是失败的政治游戏，必须对其发展的环境进行深入的考察。不掌权的资产阶级政治心理的形成，不可避免要受到既定政权性质的制约。在中国当时，传统的观念和名流阶层已经衰落，却又未能引入新的自由予以填充。在这个失去了已经验证的组织形式的社会中，在社会和经济方面已渐趋成熟的中国资产阶级，形势要求承担起各种责任。专制主义已不再与帝制或袁世凯的军事独裁有紧密的联系，但其仍然存在，并以军阀割

---

① 《北华捷报》，1922 年 12 月 16 日，第 711—712 页；雪莉·加勒特：《中国城市的改革者：中国基督教青年会，1895—1926 年》，第 171 页。

② （蔡）和森：《外国帝国主义者对华的新旧方法》，载《向导周报》，22（1923 年 4 月 25 日），第 158—160 页。

③ 蔡和森：《反对"敦请一友邦"干涉中国内政》，载《向导周报》，19（1923 年 2 月 7 日），第 158—160 页。

④ 《和平统一宣言》，载张其昀编：《国父全书》，第 755 页。

据的形式出现。其为数之多,使之反对军阀者虽付出巨大代价后,所取得的胜利也完全没有意义。如果说资产阶级的参与常常表现为模棱两可,毫无章法,而且收效甚微,部分则为其在形成过程中所处之政治环境性质所决定。

军阀时代是毫无安全感和争权夺利的时代,每个社会集团都受到影响。处身在条约口岸外国租界的资产阶级,可以避免内地商人所受的抢掠和横征暴敛;但其经济活动是在地区交流的框架内发展的,因此,资产阶级社会关系的可靠性也就每况愈下,并受到交通及货币混乱的直接不利影响。军阀混乱的冲击对半自给自足农业社会的影响,具有波及面较小的特点。如果一个村庄被一支路过的军队蹂躏,而相距不远的另一村庄就可能幸免。但是,这些社会动乱的扩散,尽管发生在广大的地区在受灾难波及之后,却可以不改变地区性和局部性的基本特点。这是一场分散灾难的积累。商人也和其他的人一样,要受到这些事件的损害,店铺被抢劫,仓库被焚毁;同时还要遭受发生于别处的混乱之苦,有时甚至是来自相距很远的地方。四川的战争对江苏的农民不会造成威胁,但却使上海的工厂主失去了一个重要市场。在 20 年代初,商业资产阶级的发展与繁荣,是直接有赖于中国国内和平与民族团结唯一的阶级。就这点而言,资产阶级可视为是反对和平与统一的军事独裁的直接牺牲品。

资产阶级所建议的政治上补救方案,各商会和金融团体所通过的决议,在企业界各种专业刊物的社论中都提了出来。而在许多方面,这些方案和社论紧跟《努力周报》所发表的思想;《努力周报》是胡适及其周围自由主义理论家们新创办的刊物。资产阶级和知识分子两个集团,都同样呼吁"好人"参政,寻求用专门技能来解决专门性"问题",开出了"好人政府"的药方(也就是所谓"公开的政府",必须将财政收支向全国公布),并要制订计划,使之能在保存个人主动精神的前提下,确定各个阶段的发展。①

---

① 胡适:《我们的政治主张》,载《努力周报》,2(1922 年 5 月 14 日)。杰罗姆・B. 格里德英译,见其《胡适与中国的文艺复兴》,第 191 页。

　　这些彼此类似的观点，可以从各种个人的、家族的和组织的关系中得到解释，正是这些关系，才将城市的名流们联合在一起。例如1922年10月，教育联合会的代表和商会联合会的代表，在上海开"全国商教联席会议"，共同拟定政治主张。[1] 但是无论如何，不能将企业家们看作是胡适的信徒，其中的大多数人都是通过妨碍其发展经济的种种障碍，如军事独裁，财政混乱，官吏专横跋扈的认识，而独立获得自己的政治觉悟，不存在胡适成为中国资产阶级的代言人问题。外国的影响在胡适的政治思想中占主导地位，就排除了这样理解的可能性。但是这两股思潮——文化的和资产阶级的却一直紧密地结合在一起。中国的自由主义，经常被认为是中国文化史中异常的插曲。正是由于资产阶级的卷入，自由主义才具有政治和社会意义。

　　虽然《努力周报》的思想家们和商会中的实干家们，所采取的立场往往是完全相同的；在行动中，自由主义还是被歪曲了，或者说作了必要的修改。自由主义中国化最惹人注意的特点，就是其以捍卫地区的自由代替了捍卫个人自由。胡适与其友人由于受了西方模式的影响，主张保持个人的权利。企业家们则根据其共同的或各自的实践，将保护其社会集体不受政权的过分干涉，视此为高于一切的任务。但是由于接受了辛亥革命失败的教训，资产阶级只好采取折中办法，将自治的愿望寄托在更加广泛的组织体系上，认为只有如此，才有可能最终保证自由的实现，其结果，就是从传统的"自治"主题转向"联省自治"。中央政权的式微，给了资产阶级重新规定其与国家关系的机会。资产阶级极力想打破多少世纪以来的恶性循环，即或企业自由和社会动乱并存，或政治稳定和经济剥削（或压迫）同在，这一直是设想任何新的国家结构仅有的选择。这样，在一段时期内，自治和联邦主义成了资产阶级实现其政治策略和阶级抱负的工具。

　　自1920年起，自治运动好像把基本上互相对立的支持者聚集到

---

[1] 《全国商教联席会议始末记》。

了一起，其中包括保守的名流和开明的士绅，或者是野心勃勃的军人，革命的知识分子和商会。资产阶级力图利用自治运动来实现其互相矛盾的愿望，即自由与秩序。商人们鼓吹制定省宪，鼓励恢复地方政府机构，希望借此来加强自己的权力，以对抗来自政府或军事官僚机构的干涉。在这场运动中，首先受益的是非官方的乡绅；正如我们所已经看到的那样，商人阶层起着越来越大的作用。

此外，省或地方机构，看来特别适宜开展"职业主义"的活动。这个活动，正是当时从丁文江到武堉幹等自由主义思想家所鼓吹的[1]，部分是受约翰·杜威的行会社会主义的说教所启发。职业主义提倡将公共事务的责任，交给专家。"工匠、农艺师、教授和知识分子的政府万岁！劳动者的政府万岁！……打倒无所事事人的政府！"[2]《上海总商会月报》以论战的口吻重复了这一主题，主张"职业政治"，剥夺一切"无职业者"的公民权——指"贵族、军阀、官僚和政客"[3]。

大多数制定省宪的主张没有走得这么远。省宪在保护职业利益的同时，也给地方当局以广泛的经济权力，例如管理铁路、电话、电报，以及创办发行纸币的银行。[4]

资产阶级不只是希望通过自治从官僚主义下获得解放，希望按着自己的利益建立控制社会的有效体系。新近的研究强调，在自治的政府各机关和"里甲"型征税制度，或发展到"保甲"型保安制度之间的共存关系。[5] 20 世纪 20 年代初，商团的发展同样证明，企业界急于负责保障社会秩序的愿望。1916 年，对这类团练组织作了严格规定；这是袁世凯 1914 年解散地方议会的结果，表明了官僚主义复辟。随着自治运动的发展，商人们要求放宽对团练组织的限制，"请政府

---

[1]　丁文江：《少数人的责任》，载《努力周报》，67（1923 年 8 月 26 日）。武堉幹：《联省自治与职业主义》，载《太平洋》杂志，3.7（1922 年 9 月）。

[2]　《北华捷报》，1920 年 10 月 28 日，第 223 页。

[3]　（邓）崎冰：《时局杂感》，载《上海总商会月报》，3.2（1923 年 2 月），《言论》栏。

[4]　谢瀛洲：《中国的联邦主义，对部分省宪法的研究》，第 83、204 页。

[5]　孔飞力：《民国时期的地方自治：控制、自主和动员问题》，载魏斐德、卡罗德·格兰特编：《中华帝国晚期的冲突与控制》，第 257—298 页。

允各商会自练商团而行自卫"①。汉口商会援引汉撒同盟②的先例，要求组织真正的城市联盟，并认为如果全国各城市能真正团结一致，商人将拥有极大之权力。③

虽然北京政权的衰落鼓励了自治的倾向，但商人们也遇到消极影响；没有任何方法可以维持社会秩序，也没有办法引导经济现代化，因为经济现代化要加速前进的步伐，要求有统一的货币和关税制度。从各个商会提出要求中央发出命令、禁令、纠正错误等议案中，表现出其强而有力对国家的怀念。因而，即使是要求自治的同时，商人仍不肯放弃中央集权的好处；认为采用联邦制就能克服这一矛盾，完满的调节中央政权与地方政府之间的关系。

知识界展开了一场关于宪法知识的较量，不断地比较德国、奥地利和美国宪法的优劣。而上海总商会坚持市政管理和警察职能必须归地方当局负责，主张工矿企业不能由中央政府管辖，"不但因为这样会使工业本身的发展陷于瘫痪，而且还会使中央政府有可能将这些企业的权益抵押或出售"④。因此，资产阶级一方面害怕国家政权的专横行为，另一方面又感到自己不能没有这个政府。经过10年的篡权夺位和高压政策之后，资产阶级感到复兴1912年《临时约法》所建立的民国法律实体，是困难的。1921年10月，商业公团联合会支持召开国民会议的主张，建议各省议会和各商业、各教育团体的代表聚集在一起负责决定政体，保证统一国家，遣散军队和改组财政。⑤

在1922年3月至9月国民议会开会期间，大会只限于提出一些宪法草案。与此同时，自由主义者和资产阶级的确都寄希望于吴佩孚将军。吴佩孚把1917年解散的旧国会议员，都召回到北京，似乎要以共和国法统的名义打出重新统一全国这张牌。可是1922年北京的

---

① 《"请合呈政府特许全国商会自练商团案"：四川成都总商会代表提议》，载《上海总商会月报》，3.4（1923年4月）。

② 校注：14世纪至15世纪德意志北部城市结成的政治与商业同盟。

③ 《"保护商埠安全议案"，汉口总商会提议》，载《上海总商会月报》，3.5（1923年5月）。

④ 《北华捷报》，1923年1月6日，第8页。

⑤ 茹玄：《关于国是会议之片言》，载《上海总商会月报》，1.5（1921年11月），《言论》栏。

政治春天太短了，不可能出现商界所企求的宪政复兴。重建地区自由和共和原则的努力，遂以完全失败而告终。

在省一级，自治运动被善于投机取巧的武人所利用，成了变相的军阀割据。在国家一级，1923 年 10 月 10 日颁布的宪法，则是中央集权和单一政府的胜利。

不过，这部流产的宪法，条文比其颁布时的形势更为重要。曹锟于 1923 年 6 月 14 日发动政变，解除黎元洪总统职务所引起的最后危机，葬送了这部宪法想要恢复民国的合法实体。为了解决这一全国性的危机，上海总商会想建立一个商人政权——其迅速以半喜剧半悲剧的方式而崩溃，说明中国资产阶级所起作用的局限性。

6 月 23 日，上海总商会召开非常会议，会上"宣布独立"[1]。脱离[2]，作为中国历史上表示反对的典型形式，一般是地区掌权者所采取的行动；从地理的观点来看，此种现象一般表现为混乱年代政治重心的突然转移。现在，像上海总商会这样一个既无地盘，又无军队的组织，竟然采用这种战略，未免令人感到吃惊。上海商界在和信誉扫地的民国合法政府断绝关系以后，又回到这样的看法，即中国政治要交回"人民手中"才能得到解决——就是召开国民会议。但商界不愿将这个会议扩大，让各方面的都市名流都参加；自行建立一个由 70 名委员组成的"民治委员会"来恢复"民主"，总商会的 35 名董事成了委员会的当然委员。这个商人政权，抛开了各省自治的庇护，又无任何宪法根据，实际是要求统治整个国家。

商会的这个胆大妄为的做法，引起了两位国民党员徐谦和杨铨的讽刺性批评说："最可笑者，上海商会妄欲组织商人政府……若除商人外无人民者，又若除上海商人外无人民者……""我国商人向缺乏政治常识，每激于一时之热情，辄思有所振作，殊不知盲从妄作，根本已错……今日上海之商人政府，仅限于商会中会员……以之办理本

---

① 《上海总商会月报》，3.7（1923 年 7 月），《会议记载》栏；美国国家档案馆，驻上海总领事克宁翰电，1923 年 6 月 26 日，89300/50950。

② 校注：原文意为脱离、退出，即中国历史上习称的宣布"独立"。

商会范围内之事，固属甚宜；若谓其即可处理国事，宁非可笑?"[1]
说来奇怪，唯一的鼓励来自毛泽东，支持其统一战线政策，说"上海
商人……采取革命方法，鼓起担当国事的勇气，进步的非常之快"[2]。
曾经鼓励商人参与政治的美英外交官们，对事件的发展并不感到庆
幸。《字林西报》讽刺商会要求军人不要干涉政治的做法，把商人比
做伊索寓言中的老鼠，问道："谁去给猫挂上铃铛呢?"[3]

商人政权的幻想，事实上很快就消失了。从8月起，上海总商会
又开始和军阀们谈判维持当地和平的问题；民治委员会让位给一个反
对苏浙两省战争的苏浙和平协会。[4]

商人们既无建立新的政权，只好进行谈判——如其一向所作的一
样，和现在的当权者谈判。不过在黄金时代的那些年，传统的实用主
义谈判，此时取得了新的意义；除了保护某些集团的利益外，还能通
过对具体问题的逐步解决来保证其进步。在胡适的鼓吹下，这种主张
被中国银行家所采纳，用来处理其与已衰弱的中央政府之间的关系，
想借此迫使政府接受其主张，"在进步已不可能的局势下，总也需要
采取某些步骤"[5]。

第一次世界大战以后，北京的中央政府的财政极为困难，又不能
向外国贷款（受1920年新银行团协议的限制），中国银行家因之处于
强势的有利地位。中国的新式银行被外国银行截断了向对外贸易提供
贷款的渠道，又被旧式的钱庄堵死了向国内贸易网提供资金的通路，
于是就利用政府增加国内借款的机会而获利。由于国家财政处境艰
难，这种投资比表面上看起来往往更有利可图。利息实际上是按债券
的面额计算的，而债券常常是以极高的贴现率取得的，利润与风险成

---

① 《"商人政府"的批评》，载《东方杂志》，20，11（1923年6月20日）。
② 毛泽东：《北京政变与商人》，载《向导周报》，1923年7月11日，第31—32页。
③ 《字林西报》，1923年6月26日。
④ 校注：1923年8月初，苏浙和平协会发起人张一麐等，奔走于宁沪杭当局之间，于19
  日，江苏督办齐燮元与浙江督办卢永祥及淞沪护军使何丰林签订第一次苏浙和平条约，
  但并未能阻止苏浙战争的爆发。
⑤ 蔼庐：《金融界今后之觉悟如何》，载《银行月刊》，2.5（1922年5月），《评谈》栏。

正比：二者都很高，因为在政局混乱的情况下，公款的投资与兑现自然是非常危险的。

大多数从事这种业务的银行，不是具有官方的地位，就是和政界有某种关系。这些银行大都设在北京或天津，其董事和贷款人中，就有不少过去的总长或未来的总长，例如周自齐、王克敏、曹汝霖、叶恭绰。

北京的银行界和政界之间的关系微妙，可以利用交通系的活动来加以说明。人们会乍然以为自 1920 年以来，使银行家们和总长们分裂的对抗，只不过是掌握统治权的军事政治官僚集团内部派系斗争的表现。[①] 这样的分析也对，但不够全面，没有考虑到在银行家之间已发展至团结一致，以及其对政府的无能与错误的不满。

北京银行家协会体现了当地金融界的团结和力量，其在全国银行公会联合会中的影响，足可以与上海各银行的影响相抗衡。1920 年12 月 6 日，全国银行公会联合会在上海召开第一次代表大会时，警告政府称，如果想得到资金，就必须缩减军费开支，调整内债，改革币制。[②] 用张嘉璈的话来说，银行家们的不妥协态度，只不过是"他们爱国心的表现"，"他们准备为任何有助于国家的公债提供强有力的支持"[③]。1921 年 1 月成立的中国银行团，在政府同意为国家公共利益而工作的前提下，与其帮助政府的意愿是一致的。银行团随即拨给的款项，如车辆借款，沪造币厂借款，北京十月借款，都是在银行团成立后不久贷与的，并附有严格的条款；强制性规定改革币制和整理内债。政府同意银行团的要求，指派了一个币制改革委员会，并公布一个偿还长期贷款的计划。

银行界成为对北京政府高度警惕性的批评者，当时似乎成了代表国家更高利益的发言人。"这是一部分民众的主张——开始时，势必只能是一部分人对其统治者的主张，这就意味着民主……从财政繁荣

① 参看本书第五章；并参看安德鲁·J. 内森：《北京 1918—1923 年的政治斗争：派系活动和宪政的失败》，第 74—90 页。
② 《全国银行公会之建议案》，载《东方杂志》，18.3（1921 年 2 月 10 日）；英译文载《密勒氏评论报》，1921 年 1 月 22 日，第 412—414 页。
③ 《密勒氏评论报》，1921 年 1 月 29 日，第 470 页。

和民主的立场来看，近来中国银行家们的发展应该受到赞扬。"① 但是，为一切人而建立的控制，与为私人利益而建立的控制之间——即在民主与财阀统治之间的界限是非常不明确的。银行团在 1922 年贷款给梁士诒内阁时，就把自己的原则抛在脑后去了。在贷款合同中，银行家们获得了异常高的利率，放弃了对政府的控制而愿为其效劳，并把赌注押在政府身上。用来代替不彻底的自由主义，是不起作用的实用主义。

于是，资产阶级的政治能力成了问题。中国的商人和银行家们，是不是应像那些失望的皮格梅隆，如外国批评家所指责的，认为是其缺乏主动性呢？还是真的"无力作出任何有效的与建设性的集体努力"② 吗？真的"总是宁愿花钱而不愿承担起自己的责任"③ 吗？

无疑，资产阶级失败的原因，在于其政治上不成熟的反复无常，有时仓促行动而不能坚持到底。"在各商会中不乏远见卓识之士……但不能不令吾人引为焦虑者，即休会之后众人作鸟兽散……谁将为实现此未竟之业者？"④

这场失败还可以从所用的方法，所选择的目标，中国政治生活中一些持久的因素来解释；方法就是妥协和谈判。商人们相信，其声明和通电能说服军阀放下武器。"谁会相信军阀们会充耳不闻，一如既往扩充军队呢。"⑤ 也有一部分人清楚地看到这种方法的现实，认为"与督办和政客们商谈解散军队……这无异于与虎谋皮"⑥。但是，这种战术本身，不正是与其所朝向的目标紧密相连的吗？这种战术不正是以此来寻求胜利，保证其为自由主义不可分割的一部分吗？这种战

---

① 厄普顿・克洛斯（约瑟夫・W. 霍尔的笔名）：《中国银行家坚持自己的权利》，载《密勒氏评论报》，1921 年 2 月 19 日。

② 《京津时报》，1923 年 4 月 19 日。

③ 《密勒氏评论报》，1921 年 10 月 8 日，社论。

④ 《"请维持全国商会联合会通过议案力争实行案"：湖北宜都商会提议》，载《上海总商会月报》，3.4（1923 年 4 月）。

⑤ 《请分呈各巡阅使各督军息争保民谋统一案》，载《上海总商会月报》，3.6（1923 年 6 月）。

⑥ （邓）峙冰：《时局杂感》，载《上海总商会月报》，3.2（1923 年 2 月）。

术不是已经成为自由主义的一种表现了吗？

在 20 年代的中国，实现自由主义的出路究竟如何呢？根据历史上反复出现的理论——无论热衷于输出样板的美国公使雅各布·古尔德·舒尔曼，还是急于从中汲取灵感西化的精英人物胡适，都不承认这个理论，在精心设计的自治和议会程序的形式下，自由主义的政体只有在一个自由主义的社会中才能发挥作用。这里指的是一个稳定的社会，在其内部具有最低限度的一致性，使不同利益的集团即使完全对立，也不致因其分歧而演变为暴力行为，也不致引起永久的社会分裂。认为自由主义对饱经内战及主权受到威胁的中国，所患病症的医治无能为力，还是不够的；实际上，这些病症已十分严重，自由主义根本无法在中国扎根。

但是，1920 年至 1923 年期间自由主义的努力，却不只是思想史的表现；其与城市社会的兴起同时，基础是大企业和现工业，而且集中在条约口岸。这个都市社会和广大的内地农业地区相比，虽享有较多的自治，而在经济上和政治上却不能离开内地而生存；但却又无力确保与内地结合成一个整体，更不能对其加以控制。事实上，将无数的市镇、村庄和农民的中国统一起来，并使之发展，不仅是自由主义，即使是中国化了的自由主义，也是无能为力的；需要自由主义之外的意识形态，就是官僚机构和军事力量。中国的资产阶级在其黄金时代虽然在经济上逐渐繁荣，始终都未能克服上述矛盾。

从经济危机到政治上的退让，
1923—1927 年

1923 年以后，经济奇迹的结束和革命运动的勃兴，使资产阶级越来越孤立。资产阶级和外国人的合作在瓜分利润时，本来已很困难；到经济危机袭来时，更变成殊死竞争。但是资产阶级即使退到反帝国主义的立场，却也不足以使其与激进的知识界或无产阶级结成同盟。这些人的革命民族主义的社会主张，对于雇用者来说，其危险性并不亚于竞争。资产阶级一方面在其外国伙伴已不再装出合作的样子时，不肯与之合作中妥协；另一方面又不会走上直接威胁到其切身利益的革命道路，而宁愿促使传统类型的国家权力的重建，即官僚主义和军事独裁的复辟。希望这样既能保证民族解放，又能保证社会秩序的稳定。

经济危机与帝国主义卷土重来

资产阶级在政治上失败以后，经济危机又打破了其与外国进行合作的迷梦。华盛顿会议的精神消失了。1923 年，西方列强在谴责日本对中国进行扩张政策的同时，仍然重申和日本保持团结。帝国主义侵略的恢复，粉碎了中国资产阶级寄托在外国人的"通情达理"和"良好愿望"之上的希望。

民族工业的危机

1920 年以后，影响西方和日本的经济危机中，中国的情况倒是比较良好；丝茶出口商由于外贸的阻碍而受到打击，出口总值由1919 年的关银 6.3 亿两，降到 1920 年的 5.4 亿两。但是巨大的国内市场活力，阻止了危机的扩大和价格的下降；"本来供出口的货物，外国人不能购买，都在国内消费了"①。进口商也经历了同样的困难，无力提取已经订购的货物（灾难性的银价下跌，导致银两的相应贬值）。但和 19 世纪以来的多次投机风潮一样，条约口岸的市场只是受到震动，并没有引起崩溃。中国经济的基本情况，仍然是工业还在蓬勃发展，并继续获得高额利润。可是在 1923 年，正当西方和日本市场开始出现转机时，中国却受到了打击。

困难在 1920 年秋季开始，当时棉价向两个不同的方向波动，原棉价格上涨，而棉纱价格却下跌。1920 年至 1921 年，由于气候恶劣，棉花歉收；而此时正在全速生产的中国棉纱厂对原棉消耗量，却从 1918 年的 270 万担增至 1922 年的 630 万担。②中国纱厂不得不进口越来越多的原棉（1922 年达 110 万担，几乎占其总消耗量的 1/3），

---

① 《远东商业公报》，1922 年 1 月。
② 玛丽·克莱尔·贝热尔：《民族资本主义与帝国主义：1923 年中国棉纺业的危机》。

因之而感受到世界范围价格上涨的影响。1920—1922 年华北各省的
饥荒，1922 年吉林、四川、福建的内战，都减少了棉纱的销售量。
1921 年，纱厂每包棉纱尚可获得 25 两的平均利润，而到 1923 年，
每包要亏损 15 两，许多纱厂都减产。安装一两年订购的纱锭增加了
生产能力，但停工的机器数目也随之而增加。与此同时，日本的纱厂
却继续日夜开工，付给股东们 30％的红利，大多数英国纱厂也避开
了这次危机。

竞争与控制

中国的实业家们对这次危机作过各种各样的分析，责怪是"市场
不利"，"资金不足"，"固定资本比例太高"①，"长期负债"②，"经营
缺乏远见"③，"红利过度膨胀"④。但是尽管如此，中国的实业家们还
是不同意英国商务参赞的意见，认为"日本和英国的纱厂所以能较好
地经受住这场风暴，由于其管理较好和融资健全"⑤；并称：即使我
们的技术和管理像外国人一样的好，我们也无法避开他们的竞争。⑥

在中国企业家看来，中国企业明显的弱点在于总的环境，即是受
外人主宰的经济；而外国企业的优势，则在于其与世界各地强有力的
联系。根据这一观点，中国民族工业的危机，主要是由日本造成的，
日本的经济侵略是十足的殖民主义政策。

"我们的纺织业有一个敌人，也只有一个日本这个敌人。"⑦ 这个
对日本的指控，不仅反映了日本对中国进行领土扩张和攫取政治权利

---

① 之一：《华商纱厂资金问题与棉业前途之关系》，载《华商纱厂联合会季刊》，4.2
（1923 年 10 月），第 2—8 页。
② 潜园：《纺绩业根本整理之私见》，载《华商纱厂联合会季刊》，3.4（1922 年 10 月 20
日），第 2—6 页；朱仙舫：《整理棉业新议》，载《上海总商会月报》，3.5（1923 年 5
月），第 1—12 页。
③ 振德：《民国十一年度各纱厂营业报告》，载《上海总商会月报》，3.5（1923 年 5 月）。
④ B.Y. 李：《中国棉纺厂的现状》，载《密勒氏评论报》，1923 年 10 月 6 日。
⑤ 海外贸易局：《中国 1923 年 6 月工业和经济状况报告》，H.G. 布雷特，上海。
⑥ 潜园：《青岛纺绩业之状况与希望》，载《华商纱厂联合会季刊》，4.1（1921 年 1 月），
第 29—32 页。
⑦ 李寿澎：《关税加增与我国纺织业之前途》，载《华商纱厂联合会季刊》，3.2（1922 年
3 月 20 日），第 9—14 页。

的野心，也反映了中国资产阶级对日本侵略引发的敌意。日本商人对中国市场超常的进攻，也引起了中国实业界的焦虑。自 1918 年至 1924 年，日本在华纱厂的纱锭增加了 388％。[1] "他们（日本人）以排山倒海之势冲向中国。"[2] 伴随日本在中国的工业投资，也染指中国纱厂的财政。在 1917 年至 1922 年间，中国纱厂所谈判的 19 项贷款中，有 14 项是由日本公司提供的。当 1922 年中国实业家们无力偿还债务时，日本的参与投资就变成了控制，1923 年的华丰纱厂和 1925 年的宝成纱厂就是例子。[3]

使中国实业家们感到惊恐的，还不只是经济攻势的力量；更重要的，是这种攻势所采取的集中而系统的形式。实业家们从中觉察到不折不扣的"纺织政策"[4]，是一种将"吾国棉业扑灭则已"的"阴谋"[5]。他们谴责日本主宰和独占中国市场的野心。

1923 年春天实行的原棉禁运，表明是中日实业家之间的一场力量的较量。原棉价格上涨，使中国纱厂主遇到了困难，于是要求完全禁止原棉出口。[6] 当时，中国出口的全部棉花，几乎全由日本纱厂主收买（1923 年出口 97.4 万担中的 80.3 万担）。[7] 这些出口的原棉，只占中国全部产量的 10％—13％，但这占全部商品棉的一半。日本遂夺走了中国纱厂传统的纺线和絮制衣，留给中国纱厂的原棉只有 1/4。

虽然中国的分析家并非不知道棉花生产不足，由于工业化加速和世界棉价演变，在这次危机中所起的作用，但仍然认为禁止原棉出口

---

[1] 方显廷：《中国的棉业和贸易》，2，第6—7页；《北华捷报》，1922 年 2 月 25 日，第518页。

[2] 李寿澎：《关税加增与我国纺织业之前途》。

[3] 严中平：《中国棉纺织史稿》，1963 年第 3 版，第 180—185 页。

[4] 潜园：《纺绩业根本整理之私见》。

[5] 子明：《世界棉花之需给与中日棉业之关系》，载《银行周报》，7.10（1923 年 3 月 20日）；7.11（1923 年 3 月 27 日）。

[6] 沧水：《禁棉出口与今后中日纱市之感想》，载《银行周报》，7.6（1923 年 2 月 6 日），第14—15页；方宗鳌：《禁止棉花出口之我见》，载《商学季刊》，1.1（1923 年 2），第 1—3页。

[7] 方显廷：《中国的棉业和贸易》，2，附录5。

是解决原棉价格上涨的关键。[1] 毫无疑问，中国的分析家是正确的。即使禁止原棉出口，不能解决保持农业发展与工业化之间的平衡关系，也不能阻止设在中国的日本纱厂在本地市场购买棉花，但仍能在短期内减轻中国纱厂主们的困难。中国人自己也说，这是"暂时解救燃眉之急"，易于实施并可收速效。

华商纱厂联合会在 1922 年底提出禁止原棉出口的请求，得到北京政府的批准，并予以正式发布。[2] 但日本对此提出抗议，并得到外交使团的支持；使团援引其与中国签订的条约为据。面对"受惠国"的一致反对，中国政府只得于 1923 年 5 月取消这一禁令。[3]

这次为解救中国工业的燃眉之急而禁止棉花出口的尝试，引起了列强共同阵线的再度出现。当警报响起之时，帝国主义国家之间的团结，战胜了其彼此之间的分歧；美国也为日本保卫"条约权利"来帮腔。

危机加剧了经济竞争，使之政治上的合作越来越不可能。在 1923 年，许多外国观察家和侨民感到其与中国资产阶级的关系在恶化——认为这种关系太弱，也太死板，要求在华盛顿会议上制定的外交路线。除有其他原因外，有一事件引起了这次政策的转变。

合作进入了死胡同：1923 年的临城事件

1923 年 5 月 6 日，一列快车在山东省临城被土匪拦截，并绑架了许多乘客，其中有 24 名外国人。这一事件引发了舆论的评议，并触怒了外侨，要求恢复武力干涉的老政策。对于那些一直都批评"华盛顿错觉"的老中国通，认为这次事件为其提供了报复的机会，要求利用这次机会，外国政府应向中国提出尽可能严厉的要求。[4]

外交团于 1923 年 8 月 10 日提出，由所有列强（包括没有直接受事件影响的国家）签署的照会，要求在赔偿和罚款之外，再建立一支

---

① 穆藕初：《花贵纱贱之原因》，载《上海总商会月报》，3.2（1923 年 2 月）。
② 《远东商业公报》，1923 年 3 月，第 41—42 页；《北华捷报》，1923 年 2 月 17 日，第 426 页。
③ 《使团与禁棉出口令之取消》，载《银行月刊》，3.7（1923 年 7 月）。
④ 《北华捷报》，1923 年 5 月 19 日，第 471—472 页。

由外国军官指挥的特别铁路警察部队。[1]

事件的结果，又回到帝国主义最典型的做法。一系列其他事件——传教士被杀害，商人被绑架的清单上，又加了临城事件。在 19 世纪后半期，这类事件一直是列强军事和外交惩罚的导火线。

外国人信心十足，以为这一次旧传统的恢复，会得到中国资产阶级的谅解和支持。不管是中国人还是外国人，只要是商人，都同样需要安全。商人知道必须团结一致，才能重建秩序。在上海的美国人和英国人完全相信本地资产阶级的默契，其商会和侨民协会在加强外国人对中国的控制的共同纲领中，结论性的提到"中国主要商界和银行界都同意，他们对局势的混乱感到不满，只是自己不敢采取行动"[2]。

中国商人真的不敢采取行动吗？《北华捷报》责备其"巧妙的装聋作哑"[3]。但是，这恰表明，中国资产阶级拒绝参与认为不合于其利益和尊严之举，甚至与其存在联系在一起吗？中国商人的确把临城事件视为国家耻辱，并竭尽一切可能帮助解决这次事件。各主要商会甚至派出代表，亲赴出事地点与绑匪进行谈判。事件固然可悲，但却不能证明因此就应该对中国实行国际共管。

"敝会深信，各友邦与敝国均有多年之友好关系，必不致因地方之骚扰事件而遽损敝国之主权，致引起敝国民众有反应之行动。"[4] 各行业组织和各商会由此更进一步采取攻势，将此次事件的责任，归咎于"各国银行及军械洋行……违反中国商民之公意，接纳中国任何方面之军人，予以助长内乱之借款与军械"[5]。

各商会和商人团体的行动，得到共产党人的称许，誉之为对"帝国主义助长中国内乱"有了认识。"我们号召商界的同志，重新走上

---

① 伍德海编：《中华年鉴，1924 年》，第 819 页。
② 《密勒氏评论报》，1923 年 7 月 7 日，第 172 页。
③ 《北华捷报》，1923 年 6 月 30 日，第 859 页。
④ 《为外人干预护路事致符领袖公使函》，载《上海总商会月报》，3.9（1923 年 9 月），《会务记载》栏。
⑤ （蔡）和森：《商人感觉到外国帝国主义助长中国内乱的第一声》，载《向导周报》，44（1923 年 10 月 27 日），第 333 页。

革命民族主义的道路。"外国人采取强硬立场，并且拒绝与中国资产阶级合作，岂不是驱之其走向革命吗？资产阶级又怎能适应这两种势不两立的力量呢？但是又怎样能逃脱得了呢？

革命运动的兴起和资产阶级日趋孤立

1923 年，孙逸仙与共产党人的合作和"统一战线"政策逐步形成，给了革命运动以新的推动力，并在广州建立了根据地。工会主义也随之而兴起；1925 年伟大的五卅反帝国主义运动，以及上一章所讲的北伐，都具有划时代的意义。在城市中，大批工人和知识分子协力支持革命。而资产阶级——既包括"旧制度的资产阶级"，也包括新企业家资产阶级却与之越来越疏远。五四运动时期使人们团结一致的民族主义口号，再也不能抑制当前各种社会与政治的对立。于是斗争迭起——在商会与孙逸仙之间，在商团军与国民革命军的军校学生之间，在工会与商会之间。

1923 年秋季在广州发生的关余事件，导致了孙逸仙与列强之间的直接对抗。尽管数月前临城事件造成了紧张气氛，资产阶级还是拒绝支持孙逸仙的行动，因为孙氏选作挑战的领域，早已被资产阶级视为其独占的禁区。广州政府发起的攻势，实际上有使偿还内债的体制受到损害的危险。

在大战末期，海关税收的增加使每年都有大量的关余[1]，外国银行将这笔余款交北京政府处理。1919 年，广州护法军政府要求分得关余的一部分。而实际上也的确分得了一部分（13.7%）使用。1920 年，广州政府被逐出广州，遂停止了此项要求。1923 年 3 月，孙逸仙重新掌握广州政府权后，要求重新获得这笔款项，并要求清偿前两年的欠款。但在此期间，北京政府总统于 1922 年 7 月 29 日已颁布命令，将全部关余拨充偿付整理内债的基金。1923 年 9 月，外交使团以遵守条约为借口，向孙逸仙提出警告，如其要用武力夺取当地海关收入，列强

---

[1]　校注：关余：为"关税余款"或"关税盈余"之简称，指中国海关关税收入中，例需扣除海关经费及偿付海关关税担保 1900 年以前所借之外债后，所剩余之款额，称曰关余。

就要用武力进行干预，并于 12 月派遣 23 艘炮舰驶入广州水域。

在此期间，资产阶级始终考虑其当前所负责任的代价；上海和天津的商会和金融团体，请求孙逸仙不要危害其利益说："我公手创共和……素以恤民为宗旨，务恳保全关税，以裕基金，不使商民损失。"[1]

虽然孙逸仙强调，内债是由北京政府所发行的，广州政府不承认其合法性。而银行家们却不愿卷入政治争论，说"当时南方政府承认与否，以及北京政府发行该项公债时之用途如何，民众未便过问。关余既系整理公债基金之重要部分，无论何方，稍涉牵动，民众血本所关，均不能予以承认"。

孙逸仙的共产党盟友站出来为其政策辩护，力图提高争论的层次以开导资产阶级，使之认识其真正利益之所在，并将未来发展的前景和眼前的利益作了对比。"孙中山氏的唯一政策，在收回关税主权……此项政策不仅无丝毫损害商界银行界的意义，而且是专为国家主权和中流阶级的利益设定的……可怜的中国商人和银行家及一部分新闻记者，未免太缺乏政治上的关心与常识。"[2]

但是，中国商人却宁愿向总税务司安格联爵士呼吁，请其"维护公共信用"。[3]

如果说临城事件表明了中外合作的极限，那么，关余事件则表明了资产阶级民族主义的局限性。在关余事件中，孙逸仙遭到近代化的大资产阶级——租界里的商人和银行家的反对，这些人是政府财政的主要支持者。但是传统城市名流的敌对情绪也同样强烈，在数月后的广州商团冲突中达到了顶点。

孙逸仙在 1922 年被逐出广州，次年初，靠了云南和广西的雇佣军，又重返广州；此时所建立的军政府软弱无力，无法约束军队对其提供保护，各路将军们又不断向其索要钱财。为了满足财政上的需

---

[1] 《银行界请孙文维持内债基金》，载《银行月刊》，3，12（1923 年 12 月），《银行界消息汇闻》栏。

[2] （蔡）和森：《为收回海关主权告全国国民》，载《向导周报》，48（1923 年 12 月 12 日），第 365 页。

[3] 《北华捷报》，1924 年 1 月 5 日，第 1 页，并参阅本书第十一章。

要，孙逸仙设法与广州商会谈判贷款 100 万元。孙氏并开征许多附加税，允许重开赌场，将其所得交给雇佣军；还强夺祠堂和数处宗教和地方团体的"公共"产业，以及被其"国有化"的私营企业。市政收入在一年之内增加了 3 倍，在 1923 年达到 900 万元。但是这种程度的剥削，致使全市每个债权人和富有的广东海外华侨，群起反对孙氏及其政府和雇佣军；而这些华侨在辛亥革命时曾给予孙逸仙以宝贵的支持。这些反对者感到，自孙逸仙重返广东以来，土匪流氓云集如蚁，如何还能希望别人再会为祖国工业化而投资？"还不如把钱掷到太平洋里。"①

孙逸仙和广东当地资产阶级间的紧张关系也继续加剧。1924 年，商人和经纪人拒绝接受当局发行的期票，并频繁举行罢市，还呼吁商团给予支持。

在商会的建议下建立的商团，在广州迅速有了发展。1923 年末，商团有 1.3 万余人，其经费由各商业负担，有的商行供养 30 余民兵。② 这种民兵武装队伍遍布广东省内数百个城市。1924 年 6 月，所有这些志愿人员汇集在一起，结合成了一个省商团，由汇丰银行买办广州商会会长的兄弟陈伯廉指挥。陈伯廉把商团运动与保护当地利益联系在一起，说："内地交通常被阻绝，贸易屡被中断，原料不能运抵市场，投资遭到损失，我们对此感到厌烦……广东新商团军只有一个目的，就是成为一支无党派的地方自卫部队……经验告诉我们，人民必须依靠自己……为共同防卫与自治而一致努力，这是以后考虑并实施其他同样有益政策的一个开端。"③

广州商人在 1924 年提出的要求，要重复地方自治的话题，将城市治安与金融管理交给行会，并取消苛捐杂税。因此，这些商人武装中所体现的思想观念和政治倾向，并不是什么新鲜的东西。但是孙逸仙政府在

---

① 《南华早报》，1923 年 7 月 24 日。
② 韦慕庭：《孙逸仙：受挫的爱国者》，第 249—264 页。载《密勒氏评论报》，1923 年 11 月 24 日，第 534—535 页；1923 年 12 月 22 日，第 130 页。关于商团可参阅本书第十一章。
③ 《密勒氏评论报》，1924 年 6 月 21 日，第 82 页。

1923 年至 1924 年间的迅速激化，使得商团的保守性就突出出来了。

商人们对广州当局的贪婪和专横行为的反抗，与全国范围的地方团体和商会反对军阀的斗争颇有一致之处。孙逸仙虽也常使用军阀的手段，但却与军阀根本不同。自从 1924 年 1 月国民党召开改组大会①以后，孙逸仙政府一直在努力争取群众的支持。1924 年五一节，孙逸仙继续庆祝中国工人和资本家反对外国帝国主义的同盟。而与此同时，由廖仲恺召开的广州工人代表大会，要求政府禁止企业职工参加商团，并且为工人申请组织自卫武装的权利。

以商人组织为一方，以革命政府与工会为另一方，1924 年夏天爆发了冲突，挑明了自治口号中隐含的不同选择。保护地方权益的斗争，一旦和民主的概念混同在一起，显得只不过是保护那些绅商们；自治口号经常提到的"民众"，只是少数债权人。正如上海资产阶级1912 年拒绝为共和政府的建立提供经费一样，广州的资产阶级在1924 年也拒绝为统一全国的北伐承担费用。广东商人反对孙逸仙的计划，而且因其亲共亲苏倾向而倍加深恶痛绝。1912 年南京临时政府的失败，只反映其社会基础的狭隘，与孙逸仙的全国性雄心之不相称；而 1924 年广州政府与商人斗争所导致的武装冲突，却具有阶级战争的全部暴烈性质。

城市绅商一直利用民众的支持，来维护其自身利益，一旦失去这个支持，遂不得不向外国求援。广州商人在英国领事馆、汇丰银行和海关内，为订购、付款和进口武器来建立商团军，进行了广泛的关系网及阴谋诡计，着实惊人。有了大量的武器进口，自然会导致最后的武装对抗。1924 年 10 月 15 日，政府军粉碎了商团②，而位于广州西

---

① 校注：按即国民党改组后在广州召开的第一次全国代表大会。

② 校注：广东商团原是辛亥革命后成立的商人自卫组织，后来发展成为一支拥有数千人的反动武装，以英国汇丰银行广州分行买办陈廉伯及佛山大地主陈恭受为首领。1924年 8 月，陈廉伯通过英国通利洋行，订购了大批枪械运来广州，企图推翻广州革命政权，建立"商人政府"，广州军政府查获并扣留了陈廉伯购进的武器，陈廉伯逃往香港，指使商团"罢市"抗争。10 月 10 日，商团发动武装叛乱，并企图联合陈炯明夺取广州。孙中山采取了断然措施，于 10 日晚成立革命委员会，派出军队，镇压了商团的叛乱。

关的商民总部却遭到洗劫，并被焚毁。

在中国，保卫自由与保卫地区特权，经常是一回事情，所以，阶级斗争的爆发与省自治与生俱来，就不足为奇了。被共产党历史学者称之为法西斯分子的商团，证明资产阶级对其地区的利益，是非常执着的。不论 1924 年粉碎商团事件的意义有多么重大，但这仍是一个孤立的事件。而在下一年，当 1925 年的五卅运动在中国所有主要城市爆发时，资产阶级和革命之间的关系问题，就上升到全国性的规模了。

和 1919 年的五四运动一样，1925 年的五卅运动，也是在民族主义和反对帝国主义的旗帜下开展起来的。五卅运动开始于一个地区性事件：一名在上海日本纱厂的罢工工人之死和为对其进行悼念而举行的示威游行遭到血腥的镇压。运动迅速扩大到中国其他地区，同样严重的事件，于 6 月 12 日在汉口爆发，6 月 23 日在广州爆发。五卅运动是外国势力在中国存在的结果，是不平等条约强加给中国以及租界的行政管理的结果。

由总商会于 1925 年 6 月提出 13 条要求，作为北京政府特派员与外交使团代表之间谈判的基础，除要求惩办有关人员和赔偿受害人的损失外，并提出以下的条件：将会审公廨的司法权归还中国（第 6条），中国居民派代表参加公共租界的工部局（第 9 条），将越界所筑之路归还中国当局（第 10 条），取消关于扩大港口权限和检查权法令的计划（第 11 条）。但是示威者和中国报纸（特别此时在工厂、学校和军队中获得很大成功的地下报纸）[1] 却走得更远，要求完全废除不平等条约，并向英国和日本开战。

行动的方式并没有改变。5 月 31 日上海开始的总罢工，持续到 6月 25 日。罢工扩大到其他城市，在广州持续了 6 个月；同时还举行了抵制日货，后来又抵制英国货的运动。这次抵制运动，引起了学生和商人之间经常发生冲突。

---

[1]　尼戈尔·杜里乌斯：《1925 年五卅运动期间中国报刊的一些反映》，载《中国研究手册》，1（1980 年）。

也和 1919 年的情况一样，资产阶级的内部分裂最后变得明显了。一方面是温和派，如上海总商会的领袖们，只把大多数组织提出的 17 条中，呈交当局其中的 13 条；在呈报当局过程中，删除了关于工会权利、领事裁判权、撤除外国军舰等条款。另一方面则是团结在上海马路工会和商业公团联合会中的激进分子，以及在 6 月 7 日为统一行动而组成的工商学联合会中的好斗分子。

1925 年运动的特点，是在中国各大城市，特别是在上海，出现了由列宁主义式的革命政党领导强大的工人运动。1925 年在上海组成由共产党控制的总工会，将 117 个工人组织联合在一起，会员 21.8 万人。这是一支很有组织的力量。工人阶级强有力的干预，一方面改变了中国人和外国人之间的对话（或者是对抗）的条件；另一方面，也改变了民族主义运动核心力量的对比。

1925 年，在华的外国侨民害怕了。自义和团运动以来，外国还不曾经历过如此的惊恐。罢工使香港的港口和上海的工厂陷于瘫痪状态，外国却不能用国际武装力量的讨伐来解决，只得要求谈判和妥协。各外国商会，各外侨联合会，上海万国商团的官方报纸（特别是《字林西报》，不久前还一直在反对华盛顿会议的"荒谬的宽宏大量"），从现在起，都极力表示同情中国的要求[1]，并频繁与中方保持接触。在上海，享有特权的商务关系人，自然是总商会的领袖们。为了和总商会的一些人结成联盟，外国愿意归还会审公廨，承认中国居民在工部局中的有效代表权，并答应逐步重建中国的海关自主权。由于工人阶级的介入，民族主义运动获得了新的锐气，而资产阶级也终于得到自 1905 年以来一直要求得到的东西。

如果外国侨民想通过这些让步，来换取中国资产阶级的支持，其措施也只有一半是成功的。在 7 月 16 日所作的第一次努力，被总商会会长虞洽卿和副会长方椒伯接受了。但是虞、方二人却受到银行家宋汉章影响同事的抵制。[2] 而且虽然在达成协议之后，虞洽卿热烈表

---

[1] 《北华捷报》，1925 年 7 月 18 日，第 20 页。

[2] 《北华捷报》，1925 年 7 月 25 日，第 54 页。

示其感激之情，而商会会报对此却另有看法，认为"英国人只是在侮辱了我们，欺凌了我们，并给我们造成了一切损害之后，才采取了这一步骤。因此我们不能感谢和赞扬他们"[1]。

1925 年夏天，上海资产阶级就这样沿着危机前业已存在的不同路线而分裂了：老一辈的买办保守派，新一代的银行家与企业家，和广州行会或马路联合会激进的店主。这次危机的复杂性，主要来自各个不同集团的态度，存在着分歧和矛盾，而不是由于突然变得惊慌失措的资产阶级的急遽变化。在开始的时候，危机向各商业组织提供了一个居间调停的机会；资产阶级为了自身的利益抓住了这个机会。而公共租界当局无疑正是为了改变资产阶级这一种仲裁者地位，迫使其和雇主们组成共同阵线——从而放弃反对帝国主义的主张——在 7 月 6 日切断了电力供应，迫使迄今为止尚未罢工的中国工厂关闭。

这一行动真的足以使资产阶级与革命运动分裂吗？换个说法，两者之间曾有过真正的联盟吗？

在 1925 年，很多报刊都重提民族团结的老话题，并指出发展中国的资本主义，是无产阶级的康庄大道。[2] 同时，统一战线的辩证法提供的理论基础，认为分别代表工人阶级和资产阶级的两个政党之间，是可以进行合作。但是当孙逸仙于 1925 年 3 月逝世时，资产阶级和国民党之间的关系已变得很松弛了。尽管孙逸仙不久前曾使工商界感到失望，但因其在 1911 年创建的共和国伟业，唤起了工商业界人士内心发出感激与崇敬之情，而现在这位众望所归的老革命领袖去世了。在个人威信常常比纲领更重要的政治环境中，孙逸仙的逝世，的确扩大了资产阶级和国民党之间的鸿沟。

但是，由于受到 1925 年五卅运动巨大爱国热情的鼓舞，上海资产阶级仍然支持罢工者；总商会募集并分配了 220 万银元。[3] 在工会、学生和教育团体的帮助下，总商会组织了一个临时救济会，并通

---

[1] 《北华捷报》，1925 年 9 月 12 日，第 348 页。
[2] 《血痕》，2，1925 年 6 月 19 日；3，1925 年 7 月 12 日；《救亡》，2，1925 年 6 月 16 日。
[3] 《北华捷报》，1925 年 11 月 14 日，第 294 页。

过对仓库中的英国货、日本货征收特别税，筹集到一笔罢工基金。[①]
但是把这种互助理解为真正的政治联盟，那就错了。事实上在 1925
年夏季的高涨爱国热潮中，支持罢工者是个普遍运动，连军阀和北京
政府也提供了资金。[②]

上海总商会的领袖们倾向于和罢工者谈判，正如其愿同任何找麻
烦的人谈判一样。和各省城中的名流一样，这些领袖人物也认为自己
有责任维持当地的秩序，并且准备作出可观的财政牺牲来确保"公众
的安宁"。虞洽卿的出色活动，在危机期间起着主导作用，其行动不
只是作为上海总商会会长和商界的代言人，而是所有谈判中的首领。
虞洽卿在 2 月和 3 月间曾积极谈判建立商埠[③]，并被提名为未来商埠
的会办，使其成为当地利益的官方代表。[④] 虞洽卿急于维护其个人威
信，很重视公众舆论，说"我们愿意听取很小的中国团体最琐细的批
评"[⑤]。当罢工者要采取暴力行动时——例如 8 月 13 日 5000 名码头工
人为向商会索取罢工补贴，抢走了虞洽卿的三北公司的两艘轮船，虞
氏当然更有理由让步。[⑥]

除了雇主们对工人事业的同情外，上海总商会在 1925 年夏季对
罢工者的帮助，反映出其害怕群众运动，也反映出其以儒家社会的和
谐理想而实行的妥协（以及被外国观察家和历史学家不客气的称之为
脚踏两只船）的惯常做法。资产阶级在夏季已逐渐脱离运动，反映出
是新的力量的平衡，而不是资产阶在创造平衡。采取主动的，是在让
步与恐吓之间摇摆不定的外国人，也是把罢工扩展到中国工厂和行政
机构的工会。和往常一样，资产阶级对事件作出了反映，但没有在事
件中采取主动；采取增加工资，试图分裂工人组织，并在罢工者和外

---

① 《北华捷报》，1925 年 8 月 1 日，第 78 页。

② 《北华捷报》，1925 年 8 月 29 日，第 251 页；切斯诺：《中国工人运动》，第 266 页。

③ 校注：原文为自治区。1925 年 2 月和 3 月，上海讨论建立自治区性的淞沪商埠，脱离江
苏省；1926 年，淞沪商埠成立后，孙传芳自任淞沪商埠督办，丁文江任商埠总办。

④ 《北华捷报》，1925 年 3 月 21 日，第 478 页；1925 年 4 月 25 日，第 140 页；1925 年 6
月 13 日，第 440 页。

⑤ 《密勒氏评论报》，1926 年 7 月 24 日，第 188—190 页。

⑥ 《北华捷报》，1925 年 8 月 15 日，第 167 页。

国工厂主之间进行调停，让工人回到日本公司（8 月）和英国公司（10 月）工作进行谈判。这是古已有之的谨小慎微？或是其自身的内部矛盾而处于无能为力？资产阶级穷于应付具体的局面，却又一次未能把握住历史的进程。

转向蒋介石，1927 年 4 月

向蒋介石靠拢，使之作为政治力量的资产阶级，迅速被排除出去，但这并非 1927 年革命扩展所留下的最后一条出路。自 1923 年至 1924 年以来，这是资产阶级一直在进行政治思考进程所达到的选择。

这个运动来自接近新资产阶级自由知识分子阶层。1924 年，蒋梦麟注意到自由主义[1]和新教育已经失败的事实，两者都强调个人的发展。《中国教育改革》在新任编辑陈启天主持下，宣传旨在造就对国家有用公民的国家主义教育。在中国青年党及其刊物《醒狮周报》支持下，国家主义思潮在五卅运动中的作用，比一般想像的为大。青年党领袖曾琦（1892—1951 年）和李璜（1895—1991 年），可能于 20 年代初在法国受到查理·莫拉的影响，宣传国家的"永恒结构"，称其是超越社会变迁的；并号召全民革命，即恢复经济、政治和文化平衡，而不改组社会秩序。

国家主义运动，是对马克思主义和国际主义的反动；在某些方面，与自强思想有相似之处。虽然其内涵确实包含极权主义和法西斯主义倾向，但一开始并不排斥一切民主实践，其所标榜的精英统治论，实际是被弱化的民粹主义。

在国民党内，戴季陶（1894—1949 年）此时也采取了与之相似的路线。但由于戴氏曾信仰共产主义，所以强调列宁主义组织方法的重要性，梦想把列宁主义的组织方法应用于民族主义革命（国民革命），以求建立"一个在中央集权主义政治领导之下的大一统国家"[2]。

---

[1]　基南：《中国的杜威实验》，第 119 页。
[2]　赫尔曼·马斯特第三和威廉·G. 塞韦尔：《出自传统的革命：戴季陶的政治思想》，载《亚洲研究学报》，34.1（1974 年 11 月），第 73—98 页。

在 1927 年至 1928 年南京政府建立以后，大部分民族主义、阶级合作主义和国家主义思想，都被国民党正式采纳，因此，很难评价其各自在 1927 年之前的影响。在此期间，这似乎在传统的和现代的城市精英中，都获得了最大的成功。这种意识形态保持了某些基本的价值观念——反对帝国主义，要求经济现代化；同时排斥阶级斗争，因而符合资产阶级的愿望和利益。在一些基本点上，如社会和谐，民族独立和物质进步，1925 年的纲领使人回忆起 1919 年纲领；但两者的精神却并不一样。为了实现这些纲领，资产阶级和知识阶层以前是寄希望于西方，现在似乎要依靠传统文化的复兴和民族主义了。在这方面最值得注意的，是戴季陶用孔子的语言来重新解释孙逸仙的学说。这种向中国本源的回归，绝不会吓跑资产阶级。聂云台对城市纨绔子弟宣传节俭之类的说教，或穆藕初为了企业管理方面的问题，到和尚庙里去求签，这都是效仿的做法。

更令人感到诧异的，是资产阶级赞同这样的看法，即由一个有无限权力的政府作为国家统一和繁荣的保证。这种求助于政府的想法，与新近引进但尚未被完全吸收的自由主义相违背，更与传统的商人阶级的自立精神相抵触。如果资产阶级竟然把建立民族主义的统一国家作为最终方案，那是因为（正如大多数作家所强调的那样）把这样的国家当做对抗工人的要求和革命纷扰的最有效的保障。但是也许更为重要的，是资产阶级认为，只有强大的政权才能重获而且保持民族的独立。

中国资产阶级并不完全是由于倦怠和恐惧，不得不听从蒋介石当权——如其曾听从袁世凯当权一样，只是希望蒋氏能使其摆脱固有矛盾，从而调和资本主义与民族主义。蒋介石与资产阶级的和解，由于旧的私人关系和上海商人团体的衰落，而更加容易实现。

辛亥革命时期，沪军都督陈其美随从人员中的私人关系，似乎已经建立起来了。陈其美死后，其在上海总商会和浙江帮里的老盟友虞洽卿和张人杰（静江），帮助了陈氏的门徒蒋介石发了迹。1920 年，虞洽卿为了解决孙逸仙所急需的资金，创办上海证券物品交易所，让蒋介石加入了这项经营。在这里聚集了所有以后在蒋介石兴起中起重要作用的人——陈其美之侄陈果夫，国民党卓越理论家戴季陶，上海总商会董事、虞洽卿的朋友闻兰亭。

这种私人关系的重要性，在 1925 年孙逸仙逝世后，国民党核心中的力量重新组合和右派的形成中，显示了出来。西山会议派引证戴季陶的著作，反对共产党人进入国民党核心。有证据表明，虞洽卿和张人杰插手了西山会议派渗透进入上海的事。在广州，孙文主义学会和企业之间的联系，比较难于建立。直到 1925 年 11 月商团被击败为止，温和派的商人似乎宁愿投向孙逸仙的对手陈炯明。而且直到 1926 年 3 月 20 日事件[1]，国民政府的激进路线，阻碍了蒋介石集团的右派力量的重新聚集。但是张人杰和南洋兄弟烟草公司的老板简照南到了广州，并时时参与政府事务，却暗示国民党右派，蒋介石与企业之间的接触，从不曾间断过。

中国资产阶级和国民党之间的关系，超出了联盟的范围；特别是在广州，这种关系反映出 1925 年至 1926 年间所有政治上的矛盾状态。对于经过 1924 年的镇压而严厉检验过的商业团体，国民政府继续使用引诱（强制性的统一战线政策和警告性两种手法），目的在防止要求自治的资产阶级力量东山再起，禁止重建商团，一切社会援助和慈善活动被置于严格控制之下。[2] 同时，政府设法与准备合作的商人达成谅解，鼓励其成立新的组织，与原来建立的组织相竞争；在等待各商会改变态度的同时，建立起广州商人协会，以与商会相对抗[3]；还组织了市民团代替商团，由各公司出资，其政治与军事结构均由政府控制。[4] 任何不顺从者，都将被列为"买办型商人"，被置

---

① 校注：3 月 20 日事件，又称中山舰事件。1926 年 3 月 18 日，蒋介石以黄埔军校驻省办事处名义命令海军局代局长兼中山舰舰长李之龙将中山舰调至黄埔候用。当中山舰开至黄埔时，蒋介石却称李之龙不服调遣，擅自黄埔。3 月 20 日，调动军队，宣布戒严，断绝广州内外交通，逮捕李之龙，扣留中山舰及其他军舰，包围省港罢工委员会，收缴工人自卫队武装，包围广州东山苏联顾问住所；令黄埔军校及国民革命军中的共产党员退出。

② 《北华捷报》，1925 年 1 月 17 日，第 91 页；1925 年 10 月 31 日，第 194 页。
③ 《密勒氏评论报》，1925 年 3 月 7 日，第 21 页；1925 年 11 月 21 日，第 228 页。
④ 《密勒氏评论报》，1926 年 4 月 17 日，第 179 页。

于国民党商人部的直接管制之下。① 南洋公司因拒绝向政府提供贷款，被指控为压制工会而遭到抵制。②

这些做法不只是对商人政治上的操纵。在西方受教育的宋子文，是一位经济现代化和扩大民主的鼓吹者，此时任广州政府商务委员③，兼 1925 年成立的中央银行行长。④ 宋氏在与商人打交道中，似乎是一位诚恳而友善的调解人。国民党——即使在其激进时期，也并不打算瓦解和毁灭商人团体，只是要将其置于党的监护之下，使之其为党服务（党化）。蒋介石在 1926 年 3 月 20 日事件之后，巩固了其权力，但其政策的指导思想并没有改变。早在 6 月份已经开始，在 7 月份北伐军出发后，加剧的工人运动遭受镇压一事，却使资产阶级从中得到了好处。广州根据地成了此后南京政府的战略试验场。1924 年 10 月，广州商团被消灭后，最富有的商人因逃避"赤色分子"而出走。资产阶级与地主阶级联系多，而与现代企业家联系较少，这种为时已较久的特点，都有助于这个政策的成功。

广州的资产阶级就是这样被压服了，上海的资产阶级则正在被争取过来。伊罗生和安德列·马尔罗的著名解释认为，这是资产阶级因受到 1926 年 11 月和 1927 年 1 月暴动罢工的威胁，而作出了反革命的选择。事实上，投靠蒋介石是商人集团核心中进步因素的成功。1926 年夏季以来，在北伐胜利进军与前此和同时的起义之后，群众运动已经迫使上海资产阶级处于守势。要就是支持群众运动，要就是抵制群众运动，没有真正选择的余地。可以选择的，只是采取什么方法来抵制。有的建议，与浙江孙传芳⑤所代表的本地军阀结成联盟；另外一些更精明，或更了解蒋介石真正目的的人，则设法同国民党内

---

① 《密勒氏评论报》，1926 年 2 月 13 日，第 316 页。
② 《北华捷报》，1925 年 6 月 24 日，第 146 页。
③ 校注：此处原文为商务委员。1925 年 9 月 22 日，宋子文任广州财政部长，1926 年 1 月 22 日，任国民党商业部长；并且广州政府并没有商务委员的设置。
④ 校注：广州国民政府中央银行成立于 1925 年 7 月 12 日。
⑤ 校注：孙传芳 1925 年 1 月 16 日任浙江督办（此时改督理为督办），并自任浙、闽、苏、皖、赣五省联军总司令；同年 11 月 25 日，任江苏督办。

的非共产党分子联合。

1926 年 6 月进行的总商会选举，清楚地表明商人阶级内部的政治分化。在孙传芳的支持下，1919 年至 1920 年间被排斥在外的老亲日派又恢复了活动，重新出现。为了对这次不公正选举表示抗议，前任会长虞洽卿离沪到了日本，150 名会员拒绝参加投票。这些人的弃权，反倒帮了倒忙，使代表性不大的清一色董事会取得了权力。银行家傅筱庵（宗耀）在履行其使命时，其作用与是否称职，仍大有争议。[1] 商会核心里的多数人就这样被击败，被迫从根本上重新调整政治方向。虞洽卿担任商会会长时期（1924—1926 年），恰值内战开始及大军云集江浙两省同时，曾想方设法使上海及附近地区维持中立，让聚集在市内和江南制造局成为撤退败兵的难民区。虞氏同样努力推进淞沪商埠自治区的建立，打算使之成为自治市，摆脱江苏省的控制。[2] 虞洽卿信守本地士绅的思想与做法，其行动受到上海人，也受到北京政府的欢迎。

孙传芳急于恢复对上海及其财源的控制，在 1926 年提出其特殊的大上海计划，把此计划交给胡适的一位朋友、地质学家丁文江去组织实施；但在一开始即限制了上海的司法权，以保证上海服从于江苏省的管辖。[3] 商界的一个大派系反对这个政策，聚集在虞洽卿周围，开始鼓动自治。这个运动在 1926 年秋季变得特别强大。[4] 但自此以后，孙传芳得到了商会的支持，商会不反对重开江南制造局；会长傅筱庵还将其担任董事的招商局为孙传芳运送军队。[5] 但是，1927 年 2 月 17 日起义者罢工，虽被孙传芳的军警野蛮地镇压下去，却仍不能吸引资产阶级向其靠拢，因为孙传芳此时在战场上的败局已定。

---

[1] 《中国商会的权力与政治》，《密勒氏评论报》，1926 年 7 月 24 日，第 190 页。《密勒氏评论报》，1926 年 7 月 17 日，第 176 页。

[2] 《北华捷报》，1925 年 3 月 21 日，第 478 页；1925 年 4 月 25 日，第 140 页；1925 年 6 月 13 日，第 409 页。蒋慎吾：《上海市政机关变迁史略》，载《上海资料研究》，1926 年第 1 版，第 78—82 页。

[3] 《北华捷报》，1926 年 5 月 8 日，第 252 页。

[4] 《向导周报》，177（1926 年），第 1832 页。

[5] 《北华捷报》，1926 年 11 月 20 日。

1927 年 3 月末和 4 月初，资产阶级和蒋介石结成了联盟，帮助蒋氏在上海取得了权力，并不是资产阶级右翼，而是资产阶级中最拥护民族主义，也最现代化和较具有民主理念的分子。

如同 1924 年之在广州，1927 年春上海革命形势的发展，引起了社会结构的普遍重新组合。20 年代初的资产阶级激进派，继续为争取工部局中的华人代表权，废除会审公廨，反对军阀的侵犯而斗争；但此时其在政治棋局中的地位已完全改变了。在一群买办影响下，民族资产阶级背叛革命的套话后面，隐藏着另外一种现实，即由于社会—政治紧张关系的全面变化，改变了资产阶级及其他集团和政治人物的关系，资产阶级的激进主义已经变质为保守主义了。这种保守主义，似乎很像卡尔·曼海姆所解释的那样，基本上是一场作为存在的有力运动，对激进主义有意识的否定。[1]

通过研究 1927 年春季商人团体结构发生的重新改组，可以证实上述的分析是正确的。1926 年改选后产生的总商会失去了领导地位，让位于虞洽卿倡导建立的商业联合会。正是这个联合会，在 3 月 26 日蒋介石到达上海时，与之取得了联系，并立即按照蒋氏恢复秩序而需索取的代价，为其提供了 300 万元的贷款，实际就是要蒋介石去摧毁共产党工会的力量。这个联合会是上海各主要商业组织的政治代言人，在团结一致的坚实基础上，同时又加入了沪商协会。这个沪商协会，也和所有 1926 年建立的官方的或地下的商人协会一样，是属于 1926 年 1 月国民党第二次代表大会建立的商民部[2]，是一个国民党组织。在 1927 年 3 月 20 日沪商协会公开以前，很少有人知道。但沪商协会好像和马路联合会的关系很密切，在 1927 年 4 月发生的事变中，为了加速沪商协会的发展，将马路联合会的各分会接收了过来。[3] 由此不难看出，商业联合会与马路联合会的融合，前者是为帮助蒋介石

---

① 卡尔·曼海姆：《社会学与社会心理学论文集》，第 2 章。
② 校注：1926 年 1 月国民党第二次代表大会，成立商业部，部长宋子文；商民部，部长王法勤。
③ 约瑟夫·费尤史密斯：《商人联合会与国民党在上海统治的建立》（向 1978 年 3 月 31 日至 4 月 2 日亚洲研究学会芝加哥年会提交的论文）。

起家而成立，后者从五四运动期间出现之时，就被历史学家认为是进步小资产阶级的喉舌。

与资产阶级合作，得到大多数商业团体的支持，对蒋介石是至关重要。商人拒绝参加 3 月 29 日在共产党工会领导下成立的上海特别市临时政府①，使工人组织的政治主动性陷于瘫痪。② 给予蒋介石的钱能使其招募卫队，大多数为青帮分子，于 4 月 12 日晨攻击工人纠察队，并解除其武装。

本来是合作的关系，几乎马上变成了从属与被剥削的关系。4 月 12 日的政变刚一结束，蒋介石马上又向商人勒索 700 万元，强行借贷 3000 万元。蒋氏不放过任何敲诈勒索的机会，在商人中引起了恐慌。③ 和任何省商会头面人物被军阀勒索时一样，上海的资产阶级对此也一筹莫展。在这种事件中，店主和金融家们在拥有枪杆子人的面前，历来都是如此，商人却因内部分裂而引起的分歧更为严重了。商会已失去了以前所拥有的政治威信。蒋介石和一个组织一个组织的分别谈判，使其不可能进行反抗，而逐一被吸收进国民党的机构中。另一方面，蒋介石在 1927 年 4 月下旬对资产阶级的压迫，又好像是资产阶级内部派系自相火并的继续；向傅筱庵发出通缉令，没收其大部分货物，取消其当选的上海总商会会长职务，并将总商会置于管制之下。这一切都令虞洽卿及其朋友们感到满意。傅筱庵这一派在 1926 年被剥夺了对商会的领导权；1927 年 4 月底，而另一派中的虞洽卿、王震（一亭）、冯少山（培熙）三人，奉命出任负责监督商会活动的政府委员时，又重新控制了商会。

以前每当政府滥用职权时，资产阶级总是极力加以谴责，并起而斗争。而这次之所以没有反抗，因为符合其中最大一派的利益。1927 年，资产阶级不仅是对无产阶级的背叛，同时也是对其自身的背叛。

---

① 校注：1927 年 3 月 22 日晚，上海工人举行第三次武装起义，占领上海大部分地区，并成立了上海特别市临时政府。
② 伊罗生：《中国革命的悲剧》，修订版第 2 次印刷，第 166 页。
③ 小帕克斯·科布尔：《国民党政权与上海资本家，1927—1929 年》，载《中国季刊》，77（1979 年 3 月），第 1—24 页。

由于资产阶级放弃了一切政治权利，便很容易受到国家权力的打击；而这种权力又正是由其帮助才得以恢复的。

官僚政治的卷土重来与资产阶级
走向衰落,1927—1937 年

长期以来，南京政府治理下的十年（1927—1937 年），被看作是资产阶级发展的极盛时期。30 年代的观察家和新闻工作者同意这一论点，并且也为研究这一时期的大多数历史学家所接受。迟至 1975 年，琼·切斯诺还写道，"它的（国民党）权力是建立在保守的管理人员和亲西方的企业家阶级联盟的基础之上"[①]。按照这个观点，商业资产阶级，特别是上海的资本家和地主，是这个政权的主要支持者和受益者。

中国共产党的历史学者们，一般是采取相似的解释[②]，只是在修辞上谨慎地满足于谴责买办和官僚资本家，但是事实上是很清楚的，整个资产阶级牵连到对蒋介石政权的支持；其实，这只是一个假定。在共产党历史学者眼里，的确，正是资产阶级对这个政权的支持，才赋予这个或那个企业家以买办或官僚的特性。谁也不知道民族资产阶级中间发生了什么事情，却不可思议的从政治和经济舞台上消失了。

最近的研究[③]，已经开始重新考虑国民党和资产阶级之间的关系这个困难的问题。在极端的方式上，这种经过修正的观点认为，"都市经济的利益并没有控制在南京政权手里，也没有对其产生重大的影响"；并认为蒋介石政府关心的，仅仅"从政治上削弱城市绅商，并从经济的现代化部门牟利"[④]。

诚如我们所相信的那样，这种经过修正的理论是有根据的。那么

---

① 琼·切斯诺和弗郎索瓦·勒巴比埃：《中国：从辛亥革命到解放》，第 188 页。

② 陈伯达：《中国四大家族》；许涤新：《官僚资本论》。

③ 易劳逸：《夭折的革命：国民党统治下的中国，1927—1937 年》，小帕克斯·M. 科布尔：《上海资本家和国民政府，1927—1937 年》（伊利诺斯大学博士论文，1975 年）。M.C. 白吉尔：《"另一个中国"：1919 至 1949 年的上海》，载 C. 豪编：《上海：一个亚洲大城市的革命和发展》。

④ 科布尔：《国民党政权》，第 1—2 页。

资产阶级的国民党政权看法，为什么会如此长期的被广泛接受呢？解释的困难，显然证明这个难以分析和描述的政权，确有其模糊不清之处。当一位历史学者失去信心时，很可能会问自己：是不是现在论述的是一个没有阶级基础的政权。[①] 但是这种误解，似乎是中国人自己故意促成的。急于把中国的发展，描述为符合马克思主义客观规律的中国理论家们，试图证实存在一个资产阶级，无论是买办的、官僚的，还是半封建的资产阶级。另一方面，蒋介石政府巧妙地创造一个于其最有利的形象，一个可望得到西方的同情并予以财政援助的形象。正像毛泽东的中国宣扬节俭和友爱，把西方的激进派和左派人士弄得眼花缭乱一样。蒋介石的中国，也热衷于夸大其词的宣扬其都市化、现代化和自由化的特点。蒋介石的资产阶级特点，以说服和争取欧美民主国家，双方都成功地塑造了自己的形象。这说明西方对中国是多么无知，因为外国人与中国的接触究竟是有限的，不得不依靠一个中介人或翻译。对于国民党统治下的中国，宋子文是担任这个角色最有名的人物。宋氏是在哈佛大学受的教育，精通英语。对其主持记者招待会，接待企业家和外国顾问，正如琼·蒙内特说，"我和宋子文打交道很容易，他的文化是欧洲式的"[②]。但是，南京政府并不像宋子文那样关怀资本家，这对蒙内特或其他相似的人来说，就困难得多了。在宋子文说给其外国友人所制造的神话后面，人们今天开始看到完全不同的情景，资产阶级从属于并被结合进国家机器。一个转变中的国家的官僚政治，其目的和手段都是不明确的，其现代经济部门总是处在国际舞台的各种风险支配之下。

资产阶级的异化

自辛亥革命以后，资产阶级所享有的政治主动权，到 1919 年的五四运动之后又得到了增强，但却被 1927 年后重新建立的极端权力和权威政府剥夺了。这个官僚机构比起清朝政府，其目标是更具有野

---

① 易劳逸：《中华民国研究通信》，1.1（1975 年 10 月），第 14 页。
② 琼·蒙内特：《回忆录》，第 134 页。

心，成功地取消了19世纪商人阶级获得受惠的社会自治权。在抵御这些来自政府当局侵夺权利中，外国租界只能使用愈加脆弱和虚幻的保护。而中国的资产阶级却别无选择了，不管是祸是福，只有把自己的命运系到国家机器上去。

资产阶级的组织依附国民党政权

南京政府为了使商人组织从属于自己，在1927年至1932年间，采取分化和互相牵制的策略，展开了迫使商人组织就范的进攻：建立平行机构，改组或取消原有机构，逐渐减少资产阶级的政治与社会活动。上海是资本主义的堡垒和国民党的总部，为这次攻势的开展与成功提供了最好的例子。

在第一阶段：成立于1927年的上海商民协会，成倍地增加了分会：这就造成了传统法人团体间的某种统一。从事同种职业活动的行会——如丝织业和养蚕业，或豆类和稻米贸易业，都被要求改组。采用统一的组织结构，往往和管理机构的深刻变化是一致的。旧式官僚被指责为名流统治论和买办主义，遂失去人们的信任，被迫让位给追随国民党而获得信任的继承者。

政府一旦建立起对基层组织的控制，开始攻击各商会。在国民党第三次全国代表大会（1929年3月）上，曾要求压服商会，但未获成功。在上海，从1929年5月至1930年6月，以虞洽卿为首的委员会改组了总商会。在统一商业利益的代表借口下，总商会和南道分会①与闸北分会合并，给商民协会的代表保留1/3席位。居住在公共租界里的大多数领袖人物均被撤换；而正是这些人物在20年代初，使商会成为有威信和有影响的组织。自此以后，商界受华界小企业主和商民协会的控制，没有能力或不愿反对当权的政府，新的大上海市商会只不过是上海市政府的一个齿轮罢了。②

---

① 校注：原文译文为南道分会与闸北分会。上海无南道地名，以其与闸北相对应之地位，应为南市。
② 雪莉·加勒特：《商会》，载伊懋可与施坚雅编：《两种社会之间的中国城市》，第227—228页；科布尔：《国民党政权》，第23页。

根据 1927 年 7 月和 1930 年 5 月颁布的法令，上海市政府①在中央政府直接控制下，享有极其广泛和重要的行政权与司法权，所有上海市的商业组织都要受到上海市社会局的监督。自 19 世纪以来，商业组织的发展得以掌握各都市社区的管理，现在被粗暴地扭转了。行会间一切职业上的争端，都要由市政府来解决；收集各种经济统计资料，办理各种慈善事业，也都由市政府负责。

资产阶级被剥夺了自主的代表机构，失去了对地方事务的管理权，并从其传统的活动中被驱逐出来；同样也失去了某些反对外国运动的控制。20 多年来，资产阶级曾致力于发展这个运动，并从中得到受益。

纳税华人协会继续抗议公共租界工部局强征税收，不过不再是从商会的显要人物接受指示，而是从国民党上海市党部的商民部接受指示。② 抵制运动，本来是商人抗议外国权势的自发社会抵抗形式，政府终于试图将其制度化。政府得到一把双刃剑，既可以对付帝国主义，同时又可以对付资产阶级。日军于 1927 年 6 月登陆青岛所引发的抗议运动中，学生和商人都没有掌握主动权。群众团体集合的地方是国民党上海市党部，各种规定也都是该部发出，对违反规定者的处分也由该部公布。虽然准备用来囚禁奸商的牢房似乎经常空着，但这次抵制仍然给当局一次控制商业团体的机会。抵制的制度化，在以后的运动过程中变得更加正规。为了反对日军在山东登陆，1928 年组织的抵制运动，从一开始就是由政府控制和指导。5 月初的《中央日报》大字标题下，内容是"万众愤慨反对日本出兵；在党的领导下集中力量"③。7 月末，举行的一次全国反日会议，规定了全国所有抵制组织的正当行动。这次牢房并没有空着，至少在汉口是如此。④

---

① 校注：1927 年 7 月，成立上海特别市。
② 费唐：《报告》，1，第 243 页。
③ 《申报》，1927 年 6 月 24 日，第 13 页；1927 年 6 月 30 日，第 13 页；1927 年 7 月 2 日，第 13 页。
④ C.F. 雷默：《关于中国抵制外货的研究》，第 138—140 页。

1931 年至 1932 年的抵制洋货运动，标志着这一发展的高峰。反对日本侵占满洲的全国性抗议斗争，完全掌握在国民党当局手中。日本在国际联盟中竟称，是中国当局自己组织了这场运动。这是确实由中国当局组织的运动。日本人引证了一份文件——1931 年 9 月 25 日行政院发给各省市当局的备忘录，标题是抗日行动计划，明确指示各级党部，都应通过各群众团体组织"抗日救国会"[①]。C.F. 雷默向全世界为中国辩护，说这是一次自发自主的行动，政府当局并未插手。但雷默也承认，这次抵制运动和以往各次相比，配合得更好。受控制的"自发"群众运动的策略，并不是"文化大革命"的新发明。

资产阶级被剥夺了主动权之后，发现其长期进行的"救国"斗争，现在却被用来对付自己了。事实上在 1932 年末，对真正的或莫须有的违反抵制规定者的惩罚，都带有新的特点，不再像以前那样登记在案，罚款或销毁货物。现在有些秘密团体开始以赤裸裸的恐怖手段对付那些得罪人的商人。这些团体的名称，让人引起历史的回忆，如"上海除奸热血团"、"铁血团"等等。在政府官员，国民党强硬派，以及受国民党保护的地痞流氓掌握下，抵制运动变成了威吓和进行恐怖活动的手段，变成了迫使资产阶级顺从国家权力的又一手段。

受到威胁的租界庇护所

租界的存在，曾经促进 19 世纪中国资产阶级的发展；商人们在这些外国飞地里开设商店，逃避了中国当局的高压和掠夺。1927 年末，租界制度——无论是在法理上，还是在事实上，日益受到民族复兴浪潮的威胁。这个民族复兴曾是资产阶级所鼓励过的，但是资产阶级却成了这个浪潮的第一批牺牲者之一。

1927 年春天，汉口和九江被北伐军占领，英国被迫放弃在两地的租界；于是列强都学英国的榜样，采取了妥协政策，将 33 个租界

---

① C.F. 雷默：《关于中国抵制外货的研究》，第 269 页。

中 20 个交给了南京政府。① 当然那些最重要的租界还留着，特别是上海的租界。但外国人却不得不将上海会审公廨交还给中国，代之以 1930 年设立的一个地方法院（上海特区地方法院）和一个省级上诉法院（江苏省高等法院第二分院）。在这些法院里，一切外国的干预均被排除。公共租界内的中国居民终于在一场斗争中获胜，工部局中有了三名华董，1930 年 5 月又增加到五名华董。同时，上海特别市政府领导了一场向外国人进行的消耗战，提出一起起案件和问题，对条约提出越来越有限制的解释，有时将其干脆置之不理，外国人也小心谨慎地避免使用武力。但是外国人一次又一次的妥协，销蚀了其获得的特权，中国当局赢得监督租界行政的权利。②

特别是中国当局成功地扩大对舆论的控制，至少控制了舆论在学校和报刊的传播；要求所有的学校都必须政府立案，然后又要求所有的报纸注册。这些都办到了。当其重新取得对租界中国居民的司法权

---

① 校注：此处有误，凡条约规定中国失去行政权之地区为租界；某一地区虽居住外国侨民，但其行政权仍属中国，谓之居留地。据此，中国共划外国租界 27 处，即天津有英租界、法租界、德租界、俄租界、奥租界、意租界、比利时租界、日租界 8 处；原美租界合并于英租界。汉口有英租界、法租界、德租界、俄租界、日租界 5 处。广州有英租界、法租界 2 处。上海有公共租界、法租界 2 处。厦门有日租界、英租界 2 处。鼓浪屿有公共租界 1 处。福州有日租界 1 处。九江有英租界 1 处。镇江有英租界 1 处。杭州、苏州、沙市、重庆四城市各有日租界 1 处。在 1917 年后，中国收回天津德、奥 2 租界，汉口德租界；1918 年后，收回天津、汉口俄租界 2 处；1927 年后，收回汉口、九江、镇江 3 处英租界，1931 年后，收回天津比租界及厦门英租界。1937 年前，中国共收回 10 处租界。自此中国尚存 17 处租界，即天津的英、法、意、日 4 处租界，汉口的法、日 2 处租界，广州的英、法 2 处租界，上海的公共租界与法租界及厦门、福州、杭州、苏州、沙市、重庆 6 处日租界，鼓浪屿的公共租界。1943 年签订中美、中英新约，1945 年签订中法新条约，中国在法律上收回全部英法在中国存在的租界。1945 年抗日战争胜利，日、意为战败国，日本、意大利租界当然为中国收回；同时中国按中英、中法新约收回英、法在中国的租界。实际上，1943 年日本闻知中国与英、美签订新约，将收回租界，特提前数日，将英国在中国租界移交给汪伪政权，改为汪伪政权下的特区。抗战胜利后，国民政府按接收汪伪政权接收了各特区。所以中国抗战胜利后，没有举行接收租界的仪式。另外，当时北平城内东交民巷使馆界，实际属于公共租界性质；1945 年，英美政府与中国政府交涉，暂缓交还北平东交民巷使馆界；经中国政府同意，东交民巷使馆界暂未收回，1949 年中华人民共和国成立前，各国公使均已回国，中国随即收回。

② 贝热尔：《“另一个中国”：1919 年至 1949 年的上海》。

时，使外侨社会充分感受到自己手中行政权力的分量。

1927 年 4 月，国民党和上海的黑社会结盟，就进一步加强其对租界的控制；工部局的行政部门再也不能阻止这些地痞流氓了。在杜月笙、黄金荣、张啸林的指挥下，人数多达 2 万至 10 余万的青帮分子，也都成了国民党特务，不但追捕工会和共产党领导人，或绑架或暗杀拒不向政府交钱的富商。从 1927 年 5 月至 8 月，恐怖的浪潮席卷商界，被迫为国民革命军向华北各省进军提供款项。[1]

租界越来越容易受国民党合法或不合法的影响，对中国的居民顶多只提供虚幻的保护。中国商人发现其自身与 19 世纪的前辈一样，在官僚机器日增的压力下，已毫无自卫能力。

资产阶级：牺牲品还是同谋者？

资本家们对遭受的剥削和屈辱提出了抗议。1928 年夏季北伐结束以后，资产阶级因政治上的一些缓和而感到欣喜，并受到当时任财政部长宋子文的庇护，能够向全国经济会议（1928 年 6 月）和全国财政会议（1928 年 7 月）提出不满和要求。1928 年 10 月改组后的全国商业联合会，要求该会在立法院中占有 5 个席位；商人们甚至威胁，如果不满足其要求，将停止向政府贷款。[2]

在上海总商会改组之后，国民党第三次全国代表大会（1929 年 3 月）制止了这些资产阶级的独立表现，资产阶级也好像是放弃了反抗的企图。国民党向资产阶级施加的种种压力，是否足以解释资产阶级的这种消极态度呢？能不能重新提出国民党政权的资产阶级基础的论点，就像 J. 费尤米斯那样，相信国民党给了资本家们足够的补偿——至少是对其中的一部分人，从而才得到资产阶级的支持？[3]

在企业家中，国民党政权对银行家的个人事业和经济利益尽力最多。在民国初年，北京的银行家与各政治和行政派系的关系密切，靠

---

[1] 科布尔：《国民党政权》，第 1—2 页。

[2] 科布尔：《上海资本家与国民政府》，第 4 章。

[3] J. 费尤米斯：《商人联合会》。

公债发了财。1927 年末，一直重视自己独立性的上海银行家，通过公债成了主要贷款人了，并由此将其事业和蒋介石联系在一起。从 1927 年至 1937 年，政府所借的多达 10 亿元的内债中，大多数（50％—75％）是上海银行家提供的。政府出售债券的价格，远远低于其票面值，使各银行得到的实际利润约达 20％，大大高于 8.6％ 的官方利率。南京政府的头几年，是银行业的繁荣时期。但是在 1931 年至 1932 年的危机时期，市场饱和，日本侵占满洲，中国政局的不稳定，导致了公债价格暴跌。接着，在 1936 年，政府又强行规定偿还公债打折扣。同时，政府通过 1935 年实施的币制改革和在银行业中的突然行动，使政府控制了主要信贷所。从此之后，银行业和信贷就由国民党官员来经营了。

一部分银行家由于早已失去了许多特权，又没有任何进行其他活动的途径，只好投身上层政坛的道路。吴鼎昌（1884—1950 年）就是一例。吴氏于 1912 年开始其事业，曾在银行进行过有利于私股的改革，并按照美国模式改组私营银行，将资源集中到四行储蓄会。但自 1935 年，吴鼎昌拒绝和私人企业的一切联系，当了实业部长；其后在 1937 年，又就任贵州省政府主席。[①]

张嘉璈（1888—1979 年）和吴鼎昌相似，当其在中国银行时，不论是在北京还是在上海，都一贯捍卫银行经营的自由思想，对上海创建上海银行同业公会和《银行周报》的工作起过重要作用。作为中国银团的首领，张嘉璈曾试图使北京政府接受严格的财政控制，并进行预算改革。在受到打击下，张氏于 1935 年被迫离开中国银行，就任国民政府铁道部长，1942 年奉派赴美研究经济建设问题。[②]

钱永铭（1885—1958 年）早在 1927 年选定从事政治和行政工作，反对政府对交通银行的干预；在 1920 年至 1922 年上海银行同业公会力争成为强有力的政治力量时，担任该会会长。但钱氏很快加入蒋介石

---

① 包华德和里查德·C. 霍华德：《中华民国传记辞典》，3. 第 452 页；汪一驹：《中国知识分子和西方，1872—1949 年》，第 418 页。

② 包华德和霍华德：《中华民国传记辞典》，1，第 26 页。

集团，接受财政部次长职务，并于 1928 年出任浙江省财政厅长。[1]

还有一些银行家参加蒋介石集团，是为了要以国民党官员的身份保住其以前所经营企业的地位。前中国银行董事长宋汉章就是如此。1935 年中国银行改组后，在宋子文控制下，宋汉章担任中国银行董事会执行委员会的主任委员。在 1915 年至 1916 年，宋汉章曾尽一切可能使中国银行脱离袁世凯的政治操纵；但在后来，却为南京政府服务。

有一些人虽没有参加政府，但也受到敦促，多少要在当局的直接控制下行事，并且通过接受官方业务来保全其事业。例如陈光甫，在 1937 年以前，一直经营其 1915 年创办的上海商业储蓄银行，因其与孔祥熙的关系——二人在美国留学时是同学，有人说孔、陈二人是亲兄弟。这也许使陈光甫更容易接受财政部长孔祥熙对其金融活动所加的控制。这种关系，无疑使陈光甫仕途通达。陈氏被派往美国，就币制改革的中国白银储备换算事宜进行谈判。1937 年后，陈光甫完全从事公职，负责中国向美国借款的工作；自 1938 年至 1941 年，复任财政部对外贸易委员会主任。[2]

浙江兴业银行的李铭（1887—1966 年）的经历，没有发生明显的方向改变，但也带有较多的官员性质。1927 年，李铭被任命为公债基金保管委员会主任，保证了对内债的良好管理，提高了政府的信誉。1935 年，政府任命李铭负责改革金融部门机构的工作。[3]

1927 年至 1937 年，南京政府的借款政策，给银行家带来了财政利益，经济部门也向银行家敞开了官方或半官方的经营前景。这两个方面既鼓励银行家支持政府，也加快了银行家由企业转变为公务员或半公务员。此外，政府通过 1935 年在银行业采取的突然行动，控制了全国银行 66%—70%，并没有给银行家留下多少选择的余地。相比之下，实业家和商店主则不是被拉拢，而是一直受到压制。1928

---

[1] 包华德和霍华德编：《中华民国传记辞典》，1，第 379 页。
[2] 同上书，1，第 192 页。
[3] 同上书，2，第 316—317 页。

年开征统一消费，1928 年、1929 年、1930 年又三度修订海关关税。这两项税收制度，对资本课税变得愈发难以承受。1935 年，纱厂和面粉厂大厂主荣宗敬被判为破产时，需要政府给予帮助，荣氏即向政府提出，在前此三年中共交纳税款 1000 万元。[1] 穆藕初在 1923 年的经济危机中，对其纱厂失去了控制，而在 1929 年却接受了财政部次长的职位。[2] 但是，撇开像穆藕初这样少数的例外，在实业家和店主当中，却没有大批转入仕途的迹象。而在金融界，这种事是引人注意的。实业家和商店主，显然不能像银行家为政府的赤字提供财政支持，当然也就得不到同等的优惠待遇；1935 年以前，还能在自己的企业中保持一些自主权。当时政府只控制华资工厂的 11％—14％。[3] 但是在以后的岁月中，政府在强有力的国家银行支持下，把控制伸向已被世界经济危机削弱了的工商部门，也没有号召企业家们以其技术来为国家效力。企业家和商店主通常被排挤出去，受益的是已就任国民政府的官员。

就是这样，通过强制和授予特权相结合的办法，资产阶级被统一到国家机器中去了；企业家受打击的最甚，而特权使银行家受惠更多。

国民党政权急功近利的观念，可以解释其为何给予资产阶级中几个主要集团以不同的待遇。的确，现代银行的运营，几乎完全靠公共开支提供资金作为基金，使企业家有接受官僚政治所加调整的准备，而不可能接受中国商人和手艺人自主和合作传统的调整。异化了的资产阶级，已经不再是自己的主人。自此以后，资产阶级的命运要由其监护之下的政府所决定。资产阶级的命运取决于政府所作所为，进而言之，取决于政府的真实本能及其对自己应起作用的看法。对中国资产阶级的研究于是转到对南京政权的分析。

---

[1]　科布尔：《上海资本家与国民政府》，第 173 页。
[2]　汪一驹：《中国知识分子》，第 477 页。
　　校注：此处有误，1928 年 11 月 13 日任工商部常任次长。1930 年 12 月，工商部与农矿合组为实业部，次长下分设政务次长与常务次长，穆于 1931 年 1 月 31 日任常务次长。
[3]　科布尔：《上海资本家与国民政府》，第 362 页。

官僚集团与资产阶级共生

正像 E. 巴拉兹曾极其生动地描述过的循环运动那样，资产阶级一旦从属于国家，胜利的官僚机器再度压制资产阶级的创业精神。国民党的文职官员和对政府唯命是从的资产阶级，在 30 年代形成的共生关系，与清末衰落时期的官僚资本主义颇为相似。在国民党统治下，也像清朝统治一样，政府力图用现代化的企业来加强其基本权威。而高级官吏则利用在经济发展的名义，动员人力和物力来为自己牟取私利。但是，现代化的论题在国民党观念中所起的作用，条约口岸的资源在财政体系中所占的关键性地位，是否允许把南京政府和儒家的农业帝国相提并论呢？

从国民党政权所进行的制度改革来看，可不可以认为官僚政治和资产阶级共生，是因为企业家阶层还很软弱，国家对其临时的放松，从而通过国家独立和国内和平的政策来促进其发展呢？德国和日本的资本主义社会就是这样发展起来的。或者我们也许认为，国家的干预根本就不是为了推进私人资本主义的发展，而是宣告由政府实际接管其发展。资产阶级部分的被吸入官僚政府，正好与技术官僚和管理者阶级形成的同时，与以企业官僚主义化为特征的清朝官方的资本主义相比，这是一个以官僚专业化为基础的新的国家资本主义。

在国民党内部，各种思想流派的矛盾很大，产生了各种不同的论点。一种论点支持官僚现代化，愿意与企业家进行对话，急于帮助其参加政府。考察 1928 年至 1933 年担任财政部长宋子文的经历，就可以印证这个论点。宋子文与资产阶级合作的最初尝试，可以上溯到 1928 年 6 月，为促进企业家与高级官员会见而召开的全国经济会议。1932 年，为了争取企业界支持反对蒋介石关于军费支出的政策，宋子文在上海总会组织了一次反对内战的会议，这是资产阶级最后一次重要的表现。第二年，宋子文力图让上海资本家参加国家经济委员会的领导，这是为发展和管理西方国家对华财政与技术的援助设立的政府机构。宋子文在 1933 年 10 月卸去了政府职务，使之合作因而中断，企业界遂即失去主要代言人。

实际上，国民党政权仍然继承着孙逸仙的教义，并因世界经济危机的经验，反对资本主义意识形态的强化。在 1929 年 3 月，国民党第三次代表大会期间，重新肯定了其对私人资本主义的谴责。1930年以后，在自此成为支配力量的蒋介石影响下，这种对私人资本主义的谴责，由于官方的教义中融合了儒家的箴言和法西斯主义的原则，而变得更加严厉。尽管这种反资本主义思潮可以从革命的历史中找到正当理由，但却常常是由传统的反重商主义感情决定的。例如 1930 年至 1936 年任山东省主席的韩复榘对此就说得很清楚，认为为了急于改善农村的行政管理，对过于迅速的工业化与城市化表示怀疑。[1]

主张现代化的人，则在德国和意大利独裁者寻找榜样，在提高效率的口号下，宣扬由国家计划和协调经济发展。例如中国的法西斯主义理论家和主张秘密组织蓝衣社的鼓动者刘健群，就是采取这个立场的人之一。在这些人的惩戒准则中，"奸商"被列入应从社会清除的"败类分子"之中。其目的是将重工业、采矿业、运输业和对外贸易重新置于政府的直接管理之下[2]；认为推行发展经济的方针，是以其当做荣耀和国力的构成要素，其本身并非十分优先的目标。

在各种各样的理念后面，还有许多力量在起作用，如对金钱的贪欲，裙带关系和宗派主义。不少高级官员只不过把经济建设当做个人发财的机会，最上层的夫人们尤其是如此，特别是蒋介石夫人和孔祥熙夫人。

目标的不明确导致了政策的分歧，和平与国内安全的重建（特别是在长江中下游），对罢工和工会运动的镇压，鼓励了企业家的活动。长期以来，商会和银行家协会，雇主联合会要求的一系列组织改革，政府都已付诸实施。1931 年废除了厘金，中国收回了关税自主权：进口税从 1929 年的 4％增至 1930 年的 10％，1934 年又增至 25％。1932 年在上海开办的新造币厂，为 1933 年 3 月颁布废"两"扫清了

---

① 巴克：《中国城市的变化》，第 167 页。
② 易劳逸：《夭折的革命》，第 47 页。

道路。这个非常古老的计算单位的消失,简化了币制,此后币制即以银元为基础了。当完成货币统一之时,适逢世界银价上涨,迫使中国在 1935 年采用法币;发行法币,是由国家储备委员会监督下,四家政府银行独有的特权。[①]

1928 年,新的中央银行和半官方的交通银行、中国银行和较晚创立的中国农民银行[②],均置于政府的权力之下,将现代金融部门加以改组。中央银行从外国人手中收回了对海关收入的保管权,日益增多的收入遂充实了该行的资金。1933 年,上海票据交换所从汇丰银行手中接管了银行之间的结算业务。

自 1911 年以来,厘金的负担,关税不能自主,货币与金融体制的混乱,一直被指斥为妨碍现代经济部门发展和资产阶级兴盛的原因。南京政府的改革废除了这些障碍,但是马上却又制造同样大的障碍。在政府管辖的地区,厘金废除了,却代之以繁多的产品税:卷烟税和面粉税(1928 年)、棉纱税、火柴税和酒税(1931 年)、矿产品税(1933 年)等。新收回的海关自主权所起的作用,主要不是保护本国工业,而是为了充实国库,对原材料、机器和成品都一律科以同样的进口税。

银行体制的合理化与集中化,导致了 1935 年 11 月等于国有化的实然行动;确立纸币制度,使政府在未来能用增加发行来弥补赤字,但同时也为长期的通货膨胀开辟了道路。

的确,资产阶级所寻求的全部改革,好像都反击到自己身上。尽管注意到某些表面相似之处,但却不能把南京政府的政策,与明治维新时期日本领导人的政策相比。即使国民政府这些改革曾在有时候有利于资产阶级的活动,但是主要目的也不是要建立有利于私人企业组

---

① 保罗·T.K.石(音):《艰辛的十年:中国国家建设的努力,1927—1937 年》;阿瑟·N.扬:《中国的建设成就,1927—1937 年:财政和经济记录》。

② 校注:中国农民银行前身,为 1933 年成立鄂豫皖赣四省农民银行;1935 年 4 月 1 日,国民政府决定将其改组为中国农民银行,总行设汉口,为"复兴农村经济"的专业银行,主要经营存放款、办理汇兑等业务外,还享有发行兑换券、农业债券和土地债券特权;1936 年,发行钞票,财政部批准其发行钞票,与法币同样使用。

织的体制。这些改革提供了充分证据，说明其对此并无兴趣。在
1932 年至 1935 年工商业萧条之初，政府不曾给工商业以任何帮助，
就是最毋庸置疑的证明。

能不能因此找到南京政府的国家资本主义开端呢？1935 年 11
月银行的准国有化本身，并不等于对主要经济活动的控制，因为在
中国，现代金融部门的兴起，主要是靠公共支出提供资金，而不是
靠生产投资。但是银行国有化却大大增加了政府干预工商工业的机
会。在经济危机压力下，工商界自己也要求政府干预。这种干预最
初采用贷款形式；迟至 1935 年，才成立在杜月笙控制的工商业救
济贷款委员会，分配了 2000 万元的贷款。[①] 于是中国银行在新任董
事长宋子文的推动下，控制了大约 15 家纱厂（总计约占中国纱锭
数的 13％），并将干预扩展到轻工业的各领域：卷烟、面粉，稻米
的加工与贸易。

在孔祥熙控制下的中央银行，相对来说不是那么活跃。但是在这
两个例子中，公私利益错综复杂的纠缠在一起。例如，孔祥熙和宋子
文都是私人企业中国建设银公司的主要股东。这家公司创建于 1934
年，为中国企业吸引外国投资；在 1935 年以后的主要任务，是在国
营银行和主持发展项目的政府部门——如财政部和全国经济委员会之
间充当中介人。后来发现孔、宋这两位高级官员及其家族，也在该公
司进行私人投资。孔祥熙联合杜月笙一起创办的启新公司，对公债、
黄金、棉花和面粉进行投机。此外还有很多合营公司，其中有些是赎
买处境困难的私营企业，例如，南洋兄弟烟草公司到 1937 年末，宋
子文成了该公司最大的股东。其中还有许多——中国植物油料公司、
中国茶叶公司、上海中心渔业市场，是 1936 年至 1937 年任实业部长
的吴鼎昌直接组织的，都得到各省政府的合作，并由通常属于政府几
个派系的私人资本家予以财政支持。这些公司能得到财政津贴，享有
垄断权和其他特权，常常挤垮与之竞争的私营企业。[②]

[①] 科布尔：《上海资本家与国民政府》，第 267—271 页。
[②] 同上书，第 286—301 页。

只有蒋介石任委员长的军事委员会直接领导下的资源委员会，奉行了充公政策，其结果是大部分重工业和采矿业都由政府控制。

严格地说，经济的公有部门仍旧是有限的，但是不能将不属于公有部门的工商业，看作纯粹私有部门的组成部分。在这些企业中，握有各式股权的政府高级官员所起的作用，使其性质很不明确，这是官僚主义的特点。尽管国家利益和官吏们的私利之间存在舞弊和混乱，遭到历史学者们的普遍谴责，但却不能据此给这种体制下定义。而且和19世纪"官督商办"企业的相似之处，也只能说明部分问题。1930年的官僚们，和1880年的清代官吏是不同的。尽管有些人想在吴鼎昌与清代总督之间寻找相似之处，但发展后面的动力却来自中央，而且只限于少数最高级官员（即使不限于共产党史学至今仍坚持的蒋、宋、孔、陈四大家族）；其中最活跃的人物，都曾在国外受过教育，对现代世界及工业方法和财政方法的了解，远非清朝的先辈们所可比拟。这个官僚集团（至少包括中央政府的上层），由于吸收金融和经济专家，即加速了其自身的发展。企业资产阶级的衰落，与这个官僚集团的现代化是同时发生的。出于政治策略上的原因，共产党的历史学家们将这两种现象紧密联系在一起，将企业资产阶级视为官僚集团现代化的结果，并号召资产阶级团结起来反对国民党政权。

尽管如此，但也不能肯定这个双重发展不遵循普遍的规律；一个巨大的农业国的经济与技术起飞，必然会有规律。资产阶级在其黄金时代已经证明，没有能够维持（或恢复）团结与民族独立的国家机构，这种起飞是不可能的。既然中国的历史传统不允许强大的（或相当强大的）政府，与多元化社会中各种自主集团同时并存，因此，和官僚共生就成了资产阶级求生存的唯一可能形式。

在许多方面，资产阶级—官僚混合体，更接近于今天社会主义政权下的"新阶级"，而不像西方的自由资本阶级。因此，在评价资产阶级—官僚混合体时，既不能根据其和私营企业的关系，也不能根据其道德上的腐败（在所有"新阶级"中，腐败都以各种形式普遍存在），而应根据其是否能够确保国家经济的发展。

这种混合体是否要对道格拉斯·S.帕俄和易劳逸[1]所指责的停滞负责呢?是否应该将拉蒙·H.迈尔斯[2]和托马斯·G.罗斯基[3]所描述的功能,应归功于这种混合体呢?南京 10 年的经济平衡表含糊不清,更增加了分析的困难。不过这种含糊不清,主要涉及农村的演变。上述诸人对规模不大的现代经济部门的进步,看法是一致的。张长治编写的工业生产指数表明,南京 10 年的增长率为 8%—9%,其发展速度和民国时期的大部分年份(1912—1937 年)相当。此外,T.罗斯基还是坚决认为,在这一时期内发展中工业,在质量上有进步。

不过在这普遍发展趋势之下,出现了与 20 年代相似的周期。在战后的经济奇迹之后,是 1923 年至 1924 年的经济危机,因三年的革命与内战而延长;到 1928 年末,现代经济部门又经历了一个新的繁荣时期,直到 1932 年又一次危机。在 1935 年,1/4 的中国工厂都停工了,到 1937 年中日战争爆发才正式复工。

在 30 年代,也和 20 年代一样,这些经济波动主要是由外界事件决定的。在世界经济危机期间,白银大幅度跌价。在 1928 年至 1931 年的时间内,国际市场上银价下降了一半以上,这实际上等于中国货币贬值。其结果是刺激了出口,从而补偿了西方经济危机的影响,并刹住了有些商品的进口;对于不足以保护本国工业的关税,也起了补救的作用。

1931 年的英镑贬值和 1934 年的美元贬值,引起银价急剧回升;物价下跌对中国制造商立即产生影响。但是在条约口岸,进口商极力将价格维持在前一时期的水平上。白银在中国的购买力,不如在外国市场上升得那样快;这个差距,引起白银的大量外流和猛烈的通货膨胀。这种通货膨胀与收缩的浪潮,加上日本入侵满洲和上海,比起其他所有的因素,都更强烈地动摇了 30 年代各条约口岸的经济。

---

① 道格拉斯·S.帕俄:《国民党与经济停滞:1928—1937 年》,载《亚洲研究杂志》,16.2 (1957 年 2 月),第 213—220 页;易劳逸:《夭折的革命》,第 5 页。
② 拉蒙·H.迈尔斯:《中国的农民经济:河北和山东的农业发展,1890—1949 年》。
③ 托马斯·G.罗斯基:《中华民国经济概论》(《多伦多—约克大学现代东亚联合中心讨论会论文》,第 1 集,1978 年)。

　　和这种总是从属于国际市场现象相比，官僚势力的复起和企业资产阶级的衰落，其重要性都是次要的。不是官僚主义化妨碍了现代经济部门的起飞，最终妨碍了企业资产阶级的发展，而是作为国家的中国太衰弱了。不进行政治革命和社会革命，使国民党的资产阶级与官僚共生的政权，带有城市色彩的现象，不可能为经济的真正现代化开辟道路。

　　中国资产阶级（无论是作为 20 年代"自由而西化"的古典型资产阶级，或是作为 30 年代官僚化的资产阶级）的失败，源出于一个更加普遍的原因，也就是使经济起飞失败的同一原因。

　　如果我们抛弃自由主义者的希望，即把资产阶级看作第三种力量源泉的幻想，也抛弃马克思主义的信条，即夸大的把资产阶级看作革命发展的必然阶段，那么，是否有必要把中国资产阶级的经历，看成只不过是历史中偶发事件——一个不会再次出现的插曲呢？在以后的革命阶段中，资产阶级作为一个阶级被消灭了，但是一种传统却留存了下来，又是具有城市的、现代主义的、民主和世界性的传统。这种传统——向世界其余部分开放的民族发展传统，激励着后世的现代化官僚。中国资产阶级是最先作为一个阶级，接受现代化挑战的，这就是其所奠定的传统，能不断激励希望继承其未竟之业的原因之所在。

参考文献介绍

1. 导言:整个民国时期

对于 1912 年至 1949 年的中国历史研究和著述，主要盛行于世界的四个地区——中国、日本、欧美和苏联，但是这四个地区之间的联系却不够完善。无疑是由于绝大多数历史学者，只有一段生活的时间可以自由支配。这些学者应当尽力考虑用中、日、英、法、德、俄、朝鲜以及其他语种，发表关于中国的著作，正如其应当对经济学、政治学、社会学、心理学、人类学以及其他学科发生兴趣。这是一个并不理想的世界。

1912 年清朝被推翻以后，新闻出版业的兴起，有助于对中国种种事件的记载。1949 年以后，国民党掌权的国民政府控制了台湾，在"文化大革命"以前和以后的中华人民共和国，都从事历史的编纂和出版；80 年代，都出版了大量关于民国史的文献，进行了大量关于民国史的研究和讨论。

同时，日本在大陆的扩张，其后中国共产党革命的胜利，促使了越来越多的日本人对中国的研究。而苏联的卷入中国革命，促成的俄文著作则比较要少一些。战争和革命，也使英、法、德、荷兰、美等国的汉学研究，在"区域研究"的名目下，与社会科学结合在一起，结果产生了大量的历史学的学术著作。

但是，只有少数中国学者精通日语，并能使用日本所收集的中国资料。能流畅运用汉语的西方学者，并不能流畅地运用日语或俄语等有关语文。我们研究民国，远不具备在学术上运用多种文字档案的能力，而研究现代和当代欧洲——如研究第一次世界大战的起源的历史学者，则做到了这一点。

对讲英语的历史学者来说，可以说精通中华民国的史实，几乎同样需要中文和日文。因为日文的参考著作和有助于研究的书籍，总的说来其数量至少能赶上中文著作，即使在某些方面虽没有超过。简单的说明，可见于两卷本的《日本的近代中国研究》概述——第 1 卷到 1953 年为止，费正清、坂野正高和山本澄子编；第 2 卷从 1953 年至 1969 年，蒲地典子等编。这两卷书评述了 2000 多种日本书和论文，并引用了所有这一领域的中文文献。

英国和美国对中国的研究，得益于可以广泛接触其政府的领事和外交使团的通信，传教士和在中国的侨民留下的大量回忆录。可以利用的苏联文件和回忆录数量较少，为苏联研究中华民国工作留下较差的基础。但是，20 年代和 50 年代苏联插手中国的种种变化，关于意识形态、国家利益和外交关系的种种问题，所有这些结合起来，导致苏联对中国的研究不断加强。欧美关于中国学识最大的不足，在于其未能充分考虑苏联研究中国的这些著作，即使外国与苏联研究中国的历史学者相接触，当然也为苏联当局所禁止。

由于《剑桥中国史》第 10 卷和第 11 卷[①]的《书目介绍》，已经提供了相当数量。我们尽力使这篇综合评述，限于涉及课题的重要著作，再加上有价值的条目。

对中国传统学识提供最有启发性看法的作品，是邓嗣禹和奈特·比格斯塔夫合编的《注释精选中文参考著作目录》，1971 年第 3 版。这部作品说明了民国学知识产生的背景。关于民国继承的清代档案和其他档案，最有启发和了如指掌的看法，见于魏斐德编的《中华人民共和国的明清史研究》。

北京的中国社会科学院对于民国研究的范围，有非常广泛的项目，计划出版多卷本的记叙体从 1905 年至 1949 年的《中华民国史》，另有几种多卷本的原始资料集，包括年表、传记和第一手资料，安排了大约 600 个专题，见巴里·基南的报道，载《中华民国研究通讯》，

---

① 中文译本名《剑桥中国晚清史》上、下卷，中国社会科学出版社出版。——译者注

6.1（1980 年 10 月），第 18—19 页。

安德鲁·内森的《近代中国，1840—1972 年：资料和研究辅助手段概论》，是对中国和西方资料很有用的书目指南。次要的文献，可参阅袁同礼的《西方文献中的中国》，施坚雅等编的《现代中国社会：有分析的书目》，共 3 卷。此书极为强调 20 世纪。对本书所论述时期的 1000 种中国著作加有注释的入门书，是 1950 年出版的费正清和刘广京的《近代中国：中文著作书目指南，1898—1937 年》，1961 年修订重版。新近的编目，见于亚洲研究学会主办的年刊《亚洲研究目录》。对事件最有用的英文综合评述，见柯乐博所著的《20 世纪中国》。

以外国地图为基础，和以丁文江、翁文灏领导的中国地质调查所实测为基础编绘的民国时期的两本地图集，是《中国分省新图》(1933 年)[①] 和《中华民国新地图》(1934 年)。关于沿海各省，可以在 20 年代编纂的县志中，找到用从日本得来的制图知识绘制的精密地图。

在年表方面，最新的中文著作，是台北中央研究院近代史研究所创办人郭廷以所著《中华民国史事日志》，自 1912 年至 1925 年；郭氏逝世后，于 1979 年出版。[②]

这里要特别提到有些早期的著作，虽然在后来已经过时。例如，紧接 1924 年至 1927 年的国民革命，一批受过现代训练的中国学者，开始进行一个大项目，对此前 30 年划时代的变革，进行一系列的评述。在上海太平洋书店赞助下出版的这套书中，最有声望的著作是李剑农的《最近三十年中国政治史》，1931 年出版；1947 年出版增补本《中国近百年政治史》；1956 年，邓嗣禹和英戈尔斯的英文节译本出版《中国政治史，1840—1928 年》。"三十年历史"项目的另一著作，是文公直（文砥）的《最近三十年中国军事史》，共两卷，这部书比丁文江出版较早的《民国军事近记》更全面，但不够细致。刘馥的《现代中国军事史，1924—1949 年》，增补了上述文著。

刘馥的著作，论述了在中国派系政治斗争中，在军阀集团中，在

---

① 校注：即《申报》六十周年纪念地图。
② 校注：郭廷以编著的《中华民国史事日志》出版时，为 1912—1949 年，共分四册。

国民党和共产党内的权力关系中，起作用的亲属关系和其他种种私人关系。过去王朝史的绝大部分，自然是由官员的传记组成的。现代的传记研究，也可能使中国人生活中的私人关系得到充分研究；而这种私人关系是个重要方面。

赵尔巽等编的 536 卷的《清史稿》，在其大量传记中，包含了有关民国早期的有用知识；张其昀、萧一山等编的修订本，取名《清史》，增补了更多的传记资料，还增加了索引。中国社会科学院关于民国史的庞大汇编项目的第一部著作，是李新等编的《民国人物传》，第 1 卷。1978 年在北京出版。这部书包括政治、军事、文化和实业等方面领袖人物的传记条目。

许多英文的综合传记词典已编辑出版。恒慕义编的《清代名人传略》，共两卷，下迄民国初年。包华德和理查德·C. 霍华德编的《中华民国传记词典》，共 5 卷，集中于民国时期。唐纳德·W. 克莱因和安·B. 克拉克编的《中国共产主义传略词典，1921—1965 年》，共两卷，有续编。范围更广的是桥川时雄的《中国文化界人物总鉴》。

在现代体裁的大型传记方面，胡适的《丁文江传记》，用了 20 年时间才完成，下笔审慎，叙事明晰完整，用词准确，为传记中典范之作。关于金融—实业家里程碑传记，为《周止庵先生别传》，系其女周叔娬所作，为燕京大学硕士论文。晚清和民国初年错综复杂的私人和派系关系方面，专家沈云龙写了两位民国初年总统的传记，即《黎元洪评传》和《徐世昌评传》。

年谱，个人经历的年表或编年记载，是传记编纂的传统形式，可以用来探索民国早期领袖人物错综复杂的私人关系。关于政治史，特别要提出《三水梁燕孙先生年谱》。关于思想史和民国早年的政治，研究者们得益于 1958 年出版的不朽之作的《梁任公先生年谱长编初稿》，共 3 卷，丁文江等编。其他编纂的年谱，涉及的范围很广，有段祺瑞、谭延闿、王国维诸人。在所有年谱中，最为详尽的是孙逸仙年谱。以几种较早的著作为基础，台北的国民党档案馆，三次修订和增订《国父年谱》（1958 年，1965 年，1969 年）。在广州的一个大项目，是 1979 年开始编纂更为全面的孙逸仙一生的编年史。关于蒋介石，有审定的《民国十五年以前的蒋介石先生》，共 20 册，30 年代初期毛思诚编，曾在香港重印。为了对蒋介石的尊重，其一部最详尽的年谱已于 80 年代完成，在台北出版，名为《总统蒋公大事长编》。

传记的合集有《革命人物志》，丛书；吴相湘编的《民国百人传》，共 4 卷。闵尔昌编的《碑传集补》，24 册，其中传统体裁的传记，在 1912 年至 1927 年时期的历史著作中常常被引用。关于实业方面的人物，可参看徐盈编的《当代中国实业人物志》。关于地方史，新近的典范是周开庆编的《民国四川人物传记》。还要特别提到两种杂志，即《国史馆馆刊》和台北的《传记文学》。

关于中国近现代的出版事业，可参阅张静庐编的一套重要著作《中国近代出版史料》，初编，1953 年；二编，1954 年。《中国现代出版史料》，甲编，1954 年；乙编，1955 年；丙编，1956 年；丁编，1959 年，两卷。其另有《中国出版史料》，补编，1957 年。对于第一、第二两种书补编的出版，早于第二种书的丁编两卷，均为中华书局（北京）出版。周策纵的《五四运动，现代中国的思想革命，1915—1924 年：研究指南》（1963 年出版），记述了 1915 年至 1923 年时期约 600 种期刊。中共中央马恩列斯著作编译局编的《五四时期期刊介绍》，共 3 卷，也很重要。

书目介绍涉及更多题目的中文文献汇编中，最重要的有中国社会科学院近代史研究所主办的《近代史资料》，50 年代开始出版。国史馆馆刊主办的《革命文献》，50 年代开始出版（第 1—3，5—23，42— 诸卷，涉及 1912—1927 年时期）。台北中央研究院近代史研究所主办的《中国外交资料》为丛书，据外交部档案，截至 1925 年。

英文译文的文件集中，可参阅狄百瑞等编的《中国传统资料集》；邓嗣禹、费正清编的《中国对西方的反应》；米尔顿·J.T. 谢的《国民党：历史文献选编，1894—1949 年》。

关于重印的政府公报和学术期刊，可参阅华盛顿中国研究资料中心的《通讯》；关于在台湾重印的非共产党杂志，可参阅旧金山中国资料中心的图书目录。

英文的学术期刊，有《亚洲研究杂志》、《中国季刊》、《现代中国》、《近代亚洲研究》和《太平洋事务》等。中文的学术期刊，有台北中央研究院近代史研究所的《集刊》，北京中国社会科学院近代史研究所的《近代史研究》。日文的有《东洋文库》中的《近代中国研究》等。当然，还有更多扎实的论文，是在日本、台湾、香港的大学学报和中国大陆的大学学报上发表的。偶尔也有专题论集的特刊，如《四川大学学报：哲学社会科学版》，2，1979 年，即为《郭沫若研究专刊》。欧美的许多中国研究中心，通常通过其大学出版社出版丛书或小丛书，数量很大，恕不一一列举。

2. 经济趋势,1912—1949 年

就 20 世纪的中国来说，令人遗憾的是仍然没有完整的或可靠的国民经济统计资料。北京政府农商部确曾发表一系列的年度统计表（农商部：《农商统计表》，上海，1914—1919 年；北京，1920—1924 年）。1914 年和 1918 年的统计表，相对来说，比其他的年份要好。从整体来看，这种资料是估计，而不是核实的调查产量。例如，全国铁路报表也公布了（交通部：《政府交通统计表，1915—1936 年》，北京，1916—1928 年；南京，1931—1936 年）。当然，外国管理的中国海关，每年都发表通常是很好的对外贸易统计资料。在萧梁林（音）的《中国的对外贸易统计，1864—1949 年》中，海关统计资料直接用原始资料核对过。但一般来说，中央政府在 1928 年以前太弱，太无效率，不能做出全国性有组织地去收集经济资料。

随着国民政府的建立，统计情况有了一些改善。财政部 1928 年至 1934 年的年度报告，是仅有的曾经发布的中国全国财政真实报告（财政部：《第 17、18、19、21、22、23 财政年度的年度报告》，南京，1930—1936 年）。关于 30 年代的农业统计资料，包括土地面积和产量，由实业部中央农业实验所编制，并见于其月刊《农情报告》（1933—1939 年）。连同 20 年代和 30 年代卜凯个人在金陵大学[①]农学

---

① 校注：原文为 "University of Nanking"，此系金陵大学的英文译名，不可译为南京大学，亦不可译为中央大学。

院主持的著作，大概就可以得到中国农业的最佳资料（卜凯：《中国土地利用：中国 22 省、168 地区、16786 块农田及 38256 农家之研究（1929—1933)》，该书第 2 卷为卜凯的 475 张统计资料）。我们能得到详细工业统计资料，唯一的一年是 1933 年。这些资料是刘大钧为军事委员会下属的资源委员会①所作的一项大规模调查的成果（刘大钧：《中国工业调查报告》，3 卷）。刘大钧的资料不包括满洲和满洲以外的外国在华工厂。不过，可以得到日本对满洲工业的调查资料（约翰·扬：《南满铁路会社的调查活动，1907—1945 年：历史和书目)。对在华的外国工业也有许多估计，但没有一种能赶上刘大钧的调查。除了政府主持收集的资料外，还有虽然可靠但却零散的私人收集资料。从事此项工作的，在天津有南开经济研究所（主要是物价资料，见《1913—1952 年南开指数资料汇编》）；在上海有中国经济统计研究所（出版两种文字的月刊《经济统计月志》，1934—1941 年）。收集的上海物价指数，见于中国科学院上海经济研究所的《上海解放前后物价资料汇编（1921—1957 年)》。

　　尽管这些资料在数量上和质量上都大大超过 1928 年以前的资料，但在国民党执政时期的经济统计资料，缺点仍然不少。部分原因是中国在政治上仍远没有统一，部分原因是大部分经济活动仍然是在市场交易之外进行的，因而难以计量；最后还因统计工作在技术上依然落后。但是，甚至 1928 年至 1937 年相对不足的资料，与此后得到的资料相比，也是天赐之物。战争和内战对收集资料部门的损害，并不比对行政机构其他部门的损害为小。以 1937 年至 1949 年来说，不仅是财政金融统计资料，任何种类的微观资料都很缺乏，并且也不可靠。张嘉璈的《恶性通货膨胀：中国的经验，1939 年至 1950 年》一书，包括的

---

① 校注：资源委员会，是资源调查、开发和国家重要工矿、动力事业之经营、管理机构，1935 年 3 月成立，直隶军事委员会，蒋介石兼任委员长，掌理人力、物力资源的调查、统计、研究、资源建设、动力计划及其他有关资源事项。1938 年，资源委员会改隶经济部；1946 年 5 月，改隶行政院。历任委员长、主任委员为翁文灏、钱昌照、孙越琦、吴航琛。

资料，只不过是作者所能得到的资料；因为其曾为中央银行总裁。[1]

这里特别提到的统计书刊，当然只是一些例子。还有更多的书刊——例如，实业部和南京政府的外贸局[2]的出版物，或为行政院农村复兴委员会准备的农村调查资料，以及中国地质调查所发表的中国关内及满洲的广泛矿产资料。除了这些官方报告以外，中国和日本的研究者（日本主要是在南满铁道株式会社），出版了数以百计的零散的地方调查材料。但这些材料没有一种单独的——不是所有的加在一起——提供了，或可以容易地从中推导出有关人口、就业、股本，以及国民生产和消费、物价、税收、货币流通等的完整资料，供经济史学家对 20 世纪前半期的中国经济作确定的分析。对国民政府 36 个部门的介绍材料，见主计处的《中华民国统计提要，1935 年》，包括大多数中华民国统计书刊的有用记载。严中平编的《中国近代经济史统计资料选辑》，收入范围很广的资料，很有价值；其中的资料都有精心的注释——尽管其编排和评注有倾向性，编者对"指数问题"显然缺乏知识。第 2 章的脚注，提到其他原始资料和专题著作的集子。

在这种不利的情况下考察民国时期的中国，包含在本章中的大部分微观经济的记述，只不过是靠智力上的推测，尽管 1933 年的工业资料公认是比较详尽的。中国国内的资料虽然不足，但还没有被充分利用。而利用日本满铁对 20 世纪中国经济的调查，要谨慎从事，或许表明其调查比我们所认为的更有助益，读者留意及之。

3. 外国在华势力

韦罗璧的《外人在华特权和利益》（第 2 版，1927 年，2 卷），尽管其过分地墨守条文，但对整个问题作了有益的论述。王绍坊有很好的同名中译本（北京，三联书店，1957 年版）。

---

[1] 校注：张嘉璈 1947 年任中央银行总裁，为时仅一年，1948 年 5 月，即辞职；而此书成于 1950 年之后。

[2] 校注：此处原文译文为"实业部和南京政府外贸局"。国民政府经济委员会下并无外贸局，只有 1930 年成立的实业部于 1932 年 6 月设有国际贸易局。疑此处原文有误。

　　20世纪早期，外国人在中国的许多方面，每个主要订约国已公布和未公布的外交通信及领事的报告中，对此都有详细的反映。英国、日本和美国多年的外交档案微缩胶卷，在主要的科学研究图书馆中都可以找到。中国方面的外交史，可以在台北中央研究院近代史研究所收藏的一部分外交档案中加以研究。

　　在20世纪的第二个十年中，外国人在中国开办和发行报纸和期刊，共有80—90种，其中有些是传教士的通讯，用中文或其他外国文字。大约到1920年止，在主要的通商口岸和北京，但不包括满洲，主要的非宗教性报刊见表39。这些外国报刊对外交档案提供了重要的补充材料。

表39　　　　　　　　**外国在华主要非宗教性报刊**

出版地	报刊名称	国别	出版次数
北京	华北正报	日本	日报
	北京新闻	法国	日报
天津	京津时报	英国	日报
	中华星期画报	英国	京津时报的每周版
	华北日报	英国	日报
	公闻报	日本	日报
	天津日日新闻	日本	日报
	津郡权务报	法国	日报
	华北明星报	美国	日报
汉口	楚报	英国	日报
上海	字林西报	英国	日报
	北华捷报	英国	字林西报的每周版
	大美晚报	英国	日报
	上海泰晤士报	英国	周刊
	金融商业报	英国	周刊
	上海日报	日本	日报
	中法新汇报	法国	日报
	大陆报	美国	日报
	星报	美国	日报
	密勒氏评论报	美国	周刊
	远东时报	美国	月刊
香港	孖剌报	英国	日报
	华南晨报	英国	日报
	士蔑西报	英国	日报
	德臣报	英国	日报

在华基督教会数量极多的文献，主要是传教士自己出版的，反映其观点。克莱顿·H.朱（音）的《在华美国传教士：从传教研究图书馆论题目录中精选的著作、文章和小册子》，列举了 7000 个条目，按详尽的论题分类。尽管其书名是美国传教士，但并不限于美国教会。赖烈特的《基督教在华传教史》，虽然是最早出版于 1929 年，但仍然是一个好的起点。在华出版的新教徒的主要刊物，是《教务杂志》（上海，1867—1941 年）、《中国传教年鉴》（上海，1867—1941 年），后改名《中国基督教年鉴》（1926—1940 年），提供了对教会工作各方面的每年评价。对 20 世纪传教活动最新研究成果，有保罗·A.瓦格的《传教士、中国人与外交官：美国新教徒在中国的传教活动，1890—1952 年》；费正清编的《在华的传教事业与美国》；杰西·G.卢兹的《中国与基督教院校，1850—1950 年》；雪莉·加勒特的《中国城市里的社会改革者：中国基督教青年会，1895—1926 年》；小詹姆斯·C.汤姆森的《中国面向西方之时：美国改革者在国民政府的中国，1928—1937 年》；菲利普·韦斯特的《燕京大学与中西关系，1916—1952 年》。关于中国基督教自主的本国教会运动的发展，可参阅山本澄子的《中国基督教史研究》。

关于外国在海关中的作用，可参看斯坦利·F.赖特的《中国争取关税自主的斗争，1843—1938 年》和《赫德与中国海关》两书，费正清、凯瑟琳·布鲁纳等编的《北京总税务司赫德书信集：1868—1907 年的中国海关》，揭示了赫德控制中国海关达 40 年之久。S.A.M.阿谢德的《中国盐业的现代化，1900—1920 年》，分析了理查德·戴恩在中国盐税中的作用。北京科学出版社于 1957 年至 1962 年出版的 10 卷本《帝国主义与中国海关》丛书，重印了译自海关档案的重要文件，但除了第 10 卷民国时期处理庚子赔款支付问题的资料外，不包括 20 世纪的资料。

外国在 20 世纪对中国经济的作用，非意识形态的论述很少。基本资料可参阅卡尔·F.雷默（又译作雷麦。——译者注）的《中国的对外贸易》和《中国的外国投资》两书，郑友揆（音）的《中国的对外贸易与工业发展》，侯继明的《1840—1937 年中国的外国投资与经济发展》。罗伯特·F. 德恩伯格的《外国人在中国经济发展中的作用，1840—1949 年》（载德怀特·H. 帕金斯编：《历史的剖析中国现代经济》，第 19—49 页）断定，属于外国的部门，"无疑对中国国内经济作出了积极而直接的贡献"。

4. 袁世凯时期

在袁世凯任总统期间，即中华民国开头的四年或五年，亦即将辛亥革命和军阀主义开始分开的时期，很少历史研究者和历史编纂者将此段时间作为一个单元。有关的大部文集和评论，都是关心辛亥革命的副产品。学术上的注意，随着清帝的逊位而迅速减少；随着孙逸仙党人 1913 年夏季二次革命的受挫，遂即完全消失了。这种兴趣方面的界限，也表现于对辛亥革命研究的大型文集，北京出版的 8 卷本《辛亥革命》；台北国民党档案馆编辑的丛书《中华民国开国五十年文献》，尤为重要的是第二部分第 3—5 卷《各省光复》。《辛亥革命回忆录》中一些回忆文章延续到民国初年，但涉及的时间通常都不长，为整个现代，或是为 20 世纪前半期，尽管提供研究资料的系列书刊仍然很少，但却为研究袁世凯时期提供了较好的资料。台北出版的《革命文献》，北京出版的《近代史资料》，都集中注意力于辛亥革命，而忽略了其余波的倾向，起到了保持较早文集价值的作用。其中著名的，有白蕉的《袁世凯与中华民国》，1936 年出版。较近出版的，有沈云龙编的《袁世凯史料汇刊》。扩大出版资料的前景即将到来，因为中国社会科学院已着手提供文件，并制定编写中华民国史的雄心勃勃的计划。

对于这个历史时期总的看法，在很长一段时间内，为当时的报纸和秘史的著作所左右。中心的话题，都是袁世凯及其后继者军阀的丑闻秽史。这个传统最有才华的代表可能是陶菊隐，特别是其 6 卷本《北洋军阀统治时期史话》（1957 年）。这种情况——只靠浅薄研究支持的传统做法，对任何历史学家，显然都提供了完全改变评价的机会。近年出现了异议，但没有人认为应当做出完全相反的解释。陈志

让的《袁世凯，1859—1916年》（修订版，1972年）的最后部分提出
了有特点的解释，袁世凯是其所处时代的产物。爱德华·弗里德曼在
《退向革命：中华革命党》（1974年出版）中，注意袁世凯对手的革
命党人，对孙逸仙革命动力的描述变得复杂化了，却并没有降低孙逸
仙与之对抗的正确性。欧内斯特·P.扬在《袁世凯的统治：中华民
国初年的自由主义和独裁政治》中，试图撇开个人动机，并从争论问
题和政治集团的新组合方面，分析袁世凯任总统时期的政策，但发现
其政策有缺陷，并且经常是有害的。民国初年的袁世凯总统最根本的
是缺乏支持者。

　　密切注意一些次要人物，导致了对这时期会有更正确的认识。在
这方面，梁启超提供了最令人注意的机遇，因为其处于决策的地位，
并留下很多记载，其中有前文提到的丁文江所收集的无可比拟的书信
集。张朋园已将其扩大，著有《梁启超与民国政治》。薛君度的《黄
兴传》和K.S.刘的《宋教仁传》都很有价值。外国顾问在袁世凯
任总统时，在事件中所扮演的角色，其中之一的莫理循有关在此数年
中的文件已精选出版，骆惠敏编的《莫理循通信集，第2卷，1912—
1920年》。

　　民国早期的社会和经济史，最初集中于革命前的各个地区或省的
研究补缀而成。见伊懋可、周锡瑞、玛丽·巴克斯·兰金和爱德
华·罗兹的著作。袁世凯统治时期经济政策的论述，见菊池贵晴的
《中国民族运动的基本结构——关于排外性联合抵制的研究》。关于民
国早期的计划，地方的农民斗争，正在兴起的妇女运动的论文，载于
重要的日本学术著作，《中国现代化的社会构造：辛亥革命的历史地
位》、《近代中国农村社会史研究》，以及小野川秀美和岛田虔次的
《辛亥革命研究》。菲利浦·理查德·比林斯利于1974年在利兹大学
的博士论文《1911至1928年中国盗匪活动，特别论及河南省》，论
述民国初年的白朗匪帮。

　　学者们更系统地论述了外交关系，尽管国内分裂的争论很难予以
澄清。蒲友书在未发表的密歇根大学1951年博士论文中，详细考察
了重组贷款，《国际财团重组对华贷款，1911—1924年；战前外交和

国际金融的一个重要事件》。关于西藏和英国关系密谋的分析，见阿拉斯泰尔·拉姆的《麦克马洪线：印度、中国和西藏之间关系的研究，1904—1914 年》，帕索坦·梅拉的《麦克马洪线及此后英国、中国和西藏之间对印度东北边界的三方争论研究，1904—1947 年》。这些年中国与其他国家的重大国际关系，是和日本的关系。长篇论著中值得注意的，有李毓澍的《中日二十一条交涉（上）》，马德琳·季（音）的《中国外交，1914—1918 年》，臼井胜美的《日本与中国——大正时代》，焦点当然是二十一条；自此以后，在中日关系迅速恶化之前，再没有完全恢复。

关于阻止袁世凯称帝及其后的反袁运动，学者们对此久有兴趣，但却无全面论述。可能由于各个反袁运动的性质不尽相同，其中以云南的反袁运动最受注意，被视为是真正的反袁运动。中国的学术研究成果，修改了把反袁完全归功于蔡锷的说法；并提出蔡锷在由北京去云南之前，云南的年轻军官已有反袁的计划，见金冲及的《云南护国运动的真正发动者是谁?》，《复旦学报》，2，（1956 年）。寺广映雄赞成这种看法，见《中国革命历史的展开》。唐纳德·S.苏顿的著作，补充了对护国运动事件的新意义，见《省黩武主义与中华民国：滇军，1905—1925 年》，描述了从滇军的发展及其演变成军阀主义出现的背景。因此，如我们所预料，其后的军阀时期是孕育于民国初年，其来源也是多方面的。

5. 北京政府,1916—1928 年

尽管原始资料很丰富，当时的军阀主义现象和思想革命也受到相当注意，但对北京政府却很少进行研究。关于 1916—1928 年时期历史情况的总看法，可参看 J.E.谢里登的《分裂的中国：民国时期》。关于中央政府制度的研究，可参看钱端升的《民国政制史，1912—1949 年》，重印，纸面装；侯服五的《中国的中央政府，1912—1918年，制度研究》；最近的著作是安德鲁·J.内森的《北京：1918—1923 年的政治斗争：派别活动和宪政的失败》。

这些著作部分使用当时的中国报纸，如《顺天时报》（北京）、《申报》（上海）和《时报》（上海），以及在中国的外国报刊。报纸对于深入一步的研究是可以利用的，并且还有极有价值的剪报刊物；波多野乾一编的《现代中国之记录》，从1924年至1931年，这份复印的月刊每月重印中国报纸上的重要文章约400页。为了更深入地了解政治事件，用当时中国、西方和日本人的回忆和观察资料来补充报纸之不足，是很有帮助的。关于初步的指导书，可看施坚雅等编的《近代中国社会研究论著类目录索引》。许多重要的事实和未有任何变动的文字的文献，大致论述了当时中国的著作，如刘楚湘的《癸亥政变纪略》，孙曜的《中华民国史料》，岑学吕（凤冈及门弟子）编纂的《三水梁燕孙（士诒）先生年谱》。

从较少被利用的资料中，可以了解到更多的情况。中国政府机关在很多公报中用文件证明其工作，阐述内阁及其下属官员相信，所希望完成和实际完成的事情。现在尚存在有许多部和各种机构的公报，如1916年至1917年参众两院的公报，1925年善后会议的公报。此外，政府每季刊行《职员录》，研究者可以从中了解高级官吏任职的连续和变化。

外交档案是另一类未被充分利用的资料。人们往往从因袭的观念出发，把民国初年的外交看成是中国的灾难，还有如本章所述，看作中国和列强如何各自行动的历史，都需要仔细地加以考察。关于这个论题，唯一新的专著是梁肇庭著的《中苏外交关系，1917—1926年》。梁著的参考书目所列出他查阅的，已刊和未刊的中国外交部文件。关于中国外交部中的中日关系档案，见郭廷以与J.W.莫利编纂的《中日关系，1862—1927年：中国外交部档案简明目录》，附有中国、日本和朝鲜的名人表。已刊和未刊的美国、英国和日本的外交资料也同样重要；关于这三国外交资料的国别简要说明，见内森编的《现代中国，1840—1972年：资料和研究辅助材料介绍》；外交报告因包含有关中国政治的资料，自然是很重要的。

要了解北京的政治，需要在思想史、社会经济史有关的课题下功夫。从这点来说，我们对于从晚清开始，一直到国民政府及南京政府的前 10 年，及其后的宪政形式的争论，对其具体内容知之甚少。这个课题，可以利用政府公报、报纸和《东方杂志》之类知识性期刊，作深入研究。同时，张朋园著的《立宪派和辛亥革命》、《梁启超与清季革命》、《梁启超与民国政治》，以及张玉法等人的著作，我们才能较多地知道宪政的基本理论基础，促进宪政力量的社会和政治性质。

金融和财政是需要研究的另一个课题。贾士毅著《民国财政史》简明而广泛，但其提供的资料，其意义还要充分加以分析。弗兰克·塔马格纳著《中国的金融与财政》是早期的研究成果，还需要有后继的专著来加以充实。同一时期的许多日本人的分析研究，对这个课题是重要的，其中有《支那金融情况》和香川峻一郎著《钱庄资本论（论钱庄资本）》。其他的分析研究，见于施坚雅等编《近代中国社会》，费正清的《日本的近代中国研究》，蒲地典子等的《1953 年以来日本的近代中国研究》。中国的金融杂志《银行周报》和《银行月刊》也展示了一些情况。

对外国学者和中国研究者来说，派系倾轧是中国近代史的一个重要课题。内森著《北京政治》，对何谓派系倾轧与其如何进行，提供了分析。对 20 世纪的前 10 年和 20 年代提出稍有不同解释的著作，有齐锡生著《中国的军阀政治，1916—1928 年》，吴应铣著《近代中国的黩武主义：吴佩孚在 1916—1939 年生涯》；又见陈志让著《中国军阀及其派系的界说》。主要说明派倾轧在近代中国为何如此严重，我们需要更多研究人物传记。除包华德和理查德·C. 霍华德编《中华民国传记词典》以外，还要特别提出日本外务省以不同书名，出版的一系列人物传记词典。

6. 军阀时代

研究军阀割据的资料，和军阀时期本身一样，是非常混乱的。到此时为止，大多数著作都采用各个军阀政治传记的形式，地区性研究也已开始。当前需要做的困难工作，是搜索那些尚未被研究的人物的传记材料，用于在军阀时代专题研究的地方和地区的历史资料。了解资料的一般分类的方便方法，是阅读经由斯蒂芬·菲茨杰拉德撰写的书目提要《中国国民党和中华民国史资料》，载唐纳德·D.莱斯利等编《中国史资料文集》和内森编《近代中国，1840—1972年》。

最全面研究军阀割据的专著，是齐锡生《中国的军阀政治（1916—1928年）》。齐锡生从均势观点来分析军阀关系的做法，也许是有争论的，但其提供大量引证史料都是根据于文件。卢西恩·W.派伊的《军阀政治：中华民国现代化中的冲突与联合》，虽然阐述的内容比书名要少，不过仍然提出了许多有益的问题。韦慕庭的《民族主义制度下的军事割据和再统一过程，1922—1937年》，提出了有创见的见解。詹姆斯·E.谢里登的《分裂的中国：中国史中的民国时期》，致力于军阀主义时期历史的论述。

李剑农的《中国近百年政治史》，是优秀的中文近代政治史概论，是一部写得很好的、主要政治事件翔实可靠的纲要。邓嗣禹和杰里米·英戈尔斯的英文译本《中国政治史，1840—1928年》，有删节，与原著有所不同。特别集中注意力于军阀的著作，是陶菊隐的《北洋军阀统治时期史话》，引证史料不够严谨，但被广泛利用。陶菊隐的《督军团传》论述早期的军阀时期，着重1917年复辟之前的种种密谋。一部重要的日文著作，是波多野善大的《中国近代军阀研究》。

关于军阀时期的军事史，没有令人满意的英文著作。拉尔夫·L.鲍威尔的《中国军事力量的兴起，1895—1912年》，截止于民国肇始之时；而刘馥的《现代中国军事史，1924—1949年》，主要致力于民国晚期。基本的中文著作，仍然是文公直的《近三十年中国军事史》，写于1930年，有许多关于军事组织的专门知识。《北伐战史》表明了国民党对于与军阀斗争的看法。国民党档案馆的《革命文献》包括了与军事事务有关的文件。

包华德和理查德·C.霍华德编的《中华民国传记词典》，虽载有有用的详情，但记述的人物为数不多。可以补充这部词典的是伍德海编的《中华年鉴》的传记部分，上海《密勒氏评论报》1925年出版的《中国名人录》和由黄惠泉、刁英华译成中文的园田一龟撰写的日文传记词典《分省新中国人物志》，还可参看贾逸君编的《中华民国名人传》，以及许多中文的小型传记词典。有些专收集特殊地区人物，是民国中期的产物，使用时要当心，记载往往有错误，而且很粗略。

不少民国初期的人物出版了回忆录。如黄绍竑的《五十回忆》，刘汝明的《刘汝明回忆录》，刘峙的《我的回忆》，曹汝霖的《一生之回忆》，徐树铮之子发表其父的传记，即徐道邻的《徐树铮文集年谱合刊》。较短的回忆录和其他的传记及自传资料，按期在《传记文学》月刊上发表。

对军阀研究饶有兴趣的，是哥伦比亚大学东亚研究所口述历史项目的自传资料，唐德刚编的《李宗仁回忆录》已经出版。《张发奎将军对夏连荫口述的回忆》（有关军阀时期部分，在某些情况下是坦率的），是直率而非常吸引人的记载。

在英文的政治传记中，D.吉林在《军阀：1911—1949 年在山西的阎锡山》中，详细记述了这位所谓模范都督的事迹。詹姆斯·E.谢里登的《中国的军阀：冯玉祥的一生》，研究了这位基督教徒将军。吴应铣在著作中，研究了一度曾为直系领袖的吴佩孚。谢文荪在《一个军阀的思想和理想：陈炯明（1878—1933 年）》中，论述了这个南方军阀的精神生活。在这些人物中，每人都留下与其有关的大量著作，其中关于中文、日文的著作和论文，具见上述研究著作的书目。

黛安娜·拉里的《地区和国家：1925—1937 年中国政治斗争中的桂系》，研究主要军阀集团中的一系，对近代中国的地方主义和黩武主义的性质提出了敏锐的见解。集中注意力于地区而不是个人的著作，有罗伯特·A.卡普的《四川与中华民国：地方军阀主义与中央政权，1911—1938 年》。戴维·D.巴克的《中国城市的变化：山东济南的政治与发展，1890—1949 年》，研究了城市史，但以大量篇幅阐述经济和社会问题。加万·麦科马克的《张作霖在中国东北，1911—1928 年：中国、日本和满族人的想法》，所研究的不只是北方最有势力的军阀，还有日本人在中国的活动。

外国的外交官、新闻记者、传教士和旅游者的报道，即使是带有成见和偏见的色彩，也是非常有用的。英国在中国有庞大的领事网，因而其外交部的档案是很有价值的。其中的 FO228，包括 1834 年至 1930 年的领事通信；FO371，包括 1906 年至 1932 年的政治通信。伦敦国家档案局的许多档案都摄制了缩微胶卷，提供给主要收藏研究资料的机构，如芝加哥研究图书馆中心。美国国务院有关 1910 年至 1929 年中国国内事务通信的 227 缩微胶卷，虽不怎么丰富，但仍然是非常有用。日本外交档案是非常丰富的原始资料，大多数研究军阀的著作即使利用，也是用得很少。有两部很有帮助的指南性著作，其一为塞西尔·H.乌叶赫拉编的《日本外务省档案馆目录，日本东京，1868—1945 年；1949—1951 年为国会图书馆制作的缩微胶卷》。另一为约翰·扬编的《日本陆军、海军和其他政府机构精选档案缩微胶卷复制目录，1868—1945 年》。韦慕庭和夏连荫编的《有关共产主义、民族主义和在华苏联顾问的文件，1918—1927 年；1927 年北京搜捕中查获的文件》，包括与军阀有关，尤其是与冯玉祥有关的文件。

很少有人试图编写可以严格称之为军阀主义的社会史著作。一篇令人感兴趣的作品——"通过大众文学来写社会史"的一次尝试，是杰弗里·C.金克利的《沈从文对中华民国的幻想》，哈佛大学博士论文，1977 年。章有义编的资料《中国近代农业史资料》第 2 卷所涉及的时期，是从 1912 年至 1927 年，反映有这一时期社会状况的著作、报道、期刊文章和其他资料的摘要。

由于军阀年代的混乱状况，明晰可靠的年表是必不可少的。郭廷以的这类著作，上文已经提到。高荫祖的《中华民国大事记》虽不够完全，但仍然很有用。《东方杂志》每一期都有年表，这些资料许多是由中国研究资料中心编写的，构成了 6 卷《20 世纪中国大事记，1904—1949 年》的核心。

丁文江、翁文灏和曾世英编的《中华民国新地图》，由于采用当时的地名，对研究军阀很有用。

7. 思想变化，1895—1920 年

关于改革时代思想史的基本资料，主要是知识分子著作的文集，

其中有许多人编辑的期刊中论述改革的文献。就个人和其发表著作目录的简要英文说明来看，包华德和理查德·C.霍华德编的《中华民国传记词典》（5卷）是最好的起点。不过，因为谭嗣同死得过早，所以收入到恒慕义编的《清代名人传略》中。最令人发生兴趣，也是最精湛的概述，是史敬思的《天安门：中国人及其革命，1895—1980年》。

50年代和60年代对近代中国早期改革和激进思想的普遍学术兴趣，导致出版了许多最著名的维新期刊的影印本。《时务报》、《清议报》、《新民丛报》和《庸言》，都为梁启超所编，可以从台湾得到重印本。同盟会的机关报《民报》，1957年在北京重印。日本的出版社供应吴稚晖的《新世纪》和刘师培的《天义》重印本，而刘师复的《民声》重印本，在香港可以买到。数量更多的保守刊物，一般没有再版，但仍是重要资料。保守的刊物中，有《国粹学报》、梁启超的《大中华》、章士钊编辑的《甲寅》、康有为的《不忍》。

中国人对维新运动各种背道而驰的解释，是根据中国思想史的有关篇章，但可以看到几个有影响学者的大量文件。对维新运动最好的马克思主义的分析，是侯外庐的《近代中国思想学说史》，还可以参阅侯外庐等人的《中国近代哲学史》。萧公权的《中国政治思想史》，提出了一个杰出的中国自由主义者的看法。此书的第1卷有牟复礼优美的英文译本，1979年已经出版。一种新传统的看法，见于钱穆的《中国近三百年学术史》。民国时期，知识分子所写较早的两部著作，提出了令人感兴趣的——虽然形成了对比的见解。郭湛波的《近五十年中国思想史》，1936年出版；贺麟的《当代中国哲学》，1947年出版；最近的主要著作，是王尔敏的《中国近代思想史论》。这方面审慎的日本著作例子，是西顺藏和岛田虔次编的《清末民初政治评论集》，这部文集翻译并注释了19世纪和20世纪的63篇重要文章和论文。

始于19世纪90年代中国思想的演变，英语世界学术研究的先驱是李文逊。其第一部著作是1953年出版的梁启超传记《梁启超与现代中国思想》，然后为其涉及范围很广的《儒家的中国及其现代命运》（3卷，1958—1965年）。这两部著作，即使在外国思想影响下，对传统的高雅文化受到侵蚀的分析而有待修改时，也仍然是解说形式和优美文体的典范。强调近代思想和固有思想传统种种方面之间的连续性，更接近于修正的著作，有上述史敬思很吸引人的叙述。史敬思的这部著作，探索了康有为等人的思想和经历。费侠丽编的《变革的限度：关于中华民国时期保守抉择的论文集》中收集的论文，以及托马斯·A.梅茨格的著作《摆脱困境：新儒学和演变中的中国政治文化》。译自德文的沃尔夫冈·鲍尔的《中国和对幸福的追求：四千年中华文明中反复出现的主题》，以近代乌托邦思想把中华文明编织成了华丽的历史屏风。

这方面的专题著作，主要是思想方面的传记。许华茨的《寻求富强：严复和西方》，对中国所理解的西方思想提供了典型的分析。一般说，1898年维新运动的领袖们最受注意。除了李文逊的著作而外，还有两部梁启超的大型传记：张灏的《梁启超和中国知识分子的转变》，黄宗智的《梁启超和中国近代的自由主义》。萧公权撰写康有为的主要传记《近代中国与新世界：改革者与乌托邦主义者康有为，1858—1927年》；补充这部著作的，是罗荣邦编的《康有为：传记与论丛》。迈克尔·加斯特的《中国知识分子和辛亥革命》，把孙逸仙共和主义革命支持者当做一个集团来研究。而薛君度编的《近代中国革命领袖》，收入了研究许多次要人物的有用论文。盖伊·阿利多的《最后的儒家：梁漱溟与现代性中国的窘境》，补上了关于新传统主义者的传记文学空白。

大多数关于这段时期思想发展论题的论述，都把注意力集中于革命思想体系的根源。这类论著包括两部研究中国社会主义起源的著作：唐·C.普赖斯的《俄国与中国革命的根源，1896—1911年》，马丁·伯纳尔的《1907年以前中国的社会主义》。罗伯特·A.斯卡拉皮诺和乔治·于的《中国的无政府主义运动》，简要地介绍了无政府主义者。

中国的思想史研究者，至今还几乎没有开始把这一时期的思想史和民众觉悟的历史，或者和制度的演变联系起来展开研究；而要进行这项研究，需要在第一手资料的运用上和方法论的革新上，必须要有更多的多样化才行。

8. 五四时代

论述五四运动的重要起点，是周策纵的开创之作《五四运动：现代中国的思想革命》（1960 年），及其书目指南《五四运动，现代中国的思想革命，1915—1924 年：研究指南》（1963 年）。这本研究指南，提供了有注释的重要期刊和报纸的目录。刘君若的《现代中国思想史中的争论》，对这个时代的期刊文献作了可靠的初步介绍。范围更广的指南，是《五四时期期刊介绍》。

引起争论的林毓生著作《中国的意识危机：五四时期激进的反传统主义》，是对五四事件具有创造性研究。解说性的概述，可见于许茨华编的《关于五四运动的意见：专题论文集》。费侠丽编的《变革的限度：关于民国时期的保守抉择的论文集》，提供了保守主义者的看法。O. 普赖尔的《中国哲学 50 年，1898—1950 年》，是主要关于哲学争论与倾向便于使用的概要。

集中注意力于 1919 年前后时期马克思主义观点的中文概述，有华岗的《五四运动史》，这部书有天野元之助等编译得很好的版本，书名相同，但附有关于史学术语和人名的词汇表，有陈端志的《五四运动之史的评价》。最重要的文集，有《五四爱国运动资料》和《五四运动在上海史料选辑》。一部有价值的 22 篇文章的文集，是彭明编的《五四运动论文集》。

五四时代思想史的最好著作，是传记形式的著作。最著名的五四知识分子也许是胡适。杰罗姆·B. 格里德著有《胡适与中国的文艺复兴：中国革命中的自由主义，1917—1937 年》。刊载于 20 世纪 60 年代以前的几部文集，其中胡适自己的著作，可以很方便的在童世纲编的《胡适文存索引》中查找。胡适的美国导师杜威，从 1919 年至 1921 年在中国，巴里·基南的《中国的杜威实验：民国初期的教育改革与政治权力》，记述了杜威旅居中国和中国人努力贯彻其思想的情况。杜威在中国时曾发表大量演讲，但后来显然失去了声望。罗伯特·W．克洛普顿和巫群真（音）在《杜威在华演讲集，1919—1920年》中，把32篇发表的中文译文回译成英文。

关于蔡元培，可参看威廉·J．杜克尔的《蔡元培：现代中国的教育家》，有大量中文著作可以利用，如陶英惠所编内容丰富的传统体裁的《年谱》第1卷（1976年），见台北中央研究院近代史研究所的专题论著丛书；思想传记有蔡尚思的《蔡元培学术思想传记》。蔡元培著作的主要汇编，是孙德中编的《蔡元培先生遗文类抄》；还有几篇蔡氏自己写的自传性短文。

关于保守的儒家思想家梁漱溟——胡适哲学和思想上的对手，可参阅盖伊·S．阿利多的《最后的儒家：梁漱溟与现代性中国的窘境》。这部书认为，毛主义与儒家思想的共同点，远比与胡适自由主义的共同点为多；毛泽东本人也可能受过梁漱溟的影响。

莫里斯·迈斯纳的《李大钊与中国马克思主义的起源》，是这位首先响应俄国革命，并献身布尔什维主义的杰出中国知识分子的思想传记。迈斯纳认为，整个李大钊思想有两个主旨，一种是对马克思主义的唯意志论的解释（对宿命论的担忧），一种是富于战斗性的中国民族主义。黄松康（音）的《李大钊与马克思主义对于现代中国思想的影响》中，所翻译的10篇李大钊的文章都很有价值。《李大钊选集》汇集了所有李大钊的文章，很便于查找。对于陈独秀研究，仍然缺少一部令人满意的思想传记。

费侠丽的《丁文江：科学与中国的新文化》，清晰地描述了一个重要人物，并阐明了20世纪中国思想史中"科学"和"科学态度"的特征。丁文江和科学问题，在郭颖颐的《1900—1950年中国思想中的科学主义》也占有重要的地位。这部著作记述了唯科学主义的胜利，也论及到上文提到的思想家，再加上吴稚晖、任鸿隽、张君劢等人。张君劢是1923年科学与人生哲学[1]论战中的主要人物。张君劢对论战的详尽传记，见罗杰·B．琼斯的《为儒学辩护的诸学说混合论：张君劢早年的思想和政治传记，1887—1923年》（乔治·华盛

---

[1] 校注：即1923年科学与玄学的论战。

顿大学博士论文，1974 年）。又一次关于思想问题著名的重要论战，是 20 年代后期和 30 年代的中国社会史论战。阿里夫·德里克在《革命与历史：中国马克思主义编史工作的渊源，1919—1937 年》中，有杰出阐述。

9. 文学的趋势，1895—1927 年

中国和日本的学者已广泛研究中国现代文学史。个别作家作品的汇编、总目录、选集以及研究专著和概述很多，并不难见到（见赵家璧、张静庐、王瑶、王哲甫、李何林和刘绶松的书目），不过仍需要进行大量研究，尤其需要重新考虑。因为大多数可以见到的次要文献，尤其是中国学者撰写的文章，缺乏深入与创造性的分析。对于这个论题的一般看法，就只注意于表面的思想，而没有很严密的辩证的分析，是左派的和朴素的马克思主义的。毛主义的准则，如在著名的 1942 年延安讲话所系统表达的，左右了 1949 年至 1979 年的中国文学界，在以后的思想"解冻"中，才巧妙地受到质疑。

西方对中国现代文学知识的掌握，在出版第一手资料方面以及在翻译方面，均落后于中国和日本。最有用和最新指南，尤其是对没有入门的读者来说，是唐纳德·吉林和李允真（音）编的《现代中国文学研究翻译书目，1918—1942 年》。《现代中国文学通讯》经仔细观察后认为，这个领域是一门正在迅速发展的学科。

直到大约 10 年以前，欧洲学者带来的西方学术，特别是由已故的雅罗斯拉夫·普鲁舍克教授领导的，以布拉格为中心的学者领先（见普氏所著《抒情诗与叙事诗：现代中国文学研究》，李欧梵编，1980 年）。在美国，第一部关于中国现代文学的学术著作，是夏志清的《中国现代小说史》，最初于 1961 年出版，现在已出修订第三版；刘绍明编辑，由夏志清写了新序的中译本，1979 年在台北和香港出版。尽管这部书有政治偏见，但仍然引起人们的兴趣。

西方人的大多数著作，和夏志清的全面论述不同，限于研究个别作家。在著名五四时期作家中，研究其著作并出版的，包括郭沫若

（戴维·罗伊著）、徐志摩（西里尔·伯奇著）、郁达夫（安娜·多列扎洛娃著）、茅盾（玛丽安·加利克著）、丁玲（梅仪慈著）、周作人（戴维·波拉德著，欧内斯特·沃尔夫著）、巴金（奥尔加·兰著）、老舍（兰比尔·沃赫拉著），当然还有鲁迅［黄松康（音）著、伯塔·克雷布索娃著、威廉·莱尔著，哈里特·米尔斯著］。有几部重要的学位论文等待出版，其中有盖洛德·梁（音）的《论徐志摩》（伦敦东方与非洲研究学院），迈克尔·伊根（多伦多大学）和弗兰克·凯利的《论叶圣陶》（芝加哥大学）。史敬思利用了这些和其他有关鲁迅、瞿秋白、徐志摩和丁玲的资料写出的概述，见其所著《天安门：中国人及其革命，1895—1980 年》。最有用的西方新老学者的著作例子，见于默尔·戈德曼编的《五四时代的中国现代文学》，包括 1974 年夏哈佛会议讨论会所产生的传记和文学研究著作。西方关于中国文学的中肯评价，见迈克尔·戈茨的《西方对现代中国文学研究的发展：批评性回顾》，载《现代中国》，2.3（1976 年 7 月）。

传统上认为，1917 年的文学革命是中国现代文学的开端——一些领袖人物，尤其是由胡适所促成的这种不真实的说法。最近的研究，把现代文学的起源追溯到晚清。不过，认为中国现代文学开端于晚清的重要性，不能过分强调，五四文学无疑有许多真正"新"的特点。

对晚清时期的研究，最有成绩和孜孜不倦的学者，仍是已故的阿英（钱杏邨）。钱氏的许多汇编（尤其是《晚清文学丛抄》）和概述（《晚清小说史》、《晚清文艺报刊述略》）对所有做这个课题的学者来说，都是不可缺少的。除了阿英，中国和西方的学者在最近以前，一般都忽略了这个时期。米列娜·多列扎洛娃教授编的讨论会文集《19、20 世纪之交的中国小说》，包括对许多晚清小说的详尽分析。这些论文一般探讨文学，但也为有兴趣研究这一时期现代中国民众文化的历史学家，提供了肥沃的土壤。报刊和舆论的兴起，开始翻译西方历史和文学，城市读者人数的增加，城市民众生活的理想和传播方式的发展——这些只不过是研究的一些明显途径。

晚清时期已开始系统阐述"新文学"的特征和作用，为文学革命做好了思想准备。夏志清分析了对两个主要人物严复和梁启超的看法（见阿黛尔·里基特编的《从孔子到梁启超的中国文学观》）。严复和梁启超的早期系统论述，随后为许多民间"理论家"所引申，并掺杂了其他内容。理论和实践两方面的通俗化过程，是一个有待分析而令人发生兴趣的论题。

1911 年至 1917 年这段时期，被大多数研究现代中国文学史家，看是五四运动"黎明"之前的"黑暗"间歇期，可能这不是事实。晚清文学的各种大众化倾向大部分仍在进行，出版了一些令人感兴趣的小说，尤其是言情类小说（如徐枕亚的《玉黎魂》）。上海的新闻出版业，为其主要代表商务印书馆所证明（见张静庐编《中国近代出版史料》），继续繁荣。繁荣于 20 世纪的第二个 10 年，并持续到 30 年代的鸳鸯蝴蝶派通俗小说，林培瑞曾对其进行了研究，再次证明了晚清文学的重要性和文学大众化倾向的活力。

对鸳鸯蝴蝶派的替换物，可见之于名流们南社的诗歌；南社是由著名的政治家和文人所组成。柳无忌的著作《苏曼殊》，简要地论述了南社（柳无忌教授之父柳亚子为南社领袖之一），但南社还有待进一步研究。

历史学家是在五四运动的思想动乱背景下，来研究五四文学。周策纵的著作，在任何文字的著作中都是优秀作品；就有关文学革命的一般知识来说，也是有用的。对五四时期三个思想家——陈独秀、胡适和鲁迅的更深入的研究，可见林毓生的著作。李欧梵的《中国现代作家中的浪漫一代》，研究了五四早期的浪漫倾向，但并没有广泛论述女权运动。梅仪慈的著作，尤其是研究女作家丁玲的著作，填补了这一明显的空白。

五四时期所有作家中最知名的人物——也是最引起人们研究兴趣的论题，无疑是鲁迅。自 1936 年鲁迅逝世以来，中国就有名副其实的研究鲁迅的传统；随后其在中华人民共和国被奉为神圣，更进一步出版了数不清的在思想上适应形势的论文和专著。在中国，鲁迅研究可以与"红学"相比；两者都经受住了"四人帮"的打击与摧残，然后更是空前繁荣。有许多新组织的学会、研究团体，多得难以编目的出版物。论述鲁迅的日文著作也很多。日本的已故学者竹内的《鲁迅传》已印了几版，正受到许多新的著作非难——尤其是伊藤丸虎和丸山昇二人的著作。

代表西方关于鲁迅研究的著作，有早期的两篇学位论文（哈里特·米尔斯，哥伦比亚大学；威廉·舒尔茨，华盛顿大学）。许多欧洲学者专题著作〔黄松康（音）、伯塔·克雷布索娃〕；多列扎洛娃、福克马、李欧梵、米尔斯等人论文，收入戈德曼所编的《五四时代的中国现代文学》一书，以及新近出版的威廉·莱尔的著作《鲁迅对现实的洞察力》。在这些著作中，很少能赶上已故的夏济安的两篇创始性论文（《鲁迅与左翼作家联盟的解体》、《鲁迅作品中的黑暗势力面面观》，收入在其《黑暗之门：中国左翼文学运动研究》）。这两篇论文，首次提出了这位"革命作家"比较阴郁和苦恼的方面。对鲁迅短篇小说最透彻的分析，是帕特里克·哈南的长篇论文《鲁迅小说的技巧》。查尔斯·艾伯英译的弗拉基米尔·谢苗诺夫的《鲁迅及其先行者》，是苏联对鲁迅研究的一个例子。

所有这些辅助性的著作，对一个初学者来说，对研究鲁迅最好的入门书，却是鲁迅自己的作品——戴乃迭和杨宪益夫妇英译的《鲁迅选集》（4 卷）。威廉·莱尔现在正从事鲁迅全部小说的翻译。

中国和西方研究个别作家——尤其是鲁迅的普遍学术倾向，虽有其长处，但也有其局限性。五四时代的作家，在吸引力和声望方面，其地位无疑是重要的。不过，在传记上和文学上仅仅集中注意力于一个作家，对于全面了解中国现代文学是不够的。正如夏志清、刘绍铭、李欧梵所编选的《现代中国短篇小说和中篇故事，1919—1949年》所表明的，在这 30 年中的创造性作品数量很多，尽管其风格是现实主义的，但也是多种多样的。

10. 1927 年以前的中国共产党

关于 1949 年以前中国共产党的主要文献著作，是日本学者编著的，主要收录了台湾各档案机构保存的文件，主要定期刊物中刊载的论文，见德田教之的《中共党史有关资料目录》，在蒲地典子等编的《1953 年以来日本对近代中国的研究》中的条目是 5.6.63（也参阅条目 5.6.64—70）。关于英文目录，发表虽已有 20 年，见薛君度编的《中国共产主义运动，1921—1937 年》。

为了庆祝中共建立 16 周年，延安解放社于 1938 年出版了精选的党的文件《红色文献》。不过，这部汇编只有 21 个条目。而日本国际问题研究会编辑的到 1945 年的《中国共产党史资料集》，有 12 卷 850 多个条目（东京，1970 年开始出版），可以把两者作一个比较。1949 年以后，中华人民共和国出版的文集，包括 16 卷 1927 年以前的回忆录《红旗飘飘》和两卷文件集《第一次国内革命战争时期的农民运动》（1953 年出版，引作《农民》）、《第一次国内革命战争时期的工人运动》（1963 年出版，引作《工人》）。

精选文件的译文，可见于简·德格拉斯的《苏维埃对外政策文件集》，2 卷；简·德格拉斯的《共产国际，1919—1943 年：文献选编》，3 卷。

期刊中最易于见到的，有《新青年》，对研究改信马克思主义和当时的社会问题，有无法估量的价值；有《向导周刊》，是研究共产党对当时各种问题的态度和政策所不可缺少的。较为不易见到的五四期刊，如《每周评论》、《晨报》、《湘江评论》的摘要，可见于《五四时期期刊介绍》。莫斯科的看法，可见于《国际新闻通讯》和其他苏联的出版物，包括莫斯科中山大学的《有关中国问题的资料》，1925 年至 1927 年出版。

这个时期登上政治舞台的人物，留下了丰富的资料。在出席中国共产党第一次代表大会的创建成员中，背叛的三人记述了其经历。韦慕庭 1960 年编辑并作序的陈公博的《中国的共产主义运动》，既然是写于 1924 年，在事实上具有可靠性；此书原为哥伦比亚大学的学位论文。张国焘冗长的回忆录《我的回忆》，最初在《明镜月刊》（香港）上连载，英译本 2 卷，书名是《中国共产党的崛起》。第 1 卷与 1921 年至 1927 年的时间有关。周佛海的回忆录《往矣集》还无译本。《中国革命与中国社会各阶级》一书的作者朱新繁，用李昂的假名，写了中国共产党运动的政治情况《红色舞台》。作为第一篇重要变节者的文献，出版于战时的重庆，使用这本书必须非常慎重。在军事方面，还有龚楚的《我与红军》。

彭述之系统陈述了托派对早期中共党史的看法。彭氏为1920年社会主义青年团创始人之一，1925年至1927年担任中共中央执行委员会委员，也是《向导周报》和《新青年》的编者。1929年，彭述之与陈独秀一道被开除出中共以后，是中国托派运动的首领之一。对彭述之的再评价，见其为《列昂·托洛茨基论中国》一书所写的67页的导言（1976年）。这部李·埃文斯和R.布洛克编的选集，取代了1932年托洛茨基论文集《中国革命的问题》。

陈独秀的著作很多，其中《独秀文存》和《辩述状》（1933年2月20日，出版地点不详）的意义最为重要。李大钊的《守常文集》（1933年）和《李大钊选集》（1959年），记载了一个早期马克思主义者的思想转变。由于毛泽东在共产主义运动中的地位日益重要，其著作受到最密切的注意。S.R.施拉姆的《毛泽东的政治思想》很有用，而且很可靠。但是，就搜集之广和校勘原文的技巧来说，竹内实编的《毛泽东集》（东京，1970—1972年）10卷本，仍然是毛泽东1949年之前著作的最好版本。非常遗憾的是出版此书的北望社破产，因此第11卷编年书目仍然没有出版。

有关中共的重要辅助性著作很多，这里只能提到几种。胡乔木的《中国共产党的三十年》，何幹之的《中国现代革命史》，都不能视为官方的历史；不过，作者在党内可能经上级准许其接近重要的文件。何幹之论述遵义会议便是一个实例。"文化大革命"之前出版，李新等编的多卷本《中国新民主主义革命时期通史》将重印。以此为基础，中国社会科学院近代史研究所已着手一个关于党史的重要项目。王健民的《中国共产党史稿》3卷，以台北收集到的史料为基础，相当可靠。郭华伦的《中共史论》也是3卷，更审慎，更容易阅读。此书的英文节译本出版得更早。P.米夫所写的《英雄的中国：中国共产党的十五年》，是作为这次革命参与者所写的全面历史，代表斯大林的看法。詹姆斯·平克尼·哈里森的《通往权力的长征：中国共产党党史，1921—1972 年》，到目前为止，此书仍是最详尽而有条理的记述。

在英国，继柯乐博的领事报告《1932 年从汉口报告的中国共产主义》（1968 年出版）这一开创之作，有埃德加·斯诺驰名的《西行漫记》和伊罗生的《中国革命的悲剧》。因为有了这些著作做准备，美国的中共研究遂趋于成熟，1951 年出版了许华茨的《中国的共产主义与毛的崛起》。此后的著作，有 M. 迈斯纳的《李大钊与中国马克思主义的起源》，罗伯特·C. 诺思和赛尼亚·J. 尤廷的《罗易之使华：1927 年的国共分裂》，A. 惠廷的《苏联的在华政策，1917—1924 年》，康拉德·布兰特的《斯大林在中国的失败，1924—1927 年》，罗伊·霍夫海因兹的《中断的浪潮：中国共产主义农民运动，1922—1928 年》，以及安格斯·W. 麦克唐纳的《农村革命的城市根源》等。这每一部著作，都有助于了解早期的中国共产党。

在法国，雅克·吉勒马兹的《中国共产党史，1921—1949 年》，也有英译本。在日本，波多野乾一的《支那共产党史》共 7 卷，自 1961 年出版以来，一直是重要的参考书。

李锐的《毛泽东同志的初期革命活动》（北京，1957 年，安东尼·W. 萨里蒂译，詹姆斯·C. 熊编的英译本，1977 年），记述并分析了毛泽东的初期革命活动。毛泽东的传记有斯图尔特·R. 施拉姆的《20 世纪的政治领袖：毛泽东》，陈志让的《毛泽东与中国革命》和罗斯·特里尔的《毛泽东：传记》。对毛泽东的研究及其全集，将在本书下卷（《剑桥中国史》第 13 卷）中论述。

11. 国民革命：从广州到南京

就 1923 年至 1928 年国民党与共产党合作和竞争活动时期来说，台湾国民党的档案是十分重要的，其中包括党代表大会的会议记录和中央执行委员会全体会议和每周例会的会议记录，政治委员会和军事委员会的记录，以及武汉的联席会议记录，国民党中央各部（如组织部、农民部等）种类很多的文件，以及现在已少有的刊物，按科目整理的新闻剪辑，党的重要人员的信件，战地报告等等。许多这类档案文件，可见于国民党中央执行委员会出版的多卷本丛书《革命文献》（第 8 卷至第 12 卷尤其与国民革命有关）。有两部著作，主要根据国民党档案由工作人员所撰写，是李云汉的《从容共到清党》和蒋永敬的《鲍罗廷与武汉政府》。国史馆所出版的重要著作，如孙逸仙的两卷编年传记《国父年谱》；孙逸仙的著作、言论、书信的多卷文集《国父全书》（孙逸仙的著作至少有 22 种不同的文集）。

台湾也有蒋介石一生的档案，这些资料在其形成的时候，学者们是难以见到的。毛思诚汇集了直到 1926 年末蒋介石经历的编年记载《民国十五年以前之蒋介石先生》，包括有许多文件的摘要。国民政府司法部图书馆，有自 1927 年前后起的中国共产主义运动的许多档案材料，包括很有价值的党内刊物《中央通讯》。这份刊物中许多文件的译文，见于朴孝范（音）的《中国共产党文献集，1927—1930年》。台北收藏的其他重要档案，得自北京政府时期的各个部（特别是包括外务部或外交部①，由中央研究院近代史研究所收藏）和国民政府的各个部。

中华人民共和国的许多档案馆正在大力发展。共产国际的档案保存在莫斯科，苏联学者已加以利用。本书引用的书籍和论文，也利用了俄国援华使团的记载和其他有价值的历史资料。1927 年 4 月 6 日北京警察搜查苏俄武官处，拿走了苏俄援助国民革命在华活动的大量文件和中国共产党的一些文件。在这些文件中，有很多已翻译并出版，已出版的目录见韦慕庭与夏连荫编的《有关共产主义、民族主义和在华苏联顾问的文件，1918 年至 1927 年：1927 年北京搜捕中查获的文件》，第 565—568 页。

伦敦档案局的英国档案，有中国和香港与英国外交部和殖民部的通信。资料尤为丰富的是"绝密复制件"系列，FO405，包括从中国和中国周边来的重要文件，为政府和驻外使团高级官员传阅而复制的，然后每半年或每季度整理成册（见内森著作第 69 页对这一系列

---

① 校注：民国北京政府时期，均称外交部，未有称外务部者。

的两种指南）。

华盛顿国家档案馆保存的美国政府有关中国的档案，也整理得很好，并可自由利用。美国驻北京的使节和在广州、长沙、汉口、南京、上海领事官员的文电，对这段时期的论述也很有用。国务院按年编辑的《关于美国外交关系文件》，收入驻华外交官员和领事官员与国务院之间的信件摘要，按目编排，大多数文电都有缩微胶卷可以利用（系列的编目，见内森的《近代中国，1840—1972 年》）。国家档案馆也藏有陆军和海军情报机关以及驻华商务参赞提供的资料。

对日本已有缩微胶卷的收藏资料的两部很有价值的入门书，上文已经提到，是塞西尔·H.乌叶赫拉和约翰·扬分别编著的。事件发生的当时期刊很多，是历史资料的重要来源。中国期刊极有价值的指南，有当代中国研究所的《欧洲图书馆藏中国报刊目录》，国会图书馆的《国会图书馆藏中国期刊》。对国民革命最重要的报刊书籍，有《东方杂志》和《国闻周报》，是无党派的新闻舆论刊物，也发表文件；《向导周报》是中国共产党的机关刊物；《民众论坛》是汉口国民政府的机关刊物；1927 年 3—8 月，外国报道的有用资料，见于《北华捷报》（英国《字林西报》的每周版）和美国的《密勒氏评论报》，都在上海出版；《华南晨报》，在香港；《纽约时报》和伦敦《泰晤士报》。有价值的中国报刊译文丛书，是戴遂良的《现代中国》，特别是1—5 卷，涉及 1924—1927 年这段时期。重印当时刊物和其他资料的重要文集，有《共匪祸国史料汇编》第 1 卷和第 4 卷，台北出版；《第一次国内革命战争时期的工人运动》和《第一次国内革命战争时期的农民运动》，在中华人民共和国出版。

其他重印的文件汇编，有《中国国民党重要宣言汇编》、《中国五大伟人手札》（即孙逸仙、蒋介石、汪精卫、胡汉民、廖仲恺）等。言论和著作集很多：国民党方面，有张继、蒋介石、胡汉民、戴季陶、邓演达、汪精卫和吴稚晖等人；共产党方面，有陈独秀、瞿秋白、李大钊、毛泽东等人。有几部可以利用的英文文件集，如米尔顿·J.T.谢的《国民党：历史文献选编，1894—1969 年》和康德拉·布兰特与许华茨、费正清的《中国共产主义文献史》；不过这一时期的文件，两部书中都不多。关于苏俄和第三国际的政策，赛尼亚·乔柯夫·尤廷和罗伯特·C.诺思的《苏俄和东方，1920—1927年：文献概览》最有用。韦慕庭和夏连荫编的书，上文已经提到，还可以参看罗伯特·C.诺思和赛尼亚·J.尤廷的《罗易之使华：1927年的国共分裂》。

许多当事人留下了回忆录：尤其重要的是《李宗仁回忆录》，唐德刚博士一人身兼采访者、研究学者、作者和编者。李宗仁指挥原来从广西开来的第七军，提供了北伐战役和政治的广泛材料。关于军事组织和战役，仍是很有价值的主要研究资料汇编，有《国民革命军战史》；关于张发奎"铁军"的《第四军纪实》；台北国防部史政局编的《北伐战史》，5卷；台北国防部史政局编的《国军政工史稿》，2卷。

几个援助国民革命并经受住了斯大林清洗的俄国人，在一些被允许接近档案的年轻学者帮助下，撰写了回忆录。范围最广泛的，是A.I.切列帕诺夫将军的两卷记述。但这部书由于不合时宜的偏见，并不成功。第1卷的不准确的中译本，名为《一个在华军事顾问的手记》。译成英文的还有另两部颇为有兴味的回忆录：维拉·弗拉季米罗夫娜·维什尼阿科娃—阿基诺娃的《在革命中国的两年，1925—1927年》，史蒂文·I.莱文译，马克·卡萨宁的《20年代的中国》，其遗孀希达尔·卡萨宁娜译。对俄国军事援华团的了解和对俄国最近研究成果的一部重要资料书，是迪特尔·黑因齐格的《国民党中的苏联军事顾问，1923—1927年》，莉迪亚·霍勒布内奇身后出版的著作《鲍罗廷与中国革命，1923—1925年》，利用并列举能接近俄国档案的苏联学者的近著。利用俄国资料的最近著作，是丹·雅各布的《鲍罗廷，斯大林派到中国的人》，许华茨的《中国的共产主义与毛的崛起》，是当时出版的名著，详细记述了两党合作的早期阶段。韦慕庭的《孙逸仙：受挫的爱国者》，也详细地记述了这个阶段。伊罗生的《中国革命的悲剧》，最初出版于1938年，1951年出修订本，因为其提出共产主义和无产阶级运动是"失败者"，并因为其反对斯大林和反对蒋介石的看法，曾经很有影响。有类似倾向的还有琼·切斯诺的《中国工人运动，1919—1927年》，M.H.赖特译自法文。在对外关系方面，两部杰出的著作，是多萝西·博格的《美国政策和中国革命，1925—1928 年》，入江昭的《帝国主义之后：探求远东新秩序，1921—1931 年》。

12. 中国的资产阶级

没有一部全面研究整个民国时期的中国资产阶级的著作，但有大量文件和几部评述其经济与政治活动的著作。关于城市士绅和商人阶层形成资产阶级，可以参阅伊懋可的《上海的士绅民主制，1905—1914 年》。关于城市士绅以牺牲官僚政治为代价来谋求发展，可以参阅周锡瑞的《中国的维新和革命：辛亥革命在湖南和湖北》。

中国资产阶级卷入辛亥革命，标志其在政治舞台上出现。关于这一点，可以参阅 M. 克莱尔·贝热尔的《中国的资产阶级和辛亥革命》，小岛淑男的杰出论文《辛亥革命时的上海独立与绅商阶层》，爱德华·J. M. 罗兹更全面的著作《中国的共和革命：广东的情况，1895—1913 年》。不过，就英国或法国的观念来说，辛亥革命并不是资产阶级革命。关于这一点，中国的历史学编纂者，首先把中国与马克思所阐述的普遍社会发展进程联系起来——如 M. 克莱尔·贝热尔在《中华人民共和国的历史学家对辛亥革命的评价》一书所努力指出的。辛亥革命还是巩固了资产阶级在地方管理中的作用。尽管对资产阶级发展的这种研究，还没有构成有体系的论题，但有几个作者已着手进行研究，见 E. 扬所写的本书第四章。罗伯特·基思·萧帕的《浙江的政治和社会，1907 年至 1927 年：精英势力、社会控制和省的发展》，以及上文已经提到的伊懋可和周锡瑞的著作。

周秀鸾的《第一次世界大战时期中国民族工业的发展》，强调资产阶级在现代经济部门迅速兴起中所起的作用。很多资料可见于从纱厂到水泥公司一些中国主要厂商的重要档案汇编，这些汇编正在迅速继续出版，尤其是上海社会科学院主持的《中国资本主义工商业史料丛刊》。其中有上海社会科学院经济研究所编的《荣家企业史料》。以这些汇编为基础的新近专著，有谢尔曼·科克伦论述烟草业，赵冈论述棉纺工业的中、英文著作。赵冈的论著分别补充了方显廷和严中平的英文、中文的早期著作的不足之处。这些资料和专著，使我们能更好地理解社会和文化因素（家族风俗、地域上的团结，等等）在组织生产中的重要性。特别值得提出的，例如《南洋兄弟烟草公司史料》和恒丰纱厂的著作。

虽然传统的行会和其他组织是许多著作的论题，尽管商会和商业联合会在 1911 年至 1927 年间曾起了重要作用，但对其仍研究得不够。詹姆斯·桑福德的《19 世纪与 20 世纪初的上海中国商业组织和状况》（哈佛大学 1976 年博士论文），主要不是研究民国时期。这些商业组织大多都出版有其自己的刊物，如《上海总商会月报》、《银行周报》、《银行月刊》、《华商纱厂联合会季刊》。但这些评论性杂志，可以补充和修正条约口岸出版的外国报刊登载的资料，如《字林西报》、《密勒氏评论报》、《远东商业公报》等。中国和外国团体的竞争和团结，虽是一个容易探讨，但至今几乎仍是一个没有进行研究的问题。

虽是分散但为数甚多的 20 年代期刊，使我们有可能研究条约口岸资产阶级在政治和经济上的作用。对这个时期名人的了解有许多困难，而现存的传记又少，特别提到朱昌崚的《近代中国的维新人物：张謇，1853—1926 年》。对于操纵上海华人商会近半个世纪的名人虞洽卿，我们所有的全部资料只是方腾的一篇文章——《虞洽卿论》！只有几个商人或实业家效仿穆藕初的例子，出版自己的回忆录。见张謇之子张孝若的《南通张季直先生传记》和张謇的主要文集《张季子九录》；以穆藕初知名的穆湘玥的《藕初五十自述》；荣德生的《乐农自订行年纪事》；曹汝霖出版的回忆录，包括有政府和私营银行的资料。传记集有徐盈的《当代中国实业人物志》，李新等编的《民国人物传》，第 1 卷出版于 1978 年，包括记述 14 个实业人物的 12 个条目。

关于中国资产阶级的编史工作，值得注意的新近重要贡献，是帕克斯·科布尔《国民政府与上海资本家，1927—1929 年》。科布尔的解释——强调 1927 年以后中国资产阶级的衰落，认为在国民党的统治下是资产阶级的胜利的传统论点，是错误的；这个修正传统解释的论点，只是提出，但并没有真正解决 30 年代资产阶级和官僚资本主义之间的关系问题。最近的评述，见 M. 克莱尔·贝热尔的《"另一个中国"：1919—1949 年的上海》。

和丰富的原始资料相对照，对资产阶级的研究很少，表明当代历史学家对此缺乏兴趣。在主要领袖称其为农村革命条件下，20 年代和 30 年代的商业资产阶级，似乎是仅为具有暂时重要性的阶级——或者说只是一个集团。毛泽东逝世以后，中国政策出现方向性变化，至少可能导致——即使不能完全改变原来对资产阶级的判断，但重新对资产阶级发生兴趣，也可能会出版更多的著作。

参 考 书 目

中国和日本的出版社

Cheng-chung 正中（台北）

Chuan-chi wen-hsueh 传记文学（台北）

Chung-hua 中华（各大城市）

Commercial Press 商务印书馆（各大城市）

Daian 大安（东京）

Jen-min 人民（上海和其他城市）

K'o-hsueh 科学（北京）

San-lien 生活·读书·新知三联书店（北京、上海）

Wen-hai 文海（台北）

Wen-hsing 文星（台北）

引用著作

[1] A Ying(Ch'ien Hsing-ts'un), ed. *Wan-Ch'ing wen-hsueh ts'ung-ch'ao*(Anthology of late Ch'ing literature)series. Peking：Chung-hua，1960—

　　阿英（钱杏邨）编：《晚清文学丛钞》

[2] A Ying. *Wan-Ch'ing hsiao-shuo shih*（A history of late Ch'ing fiction）. Peking：作家出版社，1955. Hong Kong reprint：太平书局，1966

　　阿英：《晚清小说史》

[3] A Ying. *Wan-Ch'ing wen-i pao-k'an shu-lueh*（A brief account of late Ch'ing literary journals and newspapers）. Shanghai：古典文学出版社，1958

　　阿英：《晚清文艺报刊述略》

[4] Abrams, M. H. *A glossary of literary terms*. New York：Holt, Rinehart & Winston，3rd edn，1971

　　M. H. 艾布拉姆斯:《文学术语汇编》

〔5〕Academia Sinica.

　　见中央研究院

〔6〕Academy of Sciences.

　　见中国科学院

〔7〕Adshead, S. A. M. *The modernization of the Chinese Salt Administration*, *1900－1920*. Cambridge, Mass. : Harvard University Press, 1970

　　S. A. M. 阿谢德:《中国盐务的现代化, 1900－1920 年》

〔8〕Adshead, S. A. M. 'An energy crisis in early modern China'. *Ch'ing shih wen-t'i*, 3. 2(Dec. 1974)20－28

　　S. A. M. 阿谢德:《现代中国早期的一次能源危机》,《清史问题》, 3. 2(1974 年 12 月)

〔9〕Ai Lu. 'Chin-yung-chieh chin-hou chih chüeh-wu ju-ho?' (How will financial circles gain awareness from now on?). *YHYK*, 2. 5(May, 1922)

　　蔼庐:《金融界今后之觉悟如何》,《银行月刊》, 2. 5(1922 年 5 月)

〔10〕Akademiia Nauk SSSR. Institute Narodov Azii(Academy of Sciences of the USSR. Institute of the People's of Asia). *Sovetskiie dobrovoltsy v pervoi grazhdanskoi revolutionnoi voine v Kitae*; *vospominaniia*(Soviet volunteers in the first revolutionary civil war in China; reminiscences). Moscow; Oriental Literature Publishing House, 1961

　　苏联科学院亚洲民族研究所:《中国第一次国内革命战争中的志愿兵;回忆录》

〔11〕Alitto, Guy S. *The last Confucian*; *Liang Shu-ming and the Chinese dilemma of modernity*. Berkeley; University of California Press, 1978

　　盖伊·S. 阿利多:《最后的儒家:梁漱溟和中国现代性的困境》

〔12〕Allen, G. C. and Donnithorne, Audrey G. *Western enterprise in Far Eastern economic development*; *China and Japan*. London; George Allen & Unwin, 1954

　　G. C. 艾伦、奥德丽·G. 唐尼索恩:《远东经济发展中的西方企业:中国和日本》

〔13〕Altman, Albert A. and Schiffrin, Harold Z. 'Sun Yat-sen and the Japanese; 1914－16'. *Modern Asian Studies*, 6. 4(Oct. 1972)385－400

艾伯特・A. 阿尔特曼和史扶林:《孙逸仙和日本人:1914－1916 年》,《现代亚洲研究》,6.4(1972 年 10 月)

[14] Amano Motonosuke. *Shina nōgyō keizai ron* 支那農業經濟論(On the Chinese agricultural economy). 2 vols. Tokyo:Kaizōsha 改造社,1940－1942

天野元之助:《论中国的农业经济》

[15] Amano Motonosuke *et al.* ,trans. and eds. *Goshi undōshi* 五四运动史(History of the May Fourth movement) by Hua Gang. Osaka:Sōgensha 创元社,1952

天野元之助等译编:《五四运动史》,华岗著

[16] Amano Motonosuke. *Chūgoku nōgyō no shomondai* 中國農業の諸问题(Problems of Chinese agriculture). 2 vols. Tokyo:Gihōdō 技報堂,1952－1953

天野元之助:《中国农业诸问题》

[17] Amano Motonosuke. *Chūgoku nōgyō shi kenkyū* 中國農業史研究(A study of the history of Chinese agriculture). Tokyo:Ochanomizu 御茶の水,1962

天野元之助:《中国农业史研究》

[18] American Bankers, Association,Commission on Commerce and Marine. *China,an economic survey,1923.* New York,1928

美国银行公会,商业和海事委员会:《中国,一次经济调查,1923 年》

[19] *Andersen, Meyer and Company Limited of China.* Shanghai:Kelley and Walsh,1931

《慎昌洋行》

[20] Andrews, Carol Corder, 'The policy of the Chinese Communist Party towards the peasant movement,1921－1927:the impact of national on social revolution'. Columbia University,Ph. D. dissertation,1978

卡罗尔・科德・安德鲁斯:《中国共产党对农民运动的政策,1921－1927年:国民对社会革命的影响》,哥伦比亚大学 1978 年博士论文

[21] Ash,Robert. *Land tenure in pre-revolutionary China:Kiangsu province in the 1920s and 1930s.* London:Contemporary China Institute,School on Oriental and African Studies,University of London,1976

罗伯特・阿什:《中国革命前的土地占有:20 年代和 30 年代的江苏省》

[22] Balazs,Étienne. *Chinese civilization and bureaucracy:variations on a theme,* trans. by H. M. Wright. New Haven and London:Yale University Press,1964

艾蒂安·巴拉兹:《中国的文明和官僚政治:一个主题的种种变奏》

[23] Barnett, A. Doak. *China on the eve of Communist takeover*. New York: Praeger, 1963

鲍大可:《共产党接管前夕的中国》

[24] Bastid, Marianne. *Aspects de la réforme de l'enseignement en Chine au début de Xe siècle, d'après des écrits de Zhang Jian*. Paris and the Hague: Mouton, 1971

玛丽安·巴斯蒂:《20 世纪初张謇著述中关于中国教育改革的看法》

[25] Bauer, Wolfgang. *China and the search for happiness: recurring themes in four thousand years of Chinese cultural history*. Trans. from the German by Michael Shaw. New York: Seabury Press, 1976

沃尔夫冈·鲍尔:《中国和对幸福的追求:四千年中国文明史中反复出现的主题》,迈克尔·肖译自德文

[26] Bergère, M. Claire. 'La Révolution de 1911 jugée par les historiens de la République Populaire de Chine'. *Revue Historique*, 230 (Oct. — Dec. 1963) 403—436

M. 克莱尔·贝热尔:《中华人民共和国的历史学家对辛亥革命的评价》,《历史评论》,230(1963 年 10—12 月)

[27] Bergère, M. Claire. *La bourgeoisie chinoise et la Révolution de 1911*. Paris and the Hague: Mouton, 1968

M. 克莱尔·贝热尔:《中国的资产阶级和辛亥革命》

[28] Bergère, M. Claire, 'The role of the bourgeoisie', in Mary C. Wright, ed. *China in revolution: the first phase 1900 — 1913*, 229—95. New Haven and London: Yale University Press, 1968

M. 克莱尔·贝热尔:《资产阶级的作用》,载芮玛丽编:《革命中的中国:第一阶段,1900—1913 年》

[29] Bergère, M. Claire, 'Le mouvement du 4 mai 1919 en Chine: la conjuncture économique et le rôle de la bourgeoise nationale'. *Revue Historique*, 241 (April—June 1969) 309—326

M. 克莱尔·贝热尔:《中国 1919 年的五四运动:经济局势与民族资产阶级的作用》,《历史评论》,241(1969 年 4—6 月)

[30] Bergère, M. Claire and Tehang, Fou-jouei. *Sauvons la Patrie! Le national-*

isme chinois et le mouvement du 4 mai 1919. Paris：Publications Orientalistes de France，1978

    M. 克莱尔·贝热尔、张福瑞(音)：《救国！中国的民族主义与 1919 年的五四运动》

[31] Bergère，M. Claire，‘“The other China”：Shanghai from 1919 to 1949’，in C. Howe，ed. *Shanghai：revolution and development in an Asian metropolis*. Cambridge：Cambridge University Press，1981

    M. 克莱尔·贝热尔：《“另一个中国”：1919 至 1949 年的上海》，载 C. 豪编：《上海：一个亚洲大城市的革命和发展》

[32] Bergère，M. Claire. *Capitalisme national et impérialisme：la crise des filatures chinoises en 1923*. Cahiers du Centre Chine 2，Centre de Recherches et de Documentation sur la Chine Contemporaine. Paris：École des Hautes Études en Sciences Sociales，1980

    M. 克莱尔·贝热尔：《民族资本主义与帝国主义：1923 年中国纺织业的危机》

[33] Bernal，Martin. ‘The triumph of anarchism over Marxism 1906－1907’，in Mary Wright，ed. *China in revolution：the first phase 1900－1913*，97－142. New Haven：Yale University Press，1968

    马丁·伯纳尔：《无政府主义对马克思主义的胜利，1906－1907 年》

[34] Bernal，Martin. ‘Chinese socialism before 1913’，in Jack Gray，ed. *Modern China's search for a political form*，66－95. London：Oxford University Press，1969

    马丁·伯纳尔：《1913 年以前中国的社会主义》

[35] Bernal，Martin. *Chinese socialism to 1907*. Ithaca：Cornell University Press，1976

    马丁·伯纳尔：《1907 年以前中国的社会主义》

[36] Bernal，Martin. ‘Liu Shih-p'ei and national essence’，in Charlotte Furth，ed. *The limits of change：essays on conservative alternatives in Republican China*，90－112. Cambridge，Mass. ：Harvard University Press，1976

    马丁·伯纳尔：《刘师培与国粹派》，载费侠丽编：《变革的限度：关于中华民国时期的保守抉择的论文集》

[37] Berninghausen，John and Huters，Ted，eds. *Revolutionary literature in Chi-*

na : an anthology. White Plains, N. Y. : M. E. Sharpe, 1977. First published in
Bulletin of Concerned Asian Scholars, 8. 1—2(1976)

约翰・伯宁豪森和特德・赫特斯编:《中国的革命文学:选集》

[38] *Bibliography of Asian Studies*. Annual. Ann Arbor: Association for Asian
Studies. Inc. Annual from 1969(pub. 1971).

《亚洲研究书目》

[39] Bien, Gloria, 'Baudelaire and the Han Garden'. paper presented at the Chi-
nese Language Teachers Association panel, Modern Languages Association
annual meeting, New York, Dec. 1976

格洛里亚・比恩:《波德莱尔与汉园》,提交现代语言学会年会汉语教师协
会小组的论文,纽约,1976 年 12 月

[40] Bien, Gloria, 'Shao Hsun-mei and the flowers of evil', paper presented at the
Association for Asian Studies annual meeting, Chicago, April 1978

格洛里亚・比恩:《邵洵美与恶之花》,提交亚洲研究学会年会的论文,
芝加哥,1978 年 4 月

[41] Billingsley, Philip Richard. 'Banditry in China, 1911 to 1928, with particular
reference to Henan province'. University of Leeds, Ph. D. dissertation, 1974

菲利浦・理查德・比林斯利:《1911 至 1928 年中国的盗匪活动,特别论及
河南省》,利兹大学博士论文,1974 年

[42] Birch, Cyril. 'Lao She: the humourist in his humour'. *CQ*, 8 (Oct. — Dec.
1961)45—62

西里尔・伯奇:《老舍:自我幽默的幽默作家》

[43] Birch, Cyril. 'English and Chinese meters in Hsu Chih-mo'. *Asia Major*, NS
8. 2(1961)258—293

西里尔・伯奇:《徐志摩诗中的英、中韵律》

[44] Birch, Cyril. 'Change and continuity in modern Chinese fiction', in Merle
Goldman, ed. *Modern Chinese literature in the May Fourth era*, 385—406.
Cambridge, Mass. : Harvard University Press, 1977

西里尔・伯奇:《中国近代小说的变迁和连续性》,载默尔・戈德曼编:《五
四时代的中国现代文学》

[45] Blackburn, V. 'Report on the situation in Shanghai', dispatch dated 15 April
1927 in Great Britain: Foreign Office 405/253: Confidential. *Further corre-*

spondence respecting China, 13304(April—June 1927)No. 156, enclosure 2

包克本:《上海形势报告》,1927 年 4 月 15 日快信,见英国外交部 405/253,机密,《关于中国的进一步通讯》,13304(1927 年 4—6 月),第 156 号,附件 2

[46] Boorman, Howard L. and Richard C. Howard, eds. *Biographical dictionary of Republican China*. New York: Columbia University Press, 4 vols. 1967—71 and index volume(vol. 5)1979

包华德和理查德·C. 霍华德编:《中华民国传记词典》

[47] Borg, Dorothy. *American policy and the Chinese revolution, 1925 — 1928.* New York: Macmillan, 1947

多萝西·博格:《美国政策和中国革命,1925—1928 年》

[48] Brandt, Conrad, Schwartz, Benjamin and Fairbank, John K. *A documentary history of Chinese communism.* Cambridge, Mass. : Harvard University Press, 1952

康拉德·布兰特、许华茨、费正清:《中国共产主义文献史》

[49] Brandt, Conrad. *Stalin's failure in China, 1924 — 1927.* Cambridge. Mass. : Harvard University Press, 1958

康拉德·布兰特:《斯大林在中国的失败,1924—1927 年》

[50] Braudel, Fernand. *The Mediterranean and the Mediterranean world in the age of Philip II.* Paris: Colin, 1949, 2nd rev. ed 1966. New York: Harper & Row, trans. by Sian Reynolds, vol. 1, 1972, vol. 2, 1973

费尔南德·布劳得尔:《菲利普二世时代的地中海和地中海世界》

[51] Brenan, J. F. 'A report on results of translation of Russian documents seized in the Russian Consulate, December 14, 1927' in Great Britain: Foreign Office, 405/256. Confidential. *Further correspondence respecting China*, 13583, Jan. —March 1928

J. F. 布雷南:《1927 年 12 月 14 日在俄国领事馆没收的俄文文件翻译结果的报告》,见英国外交部,405/256,密件,《关于中国的进一步通讯》,13583,1928 年 1—3 月

[52] Brière, O. S. J. *Fifty years of Chinese philosophy 1898—1950.* Trans. from the French by Laurence G. Thompson. London: George Allen and Unwin, 1956; reprinted with a new introduction by J. Doolin, New York: Praeger, 1965. Originally in *Bull. de l'Université l'Aurore*, Shanghai, ser. 3, vol. 10. 40

(Oct. 1949)561—650

O. S. J. 布赖尔:《中国哲学 50 年,1898—1950 年》,劳伦斯·G. 汤普森译自法文

[53] Brown, Edward J. *Russian literature since the revolution*. New York: Collier, 1963; rev. edn, 1969

爱德华·J. 布朗:《革命后的俄国文学》

[54] BSOAS: *Bulletin of the School of Oriental and African Studies*

《东方与非洲研究学院学报》

[55] Buck, David D. *Urban change in China: politics and development in Tsinan, Shantung, 1890—1949*. Madison: University of Wisconsin Press, 1978

戴维·D. 巴克:《中国城市的变化:山东济南的政治与发展,1890—1949 年》

[56] Buck, John Lossing. *Land utilization in China: a study of 16,786 farms in 168 localities, and 38,256 farm families in twemy-two provinces in China, 1929—1933*. 3 vols. Nanking: University of Nanking, 1937

卜凯:《中国土地利用:中国 22 省,168 地区,16786 田场及 38256 农家之研究(1929—1933)》

[57] *Bulletin Commercial d'Extrême-Orient*. Monthly. Shanghai: Chambre de commerce française an Chine, 1916—

《远东商业公报》,月刊,上海,1916 年—

[58] *Bulletin of the Institute of Modern History, Academia Sinica. See Chungyang yen-chiu-yuan chin-tai-shih yen-chiu-so chi-k'an*

《中央研究院近代史研究所集刊》

[59] Calinescu, Matei. *Faces of modernity: avant-garde, decadence, kitsch*. Bloomington: Indiana University Press, 1977

马特依·卡林尼斯库:《现代性面面观:先锋派,颓废派,低级趣味作品》

[60] *Catalogues* of the Chinese Materials Center, 809 Taraval Street, San Francisco. Cal. 94116

中国资料中心的《目录》

[61] CCP: Chinese Communist Party

中国共产党

[62] CEC: Central Executive Committee(of the KMT or the CCP)

（国民党或中国共产党的）中央执行委员会

［63］ Center for Chinese Research Materials. *Chung-kuo ta-shih chi*（A chronology of twentieth-century China, 1904－1949）. 6 vols. Washington, DC: Association of Research Libraries, 1973

中国研究资料中心：《中国大事记》

［64］ Central Committee of the Chinese Communist Party. Research Department of the Bureau of Translation of the Works of Marx, Engels, Lenin and Stalin. See *Wu-ssu shih-ch'i ch'i-k'an chieh-shao*

中共中央马恩列斯著作编译局研究室, 见《五四时期期刊介绍》

［65］ Central Ministry of Agriculture, Planning Office. *Liangnien-lai ti Chung-kuo nung-ts'un ching-chi tiao-ch'a hui-pien*（Collection of surveys of the rural economy of China during the past two years）. Shanghai: Chung-hua, 1952

中央农业部计划司：《两年来的中国农村经济调查汇编》

［66］ Chan, Adrian. 'Development and nature of Chinese communism to 1925'. Australian National University, Ph. D. dissertation, 1974

阿德里安·陈：《1925 年以前中国共产主义的发展和特点》, 澳大利亚国立大学博士论文, 1974 年

［67］ Chan, Agnes. 'The Chinese anarchists'. University of California, Ph. D. dissertation. Berkeley, 1977

阿格尼丝·陈：《中国的无政府主义者》, 加利福尼亚大学博士论文, 1977 年

［68］ Chan, Gilbert F. and Etzold, Thomas H. , eds. *China in the 1920's: nationalism and revolution*. New York and London: New Viewpoints, 1976

陈福霖和托马斯·H. 埃佐尔德：《20 世纪 20 年代的中国: 民族主义和革命》

［69］ Chan, Wellington K. K. *Merchants, mandarins and modern enterprise in late Ch'ing China*. Cambridge, Mass. : Harvard University Press, 1977

陈锦江：《清末现代企业与官商关系》

［70］ Chan, Wing-tsit. *Religious trends in modern China*. New York: Columbia University Press, 1953

陈荣捷：《现代中国的宗教趋向》

［71］ Chang Chi. *Chang P'u－ch'üan hsien-sheng ch'üan-chi*（A complete collection of works of Chang Chi), ed. by Chung-yang kai-tsao wei-yuan-hui tang-shih pien-tsuan wei-yuan-hui (Committee on party history, Central Committee of Reconstruction). Taipei: 中央文物供应社, 1951… *pu-pie*n (supplement). 1952

张继:《张溥泉先生全集》,中央改造委员会党史编纂委员会编

[72] Chang Ch'i-yun *et al*., eds. *Ch'ing-shih* (A history of the Ch'ing dynasty). 8 vols. Taipei: 国防研究院, 1961. A revision of Chao Erh-hsun, *et al. Ch'ing-shih kao*

张其昀等编:《清史》,赵尔巽等《清史稿》的修订本

[73] Chang Ch'i-yun, ed. *Kuo-fu ch'üan-shu* (Complete works of the national father[Sun Yat-sen]). Taipei: 国防研究院, 1960

张其昀编:《国父全书》

[74] Chang Chien. *Chang Chi-tzu chiu lu* (Nine collections of Chang Chien's writings). Shanghai: Chung-hua, 1931

张謇:《张季子九录》

[75] Chang, C. M. 'Local government expenditure in China'. *Monthly Bulletin of Economic China* (*formerly Nankai Weekly Statistical Service*), 7.6 (June 1934) 233—247

C. M. 张:《中国地方政府的支出》,《中国经济月报》(前《南开统计周刊》),7.6(1934 年 6 月)

[76] Chang Ching-lu, ed. *Chung-kuo chin-tai ch'u-pan shih-liao* (Historical materials on modern Chinese publications). *Ch'u-pien* (Part I), 1953; *Erh-pien* (Part II), 1954. Peking: Chung hua

张静庐编:《中国近代出版史料》,初编,二编

[77] Chang Ching-lu, ed. *Chung-kuo hsien-tai ch'u-pan shih-liao* (Historical materials on contemporary Chinese publications). *Chia-pien* (Part Ⅰ), 1954; *I-pien* (Part Ⅱ), 1955; *Ping-pien* (Part Ⅲ), 1956; *Ting-pien* (Part Ⅳ), 1959, 2 vols. Peking: Chung-hua

张静庐编:《中国现代出版史料》,甲编,乙编,丙编,丁编

[78] Chang Ching-lu, ed. *Chung-kuo ch'u-pan shih-liao* (Historical materials on Chinese publications). *Pu-pien* (Supplement), 1957. Peking: Chung-hua

张静庐编:《中国出版史料》,补编

[79] Chang Chün-mai. 'Jen-sheng kuan' (Philosophy of life), in *K'o-hsueh yü jen-*

sheng kuan, prefaces by Hu Shih and Ch'en Tu-hsiu. Shanghai：亚东书局，1923

张君劢：《人生观》，载《科学与人生观》，胡适和陈独秀序

[80] Chang Chung-li. *The Chinese gentry：studies on their role in nineteenth century Chinese society*. Seattle：University of Washington Press，1st edn，1955；2nd edn paperback，1970

张仲礼：《中国士绅：对其在 19 世纪中国社会中的作用之研究》

[81] Chang Fa-k'uei. 'The reminiscences of General Chang Fa-k'uei as told to Julie Lien-ying How'. MS. The Chinese Oral History Project of the East Asian Institute，Columbia University

张发奎：《张发奎将军对夏连荫口述的回忆》，手写本，哥伦比亚大学东亚研究所中国口述历史项目

[82] Chang，Hao. *Liang Ch'i-ch'ao and intellectual transition in China，1890—1907*，Cambridge，Mass.：Harvard University Press，1971

张灏：《梁启超和中国知识分子的转变，1890—1907 年》

[83] Chang Hsiao-jo. *Nan-t'ung Chang Chi-chih hsien-sheng chuan-chi*（A biography of Mr Chang Chien from Nan-t'ung）. Shanghai：Chung-hua，1930；Taipei reprint：Wen-hai，1965

张孝若：《南通张季直先生传记》

[84] Chang I-lin. *Hsin-t'ai-p'ing-shih chi*（Collection of Chang I-lin's works），1930. Taipei reprint：Wen-hai，1966

张一麐：《心太平室集》

[85] Chang Jen-chia. *Konan no kokumai* 湖南の穀米（Rice in Hunan）. Trans. of 1936 report by Hunan provincial economic research institute. Tokyo：Seikatsusha 生活社，1940

张人价：《湖南的稻米》，湖南省经济研究所 1936 年报告的译文

[86] Chang Jo-ku，ed. *Ma Hsiang-po hsien-sheng nien-p'u*（Chronological biography of Mr Ma Hsiang-po［Ma Liang］）. Changsha：Commercial Press，1939

张若谷编：《马相伯［马良］先生年谱》

[87] Chang Jo-ying，ed. *Hsin wen-hsueh yun-tung shih tzu-liao*（Materials concerning the new literary movement）. Shanghai：光明书局，1934

张若英编：《新文学运动史资料》

[88] Chang, John K. *Industrial development in pre-communist China：a quantitative analysis*. Chicago：Aldine, 1969

张长治：《共产党统治前中国的工业发展：计量分析》

[89] Chang Kia-ngau. *China's struggle for railway development*. New York：John Day, 1943

张嘉璈：《中国为铁路发展而奋斗》

[90] Chang Kia-ngau. *The inflationary spiral：the experience of China, 1939 — 1950*. New York：M. I. T. Press and Wiley, 1958

张嘉璈：《恶性通货膨胀：中国的经验，1939—1950 年》

[91] Chang Kuo-t'ao. 'Wo-ti hui-i' (My recollections), in *Ming-pao yueh-k'an* (Ming Pao monthly), 1. 3 — 6. 2 (March 1966 — Feb. 1971); reprinted in 3 vols. Hong Kong：Ming-pao yueh-k'an, 1971—1974

张国焘：《我的回忆》，原载《明报月刊》，1. 3 — 6. 2(1966 年 3 月 —1971 年 2 月）

[92] Chang Kuo-t'ao. *The rise of the Chinese Communist Party, 1921 — 1927；⋯ 1928 — 1938*. 2 vols. Lawrence, Kansas：University Press of Kansas. 1971—1972

张国焘：《中国共产党的崛起，1921—1927 年》、《中国共产党的崛起，1928—1938 年》

[93] Chang, Kwang-chih. *The archaeology of ancient China*. 3rd rev. and enlarged edn, New Haven and London：Yale University Press. 1977

张光直：《古代中国考古学》，增订第 3 版

[94] Chang Man-i *et al. Hsien-tai Chung-kuo shih-hsuan, 1917 — 1949*, (Modern Chinese poetry：an anthology 1917—49). 2 vols. Hong Kong：Hong Kong University Press and the Chinese University of Hong Kong Publications Office, 1974

张曼仪等：《现代中国诗选，1917—1949 年》

[95] Chang P'eng-yuan. 'Ch'ing-chi tzu-i-chü i-yuan ti hsuan-chü chi ch'i ch'u-shen chih fen-hsi' (China's first election of provincial assemblies in 1909 and an analysis of the background of the members). *Ssu yü yen*, 5. 6 (March 1968) 1435—1445

张朋园：《清季谘议局议员的选举及其出身之分析》，《思与言》，5. 6(1968

年3月）

［96］Chang P'eng-yuan. *Liang Ch'i-ch'ao yü Ch'ing-chi ko-ming*（Liang Ch'i-ch'ao and the late Ch'ing revolution）. Taipei：Chung-yang yen-chiu-yuan chin-tai-shih yen-chiu-so,1964

　　张朋园：《梁启超与清季革命》

［97］Chang P'eng-yuan. *Li-hsien P'ai yü Hsin-hai ko-ming*（The Constitutionalists and the 1911 Revolution）. Taipei：Chung-kuo hsueh-shu chu-tso chi-ang-chu wei-yuan hui,1969

　　张朋园：《立宪派与辛亥革命》

［98］Chang P'eng-yuan. 'Wei-hu kung-ho——Liang Ch'i-ch'ao chih lien-Yuan yü t'ao-Yuan'（Guarding the republic——Liang Ch'i-ch'ao's allying with Yuan and opposing him）. *Chung-yang yen-chiu-yuan chin-tai-shih yen-chiu-so chi-k'an*,3.2（Dec. 1972）377－396

　　张朋园：《维护共和——梁启超之联袁与讨袁》，《中央研究院近代史研究所集刊》,3.2（1972年12月）

［99］Chang P'eng-yuan. *Liang Ch'i-ch'ao yü min-kuo cheng-chih*（Liang Ch'i-ch'ao and republican politics）. Taipei：食货出版社,1978

　　张朋园：《梁启超与民国政治》

［100］Chang Ping-lin. 'Chü-fen chin-hua lun'（Progress as differentiation）. *Min-pao*,7（5 Sept. 1906）1－13

　　章炳麟：《俱分进化论》，《民报》,7（1906年9月5日）

［101］Chang Ping-lin. *Ch'iu shu*（Book of raillery）. Shanghai,1904；Taipei, photo-lithographed reprint：中国国民党党史史料编纂委员会,1967

　　章炳麟：《訄书》

［102］Chang Ping-lin. 'She-hui t'ung-ch'üan shang-tui'（Discussion of the 'History of politics'）. *Min-pao*,12（6 March 1907）1－24

　　章炳麟：《社会通诠商兑》，《明报》,12（1907年3月6日）

［103］Chang Ping-lin. 'Wu-wu lun'（The five negatives）. *Min-pao*,16（25 Sept. 1907）1－22

　　章炳麟：《五无论》，《明报》,16（1907年9月25日）

［104］Chang Ping-lin. 'Po shen-wo hsien-cheng shuo'（Against 'soul' as a foundation for constitutional government）. *Min-pao*,21（10 June 1908）1－11

章炳麟:《驳神我宪政说》,《明报》,21(1908 年 6 月 10 日)

[105] Chang Ping-lin. 'Ssu-huo lun' (On four delusions). *Min-pao*, 22 (10 July 1908) 1—22

章炳麟:《四惑论》,《明报》,22(1908 年 7 月 10 日)

[106] Chang Ping-lin. *Kuo-ku lun-heng* (Critical essays on antiquity). Shanghai, n. d.; photolithographed reprint, Taipei:广文书局, 1971

章炳麟:《国故论衡》

[107] Chang Shou-yung, *et al. comps. Huang-ch'ao chang-ku hui-pien* (Collected historical records of the imperial dynasty). 100 *chüan*. 1902; Taipei reprint:Wen-hai, 1964, 3 vols.

张寿镛等编:《皇朝掌故汇编》

[108] Chang, T. C. *The farmers' movement in Kwangtung*, trans. by the Committee on Christianizing Economic Relations. Shanghai:National Christian Council of China, 1928

T. C. 张:《广东的农民运动》

[109] Chang Tung-sun. 'Yü chih K'ung-chiao kuan' (My view of Confucianism). *Yung yen*, 1. 15 (July 1913) 1—12

张东荪:《余之孔教观》,《庸言》,1. 15(1913 年 7 月)

[110] Chang Yu-i. See Li Wen-chih

章有义,见李文治

[111] Chang Yü-fa. 'Min-ch'u kuo-hui chung ti pao-shou p'ai cheng-tang' (Conservative parties in the early republican parliament), in *Chung-yang yen-chiu-yuan chin-tai-shih yen-chiu-so chi-k'an*, 8 (Oct. 1979) 21—63

张玉法:《民初国会中的保守派政党》,载《中央研究院近代史研究所集刊》,8(1979 年 10 月)

[112] Chao Chia-pi, ed. *Chung-kuo hsin-wen-hsueh ta-hsi* (Comprehensive compendium of China's new literature). 10 vols. Shanghai:良友图书印刷公司, 1935—1936; Hong Kong reprint. 1963

赵家璧编:《中国新文学大系》

[113] Chao Erh-hsun *et al.*, eds. *Ch'ing-shih kao* (Draft history of the Ch'ing dynasty). 536 *chüan*, in 12 cases. Peking:清史馆, 1928; Mukden, 1928, rev. edn 1937; Shanghai reproduction, etc.

赵尔巽等编:《清史稿》

[114] Chao Kang. 'Policies and performance in industry', in Alexander Eckstein, Walter Galenson, and Ta-chung Liu, eds. *Economic trends in communist China*, 549—595. Chicago: Aldine, 1968

赵冈:《工业的政策与执行》,载亚历山大·埃克斯坦、沃尔特·盖伦森、刘大中编:《共产党中国的经济趋势》

[115] Chao Kang. 'The growth of a modern cotton textile industry and the competition with handicrafts', in Dwight H. Perkins, ed. *China's modern economy in historical perspective*, 167—201. Stanford: Stanford University Press, 1975

赵冈:《现代棉纺工业的发展及其与手工业的竞争》,载德怀特·H. 帕金斯编:《历史剖析中的中国现代经济》

[116] Chao Kang. *The development of cotton textile production in China*. Cambridge, Mass.: East Asian Research Center, Harvard University. Distributed by Harvard University Press, 1977

赵冈:《中国棉织品生产的发展》

[117] Chao Kang and Ch'en Chung-i. *Chung-kuo mien-yeh shih* (History of Chinese cotton textile industry). Taipei:联经出版事业公司,1977

赵冈和陈钟毅:《中国棉业史》

[118] Chao Shih-yen, ('Shih-ying', pseud.) 'Record of the Shanghsi general strike', *HTCP*, 189(28 Feb. 1927); reprinted in *Kung-jen*, 450—472, with documents

赵世炎(笔名施英):《上海总罢工史》,《向导周报》,189(1927 年 2 月 28 日);重印,载《第一次国内革命战争时期的工人运动》,附文件

[119] Chao Shih-yen, ('Shih-ying', pseud.) 'A record of Shanghai workers' March insurrection'. *HTCP*, 193(6 April 1927); reprinted with documents in *Kung-jen*, 473—490

赵世炎(笔名施英):《上海工人三月暴动纪实》,《向导周报》,193(1927 年 4 月 6 日)

[120] Chapman, H. Owen. *The Chinese revolution 1926—27: a record of the period under communist control as seen from the Nationalist capital*, Hankow. London: Constable & Co., Ltd., 1928

H. 欧文·查普曼:《1926—1927 年的中国革命:从国民党首都汉口所见的一份共产党控制时期的记载》

[121] Chen, C. S. 'Profits of British bankers from Chinese loans, 1895—1914'. *Tsing Hua Journal of Chinese Studies*, NS 5. 1(July 1965)107—120

C. S. 陈:《英国银行家从中国贷款中所获利润, 1895—1914 年》,《清华中国研究杂志》, 新版, 5.1(1965 年 7 月)

[122] Chen, P. T. 'Public finance'. *The Chinese year book*, *1935—1936*, 1163—428. Shanghai: Commercial Press, 1935

P. T. 陈:《财政》,《中国年鉴, 1935—1936 年》

[123] Chen Pan-tsu(Ch'en T'an-ch'iu). 'Reminiscences of the First Congress of the Communist Party of China'. *Communist International*. American edn, 14. 10(Oct. 1936)1361—6; Britishedn, 13. 9(Sept. —Oct. 1936)593—596

陈潭秋:《关于中国共产党第一次代表大会的回忆》,《共产国际》, 美国版, 14. 10(1936 年 10 月);英国版, 13. 9(1936 年 9—10 月)

[124] Chen Te. 'Min-kuo shih-i nien-tu ko sha-ch'ang ying-yeh pao-kao'(Operational report for various spinning-mills for the year 1922). *TSHYP*, 3. 5(May 1923)

振德:《民国十一年度各纱厂营业报告》,《上海总商会月报》, 3. 5(1923 年 5 月)

[125] Ch'en Chen et al. , comps. *Chung-kuo chin-tai kung-yeh shih tzu-liao* (Source materials on the history of modern industry in China). 6 vols. Peking: Sanlien, 1957—1961

陈真等编:《中国近代工业史资料》

[126] Ch'en Cheng-mo. *Chung-kuo ko-sheng ti ti-tsu*(Land rents in China by province). Shanghai: Commercial Press, 1936

陈正谟:《中国各省的地租》

[127] Ch'en Hsun-cheng(Ch'en Pu-lei?). *Kuo-min ko-ming-chün chan shih ch'u-kao*(A military history of the National Revolutionary Army). 4 vols. Taipei: Wen-hai, 1972

陈训正(陈布雷?):《国民革命军战史初稿》

[128] Ch'en, Jerome(Ch'en Chih-jang). *Mao and the Chinese revolution*. London: Oxford University Press, 1965

陈志让:《毛泽东与中国革命》

[129] Ch'en, Jerome. *Yuan Shih-k'ai*, *1859－1916*. Stanford: Stanford University Press, 1961; 2nd edn, 1972

陈志让:《袁世凯,1859－1916 年》

[130] Ch'en, Jerome. 'The left-wing Kuomintang——a definition'. *BSOAS*, 25. 3 (1962) 5. 57－76

陈志让:《国民党左翼———一种定义》,《东方与非洲研究学院学报》,25. 3 (1962 年)

[131] Ch'en. Jerome. 'Defining Chinese warlords and their factions'. *BSOAS*, 31 (1968) 563－600

陈志让:《中国军阀及其派系的界说》,《东方与非洲研究学院学报》,31 (1968 年)

[132] Ch'en, Jerome. *The military-gentry coalition*: *China under the warlords*. Toronto: University of Toronto-York University, Joint Center on Modern East Asia, 1979

陈志让:《军人—绅士的联合:军阀统治下的中国》

[133] Ch'en Kng-po. *Han-feng chi* (Cold wind). Shanghai: 上海地方行政社, 1944

陈公博:《寒风集》

[134] Ch'en Kung-po. *The communist movement in China*: *an essay written in 1924*, Ed. with an introduction by C. Martin Wilbur. New York: Octagon Books, 1966

陈公博:《中国的共产主义运动:1924 年写的一篇文章》,韦慕庭编并序

[135] Ch'en-pao. (Morning post) Peking: 15 Aug. 1916－

《晨报》,北京,1916 年 8 月 15 日－

[136] Ch'en Po-ta. *Chung-kuo ssu-ta-chia-tsu* (China's four great families). Hong Kong: Nan-yang shu-tien, 1947

陈伯达:《中国四大家族》

[137] Ch'en Po-ta. *Ch'ieh-kuo ta-tao Yuan Shih-k'ai* (Yuan Shih-k'ai, the great thief who stole the country). 1945; Peking reprint: Jen-min, 1962

陈伯达:《窃国大盗袁世凯》

[138] Ch'en Ta. 'Labour unrest in China.' *Monthly Labour Review*, 6 (Dec. 1920), 23

陈达:《中国的劳工骚乱》,《每月劳工评论》,6(1920 年 12 月)

[139] Ch'en Ta. *Chung-kuo lao-kung wen-t'i* (Chinese labour problems). Shanghai: Commercial Press, 1929

陈达:《中国劳工问题》

[140] Ch'en Tu-hsiu. 'Ching-kao ch'ing-nien'(A call to youth). *Hsin ch'ing-nien*, 1. 1(Sept. 1915)1—6(Sep. pag.)

陈独秀:《敬告青年》,《新青年》,1.1(1915 年 9 月)

[141] Ch'en Tu-hsiu. 'K'ung-tzu chih tao yü hsien-tai sheng-huo'(Confucianism and modern life). *Hsin ch'ing-nien*, 2. 4(1 Dec. 1916)1—7(sep. pag.)

陈独秀:《孔子之道与现代生活》,《新青年》,2.4(1916 年 12 月 1 日)

[142] Ch'en Tu-hsiu. 'Tui-yü Liang Chü-ch'uan[Liang Chi]hsien-sheng tzu-sha chih kan-hsiang'(Impressions of the suicide of Mr Liang Chü-ch'uan). *Hsin ch'ing-nien*. 6. 1(15 Jan, 1918)19—20

陈独秀:《对于梁巨川先生自杀之感想》,《新青年》,6.1(1918 年 1 月 15 日)

[143] Ch'en Tu-hsiu. 'Letter to Tai Chi-t'ao'. *HTCP* 129—30(11 and 18 Sept. 1925)1186—1190, 1196—1197

陈独秀:《给戴季陶的一封信》,《向导周报》,129—130(1925 年 9 月 11 日 和 18 日)

[144] Ch'en Tu-hsiu. *Tu-hsiu wen-ts'un* (Collected essays of Ch'en Tu-hsiu). 4 vols. Shanghai:亚东图书馆,1922

陈独秀:《独秀文存》

[145] Ch'en Tu-hsiu. *Pien-shu-chuang* (My defence). 20 Feb. 1933, n. p.

陈独秀:《辩述状》,1933 年 2 月 20 日,出版地点不详

[146] Ch'en Tu-hsiu. *Kao ch'üan-tang t'ung-chih shu* (A letter to all comrades of the Party). Reprinted in *Kung-fei huo-kuo shih-liao hui-pien*, 427—444; trans. in *Chinese Studies in History*, 2. 3(Spring 1970)224—250

陈独秀:《告全党同志书》

[147] Ch'en Tuan-chih. *Wu-ssu yun-tung chih shih ti p'ing-chia* (Historical evaluation of the May Fourth movement). Shanghai:生活书店,1936

陈端志:《五四运动之史的评价》

[148] Cheng Chen-to, *et al. Chung-kuo hsin wen-hsueh ta-hsi tao-lun hsuan-chi*

(Selected introductory essays to *Comprehensive compendium of China's new literature*). Hong Kong:群益出版社,1966

郑振铎等:《中国新文学大系导论选集》

[149] Cheng,Ch'ing-mao. 'The impact of Japanese literary trends on modern Chinese writers', in Merle Goldman, ed. *Modern Chinese literature in the May Foruth era*. 63—88

郑清茂:《日本文学倾向对中国现代作家的影响》,载默尔·戈德曼编:《五四时代的中国现代文学》

[150] *Cheng-fu kung-pao* (Government gazette). Peking,1912—1928

《政府公报》,北京,1912—1928 年

[151] Cheng Tien-fang. *A history of Sino-Russian relations*. Washington:Public Affairs Press,1957

程天放:《中苏关系史》

[152] Cheng, Ying-wan. *Postal communication in China and its modernization*, *1860—1896*. Cambridge,Mass. :Harvard University Press. 1970

郑英还:《中国邮政通讯及其现代化,1860—1896 年》

[153] Cheng, Yu-Kwei. *Foreign trade and industrial development of China*. Washington,D. C. :University Press of Washington,1956

郑友揆(音):《中国的对外贸易与工业发展》

[154] Ch'eng Chi-hua *et al. Chung-kuo tien-ying fa-chan shih* (History of the developmet of modern Chinese cinema). 2 vols. Peking:中国电影,1963

程季华等:《中国电影发展史》

[155] Cheong, W. E. *Mandarins and merchants : Jardine Matheson & Co. , a China agency of the early nineteenth century*. Scandinavian Institute of Asian Studies Monograph Series, No. 26. London and Malmö:Curzon Press,1979

张荣洋:《清朝官员和商人:19 世纪初期的中国代理商怡和洋行》

[156] Cherepanov, A. I. *Severnyi pokhod Natsional'-no-Revolutionnoi Armii Kitaia* (*za piski voennogo sovetnika 1926—1927*) (The Northern Expedition of the National Revolutionary Army of China——notes of a military adviser 1926—1927). Moscow:Izdatel'stvo 'Nauka',1968

A. I. 切列帕诺夫:《中国国民革命军的北伐——一个军事顾问的手记,1926—1927 年》

[157] Cherepanov, A. I. *Zapiski voennogo sovetnika v kitae: iz istorii pervoi grazdanskoi revolutionnoi coiny, 1924－1927* (Notes of a military adviser in China; from the history of the first revolutionary civil war in China, 1924－1927). Moscow: Academy of Sciences of the USSR, Institute Narodov Azii, 'Nauka'. 2 vols. , 1964, 1968. Draft trans. of vol. 1 by Alexandra O. Smith. edited by Harry H. Collier and Thomas M. Williamson, Taipei: (U. S. Army) Office of Military History, 1970

    A. I. 切列帕诺夫:《一个在华军事顾问的手记:1924－1927 年第一次中国革命内战的历史》

[158] Chesneaux, Jean. *Le mouvement ouvrier chinois de 1919 à 1927*. Paris, La Hague: Mouton, 1962

    琼·切斯诺:《1919－1927 年中国的劳工运动》

[159] Chesneaux, Jean. *The Chinese labor movement, 1919－1927*. Trans. from the French by H. M. Wright. Stanford: Stanford University Press, 1968

    琼·切斯诺:《中国的工人运动,1919－1927 年》,H. M. 赖特译自法文

[160] Chesneaux, Jean. 'The federalist movement in China, 1920－1923', in Jack Gray, ed. *Modern China's search for a political form*, 96－137. London, New York and Toronto: Oxford University Press, 1969

    琼·切斯诺:《中国的联邦制运动,1920－1923 年》,载杰克·格雷编:《近代中国对政治体制的寻求》

[161] Chesneaux, Jean and LeBarbier, Francoise. *La Chine: la marche de la révolution 1921－1949*. Paris: Hatier, 1975

    琼·切斯诺、弗朗索瓦·勒巴比埃:《中国:从辛亥革命到解放》

[162] Chi, Madeleine. *China diplomacy, 1914－1918*. Cambridge, Mass. : Harvard University Press, 1970

    马德琳·季(音):《中国外交,1914－1918 年》

[163] Ch'i Hsi-sheng. *Warlord politics in China 1916－1928*. Stanford: Stanford University Press, 1976

    齐锡生:《中国军阀的政治斗争,1916－1928 年》

[164] Ch'i-wu lao-jen. 'Chung-kuo Kung-ch'an-tang ch'eng-li ch'ien-hou ti chien-wen' (My impressions before and after the founding of the Chinese Communist Party). *Hsin kuan-ch'a* (New observer). Peking, 13(1 July 1957)16－18

栖梧老人:《中国共产党成立前后的见闻》,《新观察》,北京,13(1957 年 7 月 1 日)

[165] Chia I-chün, ed. *Chung-hua min-kuo ming-jen chuan*(Biographies of famous men of the republic). 2 vols. Peiping:文化学社,1932—1933

贾逸君编:《中华民国名人传》

[166] Chia Shih-i. *Min-kuo ts'ai-cheng shih*(Fiscal history of the republic). 2 vols. Shanghai:Commercial Press,1917

贾士毅:《民国财政史》

[167] Chia Shih-i. *Min-kuo hsü ts'ai-cheng shih*(A history of public finance under the republic,supplement). 7 vols. Shanghai:Commercial Press,1932—1934

贾士毅:《民国续财政史》

[168] Chia Shih-i. *Min-kuo ts'ai-cheng shih san-pien*(A history of public finance under the republic,second supplement). 2 vols. Taipei:Commercial Press,1962

贾士毅:《民国财政史三编》

[169] Chia Shih-i. *Min-kuo ch'u-nien ti chi-jen ts'ai-cheng tsung-chang*(Several finance ministers of the early republic). Taipei:Chuan-chi wen-hsueh ch'u-pan she,1967

贾士毅:《民国初年的几任财政总长》

[170] Chia Te-huai. *Min-kuo ts'ai-cheng chien-shih*(A short fiscal history of the republic). Shanghai:Commercial Press,1946

贾德怀:《民国财政简史》

[171] *Chia-yin*. Tokyo and Shanghai,May 1914—

《甲寅》,东京和上海,1914 年 5 月—

[172] *Chia-yin*(The Tiger). Peking and Tientsin,1925—

《甲寅》,北京和天津,1925 年—

[173] *Chia-yin jih-k'an*(1914 daily)

《甲寅日刊》

[174] Chiang Kai-shek. 'A letter of reply to Wang Ching-wei',in Wen-hua yen-chiu she,comps. *Chung-kuo wu ta wei-jen shou cha*(q. v.). 246—253

蒋介石:《致汪精卫的复信》,载文化研究社编:《中国五大伟人手札》

[175] Chiang Kai-shek. *Soviet Russia in China*. Authorized trans. by Wang Chung-

hui, with an introduction by Lin Yutang. New York: Farrar, Straus and Cudahy, 1957

蒋介石:《苏俄在中国》

[176] Chiang Kai-shek. 'Military report' to the Second Kuomintang Congress (in Chinese), in *KMWH*, 11 (Dec. 1955) 1756—1763

蒋介石:在国民党第二次代表大会上的《军事报告》,载《革命文献》,11 (1955 年 12 月)

[177] Chiang Kai-shek. *Chiang wei-yuan-chang ch'üan-chi* (Complete works of Generalissimo Chiang), ed. Shen Feng-kang. Taipei:民族出版社, 1956

蒋介石:《蒋委员长全集》,沈凤岗编

[178] Chiang K'ang-hu. *Hung-shui chi: Chiang K'ang-hu san-shih sui i-ch'ien tso* (Flood tide: collection of writings by Chiang K'ang-hu before the age of thirty). n. p. Title page dated Sept. 1913

江亢虎:《洪水集:江亢虎三十岁以前作》

[179] Chiang Shen-wu. 'Shang-hai shih-cheng-chi-kuan pien-ch'ien shih-lueh' (Short history of the structural changes in the municipal government of Shanghai), in Shang-hai t'ung-she, ed. *Shang-hai yen-chiu tzu-liao* (Research materials on Shanghai). Ist edn. Shanghai, 1936; Taipei: China Press, 1973

蒋慎吾:《上海市政机关变迁史略》,载上海通社编:《上海研究资料》

[180] Chiang Yung-ching. *Bo-lo-t'ing yü Wu-han cheng-ch'üan* (Borodin and the Wuhan regime). Taipei: China Committee for Publication Aid and Prize Awards, 1964

蒋永敬:《鲍罗廷与武汉政权》

[181] Chiang Yung-ching. *Hu Han-min hsien-sheng nien-p'u* (Chronological biography of Mr Hu Han-min). Taipei: Chung-kuo Kuomintang Central Executive Committee, Party History Committee, 1978

蒋永敬:《胡汉民先生年谱》

[182] Chien Po-tsan *et al.*, comps. *Wu-hsu pien-fa* (1898 reforms). 4 vols. 中国近代史资料丛刊,中国史学会 ed. Shanghai: Jen-min, 1961

翦伯赞等编:《戊戌变法》

[183] *Chien-she* (Construction). Shanghai, Aug. 1919—

《建设》,上海,1919 年 8 月—

[184] Ch'ien Chia-chü. *Chiu Chung-kuo kung-chai shih tzu-liao,1894—1949*, (Source materials on government bond issues in old China,1894—1949). Peking:财政经济,1955

千家驹:《旧中国公债史资料,1894—1949 年》

[185] Ch'ien Chih-hsiu. 'Shuo t'i-ho'(On adaptation). *TFTC*,10.7(1 Jan. 1914) 1—4(sep. pag.)

钱智修:《说体合》,《东方杂志》,10.7(1914 年 1 月 1 日)

[186] Ch'ien Chung-shu. *Fortress Besieged*. trans. by Jeanne Kelly and Nathan K. Mao. Bloomington and London:Indiana University Press,1979

钱钟书:《围城》,珍妮·凯利和内森·K.毛译

[187] *Ch'ien-feng*(Vanguard). Canton,July 1923—

《前锋》,广州,1923 年 7 月—

[188] *Ch'ien* Hsing-ts'un. See A Ying

钱杏邨,见阿英

[189] Ch'ien I-chang. ed. 'Sha-chi t'ung shih'(The tragic history of Shakee). Canton? n. p. ,1925?;reprinted in *KMWH*,18(Sept. 1957),3330—3419

钱义璋编:《沙基痛史》

[190] Ch'ien Mu. *Chung-kuo chin san-pai-nien hsueh-shu shih*(An intellectual history of China during the past three hundred years). Taipei:Commercial Press,1966

钱穆:《中国近三百年学术史》

[191] Ch'ien Tuan-sheng. *The government and politics of China,1912—1949*. Cambridge,Mass. :Harvard University Press,1950

钱端升:《中国的政府与政治,1912—1949 年》

[192] Ch'ien Yuan. 'Fang-chi-yeh ken-pen cheng-li chih ssu-chien'(My opinion on the radical reorganization of the cotton textile industry). *HSSC*,3.4(20 Oct. 1922)6—14

潜园:《纺织业根本整理之私见》,《华商纱厂联合会季刊》,3.4(1922 年 10 月 20 日)

[193] Ch'ien Yuan. 'Ch'ing-tao fang-chi-yeh chih chuang-k'uang yü hsi-wang' (The situation and prospects of the textile industries of Tsingtao),*HSSC*,

4. 1(Jan. 1923)29—32

潜园:《青岛纺织业之状况与希望》,《华南纱厂联合会季刊》,4. 1(1923 年
1 月)

[194] Chih I. 'Hua-shang sha-ch'ang tzu-chin wen-t'i yü mien-yeh ch'ien-t'u chih
kuan-hsi'(The problem of capital for the Chinese spinning mills, and its
effect on the future of the cotton industry). HSSC. 4. 4(Oct. 1923)2—8

之一:《华商纱厂资金问题与棉业前途之关系》,《华商纱厂联合会季刊》,
4. 4(1923 年 10 月)

[195] Chih Ta. 'Nan-tao nü-ch'ang chih Shang-hai'(Shanghai, where men are rob-
bers and women are whores). T'ien-i,5(10 Aug. 1907)95—97

志达:《男盗女娼之上海》,《天义》,5(1907 年 8 月 10 日)

[196] Chih-yuan lu(Register of officials). Quarterly. Peking,1918—1923

《职员录》,季刊,北京,1918—1923 年

[197] Chin Ch'ung-chi. 'Yun-nan hu-kuo yun-tung ti chen-cheng fa-tung-che Chih
shui?'(Who was the true initiator of the Yunnan National Protection move-
ment?). Chou K'ang-hsieh et al. eds. Chin-erh-shih-nien Chung-kuo shih-
hsueh lun-wen hui-pien, ch'u-pien: Hsin-hai koming yen-chiu lun-chi ti-i-
chi(1895—1929)(First collection of Chinese historical articles of the last 20
years:first volume of studies on the 1911 Revolution(1895—1929),Hong
Kong:崇文书店,1971

金冲及:《云南护国运动的真正发动者是谁?》,周康燮等编:《近廿年中国
史学论文汇编初编:辛亥革命研究论集第一集(1895—1929 年)

[198] Chin-tai-shih tzu-liao (Materials on modern history) series. Peking:The
group for compiling materials on modern history in the Institute of Modern
History of the Chinese Academy of Sciences,1954—

《近代史资料》,丛刊,北京:中国科学院近代史研究所近代史资料编辑
组,1954 年—

[199] Ch'in Te-ch'un. Ch'in Te-ch'un hui-i-lu (Recollections of Ch'in Te-ch'un).
Taipei:Chuan-chi wen-hsueh ch'u-pan she,1967

秦德纯:《秦德纯回忆录》

[200] China Continuation Committee. The Christian occupation of China:a gener-
al survey of the numerical strength and geographical distribution of the

Christian forces in China made by the Special Committee on Survey and Occupation, China Continuation Committee, 1918－1921. Shanghai, 1922

中华续行委办会：《在华基督教的传播：1918－1921年中华续行委办会和传布专门委员会所作的在华基督教力量的数量和地理分布的全面调查》

［201］ China. Inspectorate General of Customs. *Decennial reports… 1902－1911.* 2 vols. Shanghai, 1913

中国海关总税务司：《海关十年报告……1902－1911年》

［202］ China. Inspectorate General of Customs. *Decennial reports…, 1912－1921.* 2 vols. Shanghai, 1924

中国海关总税务司：《海关十年报告……1912－1921年》

［203］ China. Inspectorate General of Customs. *Documents illustrative of the origin, development, and activities of the Chinese Customs Service.* 7 vols. Shanghai：Inspectorate General of Customs, 1937－1940

中国海关总税务司：《中国海关的起源、发展和活动文献集》

［204］ China. The Maritime Customs. *Handbook of customs procedure at Shanghai.* Shanghai：Kelly & Walsh, 1921

中国海关：《上海海关工作程序手册》

［205］ *The China Mission Year Book.* Shanghai, 1910－25；continued as *The China Christian Year Book.* Shanghai, 1926－1940

《中国传教年鉴》，上海，1910－1925年；后改名《中国基督教年鉴》，上海，1926－1940年

［206］ *China Quarterly.* London, 1960－

《中国季刊》，伦敦，1960年－

［207］ *China Weekly Review.* Shanghai, 1917－

《密勒氏评论报》，上海，1917年－

［208］ *The China year book.* H. G. W. Woodhead, ed. London：George Routledge & Sons, Ltd., 1912－1921；Tientsin：The Tientsin Press, 1921－1930；Shanghai：The North China Daily News & Herald, Ltd., 1931－1939

《中华年鉴》，伍德海编

［209］ Chinese Academy of Sciences. See Chung-kuo k'o-hsueh-yuan

见中央科学院

［210］ *Chinese Correspondence：weekly organ of the Central Executive Committee of the Kuomintang*. Wuhan 2. 6(1 May 1927)

《中华通讯：国民党中央执行委员会周刊》

[211] Chinese Ministry of Information. *China handbook*, *1937—1945*, New York：
Macmillan, 1947

中国情报部：《中国手册，1937—1945 年》，纽约：1947 年

[212] *The Chinese Recorder*. Shanghai, 1867—1941

《教务杂志》，上海，1867—1941 年

[213] *Chinese Republican Studies Newsletter*. Semi-annual, (Oct. and Feb.)1975—

《中华民国研究通讯》，半年刊(10 月和 2 月)，1975 年—

[214] *Chinese Social and Political Science Review*. Quarterly. Peking, 1916—

《中国社会政治科学评论》，季刊，北京，1916 年—

[215] *Chinese Studies in History：A Journal of Translation*. White Plains, N. Y. ：
International Arts and Sciences Press, Inc. , Fall 1967—

《中国的历史研究》

[216] *Ching-chi t'ung-chi yueh-chih* (The Chinese economic and statistical re-
view). Monthly. Shanghai：1934—1941

《经济统计月志》，上海：1934—1941 年

[217] ' "Ch'ing ho-ch'eng cheng-fu t'e-hsu ch'üan-kuo shang-hui tzu-lien shang-
t'uan an"：Ssu-ch'uan Ch'eng-tu tsung-shang-hui tai-piao t'i-i' (That a com-
mon approach be made to the government requesting that Chambers of Com-
merce be specially authorized to train merchant militia'. Motion put forward
by the General Chamber of Commerce of Chengtu, Szechwan). *TSHYP*, 3. 4
(April 1923)

《"请合呈政府特许全国商会自练商团案"：四川成都总商会代表提议》，
《上海总商会月报》，3.4(1923 年 4 月)

[218] *Ch'ing-i pao* (Upright discussion), 1—100(Dec. 1898—Nov. 1901) ；reprin-
ted by 成文出版社. 12 vols. Taipei, 1967

《清议报》，1—100(1898 年 12 月—1901 年 11 月)

[219] ' "Ch'ing wei-ch'ih ch'üan-kuo-shang-hui lien-ho-hui t'ung-kuo i-an li-cheng
shih-hsing an"：Hu-pei I-tu shang-hui t'i—i' ('That the motions passed by
the conference of the National Federation of Chambers of Commerce be sup-
ported, and that every effort be made to have them put into practice'. Mo-

tion put forward by the Chamber of Commerce of I-tu, Hupei). *TSHYP*, 3. 4 (April 1923)

《"请维持全国商会联合会通过议案力争实行案"：湖北宜都商会提议》，《上海总商会月报》，3. 4(1923 年 4 月)

[220] *Chiu wang* (Salvation). Weekly. Peking: Kuo hun she (Society for the national soul), 2(16 June 1925), 3(23 June 1925)

《救亡》，周刊，北京国魂社，2(1925 年 6 月 16 日)，3(1925 年 6 月 23 日)

[221] CHOC: *Cambridge History of China*

《剑桥中国史》

[222] Chou Fo-hai. *Wang-i chi* (What has passed). Hong Kong, 1955

周佛海：《往矣集》

[223] Chou Hsiu-luan. *Ti-i-tz'u shih-chieh ta-chan shih-ch'i Chung-kuo min-tsu kung-yeh ti fa-chan* (The development of national industries during the First World War). Shanghai: Jen-min, 1958

周秀鸾：《第一次世界大战时期中国民族工业的发展》

[224] Chou K'ai-ch'ing, comp. *Min-kuo Ssu-ch'uan jen-wu chuan-chi* (Biographies of republican personalities in Szechwan). Taipei: Commercial Press, 1966

周开庆编：《民国四川人物传记》

[225] Chou Shu-chen. *Chou Chih-an hsien-sheng pieh-chuan* (An unorthodox biography of Chou Hsueh-hsi). 1947. Taipei: Wen-hai, 1966

周淑娴：《周止庵先生别传》

[226] Chou, Shun-hsin. *The Chinese inflation, 1937－1949*. New York: Columbia University Press, 1963

周舜莘：《中国的通货膨胀，1937－1949 年》

[227] Chou Tso-jen. 'Jen ti wen-hsueh' (A humane literature), *Hsin ch'ing-nien*. 5. 6(Dec. 1918)575－584

周作人：《人的文学》，《新青年》，5. 6(1918 年 12 月)

[228] Chou Yü-t'ung. *Ching ku-chin wen-hsueh* (Old and new text classical learning). Shanghai: Commercial Press, 1926

周予同：《经古今文学》

[229] Chow Tse-tsung. *The May Fourth movement: intellectual revolution in modern China*. Cambridge, Mass. ; Harvard University Press. 1960

周策纵:《五四运动:现代中国的思想革命》

[230] Chow Tse-tsung. *Research guide to the May Fourth movement : intellectual revolution in modern China*, 1915 — 1924. Cambridge, Mass. : Harvard University Press, 1963

周策纵:《五四运动,现代中国的思想革命,1915—1924 年:研究指南》

[231] Chu, Clayton H. *American missionaries in China : books, articles, and pamphlets extracted from the subject catalogue of the Missionary Research Library*. 3 vols. Cambridge, Mass. : Harvard University Department of History, 1960(dittographed)

克莱顿·H. 朱(音):《在华美国传教士:从传教研究图书馆论题目录中精选的著作、文章和小册子》

[232] Chu Hsieh. *Chung-kuo ts'ai-cheng wen-t'i*(Problems of China's public finance). Shanghai:Commercial Press, 1934

朱偰:《中国财政问题》

[233] Chu Hsien-fang, 'Cheng-li mien-yeh hsin-i'(New debate on the reform of the textile industry). *TSHYP*, 3. 5(May 1923)

朱仙舫:《整理棉业新议》,《上海总商会月报》,3. 5(1923 年 5 月)

[234] Chu Hsin-fan. See Li Ang

朱新繁,见李昂

[235] Chu P'ei-wo. *Chung-kuo ko-ming yü Chung-kuo she-hui ko chieh-chi*(The Chinese revolution and the social classes in China). 2 vols. Shanghai:联合书店, 1930

朱佩我:《中国革命与中国社会各阶级》

[236] Chu P'ei-wo. See Chu Hsin-fan, Li Ang

朱佩我,见朱新繁、李昂

[237] Chu, Samuel. *Reformer in modern China, Chang Chien 1853 — 1926*. New York, London:Columbia University Press, 1965

朱昌峻:《近代中国的维新人物:张謇,1853—1926 年》

[238] Ch'u Min-i[Min]. 'Wu-cheng-fu shuo'(On anarchism). *Hsin shih-chi*, 31—47(25 Jan. —16 May 1908)

褚民谊[民]:《无政府说》,《新世纪》,31—47(1908 年 1 月 25 日—5 月 16 日)

873

[239] Ch'ü Ch'iu-pai. *Ch'ü Ch'iu-pai hsuan-chi* (Selected writings of Ch'ü Ch'iu-pai). Peking: Jen-min, 1959

瞿秋白:《瞿秋白选集》

[240] Ch'ü, T'ung-tsu. *Han social structure*, ed. by Jack L. Dull. Seattle: University of Washington Press, 1972

瞿同祖:《汉代的社会结构》,杰克・L. 达尔编

[241] *Chuan-chi wen-hsueh* (Biographical literature). Monthly. Taipei, 1962

《传记文学》,月刊,台北,1962 年

[242] 'Ch'üan-kuo shang-chiao lien-hsi hui-i shih-mo chi' (Notes on. the progress of the joint conference of the National Federation of Chambers of Commerce and the Educational Societies). *TSHYP*, 1. 4 (Oct. 1921) heading *Chi-shih*

《全国商教联席会议始末记》,《上海总商会月报》,1.4(1921 年 10 月)

[243] 'Ch'üan-kuo yin-hang kung-hui chih chien-i-an' (Motion put forward by the National Federation of Banking Associations). *TFTC*, 18. 3 (10 Feb. 1921) 127—129

《全国银行公会之建议案》,《东方杂志》,18.3(1921 年 2 月 10 日)

[244] 'Ch'üan-kuo yin-hang kung-hui lien-ho-hui-i chi' (Notes on the National Conference of Banking Associations). *YHYK*, 1. 6 (June 1921)

《全国银行公会联合会议记》,《银行月刊》,1.6(1921 年 6 月)

[245] *Chueh—wu* (Enlightenment). Tientsin, 20 Jan. 1920

《觉悟》,天津,1920 年 1 月 20 日

[246] *Chūgoku kindaika no shakai kōzō: Shingai kakumei no shiteki ichi* 中国近代化の社会构造:辛亥革命の史的位置 (The social framework of China's modernization: the historical position of the 1911 Revolution), comp. by Aziashi Kenkyūkai アジア史研究会, *Tōyō shigaku ronshū* 东洋史学论集 (Studies in Oriental History), No. 6. Tokyo: Daian, 1960

《中国现代化的社会构造:辛亥革命的历史地位》,亚洲史研究会编,《东洋史学论集》,6

[247] *Chūgoku Kyōsantōshi shiryōshū*. See Hatano Ken'ichi, *Shina Kyōsantōshi*

《中国共产党史资料集》,见波多野乾一:《支那共产党史》

[248] *Chūgoku Kyōsantōshi shiryōshū* 中国共产党史资料集 (Collected materials on the history of the Chinese Communist party), ed. by Nippon Koku-

saimondai Kenkyūkai Chūgoku Bukai 日本国际问题研究会中国部会. Tokyo:Keisō Shobō 劲草书房,1970—1975

《中国共产党史资料集》,日本国际问题研究会中国部会编

[249] *Ch'un-ch'iu tsa-chih*(Spring and autumn magazine). Taipei:1964—

《春秋杂志》,台北,1964 年—

[250] *Chung-kuo chin-tai-shih tzu-liao hui-pien*(Collections of historical materials on modern Chinese history),a series pub. by Institute of Modern History, Academia Sinica, Taipei, concerning maritime defence(海防档, 9 vols. , 1957),mining affairs(矿务档,8 vols. ,1960),and diplomatic negotiations

《中国近代史资料汇编》

[251] *Chung-kuo ch'ing-nien*(The Chinese youth). Wuchang,June 1937;Chungking,July 1938

《中国青年》,武昌,1937 年;重庆,1938 年 7 月

[252] *Chung-kuo hsien-tai wen-hsueh shih ts'an-k'ao tzu-liao*(Research materials on the history of modern Chinese literature),ed. by Pei-ching shih-fan tahsueh Chung-wen hsi hsien-tai wen-hsueh chiao-hsueh kai-ke hsiao-tsu(Peking Normal University,Chinese Literature Department,Contemporary literature teaching reform group). 3 vols. Peking:高等教育,1959

《中国现代文学史参考资料》,北京师范大学中文系现代文学教学改革小组编

[253] *Chung-kuo hsien-tai wen-i tzu-liao ts'ung-k'an ti-i chi*(Sources of modern Chinese literature,first series),ed. by Shang-hai wen-i ch'u-pan-she pien-chi pu(Editorial department of *Shanghai literature*). Shanghai:Shanghai wen-i, 1962

《中国现代文艺资料丛刊第一辑》,上海文艺出版社编辑部编

[254] *Chung-kuo hsin wen-hsueh ta-hsi*(A comprehensive compendium of China's new literature),general ed. Chao Chia-pi. 10 vols. Shanghai:良友图书公司, 1935—1936;Hong Kong reprint,1963

《中国新文学大系》,赵家璧主编

[255] Chung-kuo k'o-hsueh-yuan chin-tai shih yen-chiu-so,*Chin-tai shih yen-chiu* (Researches on modern history)Peking,Oct. 1979

中国科学院近代史研究所:《近代史研究》,北京,1979 年 10 月

[256] Chung-kuo k'o-hsueh-yuan li-shih yen-chiu-so, ed. *Chin-tai-shih tzu-liao* 近代史资料（Materials on modern history），1（1961）：（special issue）*Hsinhai ko-ming tzu-liao*（Materials on the 1911 Revolution）

中国科学院历史研究所编：《近代史资料》，1（1961 年）：《辛亥革命资料》

[257] Chung-kuo k'o-hsueh-yuan Shang-hai ching-chi yen-chiu-so（Academy of Sciences, Shanghai Institute of Economic Research）. *Shang-hai chieh-fang ch'ien-hou wu-chia tzu-liao hui-pien*（1921 nien－1957 nien）（Collected materials on Shanghai prices before and after Liberation, 1921－1957）. Shang-hai：Jen-min，1958

中国科学院上海经济研究所：《上海解放前后物价资料汇编（1921 年－1957 年》

[258] Chung-kuo k'o-hsueh-yuan Shang-hai ching-chi yen-chiu-so and Shang-hai she-hui k'o-hsueh-yuan ching-chi yen-chiu-so comps. *Nan-yang hsiung-ti yen-ts'ao kung-ssu shih-liao*（Materials for the history of the Nanyang Brothers Tobacco Company）. Shanghai：Jen-min，1958

中国科学院上海经济研究所、上海社会科学院经济研究所编：《南洋兄弟烟草公司史料》

[259] *Chung-kuo Kuo-min-tang cheng-li tang-wu chih t'ung-chi pao-kao*（Statistical report on the work of party adjustment of the Kuomintang of China）. Nanking：KMT CEC Organization Department，March 1929

《中国国民党整理党务之统计报告》，南京：中国国民党中央执行委员会组织部，1929 年 3 月

[260] *Chung-kuo Kuo-min-tang chou-k'an*（Kuomintang of China weekly）. Canton，1924

《中国国民党周刊》，广州，1924 年

[261] *Chung-kuo Kuo-min-tang ch'üan-kuo tai-piao ta-hui hui-i-lu*（Minutes of the national congress of the Kuomintang of China）. Reprinted，Washington，D. C.；Center for Chinese Research Materials，1971

《中国国民党全国代表大会会议录》

[262] *Chung-kuo Kuo-min-tang chung-yao hsuan-yen hui-pien*（Collecton of important proclamations of the Kuomintang of China）. n. p.：党义研究会，May 1929

《中国国民党重要宣言汇编》

[263] *Chung-kuo Kuo-min-tang ti-erh-tz'u ch'üan-kuo tai-piao ta-hui hui-i chi-lu* (Minutes of the Second National Congress of Kuomintang delegates). n. p.：Central Executive Committee of the Kuomintang of China，April 1926

《中国国民党第二次全国代表大会会议记录》

[264] Chung-kuo lao-kung yun-tung shih pien-tsuan wei-yuan-hui comp. *Chung-kuo lao-kung yun-tung shih* (A history of the Chinese labour movement). 5 vols. Taipei：Chinese Labour Welfare Publisher，1959

中国劳工运动史编纂委员会编：《中国劳工运动史》

[265] *Chung-kuo nung-min* (The Chinese farmer). Canton：Farmers' Bureau of the Central Executive Committee of the Kuomintang of China，1926. Photolithographic reprint edn，Tokyo：Daian，1964

《中国农民》

[266] *Chung-kuo wu ta wei-jen shou-cha*. See Wen-hua yen-chiu she.

《中国五大伟人手札》，见文化研究社

[267] *Chung-yang t'ung-hsin* (Central newsletter). Organ of the Central Committee of the Chinese Communist Party，Aug. 1927

《中央通信》，中国共产党中央委员会机关刊物，1927 年 8 月

[268] *Chung-yang yen-chiu-yuan chin-tai-shih yen-chiu-so chi-k'an* (Bulletin of the Institute of Modern History，Academia Sinica). Taipei，Aug. 1969—

《中央研究院近代史研究所集刊》，台北，1969 年 8 月—

[269] CI：Communist International，Comintern

共产国际、第三国际

[270] Clifford，Nicholas R. *Shanghai，1925：urban nationalism and the defense of foreign privilege*. Ann Arbor：Center for Chinese Studies，University of Michigan，1979

尼古拉斯·R. 克利福特：《1925 年的上海：城市民族主义和外国特权的捍卫》

[271] Clopton，Robert W. and Ou Tsuin-chen，trans. and ed. *John Dewey，lectures in China，1919—1920*. Honolulu：East-West Center，1973

罗伯特·W. 克洛普顿和巫群真（音）编译：《杜威在华演说集，1919—1920 年》

[272] Close, Upton (pseud. of Hall, Joseph W.). 'The Chinese bankers assert themselves'. *CWR*(19 Feb. 1921)

厄普顿·克洛斯(约瑟夫·W. 霍尔的笔名):《中国银行家坚持自己的权利》,《密勒氏评论报》,1921 年 2 月 19 日

[273] Clubb, O. Edmund. *Communism in China as reported from Hankow in 1932*. New York:Columbia University Press,1968

柯乐博:《1932 年从汉口报告的中国共产主义》

[274] Clubb,O. Edmund. *China and Russia*:'*the great game*'. New York:Columbia Universiry Press,1971

柯乐博:《中国和俄国:"大角逐"》

[275] Clubb, O. Edmund. *20th century China* . New York:Columbia Universiry Press,1964;3rd edn,1978

柯乐博:《20 世纪中国》

[276] Coble,Parks,Jr. 'The Shanghai capitalists and the Nationalist government 1927—1937',University of Illinois,Ph. D. dissertation,1975. Published as a book by Harvard University Press,1980

小帕克斯·M. 科尔:《上海资本家和国民政府,1927—1937 年》,伊利诺斯大学 1975 年博士论文

[277] Coble,Parks M. ,Jr. 'The Kuomintang regime and the Shanghai capitalists, 1927—29'. *CQ*,77(March 1979)1—24

小帕克斯·M. 科布尔:《国民党政权和上海资本家,1927—1929 年》,《中国季刊》,77(1979 年 3 月)

[278] Cochran,Sherman G. 'Big business in China:Sino-American rivalry in the tobacco industry,1890—1930'. Yale University,Ph. D. disseration,1975

谢尔曼·G. 科克伦:《在中国的大买卖:烟草业中中美的对抗,1800—1930 年》

[279] Cohen,Paul A. *Between tradition and modernity*:*Wang T'ao and reform in late Ch'ing China*. Cambridge,Mass. :Harvard University Press,1974

柯文:《在传统和现代性之间:王韬和清末维新》

[280] Commission for the Investigation of the Shakee Massacre. *June Twenty-Third*:*the report of the Commission for the Investigation of the Shakee Massacre June 23*,*1925*,*Canton*,*China*. Canton:Wah On Printing Co. ,n. d.

(1925),distributed'with compliments of the Commission'

沙基惨案调查委员会:《6 月 23 日:沙基惨案调查委员会的报告,1925 年 6 月 23 日,广州,中国》

[281] *Conference on the limitation of armament*,*Washington*,*November 12*,*1921 — February 6*,*1922*. 2 vols. Washington,D. C. :U. S. Government Printing Office,1922

《华盛顿限制军备会议,1921 年 11 月 12 日－1922 年 2 月 6 日》

[282] Contemporary China Institute. *A bibliography of Chinese newspapers and periodicals in European libraries*. Cambridge:Cambridge University Press, 1975

当代中国研究所:《欧洲图书馆藏中国报刊目录》

[283] CP:Commercial Press

商务印书馆

[284] *CQ:See China Quarterly*

见《中国季刊》

[285] Cressey,George Babcock. *China's geographic foundations*:*a survey of the land and its pepole*. New York and London:McGraw Hill Book Co. ,1934

乔治·鲍勃科克·克雷西:《中国的地理基础:土地及其人民概述》

[286] CSC:Central Supervisory Committee of the Kuomintang

国民党中央监察委员会

[287] *CWR:China Weekly Review*. Shanghai,1917(formerly *Millard's Review*)

《密勒氏评论报》,上海,1917 年

[288] *CYB:The China Yearbook*

《中华年鉴》

[289] Darwent,C. E. *Shanghai,a handbook for travellers and residents*. Shanghai:Kelly & Walsh,n. d.

C. E. 达温特:《上海,旅行者和居民指南》

[290] deBary,W. T. *et al.* ,eds. *Sources of Chinese tradition*. New York:Columbia University Press,1960

狄百瑞等编:《中国传统资料集》

[291] Degras,Jane,comp. and trans. *Soviet documents on foreign policy*. 2 vols. London:Oxford University Press,1951—1953

简·德格拉斯:《苏维埃对外政策文件集》

[292] Degras, Jane. *The Communist International*, *1919—1943* : *Documents selected and edited by Jane Degras*. 3 vols. London: Oxford University Press, 1956—1965

简·德格拉斯:《共产国际,1919—1943 年:文献选编》

[293] Deliusin, L. P. , ed. *Kantonskaia Kommuna* (The Canton Commune). Moscow: Akad. Nauk SSSR, Institute Dal'nego Vostoka, 'Nauka', 1967

L. P. 杰柳辛编:《广州公社》

[294] Denby, Charles. *China and her people*. 2 vols. Boston: L. C. Page, 1906

田贝:《中国及其人民》

[295] d'Encausse, H. and Schram, S. R. , eds. *Marxism and Asia*: *an introduction with readings*. London: Allen Lane, Penguin Press, 1969

H. 德昂科斯、施拉姆编:《马克思主义与亚洲:概论》

[296] Department of Overseas Trade , ed. *Report on the commercial*, *industrial and economic situation in China*. Annual. London: H. M. Stationery Office, 1922—

海外贸易局编:《中国商业、工业和经济状况报告》,年刊,伦敦,1922 年—

[297] Dernberger, Robert F. 'The role of the foreigner in China's economic development, 1840—1949', in Dwight H. Perkins, ed. *China's modern economy in historical perspective*, 19—47. Stanford: Stanford University Press, 1975

罗伯特·F. 德恩伯格:《外国人在中国经济发展中的作用,1840—1949年》,载德怀特·H. 帕金斯编:《历史剖析中的中国现代经济》

[298] Dirlik, Arif. *Revolution and history. origins of Marxist historiography in China 1919—1937*, Berkeley: University of California Press, 1978

阿里夫·德里克:《革命与历史:中国马克思主义编史学的渊源,1919—1937 年》

[299] Doležalová, Anna. *Yü Ta-fu*: *specific traits of literary creation*. New York: Paragon, 1971

安娜·多列扎洛娃:《郁达夫:文学创作的特性》

[300] Doleželová-Velingerová, Milena. ' The origins of modern Chinese literature', in Merle Goldman, ed. *Modern Chinese literature in the May Fourth era*, 17—36. Cambridge, Mass. : Harvard University Press, 1977

米列娜·多列扎洛娃-费林捷洛娃:《中国现代文学的起源》,载默尔·戈

德曼编:《五四时代的中国现代文学》

[301] Doleželová-Velingerová, Milena, ed. *Chinese novels at the turn of the century* (forthcoming)

米列娜·多列扎洛娃-费林捷洛娃编:《19、20世纪之交的中国小说》

[302] Dreyer, Edward L. 'The Poyang campaign, 1363: inland naval warfare in the founding of the Ming dynasty', in Frank A. Kierman, Jr. and John K. Fairbank, eds. *Chinese ways ig warfare*, 202—240. Cambridge, Mass. : Harvard University Press, 1974

爱德华·L. 德赖尔:《1363年鄱阳湖之役:建立明王朝时的内陆水战》,载小弗兰克·A. 基尔曼和费正清编:《中国的兵法》

[303] Dulioust, Nicole. 'Quelques aspects de la presse chinoise pendant le mouvement du 30 mai 1925'. *Cahiers du Centre d'Etudes Chinoises de l'INALCO*, 1(forthcoming)

尼戈尔·杜里乌斯:《1925年五卅运动期间中国报刊的一些情况》,《中国研究手册》,1(1980年)

[304] Eastman, Lloyd E. *The abortive revolution: China under Nationalist rule 1927—1937*. Cambridge, Mass. : Harvard University Press, 1974

易劳逸:《夭折的革命:国民党统治下的中国,1927—1937年》

[305] Eastman, Lloyd E. 'Some themes on wartime China'. *Chinese Republican Studies Newsletter*, 1. 1(Oct. 1975)8—12

易劳逸:《关于战时中国的若干论题》,《中华民国研究通讯》,1. 1(1975年10月)

[306] ECCI: Executive Committee of the Communist International

共产国际执行委员会

[307] Eckstein, Alexander, Galenson, Walter and Liu Ta-chung, eds. *Economic trends in communist China*. Chicago: Aldine, 1968

亚历山大·埃克斯坦、沃尔特·盖伦森、刘大中编:《共产党中国的经济趋势》

[308] Eckstein, Alexander, Chao Kang and Chang, John. 'The economic development of Manchuria: the rise of a frontier economy'. *The Journal of Economic History*, 34. 1(March 1974)239—264

亚历山大·埃克斯坦、赵冈、约翰·张:《满洲的经济发展:边疆经济的兴

起》，《经济史杂志》，34.1(1974 年 3 月)

[309] Egan, Michael. 'Yü Dafu and the transition to modern Chinese literature', in
Merle Goldman, ed. *Modern Chinese literature in the May Fourth era*, 309—324
迈克尔·伊根：《郁达夫和向中国现代文学的演变》，载默尔·戈德曼编：
《五四时代的中国现代文学》

[310] Egan, Michael. 'The short stories of Yü Ta-fu: life through art'. University
of Toronto, Ph. D. dissertation, 1979
迈克尔·伊根：《郁达夫的短篇小说：透过艺术的生活》，多伦多大学博士
论文，1979 年

[311] Elvin, Mark. 'The gentry democracy in Chinese Shanghai, 1905—1914', in
Jack Gray, ed. *Modern China's search for a political form*, 41—65, Lon-
don: Oxford University Press, 1969
伊懋可：《上海的士绅民主制，1905—1914 年》，载杰克·格雷编：《近代中
国对政治制度的探索》

[312] Elvin, Mark. *The pattern of the Chinese past*. Stanford: Stanford University
Press, 1973
伊懋可：《中国昔日的模式》

[313] Elvin, Mark and Skinner, G. William, eds. *The Chinese city between two
worlds*. Stanford: Stanford University Press, 1974
伊懋可和施坚雅编：《两种社会之间的中国城市》

[314] Elvin, Mark. 'The administration of Shanghai, 1905—1914', in Mark Elvin
and G. William Skinner, eds. *The Chinese city between two worlds*, 239—
269. Stanford: Stanford University Press, 1974
伊懋可：《上海的行政管理，1905—1914 年》，载伊懋可、施坚雅编：《两种
社会之间的中国城市》

[315] Elvin, Mark. 'Mandarins and millennarians: reflections on the Boxer uprising
of 1899—1900'. *Journal of the Anthropological Society of Oxford*, 10.3
(1979)115—138
伊懋可：《清朝官员和追求千年盛世的教徒：关于 1899—1900 年义和团
起义的反思》，《牛津人类学学会杂志》，10.3(1979 年)

[316] Esherick, Joseph W. *Reform and revolution in China: the 1911 Revolution
in Hunan and Hubei*. Berkeley: University of California Press, 1976

周锡瑞:《中国的维新和革命:辛亥革命在湖南和湖北》

[317] Etō, Shinkichi. 'Hai-lu-feng——the first Chinese soviet government'. Pt I. *CQ*, 8(Oct. /Dec. 1961)160—183; pt II(Jan. /March 1962)149—181

卫藤沈吉:《海陆丰——中国的第一个苏维埃政府》,第 1 部分,《中国季刊》,8(1961 年 10—12 月);第 2 部分(1962 年 1—3 月)

[318] Eudin, Xenia Joukoff and North, Robert C. *Soviet Russia and the East*, 1920—1927: a documentary survey. Stanford: Stanford University Press, 1957

赛尼亚·乔柯夫·尤廷和罗伯特·C. 诺思:《苏俄和东方》,1920—1927 年:文献概览》

[319] Evans, Lee and Block, Russell, eds. *Leon Trotsky on China: introduction by Peng Shu-tse*. New York: Monad Press, 1976

李·埃文斯、拉塞尔·布洛克编:《列昂·托洛茨基论中国:彭述之导言》

[320] Fairbank, John King and Liu, Kwang-Ching. *Modern China: a bibliographical guide to Chinese works, 1898—1937*. Cambridge, Mass. : Harvard University Press, 1950; corrected reprint, 1961

费正清和刘广京:《近代中国:中文著作书目指南,1898—1937 年》

[321] Fairbank, John King, Banno Masataka and Yamamoto Sumiko, eds. *Japanese studies of modern China: a bibliographical guide to historical and social science research on the 19th and 20th centuries*. Harvard-Yenching Institute Studies, XXVI. Tuttle, 1955; reissued Cambridge, Mass. : Harvard University Press, 1971

费正清、坂野正高和山本澄子编:《日本的近代中国研究:19 和 20 世纪历史和社会科学研究书目指南》

[322] Fairbank, John K. , Reischauer, Edwin O. , and Craig, Albert M. *East Asia: the modern transformation*. Boston: Houghton Mifflin, 1965

费正清、埃德温·O. 赖肖尔、艾伯特·M. 克雷格:《东亚:现代的变化》

[323] Fairbank, John King, ed. *The Chinese world order: traditional China's foreign relations*. Cambridge, Mass. : Harvard University Press, 1968

费正清编:《中国人的世界秩序观:传统的中国对外关系》

[324] Fairbank, John King, Bruner, Katherine Frost and Matheson, Elizabeth MacLeod, eds. *The I. G. in Peking: Letters of Robert Hart, Chinese Maritime Customs, 1868—1907*. 2 vols. Cambridge, Mass. : Harvard University

Press,1975

　　费正清、凯瑟琳・弗罗斯特・布鲁纳和伊丽莎白・麦克劳德・马西森
编:《北京总税务司赫德书信集:1868－1907 年的中国海关》

[325] Fairbank,John K. , ed. *The missionary enterprise in China and America.*
Cambridge,Mass. :Harvard University Press,1974

　　费正清编:《在华的传教事业与美国》

[326] Fang,Achilles. 'From imagism to Whitmanism in recent Chinese poetry:a
search for poetics that failed'. in Horst Frenz and G. A. Anderson,eds. *In-
diana University conference on Oriental-Western literary relations*,177—
189. Chapel Hill:University of North Carolina Press,1955

　　方志彤:《新近中国诗歌中从意象主义到惠特曼主义:对失败了的诗学的
探索》,载霍斯特・弗伦茨、G. A. 安德森编:《印第安纳大学东西方文学
关系讨论会论文集》

[327] Fang T'eng. 'Yü Hsia-ch'ing lun'(On the subject of Yü Hsia-ch'ing). *Tsa-
chih yueh-k'an*(Monthly miscellany),12. 2(Nov. 1943)46—51;12. 3(Dec.
1943)62—67;12. 4(Jan. 1944)59—64

　　方腾:《虞洽卿论》,《杂志月刊》,12. 2(1943 年 11 月);12. 3(1943 年 12
月);12. 4(1944 年 1 月)

[328] Fang Tsung-ao. 'Chin-chih mien-hua ch'u-k'ou chih wo-chien'(My view-
point on the ban of exportation of raw cotton). *SHCK*,1. 1(Feb. 1923)1—3
(sep. pag.)

　　方宗鳌:《禁止棉花出口之我见》,《商学季刊》,1. 1(1923 年 2 月)

[329] Feetham. Richard. *Report of the Hon. Richard Feetham to the Shanghai
Municipat Council.* 2 vols. Shanghai:North-China Daily News and Herald,
1931

　　费唐:《费唐给上海工部局的报告》,2 卷

[330] Feng Hsueh-feng. *Hui-i Lu Hsun*(Reminiscence of Lu Hsun). Peking:人民
文学,1952

　　冯雪峰:《回忆鲁迅》

[331] Feng Yü-hsiang. *Wo ti sheng-huo*(My life). 3 vols. Canton:宇宙风社,1939;
many later editions

　　冯玉祥:《我的生活》

[332] FEO: *Far Eastern Quarterly*
《远东季刊》

[333] Feuerwerker, Albert. *China's early industrialization, Sheng Hsuan-huai 1844－1916 and mandarin enterprise*. Cambridge, Mass. : Harvard University Press, 1958
费维恺:《中国早期的工业化:盛宣怀与官办企业》

[334] Feuerwerker, Albert, Rhoads Murphey and Mary C. Wright, eds. *Approaches to modern Chinese history*. Berkeley: University of California Press, 1967
费维恺、罗兹·墨菲和芮玛丽编:《近代中国史入门》

[335] Feuerwerker, A. 'Handicraft and manufactured cotton textiles in China, 1871－1910'. *Journal of Economic History*, 30. 2(June 1970)338－378
费维恺:《1871－1910 年中国的手工业和机制棉纺织品》

[336] Feuerwerker, A. 'Economic trends in the late Ch'ing empire, 1870－1911', in J. K. Fairbank and Kwang-ching Liu, eds. *Cambridge history of China*, vol. 11, *Late Ch'ing, 1800－1911*, Part 2. Cambridge: Cambridge University Press, 1980
费维恺:《晚清帝国的经济趋向,1870－1911 年》,载费正清和刘广京编:《剑桥中国晚清史》下

[337] Feuerwerker, A. *The foreign establishment in China in the early twentieth century*. Ann Arbor: Center for Chinese Studies, University of Michigan, 1976
费维恺:《20 世纪早期外国在华机构》

[338] Feuerwerker, Yi-tsi. 'Women as writers in the 1920s and 1930s', in Margery Wolf and Roxane Witke, eds. *Women in Chinese society*, 143－168. stanford: Stanford University Press, 1975
梅仪慈:《20 年代和 30 年代的女作家》,载马杰里·沃尔夫、罗克珊·威特克编:《中国社会中的妇女》

[339] Feuerwerker, Yi-tsi. 'The changing relationship between literature and life: aspects of the writer's role in Ding Ling', in Merle Goldman, ed. *Modern Chinese literature in the May Fourth era*, 281－308. Cambridge, Mass. : Harvard University Press, 1977

梅仪慈:《变化中的文学与人生的关系:作家丁玲的某些方面》,载默尔·
戈德曼编:《五四时代的中国现代文学》

[340] Fewsmith, Joseph. 'Merchant associations and the establishment of Nation-
alist rule in Shanghai', paper prepared for the annual meeting of the Associ-
ation for Asian Studies, Chicago, 31 March—2 April 1968

约瑟夫·费尤史密斯:《商人联合会和国民党统治在上海的建立》,向
1968 年 3 月 31 日—4 月 2 日亚洲研究学会芝加哥年会提交的论文

[341] 'First proclamation of the revolutionary government on the farmers' move-
ment', in *Chung-kuo Kuo-min-tang chung-yao hsuan-yen hui-pien* (q. v.)
247—251

《革命政府关于农民运动的第一次宣言》,载《中国国民党重要宣言汇编》

[342] Fischer, Louis. *The soviets in world affairs:a history of the relations be-
tween the Sovielt Union and the rest of the world.* 2 vols. London and New
York:Jonathan Cape, 1930

路易斯·费希尔:《世界事务中的苏联人:苏联与世界其他部分的关系
史》

[343] Fischer, Louis. *Men and politics:an autobiography.* New York:Duell, Sloan
and Pearce, 1941

路易斯·费希尔:《人和政治:一份自传》

[344] Fitzgerald, Stephen. 'Sources on Kuomintang and Republican China', in
Donald D. Leslie, Colin Mackerras and Wang Gungwu, eds. *Essays on the
sources for Chinese history*, 229—240. Columbia, South Carolina:University
of South Carolina Press, 1973

斯蒂芬·菲茨杰拉德:《关于国民党和中华民国的资料》,载唐纳德·D.
莱斯利、科林·麦克拉斯和王庚武编:《中国历史资料论文集》

[345] Fokkema, Douwe W. 'Lu Xun:the impact of Russian literature', in Merle
Goldman, ed. *modern Chinese literature in the May Fourth era*, 89—102.
Cambridge, Mass. :Harvard University Press, 1977

道维·W. 福克马:《鲁迅:俄国文学的影响》,载默尔·戈德曼编:《五四时
代的中国现代文学》

[346] Fong, H. D. (Fang Hsien-t'ing). *Cotton industry and trade in China.* 2 vols.
Tientsin:Chihli Press, 1932

方显廷:《中国的棉业和贸易》

[347] Fong, H. D. *Reminiscences of a Chinese economist at 70*. Singapore: South Seas Press, 1975

方显廷:《一位 70 岁中国经济学家的回忆录》

[348] Forsythe, Sidney A. *An American missionary community in China , 1895 — 1905*. Cambridge, Mass. : Harvard University Press, 1971

西德尼·A. 福赛思:《1895—1905 年美国在华的一个传教团》

[349] Freedman, Maurice. *Lineage organization in southeastern China*. Monographs on Social Anthropology, No. 18, London School of Economics; reprinted with corrections, University of London, 1965

莫里斯·弗里德曼:《中国东南部的家族组织》

[350] Freedman, Maurice: *The study of Chinese society : essays by Maurice Freedman*, selected and introduced by G. William Skinner. Stanford: Stanford University Press, 1979

莫里斯·弗里德曼:《莫里斯·弗里德曼中国社会研究论文集》,施坚雅选并序

[351] Friedman, Edward. *Backward toward revolution : the Chinese Revolutionary Party*. Berkeley: University of California Press, 1974

爱德华·弗里德曼:《退向革命:中华革命党》

[352] Fung Yu-lan. *Hsin shih lun* (New culture and society). Changsha, 1941; 3rd printing Shanghai: Commercial Press, 1948

冯友兰:《新事论》

[353] Furet, François. *Penser la Révolution française*. Paris: Gallimard, 1978

弗朗索瓦·富列:《对法国革命的思考》

[354] Furth, Charlotte. *Ting Wen-chiang : science and China's new culture*. Cambridge, Mass: Harvard University Press, 1970

费侠丽:《丁文江:科学与中国的新文化》

[355] Furth, Charlotte, ed. *The limits of change : essays on conservative alternatives in Republican China*. Cambridge, Mass. : Harvard University Press, 1976

费侠丽编:《变革的限度:关于中华民国时期的保守抉择的论文集》

[356] Gaimushō. See Japan, Ministry of Foreign Affairs

见日本外务省

[357] Gale, Esson M. *Salt for the dragon : a personal history of China*, 1908 — 45. East Lansing : Michigan State College Press, 1953

盖乐：《中国的盐务：1908－1945 年我在中国的经历》

[358] Galik, Marian, *Mao Tun and modern Chinese literary criticism*. Wiesbaden : Franz Steiner, 1969

玛丽安·加利克：《茅盾与中国现代文学批评》

[359] Garrett, Shirley : *Social reformers in urban China : the Chinese Y. M. C. A.*, 1895 — 1926. Cambridge, Mass. : Harvard University Press, 1970

雪莉·加勒特：《中国城市里的社会改革者：中国基督教青年会，1895－1926 年》

[360] Gasster, Michael. *Chinese intellectuals and the Revolution of 1911 : the birth of modern Chinese radicalism*. Seattle : University of Washington Press, 1969

迈克尔·加斯特：《中国知识分子和辛亥革命：近代中国激进主义的诞生》

[361] Gauss, C. E. 'Labor, student and agitator movements in Shanghai during February, 1927'. Dispatch dated 9 April 1927, in U. S. Department of State. Records relating to the internal affairs of China, 1910 — 1929. USNA 893. 00/8822

C. E. 高思：《1927 年 2 月上海劳工、学生和鼓动者的运动》，1927 年 4 月 9 日快信，载美国国务院：《关于中国国内事务的记录，1910－1929 年》，美国国家档案馆 893. 00/8822

[362] Gauss, C. E. 'Political conditions in the Shanghai consular district'. Dispatch covering period 21 March to 20 April 1927, in U. S. Department of State. Records relating to the internal affairs of China, 1910 — 1929. USNA 893 : 00/8906

C. E. 高思：《上海领事馆区的政治形势》，报道 1927 年 3 月 21 日至 4 月 20 日情况的快信，载美国国务院：《关于中国国内事务的记录，1910－1929 年》，美国国家档案馆 893. 00/8906

[363] Gibbs, Donald and Li, Yun-chen, eds. *A bibliography of studies and translations of modern Chinese literature*, 1918 — 1942. Cambridge, Mass. : East

Asian Research Center, Harvard University. Distributed by Harvard University Press. 1975

唐纳德·吉林和李允真(音)编:《现代中国文学研究和翻译书目,1918—1942 年》

[364] Gillin, Donald G. *Warlord*: *Yen Hsi-shan in Shansi province 1911—1949*. Princeton: Princeton University Press, 1967

唐纳德·G. 吉林:《军阀:1911—1949 年在山西省的阎锡山》

[365] GLU: General Labour Union

总工会

[366] Glunin, V. I. 'Komintern i stanovlenie kommunisticheskogo dvizheniia v Kitae(1920—1927)'. (The Comintern and the formation of the communist movement in China(1920—1927). *Komintern i Vostok*; *bor'ba za Leninskuiu strategiiu i taktiku v natsional'no-osvoboditel'nom dvizhenii* (Comintern and the Orient; the struggle for the Leninist strategy and tactics in the national liberational movement). Moscow: Glav. Red. Vost. Lit. , 1969, 242—299

V. I. 格卢宁:《共产国际和中国共产主义运动的形成(1920—1927 年)》,《共产国际和东方;在民族解放运动中为列宁主义战略和战术而进行的斗争》

[367] Goldblatt, Howard. *Hsiao Hung*. New York: Twayne, 1976

葛浩文:《萧红》

[368] Goldman. See Goldman, Merle, ed. *Modern Chinese literature in the may Fourth era*. Cambridge, Mass. ; Harvard University Press, 1977

戈德曼,见默尔·戈德曼编:《五四时代的中国现代文学》

[369] Goldman, Merle. *Literary dissent in Communist China*. Cambridge, Mass. : Harvard University Press. 1967

默尔·戈德曼:《共产党中国文学上的不同意见》

[370] Gotz, Michael. 'The development of modern Chinese literature studies in the West: a critical review'. *Modern China*, 2. 3(July 1976)397—416

迈克尔·戈茨:《西方现代中国文学研究的发展:批评性的回顾》,《现代中国》,2. 3(1976 年 7 月)

[371] Great Britain. Foreign Office. Archives, Public Record Office, London; cited as FO

英国外交部伦敦档案局档案；引用作 FO

[372] Great Britain. Foreign Office. Comd. 2636, China No. 1(1926). *Papers respecting the first firing in the Shameen affair of June 23, 1925.* London: H. M. Stationery Office, 1926

英国外交部，2636 号，中国第 1 号（1926 年），《有关 1925 年 6 月 23 日沙面事件中先开枪的文件》

[373] Great Britain. Foreign Office. Comd. 2953. China No. 4(1927). *Papers relating to the Nanking Incident of March 24 and 25, 1927.* London: H. M. Stationery Office, 1927

英国外交部，2953 号，中国第 4 号（1927 年），《关于 1927 年 3 月 24、25 日南京事件的文件》

[374] Great Britain. Foreign Office. 405/240－259. Confidential. *Further Correspondence respecting China.* Jan.－June 1923－Oct.－Dec. 1928

英国外交部，405/240－259，密件，《关于中国的进一步通讯》，1923 年 1－6 月－1928 年 10－12 月

[375] Greene, Ruth Altman. *Hsiang－Ya journal.* Hamden, Conn.: Shoe String Press, 1977

鲁思·奥尔特曼·格林：《湘雅杂志》

[376] Grieder, Jerome B. *Hu Shih and the Chinese renaissance: liberalism in the Chinese revolution, 1917－1937.* Cambridge, Mass.: Harvard University Press, 1970

杰罗姆·B.格里德：《胡适与中国的文艺复兴：中国革命中的自由主义，1917－1937 年》

[377] Grove, Linda. 'Rural society: the Gaoyang district 1910－1947'. University of California, Ph. D. dissertation. Berkeley, 1975

琳达·格罗夫：《农村社会：高阳地区，1910－1947 年》，加利福尼亚大学博士论文，1975 年

[378] Gruber. Helmut. *Soviet Russia masters the Comintern.* Garden City, N. Y.: Anchor Press/Doubleday, 1974

赫尔穆特·格鲁伯：《苏俄主宰共产国际》

[379] Guillermaz, Jacques. *A history of the Chinese Communist Party, 1921－1949.* New York: Random House, 1972. Trans. of *Histoire du parti commu-*

niste chinois 1921—1949. Paris：Payot，1968

    雅克·吉勒马兹：《中国共产党史，1921—1949 年》，译自法文

[380] Gunn，Edward Mansfield，Jr. 'Chinese writers under Japanese occupation (1937—1945)'. Report on research in progress，Columbia University，Sept. 1976

    小爱德华·曼斯菲尔德·冈恩：《日本占领时期的中国作家（1937—1945 年）》

[381] Gunn，Edward Mansfield，Jr. 'Chinese literature in Shanghai and Peking (1937—1945)'. Columbia University，Ph. D. dissertation，1978

    小爱德华·曼斯菲尔德·冈恩：《上海和北京的中国文学（1937—1945 年）》

[382] Hanan，Patrick. 'The technique of Lu Hsun's fiction'. *Harvard Journal of Asiatic Studies*，34(1975)53—96

    帕特里克·哈南：《鲁迅小说的技巧》，《哈佛亚洲研究杂志》，34(1975 年)

[383] Hao，Yen-p'ing. *The comprador in nineteenth century China：bridge between East and West*. Cambridge，Mass.：Harvard University Press，1970

    郝延平：《19 世纪中国的买办：东西方之间的桥梁》

[384] Harrison，James Pinckney. *The long march to power：a history of the Chinese Communist Party，1921—1972*. New York & Washington，D. C.：Praeger，1972

    詹姆斯·平克尼·哈里森：《通往权力的长征：中国共产党史，1921—1972 年》

[385] Hashikawa Tokio. *Chūgoku bunkakai jimbutsu sōkan* 中国文化界人物总鉴 (Biographical dictionary of Chinese cultural personalities). Peking：中华法令编印馆，1940

    桥川时雄：《中国文化界人物总鉴》

[386] Hatano Ken'ichi，comp. *Gendai Shina no kiroku* 现代支那之记录 (Records of contemporary China). Monthly. Peking：Enjinsha 燕尘社，1924—1932

    波多野乾一编：《现代中国之记录》，月刊，北京，1924—1932 年

[387] Hatano Ken'ichi. *Shina Kyōsantōshi* 支那共产党史 (A history of the Chinese Communist Party)，7 vols.，1st vol. published in 1931，the last，1937，by Gaimushō，Jōhōbu；reprinted as *Chūgoku Kyōsantōshi* 中国共产党史. Toky-

o：Jiji tsushinsha 时事通信社，1961

波多野乾一：《支那共产党史》重印，易名《中国共产党史》

[388] Hatano Yoshihiro. *Chūgoku kindai gumbatsu no kenkyū* 中国近代军阀の研究（Studies on the warlords of modern China）. Tokyo：Kawade Shobo Shin-sha 河出书房新社，1973

波多野善大：《中国近代军阀研究》

[389] Heinzig, Dieter. *Sowjetische militärberater bei der Kuomintang 1923－1927*. Baden-Baden：Momos Verlagsgesellschaft，1978

迪特尔·黑因齐格：《国民党中的苏联军事顾问，1923－1927 年》

[390] *Heng-feng sha-ch'ang ti fa-sheng fa-chan yü kai-tsao：Chung-kuo tsui-tsao ti i-chia mien-fang-chih-ch'ang*（The birth, growth and reform of the Heng-feng cotton mill：China's earliest cotton spinning and weaving factory）, ed. by Chung-kuo k'o-hsueh-yuan, Shang-hai ching-chi yen-chiu-so and Shang-hai she-hui k'o-hsueh-yuan, Ching-chi yen-chiu-so. Shanghai：Shang-hai Jen-min，1958

《恒丰纱厂的发生发展与改造：中国最早的一家棉纺织厂》，中国科学院上海经济研究所和上海社会科学院经济研究所编

[391] Hewlitt, Sir Meyrick. *Forty years in China*. London：Macmillan，1943

许立德爵士：《在华四十年》

[392] Hidy, Ralph W. and Hidy, Muriel E. *Pioneering in big business，1882－1911*. New York：Harper，1955

拉尔夫·W. 海迪、穆里尔·E. 海迪：《开拓大事业，1882－1911 年》

[393] Higham, John. 'The matrix of specialization', in Alexandra Oleson and John Voss, eds. *The organization of knowledge in modern America，1860－1920*，3－18. Baltimore and London：The Johns Hopkins University Press，1979

约翰·海厄姆：《专业化的发源地》

[394] *History of the First Army Group. See Kuo-min Ko-ming Chün Ti－i Chi-t'uan Chün...*

《第一军团历史》，见《国民革命军第一集团军第一军团历史》

[395] Ho Ch'ang-kung. *Ch'in-kung chien-hsüeh sheng-huo hui-i*（Memoirs of the work-study programme）. Peking：工人出版社，1958

何长工:《勤工俭学生活回忆》

[396] Ho Chen. 'Nü-tzu fu-ch'ou lun' (On women's revenge). *T'ien-i*, 3 (10 July 1907) 7—23

何震:《女子复仇论》,《天义》,3(1907 年 7 月 10 日)

[397] Ho Chen. 'Lun nü-tzu tang chih kung-ch'an chu-i' (On why women should know about communism). *T'ien-i*, 8—10 (30 Oct. 1907) 229—232

何震:《论女子当知共产主义》,《天义》,8—10(1907 年 10 月 30 日)

[398] Ho Kan-chih, ed. *Chung-kuo hsien-tai ko-ming shih* (A history of the modern Chinese revolution). Peking:高等教育出版社,1957;Hong Kong:Sanlien, 1958;English edn,1959

何幹之编:《中国现代革命史》

[399] Ho Lin. *Tang-tai Chung-kuo che-hsueh* (Contemporary Chinese philosophy). Nanking:胜利出版公司,1947

贺麟:《当代中国哲学》

[400] Ho Ping-ti The salt merchants of Yang-chou:a study of commercial capitalism in eighteenth century China'. *Harvard Journal of Asiatic Studies*, 17 (1954) 130—168

何炳棣:《扬州的盐商:18 世纪中国商业资本主义研究》,《哈佛亚洲研究杂志》,17(1954 年)

[401] Ho Ping-ti. *Studies on the population of China 1368—1953*. Cambridge, Mass. :Harvard University Press,1959

何炳棣:《中国人口研究,1368—1953 年》

[402] Ho Ping-ti. *The ladder of success in imperial China :aspects of social mobility, 1368—1911*. New York:Columbia University Press,1962

何炳棣:《中华帝国晋升的阶梯:社会流动的几个方面,1368—1911 年》

[403] Ho Ping-ti and Tsou Tang, eds. *China in crisis*. 3 vols. Chicago:University of Chicago Press,1968

何炳棣和邹谠编:《危机中的中国》

[404] Hobart, Alice Tisdale. *Within the walls of Nanking*. London:Jonathan Cape,1928

艾丽斯·蒂斯代尔·霍巴特:《南京城内》

[405] Hofheinz, Roy, Jr. 'The Autumn Harvest uprising'. *CQ*, 32 (Oct. — Dec.

1967)37—87

小罗伊·霍夫海因兹:《秋收起义》,《中国季刊》,32(1967 年 10—12 月)

[406] Hofheinz, Roy, Jr. *The broken wave : the Chinese communist peasant move-
ment , 1922—1928*. Cambridge, Mass. : Harvard University Press, 1977

小罗伊·霍夫海因兹:《中断的浪潮:中国共产主义农民运动,1922—
1928 年》

[407] Holden, Reuben. *Yale in China : the mainland , 1901—1951*. New Haven:
The Yale in China Association, 1964

鲁本·霍尔登:《1901—1951 年中国大陆的雅礼和湘雅》

[408] Holoch, Donald, trans. *Seeds of peasant revolution : report on the Haifeng
peasant movement by P'eng P'ai*. Ithaca: Cornell University China-Japan
Program, 1973

唐纳德·霍洛奇译:《农民革命的种子:彭湃关于海丰农民运动的报告》

[409] Holubnychy, Lydia. *Michael Borodin and the Chinese revolution , 1923—
1925*. Ann Arbor: University Microfilms International, 1979. Published for
the East Asian Institute, Columbia University

莉迪亚·霍勒布内奇:《鲍罗廷和中国革命,1923—1925 年》

[410] Hou, Chi-ming. *Foreign investment and economic development in China ,
1840—1937*. Cambridge, Mass. : Harvard University Press, 1965

侯继明:《1840—1937 年中国的外国投资和经济发展》

[411] Hou Chien. *Ts'ung wen-hsueh ko-ming tao ko-ming wen-hsueh* (From liter-
ary revolution to revolutionary literature). Taipei:中外文学月刊社, 1974

侯健:《从文学革命到革命文学》

[412] Hou Wai-lu. *Chin-tai Chung-kuo ssu-hsiang hsueh-shuo shih* (Interpretive
history of modern Chinese thought). Shanghai: Sheng-huo, 1947

侯外庐:《近代中国思想学说史》

[413] Hou Wai-lu *et al. Chung-kuo chin-tai che-hsueh shih* (History of modern
Chinese philosophy). Peking:新华书店, 1978

侯外庐等:《中国近代哲学史》

[414] Houn, Franklin W. *Central government of China , 1912—1928 : an institu-
tional study*. Madison: University of Wisconsin Press, 1957

侯服五:《中国的中央政府,1912—1928 年:制度研究》

[415] Howard, Richard C. 'The concept of parliamentary government in 19th century China: a preliminary survey'. Paper delivered to University Seminar on Modern East Asia——China and Japan, Columbia University, New York, 9 Jan. 1963.

理查德·C. 霍华德：《19 世纪中国国会政府概念：初步评述》，提交大学现代远东——中国和日本讲座会的论文，哥伦比亚大学，纽约，1963 年 1 月 9 日

[416] Howe, Christopher. *Wage patterns and wage policy in modern China*, 1919—1972. Cambridge: Cambridge University Press, 1972

克里斯托弗·豪：《现代中国的工资模式和工资政策，1919—1972 年》

[417] Howe, Christopher, ed. *Shanghai: revolution and development in an Asian metropolis*. Cambridge: Cambridge University Press, 1981

克里斯托弗·豪编：《上海：一个亚洲大城市的革命和发展》

[418] Howe, Irving, ed. *The idea of the modern in literature and the arts*. New York: Horizon Press, 1967

欧文·豪编：《文学艺术中关于现代的观念》

[419] Hsia, C. T. 'The travels of Lao Ts'an: an exploration of its art and meaning'. *Tsing Hua Journal of Chinese Studies*, NS 7.2(Aug. 1966)40—66

夏志清：《老残游记：对其艺术和意义的研究》，《清华中国研究学报》，7.2（1966 年 8 月）

[420] Hsia, C. T. *A history of modern Chinese fiction*. New Haven: Yale University Press, 2nd edn, 1971

夏志清：《中国现代小说史》

[421] Hsia Chih-ch'ing. *Chung-kuo hsien-tai hsiao-shuo shih* (A history of modern Chinese fiction), trans. from English by Liu Shao-ming(Joseph S. M. Lau) *et al*. Hong Kong: 友联书店, 1979

夏志清：《中国现代小说史》，刘绍明等译自英文

[422] Hsia, C. T. 'Obsession with China: the moral burden of modern Chinese literature', in his *A history of modern Chinese fiction*, 533—554

夏志清：《摆脱不了的中国情：中国现代文学道义上的责任》，载其所著《中国现代小说史》

[423] Hsia, C. T. , ed. *Twentieth-century Chinese stories*. New York: Coumbia Uni-

versity Press,1971

夏志清:《20 世纪中国小说》

[424] Hisa,C. T. 'The fiction of Tuan-mu Hung-liang', paper delivered at the Dedham conference on modern Chinese literature(Aug. 1974)

夏志清:《端木蕻良的小说》

[425] Hsia. C. T. 'Yen Fu and Liang Ch'i-ch'ao as advocates of new fiction', in A-dele A. Rickett, ed. *Chinese approaches to literature from Confucius to Liang Ch'i-ch'ao*,251—257. Princeton:Princeton University Press,1978

夏志清:《新小说的倡导者严复和梁启超》,载阿黛尔·A. 里基特编:《从孔子到梁启超的中国文学观》

[426] Hsia,C. T. ,Lau,Joseph and Lee,Leo,eds. *Modern Chinese stories and novellas*,*1919—1949*. New York:Columbia University Press,1980

夏志清、刘绍铭、李欧梵编:《现代中国短篇小说和中篇故事,1919—1949年》

[427] Hsia Tseng-yu. *Chung-kuo li-shih chiao-k'o-shu*(Textbook on Chinese history).

夏曾佑:《中国历史教科书》

[428] Hsia,Tsi-an. *The gate of darkness:studies on the leftist literary movement in China*. Seattle:University of Washington Press,1968

夏济安:《黑暗之门:中国左翼文学运动研究》

[429] *Hsiang-chiang p'ing-lun*(Hsiang River Review). Changsha,14 July 1919

《湘江评论》,长沙,1919 年 7 月 14 日

[430] *Hsiang-tao chou-pao*(The guide weekly). Shanghai and Canton:Chung-kuo Kung-ch'an-tang,Sept. 1923—July 1927

《向导周报》,上海和广州:中国共产党,1923 年 9 月—1927 年 7 月

[431] Hsiao Chün. See T'ien Chun

萧军

[432] Hsiao Hung. *Two novels of northeastern China:the field of life and death and tales of Hulan River*, trans. by Howard Goldblatt. Bloomington:Indiana University Press,1979

萧红:《中国东北的两部小说:〈生死场〉和〈呼兰河传〉》,霍华德·戈德布拉特译

[433] Hsiao Kung-ch'üan. *Chung-kuo cheng-chih ssu-hsiang shih* (A history of Chinese political thought). vol. 1, Chungking, April 1945, Shanghai, Dec. 1945; vol. 2, Shanghai, 1946, Taipei:中华大典编印会, 1964

萧公权:《中国政治思想史》

[434] Hsiao, Kung-chuan. *A modern china and a new world: K'ang Yu-wei, reformer and utopian 1858—1927*. Seattle: University of Washington Press, 1975

萧公权:《近代中国与新世界:改良主义者与乌托邦主义者康有为,1858—1927 年》

[435] Hsiao Kung-chuan. *A history of Chinese political thought. Volume one: from the beginnings to the sixth century A. D.* , trans. by F. W. Mote. Princeton: Princeton University Press, 1979

萧公权:《中国政治思想史》,第 1 卷《从早期阶段到公元 6 世纪》,牟复礼英译

[436] Hsiao Liang-lin. *China's foreign trade statistics, 1864—1949*. Cambridge, Mass. : Harvard University Press, 1974

萧梁林(音):《中国的对外贸易统计,1864—1949 年》

[437] Hsiao Tso-liang, 'The dispute over a Wuhan insurrection in 1927'. *CQ*, 33 (Jan. —March 1968)108—122

萧祚良:《关于 1927 年武汉起义的争论》,《中国季刊》,33(1968 年 1—3 月)

[438] Hsiao Tso-liang. *Chinese communism in 1927: city vs. countryside*. Hong Kong: The Chinese University of Hong Kong, 1970

萧祚良:《1927 年的中国共产主义:城市与农村的对抗》

[439] Hsieh Pen-shu. 'Lun Ts'ai O (On Ts'ai O). *Li-shih yen-chiu* (Historical studies)(Nov. 1979)47—61.

谢本书:《论蔡锷》,《历史研究》(1979 年 11 月)

[440] Hsieh Ping-ying. *Autobiography of a Chinese girl*, trans. by Tsui Chi. London: Allen & Unwin, 1943

谢冰莹:《我的自传》,崔志(音)译

[441] Hsieh, Winston. 'The ideas and ideals of a warlord: Ch'en Chiung-ming (1878—1933). '*Papers on China*, 16(Dec. 1962)198—252

谢文荪:《一个军阀的思想和理想:陈炯明(1878—1933 年)》,《关于中国的论文》,16(1962 年 12 月)

[442] Hsieh. Winston W. 'The economics of warlordism'. *Chinese Republican Studies Newsletter*, 1. 1(Oct. 1975)15—21

谢文荪:《军阀主义的经济》,《中华民国研究通讯》,1. 1(1975 年 10 月)

[443] Hsien K'o. *Chin pai-nien-lai ti-kuo chu-i tsai-Hua yin-hang fa-hsing chih-pi kai-k'uang* (The issue of bank notes in China by imperialist banks in the past 100 years). Shanghai:Jen-rain,1958

献可:《近百年来帝国主义在华银行发行纸币概况》

[444] *Hsin ch'ing-nien* (New youth). Sept. 1915—July 1926. Reprinted Tokyo:Da-ian,1962

《新青年》,1915 年 9 月至 1926 年 7 月

[445] *Hsin-hai ko-ming* (The 1911 Revolution), comp. by Chung-kuo shih-hsueh-hui(Chinese Historical Association). 8 vols. Shanghai:Jen-min,1957

《辛亥革命》,中国史学会编

[446] *Hsin-hai ko-ming hui-i-lu* (Memoirs of the 1911 Revolution), comp. by Chung-kuo jen-min cheng-chih hsieh-shang hui-i ch'üan-kuo wei-yuan-hui wen-shih tzu-liao yen-chiu wei-yuan-hui. 5 vols. Peking:Chung-hua,1961—1963

《辛亥革命回忆录》,中国人民政治协商会议全国委员会文史资料研究委员会编

[447] *Hsin-hai shou-i hui-i-lu* (Memoirs of the initial uprising of 1911), ed. by Chung-kuo jen-min cheng-chih hsieh-shang hui-i Hu-pei-sheng wei-yuan-hui (Hupei committee of the Chinese People's Political Consultative Conference). 3 vols. Wuhan:Hu-pei jen-min ch'u-pan-she,1957—1958

《辛亥首义回忆录》,中国人民政治协商会议湖北省委员会编

[448] *Hsin kuan-ch'a* (New observer). Peking,. 1 July 1950—

《新观察》,北京,1950 年 7 月 1 日—

[449] *Hsin-min-hsueh-hui hui-yuan t'ung-hsin-chi* (Correspondence of members of the New Citizens'Society), *in Wu-ssu shih-ch'i ch'i-k'an chieh-shao*, 1. 154—155

《新民学会会员通信集》,见《五四时期期刊介绍》

[450] *Hsin-min ts'ung-pao* (New people's journal), 1—96(8 Feb. 1902—1920

Nov. 1907)；reprinted in 17 volumes by 艺文印书馆，Taipei，1966

《新民丛报》，1—96(1902 年 2 月 8 日—1907 年 11 月 20 日)

[451] *Hsin she-hui*(New society). Peking，Nov. 1913—

《新社会》，北京，1913 年 11 月—

[452] *Hsin shih-chi* (New century), 22 June 1908 — 11 Dec. 1908; reprinted in *Chung-kuo tzu-liao ts'ung-shu* (A collection of materials on China), series 6, No. 1 in *Chung-kuo ch'u-ch'i she-hui chu-i wen-hsien chi* (A collection of documents on early Chinese socialism). Tokyo：Daian，1966

《新世纪》，1908 年 6 月 22 日—1908 年 12 月 11 日

[453] *Hsin Shu-pao*(New Szechwan daily). Chungking，1 Feb. 1921—

《新蜀报》，重庆，1921 年 2 月 1 日—

[454] HSSC：*Hua-shang sha-ch'ang lien-ho-hui chi-k'an*

《华商纱厂联合会季刊》

[455] Hsu Chen-ya. *Yü-li hun*(Jade pear spirit). Shanghai：大众书局，1939

徐枕亚：《玉梨魂》

[456] Hsu I-sheng. *Chung-kuo chin-tai wai-chai shih t'ung-chi tzu-liao*，1853 — *1927*，(Statistical materials on foreign loans in modern China，1853—1927). Peking：Chung-hua，1962

徐义生：《中国近代外债史统计资料，1853—1927 年》

[457] Hsu, Kai-yu, trans. and ed. *Twentieth-century Chinese poetry：an anthology*. New York：Anchor，1964

徐芥昱编译：《20 世纪中国诗歌：选集》

[458] Hsu Tao-lin. *Hsu Shu-cheng hsien-sheng wen-chi nien-p'u ho-k'an*(Selected writings and chronological biography of Mr Hsu Shu-cheng). Taipei：Commercial Press，1962

徐道邻：《徐树铮先生文集年谱合刊》

[459] Hsu Ti-hsin. *Kuan-liao tzu-pen lun*(On the subject of bureaucratic capitalism). Hong Kong：南洋书店，1947

许涤新：《官僚资本论》

[460] Hsu Ying, ed. *Tang-tai Chung-kuo shih-yeh jen-wu chih* (Biographies of modern Chinese economic leaders). Shanghai：Chung-hua，1948

徐盈编：《当代中国实业人物志》

[461] Hsueh Chün-tu, comp. *Chinese communist movement*, *1921 — 1937*. Stanford: Hoover Institution on War, Revolution and Peace, Stanford University, 1960

薛君度编:《中国共产主义运动,1921－1937年》

[462] Hsueh, Chün-tu. *Huang Hsing and the Chinese revolution*. Stanford: Stanford University Press, 1961

薛君度:《黄兴与中国革命》

[463] Hsueh, Chün-tu, ed. *Revolutionary leaders of modern China*. New York: Oxford University Press, 1971

薛君度编:《近代中国的革命领袖》

[464] Hsueh Fu-ch'eng. *Ch'ou-yang ch'u-i* (Preliminary proposals on foreign affairs, 1886); partially reprinted in Yang Chia-lo, vol. 1, 151—161

薛福成:《筹洋刍议》

[465] *Hsueh-hen* (Bloody scars). No. 2 (19 June 1925); No. 3 (12 July 1925). Shanghai: Association des étudiants de l'école technique des Beaux Arts

《血痕》,2(1925年6月19日);3(1925年7月12日)

[466] *HTCP*: *Hsiang-tao chou-pao*

《向导周报》

[467] Hu Ch'iao-mu. *Chung-kuo Kung-ch'an-tang ti san-shih-nien* (Thirty years of the Chinese Communist Party). Peking: Jen-min, 1951

胡乔木:《中国共产党的三十年》

[468] Hu Feng. *Min-tsu chan-cheng yü wen-i hsing-ko* (The national war and the character of literature). Chungking: 希望社, 1946

胡风:《民族战争与文艺性格》

[469] Hu Han-min. *Hu Han-min hsien-sheng yen — chiang chi* (Collection of Mr Hu Han-min's speeches). 4 vols. in 1. Shanghai: 民智书局, 1927

胡汉民:《胡汉民先生演讲集》

[470] Hu Han-min. *Hu Han-min hsuan-chi* (Selected writings of Hu Han-min). Taipei: 帕米尔书店, 1959

胡汉民:《胡汉民选集》

[471] Hu Hua, ed. *Chung-kuo hsin-min-chu-chu-i ko — ming-shih ts'an — k'ao tzu-liao* (Historical materials on the Chinese new democratic revolution). Shang-

hai:CP,1951

　　胡华编:《中国新民主主义革命史参考资料》

[472] Hu,John Y. H. *Ts'ao Yü*. New York:Twayne,1972

　　约翰・Y. H. 胡:《曹禺》

[473] *Hu-nan li-shih tzu-liao*(Historical materials of Hunan). Quarterly. Changsha:Hu-nan jen-min ch'u-pan she,1958—

　　《湖南历史资料》,季刊,湖南人民出版社,1958 年—

[474] *Hu-nan shih-yeh tsa-chih*(The industrial magazine). Bimonthly. Changsha, 1918—1935

　　《湖南实业杂志》,双月刊,长沙,1918—1935 年

[475] Hu Shih. 'Wo-men ti cheng—chih chu-hang'(Our political proposal). *NL-CP*,2(14 May 1922)

　　胡适:《我们的政治主张》,《努力周报》,2(1922 年 5 月 14 日)

[476] Hu Shih. 'Ting Wen-chiang ti chuan-chi'(A biography of Ting Wen-chiang),in Chung-yang yen-chiu-yuan yuan-k'an,No. 3,1956. Also separately printed,n. p. ,n. d.

　　胡适:《丁文江的传记》,载《中央研究院院刊》,3,1956 年

[477] Hu Shih. 'Pi-shang Liang-shan'(Forced to the Liang mountain),in his *Ssu-shih tzu-shu*(Autobiography at forty),91—122. Shanghai,1933;Taipei reprint:远东图书公司,1967

　　胡适:《逼上梁山》,载其《四十自述》

[478] Hu Shih. *The Chinese renaissance*. Chicago:University of Chicago Press, 1934

　　胡适:《中国的文艺复兴》

[479] Hu Shih. *Hu Shih wen-ts'un*(Collected works of Hu Shih). 4 vols. Taipei:远东图书公司,1953

　　胡适:《胡适文存》

[480] Hu Shih. 'Wu-shih-nien-lai Chung-kuo chih wen-hsueh'(Chinese literature of the past fifty years),*in Hu Shih wen-ts'un*(Collected works of Hu Shih),2. 180—260. Taipei:远东图书公司,1953

　　胡适:《五十年来中国之文学》,载《胡适文存》,2

[481] *Hua-ch'iao jih-pao*(Wah Kiu Yat Po)(Overseas Chinese daily news). Hong

Kong, 1926—

《华侨日报》，香港，1926—年

[482] Hua Kang. *Chung-kuo min-tsu chieh-fang yun-tung shih* (A history of the Chinese national liberation movement). 2 vols. Shanghai: 鸡鸣 and 读书，1940 (Many later edns.)

华岗：《中国民族解放运动史》

[483] Hua Kang. *Wu-ssu yun-tung shih* (History of the May Fourth movement). Shanghai: 海燕书店，1951; rev. edn, 1952

华岗：《五四运动史》

[484] Hua Kang. See Amano Motonosuke

华岗，参见天野元之助

[485] *Hua-shang sha-ch'ang lien-ho-hui chi-k'an* (The China cotton journal). Shanghai: Chinese Cotton Millowners Association, Sept. 1919—Oct. 1930

《华商纱厂联合会季刊》，上海，1919 年 9 月—1930 年 10 月

[486] *Hua-tzu jih-pao* (The Chinese mail). Hong Kong, 1864—

《华字日报》，香港，1864—　年

[487] Huang Chieh. 'Huang shih' (Yellow history). *Kuo-ts'ui hsueh-pao* (National essence journal), No. 1—9 (1905)

黄节：《黄史》，《国粹学报》，1—9 (1905 年)

[488] Huang, Philip. *Liang Ch'i-ch'ao and modern Chinese liberalism*. Seattle: University of Washington Press, 1972

黄宗智：《梁启超和中国近代的自由主义》

[489] Huang Shao-hsiung (Huang Shao-hung). *Wu-shih hui-i* (Recollections at fifty). Hangchow: 云风出版社，1945; Hong Kong reprint, 1969

黄绍竑：《五十回忆》

[490] Huang Shih-hui. 'Ts'ai Chieh-min chuan-lueh' (Biographic sketch of Ts'ai Yuan-p'ei). in *Ts'ai Chieh-min hsien-sheng yen-hsing-lu* (Mr Ts'ai Yuan-p'ei's works and deeds), 1—36. peking: 新潮社，1920; Taipei reprint: Wen-hai, 1973

黄世晖：《蔡子民传略》，载《蔡子民先生言行录》

[491] Huang Sung-k'ang. *Lu Hsun and the new culture movement of modern China*. Amsterdam: Djambatan, 1967

黄松康(音):《鲁迅与现代中国的新文化运动》

[492] Huang Sung-k'ang. *Li Ta-chao and the impact of Marxism on modern Chinese thinking.* The Hague:Mouton,1965

黄松康(音):《李大钊与马克思主义对现代中国思想的影响》

[493] Huang Yuan-yung. *Yuan-sheng i-chu* (Posthumous collection of writings of Huang Yuan-yung). 1920;Taipei reprint:Wen-hsing,2 vols. ,1962

黄远庸:《远生遗著》

[494] Hummel,A. W. ,ed. *Eminent Chinese of the Ch'ing period*,1644—1912. 2 vols. Washington:United States Government Printing Office,1943—1944

恒慕义编:《清代名人传略,1644—1912年》

[495] *Hung-ch'i p'iao-p'iao* (Red flags flying). 16 vols. Peking:中国青年出版社,1957—1961

《红旗飘飘》

[496] *Hung-se wen-hsien* (Red documents). n. p. ,1938

《红色文献》

[497] Huston,J. Calvin. 'Peasants,workers,and soldiers revolt of December 11—13,1927 at Canton,China'. Dispatch No. 669 to J. V. A. MacMurray,U. S. Minister to Peking,30 Dec. 1927. In Hoover Institution on War,Revolution,and Peace,Stanford,California,J. Calvin Huston Collector, Package II,Part II,Folder 5,Item 20.

J. 卡尔文·休斯顿:《1927 年 12 月 11—13 日中国广州农民、工人、士兵的起义》,致美国驻北京公使马慕瑞第 669 号快信,1927 年 12 月 30 日

[498] Hutchison,James L. *China hand.* Boston:Lothrop,Lee,and Shepard,1936

詹姆斯·L. 哈奇森:《中国通》

[499] Imperial Japanese Government Railways. *An official guide to Eastern Asia*, vol. 4,*China*. Tokyo,1915

日本帝国铁路:《东亚官方指南》,第 4 卷,《中国》

[500] 'Important documents of the Western Hills Conference expelling communists from the Kuomintang,November 1925'. *Kuo-wen chou-pao*,4. 14(17 April 1927)14—16

《西山会议关于在国民党内清除共产党人的重要文献,1925 年 11 月》,《国闻周报》,4. 14(1927 年 4 月 17 日)

[501] Imprecor. *See International Press Correspondence*

见《国际新闻通讯》

[502] Institute of Modern History, Academia Sinica, Taipei. See Chung-yang yen-chiu-yuan chin-tai-shih yen-chiu-so

见中央研究院近代史研究所

[503] International Commission of Judges, 1925. *A report of the proceedings of the International Commission of Judges*. Shanghai: reprinted from *Shanghai Mercury*, 1925

国际法官委员会, 1925年,《国际法官委员会活动报告》

[504] *International Press Correspondence*. Organ of the Executive Committee of the Communist International. English edn

《国际新闻通讯》,共产国际执行委员会机关刊物

[505] Iriye, Akira, ed. *The Chinese and the Japanese: Essays on Political and Cultural Interactions*. Princeton, N. J. : Princeton University Press, 1980

入江昭编:《中国人与日本人:关于政治和文化相互影响的文集》

[506] Iriye, Akira. *After imperialism: the search for a new order in the Far East, 1921－1931*. Cambridge, Mass. : Harvard University Press, 1965

入江昭:《帝国主义之后:探求远东新秩序,1921－1931年》

[507] Isaacs, Harold R. *The tragedy of the Chinese revolution*. 1st edn, London: Secker and Warburg, 1938; rev. edn, Stanford; Stanford University Press, 1951

伊罗生:《中国革命的悲剧》

[508] Isaacs, Harold R. 'Documents on the Comintern and the Chinese revolution' *CQ*, 54(Jan.－March 1971)100－115

伊罗生:《关于共产国际和中国革命的文献》,《中国季刊》,54(1971年1－3月)

[509] Itō Toramaru *Ro Jin to shūmatsuron* 鲁迅と终末论(Final assessment of Lu Hsun. Tokyo: Ryūkei shosha 竜溪书舍, 1975

伊藤虎丸:《对鲁迅的最后评价》

[510] 'Iz istorii severnogo pokhoda Natsional' no-Revolutskionnoi Armii' (From the history of the Northern Expedition of the National Revolutionary Army), *Istoricheskii Arkhiv*, 4(1959)113－126

《根据国民革命军北伐史的材料》,《历史档案》,4(1959 年)

[511] Jacobs, Dan. *Borodin: Stalin's man in China.* Cambridge, Mass. : Harvard University Press, 1981

丹·雅各布:《鲍罗廷:斯大林派到中国的人》

[512] Jamieson, George. 'Tenure of land in China and the condition of the rural population'. *Journal of the North China Branch of the Royal Asiatic Society*, 23(1889)59—117

乔治·贾米森:《中国的土地占有与农村人口状况》,《皇家亚洲学会华北分会会刊》,23(1889 年)

[513] Japan. Ministry of Foreign Affairs. Archives at the Gaikō Shiryōkan, Tokyo, and microfilm at the Library of Congress, Washington, D. C.

日本外务省外交史料馆档案

[514] Japan. Ministry of Foreign Affairs(Gaimushō). *Nihon gaikō nempyō narabi ni shuyō bunsho* 日本外交年竝主要文書(Important documents and chronological tables of Japanese diplomacy). 2 vols. ,1955

日本外务省:《日本外交年表和重要文献》

[515] Japan. Ministry of Foreign Affairs(Gaimushō). *Shina ni oite Nihon shōhin dōmei haiseki ikken. zakken* 支那ニ於テ日本商品同盟排斥一件,雜件(The boycotting of Japanese goods in China; various matters). Series M. T. 3. 3. 8. 5—1(1919)

日本外务省:《中国抵制日货,杂件》

[516] Japan. Ministry of Foreign Affairs(Gaimushō). Asia Bureau(Ajiyakyoku)亞細亞局. *Shina yōhei gaikokujin fimmeiroku* 支那雇聘外國人人名録(List of foreign employees of China). Tokyo, 1925

日本外务省亚洲局:《中国雇聘外国人人名录》

[517] Japan. Ministry of Foreign Affairs (Gaimushō). Asia Bureau(Ajiyakyoku). Biographical dictionaries of Chinese with various titles were published in 1937, 1953 and 1972

日本外务省亚洲局:以不同书名于 1937、1953 和 1972 年出版的中国人的传记词典

[518] Japan. Ministry of Foreign Affairs. Office of Trade, second section. *Shina Kin'yū jijō* 支那金融事情 (The financial situation in China). Tokyo:

Gaimushō tsūshōkyoku dainika, March 1925

日本外务省贸易局第二分部:《支那金融形势》

[519] JAS: *Journal of Asian Studies*

《亚洲研究杂志》

[520] Jaynes, Julian. *The origin of consciousness in the breakdown of the bicameral mind*. Boston: Houghton Mifflin, 1976

朱利安・杰恩斯:《两院制思想垮台时的自觉意识的起源》

[521] Jeans, Roger B. 'Syncretism in defense of Confucianism: an intellectual and political biography of the early years of Chang Chün-mai, 1887—1923'. George Washington University, Ph. D. dissertation, 1974

罗杰・B. 琼斯:《为儒学辩护的诸说混合论:张君劢早年的思想和政治传记,1887—1923 年》,乔治・华盛顿大学博士论文,1974 年

[522] Johnson, Chalmers. *Peasant nationalism and communist power: the emergence of revolutionary China, 1937—1945*. Stanford: Stanford University Press, 1962

查默斯・约翰逊:《农民爱国心与共产党政权:革命中国的出现,1937—1945 年》

[523] Johnson, David G. *The medieval Chinese oligarchy*. Boulder, Colorado: Westview Press, 1977

戴维・G. 约翰逊:《中世纪的中国寡头政治》

[524] Johnston, Reginald F. *Twilight in the Forbidden City*. London: Victor Gollancz, 1934

雷金纳德・F. 约翰斯顿:《紫禁城内的微明》

[525] Jones, Susan. 'Finance in Ningpo: the "ch'ien-chuang", 1780—1880', in W. E. Willmott, ed. *Economic organization in Chinese society*: 47—77. Stanford: Stanford University Press, 1972

苏珊・琼斯:《宁波的金融:"钱庄",1780—1880 年》,载 W. E. 威尔莫特编:《中国社会的经济组织》

[526] Jordan, Donald A. *The Northern Expedition: China's national revolution of 1926—1928*. Honolulu: University Press of Hawaii, 1976

唐纳德・A. 乔丹:《北代:1926—1928 年中国的国民革命》

[527] *Journal of Asian Studies*, 1956—(formerly *Far Eastern Quarterly*, 1941—

1956)

《亚洲研究杂志》,1956 年(前《远东季刊》,1941－1956 年)

[528] Ju Hsuan. 'Hsin yin-hang-t'uan yü ching-chi kua-fen' (The New Consortium and the economic dismemberment of China). *TSHYP*, 1. 6 (Dec. 1921) heading *Yen-lun*

茹玄:《新银行团与经济瓜分》,《上海总商会月报》,1.6(1921 年 12 月)

[529] Ju Hsuan. 'Kuan yü kuo-shih hui-i chih p'ien-yen' (A few notes on the subject of the Convention on National Affairs). *TSHYP*, 1. 5 (Nov. 1921) heading *Yen-lun*

茹玄:《关于国是会议之片言》,《上海总商会月报》,1.5(1921 年 11 月)

[530] *June Twenty-third : the report of the Commission for the Investigation of the Shakee Massacre June 23 , 1925 , Canton China.* Canton:Wah On Printing Co. , n. d.

《6 月 23 日:1925 年 6 月 23 日中国广州沙基惨案调查委员会报告》

[531] Jung Te-sheng. *Lo-nung tzu-ting hsing-nien chi-shih* (An autobiographical chronology by Jung Te-sheng)

荣德生:《乐农自订行年纪事》

[532] Kagan, Richard C. 'Ch'en Tu-hsiu's unfinished autobiography'. *CQ*, 50 (April—June 1972) 295—314

理查德・C. 卡根:《陈独秀未完成的自传》,《中国季刊》,50(1972 年 4 月—6 月)

[533] Kagawa Shun'ichirō. *Sensō shihon ron* 錢莊資本論 (On [Chinese] money shop capital). Tokyo:Jitsugyō no Nihonsha 実業之日本社,1948

香川峻一郎:《论钱庄资本》

[534] Kamachi,Noriko,Fairbank,John K. and Ichiko Chūzō,eds. *Japanese studies of modern China since 1953 : a bibliographical guide to historical and social-science research on the 19th and 20th centuries.* Cambridge,Mass. :East Asian Research Center,Harvard University,1975

蒲地典子、费正清和市古宙三编:《1953 年以来日本对近代中国的研究:19、20 世纪历史和社会科学研究的书目指南》

[535] K'ang Yu-wei. *Ta-t'ung shu* (Book of the Great Commonwealth). Shanghai:Chung-hua,1935

康有为：《大同书》

[536] K'ang Yu-wei. Trans. by Laurence G. Thompson. *Ta Tung Shu:Book of the Great Commonwealth*. London:Allen & Unwin,1958

康有为：《大同书》，劳伦斯·G.汤普森译

[537] K'ang Yu-wei. 'Chung-hua chiu-kuo lun'(On China's salvation). *Pu-jen tsa-chih*,1(March 1913)21—22

康有为：《中华救国论》，《不忍杂志》，1(1913 年 3 月)

[538] K'ang Yu-Wei. 'Ta-chieh-chai po-i'(A critique of the large loan). *Min-kuo ching-shih wen-pien*(Republican essays on public affairs),1913. Taipei:Wen-hsing reprint,4 vols. ,1962,3. 893—895

康有为：《大借债驳议》，《民国经世文编》，1913 年

[539] Kao Yin-tsu. *Chung-hua min-kuo ta-shih chi*(Chronology of Republican China). Taipei:世界社,1957

高荫祖：《中华民国大事记》

[540] Kapp,Robert A. *Szechwan and the Chinese Republic:provincial militarism and central power 1911 — 1938.* New Haven and London:Yale University Press,1973

罗伯特·A.卡普：《四川与中华民国：地方军阀主义与中央政权，1911—1938 年》

[541] Kartunova, A. I. 'Blucher's"grand plan"of 1926', trans. by Jan J. Solecki with notes by C. Martin Wilbur. *CQ*,35(July-Sept. 1968)18—39

A. I. 卡尔图诺娃：《布廖赫尔 1926 年的"宏大计划"》，简·J. 索尔斯基译，韦慕庭注，《中国季刊》，35(1968 年 7—9 月)

[542] Kartunova, A. I. 'Vasilii Blyukher(1889 — 1938)', *in Vidnye Sovetskie kommunisty——uchastniki Kitaiskoi revolutsii*(The outstanding Soviet communists——participants in the Chinese revolution),41 — 65. Moscow:Akad. Nauk SSSR,Institute Dal'nego Vostoka,'Nauka'1970

A. I. 卡尔图诺娃：《华西里·布廖赫尔(1889—1938 年)》，载《杰出的苏联共产党人——中国革命的参加者》

[543] Kasanin,Marc. *China in the twenties.* Trans. from the Russian by Hilda Kasanina. Moscow:Central Department of Oriental Literature,1973

马克·卡萨宁：《20 年代的中国》，希尔达·卡萨宁娜译自俄文

［544］Kashiwai Kisao. *Kindai Shina zaisei shi* 近代支那财政史（History of modern Chinese finance）. Kyoto：Kyōiku Tosho 教育图书，1942

柏井象雄：《近代中国财政史》

［545］Keenan，Brarry. *The Dewey experiment in China：educational reform and political power in the early republic*. Cambridge，Mass. ：Harvard University Press，1977

巴里・基南：《中国的杜威实验：民国初期的教育改革与政治权力》

［546］Kelly，Frank. 'The writings of Yeh Sheng-t'ao'. University of Chicago，Ph. D. dissertation，1979

弗兰克・凯利：《叶圣陶的作品》，芝加哥大学博士论文，1979 年

［547］*KFNP：Kuo-funien-p'u*

《国父年谱》

［548］Khmeloff，A. 'Journey to Canton in October，1925'. （A document from the Peking raid of 6 April 1927）. Trans. in Jay Calvin Huston Collection，Hoover Institution on War，Revolution and Peace，Stanford，Califormia

A. 赫麦列夫：《1925 年 10 月广州之行》（1927 年 4 月 6 日北京搜查没收的文件）

［549］Kierman，Frank A. ，Jr. and Fairbank，John K. ，eds. *Chinese ways in warfare*. Cambridge，Mass. ：Harvard University Press，1974

小弗兰克・A. 基尔曼和费正清编：《中国的兵法》

［550］Kikuchi Saburō. *Chūgoku gendai bungaku shi* 中國現代文學史（History of contemporary Chinese literature）. 2 vols. Tokyo：Aoki 青木，1953

菊池三郎：《中国现代文学史》

［551］Kikuchi Takaharu. *Chūgoku minzoku undō no kihon kōzō——taigai boikotto no kenkyū* 中國民族運動の基本構造——對外ボイコットの研究（Basic structure of the Chinese national movement——a study of anti-foreign boycotts）. Tokyo：Daian，1966

菊池贵晴：《中国民族运动的基本结构——关于排外性联合抵制的研究》

［552］*Kindai Chūgoku kenkyū* 近代中國研究（Studies on modern China），ed. by Kindai Chūgoku Kenkyū Iinkai 近代中國研究委員會（The Seminar on Modern China）series. Tokyo：Tōyō Bunko 東洋文庫，1958—

近代中国研究委员会编：《近代中国研究》

[553] *Kindai Chūgoku nōson shakaishi kenkyū* 近代中國農村社會史研究(Studies on modern Chinese rural social history), *in Tōyōshigaku ronshū* 東洋史學論集(Studies in oriental history), No. 8. Tokyo: Daian, 1967

《近代中国农村社会史研究》,载《东洋史学论集》,8

[554] King, F. H. *Farmers of forty centuries*. Madison, Wis. ,1911;2nd edn, London: J. Cape, 1927

F. H. 金:《四千年的农人》

[555] Kinkley, Jeffrey C. 'Shen Ts'ung-wen's vision of Republican China'. Harvard University, Ph. D. dissertation, 1977

杰弗里·C. 金克利:《沈从文对中华民国的幻想》,哈佛大学博士论文,1977 年

[556] Klein, Donald W. and Clark, Ann B. *Biographic dictionary of Chinese communism*, 1921－1965. 2 vols. Cambridge, Mass. : Harvard University Press, 1965

唐纳德·W. 克莱因和安·B. 克拉克:《中国共产主义传记词典,1921－1965 年》

[557] KMT Archives. Chung-kuo Kuo-min-tang chung-yang wei-yuan-hui tang-shih shih-liao pien-tsuan wei-yuan-hui

国民党档案馆,中国国民党中央委员会党史史料编纂委员会

[558] KMT Department of Organization. *Ti-i-tz'u ch'üan-kuo ta-hui hsuan-yen* (Manifesto of the First National Congress). n. p. , Aug. 1927

国民党组织部:《第一次全国大会宣言》

[559] KMWH: *Ko-ming wen-hsien*

《革命文献》

[560] *Ko-ming jen-wu chih* (Biographies of revolutionary figures), ed. by Chung-kuo Kuo-min-tang chung-yang wei-yuan-hui tang-shih shih-liao pientsuan wei-yuan-hui(Committee on the composition of party history and documents, Central committee, KMT) series. Taipei, 1969－

《革命人物志》,中国国民党中央委员会党史史料编纂委员会编

[561] *Ko-ming wen -hsien* (Documents of the revolution), comp. by Lo Chia-lun and others. Taipei: Central Executive Committee of the Chung-kuo Kuomintang, many volumes, 1953－;cited as *KMWH*; *KMWH* printed in vols. 10－

21 excerpts from Ch'en Hsün-cheng, *Kuo-min ko-ming-chün chan-shih ch'u-kao*(q. v.)

《革命文献》,罗家伦等编,第 10—21 卷摘自陈训正:《国民革命军战史初稿》

[562] *Ko-sheng kuang-fu*（Restoration in the provinces）, comp. by Chung-hua min-kuo k'ai-kuo wu-shih-nien wen-hsien pien-tsuan wei-yuan-hui. 3 vols. Taipei:Committee on the compilation of documents on the fiftieth anniversary of the founding of the Republic of China,1962

《各省光复》,中华民国开国五十年文献编纂委员会编

[563] *K'o-hsueh yü jen-sheng kuan*（Science and the philosophy of life）. Prefaces by Hu Shih and Ch'en Tu-hsiu. Shanghai:亚东,1927

《科学与人生观》,胡适和陈独秀序

[564] Kojima Yoshio. 'Shingai Kakumei ni okeru Shanghai dokuritsu to Shōshinsō 辛亥革命における上海獨立と商紳層（The gentry and the merchant classes and Shanghai's independence during the Revolution of 1911）. *Tōyō shigaku ronshū*,6（Aug. 1960）113—134. (Special issue:*Chūgoku kindaika no shakai kōzō:Shingai Kakumei no shiteki ichi* 中國近代化の社會構造:辛亥革命の史的位置［The social structure of Chinese modernization:the historical position of the Revolution of 1911］)

小岛淑男:《辛亥革命时的上海独立与绅商阶层》,《东洋史学论集》,6（1960 年 8 月)(《中国近代化的社会结构:辛亥革命的历史地位》特辑)

[565] *Komintern i Vostok: bor'ba za leninskuiu strategiiu i taktiku v natsional'noosvoboditel'nom dvizhenii*（Comintern and the Orient:the struggle of the Leninist strategy and tactics in national liberation movements). Moscow:Glav. Red. Vost. Lit,1969

《第三国际和东方:列宁主义民族解放运动的战略战术目标》

[566] Konchits, N. I. 'In the ranks of the National Revolutionary Army of China', (in Russian), in *Sovetskiie dobrovoltsy v pervoi grazhdanskoi revolutsionnoi voine v Kitae:vospominaniia*（Soviet volunteers in the First Revolutionary Civil War in China:reminiscences）, 24 — 95. Moscow:Akademiia Nauk SSSR,Institut Narodov Azii,1961

N. I. 康奇茨:《在中国国民革命军队伍中》,载《中国第一次国内革命战争

中的苏联志愿兵：回忆录》

[567] Kracke, E. A. , Jr. *Civil service in early Sung China*, 960－1067. Cambridge, Mass. : Harvard University Press, 1953

小 E. A. 克雷克：《宋初的文职官员，960－1067 年》

[568] Kracke, E. A. , Jr. 'Sung society：change within tradition'. *FEQ*, 14. 4（Aug. 1955）479－488

小 E. A. 克雷克：《宋代社会：传统中的变化》

[569] Krebs, Edward. 'Liu Ssu-fu and Chinese anarchism 1905－1915'. University of Washington, Ph. D. dissertation, Seattle, 1977

爱德华·克雷布斯：《刘师复和中国的无政府主义，1905－1915 年》，华盛顿大学博士论文，1977 年

[570] Krebsova, Berta. *Lu Sün, sa vie et son oeuvre*. Prague, Editions de l'Académie tchécoslovaque des sciences, 1953

伯塔·克雷布索娃：《鲁迅，生平及其作品》

[571] Ku Ch'un-fan（Koh Tso-fan）. *Chung-kuo kung-yeh-hua t'ung-lun*（A general discussion of China's industrialization）. Shanghai：Commercial Press, 1947

谷春帆：《中国工业化通论》

[572] Ku Lang. *Chung-kuo shih ta k'uang-ch'ang tiao-ch'a chi*（Report of an investigation of the 10 largest mines in China）. Shanghai, 1916

顾琅：《中国十大矿厂调查记》

[573] Kuhn, Philip A. 'Local self-government under the republic：problems of control, autonomy and mobilization', in Frederic Wakeman, Jr. and Carolyn Grant, eds. *Conflict and control in late imperial China*, 257－298. Berkeley：University of California Press, 1975

孔飞力：《民国时期的地方自治：控制、自主和动员问题》，载魏斐德、卡罗林·格兰特编：《中华帝国晚期的冲突与控制》

[574] *Kung-ch'an-tang*（The Communist party）. Shanghai, Nov. 1920－

《共产党》，上海，1920 年 11 月－

[575] 'Kung-chieh'（The world of labour）, in *Wu-ssu shih-ch'i ch'i-k'an chieh-shao*, 3. 300－2

《工界》，见《五四时期期刊介绍》

[576] Kung Ch'u. *Wo yü Hung-chün*（I and the Red Army）. Hong Kong：南风出版

社,1954

龚楚:《我与红军》

[577] *Kung-fei huo-kuo shih-liao hui-pien* (A compilation of documents on the communist bandits'destruction of the nation). 4 vols. Taipei: committee for Compilation of Documents on the Fiftieth anniversary of the Founding of the Republic,1964

《共匪祸国史料汇编》

[578] Kung, H. O. 'The growth of population in six large Chinese cities'. *Chinese Economic Journal*, 20. 3(March 1937)301—314

H. O. 龚:《中国六大城市的人口增长》

[579] *Kung-jen*. See *Ti-i-tz'u kuo-nei ko-ming chan-cheng shih-ch'i ti kung-jen yun-tung.*

《工人》,见《第一次国内革命战争时期的工人运动》

[580] Kuo Chan-po. *Chin wu-shih-nien Chung-kuo ssu-hsiang shih* (An intellectual history of China in the last fifty years). Taipei:Jen-min,1936

郭湛波:《近五十年中国思想史》

[581] *Kuo-chün cheng-kung shih-kao*. See Ministry of Defence

《国军政工史稿》,见国防部

[582] *Kuo-fu ch'üan-chi*. See Sun Yat-sen

《国父全集》,见孙逸仙

[583] *Kuo-fu nien-p'u* (A chronological biography of the Father of the Country). 3rd edn,comp. by Lo Chia-lun and Huang Chi-lu. 2 vols. Taipei:Central Ex-ecutive Committee of the Chung-kuo Kuomintang, 1969; abbreviated as *KFNP*

《国父年谱》,第3版,罗家伦和黄季陆编

[584] Kuo Hua-lun(Warren). *Chung-kung shih-lun* (An analytical history of the Chinese Communist Party). Taipei:国际关系研究所,1969

郭华伦:《中共史论》

[585] *Kuo-min-tang chou-k'an* (Kuomintang weekly). Canton, 23 Nov. 1923—13 Jan. 1924

《国民党周刊》,广州,1923年11月23日—1924年1月13日

[586] *Kuo-min Ko-ming-chün Ti-i Chi-t'uan-chün Ti-i Chün-t'uan li-shih* (A his-

tory of the First Army Group of the First Group Army of the National Revolutionary Army),comp. by Chief of Staff,Office of the First Army Group. n. p. ,Sept. 1929

《国民革命军第一集团军第一军团历史》

[587] *Kuo-min Ko-ming-chün Tung-lu-chün chan-shih chi-lueh*(A brief record of the battle history of the Eastern Route Army of the National Revolution ary Army). Hankow,n. p. ,July 1930. Seen in the Kuomintang Archives

《国民革命军东路军战史纪略》

[588] *Kuo Mo-jo yen-chiu chuan-k'an*(Special issue on studies of Kuo Mo-jo),*in Ssu-ch'uan ta-hsueh hsueh-pao；che-hsueh she-hui k'o-hsueh pan*(Journal of Szechwan University：Philosophy and Social Scinces),No. 2. Chengtu：Ssu-ch'uan ta-hsueh,1979

《郭沫若研究专刊》,《四川大学学报：哲学社会科学版》,2,1979 年

[589] *Kuo-shih-kuan kuan-k'an*(Bulletin of the State History Office or National Historical Commission). Nanking：Dec. 1947—(vol. 1, nos. 1—4[1947—1948];vol. 2,No. 1[1949])

《国史馆馆刊》,南京,1947 年 12 月—

[590] Kuo,Thomas C. *Ch'en Tu-hsiu*(1879—1942)*and the Chinese communist movement*. South Orange,N. J. ；Seton Hall University Press,1975

托马斯•C. 郭:《陈独秀(1879—1942 年)与中国共产主义运动》

[591] Kuo T'ing-yee,comp. ,and Morley,J. W. ,ed. *Sino-Japaneses relations，1862—1927；a checklist of the Chinese Foreign Ministry Archives*. New York：East Asian Institute,Columbia University,1965

郭廷以、J. W. 莫利编:《中日关系,1862—1927 年:中国外交部档案目录》

[592] Kuo T'ing-i. *Chung-hua min-kuo shih-shih jih-chih*(A chronology of the Republic of China：1912—1925). Vol. 1,Taipei：Institute of Modern History, Academia Sinica,1979

郭廷以:《中华民国史事日志》,第 1 卷

[593] *Kuo-ts'ui hsueh-pao*(National essence journal),1—82(Jan. 1905—June 1911). Reprinted in 13 vols,Taipei：Wen-hai,1970

《国粹学报》,1—82(1905 年 1 月—1911 年 6 月)

[594] Kuo,Warren(Kuo Hua-lun). *Analytical history of the Chinese Communist*

Party. Book one, Taipei: Institute of International Relations, 1966

　　郭华伦:《中共史论》,第 1 册

[595] *Kuo-wen chou-pao* (Kuowen weekly, illustrated). Tientsin Kuowen Weekly Association, 1924－1937

　　《国闻周报》,天津国闻周报社,1924－1937 年

[596] *Kwang-tung nung-min yun-tung pao-kao* (A report on the farmers' movement in Kwangtung). Canton, 1926. (On microfilm, the Hoover Library, Stanford University)

　　《广东农民运动报告》,广州,1926 年

[597] Kwok, D. W. Y. *Scientism in Chinese thought 1900－1950*. New Haven and London: Yale University Press, 1965

　　郭颖颐:《1900－1950 年中国思想中的科学主义》

[598] Kwok, Sin-tong E. 'The two faces of Confucianism: a comparative study of anti-restorationism of the 1910s and 1970s', paper presented to the Regional Seminar on Confucian Studies, University of California, Berkeley, 4 June 1976

　　郭新同(音):《儒学的两种面貌:20 世纪第二个 10 年间和 70 年代反复辟理论的比较研究》,提交儒家研究地区讨论会的论文,加利福尼亚大学, 1976 年 6 月 4 日

[599] Lamb, Alastair. *The McMahon line: a study in the relations between India, China and Tibet, 1904 to 1914*. 2 vols. London: Routledge and Kegan Paul, 1966

　　阿拉斯泰尔·拉姆:《麦克马洪线:印度、中国和西藏之间的关系研究, 1904－1914 年》

[600] Lan Hai. *Chung-kuo k'ang-chan wen-i shih* (A history of Chinese literature during the war of resistance). Shanghai: 现代, 1947

　　蓝海:《中国抗战文艺史》

[601] Lang, Olga. *Pa Chin and his writings: Chinese youth between the two revolutions*. Cambridge, Mass.: Harvard University Press, 1967

　　奥尔加·兰:《巴金和他的作品:两次革命之间的中国青年》

[602] Lao Ts'an. See Liu Ê. C. T. Hsia, and Harold Shadick

　　老残,见刘鹗、夏志清、哈罗德·沙迪克

[603] *Lao-tung chou-pao*(Labour Weekly). Hankow,Dec.(?)1922－

《劳动周报》,汉口,1922 年 12 月(?)－

[604] Lary, Diana. *Region and nation*:*the Kwangsi Clique in Chinese politics*,*1925－1937*. Cambridge:Cambridge University Press,1974

黛安娜・拉里:《地区和国家:1925－1937 年中国政治斗争中的桂系》

[605] Latourette,Kenneth Scott. *A history of Christian missions in China*. New York:Macmillan,1929

赖特烈:《基督教在华传教史》

[606] Lau,Joseph S. M. . *Ts'ao Yü*:*the reluctant disciple of Chekhov and O'Neil*,*a study in literary influence*. Hong Kong:Hong Kong University Press,1970

刘绍铭:《曹禺:契诃夫和奥尼尔的不情愿的追随者,文学影响研究》

[607] Lee,B. Y. 'The present situation of cotton mills in China'. *CWR*(6 Oct. 1923)

B. Y. 李:《中国棉纺厂的现状》,《密勒氏评论报》,1923 年 10 月 6 日

[608] Lee,Leo Ou-fan. *The romantic generation of modern Chinese writers*. Cambridge,Mass. :Harvard University Press,1973

李欧梵:《中国现代作家中的浪漫一代》

[609] Lee,Leo Ou-fan. 'Two emancipated Noras:an intimate portrait',paper submitted to the Conference on 'Women in Chinese Society', San Francisco,June 1973

李欧梵:《两个解放了的娜拉:熟悉的人物描写》,提交"中国社会中的妇女"讨论会的论文,旧金山,1973 年 6 月

[610] Lee,Leo Ou-fan. 'Literature on the eve of revolution:reflections on Lu Xun's leftist years,1927－1936'. *Modern China*,2.3(July 1976)277－291

李欧梵:《革命前夕的文学:对鲁迅左翼时期的看法,1927－1936 年》

[611] Lee,Leo Ou-fan. 'Genesis of a writer:notes on Lu Xun's educational experience,1881－1909', in Merle Goldman, ed. *Modern Chinese Lterature in the May Fourth era*, 161－188. Cambridge,Mass. :Harvard University Press,1977

李欧梵:《一个作家的诞生:关于鲁迅求学经历的笔记,1881－1909 年》,载默尔・戈德曼编:《五四时代的中国现代文学》

[612] Leong, Sow-theng. *Sino-Soviet diplomatic relations*, *1917—1926*. Honolulu: University of Hawaii Press, 1976

梁肇庭:《中苏外交关系,1917—1926 年》

[613] Leslie, Donald, Mackerras, Colin and Wang Gungwu, eds. *Essays on the sources for Chinese history*. Canberra: Australian National University Press, 1973

唐纳德·莱斯利、科林·麦克拉斯和王庚武编:《中国历史资料论文集》

[614] 'The letter from Shanghai'. See Nassanov

《上海来信》,见纳萨诺夫

[615] Leung, Gaylord Kai-loh. 'Hsu Chih-mo: a literary biography'. University of London, Ph. D. dissertation, 1973

盖洛德·凯乐·梁(音):《徐志摩:文学传记》,伦敦大学博士论文,1973 年

[616] Levenson, Joseph R. *Ling Ch'i-ch'ao and the mind of modern China*. Cambridge, Mass.: Harvard University Press, 1953

李文逊:《梁启超与现代中国思想》

[617] Levenson, Joseph R. *Confucian China and its modern fate*. 3 vols. Berkeley: University of California Press, 1958—1965

李文逊:《儒家中国及其现代的命运》

[618] Levenson, Joseph R., ed. *European expansion and the counter-example of Asia*, *1300—1600*. Englewood Cliffs, N. J.: Prentice-Hall, Inc., 1967

李文逊编:《1300—1600 年欧洲的扩张和亚洲的相反的例子》

[619] Levine, Steven I. See Vishnyakova-Akimova

史蒂文·莱文,见维什尼阿科娃-阿基莫娃

[620] Leyda, Jay. *Dianying: an account of films and the film audience in China*. Cambridge, Mass.: M. I. T. Press, 1972

杰伊·莱达:《电影:中国电影和电影观众记事》

[621] Li Ang(Chu P'ei-wo, Chu Hsin-fan). *Hung-se wu-t'ai*(The red stage). Peking: 胜利出版社, 1946

李昂(朱佩我、朱新繁):《红色舞台》

[622] Li Chien-nung. *Tsui-chin san-shih-nien Chung-kuo cheng-chih shih*(A political history of China in the past thirty years). Shanghai: 太平洋书店, 1931

李剑农:《最近三十年中国政治史》

[623] Li Chien-nung. *Chung-kuo chin-pai-nien cheng-chih shih*（A political history of China during the last century). Shanghai:Commercial Press,1947

李剑农:《中国近百年政治史》

[624] Li,Chien-nung. *The political history of China , 1840—1928* ,trans. by Teng Ssu-yü and Jeremy Ingalls. Princeton,N. J. :Van Nostrand,1956

李剑农:《中国政治史,1840—1928 年》,邓嗣禹、杰里米·英戈尔斯英译

[625] Li Ch'uan. *Chün-fa i-wen*（Warlord anecdotes). Taipei:海燕出版社,1966

李川:《军阀轶闻》

[626] Li Ho-lin. *Chin-erh-shih-nien Chung-kuo wen-i Ssu-ch'ao lun*（Chinese literary trends in the recent twenty years). Shanghai:Sheng-huo,1947

李何林:《近二十年中国文艺思潮论》

[627] Li Ho-lin *et al. Chung-kuo hsin wen-hsueh shih yen-chiu*（Studies on the history of China's new literature). Peking:新建设杂志社,1951

李何林等:《中国新文学史研究》

[628] Li Ho-lin, ed. *Chung-kuo wen-i lun-chan*（Chinese literary polemics). Hong Kong:华夏,1957

李何林编:《中国文艺论战》

[629] Li Hsin *et al. ,eds. Min-kuo jen-wu chuan*（Who's who of the Republic of China）,vol. 1. Institute of Modern History,Chinese Academy of Social Sciences. Peking:Chung-hua,1978

李新等编:《民国人物传》,I

[630] Li Jui. *Mao Tse-tung t'ung-chih ti ch'u-ch'i ko-ming huo-tung*（Comrade Mao Tse-tung's early revolutionary activities). Peking:中国青年出版社,1957

李锐:《毛泽东同志的初期革命活动》

[631] Li Jui. *The early revolutionary activities of Comrade Mao Tse-tung* ,trans. by Anthony W. Sariti,ed. by James C. Hsiung. White Plains, N. Y. : M. E. Sharpe,Inc. ,1977

李锐:《毛泽东同志的初期革命活动》,安东尼·W. 萨里蒂译,熊玠编

[632] Li,Lillian Ming-tse. 'Kiangnan and the silk export trade,1842—1937'. Harvard University,Ph. D. dissertation,1975

李莉莲:《江南与丝出口贸易,1842—1937 年》

[633] Li Mu. *San-shih nien-tai wen-i lun* (On the literature of the 1930). Taipei: 黎明,1973

李牧:《三十年代文艺论》

[634] Li. Peter. *Tseng P'u*. New York: Twayne Publishers,1978

李培德:《曾朴》

[635] Li Po-yuan. *Wen-ming hsiao-shih* (A little history of modern times). Shang-hai,1903. Reprinted,Peking:通俗文艺出版社,1955

李伯元:《文明小史》

[636] Li San-pao, 'K'ang Yu-wei's iconoclasm: interpretation and translation of his earliest writings 1884—1887'. University of California, Ph. D. dissertation, Davis,1978

李三宝:《康有为对传统观念的攻击:其早期作品的解释和翻译,1884—1887 年》,加利福尼亚大学博士论文,1978 年

[637] Li Shih-tseng [Chen]. 'San-kang ko-ming' (Revolution against the three bonds). *Hsin shih-chi*,11(31 Aug. 1907)1—2

李石曾:《三纲革命》,《新世纪》,11(1907 年 8 月 31 日)

[638] Li Shou-k'ung. *Min-ch'u chih kuo-hui* (National assemblies in the early re-public). Taipei:Commercial Press,1964

李守孔:《民初之国会》

[639] Li Shou-t'ung. 'Kuan-shui chia-tseng yü wo kuo fang-chih-yeh chih ch'ien-t'u' (The increase in customs duty and the future of our spinning-mills). *HSSC*,3. 2(20 March 1922)9—14

李寿涒:《关税加增与我国纺织业之前途》,《华商纱厂联合会季刊》,3. 2 (1922 年 3 月 20 日)

[640] Li Ta-chao. 'Yen-shih hsin yü tzu-chueh hsin' (On misanthropy and self awareness). *Chia-yin* (The tiger),1. 8(10 Aug. 1915)

李大钊:《厌世心与自觉心》,《甲寅》,1. 8(1915 年 8 月 10 日)

[641] Li Ta-chao. 'Ch'ing-ch'un' (Spring). *Hsin ch'ing-nien*,2. 1(1 Sept. 1916) 1—12[sep. pag.]

李大钊:《青春》,《新青年》,2. 1(1916 年 9 月 1 日)

[642] Li Ta-chao. 'Chin' (Now). *Hsin ch'ing-nien*,4. 4(15 April 1918)307—310

李大钊:《今》,《新青年》,4.4(1918年4月15日)

[643] Li Ta-chao. 'Hsin chi-yuan' (A new era). *Mei-chou p'ing-lun* (15 Jan. 1919)

李大钊:《新纪元》,《每周评论》(1919年1月15日)

[644] Li Ta-chao. *Shou-ch'ang wen-chi* (Collected essays of Li Ta-chao). Shanghai:Jen-min,1952

李大钊:《守常文集》

[645] Li Ta-chao. *Li Ta-chao hsuan-chi* (Selected writings of Li Ta-chao). Peking: Jen-min,1959

李大钊:《李大钊选集》

[646] Li Tsung-jen. See Tong,Te-kong

李宗仁,见唐德刚

[647] Li Wen-chih and Chang Yu-i,comps. *Chung-kuo chin-tai nung-yeh shih tzu-liao* (Source materials on China's modern agricultural history). 3 vols. Peking:San-lien,1957

李文治和章有义编:《中国近代农业史资料》

[648] Li Yu-ning,Bernadette. 'A biography of Ch'ü Ch'iu-pai:from youth to party leadership(1899—1928)'. Columbia University,Ph. D. dissertation,1967

李又宁:《瞿秋白传:从青年到党的领袖(1899—1928年)》,哥伦比亚大学 1967年博士论文

[649] Li Yü-shu. *Chung-Jih erh-shih-i-t'iao chiao-she*, *I* (Sino-Japanese negotiations over the Twenty-one Demands,volume one). Taipei:Institute of Modern History,Academia Sinica,1966

李毓澍:《中日二十一条交涉(上)》

[650] Li Yun-han. *Ts'ung jung-Kung tao ch'ing-tang* (From admitting the communists to the purification of the Kuomintang). Taipei:China Committee on Publication Aid and Prize Awards,1966;cited as *TJK*

李云汉:《从容共到清党》

[651] Li Yun-han. *Huang K'o-ch'iang hsien-sheng nien-p'u* (Chronological biography of Huang Hsing). Taipei:中央文物供应社,1973

李云汉:《黄克强先生年谱》

[652] Liang Ch'i-ch'ao. *Yin-ping-shih ho-chi* (Combined writings from the

Icedrinker's Studio) in 40 vols. (*wen-chi*, 16 vols.; *chuan-chi*, 24 vols.).
Shanghai: Chung-hua, 1936; Taiwan reprint: Chung-hua, 1960

梁启超:《饮冰室合集》

[653] Liang Ch'i-ch'ao. *Yin-ping-shih wen-chi* (Collected essays from the Icedrinker's Studio). Shanghai: Chung-hua, 1936; Taipei: Chung-hua, 16 vols., 1960. Note that this is also published as part of the preceding item

梁启超:《饮冰室文集》,此书也作为《饮冰室合集》的一部分刊印

[654] Liang Ch'i-ch'ao. 'Shuo-ch'ün hsu' (Preface to Groups 1896). YPSWC, *ts'e* 2. 3—4

梁启超:《说群序》,《饮冰室文集》,2

[655] Liang Ch'i-ch'ao. 'Shuo tung' (On dynamism, 1898). *YPSWC*, *ts'e* 2. 37—40

梁启超:《说动》(1898 年),《饮冰室文集》,2

[656] Liang Ch'i-ch'ao [Jen-kung]. 'Lun ch'iang-ch'üan' (On power). *Ch'ing-i pao*, 31(1899)4—7

梁启超(任公):《论强权》,《清议报》,31(1899 年)

[657] Liang Ch'i-ch'ao. 'Chung-kuo shih hsu-lun' (Introduction to Chinese history, 1901). *YPSWC*, *ts'e* 3. 1—12

梁启超:《中国史叙论》,《饮冰室文集》,3

[658] Liang Ch'i-ch'ao. 'Kuo-chia ssu-hsiang pien-ch'ien i-t'ung lun' (On similarity and difference in alterations in national thought, 1901). *YPSWC*, *ts'e* 3. 12—22

梁启超:《国家思想变迁异同论》,《饮冰室文集》,3

[659] Liang Ch'i-ch'ao. 'Kuo-tu shih-tai' (A transitional age, 1901). *YPSWC*, *ts'e* 3. 27—32

梁启超:《过渡时代》,《饮冰室文集》,3

[660] Liang Ch'i-ch'ao. 'Pao-chiao fei so-i tsun-K'ung lun' (To 'save the faith' is not the way to honour Confucius). *Hsin-min ts'ung-pao*, 2(22 Feb. 1902) 59—72

梁启超:《保教非所以尊孔论》,《新民丛报》,2(1902 年 2 月 22 日)

[661] Liang Ch'i-ch'ao. 'Hsin shih-hsueh' (The new history, 1902). *YPSWC*, *ts'e* 4. 1—32

梁启超:《新史学》,《饮冰室文集》,4

[662] Liang Ch'i-ch'ao. 'K'ai-ming chuan-chih lun' (On enlightened despotism).

Hsin-min ts'ung-pao, 73 — 75（25 Jan. — 23 Feb. 1906）; reprinted in *YPSWC. ts'e* 6. 13—83

　　梁启超:《开明专制论》,《新民丛报》,73—75(1906 年 1 月 25 日—2 月 23 日)

[663] Liang Ch'i-ch'ao. 'Chung-kuo tao-te chih ta-yuan'(Fundamentals of Chinese morality). *Yung-yen*, 1. 2(Dec. 1912)1—8; 1. 4(Feb. 1913)1—8(sep. pag.)

　　梁启超:《中国道德之大原》,《庸言》,1. 2(1912 年 12 月);1. 4(1913 年 2 月)

[664] Liang Ch'i-ch'ao. 'Kuo-hsing p'ien'(Essays on the national character). *Yung-yen*, 1. 1(Jan. 1913)1—6(sep. pag.)

　　梁启超:《国性篇》,《庸言》,1. 1(1913 年 1 月)

[665] Liang Ch'i-ch'ao. 'Fu-ku ssu-ch'ao p'ing-i'(Critique of the restorationist thought tide). *Ta Chung-hua*, 1. 7(20 July 1916)1—10(sep. pag.)

　　梁启超:《复古思潮评议》,《大中华》,1. 7(1916 年 7 月 20 日)

[666] Liang Ch'i-ch'ao. 'Wu-nien-lai chih chiao-hsun'(Lessons of the past five years). *Ta Chung-hua*, 2. 10(20 Oct. 1915)1—5(sep. pag.)

　　梁启超:《五年来之教训》,《大中华》,2. 10(1915 年 10 月 20 日)

[667] Liang Ch'i-ch'ao. 'Ts'ung-chün jih-chi'(Diary of my military enlistment, 1916). *Shun-pi-chi*. Taipei reprint: Wen-hai, 1966

　　梁启超:《从军日记》,《盾鼻集》

[668] Liang Ch'i-ch'ao. 'Ou yu hsin-ying lu chieh-lu'(Reflections on a trip to Europe)in *Yin-ping-shih ho-chi*, *chuan-chi*, *ts'e* 5, 1—162. Shanghai: Chung-hua, 1936

　　梁启超:《欧游心影录节录》,载《饮冰室合集》,《专集》,5

[669] Liang Ch'i-ch'ao. See *Ch'ing-i pao*, *Hsin-min ts'ung-pao*, *Shih-wu pao*

　　梁启超,见《清议报》、《新民丛报》、《时务报》

[670] Liang Shu-ming. *Tung Hsi wen-hua chi ch'i che-hsueh*(Eastern and Western civilizations and their philosophies). 1922; reprinted, Taipei: 虹桥书 店, 1968

　　梁漱溟:《东西文化及其哲学》,1922 年

[671] Library of Congress. *Chinese periodicals in the Library of Congress*, comp. by Han Chu Huang. Washington: Library of Congress, 1977

　　国会图书馆:《国会图书馆藏中国期刊》,韩竹篁(音)编

[672] *Lieh-ning Ssu-ta-lin lun Chung-kuo* (Lenin and Stalin on China). Peking: Jen-min, 1963

《列宁斯大林论中国》

[673] Lieu, D. K. *China's industries and finance*. Peking: Chinese Government Bureau of Economic Information, 1927

刘大钧:《中国的工业与财政》

[674] Lieu, D. K. See Liu Ta-chün

刘大钧

[675] Liew, K. S. *Struggle for democracy: Sung Chiao-jen and the 1911 Chinese Revolution*. Berkeley: University of California Press, 1971

K. S. 刘:《为民主而斗争:宋教仁和中国辛亥革命》

[676] *Lin Ch'in-nan hsien-sheng hsueh-hsing p'u-chi ssu-chung* (The life works of Mr Lin Shu, four records), ed. by Chu Hsi-chou; includes 'Ch'un-chueh chai chu-shu chi' (Works from the Ch'un-chueh study). 3*chüan*. Taipei: 世界书局, 1961

《林琴南先生学行谱记四种》,朱羲胄编:包括《春觉斋著述记》

[677] Lin, Julia C. *Modern Chinese poetry: an introduction*. Seattle: University of Washington Press, 1972

朱莉娅·C. 林:《中国现代诗歌:概论》

[678] Lin Tsu-han. 'Report on an investigation of the Hunan land question, financial question, and Party condition'. 2 May 1927 (in Chinese). KMT Archives, Hunan 5/53

林祖涵:《湖南土地问题、财政问题和党的状况的调查报告》,1927 年 5 月 2 日,国民党档案馆,湖南 5/53

[679] Lin Tsung. *Hsien chieh-tuan ti wen-hsueh lun-chan* (Current literary debates). Shanghai: 光明, 1936

林淙:《现阶段的文学论战》

[680] Lin, Yü-sheng. 'The dialectic of Lu Hsun's iconoclastic consciousness', paper presented at the Association for Asian Studies annual meeting, New York, April 1973

林毓生:《鲁迅反传统观念的意识的辩证法》,提交亚洲研究学会年会的论文,纽约,1973 年 4 月

[681] Lin, Yü—sheng. *The crisis of Chinese consciousness：radical anti-tradition-alism in the May Fourth era*. Madison：University of Wisconsin Press，1978

林毓生：《中国的意识危机：五四时期激进的反传统主义》

[682] Link, E. Perry. 'The rise of modern popular fiction in Shanghai'. Harvard University，Ph. D. dissertation，1976

林培瑞：《上海现代通俗小说的兴起》，哈佛大学博士论文，1976 年

[683] Link，Perry. ' Traditional-style popular urban fiction in the teens and twen-ties'，in Merle Goldman，ed. *Modern Chinese literature in the May Fourth era*，327—350

林培瑞：《10 和 20 年代传统类型的通俗市民小说》，载默尔·戈德曼编：《五四时代的中国现代文学》

[684] Link, E. Perry. *Mandarin ducks and butterflies：popular urban fiction in early twentieth-century China*. Berkeley and Los Angeles：University of Cal-ifornia Press，1980

林培瑞：《鸳鸯与蝴蝶：20 世纪初的中国通俗城市小说》

[685] Lippit，Victor D. *Land reform and economic development in China*. White Plains，N. Y. ：International Arts and Sciences Press，1974

维克托·D. 利皮特：《中国的土地改革与经济发展》

[686] Liu Chih. *Wo-ti hui-i*（My recollections）. Taipei：广隆文具印刷公司，1966

刘峙：《我的回忆》

[687] Liu Ch'u-hsiang. *Kuei-hai cheng-pien chi-lueh*（Brief record of the 1923 coup）. 1924；Taipei reprint：Wen-hai，1967

刘楚湘：《癸亥政变纪略》，1924 年

[688] Liu Chun-jo. *Controversies in modern Chinese intellectual history：an ana-lytic bibliography of periodical articles，mainly of the May Fourth and post-May Fourth era*. Cambridge，Mass. ：East Asian Research Center；dis-tributed by Harvard University Press，1964

刘君若：《现代中国思想史中的争论：五四及五四后时代期刊文章有分析的目录》

[689] Liu Ê. *The travels of Lao Ts'an*，trans. by Harold Shadick. Ithaca：Cornell University Press，1966

刘鹗：《老残游记》，哈罗德·沙迪克英译

〔690〕 Liu, F. F. *A military history of modern China : 1924 — 1949*. Princeton : Princeton University Press, 1956

　　　刘馥:《现代中国军事史,1924—1949 年》

〔691〕 Liu Hsin-huang. *Hsien-tai Chung-kuo wen-hsueh shih-hua* (Discourse on the history of modern Chinese literature). Taipei:正中书局,1971

　　　刘心皇:《现代中国文学史话》

〔692〕 Liu Ju-ming. *Liu Ju-ming hui-i lu* (The recollections of Liu Ju-ming). Taipei:Chuan-chi wen-hsueh, 1966

　　　刘汝明:《刘汝明回忆录》

〔693〕 Liu Li-k'ai and Wang Chen. *I-chiu i-chiu chih i-chiu erh-ch'i nien ti Chung-kuo kung-jen yun-tung.* (The Chinese labour movement from 1919 to 1927). Peking:Workers Publishing House, 1953

　　　刘立凯和王真:《一九一九至一九二七年的中国工人运动》

〔694〕 Liu Shao-ch'i. 'Report on the Chinese labour movement in the past year'. *Cheng-chih chou-pao* (Political Weekly), 14(5 June 1926). Canton. Available on U. S. National Archives microfilm 329, reel 56, 893. 00/7980

　　　刘少奇:《关于历史上中国劳工运动的报告》,《政治周报》,14(1926 年 6 月 5 日

〔695〕 〔Liu〕 Shih-fu. 〔Shang-hai wu-cheng-fu kung-ch'an chu-i t'ung-chih she kung-pu〕〔Manifesto of the Shanghai anarchist-communist fellowship〕. 'Wu-cheng-fu kung-ch'an-tang chih mu-ti yü shou-tuan' (Goals and methods of the anarchist-communist party). *Min-sheng* (Voice of the people), 19 (18 July 1914)

　　　(刘)师复:(上海无政府共产主义同志会公布)《无政府共产党之目的与手段》,《民声》,19(1914 年 7 月 18 日)

〔696〕 Liu Shih-P'ei. 'Jen-lei chün-li lun' (On the equalization of human powers). *T'ien-i*, 3(10 July 1907)

　　　刘师培:《人类均力论》,《天义》,3(1907 年 7 月 10 日)

〔697〕 Liu Shih-p'ei and Ho Chen. 'Lun chung-tsu ko-ming yü wu-cheng-fu koming chih te-shih' (On the strengths and weaknesses of racial revolution as opposed to anarchist revolution). *T'ien-i* 6(1 Sept. 1907)

　　　刘师培、何震:《论种族革命与无政府革命之得失》,《天义》,6(1907 年 9

925

月 1 日)

[698] Liu Shih-p'ei. 'Lun hsin-cheng wei ping-min chih ken' (On why the new pol-
itics injures the people). *T'ien-i*, 8—10 (30 Oct. 1907)

刘师培:《论新政为病民之根》,《天义》,8—10(1907 年 10 月 30 日)

[699] Liu Shih-p'ei. *Liu Shen-shu hsien-sheng i-shu*, (Posthumous collection of the
works of Liu Shih-p'ei). 4 vols. Taipei reprint:大新书局,1965

刘师培:《刘申叔先生遗书》

[700] Liu Shih-p'ei. *Jang shu* (Book of the expulsion). 1903. Reprinted in *Liu
Shen-shu hisen-sheng i-shu*, 2. 751—765

刘师培:《攘书》,1903 年,重印,载《刘申叔先生遗书》,2

[701] Liu Shou-lin. *Hsin-hai i-hou shih-ch'i nien chih-kuan nien-piao* (Tables of
officials by year, 1911—1928). Peking:Chung-hua,1966

刘寿林:《辛亥以后十七年职官年表》

[702] Liu Shou-sung. *Chung-kuo hsin wen-hsueh shih ch'u-kao* (A preliminary
draft history of China's new literature). 2 vols. Peking:作家出版社,1956

刘绶松:《中国新文学史初稿》

[703] Liu Ta-chün(D. K. Lieu). *Chung-kuo kung-yeh tiao-ch'a pao-kao* (Report on
a survey of China's industry). 3 vols. Nanking,1937

刘大钧:《中国工业调查报告》

[704] Liu Ta-chung and Yeh Kung-chia. *The economy of the Chinese mainland*:
national income and economic development, 1933—1949. Princeton:Prince-
ton University Press,1965

刘大中和叶孔嘉:《中国大陆的经济:国民收入与经济发展,1933—1949
年》

[705] Liu Wu-chi. 'The modern period', in Herbert A. Giles. *A history of Chinese
literature*,445—500. Reprinted,New York:Frederick Ungar,1967. 1st edn,
1901

柳无忌:《现代时期》,载赫伯特・A. 贾尔斯:《中国文学史》

[706] Liu Wu-chi. *Su Man-shu*. New York:Twayne Publishers,1972

柳无忌:《苏曼殊》

[707] Liu Ya-tzu. *Nan-she chi lueh* (A brief account of the Southern Society).
Shanghai,1940

柳亚子:《南社纪略》

[708] Lo Ch'i-yuan. 'Short report on the work of this[Farmers]Bureau during the past year'. *Chung-kuo nung-min*, 2(1Feb. 1926)147—207

罗绮园:《本部去年工作简报》,《中国农民》,2(1926 年 2 月 1 日)

[709] Lo Ch'i-yuan. 'Hui-wu tsung pao-kao'(General report of the[Farmers']Association work). *Chung-kuo nung-min*, 6/7(July 1926)639—687

罗绮园:《会务总报告》,《中国农民》,6/7(1926 年 7 月)

[710] Lo Chia-lun, ed. *Chung-hua min-kuo shih-liao ts'ung-pien chieh-shao*(An introduction to historical materials on the Republic of China), vol. 1. Taipei: Chung-kuo Kuo-min-tang chung-yang wei-yuan-hui tang-shih shih-liao pein-tsuan wei-yuan-hai, 1968

罗家伦编:《中华民国史料丛编介绍》,1

[711] Lo Chia-lun. See *Ko-ming wen-hsien*

罗家伦,见《革命文献》

[712] Lo-fu(Chang Wen-t'ien). *Ching-nien hsueh-hsi wen-t'i*(Problems of young people's study). Shanghai:华夏书店,1949

洛甫(张闻天):《青年学习问题》

[713] Lo, Hui-min, ed. *The correspondence of G. E. Morrison, Vol. II, 1912—1920*. London, New York and Melbourne:Cambridge University Press,1978

骆惠敏编:《莫里循通信集,第 2 卷,1912—1920 年》

[714] Lo I-nung. 'Chung-kuo ti-erh-tz'u ch'üan-kuo lao-tung ta-hui chih shih-mo' (A complete account of the Second National Labour Congress). *HTCP*,115 (17 May 1925)1063—1064

罗亦农:《中国第二次全国劳动大会之始末》,《向导周报》,115(1925 年 5 月 17 日)

[715] Lo, J. P. (Lo Jung-pang). 'The emergence of China as a sea power during the late Sung and early Yuan periods'. *FEQ*,14. 4(1955)489—504

罗荣邦:《宋末元初中国作为一个海上强国的崛起》,载《远东季刊》,14. 4 (1959 年)

[716] Lo, J. P. (Lo Jung-pang). 'The decline of the early Ming navy'. *Oriens extremus*, 5. 2(Dec. 1958)149—168

罗荣邦:《明初海军的衰落》,《远东》,5. 2(1958 年 12 月)

[717] Lo, Jung-pang, ed. and introduction. *Kang Yu-wei: A biography and a symposium*. Tucson. University of Arizona Press, 1967

罗荣邦编并序：《康有为：传记与论丛》

[718] Lo, J. P. (Lo Jung-pang). 'Maritime commerce and its relation to the Sung navy'. *Journal of the Economic and Social History of the Orient*, 12. 1 (1969)57—101

罗荣邦：《海上商业及其与宋代海军的关系》，《东方经济社会史杂志》，12. 1(1969 年)

[719] Lo-sheng(pseud.). 'Ti-san-tz'u ch'üan-kuo lao-tung ta-hui chih ching-kuo chi ch'i chieh-kuo'(Experiences and results of the Third National Labour Congress). *HTCP*, 155(5 May 1926). Reprinted in *Ti-i-tz'u kuo-nei koming chan-cheng shih-ch'i ti kung-jen yun-tung*, 219—224. 3rd edn, Peking: Jen-min ch'u-pan she, April 1963

乐生（化名）：《第三次全国劳动大会之经过及其结果》，《向导周报》，155(1926 年 5 月 5 日)

[720] Loewe, Michael. *Military operations in the Han period*. London: The China Society, 1961

鲁惟一：《汉代的军事行动》

[721] Loewe, Michael. 'The campaigns of Han Wu-ti', in Frank A. Kierman, Jr. and John King Fairbank, eds. *Chinese ways in warfare*, 67—122. Cambridge, Mass.: Harvard University Press, 1974

鲁惟一：《汉武帝的征战》，载小弗兰克·A. 基尔曼和费正清编：《中国的兵法》

[722] Lu Hsun. 'Mo-Io shih li shuo'(On the power of Mara poetry, 1907), in *Fen*(Graves)53—100

鲁迅：《摩罗诗力说》，1907 年，载《坟》

[723] Lu Hsun. 'Wen-hua p'ien-chih lun'(On the pendulum movement of culture), 1907, in *Fen*(Graves)36—52

鲁迅：《文化偏至论》，1907 年，载《坟》

[724] Lu Hsun. *Fen*(Graves). Shanghai: 青光书局, 1933

鲁迅：《坟》

[725] Lu Hsun. 'No-la ch'u-tsou hou tsen-yang'(What happens after Nora goes

away), in *Fen*(Graves). Reprint from 鲁迅全集,1938 edn,141－150. Hong Kong:新艺,1967

    鲁迅:《娜拉出走后怎样》

[726] Lu Hsun. *Selected stories from Lu Hsun*, trans. by Yang Hsien-yi and Gladys Yang. Peking:Foreign Languages Press,1960

    鲁迅:《鲁迅小说选》,杨宪益、戴乃迭英译

[727] Lu Hsun. *Selected works of Lu Hsun*, trans. by Yang Hsien-yi and Gladys Yang. 4 vols. Peking:Foreign Languages Press,1960

    鲁迅:《鲁迅选集》,杨宪益、戴乃迭英译

[728] Lu Hsun. *Na-han*(A call to arms). Reprint from *Lu Hsun ch'üan-chi*,1938 edn. Hong Kong:新艺,1967

    鲁迅:《呐喊》

[729] Lu Hsun. *P'ang-huang* (Wandering). Reprint from *Lu Hsun ch'üan*-chi, 1938 edn. Hong Kong:新艺,1967

    鲁迅:《彷徨》

[730] *Lu Hsun. Yeh-ts'ao* (Wild grass). Reprint from *Lu hsun ch'üan-chi*, 1938 edn. Hong Kong:新艺,1967

    鲁迅:《野草》

[731] Lu Hsun. *Lu Hsun ch'üan-chi* (Complete works of Lu Hsun). 20 vols. Peking:Jen-min,1973

    鲁迅:《鲁迅全集》

[732] Lu Hsun. See Gladys Yang, Harriet Mills.

    鲁迅:见戴乃迭、哈里特·米尔斯

[733] Lunt, Carroll, ed. *The China who's who(foreign)*. Shanghai,1922,1925

    卡罗尔·伦特编:《在华外国名人录》

[734] Lust, John. 'The Su-Pao case:an episode in the early Chinese nationalist movement'. *BSOAS*,27.2(1964)408－429

    约翰·勒斯特:《苏报案:中国民族主义运动早期的一段插曲》,《东方与非洲研究学院学报》,27.2(1964年)

[735] Lutz, Jessie G. 'Chinese nationalism and the anti-Christian campaigns of the 1920s'. *Modern Asian Studies*,10.3(July 1976)395－416

    杰西·G.卢兹:《20世纪20年代的中国民族主义和反基督教运动》,《近

代亚洲研究》,10.3(1976 年 7 月)

[736] Lutz,Jessie Gregory. *China and the Christian colleges*, *1850－1950*. Ithaca: Cornell University Press,1971

杰西·格雷戈里·卢兹:《中国和基督教院校,1850－1950 年》

[737] Lyell,William. *Lu Hsun's vision of reality*. Berkeley:University of California Press,1976

威廉·莱尔:《鲁迅对现实的洞察力》

[738] Ma Huan. See Mills,J. V. G.

马欢,见 J. V. G. 米尔斯

[739] Mackinnon,Stephen R. *Power and politics in late imperial China*:*Yuan Shikai in Beijing and Tianjin*, *1901－1908* . Berkeley:University of California Press,1908

斯蒂芬·R.麦金农:《中华帝国末年的权力和政治:袁世凯在北京和天津,1901－1908 年》

[740] MacMurray,John V. A. *Treaties and agreements with and concerning China*, *1894－1919*. 2 vols. New York:Oxford University Press,1921

马慕瑞:《1894－1919 年与中国缔结或涉及中国的条约和协定》

[741] Mah Feng-hwa. *The foreign trade of mainland China*. Chicago:Aldine, 1971

马逢华(音):《大陆中国的对外贸易》

[742] Malone,Col. C. L'Estrange. *New China*:*report of an investigation. Part II. Lahour conditions and labour organizations 1926*. London:Independent Labour Party Publication Department,1927

C. 埃斯特朗热·马隆上校:《新中国:调查报告》,第 II 部分《1926 年的劳动条件和劳工组织》

[743] Malraux,André. Man's fate. Trans. by Haakon M. Chevalier from the French *La condition humaine*. New York:Smith and Haas,1934

安德烈·马尔罗:《人类的命运》

[744] Mann,Tom. *What I saw in China*. London:National Minority Movement, 1927

汤姆·曼:《我在中国之所见》

[745] Mannheim,Karl. *Essays on sociology and social psychology*. London and

New York：Oxford University Press，1953

　　卡尔·曼海姆：《社会学和社会心理学论文集》

［746］ *Mao-hsin Fu-hsin Shen-hsin tsung-kung-ssu sa-chou-nien chi-nien ts'e*（Book commemorating the 30th anniversary of the Mow Sing mills and the Foh Sing and Sung Sing cotton works）. Shanghai：世界书局，1929

　　《茂新福新申新总公司卅周年纪念册》

［747］ Mao I-heng. *O Meng hui-i-u*（Recollections of Russia and Mongolia）. Hong Kong：Asia Book Co.，1954

　　毛以亨：《俄蒙回忆录》

［748］ Mao，*CKSHS*. See next item Mao Ssu-ch'eng.

　　见下条毛思诚

［749］ Mao Ssu-ch'eng *Min-kuo shih-wu-nien i-ch'ien chih Ching Chieh-shih hsien-sheng*（Mr Ching Kai-shek up to 1926）. N. P.（1936）；Taipei edn（1948?）Often referred to as 'Chiang's Diary'.

　　毛思诚：《民国十五年以前之蒋介石先生》，往往叫做"蒋的日记"

［750］ Mao Tse-tung, 'Min-chung ti ta-lien-ho'（Great union of the popular masses），in 湘江评论（Hsiang River review），21 July—4 Aug. 1919；reprinted in Takeuchi edn, *Mao Tse-tung chi* 毛泽东集，1. 57—69

　　毛泽东：《民众的大联合》，载《湘江评论》，1919 年 7 月 21 日—8 月 4 日

［751］ Mao Tse-tung. *Selected works of Mao Tse-tung*. Vol. 1. London：Lawrence & Wishart，1954. Abbrev. *SW*

　　毛泽东：《毛泽东选集》，第 1 卷

［752］ Mao Tse-tung. *Mao Tse-tung on art and literature*. Peking：Foreign Languages Press，1967

　　毛泽东：《毛泽东论文艺》

［753］ （Mao）Tse-tung. 'Pei-ching cheng-pien yü shang-jen'（The Peking coup d'etat and the merchants）. *HTCP*，31—32（11 July 1923）

　　（毛）泽东：《北京政变与商人》，《向导周报》，31—32（1923 年 7 月 11 日）

［754］ Mao Tse-tung. *Mao Tse-tung chi* 毛泽东集（Collected writings of Mao Tse-tung），ed. by Takeuchi Minoru 竹内実 10 vols. Tokyo：Hokubōsha 北望社，1970—1972. Cited as Takeuchi edn

　　毛泽东：《毛泽东集》，竹内実编，引作竹内本

[755] Mao Tse-tung. 'Ch'üan-kuo nung-hsieh tsui-chin hsun-ling' (A recent decree of the National Peasant Association), in Takeuchi edn, 2. 9

毛泽东：《全国农协最近训令》，载竹内本，2

[756] Maruyama Noboru. *Ro Jin sono bungaku to kakumei* 鲁迅その文学と革命 (Lu Hsun, his literature and revolution). Tokyo: Heibonsha 平凡社, 1965

丸山昇：《鲁迅的文学与革命》

[757] Masson, Michel. 'The idea of Chinese tradition: Fung Yu-lan, 1939—1949'. Harvard University, Ph. D. dissertation, 1978

米歇尔·马森：《中国的传统观念：冯友兰，1939—1949 年》，哈佛大学博士论文，1978 年

[758] Mast, Herman, Ⅲ, and Saywell, William G. 'Revolution out of tradition: the political ideology of Tai Chi-t'ao'. *JAS*, 34. 1 (Nov. 1974) 73—98

赫尔曼·马斯特第三、威廉·G. 塞韦尔：《出自传统的革命：戴季陶的政治思想》，《亚洲研究杂志》，34. 1 (1974 年 11 月)

[759] *Materialy po Kitaiskomu voprosu* (Materials on the China question). Moscow: Sun Yat-sen University, 1925—1927

《有关中国问题的资料》

[760] McCormack, Gavan. *Chang Tso-lin in Northeast China, 1911—1928: China, Japan and the Manchurian idea*. Stanford: Stanford University Press, 1977

加万·麦科马克：《张作霖在中国东北，1911—1928 年：中国、日本和满族人的想法》

[761] McCormick, F. *The flowery republic*. New York: Appleton, 1913

F. 麦考密克：《中华民国》

[762] McDonald, Angus W., Jr. *The ruban origins of rural revolution: elites and masses in Hunan province, China, 1911—1927*, Berkeley, Los Angles and London: University of California Press, 1978

小安格斯·W. 麦克唐纳：《农村革命的城市根源：1911—1927 年中国湖南省的精英和民众》

[763] McDonald, Angus W., Jr. 'The Hunan peasant movement: its urban origins'. *Modern China*, 1. 2 (April 1975) 180—203

小安格斯·W. 麦克唐纳：《湖南农民运动：它的城市根源》，《近代中国》，

1.2(1975 年 4 月)

[764] McDougall, Bonnie S. *The introduction of Western literary theories into modern China*, *1919 — 1925*. Tokyo：Centre for East Asian Cultural Studies, 1971

邦妮・S. 麦克杜格尔：《介绍近现代中国的西方文学理论，1911—1925 年》

[765] McDougall, Bonnie S. , trans. and ed. *Paths in dreams：selected prose and poetry of Ho Ch'i-fang*. Queensland, Australia：University of Queensland Press, 1976

邦妮・S. 麦克杜格尔编译：《梦中的路：何其芳诗文选》

[766] McElderry, Andrea Lee. *Shanghai old-style banks（ch'ien-chuang）, 1800 — 1935*. Ann Arbor：University of Michigan, Center for Chinese Studies, 1976

安德烈亚・李・麦克尔德里：《上海的钱庄，1800—1935 年》

[767] McGuire, Catherine M. 'The union movement in Hunan in 1926—1927 and its effect on the American community'. Columbia University, M. A. essay in History, 1977

凯瑟琳・M. 麦圭尔：《1926—1927 年湖南的工会运动及其对美国社区的影响》，哥伦比亚大学历史硕士论文，1977 年

[768] Mehra, Parshotam. *The McMahon Line and after：a study of the triangular contest on India's northeastern frontier between Britain, China and Tibet, 1904 — 1947*. Delhi：Macmillan, 1974

帕索坦・梅拉：《麦克马洪线及自此以后：英国、中国和西藏之间对印度东北边界的三方争论研究，1904—1947 年》

[769] *Mei—chou P'ing-lun*（Weekly review）. Peking：Dec. 1918—

《每周评论》，北京，1918 年 12 月—

[770] Meisner, Maurice. *Li Ta-chao and the origins of Chinese Marxism*. Cambridge, Mass. ：Harvard University Press, 1967

莫里斯・迈斯纳：《李大钊与中国马克思主义的起源》

[771] Meserve, Walter and Meserve, Ruth, eds. *Modern drama from Communist China*. New York：New York University Press, 1970

沃尔特・梅泽夫和鲁思・梅泽夫编：《共产主义中国的现代戏剧》

[772] Metzger, Thomas A. *Escape from predicament：neo-Confucianism and*

China's evolving political culture. New York：Columbia University Press，
1977

托马斯·A. 梅茨格：《摆脱困境：新儒学和演变中的中国政治文化》

[773] Metzger, Thomas A. 'On the historical roots of modernization in China：the
increasing differentiation of the economy from the polity during late Ming
and early Ch'ing times', paper presented at the Conference on Modern Chi-
nese Economic History, Taipei, 1977

托马斯·A. 梅茨格：《论中国现代化的历史根源：明末清初经济与行政日
益分化》

[774] Mif, Pavel. *Chin-chi shih-ch'i chung ti Chung-kuo Kung-ch'an-tang*（The
Chinese Communist Party in critical days）. Moscow：Sun Yat-sen Universi-
ty, 1928.（Translated from the Russian.）

帕维尔·米夫：《紧急时期中的中国共产党》(译自俄文)

[775] Mif, Pavel. *Heroic China：fifteen years of the Communist Party of China*.
New York：Workers Library Publisher, 1937

帕维尔·米夫：《英雄的中国：中国共产党的 15 年》

[776] Mikami Taichō, Ishikawa Tadao and Shibata Minoru. *Kohoku shūashū bōdō
keika no hōkoku* 湖北秋收暴动经过の报告（A report on the Autumn Har-
vest uprising in Hupei）. *Kansai daigaku tōzai gakujutsu kenkyūjo shiryō
shūkan* 关西大学东西学术研究所资料集刊（Sources of the Kansai Universi-
ty Institute of Oriental and Occidental Studies）, No. 1. Osaka：Kansai
Daigaku Tōzai Gakujutsu Kenkyūjo, 1961. This is a translation of the whole
text of the *Chung-yang t'ung-hsun*（Central Committee circular）, No. 11：
Hu-pei ch'iu-shou pao-tung chuan-hao（Special issue on the Autumn Har-
vest uprising in Hupei）, which was probably published on 24 or 25 Novem-
ber, 1927

三上谛听、石川忠雄、芝田稔：《湖北秋收暴动报告》，《关西大学东西学术
研究所资料集刊》，为可能出版于 1927 年 11 月 24 日或 25 日的《中央通
讯》，11，《湖北秋收暴动专号》的全部译文

[777] Miller, Stuart Creighton. 'Ends and means：missionary justification of force
in nineteenth century China', in John K. Fairbank, ed. *The missionary enter-
prise in China and America*, 249—282

斯图尔特·格雷顿·米勒:《目的与手段:传教士为中国 19 世纪的暴力辩护》,载费正清编:《在华的传教事业与美国》

[778] Mills, Harriet C. 'Lu Hsun: 1927—1936, the years on the left'. Columbia University, Ph. D. Dissertation, 1963

哈里特·C. 米尔斯:《鲁迅:1927—1936 年,左倾时期》,哥伦比亚大学博士论文,1963 年

[779] Mills, Harriet C. 'The essays: some observations on form and substance', paper presented at the annual meeting of the Association for Asian Studies, New York, March 1972

哈里特·C. 米尔斯:《随笔:关于形式与内容的一些意见》,提交亚洲研究学会年会的论文,纽约,1972 年 3 月

[780] Mills, Harriet. 'Lu Xun: literature and revolution——from Mara to Marx', in Merle Goldman, ed. *Modern Chinese literature in the May Fourth era*, 189—220. Cambridge, Mass. : Harvard University Press, 1977

哈里特·C. 米尔斯:《鲁迅:文学与革命 ——从马拉到马克思》,载默尔·戈德曼编:《五四时代的中国现代文学》

[781] Mills, J. V. G. , trans. and ed. *Ma Huan, Ying-yai sheng-lan, the overall survey of the ocean's shores* (1433). Cambridge: Cambridge University Press, 1970

J. V. G. 米尔斯编译:《马欢的〈瀛涯胜览〉,对海洋诸海岸的全面考察(1433 年)》

[782] Min Erh-ch'ang, comp. *Pei-chuan chi-pu* (Supplement to the collection of biographies from stone inscriptions). 24 *ts'e*. Peking: 燕京大学, 1932

闵尔昌编:《碑传集补》

[783] *Min-kuo jih-pao* (National daily). Shanghai and Canton, ca. 1914—

《民国日报》,上海和广州,约 1914 年—

[784] *Min-li pao* (Independent people's newspaper). Shanghai, 1910—1913

《民立报》,上海,1910—1913 年

[785] *Min-pao* (People's journal). 1—26 (Sept. 1905—Sept. 1908). Reprinted by K'o-hsueh, Peking, 1957. 4 vols.

《民报》,1—26(1905 年 9 月—1908 年 9 月)

[786] Min-sheng (People's voice). 1—29 (Aug. 1913—June 1921). Reprinted by 龙

门书店，Hong Kong，1967

　　《民声》，1—29（1913 年 8 月—1921 年 6 月）

[787] *Min to*（People'tocsin）. Shanghai：1916—

　　《民铎》，上海，1916 年—

[788] *Ming-pao yueh-k'an*（Ming-pao Monthly）. Hong Kong，1966—

　　《明报月刊》，香港，1966 年—

[789] Ministry of Agriculture and Commerce. *Nung-shang t'ung-chi piao*（Tables of agricultural and commercial statistics）. Shanghai，1914—1919；Peking，1920—1924

　　农商部：《农商统计表》，上海，1914—1919 年；北京，1920—1924 年

[790] Ministry of Communications（Ministry of Railways，Bureau of Railway Statistics，from 1925 issue）. *Statistics of government railways，1915—1936.* Peking，1916—1928；Nanking，1931—1936

　　交通部：《政府铁路统计表，1915—1936 年》，北京，1916—1928 年；南京，1931—1936 年

[791] Ministry of Defence. Kuo-fang-pu shih-cheng-chü. *Pei-fa chan-shih*（A battle history of the northern punitive expedition）. 4 vols. Taipei，1959；another set bound in 10 *ts'e*；another edn published at Yangming-shan；Chung-hua ta-tien pien-yin hui，5 vols. ，1967；our citations are to the 4 vols. 1959 edn.

　　国防部史政局：《北伐战史》

[792] Ministry of Defence. General Political Department. *Kuo-chün cheng-kung shih-kao*（Draft history of poitical work in the National Army）. 2 vols. Taipei：General Political Department of the Ministry of Defence，1960

　　国防部总政治部：《国军政工史稿》

[793] Ministry of Defence. *Pei-fa chien-shih*（A brief history of the northern punitive expedition）. Taipei：Ministry of Defence，1961

　　国防部：《北伐简史》

[794] Ministry of Finance. *Annual reports for the 17th，18th，19th，21st，22nd，and 23rd fiscal years.* Nanking，1930—1936

　　财政部：《第 17、18、19、21、22、23 财政年度的年度报告》，南京，1930—1936 年

[795] Ministry of Industries，National Agricultural Research Bureau，*Nung-ch'ing*

pao-kao (Crop reports). Nanking, 1933—1939

实业部中央农业实验所:《农情报告》,南京,1933—1939 年

[796] Ministry of the Interior. *Nei-cheng nien-chien* (Yearbook of the Interior Ministry). 4 vols. Shanghai: Commercial Press, 1936

内政部:《内政年鉴》

[797] 'Minutes of the Military Section on…1927', in *Soviet plot in China*, 143—148; also in *Chinese Social and Political Science Review*, 7 (1927) 232—239. (A document seized in the Peking raid of 6 April 1927)

《1927 年军事部门会议记录》,载《苏联在中国的阴谋》

[798] Mirovitskaia, R. A. 'Pervoe destiatiletie' (The first decade), in *Leninskaia politika SSSR v otnoshenii Kitaia* (The Leninist policy of the USSR with regard to China). Moscow: 'Nauka', 1968

R. A. 米罗维茨卡娅:《第一个十年》,载《苏联有关中国的列宁主义政策》

[799] Mirovitskaia, R. A. 'Mikhail Borodin (1884—1951)', in *Vidnye sovetskie kommunisty——uchastniki kitaiskoi revolutsii*, 22—40

R. A. 米罗维茨卡娅:《米哈伊尔·鲍罗廷(1884—1951 年)》,载《杰出的苏联共产党人——中国革命的参加者》

[800] Misselwitz, Henry Francis. *The dragon stirs: an intimate sketchbook of China's Kuomintang revolution, 1927—1929*. New York; Harbinger House, 1941

亨利·弗朗西斯·米塞尔维茨:《龙在活动:中国国民党革命概述,1927—1929 年》

[801] Mitarevsky, N. *World-wide soviet plots, as disclosed by hitherto unpublished documents seized in the USSR embassy in Peking*. Tientsin: Tientsin Press, Ltd. , 1927

N. 米塔列夫斯基:《世界范围的苏联阴谋,在北京苏联使馆没收的迄今未公布的文献所揭露》

[802] Miyashita Tadao. *Shina ginkō seido ron* 支那银行制度论 (A treaties on the Chinese banking system). Tokyo: Ganshōdō 岩松堂, 1941

宫下忠雄:《论中国银行制度》

[803] Miyazaki, Ichisada, trans. by Schirokauer, Conrad. *China's examination hell: the civil service examinations of imperial China*. New York and Tokyo:

Weatherhill, 1976. Originally *Kakyo: Chūgoku no shiken jigoku* 科举：中国
の试验地狱. Tokyo: Chūō Kōronsha 中央公论社, 1963

宫崎市定：《中国的考试地狱：中华帝国的文官考试》，康拉德・希洛考尔
英译

[804] *Modern China: an international quarterly*. Beverly Hills, Cal. : Sage Publica-
tions, 1975—

《现代中国：国际季刊》，加利福尼亚，1975 年—

[805] *Modern Chinese Literature Newsletter*, ed. by Michael Gotz, 1975—

《现代中国文学通讯》，迈克尔・戈茨编，1975 年—

[806] Moh, H. Y. 'Causes for the high price of cotton and the low price oyarn'.
CWR. (23 Dec. 1922) 140—141

穆湘玥：《花贵纱贱之原因》，《密勒氏评论报》，1922 年 12 月 23 日

[807] Moh, H. Y. See Mu Ou-ch'u

穆湘玥，见穆藕初

[808] Monnet, Jean. *Mémoires*. Paris: Fayard, 1976

琼・蒙内特：《回忆录》

[809] Moore, John A. , Jr. 'The Chinese consortiums and America-China policy
1909—1917'. Claremont Graduate School, Ph. D. dissertation, 1972

小约翰・A. 穆尔：《中国的国际财团与美中政策，1909—1917 年》，克莱
门托研究生院博士论文，1972 年

[810] Morrison, George Ernest. Private papers, Mitchell Library, Sydney, New
South Wales

莫理循：《书信文件集》

[811] Morrison, G. E. See Lo-Hui-min

莫理循，见骆惠敏

[812] Morrison, Esther. 'The modernization of the Confucian bureaucracy: an his-
torical study of public administration'. Radcliffe College, Ph. D. dissertation,
3 vols. 1959

埃丝特・莫里森：《儒家官僚政治的现代化：民众管理的历史研究》

[813] Morse, H. B. *The international relations of the Chinese empire*. 3 vols. Lon-
don: Longmans, 1910—1918

马士：《中华帝国对外关系史》

［814］ Mote,Frederick W. 'The T'u-mu incident of 1449', in Frank A. Kierman, Jr. ,and John K. Fairbank, eds. *Chinese ways in warfare*, 243－272. Cambridge,Mass. ;Harvard University Press,1974

牟复礼:《1449 年的土木之变》,载小弗兰克・A. 基尔曼和费正清编:《中国的兵法》

［815］ Mote,F. W. See Hsiao Kung-chuan

牟复礼,见萧公权

［816］ Mu Ou-ch'u. 'Hua-kuei sha-chien chih yuan-yin' (Causes of the dearness of raw cotton and the cheapness of yarn). *TSHYP*,3. 2(Feb. 1923)

穆藕初:《花贵纱贱之原因》,《上海总商会月报》,3. 2(1923 年 2 月)

［817］ Mu Ou-ch'u(Hsiang-yueh). *Ou-ch'u wu-shih tzu-shu* (Autobiography of Mu Ou-ch'u at 50 years of age). Shanghai:Commercial Press,1926

穆藕初(湘玥):《藕初五十自述》

［818］ Muramatsu Yūji. 'A documentary study of Chinese landlordism in late Ch'ing and early republican Kiangnan'. *Bulletin of the School of Oriental and African Studies*,29. 3(1966)566－599

村松祐次:《中国清末明初江南地主所有制的纪实研究》,《东方和非洲研究学院学报》,29. 3(1966 年)

［819］ Muramatsu Yūji. *Kindai Kōnan no sosan——Chūgoku jinushi seido no kenkyū* 近代江南の租栈——中国地主制度の研究(Bursaries in modern Kiangnan——a study of the Chinese landlord system). Tokyo:Tokyo University Press,1970

村松祐次:《近代江南的租栈——中国地主制度的研究》

［820］ Murphey,Rhoads, *The outsiders:the Western experience in India and China*. Ann Arbor:The University of Michigan Press,1977

罗兹・墨菲:《外来人:西方在印度和中国的经验》

［821］ Myers,Ramon H. *The Chinese peasant economy:agricultural development in Hopei and Shantung , 1890－1949*. Cambridge,Mass. ;Harvard University Press,1970

拉蒙・H. 迈尔斯:《中国的农民经济:河北和山东的农业发展,1890－1949 年》

［822］ Myers,Ramon H. 'Agrarian policy and agricultural transformation:mainland China and Taiwan, 1895－1954'. *Hisang-kang Chung-wen ta-hsueh Chung-kuo wen-hua yen-chiu-so hsueh-pao* (Journal of the Institute of Chinese Studies of the Chinese University of Hong Kong), 3. 2(1970)521－544

拉蒙·H. 迈尔斯:《土地政策与农业改造:大陆中国和台湾,1895－1954年》,《香港中文大学中国文化研究所学报》,3. 2(1970 年)

[823] Nan-hai yin-tzu(pseud.). *An-fu huo-kuo chi*(How the Anfu Clique brought disaster on the country). 3 vols. n. p. ,1920.

南海胤子(笔名):《安福祸国记》

[824] Nankai Institute of Economics. See Nan-k'ai ta-hsueh ching-chi yen-chiu so

南开经济研究所,见南开大学经济研究所

[825] Nankai Institute of Economics. *Nankai Weekly Statistical Service*. Tientsin,1928－

南开经济研究所:《南开统计周刊》,天津,1928 年—

[826] Nan-k'ai ta-hsueh ching-chi yen-chiu so(Nankai Institute of Economics), comp. *1913 nien－1952 nien Nan-k'ai chih-shu tzu-liao hui-pien*(Nankai price indexes 1913－1952). Peking:统计出版社,1958

南开大学经济研究所编:《1913－1952 年南开指数资料汇编》

[827] *Nan-yang hsiung-ti yen-ts'ao kung-ssu shih-liao*. See Chung-kuo k'o-hsueh yuan

《南洋兄弟烟草公司史料》,见中国科学院

[828] Nassanov, N. ,Fokine, N. and Albrecht, A. 'The letter from Shanghai', 17 March 1927. Trans. from the French in Leon Trotsky. *Problems of the Chinese revolution*,397－432

N. 纳萨诺夫、N. 福凯和 A. 奥尔布雷克特:《上海来信》,译自法文版列昂·托洛茨基:《中国革命的问题》

[829] Nathan, Andrew James. *A history of the China International Famine Relief Commission*. Cambridge, Mass. : Harvard University East Asian Research Center,1965

安德鲁·詹姆斯·内森:《华洋义赈会史》

[830] Nathan, Andrew J. *Modern China, 1840－1972;an introduction to sources and research aids*. Ann Arbor:University of Michigan,1971

安德鲁·J. 内森:《近代中国,1840－1972 年:资料和研究辅助手段概论》

[831] Nathan, Andrew J. *Peking politics 1918—1923: factionalism and the failure of constitutionalism*. Berkeley: University of California Press, 1976

安德鲁·J. 内森:《北京 1918—1923 年的政治斗争:派别活动和宪政的失败》

[832] National Agricultural Research Bureau. *Crop reporting in China, 1934*. Nanking, 1936

中央农业实验所:《中国作物报告,1934 年》

[833] National Economic Council. Bureau of Public Roads. *Highways in China*. Nanking, 1935

全国经济委员会,公路总局:《中国的公路》

[834] National Government. Directorate of Statistics. *Chung-hua min-kuo t'ung-chi t'i-yao, 1935* (Statistical abstract of the Republic of China, 1935). Nanking, 1936

国民政府主计处:《中华民国统计提要,1935 年》

[835] National Government. Directorate of Statistics. *Chung-kuo tsu-tien chih-tu chih t'ung-chi fen-hsi* (Statistical analysis of China's land rent system). Shanghai: 正中, 1946

国民政府主计处:《中国租佃制度之统计分析》

[836] National Land Commission. *Ch'üan-kuo t'u-ti tiao-ch'a pao-kao kang-yao* (Preliminary report of the national land survey). Nanking, 1937

全国土地委员会:《全国土地调查报告纲要》

[837] 'The National Revolutionary Army. A short history of its origin, development and organization', Trans. from a document seized in the Soviet Military Attache's office in Peking, 6 April 1927. In British Foreign Office Archives, FO 371:12440/9156

《国民革命军,其起源、发展和体制的简史》,译自 1927 年 4 月 6 日从北京苏联武官处没收的一份文件

[838] NCH. *North China Herald*

《北华捷报》

[839] Needham, Joseph. *Science and civilization in China*. Vol. 4: *physics and Physical Technology*, Part 3: *Civil Engineering and Nautics*. Cambridge: Cambridge University Press, 1971

李约瑟:《中国科技史》

[840] *Newsletter* of the Center for Chinese Research Materials, 1527 New Hampshire Ave. , N. W. , Washington, D. C. , 20036

中国研究资料中心:《通讯》

[841] Nieh Ch'i-chieh ed. *Ch'ung-te lao-jen tzu-ting nien-p'u* (Chronological auto-biography of Nieh Ch'ung-te). Taipei: Wen-hai, 1966

聂其杰编:《崇德老人自订年谱》

[842] Nieh Yun-t'ai (Ch'i-chieh, C. C. Nieh). 'Wei Jih-ping ch'iang-sha shih-min shih ching-kao kuo-min' (Warning to the nation concerning the incident when Japanese soldiers shot and killed citizens). *TSHYP*, 3. 6 (June 1923) heading *Yen-lun*

聂云台(聂其杰):《为日兵枪杀市民事警告国民》,《上海总商会月刊》, 3. 6(1923 年 6 月)

[843] *Nihon gaikō bunsho* 日本外交文书 (Documents on Japan's diplomacy), comp. by Gaimushō (Ministry of foreign affairs). Tokyo, 1936—

《日本外交文书》,日本外务省编

[844] *Ning-po kung-ch'ang chou-k'an* (Weekly paper of the Ningpo workshops) in *Wu-ssu shih-ch'i ch'i-k'an chieh-shao*, 3. 288—291

《宁波工厂周刊》,见《五四时期期刊介绍》,3. 288—291

[845] Nishi Junsō and Shimada Kenji. eds. *Shimmatsu mindoku sho seiji hyōron shū* 清末民国初政治评论集 (Collected political essays of the late Ch'ing and early republic), in *Chūgoku koten bungaku taikei* 中国古典文学大系 (Comprehensive compendium of Chinese classical literature), No. 58. Tokyo: Heibonsha 平凡社, 1971

西顺藏和岛田虔次编:《清末民国初政治评论集》,见《中国古典文学大系》,58

[846] Nivison, David S. and Wright, Arthur F. , eds. *Confucianism in action*. Stanford: Stanford University Press, 1959

戴维·S. 尼维森、芮沃寿编:《行动中的儒学》

[847] *NLCP. See Nu-li chou-pao*

《努力周报》

[848] *North China Daily News*. Shanghai, 1864—

《字林西报》,上海,1864 年—

[849] *The North China Herald and Supreme Court and Consular Gazette*. Weekly. Shanghai,1850—

《北华捷报》,周刊,上海,1850 年—

[850] North,Robert C. *Moscow and Chinese communists*. Stanford:Stanford University Press,1952

罗伯特・C. 诺思:《莫斯科和中国共产党员》

[851] North,Robert C. and Eudin,Xenia J. M. N. *Roy's mission to China:the Communist-Kuomintang split of 1927*. Berkeley and Los Angeles:University of California Press,1963

罗伯特・C. 诺思和赛尼亚・J. M. N. 尤廷:《罗易之使华:1927 年的国共分裂》

[852] *Nu-li chou-pao* (Endeavour). Weekly. Peking,1922—1923

《努力周报》,周刊,北京,1922—1923 年

[853] Nung-min. See *Ti-i-tz'u kuo-nei ko-ming chan-cheng shih-ch'i ti nung-min yun-tung*

《农民》,见《第一次国内革命战争时期的农民运动》

[854] Oleson,Alexandra and Voss,John,eds. *The organization of knowledge in modern America,1860—1920*. Baltimore:Johns Hopkins University Press, 1979

亚历山大・奥利森、约翰・沃斯编:《现代美国的知识构成,1860—1920年》

[855] Onogawa Hidemi and Shimada Kenji,eds. *Shingai kakumei no kenkyū* 辛亥革命の研究(Studies on the 1911 Revolution). Tokyo:Chikuma shobō 筑摩书房,1978

小野川秀美和岛田虔次编:《辛亥革命研究》

[856] Ortega y Gasset,José. 'The dehumanization of art',in Irving Howe,ed. *The idea of the modern in literature and the arts*,83—96

约瑟・奥特加・依・加西特:《艺术的非人性化》,载欧文・豪编:《文学艺术中关于现代的观念》

[857] Osaka Tokushi. *Chūgoku shin bungaku undō shi* 中國新文學運動史(History of the new literature movement of China). 2 vols. Tokyo:Hosei daigaku

法政大學,1965

尾坂德司:《中国新文学运动史》

[858] Ou Pao-san. See Wu Pao-san

巫宝三

[859] Pa Chin. *The family*. Trans. by Sidney Shapiro with introduction by Olga Lang. New York: Anchor, 1972

巴金:《家》,西德尼·夏皮罗译,奥尔加·兰序

[860] Paauw, Douglas S. 'Chinese national expenditure during the Nanking period'. *FEQ*, 12. 1 (Nov. 1952) 3—26

道格拉斯·S. 帕俄:《南京时期的中国国家支出》,《远东季刊》,12. 1 (1952 年 11 月)

[861] Paauw, Douglas S. 'Chinese public finance during the Nanking government period'. Harvard University, Ph. D. dissertation, 1950

道格拉斯·S. 帕俄:《南京政府时期的中国政府财政》,哈佛大学哲学博士学位论文,1950 年

[862] Paauw, Douglas S. 'The Kuomintang and economic stagnation 1928—1937'. *JAS*, 16. 2 (Feb. 1957) 213—220

道格拉斯·S. 帕俄:《国民党与经济停滞,1928—1937 年》,《亚洲研究杂志》,16. 2(1957 年 2 月)

[863] *Pacific Affairs*. Vancouver, etc. 1926—

《太平洋事务》,温哥华等地,1926 年—

[864] Pai Chiao. Yuan Shih-k'ai yü *Chung-hua min-kuo* (Yuan Shih-k'ai and the Republic of China). Shanghai: 人文月刊社,1936; Taipei, 1961

白蕉:《袁世凯与中华民国》

[865] Pai Ch'ung-hsi. *Shih-liu nien ch'ing-tang yun-tung ti hui-i* (Recollections of the party purification movement of 1927). Kuomintang Kwangsi Party Reconstruction Committee, Propaganda Department, 1932

白崇禧:《十六年清党运动的回忆》

[866] Pak, Hyobom. *Documents of the Chinese Communist Party, 1927—1930*. Hong Kong: Union Research Institute, 1971

朴孝范(音):《中国共产党文献集,1927—1930 年》

[867] Pan Wei-tung. *The Chinese Constitution: a study of forty years of constitu-*

tion-making in China. Washington, D. C. : Sponsored by the Institute of Chinese Culture, 1946

潘维东:《中国宪法:中国制宪 40 年之研究》

[868] Pao-hu shang-pu an-ch'üan i-an, Han-k'ou tsung-shang-hui t'i-i (Proposal concerning the protection of commercial centres. Motions put forward by the General Chamber of commerce of Hankow). *TSHYP*, 3. 5(May 1923)

《"保护商埠安全议案":汉口总商会提议》,《上海总商会月报》,3. 5(1923 年 5 月)

[869] Pearl, Cyril. *Morrison of China*. Sydney: Angus & Robertson Ltd. , 1967

西里尔·珀尔:《在华的莫理循》

[870] 'Pei-ching ta-hsueh-t'ang chih kuo-hsueh wen-t'i'(The problem of national learning at Peking University). *Hsin-min ts'ung-pao*, 34(July 1903)61—62

《北京大学堂之国学问题》,《新民丛报》,34(1903 年 7 月)

[871] *Pei-fa chan-shih*. See Ministry of Defence

《北伐战史》,见国防部

[872] *Pei-fa chien-shih*. See Ministry of Defence

《北伐简史》,见国防部

[873] P'eng Min. *Wu-ssu yun-tung lun-wen chi* (Collected essays on the May Fourth movement). canton: Jen-min, 1978

彭明:《五四运动论文集》

[874] P'eng Tse-i, comp. *Chung-kuo chin-tai shou-kung-yeh shih tzu-liao*, *1840—1949* (Source materials on the history of handicraft industry in modern China, 1840—1949). 4 vols. Peking: San-lien, 1957

彭泽益编:《中国近代手工业史资料,1840—1949 年》

[875] *People's Tribune*. Organ of the National Government in Hankow. March-Aug. 1927

《民众论坛》,汉口国民政府的机关刊物,1927 年 3—8 月

[876] Perkins, Dwight H. *Agricultural development in China*, *1368—1968*. Chicago: Aldine, 1969

德怀特·H. 帕金斯:《中国的农业发展,1368—1968 年》

[877] Perkins, Dwight H. , ed. *China's modern economy in historical perspective*. Stanford: Stanford University Press, 1975

德怀特·H. 帕金斯编:《历史剖析中的中国现代经济》

[878] Perkins, Dwight H. 'Growth and changing structure of China's twentieth-century economy, in Dwight H. Perkins, ed. *China's modern economy in historical perspective*, 115—165. Stanford: Stanford University press, 1975

德怀特·H. 帕金斯:《中国 20 世纪经济的增长与结构变化》,载其所编《历史剖析中的中国现代经济》

[879] *PFCS*: *Pei-fa chan-shih*. See Ministry of Defence

《北伐战史》,见国防部

[880] Pickowicz, Paul. 'Ch'ü Ch'iu-pai and the Chinese Marxist conception of revolutionary popular literature'. *CQ*, 70(June 1977)296—314

保罗·皮茨科维奇:《瞿秋白与中国马克思主义的革命大众文学艺术观》

[881] Pollard, David E. *A Chinese look at literature: the literary values of Chou tsojen in relation to the tradition*. Berkeley: University of California Press, 1973

戴维·E. 波拉德:《一种中国文学风格:与传统有关的周作人的文学价值观》

[882] Pott, W. S. A. 'The people's delegates to the Pacific Conference'. *CWR*(22 Oct. 1921)

W. S. A. 波特:《参加太平洋会议的人民代表》,《密勒氏评论报》,1921 年 10 月 22 日

[883] Powell, Ralph L. *The rise of Chinese military power*, 1895—1912. Princeton: Princeton University Press, 1955

拉尔夫·L. 鲍威尔:《中国军事力量的兴起,1895—1912 年》

[884] 'Power and politics of the Chinese Chamber of Commerce'. *CWR*(17 July 1926)176; (24 July 1926)190

《中国商会的权力与政治》,《密勒氏评论报》,1926 年 7 月 17 日,1926 年 7 月 24 日

[885] Price, Don C. *Russia and the roots of the chinese Revolution*, 1896—1911. Cambridge, Mass.: Harvard University Press, 1974

唐·C. 普赖斯:《俄国与中国革命的根源,1896—1911 年》

[886] 'Problems of our policy with respect to China and Japan'. (A resolution of the Politburo of the Russian Communist Party, 25 March 1926). Translated

in Leon Trotsky. *Leon Trotsky on China*, 102—110; abstract in Gruber, *Soviet Russia masters the Comintern*, 462—467; and in Leong, *Sino-Soviet diplomatic relations*, 286—289

《我们关于中国和日本的政策的问题》(俄国共产党政治局的决议,1926年3月25日),译载利昂·托洛茨基:《利昂·托洛茨基论中国》;摘要载格鲁伯:《苏俄主宰共产国际》;又载梁:《中苏外交关系》

[887] Průšek, Jaroslav. 'Subjectivism and individualism in modern Chinese literature.' *Archiv Orientalni*, 25. 2(1957) 261—283

雅罗斯拉夫·普鲁舍克:《现代中国文学中的主观主义与个人主义》,《东方档案》,25. 2(1957 年)

[888] Průšek, Jaroslav. 'A confrontation of traditional oriental literature with modern European literature in the context of the Chinese literary revolution.' *Archiv Orientalni*, 32(1964) 365—375

雅罗斯拉夫·普鲁舍克:《中国文学革命情况下传统东方文学与现代欧洲文学的对抗》,《东方档案》,32(1964 年)

[889] Průšek, Jaroslav. 'Lu Hsun's "Huai-chiu": a precursor of modern Chinese literature.' *Harvard Journal of Asiatic Studies*, 29(1969) 169—176

雅罗斯拉夫·普鲁舍克:《鲁迅的〈怀旧〉:中国现代文学的先驱》,《哈佛亚洲研究杂志》,29(1969 年)

[890] Průšek, Jaroslav. *The lyrical and the epic : studies of modern Chinese literature*. Ed. with a preface by Leo Ou-fan Lee. Bloomington: Indiana University Press, 1980

雅罗斯拉夫·普鲁舍克:《抒情诗与叙事诗:现代中国文学研究》,李欧梵编并序

[891] *Pu-erh-sai-wei-k'e* (Bolshevik). Shanghai, Oct. 1927—

《布尔塞维克》,上海,1927 年 10 月—

[892] *Pu-jen tsa-chih* (Compassion magazine). Shanghai, Feb. 1913—

《不忍杂志》,上海,1913 年 2 月—

[893] P'u, Yu-shu. 'The Consortium reorganization loan to China, 1911—1914; an episode in pre-war diplomacy and international finance'. University of Michigan, Ph. D. dissertation, 1951

蒲友书:《国际财团重组对华贷款,1911—1914 年;战前外交和国际金融

的一个事件》，密歇根大学博士论文，1951 年

[894] Pye，Lucian W. *Warlord politics:conflict and coalition in the moderniza-tion of Republican China*. New York:Praeger,1971

卢西恩·W. 派伊：《军阀政治:中华民国现代化中的冲突与联合》

[895] Rankin，Mary Backus. *Early Chinese revolutionaries:radical intellectuals in Shanghai and Chekiang*,1902—1911. Cambridge,Mass. :Harvard University Press,1971

玛丽·巴克斯·兰金：《早期的中国革命者:上海和浙江的激进知识分子,1902—1911 年》

[896] Rankin，Mary Backus. 'The emergence of Women at the end of the Ch'ing:the case of Ch'iu Chin',in Margery Wolf and Roxane Witke,eds. *Women in Chinese society*,39—66. Stanford:Stanford University Press,1975

玛丽·巴克斯·兰金：《清末妇女的出现:秋瑾个案》,载马杰里·沃尔夫和罗克珊·威特克编:《中国社会中的妇女》

[897] Rawski，Thomas G. 'The growth of producer industries,1900—1971',in Dwight H. Perkins,ed. *China's modern economy in historical perspective*,203—234. Stanford:Stanford University Press,1975

托马斯·G. 罗斯基：《制造工业的发展,1900—1971 年》,载德怀特·H. 帕金斯编:《历史剖析中的中国现代经济》

[898] Rawski，Thomas G. *China's republican economy:an introduction*. Discussion paper No. I. Toronto:Joint Centre on Modern East Asia,University of Toronto-York University,1978

托马斯·G. 罗斯基：《中华民国经济概论》,多伦多——约克大学现代东亚联合中心讨论会论文,1

[899] Rea，Kenneth W. See Swisher,Earl.

肯尼思·W. 雷亚,见斯威舍伯爵

[900] Reinsch，Paul S. *An American diplomat in China*. Garden City,N. Y. :Doubleday,Page & Co. ,1922

芮恩施：《一个美国外交官在中国》

[901] Remer，Carl F. *Foreign trade of China*. Shanghai:Commercial Press,1926

卡尔·F. 雷默：《中国的对外贸易》

[902] Remer，C. F. *Foreign investments in China*. New York:Macmillan,1933

C. F. 雷默:《中国的外国投资》

[903] Remer,C. F. *A study of Chinese boycotts*. Baltimore:The Johns Hopkins Press,1933;Taipei:Ch'eng-wen Publishing Co. ,1966

C. F. 雷默:《关于中国抵制外货的研究》

[904] Renditions:*A Chinese-English Translation Magazine*. Chinese University of Hong Kong,Hong Kong,1973—

《译文:中英翻译杂志》,香港,1973 年—

[905] 'Report of the communistic movement of youth of China'. *China Illustrated Review*,Peking(28 Jan. 1928)14—16

《中国共产主义青年运动报告》,《中华星期画报》,北京(1928 年 1 月 28 日）

[906] *Report of the trial of the Chinese arrested during the riots of May 30, 1925*. Shanghai:North China Daily News and Herald,Ltd. ,1925

《关于审讯 1925 年 5 月 30 日暴乱时被捕中国人的报告》

[907] 'Report of the Young Communist International at the Sixth World Congress of the Communist International'. *Lieh-ning ch'ing-nien*(Leninist young), 1. 10(15 Feb. 1929)69—94

《共产国际第六次世界大会上关于青年共产国际的报告》,《列宁青年》, 1. 10(1929 年 2 月 15 日）

[908] 'Resolution on the Chinese question of the Sixth ECCI Plenum', in *International press correspondence*,6. 40(6 May 1926)as quoted in Gruber,*Soviet Russia masters the Comintern*,475—461

《共产国际执行委员会第六次全体会议关于中国问题的决议》,载《国际报刊通讯》,6. 40(1926 年 5 月 6 日）

[909] 'Review symposium'on Thomas A. Metzger's *Escape from predicament:Neo-Confucianism and China's evolving political culture. JAS*,39. 2(Feb. 1980)237—290

托马斯·A·梅茨格著《摆脱困境:新儒学和演变中的中国政治文化》一书的专题讨论,《亚洲研究杂志》,39. 2(1980 年 2 月）

[910] Reynolds,David. 'Iconoclasm,activism and scholarship:the tension between "spontaneity"and"obligation"in the thought of Fu Ssu-nien',paper presented at the Regional Seminar on Confucian Studies,Berkeley,4 June 1976

戴维·雷诺兹：《对传统观念的攻击、能动主义和学识：傅斯年思想中"自发性"和"责任感"之间的紧张状态》，提交儒家研究地区讨论会的论文，伯克利，1976 年 6 月 4 日

[911] Reynolds, Bruce Lloyd. 'The impact of trade and foreign investment on industrialization: Chinese textiles, *1875－1931* ', Ph. D. dissertation, University of Michigan, 1974

布鲁斯·劳埃德·雷诺兹：《贸易和外资对工业化的影响：中国的纺织品，1875－1931 年》

[912] Rhoads, Edward J. M. *China's republican revolution: the case of Kwangtung, 1895－1913.* Cambridge, Mass. : Harvard University Press, 1975

爱德华·J. M. 罗兹：《中国的共和革命：广东的情况，1895－1913 年》

[913] Rickett, Adele, ed. *Chinese approaches to literature from Confucius to Liang Ch'i-ch'ao.* Princeton, New Jersey: Princeton, University Press, 1978

阿黛尔·里基特编：《从孔子到梁启超的中国文学观》

[914] Riskin, Carl. 'Surplus and stagnation in modern China', in Dwight H. Perkins, ed. *China's modern economy in historical perspective*, 49－84. Stanford: Stanford University Press, 1975

卡尔·里斯金：《现代中国的盈余和停滞》，载德怀特·H. 帕金斯编：《历史剖析中的中国现代经济》

[915] Rodes, Jean. *Scenes de la vie révolutionnaire en Chine: 1911－1914.* Paris: Plon Nourrit, 1917

让·罗兹：《中国革命生活的状况，1911－1914 年》

[916] Romanov, B. A. *Russia in Manchuria (1892－1906)*, trans. by Susan W. Jones. Ann Arbor, 1952. Trans. of Rossiya v Manchzhurii, publication 26 of the A. S. Enukidze Oriental Institute, Leningrad, USSR, 1928

B. A. 罗曼诺夫：《俄国在满洲(1892－1906 年)》，苏珊·W. 琼斯译

[917] Roy, David. *Kuo Mo-jo: the early years.* Cambridge, Mass. : Harvard University Press, 1971

戴维·罗伊：《郭沫若：早年》

[918] Rozman, Gilbert, *Urban networks in Ch'ing China and Tokugawa Japan.* Princeton: Princeton University Press, 1973

吉尔伯特·罗兹曼：《中国清代和日本德川时代的城市网》

[919] Sanford, James. 'Chinese commercial organization and behavior in Shanghai of the late nineteenth and early twentieth century'. Harvard University, Ph. D. dissertation, 1976

詹姆斯·桑福德:《19世纪末20世纪初上海中国商业的组织和状况》,哈佛大学博士论文,1976年

[920] Sanetō Keishū. *Chūgokujin Nihon ryūgaku shi* 中国人日本留学史(A history of Chinese students in Japan). Tokyo: Kuroshio Shuppan くろしお出版, 1960

实藤惠秀:《中国人留学日本史》

[921] Sansom, G. B. *The Western world and Japan: a study in the interaction of European and Asiatic cultures*. New York: Knopf, 1950

G. B. 萨姆森:《西方世界和日本:欧洲和亚洲文化相互作用的研究》

[922] Scalapino, Robert A; and Yu, George. *The Chinese anarchist movement*. Berkeley: University of California Press, 1962

罗伯特·A. 斯卡拉皮诺和乔治·于:《中国的无政府主义运动》

[923] Schafer, Edward H. *The golden peaches of Samarkand: a study of T'ang exotica*. Berkeley: University of California Press, 1963

爱德华·H. 肖孚:《撒马尔罕的金桃:唐代舶来品研究》

[924] Schiffrin, Harold Z. 'Military and politics in China: is the warlord model pertinent?' *Asia Quarterly: A Journal from Europe*, 3(1975)193—206

史扶邻:《中国的军人和政治:军阀模式是否贴切?》,《亚洲季刊:一种欧洲杂志》,3(1975年)

[925] Schneider, Laurence A. *Ku Chieh-kang and China's new history*. Berkeley: University of California Press, 1971

劳伦斯·A. 施奈德:《顾颉刚与中国的新史学》

[926] Schneider, Laurence A. 'National essence and the new intelligentsia', in C. Furth, ed. *The limits of change: essays on conservative alternatives in Republican China*, 57—89. Cambridge, Mass. : Harvard University Press, 1976

劳伦斯·A. 施奈德:《国粹和新知识界》,载费侠丽编:《变革的限度:关于中华民国时期的保守抉择的论文集》

[927] Schoppa, Robert Keith. 'Politics and society in Chekiang, 1907—1927: elite power, social control and the making of a province'. University of Michigan,

Ph. D. dissertation, 1975

　　罗伯特·基思·肖帕:《浙江的政治和社会,1907－1927 年:精英势力、社会控制和省的发展》,密歇根大学博士论文,1975 年

［928］Schram, Stuart R. 'On the nature of Mao Tse-tung's "deviation" in 1927'. *CQ*, 18 (April-June 1964) 55－66

　　斯图尔特·R. 施拉姆:《论 1927 年毛泽东"异端"的性质》,《中国季刊》, 18(1964 年 4－6 月)

［929］Schram, Stuart R. *Political leaders in the twentieth century: Mao Tse-tung.* Harmondsworth, England: Penguin Books, Ltd. , 1966

　　斯图尔特·R. 施拉姆:《20 世纪的政治领袖:毛泽东》,修订版

［930］Schram, Stuart R. *The Political thought of Mao Tse-tung*. Rev. edn, New York: Praeger, 1969

　　斯图尔特·R. 施拉姆:《毛泽东的政治思想》,修订版

［931］Schram, Stuart, 'The great union of the popular masses'. *CQ*, 49 (Jan. － March 1972) 88－105

　　斯图尔特·施拉姆:《民众的大联合》,《中国季刊》,49(1972 年 1－3 月)

［932］Schran, Peter. *Guerrilla economy: the development of the Shensi-Kansu-Ninghsia border region, 1937 － 1945.* Albany: University of New York Press, 1976

　　彼得·施兰:《游击经济:陕甘宁边区的发展,1937－1945 年》

［933］Schrecker, John E. *Imperialism and Chinese nationalism: Germany in Shantung.* Cambridge, Mass. : Harvard University Press, 1971

　　约翰·E. 施雷克:《帝国主义和中国民族主义:德国在山东》

［934］Schultz, William. 'Lu Hsun: the creative years'. University of Washington, Ph. D. dissertation, 1955

　　威廉·舒尔茨:《鲁迅:创作的年代》,华盛顿大学博士论文,1955 年

［935］Schurmann, F. and Schell, O. , Comp. *The China reader. Vol. 2. Republican China: nationalism, War, and the rise of communism 1911 － 1949.* New York: Random House, 1967

　　F. 舒尔曼和 O. 谢尔编:《中国读本》,第 2 卷《中华民国:民族主义、战争与共产主义的兴起,1911－1949 年》

［936］Schwartz, Benjamin, 'Ch'en Tu-hsiu and the acceptance of the modern

West'. *Journal of the History of Ideas*,12(1951)61—72

许华茨:《陈独秀与接受现代西方》,《思想史杂志》,12(1951 年)

[937] Schwartz,Benjamin I. *Chinese communism and the rise of Mao*. Cambridge, Mass. Harvard University Press,1951;paperback edn with new introduction,1980

许华茨:《中国的共产主义与毛的崛起》

[938] Schwartz,Benjamin. 'Some polarities in Confucian thought', in David S. Nivison and Arthur F. Wright,eds. *Confucianism in action*,50—62. Stanford:Stanford University Press,1959

许华茨:《儒家思想中的几个极端》,载戴维・S. 尼维森、芮沃寿编:《行动中的儒学》

[939] Schwartz,Benjamin. *In search of wealth and power:Yen Fu and the West*. Cambridge,Mass. :Harvard University Press,1964

许华茨:《寻求富强:严复和西方》

[940] Schwartz,Benjamin. 'Some stereotypes in the periodization of Chinese history'. *Philosophic Forum*,1.2(Winter 1968)219—230

许华茨:《中国历史分期中的一些成规》,《哲学论坛》,1.2(1968 年冬季)

[941] Schwartz,Benjamin,ed. *Reflections on the May Fourth movement:a symposium*. Cambridge,Mass. :Harvard East Asian Monographs,1972

许华茨编:《关于五四运动的意见:专题论集》

[942] SCMP. *South China Morning Post*

《南华早报》

[943] Semanov,Vladimir. *Lu Hsun and his predecessors*,trans. by Charles Alber. New York:M. E. Sharpe,1980

弗拉基米尔・谢苗诺夫:《鲁迅及其先行者》,查尔斯・艾伯英译

[944] Shadick,Harold,trans. *The travels of Lao Ts'an*. Ithaca:Cornell University Press,1966

哈罗德・沙迪克译:《老残游记》

[945] *Shang-hai ch'ien-chuang shih-liao* (Material for the history of the *ch'ien-chuang* banks of Shanghai),Comp. by Chung-kuo jen-min yin-hang Shanghai-shih fen-hang (The Shanghai branch of the Chinese People's Bank). Shanghai:Jen-min,1960

《上海钱庄史料》，中国人民银行上海市分行编

[946] 'Shang-hai shih-chih chih-hua shih-lueh' (Brief history of progress of the Shanghai municipal system), in Shang-hai t'ung she, ed. *Shang-hai yen-chiu tzu-liao* (Research materials on Shanghai), Shanghai: Chung-hua shu-chü, 1936; Taipei: 中国出版社, 1973, 75—78.

《上海市制进化史略》，载上海通社编：《上海研究资料》

[947] *Shang-hai tsung-shang-hui yueh-pao* (Journal of the General Chamber of Commerce). Monthly. Shanghai, 1921—

《上海总商会月报》，月刊，上海，1921年—

[948] Shang-hai t'ung-she, ed. *Shang-hai yen-chiu tzu-liao* (Research materials on Shanghai). Shanghai, 1936; Taipei: China Press, 1973

上海通社编：《上海研究资料》

[949] *Shang-hsueh chi-k'an* (Quarterly review of commercial studies). Peking: Chung-kuo Ta-hsueh, 1919—25(?)

《商学季刊》，北京，1915—1925(?)年

[950] 'Shang-jen cheng-fu' ti p'i-p'ing (Critique of the 'government of merchants'). *TFTC*, 20. 11(20 June 1923)124—125

《"商人政府"的批评》，《东方杂志》，20.11(1923年6月20日)

[951] *SHCK. See Shang-hsueh chi-k'an*

《商学季刊》

[952] She Yao-shu. 'Lun chiao-i-so chih shih-pai chih yuan-yin' (The causes of failure of the Chinese exchanges). *TSHYP*, 2. 8(Aug. 1922)8—13

佘耀枢：《论交易所之失败之原因》，《上海总商会月报》，2.8(1922年8月)

[953] *She-hui hsin-wen* (The social mercury). Shanghai, Oct. 1932—

《社会新闻》，上海，1932年10月—

[954] Sheean, Vincent. *Personal history*. Garden City, N. Y. : Doubleday, Doran & Co. , 1935

文森特·希恩：《个人史》

[955] Shen I-yun. *I-yun hui-i* (Reminiscences of Shen I-yun). Taipei: Chuan-chi wen-hsueh, 1968

沈亦云：《亦云回忆》

[956] *Shen pao* ('Shun Pao'). Daily, Shanghai, 1872—1949

《申报》,日报,上海,1872—1949 年

[957] Shen Yun-lung. *Li Yuan-hung P'ing-chuan* (A critical biography of Li Yuan-hung). Taipei: Institute of Modern History, Academia Sinica, 1963

沈云龙:《黎元洪评传》

[958] Shen Yun-lung, comp. *Yuan Shih-k'ai shih-liao hui-k'an* (Collected historical materials on Yuan Shih-k'ai), a multi-volume collection, various titles. Also 续编 (Supplement) and further volumes. Taipei reprint: Wen-hai, 1966

沈云龙编:《袁世凯史料汇刊》

[959] Shen Yun-lung. *Hsu Shih-ch'ang P'ing-chuan* (A Critical biography of Hsu Shih-ch'ang). Taipei: Chuan-chi wen-hsueh, 1979

沈云龙:《徐世昌评传》

[960] Shen Yun-lung, ed. *Chin-tai Chung-kuo shih-liao ts'ung-k'an* (Library of historical materials on modern China). 1st series Taipei: Wan-hai, 1966

沈云龙编:《近代中国史料丛刊》

[961] Shen Yun-sun. 'Chung-hua shih-yeh yin-hang shih-mo' (History of the Chinese Industrial Bank). *Chin-tai-shih tzu-liao* (Materials on modern history), 6 (1957) 120—139

沈云荪:《中华实业银行始末》,《近代史资料》,6(1957 年)

[962] Sheridan, James E. *Chinese warlord: the career of Feng Yü-hsiang*. Stanford: Stanford University Press, 1966

詹姆斯·E. 谢里登:《中国的军阀:冯玉祥的一生》

[963] Sheridan, James E. *China in disintegration: the republican era in Chinese history*. New York: Free Press, 1975

詹姆斯·E. 谢里登:《分裂的中国:中国史中的民国时期》

[964] Shieh, Milton J. T. *The Kuomintang: selected historical documents, 1894—1969*. Jamaica, N. Y.: St. John'S University Press, 1970

米尔顿·J. T. 谢:《国民党:历史文献选编,1894—1969 年》

[965] Shih Chün, ed. *Chung-kuo chin-tai ssu-hsiang-shih tzu-liao——wu-ssu shih ch'i chu-yao lun-wen-hsuan* (Materials on modern Chinese intellectual history——selected important essays of the May 4 period). Tokyo: Daian, 1968

石峻编:《中国近代思想史资料——五四时期主要论文选》

[966] Shih-fu. See Liu Shih-fu

师复,见刘师复

[967] *Shih-pao*. Shanghai,1904—

《时报》,上海,1904 年—

[968] Shih,Paul T. K. *The strenuous decade : China's nation-building efforts 1927—1937*. Jamaica,N. Y. : St. John's University Press,1970

保罗·T. K. 石(音):《艰辛的十年:中国国家建设的努力,1927—1937年》

[969] ' Shih-t'uan yü chin-mien ch'u-k'ou-ling chih ch'ü-hsiao (The Diplomatic Corps and the abrogation of the decree banning the exportation of cotton). *YHYK*,3. 7(July 1923)heading *Kuo-nei ts'ai-cheng ching-chi*

《使团与禁棉出口令之取消》,《银行月刊》,3. 7(1923 年 7 月)

[970] *Shih-wu pao*(Current affairs,'the China progress'). Shanghai,Aug. 1896—July 1898

《时务报》,上海,1896 年 8 月—1898 年 7 月

[971] Shin,Linda. 'China in transition : the role of Wu T'ing-fang(1842—1922)'. University of California,Los Angeles,Ph. D. dissertation,1970

琳达、邢:《过渡中的中国:伍廷芳(1842—1922 年)的作用》

[972] *Shina kin'yū jijō*. See Japan,Gaimushō

《支那金融形势》,见日本外务省

[973] *Shun Pao*. See *Shen-pao*

《申报》

[974] *Shun-t'ien shih-pao*. Peking,1901—1930

《顺天时报》,北京,1901—1930 年

[975] Sie,Ying-chow. *Le fédéralisme en Chine. Etude sur quelques constitutions provinciates*. University of Paris,thèse de la Faculté de Droit,1924

谢瀛洲:《中国的联邦主义,对部分省宪法的研究》

[976] Sigel,Louis T. 'T'ang Shao-yi(1860—1938): the diplomacy of Chinese nationalism'. Harvard University,Ph. D. dissertation,1972

路易斯·T. 西格尔:《唐绍仪(1860—1938 年):中国的民族主义外交》

[977] Skachkov,P. E.,ed. *Bibliografiia Kitaia*(Bibliography of China). Moscow : Izdvo vostochnoi literatury,1960

P. E. 斯卡克科夫编:《中国书目》

[978] Skinner, G. William. *Chinese society in Thailand : an analytical history*. Ithaca : Cornell University Press, 1957

施坚雅:《泰国的中国社会:一部分析性的历史》

[979] Skinner, G. William. 'Marketing and social structure in rural China'. Part I, *JAS*, 26. 1(Nov. 1964)3—44. (Part II and III in subsequent issues)

施坚雅:《中国农村的市场和社会结构》,I,《亚洲研究杂志》,26. 1(1964年 11 月)3-44. (II、III载其后各期)

[980] Skinner, George William, *et al.* , *eds. Modern Chinese society : an analytical bibliography*. 3 vols. Stanford : Stanford University Press, 1973

施坚雅等编:《现代中国社会:有分析的书目》

[981] Skinner, G. William, ed. *The city in late imperial China*. Stanford : Stanford University Press, 1977

施坚雅编:《中华帝国晚期的城市》

[982] Slupski, Zbigniew. *The evolution of a modern Chinese writer : an analysis of Lao She's fiction with biographical and bibliographical appendices*. Prague : Oriental Institute, 1966

兹比格纽·斯拉普斯基:《一位现代中国作家的发展:对老舍小说的分析,附传记和书目》

[983] SMR: Mantetsu Chōsabu (South Manchurian Railway Research Department). *Chū-shi no minsengyō* 中支の民船业 (The junk trade of central China). Tokyo : Hakubunkan 博文馆, 1943

满铁调查部:《华中的民船业》

[984] Smedley, Agnes. *The great road : the life and times of Chu Teh*. New York : Monthly Review Press, 1956

史沫特莱:《伟大的道路:朱德的一生和时代》

[985] Snow, Edgar. *Red star over China*. New York : Random House, 1938; 1st rev. and enlarged edn, Grove Press, 1968

埃德加·斯诺:《西行漫记》

[986] So, Kwan-wai. *Japanese piracy in Ming China during the 16th century*. East Lansing : Michigan State University Press, 1975

苏均炜:《16 世纪中国明代的日本海盗活动》

[987] Solomon, Richard H. *Mao'S revolution and the Chinese political culture.*
Berkely: University of California Press, 1971

理查德·H.所罗门：《毛的革命和中国的政治文化》

[988] Sonoda Kazuki, comp. *Fen-sheng hsin-Chung-kuo jen-wu-chih* (A record of
personages of new China by provinces). Trans. from the Japanese by Huang
Hui-Ch'üan and Tiao Ying-hua. Shanghai: 良友, 1930

园田一龟编：《分省新中国人物志》,黄惠泉和刁英华译自日文

[989] *South China Morning Post.* Hong Kong, 1903—

《南华早报》,香港,1903 年—

[990] *Soviet plot in China.* Peking: The Metropolitan Police Headquarters, 1928

《苏联在中国的阴谋》

[991] Spence, Jonathan D. *The death of Woman Wang.* New York: The Viking
Press, 1978

史敬思：《王氏之死》

[992] Spence, Jonathan D. *The Gate of Heavenly Peace: the Chinese and their rev-
olution 1895—1980.* New York: Viking Press, 1981

史敬思：《天安门：中国人及其革命,1895—1980 年》

[993] Spence, Jonathan D. and Wills, John E., Jr., eds. *From Ming to Ch'ing: con-
quest, region, and continuity in seventeenth-century China.* New Haven: Yale
University Press, 1979

史敬思和小约翰·E.威尔斯编：《从明至清：17 世纪中国的征服、割据和
延续》

[994] State Statistical Bureau. Industrial Statistics Department. *Wo-kuo kang-
t'ieh, tien-li, mei-t'an, chi-hsieh, fang-chih, tsao-chih kung-yeh ti chin-hsi*
(Past and present of China's iron and steel, electric power, coal, machinery,
textile and paper industries). Peking: 统计出版社, 1958

国家统计局工业统计处：《我国钢铁、电力、煤炭、机械、纺织、造纸工业的
今昔》

[995] Strand, David. 'Peking in the 1920s: Political order and popular protest'.
Columbia University, Ph. D. dissertation, 1979

戴维·斯特兰德：《20 世纪 20 年代的北京：政治秩序与公众的抗议》,哥
伦比亚大学博士论文,1979 年

[996] Strong, Anna Louise. *China's millions*. New York:Coward McCann,1928
安娜·路易丝·斯特朗:《中国大众》

[997] Su-ch'ing(pseud.). *Kung-ch'an-tang chih yin-mou ta pao-lu*(The plots of the Communist Party exposed). Canton:San Min Chü-lo-pu,1924
肃清(化名):《共产党之阴谋大暴露》

[998] Su Wen,ed. *Wen-i tzu-yu lun-pien chi*(Debate on the freedom of literature and art). Shanghai:现代,1933
苏汶编:《文艺自由论辩集》

[999] Suleski, Ronald S. 'Manchuria under Chang Tso-lin'. University of Michigan,Ph. D. dissertation,1974
罗纳德·S.苏莱斯基:《张作霖统治下的满洲》

[1000] Sun K'o-fu and Fan Shu-sheng. *Yuan Shih-k'ai tsun-K'ung fu-p'i ch'ou-chü*(The ugly drama of Yuan Shih-k'ai's veneration of Confucius and imperiral restoration). Peking:Chung-hua,1975
孙克复和樊树生:《袁世凯尊孔复辟丑剧》

[1001] Sun Te-chung,comp. *Ts'ai Yuan-p'ei hsien-sheng i-wen lei-ch'ao*(Posthumous Collection of Ts'ai Yuan-P'ei's writings arranged by types). Taipei:复兴书局,1961
孙德中编:《蔡元培先生遗文类钞》

[1002] Sun Yao. *Chung-hua min-kuo shih-liao*(Historical materials of the Chinese Republic)1930. Taipei:Wen-hai,1967
孙曜:《中华民国史料》

[1003] Sun Yat-sen. *The international development of China*. Preface 1921. 2nd edn, London Office of the Chinese Ministry of Information. London:Hutchinson,1928
孙逸仙:《中国的国际发展》(后成为《建国方略》的一个部分——译者)

[1004] Sun Yat-sen. 'Ho-p'ing t'ung-i hsuan-yen'(Manifesto on peaceful unification),in Chang Ch'i-yun, ed, *Kuo-fu ch'üan-shu*(Complete works of the national father Sun Yat-sen)754—755. Taipei:Chung-kuo hsin-wen,1960
孙逸仙:《和平统一宣言》,载张其昀编:《国父全书》

[1005] Sun Yat-sen. *Kuo-fu ch'üan-chi*(The collected words of the national father Sun Yat-sen). 6 vols. Rev. edn, Taipei:Chung-kuo. Kuomintang Central

Executive Committee, 1961

孙逸仙:《国父全集》

[1006] Sutton, Donald S. *Provincial militarism and the Chinese Republic: the Yunnan Army, 1905 — 1925*. Ann Arbor: University of Michigan Press, 1980

唐纳德·S.苏顿:《省黩武主义与中华民国:滇军,1905—1925 年》

[1007] Swisher, Earl. *Canton in revolution: the collected papers of Earl Swisher, 1925 — 1928*, ed. by Kenneth W. Rea. Boulder, Colorado: Westview Press, 1977

厄尔·斯威舍编:《革命中的广州:厄尔·斯威舍文集,1925—1928 年》,肯尼思·W.雷亚编

[1008] *Ta Chung-hua* (Great China). Shanghai, Jan. 1915 — Dec. 1916

《大中华》,上海,1915 年 1 月—1916 年 12 月

[1009] *Ta-lung chi-ch'i-ch'ang ti fa-sheng fa-chan yü kai-tsao* (Origin, development and transformation of the Ta-lung Machine Works). Comp. by Chung-kuo k'o-hsueh-yuan Shang-hai ching-chi yen-chiu-so. Shanghai: Jen-min, 1958

《大隆机器厂的发生发展与改造》,中国科学院上海经济研究所编

[1010] Tagore, Amitendranath. *Literary debates in modern China, 1918 — 1937*. Tokyo: Centre for East Asian Cultural Studies, 1967

阿米腾德拉纳思·泰戈尔:《现代中国的文学争论,1918—1937 年》

[1011] Tai Chi-t'ao. *Kuo-min ko-ming yü Chung-kuo Kuo-min-tang* (The national revolution and the Kuomintang of China). Shanghai: 'Chi-t'ao's Office', July 1925

戴季陶:《国民革命与中国国民党》

[1012] Tai Chi't'ao. *Tai Chi-t'ao hsien-sheng wen-ts'un* (Collected writings of Mr Tai Chi-t'ao), ed by Ch'en T'ien-hsi. 4 vols. Central Executive Committee of the Kuomintang, 1959

戴季陶:《戴季陶先生文存》,陈天锡编

[1013] Tai Chi-t'ao. *Tai T'ien-ch'ou wen-chi* (Collected essays of Tai Chi-t'ao). Original title: *Sung Yü-fu Tai T'ien-ch'ou wen-chi ho-k'o* (Collected essays of Sung Chiao-jen and Tai Chi-t'ao, 1912). Taipei reprint: Wen-hsing, 1962

戴季陶:《戴天仇文集》,原题《宋渔父戴天仇文集合刻》

[1014] Tai, Yih-jian. 'The contemporary Chinese theater and Soviet influence'. Southern Illinois University, Ph. D. dissertation, 1974

戴益坚(音):《现代中国戏剧与苏联的影响》,南伊利诺斯大学博士论文,1974 年

[1015] *T'ai-p'ing yang* ('The Pacific Ocean'). Monthly, then bimonthly. Shanghai: Commercial Press, 1917—

《太平洋》,月刊,后改双月刊,上海,1917 年—

[1016] Takeuchi Katsumi and Kashiwada Tenzan. *Shina seitō kessha shi* 支那政黨結社史 (A history of political parties and societies in China). 2 vols. Hankow: 崇文阁, 1918

竹内克己、柏田天山:《支那政党结社史》

[1017] Takeuchi edn. See Mao Tse-tung

竹内本,见毛泽东

[1018] Takeuchi Yoshimi. *Ro Jin* (Lu Hsun). Tokyo: Miraisha 未来社, 1961; 10th printing, 1973

竹内好:《鲁迅》

[1019] Tamagna, Frank M. *Banking and finance in China*. New York: Institute of Pacific Relations, 1942

弗兰克·M. 塔马格纳:《中国的银行业与财政》

[1020] T'an, Chester. *Chinese political thought in the twentieth century*. New York: Doubleday, 1971

切斯特·谭:《20 世纪中国政治思想》

[1021] *T'an-ho Kung-ch'an-tang liang ta yao-an* (Two important cases of impeachment of the Communist Party). n. p. : Kuomintang Central Supervisory Committee, Sept. 1927; reprinted in·*KMWH*, 9 (June 1955) 1271—1273

《弹劾共产党两大要案》

[1022] T'an Ssu-t'ung. 'Jen hsueh' (On humanity). *Ch'ing-i pao*. 2—14 (2 Jan. 1899—10 May 1899)

谭嗣同:《仁学》,《清议报》,2—14(1899 年 1 月 2 日—1899 年 5 月 10 日)

［1023］ T'an Ssu-t'ung. 'Chih shih p'ien' (Essay on public affairs), in Yang Chialo, *Wu-hsu pien-fa wen-hsien hui-pien* 3. 83—92

谭嗣同：《治世篇》,载杨家骆：《戊戌变法文献汇编》,3

［1024］ T'an Ssu-t'ung. *T'an Ssu-t'ung ch'üan chi* (Complete works of T'an Ssu-t'ung). Tokyo,1966

谭嗣同：《谭嗣同全集》

［1025］ Tang,Peter S. H. *Russian and Soviet policy in Manchuria and Outer Mongolia*,*1911—1931*. Durham. N. C. :Duke University Press. 1959

唐盛镐：《俄国和苏联在满洲和外蒙的政策,1911—1931 年》

［1026］ T'ao chü-yin. *Wu P'ei-fu chiang-chün chuan* (Biography of General Wu P'ei-fu). Shanghai:Chung-hua,1941;reprinted as Wu P'ei-fu chuan, Taipei:Chung-hua,1957

陶菊隐：《吴佩孚将军传》,重印改作《吴佩孚传》

［1027］ T'ao Chü-yin. *Tu-Chün-t'uan chuan* (Chronicle of the association of warlords). Shanghai;Taipei reprint:Wen-hai,1971

陶菊隐：《督军团传》

［1028］ T'ao Chü-yin. *Chiang Po-li hsien-sheng chuan* (A biography of Mr Chiang Po-li). Shanghai:Chung-hua,1948;Taiwan reprint:Wen-hai,1972

陶菊隐：《蒋百里先生传》

［1029］ T'ao Chü-yin. *Pei-yang chün-fa t'ung-chih shih-ch'i shih-hua* (Historical tales about the period of rule by the Peiyang warlords). 7 vols. Peking:San-lien,1957—1961

陶菊隐：《北洋军阀统治时期史话》

［1030］ T'ao Meng-ho[T'ao Lü-kung]. 'Lun tzu-sha' (On suicide). *Hsin ch'ingnien*,6. 1(15 Jan. 1918)12—18

陶孟和[陶履恭]：《论自杀》,《新青年》,6.1(1918 年 1 月 15 日)

［1031］ T'ao Ying-hui,comp. *Ts'ai Yuan-p'ei nien-p'u* (A chronological biography of Ts'ai Yuan-p'ei). Vol 1. Taipei:Institute of Modern History, Academia Sinica,1976

陶英惠编：《蔡元培年谱》,第 1 卷

［1032］ (Teng)Chih-ping. 'Shih-chü tsa-kan' (Various impressions of the current situation). *TSHYP*,3. 2(Feb. 1923)heading *Yen-lun*

（邓）峙冰：《时局杂感》，《上海总商会月报》，3.2(1923 年 2 月)

[1033] (Teng)Chih-ping. 'Kuo-ch'üan hui-fu yü ching-chi chuen-chiao'(The re-
turn of sovereign rights and the rupture of economic relations). *TSHYP*,
3.4(April 1923)heading *Yen-lun*

（邓）峙冰：《国权回复与经济绝交》，《上海总商会月报》，3.2(1923 年 4
月)

[1034] Teng Chung-hsia. *Chung-kuo chih-kung yun-tung chien-shih*(A brief histo-
ry of the Chinese labour movement). Original edn, Moscow, 1930; Central
China: New China Bookstore, 1949

邓中夏：《中国职工运动简史》

[1035] Teng, Ssu-yü and Fairbank, John K. , comps. *China's response to the West*:
a documentary survey, 1839－1923. Cambridge, Mass. : Harvard Universi-
ty Press, 1954; with a new preface, 1979

邓嗣禹和费正清编：《中国对西方的反应：1839－1923 年文献概览》

[1036] Teng, Ssu-yü and Biggerstaff, Knight, comps. *An annotated bibliography
of selected Chinese reference works*. 3rd edn. Cambridge, Mass. : Harvard
University Press, 1971

邓嗣禹和奈特·比格斯塔夫编：《注释精选中文参考著作书目》，第 3 版

[1037] Teng Yen-ta. *Teng Yen-ta hsien-sheng i-chu*(A posthumous collection of
Mr Teng Yen-ta's writings). Preface(1949)by Yang I-t'ang. Hong Kong:
n. p. , n. d.

邓演达：《邓演达先生遗著》，杨逸棠序(1924 年)

[1038] Terahiro Teruo. 'Unnan gokokugun ni tsuite——kigi no Shutai to undō no
seishitsu'雲南護國軍について—— 起義の主體と運動の性質(The main
constitients of the uprising of Yunnan's National Protection Army and the
nature of the movement). *Tōyōshi kenkyū* 东洋史研究, 17. 3(Dec. 1958)
27－53

寺广映雄：《云南护国军起义的主体及运动的性质》，《东洋史研究》，17.
3(1958 年 12 月)

[1039] Terahiro Teruo. *Chugoku kakumei no shiteki tenkai* 中國革命の史的展開
(The historical unfolding of the Chinese revolution). Tokyo: Kyūko shoin
汲古书院, 1979

寺广映雄:《中国革命历史的展开》

[1040] Terrill, Ross. *Mao: a biography*. New York: Harper & Row, 1980

罗斯·特里尔:《毛泽东:传记》

[1041] *TFTC. See Tung-fang tsa-chih*

《东方杂志》

[1042] Thomas, S. Bernard. '*Proletarian hegemony' in the Chinese revolution and the Canton Commune of 1927*. Ann Arbor: University of Michigan Center for Chinese Studies, 1975

S. 伯纳德·托马斯:《1927 年的中国革命和广州公社中的"无产阶级霸权"》

[1043] Thomson, James C., Jr. *While China faced West: American reformers in Nationalist China, 1928 — 1937*. Cambridge: Harvard University Press, 1969

小詹姆斯·C. 汤姆森:《中国面向西方之时:美国改革者在国民党中国,1928—1937 年》

[1044] 'Three Shanghai uprisings'. *Problemi Kitaii*, Moscow, 2(1930); mimeographed

《三次上海暴动》,《中国问题》,莫斯科,2(1930 年)

[1045] *Ti-i-tz'u kuo-nei ko-ming chan-cheng shih-ch'i ti kung-jen yun-tung* (The labour movement during the first revolutionary civil war period). 3rd edn, Peking: Jen-min, 1963; cited as *Kung-jen*

《第一次国内革命战争时期的工人运动》,引用作《工人》

[1046] *Ti-i-tz'u kuo-nei ko-ming chan-cheng shih-ch'i ti nung-min yun-tung* (The farmers' movement during the first revolutionary civil war period). Peking: Jen-min, 1953; cited as *Nung-min*

《第一次国内革命战争时期的农民运动》,引用作《农民》

[1047] *Ti-kuo chu-i yü Chung-kuo hai-kuan* (Imperialism and the Chinese Maritime Customs). 10 vols. Peking: K'o-hsueh, 1957—1962

《帝国主义与中国海关》

[1048] *Ti-ssu-chün chi-shih* (Factual account of the Fourth Army), comp. by Compilation Committee on the Factual Account of the Fourth Army. Canton: 怀远文化事业服务社, 1949

《第四军纪实》,第四军纪实编辑委员会编

[1049] 'T'i-ch'ang kuo-huo chih wo-chien'(My views on the promotion of national merchandizing), *TSHYP*, 4. 5(May 1924)heading *Yen-lun*

《提倡国货之我见》,《上海总商会月报》,4. 5(1924 年 5 月)

[1050] T'ien Chun(Hsiao Chün). *Village in August*, trans. by Evan King, with an introduction by Edgar Snow. New York: Smith & Durrell, 1942

萧军:《八月的乡村》,埃文·金英译,埃德加·斯诺序

[1051] T'ien Han, Ou-yang yü-ch'ien, *et al. Chung-kuo hua-chü yun-tung wu-shih-nien shih-liao chi*, 1907—1957(Historical materials on the modern Chinese drama movement of the last fifty years, 1907—1957). Peking: 中国戏剧,1957

田汉、欧阳予倩等:《中国话剧运动五十年史料集,1907—1957 年)》

[1052] *T'ien-i*(Natural morality), 3—19(10 July 1907—15 March 1908); reprinted in 中國資料叢書, series 6 中國初期社會主義文獻集, No. 2 Tokyo: Daian, 1966

《天义》,3—19(1907 年 7 月 10 日—1908 年 3 月 15 日)

[1053] Ting, Leonard G. 'Chinese modern banks and the finance of government and industry'. *Nankai Social and Economic Quarterly*, 8. 3(Oct. 1935)578—616

伦纳德·G. 廷:《中国的现代银行与政府财政和工业》,《南开社会与经济季刊》,8. 3(1935 年 10 月)

[1054] Ting Ling *et al. Chieh-fang ch'ü tuan-p'ien ch'uang-tso hsuan*(Selected short works from the liberated areas). 2 vols. n. p. ,1947

丁玲等:《解放区短篇创作选》

[1055] Ting Wen-chiang and Weng Wen-hao. *Chung-kuo fen-sheng hsin-t'u*(New atlas of China by provinces). Shanghai: 申报馆,1933

丁文江和翁文灏:《中国分省新图》

[1056] Ting Wen-chiang, Weng Wen-hao and Tseng Shih-ying. *Chung-hua min-kuo hsin-ti-t'u*(New atlas of the Chinese Republic). Shanghai: 申报馆,1934

丁文江、翁文灏和曾世英:《中华民国新地图》

[1057] Ting Wen-chiang. 'Shao-shu jen ti tse-jen'(The responsibilities of a minority). *NLCP*, 67(26 Aug. 1923)

丁文江:《少数人的责任》,《努力周报》,67(1923 年 8 月 26 日)

[1058] Ting Wen-chiang. *Min-kuo Chün-shih chin-chi* (Recent accounts of the military affairs of the republic). Peking: Commercial Press, 1926

丁文江:《民国军事近纪》

[1059] Ting Wen-chiang, *et al.*, eds. *Liang Jen-kung hsien-sheng nien-P'u ch'ang-pien ch'u-kao* (Extended annuals of Mr Liang Ch'i-ch'ao, first draft). 3vols. Taipei: 世界书局, 1958

丁文江等编:《梁任公先生年谱长编初稿》

[1060] *TJK*: See Li Yun-han, *Ts'ung jung-kung tao ch'ing-tang*

见李云汉:《从容共到清党》

[1061] Tokuda Noriyuki. 'Chūkyōtō shi kankei shiryō mokuroku' 中共黨史關係資料目錄 (Bibliography of materials on the history of the CCP.) *Kindai Chūgoku kenkyū sentā ihō* 近代中國研究セソター匯報 9 (July 1967) 8—20; 10 (Oct. 1967) 8—24

德田教之:《中共党史有关资料目录》,《现代中国研究中心汇报》,9(1967 年 7 月);10(1967 年 10 月)

[1062] Tokunaga Kiyoyuki. *Shina Chūō ginkō ron* 支那中央銀行論 (A treatise on central banking in China). Tokyo: Yūhikaku 有斐閣, 1942

德永清行:《支那中央银行论》

[1063] Tong, Hollington K. (Tung Hsien-kuang). *Chiang Kai-shek*. Rev. edn, Taipei: China Publishing Co., 1953

董显光:《蒋介石》

[1064] Tong Te-kong and Li Tsung-jen. *The memoirs of Li Tsung-jen*. Boulder & Folkestone: Westview Press and Wm. Dawson and Sons, Studies of the East Asian Institute, Columbia University, 1979

唐德刚和李宗仁:《李宗仁回忆录》

[1065] Tou Chi-liang. *T'ung-hsiang tsu-chih chih yen-chiu* (Studies of regional associations). Chungking: Cheng-chung, 1943

窦季良:《同乡组织之研究》

[1066] Trotsky, Leon. *Problems of the Chinese revolution*. 2nd edn, reprint, New York: Paragon Book Gallery, 1962

利昂·托洛茨基:《中国革命的问题》

[1067] Trotsky, Leon. *Leon Trotsky on China : introduction by Peng Shu-tse*, eds. Les Evans and Russell Block. New York : Monad Press, 1976

利昂・托洛茨基：《利昂・托洛茨基论中国：彭述之导言》，李・埃文斯和拉塞尔・布洛克编

[1068] *Tsa-chih yueh-k'an* (Monthly miscellany). Shanghai, May 1938—

《杂志月刊》，上海 1938 年 5 月—

[1069] (Ts'ai) Ho-sen. 'Fan-tui "Tun-ch'ing i yu-Pang" kan-she Chung-kuo nei-cheng' (Against 'the cordial invitation to a friendly power' to intervene in the internal government of China). *HTCP*, 19 (7 Feb. 1923) 150

（蔡）和森：《反对"敦请一友邦"干涉中国内政》，《向导周报》，19（1923 年 2 月 7 日）

[1070] (Ts'ai) Ho-sen. 'Wai-kuo ti-kuo-chu-i-che tui-Hua ti hsin chiu fang-fa' (New and old methods of the foreign imperialists with regard to China). *HTCP* 22 (25 April 1923) 158—160

（蔡）和森《外国帝国主义者对华的新旧方法》，《向导周报》，22（1923 年 4 月 25 日）

[1071] (Ts'ai) Ho-sen. 'Wei shou-hui hai-kuan chu-ch'üan shih kao ch'üan-kuo kuo-min' (Notice to the Chinese people of the restitution of rights over the Maritime Customs). *HTCP*, 48 (12 Dec. 1923) 365—366

（蔡）和森：《为收回海关主权事告全国国民》，《向导周报》，48（1923 年 12 月 12 日）

[1072] (Ts'ai) Ho-sen. 'Shang-jen kan-chueh tao wai-kuo ti-kuo-chu-i chu-chang chung-kuo nei-luan ti ti-i-sheng (The merchants begin to realize that foreign imperialism promotes internal troubles in China). *HTCP*, 44 (27 Oct. 1923) 333

（蔡）和森：《商人感觉到外国帝国主义助长中国内乱的第一声》，《向导周报》，44（1923 年 10 月 27 日）

[1073] Ts'ai Ho-sen. 'The Kwangtung farmers' movement on May First this year'. *HTCP*, 112 (1 May 1925) 1030—1036

蔡和森：《本年五月一日的广东农民运动》，《向导周报》，112（1925 年 5 月 1 日）

[1074] Ts'ai Shang-ssu. *Ts'ai Yuan-p'ei hsueh-shu ssu-hsiang chuan-chi* (An academic and intellectual biography of Ts'ai Yuan-p'ei). Shanghai：棠棣出版社，1950

　　蔡尚思：《蔡元培学术思想传记》

[1075] Ts'ai Yuan-p'ei. 'Wu-shih-nien lai Chung-kuo chih che-hsueh' (Chinese philosophy in the past 50 years). *Shen pao anniversary issue*, *Tsui-chin wushih nien* (The last 50 years), 1—10 (sep. pag.). Shanghai：Shen pao, 1922

　　蔡元培：《五十年来中国之哲学》，《申报》创刊 50 周年纪念刊《最近五十年》

[1076] Ts'ai Yuan-p'ei. 'Wo so-shou chiu-chiao-yü chih hui-i' (Reminiscences on the traditional education I have received), *Jen-chien-shih*, 1(5 April 1934) 8—9

　　蔡元培：《我所受旧教育之回忆》，《人间世》，1（1934 年 4 月 5 日）

[1077] Ts'ai Yuan-p'ei. 'Wo ch'ing-nien-shih-tai ti tu-shu sheng-huo' (My experiences as a student), *Tu-shu sheng-huo*, 2.6(July 1936)

　　蔡元培：《我青年时代的读书生活》，《读书生活》，2.6（1936 年 7 月）

[1078] Ts'ai Yuan-p'ei. See Huang-Shih-hui

　　蔡元培，见黄世晖

[1079] Ts'ang Shui. 'Chin mien ch'u-k'ou yü chin-hou Chung Jih sha-shih chih kanhsiang' (Impressions on the ban of exportation of raw cotton and on the future for Chinese and Japanese yarns). YHCP, 7.6(6 Feb. 1923)14—15

　　沧水：《禁棉出口与今后中日纱市之感想》，《银行周报》，7.6（1923 年 2 月 6 日）

[1080] Ts'ao Chü-jen. *Wen-t'an san i* (Three reminiscences of the literary scene). Hong Kong：新文化出版社，1954

　　曹聚仁：《文坛三忆》

[1081] Ts'ao Chü-jen. *Wen-t'an wu-shih nien hsu-chi* (Sequel to fifty years on the literary scene). Hong Kong：Hsin wen-hua, 1969

　　曹聚仁：《文坛五十年续集》

[1082] Ts'ao Ju-lin. *I-sheng chih hui-i* (A lifetime's recollections). Hong Kong：春秋杂志社，1966

　　曹汝霖：《一生之回忆》

[1083] Ts'ao Yü. *Jih-ch'u*(Sunrise). Shanghai:文化生活,1936

曹禺:《日出》

[1084] Ts'en Hsueh-lü[Feng-kang chi-men ti-tzu],comp. *San-shui Liang Yen-sun hsien-sheng nien-p'u* 三水梁燕孙先生年谱（A chronological biography of the life of Mr Liang Yen-sun[Shih-i]of San-shui hsien). 2 vols. 1930. Taipei:Wen-hsing,1962

岑学吕[凤冈及门弟子]编:《三水梁燕孙（士诒）先生年谱》

[1085] *TSHYP*. See *Shang-hai tsung-shang-hui yueh-pao*

《上海总商会月报》

[1086] *Tso-lien shih-ch'i wu-ch'an chieh-chi ko-ming wen-hsueh*(Proletarian revolutionary literature in the period of the leftwing League),ed. by Nan-ching ta-hsueh Chung-wen hsi（Department of Chinese,Nanking University). Nanking:江苏文艺,1960

《左联时期无产阶级革命文学》,南京大学中文系编

[1087] Tsou Lu. *Chung-kuo Kuo-min-tang shih kao*（A draft history of the Kuomintang of China). 2nd edn. Chungking:Commercial Press,1944;Taipei:Commercial Press,1970

邹鲁:《中国国民党史稿》

[1088] Tsou Lu. *Hui-ku-lu*（Reminiscences). 2 vols. Nanking:独立,1946;reprint 1947

邹鲁:《回顾录》

[1089] Tung,William L. *China and the foreign powers:the impact of and reaction to unequal treaties*. Dobbs Ferry, N. Y. :Oceania Publications, Inc. , 1970

董霖:《中国和外国列强:不平等条约的冲击和反应》

[1090] *Tung-fang tsa-chih*（The eastern miscellany). Shanghai,1904—1948;cited as *TFTC*

《东方杂志》,上海,1904—1948 年

[1091] Tung Hsien-kuang(Hollington Tong). *Chiang Tsung-t'ung chuan*(A biography of President Chiang). Taipei:中华文化出版事业委员会,1954

董显光:《蒋总统传》

[1092] T'ung Shih-kang. *Hu Shih wen-ts'un so-yin*（Index to the collected works of Hu Shih). Taipei:学生书局,1969

童世纲:《胡适文存索引》

[1093] Tzu Ming. 'Shih-chieh mien-hua chih hsu-kei yü Chung Jih mien-yeh chih kuan-hsi'(Supply and demand of cotton on the world market,and the textile industries in China and Japan). *YHCP*,7. 10(20 March 1923),7. 11(27 March 1923)

子明:《世界棉花之需给与中日棉业之关系》,《银行周报》,7. 10(1923 年 3 月 20 日),7. 11(1923 年 3 月 27 日)

[1094] U. S. Bureau of the Census. *Historical Statistics of the United States*,*1789 — 1945*. Washington,D. C. ,1949

美国人口调查局:《美国的历史统计资料,1789－1945 年》

[1095] U. S. Department of State. *Papers relating to the foreign relations of the United States*. Washington,D. C. : U. S. Government Printing Office, Annual volumes

美国国务院:《关于美国外交关系的文件》

[1096] U. S. Department of State. 'Records relating to the internal affairs of China,1910 — 1929'. Washington,D. C. : U. S. National Archives, Microcopy 329

美国国务院:《关于中国国内事务的记录,1910－1929 年》

[1097] USFR. See U. S. Department of State,*Papers relating to*…

见美国国务院:《关于美国外交关系的文件》

[1098] USNA. United States National Archives

美国国家档案馆

[1099] Usui Katsumi. *Nihōn to Chūgoku——Taishō jidai* 日本と中國——大正時代(Japan and China——the Taishō period). Tokyo:Hara shobō 原书房,1972

臼井胜美:《日本与中国——大正时代》

[1100] Uyehara,Cecil H. ,comp. *Checklist of archives in the Japanese Ministry of Foreign Affairs*,*Tokyo,Japan,1868 — 1945*,*Microfilmed for the Library of Congress*,*1949 — 1951*. Washington,D. C. : Library of Congress,1954

塞西尔·H. 乌叶赫拉编:《日本外务省档案馆目录,日本东京,1968－

1945 年;1949－1952 年为国会图书馆制作的缩微胶卷》

[1101] Varè,Daniele. *Laughing diplomat*. New York:Doubleday,Doran & Co. ,
1938

丹尼尔·华蕾:《含笑的外交官》

[1102] Varg,Paul A. *Missionaries,Chinese,and diplomats:the American Protestant missionary movement in China , 1890－1952*. Princeton:Princeton University Press,1958

保罗·A.瓦格:《传教士、中国人与外交官:美国新教徒在中国的传教运
动,1890－1952 年》

[1103] *Vidnye sovietskie kommunisty——uchastniki kitaiskoi revolutsii* (Outstanding Soviet communists——participants in the Chinese revolution).
Moscow:Akad. Nauk SSSR,Institut Dal'nego Vostoka,'Nauka',1970

《杰出的苏联共产党人——中国革命的参与者》

[1104] Vincent,John Carter. *The extraterritorial system in China:final phase*.
Cambridge,Mass. :Harvard University Press,1970

范宣德:《在华治外法权制度:最后状态》

[1105] Viraphol,Sarasin. *Tribute and profit:Sino-Siamese trade , 1652－1853*.
Cambridge,Mass. :Harvard University Press,1977

萨拉辛·维拉福尔:《纳贡和利润:1652－1853 年的中国暹罗贸易》

[1106] Vishnyakova-Akimova, Vera Vladimirovna. *Dva goda v vosstavshem Kitae , 1925－1927:vospominania*. Moscow:Akad. Nauk SSSR, Institute of
the Peoples of Asia,Izd-vo'Nauka',1965. Trans. by Steven I. Levine, *Two
years in revolutionary China , 1925－1927*. Cambridge,Mass. :Harvard
University Press,1971

维拉·弗拉季米罗夫娜·维什尼阿科娃-阿基莫娃:《在革命的中国的两
年:1925－1927 年》,史蒂文·I. 莱文译

[1107] Vohra,Ranbir. *Lao She and the Chinese revolution*. Cambridge,Mass. :
Harvard East Asian Momographs,1974

兰比尔·沃赫拉:《老舍与中国革命》

[1108] Wakeman, Frederic, Jr. *History and will:philosophical perspectives of
Mao Tse-tung's thought*. Berkeley:University of California Press,1973

魏斐德:《历史与意志:毛泽东思想的哲学观点》

[1109] Wakeman, Frederic, Jr. , ed. *Ming and Qing historical studies in the People's Republic of China.* Berkeley: Center for Chinese studies, China research monograph No. 17, 1980

魏斐德编:《中华人民共和国的明清史研究》

[1110] Wales, Nym (Helen Foster Snow). *Red dust: autobiographies of Chinese Communists as told to Nym Wales.* Stanford: Stanford University Press, 1952

尼姆·韦尔斯(海伦·福斯特·斯诺):《红尘:向尼姆·韦尔斯讲述的中国共产党人的自传》

[1111] Walker, Kenneth R. *Planning in Chinese agriculture: socialization and the private sector, 1956—1962.* Chicago: Aldine, 1965

肯尼思·R. 沃克:《中国的农业规划:社会主义化与私人部分,1956—1962 年》

[1112] Wallerstein, Immanuel. *The modern world-system: capitalist agriculture and the origins of the European world-economy in the sixteenth century.* London: Academic Press, 1976

伊曼纽尔·沃勒斯坦:《现代世界体系:资本主义农业和 16 世纪欧洲世界经济的根源》

[1113] Wang Che-fu. *Chung-kuo hsin wen-hsueh yun-tung shih* (A history of the new literary movement in China). Hong Kong: 远东图书公司,1965

王哲甫:《中国新文学运动史》

[1114] Wang Chi-chen, ed. *Stories of China at war.* New York: Columbia University Press, 1947

王季真编:《中国战时小说集》

[1115] Wang Chi-shen. *Chan-shih shanghai ching-chi* (The economy of wartime Shanghai). Shanghai: 上海经济研究所,1945

王季深:《战时上海经济》

[1116] Wang Chien-min. *Chung-kuo Kung-ch'an-tang shih kao* (A draft history of the Chinese Communist Party). 3 vols. Taipei: published by the author, 1965

王健民:《中国共产党史稿》

[1117] Wang, C. H. 'Chou Tso-jen's Hellenism'. *Renditions*, 7 (spring 1977)

5—28

　王靖献:《周作人对古希腊文化的崇奉》,《译文》,7 (1977 年春)

[1118] Wang Ching-wei. 'Political report' toothe Second Kuomintang Congress, in
KMWH, 20 (March 1958) 3851—3870

　汪精卫:在国民党第二次代表大会上的《政治报告》,载《革命文献》,20
(1958 年 3 月)

[1119] Wang Ching-wei. *Wang Ching-wei hsien-sheng tsui-chin yen-shuo chi* (Mr
Wang Ching-wei's most recent speeches collected). n. p. , n. d. (1928?)

　汪精卫:《汪精卫先生最近演说集》

[1120] Wang Ching-yü, comp. *Chung-kuo chih-tai kung-yeh-shih tzu-liao, ti-erh
chi, 1895—1914 nien* (Source materials on the history of modern industry
in China, second collection, 1895—1914). 2 vols. Peking: K'o-hsueh, 1957

　汪敬虞:《中国近代工业史资料,第二辑,1895—1914 年》

[1121] Wang Erh-min. *Chung-kuo chin-tai ssu-hsing shih lun* (On the history of
modern Chinese thought). Taipei: 华世出版社, 1977

　王尔敏:《中国近代思想史论》

[1122] Wang Fu-sun. 'Chan-ch'ien Chung-kuo kung-yeh sheng-ch'an-chung wai-
ch'ang sheng-ch'an ti pi-chung wen-t'i' (The proportion of industrial pro-
duction by foreign-owned factories in total industrial production in prewar
China). *Chung-yang yin-hang yueh-pao* 2.3 (March 1947) 1—19

　汪馥苏(汪敬虞):《战前中国工业生产中外厂生产的比重问题》,《中央
银行月报》,2.3(1947 年 3 月)

[1123] Wang Fu-sun. 'Chan-shih Hua-pei kung-yeh tzu-pen chiu-yeh yü sheng-
ch'an' (Wartime industrial capital, employment and production in North
China). *She-hui k'o-hsueh tsa-chih*, 9.2(Dec. 1947)48

　汪馥苏:《战时华北工业资本就业与生产》,《社会科学杂志》,9.2(1947
年 12 月)

[1124] Wang, Gungwu. 'The Nanhai trade'. *Journal of the Malayan Branch of
the Royal Asiatic Society*, 31 (1958) pt 2. 1—135

　王赓武:《南海贸易》,载《皇家亚洲学会马来亚分会会刊》,31 (1958 年)

[1125] Wang, Gungwu. *Power, rights and duties in Chinese history*, the 40th
George Ernest Morrison Lecture in Ethnology, 1979. Canberra: The Aus-

tralian National University 1979

王赓武:《中国历史中的权力、权利和责任》

[1126] Wang P'ing-ling. *San-shih-nien wen-t'an ts'ang-sang lu* (Changes on the literary scene in thirty years). Taipei:中国文艺社,1965

王平陵:《三十年文坛沧桑录》

[1127] Wang Shao-fang, trans. *Wai-jen tsai-Hua t'e-chüan ho li-i* (Foreigners' rights and interests in China),a translation of Westel W. Willoughby, *Foreign rights and interests in China*. Peking:San-lien,1957

王绍坊译:《外人在华特权和利益》,韦罗璧著

[1128] Wang T'ao. 'Pien-fa' (Reform), reprinted in Yang Chia-lo, comp, *Wu-hsu-pien-fa wen-hsien hui-pien* (Documentary collection of literature of the 1898 reform movement),1.131—135

王韬:《变法》,重印,载杨家骆编:《戊戌变法文献汇编》,1

[1129] Wang Te-i. *Wang Kuo-wei nien-p'u* (chronological biography of Wang Kuo-wei). Taipei:中国学术著作奖助委员会,1967

王德毅:《王国维年谱》

[1130] Wang Yao. *Chung-kuo hsin-wen-hsueh shih-kao* (A draft history of China's new literature). 2 vols. Shanghai:Hsin-wen-i ch'u-pan she,1953

王瑶:《中国新文学史稿》

[1131] Wang, Y. C. *Chinese intellectuals and the West*, *1872－1949*. Chapel Hill:University of North Carolina Press,1966

汪一驹:《中国知识分子和西方,1872—1949 年》

[1132] Wang, Y. C. 'Tu Yueh-sheng (1888－1951):a tentative political biography'. *JAS*,26.3 (May 1967)433—455

汪一驹:《杜月笙:初步的政治传记》,《亚洲研究杂志》,26.3（1967 年 5 月）

[1133] Watanabe Atsushi. 'En Seigai seiken no keizaiteki kiban——hokuyō-ha no kigyō katsudō,袁世凱政權の經濟的基盤——北洋派の企業活動(The economic basis of the Yuan Shih-k'ai regime:the industrial activity of the Peiyang Clique),in *Chūgoku kindaika no shakai kōzō:Shingai kakumei no shiteki ichi* 中國近代化の社會構造:辛亥革命の史的位置 (The social framework of China's modernization:the historical position of the 1911

Revolution),135—171. Tokyo:Daian,1960

渡边惇:《袁世凯政权的经济基础:北洋派的实业活动》,载《中国现代化的社会结构:辛亥革命的历史地位》,《亚洲研究杂志》,26.3(1967 年 5 月)

[1134] 'Wei wai-jen kan-yü hu-lu chih chih Fu ling-hsiu kung-shih han' (Letter addressed to Mr Fu [Batalha de Freitas],doyen of the Diplomatic Corps, on the subject of foreign interference in the protection of the railways). *TSHYK*,3.9 (Sept. 1923) heading *Hui-wu chi-tsai*

《为外人干预护路事致符领袖公使函》,《上海总商会月刊》,3.9(1923 年 9 月)

[1135] Wellek,René. *concepts of criticism*. New Haven,1963

雷奈·韦勒克:《批评的概念》

[1136] Wen Han. 'Yu kung-yeh chien-ti shang lun wei-ch'ih kuo-huo yü ti-chih Jin-huo' (The promotion of national merchandizing and the anti-Japanese boycott considered from the industry's point of view). *Shih-yeh tsa-chih*, 71(Sept. 1923)

文汉:《由工业见地上论维持国货与抵制日货》,《实业杂志》,71(1923 年 9 月)

[1137] Wen-hua yen-chiu she,comps. *Chung-kuo wu ta wei-jen shou-cha* (Letters of China's five great leaders). Shanghai:大方,1939

文化研究社编:《中国五大伟人手札》

[1138] Wen Kung-chih (Wen Ti). *Tsui-chin san-shih-nien Chung-kuo chün-shih shih* 最近三十年中国军事史(History of Chinese military affairs in the past thirty years). 2 vols. Shanghai:太平洋书店,1930,reprinted Taipei,1962

文公直(文砥):《最近三十年中国军事史》

[1139] West, Philip. *Yenching University and Sino-Western relations*, *1916 — 1952*. Cambridge,Mass.:Harvard University Press,1976

菲利普·韦斯特:《燕京大学与中西关系,1916—1952 年》

[1140] Whiting, Allen S. *Soviet policies in China*, *1917 — 1924*. New York:Columbia University Press,1954

艾伦·S. 惠廷:《苏联在华政策,1917—1924 年》

[1141] *Who's who in China*. 3rd edn,Shanghai:The China Weekly Review,1925

《中国名人录》，第 3 版

[1142] Wieger, Léon, S. J. *Chine moderne*. Hien-hien（Hsien hsien, Shantung）. 7 vols. 1921—1927

戴遂良：《现代中国》

[1143] Wilbur, C. Martin and How, Julie Lien-ying, eds. *Documents on communism, nationalism, and Soviet advisers in China, 1918 — 1927: papers seized in the 1927 Peking raid*. New York: Columbia University Press, 1956

韦慕庭和夏连荫编：《有关共产主义、民族主义和在华苏联顾问的文件，1918—1927 年：1927 年北京搜捕中查获的文件》

[1144] Wilbur, C. Martin. *Forging the weapons: Sun Yat-sen and the Kuomintang in Canton, 1924*. New York: East Asian Institute of Columbia University, 1966（mimeograph）

韦慕庭：《锻造武器：孙逸仙和国民党广州，1924 年》

[1145] Wilbur, C. Martin. 'The ashes of defeat'. *CQ*, 18（April-June 1964）3—54

韦慕庭：《战败的废墟》，《中国季刊》，18（1964 年 4—6 月）

[1146] Wilbur, C. Martin. 'Military separatism and the process of reunification under the Nationalist regime, 1922—1937', in Ho Ping-ti and Tsou Tang, eds. *China in crisis*, 1. 203—263. Chicago: University of Chicago Press, 1968

韦慕庭：《民族主义制度下的军事割据和再统一过程，1922—1937 年》，载何炳棣和邹谠编：《危机中的中国》，I

[1147] Wilbur, C. Martin. 'Problems of starting a revolutionary base: Sun Yat-sen in Canton, 1923'. *Bulletin of the Institute of Modern History*, Academia Sinica（Taipei）, 4. 2（1974）665—727

韦慕庭：《创始一个革命根据地的问题：孙逸仙在广州，1923 年》，《中央研究院近代史研究所集刊》，4. 2（1947 年）

[1148] Wilbur, C. Martin. *Sun Yat-sen: frustrated patriot*. New York: Columbia University Press, 1976

韦慕庭：《孙逸仙：受挫的爱国者》

[1149] Wilbur, C. Martin. See Ch'en Kung-po

韦慕庭，参见陈公博

［1150］ Wile, David. 'T'an Ssu-t'ung: his life and major work, the Jen Hsueh'. University of Wisconsin, Ph. D. dissertation, 1972

戴维·怀尔:《谭嗣同:生平及主要著作〈仁学〉》,威斯康星大学哲学博士论文,1972 年

［1151］ Willoughby, W. W. *Constitutional government in China: present conditions and prospects*. Washington, D. C: Carnegie Endowment for International Peace, 1922

韦罗璧:《中国的立宪政府:现状和展望》

［1152］ Willoughby, Westel W. *Foreign rights and interests in China*. 2 vols. Baltimore: Johns Hopkins University Press, rev. and enlarged edn, 1927. See Wang Shao-fang

韦罗璧:《外人在华特权和利益》,参见王绍坊

［1153］ Wills, John E., Jr. *Pepper, guns and parleys: the Dutch East India Company and China, 1662 － 1681*. Cambridge, Mass: Harvard University Press, 1974

小约翰·E. 威尔斯:《胡椒、枪炮和会谈:荷属东印度公司和中国,1662－1681 年》

［1154］ Wills, John E., Jr. 'Maritime China from Wang Chih to Shih Lang: themes in peripheral history', in Jonathan D. Spence and John E. Wills, Jr., eds. *From Ming to Ching: conquest, region and continuity in seventeenth-century China*. 201－238

小约翰·E. 威尔斯:《从王直到施琅的面海的中国:边缘史的几个主题》,载史敬思和小约翰·E. 威尔斯编:《从明至清:17 世纪中国的征服、割据和延续》

［1155］ Wilson, David Clive. 'Britain and the Kuomintang, 1924－1928: a study of the interaction of official policies and perceptions in Britain and China'. University of London, School of Oriental and African Studies, Ph. D. dissertation, 1973

大卫·克莱夫·威尔逊:《英国和国民党,1924－1928 年:英国和中国官方政策和观念的相互作用的研究》,伦敦大学东方和非洲研究学院 1973 年博士论文

［1156］ Wolf, Margery and Witke, Roxane, eds. *Women in Chinese society*. Stanford：Standford University Press，1975

马杰里•沃尔夫和罗克珊•威特克编：《中国社会中的妇女》

［1157］Wolff，Ernest. *Chou Tso-jen*. New York：Twayne Publishers，1971

欧内斯特•沃尔夫：《周作人》

［1158］Woo，T. C. *The Kuomintang and the future of the Chinese revolution*. London：George Allen & Unwin Ltd. ，1928

T. C. 武：《国民党和中国革命的未来》

［1159］Woodhead，H. G. W. ，ed. *The China yearbook 1921－1922*. Tientsin：Tientsin Press，1921

伍德海编：《中华年鉴，1921－1922 年》

［1160］Wou，Odoric Y. K. 'A Chinese"Warlord"faction：the Chihli Clique，1918－1924'，in Andrew Cordier，ed. *Columbia essays in International affairs vol. III，the Dean's papers*，1967，249－274，New York：Columbia University Press 1968

吴应铣：《中国军阀的一派：直系，1918－1924 年》，载安德鲁•科迪埃编：《哥伦比亚大学国际事务文集，3，优秀论文，1967 年》

［1161］Wou，Odoric Y. K. 'The district magistrate Profession in the early republican period：occupational recruitment，training and mobility'. *Modern Asian Studies*，8. 2 （April 1974）217－245

吴应铣：《民国初年地区行政长官的职业：职业的招聘、训练和流动性》，《现代亚洲研究》，8.2 （1974 年 4 月）

［1162］Wou，Odoric Y. K. *Militarism in modern China：the career of Wu P'ei-fu，1916 － 1939*. Studies of the East Asian Institute，Columbia University. Folkestone，Kent：Wm. Dawson and Sons；Canberra：Australian National University，1978

吴应铣：《现代中国的黩武主义：吴佩孚的生涯，1916－1939 年》，哥伦比亚大学东亚研究所专题论文集

［1163］Wright，Arthur F. ，ed. *Studies in Chinese thought*. Chicago：University of Chicago Press，1953

芮沃寿：《中国思想研究》

［1164］Wright，Arthur F. 'The study of Chinese civilization'. *Journal of the History of Ideas*，21. 2 （April-June 1960）233－255

芮沃寿:《中国文明研究》

[1165] Wright, Mary Clabaugh, ed. *China in revolution: the first phase, 1900 —
1913*. 'Introduction', 1—63. New Haven: Yale University Press, 1968

芮玛丽编:《革命中的中国:第一阶段,1900—1913 年》

[1166] Wright, Stanley F. *China's customs revenue since the Revolution of 1911*.
Shanghai: Inspectorate General of Customs, 3rd edn, 1935

斯坦利·F. 赖特:《辛亥革命后中国的海关收入》

[1167] Wright, Stanley F. *China's struggle for tariff autonomy: 1843 — 1938*.
Shanghai: Kelly & Walsh, 1938

斯坦利·F. 赖特:《中国争取关税自主的斗争,1843—1938 年》

[1168] Wright, Stanley F. *Hart and the Chinese customs*. Belfast: Wm. Mullan &
Son, 1950

斯坦利·F. 赖特:《赫德与中国海关》

[1169] [Wu Chih-hui]. 'T'ui-kuang jen-shu i i shih-chieh kuan' (On curing the
world through the extension of medical care). *Hsin shih-chi*, 37 (7 March
1908) 3—4

[吴稚晖]:《推广仁术以医世界观》,《新世纪》,17 (1908 年 3 月 7 日)

[1170] [Wu Chih-hui]. 'T'an Wu-cheng-fu chih hsien-t'ien' (Casual talk on anar-
chism). *Hsin shih-chi*, 49 (30 May 1908) 3—4

吴稚晖:《读无政府之闲天》,《新世纪》,49 (1908 年 5 月 30 日)

[1171] Wu Chih-hui. *Chih-hui wen-ts'un* (Wu Chih-hui's writings). 1st collection.
Shanghai: Hsin-hsin Book Store, 1927

吴稚晖:《稚晖文存》,第 1 集

[1172] Wu Chih-hui. 'Shu Wang Ching-wei hsien-sheng hsien tien hou' (Written
after Mr Wang Ching-wei's telegram of the 16th [April 1927). *Chih-hui
wen-ts'un*, 1—14

吴稚晖:《书汪精卫先生铣电后》[1927 年 4 月],《稚晖文存》

[1173] Wu Chih-hui. *Wu Chin-hui hsien-sheng ch'üan chi* (Complete works of Mr
Wu Chih-hui). 18 vols. Comp. by Chung-kuo Kuo-min-tang chung-yang
wei-yuan-hui tang-shih shih-liao pien-tsuan wei-yuan-hui, Taipei, 1969

吴稚晖:《吴稚晖先生全集》

[1174] Wu Hsiang-hsiang, ed. *Chung-Kuo hsien-tai shih-liao ts'ung-shu* (Collect-

ed historical materials on contemporary China),6 collections. 30 vols. Tai-
pei:Wen-hsing,1962

吴相湘编:《中国现代史料丛书》

[1175] Wu Hsiang-hsiang. *Sung Chiao-jen: Chung-kuo min-chu hsien-cheng ti
hsien-ch'ü*(Sung Chiao-jen:precursor of Chinese democracy and constitu-
tional government). Taipei:Wen-hsing,1964

吴相湘:《宋教仁:中国民主宪政的先驱》

[1176] Wu Hsiang-hsiang,ed. *Min-kuo pai-jen chuan* (100 biographies of the re-
publican period). 4 vols. Taipei:Chuan-chi wen-hsueh,1971

吴相湘编:《民国百人传》

[1177] Wu Pao-san (Ou Pao-san) *Chung-kuo liang-shih tui-wai mao-i ch'i ti-wei
ch'ü-shih chi pien-ch'ien chih yuan-yin，1912－1931，*(Causes of trends
and fluctuations in China's foreign trade in food grains,1912－1931),
Nanking,1934

巫宝三:《中国粮食对外贸易其地位趋势及变迁之原因,1912－1931年》

[1178] Wu Pao-san (Ou Pao-san). *Chung-kuo kuo-min so-te,i-chiu-san-san-nien*
(China's national income,1933. 2 vols. Shanghai:Chunghua,1947

巫宝三:《中国国民所得,1933年》

[1179] Wu Pao-san (Ou Pao-san). 'Chung-kuo kuo-min so-te i-chiu-san-san hsiu-
cheng'(Correction to China's national income,1933). *She-hui K'o-hsueh-
tsa-chih*,9. 2 (Dec. 1947)92－153

巫宝三:《中国国民所得,1933年修正》,《社会科学杂志》,9. 2 (1947年
12月)

[1180] Wu Pao-san (Ou Pao-san). 'Chung-kuo kuo-min so-te,1933,1936,chi
1946'(China's national income,1933,1936 and 1946). *She-hui k'o-hsueh
tsa-chih*,9. 2 (Dec. 1947) 12－30

巫宝三:《中国国民所得,1993、1936及1946》,《社会科学杂志》,9. 2
(1947年12月)

[1181] *Wu-ssu ai-kuo yun-tung tzu-liao* (Materials on the May Fourth Patriotio
movement). comp. by Institute of History, Academy of Sciences,Peking:
K'o-hsueh,1959

《五四爱国运动资料》,科学院历史研究所编,1959

[1182] *Wu-ssu shih-ch'i ch'i-k'an chieh-shao* (Introduction to the periodicals of the May Fourth period), comp. by Research Department of the Bureau of Translation of the Works of Marx, Engels, Lenin and Stalin, Central Committee of the Chinese Communist Party. 3 vols. Peking: Jen-min, 1958－1959

《五四时期期刊介绍》,中共中央马恩列斯著作编译局编

[1183] *Wu-ssu yun-tung tsai Shang-hai shih-liao hsuan-chi* (Selected materials for the history of the May Fourth movement at Shanghai), comp. by Shang-hai she-hui k'o-hsueh-yüan li-shih yen-chiu-so (Historical research section of the Shanghai Academy of Social Science). Shanghai: Jen-min, 1966

《五四运动在上海史料选辑》,上海社会科学院历史研究所编

[1184] Wu Tien-wei. 'Chiang Kai-shek's March twentieth coup d'état of 1926'. *JAS*, 27 (May 1968) 585－602

吴天威:《蒋介石1926年3月20日政变》,《亚洲研究杂志》,27(1968年5月)

[1185] Wu Tien-wei. 'A review of the Wuhan debacle: the Kuomintang-Communist split of 1927'. *JAS*, 29 (Nov. 1969) 125－143

吴天威:《评武汉政权的垮台:1927年的国共分裂》,《亚洲研究杂志》,29(1969年11月)

[1186] Wu Tien-wei. 'Chiang Kai-shek's April 12 coup of 1927', in Gilbert F. Chan and Thomas H. Etzold, eds. *China in the 1920s*, 146－159

吴天威:《蒋介石的"四·一二政变"》,载陈福霖和托马斯·H.埃佐尔德编:《20世纪20年代的中国》

[1187] Wu T'ing-hsieh, ed. 'Ho-fei chih-cheng nien-p'u' (Chronological biography of Tuan Ch'i jui), in Wu Hsiang-hsiang, ed. *Chung-kuo hsien-tai shih-liao ts'ung-shu*, vol. 4, 1962

吴廷燮编:《合肥执政年谱》,载吴相湘编:《中国现代史料丛书》,4

[1188] Wu Wo-yao. *Vignettes from the late Ch'ing: bizarre happenings eyewitnessed over two decades*, trans. by Shih Shun Liu. Hong Kong: Chinese University of Hong Kong, 1975. A translation of *Erh-shih-nien mu-tu chih kuai-hsien-chuang*

吴沃尧：《二十年目睹之怪现状》，刘师舜英译

[1189] Wu Yü-kan 武堉幹. 'Lien-sheng tzu-chih yü chih-yeh chu-i' (Provincial federalism and professionalism). *T'ai-P'ing yang* (The Pacific), 3. 7 (Sept. 1922), 1—8 (sep. pag.)

武堉幹：《联省自治与职业主义》，《太平洋》，3.7（1922 年 9 月）

[1190] Wu Yueh. 'Wu Yueh i-shu' (Wu Yueh's testament). *T'ien t'ao: Min-pao lin-shih tseng-k'an* (Demand of heaven: Min-pao special issue), 25 April 1907

吴樾：《吴樾遗书》，《天讨：民报临时增刊》，1907 年 4 月 25 日

[1191] Ya Hsien, ed. *Tai Wang-shu chüan* (Collected works of Tai Wangshu). Taipei: 洪范, 1970

痖弦：《戴望舒卷》

[1192] Yamamoto Sumiko. *Chugoku Kiristokyōshi kenkyū* 中國キリスト教史研究 (Studies on the history of Christianity in China). Tokyo: Tōkyō Daigaku Shuppankai 東京大學出版會, 1972

山本澄子：《中国基督教史研究》

[1193] Yang Chia-lo, ed. *Wu-hsu pien-fa wen-hsien hui-pien* (Documentary collection of the literature of the 1898 reform movement). 5 vols. Taipei: 鼎文书局, 1973

杨家骆编：《戊戌变法文献汇编》

[1194] Yang Ch'üan. 'Chung-kuo chin san-shin nien lai chih she-hui kai-tsao ssu-hsiang' (Social reform thought in China in the last thirty years). *TFTC*, 21. 17 (10 Sept. 1924) 50—56

杨铨：《中国近三十年来之社会改造思想》，《东方杂志》，21.17（1924 年 9 月 10 日）

[1195] Yang, Gladys, ed. and trans. *Silent China: selected writings of Lu Xun.* Oxford: Oxford University Press, 1973

戴乃迭编译：《无声的中国：鲁迅选集》

[1196] Yang, Lien-sheng. 'Historical notes on the Chinese world order', in John King Fairbank, ed. *The Chinese world order: traditional China's foreign relations*, 20—33. Cambridge, Mass.: Harvard University Press, 1968

杨联陞：《关于中国人的世界秩序观的历史笔记》

[1197] Yang Tuan-liu *et al. Liu-shih-wu-nien-lai Chung-kuo kuo-chi mao-i t'ung-chi* (*Statistics of China's foreign trade during the last sixty-five years*). National Research Institute of Social Sciences, Academia Sinica, 1931

杨端六等:《六十五年来中国国际贸易统计》

[1198] Yeh Kung-ch'o. 'Rapport devant la Chambre de Commerce de Pekin'. *La Politique de Pekin*, special No. (Jan. 1920)

叶恭绰:《对北京商会作的报告》,《北京政治》,专号(1920 年 1 月)

[1199] Yen Chi-ch'eng. '*Shao-nien Chung-kuo tsung-chiao wen-t'i hao p'i-p'ing*' (Critique of the special issue on religious questions in the *Young China magazine*). *Min-to* 3. 2 (1 Feb. 1922) 1—12

严既澄:《〈少年中国〉宗教问题号批评》,《民铎》,3.2(1922 年 2 月 1 日)

[1200] Yen Chung-p'ing comp. *Chung-kuo chin-tai ching-chi-shih t'ung-chi tzu-li-ao hsuan-chi* (Selected statistical materials on modern Chinese economic history). Peking:K'o-hsueh, 1955

严中平编:《中国近代经济史统计资料选辑》

[1201] Yen Chung-p'ing. *Chung-kuo mien-fang-chih shih-kao* (Draft history of the cotton industry in China). 1st edn, 1955;3rd edn, Peking:K'o-hsueh, 1963

严中平:《中国棉纺织史稿》

[1202] Yen Fu. *Yen Chi-tao hsien-sheng i-chu* (Posthumous works of Mr Yen Fu). Singapore:南洋学会, 1959

严复:《严几道先生遗著》

[1203] Yen Fu. 'Lun shih-pien chih chi' (On the speed of world change, 1895), reprinted in *Yen Chi-tao shin wen ch'ao* (Essays and poems of Yen Fu, preface 1916), 1. 1—5

严复:《论世变之亟》,重印载《严几道诗文钞》,1

[1204] Yen Fu. 'Yuan ch'iang' (On strength, 1896), reprinted in *Yen Chi-tao his-en-sheng i-chu*, 1. 6—26

严复:《原强》(1896 年),重印载《严几道先生遗著》,1

[1205] Yen Fu *et al.* 'K'ung-chiao-hui chang-ch'eng' (The programme of the Society for Confucianism). *Yung-yen*, 1. 14(June 1913)1—8

严复等:《孔教会章程》,《庸言》1. 14(1913 年 6 月)

[1206] Yen Fu. *Yen Chi-tao shih wen ch'ao*, (Essays and poems of Yen Fu), preface 1916. Taipei：Wen-hai，1969

严复：《严几道诗文钞》

[1207] Yen，W. W. *East-West kaleidoscope 1877－1944：an autobiography*. New York：St. John's University Press，1974

颜惠庆：《1877－1944 年的东—西万花筒：自传》

[1208] *YHCP*. See *Yin-hang chou-pao*

《银行周报》

[1209] *YHYK*. See *Yin-hang yueh-k'an*

《银行月刊》

[1210] 'Yin-hang-chieh ch'ing Sun Wen wei-ch'ih nei-chai chi-Chin' (Banking circles ask Sun Yat-sen to support the sinking fund for internal debts). *YHYK*，3. 12(Dec. 1923) heading *Yin-hang-chieh hsiao-hsin hui-wen*

《银行界请孙文维持内债基金》，《银行月刊》，3. 12(1923 年 12 月)

[1211] *Yin-hang chou-pao*(Bankers' weekly). Shanghai，1917－1950

《银行周报》，上海，1917－1950 年

[1212] *Yin-hang yueh-k'an*(Bankers' monthly). Peking，1921－1928

《银行月刊》，北京，1921－1928 年

[1213] Yip，Ka-che. 'The anti-Christian movement in China，1922－1927'. Columbia University，Ph. D. dissertation，1970

叶家哲(音)：《中国的反基督教运动，1922－1927 年》，哥伦比亚大学博士论文，1970 年

[1214] Yokoyama，Suguru. 'The peasant movement in Hunan'. *Modern China*，1. 2(April 1975)204－238

横山英：《湖南农民运动》，《近代中国》，1. 2(1975 年 4 月)

[1215] Young，Arthur N. *China and the helping hand*，*1937－1945*. Cambridge，Mass. ：Harvard University Press，1963

杨格：《中国与援助者，1937－1945 年》

[1216] Young，Arthur N. *China's wartime finance and inflation*，*1937－1945*. Cambridge，Mass. ：Harvard University Press，1965

杨格：《中国战时财政与通货膨胀；1937－1945 年》

[1217] Young，Arthur N. *China's nation-building effort*，*1927－1937；the financial and economic record*. Stanford：Hoover Institution Press，1971

杨格:《中国的建国成就,1927—1937 年:财政和经济记录》

[1218] Young, Ernest P. *The presidency of Yuan Shih-k'ai : liberalism and dictator-ship in early Republican China.* Ann Arbor: University of Michigan Press,1977

欧内斯特·R. 扬:《袁世凯的统治:中华民国初年的自由主义和独裁政治》

[1219] Young, Ernest P. 'Chinese leaders and Japanese aid in the early Republic', in Akira Iriye, ed. *The Chinese and the Japanese*,124—139

欧内斯特·P. 扬:《民国初期的中国领导人与日本援助》

[1220] Young, John, comp. *Checklist of microfilm reproductions of selected archives of the Japanese Army, Navy, and other government agencies, 1868—1945.* Washington, D. C. : Georgetown University Press,1959

约翰·扬编:《日本陆军、海军和其他政府机构精选档案缩微胶卷复制品目录,1868—1954 年》

[1221] Young, John. *The research activities of the South Manchurian Railway Company, 1907—1945 : a history and bibliography.* New York: East Asian Institute, Columbia University,1966

约翰·扬:《南满铁道会社的调查活动,1907—1945 年:历史和书目》

[1222] Yong, L. K. *British policy in China, 1895—1902.* Oxford: Oxford University Press,1970

杨国伦:《英国对华政策,1895—1902 年》

[1223] *YPSWC.* See Liang Ch'i-ch'ao. *Yin-ping-shih wen-chi*

梁启超:《饮冰室文集》

[1224] Yuan, T. L. (Yuan T'ung-li). *China in Western literature.* New Haven: Far Eastern Publications, Yale University,1958

袁同礼:《西方文献中的中国》

[1225] *Yung-yen* (Justice),1. 1—2. 6 (Jan. 1913—June 1914); Taipei reprint: Wenhai,1917. 10 vols

《庸言》,1. 1—2. 6(1913 年 1 月—1914 年 6 月)

修 订 后 记

　　此次对《剑桥中华民国史》（上卷）的修订，主要是将译文语句的简短化，力求文句的畅通易懂。译文个别有不妥处，或对史实有误译之处，均进行了修改。英文原著中的错误及有关人物和重大事件，均加以校注。英文原著有两处显著不妥与错误之处，一为1923年的科学与玄学的论战。玄学虽主要是涉及人生问题，但以人生来代替玄学，显系不妥；同时，通常在中国读者眼中，人生和玄学也对不上号。另一错误系原著称中国有30处租界交给国民政府。考外国在中国共有27处租界，另有北京使馆界一处。国民政府成立前，我国已收回10处租界；国民政府成立时，尚有17处租界及北平使馆界。此外，原著对租界（Concession）和居留地地（Settlement）不加区别，把南京下关的居留地错当成租界（用的是Concession，而不是Settlement）。租界为中国已失去行政权之地区；居留地虽有外国人居住，而中国仍保有该地区的行政权。南京下关仅为外人居留地，并非租界。我们对两者的区别，特加原则性校注。此外，译文中有用词不当之处，如译国民革命军为国民党军，译国民政府为国民党政府，均属不符合历史事实之用词。

　　费正清先生所编此著系世界上有影响之巨著，亦为欧美历史学者对中国近现代史的总结性看法，英文文字虽不艰深，但对理论的阐述，亦颇有不易理解之处，欲求将此著译为较完善的译本，实为不易。我们虽花了很大力气，费时九月有余，力求能将中译本做成既忠于原著，而又能为中国读者阅读畅达的译本。限于我们的水平，怕距此目标仍然很远，敬希读者给予指正。

刘敬坤　邓春阳　谨识

2005 年 6 月 30 日